Forschungsmethoden und Statistik
in der Psychologie

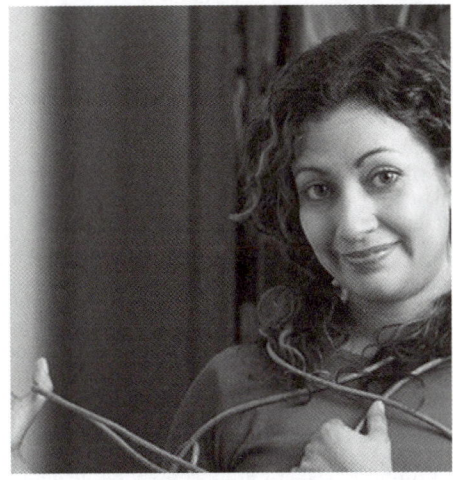

Peter Sedlmeier
Frank Renkewitz

Forschungsmethoden und Statistik in der Psychologie

Higher Education
München • Harlow • Amsterdam • Madrid • Boston
San Francisco • Don Mills • Mexico City • Sydney
a part of Pearson plc worldwide

Bibliografische Information der Deutschen Nationalbibliothek
Die Deutsche Nationalbibliothek verzeichnet diese Publikation in der
Deutschen Nationalbibliografie; detaillierte bibliografische Daten sind
im Internet über http://dnb.d-nb.de abrufbar.

Die Informationen in diesem Produkt werden ohne Rücksicht auf einen eventuellen Patentschutz
veröffentlicht. Warennamen werden ohne Gewährleistung der freien Verwendbarkeit benutzt. Bei
der Zusammenstellung von Texten und Abbildungen wurde mit größter Sorgfalt vorgegangen.
Trotzdem können Fehler nicht vollständig ausgeschlossen werden. Verlag, Herausgeber und Autoren können für fehlerhafte Angaben und deren Folgen weder eine juristische Verantwortung noch
irgendeine Haftung übernehmen. Für Verbesserungsvorschläge und Hinweise auf Fehler sind Verlag und Herausgeber dankbar.

Es konnten nicht alle Rechteinhaber von Abbildungen ermittelt werden. Sollte dem Verlag gegenüber der Nachweis der Rechteinhaberschaft geführt werden, wird das branchenübliche Honorar
nachträglich gezahlt.

10 9 8 7 6 5 4

12

ISBN 978-3-8273-7197-3

© 2008 by Pearson Deutschland GmbH
Martin-Kollar-Straße 10-12, D-81829 München
Alle Rechte vorbehalten
www.pearson.de
A part of Pearson plc worldwide

Lektorat: Alice Kachnij, akachnij@pearson.de
Korrektorat: Martin Asbach, München
Einbandgestaltung: Thomas Arlt, tarlt@adesso21.net
Herstellung: Claudia Bäurle, cbaeurle@pearson.de
Satz: mediaService, Siegen (www.media-service.tv)
Druck und Verarbeitung: Drukarnia Dimograf, Bielsko-Biała

Printed in Poland

Inhaltsübersicht

Inhaltsverzeichnis

Kapitel 17   Verfahren zur Analyse nominalskalierter Daten: Chi-Quadrat (χ^2-)Tests   549

Kapitel 18   Verfahren zur Analyse ordinalskalierter Daten   579

Teil V   Reflexion 773

Kapitel 26   Methoden und Psychologie 775

Anhang 787

Anhang A: Tabellen 788

Anhang B: Bibliografie 807

Anhang C: Register 825

Vorwort

Anders als in vielen anderen Wissenschaftsbereichen können alle Menschen über psychologische Themen ohne spezielle Ausbildung mitreden: Jeder erinnert sich, löst Probleme, trifft Entscheidungen, hat Gefühle, ist mehr oder weniger motiviert, lernt, handelt, versucht anderen zu helfen und denkt über all dies nach. Letzteres ist im Grunde auch, was ausgebildete Psychologen tun, wenn sie menschliches Erleben und Verhalten erforschen. Der Unterschied zwischen dem, was jeder tut und was man als „Alltagspsychologie" bezeichnen könnte, und dem, was akademische Psychologinnen und Psychologen tun, ist der Gegenstand dieses Buches: *Forschungsmethoden und Statistik*. Das Buch gliedert sich in fünf Teile, deren Inhalte wir nun kurz vorstellen.

Der erste Teil, *GRUNDLAGEN EMPIRISCHER FORSCHUNG*, befasst sich mit grundlegenden Annahmen und Forschungsmethoden, die in jeder empirischen Untersuchung eine wichtige Rolle spielen. Zunächst wird in **Kapitel 1** der Unterschied zwischen Alltagspsychologie und wissenschaftlicher Psychologie thematisiert und die wissenschaftliche Vorgehensweise kurz vorgestellt. **Kapitel 2** führt erst einmal weg von der Psychologie in die Philosophie, genauer gesagt, in die Wissenschaftstheorie, in der es um die Begründung wissenschaftlichen Arbeitens geht. In diesem Kapitel wird auch die wissenschaftliche Methode vorgestellt und erläutert, wie man Theorien erhält und vor allem, wie man diese überprüfen kann. Zur Überprüfung von Theorien benötigt man in der Regel Daten. Wie man für psychologische Fragestellungen relevante Daten erhält und wann und wie man sie sinnvoll interpretieren kann, ist Gegenstand von **Kapitel 3**. Die zwei generellen Methoden, empirische Daten zu erhalten, sind Befragung und Beobachtung. In **Kapitel 4** erläutern wir die mannigfaltigen Möglichkeiten, die sich hierbei ergeben, aber auch Grenzen und Fehlermöglichkeiten. In der wissenschaftlichen Psychologie werden Studien auf sehr systematische Weise durchgeführt. Wichtige und bewährte Vorgehensweisen, die es unter anderem auch erlauben, Ursache-Wirkungs-Schlüsse zu ziehen, werden in **Kapitel 5** ausführlich beschrieben.

Die *DESKRIPTIVE UND EXPLORATIVE DATENANALYSE* ist Gegenstand des zweiten Teils des Buches. In der psychologischen Forschung sieht man sich meist die Daten für eine Stichprobe (eine Auswahl) von Personen zusammen an. In **Kapitel 6** wird erläutert, wie man die Werte einer Stichprobe mit Hilfe von so genannten Lage- und Streuungsmaßen zusammenfassen kann. **Kapitel 7** befasst sich damit, wie man den Zusammenhang zwischen zwei Merkmalen (z. B. der Größe und des Gewichts von Personen) grafisch und zahlenmäßig darstellt. Dieser Zusammenhang zwischen zwei Merkmalen kann auch „gerichtet" sein, man könnte also beispielsweise versuchen, aufgrund der Kenntnis der Körpergröße von Personen ihr Gewicht vorherzusagen. Die dazugehörige Methode wird in **Kapitel 8** vorgestellt. Schließlich wird in **Kapitel 9** beschrieben, wie man die Größe von Effekten, also beispielsweise den Unterschied zwischen Männern und Frauen hinsichtlich eines Merkmals, unabhängig von den Besonderheiten einer Einzelstudie bestimmen kann, so dass die Ergebnisse aus unterschiedlichen Studien miteinander vergleichbar werden.

Während sich die deskriptive und explorative Datenanalyse auf die vorhandenen Daten beziehen, kann man mit Hilfe der *INFERENZSTATISTIK*, die im dritten Teil des Buches beschrieben wird, Schlussfolgerungen auf die zugrunde liegenden Grundgesamtheiten oder Populationen ziehen. In **Kapitel 10** erläutern wir die theoretischen Grundlagen für solche Schlüsse und in **Kapitel 11** und **Kapitel 12** führen wir die zwei hauptsächlichen Verfahren dazu ein, *Konfidenzintervalle* und *Signifikanztests*. Welche Art von inferenzstatistischen Verfahren man in einem gegebenen Fall benutzen sollte, hängt von der Fragestellung und von der Art der zur Verfügung stehenden Daten ab. Die **Kapitel 13 bis 18** decken die wichtigsten Arten von Signifikanztests, die in der psychologischen Forschung verwendet werden, ab. Das abschließende **Kapitel 19** befasst sich mit alternativen Verfahren, die gegenwärtig in der Psychologie noch keine besonders große Rolle spielen, aber unseres Erachtens in manchen Fällen mit großem Gewinn eingesetzt werden können.

Der vierte Teil des Buchs, *WEITERE VERFAHREN DER DATENERHEBUNG UND DATENANALYSE*, geht teilweise deutlich über die Inhalte existierender Methodenbücher hinaus. **Kapitel 20** befasst sich mit Methoden, die dazu dienen, Daten durch die Anwendung grafischer Verfahren genauer zu explorieren und besser zu verstehen. In **Kapitel 21** wird noch einmal zusammenfassend diskutiert, wie man die Größe von Effekten interpretiert. Wenn man die Effekte aus vielen vergleichbaren Studien zur Verfügung hat, kann man den diesen Studien zugrunde liegenden Effekt in der Population sehr genau schätzen. Wie das geht, wird in **Kapitel 22** erläutert. **Kapitel 23** geht auf verschiedene Fehlermöglichkeiten bei der Erhebung von Daten ein und beschreibt u.a. Verfahren der Datenerhebung bei „sensiblen" Daten, etwa wenn durch eine Tendenz zu sozial erwünschten Antworten die Gefahr von verfälschten Angaben besteht. Die Themen der beiden letzten Kapitel dieses vierten Teils sind normalerweise in einführenden Methodenbüchern nicht zu finden, können jedoch das psychologische Methodenarsenal sehr bereichern. **Kapitel 24** beschreibt, wie man mit Hilfe von Computermodellierung deutlich präzisere Theorien erhalten kann und **Kapitel 25** gibt einen Überblick über so genannte qualitative Methoden, bei denen oft Texte (und nicht Zahlen) sowohl als Daten fungieren als auch das Ergebnis der Datenanalyse sind.

Der fünfte Teil des Buchs, die *REFLEXION* besteht nur aus einem einzigen Kapitel, in dem die Inhalte des Buchs rekapituliert werden und wir unsere Vorstellungen über die Rolle von Forschungsmethodik und Statistik in der Psychologie noch einmal zusammenfassend thematisieren.

Einiges in diesem Buch ist etwas anders als in vergleichbaren Büchern. Wir haben versucht, Konzepte und Verfahren möglichst intuitiv zu erklären, dabei aber möglichst wenig an Präzision einzubüßen. Naturgemäß kamen wir dabei manchmal an unsere Grenzen: Manche Dinge sind eben komplex. Auch die starke Gewichtung von grafischen Verfahren und Effektgrößen ist konsistent mit dem Versuch, die Datenanalyse ohne Verlust an Präzision so einfach und verständlich wie möglich zu gestalten und folgt Vorschlägen einer prominent besetzten Kommission des weltweit größten Psychologenverbands, der *American Psychological Association* (Wilkinson et al., 1993). Als häufig bessere Alternative zu dem wohl am weitesten verbreiteten inferenzstatistischen Verfahren, der Varianzanalyse, schlagen wir die so genannte Kontrastanalyse vor und haben ihr auch ein eigenes Kapitel gewidmet. Wie schon erwähnt, wird auch ein beträchtlicher Anteil der nützlichen Methoden, die wir im vierten Teil des Buchs beschreiben, bisher eher selten in einführenden Methodenbüchern behandelt.

Beim Schreiben des Buches haben wir von den hilfreichen Rückmeldungen von Probelesern enorm profitiert. Dabei haben wir versucht, Eindrücke von verschiedenen Personengruppen zu sammeln. Zunächst möchten wir den engagierten Studierenden danken, die die Mühe auf sich genommen haben, jeweils mehrere Kapitel zu lesen, und uns ihre Eindrücke und Empfehlungen mitgeteilt haben. Es waren dies Judith Bernauer, Doreen Drechsler, Frederik Haarig, Sebastian Hänsel, David Käthner, Janet Kleber, Sonja Kunze, Cynthia Pönicke, Marcus Schenkel, Katrin Sedlmeier und Corina Ulshöfer. Nicht weniger wertvoll waren die Rückmeldungen unserer Kolleginnen und Kollegen. Wir danken herzlich Martin Baumann, Joachim Engel, Madlen Glauer, Oswald Huber, Georg Jahn, Juliane Kämpfe, Thomas Schäfer, Manfred Wettler und Isabell Winkler. Wir haben ihre Ratschläge nicht immer befolgt, aber über alle (manchmal sehr lange) nachgedacht und manche Rückmeldungen haben uns auf Probleme aufmerksam gemacht, an die wir vorher nicht gedacht hatten. Ein besonderes Dankeschön verdienen Anita Hewer als kritische „fachfremde" Leserin und Sonja Kunze sowie Corina Ulshöfer, die viele der Abbildungen auf professionelle Weise erstellten oder schon vorhandene deutlich verbesserten. Last not least möchten wir uns auch bei unseren Ansprechpartnern beim Pearson-Verlag, Christian Schneider, Martin Keidel, Mailin Bremer und Stephan Dietrich herzlich für die stets angenehme Arbeitsatmosphäre, ihr Eingehen auf unsere Wünsche und ihr Verständnis für unsere nicht immer optimale Zeitplanung bedanken.

Dieses Buch verfügt über eine begleitende Website. Unter *http://www.pearson-studium.de* finden Dozenten alle Grafiken aus dem Buch elektronisch zum Download. Wir haben uns ferner dazu entschlossen, Übungsaufgaben und Lösungen nicht in das Buch aufzunehmen, sondern ebenfalls über die Companion-Website zum Buch anzubieten. Das hat neben der problemlosen Zugriffsmöglichkeit auch den Vorteil der leichteren Aktualisierbarkeit.

Chemnitz und Erfurt

Peter Sedlmeier & Frank Renkewitz

TEIL I

Grundlagen und Konzepte

Alltagspsychologie vs. wissenschaftliche Psychologie

1

ÜBERBLICK

Warum hat Karin ihren Freund verlassen? Wieso hat Tobias während der Vorlesung gelacht? Warum weint das Kind? Wie kommt es, dass ich mich so ärgere? Fragt man jemanden, der in der jeweiligen Situation dabei war, wird diese Person in der Regel eine plausible Antwort parat haben. Wir können das Verhalten von anderen Menschen und auch das von uns selbst – falls wir überhaupt darüber nachdenken – oft erklären, ohne lange nachzudenken. Erklären von Erleben und Verhalten wird häufig als zentrale Aufgabe der Psychologie betrachtet: Jeder scheint somit eine Psychologin oder ein Psychologe zu sein. Wozu brauchen wir also ein langwieriges Studium der Psychologie?

Vielleicht um Fragen zu beantworten, die nicht nur auf eine Person, sondern auf eine Gruppe von Personen oder vielleicht sogar alle Menschen bezogen sind? Wie wirkt sich Ängstlichkeit auf das Ergebnis von mündlichen Prüfungen aus? Warum empfinden wir Gefühle? Ist Frontalunterricht schlechter als Gruppenunterricht? Wie entstehen Vorurteile? Warum entwickeln wir eine Vorliebe für eine bestimmte Art von Musik? Hier kann es schon sein, dass einige Befragte etwas mit ihrer Antwort zögern, aber die meisten werden auch auf solche Fragen schnell Antworten parat haben. In der Tat ist es so, dass sich die wissenschaftliche Psychologie hauptsächlich mit Fragen beschäftigt, die sich nicht nur auf einen Einzelfall beziehen, sondern auf „durchschnittliches" Verhalten und Erleben. Entsprechende Theorien kann man jedoch auch in Alltagsgesprächen finden. Wenn man aber über durchschnittliches Verhalten eine gute Theorie hat, dann lassen sich auch Aussagen über den Einzelfall machen. Der Unterschied zwischen Alltagspsychologie und wissenschaftlicher Psychologie besteht also offensichtlich nicht darin, ob man eine Aussage über einen Einzelfall oder eine allgemeinere Aussage machen möchte. Was ist es dann, was der wissenschaftlichen Psychologie einen besonderen Stellenwert verleiht?

Die Unterschiede zwischen Alltagspsychologie und wissenschaftlicher Psychologie sind manchmal qualitativer Art. So stimmen die Alltagsvorstellungen darüber, wie das Gedächtnis funktioniert oder was Intelligenz ist, oft nicht mit wissenschaftlichen Erkenntnissen überein. Oft sind die Unterschiede aber eher quantitativ oder graduell. Auch die „Methoden" der Alltagspsychologie – häufig „Bauchgefühl" oder „intuitives Urteil" – führen zwar nicht selten zu richtigen Ergebnissen, aber sie sind in einem sehr viel höheren Maß fehleranfällig als die der wissenschaftlichen Psychologie. Außerdem ist die Sprache, die man in der Wissenschaft gebraucht, deutlich präziser als die im Alltag verwendete. Um diese Unterschiede deutlich zu machen, sehen wir uns zunächst einige besonders auffällige Beispiele für die Fehleranfälligkeit der Alltagspsychologie etwas genauer an: Sie sollen zeigen, was beim Wahrnehmen, Erinnern, logischen Denken und beim Umgang mit Wahrscheinlichkeiten alles schief gehen kann. Dann werden wir uns mit dem Unterschied zwischen Alltags- und Wissenschaftssprache beschäftigen und beschließen das Kapitel mit einer Beschreibung der *wissenschaftlichen Methode*.

1.1 Die Fallstricke der Alltagspsychologie

Im Alltag hinterfragen wir selten die Art und Weise, wie wir die Welt wahrnehmen und Informationen darüber verarbeiten. Das ist auch meist vernünftig, weil uns ein dauerndes Hinterfragen in unseren Entscheidungen und Handlungsmöglichkeiten drastisch behindern würde. Der Nachteil einer solchen „spontanen" Vorgehensweise ist jedoch, dass wir manchmal Fehler begehen, die wir nicht bemerken. Solche Fehler können zu unzutreffenden Erklärungen menschlichen Verhaltens und Erlebens führen. Hier sind einige Beispiele für solche Fehler, die selbst wieder Gegenstand psychologischer Forschung geworden sind.[1]

1.1.1 Fehler beim Wahrnehmen

Nehmen wir die Welt so wahr wie sie ist? Das scheint zumindest manchmal nicht der Fall zu sein. Was sehen Sie in der linken Zeichnung in ▶Abbildung 1.1, wenn Sie die beiden waagrechten Striche vergleichen? Wenn es Ihnen so geht wie den meisten Menschen, dann haben Sie den Eindruck, der obere Strich sei länger als der untere. Die beiden sind jedoch gleich lang (prüfen Sie es nach – z.B. mit einem Lineal!). Was ist passiert? Eine gängige Erklärung ist, dass wir bei Abbildungen dieser Art automatisch die Perspektiven-Information berücksichtigen, die in den Pfeilen an den Enden der waagrechten Striche gegeben wird. Die Perspektiven-Information deutet an, dass es sich beim oberen Strich um den hinteren Rand und beim unteren Strich um den vorderen Rand eines Objekts handelt könnte – der obere Strich müsste also weiter von uns entfernt sein als der untere. Unser Wahrnehmungssystem scheint diese angedeutete Entfernungs-Information automatisch mit zu verrechnen. Wenn die Abbilder zweier Objekte in der Netzhaut gleich groß oder lang sind (wie die waagrechten Striche in diesem Fall), aber eines davon weiter entfernt ist als ein anderes, dann muss es größer oder länger sein als das andere. Das ist eigentlich eine großartige (und automatische) Leistung unseres Wahrnehmungssystems, aber in diesem Fall verleitet es uns zu einer fehlerhaften Wahrnehmung, bei der es auch nichts hilft, dass wir die richtige Lösung kennen.

Wie ist es mit der rechten Zeichnung in Abbildung 1.1? Die meisten Menschen sehen hier zwei Dreiecke: ein weißes Dreieck ohne Rand, das über einem weißen Dreieck mit einem schwarzen Rand liegt. Keines der beiden Dreiecke ist aber tatsächlich vorhanden. Alles was die Zeichnung enthält, sind drei Winkel und drei schwarze „Törtchen", aus denen jeweils ein Stück heraus geschnitten ist. Was geschieht hier? Wir ergänzen Informationen. Auch das ist im Alltag sehr hilfreich, weil Objekte oft durch andere verdeckt sind und wir sie durch dieses Ergänzen unseres Wahrnehmungssystems doch erkennen können. Aber in unserem Beispiel verleitet uns diese Ergänzungs-Funktion eben dazu, etwas zu sehen, was gar nicht da ist.

---

1 Die psychologische Forschung hat allerdings auch herausgefunden, wie zumindest einige dieser Fehler durch kleine Veränderungen in der Art und Weise, wie Informationen dargeboten werden oder durch Instruktion vermieden werden können (z.B. Gigerenzer, Hertwig, Hoffrage, & Sedlmeier, in press; Sedlmeier, 2007).

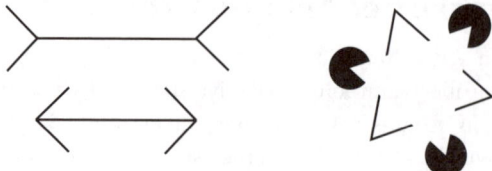

Abbildung 1.1: Zwei Beispiele für optische Täuschungen, links die Müller-Lyer Täuschung und rechts ein Kanisza-Dreieck (beide benannt nach ihren „Entdeckern").

Im Alltagsleben sind unsere Wahrnehmungen nicht isoliert voneinander: Was wir aktuell wahrnehmen, beeinflusst häufig unsere Erwartung dessen, was wir im nächsten Moment wahrnehmen werden. Wenn wir aus einiger Entfernung einen Bratwurststand sehen, erwarten wir, dass es nach Bratwurst riecht, wenn wir etwas näher kommen. Auch wenn wir uneindeutige Eindrücke interpretieren müssen, benutzen wir häufig frühere Wahrnehmungen und darauf aufbauende Erwartungen. ▶Abbildung 1.2 zeigt ein Beispiel hierfür. Was stellt die Figur in Abbildung 1.2a dar? Wenn Versuchsteilnehmer zunächst die obere Reihe der Zeichnungen in Abbildung 1.2b sehen, dann sehen die meisten von ihnen das Gesicht eines Mannes, wenn sie aber als erstes die untere Reihe von Zeichnungen in Abbildung 1.2b gezeigt bekommen, dann sehen sie eher eine kniende Frau.

(a)

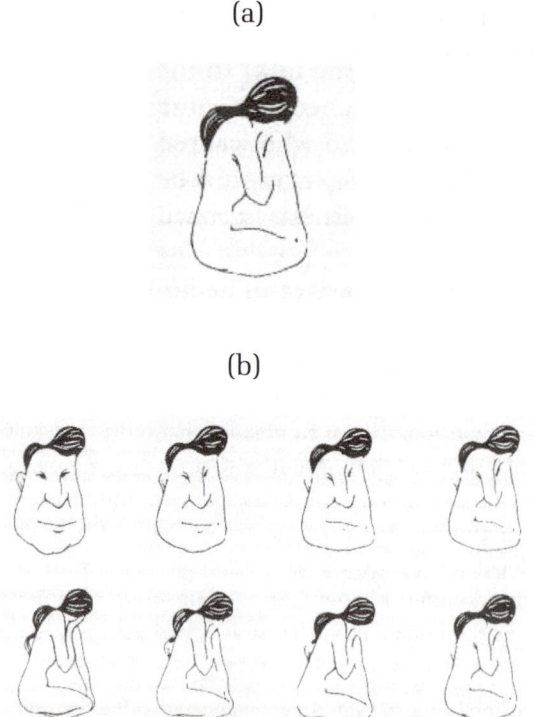

(b)

Abbildung 1.2: Ambige Figur (a),sowie die graduellen Übergänge zwischen zwei eindeutigen Figuren (Gesicht eines Mannes und kniende Frau – (b)) und dieser ambigen Figur (modifiziert nach Loftus, 1979, 45).

Eine fehlerhafte Wahrnehmung kann unter Umständen katastrophale Folgen haben. Das im Kasten „Fehlwahrnehmung mit Todesfolge" beschriebene Beispiel ist sicher ein Extremfall, aber die Schlussfolgerung, die man daraus ziehen kann, ist dieselbe wie bei den Zeichnungen in Abbildung 1.1 und Abbildung 1.2: Unsere Wahrnehmungen sind beeinflusst von unserem Hintergrundwissen, unseren Erfahrungen und Erwartungen. Das ist in vielen Fällen äußerst hilfreich, weil es uns die Wahrnehmung der Welt sehr vereinfacht, aber in manchen Fällen – wenn wir uns dieses Einflusses nicht bewusst sind – führt uns dieser Mechanismus in die Irre und kann unsere alltagspsychologischen Theorien, z.B. dazu, was gerade in unserer Umwelt passiert, beeinflussen.

HINTERGRUND

Fehlwahrnehmung mit Todesfolge Ein drastisches Beispiel für die Auswirkung von Erwartungen auf die Wahrnehmung, das sich gegen Ende der fünfziger Jahre in Kanada ereignet hat, wird von Sommer (1959) berichtet.

An einem Winternachmittag gingen fünf Männer auf Hirschjagd. Als sie durch ein morastiges Feld fuhren, blieben sie im Schnee stecken und nach einiger Zeit fiel das Getriebe aus. Zwei der Männer erboten sich, zu einem nahe gelegenen Farmhaus zu gehen und Hilfe zu holen. Von den anderen drei Männern blieb einer im Auto und zwei hielten sich vor dem Auto auf. Unterdessen entschied einer von den beiden Männern, die unterwegs zur Farm waren, dass es keinen Grund dafür gäbe, dass sie beide Hilfe holten; stattdessen wolle er inzwischen versuchen, einen Hirsch aufzuspüren. Die Männer, die beim Auto geblieben waren, wussten nicht, dass ihr Freund nun an einem Hügel vor ihnen herumstreifte. Einer der beiden Männer, die beim Auto standen, sah, dass sich etwas bewegte und sagte zu seinem Freund: „Das ist ein Hirsch, oder?" Der Freund antwortete, dass er das auch denke und der erste Mann schoss auf den Hirsch. Der Hirsch sprang daraufhin vorwärts und schrie – ein Laut, der wie der Schrei eines verwundeten Hirsches klang. Als der Hirsch nun versuchte wegzulaufen rief der Freund: „Lass ihn nicht entkommen: bitte erleg ihn für mich." Der erste Mann feuerte noch einen Schuss ab. Da sich der Hirsch immer noch bewegte, wurde auch noch ein dritter Schuss abgefeuert, der den Hirsch endgültig niederstreckte. Die Männer rannten zu ihm und sahen erst jetzt, dass es überhaupt kein Hirsch war, sondern ihr Freund. Und der Freund war tot.

So merkwürdig diese Geschichte einem Außenstehenden auch vorkommen mag: Die Jäger, die voller Jagdfieber die Gegend nach einem Hirsch durchsuchten, nahmen das sich bewegende Objekt (ihren Freund) als Hirsch wahr. „In meinen Gedanken und in meinen Augen war es ein Hirsch", sagte einer der Männer in der anschließenden gerichtlichen Befragung.

Dieser Unfall war kein Einzelfall: Fehlwahrnehmungen bei Jägern scheinen – auch angesichts der nicht immer eindeutigen visuellen Signale (Personen sind häufig durch Bäume oder Zweige teilweise verdeckt, Lichtverhältnisse sind nicht immer optimal) immer wieder vorzukommen. So erschoss beispielsweise am 11. Oktober 2004 ein 60-jähriger Jäger im westmecklenburgischen Landkreis Hagenow während der nächtlichen Pirsch versehentlich seinen ein Jahr jüngeren Bekannten. Beide Jäger hatten sich am Rand eines abgeernteten Maisfeldes postiert, aber der Jüngere hatte seinen Posten verlassen und sich seinem Kollegen genähert, der ihn offenbar für ein Stück Wild hielt (Quelle: *www.n24.de*).

1.1.2 Fehler beim Erinnern

Eine im Alltag verbreitete Vorstellung ist, dass unser Gedächtnis so ähnlich funktioniert wie ein Tonband, ein Fotoapparat oder eine Filmkamera: Wenn wir uns erinnern, dann rufen wir aus einer Art Speicher das ab, was wir gesehen, gehört oder gedacht haben. Das ist, wie man mittlerweile weiß, jedoch eher selten der Fall. Meist rufen wir unsere Vergangenheit nicht ab, sondern *rekonstruieren* sie. Dabei kann unsere Erinnerung in vielfältiger Weise beeinflusst werden. Gut untersucht sind der Einfluss von Information, die wir vor dem Erinnern erhalten, und der Einfluss unserer „impliziten Theorien", das heißt, Vorstellungen und Erwartungen, die wir zu bestimmten Gegenstandsbereichen haben, die uns in der Regel aber nicht bewusst sind.[2]

Ein sehr bekannter Effekt in der Psychologie ist der „Rückschaufehler", der in vielen Studien systematisch untersucht wurde. ▶Abbildung 1.3 illustriert, was in Studien zum Rückschaufehler normalerweise gemacht wird. Zunächst geben die Untersuchungsteilnehmer ein Urteil oder eine Einschätzung ab, z.B. darüber, welche Note sie in der anstehenden Klausur schreiben werden. Danach bekommen sie die „wahre" Information, z.B. das Ergebnis ihrer Klausur. Wenn man die Teilnehmer nun bittet, sich an ihr ursprüngliches Urteil zu erinnern, erhält man oft Werte, die zwischen dem Original-Urteil und der „wahren" Information liegen (natürlich nur, wenn sich Urteil und „wahre" Information unterscheiden). Wenn jemand ursprünglich gesagt hat, dass er eine 2,7 in der Klausur erwartet und das tatsächliche Ergebnis 2,0 war, dann wird er z.B. tendenziell erinnern, damals eine 2,3 erwartet zu haben (Sedlmeier & Jaeger, 2007).

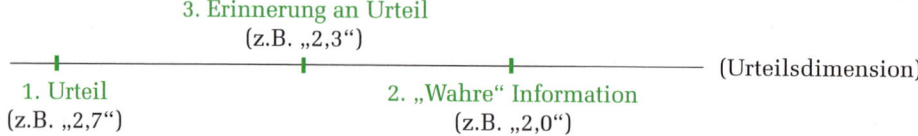

Abbildung 1.3: Typisches Ergebnis in einer Studie zum Rückschaufehler – die Erinnerung an ein Urteil ist ein Kompromiss zwischen dem ursprünglichen Urteil und einer später gegebenen Information.

Die Informationen, die wir bei der Rekonstruktion von Gedächtnisinhalten benutzen, müssen nicht immer so klar sein wie etwa die Information, dass das tatsächliche Ergebnis in der Klausur eine 2,0 war. Manchmal sind Zusatzinformationen auch in der Art und Weise versteckt, wie jemand eine Befragung durchführt. Vor allem, wenn sich die Befragten nicht sicher sind, können subtile Informationen in der Frage den Abruf (und auch die Neukonstruktion) von Gedächtnisinhalten beeinflussen. Ein besonders drastisches Beispiel ist im Kasten „Falsche Erinnerung mit Konsequenzen" berichtet.

---

2 In der Psychologie wird häufig zwischen impliziten und expliziten Denk- und Urteilsprozessen unterschieden. Explizit sind solche Prozesse, deren wir uns bewusst sind, wenn wir etwa verschiedene Vor- und Nachteile beim Kauf eines Autos gegeneinander abwägen. Implizite Urteilsprozesse beim Autokauf würden wir benutzen, wenn wir uns einfach „nach Gefühl" entscheiden würden.

Falsche Erinnerungen mit Konsequenzen In den frühen 80er Jahren hatten nach und nach 360 Kinder, die einen Kindergarten – die *McMartin Preschool* – in Kalifornien besuchten oder besucht hatten, berichtet, dass sie in diesem Kindergarten sexuell missbraucht worden seien (siehe z.B. *http://en.wikipedia.org/wiki/McMartin_preschool*). Gegen die Betreuer liefen lange Gerichtsverfahren – der Hauptbeschuldigte saß 5 Jahre in Untersuchungshaft –, bis sich 1990 herausstellte, dass sie alle unschuldig waren. Wie war es zu diesem eklatanten Fehlurteil gekommen? Ausgelöst wurde der Fall durch die Mutter eines Kindes, die zur Polizei ging und angab, ihr Sohn sei von einem Betreuer des Kindergartens sexuell missbraucht worden. Sie kam zu dieser Schlussfolgerung, weil ihr Sohn schmerzhafte Blähungen hatte. Der Sohn seinerseits bestritt jedoch, von dem Betreuer belästigt worden zu sein. Die Polizei befragte den Verdächtigen, erhob aber keine Anklage, weil die Beweislage zu gering war. Allerdings schickten die Polizisten einen offenen Brief an etwa 200 Eltern von Kindergartenkindern, in dem sie schrieben, dass ihre Kinder möglicherweise sexuell missbraucht worden seien und sie sie darüber befragen sollten. Dies führte dazu, dass einige hundert Kinder in einer Klinik für Opfer von Missbrauch in Los Angeles (*Children's Institute International*) zu den Vorgängen im Kindergarten befragt wurden. Es gab Berichte über sexuellen Missbrauch in Autowaschanlagen und in Flughäfen, sowie über Nacktfotografien. Aber selbst für Letzteres wurde keinerlei Beweis gefunden. Anscheinend waren viele dieser Erinnerungen hauptsächlich durch die Befragung in der Klinik „entstanden". Die Befragenden gingen offensichtlich meist davon aus, dass der Missbrauch tatsächlich stattgefunden hatte und formulierten ihre Fragen entsprechend. Wie leicht durch den Einfluss geeigneter Fragetechniken falsche Erinnerungen bei Kindern entstehen können, haben Garven et al. (1998) in einer Studie demonstriert, die die Techniken der Klinikmitarbeiter anwandten und damit bei über der Hälfte der befragten Kinder nachweisbar falsche Erinnerungen erzeugten.

Wie können unsere Gedächtnisinhalte durch unsere impliziten Theorien beeinflusst werden? ▶Abbildung 1.4 zeigt zunächst drei schematische Grafiken darüber, wie wir uns Veränderungen von Einstellungen, Eigenschaften und Fähigkeiten über die Zeit hinweg vorstellen könnten. Das erste Schema stellt eine verbreitete Ansicht über politische Einstellungen dar: Sie ändern sich nicht über die Zeit. Das zweite Schema beschreibt, was man von einem effektiven Trainingsprogramm erwartet: Kenntnisse und Fertigkeiten verbessern sich über die Zeit hinweg. Das dritte Schema schließlich zeichnet nach, wie man sich die Entwicklung vieler Fähigkeiten und Fertigkeiten im Laufe des Leben vorstellt: So steigt nach Meinung der meisten Menschen die intellektuelle Leistungsfähigkeit im Laufe der Entwicklung erst an, erreicht dann im mittleren Erwachsenenalter ihren Höhepunkt und sinkt dann wieder mit zunehmendem Alter.

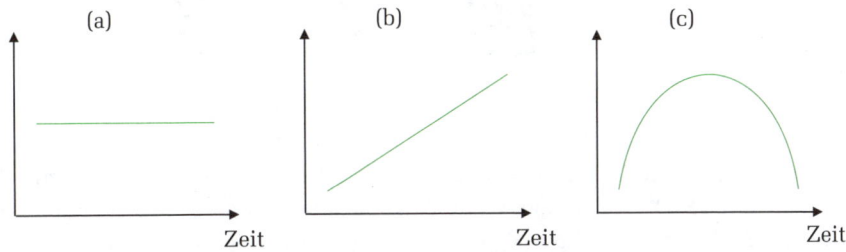

Abbildung 1.4: Darstellung dreier impliziter Theorien zu Veränderungen über die Zeit hinweg.

Wie können diese impliziten Theorien nun zu Gedächtnisfehlern führen? Diese Frage wurde in zahlreichen Studien untersucht (siehe Ross, 1989). Man hat beispielsweise in den USA Wahlberechtigte im Abstand von 20 Jahren nach ihren politischen Präferenzen (Republikaner oder Demokraten) gefragt. Dabei stellte sich heraus, dass viele der Befragten beim zweiten Befragungstermin (die Befragten waren inzwischen 40 und 50 Jahre alt) fälschlicherweise meinten, sie hätten vor 20 Jahren schon dieselbe politische Einstellung vertreten. Was passiert, wenn man der Ansicht ist, ein Trainingsprogramm zur Verbesserung der Studienleistungen sei effektiv, obwohl es keinen Effekt hat? Die Befragten können ihre Leistungen nach dem Training realistisch einschätzen. Wenn sie sich zu diesem Zeitpunkt erinnern sollen, wie gut ihre entsprechenden Studienleistungen vor dem Training waren, tendieren sie dazu, diese Leistungen vor dem Training systematisch zu unterschätzen. Ähnliche Ergebnisse fand man auch zu weiteren impliziten Theorien, wie der in Kurve 3 in Abbildung 1.4. Generell scheinen implizite Theorien zu Veränderungen über die Zeit so zu funktionieren, dass man vom Status Quo ausgeht und seine Gedächtnisinhalte in Übereinstimmung mit der verwendeten impliziten Theorie angleicht.

Beide hier beschriebenen Einflussmöglichkeiten auf unser Gedächtnis, nachträgliche Informationen über Ereignisse und unsere impliziten Theorien, spielen im Alltag eine große Rolle und haben damit auch das Potenzial, unsere alltagspsychologischen Theorien stark zu beeinflussen.

1.1.3   Fehler beim logischen Denken

Ist logisches Denken schwierig? Einige Befunde aus der psychologischen Urteilsforschung legen diese Schlussfolgerung nahe. Probieren wir mal ein Beispiel aus – eine Variante einer bekannten Aufgabe (bekannt unter der Bezeichnung „Wason-Aufgabe") zum logischen Denken. Nehmen Sie an, Sie haben vier Karten vor sich wie die in ▶Abbildung 1.5. Alle Karten sind auf der einen Seite mit einem Buchstaben und auf der anderen Seite mit einer Zahl beschriftet. Sie sollen jetzt überprüfen, ob folgende Regel für die Karten in Abbildung 1.5 stimmt: *Wenn auf der einen Seite der Karte ein Konsonant ist, ist auf der anderen eine ungerade Zahl.* Die Frage ist nun, welche Karte(n) Sie unbedingt umdrehen müssen, um zu überprüfen, ob diese Regel verletzt wurde. Versuchen Sie erst, die richtige Lösung zu finden, bevor Sie weiter lesen!

Abbildung 1.5: Eine Variante einer bekannten Logik-Aufgabe.

Die Lösungsraten bei Aufgaben dieser Art sind nicht sehr hoch – nur etwa 20% der Befragten kommen auf die richtige Lösung. Richtig ist: Man muss die Karte mit dem „F" und die mit der „2" umdrehen. Warum? Wenn auf der anderen Seite der „F"-Karte eine gerade Zahl ist, dann ist die Regel verletzt, genauso wenn auf der anderen Seite der „2"-Karte ein Konsonant steht. Auf der anderen Seite der „1"-Karte kann stehen, was will: Bei einem Konsonanten passt die Regel und bei einem Vokal ist sie nicht anwendbar; deswegen macht es auch nichts, ob auf der Rückseite der „E"-Karte eine gerade oder ungerade Zahl steht.

Logik wird oft als Bindeglied zwischen verschiedenen zusammengehörenden Aussagen benutzt, die dann insgesamt eine Theorie ergeben. Wenn die Anwendung logischer Schlussfolgerungen fehlerhaft ist – und das scheint im Alltag manchmal der Fall zu sein –, dann hat das natürlich auch Auswirkungen auf eine entsprechende alltagspsychologische Theorie.

1.1.4 Fehler beim Umgang mit Wahrscheinlichkeiten

In Abschnitt 1.1.2 haben wir gesehen, dass wir nicht immer sicher sein können, dass sich das, was wir erinnern, auch genau so ereignet hat. Noch schlimmer steht es mit Vorhersagen: Bei genauerer Betrachtung müssen wir feststellen, dass wir kaum etwas mit absoluter Sicherheit vorhersagen können. Oft hilft es aber, zumindest über die Wahrscheinlichkeit, dass ein bestimmtes Ereignis eintritt, gut Bescheid zu wissen. Wie gut sind wir im Umgehen mit solchen Wahrscheinlichkeiten? Unter bestimmten Bedingungen scheinen wir auch dabei recht fehleranfällig zu sein. Sehen wir uns folgendes Beispiel an:

Ein Schüler hat im Abschlusszeugnis in Mathematik die Note Vier erzielt. Welche der folgenden Aussagen trifft für ihn mit größerer Wahrscheinlichkeit zu?

a) Er hatte eine Sechs in Mathe im Halbjahreszeugnis.

b) Er hatte eine Sechs in Mathe im Halbjahreszeugnis, hat aber im zweiten Halbjahr Nachhilfe in Mathe erhalten.

Bei dieser Aufgabe entscheiden sich die meisten Befragten regelmäßig (und fälschlicherweise) für die Alternative b). Auch Aufgaben der folgenden Art scheinen nicht so einfach zu sein:

Welches der folgenden Ereignisse ist wahrscheinlicher?

a) Eine Hausfrau hat promoviert.

b) Eine promovierte Frau ist Hausfrau.

c) Beides ist gleich wahrscheinlich.

Die häufigste Antwort ist, dass beide Ereignisse gleich wahrscheinlich sind (Antwort c), obwohl tatsächlich die zweite Aussage (eine promovierte Frau ist Hausfrau) die wahrscheinlichste ist. Wenn Ihnen nach wie vor unklar ist, warum im ersten Beispiel die Antwort a) und im zweiten die Antwort b) richtig ist, dann können Sie die Lösungen im Kapitel 10 finden, in dem wir uns ausgiebig mit Wahrscheinlichkeiten befassen werden. Festzuhalten bleibt, dass es im Alltag nicht immer einfach ist, Wahrscheinlichkeiten richtig einzuschätzen: ein weiteres Argument dagegen, auf alltagspsychologische Theorien zu sehr zu vertrauen.

1.2   Sprachgebrauch in Alltag und Wissenschaft

Abgesehen von den in Abschnitt 1.1 angedeuteten Fehlermöglichkeiten gibt es im Alltag eine weitere Quelle für Missverständnisse und fehlerhafte Interpretationen: die Umgangssprache. Unsere Äußerungen im Alltag sind oft unvollständig und auch ungrammatikalisch. Trotzdem haben wir in der Regel keine Probleme, unsere Gesprächspartner zu verstehen – der Kontext hilft uns dabei: Wir haben in der Regel Vorwissen über den Gegenstand einer Unterhaltung und auch über die Gesprächspartnerin und benutzen außerdem viele unterschiedliche Hinweise, wie z.B. Gestik und Mimik, um fehlerhafte und unvollständige Aussagen zu verstehen. In der Wissenschaft geht es jedoch oft gerade darum, Gesetzmäßigkeiten zu finden, also verallgemeinernde Aussagen zu machen, bei denen der Kontext keine Rolle spielen soll. Dieses Ziel wird durch die Präzisierung der Wissenschaftssprache verfolgt.

1.2.1   Missverständnisse beim Verstehen von Sprache im Alltag

Unsere Alltagssprache ist oft nicht ganz eindeutig. Was bedeutet es beispielsweise, wenn jemand sagt: „Das war ein teures Abendessen", wie viel wird das Essen gekostet haben? Offensichtlich ist es zur Beantwortung dieser Frage notwendig, etwas mehr über den Sprecher zu wissen. Wenn es ein Schüler gesagt hat, dann wird „teuer" etwas anderes bedeuten, als wenn dieser Satz vom Vorstandsvorsitzenden einer Bank kommt. Ein anderes Beispiel: Ein Freund fragt Sie „Hast Du ein Taschentuch?" Wenn Sie ein überzähliges (Papier-)Taschentuch haben, werden Sie sich in der Regel nicht darauf beschränken „ja" zu sagen, sondern ihm eines geben. Unklarheiten dieser Art können zu Missverständnissen führen, wenn man nichts über Sprecher und Kontext weiß. Viele Ausdrücke in der Umgangssprache sind vieldeutig – Beispiele sind Adjektive wie „groß", „viel", „stark" usw. Die Mehrdeutigkeit von Wörtern wird auch deutlich, wenn man Texte von einer Sprache in eine andere übersetzen möchte. Ein Beispiel, das in vielen Büchern zur Kritik der Künstlichen-Intelligenz Forschung zitiert wird, illustriert diese Schwierigkeit. Danach soll von einem automatischen Übersetzungsprogramm der Satz „Der Geist ist willig, aber das Fleisch ist schwach" erst ins Russische und dann wieder zurückübersetzt worden sein mit folgendem Ergebnis: „Der Wodka ist gut, aber das Steak ist lausig".

Die Mehrdeutigkeit der Umgangssprache eröffnet Möglichkeiten für systematische Missverständnisse, seien sie gewollt oder ungewollt. Auch dazu gibt es umfangreiche Forschungsergebnisse (siehe z.B. Harris & Monaco, 1978). So hat man gefunden, dass kleine Unterschiede in der Formulierung von Fragen die Ergebnisse stark verändern können. Wenn Patienten etwa gefragt werden: „Haben Sie *häufig* Kopfschmerzen, und wenn ja, wie oft?", dann fallen die Angaben wesentlich höher aus, als wenn die Frage lautet: „Haben Sie *gelegentlich* Kopfschmerzen, und wenn ja, wie oft?". Ähnliche Unterschiede erhält man, wenn man Augenzeugen bei einem Unfall Fragen darüber stellt, wie schnell die Autos fuhren. „Wie schnell waren die Autos ungefähr, als sie *aufeinander krachten*?", erzeugt in der Regel deutlich höhere Geschwindigkeitsschätzungen als „Wie schnell waren die Autos ungefähr, als sie *kollidierten*?". Gewollte Missverständnisse kann es etwa bei Aussagen vor Gericht geben. Wenn es beispielsweise darum geht, wie Mitglieder einer Jury einschätzen, ob der Angeklagte Geld gestohlen hat oder nicht, macht es anscheinend keinen Unterschied, ob dieser antwortet: „Ich habe das Geld nicht gestohlen" oder „Ich war nicht gezwungen, das Geld zu stehlen". In der von Harris und Monaco (1978) berichteten Studie hat offenbar stattgefunden, was die Autoren „pragmatische Implikation" nennen: Uneindeutige oder fehlende Information in Alltagskonversationen wird vom Hörer in passender Weise „ergänzt".

Die Umgangssprache bildet zudem logische Strukturen nicht genau so ab, wie es in der Sprache der Logik geschieht. Wenn jemand sagt: „Bei dem Unfall gab es 22 Tote und Verletzte", dann ist das „und" logisch gesehen ein „oder": Jede der 22 Personen war entweder tot oder verletzt. Wenn in der Aussagenlogik der Ausdruck „und" gebraucht wird, heißt das, dass beides (z.B. „tot" und „verletzt") zutreffen muss, damit die Aussage wahr ist. Selbst ein „oder" ist in der Umgangssprache oft nicht eindeutig: Bei der Frage „Willst Du was trinken oder essen?", kann das „oder" die Bedeutung von „entweder oder" (nur trinken oder nur essen) haben oder die von „sowohl als auch" (nur trinken, nur essen oder beides). Auch das logische „und" muss in der Umgangssprache nicht als solches benutzt werden: In „Er ist intelligent, aber er arbeitet sehr langsam", steht das „aber" für ein logisches „und".

Was sollen diese Beispiele zeigen? Sie sollen illustrieren, dass Aussagen in der Umgangssprache oft mehrdeutig sind und somit Manipulationen des Sprachverständnisses ermöglichen. Das ist natürlich keine gute Grundlage für eine wissenschaftliche Beschreibung von Erleben und Verhalten. Um Aussagen zu präzisieren, haben die Wissenschaften deswegen eigene Fachwörter entwickelt, und benutzen, wenn es möglich ist, die Sprache der Logik und mathematische Elemente.

1.2.2 Präzisierung der Sprache in der Wissenschaft

In den Anfangssemestern haben Studierende aller Fachrichtungen mit vielen neuen Ausdrücken zu kämpfen und bezweifeln manchmal, ob diese auch alle notwendig sind. Auch wenn es hin und wieder unnötiges „Fachchinesisch" geben mag: Die Verwendung von Fachausdrücken stellt sicher, dass Verwechslungen und Mehrdeutigkeiten, die beim Benutzen der Umgangssprache entstehen können, weniger wahrscheinlich werden. In der wissenschaftlichen Psychologie gibt es eine Vielzahl von Fachausdrücken. Viele davon betreffen die Thematik dieses Buches: Forschungsmethodik und Statistik. Manche der Fachausdrücke kommen auch sporadisch in der Umgangssprache vor, sind aber in der Wissenschaft eindeutig (und anders) definiert, wie etwa „Signifikanz", „Neurotizismus", „Faktor" usw. Andere Ausdrücke sind spezifisch für bestimmte Fächer. In der wissenschaftlichen Psychologie geht man teilweise so weit, dass man Persönlichkeitseigenschaften nur mit Abkürzungen wie „PF1" oder „PF2" bezeichnet, um Mehrdeutigkeiten zu verhindern.

In Kapitel 2 werden wir sehen, dass Mehrdeutigkeiten auch dadurch minimiert werden, dass man die Operationen angibt, mit Hilfe derer bestimmte Eigenschaften oder Merkmale gemessen werden können. Das ist deswegen nötig, weil Ausdrücke, die wir wie selbstverständlich im Alltag benutzen – wie „Gedächtnis", „Angst" oder „Intelligenz" – nichts bezeichnen, was wir direkt sehen könnten. Wir nehmen im Alltag einfach an, dass alle dasselbe darunter verstehen (was man durch genaueres Nachfragen nicht selten feststellen kann). In der Wissenschaft muss man sicherstellen, dass alle dasselbe Verständnis von Begriffen haben. Deswegen ist es notwendig, genau anzugeben, wie man beispielsweise das Ausmaß von „Angst" feststellen kann.

Wann immer es angebracht ist, versucht man in den Wissenschaften, Aussagen, Hypothesen oder sogar ganze Theorien dadurch zu präzisieren, dass man sie logisch eindeutig formuliert. Dies ist in der Psychologie nicht immer einfach. Aber je besser es möglich ist, eine Hypothese zu formalisieren, also entweder in der Sprache der Logik oder als mathematische Gleichung auszudrücken, desto besser kann man sie überprüfen. Logik dient manchmal auch dazu, die Struktur einer Aufgabe klar herauszuarbeiten. Ein Beispiel: Wie kann man die richtige Lösung des Karten-Problems im Abschnitt 1.1.3 mit Hilfe einer logischen Formulierung darstellen? ▶Abbildung 1.6 zeigt eine so genannte „Wahrheitstafel", wie sie häufig in der Aussagenlogik benutzt wird. Die Aufgabe in Abschnitt 1.1.3 lautete: *Wenn auf der einen Seite der Karte ein Konsonant ist, ist auf der anderen eine ungerade Zahl.* Nun lassen wir *A* für den „Wenn-Teil" der Aussage (Konsonant) und *B* für den „Dann-Teil" (ungerade Zahl) stehen. In der Wahrheitstafel stehen jetzt unter *A* verschiedene Möglichkeiten: „ja" bedeutet Konsonant und „nein" bedeutet Vokal (kein Konsonant). Unter *B* steht „ja" für „ungerade Zahl" und „nein" für „gerade Zahl" (keine ungerade Zahl). In der letzten Spalte steht, wann die gesamte Wenn-Dann-Aussage, die so genannte logische Implikation richtig ist. Diese Implikation ist nur dann nicht wahr ($A{\rightarrow}B$: *nein*), wenn auf der einen Seite der Karte ein Konsonant steht (*A: ja*), aber auf der anderen eine gerade Zahl (*B: nein*). Man muss die Karte also immer dann umdrehen, wenn man entweder einen Konsonanten oder eine gerade Zahl sieht (also die Karten „F" und „2" in Abbildung 1.5), denn nur dann kann die Implikation falsch sein; und nur wenn die Implikation falsch ist, kann die Regel verletzt sein.

A	B	A → B
ja	ja	ja
ja	*nein*	*nein*
nein	ja	ja
nein	nein	ja

Abbildung 1.6: Wahrheitstafel für die logische Implikation. Die Implikation ist nur falsch, wenn der Wenn-Teil (A) wahr ist und der Dann-Teil (B) falsch ist (siehe zweite Zeile).

Noch häufiger als logische Ausdrücke benutzt man in der wissenschaftlichen Psychologie mathematische Gleichungen. Der nachstehende Kasten über das Weber'sche Gesetz zeigt ein einfaches Beispiel dafür, wie man psychologische Gesetzmäßigkeiten in Form von Gleichungen ausdrücken kann.

Weber'sches Gesetz Ab welchem Unterschied im Zuckergehalt merkt man, dass eine Sorte Cola süßer ist als die andere? Ab welchem Unterschied im Gewicht bemerkt man ohne Waage, ob eine Münze schwerer ist als eine zweite (eine Fälschung beispielsweise), oder ab welchem Unterschied im Schalldruck hört sich ein Ton lauter an als ein anderer? Solche Fragen nach subjektiven Unterschiedsschwellen bei physikalischen und chemischen Reizen kann man, zumindest in einem gewissen Intensitätsbereich, gut mit dem so genannten Weber'schen Gesetz erklären. Dieses Gesetz lautet, dass die Größe der Unterschiedsschwelle sich proportional zur Intensität eines Vergleichsreizes verhält. Wenn Sie von diesem Gesetz noch nichts gehört haben, müssen Sie wahrscheinlich etwas über die Bedeutung des letzten Satzes nachgrübeln. Für die meisten Leser wird es jedoch einfacher und auf alle Fälle präziser, wenn dieses Gesetz als Gleichung dargestellt wird:

$$\frac{\Delta I}{I} = k$$

Der Ausdruck k ist eine Konstante – die Weber'sche Konstante – die angibt, um welchen Anteil man die Reizintensität I vergrößern muss, um den gerade merklichen Unterschied ΔI zu erhalten. Die Konstante k unterscheidet sich für verschiedene Reizdimensionen. Für die Geschmackskonzentration gilt $k = 0,20$. Wenn ich etwa eine Cola mit 10%iger Zuckerkonzentration als Vergleichsreiz hätte, bräuchte ich, um festzustellen, dass eine andere süßer ist, eine Erhöhung der Zuckerkonzentration um $k \cdot I = 0,2 \cdot 10\% = 2\%$. Nach dem Weber'schen Gesetz könnte ich also eine Cola mit einem Zuckergehalt von 10% von einer mit 12% unterscheiden. Wenn jedoch die Zuckerkonzentration in der ersten Cola schon 50% wäre, würde ich den Unterschied bei einer zweiten erst bemerken, wenn die Konzentration um 10 Prozentpunkte angestiegen wäre.

In der Umgangssprache würde man das Weber'sche Gesetz wohl mit Hilfe von Beispielen beschreiben oder versuchen, es anschaulich zu formulieren. Als Gleichung – ein fester Bestandteil der Wissenschaftssprache – ist die Aussage aber eindeutiger, präziser und, wenn man sich mit Gleichungen etwas angefreundet hat, auch leichter zu verstehen.

Eine weitere Möglichkeit, die Wissenschaftssprache zu präzisieren, von der auch in der Psychologie immer mehr Gebrauch gemacht wird, ist, Theorien und Vorhersagen als Computerprogramme zu abzubilden (siehe Kapitel 24). Die dabei benötigten Programmcodes zwingen zur Präzision: sie müssen genau sein, weil sonst das Programm nicht läuft.

1.3 Die wissenschaftliche Methode

Das Bestreben der Wissenschaftler, zu fundierten Aussagen über die Welt zu gelangen, die außerdem präzise und möglichst wenig fehlerbehaftet sind, hat zur Entwicklung einer Vielzahl von Vorgehensweisen, Verfahren und Techniken geführt, die in ihrer Gesamtheit als *wissenschaftliche Methode* bezeichnet werden. Die wissenschaftliche Methode wurde zuerst in den Naturwissenschaften angewandt, ist aber mittlerweile die anerkannte methodische Grundlage in nahezu allen Bereichen der psychologischen Forschung (auf einen alternativen Ansatz werden wir in Kapitel 2 und in Kapitel 25 noch zu sprechen kommen). Nicht alle Wissenschaftler verstehen genau dasselbe unter

„wissenschaftlicher Methode" – so benutzen etwa Physiker andere Verfahren als Biologen oder Psychologen – aber die meisten würden wohl der Zusammenfassung in ▶Abbildung 1.7 zustimmen. Die in der Abbildung aufgeführten Bestandteile finden sich auch in diesem Buch wieder und werden in späteren Kapiteln behandelt. Die Breite des jeweiligen Bestandteils repräsentiert dabei den Allgemeinheitsgrad des entsprechenden Schrittes im Forschungsprozess, nicht unbedingt jedoch den damit verbundenen zeitlichen Aufwand. Sehen wir uns zunächst kurz an, was sich hinter den Begriffen verbirgt.

Theorie
Forschungshypothese
Präzisierung der Hypothese
Design der Studie
Durchführung
Datenanalyse
Interpretation der Daten
Implikationen für Theorie

Abbildung 1.7: Die wissenschaftliche Methode.

1.3.1 Theorien, Hypothesen und ihre Präzisierung

In Kapitel 2 werden wir uns genauer damit befassen, was eine Theorie ist und welche Arten von Theorien es gibt. Wir werden auch diskutieren, welche Voraussetzungen und Bestandteile eine Theorie enthalten und wie man bei ihrer Überprüfung vorgehen sollte. Eine Theorie ist ein systematisches Gefüge von Ideen und Annahmen über einen definierten Gegenstandsbereich. Die Bestandteile der Theorie sollten dabei so präzise wie möglich sein. In der Regel kann man aber eine Theorie nicht direkt prüfen, weil sie zu komplex ist. Deshalb werden aus Theorien Hypothesen abgeleitet, die in einem weiteren Schritt so präzisiert werden, dass man sie direkt in empirischen Studien überprüfen kann. Hypothesen sind Annahmen oder Behauptungen, die man auch in Form einer Frage formulieren kann, und „empirisch" bedeutet, dass man Daten sammelt, die Aufschluss über die untersuchten Fragestellungen oder Hypothesen geben können. Die Hypothesen beziehen sich oft nicht nur auf das Verhalten oder Erleben der Teilnehmer einer bestimmten Studie, sondern auf die Grundgesamtheit (Population), aus der diese Teilnehmer stammen. So möchte man beispielsweise aufgrund der Ergebnisse einer Studie mit zufällig ausgewählten Schulkindern in einem Bundesland (Stichprobe) Schlüsse über alle Schulkinder in diesem Bundesland (Population) ziehen. Wenn sich solche Hypothesen auf „Statistiken", das heißt, zusammengefasste Werte wie beispielsweise Mittelwerte, beziehen, dann spricht man häufig von statistischen Hypothesen

1.3.2 Design

„Design" oder „experimentelles Design" hat in der psychologischen Forschung eine andere Bedeutung als in der Alltagssprache: es bedeutet „Versuchsplanung". Das Design einer Studie gibt an, wie die Studie durchgeführt werden sollte und ist im Idealfall ausschließlich durch die Hypothese bestimmt. Die meisten Designs in der psychologischen Forschung befassen sich mit der Untersuchung von Gruppen. Das hängt damit zusammen, dass menschliches Verhalten und Erleben durch sehr viele Faktoren beeinflusst wird, die man oft gar nicht untersuchen möchte, und dass sich die Einflüsse dieser Faktoren „ausmitteln", wenn man nicht Einzelwerte, sondern Mittelwerte betrachtet. Wenn man etwa die mathematischen Fähigkeiten einer bestimmten Schülergruppe erheben möchte, dann können die Ergebnisse der einzelnen Schüler in einem entsprechenden Rechentest mit dadurch beeinflusst sein, wie ängstlich, intelligent, ausgeschlafen, hungrig, gut gelaunt usw. diese Schüler sind. Wenn beispielsweise die gute Laune eines Schülers das Ergebnis im Rechentest positiv und die schlechte Laune eines anderen Schülers es negativ beeinflusst, dann bekommt man durch das Mitteln einen Effekt, in dem die Auswirkung der Laune „kontrolliert" ist. Das setzt natürlich voraus, dass man keine systematische Auswahl von Schülern mit besonders guter oder schlechter Laune getroffen hat. Das wiederum wird durch besondere Verfahren bei der Auswahl von Untersuchungsteilnehmern gewährleistet. Die Auswahl von Teilnehmern, die Wahl von Gruppen, die Methoden zur Datenerhebung, die zeitliche Struktur, sowie weitere Aspekte bei der Durchführung von empirischen Studien fasst man unter dem Begriff „Design" zusammen (siehe auch Kapitel 5).

1.3.3 Durchführung von Studien

Bei der Durchführung einer Studie tritt der Untersucher zum ersten Mal direkt in Kontakt mit den Untersuchungsteilnehmern. Im Idealfall folgt die Durchführung in allen Punkten dem geplanten Design. In der Praxis kommt es allerdings häufig zu unvorhergesehenen Problemen. So können Versuchsteilnehmer ihren Termin versäumen, weil sie krank geworden sind oder es sich anders überlegt haben, Geräte können plötzlich nicht funktionieren oder anders, als es eigentlich gedacht war. Darüber hinaus könnten die Ergebnisse systematisch beeinflusst werden durch das Verhalten der Versuchsleiter oder durch die Zuweisung der Teilnehmer zu den Untersuchungsbedingungen. Gar nicht so selten entwickeln Versuchsteilnehmer auch selbst „Theorien" darüber, was in der Studie untersucht werden soll und solche Theorien können sich auf ihr Verhalten auswirken. Außerdem können ethische Probleme auftreten (z.B.: Wann ist es erlaubt, Versuchsteilnehmern zunächst nicht die ganze Wahrheit über die Studie zu sagen?). Eine ausführliche Diskussion der Problematik findet man in Sarris und Reiß (2005).

1.3.4 Datenanalyse und -interpretation

Der größte Teil dieses Buches wird sich damit befassen, wie man die Ergebnisse einer Studie analysieren und interpretieren kann. In Kapitel 3 werden wir sehen, dass Zahlen nicht gleich Zahlen sind, sondern dass ihre Bedeutung erst durch Zuordnungsregeln zu beobachtbaren oder angenommenen Ereignissen entsteht. Abhängig von der Bedeutung einer Zahl können dann unterschiedliche Verfahren zur weiteren Bearbeitung verwendet werden. In den meisten Fällen wird man versuchen, Zahlen zusammenzufassen, um ein erstes Bild davon zu bekommen, was in einer Studie herausgekommen ist (Kapitel 6). Die weitere Datenanalyse hängt dann noch stärker von der Ausgangshypothese ab. Dabei wird man zunächst die Ergebnisse in der Stichprobe beschreiben, aber nicht so selten möchte man auch Schlüsse auf die Grundgesamtheit oder Population ziehen. Die erste Art der Analyse wird häufig als *Deskriptive* oder *Explorative Statistik* bezeichnet (Kapitel 6 bis 9 und Kapitel 20) und die zweite als *Inferenzstatistik* (Kapitel 10 bis 19). Bei der Behandlung von Analysemethoden werden wir uns nicht darauf beschränken, „Kochbuchrezepte" zu geben, sondern wir werden versuchen, die Leser zum kritischen Anwenden der entsprechenden Methoden zu motivieren. Dies versuchen wir u.a. auch dadurch, dass wir Verfahren erläutern, die bisher kaum in einführenden Methodenlehrbüchern zu finden sind, die aber unseres Erachtens eine weitere Verbreitung verdienen (Kapitel 20 bis 25).

Die Interpretation der Ergebnisse hängt immer von der Hypothese und damit letztlich von der Theorie ab, die der Ausgangspunkt für die Forschung war. Aber auch die Art und Güte der Daten sowie die verwendeten Verfahren haben Einfluss auf die Interpretierbarkeit der Ergebnisse. Es kann durchaus sein, dass man Ergebnisse zunächst einmal nicht interpretieren kann, weil sie den Hypothesen widersprechen und auch nicht mit einer anderen bekannten Hypothese in Übereinstimmung gebracht werden können. In diesem Fall – und das ist möglicherweise die interessanteste Art von Ergebnissen – wird man versuchen, die vorhandene(n) Theorie(n) zu erweitern oder eine neue zu kreieren, die dann natürlich wieder der Überprüfung ausgesetzt werden muss (symbolisiert durch den Rückkopplungs-Pfeil in ▶Abbildung 1.7).

1.4 Was gewinnen wir durch die wissenschaftliche Vorgehensweise?

Dieses Kapitel dreht sich im Grunde um die Frage, warum wir eine wissenschaftliche Psychologie brauchen, obwohl wir in gewisser Weise doch alle schon Psychologen sind: Wir können Verhalten und Erleben oft spontan erklären und vorhersagen. Unsere Antwort – illustriert anhand einiger Beispiele – war: Die Methoden, die wir in der Alltagspsychologie anwenden – wie wir wahrnehmen, uns erinnern, Schlussfolgerungen ziehen, Wahrscheinlichkeiten schätzen und unsere Sprache benutzen –, sind potenziell ungenau und mit Fehlern behaftet. Das kann zu falschen Alltagstheorien, etwa über die Funktionsweise des Gedächtnisses führen. Alltagstheorien müssen allerdings nicht falsch sein. Aber auch dann gewährleistet nur die wissenschaftliche Methode, dass aus solchen Theorien plausible Hypothesen abgeleitet und sorgfältig überprüft werden können.

Die Überprüfung von alltagspsychologischen Theorien wird neben den oben angeführten methodischen Einschränkungen auch noch durch einige verbreitete, aber wenig effektive „Strategien" erschwert. Wie überprüfen wir Theorien im Alltag? Wenn wir sie überhaupt überprüfen, dann verlassen wir uns manchmal ausschließlich auf unser „Gefühl": „Mein Gefühl sagt mir ganz eindeutig, dass der Mensch nicht vom Affen abstammt". Eine andere Art von suboptimaler Überprüfung, die man eher Rechtfertigung nennen könnte, ist die Berufung auf Autoritäten. Diese Autoritäten sind häufig Personen, die in der Medienlandschaft präsent, aber nicht unbedingt auch in entsprechenden Fachkreisen anerkannt sind. „Fernsehpsychologen", „psychologische Ratgeber" in Illustrierten, und viele prominente Erziehungsratgeber – etwa Nachrichtensprecherinnen oder Ehefrauen von Politikern – würden in diese Kategorie fallen. Auch Nobelpreisträger in den Naturwissenschaften scheinen sich manchmal für Universalexperten im Bereich der Psychologie zu halten. Eine weitere Vorgehensweise, um Alltagstheorien auf vermeintlich feste Füße zu stellen, ist das Anführen einiger möglichst lebendig dargestellter Beispiele. Ein oder zwei Beispiele für Sozialhilfeempfänger, die in sonnigen Ländern leben, können Alltagstheorien über das Verhalten von Sozialhilfeempfängern stärker beeinflussen als Statistiken, die Tausende von Beziehern der Sozialhilfe repräsentieren.

Eine verbreitete Methode, um unsere Alltagstheorien zu stützen, besteht darin, nur nach bestätigender Evidenz zu suchen. Diese konfirmatorische (bestätigende) Suche ist im Alltag durchaus sinnvoll und vereinfacht unser Leben, führt aber auch dazu, dass falsche alltagspsychologische Theorien nicht auffallen. Wenn man beispielsweise nach dem Essen von Kirschen nie Wasser trinkt, kann man auch nie herausfinden, dass das Trinken von Wasser *kein* Bauchweh erzeugt. Ein weiterer Grund, weswegen falsche Theorien im Alltag nicht auffallen, ist, dass auch aus falschen Theorien manchmal richtige Vorhersagen abgeleitet werden können (die man dann konfirmatorisch prüft): Auch wenn man der Ansicht ist, dass die Erde eine Scheibe ist, kann man mit einigen Zusatzannahmen die Stellung der Sonne im Jahresverlauf gut vorhersagen.

Was gewinnen wir also durch die Anwendung der wissenschaftlichen Methode? In einigen Fällen möglicherweise inhaltlich nicht viel: Manchmal treffen alltagspsychologische Theorien ja auch zu. Aber selbst in diesem Fall können wir nach einer methodisch fundierten Prüfung Aussagen über die entsprechende (präzisierte) Theorie mit größerer Sicherheit machen. Wenn die entsprechende Alltagstheorie aber nicht oder nur bedingt stimmt oder wenn sie nur teilweise vorhanden ist, dann hat die wissenschaftliche Vorgehensweise den unschätzbaren Vorteil, dass sie eine systematische und unvoreingenommene Prüfung der Gründe, Ursachen und Ziele menschlichen Verhaltens und Erlebens und eine systematische Präzisierung und Weiterentwicklung guter Theorien erlaubt. Fundierte und präzise Methoden sind kein Selbstzweck; sie sind die unabdingbare Zugangsvoraussetzung für wissenschaftlichen Erkenntnisfortschritt, der auch inhaltlich weit über die Themen der Alltagspsychologie hinausgeht.

ZUSAMMENFASSUNG

Anders als in vielen naturwissenschaftlichen Bereichen, wie etwa der Atomphysik oder der Biochemie, wo das nur sehr eingeschränkt möglich ist, können Menschen über nahezu alle psychologischen Themen ohne spezielle Ausbildung mitreden. Alltagspsychologische Erkenntnisse werden jedoch häufig mit Methoden wie „Intuition", „Gefühl" oder „Hörensagen" erreicht. Eine solche Vorgehensweise kann zu richtigen Theorien führen, birgt jedoch auch die Gefahr von Fehlinterpretationen in sich. Die Art und Weise, wie wir die Welt wahrnehmen, uns erinnern, logische Schlüsse ziehen und mit unsicherer Information umgehen ist potenziell fehlerbehaftet und kann zu falschen Theorien führen sowie theoretische Weiterentwicklungen blockieren. Ein weiteres Problem der Alltagspsychologie besteht darin, dass unsere Alltagssprache oft mehrdeutig und offen für Missverständnisse ist.

Die wissenschaftliche Psychologie bemüht sich dagegen, ihre Sprache zu präzisieren und wendet beim Ableiten, Prüfen und Weiterentwickeln von Theorien eine bewährte und stetig wachsende Sammlung von Verfahren an, zusammengefasst unter der Bezeichnung *wissenschaftliche Methode*. Die wissenschaftliche Methode minimiert Fehlermöglichkeiten und nur durch ihre Anwendung kann unser Wissen über menschliches Erleben und Verhalten auf ein solides Fundament gestellt und systematisch erweitert werden.

ZUSAMMENFASSUNG

Weiterführende Literatur

Bunge, M. & Ardila, R. (1990). *Philosophie der Psychologie.* Tübingen: Mohr.
In diesem Buch wird die wissenschaftliche Methode erläutert.

Gilovich, T., Griffin, D. & Kahneman, D. (2002). *Heuristics and biases: The psychology of intuitive judgment.* Cambridge: Cambridge University Press.
Überblick über die Forschung zu Urteils- und Denkfehlern.

Übungsaufgaben mit Lösungen sowie weitere Informationen zu diesem Buchkapitel finden Sie auf der Companion Website zum Buch unter *http://www.pearson-studium.de*

Wissenschaftstheorie, Theorien und Hypothesen

2

ÜBERBLICK

In diesem Kapitel verlassen wir zunächst die Psychologie im engeren Sinn. Das mag die Lektüre für viele Leser erschweren, nicht zuletzt wegen der zahlreichen neuen Fachbegriffe, die dabei notwendigerweise eingeführt werden. Trotzdem lohnt sich die Mühe, denn wir berühren zwei zentrale Aspekte aller Arten von Wissenschaft: Vorannahmen, die (noch) nicht direkt überprüfbar sind und generelle Zugangsmöglichkeiten zum Wissen. Dabei begeben wir uns in die Philosophie, genauer gesagt, in ein Spezialgebiet der Philosophie – die Wissenschaftstheorie. Die zwei zentralen Fragen der Wissenschaftstheorie befassen sich damit, was die Wirklichkeit ist und wie wir Erkenntnisse darüber gewinnen können. Wie der Name Wissenschafts*theorie* schon andeutet, sind die Antworten auf diese Fragen letztlich auch nur Theorien (keine Wahrheiten) und man sollte sich der jeweiligen Annahmen bewusst sein, wenn man Forschung betreiben oder auch nur Forschungsergebnisse verstehen und verwenden möchte. Denn die Antworten auf die zwei zentralen Fragen der Wissenschaftstheorie sind ausschlaggebend dafür, welche Art von Forschungsergebnissen man erwarten und wie man sie im Prinzip gewinnen kann.

Wir widmen uns zunächst den Fragen nach dem Wesen der Wirklichkeit und den Möglichkeiten, sie zu erkennen. Sodann geben wir einen Überblick über verbreitete wissenschaftstheoretische Positionen und alternative Ansätze. Nach dem Ausflug in die Wissenschaftstheorie werden wir wieder zur Psychologie zurückkehren und zwei spezielle Probleme erörtern, die dort eine besondere Rolle spielen: das Erfassen von Eigenschaften, auf die man keinen direkten Zugriff hat, und das besondere Verhältnis zwischen Forschern und „Forschungsobjekten", die selbst im Prinzip auch Forscher sein könnten. Im Anschluss daran beschäftigen wir uns damit, was man über die Entstehung von Theorien weiß, und werden sehen, dass das relativ wenig ist. Weit mehr Erkenntnisse liegen darüber vor, wie man eine Theorie fundiert überprüfen kann. Wir beschreiben die grundlegende Vorgehensweise und stoßen dabei wieder auf die in Kapitel 1 beschriebene wissenschaftliche Methode. Insbesondere werden wir illustrieren, wie man aus einer Theorie empirisch überprüfbare Hypothesen ableiten kann.

2.1 Was ist die Wirklichkeit und wie können wir sie erkennen?

Gibt es eine von uns unabhängig existierende Welt, also Pflanzen, Tiere und Menschen, über die jeder im Prinzip dasselbe herausfinden kann, wenn er oder sie möchte? Diese Frage mag auf den ersten Blick trivial klingen und die Antwort „ja" ist auch die Grundlage für viele Ansätze in der Wissenschaftstheorie. Bei genauerem Hinsehen ist die Frage aber nicht trivial. Wie können wir beispielsweise die Ansicht widerlegen, dass wir in einer Welt nur für uns leben und dass alle Sinneseindrücke selbst erzeugt sind und nur in der eigenen Einbildung existieren? Könnte es sein, wir stellten uns vor, wir seien mit anderen Menschen zusammen und unterhielten uns mit ihnen, aber tatsächlich gäbe es niemand, der mit uns redete? Oder dieser Jemand sähe tatsächlich ganz anders aus oder verhielte sich ganz anders, als wir das erleben? Selbst wenn wir uns in den Arm kneifen und Schmerz empfinden würden – ein beliebter Realitätstest –, könnte auch das ausschließlich in unserer Vorstellung stattfinden. Nicht so weit entfernt von einer solchen Position ist der Wahrnehmungspsychologe Donald Hoffman, der argumentiert, dass wir wohl nie wissen werden, wie die Welt tatsächlich aussieht; was wir wahrnehmen, ist nur die „Benutzerschnittstelle" zwischen uns und der Welt (siehe Kasten „Der virtuelle Tennisplatz"). Die Benutzerschnittstelle ist festgelegt durch die Möglichkeiten und Grenzen unseres Wahrnehmungssystems. Hoffman lässt allerdings die Frage offen, ob es eine unabhängig von uns existierende Welt gibt oder nicht.

HINTERGRUND

Der virtuelle Tennisplatz Donald Hoffman argumentiert, dass unsere Wahrnehmung der Welt so ähnlich funktionieren könnte wie unsere naive Wahrnehmung dessen, wie ein Computer arbeitet. Wenn wir an einem Computer arbeiten, manipulieren wir häufig Icons auf dem Bildschirm. Wir klicken beispielsweise mit der Maus auf ein Icon, das eine Datei bezeichnet und ziehen es über ein anderes Icon, das einem Papierkorb ähnlich ist. Wir verstehen diesen Vorgang als Löschen einer Datei, aber was tatsächlich im Computer abläuft sind ganz andere Prozesse (u.a. wird die Datei nicht wirklich physikalisch gelöscht, sondern zunächst nur ein Verweis auf diese Datei). Hoffman (in press) illustriert seine These, dass wir nicht die Realität (sollte sie unabhängig von uns existieren) wahrnehmen, sondern nur eine „Benutzerschnittstelle" mit Beispielen. Eines davon befasst sich mit einem virtuellen Tennisplatz.

Nehmen Sie an, Sie und ein Freund von Ihnen spielen in absehbarer Zukunft (wenn die entsprechende Technologie zur Verfügung steht) virtuelles Tennis in einer entsprechend ausgerüsteten Spielhalle. Sie haben Datenhelme auf und tragen Anzüge, die mit elektronischen Sensoren ausgerüstet sind. Sie finden sich wieder im Roland-Garros Stadion, dem Schauplatz der French Open. Nachdem Sie den Platz und das Stadion bewundert haben, servieren Sie den ersten Aufschlag und sind bald in das Spiel vertieft. Sie nehmen das Stadion, das Spielfeld, das Netz, den Ball und den Schläger wahr, aber all diese Dinge sind nur Bestandteile einer ausgeklügelten Benutzerschnittstelle. Wenn Sie den Ball schlagen, mit dem Sie den ersten Satz gewinnen, dann scheint es Ihnen, wie wenn die Art und Weise Ihres Schlags den Ball dazu gebracht hat, gerade noch übers Netz zu gehen. Tatsächlich haben Sie aber keinen Ball geschlagen: Ball und Schläger sind nur Pixel in der Benutzerschnittstelle in Ihrem Datenhelm und senden auch keine Signale an den Supercomputer, der das ganze Spiel steuert. Der Schläger und der Ball dienen nur dazu, Ihre Aktionen zu steuern. Ihre Körperbewegungen wiederum werden über die Sensoren Ihres Anzugs an den Supercomputer weitergeleitet und lösen dort komplexe, aber Ihnen verborgene Prozesse aus. Das Computerprogramm bringt dann jeweils die Speicherinhalte, die mit den Positionen von Schlägern und Ball korrespondieren, auf den neuesten Stand. In diesem Beispiel besteht die Realität aus dem Supercomputer und den darin ablaufenden Prozessen. Wahrgenommen wird jedoch nicht diese Realität, sondern eine „Übersetzung" davon (eigentlich nicht existierende Dinge wie ein Tennisplatz, der Gegner, Schläger, Bälle usw.) und diese Übersetzung hängt vom jeweiligen Wahrnehmungsapparat, der Benutzerschnittstelle ab. Laut Hoffman, der sich ausgiebig mit Wahrnehmungstäuschungen beschäftigt hat (Hoffman, 1998), spricht vieles dafür, dass wir nie in der Lage sein werden, die Welt so wahrzunehmen wie sie tatsächlich ist. Was wir seiner Meinung nach wahrnehmen, ist durch eine Benutzerschnittstelle (spezifisch für die Spezies „Mensch") festgelegt. Bislang hat Hoffmans These allerdings nur den Status eines interessanten Gedankenexperiments.

Der Bereich der Philosophie, der sich mit der Frage danach, was die Wirklichkeit ist, befasst, wird als *Ontologie* (Seinslehre) bezeichnet. Die *Epistemologie* (Erkenntnistheorie) beschäftigt sich hingegen mit der Frage, wie wir diese Wirklichkeit erkennen können. Zu beiden Bereichen sind unzählige Bücher geschrieben worden und wir werden die zwei Fragen: *Was ist die Wirklichkeit?* und *Wie können wir sie erkennen?* in mehr oder weniger versteckter Form noch einige Male in diesem Kapitel antreffen. Zur Sensibilisierung der Leser für die Thematik sehen wir uns zunächst jeweils einen wichtigen Aspekt dieser zwei Fragen etwas genauer an, bevor wir uns konkreten wissenschaftstheoretischen Ansätzen widmen. Besonders relevant für die Psychologie ist die ontologische Frage nach dem Verhältnis von Leib und Seele und für alle Wissenschaften relevant ist die epistemologische Frage nach dem Verhältnis der zwei generellen Vorgehensweisen bei der Erkenntnis der Wirklichkeit: Induktion und Deduktion.

2.1.1 Das Leib-Seele Problem

Wie ist das Verhältnis zwischen Leib und Seele, also zwischen physischen und mentalen Zuständen? Das ist eine Frage, die die Philosophen seit Anbeginn ihrer Wissenschaft beschäftigt und die natürlich auch für Psychologen äußerst relevant ist. Um zu optimistische Erwartungen gleich zu dämpfen: Bis jetzt gibt es keine allgemein akzeptierte Antwort. Sehen wir uns zunächst die zwei extremen Antworten an, bei denen das Leib-Seele Problem streng genommen gar nicht existiert, weil jeweils nur die Existenz von Leib (Materie) oder Seele (Geist) angenommen wird:

1 Alles ist Materie: Menschliches Verhalten und Erleben ist also in seiner Gänze zurückführbar auf Gehirnzustände und Gehirnprozesse.

2 Alles ist Seele oder Geist: Was wir wahrnehmen und mental verarbeiten, ist nicht die letzte Wirklichkeit – wir schaffen uns die Welt in unserer Vorstellung.

Für die zweite Position gibt es in ihrer Reinform im Westen kaum Anhänger, sie spielt aber eine zentrale Rolle in einigen asiatischen, z.B. indischen Ansätzen (Sedlmeier, 2006a). Etwas abgeschwächt taucht sie allerdings in so genannten konstruktivistischen Ansätzen auf (siehe Absatz 2.2.2). Die erste Antwort, die bedeutet, dass mentale Zustände ausschließlich auf physischen Zuständen beruhen, scheint auch unter Psychologen relativ verbreitet zu sein. Diese Position legt nahe, dass sich die Psychologie noch mehr als bisher auf das Studium neurophysiologischer Prozesse konzentrieren müsste. Manche Psychologen gehen aber einfach pragmatisch so vor, dass sie Bezüge zwischen gehirnphysiologischen Prozessen auf der einen Seite und Erleben und Verhalten auf der anderen herstellen, soweit das möglich ist. Solche dualistischen Leib-Seele Positionen (dualistisch deswegen, weil man die Unterteilung zwischen zwei Bestandteilen macht, eben Gehirn und Seele oder Geist) postulieren entweder, dass Materie und Geist miteinander *interagieren* oder dass mentale und physische Zustände *parallel* – koordiniert oder unabhängig voneinander – existieren. Die interaktionistische Sichtweise ist im Alltag weit verbreitet und auch in der Wissenschaft anzutreffen. Wir nehmen beispielsweise an, dass wir Körperbewegungen durch unseren Geist steuern können, dass aber Körperbewegungen – etwa wenn wir aus Versehen jemand anrempeln – wieder Auswirkungen auf mentale Zustände haben können (es könnte uns z.B. peinlich sein). Die Sichtweise, dass mentale und physische Prozesse parallel ablaufen, ist demgegenüber weniger verbreitet. Bei dieser Sichtweise liegt auch die Frage nahe, warum das jeweils andere – Geist oder Gehirn – überhaupt für wissenschaftliche Erklärungen notwendig ist, wenn es keine kausale Wirkung entfaltet. Da die Frage bislang nicht zufrieden stellend beantwortet werden kann, ist der Weg von der Position des Parallelismus hin zu den anfangs erörterten monistischen Positionen nicht weit (monistisch deswegen, weil man nur *einen* Wirkmechanismus, beruhend entweder auf Gehirn oder Geist annimmt).

2.1.2 Induktion vs. Deduktion

Nehmen wir einmal an, die Wirklichkeit existiert tatsächlich unabhängig von uns nach bestimmten Gesetzmäßigkeiten. Wie können wir diese Gesetzmäßigkeiten erkennen? Wir können im Prinzip auf zwei Weisen vorgehen: Wir können beobachten, was in bestimmten Situationen passiert und dann versuchen, dafür eine Erklärung zu finden; oder wir könnten schon eine (vorläufige) Erklärung im Kopf haben und nachprüfen, ob unsere Beobachtungen zu dieser Erklärung passen. Im ersten Fall würden wir induktiv vorgehen und im zweiten deduktiv. Die wissenschaftliche Methode, die wir in Kapitel 1 vorgestellt haben, ist hauptsächlich eine deduktive Methode: Man beginnt mit einer Theorie, leitet daraus Vorhersagen ab und überprüft, ob diese Vorhersagen zutreffen. In der Praxis ist eine rein deduktive Vorgehensweise allerdings äußerst selten. Schon im Verlauf einer Studie kann sich herausstellen, dass man bei der Ableitung der Fragestellung bedeutende Einzelheiten nicht in Betracht gezogen hat und dass sie deswegen modifiziert werden muss. Noch öfter wird allerdings nach der Durchführung der Studie deutlich, dass die zuvor aufgestellte Hypothese so nicht stimmen kann. Wie kommt man zu einer Modifikation oder Neufassung der Hypothese? Das ist ein induktiver Akt, der sich z.B. auf Aussagen der Versuchsteilnehmer stützt oder auf Ideen, die der Forscher beim Betrachten der Daten hat. Im normalen Forschungsprozess spielt also immer beides eine Rolle: Induktion *und* Deduktion.

In der Wissenschaftstheorie hat die deduktive Vorgehensweise allerdings einen deutlich höheren Stellenwert, und das liegt zum Teil daran, dass sie – mit Hilfe verschiedener Verfahren der Logik – sehr gut formalisiert werden kann. Es liegt aber auch daran, dass Ursache-Wirkungs- und Wenn-Dann-Beziehungen – die zentrale Komponente beim Erklären von Erleben und Verhalten – deduktiv sehr viel besser untersucht werden können. Die Logiker benutzen zur Illustration der Schwäche der Induktion in Bezug auf solche Beziehungen häufig das „Schwäne-Beispiel": Selbst wenn ich tausend weiße Schwäne gesehen habe, kann ich nicht schlussfolgern, dass alle Schwäne weiß sind. Es kann ja immer sein, dass der nächste Schwan, den ich beobachte, schwarz ist, dann stimmt die Beziehung „wenn Schwan, dann weiß" nicht mehr.

Der relative Anteil von Induktion und Deduktion verändert sich charakteristischerweise im Laufe des Forschungsprozesses: Am Anfang einer Forschungsrichtung steht immer die Induktion (siehe auch Abschnitt 2.4): Erst muss eine Idee oder Fragestellung vorhanden sein, bevor sie (deduktiv) überprüft werden kann. Diese Induktion fängt jedoch meist nicht bei „Null" an. In der Psychologie gibt es viele Theorien und Hypothesen, bei denen der induktive Prozess darin bestand, Analogien zwischen mathematischen oder technischen Modellen, die schon vorhanden waren, und Aspekten menschlichen Verhaltens herzustellen. Je besser ausgearbeitet eine Theorie ist und je genauer die daraus abgeleiteten Vorhersagen sind, desto gewichtiger wird der deduktive Anteil im Forschungsprozess sein.

2.2 Wissenschaftstheoretische Ansätze im Überblick

Bislang gibt es keine allgemein anerkannte wissenschaftstheoretische Position für die Psychologie und vermutlich wird es eine solche auch in absehbarer Zeit nicht geben. Trotzdem werden, über Wissenschaftstheorie befragt, Psychologen einige Begriffe und Namen häufiger nennen als andere. In Abschnitt 2.2.1 werden die entsprechenden Ansätze, die im Folgenden als „konventionelle Ansätze" bezeichnet werden, dargestellt. Alternative Ansätze, manchmal als „konstruktivistische Ansätze" bezeichnet, führen bislang eher ein Schattendasein. Wir geben einen kurzen Einblick in solche Alternativen in Abschnitt 2.2.2.

2.2.1 Konventionelle Ansätze

Alle im Folgenden diskutierten konventionellen Ansätze gehen davon aus, dass es eine unabhängig von unseren Vorstellungen existierende Welt gibt. Sie unterscheiden sich jedoch in ihren Schwerpunkten. Manche Ansätze stellen Regeln dafür auf, wie Theorien aussehen sollen oder wie man sie überprüfen sollte, andere legen den Schwerpunkt auf die Analyse der tatsächlich in den Wissenschaften ablaufenden Prozesse und Mechanismen (▶Abbildung 2.1.) Am prominentesten unter Psychologen sind wohl der von Karl Popper entwickelte *Kritische Rationalismus*, und eine Weiterentwicklung dieses Ansatzes, die *Methodologie wissenschaftlicher Forschungsprogramme* durch Imre Lakatos. Aber auch der u.a. von Rudolf Carnap entwickelte *Logische Empirismus* und die *historisch-soziologische Analyse* von Thomas Kuhn spielen eine gewisse Rolle in der psychologischen Forschung. Die folgenden Ausführungen zu den Ansätzen in Abbildung 2.1 sind vereinfacht und sollen nur einen ersten Überblick geben (siehe Westermann, 1987, für eine ausführlichere Darstellung der in diesem Absatz diskutierten Ansätze).

Wir werden uns zunächst den beiden *aprioristischen* Positionen, dem Logischen Empirismus und dem Kritischen Rationalismus, zuwenden. Etwas vereinfacht gesagt ist der Logische Empirismus eine Theorie darüber, wie Theorien aussehen sollen und der Kritische Rationalismus eine Theorie darüber, wie man Theorien überprüfen sollte. Beide machen Vorschriften und Empfehlungen, deren Gültigkeit von vornherein (*a priori*) und unabhängig von den Einzelwissenschaften angenommen wird (oben in ▶Abbildung 2.1). Die beiden anderen in diesem Abschnitt diskutierten Ansätze, Kuhns historisch-soziologische Analyse und Lakatos' Methodologie wissenschaftlicher Forschungsprogramme beziehen demgegenüber Erkenntnisse und methodische

Ansätze aus den Einzelwissenschaften durchaus mit ein, sie arbeiten also *quasi-empirisch* (unten in Abbildung 2.1).

Wissenschaftstheoretische Ansätze

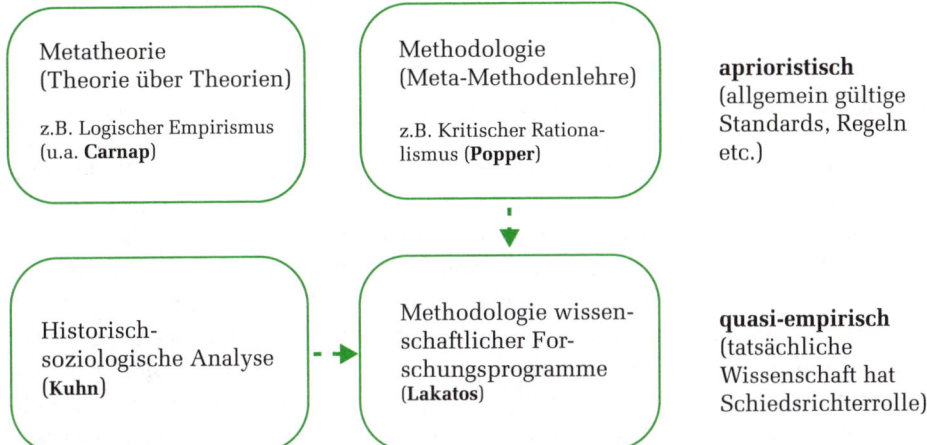

Metatheorie
(Theorie über Theorien)

z.B. Logischer Empirismus
(u.a. **Carnap**)

Methodologie
(Meta-Methodenlehre)

z.B. Kritischer Rationalismus (**Popper**)

aprioristisch
(allgemein gültige
Standards, Regeln
etc.)

Historisch-
soziologische Analyse
(**Kuhn**)

Methodologie wissen-
schaftlicher For-
schungsprogramme
(**Lakatos**)

quasi-empirisch
(tatsächliche
Wissenschaft hat
Schiedsrichterrolle)

Abbildung 2.1: Überblick über die in diesem Kapitel diskutierten „konventionellen" wissenschaftstheoretischen Ansätze.

Logischer Empirismus

Der logische Empirismus, auch *logischer Positivismus* genannt, entstand unter anderem als Gegenbewegung zur Psychoanalyse. Seine Vertreter verlangten, dass alle bedeutungsvollen Aussagen der Wissenschaft auf Beobachtungen (daher der „Empirismus") zurückführbar sein müssen, was etwa bei der Psychoanalyse nicht der Fall ist. Beobachtung oder Erfahrung ist also für den logischen Empirismus die Grundlage von Wissenschaft. Zu seinen Begründern zählen Rudolf Carnap, Hans Reichenbach und Herbert Feigl. Dem logischen Empirismus zufolge sollen alle Theorien in einer formalen Sprache wie der Aussagen- oder Prädikatenlogik (daher „logischer" Empirismus) ausgedrückt oder „axiomatisiert" werden können. Durch die „Axiomatisierung" sollen die Aussagen einer Theorie die Ambiguität der Alltagssprache vermeiden. Die Sprache des logischen Empirismus enthält neben logischen Termen (wie z.B. „und", „oder" und „nicht") zwei Arten von Begriffen: theoretische Begriffe und Beobachtungsbegriffe. Dabei sollen die theoretischen Begriffe eindeutig und vollständig auf Beobachtungsbegriffe zurückführbar sein. Diese drei Anforderungen an eine Theorie sind auch als „Standardkonzeption wissenschaftlicher Theorien" bekannt (▶Abbildung 2.2). Alle Theorien sollen also logisch auf Erfahrung zurückführbar, oder in anderen Worten, empirisch verifizierbar (vollständig bestätigbar) sein. Die Erfahrungen oder Beobachtungen werden als *Protokollsätze* (B_1, B_2, ... B_n in Abbildung 2.2) bezeichnet. Wenn nun eine theoretische Aussage (H in Abbildung 2.2) sich aus mehreren Protokollsätzen vollständig ableiten lässt, dann gilt sie als empirisch verifiziert.

Standardkonzeption wissenschaftlicher Theorien

1. Formale Axiomatisierung

2. Beobachtungs- und theoretische Begriffe

3. Theoretische Begriffe (*H*) auf Beobachtungsbegriffe (*B*) zurückführbar

$$(B_1 \wedge B_2 ... \wedge B_n) \rightarrow H \qquad (\wedge: \text{und}, \rightarrow: \text{impliziert})$$

Abbildung 2.2: Standardkonzeption wissenschaftlicher Theorien entsprechend dem Logischen Empirismus.

Der logische Empirismus geht also im Prinzip induktiv vor, von den Beobachtungen zur Theorie. Das Verifizieren einer Theorie mit Hilfe der Induktion ist aber, wie wir schon am Beispiel mit den weißen und schwarzen Schwänen gesehen haben, problematisch. Induktive Schlüsse über eine Population (alle Mitglieder einer definierten Gruppe) sind nur dann ohne Probleme anwendbar, wenn wir die ganze Population überprüfen können oder wenn unsere Hypothese besagt, dass eine Gesetzmäßigkeit nur bei mindestens einem Objekt oder einer Person zutreffen muss (z.B. mindestens ein Schwan ist weiß). Beides ist in der Psychologie äußerst selten. Dieses logische Problem, dass man mit Hilfe der Induktion keine Theorie verifizieren oder „beweisen" kann, wurde früh als Kritik am logischen Empirismus vorgebracht. Allerdings hat auch Carnap in späteren Schriften (z.B. Carnap, 1946) anerkannt, dass eine rein induktive Vorgehensweise logisch nicht haltbar ist. Weiterhin wird am logischen Empirismus kritisiert, dass eine durchgehende Axiomatisierung von Theorien praktisch nicht möglich ist. Ein dritter Kritikpunkt bezieht sich schließlich darauf, dass eine theoriefreie Beobachtung sehr schwierig bis unmöglich ist (siehe auch Kapitel 1). Letzteres führt dazu, dass die Beobachtungsbegriffe nicht mehr eindeutig benutzbar sind, weil sie möglicherweise durch die subjektiven Theorien des Beobachters verfälscht sind. Der logische Empirismus spielt in seiner Reinform heutzutage keine bedeutsame Rolle mehr. Er hatte allerdings großen Einfluss auf spätere Ansätze. Außerdem ist die Idee, Theorien in einer möglichst eindeutigen (logischen) Sprache auszudrücken, auch heute noch aktuell und wurde in neueren wissenschaftstheoretischen Ansätzen wieder aufgegriffen.

Kritischer Rationalismus

Wenn Psychologen nur ein einziger Name zu Wissenschaftstheoretikern einfällt, dann ist das mit hoher Wahrscheinlichkeit der von (Sir) Karl Popper, dem Begründer des Kritischen Rationalismus. Popper (z.B. Popper, 1982) kritisierte am logischen Empirismus vor allem zwei dort gemachte Annahmen, die notwendig sind, um zu argumentieren, dass Theorien verifiziert werden können: a) Es gibt sichere theorieunabhängige Beobachtungen und b) Induktionsschlüsse sind gerechtfertigt. Wenn Theorien nicht verifiziert werden können, wie kann man sie dann überprüfen? Poppers Antwort ist, dass man versuchen sollte, sie zu falsifizieren, also nachzuweisen, dass sie falsch sind. Das sieht auf den ersten Blick aus wie das Gegenteil von dem, was Forscher möchten – sie wollen ja zeigen, dass ihre Theorie stimmt. Was nutzt es, wenn man eine Theorie falsifizieren, aber nicht verifizieren oder beweisen kann? Wenn man Theorien nicht verifizieren kann

– und das ist logisch in den meisten Fällen nicht möglich –, dann heißt das nichts anderes, als dass Theorien und daraus abgeleitete Hypothesen immer Vermutungen bleiben. Diese vorsichtige Zurückhaltung gegenüber Theorien – sie also nie als Wahrheiten, sondern immer als Vermutungen zu betrachten – drückt sich in dem Zusatz „*kritisch*" aus. Theorien und Hypothesen können sich allerdings hinsichtlich ihrer Güte unterscheiden. Es liegt auf der Hand, dass Theorien, die vielen Falsifizierungsversuchen widerstanden haben, eine höhere Glaubwürdigkeit besitzen als solche, die wenigen oder gar keinen Falsifizierungsversuchen unterworfen wurden. Eine gute Theorie ist also eine solche, die viele Versuche, sie zu widerlegen, erfolgreich überstanden hat. Das Prinzip der Falsifizierbarkeit setzt voraus, dass Aussagen so gemacht werden, dass sie im Prinzip widerlegbar sind und das setzt natürlich auch voraus, dass zuerst die Theorie vorhanden sein muss, bevor sie überprüft werden kann. Dieses Primat des Verstandes – der Ratio – gegenüber der Empirie macht Poppers Ansatz rationalistisch.

Aussagen, die falsifiziert werden sollen, müssen präzise und überprüfbar sein. Das ist beispielsweise *nicht* der Fall bei so genannten Tautologien (Aussagen, die immer wahr sind) wie „Kräht der Gockel auf dem Mist, ändert sich's Wetter oder es bleibt wie es ist". Eine Falsifizierung ist auch nicht möglich bei unpräzisen Aussagen wie „Das Wetter ändert sich vielleicht". Theorien, die auf solchen Aussagen beruhen, sind somit einer wissenschaftlichen Prüfung nicht zugänglich. ▶Abbildung 2.3 zeigt die logische Grundlage für die Falsifizierbarkeit von Aussagen. Wenn eine Hypothese (H) vorhersagt, dass ein bestimmtes Ereignis beobachtet werden kann (B), dann lässt sich aus dem Nicht-Eintreten des Ereignisses schlussfolgern, dass die Hypothese nicht stimmt – eine in der Logik als *Modus Tollens* bekannte Schlussform. Ein Beispiel: Die Hypothese (H) sei, dass der Siedepunkt von Wasser bei 50 Grad Celsius liegt (entspricht der ersten Zeile in Abbildung 2.3, B ist die Vorhersage, dass das Wasser siedet). Das Wasser wird nun auf 50 Grad erhitzt und die Beobachtung ergibt, dass das Wasser nicht siedet (zweite Zeile in Abbildung 2.3). Somit ist die Hypothese falsifiziert (dritte Zeile in Abbildung 2.3).

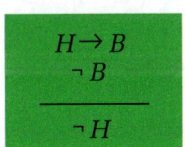

(H: Hypothese, B: Beobachtung)

Abbildung 2.3: Die logische Grundlage der Falsifizierbarkeit von Aussagen: der *Modus Tollens.* Die Zeichen in der Abbildung haben folgende Bedeutungen: → = logische *Implikation* und ¬ = *Negation* (= trifft nicht zu).

Oft existieren zu einem inhaltlichen Gebiet nicht nur eine einzige Theorie, sondern mehrere Wettbewerber. Wie kann man entscheiden, welche dieser Theorien die bessere ist? Der kritische Rationalismus schlägt hierfür die Kriterien in ▶Abbildung 2.4 vor. Eine neue Theorie (T_2) muss zunächst alles erklären können, was auch die alte (T_1) erklären konnte, und darüber hinaus muss sie einige weitere Phänomene oder Beobachtungen erklären können. Die Postulate 1 bis 3 in Abbildung 2.4 bedeuten nichts anderes als dass, wenn sie erfüllt sind, die neue Theorie eine höhere Erklärungskraft hat als die alte. Punkt 4 in Abbildung 2.4 schließlich besagt, dass die zusätzlichen Vorhersagen auch überprüfbar (falsifizierbar) sein müssen. Erst wenn sich die neue Theorie auch hinsichtlich der zusätzlichen Vorhersagen in den Falsifizierungsversuchen bewährt hat, sollte sie die alte Theorie ersetzen können.

Wann ist eine Theorie T_2 besser als eine Theorie T_1 ?

1. T_2 erklärt alles, was T_1 erklärt
2. T_2 erklärt einiges, was T_1 nicht erklärt
3. T_2 erlaubt weitergehende Prüfungen

4. T_2 bewährt sich in diesen Prüfungen

Abbildung 2.4: Kriterien des kritischen Rationalismus für den Vergleich der Güte zweier Theorien.

Trotz der breiten Akzeptanz des Kritischen Rationalismus unter Psychologen hat auch dieser Ansatz mit einigen Problemen zu kämpfen. Zunächst sind Theorien und daraus abgeleitete Hypothesen in der Psychologie – und auch in anderen Wissenschaften – selten völlig deterministisch. In deterministischen Aussagen sind die Wirkungen eindeutig durch die Ursachen bestimmt und Zufallseinflüsse spielen keine Rolle. Die erste Zeile in Abbildung 2.3 ist so eine deterministische Aussage: Die Hypothese H impliziert *immer* die Beobachtung B. In der Psychologie spielt jedoch der Zufall in mehrfacher Hinsicht eine bedeutsame Rolle. Es kann sein, dass eine Ursache-Wirkungs-Beziehung von vornherein von Zufallseinflüssen mitbestimmt wird oder dass man Zufallseinflüsse zumindest nicht ausschließen kann. Auch ein zu geringer Kenntnisstand kann dazu führen, dass man manche Einflüsse wie Zufallseinflüsse betrachten muss. Man kann zum Beispiel vorhersagen, dass Frustration zu Aggression führt, aber ab welchem Maß der Frustration und in welchen Situationen sich welche Menschen in welcher Weise aggressiv verhalten, lässt sich schwer vorhersagen. Hier behilft man sich häufig dadurch, dass man Vorhersagen über Durchschnittswerte macht und annimmt, dass sich die Zufallseinflüsse über alle beobachteten Personen hinweg „ausmitteln". Zudem ist, wie wir auch in Kapitel 3 sehen werden, die Messung menschlichen Verhaltens immer fehlerbehaftet. Hypothesen in der Psychologie sind also nahezu immer Wahrscheinlichkeitsaussagen. Dem hat Popper (1982, 145–146) Rechnung getragen, indem er auch eine „probabilistische Falsifizierung" zulässt: Eine Theorie ist „praktisch falsifizierbar" durch wiederholte, stark abweichende Beobachtungen.

Ein weiteres Problem des Falsifikationsprinzips in der psychologischen Forschung wird deutlich, wenn man sich überlegt, wie eine Hypothese praktisch geprüft wird. ▶Abbildung 2.5 soll dieses Problem verdeutlichen. Nehmen wir einmal an, wir wollen die Hypothese überprüfen, dass Alkohol die Fahrtüchtigkeit beeinflusst (H in Abbildung 2.5). Diese Hypothese muss, bevor sie überprüfbar ist, erst noch genauer spezifiziert werden (siehe hierzu auch Abschnitt 2.5.2). Die Annahmen, dass die entsprechenden Spezifikationen als erfüllt betrachtet werden können, sind in Abbildung 2.5 als A_1 bis A_n bezeichnet. A_1 könnte beispielsweise für die Annahme stehen, dass ein bestimmter Mindest-Blutalkoholspiegel vorhanden ist, A_2, dass die Teilnehmer alle einen Führerschein besitzen, A_3, dass die Teilnehmer zum Zeitpunkt der Untersuchung nicht zu müde sind usw. Dieses Problem der Spezifizierbarkeit wird in der Psychologie noch dadurch verstärkt, dass die Messung psychologischer Variablen fast nie 100%ig genau erfolgen kann. Die erste Zeile in Abbildung 2.5 zeigt die vollständige Implikation: Aus der Hypothese und den mit logischem *und* verknüpften Zusatzannahmen A_1 bis A_n (alle Aussagen müssen zusammen zutreffen) lässt sich eine Beeinträchtigung der Fahrtüchtigkeit (*B*) vorhersagen. Wenn nun die Fahrtüchtigkeit (auch hier müssten eigentlich wieder die Spezifikationen zur Messung der Fahrtüchtigkeit mit angegeben werden, sie sind aber aus Vereinfachungsgründen nicht aufgeführt) trotz Alkoholeinfluss nicht beeinträchtigt ist (¬*B*, in der zweiten Zeile in Abbildung 2.5), dann kann das verschiedene Ursachen haben: Zum einen kann die Hypothese falsch sein, aber es kann auch mindestens eine der Annahmen A_1 bis A_n nicht erfüllt sein (ausgedrückt durch die logischen *oder*-Verknüpfungen in der dritten Zeile in Abbildung 2.5). Ein zusätzliches Problem bei Falsifizierungsversuchen ist, dass empirisch fundierte Beobachtungsaussagen, so genannte *Basissätze*, sicheres Wissen ausdrücken sollten, jedoch (auch nach Poppers Meinung) einen unsicheren hypothetischen Charakter haben können. Wenn man nun aufgrund von Basissätzen eine Theorie überprüfen möchte, dann muss man sich zunächst über deren Gültigkeit einigen. Diese Lösung mittels einer Einigung der beteiligten Forscher wird häufig kritisiert (auch wenn sich die beteiligten Forscher einig sind, kann der Basissatz falsch sein). In der Praxis hat das Prinzip der Falsifizierbarkeit also teilweise mit großen Problemen zu kämpfen.

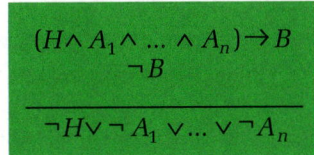

$$(H \wedge A_1 \wedge \ldots \wedge A_n) \rightarrow B$$
$$\neg B$$
$$\overline{\neg H \vee \neg A_1 \vee \ldots \vee \neg A_n}$$

H: Hypothese
A_i: Zusatzannahme
B: Beobachtung

Abbildung 2.5: Die Problematik der Falsifizierbarkeit von Hypothesen in der Praxis, verursacht durch Zusatzannahmen (A_1 bis A_n), deren Erfülltsein vorausgesetzt werden muss. Die Zeichen in der Abbildung haben folgende Bedeutungen: $\wedge$ = logisches *und*, $\vee$ = logisches *oder*, $\rightarrow$ = logische *Implikation* und $\neg$ = *Negation*.

Historisch-soziologische Analyse (Kuhn)

Während der logische Empirismus gewissermaßen Regeln dafür vorgibt, wie Theorien auszusehen haben und der kritische Rationalismus, wie man Theorien sinnvoll überprüfen kann, ging Thomas Kuhn einen anderen Weg: er untersuchte, wie Wissenschaft tatsächlich funktioniert. Als zentrale Begriffe in seinem Ansatz benutzt er die *wissenschaftliche Gemeinschaft* und das *Paradigma*. Kuhn kommt in seinen Arbeiten zu dem Schluss, dass Wissenschaft nicht im Elfenbeinturm, sondern in Spezialistengruppen, den wissenschaftlichen Gemeinschaften stattfindet und dass man charakteristische Gemeinsamkeiten zwischen den Mitgliedern spezifizieren kann, die er als Paradigma bezeichnet. Wissenschaftliche Gemeinschaften zeichnen sich dadurch aus, dass die Mitglieder intensiv miteinander kommunizieren, dass sie in ihren Urteilen über Aspekte ihres wissenschaftlichen Bereichs in hohem Maße übereinstimmen und dass es viele gemeinsame Elemente in der Ausbildung des Nachwuchses und in den Kenntnissen der

Mitglieder gibt. Ein Paradigma umfasst allgemein akzeptierte theoretische Annahmen, Gesetze und empirische Generalisierungen, erfolgreich bewertete Anwendungen, häufig eingesetzte Hilfsmittel und Apparaturen sowie allseits akzeptierte Methoden und Begriffsbildungen.

Diese Beschreibung der Wissenschaftsgemeinde hätte aber sicherlich nicht gereicht, um Kuhn berühmt zu machen. Das erreichte er (z.B. Kuhn, 1981) durch einige erstaunliche und provozierende Thesen. Diese Thesen haben damit zu tun, was Wissenschaftler tatsächlich tun, wenn sie auf so genannte Anomalien stoßen, d.h. auf wissenschaftliche Ergebnisse, die nicht in ein Paradigma passen. Zunächst stellte er fest, dass Wissenschaftler so gut wie nie strikt dem Falsifikationsprinzip folgen und ihre Theorien verwerfen, wenn die Vorhersagen nicht eintreffen, sondern zunächst versuchen, sie durch Zusatzannahmen oder Zusatzerklärungen zu retten.[1] Am bekanntesten ist aber wohl Kuhns These, dass Wissenschaft nicht kumulativ erfolgt (neue Erkenntnisse bauen notwendigerweise auf alten auf), sondern eher in Sprüngen, die er „wissenschaftliche Revolutionen" nennt. Wissenschaftliche Revolutionen sind aber relativ selten und treten meist erst nach langen „normalwissenschaftlichen Forschungsperioden" auf. In den normalwissenschaftlichen Forschungsperioden werden existierende Paradigmen modifiziert und erweitert, wenn Anomalien auftreten. Wenn sich Anomalien allerdings längere Zeit solchen Auflösungsversuchen widersetzen, kann das zu einer Krise der normalen Wissenschaft und in eine Phase außerordentlicher Wissenschaft führen. Diese Phase ist dadurch gekennzeichnet, dass verschiedene miteinander konkurrierende Theorien – Modifikationen des bestehenden Paradigmas – auftauchen, die aber letztlich alle nicht voll befriedigend sind. Das führt dazu, dass die bis dahin akzeptierten Methoden, Regeln und Normen zur Diskussion gestellt werden. Aber auch in dieser Phase ist es noch möglich, dass die Anomalie durch eine Modifikation des herrschenden Paradigmas aufgelöst wird und es wieder zu einer Periode normalwissenschaftlicher Forschung kommt. Lässt sich eine Anomalie aber nicht auflösen, dann kann sie in eine *wissenschaftliche Revolution* münden, bei der das alte Paradigma durch ein neues ersetzt wird. Das neue Paradigma baut aber nicht auf dem alten auf und altes und neues Paradigma sind meist in vielen Punkten nicht vergleichbar.[2] Trotzdem geht Kuhn davon aus, dass die Wissenschaft Fortschritte macht: Neue Theorien (nach der Revolution) sind genauer, spezialisierter und können mehr erklären.

---

1   Kuhn (1981, p. 211) zitiert als Kronzeugen dafür auch Max Planck, der die Ansicht vertrat, dass (schlechte) Theorien erst mit ihren Gründern stürben.

2   Ein Beispiel, das Kuhn anführt ist die Ablösung des Ptolemäischen Weltbilds (Erde als Mittelpunkt, Sonne, Mond, Merkur, Venus, Mars, Jupiter, und Saturn als „Planeten" [die sich um die Erde drehen]) durch das Kopernikanische Weltbild (Sonne als Mittelpunkt und als neu eingeführte Kategorie, Merkur, Venus, Erde, Mars, Jupiter und Saturn als „Planeten" [die sich um die Sonne drehen] und Monde als ebenfalls neu eingeführte Kategorie der „Satelliten"). Bei diesen beiden Paradigmen ist beispielsweise die Kategorie „Planeten" nicht in gleicher Weise verwendbar. Ein anderes Beispiel ist die Ablösung der Newton'schen Physik durch Einsteins Relativitätstheorie. Auch diese beiden Theorien sind in weiten Teilen nicht vergleichbar. So verwenden sie beispielsweise beide den Begriff „Energie", der jedoch unterschiedliche und nicht vergleichbare Bedeutungen hat.

Methodologie wissenschaftlicher Forschungsprogramme (Lakatos)

Die von Imre Lakatos (1974) vorgeschlagene *Methodologie wissenschaftlicher Forschungsprogramme* wird gemeinhin als Versuch angesehen, Poppers Grundidee der Falsifizierbarkeit von Theorien so zu erweitern, dass sie mit Kuhns Paradigmenkonzept vereinbar wird. Lakatos argumentiert, dass es keinen Sinn mache, eine Theorie zu falsifizieren, solange keine bessere vorhanden ist. Außerdem mache es keinen Sinn, isolierte Theorien zu betrachten, da Theorien immer in einen Kontext eingebettet seien und als Theorienreihen $T1$, $T2$, $T3$, … aufträten. Die jeweils nächste Theorie entsteht dabei als Reaktion auf eine Anomalie oder einen mit der vorhergehenden Theorie nicht zu vereinbarenden empirischen Befund. Durch dieses Aufeinanderbezogen-sein wird die Theorienreihe zu einem *wissenschaftlichen Forschungsprogramm*. Lakatos argumentiert zudem, dass Theorien aus einem harten Kern bestehen, in dem sich die Theorien einer Reihe nicht unterscheiden und der auch – weil sich die Mitglieder eines Forschungsprogramms dazu entschieden haben – nicht falsifizierbar ist, sowie aus einem „Schutzgürtel" von Hilfshypothesen, die falsifiziert und gegebenenfalls modifiziert werden können. Die Entscheidung, die getroffen werden muss, ist also nicht zwischen zwei Theorien (ein Entscheidungsexperiment ist in Lakatos' Ansatz nicht sinnvoll), sondern zwischen zwei konkurrierenden Forschungsprogrammen. Wann soll nun ein Forschungsprogramm zugunsten eines anderen aufgegeben werden? Dies soll nur geschehen, wenn ein Programm stagniert, d.h. wenn seine Erklärungskraft (die Postulate 1 – 3 in Abbildung 2.4) nicht mehr wächst und wenn zudem ein Forschungsprogramm mit einer größeren Erklärungskraft existiert. Nach Lakatos ist es durchaus möglich, schon verworfene Forschungsprogramme wieder zu reaktivieren, sollte sich nachträglich herausstellen, dass Anomalien zufrieden stellend durch eine Erweiterung des Programms erklärt werden können. Außerdem plädiert er dafür, „junge" Theorien nicht vorschnell aufzugeben.

2.2.2 Wirklichkeit als Konstruktion

Das Anliegen der konstruktivistischen Ansätze ist vielleicht am ehesten zu verstehen, wenn man sie mit den konventionellen Ansätzen kontrastiert. Die Kritik der konstruktivistischen Ansätze richtet sich in erster Linie nicht gegen einen spezifischen konventionellen Ansatz, sondern gegen eine zentrale Grundannahme, die Grundlage des logischen Empirismus (oder logischen Positivismus, siehe oben) ist, die aber alle konventionellen Ansätze mehr oder weniger teilen und die unter dem Begriff *Positivismus* bekannt ist. Wir werden zunächst die Position des Positivismus skizzieren und uns dann mit der Kritik daran auseinander setzen. Anschließend beschreiben wir exemplarisch einen konstruktivistischen Ansatz, der sich explizit auf die Psychologie bezieht.

Positivismus und Positivismus-Kritik

Der Name Positivismus wurde von August Comte, dem Begründer der Soziologie geprägt. Positivismus als wissenschaftstheoretische Position bedeutet, dass man das „Positive" zum Prinzip allen wissenschaftlichen Wissens macht. Positiv meint hier aber nicht das Gegenteil von „negativ" im abwertenden Sinn, sondern bezeichnet das Gegebene, Tatsächliche oder unbezweifelbar Vorhandene. In der Erkenntnistheorie nimmt der Positivismus eine Mittelstellung ein zwischen dem Materialismus (alles ist Materie und unsere Sinne spiegeln die Außenwelt getreu wider) und der Transzendentalphilosophie (wir können über die Dinge an sich im Prinzip nichts sagen, sie bleiben jenseits der Sinneswahrnehmungen). Im Unterschied zu den Materialisten legen sich die Positivisten nicht über die Natur der Außenwelt fest (letztlich weiß man nichts darüber), stützen sich jedoch auf das Positive, also die Sinnesdaten. Diese Sinnesdaten werden dann „denkökonomisch" interpretiert, das heißt so, dass man keine unnötigen „Instanzen und Wesenheiten" mit ins Spiel bringen muss. Ein Beispiel soll den Unterschied der drei Positionen verdeutlichen: Gibt es Gott? Im Materialismus heißt die Antwort eindeutig „nein" – hier gibt es nur Materie. Die Transzendentalisten halten dagegen einen Raum für Gott offen. Die Positivisten sagen jedoch, dass man – so wie das Konzept „Gott" definiert ist – mit Hilfe von Sinnesdaten keine vernünftige Aussage darüber machen kann: Die Frage nach der Existenz Gottes ist ein „Scheinproblem" und kann somit nicht wissenschaftlich bearbeitet werden.

Als weitere Charakteristika des Positivismus – bezogen auf die Psychologie wird Positivismus hier meist mit „von den Naturwissenschaften übernommener konventioneller Ansatz" gleichgesetzt – gelten (z.B. Ashworth, 2003, 11):

- Es gibt eine einheitliche reale Welt, in der die Ereignisse, die für die Psychologie interessant sind, stattfinden,
- Das Individuum ist Teil dieser realen Welt, genauso wie Gedächtnisprozesse, Emotionen und Gedanken; und alle diese Vorgänge haben überdauernde Eigenschaften.
- Der Zweck von Wissenschaft ist es, experimentelle Situationen zu erzeugen, in denen sich die Eigenschaften psychologischer Prozesse offenbaren; und das erlaubt es dann, diese Prozesse zu modellieren.
- Die Welt kann als Gefüge von messbaren Variablen[3] beschrieben werden, die miteinander in gesetzmäßiger Weise interagieren können.
- Die Modelle (wenn möglich in mathematischer Formulierung) sollen zeigen, wie Variablen zusammenwirken, insbesondere, wie sie dies in einer Ursache-Wirkungs-Beziehung tun.
- Der Zweck von Forschung ist es, Hypothesen darüber zu testen, wie Variablen zusammenwirken und – durch immer engere Approximation – zu Theorien zu gelangen, die man nach und nach als wissenschaftliche Gesetzmäßigkeiten betrachten kann.

Mit den genannten Charakteristika würde sich wohl die große Mehrheit der in der wissenschaftlichen Psychologie tätigen Forscher (mit einigen kleineren Einschränkungen oder Zusätzen) identifizieren. Die Konstruktivisten bezweifeln aber schon den ersten oben angeführten Punkt: Ihnen zufolge gibt es *keine* unabhängig von uns existierende Welt. Jeder Mensch *konstruiert* sich seine eigene Welt und die Aufgabe der Wissenschaft ist es, diese Welt zu entdecken. Relevante Forschungsfragen sind dann: Wie sieht diese Welt aus? Durch was wird sie erzeugt? Wie und durch was wird sie

---

3 Der Begriff „Variable" bezeichnet hier Merkmale im weitesten Sinn, die bei allen oder den meisten Menschen vorhanden sind, die aber unterschiedliche (variable) Werte annehmen können. Beispielsweise kann die Variable „Alter"– wenn man die Werte in vollen Jahren angibt – Werte zwischen 0 und ca. 125 annehmen. Siehe hierzu auch Kapitel 3 und 5.

beeinflusst und gesteuert? Konstruktivisten bemängeln auch, dass die Konzeption der Welt als „Variablenstruktur" dem Verständnis menschlichen Erlebens und Verhaltens nicht gerecht werden kann. Deshalb sind sie mit dem konventionellen Methodenspektrum nicht zufrieden und spezialisieren sich auf „qualitative Methoden". „Qualitativ" steht hier im Kontrast zu „quantitativ" und drückt aus, dass die Ergebnisse von Studien nicht in Zahlen ausgedrückt werden müssen, sondern dass die Daten auch Texte sein können, die entsprechend interpretiert werden (siehe Kapitel 25). Wie schon eingangs erwähnt, gibt es kein einheitliches „konstruktivistisches Lager". Die inhaltliche und weltanschauliche Variation der Ansätze, die in diesem Buch als „konstruktivistisch" bezeichnet werden, ist tatsächlich deutlich größer als die der vorherrschenden konventionellen Ansätze. Einer dieser Ansätze – die *diskursive Psychologie* – soll im Folgenden exemplarisch beschrieben werden (siehe auch Kapitel 22).

Diskursive Psychologie

Die diskursive Psychologie ist ein relativ junger Ansatz (Potter & Wetherell, 1987), der in der Tradition der „Diskursanalyse" steht, deren Entstehung wiederum meist auf Wittgenstein zurückgeführt wird. Die zentrale Annahme aller diskursanalytischen Ansätze ist, dass die Sprache – in einem weiten Sinne verstanden – unterschiedliche Versionen sozialer Realität konstruiert und zum Erreichen sozialer Absichten und Ziele eingesetzt wird.[4] Die diskursive Psychologie befasst sich hauptsächlich mit Letzterem: Wie gebrauchen Menschen Sprache (Diskurs), um ihre Interessen in sozialen Interaktionen durchzusetzen? Was *tun* die Leute mit ihrer Sprache? Auf was zielen sie ab? Auch die diskursive Psychologie ist vielleicht am leichtesten zu verstehen, wenn man sich vergegenwärtigt, was sie am konventionellen Ansatz kritisiert. Die folgende Aufzählung soll die Position der diskursiven Psychologie anhand ihrer Kritik (*in kursiver Schrift*) an einigen allgemein akzeptierten Ansichten illustrieren (siehe Willig, 2003):

- Kognitionen basieren auf Wahrnehmungen (Kognitionen sind Repräsentationen realer Objekte, Ereignisse und Prozesse).

  Kritik: Objekte und Ereignisse werden durch die Sprache erst konstruiert.

- Eine objektive Wahrnehmung der Realität ist theoretisch möglich (Fehler werden durch zeitsparende, aber im Prinzip kontrollierbare Heuristiken erzeugt).

  Kritik: Sprache konstruiert die soziale Realität, aber repräsentiert sie nicht unbedingt; eine objektive Wahrnehmung der Realität ist also prinzipiell nicht möglich.

- Es gibt Konsens über die Existenz von sozialen Objekten und Ereignissen (die Menschen stimmen darin überein, über was sie reden [z.B. die europäische Währungsgemeinschaft oder den Zusammenbruch der Sowjetunion], obwohl sie möglicherweise unterschiedliche Erklärungen [Attributionen] dafür haben und auch unterschiedliche Einstellungen dazu).

  Kritik: Soziale Objekte und Ereignisse werden durch Sprache konstruiert (Attributionen und Einstellungen sind Aspekte dieser Konstruktionen).

---

4 Neben der diskursiven Psychologie existieren noch zahlreiche andere diskursanalytische Ansätze, die sich teilweise deutlich voneinander unterscheiden. Die diskursive Psychologie scheint jedoch der einzige Ansatz zu sein, der innerhalb der Psychologie entwickelt wurde.

- Es gibt relativ überdauernde kognitive Strukturen (Glaubensinhalte, Einstellungen, Attributionen usw. können zwar durch sie beeinflussende Variablen geändert werden, sind aber einigermaßen stabil).

  Kritik: Vorurteile, Identität, Gedächtnis, Vertrauen usw. ist etwas, was Menschen TUN, *nicht was sie haben.*

Die zentrale Frage, die sich die diskursive Psychologie stellt, ist also, wie Menschen Sprache gebrauchen (einen Diskurs führen), um ihre Interessen in sozialen Interaktionen durchzusetzen. Man kann sich nun fragen, ob Sprache – selbst im weitesten Sinne interpretiert – menschliches Erleben und Verhalten in seiner Gänze abbildet und ob somit die diskursive Psychologie als alternativer Ansatz zur konventionellen psychologischen Forschung brauchbar ist. Die konstruktive Funktion von Sprache wird zwar auch von der „Mainstream"-Psychologie anerkannt (siehe z.B. Abschnitt 1.2), aber die diskursive Psychologie und vergleichbare konstruktivistische Ansätze betrachten das Problem nicht als empirisches, sondern als ein erkenntnistheoretisches. Wenn man keine unabhängig von uns existierende Realität postulieren kann, dann muss dies Auswirkungen auf die Forschungspraxis und auf die Erkenntnismöglichkeiten der Wissenschaft haben.

Trotz dieser provozierenden Postulate gibt es bisher keine nennenswerten Reaktionen des vorherrschenden Wissenschaftsbetriebs in der Psychologie auf die konstruktivistischen Ansätze (ganz im Gegensatz zu anderen Disziplinen, wie z.B. der Soziologie). Zu einem Teil ist dies sicher darauf zurückzuführen, dass in den hauptsächlich gelesenen Fachzeitschriften so gut wie keine konstruktivistisch motivierten Studien zu finden sind. Das wiederum hängt wohl zum Einen damit zusammen, dass qualitative Methoden (siehe Kapitel 25), derer sich Konstruktivisten bedienen, in der Methodenausbildung bisher ein Schattendasein führen, zum Anderen aber auch damit, dass die Resultate der Konstruktivisten bislang von der psychologischen Forschergemeinschaft als wenig relevant erachtet werden. Wie brauchbar konstruktivistische Ansätze sind und auf welche Gegenstandsbereiche der Psychologie sie angewandt werden können, sind nach wie vor offene Fragen (siehe hierzu auch Kapitel 25).

2.3 Spezialprobleme der Psychologie

Bevor wir uns nun wieder den psychologischen Theorien zuwenden, befassen wir uns noch kurz mit den Besonderheiten der Psychologie. Keiner der wissenschaftstheoretischen Ansätze, die wir beschrieben haben, ist (mit Ausnahme der diskursiven Psychologie, die aber auch eine Modifikation eines schon existierenden Ansatzes ist) direkt für die Psychologie entwickelt worden. Die konventionellen Ansätze sind sämtlich in Auseinandersetzung mit den Naturwissenschaften entstanden. Die Psychologie hat diese Ansätze weitgehend unverändert übernommen, unter anderem vielleicht, um vom Prestige der Naturwissenschaften zu profitieren. Dies ist in einigen Bereichen der Psychologie gerechtfertigt – Wahrnehmungs- und auch komplexere Informationsverarbeitungsprozesse sind bei vielen Tieren so ähnlich wie beim Menschen, was eine Trennung zwischen Psychologie und Naturwissenschaften (wenn man Biologie als

Naturwissenschaft betrachtet) nicht leicht macht. Trotzdem ist menschliches Erleben und Verhalten ein Forschungsgegenstand mit Besonderheiten, die über die Besonderheiten von Wasser, Elektrizität, und auch über die eines Diamanten, einer Rose oder eines Pferdes hinausgehen. Diese Besonderheiten gilt es in der wissenschaftlichen Psychologie zu berücksichtigen. Zwei davon scheinen uns besonders bedeutsam: das Postulat von so genannten *latenten Variablen* und das besondere Verhältnis von Forscher und Forschungsgegenstand.

2.3.1 Latente Variablen

Auf ein großes Problem der Psychologie werden viele Menschen entweder nie oder erst auf den zweiten Blick aufmerksam: Wenn wir über Intelligenz, Gedächtnis, Ärger, Freude, Liebe usw. reden, dann behandeln wir diese Ausdrücke, als bezeichneten sie etwas, was tatsächlich als Entität vorhanden ist und auf das wir direkten Zugriff haben. In gewisser Weise haben wir Zugriff – jeder macht Einschätzungen über die Intelligenz von sich und anderen und kann Situationen erinnern, in denen er ärgerlich war oder sich gefreut hat. Wenn man aber versucht, Intelligenz, Gedächtnis, Ärger und Freude genauer zu definieren, merkt man, dass das nicht so einfach ist. Am einfachsten scheint es noch mit der Intelligenz zu sein, aber auch hier lautet eine – ursprünglich nicht so ernst gemeinte, aber mittlerweile durchaus akzeptierte – Definition: „Intelligenz ist das, was der Intelligenztest misst". Sieht man sich jedoch in der Welt der Intelligenztests um, dann wird schnell deutlich, dass die in unterschiedlichen Tests enthaltenen Aufgaben sich teilweise deutlich voneinander unterscheiden. In letzter Zeit ist das Intelligenzkonzept überdies stark erweitert worden um Konzepte wie emotionale Intelligenz oder soziale Intelligenz. Allgemein werden die Aufgaben in den Tests als Indikatoren für etwas „Dahinterliegendes" benutzt, etwas, das man eben nicht direkt messen kann: die Intelligenz. Je mehr Aufgaben richtig gelöst werden, desto höher ist dann die diagnostizierte Intelligenz. Ähnlich misst man auch Gedächtnisgüte oder die Stärke von Emotionen wie Ärger und Freude. Dieses Dahinterliegende, von dem man jeweils annimmt, dass es mit entsprechenden Testaufgaben abgebildet werden kann, bezeichnet man in der Psychologie als *latente Variable*, *Konstrukt*, oder *Faktor*. Offensichtlich bestimmt die Art und Weise, wie man solche latenten Variablen misst, auch deren Inhalt. Zur Bestimmung von latenten Variablen sind in der Psychologie mittlerweile ausgeklügelte Verfahren entwickelt worden wie beispielsweise die Faktorenanalyse (siehe Bühner, 2006). Man sollte sich als Psychologin oder Psychologe jedoch immer bewusst sein, dass die Inhalte von latenten Variablen immer vorläufig sind und sich ändern können. Im Zweifelsfall wird man sich die Verfahren, mit deren Hilfe eine latente Variable definiert wurde, immer genau ansehen müssen. Ein ähnliches Problem gibt es natürlich auch in den Naturwissenschaften: auch dort können manche Objekte mit den heute zur Verfügung stehenden Mitteln nicht direkt beobachtet werden (z.B. Atomteilchen). Die Bedeutsamkeit von latenten Variablen ist aber in der Psychologie deutlich größer, da viele zentrale Konzepte in diese Rubrik fallen.

2.3.2 Verhältnis zwischen Forscher und „Erforschten"

In den Naturwissenschaften gibt es eine klare Trennung zwischen Forscher und Forschungsgegenstand. Selbst in der Biologie, in der auch der Mensch Forschungsgegenstand sein kann, ist die Trennung eindeutig. In der Psychologie haben wir es jedoch mit der Besonderheit zu tun, dass die Erforschten im Prinzip auch Forscher sein können. Tatsächlich war es in der Frühzeit der Psychologie, vor allem in Deutschland, durchaus üblich, dass Professoren als Versuchsteilnehmer gearbeitet haben – etwa bei Studien darüber, wie Denk- und Gedächtnisprozesse ablaufen (man nahm an, dass Professoren auf Grund ihrer Übung im Denken ihre eigenen Denkprozesse unvoreingenommener wahrnehmen können). Auch während des Psychologiestudiums findet ein solcher Rollenwechsel statt: Studierende in den Anfangssemestern müssen in der Regel nachweisen, dass sie eine festgelegte Anzahl von Stunden an psychologischen Studien teilgenommen haben. Spätestens bei der Diplomarbeit befinden sie sich aber in der Regel selbst in der Rolle von Forschern.

Warum kann die Umkehrbarkeit der Rollen problematisch sein? Versuchsteilnehmer bilden automatisch Erwartungen über das, was andere – wie beispielsweise Forscher – von ihnen erwarten und sind demgemäß selbst auch wieder Forscher mit dem Versuchsleiter als Forschungsgegenstand („Was könnte der von mir wollen?" – siehe Kasten „Versuchsteilnehmer als Forscher"). Die Erwartungen, die auf beiden Seiten des Forschungsprozesses – Forscher und Erforschte – vorhanden sind, können Verhalten und Erleben stark beeinflussen. Der Einfluss von Erwartungen ist auch bei Forschern nachgewiesen worden und wir werden uns damit und mit den Möglichkeiten, solche Einflüsse zu minimieren, in Kapitel 4 und 5 befassen. Festzuhalten bleibt, dass die prinzipielle Austauschbarkeit der Rollen von Forscher und Erforschten und die Möglichkeit der „Messobjekte", auf die Messung zu reagieren, ein Problem in der psychologischen Forschung ist, dessen man sich immer bewusst sein sollte.

HINTERGRUND

Versuchsteilnehmer als „Forscher" Norenzayan und Schwarz (1999) baten Studierende um ihre Meinung zu einem Massenmord, der tatsächlich kurze Zeit vor der Studie in den USA stattgefunden hatte. Zwei Gruppen von Studierenden erhielten einen Zeitungsartikel über den Massenmord und sollten dann auf einem Fragebogen die Gründe angeben, die ihrer Meinung nach dazu geführt hatten. Die Informationen, die beide Gruppen bekamen, unterschieden sich nur darin, was auf dem Briefkopf des Fragebogens stand. Bei der einen Gruppe war als durchführende Institution „Institut für Persönlichkeitsforschung" und bei der anderen Gruppe „Institut für Sozialforschung" angegeben. Die von den Studierenden angeführten Gründe für den Massenmord unterschieden sich erheblich in Abhängigkeit der Gruppenzugehörigkeit. Wenn der Fragebogen vermeintlich vom Institut für Persönlichkeitsforschung stammte, dann wurden Gründe, die in der Person des Täters lagen, deutlich häufiger angeführt, als wenn der Fragebogen vom vermeintlichen Institut für Sozialforschung kam. Mit Gründen, die in der sozialen Situation, in der der Mord stattfand, lagen, verhielt es sich dagegen umgekehrt: Solche Gründe wurden deutlich häufiger genannt, wenn der Briefkopf vom vermeintlichen Institut für Sozialforschung stammte. Diese Studie verdeutlicht, dass Menschen keine physikalischen „Messobjekte" sind, sondern selbst als „Forscher" tätig werden können und die „Forschungsergebnisse" (z.B. „Die wollen anscheinend was zu den Gründen wissen, die in der *Person* des Täters liegen") in ihrem Verhalten berücksichtigen.

2.4 Woher kommen Theorien?

Während die Überprüfung von Theorien einen großen Stellenwert sowohl in der wissenschaftstheoretischen als auch der Methodik-Literatur einnimmt, findet man zum Thema „Woher kommen Theorien?" relativ wenig. Wenn man Wissenschaftler fragt, wie sie auf eine gute Idee oder Theorie gekommen sind, dann ist eine häufige Antwort, dass sie ihnen einfach „eingefallen" sei: Theorien werden also – zumindest im Anfangsstadium – oft nicht systematisch entwickelt. Trotzdem kann man einige begünstigende Bedingungen für das Entstehen von Theorien etwas genauer spezifizieren: „bed, bathroom and bicycle" (siehe den nächsten Abschnitt). Darüber hinaus existieren aber auch systematische (qualitative) Ansätze zur Entwicklung von Theorien. Egal, wie man zu Theorien kommt, eine Eigenschaft ist sicher ganz zentral für einen erfolgreichen Wissenschaftler: grenzenlose Neugierde.

2.4.1 Bed, Bathroom and Bicycle

In der englischsprachigen Literatur liest man häufig als Antwort auf die Frage, woher denn Theorien kommen: „bed, bathroom, bicycle". Diese Antwort drückt die Überzeugung aus, dass einem gute Theorien nicht dann einfallen, wenn man mit voller Konzentration danach sucht, sondern eher, wenn man entspannt ist oder nicht ans Arbeiten denkt. Berühmte Beispiele (mit nicht eindeutig geklärtem Wahrheitsgehalt) sind Archimedes, der in der Badewanne das Archimedische Prinzip (der hydrostatische Auftrieb eines Körpers ist gleich dem Gewicht der von ihm verdrängten Flüssigkeit) entdeckte und daraufhin sein berühmtes „Heureka!" rief, und Kekulé, dem beim Träumen im Lehnstuhl der Benzolring einfiel. Tatsächlich ist es bei vielen Theorien schwierig, ihre Entstehungsgeschichte genau nachzuvollziehen. Intuition scheint eine wichtige Rolle zu spielen. Manchmal werden auch induktive Verfahren zu Hilfe genommen und gar nicht so selten sind Theorien in der Psychologie durch eine Art Analogieschluss entstanden: Man benutzt Begriffe aus einem anderen Bereich – z.B. aus den Computerwissenschaften – und überträgt sie auf menschliches Verhalten und Erleben.

Intuition

Wenn man annimmt, dass die oben angeführten Beispiele von Archimedes und Kekulé zutreffen – was sollte dann ein guter Wissenschaftler tun? Häufig baden und tagträumen? Auf keinen Fall aber zu viel arbeiten, denn dann ist es schwieriger, sich gut zu entspannen. Diese Strategie könnte natürlich in dem einen oder anderen Fall funktionieren (die Autoren kennen allerdings kein bekanntes Beispiel dafür), aber meistens versucht man, der Intuition etwas auf die Sprünge zu helfen. Intuition bedeutet ja nichts anderes, als dass Ideen scheinbar spontan kommen. Diese Spontaneität scheint allerdings häufig an ein hohes Maß an Vorarbeit gekoppelt zu sein. Eine Methode, der Intuition auf die Sprünge zu helfen, ist sicher: viel lesen oder sich mit Menschen unterhalten, die sich auf einem Gebiet schon auskennen. Wenn durch Literaturstudium ein grundlegendes Verständnis für einen inhaltlichen Bereich geschaffen wurde, erhöht das die Chancen dafür, dass ein neuer Eindruck – z.B. das Lesen eines neuen Artikels oder eine zufällige Beobachtung – zu einer guten Idee führt. Manchmal hilft es auch, ein Thema, an dem man länger erfolglos gearbeitet hat, einfach beiseite zu legen und eine Zeitlang etwas ganz anderes zu tun. Wirklich interessante Themen scheinen oft „selbstständig" weiterzuarbeiten und es kommt vor, dass einem eines Morgens beim Aufwachen plötzlich etwas Interessantes einfällt.

Induktion

Induktiv vorgehen bedeutet häufig, von etwas Besonderem auf etwas Allgemeines oder von Daten auf Theorien zu schließen. Das machen wir im Alltag andauernd. Wir machen die Erfahrung, dass in einem China-Imbiss der Döner nicht besonders gut schmeckt und schließen daraus, dass Chinesen weniger gute Döner produzieren als Türken. Wir gehen also von einer Erfahrung oder Beobachtung aus und verallgemeinern sie oder spinnen sie weiter, wobei wir unser schon vorhandenes Wissen (oder unsere schon vorhandenen Vorurteile) benutzen. Je besser fundiert dieses Grundwissen ist, desto fundierter werden auch die abgeleiteten Theorien sein. Auch Alltagspsychologie und Vorurteile können eine gute Grundlage für wissenschaftliche Theorien sein. Solche „Alltagstheorien" sind meist intuitiv entstanden und müssen nicht falsch sein. Die Problematik mit Alltagstheorien ist nur – wie in Kapitel 1 beschrieben – die Art und Weise, wie sie überprüft werden. Wenn man beispielsweise die sozialpsychologische Literatur durchforstet, trifft man auf viele Theorien, die einem aus dem Alltag bekannt vorkommen und die durch die Verbindung von Alltagstheorie und der zu einem Thema existierenden Literatur entstanden sein könnten (wie schon erwähnt ist es im Nachhinein äußerst schwierig, herauszufinden, wie eine Theorie zustande kam – manchmal selbst für deren Urheber). Häufig sind jedoch schon vorhandene Theorien die Ausgangsbasis für neue. Dies ist insbesondere der Fall, wenn ein Forscher in einer Studie Ergebnisse bekommt, die er mit seiner Theorie nicht richtig erklären kann. Manchmal führen Wissenschaftler, wenn sie eine interessante Idee haben, nicht gleich eine groß angelegte Studie durch, sondern explorieren diese Idee erst einmal in einer oder mehreren kleineren Erkundungs- oder Pilotstudien. Die Ergebnisse aus der Pilotstudie werden dann für die Verbesserung oder Präzisierung der so entstehenden Theorie benutzt.

Metaphern

Eine nicht zu unterschätzende Quelle für Theorien in der Psychologie bilden Metaphern (siehe Gigerenzer, 1991). Damit ist gemeint, dass man einen Mechanismus oder ein Modell aus einem – oft technischen – Bereich als Analogie für die Beschreibung psychischer Prozesse benutzt. Oft scheint ein solcher Analogieschluss selbst den Begründern der entsprechenden Theorien nicht völlig bewusst zu sein. Das vielleicht bekannteste Beispiel ist die Dampfmaschinenmetapher, die Sigmund Freud bei der Beschreibung der Psychoanalyse benutzt hat (das Es ist beispielsweise der Dampf, der im Kessel Druck erzeugt). Eine weitere Quelle für Metaphern ist die Statistik: Es gibt nicht wenige Theorien in der Psychologie – z.B. Kelleys (1967) Attributionstheorie –, die dem statistischen Verfahren der Varianzanalyse (siehe Kapitel 14 und 15) ähneln. Auch das am häufigsten benutzte inferenzstatistische Verfahren in der Psychologie, der Signifikanztest (Kapitel 12) hat Pate gestanden für eine bekannte Theorie: die so genannte Signal-Entdeckungstheorie, die zur Beschreibung von Wahrnehmungsvorgängen benutzt wird. Vor allem in der kognitiven Psychologie findet man nicht selten Anklänge an eine weitere Metapher – den Computer. In entsprechenden Theorien (z.B. Anderson, 1993) gibt es ein Arbeits-gedächtnis, das dem Arbeitsspeicher korrespondiert, und andere Arten von Gedächtnis, die analog zum aktuell ausgeführten Computerprogramm oder zu einem Festplattenspei-cher betrachtet werden (siehe auch Kapitel 24).

Es ist sicher nie so, dass Metaphern eins zu eins auf die Beschreibung menschlicher Informationsverarbeitungs-Prozesse angewandt werden, aber die Ähnlichkeit zwi-schen Theorie und Metapher ist manchmal verblüffend. Meist ist die Beziehung zwi-schen Metapher und psychologischer Theorie keine Einbahnstraße: Die Konzeption technischer Systeme wie etwa des Computers sind auch durch Vorstellungen darüber, wie Menschen Informationen verarbeiten, mit beeinflusst worden. Es spricht auch in keiner Weise etwas gegen das Benutzen von Metaphern: Alle Hilfsmittel, die zu einer guten oder einer noch besseren Theorie führen, sollten genutzt werden.

2.4.2 Die systematische Suche nach Theorien

Wie wir zu Beginn dieses Kapitels schon angedeutet haben, werden die so genannten qualitativen Methoden in der Psychologie bislang kaum angewandt. Manche dieser Methoden sind speziell für das Erstellen von Theorien entwickelt worden. Dabei sind die Unterschiede zwischen positivistischen und konstruktivistischen Ansätzen – beide Positionen findet man in qualitativen Verfahren, oft sogar als Mischformen – nicht so groß, wie man meinen könnte. Qualitative Verfahren zielen darauf ab, aus der Analyse von Daten einen größeren Sinnzusammenhang herzustellen. Ausgangdaten sind in der Regel Beobachtungen und mündliche oder schriftliche Äußerungen. Die größte Schwierigkeit für den Forscher ist nun, diese Daten nicht sofort auf der Grundlage des eigenen Erfahrungs- und Wissenshintergrundes zu interpretieren, sondern gewisser-maßen einen Schritt zurück zu treten und – in der Sprache der Phänomenologie aus-gedrückt – zu versuchen, zu den „Sachen selbst" zu gelangen. Wie man nun von den Daten zu einer Theorie kommt, darin unterscheiden sich die einzelnen Ansätze. Immer wird jedoch versucht, diesen Weg auf eine systematische Weise, durch die Vorgabe von Arbeitsschritten zu gehen. Man könnte also von einer „geleiteten Induktion" sprechen.

Das vielleicht bekannteste Verfahren zur Theoriegewinnung ist die von Glaser und Strass (2005/1967) entwickelte *Grounded Theory*. Theorien sollen danach immer auf Daten gegründet (daher „grounded") sein. In der Grounded Theory versucht man, über sukzessives Kodieren von – meistens aus Interviews gewonnenen – Texten zu immer abstrakteren Kategorien zu kommen, deren systematische Verbindung dann letztlich zu einer Theorie führen soll. Sehr wichtig ist bei diesem Verfahren ein permanenter Rück-bezug zu den Daten, den tatsächlichen Äußerungen. Um eine höhere Verallgemeiner-barkeit der so entstehenden Theorien zu erreichen, werden dabei „Informanten" danach ausgewählt, wie hoch ihr Potenzial zu einer Verbesserung der gegenwärtig vor-liegenden Verfassung einer Theorie ist. Wenn man beispielsweise Zweifel hat, ob die Ideen, die man nach der Befragung von einigen Akademikern gewonnen hat, wirklich für die gesamte Bevölkerung zutreffen, wird man vielleicht im nächsten Schritt ein Interview mit einem Arbeiter durchführen. In der Psychologie gibt es bislang wenig Anwendungsbeispiele für die Grounded Theory. Wie wirksam dieser und ähnliche Ansätze bei der Generierung von psychologischen Theorien sind, ist noch eine offene Frage (siehe auch Kapitel 25).

2.5   Von Theorien zu Hypothesen

Wenn eine Theorie – egal, wie sie entstanden ist – überprüft werden soll, dann erfolgt das in der Regel in einer bestimmten Abfolge von Maßnahmen. Diese Abfolge haben Sie schon im Kapitel 1 kennen gelernt: die wissenschaftliche Methode. Dort haben wir diese Methode in einer relativ abstrakten Weise und nur sehr kurz vorgestellt. Hier sollen Teile daraus etwas ausführlicher und anhand von Beispielen erläutert werden. Zunächst möchten wir aber noch kurz darüber reflektieren, was in der wissenschaft-lichen Psychologie unter „Theorie" verstanden wird.

2.5.1   Wie sehen Theorien in der Psychologie aus?

Ob man nun darüber glücklich ist oder nicht: so umfassende Theorien wie in den Natur-wissenschaften gibt es in der Psychologie noch nicht. Zwei Bemühungen in diese Rich-tung sind die Evolutionspsychologie und der Informationsverarbeitungs-Ansatz im wei-testen Sinne. Der evolutionspsychologische Ansatz knüpft an die Evolutionstheorie an und versucht, alle Aspekte menschlichen Verhaltens und Erlebens als Resultat evolutio-närer Variations- und Selektionsprozesse zu erklären. Evolutionspsychologen gehen davon aus, dass Verhalten nicht durch bereichsübergreifende Mechanismen (z.B. gene-relle Lernmechanismen) erklärt werden kann, sondern sie postulieren mehrere unter-schiedliche bereichsspezifische Mechanismen (z.B. einen Mechanismus dafür, wie man Betrüger entdeckt und einen anderen dafür, wie man entdeckt, ob andere Menschen mit einem selbst verwandt sind). Informationsverarbeitende Ansätze gehen dagegen meis-tens davon aus, dass solche allgemeinen, bereichsunabhängigen Mechanismen der Informationsverarbeitung existieren und integrieren auch emotionale und motivationale Prozesse. Die erfolgreichsten Ansätze dieser Art münden meist in Computermodelle (siehe Kapitel 24). Solche Computermodelle sind notwendigerweise sehr präzise Theo-rien, die versuchen, traditionell separat behandelte Inhalte wie Gedächtnis, Lernen, Motivation, Emotion, Aktion und zunehmend auch soziale Prozesse in ein gemeinsa-mes theoretisches Modell zu integrieren.

Bisher haben wir über Theorien gesprochen, als wäre klar, wovon wir reden. Tat-sächlich ist es so, dass, wenn man in der Psychologie von einer Theorie spricht, sehr unterschiedliche Dinge damit gemeint sein können. Manchmal sind Theorien äußerst komplex und umfangreich, wie etwa die Evolutionspsychologie oder der Informa-tionsverarbeitungs-Ansatz im weiteren Sinne. Manche Forscher würden hier eher von Theoriensystemen sprechen. Das andere Ende der Komplexität wird eingenommen von Theorien, die nur eine isolierte Aussage über einen eng umgrenzten inhaltlichen

Bereich machen. Solche Theorien, die man getrost auch Hypothesen nennen könnte, finden sich besonders häufig in der Sozialpsychologie (siehe Vallacher & Novak, 1994). Die meisten Theorien in der Psychologie haben – zumindest nachdem sich die Forschung einige Zeit mit ihnen beschäftigt hat – einen mittleren Komplexitätsgrad, was bedeutet, dass man sie in der Regel nicht direkt prüfen kann. Prüfbar sind aber die aus einer Theorie abgeleiteten Hypothesen: relativ präzise, aber eingegrenzte Vorhersagen. Die Überprüfung der Hypothesen gibt dann wieder Aufschluss über die Güte der jeweiligen Theorie.

2.5.2 Von der Theorie zur Hypothesenprüfung: Grundlegende Vorgehensweise

Den groben Ablaufplan für die Überprüfung von Theorien haben Sie schon in Kapitel 1 kennen gelernt: die wissenschaftliche Methode, abgebildet als „Trichtermodell" (siehe Abbildung 1.6). Hier sehen wir uns die ersten drei Bestandteile des Trichtermodells, „Theorie", „Forschungshypothese" und „Präzisierung der Hypothese" noch einmal etwas genauer an und vernachlässigen für den Moment weitgehend den Rest des Trichters.

Theorie

Zur Illustration zunächst ein fiktives Beispiel: Es existiere eine Theorie über die nachhaltigen Auswirkungen der Radon-Strahlung aus dem Erzgebirge auf die Bewohner Sachsens. Ohne hier auf die hypothetischen Mechanismen genauer einzugehen, postuliere die Theorie unter anderem, dass die Strahlung bei längerem Einwirken zu genetischen Veränderungen führe, die sich auch auf das Gehirn Neugeborener auswirkten. Die Veränderungen im Gehirn wiederum sollen mehrere Effekte haben, unter anderem den, dass die Intelligenz sich erhöht.

Forschungshypothese

Eine Hypothese (manchmal als *Forschungshypothese* oder als *wissenschaftliche Hypothese* bezeichnet), die man daraus ableiten könnte, wäre:

> *Die Sachsen sind intelligenter als die anderen Deutschen.*

Manchmal werden Hypothesen auch als Fragen (*Forschungsfragen*) formuliert:

> *Sind die Sachsen intelligenter als die anderen Deutschen?*

Obwohl wir nun nur einen Aspekt der Theorie herausgegriffen und als Hypothese formuliert haben, ist immer noch unklar, wie wir tatsächlich bei der Prüfung vorgehen sollen. Wir müssen die Hypothese also so präzisieren, dass sie empirisch überprüfbar wird. Oder, in anderen Worten, wir müssen die Hypothese *operationalisieren*, das heißt, die Operationen angeben, die sie tatsächlich überprüfbar machen.

Präzisierung der Forschungshypothese

Sehen wir uns erst einmal an, was an der Hypothese noch nicht eindeutig formuliert ist. Zunächst ist das der Begriff „Sachsen". Wenn wir wieder auf unsere Theorie zurückgreifen, sollten für diese Hypothese nur Personen als Sachsen gelten, deren Eltern der Radonstrahlung ausgesetzt waren, also eine bestimmte Zeit vor der Geburt ihres Kindes in Sachsen gelebt haben. Als Minimalforderung könnte hier gelten, dass die Eltern sich bei der Geburt in Sachsen aufgehalten haben, aber man könnte auch fordern, dass die Eltern beispielsweise mindestens 10 Jahre vor der Geburt kontinuierlich in Sachsen gelebt haben, damit das Kind als „Sachse" im Sinne der Hypothese klassifiziert werden kann. Zu überlegen wäre auch noch, ob man irgendwelche Altersbeschränkungen einführen sollte. Sollen alle Sachsen, vom Kind bis zum Greis untersucht werden? Oder soll man sich vielleicht nur auf alle erwachsenen Sachsen (etwa ab 18 Jahren) beschränken? Bei diesen Überlegungen wird schon deutlich, dass sich aus der Forschungshypothese eine Vielzahl präzisierter Hypothesen – manchmal als *empirische Hypothesen* bezeichnet – ableiten lassen, je nachdem, für welche Operationalisierung man sich entscheidet. Der zweite Bestandteil der Hypothese, den man sich genauer ansehen muss – das „intelligenter" –, erfordert gleich zwei Operationalisierungen. Zunächst muss man bestimmen, was Intelligenz ist. Machen wir es uns diesmal einfach: Das Ausmaß der Intelligenz wird durch das Ergebnis in einem verbreiteten Intelligenztest bestimmt (da kommen wir aber nicht umhin, uns für einen bestimmten Test zu entscheiden). Nun haben wir auch noch den Komparativ zu berücksichtigen: Wann ist jemand intelligen*ter* als jemand anderer? Hier liegt entweder ein Vergleich mit bundesdeutschen Durchschnittswerten nahe (bei den meisten Intelligenztests ein IQ von 100) oder ein direkter Vergleich zwischen „Sachsen" und „anderen Deutschen". Schließlich bleibt noch festzulegen, was wir unter „anderen Deutschen" verstehen. Dabei treten wieder mehr oder weniger die gleichen Probleme auf, die wir bei der Operationalisierung von „Sachsen" hatten. Hier sind einige Beispiele für – durch unterschiedliche, teilweise durchaus anfechtbare Operationalisierungen – präzisierte Hypothesen:

1 Der Anteil von Erwachsenen (ab 18 Jahren), deren Eltern vor ihrer Geburt mindestens ein Jahr in Sachsen gelebt haben und deren IQ-Wert (im Test X) über dem Durchschnittswert (100) liegt, ist um mindestens 5% höher als der entsprechende Anteil im Bundesdurchschnitt (=50%).

2 Erwachsene (ab 18 Jahren), deren Eltern vor ihrer Geburt mindestens ein Jahr in Sachsen gelebt haben, erzielen im Durchschnitt mindestens 5 IQ Punkte (im Test X) über dem bundesdeutschen Durchschnittswert.

3 Erwachsene (ab 18 Jahren), deren Eltern vor ihrer Geburt mindestens ein Jahr in Sachsen gelebt haben, erzielen im Durchschnitt mindestens 5 IQ Punkte (im Test X) mehr als Erwachsene (ab 18 Jahren), deren Eltern nie in Sachsen gewohnt haben.

Statistische Hypothesen

Oft werden solche präzisierten Hypothesen noch weiter im Hinblick auf Werte, die man erwartet, formalisiert. Die Hypothesen in der psychologischen Forschung beziehen sich meist auf aggregierte (zusammengefasste) Werte wie Mittelwerte oder Anteile und sie beziehen sich fast immer auf die Population (hier: alle Sachsen), nicht nur auf die Personen in der Stichprobe. Solche Werte werden *Populationsparameter* genannt und Hypothesen, die sich darauf beziehen, häufig *statistische Hypothesen* (in Kapitel 12 erfahren Sie mehr zu statistischen Hypothesen). Populationswerte werden in der Statistik meist mit griechischen Buchstaben bezeichnet (z.B. steht π für einen Anteil in der Population und μ für einen Populationsmittelwert). Ausgedrückt als statistische Hypothesen würden die drei Hypothesen von oben so aussehen:

1 $\pi_{\text{Sachsen mit IQ} > 100} \geq 55\%$

2 $\mu_{\text{Sachsen-IQ}} \geq 105$ IQ-Punkte

3 $\mu_{\text{IQ-Sachsen}} \geq \mu_{\text{IQ-andere Deutsche}} + 5$ IQ-Punkte

Solche statistischen Hypothesen werden häufig mit Hilfe von Signifikanztests überprüft (siehe Kapitel 12).

Mittlerweile sollte deutlich geworden sein, dass der Weg von der Theorie zur Hypothese zu immer präziseren Aussagen führt, dass aber der Geltungsbereich der immer präziseren Hypothesen immer kleiner wird. Das Beispiel sollte auch gezeigt haben, dass bei der Ableitung der empirisch überprüfbaren Hypothese durchaus auch subjektive Entscheidungen mit im Spiel sind. Die potenziellen Nachteile, die mit der Verengung des Geltungsbereichs einer Hypothese einhergehen, lassen sich jedoch dadurch ausgleichen, dass man aus einer Theorie mehrere empirisch überprüfbare Hypothesen ableitet und der Prüfung aussetzt.

Weitere Vorgehensweise

Wenn die Hypothese präzisiert ist, kann sie im Prinzip einfach überprüft werden. Man führt die in der Hypothese festgelegten Operationen durch, erhebt eine repräsentative Stichprobe – am besten eine Zufallsstichprobe –, prüft, soweit möglich, ob die Annahmen tatsächlich erfüllt sind, und sieht sich die Ergebnisse an. Wenn die Ergebnisse der Hypothese entsprechen, geht diese – und damit auch die zugrunde liegende Theorie – gestärkt aus der Untersuchung hervor (ganz im Sinne des kritischen Rationalismus: die Hypothese hat einen Falsifikationsversuch erfolgreich überstanden). Wenn die Ergebnisse von den Vorhersagen abweichen, gibt es mehrere Möglichkeiten. Man könnte – wie in der strengen Form des kritischen Rationalismus – zu dem Schluss kommen, dass die Hypothese – und damit die zugrunde liegende Theorie – falsch ist; das geschieht manchmal nach mehreren abweichenden Ergebnissen, aber fast nie nach einer einzigen Studie. Stattdessen wird meist zunächst untersucht, ob nicht möglicherweise die Operationalisierung der Hypothesen mangelhaft war, oder ob es Gründe bei der Durchführung des Experiments gegeben haben könnte, die zu dem abweichenden Ergebnis geführt haben. Ein möglicher Grund für ein abweichendes

Ergebnis könnte sein, dass man zufällig eine atypische Stichprobe gezogen hat. Dies kann durch (mehrfaches) Wiederholen der Studie überprüft werden. Wenn man auch dadurch keine Erklärung für das (konsistent) abweichende Ergebnis finden kann, versucht man häufig – ganz im Sinne des von Kuhn und auch Lakatos beschriebenen Umgangs mit Anomalien – die Theorien so abzuändern, dass sie mit dem Ergebnis konform sind. Solche Modifikationen sind dann wieder die Ausgangsbasis für erneute, modifizierte Hypothesen.

2.5.3 Von der Theorie zur Hypothesenprüfung: Beispiele

Nach dem hypothetischen Beispiel wollen wir zur Illustration zwei bekannte Experimente vorstellen, die tatsächlich durchgeführt worden sind (beide in vielen Varianten). Die Theorien werden dabei jeweils nur kurz dargestellt.

Konformitätsdruck in Gruppen (Asch, 1955)

Stellen Sie sich vor, Sie sind mit einer Gruppe von Leuten zusammen. Sie diskutieren über ein Thema und bald wird Ihnen klar, dass sich die Meinung aller anderen Gruppenmitglieder von Ihrer Meinung unterscheidet. Später in der Diskussion fragt Sie jemand nach Ihrer Meinung. Was sagen Sie? Das ist die Ausgangssituation für Aschs Theorie darüber, wie soziale Normen in einer Gruppe Meinungsäußerungen von einzelnen Gruppenmitgliedern beeinflussen können. Asch hatte noch keine sehr elaborierte Theorie zur Verfügung, aber einige sehr interessante Ideen. Eine von mehreren Forschungshypothesen, die er daraus ableitete, kann folgendermaßen zusammengefasst werden:

> *Wenn die Wahrnehmung eines Gruppenmitglieds von der Gruppenwahrnehmung abweicht, tendiert das Individuum dazu, sich wider besseres Wissen der Gruppenmeinung anzuschließen.*

Eine Operationalisierung der Forschungshypothese ist in ▶Abbildung 2.6 illustriert. Die Wahrnehmungsaufgabe bestand darin, festzustellen, welcher Vergleichsreiz dieselbe Länge hatte wie der Standardreiz. Die „Gruppenwahrnehmung" wurde dadurch operationalisiert, dass der Versuchsteilnehmer zunächst die Meinung der anderen Gruppenmitglieder erfuhr, bevor er selbst gefragt wurde. Er saß dabei mit sieben vermeintlichen anderen Versuchsteilnehmern – die aber tatsächlich Mitarbeiter des Versuchsleiters waren – an einem Tisch und jeder dieser anderen „Versuchsteilnehmer" gab dieselbe Einschätzung ab. Manchmal war diese „Gruppenwahrnehmung" richtig (in Abbildung 2.6: „Der Standardreiz hat dieselbe Länge wie der Vergleichsreiz B"), manchmal war sie falsch (z.B.: „Der Standardreiz hat dieselbe Länge wie Vergleichsreiz C"). Interessant ist nun, zu überprüfen, ob sich die Urteile des Individuums in Abhängigkeit der Gruppenwahrnehmung (richtig vs. falsch) ändern.

Standardreiz   Vergleichsreize

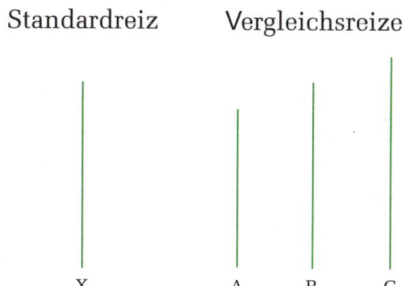

X   A   B   C

Abbildung 2.6: Versuchsmaterial und Ergebnisse im Experiment von Asch (nach Asch, 1955).

Tatsächlich schlossen sich 75% aller Versuchsteilnehmer in der experimentellen Bedingung (Abweichung zwischen Mehrheitsmeinung und tatsächlichem Sachverhalt) in mindestens einem von mehreren Durchgängen der Mehrheitsmeinung an. Die statistische Hypothese ließe sich in diesem Fall also als eine Hypothese über Populationsanteile (Anteil der Personen, die sich einer abweichenden Gruppenmeinung anschließen) formulieren.

Die Entstehung von Emotionen (Schachter & Singer, 1962)

Ein zentraler Punkt der Emotionstheorie von Schachter und Singer (1962) ist, dass für die Entstehung von Emotionen zwei Faktoren zusammenwirken müssen: Zum einen muss ein physiologischer Erregungszustand vorhanden sein und zum anderen eine Kognition, z.B. eine Interpretation einer Situation, die dann die physiologische Erregung zu einer bestimmten Emotion werden lässt. Die spezifische Emotion entsteht also dadurch, dass die Erregung durch die gerade verfügbare Kognition „interpretiert" wird. Wenn eine andere Erklärung für einen Erregungszustand vorliegt (z.B. körperliche Anstrengung), dann entsteht keine Emotion. Eine aus diesen Annahmen ableitbare Forschungshypothese ist:

> *Wenn ein physiologischer Erregungszustand nicht erklärt werden kann, entscheidet die Interpretation des sozialen Kontexts über die Art der Emotion.*

In mehreren Experimenten operationalisierten die Forscher den physiologischen Erregungszustand ihrer Versuchsteilnehmer durch die Injektion von Adrenalin (erhöhter Erregungszustand) oder Kochsalzlösung (Placebo). Konzentrieren wir uns auf eines der Experimente, in denen alle Teilnehmer eine Adrenalininjektion erhielten (▶Abbildung 2.7). Nur eine von zwei Teilnehmergruppen erhielt eine Erklärung für den Erregungszustand (Auswirkung der Injektion), die andere bekam die falsche Information, dass es sich bei dem Mittel um ein mildes und harmloses Vitaminpräparat handle.[5] Eine Gruppe erwartete also körperliche Symptome wie Herzklopfen, Zittern oder schneller Atem, konnte sich also den Erregungszustand erklären, aber die andere nicht. Die Interpretation des sozialen Kontexts wurde durch einen Vertrauten des Versuchsleiters manipuliert, der in der einen Bedingung wütendes Verhalten zeigte („Wütend" in

---

5 Diese Manipulation könnte heutzutage nicht mehr durchgeführt werden, da sie gegen mittlerweile fest etablierte ethische Grundsätze aller psychologischen Vereinigungen verstieße.

Abbildung 2.7) oder – in einer anderen Bedingung – herumalberte („Fröhlich" in Abbildung 2.7).

Tatsächlich gaben die Teilnehmer in der Gruppe, die ihren Erregungszustand nicht erklären konnten, eine deutlich höhere Intensität ihrer Emotionen in die erwartete Richtung an (ärgerlicher in der „Wütend"-Bedingung und fröhlicher in der anderen Bedingung) als die Teilnehmer, die sich ihren Erregungszustand durch die Wirkung des Medikaments erklären konnten. Die statistische Hypothese bezog sich in dieser Studie auf (Populations-)Unterschiede in den Mittelwerten in einem Befindlichkeitsfragebogen.

	ERWARTUNGEN DES VERSUCHSTEILNEHMERS	
	Erwartet Symptome	Erwartet keine Symptome
Wütend	Versuchsteilnehmer wird nicht durch „Komplizen" beeinflusst	Versuchsteilnehmer wird ärgerlich
Fröhlich	Versuchsteilnehmer wird nicht durch „Komplizen" beeinflusst	Versuchsteilnehmer wird fröhlich

VERHALTEN DES „KOMPLIZEN"

Abbildung 2.7: Bedingung in einer der Versuchsvarianten von Schachter und Singer (1962). In den Zellen stehen die erwarteten Ergebnisse.

2.5.4   Hypothesenprüfung und Wissenschaftstheorie

Wie wir in den vorigen Abschnitten gesehen haben, sind Theorien und daraus abgeleitete Hypothesen untrennbar miteinander verbunden. In der Überschrift zu diesem Kapitel wird jedoch angedeutet, dass auch die Wissenschaftstheorie etwas mit Theorien und Hypothesen zu tun haben muss. Und das hat sie in der Tat. Die wissenschaftliche Methode liefert im Prinzip auch ohne Rekurs auf eine spezifische Form von Wissenschaftstheorie sinnvolle Ergebnisse, sieht man einmal ab von extremen konstruktivistischen Ansätzen. Aber wie man bestimmt, was eine Theorie ist, was man im Prinzip überprüfen kann und welche Schlussfolgerungen man auf Grund eines empirischen Ergebnisses für die getestete Theorie ziehen kann, das hängt zumindest von einer impliziten Wissenschaftstheorie ab. So gut wie alle wissenschaftstheoretischen Ansätze haben das Postulat des logischen Empirismus übernommen, dass eine Theorie so präzise wie möglich formuliert werden soll. In der Frage, was Gegenstand der Wissenschaft sein kann, gibt es Divergenzen. Diese hängen teilweise daran, ob man – wie die große Mehrzahl aller Forscher – annimmt, dass es eine unabhängig von uns existierende Welt gibt oder nicht. Zentral für die Interpretation von Ergebnissen in Bezug auf eine Theorie ist auch, ob man annimmt, dass eine Theorie verifiziert werden kann oder nicht. Mittlerweile teilt die Mehrheit der Wissenschaftler das zentrale Postulat des kritischen Rationalismus, dass eine Theorie zwar falsifizierbar, aber nicht verifizierbar ist.

Die Wissenschaftstheorie dient dazu, dem Forscher klar zu machen, welche Annahmen er in seinem Erkenntnisbestreben voraussetzt und welche Schlussfolgerungen auf Grund dieser Annahmen möglich sind. Sie dient auch dazu, Kriterien für die Wissenschaftlichkeit von Theorien zu definieren und sich klar zu werden über Möglichkeiten und Grenzen wissenschaftlicher Erkenntnis.

Z U S A M M E N F A S S U N G

Grundannahmen, die ein Wissenschaftler treffen muss, auch wenn er sich ihrer nicht immer bewusst ist, betreffen den Forschungsgegenstand (Was ist die Welt?) und die generelle Zugriffsmethode darauf (Wie können wir sie erkennen?). Diesen Fragen widmet sich die Wissenschaftstheorie. Die meisten wissenschaftstheoretischen Ansätze, die in der Psychologie eine Rolle spielen, gehen davon aus, dass es eine unabhängig von uns existierende Welt gibt, geben aber teilweise unterschiedliche Fragen darauf, wie wir sie erkennen können und behandeln auch unterschiedliche Aspekte des Zugriffs auf die Wirklichkeit.

Sehr stark vereinfacht gesagt, befasst sich der *logische Empirismus* (Carnap u.a.) damit, wie Theorien aussehen sollten, der *kritische Rationalismus* (Popper) und die *Methodologie wissenschaftlicher Forschungsprogramme* (Lakatos) damit, wie man sie überprüfen sollte und die *historisch-soziologische Analyse* (Kuhn) damit, was in der Wissenschaft tatsächlich geschieht. Neben diesen vier in der Psychologie wohl bedeutsamsten konventionellen Ansätzen gibt es auch vereinzelte Bestrebungen, die psychologische Forschung auf eine konstruktivistische Grundlage zu stellen, bislang allerdings mit wenig Erfolg.

Besonderheiten der Psychologie sind das (immer noch nicht umfassend gelöste) Leib-Seele-Problem, also die Beziehung zwischen physischen und mentalen Zuständen, die zentrale Rolle von nicht-beobachtbaren Variablen wie etwa „Intelligenz" oder „Gedächtnis" und die reaktive Rolle des „Untersuchungsgegenstands": Der Erforschte kann im Prinzip selbst auch wieder ein Forscher sein. Diese Besonderheiten unterscheiden die Psychologie von den Naturwissenschaften und haben Auswirkungen auf die Forschungsmethodik.

Wie Theorien entstehen, ist im Wesentlichen nach wie vor unklar, darüber wie sie überprüft werden sollen, stimmen jedoch die meisten Wissenschaftler überein: Aus Theorien werden Hypothesen abgeleitet, die so lange präzisiert werden, bis sie empirisch überprüfbar sind. Die Ergebnisse der Hypothesenprüfung werden benutzt, um Rückschlüsse auf die Güte der Theorie zu ziehen, diese zu modifizieren oder, wenn starke negative Evidenz vorhanden ist, sie zu verwerfen. Es besteht ein allgemeiner Konsens darüber, dass Theorien nie bewiesen oder verifiziert werden können, sondern sich nur dadurch in ihrer Güte verbessern, dass sie Falsifizierungsversuche unbeschadet überstehen.

Z U S A M M E N F A S S U N G

Weiterführende Literatur

Bunge, M. & Ardila, R. (1990). *Philosophie der Psychologie.* Tübingen: Mohr.

Ein Buch das von einem Psychologen (Ardila) und einem Physiker, der zum Philosophen wurde (Bunge), verfasst wurde. Wissenschaftstheoretische Aspekte der Psychologie werden umfassend beschrieben. Die Autoren sympathisieren stark mit einer materialistischen Ansicht (alles Verhalten und Erleben ist auf Gehirnprozesse reduzierbar).

Gadenne, V. (2004). *Philosophie der Psychologie.* Bern: Huber.

Ein lesenswertes Buch von einem Psychologen, der einen Lehrstuhl für Philosophie und Wissenschaftstheorie innehat, mit einem Schwerpunkt darauf, philosophisches Denken für Psychologen verständlich zu machen. Enthält auch ein eigenes Kapitel zum konstruktivistischen Ansatz.

Huber, O. (2005). *Das psychologische Experiment* (4. Aufl). Bern: Huber.

Elementare und – u.a. durch die vom Autor selbst gezeichneten witzigen Karikaturen – sehr aufgelockerte und gut lesbare Einführung in das psychologische Experimentieren.

Smith, J. A. (Ed.). (2003). *Qualitative psychology: A practical guide to research methods.* London: Sage.

Einführung in verschiedene Ansätze qualitativer Methoden mit Beschreibung der entsprechenden wissenschaftstheoretischen (konstruktivistischen) Hintergründe (vor allem Kapitel 2 und 8).

Westermann, R. (2000). *Wissenschaftstheorie und Experimentalmethodik: Ein Lehrbuch zur psychologischen Methodenlehre.* Göttingen: Huber.

Geschrieben von einem methodisch und allgemeinpsychologisch ausgerichteten Psychologen. Behandelt die in diesem Kapitel angesprochenen Themen etwas ausführlicher, gibt einen guten Überblick über alle wichtigen Aspekte der Wissenschaftstheorie für Psychologen und behandelt auch ausführlich das Verhältnis zwischen Theorien und Hypothesen.

Für eine schnelle Orientierung zu wissenschaftstheoretischen Ansätzen siehe auch die entsprechenden Einträge in der Internetdatenbank Wikipedia (*http://de.wikipedia.org/wiki/*).

Übungsaufgaben mit Lösungen sowie weitere Informationen zu diesem Buchkapitel finden Sie auf der Companion Website zum Buch unter *http://www.pearson-studium.de*

Messen und Testen

ÜBERBLICK

3

Im vorangegangenen Kapitel haben wir uns mit der Frage befasst, wie wissenschaftliche Erkenntnisse gewonnen werden können. Insbesondere sind wir dabei darauf eingegangen, wie psychologische Theorien und Hypothesen überprüft werden. Wie wir gesehen haben, erfolgen solche Überprüfungen empirisch: Aus einer Theorie abgeleitete Vorhersagen werden mit der Realität verglichen. Zu diesem Zweck werden in empirischen Untersuchungen Daten erhoben – dies bedeutet nichts anderes, als dass Messungen durchgeführt werden. Bevor wir in den nachfolgenden Kapiteln spezifische, in der Psychologie häufig verwendete Verfahren der Datenerhebung behandeln, werden wir uns in diesem Kapitel mit den Grundlagen des Messens beschäftigen. Was genau ist Messen? Können die Ergebnisse von Messungen des Körpergewichts ebenso interpretiert werden wie die Ergebnisse von Messungen der Intelligenz? Schon hier sei erwähnt, dass die Antwort auf diese Frage „Nein" lautet. Stellen wir z.B. fest, dass die Herren Jäger und Kunze 140 kg und 70 kg wiegen, so ist Herr Jäger offensichtlich doppelt so schwer wie Herr Kunze. Messen wir dagegen bei denselben Personen IQ-Werte von 140 und 70, so ist die Aussage, Herr Jäger sei doppelt so intelligent wie Herr Kunze, dennoch *nicht* gerechtfertigt. Der Grund dafür besteht darin, dass verschiedene Messungen zu Messwerten mit unterschiedlichem Informationsgehalt führen können. Anhand des Informationsgehalts der Messwerte werden verschiedene Skalenniveaus unterschieden. Welche Informationen können wir einer Messung auf einem bestimmten Skalenniveau entnehmen? Wie lässt sich feststellen, auf welchem Skalenniveau eine Messung erfolgt? Welche Konsequenzen hat das Skalenniveau für die weitere Auswertung der Daten? Ist es z.B. bei allen Messungen sinnvoll, aus den Messwerten einen Mittelwert zu berechnen? Treten bei Messungen in der Psychologie spezifische Probleme auf, die etwa bei physikalischen Messungen nicht bestehen? Gibt es Kriterien, anhand derer beurteilt werden kann, ob eine psychologische Messung „gelungen" ist? Nach der Lektüre dieses Kapitels sollte die Beantwortung dieser Fragen kein Problem mehr darstellen!

3.1   Was ist Messen?

In allen empirischen Untersuchungen werden Daten erhoben. Diese Daten sind das Ergebnis von Messungen. Eine Messung bezieht sich stets auf eine *Variable*. Mit dem Begriff Variable werden beliebige Merkmale oder Eigenschaften eines Objekts oder einer Person bezeichnet, die mindestens zwei Ausprägungen annehmen können. Eine Variable kann durch die Menge der möglichen Merkmalsausprägungen beschrieben werden. Beispiele für Variablen, die genau zwei Ausprägungen annehmen können, sind das Geschlecht oder die Teilnahme an einem Fahrsicherheitstraining (mit den Ausprägungen „teilgenommen" und „nicht teilgenommen"). Bei anderen Variablen entsprechen die Ausprägungen nicht zwei, sondern mehreren möglichen Kategorien. Solche Variablen sind etwa die Partei- und Religionszugehörigkeit, das Studienfach oder die psychiatrische Diagnose. Schließlich können die möglichen Ausprägungen einer Variable in vielen (oder auch unendlich vielen) unterschiedlichen Intensitätsgraden eines Merkmals bestehen. Dies ist bei den Variablen Länge, Temperatur, Windstärke, Alter, Intelligenz, Reaktionszeit bei einer bestimmten Aufgabe, momentane Zufriedenheit, Ausmaß des Therapiefortschritts usw. der Fall.

Das Ziel des Messens besteht nun darin, die Ausprägung eines Merkmals, die bei einem bestimmten Objekt (oder einer Person) zu einem bestimmten Zeitpunkt gegeben ist, zu ermitteln. Dabei soll die jeweilige Merkmalsausprägung durch eine Zahl ausgedrückt werden. Eine erste, vorläufige Definition von Messen könnte also lauten: Messen besteht in der Zuordnung von Zahlen zu Objekten oder Personen.

Anders als physikalische Messungen treffen Messungen in der Psychologie relativ häufig auf öffentliche Kritik. Diese Kritik äußert sich zum Teil in Aussagen wie „Man kann die Seele des Menschen nicht in Zahlen fassen". In dieser Form greift die ablehnende Beurteilung psychologischer Messungen allerdings schon deswegen ins Leere, da niemand – auch kein Psychologe – beabsichtigt, die Seele zu messen. Ebenso wenig wie ein Objekt als Ganzes gemessen werden kann, kann der gesamte Mensch (oder seine Seele) gemessen werden. Gemessen werden stets nur einzelne, definierte Eigenschaften von Objekten oder Menschen, also etwa die Länge eines Tisches oder die Intelligenz einer Person. Allerdings löst auch der Gedanke, spezifische psychische Phänomene in Zahlen zu fassen, vielfach Unbehagen aus. Tatsächlich erscheint es uns im Alltag vereinfachend und unangemessen, beispielsweise das Ausmaß unserer aktuellen Verärgerung oder unserer Zufriedenheit in einer Zahl auszudrücken. Ist es also überhaupt möglich oder vernünftig derartige Phänomene zu messen? Dem Unbehagen am Messvorgang steht die Beobachtung gegenüber, dass wir keine Schwierigkeiten haben, sprachliche Aussagen zu treffen, die sich auf die Ausprägung von psychischen Merkmalen beziehen. In vielen Fällen wird uns die Aussage, dass sich unsere Zufriedenheit seit gestern nicht geändert hat, keine Probleme bereiten. Ebenso können wir überzeugt feststellen, dass uns der Streit mit dem Vorgesetzten noch mehr verärgert hat als die Unfreundlichkeit des Schuhverkäufers. Auch der Aussage, dass Frau A intelligenter ist als Herr B, können wir ohne Zögern zustimmen. Wenn diese Aussagen aber einen Sinn haben – also eine gültige Behauptung über die Realität darstellen –, dann lassen sich den fraglichen Merkmalen auch entsprechende Zahlen zuordnen. Wir könnten also etwa unserer heutigen Zufriedenheit die gleiche Zahl zuweisen wie der gestrigen oder die beschriebenen Intelligenzunterschiede durch eine höhere Zahl für Frau A als für Herrn B ausdrücken.

Könnten wir auch darauf verzichten, Ausprägungen psychischer Merkmale durch Zahlen zu bezeichnen und es bei verbalen Beschreibungen belassen? Für die Psychologie – und jede andere empirische Wissenschaft – bietet die Verwendung von Zahlen äußerst wichtige Vorteile. Zunächst ist die Bedeutung von Zahlen viel präziser festgelegt als die Bedeutung von sprachlichen Beschreibungen. So wird die Aussage „Herr X ist sehr groß" zu deutlich unterschiedlicheren Interpretationen führen als die Aussage „Herr X ist 2 Meter groß". Zahlen erlauben damit auch feinere Differenzierungen zwischen verschiedenen Merkmalsausprägungen als einfache sprachliche Beschreibungen. Schließlich besteht ein wichtiges Ziel der Psychologie darin, Beziehungen zwischen Variablen zu ermitteln. Nur wenn die Ausprägungen dieser Variablen in Zahlen gefasst werden, ist auch eine mathematische Beschreibung der Beziehung zwischen ihnen möglich. Erst die Messung von Variablen erlaubt uns also Aussagen wie:

„Bei einer Änderung der Variable A um eine Einheit ist eine Änderung der Variable B um 5 Einheiten zu erwarten".

Nun ist selbstverständlich nicht jede beliebige Zuordnung von Zahlen zu Merkmalsausprägungen eine Messung. Offensichtlich wäre es völlig sinnlos, den Teilnehmern eines Statistikkurses bezüglich ihrer Intelligenz irgendwelche Zahlen zufällig zuzuweisen. Von einer Messung kann erst dann gesprochen werden, wenn es eine Zuordnungsregel gibt. Diese Zuordnungsregel muss gewährleisten, dass bestimmte Relationen (Beziehungen) zwischen den Zahlen analoge empirische Relationen zwischen den Messobjekten abbilden. Wenn wir also mittels beobachtbarer Indikatoren feststellen können, dass zwischen Frau A und Herrn B die Relation „ist intelligenter als" besteht, so muss Frau A hinsichtlich ihrer Intelligenz auch eine größere Zahl (ein größerer Messwert) zugeordnet werden als Herrn B.

Damit eine Zuordnung von Zahlen zu Objekten (oder Personen) als Messung gelten kann, müssen allerdings nicht alle denkbaren Relationen zwischen den Zahlen auch entsprechende empirische Beziehungen zwischen den Objekten zum Ausdruck bringen. Relationen zwischen Zahlen sind z.B. „gleich", „größer als" oder „doppelt so viel wie". Nicht bei jeder Messung enthalten alle diese Relationen zwischen Messwerten tatsächlich Informationen über die Messobjekte. Welche Relationen zwischen Messwerten informationshaltig sind und somit sinnvoll interpretiert werden können, hängt davon ab, welche Beziehungen zwischen den Messobjekten empirisch festgestellt werden können und bei der Messung auch berücksichtigt wurden.

Betrachten wir hierzu einige Beispiele: Nehmen wir an, wir wollen das Geschlecht verschiedener Personen messen. Empirisch ist hinsichtlich des Geschlechts ausschließlich die Relation „gleich" bzw. „ungleich" bedeutungsvoll. Eine Messung des Geschlechts könnte also darin bestehen, jedem Mann eine 1 und jeder Frau eine 2 zuzuordnen. Ebenso gut könnten wir jedem Mann eine 0,5 und jeder Frau eine 3157 zuordnen, da es bei dieser Messung ausschließlich darauf ankommt, dass alle Personen gleichen Geschlechts den gleichen Messwert erhalten. Demgemäß liefern auch die Messwerte ausschließlich Information über die Gleichheit oder Ungleichheit des Geschlechts. Die Tatsache, dass die 2 größer ist als die 1 (oder die 3157 größer als die 0,5) ist dagegen bedeutungslos, da es inhaltlich sinnlos ist zu behaupten, eine Frau sei „mehr" als ein Mann.

Zu informativeren Messwerten sollten wir z.B. dann gelangen, wenn wir versuchen, die Präferenz einer Kundin für vier verschiedene Handymodelle zu erfassen. Eine einfache Möglichkeit dies zu tun, bestünde darin, die Kundin zu bitten, die Handys in eine Rangreihe zu bringen. Dem Handy, das der Kundin am besten gefällt, könnten wir dann eine 4 zuordnen. Das Handy, das der Kundin am wenigsten gefällt, erhält hingegen eine 1. In diesem Fall ist es keineswegs bedeutungslos, dass beispielsweise der Messwert 4 größer ist als der Messwert 2: Diese Messwerte zweier Handys bringen hier die empirische Tatsache zum Ausdruck, dass die Kundin angegeben hat, das eine Handy stärker zu bevorzugen als das andere. Dass der Messwert 4 doppelt so groß ist wie der Messwert 2 erlaubt uns allerdings immer noch keine entsprechende Aussage über die Präferenzen für die beiden Handys. Wir wissen nicht, ob die Präferenz der

Kundin für das eine Handy doppelt so groß ist wie ihre Präferenz für das andere Handy. Möglicherweise gefällt der Kundin das Handy mit dem Messwert 4 deutlich besser als alle übrigen Handys, zwischen denen sie nur geringe Unterschiede ausmachen kann. In diesem Fall wäre der Unterschied in ihrer Präferenz zwischen den Handys mit den Messwerten 4 und 3 deutlich größer als der Unterschied zwischen den Handys mit den Messwerten 3 und 2. Gleiche zahlenmäßige Unterschiede zwischen den Messwerten für verschiedene Handys bedeuten hier also nicht, dass auch zwischen den Präferenzen für die entsprechenden Handys gleiche Unterschiede bestehen. Demgemäß können auch Relationen wie „doppelt so groß wie" zwischen den Messwerten nicht sinnvoll interpretiert werden. Da wir empirisch ausschließlich festgestellt haben, welches Handy der Kundin am besten, am zweitbesten usw. gefällt, hätten wir den Handys auch keineswegs die Messwerte 4, 3, 2 und 1 zuordnen müssen. Die Messwerte 22, 20, 11 und 5 wären genauso angemessen gewesen. Entscheidend ist nur, dass die Rangordnung der Zahlen der Rangordnung der Handys, die die Kundin vorgenommen hat, entspricht. Alle anderen Relationen zwischen den Zahlen sind bedeutungslos.

Gänzlich anders ist die Situation z.B. bei der Messung einiger physikalischer Variablen wie Länge und Gewicht. Hier können wir empirisch leicht ermitteln, dass der Größenunterschied zwischen Person A und Person B genauso groß ist wie der Größenunterschied zwischen den Personen B und C. Ebenso können wir mit sehr einfachen Mitteln feststellen, dass Person A doppelt soviel wiegt wie Person C. Eine geeignete Messung sollte derartige empirische Relationen auch in den Messwerten abbilden. Die Messwerte 100, 75 und 50 für das Gewicht dreier Personen informieren uns dann auch über die Gewichtsunterschiede zwischen den Personen und darüber, dass die schwerste der Personen doppelt so viel wiegt wie die leichteste. Allerdings sind die Zahlen, die wir den Messobjekten zuordnen, auch hier nicht eindeutig durch die empirischen Relationen zwischen den Objekten festgelegt. Die Messwerte 200, 150 und 100 würden die von uns ermittelten Relationen ebenso zum Ausdruck bringen wie die Messwerte 100, 75 und 50. Bei Messungen von Merkmalen wie Gewicht oder Länge sind uns solche *Transformationen* von Messwerten sehr vertraut: Selbstverständlich können wir das Gewicht sowohl in Kilogramm als auch in Pfund angeben.

Wie die vorangegangenen Beispiele zeigen, kommt es beim Messen zunächst darauf an, empirische Relationen zwischen den zu messenden Objekten zu ermitteln. Mit Hilfe einer geeigneten Zuordnungsregel sollen den Objekten dann Zahlen zugewiesen werden, deren Relationen die empirischen Relationen widerspiegeln. Die Messtheorie beschäftigt sich nun zunächst mit der Frage, welche Voraussetzungen die empirischen Relationen erfüllen müssen, damit es überhaupt möglich ist, geeignete Zuordnungsregeln zu finden. Darüber hinaus besteht die Aufgabe der Messtheorie darin, spezifische Zuordnungsregeln zu erarbeiten.

3.2   Messtheorie

In der Messtheorie wird eine formale, zunächst vielleicht etwas gewöhnungsbedürftige Sprache verwendet. Um nachvollziehen zu können, welche Probleme sich bei der Erarbeitung von Zuordnungsregeln stellen, benötigen wir einige Begriffe aus dieser Sprache:

Ein *empirisches Relativ* besteht aus einer Menge von Objekten und einer oder mehreren beobachtbaren Relationen zwischen diesen Objekten. Die „Menge von Objekten" enthält jeweils diejenigen Objekte (oder Personen), die gemessen werden sollen. Beispiele könnten also vier verschiedene Handymodelle, die Teilnehmer eines Statistikkurses, die Schüler einer Klasse oder auch die Bretter auf einer Baustelle sein. Wichtige Arten von Relationen sind die *Äquivalenzrelation* (die mit ~ gekennzeichnet wird) und die *Ordnungsrelation* (für die man auch ≻ schreibt). Die Äquivalenzrelation besagt, dass verschiedene Objekte hinsichtlich eines Merkmals die gleiche Ausprägung aufweisen. Die Äquivalenzrelation könnte also etwa eine Gruppe von Studierenden in Psychologie-, Soziologie- und Pädagogikstudenten unterteilen (innerhalb jeder dieser Untergruppen weisen die Studierenden die gleiche Ausprägung auf dem Merkmal „Studienfach" auf; Studierende in verschiedenen Untergruppen sind hingegen hinsichtlich des Merkmals Studienfach nicht „äquivalent"). Die Ordnungsrelation bringt zum Ausdruck, dass ein Merkmal bei einem Objekt stärker ausgeprägt ist als bei einem anderen. Besteht zwischen den Objekten in einem empirischen Relativ eine Ordnungsrelation, so bringt diese die Messobjekte in eine Rangreihe. Zu beachten ist, dass es sich bei der Äquivalenz- und der Ordnungsrelation um Arten von Relationen handelt. Konkrete empirische Relationen beinhalten immer auch das zu messende Merkmal. Empirische Äquivalenzrelationen sind also z.B. „hat das gleiche Geschlecht", „gehört der gleichen Partei an" oder „hat die gleiche Intelligenz". Empirische Ordnungsrelationen wären etwa „ist länger", „ist zufriedener", „gefällt besser" oder „ist depressiver".

Ein *numerisches Relativ* besteht aus einer Menge von Zahlen und einer bestimmten Anzahl von definierten Relationen zwischen diesen Zahlen. Beispiele für solche Zahlenmengen sind alle natürlichen Zahlen oder alle reellen Zahlen. Im Kontext des Messens sind wichtige Relationen zwischen Zahlen die Gleichheitsrelation (=) und die Größer-Kleiner-Relation (>).

Die Zuordnung von Objekten und Zahlen wird in der Messtheorie als *Abbildung* bezeichnet. Beim Messen wird ein empirisches Relativ in ein numerisches Relativ abgebildet. Dabei muss jedem Objekt aus dem empirischen Relativ genau eine Zahl aus dem numerischen Relativ zugeordnet werden. Die Regel, nach der die Zuordnung erfolgt, bezeichnen wir als (Abbildungs-)Funktion.

Eine solche Abbildung kann durch eine Menge von Pfeilen dargestellt werden (▶Abbildung 3.1). Nehmen wir an, wir wollten das Gewicht von fünf Personen messen. Durch die Abbildungsfunktion wird nun jeder Person eine Zahl zugewiesen (man sagt auch: Jedes Objekt wird in eine Zahl abgebildet). Demgemäß geht von jedem Objekt im empirischen Relativ genau ein Pfeil aus. Dies ist beim Messen sicherlich vernünftig: Bliebe ein Objekt ohne Pfeil, so erhielte es keinen Messwert. Gingen von einem Objekt dagegen zwei Pfeile aus, so würden ihm zwei Messwerte zugeordnet

– dies wäre offensichtlich sinnlos, da eine Person nicht zugleich zwei „Gewichte" haben kann. Andererseits ist es durchaus möglich, dass mehrere Pfeile auf dieselbe Zahl im numerischen Relativ verweisen oder dass kein Pfeil bei einer bestimmten Zahl endet. Auch dies ist im Kontext des Messens sinnvoll: Haben zwei Personen das gleiche Gewicht, so sollte ihnen natürlich auch die gleiche Zahl zugeordnet werden. Zudem ist es offensichtlich nicht erforderlich, dass jede beliebige Zahl im numerischen Relativ auch der Merkmalsausprägung eines Objekts im empirischen Relativ entspricht. Würden wir etwa das Geschlecht der fünf Personen messen, so könnte die Abbildungsfunktion besagen: Ordne jedem Mann eine 1 und jeder Frau eine 2 zu. In diesem Fall ginge von jedem Objekt im empirischen Relativ ein Pfeil aus, der entweder bei der 1 oder bei der 2 endet. Alle anderen Zahlen würden keine existierende Merkmalsausprägung repräsentieren.

Wie wir bereits gesehen haben, kann eine Abbildung eines empirischen Relativs in ein numerisches Relativ nur dann als Messung gelten, wenn die Relationen zwischen den Messobjekten auch durch die Relationen zwischen den zugeordneten Zahlen zum Ausdruck gebracht werden. Eine Abbildung, die diese Bedingung erfüllt, wird als *homomorphe Abbildung* bezeichnet. Besteht zwischen den Objekten eines empirischen Relativs ausschließlich eine Äquivalenzrelation (wie dies etwa bei der Messung des Geschlechts der Fall ist), so würde eine homomorphe Abbildung sicherstellen, dass zwei Objekten genau dann der gleiche Messwert zugeordnet wird, wenn sie die gleiche Merkmalsausprägung haben. Ist in einem empirischen Relativ zusätzlich eine Ordnungsrelation gegeben (wie wir dies bei der Messung der Präferenz für verschiedene Handys angenommen haben), so führt eine homomorphe Abbildung dazu, dass ein Objekt A genau dann einen höheren Messwert erhält als ein Objekt B, wenn es auch die größere Merkmalsausprägung aufweist. In den formalen Begriffen der Messtheorie ausgedrückt ist Messen also nichts anderes als die homomorphe Abbildung eines empirischen Relativs in ein numerisches Relativ.

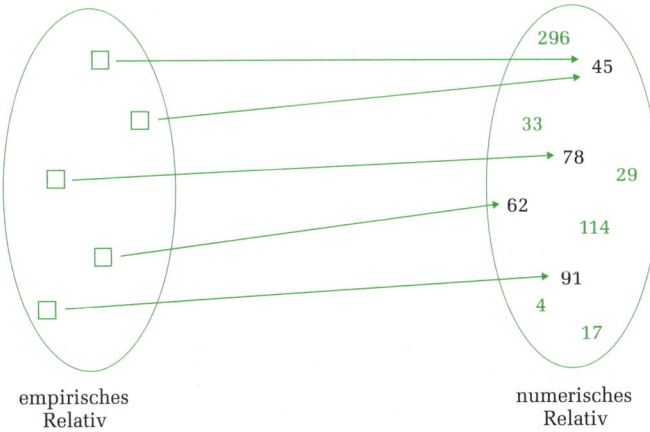

empirisches
Relativ

numerisches
Relativ

Abbildung 3.1: Abbildung eines empirischen Relativs in ein numerisches Relativ beim Messen.

Als *Skala* bezeichnet man das numerische Relativ (also eine Menge von Zahlen mit *bestimmten, definierten Relationen* zwischen diesen Zahlen), das bei einer homomorphen Abbildung resultiert. Aufgrund der Relationen, die im empirischen Relativ bestimmt werden können und die bei der Messung auch berücksichtigt werden, unterscheidet man verschiedene *Skalenniveaus*. Besteht im empirischen Relativ z.B. lediglich eine Äquivalenzrelation und ist somit auch im numerischen Relativ nur die Gleichheitsrelation definiert, so misst man auf Nominalskalenniveau. Das Geschlecht von Personen wird also auf einer *Nominalskala* gemessen. Besteht im empirischen Relativ zusätzlich eine Ordnungsrelation, so ist im numerischen Relativ auch die Größer-Kleiner-Relation definiert. In diesem Fall misst man auf einer *Ordinalskala*.

3.2.1   Messtheoretische Probleme

Bei der Erarbeitung von homomorphen Abbildungen stellen sich der Messtheorie nun drei so genannte Kardinalprobleme. Diese Probleme sind auch für die Einteilung der Skalenniveaus entscheidend. Sie werden im Folgenden kurz erläutert.

Das Repräsentationsproblem

Das Repräsentationsproblem betrifft die Frage, ob ein bestimmtes Merkmal überhaupt messbar ist. Diese Frage können wir in den Begriffen der Messtheorie auch folgendermaßen formulieren: Kann für ein bestimmtes empirisches Relativ eine homomorphe Abbildung in ein numerisches Relativ gefunden werden? Ein Merkmal ist dann messbar, wenn im empirischen Relativ bestimmte Axiome (Grundannahmen) erfüllt sind. Diese Axiome beziehen sich stets auf Eigenschaften der empirischen Relationen. Ein Beispiel für eine Eigenschaft einer empirischen Relation ist Transitivität. Diese Eigenschaft muss gegeben sein, damit ein Merkmal (mindestens) auf einer Ordinalskala messbar ist. Eine empirische Relation verfügt über die Eigenschaft der Transitivität, wenn folgendes gilt: wenn $a \succ b$ und $b \succ c$ dann auch $a \succ c$. Solange wir an einfache physikalische Messungen denken, ist kaum einzusehen, wie dieses Axiom nicht erfüllt sein könnte. Messen wir etwa die Körpergröße dreier Personen, so wird niemand bezweifeln, dass Person A größer ist als Person C, wenn wir bereits wissen, dass Person A größer als Person B und Person B größer als Person C ist. Nehmen wir aber an, wir wollten die Spielstärke dreier Fußballteams messen. Zu diesem Zweck betrachten wir die Ergebnisse von Spielen zwischen diesen Teams. Das Team A hat das Team B geschlagen. Zudem hat Team B gegen das Team C gewonnen. Nun wäre es aller Erfahrung nach durchaus möglich, dass das Team A dennoch gegen Team C verliert. Augenscheinlich bestünde in diesem Fall also keine „echte" Ordnungsrelation zwischen den drei Teams hinsichtlich ihrer Spielstärke. Demgemäß kann diese Relation auch nicht ins numerische Relativ abgebildet werden. Bei einer Messung der Spielstärke der drei Teams wäre die Größer-Kleiner-Relation im numerischen Relativ also nicht definiert und das Merkmal könnte nicht auf einer Ordinalskala gemessen werden.

Dasselbe Problem könnte auch bei unserer Messung der Präferenz einer Kundin für verschiedene Handymodelle auftreten. Im Beispiel hatten wir die Kundin gebeten, die Handys in eine Rangreihe zu bringen. Dass die Kundin dieser Bitte gefolgt ist und angegeben hat, welches Handy ihr am besten, am zweitbesten usw. gefällt, zeigt aber noch nicht, dass tatsächlich eine empirische Relation besteht, die die Eigenschaft der Transitivität aufweist. Um dies zu überprüfen, könnten wir auch hier Paarvergleiche verwenden. Wir müssten der Kundin also jeweils Paare mit zwei Handys vorlegen und sie auffordern anzugeben, welches der beiden Handys ihr besser gefällt. Bei solchen Paarvergleichen geben Menschen nun unter Umständen durchaus intransitive Urteile ab. Die Kundin könnte uns also mitteilen, dass sie Handy A gegenüber Handy B bevorzugt und dass ihr Handy B besser gefällt als Handy C. Dennoch würde sie möglicherweise Handy C wählen, wenn es mit Handy A verglichen wird. Eine Erklärung für ein solches intransitives Urteil könnte etwa darin bestehen, dass die Kundin ihre Entscheidung bei den Paaren A und B sowie B und C hauptsächlich aufgrund des Preises der Handys traf, beim Vergleich der Handys A und C ihr Augenmerk aber auf das Design der Handys legte. Fänden wir tatsächlich intransitive Urteile im Zuge dieser Paarvergleiche, so wäre auch das Merkmal Präferenz für verschiedene Handymodelle nicht auf einer Ordinalskala messbar.

Zur Lösung des Repräsentationsproblems werden also zunächst Axiome formuliert, die im empirischen Relativ gelten sollen. Es sollte dann empirisch überprüft werden, ob diese Axiome tatsächlich erfüllt sind. Verläuft diese Überprüfung erfolgreich, so existiert eine homomorphe Abbildung des empirischen Relativs in ein numerisches Relativ. Das entsprechende Merkmal ist also (auf einem bestimmten Skalenniveau) messbar.

Allerdings wird die Forderung der Messtheorie nach einer empirischen Überprüfung der Axiome in der psychologischen Forschungspraxis zumeist nicht erfüllt. Dies hängt damit zusammen, dass eine empirische Prüfung der Axiome in aller Regel sehr aufwändig und bei zahlreichen psychologischen Messungen auch kaum möglich ist. Psychologische Messungen beziehen sich oftmals auf latente Variablen, die nicht direkt beobachtbar sind (siehe Abschnitt 2.3.1) – Beispiele wären etwa die Variablen „Intelligenz" und „Extraversion". Anhand welcher Kriterien könnten wir eindeutig und unstrittig entscheiden, welche von zwei Personen extravertierter ist? Wenn wir keine „sichere" Antwort auf diese Frage haben, lässt sich natürlich auch nicht verbindlich prüfen, ob hinsichtlich des Merkmals Extraversion Transitivität besteht. An die Stelle von empirischen Prüfungen der mit einem bestimmten Skalenniveau verbundenen Axiome treten daher häufig Plausibilitätsüberlegungen. Letztlich sind zahlreiche Messungen in der Psychologie *„per-fiat"* Messungen: Man „vertraut" darauf, dass ein Messinstrument das jeweilige Merkmal auf einem bestimmten Skalenniveau erfasst. Findet man auf diese Weise konsistente und plausible Forschungsergebnisse, so spricht dies dafür, dass auch das Vertrauen in die Messprozedur gerechtfertigt war. Allerdings führt das Fehlen einer empirischen Prüfung der von der Messtheorie formulierten Axiome dazu, dass das Skalenniveau einer Messung vielfach nicht unzweifelhaft bestimmt werden kann. Entsprechend gibt es in der Psychologie durchaus immer wieder Diskussionen darüber, welches Skalenniveau durch eine bestimmte Messprozedur erreicht wird.

Das Eindeutigkeitsproblem

Mit der Lösung des Repräsentationsproblems wird zunächst nur ausgesagt, dass *mindestens* eine Möglichkeit besteht, eine Variable zu messen. In der Regel gibt es aber viele verschiedene Möglichkeiten den Messobjekten so Zahlen zuzuordnen, dass die empirischen Relationen auch in den Messwerten zum Ausdruck kommen. Es stellt sich also die Frage, wie Messwerte verändert (transformiert) werden können, ohne dass die in ihnen enthaltene Information verloren geht. Diese Frage umreißt das so genannte Eindeutigkeitsproblem. Beispielsweise informiert uns eine Messung der Variable Länge auch über Verhältnisse zwischen den Messobjekten. Stellen wir also fest, dass die Körpergröße zweier Personen 2,00 m und 1,60 m beträgt, so wissen wir, dass die eine Person 1,25 mal so groß ist wie die andere. Nun können wir die Messwerte natürlich auch mit 100 multiplizieren und die Körpergröße in cm ausdrücken. Zwischen den Messwerten 200 cm und 160 cm besteht dann nach wie vor ein Verhältnis von 1,25. Eine Multiplikation mit einer konstanten (positiven) Zahl ist im Falle der Längenmessung also eine zulässige *Transformation*. Unzulässig wäre dagegen die Addition einer Zahl. Fügen wir etwa zu beiden Messwerten 100 hinzu, so ändert sich offensichtlich das Verhältnis zwischen den resultierenden Zahlen. Anders stellt sich die Situation bei Messungen einer Variablen auf Ordinalskalenniveau dar. Hier informieren uns die Messwerte lediglich darüber, bei welchem der Messobjekte das fragliche Merkmal stärker ausgeprägt ist. Erhalten wir bei einer solchen Messung die Werte 4, 3, 2 und 1, so können wir die Werte quadrieren, sie mit irgendeiner positiven Zahl multiplizieren oder zu ihnen irgendeine positive Zahl addieren. Stets wird die Rangordnung der Messwerte auch in den resultierenden Zahlen erhalten bleiben (– prüfen Sie selbst!). Die Menge der zulässigen Transformationen ist also bei Messungen auf Ordinalskalenniveau größer als bei Messungen der Länge (diese Messungen erfolgen auf dem *Verhältnisskalenniveau*). Skalen zur Messung der Länge sind daher „eindeutiger" als Skalen, die lediglich ordinale Informationen über ein Merkmal erfassen.

Das Bedeutsamkeitsproblem

Beim Bedeutsamkeitsproblem geht es um die Frage, welche mathematischen Operationen mit Messwerten zu empirisch sinnvollen Aussagen führen. Haben wir für verschiedene Messobjekte einmal Messwerte bestimmt, so hindert uns zunächst nichts daran, diese Messwerte beliebig zu verrechnen. Messen wir also etwa die Variable Geschlecht, indem wir Männern eine 1 und Frauen eine 2 zuordnen, so besteht rein arithmetisch selbstverständlich die Möglichkeit, die Messwerte eines Mannes und einer Frau zu addieren. Allerdings ist dieser Vorgang offensichtlich sinnlos, da ihm empirisch nichts entspricht. Das Ergebnis dieser Addition erlaubt uns daher auch keinerlei Aussage über die Messobjekte. Die Addition nominalskalierter Messwerte führt also nicht zu *bedeutsamen* Aussagen.

Generell ist eine bestimmte Verrechnung von Messwerten dann sinnvoll, wenn sie unter allen zulässigen Transformationen der Messwerte zu derselben Aussage führt. Die Lösung des Bedeutsamkeitsproblems hängt also eng mit dem Eindeutigkeitsproblem zusammen. Betrachten wir hierzu ein Beispiel: Nehmen wir noch einmal an, es wäre uns gelungen, die Präferenz unserer Kundin für verschiedene Handymodelle auf

Ordinalskalenniveau zu messen. Nehmen wir zudem an, wir würden die Messwerte 1 und 2 zweier Handys addieren. Diese Addition der Messwerte könnte uns zu der Aussage verleiten, dass die gemeinsame Präferenz für die beiden Handys ebenso stark ist wie die Präferenz für das Handy mit dem Messwert 3. Diese Aussage klingt etwas merkwürdig und sie ist tatsächlich auch nicht gerechtfertigt. Wie wir bereits gesehen haben, bestünde eine zulässige Transformation dieser ordinalskalierten Messwerte darin, sie zu quadrieren. Nach dieser Transformation erhalten wir für die drei Handys die Messwerte 1, 4 und 9. Addieren wir nun nochmals die Messwerte der ersten beiden Handys, so kommen wir auf 5. Demnach wäre die gemeinsame Präferenz für diese Handys jetzt schwächer als die Präferenz für das dritte Handy. Offensichtlich können nicht beide Aussagen korrekt sein. Auch bei ordinalskalierten Messwerten führt eine Addition also nicht zu bedeutsamen Aussagen. Dies ist beispielsweise bei verhältnisskalierten Daten anders. Offensichtlich sind zwei Bretter der Länge 1 m und 2 m gemeinsam ebenso lang wie ein Brett der Länge 3 m. Auf dem Verhältnisskalenniveau ist die Addition von Messwerten also sinnvoll.

Das Bedeutsamkeitsproblem hat wichtige Konsequenzen für die Frage, welche statistischen Verfahren bei der Analyse der in einer empirischen Untersuchung erhobenen Daten angewendet werden können. Dies ist dadurch begründet, dass die Verrechnung von Messwerten innerhalb von statistischen Verfahren auch zu empirisch sinnvollen Aussagen führen muss. Jedes statistische Verfahren setzt daher ein bestimmtes Skalenniveau voraus. Die meisten der Verfahren, die in diesem Buch behandelt werden und denen in der psychologischen Forschung auch die größte Bedeutung zukommt, erfordern Messwerte, die zumindest Intervallskalenniveau (siehe unten) erreichen. Verfahren, die auch bei nominal- und ordinalskalierten Daten eingesetzt werden können, werden insbesondere in den Kapiteln 17 und 18 beschrieben.

3.3 Skalenniveaus

In der Psychologie werden zumeist fünf Skalenniveaus unterschieden: Nominal-, Ordinal-, Intervall-, Verhältnis- und Absolutskala. Diese Klassifikation der Skalenarten geht auf Stevens (1951) zurück. Im Folgenden werden die verschiedenen Skalentypen beschrieben und ihre wichtigsten Eigenschaften zusammengefasst. Wir beginnen dabei mit dem niedrigsten Skalenniveau, der Nominalskala, und schreiten fort bis zum höchsten Skalenniveau, der Absolutskala. Die Skalenniveaus sind dabei nach ihrem Informationsgehalt geordnet. Messwerte auf einem höheren Skalenniveau erlauben also mehr sinnvolle Aussagen über die Messobjekte als Messwerte auf niedrigeren Niveaus.

3.3.1 Nominalskala

Messungen auf diesem Niveau setzen lediglich voraus, dass im empirischen Relativ eine Äquivalenzrelation besteht. Entsprechend beinhalten nominalskalierte Messwerte auch ausschließlich Information über die Gleichheit oder Verschiedenheit von Merkmalsausprägungen. Beispiele für Merkmale, die auf Nominalskalenniveau gemessen werden, sind also die Blutgruppe, der Beruf, die Nationalität, das Geschlecht, die psychiatrische Diagnose und generell alle weiteren Kategorisierungen. Die Zuordnung von Zahlen zu Merkmalsausprägungen geschieht willkürlich. Messen wir etwa die Parteizugehörigkeit, so können wir den Ausprägungen SPD, CDU und FDP die Zahlen 1, 2 und 3 oder auch die Werte 27, 9 und 41 zuweisen, da es ausschließlich auf die Gleichheit und Ungleichheit der Messwerte ankommt. Entsprechend können nominalskalierte Daten auch fast beliebig transformiert werden. Wichtig ist lediglich, dass gleiche Merkmalsausprägungen erneut gleiche Messwerte erhalten und dass unterschiedlichen Ausprägungen abermals unterschiedliche Messwerte zugeordnet werden. Transformationen, die dieser Bedingung genügen, werden als *ein-eindeutige* Transformationen bezeichnet.

Da auf dem Nominalskalenniveau den unterschiedlichen Merkmalsausprägungen beliebige Zahlen zugeordnet werden können, ist es sinnlos, die entsprechenden Messwerte in irgendeiner Form zu verrechnen. Beispielsweise hätte es keinen Sinn aus nominalskalierten Daten einen Mittelwert zu berechnen (dass die Missachtung dieser Regel zu erstaunlichen Fehlern führen kann, illustriert das Beispiel in Kasten „Der ‚durchschnittliche' Unfallverursacher"). Statistische Verfahren zur Analyse solcher Daten nutzen daher auch ausschließlich Informationen über die Häufigkeit, mit der verschiedene Merkmalsausprägungen aufgetreten sind. So könnten wir etwa denjenigen Messwert ermitteln, der in einem Datensatz am häufigsten enthalten ist – den *Modalwert* (siehe auch Kapitel 6). Wir könnten also z.B. festhalten, dass wir in einer Studentenkneipe bei der Messung des Studienfachs am häufigsten den Messwert 3 beobachtet haben, der vielleicht das Fach Jura anzeigt.

Bei Merkmalen, die höchstens auf einer Nominalskala gemessen werden können, zeigen unterschiedliche Messwerte keine quantitativen Unterschiede zwischen den Messobjekten an (bei einer Messung des Merkmals Geschlecht ist ein Mann natürlich nicht mehr oder weniger als eine Frau). Derartige Merkmale werden daher auch als *qualitative Variablen* bezeichnet. Merkmale, die auf einem höheren Skalenniveau gemessen werden können, werden auch *quantitative Variablen* genannt.

H I N T E R G R U N D

Der „durchschnittliche" Unfallverursacher Ein in Statistiklehrbüchern vielfach zitiertes Beispiel, das demonstriert, dass das Skalenniveau von Daten bei der statistischen Analyse unbedingt beachtet werden sollte, stammt aus einer US-amerikanischen Studie über Unfallursachen. In dieser Untersuchung wurde erfasst, wer an einem Unfall schuldig war, wobei ausschließlich die Merkmale Hautfarbe und Geschlecht der Unfallverursacher berücksichtigt wurden. Die verschiedenen Merkmalskombinationen wurden folgendermaßen kodiert: 0 = männlich und weiß, 1 = männlich und farbig, 2 = weiblich und weiß, 3 = weiblich und farbig. Aufgrund dieser Kodierung wurde aus allen Messwerten in der Stichprobe der Mittelwert berechnet. Dieser lag im Bereich von 1,0. Daraus wurde der Schluss gezogen, dass es sich bei dem typischen Unfallverursacher um einen männlichen Farbigen handelt. ▶

▶Fortsetzung

Diese Schlussfolgerung entsprach zwar möglicherweise den Erwartungen des Autors der Studie, es sollte jedoch klar sein, dass sie keinesfalls gerechtfertigt ist. Die genaue Häufigkeit, mit der Männer und Frauen sowie Weiße und Farbige in dieser Untersuchung als Unfallverursacher identifiziert wurden, ist nicht bekannt. Einen Mittelwert von exakt 1,0 würden wir jedoch beispielsweise erhalten, wenn in der Studie 100 Unfälle erfasst wurden, von denen 40 von männlichen Weißen, 30 von männlichen Farbigen, 20 von weiblichen Weißen und 10 von weiblichen Farbigen verursacht wurden ($(40 \cdot 0 + 30 \cdot 1 + 20 \cdot 2 + 10 \cdot 3) : 100 = 1,0$). Nun sind die Merkmale Geschlecht und Hautfarbe nominalskaliert. Alle eindeutigen Transformationen der Messwerte sind also zulässig. Wie würde sich der Mittelwert der Messwerte ändern, wenn wir beispielsweise die Kodierung für männliche Weiße und Farbige vertauschen würden (0 = männlich und farbig, 1 = männlich und weiß)? In diesem Fall betrüge der Mittelwert 1,1 ($(30 \cdot 0 + 40 \cdot 1 + 20 \cdot 2 + 10 \cdot 3) : 100 = 1,1$). Mit dieser Kodierung kämen wir anhand des Mittelwerts also zu dem Schluss, dass es sich bei dem typischen Unfallverursacher um einen männlichen Weißen handelt. Offensichtlich führt die Berechnung des Mittelwerts aus nominalskalierten Daten also nicht zu bedeutsamen Aussagen.

3.3.2 Ordinalskala

Messungen auf diesem Niveau erfordern, dass im empirischen Relativ eine (schwache) Ordnungsrelation besteht.[1] Wir müssen also empirisch feststellen können, ob ein bestimmtes Messobjekt eine stärkere, schwächere oder genauso große Merkmalsausprägung hat wie ein anderes Messobjekt. Genau diese Information wird dann auch durch ordinalskalierte Messwerte zum Ausdruck gebracht. Ordinalskalierte Daten erlauben somit noch keine Aussage über die Größe des Unterschieds zwischen zwei Messobjekten.

Ein Beispiel sind die Single-Charts, mit denen der Verkaufserfolg von CDs auf Ordinalskalenniveau gemessen wird. Dabei wird der CD mit dem größten Verkaufserfolg bekanntermaßen nicht der größte, sondern der kleinste Messwert (die 1) zugewiesen. Dies ist unerheblich, solange bekannt ist, ob kleinere oder größere Zahlen stärkere Merkmalsausprägungen anzeigen. Weitere Beispiele sind alle Arten von Rangreihen, wie etwa militärische Ränge oder Tabellenplätze im Sport. Auch Schulnoten werden häufig als ein Beispiel für eine Ordinalskala angeführt.[2] Demnach würden uns die Mathematiknoten 1, 2 und 3 dreier Schüler darüber informieren, dass der Schüler mit der 1 über die größten Mathematikkenntnisse verfügt. Wir wüssten aber nicht, ob der Unterschied zwischen dem Schüler mit der Note 1 und dem Schüler mit der Note 2 ebenso groß ist wie der Unterschied zwischen den Schülern mit den Noten 2 und 3.

---

1 Die schwache Ordnungsrelation beinhaltet die Möglichkeit, dass zwei Objekte die gleiche Merkmalsausprägung aufweisen.
2 Das Skalenniveau von Schulnoten ist allerdings umstritten. In der Praxis geht man meist davon aus, dass Schulnoten Intervallskalenniveau (siehe Abschnitt 3.3.3) erreichen.

Ordinalskalen können auch entstehen, indem quantitativ geordnete Merkmalsausprägungen zu (unterschiedlich großen) Klassen zusammengefasst werden, denen jeweils der gleiche Messwert zugeordnet wird. Ein Beispiel für diese Vorgehensweise liefert die Beaufort-Skala zur Messung der Windstärke. Hier wird Windgeschwindigkeiten von 6 km/h – 11 km/h der Messwert 2 zugewiesen, Windgeschwindigkeiten von 20 km/h – 28 km/h erhalten den Messwert 4 und Geschwindigkeiten zwischen 39 km/h und 49 km/h entspricht die Windstärke 6.[3] Messen wir also an drei aufeinander folgenden Tagen die Windstärken 2, 4 und 6, so bedeutet auch dies nicht, dass der Unterschied zwischen der Windgeschwindigkeit am ersten und am zweiten Tag ebenso groß ist wie der Unterschied zwischen der Geschwindigkeit am zweiten und am dritten Tag. Das Beispiel illustriert auch, dass das Skalenniveau, das bei einer Messung erreicht wird, nicht nur davon abhängt, welche empirischen Relationen zwischen den Messobjekten bestehen, sondern auch davon, welche Relationen bei der Messprozedur tatsächlich festgestellt und ins numerische Relativ abgebildet werden. Offensichtlich könnten wir bei der Messung des Windes anhand der Windgeschwindigkeit in km/h auch Aussagen über Größenunterschiede treffen. Die Beaufort-Skala berücksichtigt diese Information über Größenunterschiede allerdings nicht.

Da Ordinalskalen lediglich Informationen über die Rangordnung der Messobjekte liefern, sind alle Transformationen zulässig, die die Rangreihe der Messwerte erhalten. Dies sind alle monoton steigenden Transformationen. Genau wie bei nominalskalierten Daten ist es auch bei ordinalskalierten Daten nicht sinnvoll einen Mittelwert zu berechnen. Rechnerisch beträgt die mittlere Windstärke an drei Tagen mit den Windstärken 2, 4 und 9 offensichtlich 5 ((2 + 4 + 9) : 3 = 5). Dies heißt allerdings *nicht*, dass die durchschnittliche Windgeschwindigkeit an diesen Tagen ebenso groß war wie die Windgeschwindigkeit an einem Tag mit dem Messwert 5. Eine sinnvolle Aussage über ordinalskalierte Daten kann aber beispielsweise getroffen werden, indem man den *Median* bestimmt. Der Median ist derjenige Wert, für den gilt, dass 50% aller Messwerte kleiner (oder gleich) und 50% aller Messwerte größer (oder gleich) sind (siehe auch Kapitel 6). Im obigen Beispiel mit den Windstärken beträgt der Median demnach 4. Ebenso wie alle anderen statistischen Verfahren, die zur Analyse von ordinalskalierten Daten geeignet sind, nutzt der Median also ausschließlich Ranginformationen.

3.3.3 Intervallskala

Messungen auf dem Intervallskalenniveau erfordern, dass die Größe des Unterschieds zwischen verschiedenen Merkmalsausprägungen empirisch ermittelt werden kann. Die Messwerte werden den Merkmalsausprägungen dann so zugeordnet, dass gleich große Unterschiede zwischen Messwerten auch gleich große Unterschiede zwischen Merk-

---

3   Selbstverständlich muss man nicht zunächst Windgeschwindigkeiten in km/h ermitteln, um die Windstärke auf der Beaufort-Skala angeben zu können – andernfalls wäre diese Skala nutzlos. Tatsächlich sind die verschiedenen Windstärken durch „Erscheinungsbilder" charakterisiert, anhand derer die Messwerte bestimmt werden. Dem Erscheinungsbild „Wind im Gesicht fühlbar" wird z.B. der Messwert 2 zugeordnet, dem Erscheinungsbild "Staub und Papier werden verweht" entspricht die Windstärke 4.

malsausprägungen anzeigen. Bei Messungen auf dem Intervallskalenniveau wird also eine Maßeinheit definiert. Intervallskalierte Messwerte erlauben jedoch noch keine Aussage über Verhältnisse zwischen Messwerten. Dies liegt daran, dass Intervallskalen über keinen absoluten Nullpunkt verfügen. Der Messwert 0 wird also willkürlich festgelegt und besagt nicht, dass ein Merkmal nicht vorhanden ist.

Das klassische Beispiel für eine Intervallskala ist die Celsius-Temperaturskala. Hier ist der Temperaturunterschied zwischen 5 °C und 10 °C genau so groß wie derjenige zwischen 20 °C und 25 °C. Allerdings bedeuten 0 °C nicht, dass keine Temperatur vorhanden ist, und der Messwert 0 könnte auch irgendeiner anderen Temperatur zugeordnet werden. Aufgrund dieser Beliebigkeit des Nullpunktes ist es falsch zu behaupten, 20 °C seien doppelt so warm wie 10 °C.

Für intervallskalierte Daten sind alle linearen Transformationen zulässig. Dies sind Transformationen der Form $y = a \cdot x + b$. Beispielsweise können wir Messwerte in Celsius nach folgender Formel in Messwerte in Fahrenheit umrechnen:

$$F = 1{,}8 \cdot C + 32$$

Dabei wird durch die Multiplikation mit 1,8 die Einheit der Skala verändert: Ein Temperaturzuwachs von 1 °C entspricht einem Temperaturzuwachs von 1,8 °F. Die Addition des zweiten Terms (+ 32) verändert den Nullpunkt der Skala. 0 °C entsprechen also 32 °F.

Auf dem Intervallskalenniveau ist die Berechnung eines Mittelwerts sinnvoll. Berechnen wir etwa die durchschnittliche Höchsttemperatur einiger Sommertage, so entspricht der Mittelwert der Höchsttemperatur an diesen Tagen tatsächlich der Temperatur an einem Tag mit demselben Messwert. Generell können auf dem Intervallskalenniveau (und den höheren Skalenniveaus) alle in der Psychologie gängigen statistischen Verfahren sinnvoll angewendet werden.

In der Psychologie wird für zahlreiche „typische" Messungen angenommen, dass sie das Niveau einer Intervallskala erreichen. So gelten IQ-Werte (die Ergebnisse von Intelligenztests) ebenso als intervallskaliert wie die Messwerte vieler anderer psychologischer Tests. Eine andere, in der Psychologie häufig genutzte Technik der Datenerhebung besteht in der Verwendung so genannter Rating-Skalen. Auf solchen Rating-Skalen können Probanden beispielsweise angeben, ob und wie stark sie eine vorgegebene Aussage für zutreffend halten oder wie sehr sie einer bestimmten Meinung zustimmen. Ein Beispiel für eine Rating-Skala:

Windenergie sollte in Deutschland stärker staatlich gefördert werden.

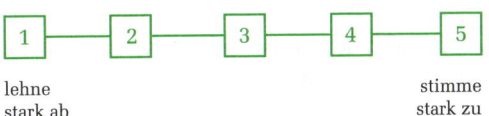

lehne   stimme
stark ab   stark zu

Auch Messungen mit solchen Rating-Skalen werden zumeist als intervallskaliert angesehen. Demnach würde zwischen den Messwerten 2 und 3 ein ebenso großer Unterschied in der Zustimmung zu der Aussage über die Windenergie bestehen wie zwischen den Messwerten 4 und 5. Nun kann man natürlich bezweifeln, dass Probanden ihren subjektiven Eindruck vom Ausmaß ihrer Ablehnung oder Zustimmung zu der Aussage tatsächlich in intervallskalierte Urteile umsetzen können. Entsprechend gab und gibt es heftige Debatten um die Frage, ob Messungen mit Rating-Skalen intervallskaliert sind oder doch nur das Niveau einer Ordinalskala erreichen. Dies zeigt, dass es schwierig und problematisch sein kann, das Skalenniveau einer Messung zu bestimmen. Dass sich in der Psychologie überwiegend die Auffassung durchgesetzt hat, Messungen mit Rating-Skalen seien intervallskaliert, hat wohl hauptsächlich pragmatische Gründe. Zum einen stehen für die Auswertung von intervallskalierten Daten mehr und aussagekräftigere statistische Verfahren zur Verfügung. Zum anderen gelangt man in der Forschung mit Rating-Skalen oftmals auch dann zu sinnvollen Ergebnissen, die sich in der Praxis bewähren, wenn man das (höhere) Intervallskalenniveau unterstellt.

Messungen auf einem höheren Skalenniveau als dem der Intervallskala sind in der Psychologie eher selten. Ein Grund dafür besteht darin, dass sich bei psychischen Merkmalen in der Regel kein inhaltlich sinnvoller Nullpunkt angeben lässt. So können wir über eine Person, die in einem Intelligenztest keine Aufgabe löst, natürlich nicht sagen, dass sie über keine Intelligenz verfügt. Folglich ist ein Testteilnehmer, der 10 Aufgaben löst, auch nicht doppelt so intelligent wie ein Teilnehmer der 5 Aufgaben löst.

3.3.4 Verhältnisskala

Messungen auf dem Verhältnisskalenniveau setzen voraus, dass nicht nur die Größe des Unterschieds zwischen verschiedenen Merkmalsausprägungen empirisch ermittelt werden kann, sondern dass auch ein inhaltlich bedeutungsvoller Nullpunkt bestimmbar ist. Verhältnisskalen ordnen diesem Nullpunkt dann auch den Messwert 0 zu (anders als etwa die Celsius-Skala bei der Temperaturmessung). Damit erlauben Messwerte auf diesem Skalenniveau auch Aussagen über Verhältnisse zwischen verschiedenen Merkmalsausprägungen.

Beispiele für Verhältnisskalen finden sich vielfach in der Physik. Länge, Zeit, Gewicht werden auf Verhältnisskalen gemessen. Eine Verhältnisskala zur Messung der Temperatur ist die Kelvinskala. Ein anderes Beispiel für ein Merkmal, das auf einer Verhältnisskala gemessen wird, ist das Monatseinkommen.

Die Einheiten einer Verhältnisskala sind nicht festgelegt. Wir können die Länge verschiedener Tische in Metern, Zentimetern oder auch in Inch angeben, ohne dass sich das Verhältnis zwischen den Messwerten der Tische ändert. Verhältnisskalen sind somit eindeutig bis auf hier zulässige Ähnlichkeitstransformationen der Form $y = a \cdot x$. Ein Beispiel für eine solche Transformation ist die Umrechnung einer Längenangabe in Inch in eine Angabe in Zentimetern nach der Formel:

$$cm = 2{,}54 \cdot in$$

Psychische Merkmale wie Intelligenz, Konzentrationsfähigkeit oder Neurotizismus können nicht auf Verhältnisskalen gemessen werden. Dies bedeutet aber nicht, dass verhältniskalierte Merkmale in der Psychologie grundsätzlich keine Rolle spielen. Insbesondere die Variable Zeit wird häufig in psychologischen Untersuchungen erfasst. Psychologen könnten sich etwa für die Dauer von Therapien, die Reaktionszeit bei verschiedenen Warnsignalen oder die Bearbeitungsdauer bei einer bestimmten Aufgabe interessieren. Allerdings ist bei Größen wie Zeit, Länge oder Einkommen zu unterscheiden, ob tatsächlich diese Variablen selbst gemessen werden sollen oder ob sie lediglich als Indikatoren für andere Merkmale dienen. Nehmen wir an, wir wollten den sozio-ökonomischen Status verschiedener Personen messen. Der sozio-ökonomische Status ist nicht direkt beobachtbar. Zur Messung dieses Merkmals müssen wir also zunächst eine beobachtbare Variable finden, die als Indikator verwendet werden kann. Eine gängige Operationalisierung für den sozio-ökonomischen Status ist das Jahreseinkommen, das auf einer Verhältnisskala gemessen werden kann. Allerdings wäre es sicher falsch zu behaupten, dass eine Person, die ein Jahreseinkommen von 0 € hat, über keinen sozio-ökonomischen Status verfügt. Somit messen wir den sozio-ökonomischen Status mit Hilfe des Jahreseinkommens nicht auf Verhältnisskalen-niveau. Es muss auch bezweifelt werden, dass wir den Status auf einer Intervallskala erfassen. Gleiche Einkommensunterschiede zeigen nämlich nicht zwangsläufig gleiche Statusunterschiede an. Der Unterschied zwischen 10.000 € und 30.000 € Jahreseinkommen indiziert sicherlich einen bedeutsamen Statusunterschied. Hingegen wird sich der Status zweier glücklicher Großverdiener mit Jahreseinkommen von 500.000 € und 520.000 € kaum unterscheiden. Der sozio-ökonomische Status wird durch das Jahreseinkommen also wohl nur auf Ordinalskalenniveau erfasst.

Da für die Psychologie hauptsächlich nicht beobachtbare Merkmale relevant sind, stellt sich dieses „Indikator-Problem" regelmäßig. Bei der Bestimmung des Skalenniveaus einer Messung ist also stets danach zu fragen, ob die direkt beobachtete Variable selbst von Interesse war, oder ob sie lediglich als Operationalisierung eines anderen Merkmals verwendet wurde. Für die Bearbeitungsdauer bei einer bestimmten Aufgabe könnten wir uns etwa deswegen interessieren, weil wir feststellen wollen, wie sich die Bearbeitungsdauer mit zunehmender Übung verändert. In diesem Fall messen wir auf einer Verhältnisskala. Denkbar wäre aber auch, dass wir die Bearbeitungsdauer als Indikator für die Ausprägung einer intellektuellen Leistungskomponente verwenden. In diesem Fall erreicht unsere Messung dieser Leistungskomponente mit Hilfe der Bearbeitungsdauer sicher nicht das Niveau einer Verhältnisskala.

3.3.5 Absolutskala

Eine Absolutskala hat neben einem natürlichen Nullpunkt auch eine natürliche Maßeinheit. Dies ist immer dann der Fall, wenn Häufigkeiten erfasst werden. In der Psychologie begegnen uns Absolutskalen vor allem dann, wenn die Häufigkeit des Auftretens bestimmter Verhaltensweisen von Interesse ist. Die Häufigkeit, mit der sich ein Schulkind am Unterricht beteiligt, die Häufigkeit des Blickkontakts zwischen frisch Verliebten, die Anzahl der gerauchten Zigaretten oder auch die Zahl der Mitglieder einer Gruppe sind also Beispiele für Variablen, die auf einer Absolutskala gemessen werden.

Bei einer Absolutskala sind keine Transformationen zulässig, da hier sowohl der Nullpunkt als auch die Maßeinheit eindeutig festgelegt sind. Interessieren wir uns etwa für die Menge der täglich konsumierten Zigaretten, so liefert uns ausschließlich die konkrete Zahl der Zigaretten die Information, die wir benötigen.

▶Tabelle 3.1 zeigt die wichtigsten Eigenschaften der Skalenniveaus noch einmal im Überblick.

Tabelle 3.1

Eigenschaften der wichtigsten Skalenniveaus

Skala	Mögliche Aussage	Zulässige Transformationen	Beispiele	Lagemaße
Nominal	Gleichheit / Ungleichheit	ein-eindeutige	Studienort, Parteizugehörigkeit, Geschlecht	Modus
Ordinal	Größer-Kleiner-Relationen	monoton steigende	Single-Charts, Windstärke	+ Median
Intervall	Gleichheit von Differenzen	lineare $y = a \cdot x + b$	Temperatur in Celsius, IQ-Werte	+ arithmetisches Mittel
Verhältnis	Gleichheit von Verhältnissen	proportionale $y = a \cdot x$	Längenmaße, Temperatur in Kelvin, Einkommen	+ geometrisches Mittel
Absolut	zusätzlich: natürliche Maßeinheit	keine	Häufigkeiten	

3.4   Tests

Nachdem wir die Grundlagen des Messens erörtert haben, wollen wir nun einen Blick auf ein spezifisch psychologisches Messinstrument werfen, mit dem vermutlich die meisten von uns schon einmal in Berührung gekommen sind: psychometrische Tests. Derartige Tests sind standardisierte Verfahren zur Erfassung latenter Variablen (siehe Abschnitt 2.3.1). Mit ihnen sollen also nicht direkt beobachtbare Merkmale von Personen gemessen werden. Psychometrische Tests bestehen stets aus einer Reihe von Aufgaben oder Fragen, die häufig als „Items" bezeichnet werden. Aus dem Antwortverhalten eines Probanden bei diesen Items wird dann auf die Ausprägung desjenigen Merkmals geschlossen, das gemessen werden soll. Das Antwortverhalten bildet hier also den beobachtbaren Indikator der interessierenden latenten Variablen. Die vielfältigen verschiedenen Testverfahren können in zwei große Gruppen unterteilt werden: Leistungstests und Persönlichkeitstests. Leistungstests, zu denen auch alle Intelligenztests zählen, bestehen aus Aufgaben, bei denen objektiv festgestellt werden kann, ob die Antwort richtig oder falsch ist. Zwei Beispiele für solche Items können wir dem Intelligenz-Struktur-Test (I-S-T 2000 R; Amthauer et al., 2001) entnehmen.

Beispiel-Items aus einem Leistungstest

- Item 1:

  Treppe : Leiter = Haus : ?

  a) Dach b) Hof c) Aufzug d) Wand e) Zelt

- Item 2:

  18 16 19 15 20 14 21

Bei dem ersten Item sollen die Teilnehmer eine Analogie finden. Aus den Antwortvorgaben in der zweiten Reihe soll dasjenige Wort ausgewählt werden, zu dem sich „Haus" ebenso verhält, wie sich „Treppe" zu „Leiter" verhält. Die richtige Lösung ist also „Zelt". Bei dem zweiten Item sollen die Teilnehmer diejenige Zahl angeben, mit der die Zahlenreihe sinnvoll fortgesetzt werden kann. Die richtige Lösung wäre hier „13".

Mit Persönlichkeitstests werden Merkmale wie Verträglichkeit, Offenheit oder Neurotizismus gemessen. Bei der Messung derartiger Merkmale spielt die objektiv richtige oder falsche Lösung von Aufgaben keine Rolle. Stattdessen geben die Probanden hier Selbstbeschreibungen ab. Dazu werden ihnen Fragen oder Aussagen vorgelegt, die sie bejahen oder verneinen oder denen sie in unterschiedlich starkem Ausmaß zustimmen. Zwei Beispiele:

Beispiel-Items aus Persönlichkeitstests

- Item 1:

  Ich bin im Grunde eher ein ängstlicher Mensch.........

  stimmt   stimmt nicht

  ◯   ◯

- Item 2:

  Ich habe Schwierigkeiten meinen Begierden zu widerstehen...

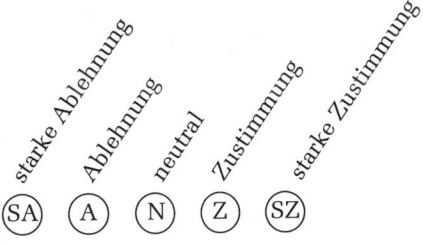

Das erste Item stammt aus dem Freiburger-Persönlichkeits-Inventar (FPI-R; Fahrenberg, Hampel & Selg, 2001) und wird zur Messung des Merkmals Gehemmtheit eingesetzt. Das zweite Item gehört zu einer Gruppe von Items, mit denen im NEO-Persönlichkeitsinventar (NEO-PI-R; Ostendorf & Angleitner, 2004) das Merkmal Neurotizismus gemessen wird.

Unabhängig davon, ob es sich um einen Leistungs- oder Persönlichkeitstests handelt, wird bei der Auswertung eines Tests zunächst anhand der Antworten eines Probanden ein Rohwert ermittelt. Dieser Rohwert entspricht zumeist der Anzahl der richtigen Lösungen bzw. der „ja" oder "stimmt"-Antworten bei allen Items, die dasselbe Merkmal messen sollen. Werden in einem Test Rating-Skalen verwendet, wie bei dem obigen Beispiel-Item aus dem NEO-PI-R, so sind den Antworten gegebenenfalls zunächst nach einer bestimmten Vorschrift Zahlen zuzuordnen. Der Rohwert eines Probanden ergibt sich dann in aller Regel, indem diese Zahlen über mehrere Items summiert werden. Der Rohwert wird dann wiederum mit Hilfe von Normen in einen so genannten Testwert – z.B. einen IQ-Wert – umgerechnet. Diese Normen resultieren aus Untersuchungen mit so genannten Eichstichproben, in denen eine große Anzahl von Teilnehmern den Test bearbeitet. Aus diesen Untersuchungen mit Eichstichproben ist unter anderem bekannt, wie viele Items in einem Test durchschnittlich richtig gelöst oder mit „ja" beantwortet werden. Der Testwert eines Probanden ergibt sich nun (zumindest bei der überwiegenden Mehrzahl der Tests) aus einem Vergleich seines Rohwerts mit der durchschnittlichen Anzahl richtiger Lösungen oder „ja"-Antworten. Ein IQ-Wert von 100 besagt beispielsweise nichts anderes, als dass der Proband mit diesem Testwert eine durchschnittliche Anzahl richtiger Lösungen erzielt hat. Hat der Proband die durchschnittliche Anzahl richtiger Lösungen mehr oder weniger deutlich übertroffen, so erhält er einen Testwert, der entsprechend deutlich über 100 liegt. Löste er eine unterdurchschnittliche Anzahl an Aufgaben, so wird ihm natürlich ein Testwert unter 100 zugeordnet.

Nun ist es offensichtlich, dass nicht jede beliebige Zusammenstellung von Aufgaben geeignet sein kann, um Intelligenz zu messen, und dass nicht alle denkbaren Sammlungen von Selbstbeschreibungen zu einer brauchbaren Messung des Merkmals Neurotizismus führen. Die Konstruktion und Auswahl von Test-Items muss also bestimmten Regeln unterliegen. Mit diesen Regeln beschäftigen sich Testtheorien. Die große Mehrzahl der heute gebräuchlichen Tests basiert auf der historisch ältesten dieser Theorien, die heute als *Klassische Testtheorie* bezeichnet wird (eine Einführung in die Klassische Testtheorie findet man z.B. bei Bühner, 2006). Im Kontext des Themas „Messen" ist die klassische Testtheorie für uns vor allem deswegen interessant, weil sie mit Hilfe bestimmter Kriterien beurteilt, ob und wie gut ein Test geeignet ist, ein bestimmtes Merkmal zu erfassen. Diesen Gütekriterien sollte aber auch jede beliebige andere (psychologische) Messung genügen. Sie können also ganz generell als ein „Standard" aufgefasst werden, den „gute" psychologische Messungen erfüllen sollten.

3.5 Gütekriterien beim Testen und Messen

Man unterscheidet drei so genannte Hauptgütekriterien: Objektivität, Reliabilität und Validität. Diese Gütekriterien bauen in bestimmter Hinsicht aufeinander auf: Hohe Reliabilität kann nicht erreicht werden, wenn der Test nicht objektiv ist. Reliabilität ist wiederum eine Voraussetzung für Validität. Ein Test kann also durchaus reliabel sein und dennoch das Kriterium der Validität nicht oder nur schlecht erfüllen. Der umgekehrte Fall ist hingegen ausgeschlossen: Ein hoch valider Test ist stets auch reliabel (und objektiv).

3.5.1   Objektivität

Selbstverständlich sollte das Ergebnis einer Messung nicht durch die Person beeinflusst werden, die das jeweilige Messinstrument anwendet. Genügt ein Messinstrument dieser Anforderung, so ist es objektiv. Ein Test wäre also dann völlig objektiv, wenn verschiedene Testleiter bei demselben Probanden das gleiche Ergebnis erzielen. Wird das Ergebnis eines Tests jedoch durch das Verhalten des Testleiters bei der Durchführung oder durch seine individuellen Deutungen der Antworten des Probanden beeinflusst, so ist der Test nicht objektiv. Man kann drei Aspekte der Objektivität eines Tests differenzieren: Durchführungs-, Auswertungs- und Interpretationsobjektivität.

Durchführungsobjektivität

Die Durchführungsobjektivität betrifft die Frage, inwieweit die Testergebnisse von Verhaltensvariationen des Untersuchers während der Testdurchführung unabhängig sind. Eine Beeinträchtigung der Durchführungsobjektivität bestünde etwa dann, wenn verschiedene Testleiter den Probanden unterschiedlich verständliche Erläuterungen zu den Testaufgaben geben. Um eine hohe Durchführungsobjektivität zu gewährleisten, enthalten die meisten psychometrischen Tests präzise Anweisungen an den Testleiter, die festlegen, wie er sich während der Durchführung verhalten soll. Zum Beispiel sind die Instruktionen an die Probanden in der Regel wörtlich vorgegeben und müssen vom Testleiter lediglich vorgelesen werden. Darüber hinaus wird oftmals große Mühe darauf verwandt, die Instruktionen so verständlich und eindeutig zu formulieren, dass Rückfragen an den Testleiter nicht notwendig sind. Um die Durchführungsobjektivität nicht zu gefährden, werden soziale Interaktionen zwischen Testleiter und Probanden in solchen Tests also auf ein Minimum reduziert.

Auswertungsobjektivität

Ein Test erfüllt die Forderung nach Auswertungsobjektivität dann, wenn verschiedene Anwender aufgrund der Antworten eines Probanden zu demselben Testergebnis gelangen. Bei den meisten psychometrischen Tests stellt die Auswertungsobjektivität kein Problem dar. Da die Probanden lediglich zwischen verschiedenen vorgegebenen Antwortoptionen wählen und zudem in der Testanweisung eindeutig festgelegt wird, wie eine Antwort zu bewerten ist, hat der Anwender bei der Auswertung der Antworten keinerlei Spielraum. Allerdings gibt es auch Tests, die offene Fragen enthalten, bei denen die Probanden ihre Antwort frei formulieren können. Hier muss die Bewertung der Antworten dann vom Testanwender vorgenommen werden. Dies gefährdet die Auswertungsobjektivität. In diesem Fall sollte ein Test möglichst umfassende und klare Anweisungen enthalten, in denen definiert wird, welche freien Antworten als richtig zu bewerten sind bzw. welche Antworten eine größere Ausprägung des Merkmals, das gemessen werden soll, anzeigen.

Interpretationsobjektivität

Die Interpretationsobjektivität betrifft die Frage, ob verschiedene Anwender aus demselben Testergebnis die gleichen Schlüsse ziehen. Offensichtlich wäre z.B. ein Intelligenztest nutzlos, bei dem dasselbe Testergebnis von einem Psychologen als Ausdruck einer besonders hohen Intelligenz und von einem anderen Psychologen als Anzeichen eines problematischen Intelligenzdefizits gedeutet wird. Derart divergierende Interpretationen werden bei psychometrischen Tests durch die Angabe von Normen vermieden. Diese Normen werden anhand repräsentativer Stichproben erhoben und dienen als Vergleichsmaßstab. Setzt man den Testwert eines Probanden in Bezug zu einer solchen Norm, so wird eindeutig erkennbar, ob der Proband eine unterdurchschnittliche, überdurchschnittliche oder auch stark überdurchschnittliche Merkmalsausprägung aufweist. Oftmals enthalten Tests nicht nur eine Norm für die Gesamtpopulation, sondern auch für verschiedene Subgruppen. Typisch wären etwa getrennte Normen für verschiedene Bildungsniveaus, Altersgruppen oder Männer und Frauen. Durch diese zusätzlichen Normen wird eine detailliertere Beurteilung der Merkmalsausprägung eines Probanden möglich.

Repräsentative und differenzierte Normen reichen allerdings nicht zwingend aus, um eine hohe Interpretationsobjektivität zu gewährleisten. In der psychologischen Praxis werden psychometrische Tests häufig eingesetzt, um konkrete, diagnostische Fragestellungen zu beantworten. Ist die Intelligenz eines Rehabilitanden ausreichend, um ihm eine Umschulung zum Industriekaufmann zu empfehlen? Hier genügt es nicht zu wissen, dass der Rehabilitand ein durchschnittliches Testergebnis erzielt hat. Offensichtlich müsste das Testergebnis zu den Anforderungen, die mit dem Beruf des Industriekaufmanns verbunden sind, in Beziehung gesetzt werden. Standardisierte Interpretationen von Testergebnissen für solche konkreten Fragestellungen können in Testanweisungen zumeist höchstens beispielhaft angegeben werden. Ein Grund dafür besteht darin, dass der Inhaltsbereich, in dem ein Test sinnvoll eingesetzt werden kann, oftmals zu groß ist, um für alle denkbaren Fragestellungen standardisierte Interpretationen zur Verfügung zu stellen.

3.5.2 Reliabilität

Mit dem Begriff Reliabilität wird die Zuverlässigkeit oder Messgenauigkeit eines Messinstruments bezeichnet. Generell sollten wiederholte Messungen eines Objekts, das sich nicht verändert, selbstverständlich stets zu demselben Messergebnis führen. Bestimmen wir etwa mit einer Briefwaage zwei Mal das Gewicht dieses Buches, so werden wir erwarten, dass wir zwei Mal zu demselben Messwert gelangen. Sofern wir eine moderne, einigermaßen brauchbare Waage benutzen, wird dies kein Problem darstellen. Die Messwerte werden allenfalls geringfügig schwanken. Es tritt also nur ein geringer Messfehler auf, die Waage ist reliabel.

Verglichen mit der Reliabilität einer Waage oder anderer physikalischer Messinstrumente werden psychologische Messinstrumente häufig nur eine geringe Reliabilität aufweisen. So können die Messwerte psychometrischer Tests aufgrund einer Reihe unsystematischer und unkontrollierter Einflüsse schwanken. Möglicherweise werden die Ergebnisse eines Intelligenztests durch die Motivation, Müdigkeit oder Testängstlichkeit eines Probanden beeinflusst. Andere Einflüsse könnten durch Veränderungen der Untersuchungssituation verursacht werden. Vielleicht variieren die Testergebnisse mit der Tageszeit oder der Raumtemperatur bei der Testdurchführung. Schließlich können Messfehler auch auf Eigenschaften des Tests zurückgehen. Denkbar wäre etwa, dass manche Items eines Tests von einem Probanden bei wiederholten Messungen nicht stets in derselben Weise aufgefasst werden. Diese Items würden dann unterschiedliche Antwortprozesse und somit auch unterschiedliche Antworten auslösen. Vielleicht weist der Test auch keine perfekte Auswertungsobjektivität auf. In diesem Fall könnte ein Proband selbst dann unterschiedliche Testergebnisse erzielen, wenn er bei allen Testungen exakt dieselben Antworten gibt. Hier wird deutlich, dass Objektivität eine Voraussetzung für Reliabilität darstellt: Ein Test kann nicht zuverlässig und genau sein, wenn seine Ergebnisse bereits davon abhängen, *wer* den Test durchführt, auswertet und interpretiert.

Jeder Messwert kann also mit einem Messfehler behaftet sein. Eine Grundannahme der klassischen Testtheorie besagt nun, dass sich der beobachtete Messwert X einer Person in einem Test aus dem konstanten „wahren" Wert T (z.B. der tatsächlichen Intelligenz eines Probanden) und dem Messfehler E zusammensetzt:

$$X = T + E$$

Gemäß weiteren Grundannahmen der Testtheorie handelt es sich bei dem Messfehler E um einen Zufallsfehler – oder auch unsystematischen Fehler. Dies bedeutet zunächst, dass der Messfehler nicht dazu führen wird, dass wir die wahre Merkmalsausprägung von Probanden *systematisch* über- oder unterschätzen. Messen wir etwa die Intelligenz unendlich vieler Testteilnehmer, so werden sich die unterschiedlichen, positiven und negativen Messfehler, die bei den einzelnen Probanden auftreten, ausmitteln. Der Mittelwert des Messfehlers beträgt also 0. Dies heißt auch, dass der Mittelwert der beobachteten Messwerte der wahren mittleren Intelligenz der Probanden entspricht. Die gleiche Überlegung trifft ebenfalls für wiederholte Messungen an einem Probanden zu: Könnten wir unendlich häufig die Intelligenz einer Person messen, so würden sich die Messfehler, die bei den einzelnen Testungen auftreten, ausgleichen. Der Mittelwert der beobachteten Messwerte wäre also der wahre Intelligenzwert dieser (gequälten) Person.

Generell können wir also demnach bei einer größeren Anzahl von Messungen erwarten, dass sich der Messfehler nicht im Mittelwert der Messwerte niederschlagen wird. Der Messfehler wird sich allerdings auf die Unterschiedlichkeit der Messwerte auswirken. Nehmen wir an, wir messen die Intelligenz von 100 Personen. Selbstverständlich sollten sich die Messwerte dieser Personen unterscheiden – wir führen die Testung überhaupt nur deswegen durch, weil wir davon ausgehen, dass zwischen Personen Intelligenzunterschiede bestehen. Wie stark die Messwerte variieren, hängt nun aber nicht nur davon ab, wie groß die Unterschiede zwischen den wahren Intelligenzwerten der Personen in unserer Stichprobe sind. Die Unterschiedlichkeit der Messwerte wird zudem durch die Messfehler bei den einzelnen Messungen vergrößert. Mit einem Test, bei dem häufig große Messfehler auftreten, werden wir in unserer Stichprobe eine größere Unterschiedlichkeit der Messwerte finden als mit einem Test, bei dem lediglich kleine Messfehler auftreten.

Ein Maß für die Unterschiedlichkeit (bzw. die *Streuung*) von Werten ist die *Varianz*, die mit s^2 gekennzeichnet wird (genauere Erläuterungen zum Konzept der Varianz und zu ihrer Berechnung finden Sie in Kapitel 6). Die Varianz der Messwerte (s_X^2) von Testteilnehmern kann nun aufgeteilt werden in die Varianz der wahren Werte (s_T^2) der Teilnehmer und die Varianz der Messfehler (s_E^2). Die Reliabilität (r_{tt}) eines Tests ist wie folgt definiert:

$$r_{tt} = \frac{s_T^2}{s_X^2} = \frac{s_T^2}{s_T^2 + s_E^2}$$

Die Reliabilität entspricht also dem Anteil der Varianz der wahren Werte an der Varianz der beobachteten Messwerte. Ist die Varianz der Messfehler gering – was nichts anderes heißt, als dass die einzelnen Messfehler kaum von ihrem Mittelwert von 0 abweichen, so ist die Reliabilität hoch. Tritt gar kein Messfehler auf, so beträgt auch die Varianz der Messfehler 0. In diesem Fall nimmt die Reliabilität den Wert 1 an. Mit steigender Varianz der Messfehler sinkt die Reliabilität. Den Wert 0 nimmt sie allerdings nur an, wenn die wahren Werte keine Varianz aufweisen. In diesem Fall misst der Test keine Unterschiede zwischen Personen (es bestehen keine!), sondern er erfasst ausschließlich Unterschiede zwischen den Messfehlern, die bei der Testung der einzelnen Personen aufgetreten sind.

Wie können wir nun die Reliabilität eines Tests bestimmen? Es gibt verschiedene Verfahren der Reliabilitätsermittlung, die jeweils mit spezifischen Stärken und Schwächen behaftet sind. Die grundlegende Idee besteht bei den meisten dieser Verfahren darin, für jeden Probanden in einer Stichprobe zwei Messwerte zu ermitteln. Erzielen die einzelnen Probanden bei beiden Messungen ähnliche Ergebnisse, so ist der Test hoch reliabel – offensichtlich werden die Messwerte der Probanden nur wenig durch Messfehler verfälscht. Besteht zwischen den Ergebnissen der Probanden bei beiden Messungen dagegen nur eine geringe Übereinstimmung, so haben die Messfehler offensichtlich einen starken Einfluss auf die Messergebnisse. Der Test verfügt über eine niedrige Reliabilität. Die Übereinstimmung (oder der *Zusammenhang*) zwischen den Messwerten der Probanden bei beiden Messungen wird dabei durch den *Korrelationskoeffizienten* ausgedrückt (siehe Kapitel 7). Der Korrelationskoeffizient nimmt den Wert 1 an, wenn zwischen den beiden Messwertreihen eine perfekte Übereinstimmung gegeben ist. Besteht zwischen den Messwertreihen dagegen gar kein Zusammenhang, so beträgt der Korrelationskoeffizient 0. Im Folgenden erläutern wir kurz einige Verfahren der Reliabilitätsermittlung.

Die Retest-Methode

Die nächstliegende Vorgehensweise zur Bestimmung der Reliabilität besteht vermutlich darin, ein und denselben Test derselben Stichprobe von Probanden in einem gewissen Zeitabstand zwei Mal vorzulegen und den Korrelationskoeffizienten zwischen den Ergebnissen der beiden Messungen zu ermitteln. Genau dies geschieht bei der Retest-Methode. Allerdings ist diese Vorgehensweise mit einigen Problemen verbunden. Zunächst kann die wiederholte Durchführung von Tests zu Übungseffekten führen. Möglicherweise erlernen einige Probanden einen verbesserten Umgang mit

Tests und schneiden daher bei der zweiten Messung besser ab. Dies wird die beobachtete Reliabilität vermindern. Ein noch schwerwiegenderes Problem haben wir dann, wenn Erinnerungseffekte auftreten. Da wir den Probanden zwei Mal denselben Test vorlegen, können die Probanden bei der zweiten Messung möglicherweise ihre ersten Antworten erinnern. Sie müssten den eigentlich beabsichtigten Beantwortungs- oder Lösungsprozess dann gar kein zweites Mal durchlaufen, sondern könnten einfach ihre ersten Antworten nochmals notieren. In diesem Fall bestimmen wir mit der Retest-Methode nicht die Reliabilität des Tests, sondern die Erinnerungsleistung der Probanden! Um Erinnerungseffekten vorzubeugen, wird daher oftmals empfohlen, zwischen der ersten und der zweiten Testdurchführung einen längeren Zeitraum verstreichen zu lassen (zumeist mehrere Wochen). Dies kann allerdings ein anderes Problem auslösen: Von vielen psychischen Merkmalen kann man nicht annehmen, dass sie über einen beliebig langen Zeitraum völlig konstant sind. Möglicherweise verbessert sich die Intelligenzleistung eines Kindes aufgrund einer Fördermaßnahme. Vielleicht verändert sich die Persönlichkeit eines Probanden aufgrund eines kritischen Lebensereignisses (z.B. einer schweren Erkrankung). Ermitteln wir also für einen Test eine geringe Retest-Reliabilität, so könnte dies nicht nur auf das Auftreten großer Messfehler, sondern auch auf Veränderungen der wahren Werte zurückzuführen sein. Tatsächlich findet man in der Regel, dass die Retest-Reliabilität umso geringer ausfällt, je größer der Zeitraum ist, der zwischen den beiden Testungen liegt. Umgekehrt heißt dies aber auch: Ermitteln wir trotz eines großen Zeitabstands zwischen den beiden Testungen eine hohe Reliabilität, so ist der Test mit geringen Messfehlern verbunden *und* das gemessene Merkmal ist stabil. Die Retest-Reliabilität wird daher gelegentlich auch als *Stabilität* bezeichnet.

Die Paralleltest-Methode

Auch bei der Paralleltest-Methode werden an derselben Stichprobe von Probanden zu unterschiedlichen Zeitpunkten zwei Messungen durchgeführt und die Ergebnisse dieser Messungen korreliert. Allerdings werden bei den beiden Messungen nicht genau dieselben Test-Items eingesetzt, sondern es werden *parallele* oder *äquivalente Formen* eines Tests verwendet. Diese parallelen Formen bestehen aus unterschiedlichen Items, die aber exakt dasselbe Merkmale in exakt derselben Weise messen müssen. Übungseffekte können auch bei der Paralleltest-Methode auftreten. Da den Teilnehmern zu den beiden Testzeitpunkten verschiedene Items vorgelegt werden, sind Erinnerungseinflüsse jedoch ausgeschlossen. Die Paralleltest-Methode ermöglicht es also, die Reliabilität auch bei kürzeren Zeitabständen zwischen den Testungen zu bestimmen. Dafür stehen wir nun vor dem Problem, zwei parallele Formen eines Tests entwickeln zu müssen. Diese Parallelformen sollten dieselbe Anzahl an Items enthalten und mit den denselben Instruktionen und Erläuterungen dargeboten werden. Damit wir annehmen können, dass beide Formen tatsächlich dasselbe Merkmal in derselben Weise messen, sollten sich die Items in den Testversionen zudem auf möglichst ähnliche Inhalte beziehen und auch formal möglichst ähnlich gestaltet sein. Dies schließt beispielsweise ein, dass jeweils die gleiche Anzahl an Antwortoptionen vorgegeben wird und dass die Items in beiden Formen die gleiche Schwierigkeit aufweisen. Diese Anforderungen sind oftmals schwierig zu erfüllen und es ist vorab nicht zu klären, ob es tatsächlich gelungen ist, zwei äquivalente Testformen zu entwickeln. Eine niedrige Paralleltest-Reliabilität kann also sowohl darauf zurückgehen, dass bei den Messungen große Messfehler auftreten, als auch darauf, dass die Testformen nicht exakt dasselbe messen. Finden wir dagegen eine hohe Paralleltest-Reliabilität, so heißt dies, dass die Ergebnisse beider Testformen nur wenig durch Messfehler verfälscht werden *und* dass die Testformen äquivalent sind.

Die Testhalbierungsmethode

Bei der Testhalbierungsmethode bearbeiten die Probanden in der Untersuchungsstichprobe lediglich *einmalig* einen Test. Allerdings werden die Items dieses Tests in zwei Hälften aufgeteilt. Auf der Basis dieser Testhälften werden für jeden Teilnehmer zwei Messwerte bestimmt. Treten nur geringe Messfehler auf, so ist natürlich zu erwarten, dass diese Messwerte eines Probanden ähnlich ausfallen. Die Reliabilität des Tests kann also auch hier ermittelt werden, indem man den Korrelationskoeffizienten zwischen den Ergebnissen der Teilnehmer (in beiden Testhälften) berechnet.[4]

Da durch die Halbierung des Tests quasi zwei Parallelformen entstehen, ähnelt die Testhalbierungsmethode der Paralleltest-Methode. Auch hier stellt sich die Frage nach der Äquivalenz der Testhälften. Es wäre beispielsweise sinnlos, die Messergebnisse in der ersten Hälfte eines Tests mit den Messergebnissen in der zweiten Hälfte zu korrelieren, wenn die Items zu Beginn des Tests leichter sind als gegen Ende. Eine sinnvollere Vorgehensweise bei der Halbierung des Tests könnte hier darin bestehen, Items mit gerader Reihungsnummer in die eine Testhälfte und Aufgaben mit ungerader Reihungsnummer in die andere Testhälfte aufzunehmen (*odd-even-Methode*). Auf diese Weise wäre auch ausgeschlossen, dass in beiden Testhälften unterschiedlich große Übungseffekte auftreten.

3.5.3 Validität

Ein Test ist valide, wenn er das misst, was er zu messen vorgibt. Dieser Satz klingt vielleicht zunächst etwas merkwürdig. Wenn wir an physikalische Messinstrumente denken, ist zumeist völlig eindeutig, was diese Messinstrumente messen. Selbstverständlich misst eine Waage das Gewicht, ein Zollstock die Länge von Objekten. Anders als diese physikalischen Messinstrumente sollen psychometrische Tests jedoch nicht direkt beobachtbare Merkmale erfassen, sondern latente Variablen messen. Damit stellt sich die Frage, ob die Antworten zu den Items eines Tests tatsächlich Indikatoren desjenigen latenten Merkmals sind, das gemessen werden soll. Erfassen beispielsweise die Items eines Intelligenztests tatsächlich die intellektuelle Leistungsfähigkeit der Probanden oder messen sie eher deren Konzentrationsfähigkeit? Werden die Ergebnisse des Intelligenztests vielleicht systematisch durch andere Persönlichkeitsmerkmale der Pro-

---

4 Genau genommen gibt der Korrelationskoeffizient bei der Testhalbierungsmethode die Reliabilität der Testhälften an. Da die Reliabilität eines Tests mit der Anzahl seiner Items zunimmt, muss der Korrelationskoeffizient nach oben korrigiert werden, um der Reliabilität des *gesamten* Tests zu entsprechen.

banden – z.B. ihre Leistungsmotivation – beeinflusst? In diesen Fällen wäre der Intelligenztest nicht valide.[5] Bei der Frage nach der Validität eines Tests geht es also um die Güte der Operationalisierung des interessierenden Merkmals: Es ist zu klären, ob ein Test eine gelungene Operationalisierung derjenigen latenten Variable darstellt, die gemessen werden soll.

Wie lässt sich die Validität eines Tests nun beurteilen? Auch bei der Validität können verschiedene Aspekte unterschieden werden. Drei dieser Aspekte seien hier vorgestellt.

Inhaltsvalidität

Ein denkbares Vorgehen zur Entwicklung eines validen Tests bestünde darin, zunächst alle Items zu sammeln, in denen sich das interessierende Merkmal ausdrückt. Aus diesem „Itemuniversum" könnte dann eine repräsentative Teilmenge von Items ausgewählt und in den Test aufgenommen werden. Auf diese Weise wäre sichergestellt, dass der Test das zu messende Merkmal in seinen wesentlichen Aspekten erschöpfend erfasst. Der Test wäre inhaltsvalide.

Diese Vorgehensweise erfordert natürlich, dass das Universum aller Items, die ein Merkmal abbilden, eindeutig bestimmt werden kann. Dies ist insbesondere dann möglich, wenn der Test einfache, umgrenzte Fähigkeiten messen soll. Dies wäre etwa bei einem Test zur Messung der Kenntnisse in den Grundrechenarten der Fall. Zwar werden wir auch hier kaum alle relevanten Aufgaben sammeln können oder wollen, aber es ist klar, wie sich das Itemuniversum zusammensetzt: Alle möglichen Items enthalten Zahlen aus irgendeinem definierbaren Zahlenraum (bei einem Test für fortgeschrittene Grundschulkinder vielleicht aus dem Zahlenraum 1 bis 100) und eine der vier grundlegenden Rechenoperationen. Ein Test, der lediglich das kleine Ein-mal-eins abprüft, nur aus Divisionsaufgaben besteht oder nur Zahlen enthält, die kleiner als 10 sind, würde also keine repräsentative Itemsammlung darstellen und wäre nicht inhaltsvalide. Die Inhaltsvalidität eines Tests sollte beispielsweise auch dann relativ leicht sicherzustellen sein, wenn Schulkenntnisse gemessen werden sollen. Ein Biologietest für das 9. Schuljahr wäre etwa dann inhaltsvalide, wenn seine Aufgaben den Unterrichtsstoff gut repräsentieren.

Bei breiteren und komplexeren Fähigkeiten ist es in der Regel nicht möglich, in irgendeiner Form ein Itemuniversum zu definieren. So dürfte es beinahe unendlich viele und sehr divergente Aufgaben geben, bei denen die Antworten unterschiedliche Ausprägungen des Merkmals Intelligenz anzeigen. Anders ausgedrückt: Uns fehlt eine hinreichend präzise Vorstellung von der Gesamtheit aller Aufgaben, die das Merkmal Intelligenz abbilden. Dennoch sollte prinzipiell natürlich auch ein Intelligenztest dem Kriterium der Inhaltsvalidität genügen. Die Test-Items sollten eine repräsentative Auswahl aller Items sein, die das Merkmal Intelligenz erfassen. Allerdings ist es in diesem

---

5 Auch ein Test mit niedriger Reliabilität kann nicht sonderlich valide sein: Die Ergebnisse eines Tests mit geringer Reliabilität bringen zu einem großen Teil Messfehler zum Ausdruck – also eben nicht die Ausprägung des Merkmals, das gemessen werden soll.

Fall sehr schwierig zu beurteilen, ob ein Test tatsächlich eine repräsentative Itemmenge enthält. Eine formale Möglichkeit, die Höhe der Inhaltsvalidität zu bestimmen und in einer Zahl auszudrücken, besteht in diesem Fall gar nicht. Stattdessen wird einem solchen Test ausschließlich auf der Basis subjektiver (und hoffentlich übereinstimmender) Urteile von Experten Inhaltsvalidität bescheinigt oder abgesprochen.

Kriteriumsvalidität

Dieser Aspekt der Validität eines Tests wird geprüft, indem man die Übereinstimmung zwischen den Testwerten und so genannten Kriterien bestimmt. Bei diesen Kriterien handelt es sich um Variablen, mit denen die Testwerte zusammenhängen sollten, sofern der Test tatsächlich das misst, was er zu messen vorgibt. Wir könnten z.B. ermitteln, wie die Ergebnisse von Schulkindern in einem Intelligenztest mit dem Urteil der Lehrer über die Intelligenz der Kinder übereinstimmen. Wie bei der Reliabilität wird die Übereinstimmung auch hier durch den Korrelationskoeffizienten ausgedrückt. Die Höhe der Kriteriumsvalidität kann also in einer Maßzahl angegeben werden.

Ein offensichtliches Problem bei dieser Vorgehensweise besteht darin, eine geeignete Kriteriumsvariable zu finden. Welches objektiv und reliabel feststellbare Kriterium würde uns fehlerfrei über die Intelligenz, den Neurotizismus, die Extraversion oder die Verträglichkeit von Probanden informieren? Im obigen Beispiel sind natürlich auch die Lehrerurteile kein perfekter Indikator der Intelligenz der Kinder. Wir müssen etwa damit rechnen, dass diese Urteile durch die Sympathie für die Kinder oder andere Urteilstendenzen systematisch verfälscht werden. Zudem sind die Lehrerurteile sicher auch nicht völlig reliabel: Eine wiederholte Befragung der Lehrer wird nicht zu identischen Ergebnissen führen. Selbst wenn unser Intelligenztest ein sehr valides Messinstrument ist, werden wir daher keine perfekte Übereinstimmung zwischen den Testergebnissen und den Lehrerurteilen erwarten können. Wir werden also bereits mit Korrelationskoeffizienten mittlerer Höhe zufrieden sein müssen. Fänden wir dagegen gar keine Übereinstimmung zwischen Testergebnissen und Lehrerurteilen, so wäre dies ein Grund zumindest zu bezweifeln, dass unser Test tatsächlich Intelligenz misst. Da sich in der Regel kein ideales Kriterium für ein Merkmal finden lässt, ist es sinnvoll einen Test an mehreren Kriterien zu validieren (bei einem Intelligenztest böten sich vielleicht auch der Studien- oder Berufserfolg an). Ein Test verfügt dann auch nicht nur über eine Kriteriumsvalidität, sondern über so viele Kriteriumsvaliditäten wie Variablen zu seiner Überprüfung herangezogen werden.

Oftmals werden zur Validierung eines Tests nicht nur *Außenkriterien* (wie die Lehrerurteile oder der Berufserfolg) verwendet, sondern auch andere Tests, die dasselbe Merkmal messen. Dieses Vorgehen wird als *innere Validierung* bezeichnet. In diesem Fall sollten wir hohe Korrelationskoeffizienten finden, da beispielsweise zwei unterschiedliche Intelligenztests zumindest etwas sehr Ähnliches messen sollten. Dieses Vorgehen ist natürlich nur dann sinnvoll, wenn der als Kriterium verwendete Test bereits als valides Messinstrument anerkannt ist. Andernfalls können wir zwar feststellen, dass die Tests tatsächlich dasselbe messen, es bleibt aber offen, was sie messen. An irgendeiner Stelle muss also zwangsläufig der Bezug der Tests zu Außenkriterien hergestellt werden.

Nach dem Zeitpunkt, zu dem das Kriterium erhoben wird, unterscheidet man die *Übereinstimmungsvalidität* und die *Vorhersagevalidität*. Bei der Übereinstimmungs-validität werden Test- und Kriteriumswerte (fast) gleichzeitig ermittelt. Bei der Vor-hersagevalidität werden die Kriteriumswerte nach der Testdurchführung erhoben. Dies ist insbesondere dann sinnvoll, wenn der Test in der diagnostischen Praxis zur Vorhersage künftigen Verhaltens eingesetzt werden soll. Ein Schulreifetest soll etwa den künftigen Schulerfolg prognostizieren. Ein Berufseignungstest wird verwendet, um künftigen Berufserfolg vorherzusagen. Zu demselben Zweck kann unter Umstän-den auch ein Intelligenztest bei der Personalauswahl eingesetzt werden. Die Kriterien (Schul- und Berufserfolg) sollten in diesen Fällen nach der Testdurchführung ermittelt werden. Die Höhe der Vorhersagevalidität der Tests informiert uns dann auch darüber, wie gut die Tests in der Praxis geeignet sind, ihren diagnostischen Zweck zu erfüllen.

Konstruktvalidität

Die beiden vorangegangenen Abschnitte zeigen, dass oftmals weder die Inhaltsvalidität noch die Kriteriumsvalidität zu einer eindeutigen, unzweifelhaften Aussage darüber führen, was ein Test tatsächlich misst. Dies gilt insbesondere dann, wenn ein Test Merk-male wie Intelligenz oder Neurotizismus messen soll, die nur schwer operational (also in eindeutigen beobachtbaren Indikatoren) zu fassen sind. Diesem Umstand trägt die Konstruktvalidität Rechnung. Die Konstruktvalidierung eines Tests ist ein längerer, fort-dauernder Prozess, in dem theoretische Aussagen über das zu messende Merkmal mit Hilfe des Tests überprüft werden. Die Validität des Tests wird hier also nicht nur anhand einzelner Außenkriterien ermittelt, sondern indem geprüft wird, ob möglichst vielfältige Hypothesen über das Merkmal durch die Testwerte bestätigt werden. Dies setzt natür-lich zunächst voraus, dass solche Hypothesen abgeleitet werden können. Messen wir etwa Aggressivität, so ist vielleicht zu erwarten, dass wir bei jüngeren Männern höhere Testwerte finden als bei älteren Männern. Messen wir Depressivität, so sollten wir bei einer Gruppe von Probanden, die wegen einer Depression in therapeutischer Behand-lung ist, höhere Werte ermitteln als bei einer Gruppe von Probanden, die nicht über depressive Symptome klagt. Die Intelligenztestwerte von Sonderschülern sollten niedri-ger sein als die Intelligenztestwerte von Stipendiaten einer Eliteuniversität. Es ist zu erwarten, dass Intelligenztestwerte mit dem Berufserfolg zusammenhängen. Da Intelli-genz als ein stabiles Merkmal aufgefasst wird, sollten wir innerhalb kurzer Zeit keine großen systematischen Schwankungen in den Testwerten eines Probanden finden. Die Konzentrationsfähigkeit eines Probanden sollte unter starkem Alkoholeinfluss geringer sein als im nicht alkoholisierten Zustand. Im Zuge der Konstruktvalidierung eines Tests werden derartige Aussagen über ein Merkmal mit Hilfe des Tests überprüft. Da diese Überprüfung zum Teil darauf hinauslaufen kann, Kriteriumswerte mit Testwerten zu korrelieren, schließt die Konstruktvalidität unter Umständen die Kriteriumsvalidität ein. Allerdings werden hier auch Kriterien verwendet, die *nicht* mit den Testwerten übereinstimmen sollten. Ein Intelligenztest sollte natürlich Intelligenz und nicht Kon-zentrationsfähigkeit messen. Es wäre also zu prüfen, ob die Intelligenztestwerte tatsäch-lich nicht mit den Ergebnissen aus einem Test zur Messung der Konzentrationsfähigkeit zusammenhängen.

Können mit einem Test möglichst viele Hypothesen über ein Merkmal bestätigt werden, so spricht dies für die Konstruktvalidität des Tests. Da potenziell stets weitere und auch neue Hypothesen über ein Merkmal überprüft werden können, führt die Konstruktvalidierung nicht zu einer endgültigen, numerischen Aussage über die Validität eines Tests. Stattdessen kann aufgrund der Konstruktvalidierung angegeben werden, wie gut sich ein Test bisher bewährt hat. Je mehr Hypothesenüberprüfungen erfolgreich verlaufen sind, desto überzeugender ist die Annahme, der Test sei valide. Die einzelnen Hypothesenüberprüfungen sind dabei allerdings nur dann eindeutig interpretierbar, wenn die jeweilige Hypothese bereits vor der Validierung des Tests als gültig betrachtet werden kann. Müssen wir etwa bezweifeln, dass jüngere Männer aggressiver sind als ältere, so bleibt unklar, was gleiche Testwerte für jüngere und ältere Männer bedeuten: Misst der Test nicht Aggressivität oder gibt es tatsächlich keine altersabhängigen Unterschiede in der Aggressivität?

Z U S A M M E N F A S S U N G

In der empirischen psychologischen Forschung ist es notwendig, Merkmale von Personen zu messen. Dies heißt nichts anderes, als dass die jeweiligen Merkmalsausprägungen in Zahlen ausgedrückt werden müssen. Beim Messen werden also Personen (oder Objekten) hinsichtlich eines bestimmten Merkmals Zahlen zugeordnet. Diese Zuordnung kann natürlich nicht willkürlich vorgenommen werden. Von einer Messung kann erst dann gesprochen werden, wenn die Zuordnung so erfolgt, dass bestimmte empirisch feststellbare Relationen zwischen den Personen (z.B. „hat das gleiche Geschlecht" oder „ist intelligenter") auch durch entsprechende Relationen zwischen den zugeordneten Zahlen zum Ausdruck kommen. Genügt eine Zuordnung dieser Anforderung, so wird sie auch als *homomorphe Abbildung* eines *empirischen Relativs* in ein *numerisches Relativ* bezeichnet. Bei der Erarbeitung von homomorphen Abbildungen stellen sich der Messtheorie nun bestimmte Probleme. Beim *Repräsentationsproblem* geht es um die Frage, ob ein bestimmtes Merkmal überhaupt messbar ist. Dies ist dann der Fall, wenn die empirisch feststellbaren Relationen zwischen Personen (oder allgemeiner: Messobjekten) bestimmte Eigenschaften aufweisen, die dazu führen, dass diese Relationen auch durch Zahlen wiedergegeben werden können. Das *Eindeutigkeitsproblem* betrifft die Frage, wie die zugeordneten Zahlen (die Messwerte) transformiert werden können, ohne dass Information über die Messobjekte verloren geht. Schließlich ist zur Lösung des *Bedeutsamkeitsproblems* zu klären, welche mathematischen Operationen mit Messwerten sinnvoll sind. Eine bestimmte Verrechnung von Messwerten kann dabei immer dann als sinnvoll betrachtet werden, wenn sie zu Aussagen führt, die auch empirisch zutreffend sind.

Jede Messung erfolgt auf einem bestimmten *Skalenniveau*. Verschiedene Skalenniveaus unterscheiden sich aufgrund der Relationen, die zwischen den Messobjekten empirisch bestimmbar sind und die daher auch durch die Messwerte wiedergegeben werden. Messwerte auf unterschiedlichen Skalenniveaus haben somit einen unterschiedlich großen Informationsgehalt. Auf *Nominalskalenniveau* wird empirisch ausschließlich festgestellt, ob die Messobjekte gleich oder ungleich sind. Auch die Messwerte informieren hier daher ausschließlich über die Gleichheit oder Ungleichheit der Messobjekte.

Messungen auf einer *Ordinalskala* enthalten zusätzlich Information darüber, bei welchem von zwei Messobjekten ein Merkmal stärker ausgeprägt ist. Auf dem *Intervallskalenniveau* sind auch Aussagen über die Größe des Unterschieds zwischen Messobjekten möglich. Schließlich erlauben Messungen auf dem *Verhältnisskalenniveau* Aussagen über Verhältnisse zwischen Messobjekten. ▶

▶**Fortsetzung**

Auf dem Niveau einer *Absolutskala* existiert zusätzlich eine natürliche Maßeinheit. Das Skalenniveau einer Messung muss bei der weiteren Analyse der Messwerte beachtet werden, da jedes statistische Verfahren ein bestimmtes (minimales) Skalenniveau voraussetzt.

Psychometrische Tests sind Messinstrumente, die spezifisch in der Psychologie verwendet werden. Derartige Tests dienen zur Messung latenter Variablen – also solcher Merkmale, die nicht direkt beobachtet werden können. Die *klassische Testtheorie* beurteilt anhand bestimmter Kriterien, ob und wie gut ein Test geeignet ist, ein bestimmtes Merkmal zu erfassen. Diese *Gütekriterien* können aber auch generell als ein Standard aufgefasst werden, dem „gute" psychologische Messungen genügen sollten. Die Hauptgütekriterien sind *Objektivität, Reliabilität* und *Validität*. Alle diese Begriffe können weiter ausdifferenziert werden. Objektiv ist eine Messung dann, wenn das Messergebnis unabhängig von der Person ist, die das jeweilige Messinstrument anwendet. Bei psychometrischen Tests werden die Aspekte *Durchführungs-, Auswertungs-* und *Interpretationsobjektivität* unterschieden. Mit dem Begriff Reliabilität wird die Messgenauigkeit eines Tests bezeichnet. Jede Messung kann durch zufällige, unsystematische Messfehler beeinflusst werden. Ein Test ist dann reliabel, wenn seine Messergebnisse nicht oder nur wenig durch solche Messfehler verfälscht werden. Aufgrund der Verfahren die zur Ermittlung der Reliabilität eines Tests verwendet werden können, unterscheidet man die *Retest-Reliabilität,* die *Paralleltest-Reliabilität* und die *Testhalbierungs-Reliabilität*. Die Validität betrifft schließlich die Frage, ob ein Test tatsächlich diejenige latente Variable misst, die er zu messen vorgibt. Auch hier werden verschiedene Aspekte unterschieden: *Inhaltsvalide* ist ein Test dann, wenn seine Items eine repräsentative Auswahl aller Items darstellen, die geeignet sind, das fragliche Merkmal zu erfassen. *Kriteriumsvalidität* ist gegeben, wenn die Testergebnisse mit anderen Indikatoren des zu messenden Merkmals übereinstimmen. *Konstruktvalidität* besteht schließlich, wenn zahlreiche (gesicherte) theoretische Aussagen über die latente Variable, die gemessen werden soll, mit Hilfe des Tests bestätigt werden können.

Z U S A M M E N F A S S U N G

Weiterführende Literatur

Bühner, M. (2006). *Einführung in die Test- und Fragebogenkonstruktion* (2. Aufl.). München: Pearson Studium.
Gut lesbares Lehrbuch zum Thema Testtheorie und Testentwicklung.

Lienert, G.A. & Raatz, U. (1998). *Testaufbau und Testanalyse* (6. Aufl.). Weinheim: Psychologie Verlags Union.
Eine umfassende, einführende Darstellung der Klassischen Testtheorie.

Orth, B. (1974). *Einführung in die Theorie des Messens.* Stuttgart: Kohlhammer.
„Leserfreundliche" Behandlung der Grundlagen der Messtheorie.

Rost, J. (1996). *Lehrbuch Testtheorie, Testkonstruktion.* Göttingen: Hogrefe.
Hier wird neben der Klassischen auch die „Probabilistische Testtheorie" behandelt.

Übungsaufgaben mit Lösungen sowie weitere Informationen zu diesem Buchkapitel finden Sie auf der Companion Website zum Buch unter *http://www.pearson-studium.de*

Datenerhebung: Befragung und Beobachtung

4

ÜBERBLICK

In Kapitel 3 haben wir uns mit der Frage beschäftigt, wie wir menschliches Erleben und Verhalten in Zahlen oder andere Messwerte übersetzen können. Solche Messwerte sind das Endprodukt der Datenerhebung und die Ausgangsbasis für die Datenanalyse. In diesem Kapitel werden wir uns mit dem Prozess der Datenerhebung befassen. Wie kommen Wissenschaftler an ihre Daten? Sie machen im Prinzip nichts anderes als das, was wir auch im Alltag tun. Wenn wir wissen wollen, warum Herr Kunze in der Straßenbahn lacht, fragen wir vielleicht: „Worüber lachen Sie, Herr Kunze?", oder wenn wir wissen wollen, wie Herr Kämpfe in der Diskothek Sozialkontakte herstellt, setzen wir uns möglicherweise (inkognito) an einen Nachbartisch und beobachten, wie er sich verhält. Befragung und Beobachtung, das sind auch in der psychologischen Forschung die zwei Möglichkeiten, an Daten zu kommen – es scheint also nicht allzu viel zu geben, was man lernen könnte. Allerdings haben wir schon in Kapitel 1 gesehen, dass Fragen und Antworten falsch verstanden werden können und dass Wahrnehmungen und Beobachtungen nicht immer das wiedergeben, was tatsächlich passiert ist.

In der wissenschaftlichen Befragung und Beobachtung muss man also vermehrt darauf achten, *aussagekräftige* und *zuverlässige* Daten zu bekommen. Deswegen haben Wissenschaftler immer wieder versucht, die Art und Weise, wie man in welcher Situation fragt und beobachtet, zu systematisieren und zu präzisieren. Wir werden uns in diesem Kapitel zunächst mit der Befragung und dann mit der Beobachtung beschäftigen. Zu jedem der zwei Gebiete sehen wir uns zuerst die wichtigsten Systematisierungs- und Präzisierungsversuche an. Wir werden uns dabei vor allem damit befassen, welche Methoden sich am besten für unterschiedliche Arten von Fragestellungen eignen. Dann behandeln wir jeweils ausführlich das Thema Fehlermöglichkeiten, ziehen schließlich ein kurzes Resümée und geben einige generelle Empfehlungen. Das Kapitel endet mit einer kurzen Diskussion der Generalisierbarkeit von Befragungs- und Beobachtungsergebnissen.

4.1   Befragung: Unterschiedliche Perspektiven

Die meisten Menschen haben schon die Erfahrung gemacht, dass es auch im Alltag nicht immer leicht ist, die richtigen Fragen zu stellen. Das kann unterschiedliche Gründe haben. So könnte der Fragende selbst nicht genau wissen, was er eigentlich möchte, was die Antwort schwierig macht: „Was will ich eigentlich hier?" Die Fragen könnten aber auch so formuliert sein, dass der Befragte sie nicht versteht, entweder weil er nicht über den entsprechenden fachlichen Kenntnisstand verfügt („Warum ist die Backprogagation-Lernregel psychologisch unplausibel?") oder weil die Frage Vokabular beinhaltet, das dem Befragten nicht geläufig ist („Können wir – mutatis mutandis – postulieren, dass diese zwei Prozesse sich gegenseitig kompensieren?"). Eine Frage kann auch so allgemein gestellt sein, dass es nahezu unmöglich ist, darauf eine kurze Antwort zu geben („Wie werde ich glücklich?").

Wenn man nun – wie in der wissenschaftlichen Psychologie – systematisch nach Erklärungen für menschliches Erleben und Verhalten sucht, dann ist es besonders wichtig, Verständnisschwierigkeiten zu minimieren und danach zu streben, mit möglichst wenig Aufwand möglichst viele brauchbare Informationen zu bekommen. Fragen kann man auf vielfache Weise stellen: Welche ist die beste? Wir versuchen, uns der Antwort auf diese Frage anzunähern, indem wir uns zunächst mit einigen Entscheidungen befassen, die man vor dem Stellen einer Frage treffen muss. Im Alltag fallen diese Entscheidungen meist ohne großes Nachdenken, in der Wissenschaft sollte man sie aber bewusst treffen: Soll ich direkt (mündlich) fragen, oder sollen die Befragten Fragebögen ausfüllen? Soll die Möglichkeit bestehen, frei zu antworten oder sollen schon Antwortmöglichkeiten vorgegeben werden? Ist es besser, jeweils nur eine Person zu befragen oder bietet sich eine Gruppenbefragung an? Wie sehr soll der Ablauf der Befragung vorher festgelegt sein? Jede dieser Entscheidungen, die oft voneinander abhängen, hat potenzielle Auswirkungen darauf, was man für einen bestimmten inhaltlichen Bereich durch Fragen erfahren kann und wie passend und präzise die Informationen sein werden, die man bekommt. In den folgenden fünf Abschnitten sehen wir uns Pro- und Contra-Argumente für die jeweiligen Entscheidungs-Alternativen genauer an. Danach wenden wir uns Problemen zu, die bei der Erstellung von Fragen auftreten, und anschließend solchen, die in der Befragungssituation selbst entstehen können. Zum Abschluss des Themas Befragung geben wir noch einige generelle Ratschläge.

4.1.1 Mündlich oder schriftlich?

Wenn man Personen befragen möchte, die nicht oder nur mit Mühe lesen und schreiben können, ist die Entscheidung leicht; aber in vielen anderen Fällen muss man eine Abwägung bezüglich der Vor- und Nachteile mündlicher und schriftlicher Befragung treffen.

Mündliche Befragung

Was sind die potenziellen Vorteile einer mündlichen Befragung? Zunächst einmal bekommt der Interviewer ein umfassenderes Bild der befragten Person. Nonverbale Signale wie Erröten, Wegsehen, Anzeichen für Interesse oder Desinteresse an der Fragestellung sind nur auf diesem Weg festzustellen. Der Interviewer kann auch – z.B. am Tonfall und/oder an der Mimik der Befragten – einschätzen, ob eine Antwort ironisch gemeint ist. Überdies lässt sich in vielen Fällen erkennen – etwa durch zögerliches Antworten –, ob eine Frage unangenehm für die Befragten ist. Das kann diagnostisch sehr wichtig sein. Es wird dem Interviewer außerdem ziemlich bald deutlich, ob die Befragten verstehen, was er von ihnen wissen möchte. Er kann dann darauf reagieren – etwa durch Nachfragen oder Erklären – und sicherstellen, dass die Befragten nicht irgendwelche falsch verstandenen Fragen beantworten. Auch wenn eine Frage nicht vollständig beantwortet wurde, besteht bei der mündlichen Befragung die Möglichkeit, so lange weiter zu fragen, bis man alle gewünschten Informationen erhalten hat. Vor allem zu Beginn einer neuen Forschungsrichtung kommt es nicht selten vor, dass der Forscher wichtige Aspekte einer in der Entstehung befindlichen Theorie bislang vernachlässigt hat. Auf diese Aspekte kann er im Verlauf eines frei gestalteten Interviews durch die Antworten der befragten Person aufmerksam gemacht werden. Dies und eine flexible Reaktion auf solche neuen Ideen und Erkenntnisse ist nur bei einer mündlichen Befragung möglich.

Den Vorteilen einer mündlichen Befragung stehen auch einige Nachteile gegenüber. Ein gravierender Nachteil sind Kosten und Zeitaufwand für beide beteiligten Parteien. Da immer nur eine Person gleichzeitig sprechen und vor allem verstanden werden kann, hilft hierbei auch die Befragung in einer Gruppe nicht viel weiter. Kosten und Zeitaufwand sind besonders hoch, wenn die Befragten zeitlich und örtlich schwierig zu erreichen sind. Für manche „sensiblen" Themen wie beispielsweise Sexualität und sozial eher nicht erwünschte Verhaltensweisen können mündliche Befragungen auch ungünstig sein, weil die Befragten möglicherweise um ihre Anonymität besorgt sind. Man kann allerdings nicht kategorisch sagen, dass sich sensible Themen nicht für mündliche Befragungen eignen. Gerade wenn man in die Tiefe gehen möchte, ist eine mündliche Befragung deutlich ergiebiger als eine schriftliche, allerdings nur, wenn ein Vertrauensverhältnis zwischen Interviewer und Befragten hergestellt werden kann. Interviewer-Effekte (siehe Abschnitt 4.2.2) können sich bei mündlichen Befragungen also sowohl positiv als auch negativ auswirken.

Schriftliche Befragung

Viele Aspekte, die sich bei der mündlichen Befragung nachteilig auswirken, entpuppen sich bei der schriftlichen Befragung als Vorteil. So sind schriftliche Befragungen sehr ökonomisch: Viele Personen können gleichzeitig befragt werden und man ist nicht an festgelegte Zeiten gebunden. Es gibt keinen Interviewereinfluss (selbst bei schriftlichen Befragungen, die in einer Gruppe durchgeführt werden, dürfte die Person, die die Fragebögen austeilt relativ wenig Auswirkungen auf das Ergebnis haben) und alle Beteiligten bekommen die gleichen Fragen gestellt, was ein hohes Maß an Standardisierung gewährleistet. Außerdem sind die Befragten – via normaler oder elektronischer Post – sehr viel leichter erreichbar, als wenn man sie persönlich kontaktieren muss. Ein großer Vorteil für viele Fragestellungen besteht in dem höheren Grad an Anonymität bei schriftlichen Befragungen. Der wahrgenommene Grad der Anonymität wird aber nicht allein dadurch erzielt, dass in einem beigelegten Anschreiben versichert wird, die Daten würden anonym behandelt. Entscheidend sind auch die wahrgenommene Seriosität der befragenden Institution und die Maßnahmen, die die Befragenden getroffen haben, um sicherzustellen, dass Anonymität gewährleistet ist. Das kann beispielsweise bedeuten, dass die Befragten ihren Namen nicht angeben müssen und Kuverts ohne Adressangaben zurückgesandt werden können (siehe auch Abschnitt 4.2.2).

Die geringe Kontrollierbarkeit der Erhebungssituation kann sich allerdings auch nachteilig auswirken. Typischerweise ist bei schriftlichen Befragungen die Rücklaufquote relativ gering – nicht selten unter 50%. Außerdem tendieren Befragte eher dazu, Fragebögen nicht oder nur unvollständig auszufüllen. Beides kann die Interpretation der Ergebnisse sehr erschweren. Aus den Antworten, vor allem wenn die Antwortmöglichkeiten vorgegeben wurden, kann man in der Regel auch nicht erkennen, in welchem Kontext der Fragebogen ausgefüllt wurde und wie lange die Bearbeitung gedauert hat. Es macht einen Unterschied, ob ein Fragebogen schnell während einer Werbepause im Fernsehen und nach Genuss von zwei Glas Bier bearbeitet wird, oder ob sich der Befragte Zeit nimmt und den Fragebogen konzentriert ausfüllt. Nachteilig kann sich auch die mangelnde Flexibilität auswirken. Wenn man vergessen oder versäumt hat, wichtige Aspekte der Fragestellung in den Fragebogen aufzunehmen, kann man bei der schriftlichen Befragung auf solche Defizite nicht mehr flexibel reagieren.

Benutzen neuer Technologien

Die traditionellen Formen der Befragung – „Face-to-face"-Interview und Bearbeiten eines Papier-Fragebogens – werden mittlerweile immer häufiger durch Telefoninterviews und elektronische Fragebögen im Internet ersetzt. Die meisten oben angeführten Vor- und Nachteile haben bei diesen technisch ausgefeilteren Versionen der mündlichen (Telefon) und schriftlichen (Internet) Befragung weiterhin Gültigkeit. Die Veränderung der Übertragungsmedien hat aber zusätzliche Auswirkungen auf die Befragungssituation.

Die Telefonbefragung ist deutlich ökonomischer als die herkömmliche mündliche Befragung. Der Interviewer kann seine Interviews von jedem beliebigen Ort und direkt hintereinander durchführen und auch die Befragten können den Ort der Befragung frei wählen. Im Vergleich zur schriftlichen Befragung gibt es hier immer noch zusätzliche Information über Stimme, Intonation, Sprachmelodie usw. Allerdings entfällt die Zusatzinformation, die man durch die Beobachtung der Befragten erhalten kann. Elektronische Fragebögen im Internet sind – wenn die entsprechende Technik gemeistert ist – deutlich ökonomischer als Papierfragebögen. Es entfällt das Versenden der Fragebögen und das spätere Aufbereiten der Daten. Meist müssen die Ergebnisse aus Papierfragebögen noch in ein Datenanalyseprogramm eingegeben werden, was bei elektronischen Fragebögen nicht notwendig ist, da die Daten sofort digital gespeichert werden können. Ein weiterer Vorteil von elektronischen Fragebögen scheint auch darin zu bestehen, dass die Befragten eher an die Gewährleistung einer anonymen Auswertung glauben und deswegen – besonders bei sensiblen Fragen – deutlich offener antworten (Joinson, 1999). Dieser Vorteil, bedingt durch die geringeren Kontrollmöglichkeiten durch die Fragesteller, ist aber auch wieder ein potenzieller Nachteil. Bei elektronischen Fragebögen ist es noch weniger nachvollziehbar und kontrollierbar als bei postalisch versandten Fragebögen, wer den Fragebogen ausgefüllt hat (für Hintergrundinformationen zu Internet-Befragungen siehe Birnbaum, 2001; Janetzko, Hildebrand & Mayer, 2002).

Das Internet stellt zusätzlich Möglichkeiten zur Befragung zur Verfügung, die die schriftliche Befragung interaktiv machen können. Die einfachste Möglichkeit, die allerdings noch mit großen Zeitverzögerungen einhergeht, ist das Schreiben von E-Mails. Es ist aber auch möglich, direkt über das Internet zu kommunizieren (Chatting). Ein Chat mit einem Versuchsteilnehmer liefert dem Forscher zusätzliche Informationen im Vergleich zu herkömmlichen schriftlichen Befragungen. Zum einen kann der Forscher flexibel auf die Äußerungen des Versuchsteilnehmers eingehen und beispielsweise zusätzliche Verständnisfragen stellen und zum anderen sind zumindest eingeschränkte Zusatzinformationen verfügbar. So könnten z.B. Variationen in der Zeit, die der Versuchsteilnehmer braucht, um auf eine Frage zu antworten, oder Variationen in der Güte der Rechtschreibung diagnostische Hinweise auf die aktuelle Einstellung des Versuchsteilnehmers liefern. Bislang liegen jedoch kaum Erfahrungswerte über Vor- und Nachteile dieser Art von Befragung vor.

4.1.2 Freie oder festgelegte Antwortmöglichkeiten?

Wenn ich etwas über die Geschwister einer Person wissen möchte, kann ich entweder sagen: „Erzählen Sie mir doch bitte etwas über Ihre Geschwister", oder ich sage: „Wie viele Geschwister haben Sie?", „Wie gern mögen Sie jedes Ihrer Geschwister – bitte geben Sie eine Antwort zwischen 0 (überhaupt nicht) und 10 (sehr gerne)" usw. Ersteres – freie Antworten – wird häufig als qualitative Befragung bezeichnet und Letzteres – festgelegte Antwortalternativen – als quantitative. Wann sollte welche Art von Befragung angewandt werden? In den folgenden zwei Abschnitten geben wir einige Hinweise.

Festgelegte Antwortmöglichkeiten

In der überwiegenden Mehrzahl der psychologischen Studien, in denen eine Befragung stattfindet, sind die Antwortalternativen festgelegt und die Befragten müssen sich für eine der vorgegebenen Antwortalternativen entscheiden. Festgelegte Antworten haben den unschätzbaren Vorteil, dass die entsprechenden Ergebnisse schnell und leicht auswertbar sind. Außerdem ist es für die Befragten oft einfacher und weniger aufwändig, eine Antwortalternative anzukreuzen als eine Frage frei zu beantworten. Ein weiterer Vorteil von festgelegten Antwortmöglichkeiten ist, dass alle Befragten auf identische Fragen antworten und die entsprechenden Antworten somit vergleichbar sind: Wenn wir unterschiedliche Antworten auf unterschiedlich gestellte Fragen bekommen, so ist das nicht weiter verwunderlich. Wenn wir jedoch unterschiedliche Antworten auf identisch gestellte Fragen bekommen, deutet das darauf hin, dass hier tatsächlich Unterschiede vorliegen. Nahezu alle gebräuchlichen psychometrischen Testverfahren zum Messen von verschiedenen Aspekten der Intelligenz oder der Persönlichkeit benutzen vorgegebene Antwortmöglichkeiten. Einige Beispiele für entsprechende Items finden sich in Kapitel 3.

Vor allem bei schriftlichen Befragungen, an denen viele Personen teilnehmen, liegt es nahe, die Antwortalternativen vorzugeben. Allerdings gibt es auch bei Fragebögen die Möglichkeit, einige Fragen offen beantworten oder die Antworten begründen zu lassen. Wenn man jedoch festgelegte Antwortmöglichkeiten benutzt, ist es wichtig, dass diese Antwortmöglichkeiten (und natürlich auch die Fragen) theoretisch fundiert sind. Vor allem für ad hoc zusammengestellte Fragebögen, bei denen nur geringe theoretische Vorarbeit geleistet wurde, können sich durch die Vorgabe bestimmter Antwortalternativen – meist Rating-Skalen – gravierende Probleme ergeben. Dies liegt oft daran, dass die Antwortvorgaben manchmal als Informationen benutzt werden und damit die Antwort selbst wieder beeinflussen können (siehe Abschnitt 4.2.1).

Freie Antwortmöglichkeiten

Freie Antwortmöglichkeiten werden weit häufiger bei mündlichen als bei schriftlichen Befragungen verwendet. Dies liegt sicher auch daran, dass der Interviewer sehr bald bemerkt, ob die Frage wirklich beantwortet wird und er gegebenenfalls korrigierend eingreifen kann. Freie Antworten eröffnen dem Forscher die Möglichkeit, wirkliche Neuigkeiten zu erfahren. Wenn die Antworten festgelegt sind, kann man ja nur etwas zu Sachverhalten erfahren, über die man schon Vermutungen hat (sonst hätte man keinen Fragebogen konstruieren können). Freie Antwortmöglichkeiten sind also vor allem am Beginn einer neuen Forschungsrichtung sehr nützlich. Sie eignen sich auch besser in Situationen, in denen man nicht weiß, ob alle Befragten die vorgegebenen Antwortalternativen in derselben Weise verstehen. Das kann der Fall sein bei der Befragung von sehr heterogenen Gruppen, z.B. einer repräsentativen Stichprobe *aller* Einwohner einer bestimmten Region, wenn man es also mit sehr unterschiedlichen sozialen Hintergründen und Bildungsgraden zu tun hat.

Ein Nachteil freier Antworten bei mündlichen Befragungen ist die meist mühselige Analyse der Gesprächsaufzeichnungen. Es wird deswegen in Forschungsprojekten zu neuen Themengebieten so sein, dass am Anfang häufiger freie Antworten gefordert werden – das kann auch ein Gespräch unter Kollegen sein (der unerfahrene befragt den erfahrenen) –, aber mit fortschreitendem Erkenntnisgewinn die Antwortmöglichkeiten immer mehr festgelegt werden. Die Analyse freier Antworten kann entweder in Zahlen münden (z.B. die Häufigkeiten, mit denen bestimmte Kategorien erwähnt wurden) oder in verbale Zusammenfassungen (siehe dazu Kapitel 25).

4.1.3 Einzel- oder Gruppenbefragung?

Bei einer schriftlichen Befragung mit vorgegebenen Antwortalternativen macht es in vielen Fällen keinen Unterschied, ob die entsprechenden Fragebögen einzeln oder in einer Gruppe ausgefüllt werden. Wenn man die Fragebögen selbst austeilt (und sie nicht per Post verschickt) bietet es sich aus zeitökonomischen Gründen an, die Befragung in einer Gruppe durchzuführen, insbesondere, wenn die Gruppe schon vorhanden ist, wie z.B. bei einer Konferenz oder einem Meeting. Die Gruppenbefragung hat den weiteren Vorteil, dass die äußeren Bedingungen für die Befragten vergleichbar sind. Manchmal gibt es jedoch klare Vorteile entweder für Einzel- oder Gruppenbefragung aus inhaltlichen und organisatorischen Gründen.

Einzelbefragung

Bei mündlichen Befragungen sind Einzeltermine oft unumgänglich. Nur sie ermöglichen ein hohes Maß an Flexibilität seitens des Befragenden. Eine weitere Indikation für eine Einzelbefragung kann die Thematik sein: Wenn es um sensible Bereiche wie Sexualität, Geld oder Delinquenz geht, sind die Befragten in einer Gruppensituation oft äußerst zurückhaltend. Allerdings hängt in solchen Fällen ein brauchbares Ergebnis im hohen Maß davon ab, ob es dem Interviewer gelingt, eine positive und vertrauensvolle persönliche Beziehung zu dem Befragten herzustellen.

Gruppenbefragung

Eine Befragung ganzer Gruppen bietet sich oft aus ökonomischen Gründen an. Manchmal gibt es aber auch gute inhaltliche Gründe, statt Einzelpersonen Gruppen zu befragen. Das ist der Fall, wenn es darum geht, Gruppenprozesse selbst zu untersuchen. Es kann aber auch sein, dass man mit einer Gruppenbefragung besondere Ziele verfolgt. Zwei Beispiele dafür sind *Brainstorming* und *Fokusgruppen*.

Beim Brainstorming geht es darum, kreative Lösungen für ein Problem zu finden. Die einzelnen Teilnehmer rufen einem Moderator Lösungsvorschläge zu, die ihnen spontan einfallen. Diese Lösungsvorschläge können auch ungewöhnlich sein und werden von den anderen Teilnehmern in keiner Weise bewertet. Dieses Nicht-Bewerten der Äußerungen und das Eingebunden-Sein in den Gruppenprozess soll die Wahrscheinlichkeit eigener kreativer freier Assoziationen erhöhen. Später werden die Vorschläge dann unter der Leitung des Moderators ausgewertet, wobei man Kriterien wie Einfachheit, Realisierbarkeit oder Schwierigkeitsgrad der Lösung benutzen kann. Ein potenzieller Nachteil des Brainstorming kann sein, dass einige „schnelle" Gruppenmitglieder das Geschehen dominieren und „langsamere" Teilnehmer demotivieren. Eine Abhilfe bietet hier die *Nominal Group Technique*, bei der zunächst alle Gruppenmitglieder ihre Einfälle selbst notieren und die Sammlung aller Einfälle erst nach einer gewissen Zeit erfolgt.

Fokusgruppen beschäftigen sich mit einer vorher festgelegten Fragestellung (legen den Fokus auf diese Fragestellung). Sie sind vor allem dann angezeigt, wenn Forscher keinen umfassenden Einblick in die Lebenswelt der Erforschten haben. Wenn Forscher und Beforschte sich in ihren Vorstellungen, Idealen, kulturellen Hintergründen oder in ihrem Sprachgebrauch stark unterscheiden, kann das dazu führen, dass es dem Forscher nicht gelingt, die passenden Fragen zu stellen, um das zu erfahren, was er wirklich herausfinden möchte. Das Ideal einer Fokusgruppe ist demnach, dass der Forscher gar keine Frage stellt und die Gruppe – unbeeinträchtigt von den Vorstellungen des Forschers – die gesamte Arbeit leistet (Wilkinson, 2003). Dieses Ideal kann allerdings nur verwirklicht werden, wenn die Gruppe für den vom Untersucher intendierten (und vorbereiteten) Fokus interessiert werden kann (für einen Überblick zum Einsatz von Fokusgruppen siehe Wilkinson, 1998). Erstaunlicherweise geben die Teilnehmer von Fokusgruppen häufig auch relativ intime Informationen preis. Dies liegt wohl daran, dass die gegenseitige Preisgabe von persönlicher Information eine vertrauensvolle und offene Atmosphäre schafft, die in einer Einzelinterview-Situation vor allem dann nicht zu erreichen ist, wenn Interviewer und Interviewte nicht „dieselbe Sprache sprechen".

4.1.4   Wie sehr standardisieren?

Mit dem Ausmaß der Standardisierung ist hier gemeint, inwieweit vor der Befragung die Regeln für die Befragung festgelegt werden. Keine Standardisierung würde bedeuten, dass der Forscher weder weiß, wen, noch was er in welcher Reihenfolge fragen wird. Extreme Standardisierung würde bedeuten, dass jeder Befragte identische Fragen in einem identischen Kontext bekommt. Ohne ein Mindestmaß an Standardisierung sollte in der Psychologie keine Befragung durchgeführt werden und generell gilt, dass die Befragung so weit standardisiert werden soll, wie es für die Untersuchung einer Forschungsfrage sinnvollerweise möglich ist. Die Vorteile eines hohen Ausmaßes an Standardisierung liegen auf der Hand: Die Aussagen der Befragten sind vergleichbar und die Ergebnisse sind leicht auswertbar. Allerdings kann ein hohes Ausmaß an Standardisierung ohne entsprechende theoretische Vorarbeit auch dazu führen, dass dem Forscher interessante und wichtige Informationen vorenthalten bleiben, weil sie im (unzureichend) geplanten Interview nicht erfragt werden.

Das untere Ende des Kontinuums der Standardisierung nehmen Interviews ein, in denen der Forscher sich vom Interviewten die Lebensgeschichte oder Episoden aus dem Leben erzählen lässt. Diese Vorgehensweise – manchmal *narratives* oder *episodisches Interview* genannt – findet man in der Psychologie relativ selten. Aber auch hier ist ein Minimalmaß an Struktur notwendig. Der Interviewer muss sich überlegen, wie er seinen Gesprächspartner dazu bringt, die ihn interessierenden Einzelheiten aus seinem Leben zu erzählen, was er macht, wenn der Interviewte abschweift und wann er das Interview beschließt. Wenn der Interviewer beispielsweise eine vergleichende Studie zur Wahrnehmung und Bewertung technischen Wandels im Alltag durchführen möchte, könnte er das episodische Interview immer mit folgendem Satz beginnen (Flick, 2004, 161):

> *Wenn Sie sich einmal zurückerinnern, was war Ihre erste Begegnung mit dem Fernsehen? Könnten Sie mir die entsprechende Situation erzählen?*

Ähnlich wenig standardisiert wie episodische Interviews sind die meisten Gruppendiskussionen. Aber auch bei Gruppendiskussionen gibt es ein geplantes Thema und der Forscher muss sich vor der Diskussion Gedanken machen, wie er das Thema einführt und unter welchen Umständen er wie eingreifen oder die Diskussion beenden wird. Oft ist es sinnvoll, auch in Gruppendiskussionen die Struktur von vornherein festzulegen. Dies geschieht mit Hilfe eines Leitfadens.

Leitfaden-Interviews

Der Begriff *Leitfaden-Interview* umfasst mehrere Arten von Interviews, deren Namen sich nicht selten aus spezifischen Fragestellungen einzelner Forschergruppen entwickelt haben und die sich häufig nicht klar voneinander trennen lassen: Fokussiertes Interview, halbstandardisiertes Interview, problemzentriertes Interview, Experten-Interview oder ethnografisches Interview sind einige Beispiele dafür (siehe Flick, 2004). Einen Leitfaden für ein Interview zu erstellen bedeutet, sich detailliert darüber Gedanken zu machen, was man wissen möchte und auf welche Fragen oder Fragenkomplexe man Antworten bekommen möchte. Außerdem wird in einem Leitfaden oft auch der äußere Ablauf eines Interviews festgelegt: Begrüßung, Einführung des Themas, Einsatz technischer Hilfsmittel, zeitliche Vorgaben, Abschluss des Interviews usw. Ausgearbeitete Leitfäden können während des Interviews als Gedächtnisstütze benutzt werden. Die Fragen, die in einem Leitfadeninterview formuliert werden (für ein Beispiel siehe Kasten „Auszug aus einem Leitfadeninterview") müssen nicht wortgetreu und auch nicht unbedingt in der aufgeführten Reihenfolge abgefragt werden. Manchmal werden einzelne Fragen von den Befragten auch spontan aufgegriffen. Wenn das nicht geschieht, kommt der Interviewer gegen Ende des jeweiligen Interviewabschnittes auf sie zurück. Leitfadeninterviews werden traditionellerweise mündlich (Face-to-Face oder telefonisch) durchgeführt, aber es spricht nichts dagegen, die Hilfe der neuen Technologien dafür in Anspruch zu nehmen.

**H
I
N
T
E
R
G
R
U
N
D**

Auszug aus einem Leitfadeninterview Der folgende Ausschnitt aus einem Leit-fadeninterview (ein fokussiertes Interview zur Untersuchung des Konzeptes „Erwachsen-sein" in verschiedenen Kulturen) ist aus Flick (2004, 123) übernommen.

1 *Allgemeine Fragen über das Erwachsensein*

a. Wie sollte sich ein Erwachsener verhalten? Welche Fähigkeiten sollte er oder sie haben? Was ist Ihre Vorstellung von einem Erwachsenen?

b. Wie würden Sie reale Erwachsene definieren? Wie unterscheiden sich reale Erwach-senen von idealen Erwachsenen?

c. Lassen sich die Unterschiede zwischen dem idealen und realen Erwachsenen (wie ein Erwachsener sich verhalten sollte und wie sich ein Erwachsener tatsächlich ver-hält) eingrenzen? Wie (falls die Antwort „nein" ist: Wieso nicht?)?

d. Viele Menschen sehen Verantwortung als ein wichtiges Kriterium für Erwachse-nensein. Was bedeutet „Verantwortung" für Sie? (…)

…

2 *Weitergehende Erklärungen zu den drei Hauptrollen eines Erwachsenen*

a. Vorstellungen hinsichtlich der eigenen beruflichen Rolle

Fragen:

Was brauchen sie, um einen Job zu finden?

Sind Arbeit und ein Job wirklich notwendig? Sind sie Teil des Erwachsenseins oder nicht?

b. Vorstellungen über die eigene zukünftige Familie

Fragen:

Sollte ein Erwachsener eine eigene Familie haben?

Wie sollt er sich in seiner Familie verhalten? Wie weit sollte er da involviert sein?

c. Politische Rolle (…)

…

Standardisierte Interviews, Fragebögen und Tests

Bei einem standardisierten Interview sind alle Fragen und auch deren Abfolge vorge-geben. Die mündliche Form macht hier allerdings nur Sinn, wenn die Befragten nicht gut lesen können, wenn ein Forscher zusätzlich zur Befragung auch am nonverbalen Verhalten der Befragten interessiert ist oder wenn das standardisierte Interview nur ein Teil einer Studie ist, also beispielsweise von einer freien Befragung ergänzt wird. Ansonsten wird man aus ökonomischen Gründen in der Regel die schriftliche Form der Befragung bevorzugen.

Bei einem Großteil der in der Psychologie durchgeführten Studien werden standardi-sierte Verfahren verwendet: Fragebögen und Tests. Die wichtigsten Schritte bei der Konstruktion solcher Verfahren nach der Klassischen Testtheorie (siehe Kapitel 3) sind im folgenden Kasten aufgeführt. Der dort beschriebene Prozess ist sehr aufwändig, aber auch notwendig, um zu gewährleisten, dass die Ergebnisse standardisierter Fragebögen und Tests sinnvoll interpretiert werden können. Bei standardisierten Verfahren muss die gesamte Theoriearbeit vorher geleistet werden, bei Leitfadeninterviews fängt die Theoriearbeit nach der Datenerhebung oft erst richtig an. Auch die aus beiden Verfahren resultierenden Daten können nicht in derselben Art und Weise verwendet werden. Die Ergebnisse standardisierter Tests – fast immer Zahlen – können direkt mit Hilfe statistischer Verfahren weiter verarbeitet werden, während man die Ergebnisse aus nicht-standardisierten Verfahren entweder erst in Zahlen transformieren oder mit Hilfe oft sehr aufwändiger Verfahren verbal interpretieren muss (siehe dazu Kapitel 25).

HINTERGRUND

Die wichtigsten Schritte beim Erstellen von standardisierten Fragebögen und Tests Die einzelnen Schritte werden kurz erläutert. Für weitergehende Informationen zur Konstruktion von Fragebögen und Tests siehe Bühner (2006) oder Lienert und Raatz (1998).

1 *Theoretische Vorarbeit*

Vor der Konstruktion eines standardisierten Befragungsverfahrens muss eine brauchbare Theorie vorhanden sein. Aus dieser Theorie sollte sich ableiten lassen, nach was man fragen muss.

2 *Entscheidung über die Form des Fragebogens*

Sollte man eher Fragen („Glauben Sie, dass Popper recht hat?") oder Aussagen („Ich glaube, dass Popper recht hat") verwenden? Welche Antwortmöglichkeiten gibt man vor? Wie lang sollte der Fragebogen ungefähr sein?

3 *Auswahl der Items (mit anschließender Revision)*

Die Auswahl der potenziellen Items (Testaufgaben/Fragen) sollte von der theoretischen Vorarbeit bestimmt werden. Wenn man beispielsweise eine Theorie entwickelt hat, die vier Formen von Ängstlichkeit postuliert, dann wird man versuchen, Fragen zu erstellen, die inhaltlich diese vier latenten Variablen (siehe Kapitel 2) erfassen. Dabei benutzt man Expertenbefragungen, Vorstudien und oft auch schon existierende Fragebögen. Häufig wird in diesem Schritt das Verfahren der *Faktorenanalyse* angewandt, das untersucht, ob die Items zu einer latenten Variable tatsächlich ähnliche Inhalte erfassen (siehe Bühner, 2006). Das Ergebnis einer Faktorenanalyse erlaubt es, nicht passende Items auszusondern.

4 *Itemanalyse (Schwierigkeits- und Trennschärfenanalyse, mit anschließender Revision der Itemauswahl)*

Die verbleibenden Items werden im Hinblick auf ihre *Schwierigkeit* und ihre *Trennschärfe* analysiert. Unter der Schwierigkeit eines Items versteht man die Wahrscheinlichkeit, mit der es richtig gelöst wird oder mit der eine bestimmte Antwort (z.B. „ja") gegeben wird. Ergebnisse aus Fragebögen und Tests sollen häufig dazu benutzt werden, die relative Position von Personen hinsichtlich einer latenten Variable (z.B. „Ängstlichkeit") anzugeben. Da man oft davon ausgehen kann, dass die meisten Befragten mittlere Werte haben, wird man in der Regel viele Items mit mittlerer Schwierigkeit verwenden, um Unterschiede zwischen ihnen zu entdecken. Items mit hoher Schwierigkeit werden hingegen nur von wenigen Befragten richtig gelöst. Deswegen kann man mit solchen Items nur sinnvolle Aussagen für Extremgruppen machen; das gleiche gilt – vice versa – für Items mit geringer Schwierigkeit. ▶

▶Fortsetzung

In den meisten Fällen ist es aber sinnvoll, auch einige sehr schwierige und leichte Items zu verwenden und manchmal – etwa in Tests für Hochbegabte – wird man fast ausschließlich sehr schwierige Items verwenden. Unter der Trennschärfe eines Items versteht man das Ausmaß, in dem dieses Item dasselbe misst wie die gesamte Test-skala, inwieweit also ein Item typisch für diese Skala ist. Warum ist das wichtig? Wenn beispielsweise ein Item im Ängstlichkeitsfragebogen eine mittlere Schwierigkeit hat (die Hälfte der Befragten antwortet mit „Ja", die andere Hälfte mit „Nein"), dann sollten im Idealfall alle überdurchschnittlich Ängstlichen mit „Ja" antworten und alle unterdurchschnittlich Ängstlichen mit „Nein". Dies wäre ein Beispiel für eine optimale Trennschärfe. Eine negative Trennschärfe würde bedeuten, dass mehr unterdurch-schnittlich Ängstliche mit „Ja" antworten als solche, die überdurchschnittlich ängst-lich sind. Entsprechende Items müssen entfernt werden. Bei sehr schweren oder leich-ten Items sinkt die Wahrscheinlichkeit für eine hohe Trennschärfe. Ziel der Itemanalyse ist es unter anderem, einen brauchbaren Kompromiss zwischen Schwierigkeit und Trennschärfe der verwendeten Items zu finden. Wie genau dieser Kompromiss aus-sieht, hängt auch von der Intention des Tests ab. Beispielweise wird man bei einem Test zum Aufspüren von Hochbegabten trotz der Einbussen in der Trennschärfe mehr Items mit einer geringen Lösungsquote (hohe Schwierigkeit) benutzen als bei einem Intelligenztest für die Gesamtbevölkerung. Die Itemanalyse führt in der Regel zu einer weiteren Verringerung der Itemzahl.

5 *Reliabilitätsbestimmung*

Siehe Kapitel 3.

6 *Validitätsbestimmung*

Siehe Kapitel 3.

7 *Normierung*

Die Normierung oder Eichung dient dazu, repräsentative Vergleichsstandards für die Testergebnisse herzustellen. Die meisten an Menschen erhobenen Maße sind nur rela-tiv zu interpretieren. So ist eine Körpergröße von 178 cm typisch für Männer, aber nicht für Frauen. Um die relative Körpergröße von Männern und Frauen (z.B. größer oder kleiner als der Durchschnitt) zu bestimmen, muss man also unterschiedliche Normierungen vornehmen. In ähnlicher Weise werden auch für psychologische Frage-bögen und Tests im Rahmen der Normierung Zuordnungen von Rohwerten (z.B. Punktzahl in einem Ängstlichkeits-Fragebogen) zu sinnvollen Vergleichswerten (z.B. über den Durchschnitt aller Frauen einer Altersgruppe) erstellt. Die Normierung bein-haltet also die Umwandlung der Rohwerte in Testwerte für unterschiedliche Personen-gruppen. Die Umwandlung der Rohwerte in Testwerte erfolgt häufig so, dass für die Testwerte eine Normalverteilung mit festgelegten Mittelwert und festgelegter Streu-ung konstruiert wird (zur Streuung siehe Kapitel 6 und zur Normalverteilung Kapitel 10). So haben die meisten IQ-Tests einen Mittelwert von 100 IQ-Punkten (Testwerte) und eine Streuung von 15 IQ-Punkten.

4.2 Befragung: Fehlermöglichkeiten und Gegenmaßnahmen

Fragen zu stellen macht offensichtlich nur dann Sinn, wenn die Befragten im Prinzip eine Antwort auf die Frage geben können. Wenn das nicht der Fall ist, kann man im besten Fall ein „ich weiß nicht" erwarten und ansonsten eine nicht sinnvoll interpretierbare Antwort. Eine weitere Quelle für Fehler bei Befragungen sind Missverständnisse: Befragte können die Fragen falsch verstehen und die Befragenden die Antworten. Befragte können aber auch absichtlich nicht wahrheitsgemäß antworten, etwa weil eine aufrichtige Antwort sie in ein vermeintlich negatives Licht setzt. Wir werden uns mit beiden Fehlermöglichkeiten auseinandersetzen und diskutieren, wie sie durch eine geeignete Gestaltung der entsprechenden Items verringert werden können. Danach befassen wir uns damit, was bei der Durchführung der Befragung selbst alles schief gehen kann und welche Gegenmaßnahmen man hier ergreifen kann. Dabei werden wir uns auf vorformulierte Fragen und Aussagen konzentrieren. (Probleme bei der Interpretation von frei formulierten Befragungen behandeln wir in Kapitel 25.)

4.2.1 Potenzielle Probleme bei der Gestaltung und Anordnung von Items

Angesichts der Ambiguität der Alltagssprache ist es bei wissenschaftlichen Befragungen notwendig, Fragen und Aussagen sehr sorgfältig zu formulieren. Einige Hinweise dazu werden wir weiter unten geben. Zunächst befassen wir uns jedoch mit der Auswirkung subtilerer Eigenheiten von Items.

Soziale Erwünschtheit

Die meisten Menschen möchten in den Augen anderer gut dastehen. Dieses Bestreben, sozial erwünschten Vorstellungen zu entsprechen, kann zu einer systematischen Verzerrung von Antworten in Fragebögen führen. Entsprechende Antworttendenzen kann man natürlich in Fragebögen erwarten, deren Ergebnisse direkte praktische Konsequenzen haben (z.B. in Bewerbungssituationen), aber auch, wenn selbstwertrelevante Informationen abgefragt werden. Mummendey (1999, 171ff.) macht einige Vorschläge dazu, wie man die Tendenz, sozial erwünscht zu antworten, kontrollieren kann:

- Kontrolle durch Itemkonstruktion und -selektion

  Wenn man mehrere vergleichbare Items zur Verfügung hat, dann sollte man das Item mit der geringeren sozialen Erwünschtheit benutzen, also beispielsweise

  1. *Ich schließe nicht leicht Bekanntschaften* anstatt
  2. *Ich halte mich für einen wenig kontaktfreudigen Menschen*

- Kontrolle durch Antwortmodus

  Wenn man mit Hilfe eines Fragebogens Präferenzen für Persönlichkeitsdimensionen herausfinden möchte, dann kann man die Befragten vor die Entscheidung für jeweils eines von zwei oder mehreren Items mit vergleichbarer sozialer Erwünschtheit stellen, also beispielsweise bei der Ermittlung der Präferenzen für „hilfreiches Verhalten" und „Leistungsbereitschaft":

1. *Ich helfe gern Freunden, wenn sie in Schwierigkeiten sind* und

2. *Bei allem was ich tue, gebe ich gerne mein Bestes*

- Kontrolle durch Tempo-Instruktion

   Wenn Befragte wenig Zeit haben, sich Gedanken über sozial erwünschte Antworten zu machen, dann sollte die soziale Erwünschtheit weniger Auswirkung auf die Antworten haben.

- Kontrolle durch garantierte Anonymität

   Wenn die Befragten davon überzeugt sind, dass niemand nachvollziehen kann, welche Antworten sie gegeben haben, dann kann man erwarten, dass die Tendenz zu sozial erwünschten Antworten deutlich kleiner ist. Belege dafür gibt es beispielsweise aus dem Vergleich von Internetbefragungen (Teilnehmer gehen hier eher davon aus, dass Anonymität gewährleistet ist) und herkömmlichen Fragebogenstudien (Krantz & Dalal, 2000).[1]

Wenn es nicht möglich ist, soziale Erwünschtheit durch die Gestaltung des Fragebogens zu kontrollieren, dann kann man zumindest versuchen, im Nachhinein das Ausmaß einer entsprechenden Verfälschung festzustellen. Hierzu existieren Kontrollskalen, mit deren Hilfe man einschätzen kann, wie stark die Tendenz einer Person ist, sozial erwünscht zu antworten (siehe Mummendey, 1999). Man könnte somit die Werte für Personen mit hoher und niedriger sozialer Tendenz getrennt auswerten und den Effekt auf diese Weise schätzen.

„Zusatzinformationen" in der Frage

Wie kann eine Frage Informationen liefern, die sich dann möglicherweise auf die Antwort auswirken? Ein Beispiel dafür haben wir in Kapitel 2 (Kasten „Versuchsteilnehmer als Forscher") gesehen: Schon Informationen im Briefkopf eines Fragebogens (Institut für Persönlichkeitsforschung vs. Institut für Sozialforschung) können zu systematischen Antworttendenzen führen (eher die Person selbst oder die Umwelt als Ursache für Verhalten zu sehen). Einen Überblick, wie Zusatzinformationen in Fragen die Befragungsergebnisse beeinflussen können, gibt Schwarz (1999). Hier sind einige weitere Beispiele:

Befragt, was das wichtigste sei, um Kinder auf das Leben vorzubereiten, gaben 4,6% der Befragten eine Antwort, die als „sie zum selbstständigen Denken erziehen" klassifiziert werden konnte. Wenn diese Antwort allerdings eine von mehreren vorgegebenen Antworten war, dann stieg der Anteil der Befragten, die diese Antwort wählten, auf 61,5% (Schuman & Presser, 1981). Die Zusatzinformation liegt hier darin, ob eine Antwort vorgegeben ist oder nicht. Bei einer „offenen" Frage ist der „Suchraum" für die Antwort fast immer größer, als wenn Vorgaben vorliegen. Durch die Variation der Art und Anzahl der Vorgaben kann man die Wahrscheinlichkeit, dass einzelne Alternativen gewählt werden, erhöhen und senken. Bei steigender Anzahl von Antwortvorgaben sinkt die Wahrscheinlichkeit dafür, dass eine spezifische Vorgabe ausgewählt wird, und wenn man bei gleicher Anzahl von Antwortvorgaben eine sehr relevante nur mit

---

1 Eine Methode zur Gewährleistung von Anonymität mit Hilfe statistischer Verfahren – die *Randomized Response* Technik – wird in Kapitel 23 vorgestellt.

eher irrelevanten vergleicht, steigen die Chancen für Erstere. Eine mögliche Abhilfe für dieses Problem wäre eine vorherige inhaltliche Analyse des entsprechenden Gegenstandsbereichs (z.B. Wie kann man Kinder auf ihr späteres Leben vorbereiten?) mit dem Ziel, alle relevanten Antwortalternativen zu finden.

Wichtig für die Interpretation der Frage ist manchmal auch der Zeitraum, der in der Frage angesprochen wird. Wenn man gefragt wird „Wie oft haben Sie sich letzte Woche geärgert", dann wird man versuchen, sich an Situationen zu erinnern, in denen man ärgerlich war. Die Art der Situationen, die sich Befragte aussuchen, scheint jedoch sehr vom Zeitraum abhängig zu sein. Bei relativ kurzen Zeiträumen, wie der oben erwähnten Woche, werden schon kleinere Ereignisse (Ärgernisse) mit einbezogen, während bei längeren Zeiträumen – „Wie oft haben Sie sich letztes Jahr geärgert?" – nur wirklich auffallende Ereignisse aus dem Gedächtnis geholt werden. Wenn man die Befragten nun auf einer Skala einschätzen lässt, wie häufig sie sich geärgert haben – z.B. auf einer Skala von 1 = *fast nie* bis 9 = *sehr häufig* –, kann sich der auf den ersten Blick paradoxe Zustand ergeben, dass die Antwort auf die zweite Frage (Ärgernisse pro Jahr) kleiner ausfällt als die auf die erste (Winkielman, Knäuper & Schwarz, 1998). Hier hilft nur, die Fragen präziser zu formulieren (welche Art von Ärgernissen ist gemeint?).

Noch subtiler ist ein Effekt, der bei Vergleichsurteilen durch das Verändern der Vergleichsrichtung erzeugt werden kann. Es kann also durchaus einen Unterschied machen, ob Objekt A mit Objekt B verglichen wird oder ob dieser Vergleich umgekehrt erfolgt (siehe Kasten „Was wird mit was verglichen?"). Bei der Befragung einzelner Personen lässt sich der Einfluss der Zusatzinformation „Vergleichsrichtung" schwer kontrollieren. Meist ist man in entsprechenden Studien aber an durchschnittlichen Ergebnissen interessiert. Solche Durchschnittsergebnisse sind besser interpretierbar, wenn man die Vergleichsrichtung gleichmäßig über die Befragten hinweg abwechselt.

HINTERGRUND

Was wird mit was verglichen? Hier ist ein Beispiel für die Auswirkung der Vergleichsrichtung auf Urteile, in denen zwei Objekte, Personen, Situationen u.ä. miteinander verglichen werden sollen (Wänke, 1996):

Version 1: Verglichen mit dem Verkehr, trägt Ihrer Meinung nach die Industrie eher mehr oder eher weniger zur Luftverschmutzung bei?

Version 2: Verglichen mit der Industrie, trägt Ihrer Meinung nach der Verkehr eher mehr oder eher weniger zur Luftverschmutzung bei?

In den beiden Versionen wechseln „Verkehr" und „Industrie" ihre Rollen. In Version 1 ist der Verkehr die Ausgangsbasis für den Vergleich und in Version 2 die Industrie. Ein durchgehendes Ergebnis in den entsprechenden Studien ist, dass die Ausgangsbasis mehr Gewicht bekommt: Wenn Probanden Version 1 beantworten, schätzen sie den Beitrag des Verkehrs zur Luftverschmutzung als deutlich höher ein, als wenn sie Version 2 beantworten. Diesen Effekt findet man unabhängig davon, ob als Antwort eine Entscheidung zwischen zwei Alternativen (z.B. Verkehr und Industrie) gefordert wird oder ob die Befragten den relativen Beitrag einer Alternative auf einer Rating-Skala ankreuzen können. Der Effekt ist in der Regel nicht besonders groß, aber gerade bei Vergleichen zwischen Alternativen, die sich wenig unterscheiden, können durch die Wahl der Vergleichsrichtung die Ergebnisse „umgedreht" werden.

Gestaltung der Antwortvorgaben

Wir haben im vorigen Abschnitt gesehen, dass die Anzahl der Antwortvorgaben einen Einfluss auf die Ergebnisse haben kann. Aber auch die Art und Weise, wie die Antwortvorgaben gestaltet sind, kann Ergebnisse systematisch in eine Richtung treiben (siehe Schwarz, 1999 für eine Übersicht). Dies kann schon dadurch erfolgen, dass man – bei identischen Bezeichnungen an den Enden der Skalen – die Skalenwerte einer Rating-Skala einmal nur positiv sein lässt (z.B. 0 bis 10) und das andere Mal positiv und negativ (z.B. −5 bis +5). Beide Male gibt es 11 aufsteigende Zahlen, aus denen gewählt werden kann, und die zwei Rating-Skalen sind somit im Prinzip austauschbar. Im Kasten „Die Skala als Information" wird jedoch gezeigt, wie groß der Unterschied zwischen einem Ergebnis mit einer „unipolaren" (nur positive Zahlen) und einer „bipolaren" (positive und negative Zahlen) Skalengestaltung sein kann. Oft sind in Fragebögen nicht nur die Endpunkte einer Skala, sondern alle Antwortalternativen beschriftet. Auch hier kann die Auswahl der Einheiten einen großen Einfluss auf die Ergebnisse haben. Auch hierfür ist im folgenden Kasten ein Beispiel angeführt.

HINTERGRUND

Die Skala als Information Die folgenden zwei Beispiele dafür, wie durch kleine Veränderungen der Skalengestaltung deutliche Unterschiede in den Ergebnissen erzielt werden können, stammen aus Sedlmeier (2006b). Teilnehmer in einer Methodenveranstaltung für Studierende mit Psychologie als Nebenfach sollten diese Frage beantworten:

> Für wie relevant halten Sie diese Veranstaltung (Forschungsmethoden der Psychologie) im Hinblick auf Ihr Hauptfach?

Eine von zwei Gruppen sollte diese Frage beantworten, indem sie eine Zahl zwischen 0 (= irrelevant) und 100 (= sehr relevant) wählte. Die andere Gruppe unterschied sich von der ersten nur dadurch, dass als untere Grenze nun −50 (= irrelevant) und als obere Grenze +50 (= sehr relevant) benutzt werden sollte. ▶Abbildung 4.1 zeigt die Ergebnisse in Form von *Box-Plots*,[2] die in der zweiten Gruppe durch Addition von 50 vergleichbar gemacht wurden. Es wird deutlich, dass die Kursteilnehmer die Relevanz der Veranstaltung im Mittel als deutlich höher einschätzten, wenn sie die „bipolare" Skala dazu benutzten. Eine mögliche Erklärung hierfür ist, dass die meisten Kursteilnehmer davon ausgingen, dass der Kurs im Prinzip relevant war und deswegen bei der bipolaren Skala dazu tendierten, nur den positiven Bereich zu benutzen. ▶

---

2 Wir werden uns mit dieser Form von Abbildung in Kapitel 6 noch genauer befassen. Hier genügt es, zu wissen, dass der Strich in der Mitte der „Box" der Wert ist, den man erhält, wenn man die Einschätzungen aller Personen in eine Rangreihe bringt und dann den mittleren Wert (oder den Durchschnitt der beiden mittleren Werte) bestimmt (der mittlere Wert für die rechte Box in Abbildung 4.1 ist also beispielsweise 60). Innerhalb einer Box befinden sich 50% aller Werte.

▶**Fortsetzung**

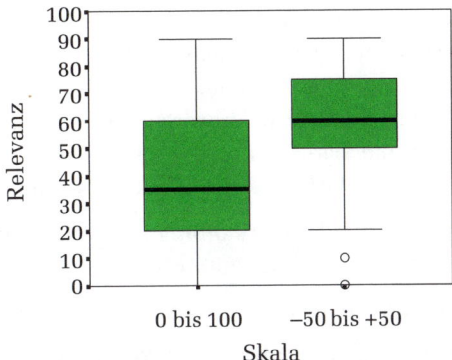

Abbildung 4.1: Auswirkung des Gebrauchs von positiven (0 bis 100) vs. positiven und negativen Zahlen (−50 bis +50) zur Kennzeichnung von identisch bezeichneten Endpunkten einer Skala („irrelevant" und „sehr relevant") auf Relevanzurteile. Zu den Werten der zweiten Gruppe (Skala von −50 bis +50) wurde jeweils 50 addiert (modifiziert nach Sedlmeier, 2006b).

Ein zweites Beispiel für den Einfluss der Skalengestaltung sieht man in ▶Abbildung 4.2. In dieser Studie wurde den Teilnehmern zu Beginn einer weiteren Methodenveranstaltung folgende Frage gestellt (Sedlmeier, 2006b):

> Was schätzen Sie, wie viel Zeit werden Sie durchschnittlich zur Vor- und Nachbereitung für eine Sitzung in dieser Veranstaltung (Forschungsmethoden) verwenden?

Eine von zwei Gruppen erhielt zur Beantwortung dieser Frage eine „kleine" Skala mit kürzeren Zeitintervallen (oben in Abbildung 4.2) und eine andere Gruppe erhielt eine „große" Skala mit relativ langen Zeitintervallen (unten in Abbildung 4.2). Wenn man jeweils nur die Antworten betrachtet, in denen die Teilnehmer schätzten, dass sie mehr als eine Stunde zur Vor- und Nachbereitung verwenden würden, dann ergibt sich ein deutlicher Unterschied: Dieser Anteil war bei den Befragten mit der „großen" Skala fast vier Mal so hoch. Eine plausible Erklärung für dieses Ergebnis ist, dass wir davon ausgehen, dass die mittleren Werte in einer Skala den Normalbereich wiedergeben. Wenn wir uns also für „normal" halten und uns noch keine gefestigte Meinung über einen Gegenstandsbereich gebildet haben, dann tendieren wir dazu, Werte in der Mitte der Skala anzukreuzen.

„kleine Skala"

< 5 Min.	5 - 15 Min.	16 - 30 Min.	30 Min. – 1 h	> 1 h

8,1% mehr als 1 Stunde

„große Skala"

< 30 Min.	30 Min. – 1 h	1 – 1,5 h	1,5 – 2 h	> 2 h

30,5% mehr als 1 Stunde

Abbildung 4.2: Die Auswirkung der „Breite" von Intervallen auf die gewählte Antwort (nach Sedlmeier, 2006b).

Die Beispiele im Kasten „Die Skala als Information" befassen sich mit Messung auf Intervallskalenniveau (Relevanzeinschätzung) und Ordinalskalenniveau (Zeitabschnitte). Aber selbst wenn die Antworten nicht in eine Rangreihe gebracht werden können, wenn es sich also um Messung auf dem Nominalskalenniveau handelt, macht die Art und Weise, wie Alternativen angeboten werden, einen Unterschied: Die Antworten in der Mitte einer Liste von Multiple Choice Antworten werden durchwegs häufiger gewählt als die am Rand (Attali and Bar-Hillel, 2003). Ein Beispiel (Sedlmeier, 2006b): Zwei Gruppen von Studierenden sollten folgende Frage beantworten.

Wenn Sie die Güte einer Lehrveranstaltung einschätzen würden: Welches der folgenden 4 Kriterien wäre für Sie am wichtigsten (bitte eines ankreuzen)?

Die zwei Gruppen unterschieden sich nur in der Anordnung der Antwortvorgaben:

Gruppe A: Prüfungsbezug *Praxisbezug* Schwierigkeit Strukturiertheit

Gruppe B: Praxisbezug Prüfungsbezug Strukturiertheit Schwierigkeit

Wenn beispielsweise die Alternative Praxisbezug in der Mitte stand (Gruppe A), dann wurde sie deutlich öfter als wichtigstes Kriterium genannt, als wenn sie am Rand stand (Gruppe B).

Wie kann man der Auswirkung der Skalengestaltung entgegenwirken? Wenn es darum geht, Ergebnisse über verschiedene Studien hinweg vergleichbar zu machen, dann sollte die Skala auf alle Fälle immer auf die gleiche Weise gestaltet werden. Wenn es um Urteile über Dimensionen geht, die schon in natürlichen Maßeinheiten vorliegen, dann sollte man direkt danach fragen – vor allem Schätzungen von Häufigkeiten und besonders von relativen Häufigkeiten sind meist ziemlich genau (Sedlmeier & Betsch, 2002). Eine weitere Möglichkeit, die Auswirkung der Skalengestaltung vor allem bei größeren Stichproben zu kontrollieren, besteht darin, unterschiedlichen Personen mehrere plausible Varianten einer Skala vorzugeben und die Werte am Schluss zu mitteln.

Praktische Interpretation von Skalenwerten

In Kapitel 3 haben wir diskutiert, dass die Zahlen, die wir nach der Messung zur Verfügung haben (z.B. nachdem Probanden einen Wert auf einer Rating-Skala angekreuzt haben), nicht immer eindeutig bestimmten psychischen Ausprägungen entsprechen, dass also das Verhältnis zwischen numerischem und empirischem Relativ uneindeutig ist. Diese Uneindeutigkeit kann vor allem dann ein Problem sein, wenn wir Aussagen über die tatsächliche, absolute oder praktische Bedeutung eines Werts machen wollen. Was bedeutet es beispielsweise, wenn ein Proband auf die Frage: „Wie sehr sind Sie mit Ihrer Ehe zufrieden?" auf einer Skala von 0 bis 10 eine 5 ankreuzt? Das könnte man als „mittelzufrieden" übersetzen, aber was bedeutet das? Wie groß ist der Unterschied in der Ehe-Zufriedenheit, verglichen mit einem Wert von 4? Ähnliche Interpretationsprobleme können auftreten, wenn der absolute Effekt einer Therapie oder eines Trainingsprogramms mit Hilfe von Rating-Skalen gemessen werden soll: „Wie sehr haben Sie von diesem Training profitiert?" Um entsprechende Werte inhaltlich bedeutsam zu machen, ist es in solchen Fällen notwendig, sie mit Verhaltenskonsequenzen in Verbindung zu bringen (siehe Blanton & Jaccard, 2006a). Das mit Hilfe einer Skala gemessene Ausmaß an Ehe-Zufriedenheit könnte zum Beispiel mit der Anzahl, Länge und Schwere von Streitereien zwischen den Ehepartnern pro Woche in Verbindung gebracht werden und die Trainingswirkung mit einer messbaren Leistung. Diese Beziehung zwischen Skalenwerten und Verhaltensmaßen muss nicht linear sein. ▶Abbildung 4.3 zeigt einen möglichen Zusammenhang zwischen dem Wert auf einer Depressionsskala und der Wahrscheinlichkeit dafür, Selbstmord zu begehen. Wenn sich die mit dieser Skala gemessene Depressivität einer Person von einem Skalenwert von 10 auf einen Wert von 15 verschlechterte, hätte das so gut wie keine praktische Auswirkung auf die Wahrscheinlichkeit dafür, dass diese Person Selbstmord verübt; hingegen wäre eine Verschlechterung von einem Skalenwert von 20 auf einen von 25 sehr besorgniserregend.

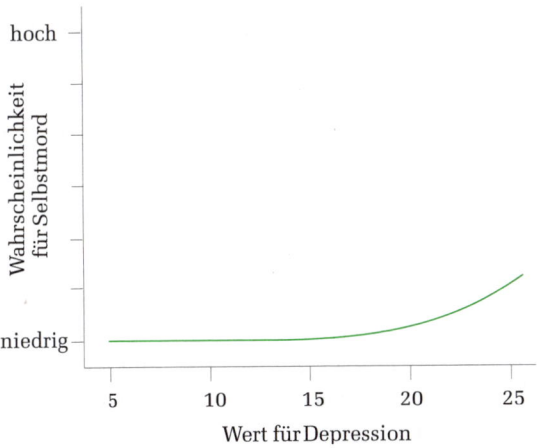

Abbildung 4.3: (Hypothetischer) Zusammenhang zwischen Wert auf einer Depressionsskala und der Wahrscheinlichkeit, Selbstmord zu begehen (modifiziert nach Blanton & Jaccard, 2006b).

Dieses Beispiel illustriert, dass Skalenwerte häufig nicht eindeutig interpretierbar sind. Was kann man machen, wenn man praktisch relevante Aussagen auf Grund von Skalenergebnissen machen möchte? Eine Möglichkeit, die sich vor allem lohnt, wenn entsprechende Skalen längerfristig für die Praxis benutzt werden sollen, ist zu versuchen, die Skalenwerte mit gut interpretierbaren Verhaltensmaßen zu verbinden. In manchen Fällen könnte man sich auch überlegen, ob es nicht besser wäre, gleich mit Verhaltensmaßen zu arbeiten.

4.2.2 Potenzielle Probleme bei der Durchführung der Befragung

Selbst wenn die Konstruktion und Auswahl der Fragen sehr sorgfältig durchgeführt wurde, kann es bei der Befragung selbst zu Problemen kommen. Zwei potenziell bedeutsame Probleme sind die Auswirkungen von Eigenschaften der Interviewer und die Möglichkeit der Befragten, die Antwort zu verweigern.

Interviewereffekte

Interviewereffekte treten hauptsächlich bei direkten mündlichen Befragungen auf. Wenn die Befragten den Interviewer sympathisch finden, werden sie häufig anders antworten, als wenn er ihnen unsympathisch ist. Außerdem können viele wahrnehmbare Personenmerkmale wie Geschlecht, Attraktivität, Alter, Stimme, Kleidung usw. die Antwortneigung der Befragten beeinflussen. Interviewer können auch selbst, ohne dass sie es bemerken, auf Grund ihrer Erwartungen oder Vorurteile in ihrem Verhalten beeinflusst werden und so wieder Einfluss auf den Gesprächspartner ausüben. Gute Interviewer sollten sich also ihrer eigenen Meinungen und Einstellungen in Bezug auf die befragte Personengruppe und das Thema der Befragung bewusst sein, um entsprechende Einflüsse auf ihr Verhalten zu minimieren. Dies beinhaltet auch die Vermeidung von suggestiven Formulierungen und voreiligen Interpretationen des Gehörten. Sie sollten inhaltlich kompetent sein, sich für das Thema und für andere Menschen interessieren, flexibel auf sich ändernde Situationen eingehen können und psychisch belastbar sein. Ob und wie stark sich Personenmerkmale auf die Güte von Interviews auswirken, ist aber nach wie vor eine offene Frage. Allerdings scheinen ältere Interviewer insgesamt etwas erfolgreicher zu sein als jüngere (Bortz & Döring, 2006).

Antwortverweigerung

Ein großes Problem bei Befragungen ist nicht selten die Antwortverweigerung. Die Verweigerungsquote ist bei mündlichen Befragungen in der Regel geringer als bei schriftlichen. Aber auch dort kommt es häufiger zu Verweigerungen, wenn das Interview nicht verabredet ist, oder wenn es sich um sensible Themen handelt. Vor allem bei solchen Themen ist ein systematischer Aufbau des Interviews äußerst wichtig: Am Anfang sollte der Interviewer versuchen, eine gute Atmosphäre zu schaffen, und das Interview sollte auch mit einem guten Gefühl auf beiden Seiten enden. Dazu ist es wichtig, sich zu überlegen, was der Interviewte von dem Interview hat. Das kann eine Aufwandsentschädigung sein, das kann aber auch die Aussicht sein, über die Ergebnisse der Untersuchung informiert zu werden, oder es kann das Interesse an einer ausführlichen Unterhaltung über persönliche Schwierigkeiten sein. Interviews, in denen der Interviewer seine Absichten verschweigt, und etwas erwartet oder herausfinden möchte, das den Interessen des Interviewten zuwider läuft, haben – neben ethischen Problemen – ein hohes Risiko zu scheitern.

Auch bei schriftlichen Befragungen ist es wichtig, dem Befragten zumindest einen symbolischen Ausgleich für seine Mühen anzubieten. Minimalanforderungen sind, dass der Zweck der Befragung in einem Begleitschreiben verständlich erklärt wird und dass der Befragte nicht das Rückporto zahlen muss, sondern in seinen Unterlagen ein adressiertes und frankiertes Kuvert vorfindet. Es schadet wahrscheinlich nicht, wenn das Ausfüllen des Fragebogens mit einer geringen Geldsumme vergütet wird oder wenn die Befragten mit einer kleinen Aufmerksamkeit bedacht werden. In der Regel wollen die Befragten auch wissen, warum gerade sie für die Befragung ausgewählt wurden (z.B. wegen einer Zufallsauswahl aus einer Datei eines Berufsverbandes). Ein weiterer Grund für Antwortverweigerung ist häufig die Befürchtung, dass die Ergebnisse der Befragung nicht anonym bleiben. Das kann sich vor allem bei schriftlichen Befragungen in sehr niedrigen Rücklaufquoten niederschlagen. Diese Befürchtung kann man dadurch verringern, dass auf den Fragebögen selbst keine direkt identifizierbaren persönlichen Angaben wie Name, Geburtsdatum, Personalnummer usw. erfasst werden. Falls eine spätere Zuordnung der Daten notwendig ist – etwa bei wiederholten Befragungen –, kann das über verschlüsselte Angaben geschehen (z.B. ein Code aus zweitem Buchstaben des Mädchennamens der Mutter, vierter Ziffer der Postleitzahl des Wohnortes usw.). Die Rücklaufquote kann auch davon profitieren, dass – wie bei Briefwahlen üblich – mehrere Kuverts verwendet werden. Dabei wird der ausgefüllte Fragebogen in einem eigenen, nicht beschrifteten Kuvert mitgeschickt.

4.3 Befragung: Ein kurzes Resumée

Wir haben in den vorangegangen Abschnitten gesehen, dass es vor der Durchführung einer Befragung notwendig ist, einige Entscheidungen zu treffen. Wir haben auch gesehen, dass man bei der Vorbereitung der Befragung und auch bei der Durchführung auf vielfältige Probleme stoßen kann. Zu manchen Entscheidungen und zur Behebung aller angesprochenen Probleme haben wir Empfehlungen gegeben. In diesem Abschnitt betrachten wir einige der Empfehlungen noch einmal aus anderen Perspektiven und schließen die Ausführungen zum Thema Befragung mit praktischen Hinweisen ab.

4.3.1 Wann welche Art von Befragung?

Mittlerweile dürfte deutlich geworden sein, dass die Entscheidungen über die einzelnen Aspekte von Befragungen nicht völlig unabhängig voneinander getroffen werden können. Manchmal bestimmen allerdings nicht nur inhaltliche, sondern auch organisatorische, zeitliche und ökonomische Gründe die Entscheidung für eine bestimmte Art von Befragung. Wenn wenig Zeit vorhanden ist und man viele Personen befragen möchte, dann ist, falls nicht schon ein großer Stab von Interviewern zu Verfügung steht, eine schriftliche Befragung nahezu unumgänglich. Hier sind einige weitere Empfehlungen.

Theoriengenerierung vs. Theorienüberprüfung

Theoriengenerierung und Theorienüberprüfung gehen immer Hand in Hand, aber die Anteile verschieben sich über die Zeit hinweg. Wenn man eine neue Forschungsrichtung startet, dann kann das heißen, dass wenig theoretische Vorarbeit existiert. Hier wäre es verfrüht zu versuchen, einen standardisierten Fragebogen zu entwickeln, da die Chance, dass relevante inhaltliche Aspekte noch nicht erfasst sind, relativ groß ist. Allerdings existieren zu fast allen psychologischen Fragestellungen schon Vorarbeiten und deswegen bietet es sich an, auch beim Start einer neuen Forschungsrichtung schon „zweigleisig" vorzugehen, also schon ausgearbeitete theoretische Konzeptionen mit Hilfe standardisierter Instrumente zu überprüfen, jedoch trotzdem offen zu bleiben und darüber hinaus die Erkenntnisse aus nichtstandardisierten Befragungen für eventuelle Modifikationen zu nutzen. Auch wenn man hauptsächlich an der Weiterentwicklung einer Theorie interessiert ist, bieten sich zumindest als zusätzliche Erkenntnismöglichkeit lose strukturierte mündliche Befragungen an. Wenn aber eine gut ausgearbeitete

Theorie vorhanden ist, dann ist es sehr viel besser möglich, theoretisch fundierte, gut strukturierte Fragebögen zu erarbeiten, mit Hilfe derer die Theorie überprüft werden kann. Entsprechende schriftliche Befragungen machen es einfacher, große repräsentative Stichproben zu untersuchen. Je nach aktuellem Schwerpunkt in der Forschungsarbeit – Theoriengenerierung oder Theorienprüfung – sollte also die Befragung eher mündlich, lose strukturiert und mit freien Antwortmöglichkeiten gestaltet sein oder schriftlich, hoch standardisiert, und mit festgelegten Antworten. Gruppenbefragungen wie etwa der Einsatz der Fokusgruppe sind tendenziell geeigneter für Theoriengenerierung als Theorienprüfung.

Sensible Themen

Sensible Themen – z.B. Sexualität, soziale Abweichungen, kriminelles Verhalten, Geld, politische Präferenzen – können Probleme bereiten, weil die Befragten hier eher dazu tendieren, nicht zu antworten oder verfälschte Antworten zu geben. Bei solchen Themen ist es besonders wichtig, eine vertrauensvolle persönliche Basis für die Befragung zu schaffen und/oder es den Befragten glaubhaft zu machen, dass die Daten nur anonym verwendet werden. Wenn ein sensibles Thema umfassend untersucht werden soll, ist ein mündliches, wenig strukturiertes Interview fast unausweichlich. In solchen Fällen kann es zudem sinnvoll sein, nicht nur ein Interview, sondern mehrere zu führen. Als Extremfall solcher Interviews könnte man therapeutische Gespräche sehen. Ist die theoretische Vorarbeit geleistet, und möchte man generalisierbare Aussagen machen, bieten sich groß angelegte schriftliche Befragungen an, bei denen Anonymität glaubhaft gewährleistet ist. Als Alternative zur konventionellen schriftlichen Befragung könnte hier auch eine Internetbefragung sinnvoll sein.

4.3.2 Einige abschließende Hinweise

Befragungen sind Eingriffe in die persönliche Sphäre, manchmal sogar in die Intimsphäre von Personen. Einzelpersonen können darauf reagieren, indem sie der Befragung zustimmen oder nicht. Institutionen reagieren in der Regel erst einmal mit Vorsicht. Vor allem bei größer angelegten Befragungen, die Institutionen – Schulen, Krankenhäuser, Firmen usw. – involvieren, ist es notwendig, ausreichende Zeit für den Genehmigungsprozess einzuplanen.

Ablaufplanung

Bei jeder Art von Befragung ist es lohnenswert, sich über den zeitlichen und organisatorischen Ablauf Gedanken zu machen. Das kann selbst bei einer postalischen Befragung sehr wichtig sein. Ist die Finanzierung gesichert? Ist für alle Arbeitsschritte jemand da, der die Arbeit tatsächlich verrichtet? Wie viel Zeit lässt man den Befragten zum Ausfüllen? Was macht man, wenn bis zu einem bestimmten Datum ein festgelegter Prozentsatz von Antworten noch nicht zurück kam? Sollen Erinnerungsschreiben versandt werden und wann soll das geschehen? Wann wird die Datenerhebung abgebrochen? Noch wichtiger ist jedoch eine gute Organisation und Ablaufplanung für ein mündliches Interview. Wie komme ich zum Interviewten und wie lange brauche ich dafür? Brauche ich Einverständnisformulare? Habe ich mein Aufnahmegerät dabei? Habe ich (Ersatz-) Batterien dabei? Wie beginne ich das Interview? Wie gestalte ich die Aufwärmphase in der Fokusgruppe? Was mache ich, wenn es zu (vorhersehbaren) Zwischenfällen kommt? Welche Punkte sollten auf alle Fälle angesprochen werden? Wann und wie beende ich das Interview? Das sind nur einige Beispiele für Fragen, die man vor dem Interview beantworten und am besten in Form einer Checkliste niederschreiben sollte. Spontaneität ist zwar gut, aber selbst erfahrene Interviewer können in neuen Situationen leicht wichtige Bestandteile des Interviews vergessen.

Probedurchgänge

Wenn man lange an der Planung eines Interviews oder der Ausformulierung von Fragen gearbeitet hat, kann sich leicht eine Art „Betriebsblindheit" einstellen: Alle Fragen sind einem selbst verständlich, der Ablauf erscheint unproblematisch und die Anweisungen klar. Für den Interviewten muss das allerdings nicht unbedingt zutreffen. Manchmal verstehen die Befragten psychologische Fachtermini oder die Instruktionen nicht und fragen auch nicht nach. Das kann im schlimmsten Fall zu systematischen Fehlschlüssen führen. Aber selbst wenn solche Missverständnisse nur zu einer erhöhten Bearbeitungszeit führen, sollten sie beseitigt werden. Das geht am besten mit Probedurchgängen, vorzugsweise nicht mit Forscher-Kollegen, sondern mit Probanden aus der Zielgruppe.

Gestaltung von Fragebögen und standardisierten Interviews

Bevor man einen Fragebogen oder ein standardisiertes Interview tatsächlich einsetzt, ist es sinnvoll – selbst vor einem Probedurchgang – die Fragen noch einmal auf Sinnhaftigkeit, Verständlichkeit und passende Reihenfolge zu überprüfen. Hier ist eine entsprechende Checkliste (siehe auch Bortz & Döring, 1995).

- Ist jede Frage erforderlich? (Können Informationen möglicherweise durch andere Quellen beschafft werden?)
- Enthält das Interview Wiederholungen? (Wenn ja, sind sie funktional, z.B. um Aussagen auf Widersprüche zu prüfen?)
- Sind alle Fragen einfach und eindeutig formuliert (evtl. aufsplitten)?
- Gibt es negativ formulierte Fragen? (Probleme mit doppelter Verneinung – z.B. „Stimmt es nicht, dass Sie das nicht getan haben?")
- Sind Fragen zu allgemein formuliert?
- Können die Fragen von allen Befragten im Prinzip beantwortet werden?
- Können die Fragen die Befragten in Verlegenheit bringen (einfühlsamere Formulierungen möglich? oder ans Ende?)?
- Könnte ein Sequenzeffekt auftreten? (Kann beispielsweise die Antwort auf eine Frage schon die Antwort auf eine weitere Frage nahe legen?)
- Sind Fragen suggestiv formuliert? („Sie sind sicher auch der Meinung, dass...")
- Bei Antwortvorgaben: Sind sie aus der Sicht des Befragten angemessen?
- Sind Items wenig informativ (praktisch jeder antwortet mit „ja")?
- Kann die Antwort eindeutig interpretiert werden?

- Werden extreme Quantifizierungen („immer, alle, nie, keiner,...") benutzt?
- Enthält das Interview genügend Abwechslung?
- Sind Eröffnungs- und Abschlussfragen gut durchdacht/formuliert?

4.4 Beobachtung: Unterschiedliche Perspektiven

Der Begriff „Beobachtung" wird in der Psychologie oft in einem sehr weiten Sinn gebraucht: nicht nur, was wir sehen, sondern auch alle anderen Sinnesempfindungen fallen dann darunter. Wir können, wenn wir wach sind, Beobachtung (im weiten Sinn) nicht verhindern. Schon Kleinkinder nutzen Beobachtungen, um Theorien über die Welt zu erhalten. Manchmal beobachten auch Forscher wie Kleinkinder: Sie begeben sich in eine bestimmte Umgebung oder Situation und versuchen, zu verstehen, was sich warum ereignet. Das ist allerdings in der Psychologie selten der Fall – eher in der Ethnologie, etwa wenn Forscher die Lebenswelt eines abgelegenen Stammes im Amazonas-Dschungel verstehen wollen. Meist steht in der Psychologie vor der Beobachtung schon eine mehr oder weniger gut ausgearbeitete Theorie. Und diese Theorie wird benutzt, um die Beobachtung zu strukturieren und systematisch zu planen. Wissenschaftliche Beobachtungen werden meist unter genau definierten Bedingungen in einer systematischen, möglichst objektiven Art und Weise und einhergehend mit einer sorgfältigen Aufzeichnung der Ergebnisse durchgeführt.

Wie bei der Befragung gilt es auch hier, vor der Studie wieder einige Entscheidungen zu treffen. Wir können offen oder verdeckt beobachten, mehr oder weniger in die Beobachtungssituation eingreifen, selbst am Geschehen, das beobachtet werden soll, teilnehmen oder „draußen" bleiben, und wir können vorher mehr oder weniger festlegen, was wir in der Beobachtungssituation machen wollen. Wir müssen uns auch entscheiden, was wir in welchem Zeitraum beobachten wollen. Grundlagen für diese potenziellen Entscheidungen sowie zwei spezielle Arten der Beobachtung – Selbstbeobachtung und non-reaktive Beobachtung – werden in den folgenden Abschnitten diskutiert.

Offen oder verdeckt?

Häufig wird es kaum möglich sein, Beobachtungen zu machen, ohne dass die Beobachteten es bemerken. Wenn ein Forscher das Verhalten von Schülern in einer Klasse beobachten möchte, dann muss er sich in die Klasse setzen oder zumindest eine Kamera installieren. Beides bekommen die Schüler mit und reagieren darauf. Allerdings scheint es so zu sein, dass entsprechende untypische Reaktionen – wie beispielsweise ruhigeres Verhalten als sonst oder besonders übertriebenes Stören des Unterrichts – nur kurz andauern und der Beobachter oder die Kamera bald in den Alltag integriert werden.

Beobachtungen in natürlichen sozialen Situationen werden häufig offen durchgeführt, aber von den Beobachteten trotzdem nicht bemerkt, weil sich die Situation nicht wesentlich ändert. In einer Kneipe ist jeder Gast ein potenzieller Beobachter des anderen und auch im Kaufhaus kann jeder Kunde im Prinzip jeden anderen Kunden beobachten. Der Gast oder Kunde weiß jedoch in der Regel nicht, dass er beobachtet wird. In manchen Fällen – etwa der Beobachtung von homosexuellen Aktivitäten in Toiletten (Humphreys, 1973) – muss man überprüfen, ob ein solches Vorgehen ethisch vertretbar ist.

Verdeckte Beobachtungen sind in vielen Fällen unethisch, vor allem immer dann, wenn die Beobachtung Nachteile irgendwelcher Art für die Beobachteten haben kann. Über Ausnahmen muss im Einzelfall entsprechend ethischer Richtlinien (z.B. Ethische Richtlinien der DGPS und des BDP: *http://www.dgps.de/dgps/satzung/003.php4*) entschieden werden. So kann es beispielsweise durchaus angemessen sein, das Verhalten von Kindern über einen Einwegspiegel zu verfolgen.

Generell sollten die Beobachtungen, wenn möglich, offen durchgeführt werden. Neben ethischen Problemen birgt eine verdeckte Beobachtung immer das Risiko des Entdecktwerdens. Auch wenn die Beobachteten feststellen, dass sie unter Beobachtung stehen, könnte es sein, dass sie versuchen, sich nichts anmerken zu lassen. Ihr Verhalten wird aber mit hoher Wahrscheinlichkeit durch ihr „geheim gehaltenes" Wissen beeinflusst und die entsprechenden Resultate können dadurch unbrauchbar sein.

Wie sehr in die Beobachtungssituation eingreifen?

Wenn man wissen möchte, wie sich Menschen in ihrer natürlichen Umgebung verhalten, muss man sie auch dort beobachten. Wenn Zeitforscher herausfinden möchten, wie „schnell" der Lebensrhythmus in verschiedenen Ländern ist, dann beobachten sie beispielsweise, wie schnell sich Menschen in vergleichbaren Städten bewegen, wie lange der Kauf einer Briefmarke am Postschalter dauert oder wie genau die Uhren gehen (Levine, 1997). Solche Beobachtungen machen nur dann Sinn, wenn man nicht in die Situation eingreift.

Ist man hingegen an Verhaltensweisen interessiert, die nicht so häufig auftreten, wie z.B. der Hilfsbereitschaft für Unbekannte, dann liegt es nahe, entsprechende Situationen zu erzeugen. Ein Beispiel: Man könnte eine eingeweihte Person vor dem Ausgang eines Supermarktes mit einer vollen, aber präparierten Plastiktasche warten lassen. Die Versuchsteilnehmer sind ausgewählte Kunden, die den Supermarkt verlassen. Wenn einer dieser Kunden an der eingeweihten Person vorbeigeht, platzt deren Plastiktasche „zufällig" auf und die Lebensmittel verteilen sich auf dem Boden. Dann könnte man registrieren, ob und auf welche Weise der Versuchteilnehmer in dieser Situation Hilfsbereitschaft zeigt. Solche präparierten Situationen werden häufig in der Entwicklungspsychologie benutzt. Sie wurden dort von dem Biologen und Entwicklungspsychologen Jean Piaget (1896–1980) populär gemacht. Piaget und Mitarbeiter gaben Kindern unterschiedlicher Altersstufe Aufgaben – z.B. einfache Logik- oder Mathematikaufgaben – vor und beobachteten ihre Lösungsstrategien. Diese Beobachtungen wurden häufig durch Befragungen ergänzt.

Ein noch stärkerer Eingriff in die Beobachtungssituation ist eine gezielte Variation der Untersuchungsbedingungen. Im vorigen Beispiel könnte man etwa die „Hilfsbedürftigkeit" der eingeweihten Person variieren: Einmal könnte es ein junger Mann sein, dem die Plastiktüte platzt, und einmal eine alte Frau mit Gehstock. Ein anderes Beispiel: Crusco und Wetzel (1984) untersuchten die Auswirkung von leichten Formen des Körperkontakts bei Restaurantbesuchern. Weibliche Bedienungen, die für die Forscher arbeiteten, berührten die Restaurantbesucher beim Zurückbringen des Wechselgeldes entweder kurz an der Hand, der Schulter oder sie unterließen eine Berührung. Die gezielte Variation erfolgte also in drei Stufen und die Aufteilung der Restaurantbesucher auf die drei Stufen erfolgte zufällig. Die Hypothese war, dass Berührungen an der Hand sich positiv auf die Einstellung der Restaurantbesucher auswirken sollten, solche an der Schulter aber negativ, weil sie als ein Zeichen der Dominanz gesehen werden könnten. Gemessen wurde die Auswirkung hauptsächlich an der Höhe des Trinkgeldes. Es zeigte sich, dass männliche Besucher durchweg mehr Trinkgeld gaben als weibliche und dass Besucher, die berührt worden waren, mehr Trinkgeld gaben als solche, die nicht berührt worden waren. Ob die Berührung an der Hand oder der Schulter erfolgte, machte keinen Unterschied.

Im Extrem wird die Beobachtungssituation in ihrer Gänze neu geschaffen, was bei vielen Experimenten, die in psychologischen Labors stattfinden, der Fall ist (siehe Kapitel 5). Die Experimente von Asch und von Schachter und Singer, die wir in Kapitel 2 beschrieben haben, sind Beispiele hierfür – in diesen Experimenten waren die Situationen „künstlich" erzeugt: im Experiment von Asch beispielsweise die Aufgabe, in der die Versuchsteilnehmer die Länge eines Striches mit mehreren Vergleichsreizen abgleichen sollten, und im Experiment von Schachter und Singer die Wartesituation, in der ein Vertrauter des Versuchsleiters durch sein Verhalten beim Versuchsteilnehmer systematisch Ärger oder Fröhlichkeit erzeugen wollte.

Wie sehr sollte man nun in die Situation eingreifen? Wenn es sehr wichtig ist, die Ergebnisse auf das Alltagsleben zu generalisieren, dann sollte man versuchen, möglichst nicht in die Beobachtungssituation einzugreifen. Gut fundierte Kausalschlüsse sind dann allerdings nur sehr schwer möglich, weil es für bestimmte Verhaltensweisen oft mehrere plausible Erklärungen gibt. Solche Kausalschlüsse sind sehr viel eher zu rechtfertigen, wenn Alternativerklärungen weitgehend ausgeschlossen werden, weil sie durch den Versuchsleiter kontrolliert wurden. Das ist am besten in Laborexperimenten mit maximaler Kontrolle der Situation möglich (siehe Kapitel 5).

Teilnehmend oder nicht?

Wenn Anthropologen Fragestellungen untersuchen, wie etwa die, ob die Zeit der Adoleszenz und die damit verbundenen Probleme in unterschiedlichen Gesellschaften vergleichbar sind oder ob die Rolle von Frauen in „primitiven" sich von der in „entwickelten" Kulturen unterscheidet, dann sind die Antworten auf solche Fragen oft nur zu finden, wenn die Forscher am Leben in den entsprechenden Kulturen teilnehmen. Die Anthropologin Margaret Mead hat das beispielsweise auf Samoa und Papua-Neuguinea für ihre berühmten Studien zur Untersuchung gerade dieser Fragestellungen getan. Auch in der Soziologie werden des öfteren teilnehmende Beobachtungen durchgeführt. Ein bekanntes Beispiel ist die Studie von Jahoda, Lazarsfeld und Zeisel (1932), in der sie die Auswirkungen von Langzeitarbeitslosigkeit in Marienthal, einem

Dorf in der Nähe von Wien untersuchten. Dabei stellten sie Kontakte zu politischen und gesellschaftlichen Gruppen her und griffen auch aktiv in das Gemeinschaftsleben ein, indem sie beispielsweise Kleidersammlungen, ärztliche Sprechstunden, Erziehungsberatungen oder Turn- und Zeichenkurse durchführten. Die Studie gab interessante Einblicke in die damalige Welt von Langzeitarbeitslosen und führte u.a. zur Entwicklung einer Typologie von Arbeitslosen.

In der Psychologie sind länger andauernde teilnehmende Beobachtungen eher selten. Es gibt allerdings einige Ausnahmen. Im Kasten „Die Entstehung von psychiatrischen Diagnosen" ist eine dieser Studien – deren Ergebnisse großes Aufsehen erregten – etwas ausführlicher beschrieben.

> **H I N T E R G R U N D**
>
> **Die Entstehung von psychiatrischen Diagnosen** Im Rahmen einer von Rosenhan (1973) durchgeführten Studie begaben sich 8 Pseudo-Patienten (Psychologen, Ärzte, ein Psychologiestudent, ein Maler und eine Hausfrau), unter ihnen Rosenhan selbst, in insgesamt 12 psychiatrische Anstalten (einige der Pseudo-Patienten waren in mehr als einer psychiatrischen Anstalt) und behaupteten bei der Aufnahmeuntersuchung, sie hätten Stimmen gehört, die teilweise unverständlich seien, aber unter anderem auch „leer" (empty), „teilnahmslos" (dull) und „dumpf" (thud) gesagt hätten. Zum Erstaunen der Studienteilnehmer, die ihre Entdeckung befürchteten, wurden sie ausnahmslos aufgenommen. Nach der Aufnahme in die jeweilige Klinik verhielten sich die Pseudo-Patienten wieder völlig normal. Trotzdem wurden sie über einen Zeitraum von mindestens 7 bis maximal 52 Tagen (Mittelwert: 19 Tage) stationär behandelt, meist mit Tabletten, die sie (wie viele Mitpatienten auch) heimlich verschwinden ließen. In 11 der 12 Aufnahmen war die Aufnahmediagnose „Schizophrenie" und in einem Fall „manisch-depressive Psychose". In allen 12 Fällen war die Entlassungsdiagnose „Schizophrenie in Remission", also nicht geheilt. Im Gegensatz zum Personal äußerten die Mitpatienten in vielen Fällen den Verdacht, dass die Pseudo-Patienten gar nicht krank seien. Dies unter anderem deswegen, weil die Studienteilnehmer Beobachtungsnotizen machten – zuerst heimlich, aber später ganz offen, was in den Protokollen der Anstalten manchmal als „pathologisches Schreibverhalten" festgehalten wurde.
>
> Eine der Auswirkungen dieser Studie war, dass die folgende Ausgabe des international zur psychiatrischen Diagnostik benutzten *Diagnostic and Statistical Manual of Mental Disorders (DSM III)* präzisiert wurde.

Durch teilnehmende (oft verdeckte) Beobachtungen ist es manchmal möglich, tiefe Einblicke in Situationen zu bekommen, die auf andere Weise nicht erreicht werden können. Neben dem Aufwand gibt es aber noch einen schwer wiegenden potenziellen Nachteil, der in der Literatur als „going native" bekannt ist: Nach einiger Zeit des Mitlebens in einer Gemeinschaft kann es für den Forscher unmöglich werden, eine einigermaßen objektive Rolle beizubehalten – er wird tatsächlich ein Mitglied der Gemeinschaft.

Wie sehr standardisieren?

Standardisierung bedeutet, die Bedingungen für die Beobachtung, die Beobachtungs-einheiten und die Auswertung der Beobachtungsergebnisse möglichst genau festzu-legen. Das ermöglicht die Vergleichbarkeit mehrerer Beobachtungen eines Beobachters und auch die Vergleichbarkeit der Ergebnisse unterschiedlicher Beobachter oder, in der Sprache der Testtheorie (siehe Kapitel 3): Es ermöglicht ein hohes Maß an Objektivität und Reliabilität. Wenn beispielsweise „problematisches Verhalten" von Schülern an Schulen beobachtet werden soll, dann müssen zunächst die Bedingungen festgelegt werden: Welche Schulart? Welche Klassen? Welche Lehrer? Welche Wochentage? Wel-che Uhrzeit? Wie lange? Von wo aus? Alle Schüler oder nur eine Auswahl? usw. Dann muss man natürlich noch die Frage klären: „Was ist „problematisches Verhalten?" Diese Klärung sollte aufgrund des theoretischen Hintergrundes der Studie erfolgen. Problematisches Verhalten könnte etwa eingeschränkt werden auf aktives Stören des Unterrichts. Vor allem, wenn keine technischen Hilfsmittel, wie Geräte zur Ton- und Bildaufzeichnung, zur Verfügung stehen und Beobachter das Verhalten gleich klassifi-zieren sollen, dann muss außerdem festgelegt werden, wie aktives Stören des Unter-richts konkret aussehen kann. Es könnte sein: sich mit dem Nachbarn unterhalten, vom Platz aufstehen und herumgehen, Geräusche mit Gegenständen (z.B. der Bank, dem Lineal u.ä.) erzeugen, eigene Geräusche erzeugen (pfeifen, brummen), den Lehrer bedrohen usw. Alle diese Verhaltensweisen könnten auf einem Blatt aufgelistet sein und der Beobachter notiert auf diesem Blatt jedes Auftreten der entsprechenden Ver-haltensweisen. Das Notieren von Verhaltensweisen kann auch gleich in einem Format geleistet werden, das eine leichtere Interpretation ermöglicht. ▶Abbildung 4.4 zeigt ein hypothetisches Beispiel: die Beobachtung des Störverhaltens eines Schülers. Die Beob-achtungskategorien – unterschiedlich schwerwiegende Störungen des Unterrichts – sind hier mit aufsteigenden Zahlenwerten verbunden. Die Dauer eines bestimmten Störver-haltens wird durch die Länge des horizontalen Striches wiedergegeben. So zeigt der Schüler am Anfang der Stunde zwei Minuten lang kein auffälliges Verhalten, erzeugt dann etwa eine Minute lang laute Geräusche, gibt einen störenden Kommentar ab und verhält sich dann wieder 5 Minuten lang unauffällig usw.

Was wir hier an einem hypothetischen Beispiel gemacht haben, ist natürlich nichts anderes als Operationalisieren (siehe Kapitel 2). Die Güte der Operationalisierung hängt sehr stark von der Güte der zugrunde liegenden Theorie ab. Wenn es eine solche Theorie noch nicht oder nur in Ansätzen gibt, dann kann es sein, dass ein hohes Maß an Standardisierung wenig nützt. Wenn man etwa an einer Migrantenschule unter-suchen möchte, ob sich problematisches Verhalten in Abhängigkeit der ethnischen Herkunft der Schüler unterscheidet, dann empfiehlt es sich, zunächst einige Beobach-tungseinheiten weniger stark zu standardisieren, um wichtige Verhaltensweisen nicht zu übersehen.

Beobachtungskategorien

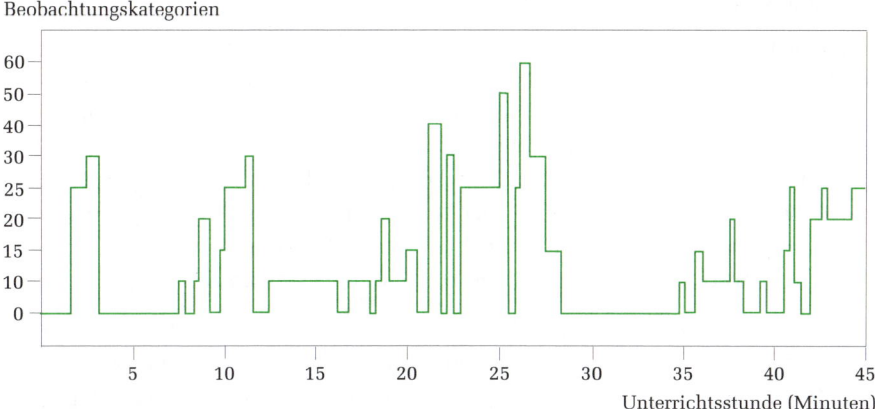

Verhaltensweisen des Schülers (Beobachtungskategorien)
 0 Kein auffälliges Verhalten
10 Leise Unterhaltung mit dem Nachbarn
15 Leise Geräusche mit Gegenständen erzeugen
20 Laute Unterhaltung mit dem Nachbarn
25 Andere laute Geräusche selbst erzeugen (z.B. pfeifen, brummen)
30 Störende Kommentare
40 Lehrer beleidigen
50 Lehrer verbal bedrohen
60 Lehrer körperlich bedrohen

Abbildung 4.4: Protokollierung des Störverhaltens eines hypothetischen Schülers in einer Unterrichtsstunde. Die Höhe der Linien (y-Achse) korrespondiert mit der Schwere des Störverhaltens, die horizontalen Abschnitte geben an, wie lange der Schüler jeweils ein bestimmtes Verhalten gezeigt hat.

Zur Standardisierung gehört auch die Festlegung darüber, wann beobachtet werden soll. Eine durchgehende Beobachtung – etwa als Beobachter in einer Schulklasse – kann sehr anstrengend sein. Deswegen legt man häufig Zeiten fest, innerhalb derer Beobachtungen durchgeführt werden sollen. Das kann man systematisch machen oder zufällig. Eine zufällige Auswahl von Beobachtungszeiten führt, wenn das Verhalten nicht nur zu seltenen Gelegenheiten auftritt, in der Regel zu repräsentativeren Ergebnissen. Die Auswahl einer Beobachtungszeit wird manchmal als *Zeitstichprobe* bezeichnet. Man kann auch gezielt nach bestimmten Ereignissen Ausschau halten, also eine *Ereignisstichprobe* ziehen. In der Literatur wird der Begriff Ereignisstichprobe allerdings nicht einheitlich gebraucht. Manchmal versteht man darunter die gezielte Suche nach entsprechenden (seltenen) Ereignissen, wie etwa das Verhalten von Opfern nach Gewalttaten, manchmal die Konzentration auf bestimmte vorher definierte (regelmäßig auftretende) Ereignisse.

Generell gilt: Beobachtungen sollten so sehr standardisiert werden wie möglich. Ein hohes Maß an Standardisierung erleichtert die Beobachtung, ermöglicht die Vergleichbarkeit mehrerer Beobachtungen und vereinfacht die Auswertung der Ergebnisse erheblich.

Selbstbeobachtung

Die Selbstbeobachtung in ihrer klassischen Form, die *Introspektion* (Beobachtung eigener Denk- und Urteilsprozesse), spielte in den Anfangsjahren der Psychologie in Deutschland eine große Rolle. Dabei war nicht selten der Professor die Versuchsperson und sein Assistent der Versuchsleiter (z.B. Bühler, 1907; siehe auch Lück & Miller, 2002). Der Grund dafür war, dass der „Selbstbeobachter" besser in der Lage sein sollte, seine eigenen Gedanken zu erfassen als der Versuchsleiter. Diese Praxis wurde aber im Laufe der Zeit wieder aufgegeben, möglicherweise auch deswegen, weil die damaligen Theorien zu schwach für die reichhaltigen Daten waren (Vermersch, 1999).

Seit dieser Zeit führte die Selbstbeobachtung in der akademischen Psychologie eher ein Schattendasein und wurde durch einen einflussreichen Artikel von Nisbett und Wilson (1977) vollends in Misskredit gebracht. Diese Autoren argumentierten nach einem Überblick über Studien, in denen die Methode der Selbstbeobachtung verwendet worden war, dass die Genauigkeit von Selbstberichten sehr gering sei und dass wir möglicherweise kaum Zugriff auf unsere eigenen kognitiven Prozesse haben. Etwa 10 Jahre später veröffentlichte White (1988) eine Replik auf diesen Artikel, in der er nachwies, dass viele Argumente von Nisbett und Wilson nur teilweise zutreffen. So wurden die von Nisbett und Wilson beschriebenen Studien fast ausschließlich mit untrainierten College-Studenten durchgeführt und auch die Interviewer waren in der Regel Forscher, die keine Erfahrung mit Selbstbeobachtung hatten. Damit steht die Vorgehensweise in diesen Studien in starkem Kontrast zu der bei der klassischen Introspektion: Dort kannten die Versuchsteilnehmer (z.B. Professoren) in der Regel die Hypothesen und Theorien und die Beobachter waren sorgfältig geschult. Aufschwung erhielt die Selbstbeobachtung durch ein Buch von Ericsson und Simon (1984) zum „lauten Denken". Hier werden Bedingungen diskutiert, unter denen Selbstbeobachtung sinnvoll ist. Eine wichtige Bedingung ist, dass es sich um explizite Denkprozesse handeln muss (Beispiel: Wie muss man vorgehen, um ein Ikea-Regal aufzubauen?). Viele unserer Denk- und Handlungsprozesse laufen automatisch ab: Wenn man etwa laut darüber nachdenken sollte, wie man Fahrrad fährt, dann steigt die Wahrscheinlichkeit, vom Rad zu stürzen, aber es ist nicht zu erwarten, eine gute Beschreibung des Vorgangs zu erhalten. Ähnlich ist es, wenn Experten darüber nachdenken sollen, wie sie ein schon tausend Mal gelöstes Problem lösen (Berry & Broadbent, 1984).

Neben der prinzipiellen Zugänglichkeit der entsprechenden Denk- und Handlungsprozesse scheinen für die Brauchbarkeit von Selbstbeobachtungs-Resultaten zwei Bedingungen entscheidend zu sein:

a   Selbstbeobachtung braucht Übung und

b   ein zweiter geschulter Beobachter assistiert bei der Selbstbeobachtung.

Das größte Hindernis für eine erfolgreiche Selbstbeobachtung ist, dass man leicht dazu tendiert, die Beobachtungen sofort zu interpretieren und nur die Interpretationen zu berichten. Deswegen ist eine Hauptaufgabe des geschulten (zweiten) Beobachters, solche Interpretationen zu erkennen und den Selbstbeoachter dafür zu sensibilisieren, ausschließlich Beobachtungen wiederzugeben, nicht aber deren Interpretation oder

Erklärung. Außerdem sollte dieser zweite Beobachter auch inhaltlich Bescheid wissen, um zu verstehen, was der Selbstbeobachter sagt. In der letzten Zeit scheint Selbstbeobachtung wieder an Bedeutung zu gewinnen, vor allem in Bereichen, in denen ein zufrieden stellender Zugriff mit anderen Methoden schwierig ist, wie etwa der Forschung zu Bewusstseinszuständen (Varela & Shear, 1999).

Non-reaktive Beobachtung

Nicht immer muss man unmittelbar am Geschehen teilhaben, um nützliche Beobachtungen zu machen. Bei manchen Fragestellungen können Psychologen ähnlich vorgehen wie Kriminalisten, die einen Mord aufklären möchten. Kriminalisten sind in der Regel auf Spuren von Beobachtungen angewiesen, weil die eigentlich interessierenden Ereignisse (z.B. ein Mord) schon geschehen sind. Die Beobachtung von Spuren kann demgemäß auch keine Reaktionen beim Beobachteten hervorrufen – es handelt sich somit um *non-reaktive Beobachtungen*. Solche Spuren des Geschehens können zur Untersuchung psychologischer Theorien sehr interessant sein. So könnten Graffiti auf die Weltanschauung von Jugendlichen hindeuten, Flaschen im Müll auf den Alkoholkonsum der Bewohner, die Abnutzung des Teppichs vor unterschiedlichen Ausstellungsstücken auf das Interesse, das die Exponate jeweils bei den Besuchern erzeugen, oder die Lebensmittel, die in einem bestimmten Supermarkt gekauft werden, auf die Nahrungsvorlieben der Anwohner.

Eine weitere Art von non-reaktiver Beobachtung ist das Studium von Statistiken oder Archiven. So kann die Steuerstatistik Ausschluss geben über regionale Einkommensunterschiede, Zeitungsüberschriften können über die politische Einstellung der jeweiligen Redaktionen informieren, Stellenanzeigen können ein Bild vom örtlichen Arbeitsmarkt vermitteln und Krankheitsstatistiken können ein Indikator für Arbeitszufriedenheit sein. Ein Beispiel für eine Hypothese, die mit Hilfe von statistischen Informationen überprüft wurde, ist im Kasten „Mehr tödliche Autounfälle nach 9/11?" zu finden. Non-reaktive Beobachtungen müssen sich jedoch nicht immer auf Vergangenes beziehen: Auch funktionierende verdeckte Beobachtungen können non-reaktiv sein.

H I N T E R G R U N D

Mehr tödliche Autounfälle nach 9/11? Nach dem Terroranschlag am 11. September 2001 (9/11) tendierten viele Amerikaner dazu, nicht mehr zu fliegen, was Reisebüros und Fluggesellschaften in die roten Zahlen trieb. War dieses Verhalten aber insgesamt auch vernünftig? Gigerenzer (2004) untersuchte die Hypothese, dass die Furcht der Amerikaner vor Terroranschlägen das Risiko, tödlich zu verunglücken, möglicherweise sogar gesteigert habe. Er nahm zunächst an, dass viele der Amerikaner, die nicht flogen, stattdessen mit dem Auto fuhren. Wenn das der Fall wäre, müsste auch die Anzahl der tödlichen Autounfälle in den Folgemonaten nach 9/11 deutlich zugenommen haben. Die Daten, um diese Frage zu beantworten, sind öffentlich erhältlich (Statistiken des *U.S. Department of Transportation*). Es stellte sich heraus, dass die Zunahme bei der Anzahl der tödlichen Autounfälle in den drei Folgemonaten höher war als die Anzahl der Flugzeugpassagiere, die bei den Terroranschlägen ums Leben gekommen war.

4.5 Beobachtung: Fehlermöglichkeiten und Gegenmaßnahmen

Beobachtungen können auf vielfache Weise beeinflusst werden. Zunächst kann die Beobachtung selbst ungenau sein, etwa weil sich der Beobachter nicht richtig konzentriert hat. Der Beobachter kann aber auch durch seine Anwesenheit und seine, vielleicht ihm selbst nicht bewussten, Erwartungen das Geschehen beeinflussen. Die Erwartungen eines Beobachters können zu verzerrten Wahrnehmungen führen, was wahrgenommen wird, kann falsch interpretiert (und kodiert) werden, und Beobachtungen können falsch aus dem Gedächtnis rekonstruiert werden. Auf alle diese Punkte gehen wir in den folgenden Abschnitten ein.

Ungenaue Beobachtungen

Manchmal sind Beobachter müde, werden durch andere Ereignisse oder eigene Gedanken von der Beobachtung abgelenkt, haben keinen oder den falschen Beobachtungsbogen dabei oder notieren aus Versehen die falschen Verhaltensweisen. Das beste Mittel dagegen ist, die Beobachtungen aufzuzeichnen, z.B. mit einer Videokamera. Dies erfordert eine sorgfältige Planung, da z.B. eine statisch aufgestellte Videokamera nur einen Ausschnitt des Geschehens erfassen kann. Für umfangreichere Videoaufzeichnungen benötigt man zumindest ein rudimentäres „Drehbuch", in dem festgelegt ist, wann welche Personen oder Ereignisse gefilmt werden sollen. Das Problem der ungenauen Beobachtungen ist damit allerdings nicht aus der Welt: auch beim Betrachten von Videos kann man ungenaue Beobachtungen machen.

Generell hilft es, das „Messinstrument", also den Beobachter, so präzise wie möglich zu „machen". Ein Weg hierzu sind Schulungen: Beobachter werden ausführlich auf potenziell interessierende Ereignisse aufmerksam gemacht und üben zusammen mit erfahrenen Kollegen. Ein anderes Mittel zur Präzisierung von Beobachtungen ist es, den Standardisierungsgrad zu erhöhen (siehe oben). Je genauer festgelegt ist, auf was Beobachter achten sollen, desto geringer ist die Wahrscheinlichkeit für Fehler. Aber auch wenn Beobachtungen sehr standardisiert ablaufen, empfiehlt es sich, die Beobachtungsgüte zu überprüfen. Dies geschieht häufig durch den Vergleich der Ergebnisse von zwei oder mehr Beobachtern. Im einfachsten Fall, wenn zwei Beobachter dieselbe Anzahl von Beobachtungen gemacht haben und wenn die Beobachtungskategorien von vornherein festgelegt sind, kann das Ausmaß der Übereinstimmung relativ leicht bestimmt werden. Wenn beispielsweise zwei Beobachter einen Schüler über 15 Minuten hinweg beobachten und jede Minute protokollieren sollen, ob dieser Schüler gestört hat oder nicht, dann kann man das Maß der Übereinstimmung dadurch berechnen, dass man die Anzahl der übereinstimmenden Beobachtungen („Störung" und „keine Störung" in unserem Beispiel) durch die Gesamtanzahl der Beobachtungen (15 im Beispiel) teilt. Leider gibt es bei diesem Maß noch ein Problem: Die Beobachter könnten auch rein zufällig in ihren Beobachtungen übereinstimmen. Der Einfluss des Zufalls lässt sich aber mit entsprechenden Maßen wie etwa Cohens *Kappa* (Cohen, 1960; 1968) korrigieren.

Reaktivität der Beobachteten

Sie kennen wahrscheinlich die Situation: Sie sitzen irgendwo und jemand starrt Sie an. Das Wissen darüber hat nicht selten Einfluss auf unser Verhalten. Auch wenn wir wissen, dass uns jemand für besonders intelligent, kompromissbereit, inkompetent, geschwätzig usw. hält, kann das unser Verhalten beeinflussen: Beobachtete reagieren häufig auf Beobachtung. Das ist bei wissenschaftlichen Beobachtungen im Prinzip nicht anders, aber der Effekt wird, zumindest bei offenen Beobachtungen, dadurch abgemildert, dass die Beobachteten in der Regel wissen, dass und warum der Forscher an ihrem Verhalten interessiert ist. Wie schon erwähnt, nimmt der Effekt meist über die Zeit hinweg ab. Ein solcher direkter Beobachtungseffekt lässt sich hinsichtlich seiner Größe häufig abschätzen, etwa durch die Befragung von Bezugspersonen (z.B. „Ist Tilmann auch sonst so aufgedreht?"). Bei funktionierenden verdeckten Beobachtungen stellt sich das Problem natürlich nicht, wird jedoch sehr groß (und dürfte die Beobachtungsergebnisse meist stark verfälschen), wenn der Beobachtete Verdacht geschöpft hat.

Ein potenziell weitaus größeres Problem als die direkten Einflüsse des Beobachters auf das Verhalten des Beobachteten sind Effekte, die dadurch entstehen, dass der Beobachter bestimmte Erwartungen hegt, sich dieser aber möglicherweise nicht bewusst ist. Dass solche Effekte tatsächlich existieren, die Beobachteten also auf die Erwartungen der Beobachter reagieren, wurde zuerst von Robert Rosenthal nachgewiesen, der dem Effekt seinen Namen gab.[3] Ein bekanntes Beispiel für den Effekt ist im Kasten „Der Rosenthal-Effekt" zu sehen. Die Wahrscheinlichkeit für das Auftreten eines Rosenthal-Effekts kann vor allem in Experimenten (Kapitel 5) deutlich vermindert werden, wenn die Teilnehmer nicht wissen, welche Ergebnisse erwartet werden, wenn man also so genannte *Blindstudien* durchführt. Wenn beide Parteien, Beobachter und Beobachtete nicht Bescheid wissen – wie es häufig bei Studien zur Wirksamkeit von Medikamenten der Fall ist –, dann handelt es sich um so genannte *Doppelblindstudien*.

HINTERGRUND

Der Rosenthal-Effekt Der „Rosenthal-Effekt" wurde zunächst in Experimenten mit Ratten gefunden, später aber auch in vielen anderen Studien mit Menschen als Versuchsteilnehmern (für einen Überblick siehe Rosenthal, 1994). ▶Abbildung 4.5 zeigt die Ergebnisse aus einer Studie von Rosenthal und Lawson (1964). Hier sollten studentische Experimentatoren (die eigentlichen Versuchsteilnehmer) Ratten so trainieren, dass diese erfolgreich ihren Weg durch ein Labyrinth zu einer Futterquelle fanden. Die eine Hälfte der Studierenden bekam die Information, dass ihre Ratten besonders intelligent seien (speziell für das Erlernen solcher Labyrinth-Aufgaben gezüchtet) und die andere Hälfte bekam die Information, dass es sich um besonders dumme Ratten handle. Tatsächlich waren die Ratten zufällig auf die beiden Bedingungen aufgeteilt worden, unterschieden sich also in ihrer Intelligenz und Lernfähigkeit am Anfang der Studie nicht. Die Ergebnisse in Abbildung 4.5 zeigen jedoch, dass die „klugen" Ratten immer besser wurden, während sich die „dummen" Ratten kaum verbesserten. Allein die Erwartungen der Studierenden hatten diesen Effekt zu Wege gebracht. Wie genau die Effekte zustande kamen (wie sich das Verhalten der Studierenden auf Grund ihrer Erwartungen änderte), das scheint den Studierenden selbst auch nicht klar gewesen zu sein. ▶

---

3 Der Effekt ist auch unter „Pygmalion-Effekt" bekannt. Pygmalion ist ein in der griechischen Mythologie beschriebener Bildhauer, der sich in eine von ihm geschaffene Frauenskulptur verliebte und sie dadurch zum Leben erweckte.

▶**Fortsetzung**

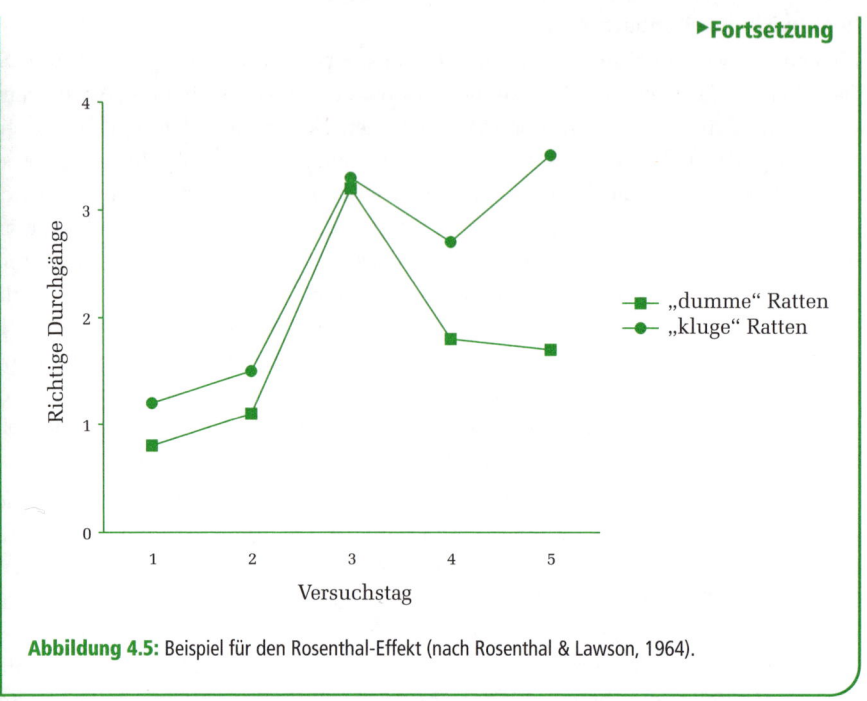

Abbildung 4.5: Beispiel für den Rosenthal-Effekt (nach Rosenthal & Lawson, 1964).

Observer Bias

Unter dem Begriff *Observer-Bias*[4] fasst man Effekte zusammen, die die Wahrnehmung des Beobachters systematisch verfälschen. Einer dieser Effekte ist der *Halo-Effekt*:[5] Gemeint ist damit, dass der Gesamteindruck, den der Beobachter hat, oder ein Merkmal, das bei ihm eine starke (emotionale) Reaktion hervorruft, die Wahrnehmung anderer Merkmale beeinflusst. Wenn der Beobachter beispielsweise Herrn Meier unsympathisch findet, dann „beobachtet" er mit höherer Wahrscheinlichkeit, dass Herr Meier auch faul und unbegabt ist. Ein anderer Effekt ist bekannt als *Observer-Drift*. Darunter versteht man, dass der Standard des Beobachters sich über die Zeit hinweg systematisch verändert. Dies kann verursacht sein durch Ermüdung, nachlassende Motivation, zunehmende Vertrautheit mit dem Beobachtungsgegenstand usw. Observer-Drift kann vor allem ein Problem sein, wenn die Beobachtungskategorien nicht genau definiert sind. Wenn der Beobachter in der Schulklasse beispielsweise nur „störendes Verhalten" als vorgegebene Beobachtungskategorie zur Verfügung hat, kann es sein, dass er mit der Zeit auch kleinere Schüleraktionen schon als Störungen einstuft (oder das umgekehrte Verhalten zeigt). Die beste Abhilfe gegen Observer-Drift ist also ein hohes Ausmaß an Standardisierung und außerdem natürlich die Beschränkung auf Beobachtungsperioden, die ein Beobachter ohne Konzentrationsverlust durcharbeiten kann.

---

4   Für viele Fachbegriffe in der Psychologie hat sich die englische Bezeichnung eingebürgert. In diesem Buch verwenden wir jeweils die häufiger benutzten Begriffe.
5   Halos sind Lichteffekte – „Ringe" um starke Lichtquellen – die durch die Lichtbrechung in hohen Wolkenfeldern erzeugt werden. Am bekanntesten sind Halos um die Sonne oder den Mond.

Zwei weitere systematische Urteilstendenzen von Beobachtern, die man mit einem hohen Ausmaß an Standardisierung unter Kontrolle bringen kann, sind *Kontrast-* und *Ankereffekte*. Beide Effekte können etwa entstehen, wenn die Leistungen von verschiedenen Personen hintereinander kategorisiert werden müssen. Wenn die Leistung der ersten Person sehr schlecht bewertet wurde, dann könnte der Beobachter dazu neigen, die Leistungen der zweiten Person, die möglicherweise nur unwesentlich besser waren, überzubewerten: ein Kontrasteffekt. Ein Ankereffekt ergäbe sich dann, wenn die Leistungen der ersten Person nur mittelmäßig waren, aber als sehr gut kategorisiert wurden. Das kann dann dazu führen, dass auch alle folgenden mittelmäßigen Leistungen als sehr gut eingeschätzt werden. Eine genaue Spezifikation der zu benutzenden Bewertungskategorien kann diese zwei Probleme deutlich entschärfen.

Interpretationsfehler

Interpretationsfehler sind besonders gravierend, wenn die Interpretation bedeutsame praktische Auswirkungen hat, wie beispielsweise in Prüfungssituationen.[6] Die Interpretation sollte natürlich nur von den wahrgenommenen Inhalten abhängen und nicht von irrelevanten Einflüssen, wie etwa dem Aussehen des Prüflings, seinem sozialen Hintergrund oder der Art und Weise, wie er spricht. Leider gibt es Evidenz, dass alle diese Faktoren einen Einfluss haben können. So hatte beispielsweise Pritz (1981) Videos anfertigen lassen, auf denen die Prüflinge in Geografie-Abiturprüfungen unterschiedlich schnell sprachen, aber identische Antworten auf Fragen gaben. Beurteiler (Geografie-Lehrer) interpretierten die Antworten der „Schnellsprecher" deutlich positiver als die der „Langsamsprecher".

Wie groß die Spannbreite möglicher Interpretationen einer Beobachtung im Prinzip sein kann, wird in ▶Abbildung 4.6 illustriert. Die Aktion von Herrn Hoffrage – den Rasen zu mähen – kann auf verschiedenen Ebenen interpretiert werden. Zunächst kann man Aspekte dieser komplexen Handlung herausgreifen (Gras schneiden, sich fit halten, Geräusche machen) und diese kausal interpretieren (schneidet Gras, weil ein Gartenfest ansteht, weil er etwas für seine Fitness tun möchte oder weil es ihm Spaß macht, mit dem Rasenmäher Geräusche zu produzieren). Dieser Schritt kann mit den ersten Interpretationen selbst wieder mehrere Male durchgeführt werden (möchte etwas für seine Fitness tun, weil er seine Gesundheit fördern möchte; und dies wiederum ist eine Folge seines Wunsches nach Erfüllung seiner Grundbedürfnisse), bis man zu solch globalen Interpretationen kommt wie „ein gutes Leben führen" oder „ein schlechtes Leben führen". Das Beispiel in Abbildung 4.6 ist natürlich völlig überzogen, aber es macht deutlich, dass man mit Interpretationen von Beobachtungen sehr sorgfältig umgehen sollte. Auch hier hilft wieder ein hohes Maß an Standardisierung, das durch eine gründliche theoretische Vorarbeit gewährleistet wird. Mit einer guten Theorie im Hintergrund können zu erwartende Beobachtungsergebnisse genau spezifiziert werden und wenn diese nicht eintreten, spricht das – nach der Abklärung von

---

6 Hier ist die Grenze zwischen Befragung und Beobachtung fließend, aber wie oben bereits erwähnt, wird der Begriff der Beobachtung meist so aufgefasst, dass er auch die Beobachtung von verbalen Äußerungen mit beinhaltet.

etwaigen methodischen Mängeln – tendenziell dafür, dass die Theorie modifiziert werden sollte.

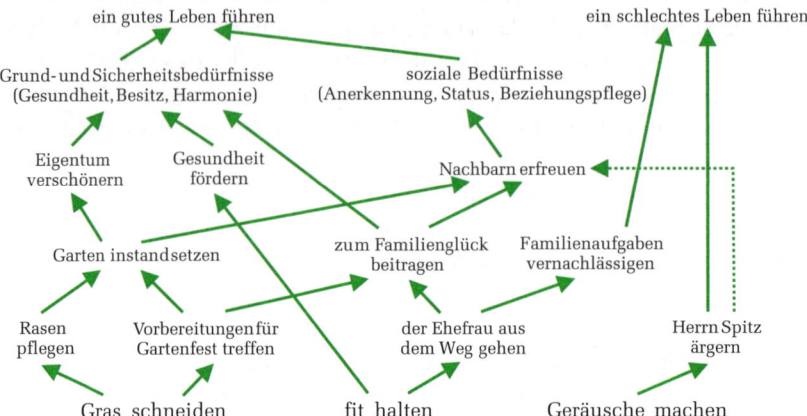

Abbildung 4.6: Herr Hoffrage beim Rasenmähen – potenzielle Probleme bei der Interpretation von Beobachtungen (modifiziert nach Greve & Wentura, 1997, 42).

Gedächtnisfehler

Wenn Beobachtungen aus dem Gedächtnis rekonstruiert werden müssen, kann es sein, dass Gedächtnisinhalte systematisch verfälscht werden, wie wir in Kapitel 1 gesehen haben. Auch Beobachter sind nicht grundsätzlich gegen Gedächtnisfehler gefeit. Solche Fehler können zustande kommen, wenn die Beobachter vor der Protokollierung ihrer Beobachtungen zusätzliche (abweichende) Informationen bekommen, etwa durch ein Gespräch mit anderen Beobachtern. Sie können aber auch dadurch entstehen, dass die Beobachtungen nicht mit den impliziten Theorien der Beobachter übereinstimmen. Auch hier helfen wieder Videoaufnahmen oder eine unmittelbare Protokollierung mit einer möglichst gut standardisierten Vorgabe. In Fällen, in denen beides nicht möglich ist (z.B. teilnehmende Beobachtung in einem Jugendprojekt), kann eine ausführliche Schulung der Beobachter hilfreich sein.

4.6 Beobachtung: Ein kurzes Resumée

Wie vor einer Befragung muss man auch vor einer Beobachtungsstudie einige Entscheidungen hinsichtlich der Rolle des Beobachters treffen. Wir haben einige Ratschläge dazu gegeben, ob man offen oder verdeckt, teilnehmend oder nicht-teilnehmend, in einer sehr standardisierten Art und Weise oder eher wenig standardisiert vorgehen sollte. Außerdem haben wir einige Überlegungen dazu angestellt, wann es angebracht ist, in die Beobachtungssituation einzugreifen oder sie so zu belassen wie sie ist. Wir haben uns außerdem angesehen, welche Arten von Fehlern im Beobachtungsprozess auftreten können und haben einige Empfehlungen für Gegenmaßnahmen gegeben. Da viele Punkte, die wir im Zusammenhang mit der Befragung diskutiert haben (Abschnitt 4.3), auch hier zutreffen, sind die zwei folgenden Abschnitte sehr kurz gehalten.

4.6.1 Wann welche Form von Beobachtung?

Wie bei der Befragung gilt auch bei der Beobachtung: Am Anfang einer Forschungs-richtung, wenn es zunächst darum geht, eine gute Theorie zu entwickeln, wird die Beobachtung so frei wie möglich sein. Da aber die Vielfalt der möglichen Ergebnisse bei der Beobachtung sehr viel höher ist als bei der Befragung – im Prinzip könnte man Befragung als Beobachtung verbalen Verhaltens betrachten –, lohnt es sich, die Vorgehens-weise sehr stark zu standardisieren. Vor allem, wenn eine Beobachtung zur Theorien-prüfung verwendet wird, sollte ein hohes Maß an Standardisierung gewährleistet sein.

4.6.2 Einige abschließende Hinweise

Die Vorbereitungen für eine Beobachtung ähneln denen für eine Befragung, insbeson-dere denen für mündliche Interviews. Vor der Beobachtung sollte zumindest ein grober Ablaufplan vorliegen: Wann und wie begibt sich der Beobachter in die Situation? Wie verhält er sich dort? Auf welche Ereignisse konzentriert er sich? Welche Zwischenfälle können eintreten? Wie soll er auf solche reagieren? Wie lange soll die Beobachtung dau-ern? Bei mehreren Beobachtern: Wann sollen sie sich abwechseln? Solche und ähnliche Fragen sollten vor Beginn der Untersuchung geklärt werden. Auch technische Belange, wie etwa Video-Aufzeichnungen, müssen sehr genau geplant werden. Wenn Beobachter das Geschehen direkt protokollieren, ist ein gewisses Ausmaß an vorherigem Training unbedingt notwendig, um ungenaue und unreliable Ergebnisse zu vermeiden.

4.7 Generalisierbarkeit von Befragungs- und Beobachtungsergebnissen

Meist möchte man die Befragungs- und Beobachtungsergebnisse generalisieren, das heißt, man möchte auf Grund des Ergebnisses in der untersuchten Stichprobe auch Aussagen über nicht direkt befragte Personen und nicht direkt untersuchte Situatio-nen machen können. Das Ausmaß, in dem dies möglich ist, wird oft als *externe Validi-tät* einer Studie bezeichnet. Generell gilt: Wenn die Stichprobe repräsentativ für die Population ist, dann können die Ergebnisse auf die Population generalisiert werden. Ob nun eine Stichprobe repräsentativ ist, hängt von Aspekten der verwendeten Situa-tionen und solchen der untersuchten Personen ab.

4.7.1 Auswahl der Situation

Wenn man beispielsweise das verbale Verhalten von rechtsradikalen Jugendlichen untersuchen möchte, dann könnte man eine kleine Gruppe von ihnen in einem Labor-raum einer Universität diskutieren lassen oder man könnte eine Untersuchung im „Kameradschaftsheim" durchführen. Die Ergebnisse würden sich wohl unterschei-den. Entscheidend ist, für welchen inhaltlichen Bereich man eine Generalisierung anstrebt. Wenn man an den verbalen Fähigkeiten von rechtsradikalen Jugendlichen interessiert ist, reicht vielleicht schon die Studie an der Universität. Wenn man jedoch daran interessiert ist, über was sich rechtsradikale Jugendliche unterhalten, wenn sie unter sich sind, dann ist das Kameradschaftsheim der bessere Ort. Vor allem bei Verhalten, das stark von sozialen Werten, Normen und der Ab- oder Anwesenheit anderer Personen abhängig ist, liegt es für die Forscher nahe, in die entsprechende Situation zu gehen und dort ihre Beobachtungsstudie oder ihr Interview durchzuführen. Wenn es um Aspekte geht, bei denen man annehmen kann, dass die Untersuchungsergebnisse nicht oder kaum von der Untersuchungssituationen abhängen – wie etwa Aspekte der Wahrnehmung oder der Informationsverarbeitung –, dann kann man oft auch auf Grund von Laborergebnissen gut generalisieren.

4.7.2 Auswahl der Studienteilnehmer

Noch stärker können Stichprobenergebnisse von den tatsächlichen Werten in der Population abweichen, wenn die Studienteilnehmer untypisch für die Population sind. Ob das der Fall ist, ist manchmal leicht festzustellen. Wenn es etwa darum geht herauszufinden, ob die Zukunftsangst bei Ostdeutschen höher ist als bei Westdeutschen, dann kann man nicht westdeutsche Jugendliche mit ostdeutschen Rentnern vergleichen. Man sollte in beiden Fällen entweder nach Alter, Einkommen usw. getrennte Analysen machen oder die entsprechenden Gruppen entsprechend ihres Bevölkerungsanteils in die Studie aufnehmen. Aber selbst wenn man systematisch solche repräsentativen Stichproben bildet, ist das noch keine Garantie gegen Fehlschlüsse. Der Kasten „Die Pleite der Meinungsforscher" zeigt ein bekanntes Beispiel für einen grandiosen Misserfolg bei der Auswahl einer „repräsentativen" Stichprobe (Freedman, Pisani, Purves, & Adhikari, 1991, 308ff.). Die beste Abhilfe gegen nicht-repräsentative Stichproben ist, jedem Mitglied der Population die gleiche Chance zu geben, in die Stichprobe zu kommen. Das ist nur möglich mit einer Zufallsauswahl, z.B. aus dem Melderegister. Zufällig gezogene Stichproben, die gar nicht mal so groß sein müssen (siehe Kapitel 10), sind die besten Garanten für eine hohe externe Validität.

HINTERGRUND

Die Pleite der Meinungsforscher Vor den amerikanischen Präsidentschaftswahlen 1948 hatten drei große Meinungsforschungsinstitute, Crossley, Gallup und Roper, den republikanischen Kandidaten Dewey zum Sieger vor seinem demokratischen Rivalen Truman erklärt. Sie sagten übereinstimmend etwas mehr als 50% der Stimmen für Dewey und ungefähr 40% der Stimmen für Truman voraus. Für ihre Stichprobenziehung benutzten sie eine „Quotenmethode". Die Quotenmethode sollte sicherstellen, dass die Befragten für die Gesamtbevölkerung repräsentativ waren. Für die Umfragen bedeutete das, dass jedem Interviewer vorgeschrieben war, wie viele der Befragten aus den Vororten und den Innenstädten sein mussten, wie viele schwarz oder weiß, wie viele unter und über 40 Jahre sein mussten usw. Am Wahltag kam dann die Überraschung: 50 % hatten Truman gewählt und nur 45% den Favoriten Dewey. An der Stichprobengröße konnte es nicht gelegen haben: Schon allein das Gallup Institut hatte 50.000 Interviews für die Vorhersage benutzt. Wie konnte es zu der Fehlvorhersage kommen? Das lag im Prinzip daran, dass die Republikaner im Durchschnitt wohlhabender und besser ausgebildet waren. Dies wiederum führte dazu, dass sie mit etwas höherer Wahrscheinlichkeit ein Telefon hatten und in schöneren Gegenden innerhalb der vorgegebenen Wohnbezirke wohnten. Republikaner waren also etwas leichter aufzufinden und zu interviewen. Das reichte trotz der Quotenmethode aus, zu einer völlig falschen Vorhersage zu gelangen.

Z U S A M M E N F A S S U N G

In der Psychologie gibt es im Grunde nur zwei Methoden, Daten zu erhalten: Befragen und Beobachten. Da diese beiden Methoden im Alltag oft ungenaue oder fehlerhafte Ergebnisse liefern, versucht man in der Wissenschaft, möglichst aussagekräftige und zuverlässige Daten dadurch zu erhalten, dass man die Art und Weise, wie man in welcher Situation fragt und beobachtet systematisiert und präzisiert und die Ergebnisse immer wieder auf mögliche Fehler hin überprüft.

Bei einer Befragung muss man sich entscheiden, ob sie mündlich oder schriftlich, mit freien oder festgelegten Antwortmöglichkeiten, einzeln oder in einer Gruppe oder wenig bzw. stark standardisiert erfolgen soll. Die Wahl einer entsprechenden Kombination hängt von der untersuchten Fragestellung und den zr Verfügung stehenden Mitteln ab. Antworten können dadurch systematisch verfälscht werden, wie die Fragen gestellt sind (z.B. schon durch die Art der Skalengestaltung bei einer schriftlichen Befragung), aber auch durch die Tendenz der Befragten, sich in einem guten Licht darzustellen oder durch Interviewereffekte. Alle diese Fehlermöglichkeiten lassen sich bei guter Vorbereitung minimieren.

Auch bei Beobachtungsstudien muss man sich entscheiden: offen oder verdeckt, teilnehmend oder nicht, stark standardisiert oder mit wenig Vorgaben und ob man in das Geschehen eingreifen möchte oder nicht. Auch hier hängt die Wahl einer Kombination weitgehend von der Fragestellung ab. Beobachtungsergebnisse können verfälscht werden durch Fehler beim Wahrnehmen, beim Interpretieren und Erinnern (falls man die Beobachtungsergebnisse nicht gleich protokollieren kann) und auch dadurch, dass der Prozess des Beobachtens beim Beobachteten unerwünschte Reaktionen auslösen kann. Die Fehleranfälligkeit von Beobachtungen kann durch die Schulung der Beobachter und durch ein hohes Maß an Struktur stark vermindert werden.

Z U S A M M E N F A S S U N G

Weiterführende Literatur

Bühner, M. (2006). *Einführung in die Test- und Fragebogenkonstruktion* (2. Aufl.). München: Pearson Studium.

Greve ,W. & Wentura, D. (1997). *Wissenschaftliche Beobachtung: Eine Einführung.* Weinheim: Psychologie Verlags Union.

Mummendey, H. D. (1999). *Die Fragebogenmethode* (3. Aufl.) Göttingen: Hogrefe.

Alle drei Bücher sind leicht verständliche Einführungen in die in den jeweiligen Titeln genannten Thematiken.

Übungsaufgaben mit Lösungen sowie weitere Informationen zu diesem Buchkapitel finden Sie auf der Companion Website zum Buch unter *http://www.pearson-studium.de*

Experimentelle Designs

5

ÜBERBLICK

Stellen Sie sich vor, Sie müssen im Rahmen eines Methodenseminars zu Übungszwecken zusammen mit einer Kommilitonin ein Experiment durchführen. Bei einem Kaffee überlegen Sie beide gemeinsam, wie Ihr Experiment aussehen könnte. Schließlich schlägt die Kommilitonin vor, dass Sie in einem Bahnhof das Verhalten von Personen beobachten könnten, die bei dem Versuch gescheitert sind, ein Ticket an einem Fahrkartenautomaten zu kaufen. Möglicherweise wäre dies tatsächlich eine interessante Untersuchung. Dennoch ist mit diesem Vorschlag ein erhebliches Problem verbunden: Er entspricht nicht der Aufgabe in Ihrem Seminar! Vielleicht überrascht es Sie zu erfahren, dass die skizzierte Untersuchung kein Experiment wäre.

Wir haben uns in den beiden vorangegangenen Kapiteln mit den Grundlagen des Messens und spezifischen, in der Psychologie häufig verwendeten Datenerhebungsverfahren befasst. Nun zeichnen sich empirische Untersuchungen nicht nur dadurch aus, dass in ihnen Daten (also Messwerte) erhoben werden. Ein weiteres Merkmal empirischer Untersuchungen wurde in Kapitel 1 bereits kurz angesprochen: Empirische Untersuchungen folgen einem bestimmten Versuchsplan bzw. Design. Durch das Design wird beispielsweise festgelegt, wer untersucht wird, ob die Teilnehmer in Gruppen eingeteilt werden, ob und wie der Versuchsleiter in die Untersuchungssituation eingreift (sie also manipuliert) und in welcher zeitlichen Abfolge bestimmte Maßnahmen und Messungen im Verlauf der Untersuchung vorgenommen werden. Diese Festlegungen bestimmen, welche Aussagen und Schlussfolgerungen aufgrund der Untersuchungsergebnisse getroffen werden können. Wir werden uns in diesem Kapitel mit einer Gruppe von Versuchsplänen beschäftigen, die einen Großteil der gesamten psychologischen Forschung ausmacht: den experimentellen Designs. Als Experiment werden in der Wissenschaft – im Gegensatz zum Sprachgebrauch im Alltag – nur solche Untersuchungen bezeichnet, die eine Aussage über einen Kausalzusammenhang zwischen zwei Variablen ermöglichen. Das Ziel eines Experiments besteht also grundsätzlich darin zu klären, ob die Ausprägung einer Variable A (vielleicht Frustration) die Ausprägung einer Variable B (vielleicht Aggression) ursächlich beeinflusst. Wie wir bald sehen werden, sind entsprechende Aussagen nur dann möglich, wenn das Untersuchungsdesign bestimmte Merkmale aufweist. Die wichtigsten Merkmale von experimentellen Designs werden häufig kurz als *Manipulation* und *Kontrolle* bezeichnet: Diejenige Variable, die als Ursache vermutet wird, muss durch den Experimentator manipuliert werden. Zudem müssen (meist zahlreiche) Maßnahmen ergriffen werden, die es dem Experimentator ermöglichen, alle Variablen, die nicht Gegenstand der Untersuchung sind, zu kontrollieren. Damit ist auch klar, warum die von Ihrer Kommilitonin vorgeschlagene Studie kein Experiment darstellt: Ihr fehlen die Merkmale der Manipulation und Kontrolle. Dies bedeutet auch, dass Verhaltensweisen, die in der Studie beobachtet werden, nicht eindeutig auf das Scheitern am Fahrkartenautomaten zurückgeführt werden können.

Wir werden uns im Folgenden zunächst mit der Grundidee – oder Logik – des Experiments beschäftigen und an einfachen experimentellen Designs erläutern, wie diese Grundidee umgesetzt werden kann. Dabei werden wir ausführlich auf Techniken eingehen, die das schwierigste Problem beim Experimentieren lösen: Die Kontrolle von so genannten Störvariablen. Im Anschluss werden wir komplexere experimentelle Versuchspläne erörtern: Mehrfaktorielle Designs und „within-subjects designs". Das Kapitel endet mit einer kurzen Diskussion so genannter Quasi-Experimente. Dies sind Versuchspläne, die insbesondere dann angewendet werden, wenn die Durchführung „echter" Experimente nicht möglich ist.

5.1 Warum werden Experimente durchgeführt?

Wir haben bereits in Kapitel 1 gesehen, dass Wissenschaftler versuchen, präzise und möglichst fehlerfreie Erkenntnisse über die Welt zu gewinnen, indem sie aus Theorien Hypothesen ableiten und diese Hypothesen einem empirischen Test unterziehen. Aus den Ergebnissen dieser Tests werden dann wiederum Rückschlüsse auf die Theorien gezogen (siehe Kapitel 2). In der Grundlagenwissenschaft werden Experimente durchgeführt, um genau solche Tests von Theorien zu realisieren. Experimente sind zu diesem Zweck oftmals besonders geeignet, da sie die beste Methode zur Überprüfung von Hypothesen über Ursache-Wirkungs-Zusammenhänge darstellen. Viele psychologische Theorien bestehen in ihrem Kern aus einer oder mehreren Aussagen über die Ursachen eines bestimmten Verhaltens oder Erlebens. So gibt es zum Beispiel Theorien, die Faktoren benennen, die zu aggressivem Verhalten führen, Theorien, die erklären wollen, unter welchen Bedingungen bestimmte Emotionen entstehen, oder Theorien über die Ursachen des Vergessens. Um die entsprechenden Kausalhypothesen einem strengen Test zu unterziehen – also möglichst eindeutig zu klären, ob die in den Theorien spezifizierten Ursachen tatsächlich das jeweilige Verhalten oder Erleben beeinflussen – werden Experimente benötigt. Komplexere Theorien beinhalten unter Umständen keine direkten Aussagen über Ursachen eines bestimmten Verhaltens, sondern treffen Annahmen über in der Regel nicht beobachtbare, allgemeine Mechanismen und Funktionsprinzipien, die menschlichem Verhalten in verschiedenen Bereichen zugrunde liegen sollen. Ein Beispiel für eine solche Theorie ist der Informationsverarbeitungs-Ansatz, der in Kapitel 2 kurz besprochen wurde. Damit derartige Theorien empirisch getestet werden können, müssen aber auch aus ihnen falsifizierbare Hypothesen abgeleitet werden können. Bei diesen Hypothesen handelt es sich oftmals um Vermutungen über Faktoren, die ein bestimmtes Verhalten ursächlich beeinflussen. Auch hier bieten sich also Experimente zur Überprüfung an.

Die Durchführung von Experimenten kann sehr sinnvoll sein, wenn es nicht (oder zumindest nicht hauptsächlich) darum geht, Theorien zu testen. Ein zweites großes Einsatzgebiet von Experimenten findet sich in der angewandten Forschung: Experimente können genutzt werden, um die Effektivität von Behandlungen, Trainingsprogrammen oder allgemein von Interventionsmaßnahmen zu evaluieren. So stellen Experimente zum Beispiel in der Medizin (Pharmazie) die Methode der Wahl dar, um die Wirksamkeit von Medikamenten zu überprüfen. Um behaupten zu können, dass ein bestimmtes Medikament den gewünschten Behandlungserfolg bewirkt, genügt es nicht festzustellen, dass bei Personen, die das Medikament einnehmen, eine entsprechende Besserung eintritt. Für diese Beobachtung gibt es zahlreiche Alternativerklärungen. So treten bei vielen körperlichen und seelischen Krankheiten so genannte Spontanremissionen auf: Die erkrankten Personen würden auch ohne jede Behandlung wieder gesund werden. Zudem weiß man, dass unter Umständen allein die Erwartung, in wirksamer Weise behandelt zu werden, zu Besserungen führt (dieses Phänomen wird als Placebo-Effekt bezeichnet, siehe Abschnitt 5.3.2). Dass die behandelten Personen gesunden, ist also eventuell darauf zurückzuführen, dass die Patienten *glauben*, dass das Medikament wirkt und nicht darauf, dass es tatsächlich wirkt. Der wesentliche Vorteil von Experimenten besteht auch hier darin, dass sie durch Manipulation und Kontrolle derartige Alternativerklärungen – soweit als möglich – ausschließen. Ein Experiment würde also eine mit wesentlich weniger Zweifeln behaftete Aussage darüber zulassen, ob es tatsächlich das Medikament ist, das für die Genesung der Patienten ursächlich verantwortlich ist.

Natürlich ist die Durchführung von Experimenten in der angewandten Forschung nicht auf Studien zur Medikamentenwirksamkeit begrenzt. Experimente werden in vielen verschiedenen Bereichen eingesetzt, um die Wirkung von Interventionsmaßnahmen zu überprüfen. Weitere Beispiele sind Experimente zur Wirksamkeit verschiedener Arten von Psychotherapie, zur Effektivität von Unterrichtsmethoden oder zur Nützlichkeit von Fortbildungsmaßnahmen.

5.2 Die Logik des Experiments

Die Schlussfolgerung, dass zwischen zwei Variablen ein Ursache-Wirkungs-Zusammenhang besteht, ist an bestimmte logische Voraussetzungen gebunden. Der wesentliche Unterschied zwischen experimentellen Designs und anderen Versuchsplänen besteht darin, dass das Vorgehen in Experimenten sicherstellen soll, dass diese Voraussetzungen erfüllt sind. Wir wollen in diesem Abschnitt näher auf die dem Experiment zugrunde liegende „Logik" eingehen und einige konkrete Maßnahmen beschreiben, in denen sich diese Logik niederschlägt. Betrachten wir dazu zunächst ein Beispiel für ein sehr einfaches, aber enorm bekanntes Experiment:

Tversky und Kahneman (1974) interessierten sich für die Frage, wie Menschen Schätzungen über quantitative Größen abgeben, wenn ihnen die korrekte Antwort unbekannt ist (es kann sich dabei um sehr unterschiedliche Größen handeln, etwa um die Kosten eines Urlaubs, die Höhe des Eiffelturms oder den Prozentsatz der Raucher in einer bestimmten Stadt). Sie gingen dabei von der Annahme aus, dass solche Schätzungen nicht zustande kommen, indem alle verfügbaren Argumente und Informationen gründlich abgewogen und schließlich in einem sorgfältig überdachten Urteil zusammengefasst werden – ein solches Vorgehen wäre einfach zu aufwändig und würde zu lange dauern. Tversky und Kahneman vermuteten, dass Menschen stattdessen vereinfachende Strategien – so genannte Heuristiken – nutzen, um zu einer Schätzung zu gelangen. Solche Heuristiken sollten eine schnelle und effiziente Urteilsbildung ermöglichen und dabei in der Regel zu recht guten Ergebnissen führen. Der Preis für die Verwendung dieser ‚mentalen Abkürzungen' bestünde allerdings darin, dass es unter bestimmten Bedingungen zu systematischen Fehlern kommt. Eine der von Tversky und Kahneman vorgeschlagenen Heuristiken wird als ‚Verankerung und Anpassung' (*anchoring and adjustment*) bezeichnet. Bei dieser Heuristik wird zunächst eine bestimmte Zahl als Startwert oder Anker genutzt. Dieser Startwert kann durch die Fragestellung direkt vorgegeben oder zumindest von ihr impliziert sein, er kann auf einer ersten Überlegung beruhen, er kann aber auch aus einem völlig irrelevanten Kontext stammen. In diesem Fall handelt es sich einfach um irgendeine Zahl, die dem Urteilenden in den Sinn kommt. In einem zweiten Schritt wird die endgültige Schätzung gebildet, indem der Startwert angepasst wird. Diese Anpassung gelingt aber – so Tversky und Kahneman – nur unzureichend, so dass die Schätzung schließlich zu nah am Startwert liegt. Demnach müssten also Urteiler, die von unterschiedlichen Startwerten ausgehen, auch unterschiedliche Schätzungen abgeben.

Diese Hypothese wurde in einem Experiment getestet (Tversky & Kahneman, 1974). Das Experiment begann damit, dass in Anwesenheit der Teilnehmer ein Glücksrad gedreht wurde, um eine Zufallszahl zu bestimmen. Allerdings war das Glücksrad manipuliert: Etwa bei der Hälfte der Teilnehmer hielt es bei der Zahl 10, bei der anderen Hälfte zeigte es die 65. Die Aufgabe der Teilnehmer bestand nun zunächst darin einzuschätzen, ob die vorgebliche Zufallszahl größer oder kleiner ist als der Prozentsatz der afrikanischen Staaten in den Vereinten Nationen. Dieses Vorgehen wurde gewählt, um die „Zufallszahl" als Anker zu etablieren. Nachdem die Teilnehmer die erste Frage beantwortet hatten, sollten sie in einer zweiten Aufgabe genau einschätzen, wie viel Prozent der Mitgliedsstaaten der Vereinten Nationen afrikanische Länder sind. Die Ergebnisse dieser Schätzungen bestätigten die Hypothese: Diejenigen Teilnehmer, die den hohen Anker erhalten hatten, schätzten im Mittel 45%. In der Gruppe mit dem niedrigen Anker lag der Mittelwert der Schätzungen dagegen bei 25%. Tversky und Kahneman schlossen daher, dass quantitative Schätzungen durch einen Startwert beeinflusst werden – und zwar selbst dann, wenn dieser Startwert völlig willkürlich zustande kommt und offensichtlich keinerlei relevante Information enthält.

5.2.1 Grundlage für Kausalschlüsse

Ist diese Schlussfolgerung gerechtfertigt? Um schließen zu können, dass eine Variable A einen ursächlichen Einfluss auf eine Variable B ausübt, müssen generell drei Voraussetzungen erfüllt sein:

- A und B kovariieren,
- A tritt zeitlich vor B auf und
- Alternativerklärungen (andere Ursachen als A) können ausgeschlossen werden.

Kovariation

Die Bedingung der Kovariation ist erfüllt, wenn zwischen den beiden beteiligten Variablen ein Zusammenhang besteht: Veränderungen in derjenigen Variablen, die als Ursache vermutet wird, müssen mit Änderungen in der Ausprägung der anderen Variablen einhergehen. Dies war in Tverskys und Kahnemans (1974) Experiment offensichtlich der Fall: Personen, denen ein niedriger Anker vorgegeben wurde, gaben im Mittel niedrigere Schätzungen ab als Personen, denen ein hoher Anker vorgegeben wurde. Die Schätzungen der Teilnehmer kovariierten also mit der Höhe des Ankers. Die Bedeutung der Kovariation für Schlussfolgerungen über Kausalzusammenhänge wird sofort deutlich, wenn wir uns ein anderes Ergebnis des Experiments vorstellen: Hätten die Teilnehmer mit niedrigem Anker die gleiche durchschnittliche Schätzung abgegeben wie die Teilnehmer mit hohem Anker, so wäre offensichtlich gewesen, dass die Schätzungen nicht durch den vorgegebenen Startwert beeinflusst wurden. Eine Kovariation zwischen den beteiligten Variablen ist also eine notwendige Voraussetzung für den Schluss, dass zwischen den Variablen auch eine Ursache-Wirkungs-Beziehung besteht. Um im Experiment überhaupt feststellen zu können, ob eine Kovariation vorhanden ist, müssen die Auswirkungen von mindestens zwei unterschiedlichen Ausprägungen der Variablen, die als Ursache vermutet wird, verglichen werden. Auch dies lässt sich leicht an unserem Beispielexperiment verdeutlichen: Nehmen wir an, Tversky und Kahneman hätten *ausschließlich* den hohen Anker verwendet und festgestellt, dass die Teilnehmer nach dieser Vorgabe den Prozentsatz der afrikanischen Staaten in den Vereinten Nationen im Mittel auf 45% schätzen. Aufgrund dieser Beobachtung wäre keinerlei Aussage über die Wirkung des Ankers möglich. Es wäre nämlich nicht auszuschließen, dass Personen, denen ein anderer oder gar kein Anker vorgegeben wird, die gleiche durchschnittliche Schätzung abgeben.

In Experimenten werden die benötigten unterschiedlichen Ausprägungen der Variablen, die als Ursache vermutet wird, grundsätzlich durch einen Eingriff des Experimentators hergestellt. Diese Variable wird also manipuliert. Variablen, die in Experimenten manipuliert werden, werden als *unabhängige Variablen* (UV) bezeichnet. Die Auswirkungen der UV zeigen sich in der *abhängigen Variablen* (AV). Die AV wird also nicht manipuliert, sondern gemessen. In unserem Beispielexperiment wird die UV „Höhe des Ankerwerts" mit den Ausprägungen „10%" und „65%" manipuliert und die AV „Schätzung des Prozentsatzes der afrikanischen Staaten in den Vereinten Nationen" gemessen. Generell besteht ein wesentliches Merkmal des psychologischen Experiments also darin, dass mindestens zwei unterschiedliche Bedingungen (Ausprägungen einer UV) hergestellt werden und beobachtet wird, ob in diesen Bedingungen Unterschiede in der AV auftreten. Oftmals handelt es sich bei den zwei Bedingungen einfach um eine Situation, in der die UV anwesend ist, und eine weitere Situation, in der die UV abwesend ist. In diesem Fall spricht man auch von einer *Experimentalbedingung* und einer *Kontrollbedingung*. Wollten wir etwa prüfen, ob eine neuartige, im Internet bereitgestellte Grammatik die Sprachfähigkeiten von Schülern im Leistungskurs Englisch verbessert, könnten wir dafür Sorge tragen, dass eine Gruppe von Schülern die neuartige Grammatik benutzt (Experimentalbedingung) und eine andere Gruppe auf die herkömmliche Weise unterrichtet wird (Kontrollbedingung).

Zeitliche Präzedenz

Nun lässt sich oftmals auch ohne Manipulation und außerhalb von Experimenten feststellen, ob eine Variable mit einem anderen Merkmal kovariiert. Um beispielsweise die Frage zu klären, ob zwischen dem „Umfang sozialer Aktivitäten" und der „Lebenszufriedenheit" ein Zusammenhang besteht, genügt es völlig, beide Variablon an oinor größeren Stichprobe von Personen zu messen. Tatsächlich gibt es empirische Untersuchungen, die in dieser Weise vorgehen (z.B. Myers & Diener, 1995). Die Ergebnisse dieser Untersuchungen zeigen, dass sozial aktivere Menschen (zumindest tendenziell) mit ihrem Leben zufriedener sind. Das Wissen, dass zwischen diesen Variablen eine Kovariation vorhanden ist, reicht aber nicht aus, um zu schließen, dass mehr soziale Aktivitäten größere Lebenszufriedenheit verursachen. Das Problem besteht darin, dass allein aufgrund der Kovariation keine Aussage über die *Kausalrichtung* getroffen werden kann. Natürlich ist es möglich, dass häufigere soziale Aktivitäten tatsächlich größere Lebenszufriedenheit auslösen. Denkbar wäre aber auch, dass es sich umgekehrt verhält: Vielleicht führt eine größere Lebenszufriedenheit dazu, dass Menschen sich weniger zurückziehen und sozial aktiver sind. Beide Kausalrichtungen sind mit der beobachteten Kovariation vereinbar (Wir vernachlässigen für den Moment eine dritte Möglichkeit: Vielleicht besteht zwischen den beiden Variablen überhaupt kein direkter Kausalzusammenhang und die Kovariation geht auf die Wirkung einer anderen Variablen zurück).

Um die Kausalrichtung eindeutig zu bestimmen, müssen wir auf die zweite Voraussetzung für einen gültigen Kausalschluss zurückgreifen: Die Ursache geht der Wirkung voraus. Um zweifelsfrei angeben zu können, welche Variable die Ursache und welche die Wirkung ist, muss also die zeitliche Abfolge der Variablen bekannt sein. Wir müssten demnach wissen, ob die soziale Aktivität vor der Lebenszufriedenheit auftrat oder ob umgekehrt die Lebenszufriedenheit der sozialen Aktivität vorausging. Da die beteiligten Variablen aber ausschließlich gemessen wurden, können wir keine Aussage über die zeitliche Abfolge treffen. Für einen eindeutigen Kausalschluss genügt es daher nicht, natürlicherweise auftretende Unterschiede im Umfang sozialer Aktivitäten und der Lebenszufriedenheit bei verschiedenen Personen zu betrachten. Die Manipulation der UV in Experimenten löst dieses Problem: Unterschiedliche Ausprägungen derjenigen Variablen, die in der Hypothese als Ursache vermutet wird, werden durch einen Eingriff des Experimentators hergestellt. Der Experimentator übernimmt damit auch die Rolle der Ursache für die UV. Anschließend wird die AV in den verschiedenen Bedingungen gemessen. Auf diese Weise ist ausgeschlossen, dass die AV die UV ursächlich beeinflusst, einfach weil die Variation in der UV möglichen Unterschieden in der AV zeitlich vorausgeht.

Wir könnten die Ursache-Wirkungs-Beziehung zwischen sozialer Aktivität und Lebenszufriedenheit also experimentell untersuchen, indem wir zunächst ein unterschiedliches Ausmaß an sozialer Aktivität herstellen. Eine Gruppe der (natürlich freiwilligen) Teilnehmer könnten wir etwa dazu veranlassen, einige Zeit in sozialer Isolation zu verbringen. In einer anderen Gruppe müssten wir für den gleichen Zeitraum ein hohes Ausmaß an sozialer Aktivität sicherstellen (vielleicht durch gemeinsames Wohnen, gemeinsame Fußballspiele, Kneipenbesuche usw.). Fänden wir anschließend Unterschiede in der durchschnittlichen Lebenszufriedenheit zwischen beiden Gruppen, so könnten wir mit deutlich größerer Sicherheit annehmen, dass dies tatsächlich auf den Umfang sozialer Aktivitäten zurückgeht. In gleicher Weise ist natürlich auch in Tverskys und Kahnemans (1974) Ankerexperiment durch die Manipulation der UV die Kausalrichtung eindeutig geklärt. Da zunächst unterschiedliche Startwerte vorgegeben und anschließend die Schätzungen erhoben werden, ist ausgeschlossen, dass innerhalb des Experiments von den Schätzungen eine Wirkung ausgeht. In diesem Experiment ist die Manipulation der UV im Unterschied zu der Untersuchung zur Lebenszufriedenheit allerdings wohl schon deswegen notwendig, weil wir keine Gelegenheit haben, natürlich auftretende Variation in der UV zu beobachten. Wir finden leicht eine größere Anzahl von Personen, die sich im Umfang ihrer sozialen Aktivitäten unterscheiden. Wir werden aber kaum eine größere Anzahl von Personen finden, die dieselbe Größe einschätzen und dabei systematisch von unterschiedlichen Startwerten ausgehen, die für uns auch feststellbar sind. Die Manipulation der UV wird hier also auch benötigt, um die für die Fragestellung relevante Situation überhaupt herzustellen.

Ausschluss von Alternativerklärungen

Auch wenn man nach einer Manipulation beobachtet, dass zwischen UV und AV eine Kovariation besteht, kann man noch nicht sicher sein, dass die UV tatsächlich einen ursächlichen Einfluss auf die AV ausübt. Wir haben bisher die Möglichkeit außer Acht gelassen, dass es eine andere Erklärung dafür geben könnte, dass die AV in den verschiedenen Bedingungen des Experiments unterschiedliche Werte annimmt. Die dritte Voraussetzung für einen gültigen Kausalschluss – der Ausschluss solcher Alternativerklärungen – ist das schwierigste Problem in Experimenten. Potenzielle Alternativerklärungen ergeben sich aus allen *Störvariablen*. Dies sind Variablen, die in der untersuchten Hypothese nicht als Ursache genannt werden, die aber dennoch einen Einfluss auf die AV haben könnten. Tatsächlich kommt eine Störvariable als Alternativerklärung dann in Betracht, wenn sie mit der UV kovariiert. In diesem Fall spricht man von einer *Konfundierung*. Im Ankerexperiment wäre etwa dann eine besonders offensichtliche Konfundierung vorhanden, wenn in der Bedingung mit hohem Anker irgendeine zusätzliche Information über den Prozentsatz der afrikanischen Staaten in den Vereinten Nationen gegeben würde, in der Bedingung mit niedrigem Anker hingegen nicht. Das gleiche Problem bestünde aber auch, wenn der Versuchsleiter den Teilnehmern in beiden Bedingungen unterschiedlich viel Zeit lässt, um ihre Schätzungen abzugeben, oder wenn die Teilnehmer in einer Bedingung motivierter oder gewissenhafter sind als in der anderen. In allen diesen Fällen ließe sich der Unterschied in den Schätzungen nicht mehr eindeutig auf die unterschiedlichen Ankerwerte in den beiden Bedingungen zurückführen, sondern könnte auch durch die Störvariablen „Vorinformation", „Zeitvorgabe", „Motivation" oder „Gewissenhaftigkeit" erklärt werden. Eindeutige Kausalschlüsse sind also nur möglich, wenn Konfundierungen vermieden werden. Um Konfundierungen und somit Alternativerklärungen auszuschließen, muss der Experimentator die Störvariablen kontrollieren. Diese Kontrolle der Störvariablen ist – neben der Manipulation der UV – das zweite essenzielle Bestimmungsstück von Experimenten.

Es existiert eine Reihe von verschiedenen Kontrolltechniken, mit denen wir uns in den nächsten Abschnitten ausführlicher beschäftigen werden. Die Idee aller dieser Kontrolltechniken besteht aber darin, die Störvariablen entweder *konstant zu halten* oder zu *balancieren*. Wie verwendeten Tversky und Kahneman (1974) im Ankerexperiment diese Techniken, um Alternativerklärungen auszuschließen? In ihrem Experiment wurden diverse Variablen konstant gehalten, die die Schätzungen der Teilnehmer hätten beeinflussen können. So erhielten alle Teilnehmer zu Beginn der Untersuchung genau dieselben Instruktionen. Mit der Ausnahme, dass die Höhe des vorgegebenen Ankers zwischen den Bedingungen variierte, durchliefen anschließend alle Teilnehmer genau dieselbe Prozedur: Zunächst wurde mit dem Glücksrad eine Zahl ermittelt. Auf diese Weise hatte der Ankerwert für alle Teilnehmer den gleichen Informationsgehalt – nämlich keinen. Dann wurde von allen Teilnehmern eine „Grobschätzung" verlangt, bei der sie angeben sollten, ob die Zufallszahl größer oder kleiner ist als der gesuchte Prozentsatz. Schließlich wurde allen Teilnehmern die eigentliche Schätzfrage in exakt derselben Formulierung vorgelegt. Es ist offensichtlich, dass die Ergebnisse des Experiments nicht interpretierbar gewesen wären, wenn der Ablauf der Untersuchung in den verschiedenen Bedingungen nicht in allen wesentlichen Merkmalen gleich gewesen wäre. Jeder zusätzliche Unterschied zwischen den Bedingungen lässt Raum für die Gegeninterpretation, dass die Differenz in den mittleren Schätzungen nicht auf die Manipulation der UV zurückzuführen ist, sondern eben auf diesen zusätzlichen Unterschied. Solche Gegeninterpretationen werden durch das Konstanthalten von Störvariablen ausgeschlossen. Konstant gehaltene Variablen können nicht mit der UV kovariieren. Indem Tversky und Kahneman also beispielsweise den Informationsgehalt beider Ankerwerte konstant hielten, verhinderten sie eine Konfundierung der Höhe der Ankerwerte mit ihrem Informationsgehalt. Eine konstant gehaltene Variable kann aber auch nicht mit der AV kovariieren. Als Erklärung für Unterschiede, die in der AV beobachtet werden, kommen solche Variablen daher nicht mehr in Frage.

Das Balancieren von Störvariablen wird benötigt, da es nicht möglich ist, alle Variablen, die in einem Experiment kontrolliert werden sollten, konstant zu halten. Die wichtigsten Variablen, die nicht konstant gehalten werden können, sind die Eigenschaften und Merkmale der Teilnehmer am Experiment. Im Ankerexperiment (Tversky und Kahneman, 1974) wurden die Teilnehmer in zwei Gruppen eingeteilt. In einer Gruppe wurde dann der hohe Ankerwert präsentiert, in der anderen der niedrige. An den beiden Bedingungen des Experiments nahmen also verschiedene Personen teil. Offensichtlich werden sich diese Personen hinsichtlich zahlloser Merkmale unterschieden haben: Sie werden unterschiedlich intelligent und motiviert gewesen sein, sie werden unterschiedlich umfangreiches Wissen über die Vereinten Nationen gehabt haben usw. Könnten die Unterschiede in den Schätzungen, die in den verschiedenen Bedingungen gefunden wurden, also gar nicht auf die Manipulation der UV zurückzuführen sein, sondern auf Unterschiede zwischen den Personen in den beiden Gruppen? Wie konnten Tversky und Kahneman diese Gegeninterpretation ausschließen? Offensichtlich ist es keine Option, alle Störvariablen, die die Teilnehmer zum Experiment „mitbringen", konstant zu halten. Wir können einfach nicht dafür sorgen, dass alle Teilnehmer exakt gleich motiviert, ängstlich, intelligent oder aufmerksam sind und über das gleiche Vorwissen verfügen. Um eine Konfundierung dieser personengebundenen Störvariablen mit der UV zu verhindern, ist es aber nicht erforderlich, dass sie bei allen Teilnehmern den gleichen Wert aufweisen. Es genügt, wenn die Störvariablen in den verschiedenen Bedingungen des Experiments den gleichen durchschnittlichen Wert annehmen. Wenn die Teilnehmer in der Gruppe mit hohem Anker im Mittel beispielsweise ebenso intelligent sind wie die Teilnehmer in der Gruppe mit niedrigem Anker, dann ist die Intelligenz als Ursache für den Unterschied im Durchschnitt der Schätzungen natürlich ausgeschlossen. Durch das Balancieren von Störvariablen soll also sichergestellt werden, dass die Variablen in den verschiedenen Bedingungen eines Experiments im Mittel gleich ausgeprägt sind und somit auch den gleichen „mittleren" Einfluss auf die AV ausüben. Wir werden im nächsten Abschnitt genauer besprechen, wie sich eine Balancierung erreichen lässt. Es sei aber schon jetzt erwähnt, dass die wichtigste Technik darin besteht, die Teilnehmer den Bedingungen des Experiments zufällig zuzuweisen. Diese zufällige Zuweisung wird als *Randomisierung* bezeichnet. Tverskys und Kahnemans ursprüngliche Schilderung des Ankerexperiments ist äußerst knapp und enthält keine Angabe darüber, ob eine Randomisierung vorgenommen wurde. Wir können wohl dennoch annehmen, dass die Einteilung der Teilnehmer in zwei Gruppen zufällig erfolgte. In Experimenten, in denen sich in den verschiedenen Bedingungen unterschiedliche Personen befinden, ist die Durchführung einer Randomisierung einfach ein Standard. Tatsächlich ist die Randomisierung so wichtig, dass Studien, in denen sie fehlt, gar nicht als „echte" Experimente gelten. Solche Studien werden stattdessen als *Quasi-Experimente* bezeichnet (siehe Abschnitt 5.7).

Fassen wir die Grundidee des Experiments noch einmal kurz zusammen: In einem Experiment wird (mindestens) eine unabhängige Variable durch einen Eingriff des Experimentators manipuliert. Auf diese Weise werden (mindestens) zwei unterschiedliche Bedingungen hergestellt. Anschließend wird beobachtet, ob sich in den verschiedenen Bedingungen das Verhalten oder Erleben der Teilnehmer in einem bestimmten Aspekt unterscheidet. Es wird also festgestellt, ob die gemessene abhängige Variable mit der unabhängigen Variable kovariiert. Im Idealfall unterscheiden sich die verschiedenen Bedingungen ausschließlich durch die Ausprägung der unabhängigen Variablen. Wird tatsächlich eine solche „isolierte Manipulation" erreicht, so kann der kausale Schluss gezogen werden, dass gemessene Unterschiede in der abhängigen Variablen durch die unabhängige Variable verursacht wurden.

5.2.2 Interne Validität

Wenn ein Experiment einen eindeutigen Kausalschluss ermöglicht, wird es auch als *intern valide* bezeichnet. Da das Ziel von Experimenten ja gerade darin besteht, Ursache-Wirkungs-Zusammenhänge unzweifelhaft aufzudecken, ist die interne Validität das wichtigste Kriterium zur Beurteilung der Güte von Experimenten. Letztlich dienen alle essenziellen Bestandteile von Experimenten dem Ziel, die interne Validität zu erhöhen: Durch die Manipulation der UV wird die Kausalrichtung eindeutig festgelegt — die UV kann auf die AV wirken, ein umgekehrter Effekt ist ausgeschlossen. Durch die Kontrolle von Störvariablen werden Konfundierungen vermieden und somit Alternativerklärungen für eine Kovariation von UV und AV ausgeschlossen. Da zumeist jedoch nicht alle potenziell relevanten Störvariablen bekannt sind, ist interne Validität ein Ziel, von dem letztlich nie mit absoluter Gewissheit behauptet werden kann, dass es erreicht wurde. Die Frage, ob in einem Experiment nicht doch irgendeine bisher nicht bedachte Konfundierung vorgelegen haben könnte, kann Gegenstand heftiger Diskussionen werden. Nicht selten werden Experimente überhaupt nur durchgeführt, um zu klären, ob in einem vorangegangenen Experiment eine unerkannte Konfundierung bestanden hat. In diesem Fall wird die Störvariable, von der vermutet wird, dass sie im ersten Experiment mit der Manipulation konfundiert war, zur UV des nachfolgenden Experiments. Gerade weil man aber damit rechnen muss, dass Kritiker eines Experiments sehr ausführlich nach denkbaren Konfundierungen suchen werden, ist es sinnvoll die in den folgenden Abschnitten beschriebenen Kontrolltechniken möglichst umsichtig einzusetzen. Auf diese Weise werden plausible Gegeninterpretationen von vorn herein ausgeschlossen und so die interne Validität des Experiments erhöht.

Neben der internen Validität ist ein weiteres, allerdings weniger wichtiges Kriterium, das zur Beurteilung von Experimenten herangezogen werden kann, die externe Validität (siehe Abschnitt 4.7). Wir werden im Abschnitt 5.4 genauer auf die Rolle der externen Validität bei Experimenten eingehen und klären, wie die externe Validität von Experimenten erhöht werden kann.

Blicken wir zum Abschluss dieser Erläuterungen über die Logik des Experiments noch einmal auf das Ankerexperiment zurück. Was genau konnten Tversky und Kahneman (1974) mit diesem Experiment zeigen? Ihr Ziel bestand darin, mit dem Experiment eine theoretische Annahme über einen nicht beobachtbaren kognitiven Prozess zu testen. Gemäß dieser Annahme geben Menschen Schätzungen über quantitative Größen ab, indem sie von einem Startwert ausgehen und diesen Startwert nur unzureichend anpassen. Um diese Annahme zu prüfen, konstruierten Tversky und Kahneman im Ankerexperiment zwei Situationen, in denen der vermutete kognitive Prozess zu unterschiedlichem, beobachtbarem Verhalten führen müsste. Tatsächlich bestätigte sich die entsprechende Vorhersage: Die Vorgabe von unterschiedlichen Ankerwerten führte zu unterschiedlich hohen Schätzungen über den Prozentsatz afrikanischer Staaten in den Vereinten Nationen. Da inzwischen zahlreiche ähnliche Experimente ebenfalls einen Ankereffekt fanden, gibt es keinen plausiblen Grund mehr, an der internen Validität des ursprünglichen Befundes zu zweifeln: Quantitative Schätzungen werden tatsächlich durch Ankerwerte beeinflusst. Dies zeigt aber noch nicht, dass auch die theoretischen Annahmen über den zugrunde liegenden kognitiven Prozess zutreffen. Wir haben bereits in Kapitel 2 gesehen, dass Theorien durch empirische Untersuchungen nicht bewiesen, sondern allenfalls falsifiziert werden können. Dies gilt natürlich auch für das Ankerexperiment. Ein wesentlicher Grund dafür besteht darin, dass immer noch andere, nicht beobachtbare kognitive Prozesse denkbar sein könnten, die ebenfalls zu dem im Experiment beobachteten Verhalten führen würden. Tatsächlich nahm die weitere Forschung zum Ankereffekt einen entsprechenden Verlauf: Es wurden alternative Erklärungen für die Wirksamkeit von Ankerwerten vorgeschlagen. Als am besten bewährt gilt gegenwärtig wohl folgende Annahme über den zugrunde liegenden kognitiven Prozess: Die Vorgabe des Startwerts führt dazu, dass zunächst geprüft wird, ob der Startwert die korrekte Schätzung sein könnte. Bei dieser Prüfung werden systematisch mehr Argumente generiert, die für den Startwert sprechen, als Argumente, die dagegen sprechen. In der Folge erscheint ein Wert, der zumindest in der Nähe des Startwerts liegt, als korrekte Antwort plausibel und wird daher als Schätzung genannt (Mussweiler & Strack, 1999). Die Forschung zum Ankereffekt ist damit typisch für einen Großteil der experimentellen Grundlagenforschung in der Psychologie: Es werden theoretische Annahmen über nicht beobachtbare Prozesse postuliert. Aus diesen Prozessen werden dann Vorhersagen über beobachtbares Verhalten abgeleitet. In Experimenten wird geprüft, ob diese Vorhersagen eintreffen. Ist dies der Fall, so hat sich die theoretische Annahme bewährt. Sie bleibt aber dennoch nur die „vorläufig" beste Erklärung für den beobachteten Effekt und muss sich auch weiterhin im Widerstreit mit konkurrierenden Theorien durchsetzen.

5.3   Kontrolltechniken

Im einfachsten Fall enthält ein Experiment nur eine UV. Es werden lediglich zwei Ausprägungen (die auch als *Stufen* bezeichnet werden) dieser UV hergestellt und es wird nur eine AV gemessen. Sofern den unterschiedlichen Bedingungen verschiedene Personen zugeordnet werden, spricht man auch von einem experimentellen Design mit *unabhängigen Gruppen* oder (auch im Deutschen) von einem *between-subjects Design*. Die englischsprachige Bezeichnung rührt daher, dass die UV bei diesem experimentellen Vorgehen *zwischen* Versuchsteilnehmern variiert wird. Das Ankerexperiment (Tversky & Kahneman, 1974) ist also ein Beispiel für ein solches, sehr einfaches Experiment mit einem between-subjects Design. Offensichtlich erfordert die Verwendung eines between-subjects Designs, dass personengebundene Störvariablen kontrolliert werden: Alle Merkmale der Teilnehmer, die einen Einfluss auf die AV ausüben könnten, müssen in den verschiedenen Gruppen zumindest im Durchschnitt die gleiche Ausprägung aufweisen. Im Folgenden werden zunächst Techniken dargestellt, die diese Kontrolle personengebundener Störvariablen ermöglichen. Anschließend werden wir darauf eingehen, wie Störvariablen kontrolliert werden können, die erst in der Versuchssituation auftreten.

5.3.1   Kontrolle personengebundener Störvariablen

Randomisieren

Wir haben bereits im vorangegangenen Abschnitt erwähnt, dass die Randomisierung die wichtigste Technik ist, um personengebundene Störvariablen zu kontrollieren. Unter Randomisierung versteht man die zufällige Zuweisung der Teilnehmer zu den verschiedenen Bedingungen eines Experiments. Dabei besteht für jeden Teilnehmer die gleiche Chance, einer bestimmten Bedingung zugeordnet zu werden.

Im Ankerexperiment (Tversky & Kahneman, 1974) ist beispielsweise das Vorwissen der Teilnehmer über die Vereinten Nationen eine relevante, personengebundene Störvariable. Warum wird durch die Randomisierung eine Konfundierung dieser Störvariable mit der UV „Höhe des Ankers" vermieden? Die Antwort ist denkbar einfach:

Wenn wir eine größere Anzahl von Teilnehmern zufällig zwei unterschiedlichen Bedingungen zuteilen, haben wir keinen Grund anzunehmen, dass sich die Teilnehmer in beiden Gruppen systematisch hinsichtlich ihres Vorwissens unterscheiden. Der Zufall wird dafür Sorge tragen, dass von den Teilnehmern mit sehr umfangreichem Vorwissen einige der Bedingung mit hohem Anker und einige andere der Bedingung mit niedrigem Anker zugeordnet werden. Es wäre sehr unwahrscheinlich, dass alle Teilnehmer, die viel über die Vereinten Nationen wissen, zufällig in derselben Bedingung landen. Gleiches gilt natürlich auch für die Teilnehmer mit geringem oder gar keinem Vorwissen: Nach der zufälligen Zuordnung werden sich voraussichtlich in beiden Bedingungen einige dieser Teilnehmer befinden. Insgesamt können wir also davon ausgehen, dass der Zufall dazu führt, dass sich Teilnehmer mit unterschiedlich umfangreichem Vorwissen gleich auf die Bedingungen mit hohem und niedrigem Anker verteilen. Das durchschnittliche Vorwissen wird somit wahrscheinlich in beiden Bedingungen gleich oder zumindest sehr ähnlich ausgeprägt sein. – Die Störvariable wird durch die Randomisierung balanciert.

Warum sollten wir es dem Zufall überlassen, personengebundene Störvariablen zu kontrollieren? Eine zwar recht aufwändige, aber im Prinzip durchaus gangbare Alternative bestünde ja darin, das Vorwissen der Teilnehmer zu messen und sie anschließend gezielt so in zwei Gruppen einzuteilen, dass in beiden Bedingungen das gleiche durchschnittliche Vorwissen vorhanden ist. Ein wesentliches Problem mit dieser Alternative ergibt sich daraus, dass das Vorwissen nicht die einzige personengebundene Störvariable ist, die wir kontrollieren sollten. Im Ankerexperiment ist vielleicht auch die Intelligenz oder Motivation der Teilnehmer relevant. Alle diese Störvariablen vorab zu messen und die Teilnehmer so aufzuteilen, dass die Störvariablen balanciert sind, dürfte schon sehr schwer oder unmöglich sein. Ein noch größeres Problem besteht aber darin, dass wir zumeist nicht alle wirksamen Störvariablen kennen. Möglicherweise werden die Schätzungen auch durch ein Merkmal der Teilnehmer beeinflusst, das wir vor dem Experiment nicht bedacht haben oder dessen Relevanz bislang gänzlich unbekannt ist (vielleicht durch das Studienfach oder die politische Einstellung). Die Randomisierung bietet den unschätzbaren Vorteil, dass durch sie *alle* personengebundenen Störvariablen – bedachte wie unbedachte, bekannte wie unbekannte – kontrolliert werden. So wie wir annehmen können, dass der Zufall Teilnehmer mit unterschiedlichem Vorwissen gleichmäßig auf die verschiedenen Bedingungen verteilt, können wir natürlich auch für jede andere Störvariable davon ausgehen, dass sie durch die Randomisierung ausbalanciert wird.

Im Kasten „Block-Randomisierung" wird erläutert, wie eine Randomisierung praktisch durchgeführt werden kann.

Block-Randomisierung Studierenden, die zum ersten Mal ein Experiment durchführen, erscheint es häufig befremdlich und überflüssig eine Münze zu werfen, zu würfeln oder Lose zu ziehen, um zu entscheiden, welche Teilnehmer welcher Versuchsbedingung zugewiesen werden. Wenn man die Zuteilung ohne einen besonderen Plan und spontan vornimmt, ist in der Zuordnung der Teilnehmer zu den Bedingungen ja auch kein System zu erkennen! Dennoch kann der Zufall *nicht* durch eine solche „willkürliche" Vorgehensweise ersetzt werden. Der Grund ist schlicht, dass eine Zuordnung, die der Versuchsleiter für unsystematisch hält, nicht tatsächlich unsystematisch sein muss. Eine spontane Entscheidung des Versuchsleiters, eine bestimmte Teilnehmerin einer bestimmten Bedingung zuzuweisen, könnte auch gänzlich unbewusst durch seine Erwartungen, Einstellungen oder Vorlieben beeinflusst sein. Die Randomisierung dient auch als ein Schutz gegen solche unbewussten Einflüsse.

Wie lässt sich nun eine zufällige Zuteilung vornehmen? Eine leicht umzusetzende Möglichkeit liefert die Technik der Block-Randomisierung. Nehmen wir an, wir führen ein Experiment mit vier unterschiedlichen Bedingungen durch (diese Bedingungen werden im Folgenden mit A, B, C und D bezeichnet). Ein erster Schritt besteht dann darin, die vier Bedingungen in eine zufällige Reihenfolge zu bringen. Dazu könnten wir vier Lose mit den Buchstaben A bis D beschriften und nacheinander ziehen. Das Resultat dieser Ziehung ist ein erster randomisierter „Block", z.B.:

Block 1: C, A, B, D

Die ersten vier Teilnehmer werden entsprechend der Reihenfolge im ersten Block nun nacheinander den Bedingungen C, A, B und D zugeordnet. Für die nächsten vier Teilnehmer benutzen wir erneut unsere Lose und erstellen eine neue zufällige Reihenfolge der Bedingungen, z.B.:

Block 2: D, B, A, C

Die Teilnehmer 5 bis 8 werden dann gemäß der Reihenfolge in Block 2 den Bedingungen zugeordnet. Diese Prozedur wird so lange wiederholt, bis die gewünschte Anzahl an Teilnehmern erreicht ist. Sollen in unserem Experiment beispielsweise 80 Teilnehmer getestet werden, so müssten wir 20 randomisierte Blöcke erstellen.

Die Block-Randomisierung ist nicht nur leicht zu handhaben, sondern bietet auch einige inhaltliche Vorteile. So ist mit dieser Vorgehensweise sichergestellt, dass an jeder Bedingung gleich viele Personen teilnehmen. Gleiche Gruppengrößen sind in Experimenten generell erstrebenswert. Der Grund dafür ist (etwas vereinfacht ausgedrückt), dass wir über die Ausprägung einer AV in einer bestimmten Bedingung umso genauere und fehlerfreie Angaben machen können, je mehr Personen wir unter dieser Bedingung untersuchen. — Es ist leicht nachzuvollziehen, dass eine Aussage, die auf der Messung von 100 Personen beruht, mit geringerer Unsicherheit behaftet ist als eine Aussage, die auf der Messung von nur 10 Personen basiert. Würden in unserem Experiment also einer Bedingung mehr Personen zugewiesen als einer anderen Bedingung, so würden wir unterschiedlich „sichere" Ergebnisse erhalten. Dies würde auch den Vergleich der Ergebnisse in beiden Bedingungen erschweren (Sie werden in den Kapiteln 10 bis 12 mehr über dieses Problem erfahren). Ein weiterer Vorteil der Block-Randomisierung besteht darin, dass mit dieser Technik Störvariablen kontrolliert werden, die erst im Laufe der Durchführungszeit eines Experiments auftreten. Die Durchführung eines Experiments mit vielen Teilnehmern erstreckt sich in der Regel über Tage, zuweilen auch über Wochen und Monate. In dieser Zeit können Ereignisse auftreten, die das Verhalten der Teilnehmer beeinflussen. ▶

▶Fortsetzung

Ein Kollege von uns ist beispielsweise überzeugt, dass sich studentische Versuchsteilnehmer in Experimenten vor Weihnachten oftmals anders verhalten als nach Weihnachten (der Vorweihnachtsstress und die nahenden Ferien sollen dabei eine wesentliche Rolle spielen). Sofern der Kollege richtig liegt, stellt das Ereignis „Weihnachten" eine Gefährdung der internen Validität von Experimenten dar: Wenn die Daten in einer Bedingung hauptsächlich vor Weihnachten und in einer anderen Bedingungen hauptsächlich nach Weihnachten erhoben werden, könnte ein Unterschied zwischen den Bedingungen nicht auf die Wirkung der UV, sondern auf den unterschiedlichen Durchführungszeitpunkt zurückgehen. Die Block-Randomisierung löst dieses Problem: Da innerhalb eines Blocks pro Bedingung ein Teilnehmer getestet wird, wird in allen Bedingungen die gleiche (oder zumindest eine sehr ähnliche) Anzahl von Personen vor Weihnachten untersucht. Die Störvariable „Durchführung vor / nach Weihnachten" ist damit balanciert. In gleicher Weise werden durch die Block-Randomisierung auch alle anderen zeitbezogenen Störvariablen kontrolliert. Sollte es im Verlauf der Durchführung eines Experiments etwa unerwartet nötig werden, die Versuchsleiterin aufgrund einer Erkrankung auszutauschen, so ist auch dies kein Problem. Die erste Versuchsleiterin wird vor ihrer Erkrankung alle Bedingungen mit gleich vielen Personen durchgeführt haben.

Parallelisieren

Um durch die Technik der Randomisierung eine effektive Kontrolle von personengebundenen Störvariablen sicherstellen zu können, müssen ausreichend große Stichproben von Teilnehmern untersucht werden. Die Annahme, dass die zufällige Zuordnung von Personen dazu führt, dass sich individuelle Unterschiede „rausmitteln" und Störvariablen somit in allen Gruppen die gleiche durchschnittliche Ausprägung annehmen, ist nur gerechtfertigt, wenn hinreichend viele Teilnehmer auf die Bedingungen verteilt werden. Werden hingegen nur kleine Stichproben untersucht, ist nicht gewährleistet, dass der Zufall tatsächlich zu einer Balancierung führt. Der Prozess ist im Wesentlichen derselbe wie beim wiederholten Werfen einer Münze oder beim Würfeln: Wenn Sie sechsmal einen Würfel werfen, ist die Chance, dass jede Zahl genau einmal fällt, sehr klein. Wenn Sie hingegen sehr häufig würfeln, können sie durchaus darauf vertrauen, dass alle Zahlen in etwa gleich häufig – also bei einem Sechstel der Würfe – auftreten (siehe auch die Ausführungen zum „Gesetz der Großen Zahlen" in Kapitel 10). Die nahe liegende Frage, wie viele Teilnehmer pro Bedingung benötigt werden, damit eine Randomisierung verlässlich funktioniert, hat leider keine eindeutige Antwort. Die erforderliche Anzahl an Teilnehmern hängt unter anderem davon ab, wie homogen die Population ist, aus der die Stichproben gezogen werden. Wird eine homogene Population untersucht – sind sich die Teilnehmer also hinsichtlich zahlreicher Störvariablen ähnlich –, so ist die benötigte Personenzahl geringer als bei heterogenen Populationen.

Um hinreichend sicher sein zu können, dass eine Kontrolle personengebundener Störvariablen mittels einer Randomisierung gelingt, sollten daher generell eher große Stichproben getestet werden. Allerdings stehen solche großen Stichproben nicht immer zur Verfügung. Insbesondere wenn mit einem Experiment Aussagen über eine bestimmte, eng gefasste Personengruppe getroffen werden sollen, ist die Zahl der erreichbaren Teilnehmer oftmals begrenzt. So wird man bei klinischen Studien mit Patienten in der Medizin oder Psychologie häufig mit kleinen Stichproben auskommen müssen. Auch wenn man die Effektivität von Fördermaßnahmen bei musikalisch hochbegabten Kindern untersucht, werden sich wahrscheinlich nur wenige geeignete Teilnehmer finden lassen. In solchen Fällen besteht eine nahe liegende Alternative darin, in *allen* Bedingungen des Experiments *alle* Teilnehmer zu testen – also anstelle eines between-subjects Designs ein so genanntes *within-subjects Design* zu verwenden (siehe dazu Abschnitt 5.5). Auch diese Option steht allerdings nicht immer zur Verfügung. Manche Experimente erfordern einfach, dass den verschiedenen Stufen einer UV unterschiedliche Personen zugeordnet werden. Wollen wir etwa die Wirksamkeit verschiedener Operationsmethoden bei einer bestimmten Erkrankung untersuchen, so besteht kaum die Möglichkeit dieselben Personen zwei Mal zu operieren.

Wenn ein within-subjects Design nicht in Frage kommt und lediglich wenige Personen an einem Experiment teilnehmen, dann ist das Parallelisieren eine gute Alternative zum Randomisieren. Bei dieser Kontrolltechnik wird vor dem Experiment diejenige Störvariable bei den Teilnehmern gemessen, die durch die Parallelisierung kontrolliert werden soll. Man bildet dann zunächst Gruppen aus Teilnehmern, die auf der Störvariable den gleichen oder zumindest einen sehr ähnlichen Wert haben. Die Größe dieser Gruppen richtet sich nach der Zahl der Bedingungen im Experiment: Gibt es im Experiment nur 2 Bedingungen, werden auch nur jeweils zwei Teilnehmer mit ähnlichen Messwerten zu einer Gruppe zusammengefasst. Werden hingegen 3 Stufen einer UV untersucht, benötigt man Gruppen von 3 Teilnehmern mit ähnlichen Werten auf der Störvariablen. Schließlich wird aus jeder dieser Gruppen ein Teilnehmer jeder der verschiedenen Bedingungen zugewiesen. Auf diese Weise ist sicher gestellt, dass der Durchschnitt der Störvariablen in allen Bedingungen gleich ist.

Die Technik des Parallelisierens ist offensichtlich nur sinnvoll, wenn eine Störvariable bekannt ist, von der anzunehmen ist, dass sie für den Ausgang des Experiments relevant ist – andernfalls wäre es gänzlich überflüssig, eine bestimmte Variable vorab zu messen und zu kontrollieren. Die Variable, die bevorzugt zur Parallelisierung genutzt wird, ist diejenige Variable, die auch im Experiment selbst gemessen wird – die AV. Bei diesem Vorgehen wird die AV also bei jedem Probanden zwei Mal gemessen: ein Mal vor und ein zweites Mal nach der experimentellen Manipulation (man spricht auch von *Vorher-* und *Nachher-Messungen*). Betrachten wir ein Beispiel: Nehmen wir an, es soll die Wirkung zweier Medikamente zur Senkung des Cholesterinspiegels untersucht werden. Offensichtlich ist davon auszugehen, dass die Cholesterinwerte, die die Teilnehmer nach der Behandlung mit einem der Medikamente haben werden, auch von den ursprünglichen Werten abhängen. Es wäre daher sinnvoll, die Cholesterinwerte der Teilnehmer auch zu Beginn des Experiments zu messen und Paare von Teilnehmern mit gleichem Cholesterinspiegel zu bilden. Aus jedem Paar wird dann ein Teilnehmer der Bedingung „Medikament A" und ein Teilnehmer der Bedingung „Medikament B" zugeordnet.[1]

---

1   Vorher-Messungen werden nicht nur zum Zweck der Parallelisierung eingesetzt. Es gibt eine eigene Gruppe von Versuchsplänen mit Vorher- und Nachher-Messungen (eine kurze Einführung findet man bei Bortz und Döring, 2006).

Eine Parallelisierung anhand der AV ist allerdings nicht in allen Experimenten möglich. Problematisch ist dieses Vorgehen vor allem dann, wenn eine erste Messung der AV zu „Übungseffekten" führt. Stellen wir uns vor, dass in einem Experiment die Effektivität von verschiedenen Lösungsstrategien bei einem bestimmten Rätsel untersucht werden soll. Hier wäre es offensichtlich widersinnig, die Probanden das Rätsel sowohl vor dem als auch in dem Experiment bearbeiten zu lassen. Wahrscheinlich würden die Teilnehmer beim ersten Mal zumindest Teilschritte eines geeigneten Lösungswegs finden. Im Experiment könnten dann kaum noch nennenswerte Unterschiede in der Lösungshäufigkeit oder Lösungszeit zwischen verschiedenen Bedingungen auftreten. In diesem Fall müsste also eine andere Variable als die „Lösungskompetenz" zur Parallelisierung der Teilnehmer genutzt werden. Anbieten würde sich vielleicht die Intelligenz. Dieses Ausweichen auf eine andere Variable hat aber nur Sinn, wenn diese Variable tatsächlich mit der AV kovariiert – in unserem Beispiel also dann, wenn höhere Intelligenz tatsächlich mit einer kürzeren Lösungszeit oder höheren Lösungswahrscheinlichkeit einhergeht.

Schließlich ist beim Parallelisieren zu beachten, dass durch diese Technik nur *eine* personengebundene Störvariable kontrolliert wird (oder allenfalls eine sehr begrenzte Anzahl von personengebundenen Störvariablen). Diese Störvariable muss aber natürlich nicht das einzige Merkmal der Teilnehmer sein, das einen Einfluss auf die AV ausübt. Im Experiment zur Wirkung von Medikamenten, die den Cholesterinspiegel senken sollen, sind etwa das Alter und Geschlecht der Teilnehmer sowie zusätzliche Erkrankungen potenzielle Kandidaten für weitere relevante Störvariablen. Um solche Störvariablen zu kontrollieren, ist es wichtig, dass auch in Experimenten mit Parallelisierung eine Randomisierung vorgenommen wird. Es sollte also jeweils per Zufall entschieden werden, welcher der Teilnehmer aus einem Paar mit ähnlichem Cholesterinspiegel mit welchem Medikament behandelt wird. Da eine Parallelisierung vor allem in Experimenten mit kleinen Stichproben angewendet wird, bleibt zwar unsicher, ob durch diese Randomisierung tatsächlich eine wirksame Kontrolle der zusätzlichen personengebundenen Störvariablen gelingt. Dennoch ist die Randomisierung die beste verfügbare Methode, um einer Konfundierung dieser Störvariablen mit der UV entgegenzutreten.

5.3.2 Kontrolle von Störvariablen in der Versuchssituation

Konstanthalten und Eliminieren

Die wichtigste Technik zur Kontrolle von Störvariablen, die in der Versuchssituation auftreten, ist sicherlich das Konstanthalten. Wir haben bereits gesehen, dass sich die verschiedenen Bedingungen eines Experiments im Idealfall ausschließlich durch die Ausprägungen der UV unterscheiden. Dieser Idealzustand ließe sich offensichtlich erreichen, indem jenseits der UV einfach alle Merkmale der Untersuchungssituation in allen Bedingungen und bei allen Versuchsteilnehmern konstant gehalten werden. Tatsächlich wird man sich in psychologischen Experimenten zumeist darum bemühen, dass alle für die Untersuchung wesentlichen Vorgänge in den verschiedenen Bedingungen soweit wie möglich identisch ablaufen. So werden etwa – wie im Ankerexperiment von Tversky und Kahneman (1974) – die Instruktionen der Versuchsteilnehmer in unterschiedlichen

Bedingungen typischerweise exakt gleich lauten (natürlich nur, wenn die Manipulation der UV nicht durch unterschiedliche Instruktionen erfolgen soll). Eine Kontrolle durch Konstanthalten wird sich allerdings kaum auf alle Merkmale der Untersuchungssituation erstrecken – dafür ist die Zahl der Merkmale einfach zu groß. So ließen sich, um nur einige Beispiele zu nennen, im Prinzip in jedem Experiment der Untersuchungsraum, die Tageszeit der Untersuchung, die Anzahl der bei der Untersuchung anwesenden Personen, die Raumtemperatur oder der Versuchsleiter konstant halten. Man wird sich aber bei der Kontrolle durch Konstanthalten auf solche Variablen beschränken, bei denen ein plausibler Grund zu der Annahme besteht, dass sie tatsächlich Einfluss auf die AV nehmen könnten. So mag der Untersuchungsraum bei bestimmten Gedächtnisexperimenten tatsächlich einen Einfluss auf die Leistung haben (z.B. fällt der Abruf von gelerntem Material leichter, wenn Lern- und Testphase in demselben Raum stattfinden) und daher konstant gehalten werden. Im Ankerexperiment ist dagegen kaum zu vermuten, dass die Urteile der Versuchsteilnehmer von Schwankungen der Raumtemperatur um ein paar Grad beeinflusst wurden. Ein Bemühen darum, die Raumtemperatur zu kontrollieren, wird entsprechend von Tversky und Kahneman auch nicht berichtet.

Eine Variante der Kontrolle durch Konstanthalten besteht im Eliminieren von Störvariablen. Beim Eliminieren wird dafür Sorge getragen, dass der Wert einer Störvariablen in allen Bedingungen und bei allen Teilnehmern 0 beträgt. Man stellt also sicher, dass die Störvariable gar nicht auftritt. Muss man etwa befürchten, dass das Ergebnis eines Lernexperiments durch Lärm beeinflusst wird, so kann man diese Störvariable eliminieren, indem man das Experiment in einem schallisolierten Raum durchführt.

Balancieren

Nehmen wir an, dass in einem bestimmten Experiment Grund zu der Annahme besteht, dass Personenmerkmale des Versuchsleiters sowie der Untersuchungsraum relevante Störvariablen sind. Wir könnten uns daher entschließen, diese Störvariablen konstant zu halten und folglich das gesamte Experiment stets in demselben Raum und stets mit derselben Versuchsleiterin durchführen. Mit dieser Vorgehensweise sind zwei Probleme verbunden: Zum einen ist das Konstanthalten in diesem Fall zeitaufwändig. Offensichtlich wäre das Experiment schneller beendet, wenn wir mehrere Versuchsleiterinnen und mehrere Räume einsetzen könnten. Zum anderen können wir streng genommen keinerlei Aussage darüber treffen, ob wir in einem anderen Raum und mit einer anderen Versuchsleiterin dieselben Ergebnisse gefunden hätten.

Eine alternative Kontrolltechnik, die diese Probleme zumindest verringert, besteht darin, die Störvariablen gezielt auszubalancieren. Wir könnten also beispielsweise auch drei Versuchsleiterinnen einsetzen oder vier Räume nutzen, müssten dann aber sicherstellen, dass jede der Versuchsleiterinnen gleich viele Teilnehmer in den verschiedenen experimentellen Bedingungen betreut oder dass in jedem Untersuchungsraum die verschiedenen Bedingungen gleich häufig durchgeführt werden. Diese Balancierung wird deutlich erleichtert, wenn die Versuchsteilnehmer den Bedingungen per Block-Randomisierung zugewiesen wurden. Die Balancierung erfordert dann lediglich, dass wir den

Versuchsleiterinnen (oder den Untersuchungsräumen) stets ganze Blöcke von Teilnehmern zuordnen. Da jeder Block einen Teilnehmer aus jeder experimentellen Bedingung enthält, ist so garantiert, dass jede Versuchsleiterin gleich viele Teilnehmer aus jeder Bedingung betreut – die Störvariable „Versuchsleiterin" ist damit also balanciert.

Die Kontrolltechnik des Balancierens spielt auch in Experimenten mit within-subjects Designs, in denen die Teilnehmer nacheinander alle experimentellen Bedingungen durchlaufen, eine besonders wichtige Rolle. In Experimenten mit solchen Designs kann es zu Konfundierungen der UV mit der Reihenfolge der Durchführung der Bedingungen kommen. Würde etwa die Kontrollbedingung eines Experiments stets vor der Experimentalbedingung durchgeführt, so könnte die Leistung in der Experimentalbedingung aufgrund eines Übungseffekts (künstlich) erhöht sein. Derartige Konfundierungen in within-subjects Designs versucht man zu verhindern, indem man die Reihenfolge der verschiedenen Bedingungen ausbalanciert. Wir werden auf die entsprechenden Verfahrensweisen im Abschnitt 5.5 im Detail eingehen.

Randomisieren

Die Technik des Randomisierens kann nicht nur zur Kontrolle von personengebundenen Störvariablen eingesetzt werden. Neben den Teilnehmern können auch andere „Bestandteile" eines Experiments den verschiedenen Bedingungen zufällig zugeordnet werden. Tatsächlich wird die Möglichkeit zum Randomisieren etwa auch dann recht häufig genutzt, wenn in einem Experiment Versuchsmaterialien auf Bedingungen aufgeteilt werden müssen. Dies ist dann besonders sinnvoll, wenn mit dem Versuchsmaterial zahlreiche Eigenschaften verbunden sind, die innerhalb eines Experiments als Störvariablen wirksam werden könnten. Dies ist z.B. der Fall, wenn das Stimulusmaterial aus Wörtern besteht. Verschiedene Wörter sind unterschiedlich lang, unterschiedlich konkret, sie werden unterschiedlich bewertet, sie treten außerhalb des Experiments unterschiedlich häufig auf, sie sind den Teilnehmern unterschiedlich vertraut, sie gehören unterschiedlichen grammatikalischen Kategorien an usw. Alle diese Eigenschaften gezielt zu kontrollieren und somit eine Konfundierung mit der jeweiligen UV zu verhindern, wird in der Regel ebenso wenig möglich sein, wie eine gezielte Kontrolle aller Eigenschaften der Versuchsteilnehmer. Man wird daher darauf vertrauen müssen, dass eine zufällige Zuordnung der Wörter zu den experimentellen Bedingungen alle ihre Eigenschaften gleichmäßig verteilt und somit alle potenziellen Störvariablen durch Balancierung kontrolliert.

Kontrolle von Erwartungseffekten

Eine besondere Gruppe von Störvariablen im psychologischen Experiment ergibt sich aus der Tatsache, dass Versuchsteilnehmer nicht nur passiv auf die Geschehnisse in der jeweiligen Versuchsbedingung reagieren, sondern oftmals auch aktiv nach dem Sinn und Zweck des Experiments suchen, Vermutungen über die Hypothesen anstellen und Erwartungen über die Wirkung der Behandlung, die ihnen im Experiment widerfährt, entwickeln. Diese Erwartungen können dann wiederum das Verhalten der Teilnehmer und somit das Ergebnis des Versuchs beeinflussen. Zudem können auch Erwartungen des Versuchsleiters die Ergebnisse von Experimenten verfälschen: In der

Interaktion mit Teilnehmern kann der Versuchsleiter – auch ohne dass dies von ihm beabsichtigt wäre – eigene Erwartungen zum Ausdruck bringen, die dann möglicherweise ebenfalls Einfluss auf das Verhalten der Probanden nehmen. Effekte, die auf Erwartungen der Versuchsteilnehmer oder des Versuchsleiters zurückgehen, stellen also eine Bedrohung der internen Validität im psychologischen Experiment dar.

Spezifische Erwartungen der Versuchsteilnehmer können aufgrund von Merkmalen der Untersuchungssituation zustande kommen, die (zumindest aus Sicht der Teilnehmer) signalisieren, welches Verhalten gezeigt werden *sollte* oder welche Effekte wahrscheinlich auftreten werden. Solche Hinweise in der Untersuchungssituation werden auch als *demand characteristics* bezeichnet. So könnten Teilnehmer, denen mitgeteilt wird, dass ihnen im Verlauf des Experiments Alkohol verabreicht wird, leicht bestimmte Effekte erwarten – etwa dass sie bei Aufgaben, die ihre Konzentration oder ihren Gleichgewichtssinn in besonderer Weise fordern, schlechter abschneiden als gewöhnlich. In der Folge könnten sich die Teilnehmer auch unabhängig von der tatsächlichen Wirkung des Alkohols konsistent mit dieser Erwartung verhalten. In ähnlicher Weise könnte eine Instruktion, in der die Teilnehmer darüber informiert werden, dass sie im Folgenden emotional belastende Fotos sehen werden und daher den Versuch jederzeit abbrechen können, den Teilnehmern die Erwartung nahe legen, dass sie betroffen oder schockiert reagieren sollten.

Demand characteristics und die mit ihnen verbundenen Erwartungen können von Teilnehmern offensichtlich genutzt werden, um ihr Verhalten im Experiment gezielt zu steuern. Wenn die Teilnehmer bestimmte Erwartungen über wahrscheinliche Effekte oder im Experiment erwünschtes Verhalten haben, können sie im Prinzip wählen, ob sie sich übereinstimmend mit diesen Erwartungen verhalten. Viele Teilnehmer in psychologischen Experimenten haben dabei anscheinend eine Neigung, dem Experimentator zu helfen und nach Möglichkeit diejenigen Ergebnisse zu produzieren, die (zumindest vermeintlich) von ihm gewünscht werden (siehe auch den Kasten „Versuchsteilnehmer als Forscher" in Kapitel 2). Eine frühe Versuchsreihe zu demand characteristics stammt von Martin Orne (1959, 1962). Orne führte ursprünglich Untersuchungen zum Thema Hypnose durch und machte dabei die Beobachtung, dass sich das Verhalten seiner Probanden zum Teil nach ihren Vorstellungen darüber richtete, wie sich hypnotisierte Personen typischerweise benehmen. Orne schlussfolgerte aus seinen Untersuchungen, dass freiwillige Probanden in psychologischen Experimenten oftmals dazu motiviert sind, als „guter Versuchsteilnehmer" zu agieren – also den Forscher (oder die Forschung) zu unterstützen und diejenigen Ergebnisse zu liefern, die angestrebt werden. Trotz dieser Tendenz müssen Teilnehmer ihre Erwartungen über gewünschte Ergebnisse oder auftretende Effekte natürlich nicht zwangsläufig in kooperatives Verhalten umsetzen. Probanden können selbstverständlich auch bestrebt sein, vermutete Ziele des Forschers zu unterlaufen, etwa weil sie sich unangemessen behandelt fühlen, das Experiment als übermäßig anstrengend erleben oder bei früheren Gelegenheiten schlechte Erfahrungen mit Psychologen gemacht haben.

Darüber hinaus können Erwartungen, auch ohne dass die Teilnehmer sie zur absichtsvollen Steuerung ihres Verhaltens nutzen, die Ergebnisse von Experimenten beeinflussen. Ein Beispiel liefert der *Placebo-Effekt*, den wir schon zu Beginn dieses

Kapitels angesprochen haben. Dieser Effekt ist hauptsächlich aus Studien zur Medikamentenwirksamkeit bekannt: Zahlreiche Erkrankungen bessern sich auch dann, wenn man den Patienten lediglich ein Placebo verabreicht – also eine Tablette oder eine Injektion, die keinerlei wirksame Substanzen enthält. Die Wirkung des Placebos ist dabei nicht auf die subjektive Befindlichkeit der Patienten beschränkt. Auch objektive Krankheitserscheinungen, wie Fieber oder Rheumasymptome, können durch das Placebo gelindert werden. Voraussetzung für das Auftreten derartiger Effekte ist allerdings, dass die Patienten erwarten, in wirksamer Weise behandelt zu werden. Aus dem Placebo-Effekt ergibt sich eine für die pharmakologische Forschung sehr relevante Konsequenz: Die Wirksamkeit eines neuartigen Medikaments kann nicht belegt werden, indem man zeigt, dass es Patienten, die dieses Medikament erhalten, besser geht als einer unbehandelten Kontrollgruppe. Ein solches Ergebnis könnte auch allein auf die Wirkungserwartung der Patienten in der Experimentalgruppe zurückgehen und nicht auf eine tatsächliche Wirkung des Medikaments. Placebo-Effekte sind keineswegs an pharmazeutische Behandlungen gebunden. Auch in anderen Bereichen kann allein die Erwartung, dass eine Maßnahme bestimmte Wirkungen hat, zu eben diesen Wirkungen führen. So tritt etwa auch bei psychotherapeutischen Behandlungen ein Placebo-Effekt auf. Im allgemeinpsychologischen Kontext wäre ein Placebo-Effekt zum Beispiel in einer Studie zu einem Gedächtnistraining vorstellbar. Auch hier könnte man zumindest nicht ausschließen, dass allein das Wissen der Probanden, an einem solchen Training teilzunehmen, zu Verbesserungen der Gedächtnisleistung führt, selbst wenn das Training „an sich" wirkungslos ist.

Was kann man nun tun, um Effekte, die sich aus den Erwartungen der Teilnehmer ergeben, im Experiment zu kontrollieren? Demand characteristics, die im Verlauf eines Experiments auftreten könnten, gänzlich zu eliminieren und zu verhindern, dass die Teilnehmer überhaupt Erwartungen über das Ziel des Experiments entwickeln, dürfte nahezu unmöglich sein. Probanden werden zumeist Vermutungen über den Sinn und Zweck von Instruktionen, Aufgaben und sonstigen Geschehnissen im Experiment anstellen und dabei oftmals auch völlig bedeutungslosen Ereignissen eine Bedeutung beimessen (z.B. Orne, 1962; Rosenberg, 1969). Allerdings stellen natürlich auch Erwartungen nur dann eine relevante Störvariable dar, wenn sie mit der UV konfundiert sind. Eine wirkungsvolle Kontrolle muss also lediglich sicherstellen, dass die Teilnehmer in den verschiedenen experimentellen Bedingungen nicht systematisch unterschiedliche Erwartungen aufbauen. Eine Maßnahme, die in psychologischen Experimenten beinahe routinemäßig zu diesem Zweck eingesetzt wird, besteht darin, die Versuchsteilnehmer nicht über die experimentellen Manipulationen und Hypothesen zu informieren – also einen *Blindversuch* durchzuführen (siehe Abschnitt 4.5). Zusätzlich sollte man es natürlich soweit als möglich vermeiden, unbeabsichtigt in verschiedenen Bedingungen unterschiedliche Hinweise auf erwartete Ergebnisse zu geben – der experimentelle Ablauf sollte also in allen Bedingungen möglichst konstant sein. Nach der Durchführung eines Blindversuchs muss dann selbstverständlich eine angemessene Aufklärung der Teilnehmer über Hypothesen und Ziele des Experiments erfolgen.

Eine andere Möglichkeit, Effekte aufgrund der Erwartungen der Versuchsteilnehmer zu kontrollieren, besteht darin, in verschiedenen experimentellen Bedingungen gezielt gleiche Erwartungen herzustellen. Dies ist die zentrale Idee von Placebo-Kontroll-Studien, die in der pharmakologischen Forschung inzwischen der Standard sind. In solchen pharmakologischen Studien erhält die Experimentalgruppe das Medikament, dessen Wirkung überprüft werden soll, während der Kontrollgruppe ein Placebo verabreicht wird, das dem Medikament äußerlich gleicht. Dabei dürfen die Teilnehmer natürlich nicht erfahren, ob sie das Placebo oder ein Medikament mit (hoffentlich) wirksamen Substanzen einnehmen. Eine Placebo-Kontroll-Studie ist also zwangsläufig auch immer ein Blindversuch. Aus ethischen Gründen müssen alle Teilnehmer an solchen Studien aber vorab darüber informiert werden, dass die Möglichkeit besteht, dass sie lediglich mit einem Placebo behandelt werden. Welches Präparat sie dann tatsächlich erhalten, bleibt aber im Unklaren. Auf diese Weise sollte sich bei den Teilnehmern in Experimental- und Kontrollgruppe die gleiche *Wirkungserwartung* einstellen, während die untersuchte Substanz – also der potenziell wirksame Mechanismus – nur in der Experimentalgruppe vorhanden ist.

In psychologischen Studien ist es oftmals schwierig, eine Placebo-Kontrollbedingung zu realisieren. Das Problem liegt hier häufig darin, ein geeignetes Placebo zu finden. Diese Schwierigkeit stellt sich zum Beispiel, wenn die Wirksamkeit psychotherapeutischer Methoden geprüft werden soll. Welche Behandlung durch den Therapeuten weckt bei Teilnehmern die gleiche Wirkungserwartung wie eine spezifische psychotherapeutische Methode, ohne jedoch deren wirksame Anteile zu enthalten (zu denen zum Beispiel eine Konfrontation mit Angst auslösenden Stimuli gehören könnte)? Dieses Problem hat zur Folge, dass die Trennung von spezifischen, an eine bestimmte Behandlungsmethode gebundenen Effekten und Placebo-Effekten bei der Psychotherapie schwieriger und auch umstrittener ist als bei medikamentösen Therapien.

Dass auch Erwartungen des Versuchsleiters die Ergebnisse von Experimenten beeinflussen können, haben wir bereits in Kapitel 4 gesehen. Dort wurden solche Versuchsleiter-Erwartungseffekte unter dem ebenfalls gebräuchlichen Namen „Rosenthal-Effekte" beschrieben. Im vorangegangenen Kapitel wurde auch schon eine frühe Demonstration dieses Effekts erläutert (siehe den Kasten „Der Rosenthal-Effekt" in Kapitel 4): Ratten, die von den sie trainierenden Versuchsleitern für besonders intelligent gehalten werden, erzielen bessere Lernleistungen als Ratten, die von ihren Versuchsleitern für dumm gehalten werden (Rosenthal & Lawson, 1964). Da sich die tatsächliche Intelligenz der Ratten in beiden Gruppen nicht unterschied, muss dieser Effekt durch die unterschiedlichen Erwartungen der Versuchsleiter verursacht gewesen sein. Ähnliche Erwartungseffekte wurden auch in Experimenten mit menschlichen Versuchsteilnehmern gefunden. Darüber hinaus können analoge Erwartungseffekte auch außerhalb von Experimenten auftreten. Ein Beispiel liefern Studien an Schulen. In solchen Studien wird zunächst mit Schülern ein Intelligenztest oder ein anderer Test kognitiver Fähigkeiten durchgeführt. Anschließend wird den Lehrern ein bestimmter Anteil an Schülern benannt, die angeblich über besondere intellektuelle Entwicklungsmöglichkeiten verfügen. Tatsächlich werden diese Schüler aber per Zufall ausgewählt, unterscheiden sich also nicht systematisch von den übrigen Schülern. In späteren Tests zeigt sich dennoch, dass die angeblich besonders entwicklungsfähigen Schüler größere Intelligenzzuwächse erzielen als die übrigen Schüler (z.B. Rosenthal & Jacobson, 1968; Raudenbush, 1984). Augenscheinlich führen hier die Erwartungen der Lehrer zu entsprechenden Wirkungen in der Entwicklung der Schüler.

Für das richtige Verständnis des Rosenthal-Effekts ist wichtig, dass er vom Versuchsleiter (oder Lehrer) nicht beabsichtigt wird. So gab es etwa in der Studie von Rosenthal und Lawson (1964) keine Hinweise darauf, dass die Versuchsleiter bewusst versucht hätten, die Lernleistungen der Ratten erwartungskonform zu beeinflussen. Der Rosenthal-Effekt wirkt also eher wie eine selbsterfüllende Prophezeiung: Das Verhalten des Versuchsleiters wird durch seine Erwartung unbewusst in einer Weise beeinflusst, die es wahrscheinlicher macht, dass die Teilnehmer der Erwartung entsprechen. So scheinen Lehrer vorgeblich besonders entwicklungsfähige Kinder freundlicher und ermutigender zu behandeln (siehe Rosenthal & Jacobson, 1968). In psychologischen Experimenten wird der Rosenthal-Effekt wohl primär über nonverbales Verhalten vermittelt. Der Versuchsleiter „kommuniziert" seine Erwartung also durch Gesichtsausdruck, Gestik, Körperhaltung, Sprechgeschwindigkeit usw. (Huber, 2005).

Der Versuchsleiter eines Experiments wird zumeist die untersuchten Hypothesen kennen. In der Regel bedeutet das nichts anderes, als dass er von den Teilnehmern in Experimental- und Kontrollgruppe unterschiedliches Verhalten erwartet. Die Erwartung des Versuchsleiters wird also häufig mit der UV konfundiert sein und Erwartungseffekte stellen somit eine Gefährdung der internen Validität dar. Was lässt sich dagegen tun? Eine offensichtliche Abhilfe besteht darin, den Versuchsleiter im Unklaren darüber zu lassen, in welcher experimentellen Bedingung sich die Teilnehmer befinden. Dies setzt natürlich voraus, dass mehrere Versuchsleiter zum Einsatz kommen. Von dieser Technik wird beispielsweise in Placebo-Kontroll-Studien Gebrauch gemacht, die als *Doppelblindversuch* durchgeführt werden (weder Versuchsleiter noch Teilnehmer kennen die Bedingung, zu der der Teilnehmer gehört). In solchen Studien teilt ein Versuchsleiter an einen anderen Versuchsleiter entweder das Placebo oder das untersuchte Medikament aus und nur dieser zweite, gegenüber der experimentellen Bedingung „blinde" Versuchsleiter tritt mit den Teilnehmern in Kontakt. Andere Kontrollmöglichkeiten ergeben sich aus der Einsicht, dass ein Rosenthal-Effekt nur dann auftreten kann, wenn die Erwartungen des Versuchsleiters in irgendeiner Form in seinem Verhalten gegenüber den Teilnehmern zum Ausdruck kommen. Eine geeignete Maßnahme zur Kontrolle des Effekts besteht daher darin, dass Verhalten des Versuchsleiters durch detaillierte Vorgaben möglichst weitgehend zu standardisieren. Zudem kann man Versuchsleiter auch daraufhin trainieren, sich gegenüber allen Teilnehmern gleich zu verhalten. Schließlich besteht die Möglichkeit, die Interaktion zwischen Versuchsleiter und Teilnehmer auf das Notwendigste zu begrenzen. So dürfte der Rosenthal-Effekt in Experimenten, in denen die Darbietung von experimentellem Material (Fotos, Texte, Bilder, Wörter, Töne usw.) und die Messung der AV automatisiert erfolgen, kaum eine Rolle spielen. Da viele psychologische Experimente heute am Computer durchgeführt werden und die Rolle des Versuchsleiters sich dabei häufig auf eine freundliche Begrüßung und Verabschiedung des Teilnehmers sowie eine kurze Einweisung beschränkt, sind Versuchsleiter-Erwartungseffekte oftmals nicht weiter kritisch.

5.4   Externe Validität

Die gesamte Logik des Experiments und alle Kontrolltechniken, die wir im vorange-gangenen Abschnitt besprochen haben, zielen darauf ab, möglichst fehlerfreie Aus-sagen über Kausalbeziehungen zwischen Variablen zu ermöglichen – sie sollen also die interne Validität erhöhen. Allerdings werden Experimente nicht nur danach beur-teilt, ob sie eine hohe interne Validität aufweisen. Ein weiteres Gütekriterium, das zur Beurteilung von Experimenten genutzt wird, ist die externe Validität (Campbell & Stanley, 1966), die wir bereits in Kapitel 4 kennen gelernt haben. Erinnern wir uns: Die externe Validität einer Studie ist dann hoch, wenn die Ergebnisse auch auf nicht untersuchte Personen und Situationen übertragen werden können. Natürlich kann es nicht nur bei Befragungen und Beobachtungen, sondern auch bei Experimenten sinn-voll sein, danach zu fragen, ob und inwieweit die Ergebnisse generalisierbar sind. Wir haben ebenfalls bereits in Kapitel 4 gesehen, dass sich die externe Validität einer Studie sichern lässt, indem man eine möglichst repräsentative Auswahl an Versuchs-teilnehmern und Untersuchungssituationen trifft (eine alternative Sichtweise des Konzepts der externen Validität und geeigneter Maßnahmen zu ihrer Sicherung findet man bei Bröder, 2004). Möchte man das Ergebnis eines Experiments etwa auf die gesamte Bevölkerung übertragen, so sollte man eine Stichprobe von Teilnehmern untersuchen, die für die Gesamtbevölkerung repräsentativ ist (und nicht nur aus Men-schen im Alter zwischen 20 und 30 Jahren oder ausschließlich aus Psychologen besteht). Soll das Ergebnis auf alltagsnahe oder „natürliche" Situationen übertragen werden, so sollte die Untersuchungssituation diesen Situationen in möglichst vielen Merkmalen entsprechen – also wiederum repräsentativ sein.

Psychologische Experimente werden häufig dafür kritisiert, dass es ihnen an externer Validität mangelt. Diese Kritik resultiert teilweise aus der Beobachtung, dass in gut kontrollierten Experimenten oftmals sehr artifizielle Bedingungen hergestellt werden. Dies lässt sich leicht am Ankerexperiment (Tversky & Kahneman, 1974) illustrieren: Den Teilnehmern wird hier eine Frage vorgelegt, die sie im Alltag wohl kaum beschäf-tigt. Vermutlich hat kein Teilnehmer vor dem Experiment jemals über den Prozentsatz der afrikanischen Staaten in den Vereinten Nationen nachgedacht. Bevor die Teilneh-mer diese Frage beantworten dürfen, wird ein Glücksrad gedreht und damit eine (manipulierte) Zufallszahl ermittelt – ein Vorgang, der außerhalb des Experiments niemals auftritt. Schließlich müssen die Teilnehmer vor ihrer eigentlichen Schätzung auch noch angeben, ob der gesuchte Prozentsatz kleiner oder größer ist als die ver-meintliche Zufallszahl. Man wird kaum bestreiten können, dass die Untersuchungs-situation im Ankerexperiment künstlich ist und mit Situationen, in denen im Alltag Schätzungen abgegeben werden, wenig gemein hat. Lässt sich dann aus dem Ergebnis des Experiments überhaupt etwas darüber lernen, wie Menschen in natürlichen Situa-tionen – also etwa bei (subjektiv) relevanteren Fragen, ohne Zufallszahl und ohne zwi-schengeschalteten Vergleich mit dieser Zahl – Schätzungen abgeben?

Die Kritik an der externen Validität psychologischer Experimente entzündet sich aber nicht nur an künstlichen Untersuchungssituationen, sondern auch an der Aus-wahl der Versuchsteilnehmer. Wahrscheinlich können Sie diesen Kritikpunkt aus eigener Erfahrung bestätigen: Viele psychologische Experimente werden nahezu ausschließlich mit Studierenden der Psychologie aus den ersten Semestern durchgeführt, die am Experiment teilnehmen, um die in der Studienordnung verlangten „Versuchspersonenbescheinigungen" zu erhalten. Offensichtlich wird in diesen Experimenten externe Validität nicht nur nicht erreicht, sondern sie wird von den verantwortlichen Forschern noch nicht einmal angestrebt. Warum ist das so?

5.4.1 Wie wichtig ist die externe Validität?

Eine Antwort auf diese Frage mag zunächst etwas überraschend klingen: Für viele Experimente ist die externe Validität von untergeordneter Bedeutung oder sogar gänzlich irrelevant. Die meisten psychologischen Experimente werden durchgeführt, um aus Theorien abgeleitete Hypothesen über Kausalzusammenhänge zwischen Variablen zu testen. Wie wir gesehen haben, kann ein solcher Test nur gelingen, wenn Störvariablen kontrolliert werden. Diese Kontrolle erfordert aber in der Regel, dass gezielt geeignete künstliche Untersuchungsbedingungen hergestellt werden. Das untersuchte Verhalten wird also aus seinem alltäglichen Kontext herausgelöst, um Aussagen über Ursache-Wirkungs-Zusammenhänge zu ermöglichen. Das Ziel des Ankerexperiments (Tversky & Kahneman, 1974) besteht etwa darin, die aus einer Theorie über kognitive Prozesse gewonnene Vorhersage zu prüfen, dass vorgegebene, für die Teilnehmer erkennbar bedeutungslose Zahlen quantitative Schätzungen beeinflussen können. Um diese Vorhersage testen zu können, muss unter anderem sichergestellt sein, dass die Teilnehmer die Ankerwerte tatsächlich für bedeutungslos halten. Dazu dient im Experiment die Ziehung einer „Zufallszahl" mit dem Glücksrad. Würde man auf diese zufällige Ziehung verzichten und damit die Untersuchungssituation einer alltäglichen Situation ähnlicher machen, müsste man mit der Gegeninterpretation leben, dass die Teilnehmer die unterschiedlichen Ankerwerte für informativ halten (z.B. weil sie annehmen, dass der Versuchsleiter nur halbwegs realistische Werte vorgeben wird) und deshalb unterschiedliche Schätzungen abgeben. Eine Erhöhung der externen Validität würde hier also mit einer Verminderung der internen Validität einhergehen und damit dem eigentlichen Ziel des Experiments zuwiderlaufen. Das Ankerexperiment zeigt demnach, dass unter ganz bestimmten Randbedingungen, die eine kritische Prüfung der getesteten Hypothese ermöglichen, tatsächlich ein Einfluss von irrelevanten Startwerten auf quantitative Schätzungen ausgeht. Es stützt damit auch Tverskys und Kahnmans theoretische Überlegung, dass Menschen möglicherweise die Verankerungs- und Anpassungs-Heuristik nutzen, um quantitative Schätzungen abzugeben. Die Frage, ob ein ähnlicher Effekt auch unter anderen Randbedingungen auftreten würde oder ob Menschen sich in alltäglichen Situationen auf diese Heuristik stützen, beantwortet das Experiment jedoch nicht. Diese Frage ist für das Experiment aber auch nachrangig. Das Ziel besteht schlicht nicht darin zu untersuchen, wie Menschen in ihrem Alltag tatsächlich quantitative Schätzungen generieren. Allerdings liefert das Ergebnis des Experiments durchaus einen sehr nützlichen Ausgangspunkt für nachfolgende Forschungen zu Schätzungen im Alltag: Nachdem unter gut kontrollierten Bedingungen gezeigt werden konnte, dass Ankerwerte quantitative Schätzungen beeinflussen können, ist es natürlich sinnvoll in weiteren Studien zu untersuchen, ob ein ähnlicher Effekt auch unter anderen und „natürlicheren" Umständen auftritt.

Bei anderen Forschungsthemen kann die Frage nach der Verallgemeinerbarkeit der Befunde auf natürliche Umstände dagegen auch gänzlich ins Leere laufen. Ein Beispiel gibt ein Experiment von Harlow (1958): Junge Rhesusaffen suchen – ebenso wie andere Jungtiere – in vielen Situationen die Nähe der Mutter. Bei der Mutter erhalten sie einerseits Futter, andererseits finden sie dort auch Körperkontakt und Wärme. Zur Zeit von Harlows Experiment dominierten nun Theorien, die die Motivation der Affenbabys, sich bei der Mutter aufzuhalten, damit erklärten, dass die Babys gelernt hätten, ihren Hunger bei der Mutter zu stillen. Diese Theorien wollte Harlow prüfen und testen, ob nicht auch der Körperkontakt eine ursächliche Rolle spielt. Zu diesem Zweck stellte er eine vollkommen künstliche Situation her, in der Futtergabe und Körperkontakt nur getrennt auftraten. Er trennte Rhesusaffenbabys von ihren Müttern und gab ihnen stattdessen zwei Ersatzmütter. Eine Ersatzmutter bestand aus einem Drahtgestell an dem eine Milchflasche befestigt war. Die andere Ersatzmutter war mit Fell bezogen, gab aber keine Milch. Es zeigte sich, dass sich die Affenbabys ganz überwiegend und bei Gefahr beinahe ausschließlich bei der „Fellmutter" aufhielten. Offensichtlich hat es hier wenig Sinn, danach zu fragen, ob dieser Befund auf natürliche Situationen übertragen werden kann (siehe Mook, 1983). In natürlichen Situationen füttern Affenmütter ihre Kinder einfach nicht, ohne dass auch Körperkontakt besteht. Es wird sich auch kein Mensch ernstlich dafür interessieren, ob Rhesusaffenbabys in ihrer natürlichen Umgebung bei Gefahr zu einem milchgebenden Drahtgestell laufen. Dennoch gilt Harlows Studie als ein „Klassiker" experimentalpsychologischer Forschung. Sie liefert wichtige theoretische Erkenntnisse über die Bedeutung verschiedener Variablen für die Beziehung zwischen (Affen-)Mutter und (Affen-)Kind (Harlow gab dem Artikel, in dem er dieses Experiment publizierte, den Titel „The nature of love").

5.4.2 Wie kann die externe Validität erhöht werden?

Trotz solcher Beispiele erschöpft sich das Ziel psychologischer Experimente natürlich nicht darin, theoretisch relevante Einsichten zu gewinnen, die unter Laborbedingungen Gültigkeit besitzen. Selbstverständlich sollten Experimente auch dazu beitragen, das tatsächliche Verhalten von Menschen in „echten" Situationen zu erklären. Was kann man also tun, wenn in einem Experiment externe Validität angestrebt wird? Sofern das Ergebnis primär über Personen generalisiert werden soll, bleibt die Antwort sehr einfach: Man sollte eine Stichprobe von Untersuchungsteilnehmern auswählen, die für die Population, auf die verallgemeinert werden soll, repräsentativ ist. In diesem Fall ist die übliche Beschränkung auf leicht erreichbare Psychologiestudenten nur dann vertretbar, wenn Kausalzusammenhänge untersucht werden, von denen man mit guten Gründen (vorzugsweise aufgrund früherer Forschungsergebnisse) annehmen kann, dass sie bei unterschiedlichen Personengruppen Gültigkeit besitzen. Dies ist beispielsweise bei grundlegenden Phänomenen der Wahrnehmung oder des Gedächtnisses gegeben. Es ist kaum zu vermuten, dass etwa die Lernleistung von Studierenden durch Lärm anders beeinflusst wird als die Lernleistung von Auszubildenden, Zivildienstleistenden oder jungen Müttern. Sofern derartige Phänomene untersucht werden, mag also auch eine Generalisierung von Psychologiestudenten auf andere Personengruppen möglich sein. Werden hingegen Fragestellungen untersucht, bei denen man annehmen muss, dass zum Beispiel Persönlichkeitsmerkmale (Extraversion, Kontrollüberzeugungen, Intelligenz usw.) oder soziale Normen und Werthaltungen eine wesentliche Rolle spielen, so ist eine Generalisierung von einer systematisch eingeschränkten Stichprobe auf andere Gruppen zumindest sehr fragwürdig.

Die Übertragbarkeit der Ergebnisse eines Experiments auf nicht untersuchte Situationen dürfte zumeist schwieriger herzustellen sein als die Übertragbarkeit auf nicht untersuchte Personen. Eine Möglichkeit besteht natürlich auch hier in der Erhöhung der Repräsentativität. Man kann sich also darum bemühen die Ähnlichkeit zwischen der Untersuchungssituation und der realen Situation, auf die übertragen werden soll, zu steigern. Häufig wird daher die Durchführung von *Feldexperimenten* als eine Maßnahme zur Erhöhung der externen Validität diskutiert. Feldexperimente finden nicht im Labor statt, sondern in einer realen Umgebung unter mehr oder weniger „natürlichen" Umständen. Dieser Möglichkeit sind allerdings Grenzen gesetzt. Es ist eher die Regel als die Ausnahme, dass in natürlichen Situationen die Kontrolle von Störvariablen erschwert ist und somit die interne Validität sinkt. Im Extremfall laufen solche Experimente daher Gefahr, nicht nur keine übertragbare, sondern gar keine verlässliche Aussage über einen Ursache-Wirkungs-Zusammenhang zu erlauben. Eine besondere Bedeutung bei der Sicherung der externen Validität von experimentellen Befunden kommt daher der *Replikation* von Experimenten zu. Nehmen Sie an, Sie lesen in einer Fachzeitschrift von einem Experiment, das in einer Universität in Texas durchgeführt wurde und dessen Ergebnis Sie fasziniert. Sie beschließen daher das Experiment an Ihrer heimischen Universität zu wiederholen. Selbst wenn Sie sich um eine möglichst exakte Replikation bemühen – also versuchen, alle experimentellen Abläufe so genau wie möglich nachzustellen –, werden sich zwangsläufig einige Änderungen ergeben: An Ihrem Experiment werden andere Personen, mit anderem kulturellen Hintergrund teilnehmen. Sie werden die Instruktion übersetzen und gegebenenfalls auch sprachliches Stimulusmaterial. Der Versuchsleiter wird ebenso ein anderer sein, wie der Ort der Durchführung und der Versuchsraum. Wahrscheinlich weichen auch Jahreszeit und Temperatur vom ursprünglichen Experiment ab. Finden Sie dennoch das gleiche Resultat, so kann dieser Befund offensichtlich auf alle geänderten Umstände und die geänderte Teilnehmerpopulation übertragen werden. Obwohl möglicherweise beide Experimente eine vollkommen artifizielle Situation herstellen, hat sich also die externe Validität *des Befundes* erhöht.

Bei einer partiellen Replikation werden gezielt einige der Abläufe des ursprünglichen Experiments verändert, um die Auswirkungen dieser Änderungen auf einen Effekt zu beobachten. Auf diese Weise kann untersucht werden, welche der Randbedingungen des ursprünglichen Experiments tatsächlich notwendig sind, damit der Effekt eintritt, und über welche Randbedingungen verallgemeinert werden kann. In der Folge des Ankerexperiments (Tversky & Kahneman, 1974) gab es zahlreiche partielle Replikationen. Dabei wurden beispielsweise andere Schätzfragen verwendet, der Ankerwert wurde nicht mittels eines Glücksrads, sondern in verschiedenen anderen Formen vorgegeben und auf einen vorgeschalteten Vergleich mit dem Ankerwert wurde gelegentlich verzichtet. Dabei zeigte sich, dass Ankerwerte nicht unter allen, aber unter vielen unterschiedlichen Umständen einen Einfluss auf quantitative Schätzungen ausüben – der

Ankereffekt ist also extern valide. In einem Teil dieser Studien wurden auch sehr alltagsnahe Untersuchungssituationen hergestellt. So wurden in einem Feldexperiment (Mussweiler, Strack & Pfeiffer, 2000) erfahrene Kfz-Experten, die gar nicht wussten, dass sie an einer Studie teilnehmen, darum gebeten, den Wert eines 10 Jahre alten Autos zu schätzen. Der vermeintliche Kunde (bei dem es sich tatsächlich um den Versuchsleiter handelte) bezifferte dabei seine Vorstellung über den Restwert des Wagens. Natürlich richtet sich der tatsächliche Preis eines Autos nicht nach den Wünschen seines Besitzers. Dennoch wurden die Kfz-Experten durch diese Vorgaben beeinflusst: Sie schätzten den Wert des Autos deutlich höher ein, wenn der „Kunde" anstelle eines niedrigen Ankers einen hohen Anker nannte. Ähnliche Ergebnisse wurden auch in einer Untersuchung zu Expertenschätzungen von Immobilienpreisen gefunden (Northcraft & Neale, 1987). Wenn Sie sich das nächste Mal in einer Verhandlungssituation befinden, mag es also durchaus eine gute Strategie sein, zu Beginn einfach einen Preis zu nennen, den Sie ohne zu Zögern akzeptieren würden!

5.5   Within-subjects Designs

Bei unserer Erläuterung von experimentellen Versuchsplänen und Kontrolltechniken sind wir bisher stets davon ausgegangen, dass den verschiedenen Stufen einer UV unterschiedliche Personen zugeordnet werden. In solchen between-subjects Designs nimmt jede Person also nur an einer experimentellen Bedingung teil. Wir haben aber bereits erwähnt, dass daneben auch die Möglichkeit besteht, dieselben Personen nacheinander allen Stufen einer UV auszusetzen. Dabei wird in jeder experimentellen Bedingung die Ausprägung der AV bei jedem Probanden gemessen. Da bei diesem Vorgehen der Vergleich zwischen den verschiedenen experimentellen Bedingungen innerhalb derselben Gruppe von Personen erfolgt, werden solche Versuchspläne (auch im Deutschen) als within-subjects Designs bezeichnet. Nicht verwechselt werden sollten within-subjects Designs mit Versuchsplänen mit Messwiederholung, bei denen die AV bei jedem Teilnehmer unter *identischen Bedingungen* mehrfach gemessen wird. Wann und warum solche mehrfachen Messungen sinnvoll sein können, wird im Kasten „Wozu Messwiederholungen?" erläutert.

HINTERGRUND

Wozu Messwiederholungen?   Bei manchen Variablen ist es offensichtlich, dass eine wiederholte Messung bei derselben Person unter identischen Bedingungen stets zu demselben (oder einem sehr ähnlichen) Ergebnis führen wird. Wenn wir etwa eine Versuchsteilnehmerin darum bitten, die bisherige Arbeit der Bundesregierung zu bewerten, wird eine Wiederholung dieser Frage nach wenigen Minuten kaum zu einer anderen Antwort führen. Wenn wir die Frage nach dem Prozentsatz der afrikanischen Staaten in den Vereinten Nationen derselben Person mehrfach vorlegen, wird auch dies keine stark variierenden Schätzungen nach sich ziehen. In solchen Fällen ist eine Messwiederholung offensichtlich sinnlos, da mit jeder Wiederholung nur stets dasselbe Messergebnis reproduziert wird.

Allerdings gibt es auch zahlreiche Variablen, bei denen wiederholte Messungen zu schwankenden Ergebnissen führen. Ein typisches Beispiel sind Reaktionszeiten. Nehmen wir an, wir wollten ermitteln, wie schnell eine Person unter standardisierten Bedingungen auf ein bestimmtes Signal – sagen wir, ein Bremslicht – reagiert.   ▶

▶Fortsetzung

Wenn wir die entsprechende Messung nun 40 Mal durchführen, wird sich keineswegs stets dasselbe Ergebnis einstellen. ▶Abbildung 5.1 zeigt eine Verteilung von Reaktionszeiten, die bei diesem Vorgehen realistischerweise auftreten könnte. Jedes Kreuz in der Abbildung steht dabei für ein Messergebnis. Wie man sieht, ballen sich viele der Reaktionszeiten bei einem bestimmten, eher kurzen Wert. Gleichwohl treten auch noch kürzere Reaktionszeiten auf. Dies sind Messdurchgänge, bei denen die Person vielleicht besonders aufmerksam war oder einfach schon vor dem Signal erfolgreich darauf spekulierte, dass das Bremslicht bald aufleuchten würde. Daneben finden sich auch längere und sehr viel längere Reaktionszeiten. Bei diesen Durchgängen war die Person vielleicht durch ein Geräusch abgelenkt, dachte intensiv an ihre Freundin oder hatte aus Ermüdung die Augen geschlossen und bemerkte das Signal für Sekunden gar nicht.

Eine Implikation dieser Verteilung der Reaktionszeiten ist, dass wir mit einer einzelnen Messung kein verlässliches Ergebnis erzielen würden. Bei nur einer Messung würden wir Gefahr laufen, eine untypisch kurze oder ungewöhnlich lange Reaktionszeit zu erfassen – und damit die tatsächliche Reaktionsgeschwindigkeit der Person falsch einzuschätzen. Dagegen erlauben es uns die Messwiederholungen, in der Verteilung der Reaktionszeiten einen typischen Wert auszumachen, der von den fehlerbehafteten Messdurchgängen nicht verzerrt wird. (Als Maße für diesen typischen Wert kommen – in Abhängigkeit von der Form der Verteilung – unter anderem der arithmetische Mittelwert, der Median und der Modus in Frage, die Sie in Kapitel 6 kennen lernen werden.) Nur durch die Messwiederholungen wird es hier also möglich einen zuverlässigen, reliablen (siehe Kapitel 3) Wert für die tatsächliche Reaktionsgeschwindigkeit der Person zu bestimmen.

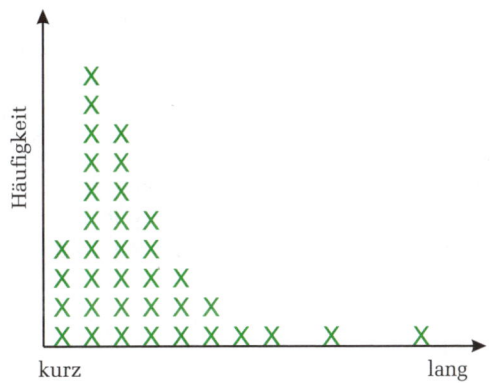

Abbildung 5.1: Typische Verteilung der Reaktionszeiten einer Person bei wiederholten Messungen.

Messwiederholungen können sowohl in within-subjects Designs als auch in between-subjects Designs eingesetzt werden. Wenn wir etwa prüfen wollten, auf welches von zwei unterschiedlich gestalteten Bremslichtern Personen schneller reagieren, könnten wir im within-subjects Design beide Bremslichter bei denselben Personen testen. Alternativ bestünde auch die (allerdings weniger gute) Möglichkeit, im between-subjects Design bei jedem Teilnehmer nur für ein Bremslicht die Reaktionsgeschwindigkeit zu messen. In jedem Fall sollten wir aber pro Teilnehmer in einer Bedingung mehrere Messungen durchführen, um zuverlässige Ergebnisse zu erhalten.

In manchen Teilgebieten der Psychologie, wie etwa der Wahrnehmungspsychologie oder der Gedächtnispsychologie, werden within-subjects Designs häufig eingesetzt. Ein Beispiel können wir Untersuchungen zur Gedächtnisspanne entnehmen. Stellen Sie sich vor, dass Ihnen in zügiger Folge eine Reihe von Wörtern präsentiert wird. Von welchen Faktoren hängt ab, wie viele Wörter Sie unmittelbar im Anschluss wiedergeben können? Eine plausible Vermutung könnte sein, dass die Länge der Wörter, die Ihnen präsentiert werden, eine wesentliche Rolle spielt. Um diese Hypothese zu testen, könnten wir etwa folgendermaßen vorgehen: Wir erstellen zwei Listen mit jeweils fünf Wörtern, wobei die eine Liste nur einsilbige Wörter und die andere Liste nur viersilbige Wörter enthält. Unsere beiden Listen könnten also zum Beispiel so aussehen:

- Kurze Wörter: Samt, Buch, Saft, Gruß, Hand
- Lange Wörter: Bundeskanzler, Kaffeemaschine, Theologie, Nasenflügel, Generation

Die Silbenanzahl der Wörter ist in diesem Experiment die UV. Als AV soll gemessen werden, wie viele der Wörter die Probanden korrekt erinnern können. Im experimentellen Ablauf könnten wir nun so vorgehen, dass wir zunächst die Liste mit kurzen Wörtern am Computerbildschirm präsentieren und die Teilnehmer darum bitten, die Wörter zügig vorzulesen und anschließend – nachdem die Liste ausgeblendet wurde – die Wörter wiederzugeben. Danach könnten wir den Teilnehmern die Liste mit langen Wörtern präsentieren und damit genauso verfahren. Wie wir noch sehen werden, könnte dieses Experiment allerdings nur dann als intern valide angesehen werden, wenn wir die Reihenfolge, in der die Listen mit kurzen und langen Wörtern bearbeitet werden, ausbalancieren. Wir müssten also einer Hälfte der Teilnehmer zunächst die Liste mit kurzen Wörtern und dann die Liste mit langen Wörtern vorlegen, während die andere Hälfte der Teilnehmer mit der Liste mit langen Wörtern beginnt und dann die Liste mit kurzen Wörtern bearbeitet. Mit diesem experimentellen Vorgehen würden wir voraussichtlich finden, dass die Teilnehmer von den kurzen Wörtern deutlich mehr korrekt wiedergeben können als von den langen Wörtern. Tatsächlich entspricht dieses Beispielexperiment einer vereinfachten Variante einer Reihe von Untersuchungen, die Baddeley und Kollegen (z.B. Baddeley, Thompson & Buchanan, 1975) durchgeführt haben. Dabei zeigte sich konsistent ein „Wortlängeneffekt". So wurde die UV Wortlänge in einem dieser Experimente (Baddeley, 1986) in fünf Stufen variiert (Listen mit ein- bis fünfsilbigen Wörtern). Neben der Anzahl der korrekt wiedergegebenen Wörter wurde auch erfasst, wie lange die Teilnehmer benötigten um die Wörter auszusprechen. Die durchschnittliche Anzahl der korrekten Erinnerungen stieg von 2,6 bei fünfsilbigen Wörtern bis zu 4,5 bei einsilbigen Wörtern kontinuierlich an. Zudem zeigte sich, dass dieser Anstieg parallel zum Anstieg der Geschwindigkeit der Aussprache verlief.

5.5.1   Warum werden within-subjects Designs eingesetzt?

Within-subjects Designs haben gegenüber between-subjects Designs einige gewichtige Vorteile. Zunächst sind sie ökonomischer, da sie weniger Versuchsteilnehmer benötigen. Wenn wir etwa in unserem Beispielexperiment in jeder Bedingung 20 Daten erheben wollten, genügen uns dafür im within-subjects Design 20 Teilnehmer. Im between-subjects Design, in dem jeder Person entweder nur die Liste mit langen Wörtern oder nur die Liste mit kurzen Wörtern präsentiert würde, benötigten wir dagegen 40 Teilnehmer. Zudem würden wir die Bereitschaft der Teilnehmer, unser Experiment zu unterstützen, mit diesem Vorgehen kaum adäquat nutzen. Die Präsentation einer Liste und die anschließende Wiedergabe der Listenwörter dauern kaum länger als einige Sekunden. Jedem Teilnehmer nur eine Liste vorzulegen, käme daher einer Verschwendung von Ressourcen gleich. Das within-subjects Design ist hier also zunächst einfach die bequemere und effizientere Möglichkeit, den Einfluss der Wortlänge auf die Gedächtnisspanne zu untersuchen.

Ein weiterer großer Vorteil von within-subjects Designs besteht darin, dass sie das Problem einer möglichen Konfundierung von personengebundenen Störvariablen mit der UV in idealer Weise lösen. Da in allen Bedingungen dieselben Teilnehmer untersucht werden, sind alle personengebundenen Störvariablen – wie Alter, Einkommen, Motivation, Geschlecht, Intelligenz usw. – perfekt parallelisiert. Zusätzliche Maßnahmen zur Kontrolle derartiger Störvariablen sind also, anders als im between-subjects Design, nicht erforderlich.

Zudem ermöglichen es within-subjects Designs, für jeden einzelnen Teilnehmer zu bestimmen, wie die UV auf sein Verhalten wirkt. Dies ist insbesondere dann ein relevanter Vorteil, wenn in einem Experiment untersucht wird, wie sich das Verhalten von Personen im Verlauf der Zeit verändert. So führen beispielsweise manche Lernexperimente zwangsläufig zur Wahl eines within-subjects Designs. Nur mit diesem Design wird nämlich erkennbar, in welcher Weise sich der Kenntnisstand oder das Fähigkeitsniveau einer Person mit zusätzlichen Lern- oder Trainingsphasen verbessert. Ein anderer Untersuchungsgegenstand, bei dem sich die Verwendung von within-subjects Designs empfiehlt, sind subjektive Urteile über Merkmale von Stimuli (etwa über die Helligkeit von Lichtquellen, die Höhe verschiedener Töne oder die Attraktivität von Gesichtern). Solche Urteile über einen Stimulus hängen häufig von dem Kontext ab, in dem er dargeboten wird. Nehmen wir an, wir wollten untersuchen wie das Alter die Gesichtsattraktivität von Frauen beeinflusst. Vermutlich wird das Foto einer durchschnittlich attraktiven 20-Jährigen dabei im Kontext von Fotos von durchschnittlich attraktiven 40-, 60- und 80-Jährigen sehr positiv bewertet werden. In einem between-subjects Design bliebe den Teilnehmern aber verborgen, dass der im Experiment relevante Kontext aus Fotos älterer Frauen besteht. Die Teilnehmer in der entsprechenden Bedingung würden hier ja ausschließlich das Foto der 20-Jährigen sehen. Vielleicht kämen sie dabei zu der Beobachtung, dass das Foto eine durchschnittlich attraktive, junge Frau zeigt, und würden folglich auch nur ein „mittleres" Urteil über die Attraktivität abgeben. Bei der Untersuchung von subjektiven Urteilen kann die Verwendung von between-subjects Designs daher zu vollkommen paradoxen Resultaten führen. Dies wird im Kasten „Wie kann man zeigen, dass 9 größer ist als 221?" illustriert.

Wie kann man zeigen, dass 9 größer ist als 221?   In einem sehr einfachen Experiment von Birnbaum (1999) bestand die einzige Aufgabe der Teilnehmer darin, anzugeben, wie groß sie eine bestimmte Zahl empfinden. Die Teilnehmer gaben ihr Urteil über die Größe der Zahl auf einer 10-stufigen Rating-Skala ab, deren Endpunkte mit „sehr, sehr klein" und „sehr, sehr groß" bezeichnet waren. In einem between-subjects Design wurde nun einer Hälfte der Teilnehmer die Zahl „9" vorgelegt. Die andere Hälfte der Teilnehmer sollte die Größe der Zahl „221" einschätzen. Das mittlere Urteil über die 9 betrug nun 5,13, die Zahl 221 erhielt dagegen ein mittleres Urteil von 3,10. Die Ergebnisse dieses Experiments zeigen uns also, dass die Teilnehmer die Zahl 9 subjektiv als größer empfinden als die Zahl 221!

Natürlich ist diese Schlussfolgerung falsch. Selbstverständlich würde niemand, der auch nur die rudimentärsten Kenntnisse über Zahlen besitzt, bei einem direkten Vergleich der Zahlen 9 und 221 angeben, dass die 9 größer sei. Ein Experiment im within-subjects Design, in dem den Teilnehmern beide Zahlen vorgelegt worden wären, hätte also zu einem anderen – und sinnvolleren – Ergebnis geführt. Birnbaum erklärt das abstruse Ergebnis seines Experiments damit, dass die Teilnehmer im between-subjects Design gezwungen waren, selbst einen Kontext oder Vergleichsstandard zu konstruieren, um überhaupt irgendein Urteil abgeben zu können. Sie mussten also eine Antwort auf die Frage „Wie groß ist diese Zahl – verglichen womit?" finden. Er nimmt nun weiter an, dass die Zahl 9 systematisch einen anderen Vergleichsstandard induzierte als die Zahl 221. Die 9 könnte etwa relativ zu allen einstelligen Zahlen und die 221 relativ zu allen dreistelligen Zahlen beurteilt worden sein.

Birnbaum führte dieses Experiment dezidiert mit dem Ziel durch, zu demonstrieren, dass between-subjects Designs mit subjektiven Urteilen als AV zu widersinnigen Ergebnissen führen können. Nun ist es allzu offensichtlich, dass die Frage „Wie groß ist die Zahl 9?" keinen Sinn hat und vermutlich würde niemand ernsthaft eine vergleichbare Frage in einem Experiment verwenden. Führen between-subjects Designs also auch in weniger offensichtlichen Fällen zu widersinnigen Ergebnissen? Es gibt einige Belege dafür, dass die Antwort auf diese Frage „ja" lautet. Birnbaum (1982) führt unter anderem eine Studie an, in der die Teilnehmer einschätzen sollten, inwieweit das Opfer einer Vergewaltigung selbst für die Tat verantwortlich ist. Die einzige zusätzliche Information, die die Teilnehmer erhielten, war, dass es sich bei dem Opfer entweder um eine geschiedene Frau oder um eine Jungfrau handelte. In einem between-subjects Design, in dem jeder Teilnehmer die Verantwortlichkeit nur eines Opfers einschätzt, wurde der Jungfrau im Mittel die größere Verantwortlichkeit zugeschrieben. Im within-subjects Design, in dem die Teilnehmer Einschätzungen über beide Opfer abgeben, kehrte sich dieses Resultat jedoch um. Hier gaben die Teilnehmer an, dass die geschiedene Frau stärker verantwortlich sei! Birnbaum erklärt auch diese Umkehrung des Ergebnisses mit dem Vergleichsstandard, den die Teilnehmer bei der Abgabe ihres Urteils nutzen können. Im within-subjects Design können sie ihre Einschätzung auf den direkten Vergleich der beiden Opfer stützen. Im between-subjects Design müssen sie dagegen wiederum einen Vergleichsstandard konstruieren. Bei der Einschätzung der Verantwortlichkeit einer geschiedenen Frau mag dabei eben nicht eine Jungfrau, sondern eine verheiratete Frau, eine verwitwete Frau oder irgendeine andere Referenzgruppe zum Vergleich herangezogen werden. Dies kann die Urteile der Teilnehmer augenscheinlich in kritischer Weise verändern.

Ein letzter großer Vorteil von within-subjects Designs besteht darin, dass sie sensitiver sind als between-subjects Designs. Dies bedeutet, dass es mit within-subjects Designs leichter gelingt, auch kleine Effekte der UV zu entdecken. Warum das so ist, lässt sich an einem Datenbeispiel verdeutlichen: Mit einem Experiment im within-subjects Design soll untersucht werden, ob ein bestimmtes Präparat die Gedächtnisleistung verbessert. Dazu wird den Teilnehmern in der Kontrollbedingung eine lange Wortliste vorgelegt (vielleicht nachdem man ihnen ein Placebo gegeben hat). Einige Zeit später sollen sie möglichst viele der Wörter aus der Liste erinnern. In der Experimental-bedingung – die natürlich zu einem anderen Zeitpunkt stattfinden muss – wird den-selben Teilnehmern eine zweite Wortliste vorgelegt, nachdem ihnen das fragliche Prä-parat verabreicht wurde. Anschließend wird wiederum ermittelt, wie viele Wörter aus dieser Liste die Teilnehmer einige Zeit später erinnern können. Die ▶Tabelle 5.1 zeigt, wie viele Wörter von fünf Teilnehmern in der Kontroll- und Experimentalbedingung korrekt wiedergegeben wurden.

Tabelle 5.1

Hypothetische Ergebnisse eines Gedächtnisexperiments im within-subjects Design

Teilnehmer	Kontroll-bedingung	Experimental-bedingung	Differenz
Teilnehmer 1	13	15	2
Teilnehmer 2	4	6	2
Teilnehmer 3	16	18	2
Teilnehmer 4	9	11	2
Teilnehmer 5	19	20	1
Mittelwert	*12,2*	*14*	

Betrachten wir zunächst die Ergebnisse in der Kontrollbedingung. Es wird uns wenig überraschen, dass sich die Anzahl erinnerter Wörter bei verschiedenen Teilnehmern unterscheidet. In unserem Experiment fallen diese Unterschiede in der Gedächtnis-leistung zwischen Personen recht groß aus. In der Kontrollbedingung konnte ein Teil-nehmer nur 4 Wörter erinnern, andere Teilnehmer konnten 16 oder sogar 19 Wörter korrekt wiedergeben. Da diese Daten alle in derselben Bedingung beobachtet wurden, haben die Leistungsunterschiede der Personen offensichtlich nichts mit unserer UV zu tun. Innerhalb des Experiments werden die Unterschiede zwischen Personen daher als „Fehlervarianz" (siehe Kapitel 6 und 14) betrachtet, die nicht durch die UV erklärt werden kann. In unserem Experiment ist die Fehlervarianz in der Experimentalbedin-gung ähnlich groß wie in der Kontrollbedingung. Hier schwankt die Anzahl erinnerter Wörter zwischen 6 und 20.

Die Wirkung der UV können wir erkennen, wenn wir die mittlere Anzahl erinnerter Wörter in der Kontroll- und Experimentalbedingung berechnen (siehe Kapitel 6). In unserem Fall konnten die Teilnehmer in der Experimentalbedingung durchschnittlich

1,8 Wörter mehr erinnern als in der Kontrollbedingung. Vergleichen wir diesen Unterschied zwischen den Bedingungen mit den Unterschieden zwischen Personen innerhalb derselben Bedingung, so ist die Wirkung der UV ziemlich klein.

Dass verschiedene Personen unterschiedlich viele Wörter erinnern, wird uns kaum überraschen, da wir daran gewöhnt sind, dass quasi in allen Lebensbereichen Unterschiede zwischen Personen bestehen. In unserem Experiment könnte etwa relevant sein, dass manche Teilnehmer eine geschicktere Lernstrategie nutzen, leistungsmotivierter sind oder schlicht generell ein besseres Gedächtnis haben und daher – unabhängig davon, ob sie gerade unter dem Einfluss eines Präparates stehen – mehr Wörter erinnern als andere Personen. Wie wir gesehen haben, erzeugen solche Unterschiede zwischen Personen im Experiment Fehlervarianz. Die größere Sensitivität von within-subjects Designs resultiert nun daraus, dass in derartigen Versuchsplänen Unterschiede zwischen Personen bestimmt und von der Fehlervarianz getrennt werden können. Der wesentliche Schritt dazu besteht darin, für jeden Teilnehmer die Differenz zwischen der Anzahl erinnerter Wörter in der Experimental- und der Kontrollbedingung zu berechnen. Diese Differenzen sind unabhängig von der generellen Gedächtnisleistung der Teilnehmer und zeigen ausschließlich an, wie das Präparat auf die Teilnehmer gewirkt hat. In unserem Fall wird anhand der Differenzen zunächst deutlich, dass das Präparat konsistent zu einer Verbesserung der Leistung führte: Alle Teilnehmer konnten unter dem Einfluss des Präparats mehr Wörter erinnern als in der Kontrollbedingung. Zudem zeigen die Differenzen, dass dieser Anstieg in der Leistung fast bei allen Teilnehmern gleich groß ist. Im within-subjects Design wird also deutlich, dass das Präparat sehr stabil eine Verbesserung der Gedächtnisleistung um etwa 2 Wörter bewirkt. Im between-subjects Design hätten wir hingegen keine Möglichkeit gehabt, pro Teilnehmer eine Differenz zwischen der Experimental- und der Kontrollbedingung zu berechnen, da jeder Teilnehmer ja nur in einer Bedingung untersucht worden wäre. Damit wäre der Effekt der UV in der großen Fehlervarianz „untergegangen".

Sie werden in späteren Kapiteln (v.a. im Kapitel 12) sehen, dass bei der Auswertung von Experimenten häufig statistische Tests angewendet werden. Mit diesen Tests wird geprüft, ob ein Effekt, der in einer (oftmals kleinen) Stichprobe von Teilnehmern gefunden wurde, die Schlussfolgerung erlaubt, dass auch in der Population eine Wirkung der UV besteht. Bei diesen Tests wird der Effekt der UV grundsätzlich an der Fehlervarianz relativiert. Tests, die in within-subjects Designs angewendet werden können, werden daher nahezu immer leichter einen Populationseffekt entdecken als Tests, die bei between-subjects Designs geeignet sind. Man sagt auch, dass Tests für within-subjects Designs über eine größere „Power" verfügen (siehe Kapitel 12 und 13).

Wenn within-subjects Designs so zahlreiche und bedeutende Vorteile haben, liegt es nahe die Frage in der Überschrift dieses Abschnitts umzuformulieren: Warum werden nicht *immer* within-subjects Designs eingesetzt? Eine Antwort auf diese Frage haben wir bereits an einer früheren Stelle dieses Kapitels gegeben: Manche Fragestellungen können nicht im within-subjects Design untersucht werden, da die entsprechende UV nicht sinnvoll innerhalb ein und derselben Person variiert werden kann. Wenn wir etwa die Wirkung von zwei Psychotherapiemethoden untersuchen wollen, ist es offensichtlich unmöglich, die Teilnehmer zunächst mit der Methode A und anschließend mit der Methode B zu therapieren. Zudem haben natürlich auch within-subjects Designs Nachteile. Einer dieser Nachteile besteht darin, dass Experimente mit solchen Designs nicht als Blindversuch durchgeführt werden können. Wenn die Teilnehmer im Verlauf einer Untersuchung allen Stufen einer UV ausgesetzt werden, dann wird ihnen – zumindest in aller Regel – natürlich auch bewusst werden, wodurch sich die verschiedenen Bedingungen unterscheiden. Daher enthalten within-subjects Designs beinahe zwangsläufig mehr demand characteristics als between-subjects Designs. Für die Teilnehmer wird es damit leichter, Vermutungen über die Hypothesen im Experiment anzustellen und ihr Verhalten anhand dieser Vermutungen zu steuern. In Experimenten, in denen irgendeine Leistung (Reaktionszeiten, korrekte Erinnerungen, die Anzahl richtiger Entscheidungen usw.) als AV gemessen wird, ist dies oftmals nicht weiter problematisch. In solchen Untersuchungen kann man häufig darauf vertrauen, dass sich die Teilnehmer in allen Bedingungen um eine gute Leistung bemühen werden, auch wenn sie die Hypothese erraten (oder sie einfach über die Hypothese informiert werden). Anders verhält es sich, wenn Variablen wie Aggression oder Hilfsbereitschaft untersucht werden. Wenn wir etwa prüfen wollten, ob sich Personen in der Anwesenheit einer Schusswaffe aggressiver verhalten als in einer identischen Situation, in der keine Schusswaffe zugegen ist, so wäre die Verwendung eines within-subjects Designs sicherlich ein Fehler. Die Teilnehmer würden allzu leicht bemerken, worum es im Experiment geht, und sich vermutlich gezielt so verhalten, wie es ihnen im Bezug auf die Hypothese am sinnvollsten erscheint. In der Sozialpsychologie, in der häufig Verhaltensbereiche untersucht werden, in denen Normen, soziale Erwünschtheit oder der Wunsch der Teilnehmer, sich in bestimmter Weise darzustellen, eine wesentliche Rolle spielen, werden within-subjects Designs daher relativ selten eingesetzt.

Ein weiteres, zentrales Problem von within-subjects Designs besteht darin, dass durch die Reihenfolge, in der die verschiedenen experimentellen Bedingungen durchgeführt werden, Störvariablen entstehen können. Wie alle Störvariablen, stellen auch diese „Reihenfolgeeffekte" eine Bedrohung der internen Validität dar. Würden wir etwa in dem oben beschriebenen Experiment zur Gedächtnisspanne die Liste mit den langen Wörtern stets vor der Liste mit den kurzen Wörtern darbieten, so wäre die UV mit der Reihenfolge der Bedingungen konfundiert. Wir könnten folglich nicht mehr eindeutig angeben, ob die bessere Erinnerung an kurze Wörter tatsächlich auf die Wortlänge zurückgeht. Alternativ könnte dieser Effekt auch dadurch verursacht worden sein, dass die Teilnehmer die Liste mit den kurzen Wörtern stets zuletzt bearbeiteten. Dabei könnte ein Erinnerungsvorteil für kurze Wörter etwa deswegen entstehen, weil die Teilnehmer bei der Bearbeitung der ersten Liste mit der Aufgabe vertraut werden und an Übung gewinnen.

Die Reihenfolge, in der verschiedene experimentelle Bedingungen durchgeführt werden, kann verschiedene Effekte auslösen. Man unterscheidet hauptsächlich *Positionseffekte* und *Carry-Over-Effekte*. Während Positionseffekte durch geeignete Techniken kontrolliert werden können, stellt das Auftreten von Carry-Over-Effekten häufig einen Grund dar, auf within-subjects Designs zu verzichten und auf between-subjects Designs auszuweichen. Wir werden auf beide Effekte und die Möglichkeiten zu ihrer Kontrolle im Folgenden näher eingehen.

5.5.2   Positionseffekte und ihre Kontrolle

Wenn Versuchsteilnehmer nacheinander mehrere experimentelle Bedingungen durchlaufen, kann sich ihr Verhalten im Verlauf der Untersuchung verändern. Diese Veränderung könnte etwa darin bestehen, dass die Teilnehmer eine Aufgabe bei ihrer wiederholten Bearbeitung nach und nach besser verstehen, einen geschickteren Umgang mit der Aufgabe erlernen oder einfach ihre anfängliche Nervosität ablegen. In diesen Fällen wäre zu erwarten, dass sich die Leistung der Teilnehmer allmählich verbessert. Damit würden Bedingungen, die in der Reihenfolge der experimentellen Durchführung an einer späteren Position auftreten, begünstigt: Wir würden in diesen an späteren Positionen durchgeführten Bedingungen selbst dann bessere Leistungen beobachten, wenn die Manipulation der UV völlig wirkungslos wäre. Allerdings können Positionseffekte das Verhalten der Teilnehmer auch in umgekehrter Weise verändern. Die Teilnehmer können durch die mehrfache Wiederholung einer Aufgabe zum Beispiel gelangweilt werden, an Motivation verlieren oder ermüden. In diesen Fällen würde in Bedingungen in späteren Positionen eine Beeinträchtigung der Leistung eintreten. Nach wie vor hätten wir aber das grundsätzliche Problem, dass Positionseffekte das Verhalten der Teilnehmer beeinflussen und damit die interne Validität des Experiments gefährden.

Offensichtlich müssen Positionseffekte in within-subjects Designs also kontrolliert werden. Dazu wird eine Reihe unterschiedlicher Techniken angewendet. Die grundsätzliche Idee aller dieser Techniken besteht aber darin, die Position der experimentellen Bedingungen zu balancieren – also dafür zu sorgen, dass die verschiedenen Bedingungen gleich häufig in allen Positionen durchgeführt werden. Auf diese Weise wird sichergestellt, dass etwaige Positionseffekte in allen Bedingungen den gleichen „mittleren" Einfluss auf das Verhalten der Teilnehmer ausüben. Unterschiede zwischen den Bedingungen können damit wieder eindeutig auf die UV zurückgeführt werden.

Wenn die experimentellen Bedingungen mit jedem Teilnehmer nicht nur einmal, sondern mehrfach durchgeführt werden (also eine Messwiederholung stattfindet), dann können die Positionen der verschiedenen Bedingungen bei jedem einzelnen Teilnehmer balanciert werden. Dies wird erreicht, indem die Reihenfolge der Bedingungen bei jeder neuerlichen Wiederholung verändert wird. In within-subjects Designs ohne Messwiederholung ist eine solche Kontrolle von Positionseffekten pro Teilnehmer nicht möglich, da ja jeder Teilnehmer nur einmal jeder experimentellen Bedingung ausgesetzt wird. In diesem Fall wird die Reihenfolge der Bedingungen von Teilnehmer zu Teilnehmer verändert. Eine Balancierung von Positionseffekten besteht dann nur über alle Teilnehmer hinweg: Die mittlere Leistung aller Teilnehmer wird in den verschiedenen Bedingungen gleichermaßen von möglichen Positionseffekten beeinflusst.

Wir behandeln im Folgenden zunächst Kontrolltechniken für within-subjects Designs mit Messwiederholung.

Block-Randomisierung

Die Block-Randomisierung haben wir bereits als eine leicht umzusetzende Möglichkeit kennen gelernt, bei Experimenten im between-subjects Design Versuchsteilnehmer zufällig den verschiedenen Bedingungen zuzuordnen. Dieselbe Technik kann auch eingesetzt werden, um Positionseffekte in within-subjects Designs mit Messwiederholung zu kontrollieren. Betrachten wir zunächst ein kurzes Beispiel für ein Experiment mit einem solchen Design. Das Beispiel können wir einer langen Reihe von Untersuchungen von Shepard und Mitarbeitern zur „mentalen Rotation" entnehmen. In diesen Untersuchungen ging es um die Frage, wie mentale Bilder (die visuellen „Vorstellungen", die wir von Objekten haben) verarbeitet werden. In einigen dieser Experimente wurden den Teilnehmern wiederholt verschiedene Buchstaben (z.B. F, G, J, R) sowie die Spiegelbilder dieser Buchstaben präsentiert (z.B. Cooper & Shepard, 1973). Die Aufgabe der Teilnehmer bestand nun darin, jeweils zu entscheiden, ob es sich um einen „echten" Buchstaben oder um ein Spiegelbild handelt. Diese Aufgabe wurde dadurch erschwert, dass die Buchstaben bei verschiedenen Präsentationen unterschiedlich stark aus ihrer normalen, aufrechten Position herausgedreht waren. Die UV „Drehung des Buchstabens" wurde in sechs Stufen variiert: 0°, 60°, 120°, 180°, 240°, 300° und 360°. Jede dieser sechs Stufen wurde mit den Teilnehmern mehrfach durchgeführt (tatsächlich bearbeiteten die Teilnehmer hunderte solcher Aufgaben). ▶Abbildung 5.2 zeigt die verschiedenen Varianten des Buchstabens „R", die im Experiment verwendet wurden.

Die Autoren nahmen nun an, dass die Teilnehmer die Aufgabe lösen würden, indem sie den präsentierten Buchstaben mental in seine gewöhnliche Position zurückdrehen und mit der gespeicherten Repräsentation des Buchstabens vergleichen. Sie vermuteten weiterhin, dass diese mentale Rotation zeitlich analog zu der realen Drehung von Objekten verläuft. Wenn diese Hypothese korrekt ist, sollten die Teilnehmer für ihre Entscheidung umso länger benötigen, je weiter ein Buchstabe aus seiner aufrechten Position herausgedreht ist. Die Ergebnisse bestätigten diese Hypothese. Die Reaktionszeiten der Teilnehmer stiegen bei Drehungen von 0° bis 180° an. Bei Drehungen von mehr als 180° fielen die Reaktionszeiten wieder ab. Augenscheinlich nutzten die Teilnehmer also jeweils den kürzesten Weg, um einen Buchstaben mental in seine aufrechte Position zu bringen.

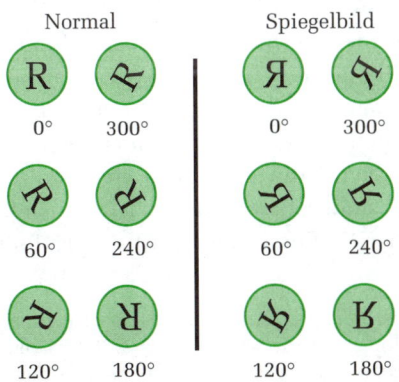

Abbildung 5.2: Verschiedene Varianten des Buchstabens R, die den Teilnehmern im Experiment von Cooper und Shepard (1973) präsentiert wurden.

Es ist offensichtlich, dass die Ergebnisse dieses Experiments ohne eine Kontrolle von Positionseffekten nicht sinnvoll zu interpretieren gewesen wären. Die Durchführung des Experiments dauerte aufgrund der zahlreichen Messwiederholungen mehrere Stunden. Wir können wohl mit Sicherheit davon ausgehen, dass sich der Umgang der Teilnehmer mit der Aufgabe im Verlauf dieser Zeit änderte. Die Teilnehmer gewannen zweifellos an Übung. Auch ihre Motivation oder Aufmerksamkeit dürfte kaum über die gesamte Zeit konstant gewesen sein. Wären also zu Beginn des Versuchs stets um 60° geneigte Buchstaben gezeigt worden und erst gegen Ende des Versuchs alle um 180° geneigten Buchstaben, so wäre nicht mehr zu klären, ob die Drehung der Buchstaben oder diese Veränderungen der Teilnehmer für die unterschiedlichen Reaktionszeiten in den Bedingungen verantwortlich sind.

Die Block-Randomisierung bietet nun die Möglichkeit, die verschiedenen Bedingungen in eine Reihenfolge zu bringen, durch die Positionseffekte bei jedem Teilnehmer kontrolliert werden. Wie bei der Block-Randomisierung im between-subjects Design enthält ein Block jede Bedingung des Experiments genau einmal. Innerhalb des Blocks werden die Bedingungen in eine zufällige Reihenfolge gebracht. Diese zufällige Reihenfolge wird für jeden weiteren Block neu bestimmt. In unserem Fall könnten die ersten drei Blöcke also so aussehen[2]:

Block 1:	120°	60°	180°	240°	0°	300°
Block 2:	240°	0°	120°	180°	300°	60°
Block 3:	300°	60°	0°	120°	180°	240°

Der Teilnehmer, für den diese Blöcke erstellt wurden, bearbeitet die sechs Bedingungen nun zunächst gemäß der Reihenfolge in Block 1. Anschließend durchläuft er die Bedingungen in den Reihenfolgen der Blöcke 2, 3 usw. Die Gesamtzahl der Blöcke muss natürlich der Anzahl Messungen entsprechen, die in jeder Bedingung durchgeführt werden sollen. Da im Originalexperiment von Cooper und Shepard deutlich mehr als 3 Messwiederholungen durchgeführt wurden, war dort natürlich auch die Anzahl der Blöcke größer.

Mit dieser Methode werden Positionseffekte kontrolliert, da wir davon ausgehen können, dass der Zufall die verschiedenen Bedingungen in einer langen Reihe von Blöcken gleich häufig der ersten, zweiten, dritten, vierten, fünften und sechsten Position zuordnet. Würden wir also für jede Bedingung die durchschnittliche Position berechnen, so würden wir bei allen Bedingungen den gleichen (oder einen sehr ähnlichen Wert) erhalten. Etwaige Positionseffekte werden daher auch in allen Bedingungen den gleichen durchschnittlichen Einfluss auf die Leistung des Teilnehmers ausüben.

---

2 Tatsächlich gab es im Experiment von Cooper und Shepard mehrere UVn und damit auch mehr unterschiedliche Bedingungen als die sechs Stufen der UV „Drehung des Buchstabens". (Wir werden uns im Abschnitt 5.6 genauer mit Experimenten mit mehreren UVn befassen.) Zu diesen zusätzlichen UVn zählte u.a. die Präsentation eines Buchstabens in „normaler" oder spiegelbildlicher Form. Die sich daraus ergebenden zusätzlichen Bedingungen müssen natürlich bei der Kontrolle von Positionseffekten berücksichtigt werden. Wir beschränken uns bei unserer Darstellung allein aus Gründen der Übersichtlichkeit auf die sechs unterschiedlichen Rotationsbedingungen.

Ein Problem dieser Methode besteht darin, dass sie nur dann verlässlich wirksam ist, wenn die Anzahl der Messwiederholungen relativ groß ist. Nach nur drei Blöcken können wir offensichtlich noch nicht davon ausgehen, dass der Zufall die Bedingungen gleichmäßig auf die verschiedenen Positionen verteilt. Wenn es also nicht möglich ist, die Messungen in den Bedingungen häufig zu wiederholen (etwa weil die Durchführung einer Bedingung sehr aufwändig ist oder viel Zeit beansprucht), so ist die Methode ungeeignet.

ABBA-Balancierung

Diese Technik kann bereits angewendet werden, wenn die Teilnehmer jede Bedingung eines Experiments nur zwei Mal durchlaufen. Mit den Buchstaben A und B im Namen dieser Technik werden zwei Bedingungen eines Experiments bezeichnet. Die Sequenz A-B-B-A beschreibt bereits die Reihenfolge, in der die Bedingungen bei der Anwendung dieser Technik durchgeführt werden. Die Technik ist natürlich nicht auf den Einsatz in Experimenten mit nur zwei Bedingungen beschränkt. Die generelle Idee besteht einfach darin, die verschiedenen Bedingungen zunächst in irgendeiner Reihenfolge durchzuführen. Anschließend werden die Bedingungen in umgekehrter Reihenfolge noch einmal realisiert. Die Technik wird daher auch als „Spiegelbildmethode" bezeichnet. In einem Experiment mit drei Bedingungen ergibt sich also einfach die Sequenz A-B-C-C-B-A.

Die ABBA-Technik kann dann erfolgreich zur Balancierung genutzt werden, wenn Positionseffekte im Verlauf eines Experiments zu einer gleichmäßigen (linearen) Steigerung oder Verminderung der Leistung führen. Nehmen wir an, dass ein Positionseffekt in einem bestimmten Experiment aufgrund der vermehrten Übung mit einer Aufgabe die Leistung der Teilnehmer von Bedingung zu Bedingung um eine Einheit der AV verbessert. Die obere Zeile in der ▶Tabelle 5.2 illustriert diese Situation. Wenn wir die Positionseffekte, die insgesamt in der Bedingung A auftreten, zusammenrechnen, erhalten wir $0 + 5 = 5$. Die Summe der Positionseffekte in den Bedingungen B und C beträgt ebenfalls 5 – die ABBA-Technik ermöglicht hier also eine wirksame Kontrolle der Positionseffekte.

Tabelle 5.2

Linearer und nicht-linearer Positionseffekt in einem Experiment mit drei Bedingungen

	Position 1	Position 2	Position 3	Position 4	Position 5	Position 6
Bedingung	A	B	C	C	B	A
Linearer Positionseffekt	0	1	2	3	4	5
Nicht-linearer Positionseffekt	0	4	7	10	11	12

Anders verhält es sich allerdings, wenn in einem Experiment nicht-lineare Positionseffekte auftreten. Eine entsprechende Situation ist in der letzten Zeile der Tabelle 5.2 dargestellt. Ein solcher Verlauf von Positionseffekten könnte sich etwa einstellen, wenn sich die Leistung von Teilnehmern in den ersten Bedingungen eines Experiments aufgrund von Übung stark verbessert, die zusätzliche Übung in späteren Bedingungen die Leistung aber kaum noch erhöht. Wenn wir in diesem Fall die Positionseffekte in der Bedingung A aufaddieren, erhalten wir 12. In der Bedingung B beträgt die Summe der Positionseffekte dagegen 15 und in der Bedingung C beläuft sie sich auf 17. In diesem Fall führt die ABBA-Technik also nicht zu einer Balancierung der Positionseffekte.

Die Anwendung der ABBA-Technik ist folglich auf die Kontrolle von linearen Positionseffekten beschränkt. Natürlich kann man bei der Durchführung eines Experiments nicht unbesehen voraussetzen, dass ein möglicher Positionseffekt linear verläuft. Die ABBA-Technik kann also nur dann eingesetzt werden, wenn man aufgrund von früheren Erfahrungen weiß, dass ein linearer Positionseffekt auftritt oder diese Voraussetzung vorab gesondert getestet hat.

Vollständiges Ausbalancieren

Wenn in einem within-subjects Design keine Messwiederholungen durchgeführt werden, können Positionseffekte natürlich nicht bei jedem einzelnen Teilnehmer kontrolliert werden. In diesem Fall werden mögliche Positionseffekte im Experiment nur über alle Teilnehmer hinweg balanciert. Die einfachste und beste Möglichkeit, dies zu erreichen, besteht im vollständigen Ausbalancieren. Dazu werden die Bedingungen des Experiments zunächst in alle möglichen Reihenfolgen gebracht. Jeder dieser Reihenfolgen wird dann die gleiche Anzahl von Versuchsteilnehmern zugeordnet. In einem Experiment mit den drei Bedingungen A, B und C ergeben sich die folgenden 6 möglichen Reihenfolgen:

- A, B, C
- A, C, B
- B, A, C
- B, C, A
- C, A, B
- C, B, A

Jeder dieser Reihenfolgen wird nun ein Sechstel der Versuchteilnehmer zugewiesen. Die Zuordnung der Teilnehmer zu den Reihenfolgen sollte dabei wiederum per Zufall vorgenommen werden.

Selbstverständlich wird die Leistung eines einzelnen Teilnehmers bei diesem Vorgehen in den verschiedenen Bedingungen unterschiedlich stark von möglichen Positionseffekten beeinflusst. Tritt beispielsweise ein Positionseffekt ein, der im Verlauf des Experiments zu einer Verbesserung der Leistung führt, so wird bei einem Teilnehmer, der die Bedingungen in der ersten Reihenfolge durchläuft, die Bedingung C stärker vom Positionseffekt profitieren als die Bedingung A. Die durchschnittliche Leistung *aller* Teilnehmer im Experiment wird jedoch in den Bedingungen A, B und C gleich stark vom Positionseffekt beeinflusst. Im gesamten Experiment wird ja jede Bedingung mit der gleichen Anzahl von Teilnehmern an erster, zweiter und dritter Position durchgeführt.

Ein Problem des vollständigen Ausbalancierens besteht darin, dass die Zahl der möglichen Reihenfolgen mit der Zahl der experimentellen Bedingungen sehr schnell wächst. Generell ergibt sich die Anzahl der Reihenfolgen als Fakultät der Anzahl der Bedingungen. In einem Experiment mit vier Bedingungen erhalten wir also

$$4! = 1 \cdot 2 \cdot 3 \cdot 4 = 24$$

mögliche Reihenfolgen. In einem Experiment mit fünf Bedingungen beträgt die Anzahl der Reihenfolgen bereits 120, bei sechs Bedingungen beläuft sie sich sogar auf 720. Nun werden die meisten psychologischen Experimente mit weniger als 720 Teilnehmern durchgeführt. Auch Experimente mit 120 Teilnehmern sind eher die Ausnahme. Wenn wir aber noch nicht einmal jeder Reihenfolge einen Teilnehmer zuordnen können, können wir natürlich auch nicht alle Reihenfolgen mit der gleichen Anzahl von Teilnehmern durchführen. Bei Experimenten mit mehr als vier Bedingungen kann die Technik des vollständigen Ausbalancierens daher häufig nicht angewendet werden.

Lateinisches Quadrat

Wenn in einem within-subjects Design ohne Messwiederholung nicht alle möglichen Reihenfolgen von experimentellen Bedingungen realisiert werden können, müssen Positionseffekte dadurch kontrolliert werden, dass gezielt eine geeignete Kombination von einigen Reihenfolgen ausgewählt wird. Für die Auswahl von Reihenfolgen bei diesem „unvollständigen Balancieren" stehen wiederum mehrere Techniken zur Verfügung. Die bekannteste dieser Techniken ist das *lateinische Quadrat*.

Bei einem lateinischen Quadrat entspricht die Anzahl der im Experiment verwendeten Reihenfolgen der Anzahl der experimentellen Bedingungen. In einem Experiment mit vier Bedingungen werden also auch vier Reihenfolgen eingesetzt. Dies ist auch die geringste Anzahl von Reihenfolgen, die eine Balancierung erlaubt – offensichtlich muss jede Bedingung zumindest einmal in jeder Position vorkommen, damit eine Balancierung gelingen kann. Dies wird im lateinischen Quadrat natürlich berücksichtigt. Ein weiteres Merkmal der Reihenfolgen, die im lateinischen Quadrat ausgewählt werden, besteht darin, dass jede Bedingung jeder anderen Bedingung genau einmal vorangeht und einmal folgt. Allen ausgewählten Reihenfolgen wird dann wiederum die gleiche Anzahl von Versuchsteilnehmern zugeordnet. Wie immer sollte diese Zuordnung zufällig erfolgen.

Die ▶Tabelle 5.3 zeigt ein lateinisches Quadrat mit vier experimentellen Bedingungen (A, B, C, D).

Tabelle 5.3

Lateinisches Quadrat für ein Experiment mit vier Bedingungen

	Position 1	Position 2	Position 3	Position 4
1. Reihenfolge	A	B	C	D
2. Reihenfolge	B	D	A	C
3. Reihenfolge	D	C	B	A
4. Reihenfolge	C	A	D	B

Es wird deutlich, dass die Bedingung A genau einmal an der ersten, zweiten, dritten und vierten Position auftritt. Dasselbe gilt natürlich auch für die übrigen Bedingungen. Da wie beim vollständigen Ausbalancieren jede der Reihenfolgen mit der gleichen Anzahl von Teilnehmern durchgeführt wird, sind mögliche Positionseffekte somit kontrolliert. Zudem kann man in der Tabelle auch das zweite Merkmal von lateinischen Quadraten erkennen: Zum Beispiel finden wir einmal die Bedingungsfolge „B, C" und einmal die Folge „C, B". Dasselbe gilt auch für die Folgen „D, A" und „A, D" und alle übrigen Kombinationen von zwei Bedingungen.

Es gibt mehrere lateinische Quadrate, die in einem Experiment mit einer gegebenen Anzahl von Bedingungen verwendet werden können. Die Regeln zur Konstruktion dieser lateinischen Quadrate werden zum Beispiel in Bortz (2005) erläutert.

5.5.3 Carry-Over-Effekte

Carry-Over-Effekte stellen für within-subjects Designs ein sehr viel schwerwiegenderes Problem dar als Positionseffekte. Auch Carry-Over-Effekte entstehen aufgrund der Reihenfolge, in der die verschiedenen experimentellen Bedingungen durchgeführt werden. Anders als Positionseffekte gehen sie aber darauf zurück, dass eine frühere Bedingung das Verhalten der Teilnehmer in nachfolgenden Bedingungen inhaltlich beeinflusst. Bei Carry-Over-Effekten ist also nicht entscheidend, ob eine Bedingung X an erster, zweiter oder sechster Position durchgeführt wird. Vielmehr hängt das Verhalten der Teilnehmer in der Bedingung X davon ab, ob sie zuvor einer Bedingung Y ausgesetzt waren oder nicht.

Betrachten wir ein Beispiel. Nehmen wir an, wir wollten überprüfen, ob ein bestimmter Hinweis die Fähigkeit von Probanden verbessert, verschiedene mathematische Probleme zu lösen. In der Experimentalbedingung enthält die Instruktion der Teilnehmer den entsprechenden Hinweis, in der Instruktion zur Kontrollbedingung fehlt er dagegen. In diesem Fall wäre das Auftreten eines Carry-Over-Effekts wahrscheinlich: Teilnehmer, mit denen die Experimentalbedingung vor der Kontrollbedingung durchgeführt wird, könnten den Hinweis zur Problemlösung auch in der Kontrollbedingung nutzen. Sie würden sich damit in dieser Bedingung „ohne Hinweis" systematisch anders verhalten als Teilnehmer, die die Kontrollbedingung zuerst bearbeiten. Diesem Problem können wir natürlich auch nicht dadurch begegnen, dass wir die Kontrollbedingung mit allen Teilnehmern zuerst durchführen – mit diesem Vorgehen blieben mögliche Positionseffekte ja unbalanciert.

Es gibt also keine Möglichkeit zur effektiven Kontrolle von Carry-Over-Effekten. Befürchtet man, dass in einem Experiment derartige Effekte auftreten, sollte man daher auf ein within-subjects Design verzichten und ein between-subjects Design einsetzen. Bei Experimenten, in denen die Manipulation der UV *ausschließlich* durch unterschiedliche Instruktionen realisiert wird, dürfte daher zumeist von der Verwendung von within-subjects Designs abzuraten sein. Allerdings ist das Auftreten von Carry-Over-Effekten nicht auf solche Manipulationen beschränkt. Beispielsweise können solche Effekte in Studien zur Wirkung von Medikamenten oder Drogen eintreten, weil die Probanden eine Toleranz gegenüber der untersuchten Substanz entwickeln: Auf eine geringe Dosis reagieren die Probanden beim ersten Kontakt mit der Substanz möglicherweise stärker, als wenn sie zuvor schon eine hohe Dosis erhalten haben. Dasselbe Problem kann auch auftreten, wenn die experimentelle Manipulation darin besteht, dass die Belohnung für ein bestimmtes Verhalten variiert wird. Am Beginn eines Experiments mag eine geringe Belohnung durchaus motivierend wirken. Wenn die Teilnehmer allerdings bereits daran gewöhnt sind, für ein Verhalten großzügig belohnt zu werden, kann dieselbe geringe Belohnung auch demotivierend wirken.

Die letztgenannten Beispiele machen vielleicht deutlich, dass Carry-Over-Effekte nicht nur ein schwieriges Problem für within-subjects Designs sind, sondern auch als eigenständiges Phänomen interessant sein können. Es kann daher durchaus sinnvoll sein, sie gezielt zum Gegenstand einer eigenen Untersuchung zu machen. Der einfachste Weg dazu besteht darin, dasselbe Experiment einmal im within-subjects Design und einmal im between-subjects Design durchzuführen. Zeigt sich in beiden Designvarianten derselbe Effekt der UV, so besteht kein Carry-Over-Effekt. Tritt in den beiden Designs hingegen eine unterschiedliche Wirkung der UV auf, so ist ein Carry-Over-Effekt eine wahrscheinliche Erklärung.

5.6 Mehrfaktorielle Designs

In diesem Kapitel haben wir uns bisher auf Experimente konzentriert, in denen die Wirkung *einer* UV untersucht wird. Wir haben gesehen, dass die Manipulation der UV dabei „zwischen Teilnehmern" oder „innerhalb von Teilnehmern" erfolgen kann. Unabhängig davon, ob ein between- oder within-subjects Design realisiert wird, werden Experimente mit einer UV auch als einfaktorielle Designs bezeichnet. Die Bezeichnung erklärt sich einfach dadurch, dass unabhängige Variablen auch Faktoren genannt werden. Damit ist auch klar, worum es sich bei mehrfaktoriellen Designs handelt: Dies sind Experimente, die die Wirkung mehrerer UVn zugleich untersuchen.

Beginnen wir auch hier mit einem Beispiel: Wir wollen untersuchen, welche Ursachen aggressivem Verhalten zugrunde liegen. Wie bei nahezu jedem psychologischen Untersuchungsgegenstand, können wir wohl auch bei aggressivem Verhalten annehmen, dass es durch mehrere Faktoren beeinflusst wird. Eine in der Psychologie seit Langem diskutierte Hypothese besagt, dass Frustration zu Aggression führt. Daneben können wir leicht andere Variablen finden, von denen anzunehmen ist, dass sie das Auftreten aggressiven Verhaltens beeinflussen. Muss eine Person in einer konkreten Situation befürchten, dass aggressives Verhalten bestraft würde? Hat die Person zuvor gelernt, dass sich aggressives Verhalten oftmals lohnt? Gemäß einer vielleicht weniger offensichtlichen Hypothese spielt auch die Präsenz „aggressiver Hinweisreize" eine Rolle bei der Entstehung von Aggression. Dabei handelt es sich um Stimuli, die mit Aggression assoziiert sind. Das einfachste Beispiel für einen solchen Hinweisreiz sind Waffen. Wir haben nun die Möglichkeit, in einem Experiment mit einem mehrfaktoriellen Design die Wirkung mehrerer vermuteter Ursachen zugleich zu untersuchen. Wir wollen in unser Experiment die UVn „Frustration" und „aggressive Hinweisreize" aufnehmen.

Dies erfordert natürlich zunächst, dass wir die Frustration der Teilnehmer manipulieren. Wir könnten dazu eine bereits in anderen Experimenten verwendete Prozedur übernehmen: Die Teilnehmer bearbeiten eine Aufgabe. Als Rückmeldung über ihre Leistung werden den Teilnehmern von einem Vertrauten des Versuchsleiters elektrische Schocks verabreicht. Bei einer (vermeintlich) guten Leistung erhalten sie wenige Schocks, bei einer (vermeintlich) schlechten Leistung dagegen viele Schocks. Tatsächlich wird die Zahl der Schocks natürlich unabhängig von der Leistung festgelegt – die Teilnehmer werden den verschiedenen Frustrationsbedingungen zufällig zugewiesen. Um die Aggression der Teilnehmer zu messen, werden die Rollen des Vertrauten des Versuchsleiters und der Teilnehmer in einer zweiten Phase des Experiments vertauscht. Nunmehr bearbeitet der Vertraute die Aufgabe und die Teilnehmer können ihm – aufgrund ihrer Zufriedenheit mit seiner Leistung – Schocks zuteilen. Die Zahl der von den Teilnehmern verabreichten Schocks verwenden wir als Maß für ihre Aggression. Was unserem Experiment offensichtlich noch fehlt, ist eine Manipulation der UV „aggressiver Hinweisreiz". Um diese Manipulation vorzunehmen, platzieren wir während der zweiten Phase des Experiments (in der die Probanden Schocks zuteilen können) bei der Hälfte der Teilnehmer unter irgendeinem Vorwand eine Schusswaffe im Raum. Bei der anderen Hälfte der Teilnehmer fehlt diese Schusswaffe dagegen.

Grundsätzlich sollte nun in mehrfaktoriellen Designs jede Stufe einer UV mit jeder Stufe der anderen UVn kombiniert werden. In unserem Experiment ergeben sich also vier Bedingungen: 1. hoch frustriert, mit aggressivem Hinweisreiz, 2. hoch frustriert, ohne aggressiven Hinweisreiz, 3. gering frustriert, mit aggressivem Hinweisreiz und 4. gering frustriert, ohne aggressiven Hinweisreiz. Einfacher und übersichtlicher lässt sich das Design unseres Experiments in einer Tabelle darstellen (▶Tabelle 5.4). Jede der Zellen in der Tabelle entspricht dabei einer der vier Bedingungen.

Tabelle 5.4

Design eines mehrfaktoriellen Experiments, in dem die beiden UVn „Frustration" und „aggressiver Hinweisreiz" in jeweils zwei Stufen variiert werden

		Aggressiver Hinweisreiz	
		ja	nein
Frustration	hoch	hoch frustriert / mit Hinweisreiz	hoch frustriert / ohne Hinweisreiz
	gering	gering frustriert / mit Hinweisreiz	gering frustriert / ohne Hinweisreiz

Bei unserem Versuchsplan handelt es sich um das einfachste mehrfaktorielle Design. Dieser Versuchsplan wird auch als 2 × 2-Design bezeichnet, da er zwei UVn mit jeweils zwei Stufen enthält. Generell kann man in mehrfaktoriellen Designs die Zahl der Bedingungen bestimmen, indem man die Anzahlen der Stufen der verschiedenen UVn miteinander multipliziert. Wie wir schon gesehen haben, ergeben sich in unserem Fall 2 × 2 = 4 Bedingungen. Wir könnten unser Experiment nun weiter „anreichern", indem wir die Zahl der Stufen bei einer UV oder beiden UVn erhöhen. Beispielsweise könnten wir die Frustration der Teilnehmer in drei Stufen (gering, *mittel*, hoch) variieren. Damit würden wir ein 3 × 2-Design realisieren – also ein Experiment mit zwei UVn, von denen die eine drei und die andere zwei Stufen aufweist. Das Experiment hätte folglich sechs Bedingungen. Unser Experiment ließe sich aber auch dadurch erweitern, dass wir eine zusätzliche UV in das Design aufnehmen. Wir könnten etwa zusätzlich zur Frustration und zur Anwesenheit von aggressiven Hinweisreizen manipulieren, ob die Teilnehmer eine Sanktion für aggressives Verhalten erwarten oder ob kein Grund für eine solche Erwartung besteht. Durch diese Erweiterung ergäbe sich ein 2 × 2 × 2-Design. Dieses Experiment hätte also drei UVn, die jeweils in zwei Stufen variiert werden. Aus der Kombination der Stufen der drei UVn resultieren in diesem Fall acht Bedingungen. Zumindest theoretisch können wir sowohl die Zahl der UVn als auch die Zahl der Stufen pro UVn in einem Experiment beliebig erhöhen: Ein 4 × 3-Design enthält zwei UVn mit vier und drei Stufen. Ein 2 × 3 × 4 × 2-Design ist ein Versuchsplan mit vier UVn mit zwei, drei, vier und zwei Stufen und insgesamt 48 Bedingungen. Pragmatisch sind unserer Findungsgabe bei der Planung von mehrfaktoriellen Designs aber dadurch Grenzen gesetzt, dass die Durchführung von Experimenten mit sehr vielen Bedingungen auch sehr aufwändig wird – wir benötigen entweder extrem viele Versuchsteilnehmer oder müssen jeden einzelnen Teilnehmer unzumutbar vielen Bedingungen aussetzen. Zudem kann sich auch die Interpretation der Ergebnisse in Experimenten mit zahlreichen UVn sehr kompliziert gestalten. Experimente mit mehr als drei UVn werden daher nur sehr selten durchgeführt.

In unserem ursprünglichen Experiment im 2 × 2-Design werden beide UVn „between subjects" manipuliert. Folglich nimmt jeder Proband nur an einer Bedingung teil. Entsprechend müssen wir den vier Bedingungen – per Zufall! – unterschiedliche

Teilnehmer zuordnen. Dieses Vorgehen ist jedoch auch in mehrfaktoriellen Designs keineswegs zwangsläufig. Grundsätzlich wird in solchen Designs für jede UV gesondert entschieden, ob sie „zwischen Teilnehmern" oder „innerhalb von Teilnehmern" manipuliert wird. Somit können auch Experimente mit mehreren UVn vollständig als within-subjects Design realisiert werden. Enthält ein Experiment sowohl eine UV, die zwischen Teilnehmern manipuliert wird, als auch eine UV, die innerhalb von Teilnehmern manipuliert wird, spricht man auch von einem „gemischten Design".

5.6.1 Haupteffekte und Interaktionen in 2 × 2-Designs

Offensichtlich können wir mit unserem Beispielexperiment die Wirkung von zwei UVn bestimmen: Zunächst können wir die Hypothese testen, dass größere Frustration zu vermehrter Aggression führt. Zugleich können wir unsere Vermutung überprüfen, dass die Präsenz von aggressiven Hinweisreizen das Auftreten von Aggression befördert. In mehrfaktoriellen Designs wird die Wirkung einer UV als *Haupteffekt* bezeichnet. Unser Experiment ermöglicht es uns also, Hypothesen über zwei Haupteffekte zu prüfen.

Dies ist noch nicht sonderlich spektakulär. Die Wirkung unserer beiden UVn könnten wir ebenso gut in zwei gesonderten, einfaktoriellen Experimenten untersuchen. Dazu würden wir allenfalls einige zusätzliche Versuchsteilnehmer benötigen. Der entscheidende Nutzen von mehrfaktoriellen Designs besteht aber nicht darin, die Anzahl der erforderlichen Teilnehmer zu reduzieren. Ihr wesentlicher Vorteil liegt vielmehr darin, dass sie uns zu einer Erkenntnis verhelfen können, die wir durch mehrere einfaktorielle Experimente nicht gewinnen können: Ein mehrfaktorielles Design erlaubt es uns festzustellen, ob zwischen unseren beiden UVn eine *Interaktion* besteht. Generell liegt zwischen zwei UVn immer dann eine Interaktion vor, wenn die Wirkung einer UV von der Stufe der anderen UV abhängig ist.

Unser Beispielexperiment ist eine vereinfachte Variante einer Studie, die tatsächlich von Berkowitz und LePage (1967) durchgeführt wurde. Das primäre Ziel dieser Studie bestand eben darin, eine Hypothese über eine Interaktion zwischen den UVn „Frustration" und „Anwesenheit aggressiver Hinweisreize" zu prüfen. Zur Zeit der Durchführung des Experiments war aus der Forschung zur „Frustrations-Aggressions-Hypothese" bereits klar, dass Frustration *manchmal* tatsächlich zu Aggression führt. Dieser Stand der Dinge war natürlich unbefriedigend. Die Frage nach den zusätzlichen Bedingungen, die erfüllt sein müssen, damit sich Frustration in aggressivem Verhalten äußert, war daher ein sehr relevanter Forschungsgegenstand. Berkowitz vermutete nun, dass die Anwesenheit von aggressiven Hinweisreizen eine solche zusätzliche Bedingung konstituiert. Er nahm also an, dass frustrierte Personen in Situationen, in denen aggressive Hinweisreize zugegen sind, mehr aggressives Verhalten zeigen würden als in Situationen, denen solche Hinweisreize fehlen. Bei nicht-frustrierten Personen sollte die Anwesenheit von aggressiven Hinweisreizen hingegen keinen Effekt zeitigen. Diese Vorhersage umschreibt eine Interaktion: Die Wirkung der UV „Anwesenheit von aggressiven Hinweisreizen" wäre demnach abhängig von der Ausprägung der UV „Frustration".

Die ▶Tabelle 5.5 zeigt die (allerdings ebenfalls vereinfacht und etwas „geglättet" dargestellten) Ergebnisse des Experiments von Berkowitz und LePage (1967), anhand derer wir genauer erläutern wollen, wie man Haupteffekte und Interaktionen erkennt. Die Zahlen in den vier Zellen der Tabelle geben die durchschnittliche Anzahl der elektrischen Schocks an, die die Teilnehmer in den entsprechenden Bedingungen verabreichten.

Tabelle 5.5

Fiktive Ergebnisse des Beispielexperiments aus Tabelle 5.4*

	Mit aggressivem Hinweisreiz	Ohne aggressiven Hinweisreiz	**Zeilenmittelwert**
Hoch frustriert	5,8	4,6	5,2
Gering frustriert	2,0	2,0	2,0
Spaltenmittelwert	3,9	3,3	

* Die Daten entsprechen ungefähr den realen Ergebnissen von Berkowitz und LePage (1967).

Beginnen wir mit dem Haupteffekt der UV „Frustration". Ein Haupteffekt beschreibt die Wirkung, die ein Faktor unabhängig von den Stufen des anderen Faktors hat. Um den Haupteffekt der Frustration zu bestimmen, müssen wir also die Daten *aller* Teilnehmer zusammenfassen, die durch zahlreiche Schocks stark frustriert wurden, und mit den Daten all derjenigen Teilnehmer vergleichen, die nur wenig frustriert wurden. Für diese Zusammenfassung benutzen wir jeweils den Mittelwert der Ergebnisse in den beiden entsprechenden Bedingungen „mit Hinweisreiz" und „ohne Hinweisreiz"[3]. Für die hoch frustrierten Teilnehmer erhalten wir so einen Zeilenmittelwert von (5,8 + 4,6) / 2 = 5,2. Für die nur gering frustrierten Teilnehmer ergibt sich ein Zeilenmittelwert von 2,0. Offensichtlich hatte die UV „Frustration" also einen Haupteffekt: Hoch frustrierte Personen teilten durchschnittlich 3,2 Schocks mehr aus als wenig frustrierte Teilnehmer. Den Haupteffekt der UV „Anwesenheit von aggressiven Hinweisreizen" können wir analog bestimmen. In diesem Fall müssen wir natürlich über die Bedingungen „hoch frustriert" und „gering frustriert" mitteln. Für die UV-Stufe „mit aggressivem Hinweisreiz" ergibt sich ein Spaltenmittelwert von 3,9. Auf der UV-Stufe „ohne aggressiven Hinweisreiz" beträgt der Spaltenmittelwert hingegen nur 3,3. Auch diese UV hatte also einen – wenn auch vergleichsweise kleinen – Haupteffekt: In der Gegenwart einer Schusswaffe teilten die Teilnehmer mehr Schocks aus.

---

3 Diese einfache Mittelungsprozedur führt nur dann zu einem korrekten Ergebnis, wenn in den zusammengefassten Bedingungen jeweils die gleiche Anzahl von Teilnehmern untersucht wurde. Bei einer ungleichen Teilnehmerzahl muss dagegen ein gewichteter Mittelwert berechnet werden (siehe Kapitel 6).

Wie verhält es sich nun mit der Interaktion, deren Überprüfung ja das zentrale Anliegen des Experiments war? Um zu ermitteln, ob eine Interaktion vorhanden ist, müssen wir generell die Effekte bestimmen, die eine UV auf den verschiedenen Stufen der anderen UV hat. Diese Effekte vergleichen wir dann miteinander. Sind diese Effekte auf den verschiedenen Stufen der anderen UV nicht gleich groß, so liegt eine Interaktion vor. In unserem Fall hat die Anwesenheit eines aggressiven Hinweisreizes bei hoch frustrierten Personen einen Effekt von $5,8 - 4,6 = 1,2$. Bei gering frustrierten Personen hat die Anwesenheit eines aggressiven Hinweisreizes hingegen gar keinen Effekt: Wenn wir die Durchschnittswerte in den entsprechenden Zellen voneinander abziehen, erhalten wir $2,0 - 2,0 = 0$. Die Wirkung eines aggressiven Hinweisreizes hängt also davon ab, ob die Personen, die diesem Hinweisreiz ausgesetzt sind, stark oder nur wenig frustriert sind. Es besteht also eine Interaktion zwischen den UVn unseres Experiments. Diese Interaktion kann – wie jede Interaktion – auch in umgekehrter Weise beschrieben werden: Die Wirkung von Frustration hängt davon ab, ob ein aggressiver Hinweisreiz zugegen ist. In der Anwesenheit eines Hinweisreizes erhöht Frustration die Häufigkeit aggressiven Verhaltens stärker als in der Abwesenheit eines solchen Hinweisreizes.

Wenn in einem Experiment eine Interaktion auftritt, sollte uns dies zu einer gewissen Vorsicht bei der Interpretation von Haupteffekten veranlassen. Generelle Aussagen über den Effekt einer UV können wir nur dann treffen, wenn diese UV auf allen Stufen der anderen UV zumindest in dieselbe Richtung wirkt. In unserem Experiment ist dies für den Faktor Frustration der Fall: Stärkere Frustration führt mit und ohne aggressiven Hinweisreiz zu mehr Aggression (wenn auch nicht im gleichen Ausmaß). Eine allgemeine Aussage über die Wirkung der UV „Anwesenheit von aggressiven Hinweisreizen" ist dagegen nicht möglich. Zwar hat diese UV einen Haupteffekt: Im Durchschnitt aller Versuchsteilnehmer zeigten Personen in Gegenwart einer Schusswaffe mehr aggressives Verhalten als wenn keine Schusswaffe zugegen war. Eine genauere Betrachtung zeigt jedoch, dass dieser Effekt allein auf die hoch frustrierten Personen zurückgeht. Bei nur schwach frustrierten Personen führte die Anwesenheit einer Schusswaffe eben nicht zu mehr Aggression.

Grafische Darstellung der Ergebnisse aus 2 × 2-Designs

Die Ergebnisse mehrfaktorieller Experimente werden häufig in Grafiken dargestellt. Die ▶Abbildung 5.3 zeigt die Ergebnisse unseres Experiments einmal in Form eines Liniendiagramms (links) und ein zweites Mal in Form eines Balkendiagramms (rechts). Die AV wird grundsätzlich auf der y-Achse abgetragen. Im Liniendiagramm finden sich die Stufen einer UV (in unserem Fall der UV „Anwesenheit von aggressiven Hinweisreizen") auf der x-Achse. Die Stufen der zweiten UV (bei uns die beiden Stufen der UV „Frustration") werden durch die unterschiedlichen Linien repräsentiert. Liniendiagramme haben den Vorteil, dass Interaktionen in ihnen sehr leicht erkennbar sind: Eine Interaktion besteht immer dann, wenn die Linien nicht parallel verlaufen. Fehlende Parallelität zeigt stets an, dass die zweite UV auf den verschiedenen Stufen der anderen UV nicht dieselbe Wirkung hat. Die Haupteffekte können wir natürlich nach derselben Logik bestimmen, die wir auch in der tabellarischen Darstellung der Ergebnisse verwendet haben: Den Haupteffekt der UV „Frustration" finden wir etwa, indem wir die beiden Datenpunkte von hoch frustrierten Personen mitteln und mit dem Mittelwert der Datenpunkte von gering frustrierten Personen vergleichen. Für den Haupteffekt der UV „Anwesenheit von aggressiven Hinweisreizen" müssen wir entsprechend die Datenpunkte auf der Stufe „mit aggressivem Hinweisreiz" mitteln und mit dem Mittelwert der Datenpunkte auf der Stufe „ohne aggressiven Hinweisreiz" vergleichen.

Auch im Balkendiagramm findet sich eine UV auf der x-Achse. Die zweite UV wird durch unterschiedliche Balkentypen dargestellt. In Balkendiagrammen ist es etwas schwieriger, Interaktionen zu erkennen. Sie zeigen sich hier dadurch, dass die Differenzen zweier benachbarter Balken nicht gleich groß sind. Balkendiagramme haben aber den Vorteil, dass sie ein Problem von Liniendiagrammen vermeiden. Liniendiagramme können ein wenig irreführend sein: Die Linien suggerieren, dass im Experiment zwischen den Stufen derjenigen UV, die auf der x-Achse abgetragen ist, zusätzliche Stufen untersucht worden sind und die Ausprägung der AV auf diesen Zwischenstufen festgestellt wurde. Tatsächlich wissen wir aber nichts über die Aggression von Personen in Situationen, in denen weder kein aggressiver Hinweisreiz zugegen ist noch eine Schusswaffe (sondern vielleicht ein Nudelholz oder ein Messer).

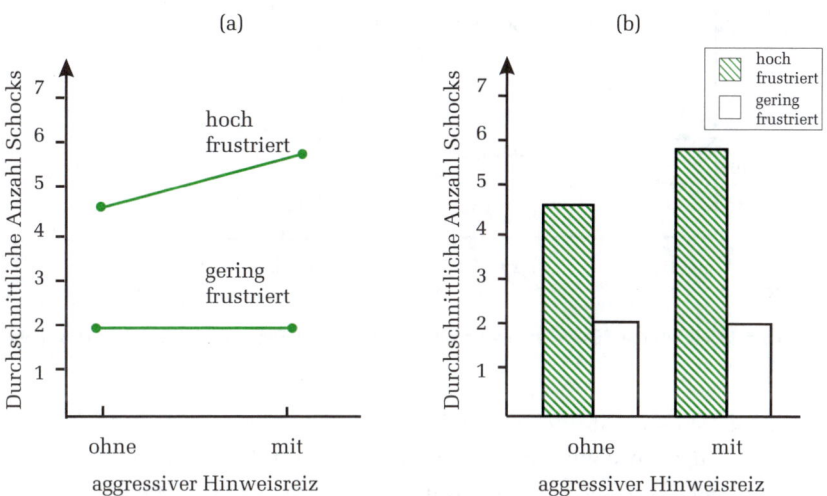

Abbildung 5.3: Die fiktiven Ergebnisse unseres Beispielexperiments im Liniendiagramm (a) und im Balkendiagramm (b).

Für ein angemessenes Verständnis von mehrfaktoriellen Experimenten ist es äußerst wichtig, Haupteffekte und Interaktionen erkennen und korrekt interpretieren zu können. Wir wollen daher noch einmal an einigen Beispielen illustrieren, was verschiedene Ergebnismuster in 2 × 2-Designs bedeuten. Wir nutzen dazu mögliche Ergebnisse eines fiktiven Experiments. In diesem Experiment wird zum einen das Ausmaß der Erregung manipuliert, das die Teilnehmer in einer Testsituation empfinden. Dies könnten wir vielleicht erreichen, indem wir entweder ankündigen, dass die Testergebnisse nicht weiter verwendet werden oder dazu genutzt werden, eine öffentliche Rangliste der Leistungen aller Teilnehmer zu erstellen, auf deren Grundlage die Teilnehmer auch entlohnt werden. Die zweite UV ist die Schwierigkeit der Aufgaben, die die Teilnehmer in dem Test bearbeiten (leicht vs. schwer). Als AV dient schließlich die Leistung der Teilnehmer im Test (die wir anhand der Anzahl gelöster Aufgaben messen). Die ▶Abbildung 5.4 zeigt vier hypothetische Ergebnisse dieses Experiments.

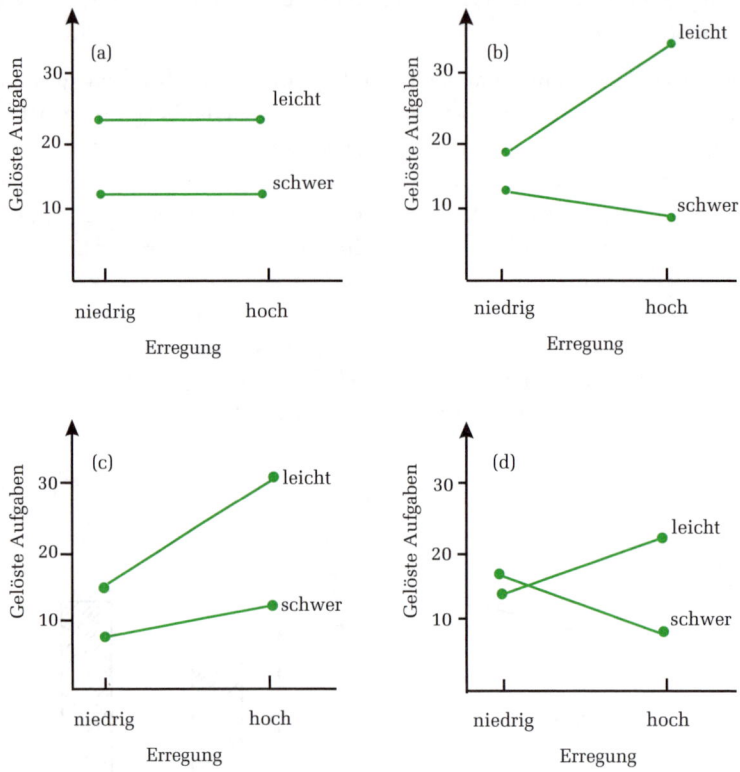

Abbildung 5.4: Mögliche Ergebnisse eines Experiments zur Wirkung von Erregung und Aufgabenschwierigkeit auf die Testleistung.

In Abbildung 5.4a besteht offensichtlich keine Interaktion zwischen den UVn „Erregung" und „Aufgabenschwierigkeit". Die Linien verlaufen parallel. Die Aufgabenschwierigkeit hat den zu erwartenden Haupteffekt: Leichte Aufgaben werden häufiger gelöst als schwierige Aufgaben. Die Erregung der Teilnehmer hat dagegen keine Wirkung. Personen in großer Erregung bearbeiten die Aufgaben ebenso erfolgreich wie schwach erregte Teilnehmer.

In Abbildung 5.4b interagieren die Faktoren „Erregung" und „Aufgabenschwierigkeit": Hohe Erregung führt bei leichten Aufgaben zu einer Leistungssteigerung, bei schwierigen Aufgaben dagegen zu einer Leistungsminderung. Die Aufgabenschwierigkeit hat einen Haupteffekt, der auch leicht zu interpretieren ist: Leichte Aufgaben werden besser gelöst als schwierige, unabhängig davon, ob die Teilnehmer stark oder nur gering erregt sind. Die UV „Erregung" hat ebenfalls einen Haupteffekt: Im Durchschnitt lösten alle hoch erregten Teilnehmer etwas mehr Aufgaben als alle schwach erregten Teilnehmer. Dieser Haupteffekt erlaubt uns allerdings keine generelle Aussage über die Wirkung von Erregung auf die Leistung. Bei leichten Aufgaben bewirkte hohe Erregung tatsächlich eine deutliche Leistungssteigerung. Bei schwierigen Aufgaben ging hohe Erregung dagegen mit einer (geringfügigen) Verschlechterung der Leistung einher.

In Abbildung 5.4c liegt ebenfalls eine Interaktion vor. Zudem haben hier beide Faktoren einen interpretierbaren Haupteffekt. Leichte Aufgaben werden generell besser gelöst als schwierige. Hohe Erregung führt ebenfalls generell zu besseren Leistungen als geringe Erregung. Die Interaktion zeigt sich hier lediglich darin, dass die Leistungsverbesserung, die durch hohe Erregung ausgelöst wird, bei leichten Aufgaben größer ausgeprägt ist als bei schwierigen.

Schließlich liegt auch in Abbildung 5.4d eine Interaktion vor. Hier bedingt hohe Erregung wiederum bei leichten Aufgaben eine Leistungssteigerung und bei schwierigen Aufgaben eine Leistungsminderung. Die UV „Erregung" hat keinen Haupteffekt: Im Mittel leichter und schwieriger Aufgaben erbringen gering erregte und hoch erregte Teilnehmer die gleiche Leistung. Die UV „Aufgabenschwierigkeit" ist dagegen mit einem Haupteffekt verbunden. Allerdings ist dieser Haupteffekt nicht interpretierbar, da hier das (etwas unplausible) Ergebnis eingetreten ist, dass gering erregte Personen schwierige Aufgaben sogar häufiger lösen als leichte.

5.6.2 Komplexere Designs

Wir haben uns bei unserer Beschreibung der Interpretation von Ergebnissen in mehrfaktoriellen Experimenten auf 2×2-Designs beschränkt. Die Regeln, nach denen wir in diesen Designs Haupteffekte und Interaktionen identifiziert haben, können aber auch in komplexeren mehrfaktoriellen Experimenten angewendet werden. In zweifaktoriellen Experimenten, bei denen die UVn über mehr als zwei Stufen verfügen, ist die Übertragung dieser Regeln mehr oder weniger trivial. In einem 2×3-Design liegt etwa dann eine Interaktion vor, wenn der zweistufige Faktor nicht auf allen drei Stufen des anderen Faktors den gleichen Effekt hat. Schwieriger wird es, wenn die Zahl der Faktoren erhöht wird. In solchen Designs können mehr als nur zwei Haupteffekte und ein Interaktionseffekt untersucht werden. Beispielsweise gibt es in einem dreifaktoriellen Design drei UVn (die wir im Folgenden mit A, B und C bezeichnen). Somit können natürlich auch drei Haupteffekte geprüft werden. Darüber hinaus können in einem solchen Design aber auch mehrere Interaktionen auftreten. Zunächst gibt es drei mögliche Interaktionen von zwei UVn: Die Interaktion der Faktoren A und B, der Faktoren A und C und schließlich die Interaktion der Faktoren B und C. Neben diesen so genannten Interaktionen erster Ordnung kann zudem auch eine Interaktion aller drei Faktoren bestehen. Wir wollen unsere Erörterung mehrfaktorieller Designs mit einem Beispiel für eine solche Interaktion höherer Ordnung zwischen den Faktoren A, B und C beschließen.

Aus der Forschung zu Einstellungen ist bekannt, dass Personen, denen eine hohe Glaubwürdigkeit zugeschrieben wird, leichter Einstellungsänderungen bewirken können als Personen, die für weniger glaubwürdig erachtet werden. Dieselben Argumente führen also zu einer größeren Einstellungsänderung, wenn sie beispielsweise eine Professorin anstelle eines Gymnasiasten vorbringt. Dies gilt insbesondere dann, wenn die Argumente der Personen nur beiläufig beachtet oder mit geringer Motivation verfolgt werden. Allerdings verliert sich dieser Effekt der „Glaubwürdigkeit der Quelle" mit der Zeit. Die Einstellungsänderung, die glaubwürdige Quellen bei Teilnehmern eines Experiments auslösen, ist nach einigen Wochen geringer als unmittelbar nach der Präsentation der Argumente. Die Einstellungsänderung, die unglaubwürdige Quellen bewirken, steigt hingegen mit der Zeit an (Kelman & Hovland, 1953)! Somit gleicht sich auch der Effekt glaubwürdiger und unglaubwürdiger Quellen im Lauf der Zeit an.

Soweit beschreiben diese Ergebnisse eine Interaktion erster Ordnung, wie wir sie schon in den vorangegangenen Absätzen dargestellt haben: Die Wirkung des Faktors „Glaubwürdigkeit der Quelle" hängt von der Ausprägung des Faktors „Zeitintervall zwischen Präsentation der Argumente und Messung der Einstellungsänderung" ab. Bei einem kleinen Zeitintervall hat die Glaubwürdigkeit der Quelle einen deutlichen Effekt auf die Einstellungsänderung. Bei einem großen Zeitintervall ist der Effekt der Glaubwürdigkeit hingegen nur noch schwach ausgeprägt.

Wir könnten uns nun fragen, wie diese Interaktion zu erklären ist. Eine einfache Erklärung wäre, dass sich die Teilnehmer nach einiger Zeit zwar noch an manche Argumente erinnern können, aber die Quelle vergessen haben – also gar nicht mehr sagen können, ob die Argumente von einer glaubwürdigen oder unglaubwürdigen Quelle stammten. Wäre diese Erklärung korrekt, so sollten wir andere Ergebnisse finden, wenn wir den Teilnehmern vor der Messung der Einstellungsänderung die Quelle noch einmal durch einen entsprechenden Hinweis in Erinnerung rufen. Dies sollte natürlich dazu führen, dass die Glaubwürdigkeit der Quelle nach Ablauf von einigen Wochen ebenso auf die Einstellungsänderung wirkt wie unmittelbar nach der Präsentation der Argumente.

Um diese Vermutung zu überprüfen, müssten wir ein dreifaktorielles Experiment durchführen. Neben den schon beschriebenen Faktoren „Glaubwürdigkeit" und „Zeitintervall" müssten wir den Faktor „Hinweis auf die Quelle" als dritte UV einführen. Somit würden wir ein 2 × 2 × 2-Design realisieren.

Die ▶Abbildung 5.5 zeigt ein hypothetisches Ergebnis dieses Experiments, das unsere Vermutung bestätigen würde (ähnliche Ergebnisse wurden tatsächlich von Kelman & Hovland, 1953, gefunden). Aus der Abbildung wird zunächst ersichtlich, dass für die Darstellung der Ergebnisse eines dreifaktoriellen Experiments zwei Diagramme benötigt werden. Jedes der Diagramme zeigt die Ergebnisse auf einer der beiden Stufen der UV „Hinweis auf die Quelle". Ohne einen solchen Hinweis finden wir die beschriebene Interaktion der Faktoren „Glaubwürdigkeit" und „Zeitintervall". Mit einem Hinweis auf die Quelle verschwindet diese Interaktion allerdings. Hier nimmt die Einstellungsänderung, die eine wenig glaubwürdige Quelle bewirkt, im Laufe der Zeit ebenso ab wie die Einstellungsänderung, die eine glaubwürdige Quelle auslöst. Wir können also festhalten, dass die Interaktion zwischen der „Glaubwürdigkeit" und dem „Zeitintervall" von der Ausprägung der UV „Hinweis auf die Quelle" abhängt. Damit liefert das Ergebnis auch ein Beispiel für eine Interaktion zweiter Ordnung. Eine einfache Interaktion besteht dann, wenn die Wirkung einer UV von der Stufe einer zweiten UV abhängt. Eine Interaktion zweiter Ordnung liegt nun generell dann vor, wenn die Interaktion zweier Faktoren von der Stufe einer dritten UV abhängt. In einem solchen Fall können die Ergebnisse auch nur dann vollständig beschrieben werden, wenn alle drei Faktoren berücksichtigt werden.

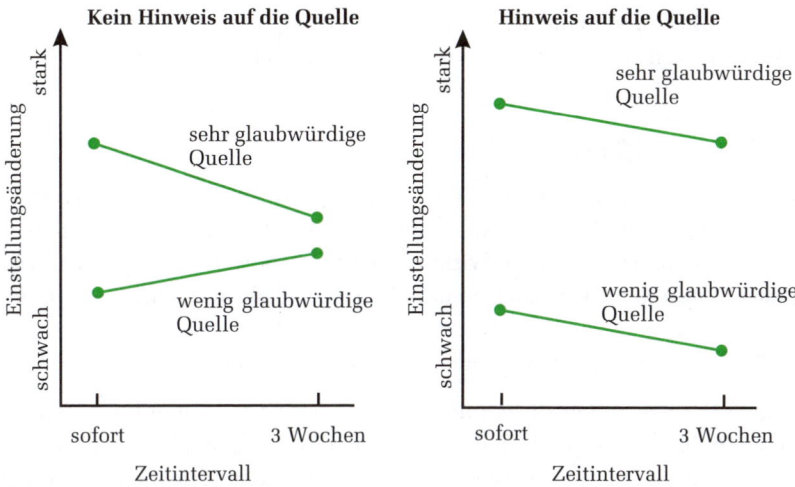

Abbildung 5.5: Illustration einer Interaktion zweiter Ordnung in einem 2 × 2 × 2-Design.

5.6.3 Interaktionen und externe Validität

Wir haben im Abschnitt 5.4 betont, dass Replikationen und partielle Replikationen bei der Sicherung der externen Validität von experimentellen Befunden einen wichtigen Beitrag leisten können. Wird ein Befund mit anderen Teilnehmern, unter anderen Umständen oder bei Verwendung veränderter experimenteller Prozeduren repliziert, so kann dieser Befund offensichtlich über alle geänderten Aspekte generalisiert werden. Mehrfaktorielle Designs bieten nun die Möglichkeit, systematisch zu untersuchen, ob und gegebenenfalls welchen Einschränkungen die Übertragbarkeit eines Befundes unterliegt. Dem Auftreten oder Ausbleiben von Interaktionen kommt dabei die entscheidende Bedeutung zu.

Nehmen wir an, frühere Experimente hätten gezeigt, dass ein bestimmtes Gedächtnistraining die Erinnerungsleistung von Erwachsenen verbessert. Wir überprüfen die Wirkung des Trainings nun ein weiteres Mal. Dabei manipulieren wir aber nicht nur, ob unsere Probanden an dem Training teilnehmen oder nicht. Als zusätzliche UV nehmen wir das Alter der Probanden in unser Design auf. Wir untersuchen den Effekt des Trainings gezielt bei jüngeren (20–25 Jahre) und älteren (60–65 Jahre) Personen. Dabei tritt nun eine Interaktion auf: Das Training verbessert die Leistung der jüngeren Probanden, nicht aber die der älteren Probanden. Damit ist die externe Validität des ursprünglichen Befundes offensichtlich eingeschränkt. Zwar wirkt das Training bei jungen Erwachsenen, auf ältere Erwachsene ist dieser Befund aber nicht übertragbar. Eine Interaktion bedeutet stets, dass der Haupteffekt einer UV nicht über die Stufen der anderen UV generalisiert werden kann. Hätten wir in diesem Experiment hingegen keine Interaktion gefunden, so hätten wir die gegenteilige Aussage treffen können. Wir könnten nunmehr gesichert behaupten, dass das Training die Erinnerungsleistung von jungen und älteren Erwachsenen in gleicher Weise beeinflusst. Das Ausbleiben einer Interaktion erhöht also die externe Validität des ursprünglichen Befundes. Über die Übertragbarkeit auf nicht untersuchte Bedingungen oder Personengruppen können wir natürlich in keinem der beiden Fälle etwas aussagen (wir wissen also z.B. nicht, wie das Training bei Kindern oder Schlaganfallpatienten wirkt).

5.7 Quasi-Experimente

Die letzte Variante experimenteller Untersuchungsformen, die wir in diesem Kapitel behandeln wollen, sind Quasi-Experimente. Wie echte Experimente zielen auch Quasi-Experimente darauf ab, die Wirkung einer UV (oder mehrerer UVn) zu bestimmen. Quasi-Experimente erreichen aber nicht das Ausmaß an Kontrolle über mögliche Störvariablen, das für echte Experimente typisch ist. Der Grund dafür liegt darin, dass in Quasi-Experimenten keine Randomisierung vorgenommen wird.

Angesichts der Bedeutung, die wir der Randomisierung zur Kontrolle personengebundener Störvariablen beigemessen haben, stellt sich natürlich die Frage, warum man auf die zufällige Zuordnung der Versuchsteilnehmer zu unterschiedlichen Bedingungen verzichten sollte. Die Antwort darauf ist denkbar einfach: In manchen Studien ist es schlicht nicht möglich, eine Randomisierung vorzunehmen. Dies ist oftmals bei Evaluationen der Fall, die im Feld durchgeführt werden. Evaluationsstudien werden eingesetzt, um die Wirkung von bestimmten Maßnahmen oder Interventionen in der Praxis zu beurteilen. Beispiele wären also etwa Studien zum Effekt einer neuen Unterrichtsmethode auf die Englischkenntnisse von Schülern, zum Effekt der Einführung von Teamarbeit auf die Produktivität in einem bestimmten Betrieb oder zur Wirkung einer veränderten Betreuungs- und Pflegemethode auf das Befinden der Bewohner eines Altenheims. In allen diesen Fällen kann der Versuchsleiter die UV – zumindest im Prinzip – manipulieren. Er kann also möglicherweise festlegen, wann, wo und unter welchen Umständen die neue Unterrichtsmethode oder die Teamarbeit eingesetzt wird und wo dies unterbleibt. Damit verfügen diese Studien über das erste wesentliche Merkmal von Experimenten: Die Manipulation der UV. Allerdings wird sich eine Randomisierung aus pragmatischen Gründen kaum durchführen lassen. Wir können einzelne Schüler nicht zufällig einem Klassenverband zuordnen, in dem eine neue Unterrichtstechnik eingesetzt wird. Ebenso wenig werden wir Arbeitnehmer per Zufall einer Abteilung mit Teamarbeit oder einer Abteilung ohne Teamarbeit zuweisen können. Somit erfüllen diese Studien das zweite Kriterium für Experimente – die umfassende Kontrolle von Störvariablen – nicht. Realistisch ist in diesen Fällen wohl nur die Möglichkeit, bereits vor der Untersuchung bestehende Gruppen zu verwenden. Wir könnten also etwa in einer Schulklasse die neue Unterrichtsmethode implementieren und eine zweite Schulklasse als Kontrollgruppe nutzen. Damit bleiben natürlich alle Unterschiede zwischen diesen Gruppen, die vor der Untersuchung vorhanden waren, auch im Quasi-Experiment bestehen. Finden wir einen Effekt der neuen Methode, könnte dieser Effekt also auch auf andere Unterschiede zwischen den Gruppen als auf die unterschiedliche Unterrichtsmethodik zurückgehen. Der Schluss auf die Wirksamkeit der UV wird also mit größerer Unsicherheit behaftet sein als in einem echten Experiment – Quasi-Experimente verfügen über eine geringere interne Validität.

Inwieweit auch in Quasi-Experimenten ein Kausalschluss möglich ist, hängt davon ab, ob alternative Erklärungsmöglichkeiten, die in einer spezifischen Untersuchung plausibel erscheinen, durch zusätzliche Maßnahmen oder weitere Informationen über die Teilnehmer ausgeschlossen werden können. Eine Möglichkeit zur umfassenden Kontrolle aller denkbaren Störvariablen besteht ja nicht. In unserer Untersuchung zur Wirkung einer neuen Unterrichtsmethode liegt die offensichtlichste Alternativerklärung natürlich darin, dass sich die Englischkenntnisse der beiden Klassen schon vor der Einführung der neuen Methode unterschieden. Um diese Störvariable zu kontrollieren, sollten wir die Englischkenntnisse in beiden Klassen schon zu Beginn der Untersuchung ein erstes Mal messen. Auf diese Weise könnten wir sicherstellen, dass die Klassen, bevor die UV manipuliert wird, zumindest hinsichtlich der AV vergleichbar sind. Mit diesem Vorgehen würden wir ein „Design mit nicht-äquivalenter Kontrollgruppe" realisieren. Neben diesem Design gibt es eine Reihe weiterer Versuchspläne, die in Quasi-Experimenten eingesetzt werden können, um spezifische Störvariablen zu kontrollieren oder wenigstens unplausibel zu machen. Einen hervorragenden Überblick über diese Designs geben Cook und Campbell (1979). Dort findet man auch eine Übersicht über verschiedene Bedrohungen der internen Validität in Quasi-Experimenten. Letztlich bleibt die Durchführung gelungener Quasi-Experimente aber so etwas wie „Detektivarbeit": Forscher müssen hier Störvariablen aufspüren, die in ihrer speziellen Untersuchung unkontrolliert bleiben und zugleich Argumente suchen, die dagegen sprechen, dass diese Störvariablen den beobachteten Effekt verursachen.

Eine zweite Gruppe von Untersuchungen, in denen keine Randomisierung vorgenommen werden kann, bilden Studien, in denen die Zuordnung der Teilnehmer zu einer bestimmten Stufe der UV schon vor Untersuchungsbeginn feststeht. Dies ist beispielsweise der Fall, wenn Auswirkungen des Geschlechts, der Religionszugehörigkeit, des Wohnorts oder der Erkrankung an einer Depression ermittelt werden sollen. Auch solche Studien werden oftmals als Quasi-Experimente bezeichnet. Diese Begriffsverwendung ist allerdings zweifelhaft, da hier nicht nur keine Randomisierung, sondern auch keine Manipulation der UV möglich ist. Natürlich kann der Versuchsleiter nicht bestimmen, welcher Teilnehmer Katholik oder Muslim wird oder welcher Teilnehmer an einer Depression leidet oder gesund bleibt. Insofern weisen diese Untersuchungen keines der beiden wesentlichen Merkmale von echten Experimenten auf. Entsprechend sind die Möglichkeiten, hier eine gesicherte Aussage über einen Ursache-Wirkungs-Zusammenhang zu gewinnen, auch noch kleiner als in Quasi-Experimenten mit einer Manipulation der UV. Nehmen wir etwa an, wir wollten untersuchen, ob Opfer von Gewaltverbrechen nur noch über eine verminderte internale Kontrollüberzeugung (dies ist die Überzeugung, bedeutsame Ereignisse im Leben selbst steuern und beeinflussen zu können) verfügen. Natürlich können wir aus ethischen Gründen nicht festlegen, wer Opfer eines Gewaltverbrechens wird und wer verschont bleibt. Wir können also lediglich die Kontrollüberzeugungen von Opfern und Nicht-Opfern messen. Finden wir den erwarteten Unterschied, muss dieser keineswegs durch das Verbrechen verursacht sein: Vielleicht hatten die Opfer schon vor dem Verbrechen eine geringere Kontrollüberzeugung – immerhin wäre denkbar, dass Menschen, die ohnehin glauben, dass sie den Lauf der Dinge nicht beeinflussen können, häufiger Opfer von Verbrechen werden. Die beiden Gruppen könnten sich aber auch hinsichtlich zahlloser anderer Variablen unterscheiden: ihrem Alter, ihrem sozio-ökonomischen Status, ihrer Risikobereitschaft usw. Die einzige Möglichkeit, eine dieser Störvariablen zu eliminieren, besteht hier in der *statistischen Kontrolle*. Man kann die Ausprägung dieser Störvariablen bei den Teilnehmern messen und ihren Einfluss auf die AV mit geeigneten statistischen Verfahren (dazu zählt z.B. die Partialkorrelation, die Sie in Kapitel 7 kennen lernen werden) „rausrechnen". Diese Vorgehensweise lässt sich aber nicht auf die gesamte Vielzahl möglicher Störvariablen ausdehnen. Alle bei den Teilnehmern nicht erfassten oder gar nicht bedachten Störvariablen bleiben also zwangsläufig unkontrolliert.

Z U S A M M E N F A S S U N G

Experimente sind die beste verfügbare Methode, um Ursache-Wirkungs-Beziehungen zwischen Variablen zu identifizieren. Entsprechend werden sie in der Grundlagenforschung zu dem Zweck eingesetzt, aus Theorien abgeleitete Kausalhypothesen zu testen. Darüber hinaus werden Experimente aber auch in der angewandten Forschung genutzt, um die Wirkung von Interventionsmaßnahmen zu prüfen.

Die wesentlichen Merkmale des Experiments sind Manipulation und Kontrolle. Die unabhängige Variable (die vermutete Ursache) wird vom Experimentator manipuliert, wobei mindestens zwei unterschiedliche Bedingungen hergestellt werden. Anschließend wird beobachtet, ob die abhängige Variable (diejenige Variable, in der sich eine mögliche Wirkung zeigt) mit der UV kovariiert, also in den Bedingungen unterschiedliche Werte annimmt. Durch dieses Vorgehen wird auch die Kausalrichtung zwischen den Variablen eindeutig bestimmt: Da die UV der AV zeitlich vorangeht, ist ausgeschlossen, dass sie durch die AV beeinflusst wird. Kontrolltechniken werden in Experimenten eingesetzt, um Alternativerklärungen für eine Kovariation von UV und AV auszuschließen. Solche Alternativerklärungen ergeben sich aus Störvariablen. Kontrolltechniken sollen sicherstellen, dass alle Störvariablen in den verschiedenen Bedingungen des Experiments (zumindest im Durchschnitt) gleich ausgeprägt sind, und daher nicht für Unterschiede in der AV verantwortlich sein können. Die Kontrolle von Störvariablen ist das schwierigste Problem in Experimenten. Gelingt sie möglichst umfassend, so gilt das Experiment als intern valide: Es erlaubt eine eindeutige Aussage über eine Ursache-Wirkungsbeziehung zwischen UV und AV.

In between-subjects Designs nehmen an den verschiedenen Bedingungen eines Experiments unterschiedliche Personen teil. Damit bei diesem Vorgehen die interne Validität gewährleistet bleibt, dürfen zwischen den verschiedenen Personengruppen am Beginn des Experiments keine systematischen Unterschiede bestehen. Die wichtigste Technik zur Kontrolle personengebundener Störvariablen ist das Randomisieren: Die zufällige Zuordnung der Teilnehmer zu den Gruppen soll sicherstellen, dass sich alle Merkmale der Teilnehmer auf die verschiedenen Gruppen gleich verteilen. Eine Alternative, die insbesondere bei einer geringen Teilnehmerzahl sinnvoll sein kann, ist das Parallelisieren. Bei diesem Vorgehen werden gezielt Teilnehmergruppen hergestellt, die hinsichtlich eines Merkmals vergleichbar sind. Das Hauptproblem dieser Technik besteht darin, dass damit auch nur *eine* personengebundene Störvariable kontrolliert wird. ▶

▶Fortsetzung

Die wichtigste Methode zur Kontrolle von Störvariablen in der Versuchssituation (Lärm, unterschiedliche Versuchsräume usw.) ist das Konstanthalten: Zumindest alle bedeutsamen Aspekte der Versuchssituation sollten in den verschiedenen Bedingungen und bei allen Teilnehmern unverändert bleiben. Wird die Kontrolltechnik des Balancierens benutzt, so wird gezielt sichergestellt, dass eine Störvariable in den verschiedenen Bedingungen den gleichen durchschnittlichen Wert annimmt. Schließlich kann u.U. auch das Randomisieren zur Kontrolle von Störvariablen in der Versuchssituation eingesetzt werden – beispielsweise, wenn es möglich und sinnvoll erscheint, Versuchsmaterialien zufällig den Bedingungen zuzuordnen. Eine eigene Gruppe von Störvariablen bilden Erwartungen der Versuchsteilnehmer und des Versuchsleiters. Diesen Störvariablen kann durch eine sorgfältige Beachtung von demand characteristics und eine möglichst weitgehende Standardisierung des Verhaltens des Versuchsleiters begegnet werden. Ausgeschlossen werden können Erwartungseffekte durch Doppelblindstudien und Placebo-Kontroll-Versuche.

Die Sicherung der externen Validität wird in Experimenten häufig dem Ziel untergeordnet, eine möglichst hohe interne Validität herzustellen. Grundsätzlich kann die Übertragbarkeit experimenteller Befunde erhöht werden, indem man eine möglichst repräsentative Stichprobe von Teilnehmern und Untersuchungssituationen auswählt. Besondere Bedeutung kommt bei der Sicherung der externen Validität von experimentellen Befunden jedoch der Replikation und partiellen Replikation der Experimente zu.

In Experimenten im within-subjects Design durchlaufen die Teilnehmer alle unterschiedlichen Bedingungen. Zu unterscheiden ist dieses Vorgehen von der Durchführung von Messwiederholungen, bei der die AV bei jedem Teilnehmer in *derselben* Bedingung mehrfach gemessen wird. Within-subjects Designs haben gegenüber between-subjects Designs einige wesentliche Vorteile: Sie sind ökonomischer, sie gewährleisten eine perfekte Kontrolle personengebundener Störvariablen und sie sind eher in der Lage, auch kleine Effekte der UV zu entdecken. Ein wesentlicher Nachteil von within-subjects Designs besteht darin, dass sie mehr demand characteristics enthalten als between-subjects Designs. Zudem können in ihnen aufgrund der Reihenfolge, in der die verschiedenen Bedingungen durchgeführt werden, Störvariablen entstehen. Ihre Ergebnisse sind daher nur dann interpretierbar, wenn mögliche Positionseffekte ausbalanciert werden.

Dazu stehen zunächst die Techniken der Block-Randomisierung und der ABBA-Balancierung zur Verfügung. Diese Techniken erlauben eine Kontrolle von Positionseffekten bei jedem Teilnehmer, erfordern allerdings, dass jede Bedingung bei jedem Teilnehmer mehrfach appliziert wird. Können diese Techniken nicht eingesetzt werden, so kann eine Kontrolle von Positionseffekten mittels des vollständigen Ausbalancierens oder des Lateinischen Quadrats erfolgen. Diese Techniken erreichen eine Kontrolle von Positionseffekten jedoch nur bei einer Mittelung der Daten aller Teilnehmer.

Das schwerwiegendste Problem für within-subjects Designs stellen Carry-Over-Effekte dar. Bei diesen Effekten hängt das Verhalten der Teilnehmer in einer Bedingung davon ab, ob sie zuvor einer spezifischen anderen Bedingung ausgesetzt waren. Ist in einem Experiment das Auftreten von Carry-Over-Effekten zu erwarten, so sollte auf die Anwendung eines within-subjects Designs verzichtet werden. ▶

▶Fortsetzung

In Experimenten mit einem mehrfaktoriellen Design werden mindestens zwei UVn manipuliert. Das einfachste mehrfaktorielle Design ist ein 2 × 2-Design, in dem zwei UVn mit je zwei Stufen untersucht werden. Die Anzahl der Stufen pro UV kann weiter erhöht werden, so dass beispielsweise ein 3 × 2-Design oder 4 × 4-Design entsteht. Zudem können auch mehr als zwei UVn in das Design aufgenommen werden. So beschreibt etwa ein 2 × 2 × 2-Design einen Versuchsplan mit drei UVn, von denen jede zwei Stufen aufweist. Mit mehrfaktoriellen Designs können in einem Experiment die Haupteffekte aller beteiligten UVn zugleich untersucht werden. Wichtiger ist allerdings, dass es mehrfaktorielle Designs auch ermöglichen festzustellen, ob zwischen den UVn Interaktionen bestehen. Eine Interaktion liegt immer dann vor, wenn die Wirkung einer UV von der Ausprägung der anderen UVn abhängig ist. Mehrfaktoriellen Designs kann eine kritische Rolle bei der Überprüfung von Theorien zukommen. Zudem können sie auch genutzt werden, um die externe Validität von Befunden zu untersuchen. Tritt in einem solchen Design keine Interaktion auf, so kann die Wirkung einer UV über die Stufen der anderen UVn generalisiert werden.

Bei Quasi-Experimenten handelt es sich um Studien, in denen keine Randomisierung der Teilnehmer vorgenommen werden kann. Quasi-Experimente erreichen somit keine vollständige Kontrolle von Störvariablen und verfügen daher über eine geringere interne Validität als echte Experimente. Dennoch sind Quasi-Experimente bei der Evaluation von Interventionsmaßnahmen im Feld häufig die beste verfügbare Untersuchungsmethode. Eine eingeschränkte Kontrolle über Störvariablen kann durch die Anwendung geeigneter quasi-experimenteller Designs erreicht werden.

Z U S A M M E N F A S S U N G

Weiterführende Literatur

Campbell, D. T. & Stanley, J. C. (1966). *Experimental and quasi-experimental designs for research.* Chicago: Rand McNally.

Ein „Klassiker" zum Thema Störvariablen und zu ihrer Kontrolle durch experimentelle und quasi-experimentelle Designs.

Huber, O. (2005). *Das psychologische Experiment: Eine Einführung* (4. Aufl.). Bern: Huber.

Sarris, V. & Reiß, S. (2005). *Kurzer Leitfaden der Experimentalpsychologie.* München: Pearson Studium.

Zwei Lehrbücher zum Experiment, die sich hauptsächlich an Studierende der ersten Semester richten.

Übungsaufgaben mit Lösungen sowie weitere Informationen zu diesem Buchkapitel finden Sie auf der Companion Website zum Buch unter *http://www.pearson-studium.de*

TEIL II

Deskriptive und explorative Datenanalyse

Lage- und Streuungsmaße

6

ÜBERBLICK

In psychologischen Studien werden fast immer viele Daten erhoben, und in den meisten Fällen liegen die Daten als Zahlenwerte vor. Diese Zahlen kann man sich natürlich alle einzeln ansehen, aber wirklich verständlich werden sie erst, wenn man sie in passender Weise zusammenfasst. Eine nützliche Art der Zusammenfassung besteht darin, *typische* Werte zu betrachten. Typische Werte sind Werte in der Mitte: Mittleres Einkommen, mittlere Intelligenz oder mittlere Leistungsfähigkeit sind Indikatoren dafür, wo die typischen Werte für eine Gruppe oder auch für ein Individuum liegen. Solche Mittelwerte werden deswegen auch Werte der zentralen Tendenz oder einfach *Lagemaße* genannt. Wir werden in diesem Kapitel verschiedene Arten von Lagemaßen kennen lernen. Lagemaße allein reichen jedoch nicht aus für eine sinnvolle Aussage über das Ergebnis einer Studie, da sie nichts darüber sagen, wie stark sich die Einzelwerte voneinander unterscheiden. Das kann man herausfinden, wenn man sich die Verteilung der Werte ansieht. Solche Verteilungen können sehr breit auseinander gezogen sein, was dann bedeutet, dass die Werte sehr ungleich sind, stark variieren oder streuen, oder sie können sehr schmal sein, was dann bedeuten würde, dass die Werte eher gleich oder homogen sind. Die Streuung einer Verteilung kann man mit Hilfe von *Streuungsmaßen* (manchmal auch als *Dispersionsmaße* bezeichnet) zusammenfassen. Wir werden uns auch verschiedene Streuungsmaße in diesem Kapitel ansehen.

Streuungsmaße werden im Alltag weit weniger verwendet als Lagemaße. Deswegen illustrieren wir zunächst, warum sie notwendig sind. Anschließend behandeln wir Verfahren, die Informationen über beides, Lage und Streuung bieten. Sodann beschreiben wir beide Arten von Maßen in größerem Detail und diskutieren die Voraussetzungen für ihre Anwendung und wie man sie interpretieren sollte. Das Kapitel endet mit der Einführung von standardisierten Werten und einer kurzen Diskussion des Unterschieds von Stichproben- und Populationskennwerten.

6.1 Warum brauchen wir Streuungsmaße?

Lagemaße wie das arithmetische Mittel, das wir uns gleich noch genauer ansehen werden, sind Bestandteil des Alltags: Wenn wir von „Durchschnitt" sprechen, meinen wir meist arithmetische Mittelwerte. Streuungsmaße fallen im Alltag aber weniger auf. Trotzdem sind sie zur Beschreibung von Daten sehr wichtig. So können ein Beamter und ein Künstler durchaus ein identisches Durchschnittseinkommen haben. Der Beamte bekommt allerdings jeden Monat das gleiche Gehalt, während der Künstler mehr verdient, wenn er einen Auftrag hat, aber vielleicht auch mal einige Monate kein Einkommen hat. Dieser Unterschied dürfte sich erheblich auf die Ausgabenplanung auswirken. Ein anderes Beispiel: Städte in England und solche im mittleren Westen der USA haben vergleichbare durchschnittliche Jahrestemperaturen. Während sich die Temperatur über das Jahr hinweg in England jedoch nur wenig ändert, gibt es im mittleren Westen drastische Temperaturunterschiede zwischen Sommer und Winter. Das hat sicherlich Auswirkungen auf die benötigte Kleidung. Die beiden Beispiele illustrieren, dass es sehr wichtig sein kann, nicht nur über die Mittelwerte, sondern auch über die Variation der Werte, also über deren Streuung Bescheid zu wissen.

Ein weiteres Beispiel sehen wir uns genauer an: fiktive Ergebnisse in vier Methoden-lehre-Klausuren mit jeweils 20 Teilnehmern. ▶Abbildung 6.1 zeigt die Häufigkeitsver-teilungen der Noten 1 bis 5. Alle vier Klausurergebnisse haben den gleichen Mittelwert[1] (3) und drei (b bis d) auch die gleichen Minimal- und Maximalwerte (1 und 5). Trotz-dem hätte man nur eine höchst unvollständige Information zur Verfügung, würde man sich auf die Mittelwerte beschränken. Die Ergebnisse in Abbildung 6.1a streuen über-haupt nicht: Alle Studierenden haben eine 3. Die Verteilung in Abbildung 6.1b ist so wie man sie am ehesten erwarten würde: Die Noten der Klausurteilnehmer konzentrieren sich im mittleren Bereich und nur wenige (jeweils ein Teilnehmer) haben eine 1 oder eine 5. Die Ergebnisse in den anderen beiden Klausuren sind jedoch, genauso wie die in Abbildung 6.1a, „merkwürdig". In Abbildung 6.1c sieht man eine so genannte Gleich-verteilung: jeweils 4 Klausurteilnehmer haben die gleiche Note erhalten. Die Ergebnisse in Abbildung 6.1d schließlich lassen vermuten, dass in dem entsprechenden Kurs nur sehr gute und sehr schlechte Studierende saßen.

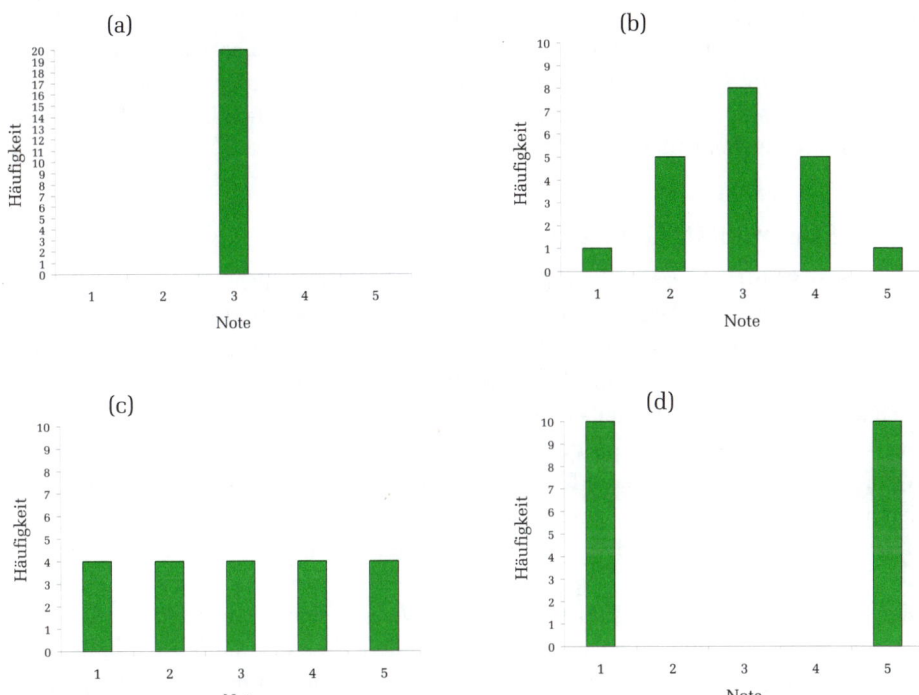

Abbildung 6.1: Häufigkeitsverteilungen für die (fiktiven) Ergebnisse in vier Methodenlehre-Klausuren mit identi-schem Mittelwert, aber unterschiedlichen Streuungen.

---

1   Wir nehmen hier an, dass die Notenwerte Intervallskalenniveau besitzen. Diese Annahme ist umstritten, es ist jedoch gängige Praxis, Durchschnittsnoten zu berechnen, was nur bei Daten zulässig ist, die mindestens intervallskaliert sind (siehe Kapitel 3).

Die Unterschiede zwischen den Verteilungen in Abbildung 6.1 werden auch in den Streuungsmaßen sichtbar, die wir in Abschnitt 6.4.1 kennen lernen werden. Die Abbildung 6.1 illustriert aber auch noch einen anderen Punkt, auf den wir immer wieder im Rahmen der Datenanalyse zurückkommen werden: Eine bildliche Darstellung von Ergebnissen ist fast immer informativer, als wenn ausschließlich Zahlen berichtet werden.

6.2 Lage und Streuung auf einen Blick

Will man sich einen ersten Überblick über seine Daten verschaffen, bieten sich Darstellungsformen an, die es erlauben, sowohl Informationen über mittlere Werte als auch über die Streuung der Werte sichtbar zu machen. Eine dieser Darstellungsformen haben wir schon gesehen: die Häufigkeitsverteilung. Wir werden uns im Folgenden zwei weitere nützliche Verfahren ansehen, die in der Regel noch mehr Detailinformationen enthalten als Häufigkeitsverteilungen: *Stamm-Blatt-Diagramme* (*stem-and-leaf plots*) und *Box-Plots*. Diese beiden Verfahren stammen aus dem Arsenal der so genannten *Explorativen Datenanalyse* (*EDA*), deren Anliegen es ist, die Daten zu explorieren (erkunden) und darin enthaltene Strukturen und Muster aufzudecken. Weitere EDA-Verfahren werden in Kapitel 20 behandelt.

6.2.1 Stamm-Blatt-Diagramme

Ein Stamm-Blatt-Diagramm trennt jede in ihm enthaltene Zahl in einen „Stamm-Teil" und einen „Blatt-Teil". Sehen wir uns das Beispiel links in ▶Abbildung 6.2 an: Hier sind die fiktiven Reaktionszeiten von 7 Personen wiedergegeben. Im Stamm-Teil (zwischen den beiden Längsstrichen) sind die Hundertstelsekunden aufgeführt und im Blatt-Teil (rechts vom Stamm) die verbleibenden Millisekunden pro Person, getrennt durch Kommata. So enthält beispielsweise die zweite Zeile von oben links in Abbildung 6.2 die Werte von zwei Personen, deren Reaktionszeiten 172 und 175 Millisekunden betrugen. Gerade haben wir behauptet, dass Stamm-Blatt-Diagramme in der Regel mehr Detailinformationen enthalten als Häufigkeitsverteilungen. Warum das so ist, wird ersichtlich, wenn man die beiden Darstellungen in Abbildung 6.2 miteinander vergleicht. Das Problem von Häufigkeitsverteilungen ist oft, dass der Wertebereich so groß ist, dass man nicht für jeden Wert die Häufigkeiten angeben kann, sondern dass Wertintervalle gebildet werden müssen. In unserem Beispiel geht der Wertebereich von 151 bis 189 Millisekunden, wir hätten also 39 unterschiedliche Werte. In der Häufigkeitsverteilung rechts in der Abbildung 6.2 – einem so genannten *Histogramm*[2] – wurden Zehner-Intervalle gebildet, deren Grenzen auf der X-Achse angegeben sind. Es ist offensichtlich, dass das Stamm-Blatt-Diagramm mehr Informationen enthält. So entspricht der dritte Balken von links im Histogramm der zweiten Zeile des Stamm-Blatt-Diagramms. Es ist zwar zu erkennen,

---

2 Histogramme sind Häufigkeitsverteilungen, die oft zur Darstellung der Ergebnisse so genannter *stetiger* Variablen verwendet werden. Stetig bedeutet dabei, dass die möglichen Werteausprägungen zumindest im Prinzip kontinuierlich ineinander übergehen. Bei Histogrammen grenzen die einzelnen Balken direkt aneinander an.

dass zwei Werte im Intervall von 170 bis 180 Millisekunden liegen, aber welche Werte das sind, kann man nicht mehr nachvollziehen. Das Stamm-Blatt-Diagramm liefert also zusätzlich noch Informationen über die ursprünglichen Werte, die so genannten *Rohwerte* (*roh*, weil sie noch nicht weiterverarbeitet sind).

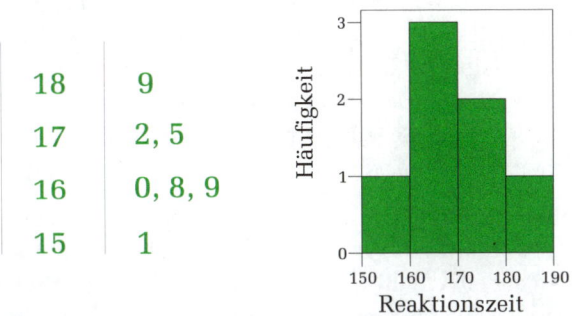

18	9
17	2, 5
16	0, 8, 9
15	1

Abbildung 6.2: Vergleich von Stamm-Blatt-Diagramm (links) und Histogramm (rechts) für die gleichen Daten (fiktive Reaktionszeiten in Millisekunden).

Will man ein Stamm-Blatt-Diagramm anfertigen, geht man in der Regel so vor:

1 Werte in Rangreihe bringen

2 Einheiten für den Stamm wählen (im Prinzip beliebig wählbar)

3 Werte für „Blätter" eintragen

4 Schritte 2. und 3. so lange mit unterschiedlichen „Stamm-Einheiten" wiederholen, bis Ergebnis zufrieden stellend ist

In Rechenbeispiel 6.1 wird anhand eines einfachen Zahlenbeispiels illustriert, wie man ein Stamm-Blatt-Diagramm anfertigt. Das größte Problem beim Erstellen eines Stamm-Blatt-Diagramms ist die Wahl geeigneter Einheiten für den Stamm. Dafür gibt es keine allgemein verbindliche Lösung (siehe Schritt 4), aber es gibt einige Konventionen, die öfter benutzt werden. So kann man, wenn sehr viele Werte („Blätter") auf eine Ausprägung des Stamms fallen würden, den Stamm etwas „strecken". Hierfür schlägt der Erfinder des Verfahrens, Herr Tukey (1977), Symbole vor. So kann etwa „*" für 0 bis 4 und „." für 5 bis 9 stehen. Eine andere Möglichkeit wäre, „*" für 0 und 1, „t" (two, three) für 2 und 3, „f" (four, five) für 4 und 5, „s" (six, seven) für 6 und 7 und „." für 8 und 9 zu verwenden. Bei Statistikpaketen ist die Stammeinteilung oft nicht besonders gut gelöst, so dass es sich zumindest bei überschaubaren Datenmengen empfiehlt, ein Stamm-Blatt-Diagramm per Hand zu erstellen.

Stamm-Blatt-Diagramme eignen sich auch gut zum Vergleich von Gruppen. Sehr gut vergleichen lassen sich die Werte von zwei Gruppen, wenn man sie „Rücken an Rücken" abbildet. Ein Beispiel für ein solches Back-to-back Diagramm findet sich im Rechenbeispiel 6.1.

Stamm-Blatt-Diagramm: Variationen Nehmen wir zur Illustration des Verfahrens Daten aus einer (fiktiven) Messung von Reaktionszeiten Studierender (wenn die Probanden einen Ton hören, müssen sie so schnell wie möglich auf eine Taste drücken). Die Ergebnisse für die 8 Probanden sind (in msec): 189, 172, 169, 175, 160, 151, 279, 168. Selbst bei dieser geringen Anzahl von Zahlen ist es schwierig, irgendein Muster zu sehen. Das Stamm-Blatt-Diagramm soll beim Entdecken von Mustern in Zahlen helfen. Gehen wir nun die einzelnen Schritte bei der Erstellung eines solchen Diagramms durch.

Zunächst sollen die Werte in eine Rangreihe gebracht werden (Schritt 1): 151, 160, 168, 169, 172, 175, 189, 279. Nun sieht man schon eher, dass es einen Wert gibt, der von den anderen deutlich abweicht. Im zweiten Schritt sollen die Werte für den Stamm gewählt werden. Wenn man die Werte aus Stamm und Blatt zusammensetzt, kommt jeweils der ursprüngliche Wert heraus. Man könnte also den Wert 151 darstellen als Stamm = 1 und Blatt = 51 oder als Stamm = 15 und Blatt = 1. In ▶Abbildung 6.3 wurde die zweite Möglichkeit gewählt. Man sieht nun (nach Eintragen der Blätter: 3. Schritt), dass 7 der 8 Werte relativ homogen zusammen liegen, dass aber der Wert 279 stark von den anderen Werten abweicht. Es handelt sich um einen *Ausreißer*, einen Probanden mit einer vergleichsweise sehr hohen Reaktionszeit.

27	9
26	
25	
24	
23	
22	
21	
20	
19	
18	9
17	2, 5
16	0, 8, 9
15	1

Abbildung 6.3: Stamm-Blatt-Diagramm mit dem Stamm in 10er Einheiten und den Blättern in 1er Einheiten.

Wenn man die Einheiten für den Stamm günstig gewählt hat, ist das Stamm-Blatt-Diagramm fertig. Wenn man sich nicht sicher ist, kann man weitere Varianten für die Wahl der Einheiten für den Stamm ausprobieren. ▶Abbildung 6.4 zeigt zwei weitere Varianten mit Platzhalter-Symbolen.

▶Fortsetzung

Die linke Variante komprimiert die Verteilung zu sehr und ist in diesem Fall weniger geeignet. Die rechte Variante bildet die Daten besser ab – einstellige Blätter (wie in Abbildung 6.3) sind aber in der Regel leichter zu verarbeiten als zweistellige. Wir würden in diesem Fall also der Darstellung in Abbildung 6.3 den Vorzug geben.

```
                                          2s │ 79
                                          2f │
                                          2t │
        2. │ 79                           2* │
       2* │                               1. │ 89
        1. │ 51, 60, 68, 69, 72, 75, 89  1s │ 60, 68, 69, 72, 75
                                          1f │ 51
```

Abbildung 6.4: Stamm-Blatt-Diagramme mit Platzhaltern in den Stämmen. Im linken Diagramm steht „ *" für 0 bis 4 und „." für 5 bis 9. Im rechten Diagramm gelten folgende Zuordnungen: „ *" für 0 und 1, „t" für 2 und 3 (two, three), „f" für 4 und 5 (four, five), „s" für 6 und 7 (six, seven) und „." für 8 und 9 (jeweils für die 10er Stellen der Blätter).

Nehmen wir an, wir wollten herausfinden, ob es Unterschiede in den Reaktionszeiten von akut depressiven und gesunden Studierenden gibt. Die Werte in den einfachen Stamm-Blatt-Diagrammen sind Werte, wie man sie von gesunden jungen Probanden erhält. Die Werte einer Gruppe von akut depressiven Studierenden seien (schon geordnet): 172, 180, 182, 194, 195, 198, 203, 203, 203, 205, 213. ▶Abbildung 6.5 zeigt, dass diese zwei Gruppen sich im Mittel deutlich unterscheiden, wobei die Streuungen vergleichbar sind. Die zwei Gruppen sind in etwa gleich homogen (abgesehen von dem Ausreißer in der Gruppe der gesunden Studierenden).

```
                    27 │ 9
                    26 │
                    25 │
                    24 │
                    23 │
                    22 │
            3       21 │
      5, 3, 3, 3    20 │
       8, 5, 4      19 │
        2, 0        18 │ 9
          2         17 │ 2, 5
                    16 │ 0, 8, 9
                    15 │ 1
```

Abbildung 6.5: Vergleich zweier Gruppen mit Hilfe eines Back-to-back Stamm-Blatt-Diagramms.

6.2.2 Box-Plots

Die wahrscheinlich am weitesten verbreitete Methode, Lage- und Streuungsmaße auf einmal abzubilden sind *Box-Plots*. Wie der Name schon sagt, spielt bei dieser Abbildung eine „Box" die zentrale Rolle. Diese Box enthält (ungefähr) die mittleren 50% der Werte der Verteilung. Wenn man alle Werte in eine Rangreihe bringt, dann ist der Wert in der Mitte der Rangreihe der *Median*. (Wenn kein Wert in der Mitte liegt, nimmt man als Median in der Regel das arithmetische Mittel der zwei mittleren Werte.) Dieser Median wird als Querstrich in die Box eingezeichnet. Die Werte für die obere und untere Begrenzung der Box erhält man, wenn man die so genannten *Quartile* bestimmt. Das obere Quartil ist der Wert, oberhalb dessen ein Viertel und unterhalb dessen drei Viertel der Werte der Verteilung liegen. Das untere Quartil ist entsprechend der Wert, oberhalb dessen drei Viertel und unterhalb dessen ein Viertel der Werte der Verteilung liegen. ▶Abbildung 6.6 zeigt, wie ein Box-Plot mit den Werten aus Abbildung 6.3 aussieht.

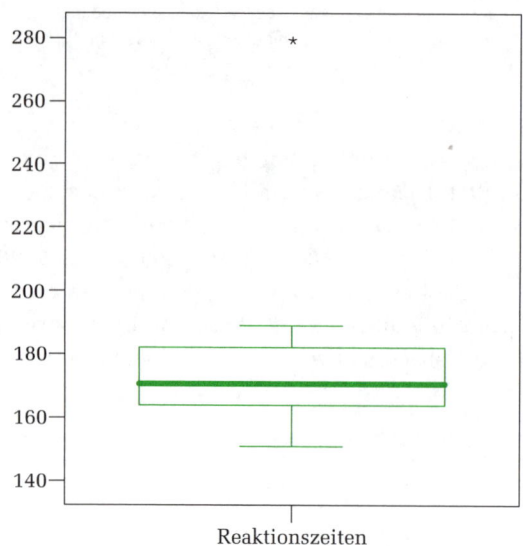

Abbildung 6.6: Einfaches Box-Plot. Die dargestellten Daten sind dieselben wie in Abbildung 6.3.

Der Median als Lagemaß und der Abstand zwischen den beiden Quartilen – der *Interquartilsabstand* – als Streuungsmaß liefern schon eine gute Zusammenfassung der Werteverteilung. Das Box-Plot kann allerdings noch mehr: Es beinhaltet noch kleine Querstriche, die *Whiskers* (Schnurrbarthaare), die erkennen lassen, wie weit eine Verteilung auseinander gezogen ist (unter und über der Box in Abbildung 6.6). Und schließlich kann man mit dem Box-Plot auch Informationen über untypische Werte, die *Ausreißer* gut darstellen (der kleine Stern oben in Abbildung 6.6). Die Grundlage hierfür ist das Bestimmen von (imaginären) „Zäunen" (*Fences*). Diese Zäune – einer oberhalb und einer unterhalb der Box – liegen jeweils 1,5 Interquartilsabstände entfernt von den Außenrändern der Box. Die Zäune sind nun die Grundlage für das

Bestimmen der kleinen Querstriche und der Ausreißer. Die Messwerte zwischen den Zäunen und den jeweiligen Grenzen der Box, die am nächsten zu den Zäunen liegen, werden durch die kleinen Querstriche dargestellt. Alle Werte jenseits der kleinen Querstriche werden als Ausreißer, also als untypische Werte gekennzeichnet. Im Rechenbeispiel 6.2 wird zunächst erläutert, wie das Box-Plot in Abbildung 6.6 erstellt wurde. Danach wird noch illustriert, wie man mit Hilfe von Box-Plots mehrere Verteilungen miteinander vergleichen kann.

Rechenbeispiel 6.2

Box-Plots Benutzen wir zur Demonstration der Vorgehensweise beim Erstellen eines Box-Plots wieder die Werte aus Abbildung 6.3, diesmal schon geordnet: 151, 160, 168, 169, 172, 175, 189, 279. Wie finden wir jetzt den Median? Das ist in diesem Beispiel nicht besonders schwierig – wir würden das arithmetische Mittel aus den beiden mittleren Werten, also dem 4. und dem 5. Wert bilden: (169 + 172)/2 = 170,5. Das Bestimmen der Quartile ist aber nicht mehr so leicht. Tatsächlich gibt es sowohl für das Bestimmen des Medians als auch der Quartile mehrere unterschiedliche und teilweise sehr komplizierte Möglichkeiten, die z.B. die Form der Verteilung mit berücksichtigen (siehe z.B. Polasek, 1992). Die ursprünglich von Tukey (1977) vorgeschlagene Vorgehensweise stützt sich auf das Konzept der *Tiefe*. Tiefe ist hier eine Angabe dafür, wie weit oder tief man in eine – in eine Rangreihe gebrachte – Liste von Zahlen „hinein zählt". Die Tiefe der gesamten oberen Liste wäre 8: Egal, ob man von links oder rechts zählt, es sind immer 8 Zahlen. Die Tiefe des Medians ist folgendermaßen definiert:

$$Tiefe_{Median} = \frac{n+1}{2}, \text{ wobei } n = \text{Anzahl aller Werte}$$

In unserem Beispiel erhalten wir also:

$$Tiefe_{Median} = \frac{8+1}{2} = 4,5$$

Wir wissen nun, dass der Median zwischen dem 4. und dem 5. Wert liegt. Dabei kann man beim größten oder dem kleinsten Wert anfangen zu zählen. Der entsprechende Wert, den wir oben schon berechnet haben, Median = 170,5, ist in Abbildung 6.3 als dicker Querstrich in der Mitte der Box eingezeichnet. Nun fehlen noch die Quartile:

$$Tiefe_{Quartil} = \frac{Tiefe_{Median} + 1}{2}, \text{ wobei } Tiefe_{Median} \text{ abgerundet wird, falls das}$$
$$\text{keine ganze Zahl ist}$$

In unserem Fall erhalten wir also:

$$Tiefe_{Quartil} = \frac{4+1}{2} = 2,5$$

▸

▶Fortsetzung

Wir wissen nun, dass wir jeweils vom Ende der Zahlenliste her zählen und dann das arithmetische Mittel zwischen dem 2. und dem 3. Wert berechnen müssen – das sind dann die Quartile: Für das obere Quartil erhalten wir entsprechend (175 + 189) / 2 = 182 und für das untere (160 + 168) / 2 = 164. Die Werte für die beiden Quartile sind durch den oberen und unteren Rand der Box in Abbildung 6.3 dargestellt. Wenn der Median in der Mitte der Box liegt, dann deutet das darauf hin, dass die Verteilung einigermaßen symmetrisch ist.

Nun müssen als Nächstes die Werte für die beiden kleinen Querstriche bestimmt werden. Hierzu brauchen wir die (imaginären) Zäune und die liegen jeweils 1,5 Interquartilsabstände (QA) von dem unteren Quartil (Q_{25}) und dem oberen Quartil (Q_{75}) entfernt:

$$Zaun_{unten} = Q_{25} - 1{,}5QA$$
$$und$$
$$Zaun_{oben} = Q_{75} + 1{,}5QA$$

In unserem Beispiel:

$$Zaun_{unten} = 164 - 1{,}5(182 - 164) = 164 - 27 = 137$$
$$und$$
$$Zaun_{oben} = 182 + 1{,}5(182 - 164) = 182 + 27 = 209$$

Diese Zäune werden nicht im Box-Plot abgebildet. Sie erlauben es aber, nun zunächst die kleinen Querstriche (Whiskers) zu bestimmen. Das sind, wie schon erwähnt, die Werte, die am nächsten an den Innenseiten der Zäune (in Richtung der Box) liegen. Im unteren Bereich unserer Beispielwerte ist das 151 – hier wird also der untere kleine Querstrich eingezeichnet; und im oberen Bereich ist der entsprechende Wert 189, dargestellt durch den oberen kleinen Querstrich (Abbildung 6.3). Alle Werte, die nun außerhalb der Zäune liegen, sind Ausreißer und werden einzeln abgebildet. In unserem Beispiel ist das der Wert 279, der in Abbildung 6.3 als Sternchen dargestellt ist.[3]

Box-Plots sind auch sehr gut geeignet für den Vergleich mehrerer Verteilungen. Das mittlere und das rechte Box-Plot in ▶Abbildung 6.7 entsprechen beispielsweise dem Back-to-back Stamm-Blatt-Diagramm in Abbildung 6.5. Der Vergleich der beiden linken Box-Plots in Abbildung 6.7 zeigt eine sehr wichtige Eigenschaft von Median und Quartilen: Sie ändern sich nicht, wenn sich extreme Werte ändern. Das linke Box-Plot unterscheidet sich nämlich von dem mittleren nur dadurch, dass der Ausreißer (279 msec) durch den Wert 209 – dem Wert für den oberen Zaun – ersetzt wurde. Die Box, die ja sowohl Lagemaße (Median, Quartile) als auch ein Streuungsmaß (Interquartilsabstand) beinhaltet, bleibt von dieser Veränderung unberührt.

▶

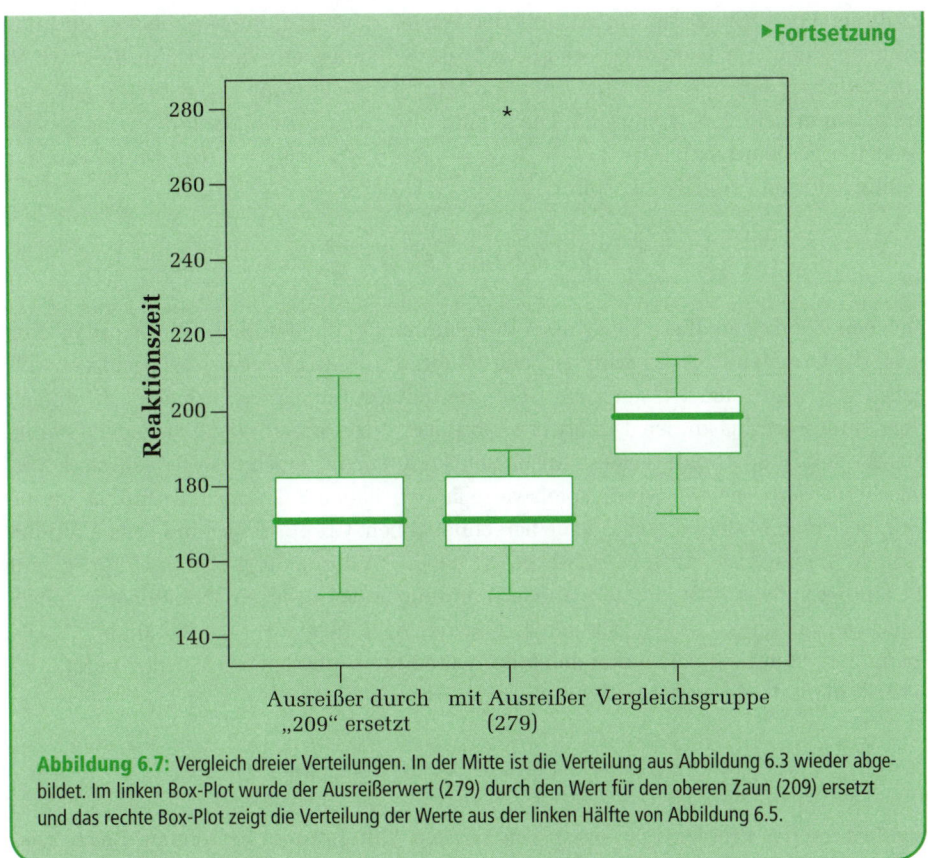

▶Fortsetzung

Abbildung 6.7: Vergleich dreier Verteilungen. In der Mitte ist die Verteilung aus Abbildung 6.3 wieder abgebildet. Im linken Box-Plot wurde der Ausreißerwert (279) durch den Wert für den oberen Zaun (209) ersetzt und das rechte Box-Plot zeigt die Verteilung der Werte aus der linken Hälfte von Abbildung 6.5.

6.3 Lagemaße im Detail

Die zwei wichtigsten Lagemaße sind das arithmetische Mittel und der Median, die wir beide schon mehrere Male benutzt haben. Der Vollständigkeit halber geben wir hier noch die genauen Definitionen.

6.3.1 Arithmetisches Mittel

Zunächst das arithmetische Mittel, das meistens gemeint ist, wenn man von „Mittelwert" spricht und das häufig mit $\bar{x}$ bezeichnet wird:

$$\bar{x} = \frac{1}{n} \sum_{i=1}^{n} x_i$$

---

3 Manchmal werden für die Ausreißer zwei unterschiedliche Symbole benutzt. Ein Symbol (z.B. ein Sternchen) steht dann für „normale" Ausreißer und eines (z.B. ein kleiner Kreis) für „extreme" Ausreißer. Extreme Ausreißer sind solche Werte, die 3 Interquartilsabstände vom nächstliegenden Rand der Box entfernt liegen. Normale Ausreißer sind solche Werte, die eine Entfernung zwischen 1,5 und 3 Interquartilsabständen von dem jeweiligen Rand der Box haben.

In dieser Formel bedeuten n: Anzahl der Werte, x_i: Wert i der Variablen X und das Summenzeichen Σ bedeutet, dass alle n Werte aufsummiert werden. Ein Beispiel: In einer Klausur haben $n = 5$ Studierende die folgenden Anzahlen von richtig gelösten Aufgaben erzielt: 2, 3, 4, 5 und 5. Die x_i sind also (wenn wir einfach die vorgegebene Reihenfolge benutzen): $x_1 = 2$, $x_2 = 3$, $x_3 = 4$, $x_4 = 5$ und $x_5 = 5$. Der Mittelwert der richtig gelösten Aufgaben ist somit:

$$\bar{x} = \frac{1}{n} \sum_{i=1}^{n} x_i = \frac{1}{5}(2+3+4+5+5) = \frac{19}{5} = 3,8$$

Nehmen wir nun an, diese Klausur sei in mehreren Gruppen durchgeführt worden. Aus jeder der Gruppen liegt das arithmetische Mittel für die Anzahl der richtig gelösten Aufgaben vor. Nun seien wir auch am Gesamtmittelwert interessiert: Können wir einfach den Mittelwert aus diesen Mittelwerten bilden? Wir können, wenn in jeder Gruppe gleich viele Studierende waren. Ansonsten könnten die Ergebnisse jedoch stark verfälscht werden. Nehmen wir beispielsweise an, wir hätten 3 Gruppen. Gruppe A sei die Gruppe, deren Mittelwert wir gerade berechnet haben, Gruppe B bestünde aus 2 Studierenden, die jeweils 1 Aufgabe richtig gelöst hätten, und in einer größeren Gruppe C mit 11 Studierenden hätten vier Teilnehmer 4 und die anderen sieben Teilnehmer jeweils 5 Aufgaben richtig gelöst. Wir hätten also folgende Mittelwerte: A: 3,8, B: 1,0 und C: 4,64 (gerundet). Wenn wir davon nun den Mittelwert bilden, erhalten wir 3,15 (gerundet). Das ist aber nicht der Gesamtmittelwert, denn der ist:

$$\bar{x} = \frac{1}{n} \sum_{i=1}^{n} x_i = \frac{1}{18}(2+3+4+5+5+1+1+4+4+4+4+5+5+5+5+5+5+5) = \frac{72}{18} = 4$$

Die Lösung des Problems ist, einen *gewichteten Mittelwert* zu berechnen. Bei N Werten insgesamt und n_i Werten pro Mittelwert für die Gruppe i erhalten wir das *gewichtete arithmetische Mittel* folgendermaßen.

$$\bar{x}_{gewichtet} = \frac{1}{N} \sum_{i=1}^{k} n_i \bar{x}_i$$

In unserem Beispiel erhalten wir für das gewichtete arithmetische Mittel der $k = 3$ Gruppen somit

$$\bar{x}_{gewichtet} = \frac{1}{18}(5 \cdot 3,8 + 2 \cdot 1 + 11 \cdot 4,64) = 4,0$$

6.3.2 Median und Quantile

Wie wir den Median bestimmen, haben wir schon im Rechenbeispiel 6.2 illustriert: Wir bringen alle Werte in eine Rangreihe und nehmen dann den Wert in der Mitte, sofern die Anzahl der Werte ungerade ist. Der Median der Werte 2, 3, 4, 5, und 5 wäre also 4. Wenn die Anzahl der Werte gerade ist, dann berechnet man den Median meistens als arithmetisches Mittel der beiden mittleren Werte (siehe Rechenbeispiel 6.2). Der Unterschied zwischen arithmetischem Mittel und Median wird im Kasten „Mittelwert vs. Median" verdeutlicht.

HINTERGRUND

Mittelwert vs. Median Ein Vergleich zwischen der linken und der rechten Verteilung von Körpergrößen in ▶Abbildung 6.8 zeigt einen wesentlichen Unterschied von Mittelwert und Median: Der Mittelwert wird durch jeden Wert in der Verteilung beeinflusst, der Median ändert sich dagegen meist nicht, wenn man einzelne Werte, etwa am Rand der Verteilung verändert. Der Median wird daher auch als *robustes* Maß bezeichnet.

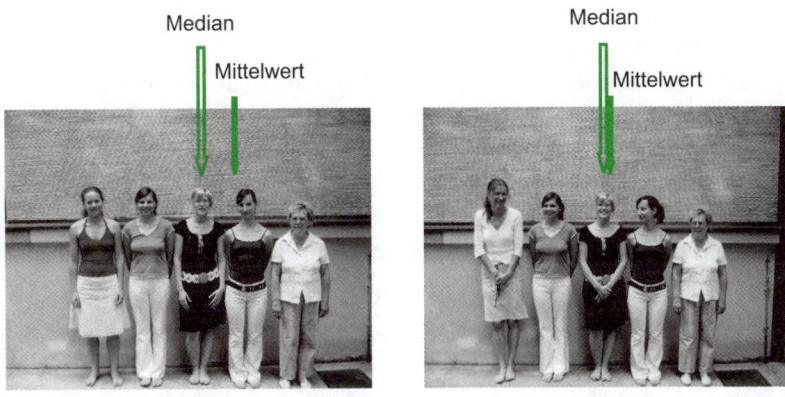

Abbildung 6.8: Illustration des Unterschieds zwischen Mittelwert und Median.

Wenn man das Konzept des Medians verallgemeinert, kommt man zu den *Quantilen*. Der Median ist nichts anderes als das 50%-Quantil und die Quartile sind das 25%-Quantil (Q_{25}) und das 75%-Quantil (Q_{75}), also die Werte, unterhalb deren (ca.) 25% oder 75% aller Werte liegen. Das Konzept der Quantile lässt sich beliebig erweitern; so wäre beispielsweise „100%-Quantil" eine alternative Bezeichnung für „größter Wert" in einer geordneten Datenliste.

6.3.3 Modalwert

Ein weiteres gebräuchliches Lagemaß ist der *Modalwert*. Das ist der Wert, der am häufigsten in einer Verteilung vorkommt. Der Modalwert in unserem Beispiel mit den fünf Zahlen 2, 3, 4, 5, 5 wäre 5. Für den Modalwert braucht man aber nicht unbedingt Zahlen, es geht auch mit Kategorien: Der Modalwert für die Haarfarbe der folgenden 6 Frauen mit den Haarfarben blond, brünett, blond, schwarz, blond und schwarz wäre beispielsweise „blond".[4]

---

4 Im Gegensatz zu anderen Lagemaßen kann es auch vorkommen, dass es mehrere Modalwerte gibt, was manchmal interessante Hinweise über die Form der entsprechenden Verteilung geben kann. Wenn es allerdings viele Werte mit der gleichen maximalen Häufigkeit gibt, macht es wenig Sinn, diese vielen Modalwerte als Lagemaße zu verwenden.

6.3.4   Weitere Lagemaße

Mit arithmetischem Mittel, Median und Modalwert kommt man in der Regel aus. Für spezielle Fälle gibt es aber noch einige weitere Lagemaße – wie etwa das so genannte *geometrische* oder das *harmonische Mittel* –, die jedoch in der Psychologie selten verwendet werden (für eine Anwendung siehe Abschnitt 16.4.2 und für weitere Informationen Krämer, 2001). Wenn man unbedingt das arithmetische Mittel benutzen möchte, obwohl wegen einiger extremer Werte am Rande der Verteilung der Median vielleicht das bessere Maß wäre, dann entfernt man meist einen bestimmten Anteil der Werte an beiden Enden der Verteilung (z.B. jeweils 5%) und erhält das so genannte *trunkierte arithmetische Mittel*. In so einem Fall muss man aber trotzdem die Ausreißer in die Datenanalyse und -interpretation mit einbeziehen.

6.4   Streuungsmaße im Detail

Streuungsmaße sind häufig an bestimmte Lagemaße gekoppelt. Die gebräuchlichsten Streuungsmaße in der Psychologie sind Standardabweichung und Varianz, die sich auf das arithmetische Mittel beziehen, und der Interquartilsabstand mit seiner Referenz zum Median.

6.4.1   Standardabweichung und Varianz

Wenn man ein Streuungsmaß zur Ergänzung des arithmetischen Mittels möchte – warum nimmt man nicht einfach die summierte oder durchschnittliche Abweichung aller Werte vom Mittel? Vielleicht kennen Sie die Antwort schon? Sehen wir uns diese Frage noch einmal mit unserem Zahlenbeispiel von oben an: 2, 3, 4, 5, 5. Das arithmetische Mittel haben wir schon berechnet, das war 3,8. Die fünf entsprechenden Abweichungen der Einzelwerte vom Mittelwert sind −1,8, −0,8, 0,2, 1,2 und 1,2. Egal, ob wir nun die Summe oder den Mittelwert dieser Abweichungen bilden, das Ergebnis ist immer 0 und das gilt nicht nur für unser Beispiel, sondern für alle möglichen Werteverteilungen. Die durchschnittliche Abweichung aller Werte vom Mittelwert hat also keinerlei Informationsgehalt.

Man kann das „Null-Ergebnis" verhindern, wenn man nicht die gemittelten einfachen, sondern die gemittelten *quadrierten* Abweichungen benutzt – weil quadrierte Werte ja immer positiv sind. Das ist dann nichts anderes als die *Varianz*, meist abgekürzt mit s^2:

$$s^2 = \frac{1}{n} \sum_{i=1}^{n} \left(x_i - \overline{x} \right)^2$$

Für unser Zahlenbeispiel:

$$s^2 = \frac{1}{5}\left(-1,8^2 + -0,8^2 + 0,2^2 + 1,2^2 + 1,2^2\right) = \frac{6,8}{5} = 1,36$$

Ein Problem der Varianz ist, dass man quadrierte Werte oft schlecht interpretieren kann: Was bedeuten beispielsweise quadrierte Aufgabenlösungen? Deswegen benutzt man für viele Zwecke nicht die Varianz, sondern die Wurzel aus der Varianz – die Standardabweichung. Die Standardabweichung wird häufig einfach als *Streuung* bezeichnet. Abgekürzt wird sie meist mit *s*:

$$s = \sqrt{s^2}$$

Die Standardabweichung für unser Beispiel ist

$$\sqrt{1,36} = 1,17$$

Durch das Wurzelziehen haben wir nun auch wieder Werte in der ursprünglichen Einheit erhalten.

6.4.2 Interquartilsabstand und andere Quantilsabstände

Benutzt man den Median als Lagemaß, dann liegt es nahe, als Streuungsmaß den Interquartilsabstand (QA) zu verwenden. Das ist, wie wir schon gesehen haben, der Abstand zwischen den beiden Quartilen:

$$QA = Q_{75} - Q_{25}$$

Der Interquartilsabstand umfasst (ungefähr) 50% der Werte in der Mitte der Verteilung und ist ein spezieller Quantilsabstand, nämlich der zwischen dem 75%-Quantil (dem oberen Quartil) und dem 25%-Quantil (dem unteren Quartil). Ein weiterer Quantilsabstand, der verhältnismäßig häufig vorkommt, ist der Abstand zwischen dem größten und dem kleinsten Wert. Dieser Abstand wird meist *Spannweite* oder *Range* genannt:

$$\text{Spannweite} = Q_{100} - Q_0$$

In unserem Zahlenbeispiel ergäbe sich:

$$\text{Spannweite} = 5 - 2 = 3$$

6.4.3 Weitere Streuungsmaße

In der Psychologie kommt man in der Regel mit den bis jetzt beschriebenen Streuungsmaßen aus. Wir haben oben gesehen, dass die gemittelten Abweichungen vom Mittelwert immer 0 ergeben. Die Standardlösung für dieses Problem ist, die Varianz, also die gemittelten quadrierten Abweichungen, zu berechnen. Man könnte allerdings auch die absoluten Abweichungen vom arithmetischen Mittel berechnen. Die mittlere absolute Abweichung, oft kurz als MAD (*Mean Absolute Deviation*) bezeichnet, gibt an, wie weit die Werte einer Verteilung im Durchschnitt (und ohne Berücksichtigung von Vorzeichen) vom Mittelwert abweichen. Im Falle des arithmetischen Mittels gilt dann:

$$MAD_{\bar{x}} = \frac{1}{n} \sum_{i=1}^{n} \left(|x_i - \bar{x}| \right)$$

Die MAD für das arithmetische Mittel wird allerdings selten benutzt. Gebräuchlicher ist die MAD für den Median:

$$MAD_{Median} = \frac{1}{n} \sum_{i=1}^{n} \left(|x_i - Median| \right)$$

Die MAD für den Median ist immer höchstens so groß wie die MAD für den Mittelwert (bei symmetrischen Verteilungen), aber meistens kleiner. Sehen wir uns das wieder an unserem Beispiel an (2, 3, 4, 5, 5). Der Mittelwert ist hier 3,8 und die fünf entsprechenden Abweichungen sind −1,8, −0,8, 0,2, 1,2 und 1,2. Die MAD für das arithmetische Mittel ist also:

$$MAD_{\bar{x}} = \frac{1}{5}(1,8 + 0,8 + 0,2 + 1,2 + 1,2) = 1,04$$

Sehen wir uns das auch für den Median (4 in unserem Beispiel) an:

$$MAD_{Median} = \frac{1}{5}(2 + 1 + 0 + 1 + 1) = 1$$

Der MAD_{Median} wird manchmal als Ersatz oder Ergänzung des Interquartilsabstands benutzt, wenn der Median als Lagemaß verwendet wird.

6.5 Wann welches Maß?

Wir haben jetzt viele verschiedene Maße kennen gelernt – wann soll man welches benutzen? Generell kann man sagen, dass bestimmte Lage- und Streuungsmaße fast immer zusammen vorkommen. Wenn man das arithmetische Mittel berechnen kann, dann wird man in der Regel auch die Varianz oder Standardabweichung berichten. Wenn der Median das Lagemaß der Wahl ist, wird man bevorzugt den Interquartilsabstand oder die MAD für den Median berichten. Der Modalwert ist jedoch nicht mit einem bestimmten Streuungsmaß assoziiert. Für die Wahl eines Maßes oder einer Kombination von Maßen sind hauptsächlich zwei Überlegungen ausschlaggebend: 1. Welches Skalenniveau haben die Daten? 2. Wie sieht die Form der Verteilung aus?

6.5.1 Skalenniveau

Wie in Kapitel 3 beschrieben, kann man mit Zahlen unterschiedliche Operationen durchführen, je nachdem, welches Skalenniveau sie besitzen. Nur wenn gleiche Zahlenintervalle inhaltlich dasselbe bedeuten (wie z.B. ein Unterschied zwischen 1cm und 2cm und der zwischen 10cm und 11cm), wenn also die Messung auf Intervallskalenniveau durchgeführt wird, dann ist es zulässig, das arithmetische Mittel und die Varianz oder Standardabweichung zu berechnen. Dies ist in unserem Zahlenbeispiel – den Anzahlen richtig gelöster Aufgaben – der Fall. Wenn die Zahlen nur ordinalskaliert sind – wenn die Zahlen also nur eine Rangreihe angeben ohne genaue Informationen über den quantitativen Unterschied zwischen Merkmalsausprägungen –, dann macht die Berechnung des arithmetischen Mittels keinen Sinn. In diesem Fall ist nur die

Berechnung des Medians und des Interquartilsabstands sinnvoll. Die mittlere absolute Abweichung für den Median sollte allerdings nur berechnet werden, wenn man annehmen kann, dass die Daten intervallskaliert sind, denn auch hier muss man ja einen Mittelwert berechnen. Wenn die Daten nur nominalskaliert sind, wenn also unterschiedliche Zahlen nur bedeuten, dass die gemessenen Werte sich irgendwie unterscheiden, kann man ausschließlich den Modalwert als Lagemaß bestimmen. Die Berechnung des arithmetischen Mittels hat also hinsichtlich des Informationsgehalts der Zahlen die höchsten Ansprüche, während man den Modalwert immer berechnen oder bestimmen kann. Der Median kann ab Ordinalskalenniveau sinnvoll interpretiert werden.

6.5.2 Form der Verteilung

Auch hinsichtlich der Form der Verteilung hat das arithmetische Mittel die höchsten Ansprüche. Es ist nur gut interpretierbar, wenn die Verteilung von Werten einigermaßen symmetrisch um den Mittelwert ist. Wenn die Verteilung nur einige Extremwerte enthält, kann man das noch ausgleichen durch den trunkierten Mittelwert (links und rechts am Ende der Verteilung einige Werte „abschneiden"). Wenn die Verteilung aber sehr „schief" ist, empfiehlt es sich in der Regel nicht, arithmetische Mittelwerte zu berechnen, sondern Mediane. Das Beispiel im Kasten „Mittelwert oder Median?" zeigt, warum in einem solchen Fall die Berechnung (und Interpretation) von Mittelwerten zu groben Fehlschlüssen führen kann.

Mittelwert oder Median? Buss und Schmitt (1993) fragten ihre Probanden, Männer und Frauen, wie viele Sexualpartner sie idealerweise in den nächsten 30 Jahren gerne hätten. Sie fanden einen deutlichen Mittelwertunterschied: $\bar{x}_{Männer} = 16$ vs. $\bar{x}_{Frauen} = 4$. Diesen Unterschied erklärten sie im Rahmen der Evolutionspsychologie damit, dass Männer stärker daran interessiert seien, eine große Anzahl von Nachkommen zu haben, um ihre Gene möglichst weit zu verbreiten, während Frauen – auch wegen der langen Schwangerschaft – eher an einem oder wenigen Partnern interessiert seien, die ihnen Unterstützung und Schutz bieten. Pedersen, Miller, Putcha-Bhagavatula & Yang (2002) wiederholten die Studie und fanden einen ähnlich großen Mittelwertunterschied. Ein Blick auf die Verteilung der Antworten (▶Abbildung 6.9) zeigt jedoch, dass das arithmetische Mittel in diesem Fall wenig aussagekräftig ist. Die Verteilung ist extrem „rechtsschief" oder „linkssteil", das heißt, die meisten Werte sind im linken Teil der Verteilung zu finden. Hier ist der Median deutlich aussagekräftiger und der ist sowohl für die Männer als auch die Frauen gleich, nämlich jeweils 1. Die stark unterschiedlichen Mittelwerte sind in diesem Fall durch extreme abweichende Werte entstanden, die nicht typisch für die untersuchten Gruppen sind. ▶

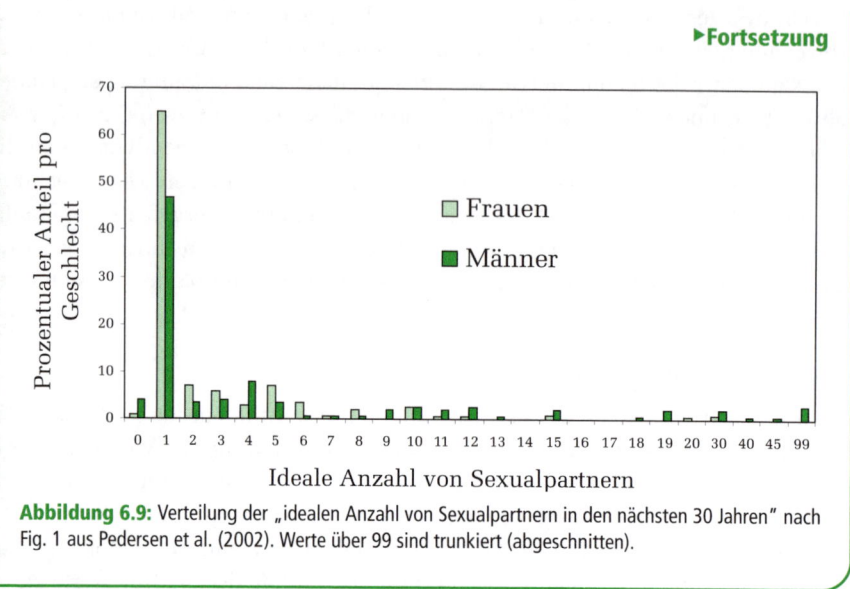

▶**Fortsetzung**

Abbildung 6.9: Verteilung der „idealen Anzahl von Sexualpartnern in den nächsten 30 Jahren" nach Fig. 1 aus Pedersen et al. (2002). Werte über 99 sind trunkiert (abgeschnitten).

6.6   Standardisierung: z-Werte

Sowohl die Lage- als auch die Streuungsmaße sind stark von den benutzten Maßeinheiten abhängig. Wenn beispielsweise die Mittelwerte und Standardabweichungen für Temperaturwerte in verschiedenen Städten einmal in Celsius und einmal in Fahrenheit berechnet werden, sind die Werte sehr unterschiedlich, obwohl sie inhaltlich dasselbe bedeuten. Ähnliches gilt in der Psychologie, wenn beispielsweise IQ-Werte in verschiedenen Skalen ausgedrückt werden oder wenn für die richtige Lösung einer Aufgabe einmal 1 Punkt und ein anderes Mal 3 Punkte vergeben werden. Auch für die Messung derselben Konstrukte werden oft unterschiedliche Messinstrumente benutzt und die Ergebnisse sind somit nicht direkt miteinander vergleichbar. Es gibt jedoch eine einfache Methode, Werte vergleichbar zu machen: die *z-Standardisierung*. Die standardisierten z-Werte geben jeweils Auskunft über die Lage von Werten relativ zu den übrigen Werten in Standardabweichungs-Einheiten ($z = 1$ bedeutet einen relativen Unterschied von einer Standardabweichung). Der z-Wert, z_i, eines Wertes x_i wird folgendermaßen berechnet:

$$z_i = \frac{x_i - \overline{x}}{s}$$

Die Verteilung von z-Werten hat zwei nützliche Eigenschaften: Zum einen gilt $\bar{z} = 0$, das heißt, der Mittelwert einer z-transformierten Verteilung ist immer 0. Warum? Wir haben schon in Abschnitt 6.4.1 gesehen, dass die Summe der Abweichungen aller Werte von ihrem Mittelwert immer 0 ist. Genau das – die Abweichung eines Wertes von seinem Mittelwert – steht im Zähler der Formel zur Berechnung eines z-Wertes. Wenn man nun den Mittelwert über alle z-Werte einer Verteilung berechnet, muss sich wieder 0 ergeben. Die zweite nützliche Eigenschaft von z-transformierten Verteilungen ist, dass ihre Varianz s_z^2 und damit auch ihre Standardabweichung s_z immer 1 beträgt. Warum das so ist, wird im nächsten Kasten kurz erläutert. In späteren Kapiteln werden wir sehen, dass diese zwei Eigenschaften, ein Mittelwert von 0 und eine Standardabweichung von 1, sehr hilfreich bei der Durchführung von verschiedenen Verfahren sind.

Warum ist die Varianz von z-Werten immer 1? Die Varianz der z-Werte kann man ganz normal mit der Formel berechnen, die wir auch oben verwendet haben:

$$s_z{}^2 = \frac{1}{n} \sum_{i=1}^{n} \left(z_i - \bar{z} \right)^2$$

Da aber $\bar{z} = 0$, ergibt sich

$$s_z{}^2 = \frac{1}{n} \sum_{i=1}^{n} \left(z_i \right)^2 = \frac{1}{n} \sum_{i=1}^{n} \left(\frac{x_i - \bar{x}}{s} \right)^2 = \frac{1}{n} \sum_{i=1}^{n} \frac{\left(x_i - \bar{x} \right)^2}{s^2} = \frac{\frac{1}{n} \sum_{i=1}^{n} \left(x_i - \bar{x} \right)^2}{s^2} = \frac{s^2}{s^2} = 1$$

Was bedeuten nun z-Werte? Zum einen verliert man durch eine z-Standardisierung (oder z-Transformation) natürlich die Information über absolute Abstände, aber man gewinnt die oft viel nützlichere Information über relative Abstände. Ein Beispiel: Nehmen wir an, in einer Schule sei ein Stipendium ausgeschrieben, das entweder im Fach Deutsch oder im Fach Mathematik vergeben wird. Die Schulleitung entscheidet, dass der Schüler mit den besten PISA-Ergebnissen das Stipendium erhalten soll. Udo und Josef sind in der Endausscheidung. Sie haben beide einen Wert von 620 Punkten in den PISA-Tests erreicht, allerdings in unterschiedlichen Fächern: Udo im Fach Deutsch und Josef im Fach Mathematik. Wer hat im Vergleich mit dem Bundesdurchschnitt die besseren Ergebnisse? Die Mittelwerte und Standardabweichungen der PISA-Ergebnisse für Deutschland in den beiden Fächern sind bekannt: $x_{Deutsch} = 484$ Punkte, $s_{Deutsch} = 110,9$ Punkte und $x_{Mathe} = 490$ Punkte, $s_{Mathe} = 99,4$ Punkte. Durch die Berechnung der z-Werte kann man bestimmen, wer von beiden das Stipendium erhält:

$$z_{Udo} = \frac{x_{Udo} - \overline{x}_{Deutsch}}{s_{Deutsch}} = \frac{620 - 484}{110,9} = 1,23$$

und

$$z_{Josef} = \frac{x_{Josef} - \overline{x}_{Mathe}}{s_{Mathe}} = \frac{620 - 490}{99,4} = 1,31$$

Beide Schüler haben deutlich überdurchschnittliche Ergebnisse (1,23 bzw. 1,31 Standardabweichungseinheiten über dem bundesdeutschen Mittelwert), aber obwohl Udo in Bezug auf den absoluten Unterschied zum Mittelwert einen leichten Vorteil hat, ist er doch relativ gesehen (im Vergleich mit allen deutschen Schülern) weniger gut als Josef, der das Stipendium erhält. Wir haben bei der Berechnung angenommen, dass die Verteilungen der Punktwerte für Deutsch und Mathematik vergleichbar sind, was bei den PISA-Ergebnissen auch zutrifft. In Kapitel 10 werden wir sehen, dass man Standardabweichungseinheiten noch präziser interpretieren kann, wenn man die genaue Form der Verteilung kennt, aus der die Werte stammen.

6.7   Population vs. Stichprobe

Alle Lage- und Streuungsmaße, die wir bisher berechnet haben, beziehen sich auf die Daten, die uns als Resultat einer Studie zur Verfügung stehen. Oft möchte man in der Psychologie aber Schlüsse oder Inferenzen über die Grundgesamtheit oder Population ziehen, obwohl man nur Ergebnisse aus einer Stichprobe zur Verfügung hat. Während man zeigen kann, dass die beste Schätzung für den Populationsmittelwert μ das arithmetische Mittel aus der Stichprobe ist, ist die beste Schätzung für die Populationsvarianz

$$\hat{\sigma}^2 = \frac{1}{n-1} \sum_{i=1}^{n} \left(x_i - \overline{x}\right)^2$$

Diese Formel unterscheidet sich in dreierlei Hinsicht von der in Abschnitt 6.4.1. Zunächst ist das s durch σ ersetzt: Griechische Buchstaben symbolisieren in der Statistik meist Populationswerte (Populationsparameter), während lateinische Buchstaben für Stichproben-Kennwerte (Stichprobenstatistiken) stehen. Das „Dach" über dem σ zeigt an, dass es sich um eine Schätzung handelt. Und schließlich unterscheidet sich die Formel von der in Abschnitt 6.4.1 dadurch, dass die summierten Abweichungsquadrate (der Einzelwerte vom Mittelwert) nicht durch n, die Anzahl der Werte, sondern durch $n-1$ geteilt werden. Dazu und zum so genannten *Standardfehler*, einem weiteren Streuungsmaß, das man in der Infererenzstatistik braucht, mehr in Kapitel 10 (Kasten auf S. 326-328).

Z U S A M M E N F A S S U N G

Wie kann man die Daten (meist Zahlen), die man in einer Studie erhalten hat, sinnvoll zusammen-fassen? Dazu benutzt man in der Regel zwei Arten von Maßen: Lagemaße, die typisch für die entsprechende Verteilung sind, und Streuungsmaße, die zeigen, wie homogen oder heterogen die Werte in dieser Verteilung sind. Sehr nützliche Kombinationen von Lage- und Streuungsmaßen sind das Stamm-Blatt-Diagramm und das Box-Plot. Die gebräuchlichsten Lagemaße sind das arithmeti-sche Mittel und der Median und die dazu korrespondierenden Streuungsmaße sind Varianz bzw. Standardabweichung und der Interquartilsabstand. Bei der Auswahl der Maße muss das Skalen-niveau der Daten und die Verteilung der Werte berücksichtigt werden. Für die Anwendung des arithmetischen Mittels und der Varianz bzw. der Standardabweichung wird Intervallskalenniveau benötigt und die Werteverteilung sollte einigermaßen symmetrisch sein. Median und Interquartils-abstand benötigen Werte, die mindestens auf Ordinalskalenniveau gemessen sind. Für nominal-skalierte Variablen gibt es kein sinnvolles Streuungsmaß, aber als Lagemaß steht der Modalwert zur Verfügung. Sehr nützlich für den Vergleich von intervallskalierten Werten, die aus unterschied-lichen Skalen stammen, sind transformierte Werte, die in Standardabweichungseinheiten ausge-drückt werden: so genannte z-Werte.

Z U S A M M E N F A S S U N G

Weiterführende Literatur

Krämer, W. (2001). *Statistik verstehen: Eine Gebrauchsanweisung*. München: Piper.
Eine leicht verständliche und unterhaltsame Einführung in einige weitere Lage- und Streuungs-maße.

Polasek, W. (1994). *EDA: Explorative Datenanaylse* (2. Aufl.). Berlin: Springer.
Zeigt weitere Berechnungsarten für Mediane und Quantile.

Übungsaufgaben mit Lösungen sowie weitere Informationen zu diesem Buchkapitel finden Sie auf der Companion Website zum Buch unter *http://www.pearson-studium.de*

Korrelation

7

ÜBERBLICK

Ganz offensichtlich besteht ein Zusammenhang zwischen der Körpergröße und dem Körpergewicht von Personen: Größere Personen sind im Allgemeinen schwerer als kleinere. Ebenso offensichtlich ist dieser Zusammenhang nicht perfekt: Wenn wir wissen, dass Herr Kunze 1,82 m groß ist, können wir sein Gewicht nicht präzise angeben und wir werden auch kaum annehmen, dass die größte Person in einem Raum zwingend zugleich die schwerste ist. Der generelle Trend ist dennoch eindeutig: Niedrige Werte auf der Variablen Körpergröße gehen mit eher niedrigen Werten auf der Variablen Körpergewicht einher, während höhere Werte bei der Körpergröße zumeist auch mit höheren Werten beim Körpergewicht verbunden sind. Die Beziehung zwischen den Merkmalen Körpergröße und Körpergewicht ist somit ein Beispiel für eine Korrelation – denn der Begriff Korrelation bezeichnet nichts anderes als einen Zusammenhang zwischen Variablen.

Die Suche nach Korrelationen und die Analyse solcher Korrelationen ist ein Hauptanliegen aller empirischen Wissenschaften. In der psychologischen Forschung können fast alle Fragestellungen auch als Fragen nach dem Zusammenhang zwischen Variablen aufgefasst werden. Haben intelligentere Eltern intelligentere Kinder? Gibt es einen Zusammenhang zwischen der Intelligenz und dem Erfolg im Berufsleben? Steigt die Leistung bei einer Aufgabe mit der Motivation für diese Aufgabe? Sinkt der Lernerfolg – wie von vielen Lehrern vermutet – mit zunehmender Klassengröße? Sind zufriedenere Arbeitnehmer seltener krank als weniger zufriedene Arbeitnehmer? Verbessert sich das Befinden Depressiver mit der Anzahl ihrer Sozialkontakte oder mit der Teilnahme an einer Verhaltenstherapie? Sind extravertierte Menschen beliebter als introvertiertere? Gibt es einen Zusammenhang zwischen der Attraktivität von Personen und ihrer Treue in Beziehungen?

Selbstverständlich ist es ein wesentliches Ziel der wissenschaftlichen Psychologie, solche Fragen zu beantworten und somit Zusammenhänge zwischen Variablen aufzudecken. Die Analyse der Beziehung zwischen verschiedenen Merkmalen erschöpft sich allerdings nicht darin zu klären, ob überhaupt ein Zusammenhang besteht. Relevant ist darüber hinaus die Richtung, Stärke und Form des Zusammenhangs. Was mit diesen Aspekten von Korrelationen genau gemeint ist und wie Korrelationen mit Hilfe von statistischen Verfahren umfassend analysiert werden können, werden wir im Verlauf dieses Kapitels erläutern. Im Gegensatz zum vorangegangenen Kapitel, in dem Möglichkeiten zur Beschreibung *einer* Variablen erörtert wurden, wenden wir uns damit Methoden zu, mit denen Beziehungen zwischen *zwei* Variablen beschrieben werden können. Wir werden uns zunächst ansehen, wie Korrelationen mit Hilfe von so genannten Streudiagrammen grafisch dargestellt werden können. Diese Streudiagramme werden wir dann dazu nutzen, verschiedene Formen von Zusammenhängen zu veranschaulichen und die Bedeutung der Stärke und Richtung eines Zusammenhangs zu klären. Anschließend werden wir den *Produkt-Moment-Korrelationskoeffizienten* kennen lernen – ein Maß für die Stärke und Richtung des Zusammenhangs zwischen zwei intervallskalierten Variablen. Wir werden zudem erörtern, wie Korrelationen interpretiert werden können und dabei besonders auf mögliche Verfälschungen des Korrelationskoeffizienten und das Verhältnis von Korrelation und Kausalität eingehen. Wir werden uns dann der Partialkorrelation zuwenden – einem Verfahren, mit dem untersucht werden kann, wie der Zusammenhang zwischen zwei Variablen durch eine dritte Variable beeinflusst wird. Das Kapitel endet mit einer Einführung in den Phi-Koeffizienten und Kendalls Tau. Dies sind Maße, die eingesetzt werden können, wenn der Zusammenhang zwischen Variablen, die nicht mindestens Intervallskalenniveau aufweisen, bestimmt werden soll.

7.1 Die grafische Darstellung von Korrelationen: Streudiagramme

Medienberichte über Gewalt unter Kindern und Jugendlichen werfen häufig die Frage auf, ob es einen Zusammenhang zwischen der Aggressivität von Kindern und ihrem Konsum gewaltdarstellender Fernsehprogramme gibt. Wie könnten wir diese Frage untersuchen? Zunächst müssten wir in einer Gruppe von Kindern den Wert beider interessierenden Variablen bestimmen. Es wäre also für jedes Kind zu ermitteln, in welchem Umfang es gewaltdarstellende Sendungen sieht *und* wie aggressiv es sich verhält. In typischen Studien zu dieser Fragestellung werden die teilnehmenden Kinder z.B. danach gefragt, welche Sendungen sie sich wie häufig ansehen. Diese Sendungen werden dann daraufhin bewertet, wie gewalttätig sie sind. Auf diese Weise kann ein Index für den Konsum Gewalt darstellender Sendungen gebildet werden, der etwa von 0 (kein Konsum) bis 10 (starker Konsum) reichen könnte. Die Aggressivität der Kinder könnte von Lehrern und Klassenkameraden auf Rating-Skalen mit einem Wertebereich von 0 (nicht aggressiv) bis 7 (äußerst aggressiv) beurteilt werden.

Nehmen wir an, wir hätten eine solche Studie mit 20 Kindern durchgeführt. Der erste Schritt bei der Auswertung der Daten sollte dann darin bestehen, ein Streudiagramm zu erstellen. Mit diesem Streudiagramm können wir auf einen Blick einen guten ersten Eindruck davon gewinnen, ob zwischen den untersuchten Variablen ein Zusammenhang besteht und wie stark dieser Zusammenhang ausgeprägt ist. Die (fiktiven) Ergebnisse unserer Studie sind im Streudiagramm in ▶Abbildung 7.1 dargestellt. Wie man sieht, besteht ein Streudiagramm aus einem einfachen Koordinatensystem. Auf der x-Achse (oder Abszissenachse) wird die eine Variable abgetragen, die andere Variable findet sich auf der y-Achse (oder Ordinatenachse). Bei uns sei der „Konsum Gewalt darstellender Fernsehsendungen" die Variable X und die Aggressivität die Variable Y. Jeder Punkt im Streudiagramm gibt nun die Werte eines Kindes auf beiden Variablen an. In der Abbildung sind die Daten eines Kindes mit den Werten $x = 3$ und $y = 4$ besonders hervorgehoben. Für dieses Kind wurde also hinsichtlich des Konsums gewalttätiger Sendungen ein Wert von 3 ermittelt, während seine Aggressivität mit 4 beurteilt wurde.

Das generelle Muster in unseren Daten ist recht eindeutig. Die „Punktwolke" verläuft von links unten nach rechts oben. Demnach sind Kinder, die eher wenig Gewalt darstellende Sendungen sehen, tendenziell auch weniger aggressiv als Kinder, die häufig Gewaltdarstellungen konsumieren. Augenscheinlich ist also ein Zusammenhang vorhanden. Das Streudiagramm zeigt allerdings auch, dass dieser Zusammenhang nicht perfekt ist. Es finden sich zahlreiche Kinder mit gleichen oder ähnlichen Werten beim Fernsehkonsum, die sich aber hinsichtlich ihrer Aggressivität deutlich unterscheiden. Unsere fiktiven Daten entsprechen damit in etwa dem typischen Befund in vergleichbaren Studien (z.B. Eron, 1982; Huesmann, 1982): Es gibt bei Kindern und Jugendlichen tatsächlich einen recht ausgeprägten Zusammenhang zwischen der konsumierten Menge an Gewalt im Fernsehen und der Aggressivität.

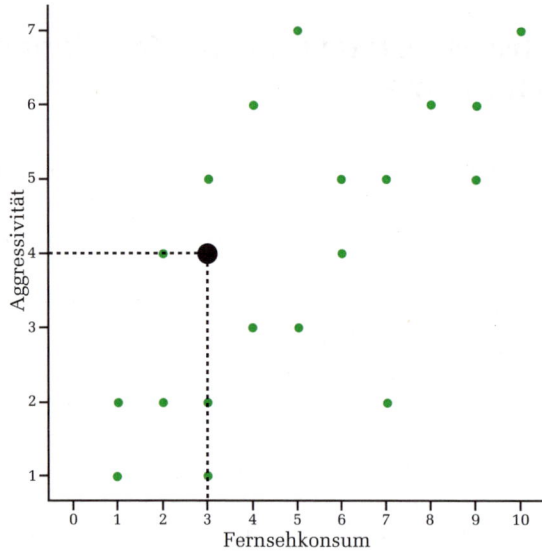

Abbildung 7.1: Ein Streudiagramm, das den Zusammenhang zwischen dem „Konsum Gewalt darstellender Fernsehsendungen" und der „Aggressivität" bei Kindern illustriert (fiktive Daten).

In der Regel ist es gleichgültig, welche der beteiligten Variablen in einem Streudiagramm auf der x-Achse und welche auf der y-Achse eingezeichnet wird. Anders verhält es sich allerdings in Studien, in denen eine Variable zur Vorhersage der anderen verwendet werden soll oder in denen angenommen wird, dass eine Variable die andere verursacht. In diesen Fällen wird die vorhersagende oder verursachende Variable in aller Regel mit X bezeichnet und entsprechend eingezeichnet. Würden wir also den Zusammenhang zwischen Abiturnote und Studienerfolg untersuchen, so würde die Abiturnote auf der x-Achse abgetragen, da es nahe liegt, diese Variable auch zur Vorhersage des Studienerfolgs zu nutzen. In unserer Beispielstudie könnte die Entscheidung, den Konsum Gewalt darstellender Fernsehsendungen auf der x-Achse einzuzeichnen, durch die Annahme begründet sein, dass diese Variable eine Ursache für erhöhte Aggressivität ist. Es ist allerdings äußerst wichtig zu beachten, dass auch ein starker Zusammenhang zwischen den Variablen *nicht* belegt, dass der Konsum von Gewaltdarstellungen tatsächlich Aggressivität verursacht. Wir werden auf das Verhältnis von Kausalität und Korrelation im Abschnitt 7.5 zurückkommen.

Im Kasten „Korrelationen und Sonnenblumen" wird eine Variante von Streudiagrammen vorgestellt.

Korrelationen und Sonnenblumen Natürlich hätten wir in der oben geschilderten Untersuchung auch auf zwei Kinder mit identischen Messwertpaaren treffen können – also auf zwei Kinder, die sowohl hinsichtlich des Fernsehkonsums als auch hinsichtlich der Aggressivität dieselben Werte aufweisen. Generell treten identische Messwertpaare insbesondere dann auf, wenn wir große Stichproben untersuchen und wenn wir Variablen messen, die nur wenige verschiedene Werte annehmen können (dies ist z.B. bei Messungen mit Rating-Skalen der Fall). Im Streudiagramm werden identische Messwertpaare als übereinander liegende Punkte eingezeichnet. Man kann im Streudiagramm daher nicht feststellen, wie häufig ein bestimmtes Messwertpaar beobachtet wurde. Sofern in einer Studie viele Personen identische Messwerte haben, kann dies dazu führen, dass nur schlecht zu erkennen ist, ob zwischen den untersuchten Variablen ein Zusammenhang besteht. Abhilfe schafft in einem solchen Fall ein „Sonnenblumendiagramm". Auch im Sonnenblumendiagramm wird für Messwertpaare, die nur einmal vorkommen, ein Punkt eingezeichnet. Haben jedoch mehrere Personen die gleichen Messwerte, so wird für jede dieser Personen ein „Blütenblatt" in das Diagramm eingefügt. (Diese Blütenblätter werden in der Regel jedoch nur als Striche dargestellt.)

Das Sonnenblumendiagramm in ▶Abbildung 7.2 zeigt die hypothetischen Ergebnisse einer Studie zum Zusammenhang zwischen dem Interesse an Jazz und dem Interesse an klassischer Musik. Beide Variablen wurden mit Hilfe von vierstufigen Rating-Skalen gemessen (1 = „kein Interesse", 4 = „sehr starkes Interesse").

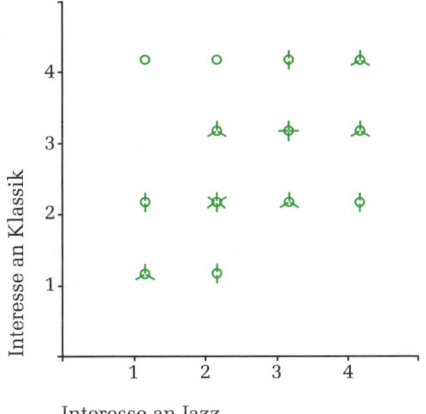

Abbildung 7.2: Ein Sonnenblumendiagramm für den Zusammenhang zwischen dem Interesse an Jazz und dem Interesse an Klassik.

Wie ist dieses Sonnenblumendiagramm nun zu lesen? Beispielsweise bezifferte eine Person ihr Interesse an Jazz mit 1, kreuzte aber beim Interesse an klassischer Musik den Wert 4 an. Zwei Teilnehmer wählten beim Interesse an Jazz den Wert 4 und beim Interesse an klassischer Musik den Wert 2. Sechs Teilnehmer gaben sowohl beim Interesse an Jazz als auch beim Interesse an klassischer Musik den Wert 2 an. Vier Teilnehmer wählten bei beiden Variablen den Wert 3 – und so weiter. Insgesamt wird im Sonnenblumendiagramm ein Zusammenhang deutlich, der im Streudiagramm kaum zu erkennen gewesen wäre: Zwar tritt bei jedem Interesse an Jazz nahezu jeder beliebige Wert für das Interesse an klassischer Musik auf. Bei größerem Interesse an Jazz häufen sich jedoch auch höhere Werte für das Interesse an Klassik, während bei geringem Jazz-Interesse zumeist auch das Interesse an Klassik nur schwach ausgeprägt ist.

7.2   Korrelationsmuster

7.2.1   Lineare und kurvilineare Zusammenhänge

Die Korrelation zwischen dem Konsum gewaltdarstellender Fernsehsendungen und der Aggressivität ist ein Beispiel für einen linearen Zusammenhang. Ein weiteres Beispiel für einen linearen Zusammenhang zeigt die ▶Abbildung 7.3a, die die Korrelation zwischen der Menge gelesener Bücher und Zeitschriften und dem Umfang des Allgemeinwissens bei Studierenden des ersten Semesters veranschaulicht (auch diese Daten sind erfunden, lehnen sich aber lose an einen realen Befund an, Stanovich & Cunningham, 1993). Das wesentliche Kennzeichen linearer Zusammenhänge besteht darin, dass das Muster der Datenpunkte im Streudiagramm annäherungsweise durch eine Gerade beschrieben werden kann. Eine solche Gerade haben wir in Abbildung 7.3a eingezeichnet. (Die genaue Bezeichnung lautet Regressionsgerade. Wir werden in Kapitel 8 im Detail klären, wie man Regressionsgeraden konstruiert.) Offensichtlich liegen nicht alle Punkte exakt auf der Gerade, einige weichen sogar stark davon ab. Dennoch gibt die Gerade den generellen Trend in den Daten recht gut wieder. Das Gleiche gilt für die Daten in Abbildung 7.1 zum Zusammenhang von Fernsehkonsum und Aggressivität. Auch hier könnten Sie eine Gerade einzeichnen, und diese würde den allgemeinen Verlauf der Datenpunkte gut beschreiben.

   Selbstverständlich muss die Form des Zusammenhangs zwischen zwei Variablen nicht grundsätzlich linear sein. Es gibt auch in der Psychologie zahlreiche Beispiele für Beziehungen zwischen Variablen, die in ihrem Verlauf keiner Geraden entsprechen. ▶Abbildung 7.3b zeigt solch einen kurvilinearen Zusammenhang. Sie veranschaulicht die Beziehung zwischen dem Grad der physiologischen Aktivierung und der Leistung bei einer Aufgabe. Die Art der Aufgabe spielt dabei nahezu keine Rolle. Die hier skizzierte Beziehung ist bei sehr unterschiedlichen Aufgaben gültig, also etwa beim Lösen einer Statistikklausur ebenso wie beim Vorspielen mit einem Musikinstrument. Von einem besonders entspannten, fast schläfrigen Zustand bis zu einem mittleren Aktivierungsniveau steigt die Leistung. Jenseits dieses Niveaus nimmt die Leistung aber wieder ab – man ist schlicht zu aufgeregt, um ein optimales Ergebnis zu erzielen. Die Beziehung zwischen der physiologischen Aktivierung und der Leistung kann also offensichtlich deutlich besser durch eine Kurve beschrieben werden als durch eine Gerade. Nach der Form dieser Kurve wird diese Beziehung auch als umgekehrt U-förmiger Zusammenhang bezeichnet. Das Streudiagramm in ▶Abbildung 7.3c illustriert einen anderen kurvilinearen Zusammenhang. Hier geht es um die Beziehung zwischen der Größe eines Geldvermögens und dem subjektiven Nutzen dieses Vermögens. Wenn Sie keinerlei Geld besitzen, wird Ihnen eine Einnahme von 100 Euro wahrscheinlich als großes Glück erscheinen. Verfügen Sie bereits über 10.000 Euro, so wären zusätzliche 100 Euro wohl immer noch ein netter Gewinn, aber schon ein weit geringerer Anlass zu übermäßiger Freude. Sofern Ihr Kontostand sich auf 2 Millionen Euro beläuft, werden Sie es kaum noch bemerken, ob weitere 100 Euro eingehen oder nicht. Der Zuwachs im subjektiven Nutzen ihres Vermögens, der mit 100 Euro verbunden ist, wird also immer geringer je mehr Geld Sie schon haben.

Daher ergibt sich auch zwischen dem Geldvermögen und dem Nutzen des Vermögens ein Zusammenhang, der keiner Geraden entspricht, sondern einer Kurve.

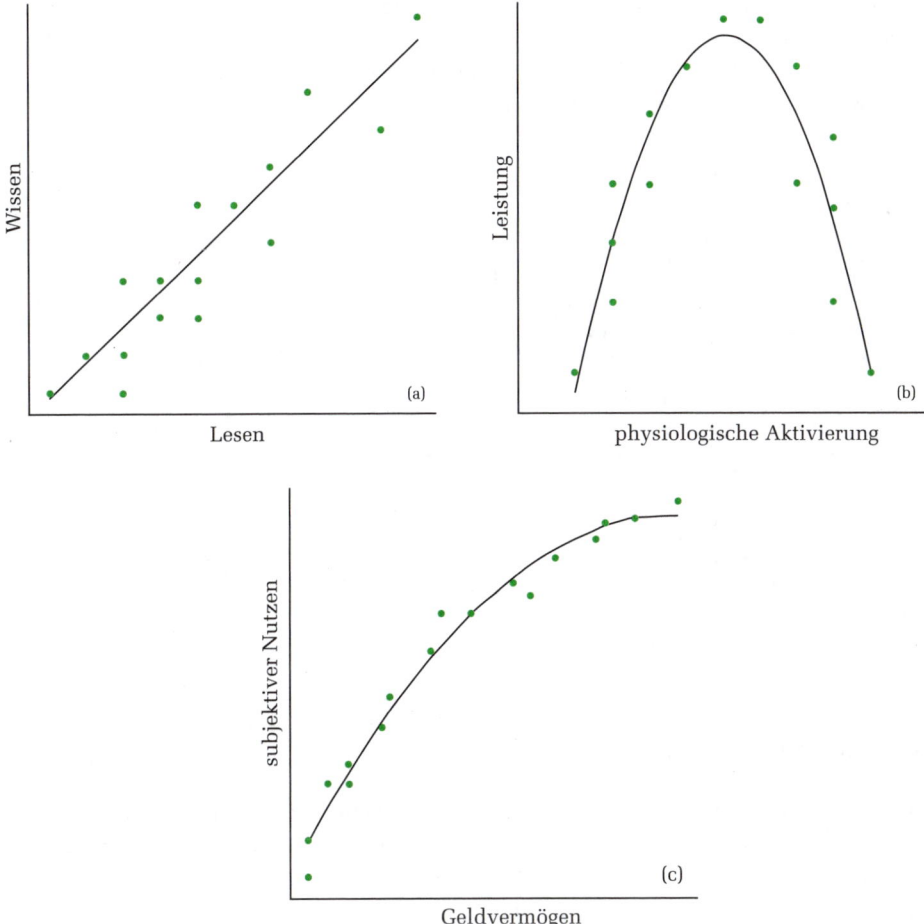

Abbildung 7.3: Unterschiedliche Formen von Zusammenhängen im Streudiagramm. Das Diagramm (a) zeigt einen linearen Zusammenhang, die Diagramme (b) und (c) illustrieren kurvilineare Zusammenhänge.

7.2.2 Richtung und Stärke von Zusammenhängen

Bei linearen Zusammenhängen können verschiedene Richtungen unterschieden werden. Die Richtung eines linearen Zusammenhangs ist entweder positiv oder negativ. Bei unseren bisherigen Beispielen handelt es sich um positive Korrelationen. Hier gehen jeweils hohe Werte auf der einen Variablen mit hohen Werten auf der anderen Variablen einher. Beispielsweise verfügen Studierende des ersten Semester, die viel gelesen haben, zumeist auch über ein großes Allgemeinwissen. Dagegen sind bei negativen Korrelationen hohe Werte auf einer Variablen mit niedrigen Werten auf der anderen Variablen verbunden. Ein Beispiel für eine negative Korrelation ist die Beziehung zwischen der Arbeitszufriedenheit von Arbeitnehmern und der Anzahl ihrer Fehltage: Beschäftigte mit geringerer Zufriedenheit erscheinen häufiger nicht an ihrem Arbeitsplatz (▶Abbildung 7.4). Die Bezeichnungen positiv und negativ für die Richtung linearer Zusammenhänge gehen auf die Steigung der Gerade zurück, mit der diese Zusammenhänge beschrieben werden können. Verläuft diese Gerade im Streudiagramm von links unten nach rechts oben, so hat sie eine positive Steigung. Fällt sie dagegen von links nach rechts ab, so ist ihre Steigung negativ.

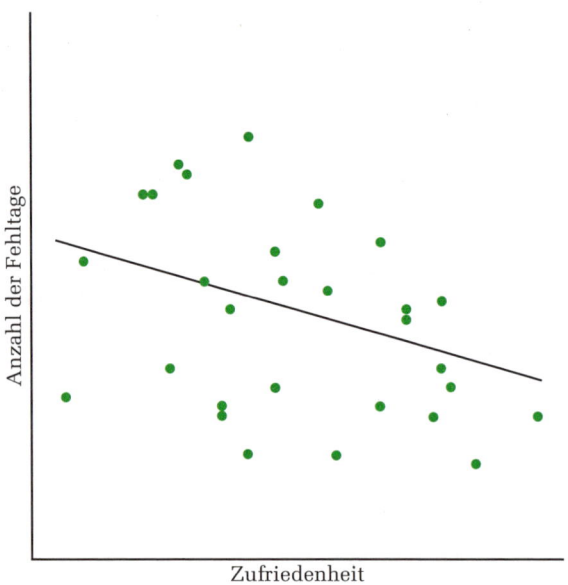

Abbildung 7.4: Negativer Zusammenhang zwischen der Arbeitszufriedenheit und der Anzahl der Fehltage.

Neben der Form und Richtung einer Korrelation lässt sich mit Hilfe eines Streudiagramms auch ihre Stärke beurteilen. Generell ist ein Zusammenhang zwischen zwei Variablen umso stärker ausgeprägt, je genauer wir bei Kenntnis des Werts einer Variablen angeben können, welchen Wert die andere Variable annehmen wird. Unabhängig von der Form des Zusammenhangs zeigt sich dies im Streudiagramm dadurch, dass die Datenpunkte bei starken Korrelationen näher an der gedachten Gerade oder Kurve liegen, die die Beziehung zwischen den Variablen am besten repräsentiert. Im Fall eines perfekten Zusammenhangs befinden sich alle Datenpunkte exakt auf dieser Gerade (siehe Abbildung 7.5a) oder Kurve. Perfekte Korrelationen werden auch als deterministische Zusammenhänge bezeichnet. Solche Zusammenhänge bestehen etwa zwischen der Anzahl der Biere, die Sie in Ihrem Lieblingsclub am Samstag trinken, und Ihrem Rechnungsbetrag (vorausgesetzt, Sie bestellen ausschließlich Bier) oder zwischen der Entfernung eines Sterns von der Erde und der Zeit, die das Licht von diesem Stern benötigt, um die Erde zu erreichen. Wir können für jede beliebige Anzahl von Bieren exakt und fehlerfrei angeben, was Sie bezahlen müssen. Ebenso lässt sich für jede Entfernung eines Sterns eindeutig bestimmen, wie lange das Licht von dort bis zur Erde unterwegs war. In der sozialwissenschaftlichen Forschung kommen solche deterministischen Zusammenhänge jedoch praktisch niemals vor. Hier finden wir stattdessen stochastische (oder probabilistische) Zusammenhänge. Bei stochastischen Korrelationen ist einem bestimmten Wert auf einer Variable X kein eindeutiger Wert auf der Variable Y zugeordnet. Vielmehr werden sich auch Personen, die auf der Variable X den gleichen Wert aufweisen, hinsichtlich ihrer Merkmalsausprägung in der Variable Y mehr oder weniger stark unterscheiden. Wir können etwa bei zwei Kindern, die im gleichen Umfang gewaltdarstellende Fernsehsendungen sehen, nicht damit rechnen, dass sie auch exakt gleich aggressiv sind. Studierende, die bisher gleich viel gelesen haben, werden sich hinsichtlich des Umfangs ihres Allgemeinwissens häufig dennoch zumindest geringfügig unterscheiden. Entsprechend weichen die Datenpunkte in Streudiagrammen, die solche linearen stochastischen Zusammenhänge veranschaulichen, mehr oder weniger stark von einer Gerade ab. Je weiter die Datenpunkte von der Gerade entfernt sind, desto schwächer ist der Zusammenhang zwischen den untersuchten Variablen. Besteht zwischen zwei Variablen schließlich überhaupt kein Zusammenhang, so findet sich im Streudiagramm auch kein Trend, der durch eine Gerade oder irgendeine Kurve repräsentiert werden könnte. Untersuchten wir beispielsweise die Korrelation zwischen dem Körpergewicht und der Musikalität von Personen, so würden die resultierenden Daten wahrscheinlich denen in ▶Abbildung 7.5b ähneln. Die Punktwolke ist etwa kreisförmig und hohe und niedrige Werte beim Körpergewicht gehen gleichermaßen mit hohen und niedrigen Werten bei der Musikalität einher. Demgemäß ermöglicht uns die Kenntnis des Körpergewichts einer Person auch keinerlei Aussage über ihre Musikalität; natürlich können wir ebenso wenig aus der Musikalität einer Person auf ihr Körpergewicht schließen.

Die weiteren Streudiagramme in ▶Abbildung 7.5 veranschaulichen noch einmal unterschiedlich starke positive und negative lineare Korrelationen. Es ist sehr nützlich eine gewisse Routine darin zu entwickeln, solche Streudiagramme zu „lesen" und so z.B. sehr schnell eine Aussage darüber treffen zu können, ob zwischen zwei Variablen nur ein geringer oder ein außerordentlich hoher Zusammenhang besteht. Zu jedem Streudiagramm haben wir auch ein Maß für die Stärke und Richtung des jeweiligen linearen Zusammenhangs angegeben. Bei diesem Maß handelt es sich um den Produkt-Moment-Korrelationskoeffizienten, dessen Berechnung und Interpretation wir in Kürze genauer besprechen werden. Damit die Zahlen in Abbildung 7.5 nicht bedeutungslos bleiben, wollen wir allerdings schon jetzt den Wertebereich des Produkt-Moment-Korrelationskoeffizienten beschreiben: Der Korrelationskoeffizient kann Werte zwischen -1 und $+1$ annehmen. Das Vorzeichen zeigt dabei die Richtung des Zusammenhangs an. Bei negativen Zusammenhängen liegt der Korrelationskoeffizient also zwischen 0 und -1, bei positiven Zusammenhängen entsprechend zwischen 0 und $+1$. Die Stärke eines Zusammenhangs wird dagegen durch den Betrag des Korrelationskoeffizienten angegeben. Ein Korrelationskoeffizient von -1 bezeichnet also ebenso wie ein Korrelationskoeffizient von $+1$ einen perfekten Zusammenhang. Den Wert 0 nimmt der Korrelationskoeffizient an, wenn zwischen zwei Variablen kein linearer Zusammenhang besteht.

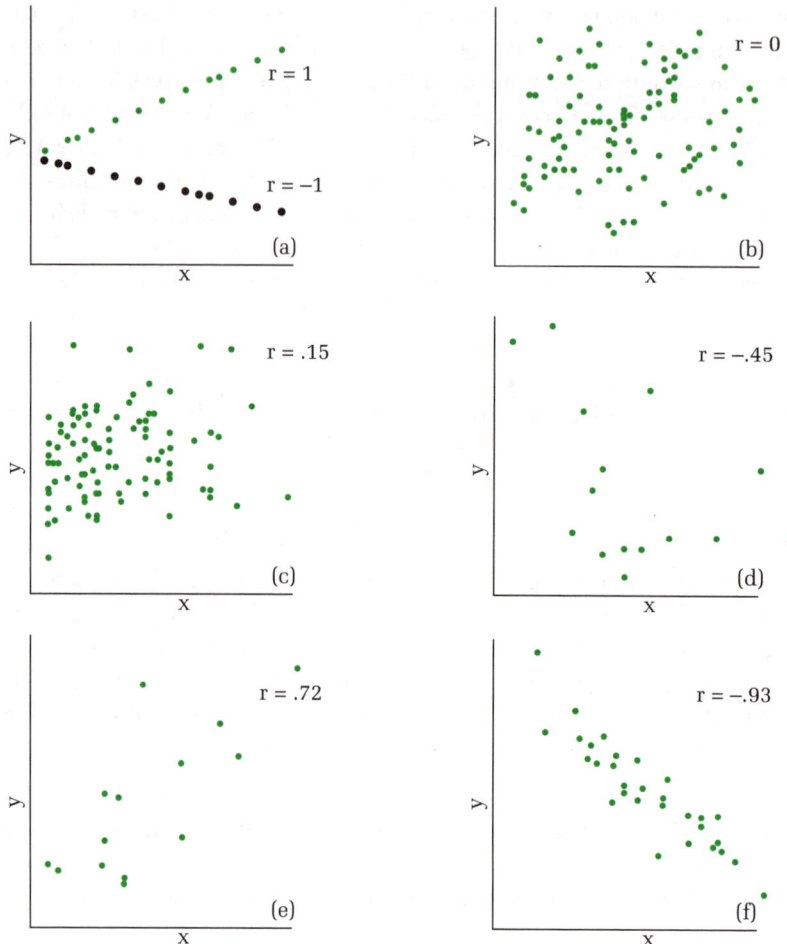

Abbildung 7.5: Streudiagramme und Produkt-Moment-Korrelationskoeffizienten bei Zusammenhängen unterschiedlicher Stärke und Richtung.

7.2.3 Die Bedeutung des Korrelationsmusters für die weitere Analyse

Das übliche Vorgehen bei der Analyse der Stärke des Zusammenhangs zwischen zwei Variablen besteht darin, den Produkt-Moment-Korrelationskoeffizienten zu bestimmen. Allerdings sollte vor der Berechnung dieses Koeffizienten grundsätzlich zunächst ein Streudiagramm erstellt werden. Warum? Wie wir bereits angedeutet haben, ist der Produkt-Moment-Korrelationskoeffizient ein Maß für den *linearen* Zusammenhang zwischen zwei Variablen. Ist die Form des Zusammenhangs tatsächlich kurvilinear, so erbringt der Korrelationskoeffizient irreführende Ergebnisse: Er würde einen zu schwachen oder gar keinen Zusammenhang ausweisen. Eine „blinde" und automatische Berechnung des Korrelationskoeffizienten hat daher wenig Sinn. Wenn uns ein Blick auf das Streudiagramm zeigt, dass zwischen den untersuchten Variablen eine kurvilineare Beziehung besteht, sollten wir daher darauf verzichten, die Analyse in der üblichen Weise fortzuführen und den Korrelationskoeffizienten zu berechnen.[1]

Ein weiterer Grund dafür, zuerst stets ein Streudiagramm zu betrachten, besteht darin, dass Ausreißer den Korrelationskoeffizienten verfälschen können. Mit Ausreißern sind hier Messwerte einzelner Personen gemeint, die auf einer oder beiden Variablen ungewöhnlich hoch oder niedrig sind (siehe Kapitel 6). Im Streudiagramm lassen sich solche Ausreißer leicht erkennen, da die entsprechenden Datenpunkte weit von den übrigen Werten in der Punktwolke entfernt liegen. Wie genau Ausreißer den Korrelationskoeffizienten beeinflussen können und wie man mit ihnen bei der Analyse von Zusammenhängen verfahren kann, werden wir uns im Abschnitt 7.4.1 näher ansehen.

7.3 Der Produkt-Moment-Korrelationskoeffizient

Wie lässt sich nun ein Maß entwickeln, dass die Stärke und Richtung des Zusammenhangs zwischen zwei intervallskalierten Variablen in einer Zahl ausdrückt? Wie wir in den vorangegangenen Abschnitten gesehen haben, gehen bei linearen Korrelationen hohe Werte auf einer Variablen systematisch mit hohen oder niedrigen Werten auf der anderen Variablen einher. Um ein Maß für den Zusammenhang zu bestimmen, ist also zunächst zu klären, was überhaupt genau mit „hohen" bzw. „niedrigen" Messwerten gemeint ist. Die Antwort ist sehr simpel: Als „hoch" gelten Messwerte, die oberhalb des Mittelwerts der entsprechenden Variable liegen. Niedrige Messwerte liegen dagegen unterhalb des Mittelwerts. Der erste Schritt bei der Berechnung des Korrelationskoeffizienten besteht daher darin, für jede Person auf beiden Variablen die Differenz zwischen ihrem Messwert und dem Mittelwert zu bestimmen. Man berechnet also die Abweichungswerte $(x_i - \bar{x})$ und $(y_i - \bar{y})$. Bei hohen Messwerten sind diese Abweichungswerte offensichtlich positiv, bei niedrigen Werten dagegen negativ. Im nächsten Schritt wird nun für jede Person das so genannte Kreuzprodukt aus ihren beiden Abweichungswerten gebildet. Hat eine Person auf beiden Variablen hohe Werte so ist natürlich auch das Kreuzprodukt $(x_i - \bar{x}) \cdot (y_i - \bar{y})$ positiv. Ein positiver Wert resultiert aber auch dann, wenn eine Person auf beiden Variablen niedrige Messwerte aufweist – da das Produkt aus zwei negativen Abweichungswerten positiv wird.

▶Abbildung 7.6 zeigt noch einmal die Daten aus unserer fiktiven Untersuchung zum Zusammenhang zwischen dem „Konsum Gewalt darstellender Fernsehsendungen" und der „Aggressivität" bei Kindern. Allerdings sind nun zusätzlich die Mittelwerte beider Variablen eingezeichnet. Dadurch entstehen im Streudiagramm Quadranten. Es ist leicht erkennbar, dass bei einem positiven Zusammenhang – wie er hier gegeben ist – die meisten Datenpunkte in den Quadranten A und C liegen. Dies sind

---

1 Natürlich gibt es auch bei kurvilinearen Beziehungen Möglichkeiten, ein genaues Maß für die Stärke des Zusammenhangs zu bestimmen. Erläuterungen zu Verfahrensweisen, die in diesem Fall angemessen sind, findet man z.B. bei Cohen, Cohen und West (2003). Eine weitere Möglichkeit besteht darin, kurvilineare Zusammenhänge in lineare zu transformieren und diese mit den hier behandelten Verfahren für lineare Zusammenhänge weiter zu verarbeiten. Weiteres dazu erfahren Sie in Kapitel 20.

die Quadranten, in denen positive Kreuzprodukte entstehen, denn die Abweichungswerte einer Person sind hier entweder beide positiv (Quadrant A) oder beide negativ (Quadrant C). Was passiert, wenn wir die Kreuzprodukte aller Personen aufaddieren? Die Summe

$$\sum_{i}^{n}(x_i - \overline{x}) \cdot (y_i - \overline{y})$$

wird offensichtlich groß und positiv. Diese Summe der Kreuzprodukte wird auch Produkt-Moment genannt. Sie bildet bereits die wesentliche Grundlage für unser Zusammenhangsmaß. Dies zeigt sich auch darin, dass sich aus ihr die Bezeichnung „Produkt-Moment-Korrelationskoeffizient" ableitet.[2]

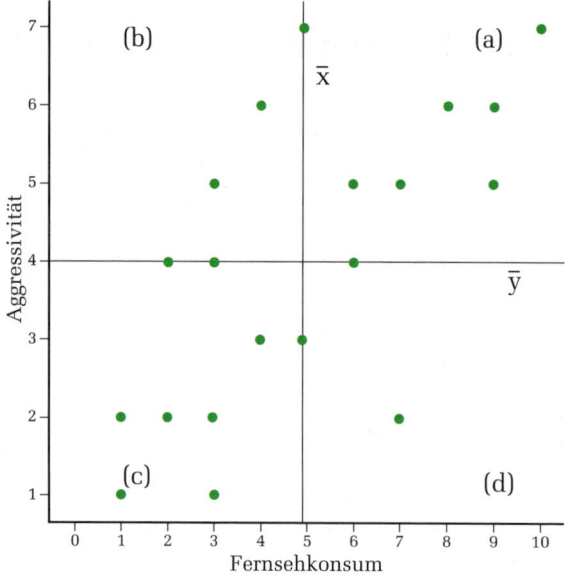

Abbildung 7.6: Das Streudiagramm zeigt dieselben Daten wie das Streudiagramm in Abbildung 7.1. Zusätzlich sind die Mittelwerte der Variablen Fernsehkonsum ($\overline{x}$) und Aggressivität ($\overline{y}$) eingezeichnet.

Überlegen wir uns kurz, wie sich das Produkt-Moment verhalten würde, wenn zwischen dem Fernsehkonsum und der Aggressivität ein negativer Zusammenhang bestünde. Bei negativen Korrelationen sind hohe Werte auf einer Variablen mit niedrigen Werten auf der anderen Variablen verbunden. Im Streudiagramm würden die meisten Datenpunkte in diesem Fall also in den Quadranten b und d liegen. Im Quadranten b befinden sich Personen, die auf der X-Variable niedrige und der Y-Variable hohe Werte aufweisen. Das Kreuzprodukt wird für diese Personen negativ, da wir jeweils einen negativen Abweichungswert mit einem positiven Abweichungswert multiplizieren.

---

2   Die Bezeichnung „Produkt-Moment" geht auf Karl Pearson zurück. Pearson entwickelte (gemeinsam mit Francis Galton) auch die übrigen Formeln, die zur Berechnung des Produkt Moment-Korrelationskoeffizienten notwendig sind. Dieser Koeffizient wird daher auch „Pearson-Korrelationskoeffizient" genannt.

Personen im Quadranten d haben einen hohen Wert auf der X-Variablen und einen niedrigen Wert auf der Y-Variablen. Auch hier ergeben sich also negative Kreuzprodukte, da wir jeweils einen positiven und einen negativen Wert multiplizieren. Wenn wir nun wiederum die Kreuzprodukte *aller* Personen aufaddieren, erhalten wir natürlich auch eine negative Summe.

Besteht zwischen zwei Variablen kein Zusammenhang, so verteilen sich die Datenpunkte im Streudiagramm annähernd gleichmäßig auf die Quadranten. In diesem Fall werden wir einige Personen finden, die auf beiden Variablen hohe Werte aufweisen, und solche, die auf beiden Variablen niedrige Werte haben. Für diese Personen resultieren positive Kreuzprodukte. Es wird aber ähnlich viele Personen geben, die auf einer Variablen einen hohen und auf der anderen Variablen einen niedrigen Wert erzielt haben. Bei diesen Personen ergeben sich negative Kreuzprodukte. Wenn wir nun alle Kreuzprodukte aufaddieren, so werden sich positive und negative Werte aufheben und das Produkt-Moment wird (zumindest in etwa) Null betragen.

Das Produkt-Moment hat also schon einige Eigenschaften, die für ein Zusammenhangsmaß wünschenswert sind: Es wird bei positiven Zusammenhängen positiv und bei negativen Zusammenhängen negativ. Besteht zwischen zwei Variablen kein Zusammenhang, so nimmt es den Wert 0 an. Dennoch kann das Produkt-Moment noch nicht als Zusammenhangsmaß verwendet werden. Ein Problem besteht darin, dass das Produkt-Moment von der Anzahl der Personen abhängig ist, die in die Berechnung einbezogen wurden. Hätten wir etwa unsere Studie zum Zusammenhang von Fernsehkonsum und Aggressivität mit 50 statt mit 20 Kindern durchgeführt, so wäre natürlich auch die Summe der Kreuzprodukte größer ausgefallen. Allein aufgrund des Produkt-Moments lässt sich also nicht angeben, ob ein Zusammenhang stark oder schwach ausgeprägt ist. Dieses Problem lässt sich allerdings leicht lösen: Wir dividieren das Produkt-Moment durch die Anzahl der Personen. Auf diese Weise errechnen wir das durchschnittliche Kreuzprodukt, das auch als *Kovarianz* bezeichnet wird:

$$\mathrm{cov}\left(x, y\right) = \frac{1}{n} \sum_{i}^{n} \left(x_i - \bar{x}\right) \cdot \left(y_i - \bar{y}\right)$$

Auch die Kovarianz ist als Zusammenhangsmaß noch nicht sonderlich gut geeignet. Ihr Problem besteht darin, dass sie von den Maßeinheiten abhängig ist, in denen die Variablen gemessen wurden. Anders ausgedrückt: Die Kovarianz ist nicht invariant gegenüber linearen Transformationen der Variablen (siehe Kapitel 3). Wenn wir etwa die Korrelation zwischen Körpergröße und Körpergewicht ermitteln wollten, so würde die Kovarianz höher ausfallen, wenn wir die Größe statt in Metern in Zentimetern messen. Machen wir uns dies kurz an einem Beispiel klar: Nehmen wir an, in einer Stichprobe von Personen liegt der Mittelwert der Körpergröße bei 1,75 m und der Mittelwert des Körpergewichts bei 70 kg. Eine bestimmte Person in der Stichprobe ist 1,80 m groß und 75 kg schwer. Das Kreuzprodukt dieser Person beträgt dann (1,80 − 1,75) · (75 − 70) = 0,25. Wie ändert sich das Kreuzprodukt, wenn wir die Messwerte der Körpergröße mit 100 multiplizieren, also von Meter in Zentimeter umrechnen? Der Mittelwert der Größe ist dann natürlich 175 cm und das Kreuzprodukt errechnet sich als: (180 − 175) · (75 − 70) = 25. Durch die Umrechnung in Zentimeter wird also auch das Kreuzprodukt dieser Person 100 Mal größer! Da dasselbe natürlich auch bei allen anderen Personen in der Stichprobe passiert, wächst auch die Kovarianz um den Faktor 100, wenn wir die Körpergröße in Zentimetern statt in Metern messen. Einen ähnlichen Effekt würden wir auch erzielen, wenn wir als Maßeinheit für das Gewicht Gramm anstelle von Kilogramm verwenden würden. In diesem Fall würde die Kovarianz um den Faktor 1000 wachsen. Generell gilt also für die Kovarianz: Multiplizieren wir die X-Variable mit a und die Y-Variable mit b, so wächst die Kovarianz um den Faktor $a \cdot b$.

Der „tatsächliche" Zusammenhang zwischen der Körpergröße und dem Körpergewicht ändert sich natürlich nicht in Abhängigkeit davon, ob die Größe in Metern oder in Zentimetern gemessen wird – die Information in den Messwerten ist ja immer dieselbe. Das Gleiche gilt offensichtlich auch in unserer Beispieluntersuchung: Der „tatsächliche" Zusammenhang zwischen dem Fernsehkonsum und der Aggressivität ist unabhängig davon, ob wir die Aggressivitätsunterschiede zwischen Personen auf einer Skala ausdrücken, die von 0 bis 7 oder von 0 bis 70 reicht. (In diesem Fall erfolgt die Wahl der Größe der Skala – wie meist in der Psychologie – auch mehr oder weniger willkürlich, da es keine etablierte Maßeinheit für Aggressivität gibt.) Ein geeignetes Zusammenhangsmaß sollte daher ebenfalls unabhängig von den Maßeinheiten sein, in denen die Variablen erfasst werden. Wie lässt sich dies erreichen? Die Lösung besteht darin, die Kovarianz durch das Produkt der Standardabweichungen der beiden Variablen zu teilen. Das Resultat dieser Division ist der Produkt-Moment-Korrelationskoeffizient:

$$r_{xy} = \frac{\dfrac{1}{n}\sum_{i}^{n}(x_i - \bar{x}) \cdot (y_i - \bar{y})}{s_x \cdot s_y}$$

Eine Transformation der Maßeinheit wirkt auf die Standardabweichung einer Variablen genau so wie sie auf die Kovarianz wirkt. Messen wir also die Körpergröße in Zentimetern statt in Metern, so wird nicht nur die Kovarianz mit dem Körpergewicht 100 Mal größer, sondern auch die Standardabweichung der Körpergröße. (Probieren Sie dies aus! Sie können dazu die Werte aus dem Zahlenbeispiel im Abschnitt 6.4.1 verwenden. Multiplizieren Sie die Werte mit irgendeinem Faktor a und berechnen Sie die Standardabweichung der neuen Werte. Sie werden feststellen, dass die Standardabweichung ebenfalls um den Faktor a wächst.) Für den Produkt-Moment-Korrelationskoeffizienten bedeutet dies, dass jede Veränderung der Maßeinheiten zu proportionalen Änderungen im Zähler und im Nenner führt. Diese Änderungen kürzen sich also heraus. Der Korrelationskoeffizient hängt somit ausschließlich von der Stärke des linearen Zusammenhangs zwischen zwei Variablen ab und wird durch die Maßeinheiten der Variablen nicht beeinflusst.

Etwas allgemeiner können wir feststellen, dass der Produkt-Moment-Korrelationskoeffizient gegenüber linearen Transformationen der Variablen invariant ist. Sie erinnern sich: Dies waren Transformation der Form $ax + b$. Ein Beispiel für eine solche Transformation war die Umrechnung von Temperaturangaben in Celsius in Angaben in Fahrenheit (siehe Kapitel 3). Die Multiplikation mit a verändert dabei die Maßeinheit. Durch die Addition von b wird der Nullpunkt der Temperaturskala verändert (0° C entsprechen

32° F). Auch diese Veränderung des Nullpunkts hat keine Wirkung auf den Korrelationskoeffizienten. Der Grund liegt darin, dass ein veränderter Nullpunkt weder die Standardabweichung einer Variablen noch ihre Kovarianz mit einer anderen Variablen beeinflusst. Praktisch bedeutet dies z.B., dass wir für den Zusammenhang zwischen der Tageshöchsttemperatur in München und der Tageshöchsttemperatur in Hamburg immer den gleichen Produkt-Moment-Korrelationskoeffizienten ermitteln werden – unabhängig davon, ob wir die Temperatur auf der Celsius- oder der Fahrenheit-Skala messen.

Im Rechenbeispiel 7.1 wird die Berechnung des Produkt-Moment Korrelationskoeffizienten demonstriert. Das Beispiel bezieht sich auf die (fiktiven) Daten aus unserer Untersuchung zum Zusammenhang zwischen dem „Konsum gewaltdarstellender Fernsehsendungen" und der „Aggressivität". Die Berechnung zeigt, dass zwischen diesen Variablen eine Korrelation von $r = .65$ besteht. Was genau bedeutet dieses Ergebnis? Wir haben schon gesehen, dass der Produkt-Moment Korrelationskoeffizient bei einem perfekten negativen Zusammenhang den Wert -1 und bei einem perfekten positiven Zusammenhang den Wert 1 annimmt. Zwischen dem Fernsehkonsum und der Aggressivität besteht also ein deutlich ausgeprägter, positiver Zusammenhang, der aber andererseits auch recht weit davon entfernt ist, perfekt zu sein. Dennoch würde eine Korrelation von $r = .65$ in der Psychologie als starker Zusammenhang beurteilt werden. Im Kasten „Was ist eine große Korrelation?" wird erläutert, warum dies so ist.

Rechenbeispiel 7.1

Zusammenhang zwischen Aggressivität und Fernsehkonsum Die ▶Tabelle 7.1 zeigt in der 2. und 3. Spalte zunächst dieselben Daten, die auch in den Streudiagrammen in Abbildung 7.1 und 7.6 dargestellt sind. Die Werte der Teilnehmer auf der Variable „Konsum gewaltdarstellender Fernsehsendungen" werden dabei mit x_i bezeichnet, für die Aggressivitätswerte wird die Bezeichnung y_i verwendet. Wir benötigen zunächst die Mittelwerte beider Variablen, um daraus die Abweichungswerte der Teilnehmer errechnen zu können. Der Mittelwert des Fernsehkonsums beträgt 4,9, der Mittelwert der Aggressivität liegt bei 4. Für den Teilnehmer mit der Nr. 1, der beim Fernsehkonsum einen Wert von 3 aufwies, resultiert auf dieser Variablen somit ein Abweichungswert von $-1,9$ (4. Spalte). Da die Aggressivität dieses Teilnehmers mit 4 eingestuft wurde, beträgt sein Abweichungswert auf dieser Variablen 0 (5. Spalte). Die quadrierten Abweichungswerte in der 6. und 7. Spalte werden benötigt, um die Varianzen und daraus die Standardabweichungen der Variablen zu errechnen. In der letzten Spalte ist schließlich für jeden Teilnehmer das Kreuzprodukt aus seinen beiden Abweichungswerten angegeben. Aus diesen Kreuzprodukten ergibt sich die Kovarianz zwischen den Variablen, die in unserem Beispiel 3,25 beträgt. Teilen wir die Kovarianz durch das Produkt der Standardabweichungen, so erhalten wir den Produkt-Moment-Korrelationskoeffizienten:

$$r_{xy} = \frac{\mathrm{cov}(x,y)}{s_x \cdot s_y} = \frac{3,25}{2,68 \cdot 1,87} = 0,65$$

▶

▶Fortsetzung

Teilneh-mer-Nr.	x_i	y_i	$x_i - \bar{x}$	$y_i - \bar{y}$	$(x_i - \bar{x})^2$	$(y_i - \bar{y})^2$	$(x_i - \bar{x}) \cdot (y_i - \bar{y})$
1	3	4	−1,9	0	3,61	0	0
2	1	1	−3,9	−3	15,21	9	11,7
3	2	2	−2,9	−2	8,41	4	5,8
4	2	4	−2,9	0	8,41	0	0
5	4	3	−0,9	−1	0,81	1	0,9
6	3	2	−1,9	−2	3,61	4	3,8
7	6	5	1,1	1	1,21	1	1,1
8	6	4	1,1	0	1,21	0	0
9	7	2	2,1	−2	4,41	4	−4,2
10	8	6	3,1	2	9,61	4	6,2
11	9	6	4,1	2	16,81	4	8,2
12	9	5	4,1	1	16,81	1	4,1
13	5	3	0,1	−1	0,01	1	−0,1
14	10	7	5,1	3	26,01	9	15,3
15	3	1	−1,9	−3	3,61	9	5,7
16	5	7	0,1	3	0,01	9	0,3
17	3	5	−1,9	1	3,61	1	−1,9
18	1	2	−3,9	−2	15,21	4	7,8
19	4	6	−0,9	2	0,81	4	−1,8
20	7	5	2,1	1	4,41	1	2,1
	$\Sigma = 98$	$\Sigma = 80$	$\Sigma = 0$	$\Sigma = 0$	$\Sigma = 143,8$	$\Sigma = 70$	$\Sigma = 65$
	$\bar{x} = 4,9$	$\bar{y} = 4$			$s_x^2 = \dfrac{143,8}{20} = 7,19$	$s_y^2 = \dfrac{70}{20} = 3,5$	$\text{cov}(x,y) = \dfrac{65}{20}$
					$s_x = 2,68$	$s_y = 1,87$	$= 3,25$

Tabelle 7.1: Berechnung des Produkt-Moment-Korrelationskoeffizienten in der Studie zum Zusammenhang zwischen Fernsehkonsum und Aggressivität (fiktive Daten).

Was ist eine große Korrelation? In der Psychologie werden oftmals Konventionen verwendet, um die Stärke des Zusammenhangs zwischen zwei Variablen zu beurteilen. Diese Konventionen wurden ursprünglich von Cohen (1988) vorgeschlagen. Demnach gilt:

- $|r| \approx 0,1$: schwacher Zusammenhang

- $|r| \approx 0,3$: mittlerer Zusammenhang

- $|r| \approx 0,5$: starker Zusammenhang

Cohens Konventionen haben sich in der psychologischen Forschungspraxis bewährt. In vielen Gebieten der Psychologie entsprechen Zusammenhänge „mittlerer Stärke" im Bereich von $r = 0,3$ recht gut dem Durchschnitt der Korrelationskoeffizienten, die tatsächlich gefunden werden. Korrelationen im Bereich von $r = 0,5$ (oder noch größere Korrelationen) treten dagegen selten auf und werden entsprechend als starke Zusammenhänge bewertet.

Nun ist eine Korrelation von $r = 0,5$ von einem perfekten Zusammenhang sehr weit entfernt. (Dies illustriert auch das Streudiagramm in Abbildung 7.5d, in dem eine Korrelation von $r = -0,45$ dargestellt ist.) Warum sind höhere Korrelationen in der Psychologie dennoch selten? Ein wesentlicher Grund besteht darin, dass die meisten psychologischen Variablen von einer ganzen Vielzahl anderer Variablen beeinflusst werden. Nehmen wir für einen Moment an, dass das häufige Betrachten Gewalt darstellender Fernsehsendungen bei Kindern tatsächlich höhere Aggressivität verursacht (dies wird auch durch eine starke Korrelation zwischen Fernsehkonsum und Aggressivität *nicht* belegt – siehe Abschnitt 7.5). Sollten wir dann erwarten, dass zwischen diesen Variablen ein perfekter Zusammenhang besteht? Nein, denn damit würden wir übersehen, dass wahrscheinlich noch eine ganze Reihe weiterer Variablen die Aggressivität von Kindern beeinflusst. So können wir beispielsweise mit guten Gründen vermuten, dass auch der Erziehungsstil der Eltern und die Häufigkeit, mit der ein Kind frustrierende Erfahrungen macht, auf die Aggressivität wirken. Diese und alle weiteren Faktoren, die die Aggressivität möglicherweise beeinflussen, werden in der Korrelation zwischen dem Fernsehkonsum und der Aggressivität nicht berücksichtigt. Es wäre daher naiv zu erwarten, dass wir allein aufgrund der Kenntnis des Fernsehkonsums eines Kindes präzise und fehlerfrei angeben können, wie aggressiv es sich verhält. Die meisten psychologischen Variablen stehen – wie die Aggressivität – in Beziehung zu zahlreichen anderen Variablen. Eine einzelne Korrelation, die lediglich den Zusammenhang zwischen zwei Variablen zum Ausdruck bringt, ist ungeeignet, um dieses Beziehungsgeflecht vollständig abzubilden. Es gibt also gute Gründe, Cohens Konventionen zu folgen und Korrelationen im Bereich von $r = 0,5$ bereits als starke Zusammenhänge zu bewerten. Dabei ist allerdings zu beachten, dass die Konventionen lediglich eine Orientierungshilfe darstellen. Diese Orientierungshilfe ist insbesondere dann nützlich, wenn Korrelationen auf einem neuen Forschungsgebiet, zu dem noch wenig gesichertes Wissen vorhanden ist, zu beurteilen sind. Ist es jedoch möglich, einen Zusammenhang zwischen zwei Variablen sinnvoll mit anderen bereits bekannten Korrelationen zu vergleichen, so liefern ausschließlich diese anderen Korrelationen den relevanten Bewertungsmaßstab: Nehmen wir an, dass bereits bekannt ist, dass von 20 theoretisch plausiblen Variablen keine stärker als mit $r = 0,15$ mit der Arbeitszufriedenheit von Angestellten korreliert. ▶

▶Fortsetzung

Wird dann entdeckt, dass eine weitere Variable eine Korrelation von $r = 0{,}30$ mit der Arbeitszufriedenheit aufweist, so ist diese Korrelation in diesem Forschungsfeld natürlich als ungewöhnlich starker Zusammenhang zu bewerten – und nicht als mittlerer Zusammenhang. Andererseits können sich auch vermeintlich hohe Korrelationen im Kontext relevanter Forschungsergebnisse als niedrig erweisen: Existieren diverse diagnostische Verfahren, deren Ergebnisse mit $r = 0{,}6$ mit der Berufseignung zum Schlosser korrelieren, so ist ein alternatives Verfahren, dessen Ergebnisse mit $r = 0{,}45$ mit der Berufseignung korrelieren, als schlecht zu beurteilen. (Einige weitere Hinweise zur Bewertung und Interpretation von Korrelationen finden Sie im Abschnitt 9.5.)

7.3.1 z-Werte und der Produkt-Moment-Korrelationskoeffizient

Der Produkt-Moment-Korrelationskoeffizient zwischen zwei Variablen kann auch mit Hilfe von z-Werten berechnet werden. Die z-Standardisierung haben wir bereits im Kapitel 6 kennen gelernt. Fassen wir noch einmal zusammen: z-Werte ermöglichen es unter anderem, die Messwerte einer Person auf zwei unterschiedlichen Variablen miteinander zu vergleichen. Dies wird möglich, da z-Werte die Größe eines Messwerts nicht in den ursprünglichen Maßeinheiten ausdrücken. Sie geben stattdessen die Lage eines Messwerts relativ zu den übrigen Werten in einer Stichprobe an: Ein positiver z-Wert zeigt an, dass der entsprechende Messwert oberhalb des Mittelwerts liegt. Ein negativer z-Wert besagt dagegen, dass der Messwert kleiner ist als der Mittelwert. Hat eine Person auf zwei Variablen jeweils einen z-Wert von 0, so bedeutet dies, dass sie auf beiden Variablen eine exakt durchschnittliche Ausprägung aufweist. Den Abstand eines Messwerts vom Mittelwert geben z-Werte in Standardabweichungen an. Ein z-Wert von 1,5 heißt also nichts anderes, als dass der Messwert 1,5 Standardabweichungen größer ist als der Mittelwert. Ein z-Wert von -2 zeigt dagegen an, dass der Messwert 2 Standardabweichungen unterhalb des Mittelwerts liegt.

Schon diese kurze Zusammenfassung macht deutlich, dass z-Werte bei der Berechnung des Produkt-Moment Korrelationskoeffizienten hilfreich sein können: Auch bei der Berechnung des Zusammenhangsmaßes haben wir in einem ersten Schritt die Abweichung der Messwerte von ihrem Mittelwert bestimmt – allerdings zunächst in den ursprünglichen Maßeinheiten. Die Unabhängigkeit des Korrelationskoeffizienten von den Maßeinheiten wurde schließlich aber mit einer Division durch die Standardabweichungen erreicht.

Wie lässt sich der Produkt-Moment Korrelationskoeffizient nun genau mit Hilfe von z-Werten errechnen? Dies wird leicht erkennbar, wenn wir die Formel des Korrelationskoeffizienten umstellen:

$$r_{xy} = \frac{\frac{1}{n}\sum_{i}^{n}(x_i - \overline{x}) \cdot (y_i - \overline{y})}{s_x \cdot s_y} = \frac{1}{n}\sum_{i}^{n}\frac{(x_i - \overline{x}) \cdot (y_i - \overline{y})}{s_x \cdot s_y} = \frac{1}{n}\sum_{i}^{n}\frac{(x_i - \overline{x})}{s_x} \cdot \frac{(y_i - \overline{y})}{s_y} = \frac{1}{n}\sum_{i}^{n}z_{x_i} \cdot z_{y_i}$$

Der Korrelationskoeffizient entspricht also dem durchschnittlichen Kreuzprodukt (bzw. der Kovarianz) der z-Werte.

Wie die Umstellung der Formel zeigt, nimmt der Korrelationskoeffizient dann den Wert 1 an, wenn die Summe der Kreuzprodukte der z-Werte genau so groß ist wie die Anzahl n der Personen in der Stichprobe. Dies ist aber nur dann der Fall, wenn jede Person auf der X-Variablen exakt den gleichen z-Wert erhält wie auf der Y-Variablen. Bei einem perfekten Zusammenhang hat also jede Person in einer Stichprobe auf beiden Variablen exakt die gleiche relative Position. Dies lässt sich auch verallgemeinern: Hat jede Person auf beiden Variablen zumindest eine ähnliche relative Position – und somit ähnliche z-Werte, so resultiert ein hoher Korrelationskoeffizient. Je deutlicher sich die z-Werte auf beiden Variablen unterscheiden, desto geringer wird der Korrelationskoeffizient. Generell wird durch den Produkt-Moment Korrelationskoeffizienten also ausgedrückt, in welchem Ausmaß Personen auf zwei Variablen die gleiche relative Position einnehmen.

Im Rechenbeispiel 7.2 wird die Berechnung des Korrelationskoeffizienten mit z-Werten an den Daten aus unserer Studie zu „Fernsehkonsum und Aggressivität" illustriert.

Rechenbeispiel 7.2

Zusammenhang zwischen Aggressivität und Fernsehkonsum in z-Werten Um die Korrelation zwischen zwei Variablen mit Hilfe von z-Werten ermitteln zu können, müssen die ursprünglichen Messwerte der Teilnehmer natürlich zunächst z-transformiert werden. Dazu benötigen wir die Mittelwerte und Standardabweichungen der Variablen. Für die Daten aus der Studie zum Zusammenhang zwischen dem „Konsum Gewalt darstellender Fernsehsendungen" und der „Aggressivität" haben wir diese Kennwerte bereits im Rechenbeispiel 7.1 bestimmt: Der Mittelwert des Fernsehkonsums beträgt $\bar{x} = 4{,}9$, der Mittelwert der Aggressivität liegt bei $\bar{y} = 4$. Die Standardabweichungen der Variablen sind $s_x = 2{,}68$ und $s_y = 1{,}87$. Für den Teilnehmer mit der Nr. 2, für den hinsichtlich des Fernsehkonsums ein Messwert von 1 ermittelt wurde, ergibt sich auf dieser Variablen somit eine Abweichung vom Mittelwert von $-3{,}9$. Teilen wir diese Abweichung durch 2,68 (die Standardabweichung des Fernsehkonsums) erhalten wir $-1{,}46$: den z-Wert dieses Teilnehmers. Die übrigen z-Werte der Teilnehmer auf den Variablen Fernsehkonsum (z_x) und Aggressivität (z_y) in der ▶Tabelle 7.2 haben wir auf die gleiche Weise ermittelt. Aus den beiden z-Werten jedes Teilnehmers lässt sich dann wiederum ein Kreuzprodukt berechnen. Diese Kreuzprodukte der z-Werte sind in der letzten Spalte der Tabelle 7.2 angegeben. Der Mittelwert dieser Kreuzprodukte entspricht dem Produkt-Moment-Korrelationskoeffizienten. In unserem Beispiel ergibt sich natürlich auch bei der Berechnung über z-Werte ein Korrelationskoeffizient von $r = 0{,}65$.

$$r_{xy} = \frac{\sum_{i}^{n} z_x \cdot z_y}{n} = \frac{12{,}97}{20} = 0{,}65$$

▶

▸Fortsetzung

Teilneh-mer-Nr.	x_i	y_i	z_x	z_y	$z_x \cdot z_y$
1	3	4	−0,71	0	0
2	1	1	−1,46	−1,60	2,34
3	2	2	−1,08	−1,07	1,16
4	2	4	−1,08	0	0
5	4	3	−0,34	−0,53	0,18
6	3	2	−0,71	−1,07	0,76
7	6	5	0,41	0,53	0,22
8	6	4	0,41	0	0
9	7	2	0,78	−1,07	−0,83
10	8	6	1,16	1,07	1,24
11	9	6	1,53	1,07	1,64
12	9	5	1,53	0,53	0,81
13	5	3	0,04	−0,53	−0,02
14	10	7	1,90	1,60	3,04
15	3	1	−0,71	−1,60	1,14
16	5	7	0,04	1,60	0,06
17	3	5	−0,71	0,53	−0,38
18	1	2	−1,46	−1,07	1,56
19	4	6	−0,34	1,07	−0,36
20	7	5	0,78	0,53	0,41
			$\Sigma = 0$	$\Sigma = 0$	$\Sigma = 12,97$

Tabelle 7.2: Berechnung des Produkt-Moment-Korrelationskoeffizienten in der Studie zum Zusammenhang zwischen Fernsehkonsum und Aggressivität (fiktive Daten) über z-Werte.

7.4 Verzerrungen des Produkt-Moment-Korrelationskoeffizienten

Der Produkt-Moment-Korrelationskoeffizient wird durch eine Reihe von Faktoren beeinflusst. Unter Umständen können diese Faktoren dazu führen, dass der Korrelationskoeffizient die tatsächliche Stärke des Zusammenhangs zwischen zwei Variablen *nicht* korrekt wiedergibt. Es kommt also zu Verzerrungen des Zusammenhangsmaßes. Bei der Interpretation des Produkt-Moment-Korrelationskoeffizienten sollte natürlich darauf geachtet werden, ob solche Verzerrungen eingetreten sind.

7.4.1 Ausreißerwerte

Messwerte einzelner Personen, die auf einer oder beiden Variablen deutlich höher oder niedriger sind als die Messwerte der übrigen Personen, können einen sehr starken Effekt auf den Produkt-Moment-Korrelationskoeffizienten haben. Solche Ausreißerwerte gefährden die Aussagekraft des Korrelationskoeffizienten insbesondere dann, wenn ein Zusammenhang zwischen zwei Variablen lediglich an einer kleinen Stichprobe untersucht wird. Die beiden Streudiagramme in ▶Abbildung 7.7 verdeutlichen das Problem. In beiden Streudiagrammen sind Messwerte von 11 Teilnehmern dargestellt, wobei jeweils ein Datenpunkt leicht als Ausreißerwert identifiziert werden kann. Im Streudiagramm (a) führt dieser Ausreißer zu einer dramatischen Erhöhung des Korrelationskoeffizienten. Bei den 10 eng zusammen liegenden Punkten besteht nahezu kein Zusammenhang zwischen den Variablen X und Y ($r = 0,03$). Bezieht man in die Berechnung jedoch zusätzlich den Ausreißerwert ein, so ergibt sich ein Korrelationskoeffizient von $r = 0,90$! Das Streudiagramm (b) illustriert, dass Ausreißer den Korrelationskoeffizienten auch vermindern können. Hier besteht für 10 der 11 Personen ein starker Zusammenhang zwischen X und Y ($r = 0,90$). Dass der Korrelationskoeffizient in der gesamten Stichprobe dennoch nur $r = 0,29$ beträgt, geht ausschließlich auf die ungewöhnlichen Messwerte des 11. Untersuchungsteilnehmers zurück.

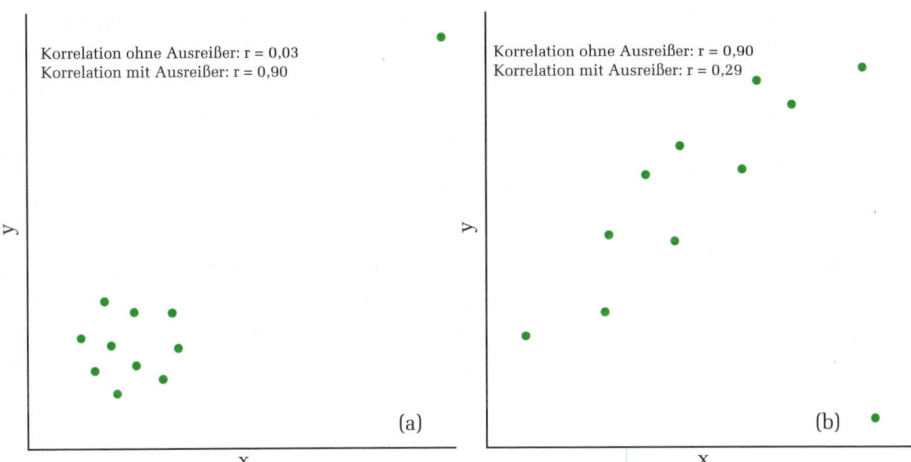

Abbildung 7.7: Illustration des Effekts von Ausreißerwerten auf den Produkt-Moment-Korrelationskoeffizienten. Im Diagramm (a) wird der Korrelationskoeffizient durch den Ausreißerwert erhöht, im Diagramm (b) führt der Ausreißer zu einer Verminderung des Korrelationskoeffizienten.

Wie sollte man bei der Interpretation des Korrelationskoeffizienten verfahren, wenn Ausreißerwerte vorliegen? Auf keinen Fall sollte man solche Ausreißer ignorieren. Bei der im Streudiagramm (a) in Abbildung 7.7 dargestellten Situation sollte man also nicht schließen, dass zwischen X und Y tatsächlich ein starker Zusammenhang besteht. Eine Aussage über den Zusammenhang zweier Variablen sollte natürlich nicht in derart entscheidender Weise von den Messwerten einer einzelnen Person abhängen! Letztlich hängt die weitere Vorgehensweise davon ab, welche Ursachen dazu führten, dass ein Ausreißer auftrat. Bestehen gute Gründe für die Annahme, dass die ungewöhnlichen Werte auf einen Fehler in der Messprozedur zurückgehen, so kann der Ausreißer bei der Berechnung des Korrelationskoeffizienten ausgeschlossen werden. Dies wäre zum Beispiel angemessen, wenn ein Teilnehmer bei einer Reaktionsaufgabe das Startsignal „verschlafen" hat, wenn er bei der Bearbeitung eines psychometrischen Tests auffällig unmotiviert war, wenn er alkoholisiert zu der Studie erschien oder wenn er die Instruktion eines Fragebogens nicht verstanden hat. Vermutet man hingegen, dass der ungewöhnliche Messwert die „wirkliche" Merkmalsausprägung eines Teilnehmers korrekt wiedergibt, so ist es nicht sinnvoll (und auch nicht zulässig), den Ausreißer von der weiteren Auswertung auszuschließen. In diesem Fall besteht die beste Möglichkeit wohl darin, den Zusammenhang zwischen den Variablen X und Y an einer größeren Stichprobe erneut zu untersuchen. Unabhängig davon, für welche Verfahrensweise man sich entscheidet, sollte man bei einem späteren Bericht natürlich in jedem Fall angeben, dass Ausreißer aufgetreten sind und wie man mit ihnen bei der Analyse umgegangen ist.

7.4.2 Einschränkungen der Variabilität

Nehmen wir an, dass in einer Studie die Beziehung zwischen dem Lebensalter und den Mathematikkenntnissen bei Kindern zwischen 6 und 16 Jahren untersucht wird. Die Studie würde wahrscheinlich zu dem wenig überraschenden Ergebnis führen, dass zwischen dem Lebensalter und den Mathematikkenntnissen ein starker Zusammenhang besteht. Würde die Studie aber das gleiche Resultat erbringen, wenn – um Zeit und Aufwand zu sparen – lediglich Kinder zwischen 10 und 13 Jahren in die Untersuchung einbezogen werden? Die Antwort auf diese Frage lautet „Nein": In diesem Fall würde ein deutlich geringerer Zusammenhang zwischen dem Lebensalter und den Mathematikkenntnissen gefunden werden. Warum?

Das Problem besteht hier darin, dass durch die Begrenzung auf Kinder aus einem bestimmten Altersbereich, die Variabilität des Merkmals Lebensalters eingeschränkt wird: Viele mögliche Werte dieses Merkmals – die für eine allgemeine Aussage über den Zusammenhang zwischen dem Alter und den Mathematikkenntnissen bei Kindern durchaus interessant wären – können in unserer Stichprobe gar nicht mehr auftreten. Solche Variabilitätseinschränkungen führen generell zu einer Verminderung des Korrelationskoeffizienten. Kennen wir also die Korrelation zwischen dem Lebensalter und den Mathematikkenntnissen bei Kindern zwischen 10 und 13 Jahren, so können wir noch nicht angeben, wie stark dieser Zusammenhang bei Kindern zwischen 6 und 16 Jahren ist. Ebenso erlaubt uns der Korrelationskoeffizient in unserer Studie mit Kindern zwischen 6 und 16 Jahren noch keine Aussage über die Stärke des Zusammenhangs bei Kindern zwischen 3 und 16 Jahren.

Die beiden Streudiagramme in ▶Abbildung 7.8 verdeutlichen, wie es zu dieser Verringerung des Korrelationskoeffizienten kommt. Das Streudiagramm (a) in Abbildung 7.8 zeigt zunächst die vollständigen Ergebnisse der Studie mit Kindern zwischen 6 und 16 Jahren. Hier ist leicht ein eindeutiger Trend in Daten zu identifizieren. Offensichtlich besteht ein deutlicher Zusammenhang zwischen dem Lebensalter und den Mathematikkenntnissen. Im Streudiagramm (b) in Abbildung 7.8 ist der Ausschnitt aus den Daten wiedergegeben, der in einer Studie mit Kindern zwischen 10 und 13 Jahren gefunden worden wäre. Augenscheinlich besteht in diesem Altersbereich nur eine geringe Korrelation zwischen den Variablen. Dies ist darauf zurückzuführen, dass der gesamte Anstieg in den Mathematikkenntnissen, der in den Punktwolken erkennbar wird, im Altersbereich von 10 bis 13 Jahren natürlich geringer ausfällt als im Altersbereich von 6 bis 16 Jahren. Würden wir in die Streudiagramme wiederum die Gerade einzeichnen, die den allgemeinen Trend in den Daten am besten beschreibt, so würde diese Gerade zwischen dem 6. und 16. Lebensjahr von einem Mathematikkenntnis-Wert von etwa 24,5 auf einen Wert von etwa 33,5 ansteigen. Im Streudiagramm (b) würde die Gerade hingegen lediglich von einem Mathematikkenntnis-Wert von etwa 29 im 10. Lebensjahr auf einen Wert von etwa 31,5 im 13. Lebensjahr ansteigen. Dieser geringere „Gesamt-Anstieg" im Altersbereich von 10 bis 13 Jahren ist in der Punktwolke natürlich schwerer auszumachen – er ist in Relation zu der Abweichung der einzelnen Punkte von der Gerade zu klein, um leicht zu erkennen zu sein. Damit besteht in diesem Altersbereich auch nur eine vergleichsweise geringe Korrelation.

Wir haben zu Beginn dieses Kapitels erläutert, dass der Zusammenhang zwischen zwei Variablen um so stärker ist, je näher die Datenpunkte an der Geraden liegen, die den Trend in den Daten am besten beschreibt. Wie jetzt deutlich wird, war diese Aussage nicht ganz korrekt – oder zumindest unvollständig. Für die Stärke eines Zusammenhangs ist letztlich das Verhältnis zwischen der Abweichung der Datenpunkte und dem gesamten Anstieg der Geraden im betrachteten Wertebereich entscheidend.

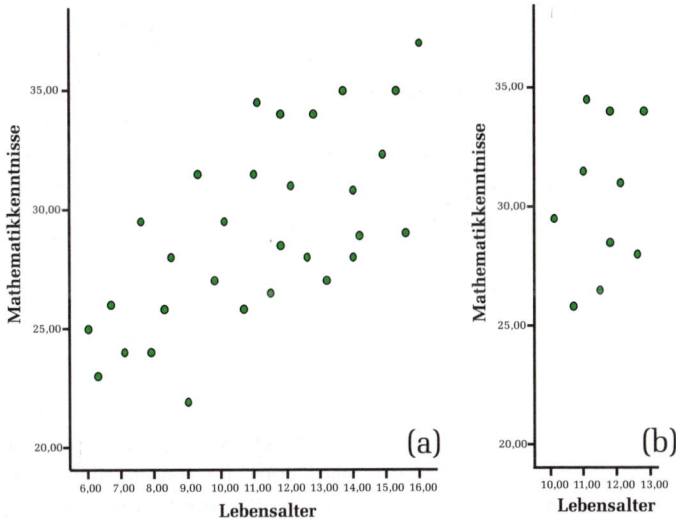

Abbildung 7.8: Ein Beispiel für den Effekt einer Variabilitätseinschränkung auf den Produkt-Moment Korrelationskoeffizienten. Im Diagramm (b) ist der Wertebereich des Lebensalters im Vergleich zum Diagramm (a) eingeschränkt.

Es ist nicht selten, dass die Bedeutung von Variabilitätseinschränkungen bei der Interpretation des Korrelationskoeffizienten übersehen wird. Betrachten wir zwei Beispiele: Zuweilen evaluieren Unternehmen die Nützlichkeit von Testverfahren, die sie bei der Personalauswahl einsetzen, indem sie die Testergebnisse mit der beruflichen Leistung korrelieren. Nun lässt sich die berufliche Leistung in der Regel nur bei Personen feststellen, die tatsächlich eingestellt wurden. Eingestellt werden aber nur solche Personen, die ein gutes Testergebnis erzielt haben. Hinsichtlich des Merkmals „Testergebnis" liegt also eine Variabilitätseinschränkung vor. Die Korrelation zwischen den Testergebnissen und der beruflichen Leistung in der Gruppe *aller Bewerber* wird auf diese Weise unterschätzt werden. Dies ist aber die Korrelation, die für die Unternehmen eigentlich von Interesse wäre!

Das zweite Beispiel ist eng mit der gängigen psychologischen Forschungspraxis verbunden. Ein Großteil der psychologischen Forschung findet an Universitäten statt. Dabei nehmen an vielen Studien ausschließlich Studierende teil. Bei der Untersuchung von Korrelationen ist dies dann problematisch, wenn es um Merkmale geht, bei denen sich die Messwerte von Studierenden nicht über den gesamten möglichen Wertebereich verteilen. So treten bei Studierenden nur selten deutlich unterdurchschnittliche Intelligenzwerte auf. Korreliert man nun die Intelligenz mit irgendeinem anderen Merkmal, so resultiert wahrscheinlich ein schwacher Zusammenhang. Jedenfalls wäre eine stärkere Korrelation zu erwarten, wenn der Zusammenhang an einer für die Gesamtbevölkerung repräsentativen Stichprobe untersucht würde.

7.4.3 Zusammenfassung von heterogenen Untergruppen

Das Streudiagramm in ▶Abbildung 7.9a zeigt Daten aus einer fiktiven Studie zum Zusammenhang zwischen dem Umfang des wöchentlichen Krafttrainings und der Kraft, die die Probanden bei einer bestimmten Übung aufbringen können. Die Ergebnisse von Männern und Frauen sind dabei gesondert dargestellt. Die Messwerte männlicher Probanden werden in Form von Kreisen wiedergegeben, die Daten von Frauen sind durch Quadrate kenntlich gemacht. Augenscheinlich besteht in der Gruppe der Männer ein deutlicher Zusammenhang zwischen dem Umfang des Krafttrainings und der Kraft. Legen wir gedanklich eine Gerade durch die Menge der Kreise, so zeigt sich, dass die Datenpunkte nur geringfügig von dieser Gerade abweichen. Entsprechend erreicht der Korrelationskoeffizient bei den Männern einen hohen Wert von $r = 0,68$. In der Gruppe der Frauen ergibt sich ein ähnliches Bild: Auch die Quadrate weichen nur wenig von einer gedachten Geraden durch die entsprechende Punktwolke ab. Der Korrelationskoeffizient ist mit $r = 0,70$ nur unwesentlich höher als bei den Männern.

Was passiert aber, wenn wir den Korrelationskoeffizienten für Männer und Frauen gemeinsam berechnen? In diesem Fall liegt die Gerade, die den Trend *aller* Daten am besten beschreibt, *zwischen* den Messwerten von Männern und Frauen. Dies führt dazu, dass die einzelnen Datenpunkte von dieser Gerade deutlich weiter entfernt liegen. Entsprechend verringert sich der Wert des Korrelationskoeffizienten. Er beträgt in der Gesamtgruppe lediglich $r = 0,27$.

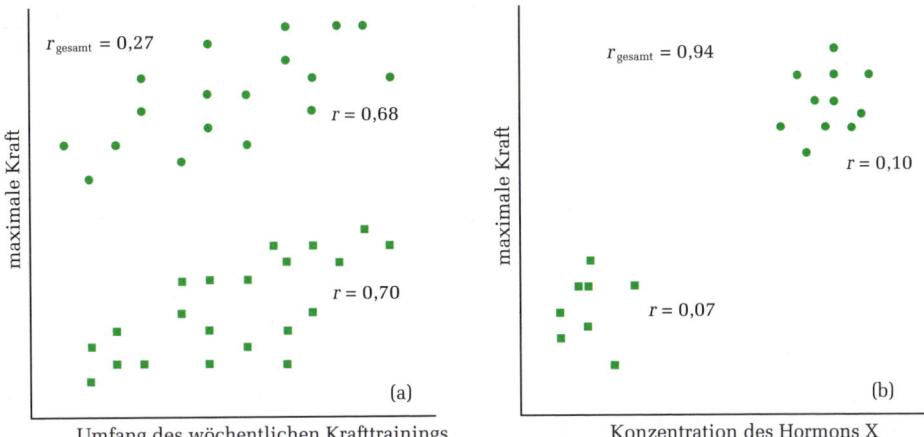

Abbildung 7.9: Illustration des Effekts, den die Zusammenfassung zweier heterogener Untergruppen auf den Produkt-Moment Korrelationskoeffizienten ausüben kann. Im Diagramm (a) ist die Korrelation in der Gesamtstichprobe deutlich niedriger als in den Untergruppen. Im Diagramm (b) steigt die Korrelation durch die Zusammenfassung der Untergruppen.

Diese Verringerung des Korrelationskoeffizienten geht darauf zurück, dass zwischen Männern und Frauen hinsichtlich der maximalen Kraft Niveauunterschiede bestehen: Bei Männern ist der Mittelwert der Kraft um einiges höher als bei Frauen. Generell können Niveauunterschiede zwischen verschiedenen Untergruppen zur Folge haben, dass der Wert des Korrelationskoeffizienten in der Gesamtgruppe deutlich von den Korrelationskoeffizienten in den Untergruppen abweicht. Das Streudiagramm in ▶Abbildung 7.9b illustriert, dass der Korrelationskoeffizient in der Gesamtgruppe dabei auch höher ausfallen kann. Das Streudiagramm könnte etwa den Zusammenhang zwischen der Konzentration eines bestimmten Hormons im Blut und der Kraft darstellen. Nehmen wir an, dass dieses Hormon bei Männern in höherer Konzentration auftritt als bei Frauen. Dann liegen sowohl auf der X-Variable (Hormonkonzentration) als auch auf der Y-Variable (Kraft) Niveauunterschiede zwischen Männern und Frauen vor. Wie das Streudiagramm zeigt, können wir in diesem Fall in der Gesamtgruppe selbst dann einen starken Zusammenhang ermitteln, wenn die Variablen Hormonkonzentration und Kraft bei Männern und Frauen nur schwach korreliert sind.

Die beiden vorangegangenen Beispiele sollten deutlich machen, dass die Daten aus heterogenen Untergruppen, zwischen denen Niveauunterschiede bestehen, nach Möglichkeit *nicht* zusammengefasst werden sollten. Stattdessen sollten gesonderte Korrelationskoeffizienten für die einzelnen Untergruppen bestimmt werden. Selbstverständlich würden wir einen Fehler machen, wenn wir aus den Daten im Streudiagramm (a) in Abbildung 7.9 schlössen, dass die Korrelation zwischen dem Umfang des Krafttrainings und der Kraft $r = 0{,}27$ beträgt. Der Zusammenhang zwischen Training und Trainingsergebnis ist sowohl bei Männern als auch bei Frauen deutlich stärker ausgeprägt! Ebenso wäre es falsch, aufgrund der Daten im Streudiagramm (b) in Abbildung 7.9 anzunehmen, dass zwischen der Hormonkonzentration und der Kraft ein starker Zusammenhang besteht. Die Hormonkonzentration unterscheidet sich zwar – genau wie die Kraft –

deutlich bei Männern und Frauen, aber in beiden Untergruppen findet sich nahezu kein Zusammenhang zwischen den Variabeln. Dies legt darüber hinaus den Schluss nahe, dass die Kraftunterschiede zwischen Männern und Frauen nicht auf die Konzentration dieses Hormons zurückgehen.

7.5 Korrelation und Kausalität

Ein recht häufiger Fehler bei der Interpretation von Korrelationen besteht in der Annahme, dass ein Zusammenhang zwischen Variablen zugleich bedeutet, dass die eine Variable die andere Variable ursächlich beeinflusst. Wir haben in diesem Kapitel bereits mehrfach darauf hingewiesen, dass eine Korrelation zwischen zwei Merkmalen keine eindeutige Aussage über eine Ursache-Wirkungs-Beziehung zwischen den Merkmalen erlaubt. Betrachten wir dieses Problem etwas genauer.

Zunächst ist es richtig, dass zwischen zwei Variablen ausschließlich dann eine Ursache-Wirkungs-Beziehung bestehen kann, wenn die Variablen auch korrelieren. Vermuten wir etwa, dass größeres Selbstbewusstsein zu größerem beruflichen Erfolg führt, so kann diese Hypothese nur korrekt sein, wenn Menschen mit größerem Selbstbewusstsein (zumindest tendenziell) auch größeren Berufserfolg haben. Besteht zwischen diesen Variablen hingegen ein Zusammenhang von $r = 0$, so ist das Selbstbewusstsein offensichtlich keine Ursache des Berufserfolgs. Eine Korrelation zwischen zwei Variablen ist also eine notwendige Voraussetzung für die Schlussfolgerung, dass die Ausprägung einer Variablen die Ausprägung der anderen Variablen ursächlich beeinflusst.

Andererseits ist eine Korrelation zwischen zwei Merkmalen aber nicht ausreichend, um auf eine Ursache-Wirkungs-Beziehung zu schließen. Generell kann eine Korrelation zwischen den Variablen X und Y auf unterschiedlichen Wegen zustande kommen. Die drei einfachsten Möglichkeiten sind in ▶Abbildung 7.10a dargestellt. Zunächst kann die Ausprägung der Variable X die Ursache der Ausprägung der Variable Y sein. Denkbar wäre aber auch, dass die Kausalrichtung anders herum verläuft: Vielleicht ist die Variable Y die Ursache und die Variable X die Folge. Schließlich kann zwischen den Variablen X und Y auch überhaupt keine Kausalbeziehung bestehen. Möglich ist nämlich auch, dass die Ausprägung beider Variablen durch eine dritte Variable Z verursacht wird.

Finden wir also zwischen dem Selbstbewusstsein und dem Berufserfolg einen nennenswerten Zusammenhang, so lässt sich dies auf mindestens drei Weisen erklären (▶Abbildung 7.10b): Vielleicht hat das Selbstbewusstsein tatsächlich einen Einfluss auf den Berufserfolg. Alternativ könnte aber auch großer Berufserfolg zu gesteigertem Selbstbewusstsein führen, während Menschen, in deren Berufsleben sich Fehlschläge aneinanderreihen, kein hohes Selbstbewusstsein entwickeln. Nicht weniger plausibel ist die dritte Möglichkeit: Ein hohes Leistungsvermögen (also eine dritte Variable) verursacht ein starkes Selbstbewusstsein und bedingt zugleich großen beruflichen Erfolg.

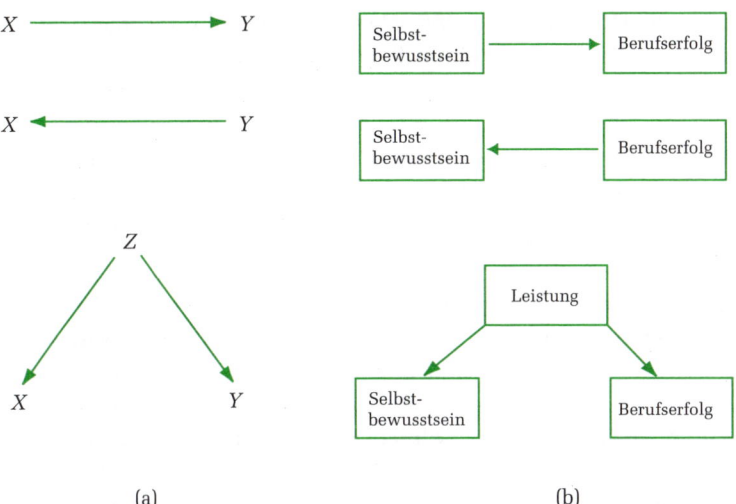

(a)   (b)

Abbildung 7.10: Kausale Beziehungen, die einem Zusammenhang zwischen zwei Variablen im Allgemeinen (a) und dem Zusammenhang zwischen Selbstbewusstsein und Berufserfolg zugrunde liegen könnten (b).

Das gleiche Erklärungsschema lässt sich natürlich auch auf den Zusammenhang zwischen dem „Konsum Gewalt darstellender Fernsehsendungen" und der „Aggressivität" aus unserer Beispielstudie anwenden. Es ist möglich, dass das häufige Betrachten von Gewaltdarstellungen tatsächlich dazu führt, dass sich Kinder aggressiver verhalten. Denkbar ist aber auch, dass sich aggressive Kinder einfach stärker für Gewaltdarstellungen interessieren, und folglich häufiger entsprechende Fernsehsendungen schauen. Schließlich könnte der Zusammenhang auch durch eine dritte Variable vermittelt sein. Eine solche dritte Variable könnte etwa das Ausmaß elterlicher Fürsorge sein. Vielleicht sitzen Kinder, die viel Zeit allein verbringen, länger vor dem Fernseher *und* entwickeln, aufgrund eines Mangels an elterlicher Betreuung, eine größere Aggressivität. Möglich wäre auch, dass sowohl die Neigung zu aggressivem Verhalten wie auch das Interesse an Gewaltdarstellungen bis zu einem gewissen Grade erblich bedingt sind. Es gibt vermutlich zahllose Drittvariablen, von denen sich zumindest nicht ausschließen lässt, dass sie den Zusammenhang zwischen Fernsehkonsum und Aggressivität vermitteln.

Die Versuchung, Korrelationen als Beleg für eine Kausalbeziehung zu interpretieren, hängt offensichtlich stark von den Variablen ab, zwischen denen ein Zusammenhang besteht. Im Alltag gibt es viele Beispiele für Korrelationen, aus denen wohl niemand auf eine Ursache-Wirkungs-Beziehung schließen würde. Bei Kindern zwischen 3 und 13 Jahren besteht zweifellos ein deutlicher Zusammenhang zwischen der Körpergröße und den Mathematikkenntnissen. Dennoch ist es nur zu offensichtlich, dass die Körpergröße nicht die Ursache der Mathematikkenntnisse ist. Andererseits werden Korrelationen in vielen Medien erstaunlich häufig als Ursache-Wirkungs-Beziehungen dargestellt — augenscheinlich ohne dass dies als Fehler erkannt wird. So kann man etwa in diversen Zeitschriften immer wieder Artikel mit der Empfehlung finden, mehr von einem bestimmten Lebensmittel (z.B. Olivenöl, Fisch, Rotwein) zu verzehren. Als Begründung für diese Empfehlung wird oftmals angeführt, dass die Lebenserwartung in Ländern, in denen die Einwohner viel von dem fraglichen Lebensmittel verbrauchen, höher sei. Dies ist aber ein schwaches Argument, um Ihnen anzuraten, Ihre Mahlzeiten häufiger mit Olivenöl zuzubereiten. Offensichtlich unterscheiden sich verschiedene Länder nicht nur hinsichtlich der durchschnittlichen Menge des verzehrten Olivenöls, sondern auch hinsichtlich zahlloser anderer Variablen: Bruttosozialprodukt, Güte der medizinischen Versorgung, durchschnittliche Familiengröße, durchschnittlicher Alkoholkonsum usw. Alle diese Variablen kommen als alternative Erklärungen für eine höhere Lebenserwartung in bestimmten Ländern in Frage.

Wenn eine Korrelation keinen Beleg für eine Kausalbeziehung darstellt, wie lässt sich dann überhaupt nachweisen, dass eine Variable eine andere Variable ursächlich beeinflusst? Die Antwort haben wir bereits in Kapitel 5 kennen gelernt: Einen solchen Nachweis können Experimente erbringen. Da in Experimenten eine Variable manipuliert und die andere Variable erst anschließend gemessen wird, ist hier nur eine Kausalrichtung möglich. Wenn wir die Variable X manipulieren und die Variable Y anschließend messen, so ist ausgeschlossen, dass die Variable Y die Ursache der Variable X war. Zudem wird durch experimentelle Kontrolltechniken (wie Randomisierung oder Konstanthalten) sichergestellt, dass ein Zusammenhang zwischen den Variablen X und Y nicht auf eine dritte Variable zurückgeht.

Ob das Ergebnis einer Studie als Beleg für eine bestimmte Kausalbeziehung zwischen den untersuchten Variablen interpretiert werden kann, hängt also nicht primär von den statistischen Verfahren ab, die bei der Auswertung verwendet wurden, sondern vom Forschungsdesign, mit dem die Daten erhoben wurden. Auch in Experimenten können korrelative Techniken bei der Datenauswertung eingesetzt werden. Sofern das Experiment intern valide (siehe Kapitel 5) ist und eine nennenswerte Korrelation gefunden wird, kann man aus diesem Ergebnis durchaus auf eine Kausalbeziehung zwischen den Variablen schließen. Entscheidend für diese Interpretationsmöglichkeit ist allerdings, dass durch das experimentelle Design die Kausalrichtung zwischen den beteiligten Variablen eindeutig bestimmt werden kann und durch die Kontrolle von Störvariablen andere Erklärungen für den Zusammenhang zwischen den Variablen ausgeschlossen werden können.

7.6 Partialkorrelation

Tatsächlich stellen Experimente die einzige Möglichkeit dar, Hypothesen über eine Ursache-Wirkungs-Beziehung zwischen zwei Variablen zu testen und dabei *alle* Alternativerklärungen für eine Korrelation zwischen den Variablen auszuschließen. Die Vermutung, dass ein Zusammenhang zwischen zwei Merkmalen durch den Einfluss *einer bestimmten* Drittvariablen hervorgerufen sein könnte, kann aber auch außerhalb von experimentellen Designs mit Hilfe der Technik der Partialkorrelation überprüft werden.

Nehmen wir an, dass in einer deutschen Kleinstadt eine recht starke, positive Korrelation zwischen der Häufigkeit des Kirchgangs und dem Ausmaß der Ausländerfeindlichkeit besteht. Wir vermuten nun aber, dass diese Variablen nicht in einer ursächlichen Beziehung zueinander stehen. Gemäß dieser Vermutung führt also weder ein häufiger Kirchbesuch zu hoher Ausländerfeindlichkeit, noch bewirkt hohe Ausländerfeindlichkeit häufige Kirchgänge. Wir nehmen stattdessen an, dass der Zusammenhang durch eine Drittvariable verursacht wird, nämlich durch das Alter. Diese Annahme kann nur dann korrekt sein, wenn das Alter sowohl mit der Häufigkeit des Kirchgangs als auch mit der Ausländerfeindlichkeit korreliert. Unsere Vermutung impliziert, dass ältere Menschen häufiger in die Kirche gehen und dass sie stärker ausländerfeindlich eingestellt sind. Korreliert das Alter hingegen nicht mit einem oder beiden der anderen Merkmale, so ist ausgeschlossen, dass die Drittvariable „Alter" den Zusammenhang zwischen der Häufigkeit des Kirchgangs und der Ausländerfeindlichkeit verursacht.

Nehmen wir weiter an, dass unsere Vermutung korrekt ist: Das Alter ist tatsächlich für den beobachteten Zusammenhang verantwortlich. Welche Korrelation zwischen dem Kirchgang und der Ausländerfeindlichkeit sollten wir dann in einer Studie finden, in die nur Menschen eines bestimmten Alters (sagen wir: 50-Jährige) einbezogen werden? Wenn dass Alter konstant gehalten wird, kann es offensichtlich keinen Einfluss auf die anderen Variablen ausüben. Es wäre also zu erwarten, dass die Teilnehmer desselben Alters ähnlich häufig zur Kirche gehen. Zudem sollte auch die Ausländerfeindlichkeit bei allen Teilnehmern ähnlich groß ausgeprägt sein. Folglich würden wir in dieser Stichprobe eine deutlich geringere Korrelation zwischen dem Kirchgang und der Ausländerfeindlichkeit finden als in einer Stichprobe, die Teilnehmer aller Altersstufen enthält.

Generell gilt demnach Folgendes: Sinkt der Zusammenhang zwischen zwei Merkmalen, wenn eine Drittvariable konstant gehalten wird, so kommt diese Drittvariable als Ursache für den Zusammenhang in Frage. Ändert sich die Korrelation zwischen den beiden Merkmalen durch das Konstanthalten der Drittvariablen jedoch nicht, so ist ausgeschlossen, dass die Korrelation auf diese Drittvariable zurückgeht.

Nun ist es nicht erforderlich, die Drittvariable tatsächlich konstant zu halten und beispielsweise den Zusammenhang zwischen der Häufigkeit des Kirchgangs und der Ausländerfeindlichkeit ausschließlich bei 50-Jährigen zu untersuchen. Die Partialkorrelation liefert dieselbe Information, auch wenn die Werte der Drittvariablen frei variieren. Wir könnten also in einer Stichprobe ohne Altersbeschränkung bei jedem Teilnehmer die Ausländerfeindlichkeit, die Häufigkeit des Kirchgangs und das Alter erheben. Die Partialkorrelation gibt dann an, wie hoch der Zusammenhang zwischen dem Kirchgang und der Ausländerfeindlichkeit ausgefallen wäre, wenn wir das Alter konstant gehalten hätten. Alternativ könnte man auch formulieren: Die Partialkorrelation gibt an, wie stark die Korrelation zwischen zwei Variablen ohne den Einfluss einer bestimmten Drittvariablen ausgeprägt wäre. Die Formel für die Partialkorrelation lautet:

$$r_{xy.z} = \frac{r_{xy} - r_{xz} \cdot r_{yz}}{\sqrt{1 - r_{xz}^2} \cdot \sqrt{1 - r_{yz}^2}}$$

Berechnen wir die Partialkorrelation in unserem Beispiel. Gehen wir davon aus, dass in unserer Stichprobe zwischen der Häufigkeit des Kirchgangs (X) und der Ausländerfeindlichkeit (Y) ein Zusammenhang von $r_{xy} = 0{,}42$ besteht. Das Alter (Z) korreliert mit der Häufigkeit des Kirchgangs zu $r_{xz} = 0{,}70$ und mit der Ausländerfeindlichkeit zu $r_{yz} = 0{,}44$. Dann ergibt sich folgende Partialkorrelation:

$$r_{xy.z} = \frac{0{,}42 - 0{,}70 \cdot 0{,}44}{\sqrt{1 - 0{,}70^2} \cdot \sqrt{1 - 0{,}44^2}} = \frac{0{,}11}{0{,}71 \cdot 0{,}90} = 0{,}17$$

In unserem Fall verringert sich der Zusammenhang zwischen der Häufigkeit des Kirchgangs und der Ausländerfeindlichkeit also beträchtlich, nachdem der Einfluss des Alters „herauspartialisiert" wurde. Das Alter ist demnach eine mögliche verursachende Drittvariable des Zusammenhangs. Allerdings ist dies noch kein Beweis dafür, dass der Zusammenhang zwischen der Häufigkeit des Kirchgangs und der Ausländerfeindlichkeit tatsächlich auf das Alter zurückgeht! Es ist immer noch möglich, dass der Zusammenhang durch eine andere Drittvariable verursacht wird, die wiederum hoch mit dem Alter korreliert (vielleicht der „Erziehungsstil", dem die Teilnehmer ausgesetzt waren). Wäre die Partialkorrelation jedoch ebenso hoch ausgefallen wie die „einfache" Korrelation zwischen dem Kirchgang und der Ausländerfeindlichkeit, so hätten wir ausschließen können, dass das Alter für diesen Zusammenhang verantwortlich ist.

7.7   Andere Zusammenhangsmaße

Bei der Bestimmung der Stärke des Zusammenhangs zwischen zwei Variablen mit Hilfe des Produkt-Moment-Korrelationskoeffizienten wird berücksichtigt, wie weit die Messwerte von ihrem jeweiligen Mittelwert abweichen. Dies ist natürlich nur sinnvoll, wenn die Abstände zwischen Messwerten auch bedeutsame Information enthalten – oder mit anderen Worten: wenn die Variablen zumindest Intervallskalenniveau aufweisen. Nun trifft man in der Psychologie aber auch auf nominal- oder ordinalskalierte Variablen und die Frage nach dem Zusammenhang solcher Variablen kann durchaus interessant sein. Gibt es etwa einen Zusammenhang zwischen dem Beruf und bestimmten psychischen Störungen? Wenn die Stärke des Zusammenhangs zwischen solchen Variablen ermittelt werden soll, können oder müssen andere Zusammenhangsmaße verwendet werden als der Produkt-Moment Korrelationskoeffizient. Wir wollen zum Abschluss des Kapitels zwei dieser Maße kurz vorstellen (eine Einführung in weitere Korrelationsmaße für nominal- und ordinalskalierte Variablen gibt z.B. Bortz, 2005).

7.7.1   Korrelation zweier dichotomer Merkmale – der Phi-Koeffizient

Dichotome Merkmale sind Variablen, die nur zwei Ausprägungen annehmen können. Beispiele wären also etwa das Geschlecht oder alle Variablen, mit denen kodiert wird, ob ein Merkmal bei einer Person vorhanden ist oder nicht (etwa die Zugehörigkeit zu einer Religionsgemeinschaft oder die Teilnahme an einem Raucherentwöhnungstraining jeweils mit den Ausprägungen „ja" und „nein"). Dichotome Variablen sind somit ein Spezialfall von nominalskalierten Variablen: Ihre Werte bringen lediglich zum Ausdruck, ob eine Person einer bestimmten Kategorie oder Gruppe angehört. Eine Rangordnung der Kategorien im Sinne eines „Mehr" oder „Weniger" existiert dagegen nicht.

Gehen wir, um die Bestimmung des Zusammenhangs zwischen zwei dichotomen Merkmalen zu erläutern, von folgendem Beispiel aus: Ein Dozent bittet in einer Vorlesung 100 Studierende, eine Denksportaufgabe zu bearbeiten. Es stellt sich heraus, dass 60 Studierende die Aufgabe lösen können. Zusätzlich geben die Studierenden an, ob sie zuvor bereits an einem Methodenseminar teilgenommen haben. Wie könnte nun die Stärke des Zusammenhangs zwischen den Variablen „Besuch eines Methodenseminars" und „Lösung der Denksportaufgabe" ermittelt werden?

Überraschenderweise besteht eine Antwort darin, dass man in diesem Fall den Produkt-Moment-Korrelationskoeffizienten anwenden könnte. Für die Berechnung des Korrelationskoeffizienten ist es natürlich zunächst erforderlich, dass die Kategorienzugehörigkeit der Teilnehmer – wie bei jeder Messung auf Nomimalskalenniveau – in Zahlen übersetzt wird. Wir könnten also etwa allen Studierenden, die die Aufgabe gelöst haben, eine 1 und allen Studierenden, die an der Aufgabe gescheitert sind, eine 0 zuordnen. Ebenso könnten wir für die Merkmalsausprägung „keine Teilnahme an einem Methodenseminar" eine 0 und für die Ausprägung „Teilnahme an einem Methodenseminar" eine 1 vergeben. Auf diese Weise würden wir für jeden der 100 Teilnehmer ein Messwertpaar erhalten, das natürlich stets nur aus 0en und / oder 1en bestünde. Mit diesen Messwertpaaren könnten wir nun den Produkt-Moment Korrelationskoeffizienten errechnen – genau wie wir dies im Rechenbeispiel 7.1 mit intervallskalierten Daten getan haben. Das Ergebnis würde die Stärke des Zusammenhangs zwischen dem Besuch eines Methodenseminars und der Lösung der Denksportaufgabe korrekt wiedergeben.

Warum ist der Produkt-Moment-Korrelationskoeffizient in diesem Fall auch auf nominalskalierte Daten anwendbar, obwohl er eigentlich erst ab Intervallskalenniveau definiert ist? Das wesentliche Merkmal intervallskalierter Daten besteht darin, dass gleiche Abstände zwischen den Messwerten gleichen Abständen zwischen den Merkmalsausprägungen entsprechen. Dies ist bei dichotomen, nominalskalierten Merkmalen aber erfüllt. Hier gibt es offensichtlich nur einen Abstand zwischen Messwerten – in unserem Beispiel die Differenz zwischen 0 und 1. Diese Differenz bringt stets den gleichen Unterschied zwischen den Ausprägungen eines Merkmals zum Ausdruck – etwa den Unterschied zwischen der Teilnahme und der Nicht-Teilnahme an einem Methodenseminar. Folglich kann der Produkt-Moment-Korrelationskoeffizient hier eingesetzt werden.

Allerdings gibt es bei der Berechnung einer Korrelation „von Hand" eine Möglichkeit, den Zusammenhang zwischen dichotomen Merkmalen mit erheblich weniger Aufwand zu bestimmen: Der Phi-Koeffizient führt zu demselben Ergebnis. Die Berechnung des Phi-Koeffizienten setzt zunächst voraus, dass die Daten in Form einer so genannten Vierfeldertafel dargestellt werden. Die ▶Tabelle 7.3 zeigt eine solche Vierfeldertafel. Wie ist diese Tafel zu lesen? Die Zahlenwerte innerhalb der Tabelle geben jeweils die Häufigkeit einer bestimmten Merkmalskombination an. In unserer Stichprobe fanden sich z.B. 32 Personen, die ein Methodenseminar besucht und die Denksportaufgabe gelöst haben. Die Zeilen- und Spaltensummen geben dagegen an, wie oft ein Merkmal *insgesamt* auftrat. In unserem Fall haben insgesamt 40 von 100 Studierenden ein Methodenseminar besucht. 60 Studierende konnten die Denksportaufgabe lösen.

Überlegen wir uns kurz, ob sich anhand dieser Kontingenztafel schon vor der Berechnung eines Korrelationsmaßes erkennen lässt, ob zwischen den Variablen ein Zusammenhang besteht: Offensichtlich konnten in der gesamten Stichprobe 60% der Studierenden die Denksportaufgabe lösen. Von den 40 Studierenden, die an einem Methodenseminar teilgenommen haben, haben 32 die Aufgabe gelöst. Unter den Teilnehmern an einem Methodenseminar beträgt der Anteil der „Löser" demnach 80% (32/40 · 100). Betrachten wir hingegen diejenigen Studierenden, die nicht an einem Methodenseminar teilgenommen haben, so ergibt sich ein anderes Bild: Von den 60 „Nicht-Teilnehmern" konnten 28 die Aufgabe lösen. Dies entspricht einem Anteil von lediglich 46,7%. Der Anteil von Studierenden, die die Aufgabe korrekt beantworten, ist also unter Teilnehmern eines Methodenseminars deutlich größer als unter Nicht-Teilnehmern. Demnach besteht ein Zusammenhang zwischen der Teilnahme am Seminar und der Lösung der Denksportaufgabe.

Tabelle 7.3

Darstellung des Zusammenhangs zwischen zwei dichotomen Merkmalen in einer Vierfeldertafel: Zwischen den Variablen „Teilnahme an Methodenseminar" und „Lösung einer Denksportaufgabe" besteht ein Zusammenhang.

		Teilnahme an Methodenseminar		
		nein	ja	Zeilensummen
Denksportaufgabe gelöst?	nein	32	8	$\Sigma = 40$
	ja	28	32	$\Sigma = 60$
	Spaltensummen	$\Sigma = 60$	$\Sigma = 40$	$n = 100$

Wie würden die Daten aussehen, wenn zwischen diesen Variablen kein Zusammenhang bestünde? Eine entsprechende Situation ist in ▶Tabelle 7.4 dargestellt. Hier ist der Anteil der „Löser" unter den Studierenden, die an einem Methodenseminar teilgenommen haben, ebenso groß wie unter denjenigen Studierenden, die nicht teilgenommen haben. Er beträgt jeweils 60% – genau wie in der gesamten Stichprobe. Die Chance, dass eine bestimmte Person, die Denksportaufgabe löst, ist in diesem Fall also unabhängig von ihrer Seminarteilnahme. Man würde in dieser Situation daher auch davon sprechen, dass zwischen den Variablen Teilnahme an einem Methodenseminar und Lösung einer Denksportaufgabe „Unabhängigkeit" besteht. Generell ist der Zusammenhang zweier dichotomer Variablen umso stärker ausgeprägt, je deutlicher sich der Anteil einer Merkmalsausprägung auf den beiden Ausprägungen der anderen Variablen unterscheidet. In unserem Beispiel bestünde also ein perfekter Zusammenhang, wenn 100% der Seminarteilnehmer und 0% der Nicht-Teilnehmer die Aufgabe lösen würden.

Tabelle 7.4

In dieser Viererfeldtafel besteht kein Zusammenhang zwischen den Variablen „Teilnahme an Methodenseminar" und „Lösung einer Denksportaufgabe"

		Teilnahme an Methodenseminar		
		nein	ja	**Zeilensummen**
Denksportauf-gabe gelöst?	nein	24	16	$\Sigma = 40$
	ja	36	24	$\Sigma = 60$
	Spaltensummen	$\Sigma = 60$	$\Sigma = 40$	$n = 100$

Berechnung des Phi-Koeffizienten

In der ▶Tabelle 7.5 werden den Häufigkeitsfeldern einer Vierfeldertafel allgemeine Bezeichnungen zugeordnet.

Tabelle 7.5

Bezeichnungen der Häufigkeitsfelder in einer Vierfeldertafel

		Variable X		
		nein	ja	**Zeilensummen**
Variable Y	nein	a	b	a + b
	ja	c	d	c + d
	Spaltensummen	a + c	b + d	n

Diese Bezeichnungen benötigen wir, um die Formel des Phi-Koeffizienten (ϕ) angeben zu können:

$$\phi = \frac{a \cdot d - b \cdot c}{\sqrt{(a+b) \cdot (c+d) \cdot (a+c) \cdot (b+d)}}$$

Berechnen wir den Phi-Koeffizienten für die Daten in Tabelle 7.3, so ergibt sich also:

$$\phi = \frac{32 \cdot 32 - 8 \cdot 28}{\sqrt{40 \cdot 60 \cdot 60 \cdot 40}} = \frac{800}{2400} = 0,33$$

Der Phi-Koeffizient kann genau so interpretiert werden, wie der Produkt-Moment-Korrelationskoeffizient – er führt ja zu demselben Ergebnis. Folgen wir Cohens Konventionen, so würden wir die Korrelation zwischen der Teilnahme an einem Methodenseminar und der Lösung der Denksportaufgabe also als „mittleren Zusammenhang" beurteilen.

7.7.2 Korrelation zweier ordinalskalierter Merkmale – Kendalls Tau

Stellen Sie sich vor, dass Sie und eine Freundin von Ihnen sechs Schokoriegel gemäß Ihren jeweiligen Vorlieben sortiert haben. Sie beide haben dabei jeweils für den „Lieblings-Schokoriegel" den Rangplatz 1 vergeben, der schlechteste Schokoriegel wurde auf Rang 6 gesetzt. Nachdem Sie Ihre beiden Rangreihen verglichen und einige Unstimmigkeiten festgestellt haben, fragen Sie sich, ob sich der Grad der Übereinstimmung zwischen Ihren Vorlieben auch in einer Zahl ausdrücken lässt. Dies ist natürlich möglich: Wir können einfach die Korrelation zwischen den beiden Rangreihen berechnen. Dabei ist allerdings zu beachten, dass wir es hier mit ordinalskalierten Daten zu tun haben – gleiche Abstände zwischen verschiedenen Rangplätzen bringen nicht unbedingt gleiche Unterschiede in der Vorliebe für verschiedene Schokoriegel zum Ausdruck.

Ein Zusammenhangsmaß, das bei ordinalskalierten Daten häufig angewendet wird, ist Kendalls Tau (τ).[3] Die Berechnung dieses Maßes wird im Rechenbeispiel 7.3 an den Daten aus unserem Schokoriegel-Beispiel illustriert.

Rechenbeispiel 7.3

Vorlieben für Schokoriegel Die ▶Tabelle 7.6 zeigt die Rangplätze, die zwei Urteiler verschiedenen Schokoriegeln aufgrund ihrer Präferenz für diese Schokoriegel zugeordnet haben.

Schokoriegel	A	B	C	D	E	F
Urteiler 1 (X-Variable)	2	5	1	3	4	6
Urteiler 2 (Y-Variable)	1	4	2	5	3	6

Tabelle 7.6: Rangplätze, die zwei Urteiler sechs verschiedenen Schokoriegeln zugeordnet haben.

Der erste Schritt zur Berechnung von Kendalls Tau besteht nun darin, die Schokoriegel gemäß den Rängen, die Urteiler 1 vergeben hat (also gemäß der X-Variablen), anzuordnen. Der Schokoriegel, den Urteiler 1 am meisten bevorzugt, rückt damit auf die Position ganz links. Der von ihm am wenigsten präferierte Schokoriegel nimmt die Position ganz rechts ein. Das Ergebnis dieser „Umsortierung" ist die ▶Tabelle 7.7.

Schokoriegel	C	A	D	E	B	F
Urteiler 1 (X-Variable)	1	2	3	4	5	6
Urteiler 2 (Y-Variable)	2	1	5	3	4	6

Tabelle 7.7: Die Daten aus Tabelle 7.6 sortiert nach der Rangfolge von Urteiler 1. ▶

---

3 Ein anderes weit verbreitetes Maß für den Zusammenhang zwischen zwei ordinalskalierten Variablen ist Spearmans Rho. Eine Erläuterung zu diesem Maß findet man z.B. bei Bortz (2005).

▶Fortsetzung

Diese umgestellte Tabelle erleichtert es uns, den Grad der Übereinstimmung zwischen Urteiler 1 und Urteiler 2 zu ermitteln. Bei einem perfekten Zusammenhang sollten beide Rangordnungen natürlich vollständig übereinstimmen. Ein nicht perfekter, positiver Zusammenhang zeigt sich darin, dass in der Tabelle 7.7 die niedrigen Ränge auch beim Urteiler 2 eher links stehen, während die hohen Ränge rechts auftreten.

Die Grundlage für die Berechnung von Kendalls Tau bilden alle möglichen Paare von Schokoriegeln. Ermittelt wird die Anzahl der Paare, in denen der Urteiler 2 demselben Schokoriegel den niedrigeren Rangplatz zuweist wie der Urteiler 1 (also den gleichen Schokoriegel bevorzugt). Beginnen wir mit dem Schokoriegel C – demjenigen Objekt, das in der Tabelle 7.7 ganz links steht. Das erste Paar besteht aus den Schokoriegeln C und A. In diesem Paar ist die Rangfolge von Urteiler 2 gegenüber derjenigen von Urteiler 1 offensichtlich vertauscht – der niedrigere Rang (hier 1) taucht beim Urteiler 2 rechts vom höheren Rang (hier 2) auf. Solche Vertauschungen werden als „Inversionen" bezeichnet. Ihnen wird ein Wert von −1 zugeordnet. Bei allen übrigen Paaren mit dem Schokoriegel C (C-D; C-E; C-B; C-F) stimmt die Rangfolge von Urteiler 2 hingegen mit derjenigen von Urteiler 1 überein – der höhere Rang steht in allen diesen Paaren in Tabelle 7.7 rechts. Derartige Übereinstimmungen heißen „Proversionen".

Insgesamt finden wir also bei den Paaren mit dem Schokoriegel C vier Proversionen und eine Inversion. Die Kombinationen von Rängen in diesen Paaren lauten:

Inversionen: (2;1)
Proversionen: (2;5) (2;3) (2;4) (2;6)

Nach demselben Muster werden nun die Proversionen und Inversionen für die übrigen Paare bestimmt. Im nächsten Schritt werden die verbliebenen Paare mit dem Schokoriegel A betrachtet (also die Paare von A mit einem Schokoriegel, der in der Tabelle 7.7. weiter rechts steht). Unter diesen Paaren finden wir ausschließlich Proversionen. Die Kombinationen von Rängen in diesen Paaren lauten:

Proversionen: (1;5) (1;3) (1;4) (1;6)

Unter den verbliebenen Paaren mit dem Schokoriegel D befinden sich zwei Inversionen und eine Proversion:

Inversionen: (5;3) (5;4)
Proversionen: (5;6)

Für die restlichen Paare mit dem Schokoriegel E ergibt sich das folgende Muster:

Proversionen: (3;4) (3;6)

Schließlich tritt beim letzten Paar B-F ebenfalls eine Proversion auf:

(4;6)

▶Fortsetzung

Unter allen Paaren von Schokoriegeln finden wir demnach insgesamt 12 Proversionen und 3 Inversionen – bei 12 Paaren bevorzugen beide Urteiler den gleichen Schokoriegel, bei 3 Paaren gehen ihre Vorlieben dagegen auseinander. Bei der Bestimmung von Kendalls Tau wird nun die Differenz zwischen der Anzahl der Proversionen (P) und der Anzahl der Inversionen (I) berechnet. Diese Differenz wird als S bezeichnet:

$$S = P - I$$

In unserem Fall ergibt sich $S = 12 - 3 = 9$. Diese Differenz wird relativiert an der maximal möglichen Anzahl an Proversionen. Die maximale Anzahl an Proversionen würde natürlich dann erreicht werden, wenn die Urteiler bei *allen* Paaren übereinstimmen würden. Die Anzahl aller Paare ergibt sich nach der Formel

$$n\,(n-1)\,/\,2$$

wobei mit n die Anzahl der Objekte bezeichnet wird. Die Anzahl aller Paare beläuft sich in unserem Fall demnach auf $6 \cdot (6-1)\,/\,2 = 15$.
Die Formel für Kendalls Tau (τ) lautet entsprechend:

$$\tau = \frac{S}{n \cdot (n-1)/2}$$

Der Zusammenhang zwischen den Vorlieben der beiden Urteiler beträgt also:

$$\tau = \frac{9}{6 \cdot (6-1)/2} = \frac{9}{15} = 0{,}60$$

Kendalls Tau kann, genau wie der Produkt-Moment-Korrelationskoeffizient, Werte zwischen -1 und 1 annehmen. Sofern die beiden Rangreihen exakt übereinstimmen, besteht zwischen den Variablen natürlich ein perfekter, positiver Zusammenhang. In diesem Fall erreicht auch die Anzahl der Proversionen den maximal möglichen Wert und Kendalls Tau beträgt 1. Kendalls Tau wird umso niedriger ausfallen, je größer die Anzahl der Inversionen ist. Kommen gleich viele Proversionen und Inversionen vor, so beträgt Kendalls Tau 0. Der Wert -1 wird schließlich erreicht, wenn ausschließlich Inversionen auftreten. Dies ist dann der Fall, wenn die beiden Rangreihen „umgekehrt" verlaufen: Dasselbe Objekt erhält also auf der Variable X den besten Rangplatz und auf der Variable Y den schlechtesten; einem anderen Objekt wird auf der Variable X der zweitbeste und auf der Variable Y der zweitschlechteste Rangplatz zugewiesen usw.

Die Berechnung von Kendalls Tau kann natürlich auch dann sinnvoll sein, wenn die Daten ursprünglich nicht in Form von Rangreihen vorliegen. Betrachten wir ein Beispiel: Nehmen wir an, dass wir untersuchen wollen, wie stark die Notenurteile zweier Lehrer bei 10 verschiedenen Klausuren zusammenhängen. Nun ist die Auffassung, dass Noten kein Intervallskalenniveau aufweisen, weit verbreitet und recht gut begründet.

Sofern wir uns dieser Auffassung anschließen, sollten wir auf die Berechnung des Pro-dukt-Moment Korrelationskoeffizienten verzichten. Stattdessen könnten wir eine „Rangkorrelation" zwischen den Notenurteilen bestimmen – also beispielsweise Kendalls Tau. Bei der Berechnung dieses Maßes könnten wir – aus Gründen der Übersicht-lichkeit – zunächst die ursprünglichen Notenwerte in Ränge umwandeln. War also einer der Lehrer der Ansicht, dass die beiden besten Klausuren mit den Noten „2−„ und „3+" zu bewerten sind, so würden wir diesen Klausuren die Rangplätze 1 und 2 zuord-nen.[4] Letztlich ist für die Berechnung von Kendalls Tau aber nur die korrekte Bestim-mung von Proversionen und Inversionen relevant. Diese kann natürlich auch anhand der ursprünglichen Notenwerte vorgenommen werden.

Z U S A M M E N F A S S U N G

In diesem Kapitel werden Verfahren erörtert, mit denen der Zusammenhang – bzw. die *Korrelation* – zwischen zwei Variablen analysiert werden kann. Eine Möglichkeit, Zusammenhänge zwischen Variab-len grafisch darzustellen, bieten Streudiagramme. In solchen Diagrammen wird eine Variable auf der x-Achse und die andere Variable auf der y-Achse eines Koordinatensystems abgetragen. Die Messwerte einer Person auf beiden Variablen werden als ein Punkt in das Koordinatensystem eingezeichnet.

Mit Hilfe von Streudiagrammen lässt sich zunächst die Form und Richtung von Zusammen-hängen bestimmen. Folgen die Punkte in etwa einer Geraden, so besteht zwischen den Variablen ein linearer Zusammenhang.

Beschreibt die „Punktwolke" eher die Form einer Kurve, so handelt es sich um einen kurvilinea-ren Zusammenhang. Wenn die Punkte kreisförmig angeordnet sind, so dass sich keinerlei Trend in den Daten erkennen lässt, sind die Variablen unkorreliert. Bei linearen Korrelationen wird weiter zwischen einer positiven und negativen Richtung unterschieden. Gehen hohe Werte auf einer Vari-ablen mit hohen Werten auf der anderen Variablen einher, so wird dies als positive Korrelation bezeichnet. Von einer negativen Korrelation spricht man hingegen, wenn hohe Werte auf einer Variablen mit niedrigen Werten auf der anderen Variablen verbunden sind.

Der Produkt-Moment-Korrelationskoeffizient (r) ist ein Maß für die Stärke und Richtung des line-aren Zusammenhangs zwischen zwei intervallskalierten Variablen. Der Korrelationskoeffizient nimmt Werte zwischen −1 und +1 an. Bei perfekten, positiven Zusammenhängen beträgt der Korrelationskoeffizient +1, bei perfekten negativen Zusammenhängen −1. Der Wert $r = 0$ signa-lisiert, dass zwischen zwei Variablen kein Zusammenhang besteht. ▶

---

4 Dabei kann es natürlich vorkommen, dass ein Lehrer die gleiche Note mehrfach vergibt. Klau-suren mit identischen Noten wäre auch der gleiche Rang zuzuweisen. Würden beispielsweise zwei Klausuren mit derselben Note die Rangplätze 5 und 6 einnehmen, so würde beiden Klau-suren der gemittelte Rangplatz 5,5 zugeordnet. Treten solche Rangbindungen (oder „ties") auf, so muss bei der Berechnung von Kendalls Tau eine korrigierte Formel verwendet werden. Eine Erläuterung dieser korrigierten Formel geben z.B. Siegel und Castellan (1988).

▶**Fortsetzung**

Der Produkt-Moment Korrelationskoeffizient kann durch verschiedene Faktoren „verzerrt" werden. Daher ist bei der Interpretation des Koeffizienten darauf zu achten, ob solche Verzerrungen eingetreten sind. Ausreißerwerte können den Korrelationskoeffizienten „künstlich" vergrößern oder verkleinern. Eine Einschränkung der Variabilität einer oder beider Variablen führt dagegen stets zu einer Verminderung des Koeffizienten. Besteht eine Stichprobe aus heterogenen Untergruppen, so kann der Korrelationskoeffizient in der Gesamtstichprobe deutlich von den Koeffizienten in den Untergruppen abweichen. In diesem Fall sollten die Untergruppen gesondert analysiert werden.

Bei der Interpretation des Produkt-Moment-Korrelationskoeffizienten sollte zudem immer beachtet werden, dass ein Zusammenhang zwischen zwei Variablen keine eindeutige Aussage über eine Ursache-Wirkungs-Beziehung zwischen den Variablen erlaubt. Eine Korrelation zwischen Variablen ist lediglich eine notwendige, aber keine hinreichende Voraussetzung für die Schlussfolgerung, dass die Variable X die Variable Y ursächlich beeinflusst.

Eine Partialkorrelation gibt an, wie stark der Zusammenhang zwischen zwei Merkmalen ausgeprägt wäre, wenn eine bestimmte Drittvariable keinen Einfluss auf die Merkmale hätte. Ist die Partialkorrelation ebenso hoch wie die Korrelation zwischen den Merkmalen, so kann ausgeschlossen werden, dass der Zusammenhang durch die „herauspartialisierte" Drittvariable verursacht wird.

Soll der Zusammenhang zwischen zwei Variablen, die nicht mindestens Intervallskalenniveau aufweisen, bestimmt werden, so können oder müssen andere Maße eingesetzt werden als der Korrelationskoeffizient. Ein Maß für den Zusammenhang zwischen zwei dichotomen, nominalskalierten Variablen ist der Phi-Koeffizient. Bei ordinalskalierten Variablen wird oftmals Kendalls Tau angewendet.

Z U S A M M E N F A S S U N G

Weiterführende Literatur

Cohen, J., Cohen, P. & West, S.G. (2003). *Applied multiple regression/correlation analysis for the behavioral sciences.* Mahwah, NJ: Lawrence Erlbaum Associates.

Umfassende, wenig „mathematische" Darstellung der Korrelations- und Regressionsrechnung (siehe auch Kapitel 8) und ihrer Anwendungsmöglichkeiten in der Psychologie.

Übungsaufgaben mit Lösungen sowie weitere Informationen zu diesem Buchkapitel finden Sie auf der Companion Website zum Buch unter *http://www.pearson-studium.de*

Lineare Regression

8

ÜBERBLICK

Wir haben im vorangegangenen Kapitel gesehen, dass eine Korrelation zwischen zwei Variablen nichts anderes bedeutet, als dass bestimmte Werte auf einer Variablen mit bestimmten Werten auf der anderen Variablen einhergehen. Im Falle einer positiven linearen Korrelation sind hohe Werte auf der einen Variablen (zumindest tendenziell) mit hohen Werten auf der anderen Variablen verbunden. Im Falle einer negativen Korrelation treten bei hohen Werten auf der einen Variablen eher niedrige Werte auf der anderen Variable auf. Eine Korrelation zwischen zwei Variablen ermöglicht uns damit Vorhersagen: Sofern zwischen der Abiturnote und der Studienabschlussnote ein Zusammenhang besteht, sollten wir (bis zu einem gewissen Grade) in der Lage sein, die Studienabschlussnote einer Person vorherzusagen, deren Abiturnote wir kennen. Da die Übungszeit auf einem Musikinstrument mit der Qualität des Spiels korreliert, werden wir von einer Person, die seit Jahren viel Zeit am Klavier verbringt, ein besseres Spiel erwarten als von einer Person, die in der vergangenen Woche ihre erste Klavierstunde hatte. Dieselbe Logik lässt sich natürlich auch auf die Beispiele aus Kapitel 7 anwenden: Zwischen dem Konsum Gewalt darstellender Fernsehsendungen und der Aggressivität besteht ein positiver Zusammenhang. Bei Kindern, die sehr viel fernsehen, können wir also eine höhere Aggressivität vorhersagen als bei Kindern, die wenig fernsehen. (Die „Vorhersagerichtung" ließe sich in allen diesen Fällen auch umdrehen: Bei einem sehr aggressiven Kind sollten wir auch einen großen Fernsehkonsum erwarten; bei einem exzellenten Pianisten können wir eine lange Übungszeit vorhersagen.)

In diesem Kapitel werden wir uns mit derartigen Vorhersagen beschäftigen. Das Ziel der Regressionsrechnung besteht darin, auf der Grundlage von Korrelationen die bestmögliche Vorhersage für eine Variable zu bestimmen. Korrelation und Regression können dabei als zwei Seiten derselben Medaille betrachtet werden: Mit dem Korrelationskoeffizienten haben wir ein Maß für die Stärke des Zusammenhangs zwischen zwei Variablen. Je stärker der Zusammenhang zwischen zwei Variablen ausgeprägt ist, umso präziser wird sich eine Variable aus der Kenntnis der anderen Variablen vorhersagen lassen. Wenn zwei Variablen hingegen unkorreliert sind, so ist die Kenntnis der Werte der einen Variablen für die Vorhersage der Werte der anderen Variablen nutzlos: Sofern zwischen Kopfumfang und Intelligenz kein Zusammenhang besteht, können wir aufgrund des Kopfumfangs einer Person keinerlei sinnvolle Vorhersage über ihre Intelligenz treffen.

Wir haben in Kapitel 7 gesehen, dass der Zusammenhang zwischen zwei Variablen mit Hilfe von Streudiagrammen illustriert werden kann. Gelegentlich haben wir in solche Streudiagramme eine Gerade eingezeichnet, um den linearen Trend in den Daten zu veranschaulichen (siehe Abbildungen 7.3a und 7.4). Diejenige Gerade, die den Trend in den Daten am besten beschreibt, wird auch als Regressionsgerade bezeichnet. Sie liefert zugleich die Vorhersagen, die in der Regressionsrechnung gesucht werden: Durch die Regressionsgerade wird jedem Wert der X-Variablen (z.B. dem Fernsehkonsum) im Streudiagramm ein Wert auf der Y-Variablen (z.B. der Aggressivität) zugeordnet. Dieser Wert entspricht der vorhergesagten Ausprägung von Y bei einer bestimmten Ausprägung von X. In der Regressionsrechnung wird also zunächst eine Regressionsgerade konstruiert. Diese Regressionsgerade ermöglicht zugleich die angestrebten Vorhersagen. Entsprechend werden wir zu Beginn dieses Kapitels zunächst auf die Prinzipien eingehen, die der Konstruktion einer Regressionsgerade zugrunde liegen und die Berechnung einer solchen Geraden erläutern.

Neben der Vorhersage der Werte einer Variablen ist in der Regressionsrechung natürlich auch die Güte dieser Vorhersage relevant. Auch wenn wir mittels der Regressionsrechnung die bestmögliche Regressionsgerade bestimmen, können mehr oder weniger große Vorhersagefehler auftreten. Beispielsweise wird uns keine perfekte und fehlerfreie Vorhersage der Aggressivität eines Kindes oder der Studienabschlussnote eines Abiturienten gelingen. In der Regressionsrechnung können daher verschiedene Maße für die Güte der Vorhersage bzw. die Größe des Vorhersagefehlers bestimmt werden. Auf diese Maße werden wir im zweiten Teil dieses Kapitels eingehen.

Im letzten Teil des Kapitels werden wir einen kurzen Ausblick auf die multiple Regression geben. Dabei handelt es sich um eine Erweiterung der einfachen Regression. In der einfachen Regression wird *eine* Variable genutzt, um die Werte einer anderen Variablen vorherzusagen. In der multiplen Regression gehen *zwei oder mehr* Variablen in die Vorhersage ein. Dies bietet die Möglichkeit die Vorhersage zu verbessern. So würden wir etwa bei der Vorhersage der Studienabschlussnote voraussichtlich dann zu präziseren Vorhersagen kommen, wenn wir neben der Abiturnote auch die Intelligenz der Studierenden oder ihre wöchentliche Arbeitszeit berücksichtigen.

Die regressionsanalytischen Techniken, die wir in diesem Kapitel behandeln, führen nur dann zu sinnvollen Ergebnissen, wenn alle betrachteten Variablen zumindest Intervallskalenniveau aufweisen. Allerdings gibt es Erweiterungen der Regressionsanalyse, die erheblich flexibler sind und auch Daten auf einem niedrigeren Skalenniveau verarbeiten können. Eine Einführung in diese zumeist etwas komplexeren Varianten der Regressionsanalyse findet man z.B. bei Cohen, Cohen und West (2003).

8.1 Grundbegriffe der Regressionsrechnung

8.1.1 Prädiktor und Kriterium

Solange wir den Zusammenhang zwischen zwei Variablen betrachten, haben beide Variablen in der statistischen Analyse genau den gleichen Stellenwert: In der Korrelationsrechnung bestimmen wir den Zusammenhang zwischen zwei Variablen X und Y und es spielt dabei keinerlei Rolle, welche der Variablen wir als X und welche wir als Y bezeichnen. Dies ändert sich in der Regressionsrechnung: Hier müssen wir entscheiden, welche der beiden Variablen vorhergesagt werden soll und welche Variable wir für diese Vorhersage nutzen. Die vorhergesagte Variable wird *Kriterium* genannt und in Gleichungen zumeist durch Y abgekürzt. Die Variable, die für die Vorhersage eingesetzt wird, wird *Prädiktor* genannt und in Gleichungen zumeist durch X abgekürzt. Das Kriterium (die Variable Y) wird also anhand des Prädiktors (der Variablen X) vorhergesagt.

Die Entscheidung darüber, welche Variable wir als Prädiktor und welche wir als Kriterium betrachten, wird sich in manchen Fällen von selbst ergeben. Die Vorhersage von Variablen ist in vielen psychologischen Anwendungsgebieten von großer praktischer Relevanz. Personalpsychologen werden häufig vor der Aufgabe stehen, aufgrund der Ergebnisse eines Einstellungstests die künftige berufliche Leistung von Bewerbern vorherzusagen. Klinische Psychologen müssen aufgrund des aktuellen Zustands ihrer Patienten Prognosen über die zu erwartende gesundheitliche Entwicklung abgeben. Schulpsychologen könnten daran interessiert sein vorherzusagen, ob das aktuell ungewöhnliche Verhalten eines Kindes eine dauerhafte Fehlentwicklung befürchten lässt. In allen diesen Fällen geht es darum, Ereignisse vorherzusagen, die tatsächlich in der Zukunft liegen. Hier werden natürlich diejenigen Variablen als Prädiktoren eingesetzt werden, die zeitlich früher erhoben werden können – wir wollen aus dem Einstellungstest die Berufsleistung vorhersagen, der umgekehrte Vorgang wäre sinnlos. In anderen Fällen wird die Entscheidung über Prädiktor und Kriterium allein auf inhaltlichen Erwägungen gründen: Der Fernsehkonsum und die Aggressivität von Kindern können zeitgleich erhoben werden. Wenn in einer Regressionsanalyse der Fernsehkonsum als Prädiktor und die Aggressivität als Kriterium betrachtet werden, könnte dies auf die Annahme zurückgehen, dass der Fernsehkonsum die Aggressivität ursächlich beeinflusst.[1]

Um in einer Regressionsanalyse bestimmen zu können, welcher Wert des Kriteriums bei einer bestimmten Ausprägung des Prädiktors vorhergesagt werden sollte, müssen wir zunächst an einer Stichprobe von Probanden *beide* Variablen erfassen. In der Regressionsanalyse sind also die Ausprägungen aller Probanden auf der *X*- und der *Y*-Variablen bekannt. Dennoch werden die bereits bekannten *y*-Werte der Probanden im Zuge der Regressionsanalyse vorhergesagt. Dies mag vielleicht zunächst etwas befremdlich erscheinen, sollte Sie aber dennoch nicht irritieren. Dieses Vorgehen ist einfach notwendig, um die optimale „Vorhersageregel" und die Fehler, die mit dieser Vorhersageregel verbunden sind, bestimmen zu können. Das eigentliche Ziel der Regressionsanalyse besteht darin, die Vorhersageregel auf eine neue Stichprobe von Probanden zu übertragen. Wir könnten also in einer Stichprobe von Arbeitnehmern zunächst ermitteln, wie wir die Arbeitsleistung dieser Arbeitnehmer aufgrund eines Einstellungstests am besten hätten vorhersagen können. Die so gefundene Vorhersageregel wird dann genutzt, um die Arbeitsleistung neuer Bewerber anhand ihres Ergebnisses im Einstellungstest vorherzusagen. (Die Übertragung der Ergebnisse der Regressionsanalyse auf eine neue Stichprobe wird dabei natürlich nur dann verlässlich gelingen, wenn die von uns untersuchte Stichprobe repräsentativ ist!)

8.1.2 Deterministische Zusammenhänge und die Geradengleichung

Betrachten wir zunächst ein Beispiel für einen deterministischen Zusammenhang. Sie erinnern sich: Besteht zwischen zwei Variablen ein deterministischer linearer Zusammenhang, so beträgt der Korrelationskoeffizient $r = 1$. In diesem Fall kann für jeden

---

1 Wie in der Korrelationsanalyse kann allerdings kein Ergebnis der Regressionsanalyse belegen, dass diese Annahme korrekt ist.

beliebigen Wert der einen Variablen exakt und fehlerfrei angegeben werden, welchen Wert die andere Variable annehmen wird (siehe Abschnitt 7.2.2).

Ein solcher deterministischer Zusammenhang könnte etwa zwischen dem Stockwerk in einem Mietshaus und der Anzahl der Stufen, die man bis in dieses Stockwerk steigen muss, gegeben sein. Das Streudiagramm in ▶Abbildung 8.1 veranschaulicht diesen Zusammenhang. Das Stockwerk ist auf der x-Achse abgetragen, die Anzahl der Stufen befindet sich auf der y-Achse. Da es sich um einen perfekten Zusammenhang handelt, liegen hier alle Datenpunkte auf einer Geraden. Durch diese Gerade ist jedem Wert auf der x-Achse ein Wert auf der y-Achse zugeordnet. Wir können also für jedes Stockwerk die Anzahl der Stufen bis in dieses Stockwerk ablesen: Um in den 4. Stock zu gelangen, müssen wir 77 Stufen überwinden. Um einen Freund im 6. Stock zu besuchen, müssen wir 113 Stufen hinaufsteigen.

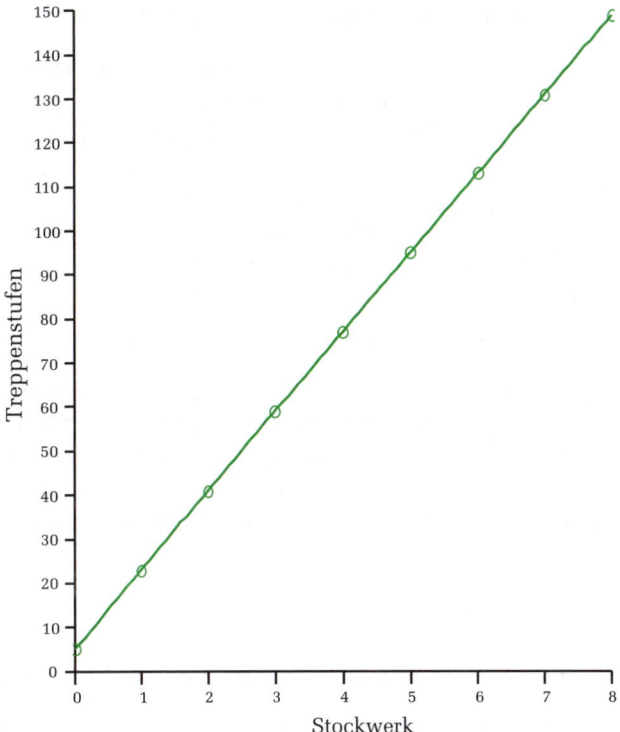

Abbildung 8.1: Ein Beispiel für einen deterministischen Zusammenhang. Aus der Anzahl der Stockwerke kann die Anzahl der Treppenstufen fehlerfrei vorhergesagt werden.

Natürlich lässt sich die Anzahl der Stufen bis zu einem bestimmten Stockwerk auch berechnen. Die Formel dazu lautet:

$$y = 18 \cdot x + 5$$

Die 18 gibt dabei die Anzahl der Stufen pro Stockwerk an: Zwischen dem 1. und dem 2. Stock liegen ebenso 18 Stufen, wie zwischen dem 5. und dem 6. Stock. Die 5 in der Formel ergibt sich daraus, dass man 5 Stufen ersteigen muss, um in das Erdgeschoss (also in den 0. Stock) zu gelangen. Die Anzahl der Stufen bis zum 4. Stock beträgt also $18 \cdot 4 + 5 = 77$.

Die von uns verwendete Formel ist ein Spezialfall der allgemeinen Gleichung für eine Gerade. Diese Gleichung lautet:

$$y = bx + a$$

Der Wert b entspricht dabei der Steigung der Geraden. Durch b wird also angegeben, um wie viele Einheiten sich die Variable Y verändert, wenn die Variable X um eine Einheit erhöht wird. In unserem Fall bedeutet ein zusätzliches Stockwerk 18 zusätzliche Stufen und folglich ist $b = 18$. Der Wert a gibt an, welchen Wert die Y-Variable am Punkt $x = 0$ annimmt – in unserem Fall ist $a = 5$, weil der 0. Stock (das Erdgeschoss) auf der Höhe der 5. Stufe im Mietshaus liegt. Aus dem Wert a wird auch erkennbar, auf welcher Höhe die Gerade die y-Achse im Streudiagramm schneidet (a wird daher auch als y-Achsenabschnitt oder Ordinatenabschnitt bezeichnet).

Allgemein kann ein deterministischer linearer Zusammenhang zwischen zwei Variablen also durch eine Gerade beschrieben werden. Diese Gerade wiederum lässt sich stets durch eine Gleichung der Form $y = bx + a$ beschreiben. Anhand dieser Gleichung kann zugleich für jeden Wert der X-Variable fehlerfrei vorhergesagt werden, welchen Wert die Y-Variable annehmen wird. Betrachten wir dazu noch ein zweites Beispiel. Ein deterministischer Zusammenhang besteht zwischen dem Stromverbrauch und dem Rechnungsbetrag auf der Stromrechnung. Die Geradengleichung zu diesem Zusammenhang könnte folgendermaßen aussehen:

$$\text{Rechnungsbetrag} = 0{,}18 \cdot \text{kWh} + 5{,}69$$

Die Steigung b beträgt hier also 0,18. Dieser Wert ergibt sich aus dem Preis pro Kilowattstunde (kWh), der bei 18 Cent liegt. Mit jeder zusätzlich verbrauchten Kilowattstunde steigt der Rechnungsbetrag somit um 0,18 Euro. Der Achsenabschnitt a ist hier 5,69 und entspricht dem Grundpreis in Euro, der verbrauchsunabhängig erhoben wird. Aus diesen Angaben können wir fehlerfrei den Rechnungsbetrag bestimmen: Beispielsweise wird eine Person, die 250 Kilowattstunden verbraucht hat, eine Rechnung über $0{,}18 \cdot 250 + 5{,}69 = 50{,}69$ Euro erhalten.

8.1.3 Stochastische Zusammenhänge und die Regressionsgerade

Wir haben bereits im vorangegangenen Kapitel gesehen, dass wir in der Psychologie und allgemein in den Sozialwissenschaften kaum jemals auf deterministische Zusammenhänge stoßen werden. Hier finden wir stochastische – also nicht perfekte – Zusammenhänge. In keinem der Streudiagramme zu den Daten- und Rechenbeispielen in Kapitel 7 lagen alle Datenpunkte auf einer Geraden. Die Datenpunkte formten stattdessen stets eine – mehr oder weniger breite – Punktwolke. Entsprechend konnten bei dem gleichen Wert auf der X-Variable unterschiedliche Werte auf der Y-Variablen auftreten. Somit ist es bei stochastischen Zusammenhängen unmöglich aus der Kenntnis des x-Werts fehlerfrei vorherzusagen, welcher y-Wert auftreten wird. Wir können also lediglich versuchen, eine Vorhersage zu gewinnen, die zu möglichst geringen Fehlern führt. Dazu müssen wir diejenige Gerade finden, die die Daten in der Punktwolke am besten repräsentiert, und diese Gerade zur Vorhersage nutzen. Die Regressionsrechnung bestimmt diese Gerade, die daher auch als *Regressionsgerade* bezeichnet wird.

Betrachten wir, bevor wir genauer beschreiben, wie die Regressionsgerade berechnet werden kann, ein Datenbeispiel. Nehmen wir an, dass wir bei 10 Psychologiestudierenden die Punktzahl in der Statistikklausur und die Punktzahl in einer Klausur in Allgemeiner Psychologie erfasst haben. Wir wollen nun die Ergebnisse der Statistikklausur als Prädiktor nutzen, um die Kriteriumsvariable „Punktzahl in der allgemeinpsychologischen Klausur" vorherzusagen. Die ▶Tabelle 8.1 enthält die von uns erhobenen Daten. Aus dem Streudiagramm mit diesen Daten (▶Abbildung 8.2) wird ersichtlich, dass zwischen den beiden Klausurergebnissen ein stochastischer Zusammenhang besteht: Offensichtlich gibt es keine Gerade, auf der alle 10 Datenpunkte liegen. Allerdings haben wir in das Streudiagramm bereits die Regressionsgerade eingezeichnet. Anhand dieser Regressionsgerade können wir für jeden Studierenden den Punktwert ablesen, der in der allgemeinpsychologischen Klausur aufgrund des Ergebnisses in der Statistikklausur vorhergesagt wird. In der Abbildung 8.2 haben wir dies für den Teilnehmer mit der Nummer 6 illustriert. Dieser Teilnehmer erzielte in der Statistikklausur 5 Punkte (Tabelle 8.1). Der vorhergesagte Punktwert in der allgemeinpsychologischen Klausur beträgt für diesen Teilnehmer $\hat{y}_6 = 7{,}59$. Vorhergesagte Werte der Y-Variablen werden stets durch das Symbol $\hat{y}$ gekennzeichnet. Das „Dach", das sich hier auf dem y befindet, wird in der Statistik generell verwendet, um deutlich zu machen, dass es sich um einen vorhergesagten oder geschätzten Wert handelt.

Tabelle 8.1

Punktzahlen von 10 Studierenden in einer Statistikklausur und in einer allgemeinpsychologischen Klausur

Teilnehmer-Nummer	Punkte Statistikklausur (X)	Punkte allgemeinpsychologische Klausur (Y)
1	7	7
2	3	3
3	8	5
4	6	10
5	9	12
6	5	13
7	10	12
8	14,5	16
9	9,5	17
10	12	20

Wir können den vorhergesagten Wert des Teilnehmers mit der Nummer 6 natürlich auch mit Hilfe der Gleichung für die Regressionsgerade berechnen. Die allgemeine Form der Regressionsgleichung lautet:

$$\hat{y}_i = b_{yx}x_i + a_{yx}$$

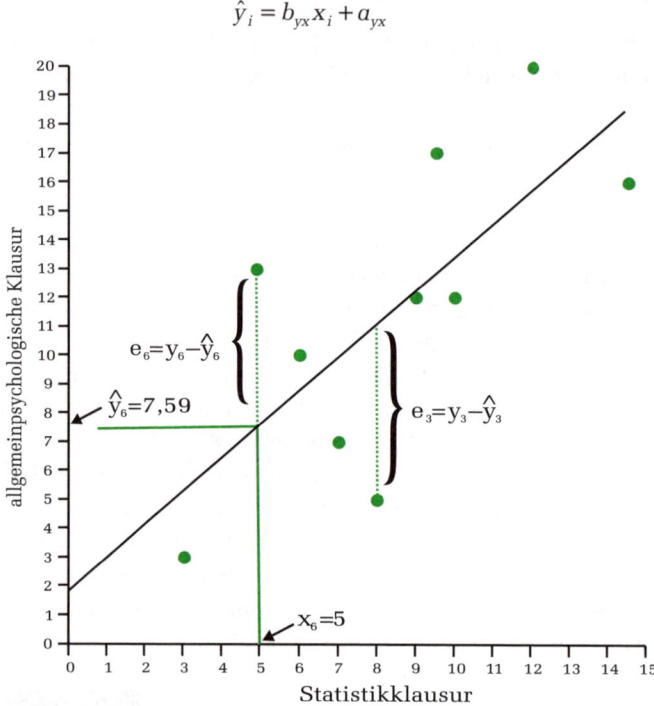

Abbildung 8.2: Die Regressionsgerade zur Vorhersage der Punktwerte in der allgemeinpsychologischen Klausur aus den Ergebnissen in der Statistikklausur. Zudem sind für zwei Probanden die Abweichungen zwischen tatsächlichen und vorhergesagten Werten markiert.

Durch die Gleichung der Regressionsgerade werden $\hat{y}$-Werte, also vorhergesagte und nicht tatsächliche Werte, spezifiziert. Durch die Indizierung der Steigung b und des Achsenabschnitts a mit yx wird angezeigt, dass die Variable Y aus X vorhergesagt wird (und nicht X aus Y). Die Steigung b und der Achsenabschnitt a einer Regressionsgerade werden auch *Regressionskoeffizienten* genannt. Für die Steigung b ist zudem die Bezeichnung *Regressionsgewicht* üblich.

Die Regressionsgerade in unserem Datenbeispiel in Abbildung 8.2 ist durch folgende Formel gegeben (wir werden in Kürze erläutern, wie man diese Formel bestimmen kann):

$$\hat{y}_i = 1,15x_i + 1,84$$

Die Steigung b der Regressionsgerade beträgt hier also 1,15. Dies bedeutet, dass wir mit jedem zusätzlichen Punkt in der Statistikklausur eine Erhöhung des Punktwerts in der allgemeinpsychologischen Klausur um 1,15 erwarten. Der y-Achsenabschnitt a beträgt 1,84. Bei einem Teilnehmer, der in der Statistikklausur 0 Punkte erreicht, würde also ein Punktwert von 1,84 in der allgemeinpsychologischen Klausur vorhergesagt. Wenden wir die Formel auf den Teilnehmer mit der Nummer 6 an, so erhalten wir natürlich den vorhergesagten Punktwert, den wir bereits anhand der Regressionsgeraden abgelesen haben:

$$\hat{y}_6 = 1,15 \cdot 5 + 1,84 = 7,59$$

Tatsächlich erzielte der Teilnehmer mit der Nummer 6 in der allgemeinpsychologischen Klausur 13 Punkte (Tabelle 8.1). Bei unserer Vorhersage ist also ein Fehler aufgetreten. Im Streudiagramm in Abbildung 8.2 haben wir diesen Fehler durch eine geschweifte Klammer kenntlich gemacht. Der Vorhersagefehler (e_i) bei der Person i entspricht der Differenz zwischen dem tatsächlichen y-Wert und dem vorhergesagten y-Wert bei dieser Person:

$$e_i = y_i - \hat{y}_i$$

Bei dem Teilnehmer mit der Nummer 6 beläuft sich der Fehler also auf:

$$e_6 = 13 - 7,59 = 5,41$$

Im Streudiagramm in Abbildung 8.2 ist zudem der Fehler bei einer zweiten Person, dem Teilnehmer mit der Nummer 3 (Tabelle 8.1), markiert. Diese Person erreichte in der Statistikklausur 8 Punkte. Der vorhergesagte Wert in der allgemeinpsychologischen Klausur beträgt also entsprechend $\hat{y}_3 = 1,15 \cdot 8 + 1,84 = 11,04$. Tatsächlich erzielte diese Person in der allgemeinpsychologischen Klausur 5 Punkte. Damit tritt bei dieser Person ein negativer Vorhersagefehler auf:

$$e_3 = 5 - 11,04 = -6,04$$

Generell sind alle Datenpunkte, die im Streudiagramm oberhalb der Regressionsgerade liegen, mit einem positiven Fehler verbunden. Bei allen Datenpunkten, die unterhalb der Regressionsgerade liegen, tritt ein negativer Fehler auf.

Wie haben wir nun genau bestimmt, wo die Regressionsgerade im Streudiagramm in Abbildung 8.2 einzuzeichnen ist? Wir haben schon mehrfach erwähnt, dass die Regressionsgerade diejenige Gerade ist, die die Punktwolke am besten repräsentiert bzw. die den Trend in den Daten am besten beschreibt. Offensichtlich sollte die Regressionsgerade auch die Eigenschaft haben, dass die Gesamtheit der Vorhersagefehler über alle Teilnehmer hinweg möglichst gering wird. Um zu entscheiden, wo die Regressionsgerade liegt, brauchen wir folglich ein Maß für die Gesamtheit der Vorhersagefehler.

8.1.4 Das Kriterium der kleinsten Quadrate

Auf den ersten Blick scheint es sich anzubieten, die Summe der Fehler bei den einzelnen Teilnehmern als Maß zu verwenden. Mit diesem Vorgehen besteht jedoch das Problem, dass sich positive und negative Fehler ausgleichen können. Tatsächlich können unter Umständen mehrere Geraden existieren, bei denen die Summe der Fehler Null beträgt. Die Fehler, die bei den einzelnen Teilnehmern auftreten, können dabei bei den verschiedenen Geraden deutlich unterschiedlich groß sein. Die Summe der Fehler ist also ungeeignet, um eine eindeutig optimale Regressionsgerade zu bestimmen. Als Maß für die Gesamtheit der Fehler wird daher stattdessen die Summe der *quadrierten* Vorhersagefehler verwendet. Die Regressionsgerade ist diejenige Gerade, für die diese Summe der quadrierten Vorhersagefehler minimal wird:

$$\sum_{i}^{n}(y_i - \hat{y}_i)^2 = \min$$

Das Kriterium, das somit verwendet wird, um zu bestimmen, wo die Regressionsgerade liegt, wird auch als *Kriterium der kleinsten Quadrate* bezeichnet. Dieses Kriterium hat eine Reihe statistisch wünschenswerter Eigenschaften. Dazu zählt unter anderem, dass große Vorhersagefehler durch die Quadrierung stärker gewichtet werden als kleine Vorhersagefehler.

Um zu bestimmen, wo die Regressionsgerade liegt, könnten wir nun im Prinzip zunächst eine Gerade nach Augenschein in das Streudiagramm in Abbildung 8.2 einzeichnen und die mit dieser Geraden verbundene Summe der quadrierten Fehler berechnen. Da wir aber nicht sicher sein können, dass eine andere Gerade nicht zu einer kleineren Summe quadrierter Fehler führt, wären wir gezwungen verschiedene Geraden „auszuprobieren". Nach einigen Versuchen könnten wir wahrscheinlich eine Gerade benennen, die mit einer besonders kleinen Summe quadrierter Fehler verbunden ist. Wir könnten allerdings kaum ausschließen, dass bei einer noch nicht berücksichtigten Gerade die Summe quadrierter Fehler noch kleiner ist. Dieses Vorgehen wäre sehr mühsam und würde dennoch nicht sicherstellen, dass wir die bestmögliche Regressionsgerade finden. Glücklicherweise kann die Regressionsgerade sehr viel leichter auf rechnerischem Wege bestimmt werden.

8.1.5 Bestimmung der Regressionsgeraden

Die Regressionskoeffizienten b_{yx} und a_{yx}, die eine Gerade spezifizieren, die mit der kleinstmöglichen Summe quadrierter Fehler verbunden ist, können mit Hilfe zweier einfacher Formeln berechnet werden. Diese Formeln greifen auf statistische Kennwerte zurück, die Ihnen bereits aus den Kapiteln 6 und 7 vertraut sind: Die Mittelwerte der Variablen X und Y, die Varianz der Variablen X und die Kovarianz beider Variablen.[2] Die Formel zur Berechnung von b_{yx} lautet:

$$b_{yx} = \frac{\mathrm{cov}(x,y)}{s_x^2}$$

Wir erhalten also die Steigung b_{yx} der Regressionsgeraden, wenn wir die Kovarianz der Variablen X und Y durch die Varianz der Variablen X dividieren. Nachdem die Steigung b_{yx} berechnet wurde, kann der Achsenabschnitt a_{yx} leicht anhand der folgenden Formel bestimmt werden:

$$a_{yx} = \bar{y} - b_{yx}\bar{x}$$

Der Achsenabschnitt a_{yx} ergibt sich also, wenn wir vom Mittelwert der Variablen Y das Produkt der Steigung b_{yx} und des Mittelwerts der Variablen X abziehen. Im

---

2 Diese Formeln können mit Hilfe der Differentialrechnung hergeleitet werden. Eine Erläuterung zu dieser Herleitung findet man z.B. bei Wirtz und Nachtigall (2006) oder Bortz (2005).

Rechenbeispiel 8.1 wird die Berechnung der Regressionskoeffizienten für die Daten aus dem „Klausurpunkte-Beispiel" demonstriert.

Rechenbeispiel 8.1

Berechnung der Regressionskoeffizienten aus Rohdaten Um die Kovarianz und die Varianzen der Punktwerte in der Statistikklausur und der allgemeinpsychologischen Klausur berechnen zu können, benötigen wir zunächst die Mittelwerte beider Variablen. Wie die ▶Tabelle 8.2 zeigt, beträgt der Mittelwert der Punkte in der Statistikklausur $\bar{x} = 8,4$, der Mittelwert in der allgemeinpsychologischen Klausur beläuft sich auf $\bar{y} = 11,5$. In der 4. und 5. Spalte der Tabelle sind die Abweichungen zwischen den Punktwerten der Teilnehmer und dem Mittelwert in der jeweiligen Klausur angegeben. Aus den quadrierten Abweichungswerten (Spalten 6 und 7) können wir die Varianzen der Variablen errechnen. Die Varianz der Punkte in der Statistikklausur beträgt $s_x^2 = 10,29$, die Varianz der Punkte in der allgemeinpsychologischen Klausur ist $s_y^2 = 26,25$. Schließlich kann aus dem Produkt der Abweichungswerte in beiden Klausuren (8. Spalte) die Kovarianz errechnet werden: cov $(x,y) = 11,85$.

Teilneh- mer-Nr.	Statistik- klausur (x_i)	allgemein- psych. Klausur (y_i)	$x_i - \bar{x}$	$y_i - \bar{y}$	$(x_i - \bar{x})^2$	$(y_i - \bar{y})^2$	$(x_i - \bar{x}) \cdot (y_i - \bar{y})$	$\hat{y}_i$
1	7	7	−1,4	−4,5	1,96	20,25	6,3	9,89
2	3	3	−5,4	−8,5	29,16	72,25	45,9	5,29
3	8	5	−0,4	−6,5	0,16	42,25	2,6	11,04
4	6	10	−2,4	−1,5	5,76	2,25	3,6	8,74
5	9	12	0,6	0,5	0,36	0,25	0,3	12,19
6	5	13	−3,4	1,5	11,56	2,25	−5,1	7,59
7	10	12	1,6	0,5	2,56	0,25	0,8	13,34
8	14,5	16	6,1	4,5	37,21	20,25	27,45	18,52
9	9,5	17	1,1	5,5	1,21	30,25	6,05	12,77
10	12	20	3,6	8,5	12,96	72,25	30,6	15,64
	$\Sigma = 84$	$\Sigma = 115$	$\Sigma = 0$	$\Sigma = 0$	$\Sigma = 102,9$	$\Sigma = 262,5$	$\Sigma = 118,5$	
	$\bar{x} = 8,4$	$\bar{y} = 11,5$			$s_x^2 = \dfrac{102,9}{10}$ $= 10,29$	$s_y^2 = \dfrac{262,5}{10}$ $= 26,25$	cov$(x,y) = \dfrac{118,5}{10}$ $= 11,85$	

Tabelle 8.2: Zwischenschritte bei der Berechnung des Regressionskoeffizienten aus Rohdaten.

Mit den nunmehr bestimmten Kennwerten können wir leicht die Regressionskoeffizienten b_{yx} und a_{yx} berechnen: ▶

▶Fortsetzung

$$b_{yx} = \frac{\text{cov}(x,y)}{s_x^2} = \frac{11,85}{10,29} = 1,15$$

$$a_{yx} = \bar{y} - b_{yx}\bar{x} = 11,5 - 1,15 \cdot 8,4 = 1,84$$

Wir erhalten also die Formel für die Regressionsgerade, die wir bereits im Streudiagramm in Abbildung 8.2 eingezeichnet haben:

$$\hat{y}_i = 1,15x_i + 1,84$$

In der letzten Spalte der Tabelle 8.2 sind die $\hat{y}$-Werte angegeben, also diejenigen Punktwerte in der allgemeinpsychologischen Klausur, die bei den Teilnehmern unserer Untersuchung anhand der Regressionsgeraden aus den Ergebnissen der Statistikklausur vorhergesagt werden. Beispielsweise wird für den Teilnehmer mit der Nummer 1 der folgende Punktwert in der allgemeinpsychologischen Klausur vorhergesagt:

$$\hat{y}_1 = 1,15 \cdot 7 + 1,84 = 9,89$$

Wir können die Regressionsgerade auch dazu nutzen, das Ergebnis in der allgemeinpsychologischen Klausur bei Studierenden vorherzusagen, die nicht an unserer Untersuchung teilgenommen haben. Nehmen wir an, wir erführen von einer Studentin, die in der Statistikklausur 13 Punkte erzielte. Welchen Punktwert in der allgemeinpsychologischen Klausur würden wir bei dieser Studentin erwarten?

$$\hat{y} = 1,15 \cdot 13 + 1,84 = 16,79$$

8.1.6   Die Beziehung zwischen der Korrelation und dem Regressionsgewicht *b*

Wir haben schon in der Einleitung dieses Kapitels betont, dass die Regressionsrechnung auf dem Zusammenhang zwischen den betrachteten Variablen aufbaut. Nachdem wir erläutert haben wie die Steigung b_{yx} der Regressionsgeraden bestimmt werden kann, können wir nun eine der Beziehungen zwischen Korrelation und Regression konkreter darstellen. Dazu ist es hilfreich, sich zunächst noch einmal die Formel für den Korrelationskoeffizienten in Erinnerung zu rufen:

$$r_{xy} = \frac{\text{cov}(x,y)}{s_x \cdot s_y}$$

Anhand dieser Formel ist leicht zu erkennen, dass wir das Regressionsgewicht b_{yx} erhalten, wenn wir den Korrelationskoeffizienten mit der Standardabweichung der Variablen Y multiplizieren und durch die Standardabweichung der Variablen X dividieren:

$$r_{xy} \cdot \frac{s_y}{s_x} = \frac{\text{cov}(x,y)}{s_x \cdot s_y} \cdot \frac{s_y}{s_x} = \frac{\text{cov}(x,y)}{s_x^2} = b_{yx}$$

Das Verhältnis der Standardabweichungen der Variablen Y und X gibt also an, wie deutlich sich die Steigung b_{yx} der Regressionsgeraden vom Korrelationskoeffizienten der beiden Variablen unterscheidet.

Diese Beziehung zwischen dem Korrelationskoeffizienten und der Steigung der Regressionsgeraden können wir auch nutzen, um in Situationen, in denen wir den Zusammenhang zwischen den Variablen bereits kennen, mit wenig Mühe die Regressionsgleichung zu bestimmen. Dies sei an einem Datenbeispiel aus Kapitel 7 illustriert. Dort haben wir im Rechenbeispiel 7.1 den Zusammenhang zwischen dem „Konsum Gewalt darstellender Fernsehsendungen" und der „Aggressivität" in einer Stichprobe von 20 Kindern ermittelt. Die Korrelation zwischen beiden Variablen belief sich auf $r = 0{,}65$. Wir wollen nun die Aggressivität (Y) aufgrund des Fernsehkonsums (X) der Kinder vorhersagen. Die Standardabweichung des Fernsehkonsums und der Aggressivität betrugen $s_x = 2{,}68$ und $s_y = 1{,}87$. Die Steigung b_{yx} der Regressionsgerade errechnet sich also wie folgt:

$$b_{yx} = r_{xy} \cdot \frac{s_y}{s_x} = 0{,}65 \cdot \frac{1{,}87}{2{,}68} = 0{,}45$$

Da wir auch die Mittelwerte beider Variablen ($\overline{x} = 4{,}9$ und $\overline{y} = 4$; siehe Rechenbeispiel 7.1) bereits kennen, lässt sich nun leicht der Achsenabschnitt a_{yx} bestimmen:

$$a_{yx} = \overline{y} - b_{yx}\overline{x} = 4 - 0{,}45 \cdot 4{,}9 = 1{,}80$$

Die Regressionsgerade ist hier also durch die Gleichung $\hat{y}_i = 0{,}45x_i + 1{,}80$ gegeben. Die ▶Abbildung 8.3 zeigt diese Regressionsgerade im Streudiagramm.

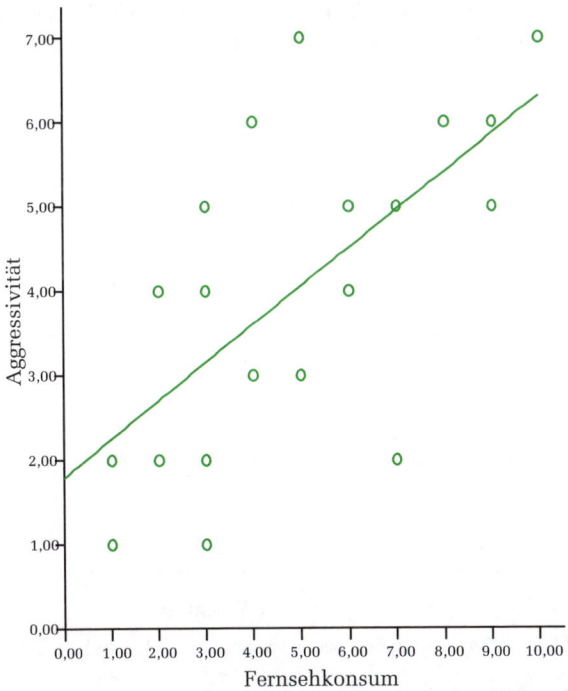

Abbildung 8.3: Die Regressionsgerade zur Vorhersage der Aggressivität von Kindern aufgrund ihres Fernsehkonsums.

Im Kasten „Die Regressionsgerade bei einer Korrelation von Null" wird eine Implikation der Beziehung zwischen dem Korrelationskoeffizienten und dem Regressionsgewicht erläutert.

H I N T E R G R U N D

Die Regressionsgerade bei einer Korrelation von Null   Wie verläuft die Regressionsgerade, wenn zwischen den Variablen X und Y kein Zusammenhang besteht? Aus der Beziehung zwischen Korrelation und Regressionsgewicht wird sofort deutlich, dass die Regressionsgerade in diesem Fall eine Steigung von 0 hat:

$$b_{yx} = r_{xy} \cdot \frac{s_y}{s_x} = 0 \cdot \frac{s_y}{s_x} = 0$$

Wenn zwischen den betrachteten Variablen kein Zusammenhang gegeben ist, steigt die Regressionsgerade also nicht an und verläuft folglich parallel zur x-Achse. Die Höhe, auf der die Gerade liegt, ergibt sich natürlich aus dem y-Achsenabschnitt:

$$a_{yx} = \bar{y} - b_{yx}\bar{x} = \bar{y} - 0 \cdot \bar{x} = \bar{y}$$

Die Gerade liegt also im gesamten Wertebereich von X auf der Höhe des Mittelwerts der Variablen Y. Anders ausgedrückt: Wenn kein Zusammenhang zwischen den Variablen besteht, wird unabhängig vom Wert der Variablen X stets der Mittelwert der Kriteriumsvariablen vorhergesagt. Das Streudiagramm in ▶Abbildung 8.4 illustriert eine entsprechende Situation. Diese Vorhersage ist durchaus auch inhaltlich sinnvoll. Wenn die Variablen X und Y nicht korrelieren, können wir aufgrund der Ausprägung von X keinerlei Aussage über die Ausprägung von Y treffen. In diesem Fall sollte also bei jedem Wert der Variablen X stets der gleiche Wert auf der Variablen Y vorhergesagt werden. Der Mittelwert von Y bildet dabei die optimale Vorhersage, da er das Kriterium der kleinsten Quadrate erfüllt: Die Summe der quadrierten Abweichungen der y-Werte ist bei keinem anderen Wert kleiner als beim Mittelwert.

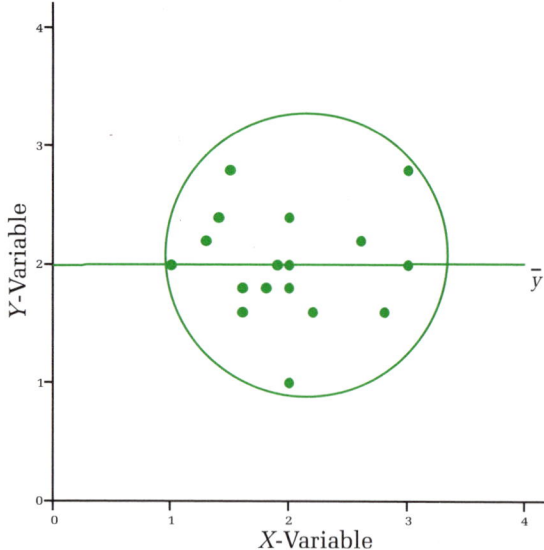

Abbildung 8.4: Die Regressionsgerade bei einer Korrelation von Null zwischen Prädiktor und Kriterium.

8.1.7 Regression mit z-standardisierten Variablen

Blicken wir noch einmal auf unser „Klausurpunkte-Beispiel" zurück. Wir hatten dort ermittelt, dass wir die Punktwerte in einer allgemeinpsychologischen Klausur anhand der Punkte in einer Statistikklausur am besten mit der Formel $\hat{y}_i = 1,15x_i + 1,84$ vorhersagen können. Nehmen wir nun an, dass die gleiche Untersuchung an einer anderen Universität wiederholt wird. Auch hier werden die Punkte einiger Studierender in einer Statistikklausur und einer allgemeinpsychologischen Klausur erhoben. In dieser Untersuchung resultiert die folgende Regressionsgleichung $\hat{y}_i = 2,3x_i + 1,83$. Offensichtlich ist die Steigung der Regressionsgeraden in der zweiten Untersuchung deutlich größer als in unserer ursprünglichen Untersuchung. Dies könnte den Schluss nahe legen, dass an der zweiten Universität mit dem Ergebnis in der Statistikklausur ein größerer Effekt verbunden ist. Immerhin müssen wir erwarten, dass bei gleichem Unterschied zwischen zwei Studierenden in der Statistikklausur der Unterschied in der Punktzahl in der allgemeinpsychologischen Klausur an der zweiten Universität doppelt so groß ausfällt wie an der ersten.

Ist dieser Vergleich zwischen den Ergebnissen der Untersuchungen an beiden Universitäten sinnvoll? Hat eine Verbesserung der Punktzahl um einen Punkt in der allgemeinpsychologischen Klausur an beiden Universitäten die gleiche Bedeutung? Es ist sehr gut möglich, dass die Antwort auf diese Fragen „Nein" lauten muss. Gehen wir, um uns dies zu verdeutlichen, davon aus, dass die maximale Punktzahl in der Statistikklausur an der ersten Universität bei 15 liegt. In der allgemeinpsychologischen Klausur werden bis zu 20 Punkte vergeben. An der zweiten Universität können in der Statistikklausur ebenfalls höchstens 15 Punkte erreicht werden, der maximale Punktwert in der allgemeinpsychologischen Klausur liegt aber bei 40 Punkten. In diesem Fall hätte eine Verbesserung des Ergebnisses in der allgemeinpsychologischen Klausur um einen Punkt an beiden Universitäten nicht dieselbe Bedeutung. Der gleiche Unterschied zwischen dem allgemeinpsychologischen Wissen zweier Studierender wird sich an der zweiten Universität in einem größeren Unterschied in den Punktwerten in der allgemeinpsychologischen Klausur niederschlagen als an der ersten Universität. In anderen Worten: Die Leistung in allgemeiner Psychologie wird an beiden Universitäten auf unterschiedlichen Skalen gemessen. Dies führt dazu, dass die in den beiden Untersuchungen ermittelten Steigungen der Regressionsgeraden nicht unmittelbar vergleichbar sind.

Es ist in der psychologischen Forschung eher die Regel als die Ausnahme, dass zur Messung derselben Variablen unterschiedliche Skalen verwendet werden. Für Variablen wie „Aggressivität" oder „Ängstlichkeit" gibt es keine etablierten Maßeinheiten. Es ist daher sehr gut möglich, dass die Aggressivität von Kindern in einer Studie auf einer Rating-Skala von 0 bis 7 eingeschätzt wird, während in einer zweiten Studie eine Skala von 0 bis 10 eingesetzt wird. Wiewohl beide Studien möglicherweise die gleiche Fragestellung untersuchen, könnten die ermittelten Regressionsgleichungen nicht direkt verglichen werden. Dies ist natürlich misslich. Ein Vergleich der Ergebnisse von Regressionsanalysen in verschiedenen Studien kann aber durchaus auch dann wünschenswert sein, wenn unterschiedliche Variablen untersucht werden. Nehmen wir an, dass anhand der Variablen Schlafentzug einerseits die Reaktionszeit und andererseits die Konzentrationsleistung vorhergesagt wird. Verändert sich die Reaktionszeit stärker oder weniger stark als die Konzentrationsleistung, wenn der Schlafentzug um eine Stunde verlängert wird?

Wie lässt sich das Problem des Vergleichs von Regressionsgleichungen aus verschiedenen Untersuchungen lösen? Offensichtlich wären die Ergebnisse der Regressionsrechnung vergleichbar, wenn die beteiligten Variablen stets auf derselben Skala erfasst würden. Die Lösung dieses Problems sollte Ihnen vertraut vorkommen: Wir haben bereits in den Kapiteln 6 und 7 gesehen, dass eine z-Standardisierung Werte auf verschiedenen Variablen vergleichbar macht. Dies gelingt, indem die Messwerte von der ursprünglichen Maßeinheit „bereinigt" werden. Als Maßeinheit wird stattdessen die Standardabweichung der jeweiligen Variablen verwendet. Gleichgültig welche Variable wir betrachten und auf welcher Skala diese Variable ursprünglich erfasst wurde, besagt ein z-Wert von 1 also stets, dass der Messwert eine Standardabweichung über dem Mittelwert der Variablen liegt. Aus diesem Grund werden Regressionsanalysen häufig auch mit z-standardisierten Variablen durchgeführt – man erhält auf diese Weise Regressionsgewichte, die mit den Regressionsgewichten aus anderen Untersuchungen direkt verglichen werden können.

In einer Analyse mit z-standardisierten Variablen wird das Regressionsgewicht b als *standardisiertes Regressionsgewicht* bezeichnet und meist durch den griechischen Buchstaben β (Beta) symbolisiert. Das standardisierte Regressionsgewicht β_{yx} gibt an, um wie viele Standardabweichungseinheiten sich die Variable Y verändert, wenn die Variable X um eine Standardabweichung steigt. Wie das standardisierte Regressionsgewicht bestimmt werden kann, wird sofort ersichtlich, wenn wir uns daran erinnern, dass die Standardabweichung s_z einer z-standardisierten Variablen stets 1 beträgt:

$$\beta_{yx} = r_{xy} \cdot \frac{s_{z_y}}{s_{z_x}} = r_{xy} \cdot \frac{1}{1} = r_{xy}$$

Bei z-standardisierten Variablen ist die Steigung der Regressionsgeraden also identisch mit der Korrelation zwischen den beiden Variablen.[3]

Der y-Achsenabschnitt a_{yx} beträgt in einer Regression mit z-standardisierten Variablen immer Null. Dies wird klar, wenn wir uns vergegenwärtigen, dass der Mittelwert $\bar{z}$ einer z-standardisierten Variablen stets Null ist:

$$a_{yx} = \bar{z}_y - \beta_{yx}\bar{z}_x = 0$$

In einer Regression mit z-standardisierten Variablen läuft die Regressionsgerade also stets durch den Ursprung des Koordinatensystems.

---

3   Dies gilt allerdings nur in der einfachen Regression. Sofern in einer multiplen Regression mehrere Prädiktoren zur Vorhersage des Kriteriums genutzt werden, sind die standardisierten Regressionsgewichte dieser Prädiktoren in aller Regel nicht identisch mit ihrer Korrelation mit dem Kriterium (siehe Abschnitt 8.4.2).

Die Regressionsgleichung vereinfacht sich für z-standardisierte Variablen somit zu folgender Formel:

$$\hat{z}_{y_i} = \beta_{yx} \cdot z_{x_i} \quad \text{bzw.} \quad \hat{z}_{y_i} = r_{xy} \cdot z_{x_i}$$

Der vorhergesagte z-Wert einer Person auf der Variablen Y entspricht also dem Produkt aus dem z-Wert der Person auf der Variablen X und der Korrelation der beiden Variablen.

8.1.8 Der Regressionseffekt

Vielleicht haben Sie sich schon gefragt, warum das in diesem Kapitel behandelte statistische Verfahren als „Regression" bezeichnet wird, wenn es bei diesem Verfahren doch im Kern um Vorhersagen geht. Die Bezeichnung Regression geht zurück auf Sir Francis Galton, der im 19. Jahrhundert die Vererbung verschiedener körperlicher und psychischer Merkmale untersuchte. Unter anderem beschäftigte sich Galton mit der Vererbung der Körpergröße. Er beobachtete dabei, dass die vorhergesagte Körpergröße eines Sohnes grundsätzlich weniger stark vom Mittelwert der Söhne abweicht als die Körpergröße seines Vaters vom Mittelwert der Väter. Beim Sohn eines sehr großen Vaters wird also durchaus auch eine überdurchschnittliche Körpergröße vorhergesagt. Gleichzeitig müssen wir aber erwarten, dass die Körpergröße des Sohnes weniger überdurchschnittlich ausfallen wird als die des Vaters. Galton bezeichnete dieses Phänomen als *Regression zur Mitte* (Regression bedeutet „Rückschritt"). Allmählich wurde deutlich, dass Regression zur Mitte nicht nur auftritt, wenn anhand von Merkmalen der Eltern Merkmale der Kinder vorhergesagt werden. Das Phänomen ist bei *allen* Vorhersagen zu beobachten, sofern Kriteriumsvariable und Prädiktor nicht perfekt korrelieren.

Die Zwangsläufigkeit des Regressionseffekts ist am leichtesten bei Vorhersagen mit z-standardisierten Variablen zu erkennen, da z-Werte direkt die relative Abweichung eines Messwerts vom Mittelwert ausdrücken. Gehen wir von einer Person aus, die auf einer Variablen X einen z-Wert von $z_x = 2$ hat. Dies entspricht einem weit überdurchschnittlichen Wert (in späteren Kapiteln wird deutlich werden, dass man in aller Regel annehmen kann, dass ein Wert, der zwei Standardabeichungen über dem Mittelwert liegt, größer ist als 98% der übrigen Werte; siehe die Ausführungen zur Normalverteilung in Abschnitt 10.5.2). Anhand der Variablen X soll nun eine Variable Y vorhergesagt werden. Aus der Formel $\hat{z}_{y_i} = r_{xy} \cdot z_{x_i}$ ist ersichtlich, dass der vorhergesagte z-Wert der von uns betrachteten Person auf der Y-Variablen ausschließlich von der Korrelation zwischen X und Y abhängt. Sehen wir uns etwas genauer an, welche $\hat{z}_y$-Werte bei verschiedenen Korrelationen vorhergesagt werden:

$$\hat{z}_{y_i} = r_{xy} \cdot z_{x_i}$$
$$= 1{,}0 \cdot 2 = 2$$
$$= 0{,}8 \cdot 2 = 1{,}6$$
$$= 0{,}5 \cdot 2 = 1$$
$$= 0{,}2 \cdot 2 = 0{,}4$$
$$= 0{,}0 \cdot 2 = 0$$

Der vorhergesagte Wert $\hat{z}_y$ ist also nur dann ebenso groß wie der Wert z_x, wenn zwischen den Variablen X und Y ein perfekter Zusammenhang besteht. Abgesehen von diesem nur theoretisch bedeutsamen Fall, ist $\hat{z}_y$ immer kleiner als z_x. Es wird also stets vorhergesagt, dass die von uns betrachtete Person weniger deutlich vom Mittelwert der Variablen Y abweichen wird als vom Mittelwert der Variablen X. Der Unterschied zwischen $\hat{z}_y$ und z_x wird dabei umso größer, je schwächer die Variablen korrelieren. Beispielsweise bedeutet eine Korrelation von $r = 0{,}5$ nichts anderes, als dass der vorhergesagte y-Wert nur um halb so viele Standardabweichungen von seinem Mittelwert abweichen wird wie der x-Wert von seinem Mittelwert. Wenn X und Y gar nicht zusammenhängen, wird schließlich vorhergesagt, dass die von uns betrachtete Person auf der Y-Variablen eine durchschnittliche Ausprägung (also einen z-Wert von Null) hat.

Betrachten wir ein konkretes Beispiel für den Regressionseffekt. Galtons ursprüngliche Beobachtung bei der Untersuchung der Vererbung der Körpergröße wird oft auch folgendermaßen kurz zusammengefasst: „Die größten Väter haben nicht die größten Söhne". Dies lässt sich mit einer Regressionsanalyse leicht illustrieren. Nehmen wir zunächst an, dass in einer bestimmten Population (vielleicht einem westeuropäischen Land) sowohl die Mittelwerte als auch die Standardabweichungen der Körpergrößen von Vätern und Söhnen identisch sind und $\bar{x} = \bar{y} = 175$ cm und $s_x = s_y = 8$ cm betragen. Ein Vater, der 183 cm groß ist, liegt also eine Standardabweichung über dem Mittelwert ($z_x = 1$). Wenn wir zudem davon ausgehen, dass die Körpergröße der Väter und Söhne mit $r = 0{,}6$ korreliert, wird vorhergesagt, dass die Körpergröße eines Sohnes dieses Vaters um 0,6 Standardabweichungen über dem Mittelwert der Söhne liegt ($\hat{z}_y = 0{,}6$). Dies entspricht einer Körpergröße von 175 cm + 0,6 · 8 cm = 179,8 cm. Dieser vorhergesagte Wert entspricht zugleich der *durchschnittlichen* tatsächlichen Körpergröße von Söhnen, deren Väter 183 cm groß sind. Dies ergibt sich daraus, dass die Regressionsanalyse zu den „bestmöglichen" Vorhersagen führt. Die bestmögliche Vorhersage ist der jeweilige Mittelwert der Kriteriumsvariablen bei einer bestimmten Ausprägung des Prädiktors. – Die größten Väter haben also nicht die größten Söhne.

Allerdings impliziert der Regressionseffekt keineswegs zwingend, dass große Väter Söhne haben, die kleiner sind als sie selbst. Dies liegt daran, dass sich der Regressionseffekt nicht auf absolute Messwerte bezieht, sondern ausschließlich auf die relative Abweichung der Messwerte von ihrem Mittelwert. Verändern wir – um uns dies zu verdeutlichen – die Ausgangswerte in unserem Beispiel: Nehmen wir an, dass Mittelwert und Standardabweichung der Körpergröße bei Söhnen größer sind als bei Vätern und $\bar{y} = 178$ cm und $s_y = 10$ cm betragen (vielleicht weil wir eine entsprechende Untersuchung in einem aufstrebenden Entwicklungsland durchführen, in dem nachfolgende Generationen deutlich größer werden). Welche Körpergröße des Sohnes eines Vaters, der 183 cm misst, würden wir in diesem Fall vorhersagen? Wenn wir nach wie vor davon ausgehen, dass die Körpergröße der Väter und Söhne mit $r = 0{,}6$ korreliert, wird natürlich auch hier vorhergesagt, dass die Körpergröße eines Sohnes dieses Vaters um 0,6 Standardabweichungen über dem Mittelwert der Söhne liegt. Dies entspricht hier einer Körpergröße von 178 cm + 0,6 · 10 cm = 184 cm. In diesem Beispiel wäre also durchaus zu erwarten, dass der Sohn größer als der Vater sein wird. Dies ändert aber nichts daran, dass die Größe des Sohnes als „durchschnittlicher" einzustufen ist – sie weicht um weniger Standardabweichungen von ihrem Mittelwert ab. Dies heißt auch, dass die Größe des Sohnes von mehr Söhnen übertroffen wird als die Größe des Vaters von anderen Vätern. – Auch hier wäre also die Aussage gerechtfertigt, dass die größten Väter nicht die größten Söhne haben.

Ein weiteres Beispiel für den Regressionseffekt: Der Intelligenzquotient (IQ) wird stets auf einer Skala mit einem Mittelwert von 100 und einer Standardabweichung von 15 erfasst (diese Kennwerte gelten also gleichermaßen für Eltern und Kinder). Zahlreiche Studien zeigen, dass die IQ-Werte von Eltern und Kindern in etwa mit $r = 0{,}5$ korrelieren. Demgemäß kommen wir in einer Regressionsanalyse zu der Vorhersage, dass die IQ-Werte von Kindern nur um halb so viele Standardabweichungen vom Mittelwert von 100 abweichen werden wie die IQ-Werte ihrer Eltern. Bei Müttern mit einem sehr hohen IQ von 130 werden wir daher einen IQ ihrer Kinder von 115 vorhersagen. Bei Müttern mit einem deutlich unterdurchschnittlichen IQ von 70 können wir dagegen erwarten, dass der mittlere IQ ihrer Kinder 85 beträgt. (Auch wenn dies zunächst überraschend erscheinen mag, ergibt sich aus dieser Beobachtung allerdings *nicht*, dass die IQ-Werte von Kindern insgesamt weniger stark variieren als die IQ-Werte von Müttern. Dies wird klar, wenn wir versuchen vom IQ der Kinder auf den IQ der Mütter zu schließen. Wir erhalten dabei exakt dieselben Zahlen: Kinder mit einem IQ von 130 haben Mütter mit einem mittleren IQ von 115, bei Kindern mit einem IQ von 70 beträgt der mittlere IQ der Mütter 85.)

Im Kasten „Der Regressionseffekt als Forschungsproblem" wird illustriert, dass die Regression zur Mitte auch zu Fehlinterpretationen von Ergebnissen aus Studien führen kann, in denen die Vorhersage einer Variablen gar keine zentrale Rolle spielt.

H I N T E R G R U N D

Der Regressionseffekt als Forschungsproblem Der Regressionseffekt ist auch bei der Planung und Interpretation von empirischen Studien relevant. Nehmen wir an, dass in einer Studie eine neue Methode zur Behandlung von besonders schweren Depressionen evaluiert werden soll. Für die Studie werden entsprechend solche Patienten ausgewählt, denen es aktuell besonders schlecht geht. Nach der Durchführung der Behandlung wird die Befindlichkeit der Patienten ein zweites Mal gemessen. Es zeigt sich eine deutliche Verbesserung. Lässt sich aus diesem Ergebnis schließen, dass die neue Behandlungsmethode wirkt? Ist die Studie also intern valide? Bei der Beantwortung dieser Frage müssen wir berücksichtigen, dass die Befindlichkeit von Patienten zu zwei unterschiedlichen Zeitpunkten sicher nicht perfekt korrelieren wird. Dies bedeutet nichts anderes, als dass ein Regressionseffekt auftreten wird: Patienten, denen es zu einem bestimmten Zeitpunkt besonders schlecht geht, werden zu einem späteren Zeitpunkt einen durchschnittlicheren „Befindlichkeits-Wert" aufweisen. In der Studie wäre also selbst dann eine Verbesserung zu erwarten, wenn überhaupt keine Behandlung stattfände. Die Wirksamkeit der neuen Behandlungsmethode lässt sich also nur dann überzeugend demonstrieren, wenn der Regressionseffekt kontrolliert wird. Dazu könnte eine nicht behandelte Kontrollgruppe von Patienten verwendet werden, denen es zu Beginn der Studie ebenfalls sehr schlecht geht (die Zuordnung von Patienten zu Experimental- und Kontrollgruppe sollte dabei nach Möglichkeit per Zufall erfolgen, siehe Kapitel 5). Die Wirksamkeit der Behandlung müsste sich dann darin zeigen, dass die Besserung in der Experimentalgruppe größer ausfällt als in der Kontrollgruppe.

8.1.9   Die Vorhersage von X aus Y

Wir haben in diesem Kapitel bisher stets eine Variable X als Prädiktor definiert (z.B. die Punkte in einer Statistikklausur oder den Konsum Gewalt darstellender Fernsehsendungen) und daraus eine Variable Y vorhergesagt (z.B. die Punkte in einer allgemeinpsychologischen Klausur oder die Aggressivität). Allerdings haben wir bereits mehrfach angedeutet, dass die Möglichkeit besteht, die Vorhersagerichtung umzukehren. Wir können also grundsätzlich auch die X-Variable aus der Y-Variablen vorhersagen. Die Formeln zur Berechnung der Regressionskoeffizienten b_{xy} und a_{xy}, die zur Vorhersage von X aus Y benötigt werden, lauten:

$$b_{xy} = \frac{\text{cov}(x,y)}{s_y^2} \quad \text{bzw.} \quad b_{xy} = r_{xy} \cdot \frac{s_x}{s_y} \quad \text{und} \quad a_{xy} = \bar{x} - b_{xy}\bar{y}$$

Verdeutlichen wir uns die „Umkehrung" der Vorhersagerichtung an einem Beispiel. Im Abschnitt 8.1.6 haben wir aus dem Konsum Gewalt darstellender Fernsehsendungen (X) die Aggressivität von Kindern (Y) vorhergesagt. Versuchen wir nun, anhand der Aggressivität der Kinder ihren Fernsehkonsum vorherzusagen. Die Korrelation zwischen den Variablen sowie ihre Mittelwerte und Standardabweichungen kennen wir bereits:

$$r_{xy} = 0{,}65; \quad \bar{x} = 4{,}9; \quad \bar{y} = 4; \quad s_x = 2{,}68; \; s_y = 1{,}87$$

Für die Vorhersage des Fernsehkonsums aus der Aggressivität erhalten wir also die folgenden Regressionskoeffizienten:

$$b_{xy} = r_{xy} \cdot \frac{s_x}{s_y} = 0{,}65 \cdot \frac{2{,}68}{1{,}87} = 0{,}93 \quad \text{und} \quad a_{xy} = \bar{x} - b_{xy}\bar{y} = 4{,}9 - 0{,}93 \cdot 4 = 1{,}18$$

Die Regressionsgerade ist somit durch die Gleichung $\hat{x}_i = 0{,}93 y_i + 1{,}18$ gegeben. Die Gleichung für die Vorhersage der Aggressivität aus dem Fernsehkonsum lautete $\hat{y}_i = 0{,}45 x_i + 1{,}80$. Die Gerade zur Vorhersage von X aus Y stimmt hier – und in den meisten Fällen – also nicht mit der Gerade zur Vorhersage von Y aus X überein. Die Steigung b der beiden Geraden wird nur dann identisch sein, wenn die beiden Variablen gleiche Standardabweichungen haben (also z.B. wenn wir mit z-standardisierten Variablen arbeiten). Inhaltlich erklärt sich der Unterschied zwischen den beiden Geraden daraus, dass das Kriterium der kleinsten Quadrate in einem Fall auf die Variable X und im anderen Fall auf die Variable Y angewendet wird: Bei der Vorhersage von y-Werten wird die Gerade so gelegt, dass die Summe der quadrierten Abweichungen zwischen den vorhergesagten $\hat{y}$-Werten und den tatsächlichen y-Werten minimal wird. Bei der Vorhersage der Variablen X wird hingegen die Summe der quadrierten Abweichungen zwischen den vorhergesagten $\hat{x}$-Werten und den tatsächlichen x-Werten minimiert.

In das Streudiagramm in ▶Abbildung 8.5 sind die beiden von uns ermittelten Regressionsgeraden eingezeichnet. Sie können in der Abbildung erkennen, dass sich die beiden Geraden am Punkt $x = 4{,}9$ und $y = 4$ schneiden. Diese Koordinaten sind identisch mit den Mittelwerten der beiden Variablen. Dies ist kein Zufall: Jede Regressionsgerade verläuft durch den Punkt, der durch die Mittelwerte der beiden Variablen definiert ist. Dies bedeutet, dass für Personen, die auf einer Variablen eine durchschnittliche Ausprägung aufweisen, stets auch eine durchschnittliche Ausprägung auf der anderen Variablen vorhergesagt wird.

Der Hauptpunkt, den Sie aus diesem Abschnitt mitnehmen sollten, besteht darin, dass die Regressionsrechnung im Prinzip symmetrisch ist: Wenn sich die Variable Y aus X vorhersagen lässt, dann kann auch die Variable X aus Y vorhergesagt werden. Die Regressionsrechnung führt dabei auch in beiden Richtungen zu gleich guten Vorhersagen (siehe Abschnitt 8.2.2 über den Determinationskoeffizienten). Natürlich wird in der Praxis zumeist nur eine Vorhersagerichtung betrachtet. Die Festlegung darüber, welche Variable als Prädiktor genutzt wird, wird dabei – wie wir bereits erläutert haben – in vielen Fällen auch aus praktischen Erwägungen erfolgen. Es hätte wenig Sinn, von der Studienleistung auf die Abiturnote oder von der Arbeitsleistung auf das Ergebnis in einem Einstellungstest zurück zu schließen. In entsprechenden Studien besteht das Ziel offensichtlich darin, Ereignisse vorherzusagen, die tatsächlich in der Zukunft liegen. In anderen Fällen wird die Auswahl des Prädiktors auf inhaltlichen theoretischen Überlegungen gründen: Sofern eine fundierte Theorie nahelegt, dass die Ausprägung einer bestimmten Variablen eine andere Variable ursächlich beeinflusst, wird man die Ursache als Prädiktor verwenden. Für die statistische Technik der Regressionsrechnung ist die zeitliche Abfolge der Variablen oder die Art ihrer Kausalbeziehung aber vollkommen unerheblich. Das heißt auch, dass sich eine Annahme über eine bestimmte Kausalbeziehung zwischen zwei Variablen durch die Regressionsrechnung (ebenso wie durch die Korrelationsrechnung) nicht belegen lässt: Die Vorhersage des Fernsehkonsums aufgrund der Aggressivität führt in jedem Fall zu ebenso guten Ergebnissen wie die Vorhersage der Aggressivität aufgrund des Fernsehkonsums.

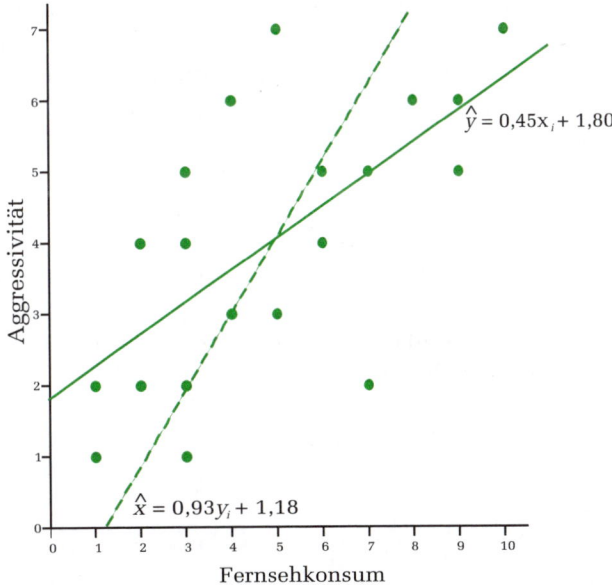

Abbildung 8.5: Die Regressionsgeraden zur Vorhersage der Aggressivität (Y) anhand des Fernsehkonsums (X) und zur Vorhersage des Fernsehkonsums anhand der Aggressivität.

8.2   Die Güte der Vorhersage

Eine Regressionsanalyse könnten wir im Prinzip auch mit zwei völlig beliebig ausgewählten Variablen durchführen. Das Ergebnis wäre stets eine Regressionsgerade, die die bestmöglichen Vorhersagen der y-Werte aufgrund der x-Werte spezifiziert. Allerdings ist diese Vorhersage – sofern die X- und die Y-Variable nicht perfekt korrelieren – stets fehlerhaftet: Die tatsächlichen Werte werden nicht genau mit den vorhergesagten Werten übereinstimmen. Nachdem wir eine Regressionsgerade berechnet haben, stellt sich also die Frage, wie gut oder exakt die Vorhersagen sind, die diese Regressionsgerade liefert.

Eine erste Möglichkeit sich dieser Frage anzunähern, besteht darin, sich eine grafische Übersicht über die Vorhersagefehler (die auch als *Residuen* bezeichnet werden) zu verschaffen. Zu diesem Zweck kann man ein so genanntes Residuen-Plot verwenden. Die ▶Abbildung 8.6b zeigt ein solches Residuen-Plot für die Daten aus unserem Klausurnoten-Beispiel. Im Streudiagramm in ▶Abbildung 8.6a finden Sie zunächst noch einmal die schon bekannte Regressionsgerade zur Vorhersage des Punktwerts in einer allgemeinpsychologischen Klausur aufgrund des Ergebnisses in einer Statistikklausur. In diesem Streudiagramm haben wir einen Punkt durch einen Pfeil markiert. Dieser Punkt stammt von einer Person, die in der Statistikklausur 6 Punkte und in der allgemeinpsychologischen Klausur 10 Punkte erzielte. Anhand der Regressionsgerade können wir den vorhergesagten Punktwert in der allgemeinpsychologischen Klausur für diese Person bestimmen: Er liegt bei 8,74 (diesen exakten, vorhergesagten Wert haben wir bereits in der Tabelle 8.2 berechnet). Der Vorhersagefehler bei dieser Person beträgt also 10 − 8,74 = 1,26. Im Residuen-Plot (Abbildung 8.6b) werden die Vorhersagefehler nun auf der y-Achse abgetragen. Auf der x-Achse befinden sich die Punktwerte in der Statistikklausur (im Allgemeinen: die Werte des Prädiktors). Der in Abbildung 8.6b durch den Pfeil markierte Punkt zeigt also den Vorhersagefehler bei der von uns betrachteten Person. Generell lässt sich einem Residuen-Plot somit entnehmen, bei welchen Werten des Prädiktors, welche Vorhersagefehler aufgetreten sind. In unserem Residuen-Plot wird beispielsweise ersichtlich, dass bei einer Person, die in der Statistikklausur 8 Punkte erzielte, ein Vorhersagefehler von etwa −6 aufgetreten ist. Das tatsächliche Ergebnis dieser Person in der allgemeinpsychologischen Klausur lag also um 6 Punkte unter dem vorhergesagten Wert. Die Vorhersagefehler in einem Residuen-Plot streuen stets um ihren Mittelwert von 0 (der Mittelwert der Vorhersagefehler beträgt in *jeder* Regressionsanalyse 0, siehe Abschnitt 8.2.1). Grundsätzlich sollten die Vorhersagefehler natürlich durchgehend möglichst klein sein. Im Idealfall einer perfekten Vorhersage würden gar keine Vorhersagefehler auftreten und somit alle Residuen den Wert 0 annehmen.

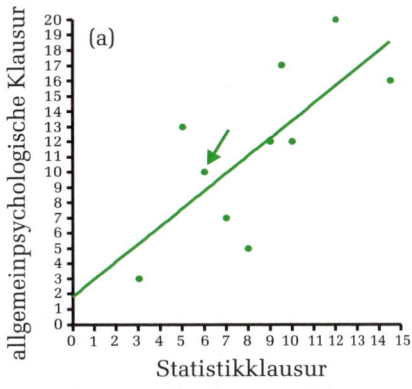 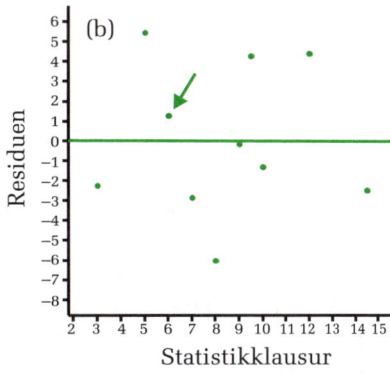

Abbildung 8.6: Das Streudiagramm in Abbildung (a) zeigt noch einmal die Regressionsgerade zur Vorhersage des Ergebnisses in einer allgemeinpsychologischen Klausur aufgrund des Ergebnisses in einer Statistikklausur. Das Residuen-Plot in Abbildung (b) illustriert die Vorhersagefehler in dieser Regressionsanalyse.

Jenseits einer rein graphischen Darstellung der Vorhersagefehler lässt sich die Güte der Vorhersage in einer Regressionsanalyse aber auch in Maßzahlen ausdrücken. Zu diesem Zweck werden zumeist zwei Gütemaße verwendet: Der Determinationskoeffizient und der Standardschätzfehler. Bevor wir diese Maße erläutern können, müssen wir zunächst auf das Konzept der *Varianzzerlegung* eingehen.

8.2.1 Varianzzerlegung

Das Ziel der Regressionsrechnung ist hinfällig, wenn wir eine Y-Variable betrachten, auf der alle Personen dieselbe Ausprägung aufweisen. Stellen wir uns etwa vor, dass alle Teilnehmer einer allgemeinpsychologischen Klausur das gleiche Ergebnis erzielen. In diesem Fall wäre es sinnlos zunächst nach dem Punktwert eines Studenten in der Statistikklausur zu fragen, um sein Ergebnis in allgemeiner Psychologie vorherzusagen: Alle Studenten haben in der allgemeinpsychologischen Klausur dieselbe Punktzahl, völlig egal, wie sie in der Statistikklausur abgeschnitten haben. In der Regressionsanalyse kann es also nur darum gehen, *Unterschiede* zwischen Personen auf der Y-Variablen vorherzusagen. Ein Maß für die Unterschiedlichkeit der Werte auf einer Variablen ist die Varianz. Werfen wir noch einmal einen Blick auf die Formel für die Varianz der Variablen Y:

$$s_y^2 = \frac{\sum_i^n (y_i - \bar{y})^2}{n}$$

Wie die Formel zeigt, beruht die Varianz auf der Differenz $y_i - \bar{y}$, also auf der Abweichung der Messwerte der einzelnen Personen vom Mittelwert der Variablen. Diese Differenz wird quadriert, über alle Personen aufsummiert und schließlich durch die Anzahl der Personen geteilt.

In der Regressionsrechnung kann nun die Abweichung des Messwerts einer Person vom Mittelwert in zwei Komponenten zerlegt werden: in die Abweichung des tatsächlichen Werts vom vorhergesagten Wert $(y_i - \hat{y}_i)$ und die Abweichung des vorhergesagten Werts vom Mittelwert $(\hat{y}_i - \bar{y})$. Es gilt also:

$$y_i - \bar{y} = (y_i - \hat{y}_i) + (\hat{y}_i - \bar{y})$$

Im Streudiagramm in ▶Abbildung 8.7 wird diese Zerlegung für einen Datenpunkt demonstriert. Das Streudiagramm enthält noch einmal die Daten aus unserem Klausurnotenbeispiel. Der markierte Datenpunkt stammt von einer Person, die in der Statistikklausur 12 Punkte und in der allgemeinpsychologischen Klausur 20 Punkte erreichte. Die durchschnittliche Punktzahl in der allgemeinpsychologischen Klausur betrug 11,5. Der Punktwert der von uns betrachteten Person in der allgemeinpsychologischen Klausur weicht also um 20 − 11,5 = 8,5 Punkte vom Mittelwert ab. Anhand der Regressionsgerade können wir ablesen, dass für diese Person ein Punktwert von 15,64 vorhergesagt wird. Die Abweichung des vorhergesagten Werts vom Mittelwert beläuft sich also auf 15,64 − 11,5 = 4,14. Die Abweichung des tatsächlichen Werts vom vorhergesagten Wert beträgt 20 − 15,64 = 4,36. Insgesamt erhalten wir also:

$$20 - 11,5 = (20 - 15,64) + (15,64 - 11,5) = 8,5$$

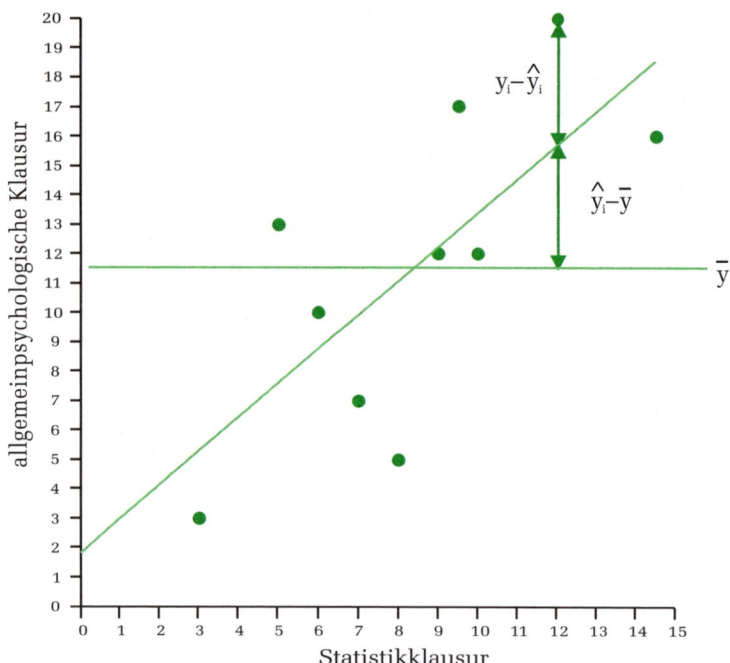

Abbildung 8.7: Vorhergesagte $(\hat{y}_i - \bar{y})$ und nicht vorhergesagte $(y_i - \hat{y}_i)$ Abweichung eines Datenpunkts vom Mittelwert der Y-Variablen in der Regressionsanalyse.

Dass diese Zerlegung in zwei Komponenten generell funktioniert, ist kaum verwunderlich: Der vorhergesagte y-Wert wird einmal subtrahiert und einmal dazu addiert. Relevant wird die Zerlegung dadurch, dass wir den beiden Komponenten unterschiedliche Bedeutungen zuschreiben können. Mit der Bedeutung der Differenz zwischen dem tatsächlichen Wert und dem vorhergesagten Wert ($y_i - \hat{y}_i$) sind Sie bereits vertraut: Sie entspricht dem Vorhersagefehler (e_i) und kennzeichnet damit diejenige Abweichung des Messwerts von seinem Mittelwert, die durch die Regressionsanalyse *nicht* prognostiziert werden kann. Die Differenz zwischen dem vorhergesagten Wert und dem Mittelwert ($\hat{y}_i - \overline{y}$) entspricht hingegen offensichtlich derjenigen Abweichung des Messwerts vom Mittelwert, die aufgrund der Regressionsanalyse zu erwarten ist.

Die Gütemaße in der Regressionsanalyse – der Determinationskoeffizient und der Standardschätzfehler – beruhen auf diesen vorhergesagten und nicht vorhergesagten Abweichungen der Messwerte von ihrem Mittelwert. Sie beziehen sich dabei natürlich nicht auf einen einzelnen Messwert, sondern auf den gesamten Datensatz, der in der Regressionsanalyse untersucht wurde. Wir wollen also Aussagen über das Ausmaß der vorhergesagten und nicht vorhergesagten Abweichungen in der gesamten von uns untersuchten Stichprobe treffen. Dazu können wir die entsprechenden Abweichungen ($\hat{y}_i - \overline{y}$) und ($y_i - \hat{y}_i$) der einzelnen Messwerte nicht einfach summieren. Der Grund liegt darin, dass sich in beiden Fällen positive und negative Abweichungen zu Null addieren würden. Sie haben bereits in Kapitel 6 gesehen, dass die Summe der Abweichungen von Messwerten von ihrem Mittelwert immer Null beträgt. Für die vorhergesagten $\hat{y}$-Werte gilt nun, dass ihr Mittelwert grundsätzlich mit dem Mittelert $\overline{y}$ der Kriteriumsvariablen übereinstimmt. Folglich gilt auch stets:

$$\sum_i^n (\hat{y}_i - \overline{y}) = 0$$

Dass auch die Summe der Abweichungen zwischen tatsächlichen und vorhergesagten Werten Null beträgt, ist eine Eigenschaft der Regressionsgeraden. Bei einer Geraden, die das Kriterium der kleinsten Quadrate erfüllt – bei der also die Summe der *quadrierten* Abweichungen zwischen vorhergesagten und tatsächlichen Werten minimal wird –, ist die Summe der Vorhersagefehler immer Null:

$$\sum_i^n (y_i - \hat{y}_i) = \sum_i^n e_i = 0$$

Das heißt natürlich auch, dass der Mittelwert der Vorhersagefehler $\overline{e}_i$ in jeder Regressionsanalyse Null beträgt.

Um zu verhindern, dass sich positive und negative Abweichungen ausgleichen, wird dieselbe Lösung gewählt wie bei der Bestimmung der Varianz der y-Werte: Die Abweichungen werden zunächst quadriert. Auf der Grundlage der quadrierten Abweichungen können wir dann zwei weitere Varianzen bestimmen: Die Varianz der vorhergesagten Werte $s_{\hat{y}}^2$ und die Varianz der Vorhersagefehler s_e^2.

$$s_{\hat{y}}^2 = \frac{\sum_i^n (\hat{y}_i - \bar{y})^2}{n} \quad \text{und} \quad s_e^2 = \frac{\sum_i^n (y_i - \hat{y}_i)^2}{n}$$

Die Varianz der vorhergesagten Werte ($s_{\hat{y}}^2$) wird auch als *Regressionsvarianz* bezeichnet. Es handelt sich um die Varianz der Kriteriumsvariablen Y, die in der Regressionsrechnung vorhergesagt werden kann (man spricht auch von der durch den Prädiktor X „aufgeklärten" Varianz oder der „gemeinsamen" Varianz von Prädiktor und Kriterium). Die Varianz der Vorhersagefehler (s_e^2) entspricht der Varianz der tatsächlichen y-Werte um die vorhergesagten Werte, also um die Regressionsgerade. Diese *Fehlervarianz* repräsentiert somit die Varianz der Kriteriumsvariablen Y, die in der Regressionsrechnung nicht vorhergesagt werden kann.

Man kann nun zeigen, dass die Gesamtvarianz der y-Werte gleich der Summe der Regressionsvarianz und der Fehlervarianz ist (eine Herleitung findet man z.B. bei Bortz, 2005). Anders ausgedrückt: Die Gesamtvarianz kann in der gleichen Weise in zwei Komponenten zerlegt werden wie die Abweichung eines einzelnen y-Messwerts vom Mittelwert:

$$\frac{\sum_i^n (y_i - \bar{y})^2}{n} = \frac{\sum_i^n (\hat{y}_i - \bar{y})^2}{n} + \frac{\sum_i^n (y_i - \hat{y}_i)^2}{n} \quad oder:$$

$$s_y^2 = s_{\hat{y}}^2 + s_e^2$$

Um das Vorgehen bei der Varianzzerlegung zu demonstrieren, greifen wir noch einmal auf unser „Klausurpunkte-Beispiel" zurück. In der 5. und 6. Spalte der ▶Tabelle 8.3 finden Sie die Abweichungen der vorhergesagten Punktwerte in der allgemeinpsychologischen Klausur vom Mittelwert und die Abweichungen der tatsächlichen von den vorhergesagten Punktwerten. Die Spalten 7 und 8 enthalten die entsprechenden quadrierten Abweichungen. Aus den Summen dieser quadrierten Abweichungen können wir leicht die Regressionsvarianz und die Fehlervarianz berechnen:

$$s_{\hat{y}}^2 = \frac{\sum_i^n (\hat{y}_i - \bar{y})^2}{n} = \frac{136,17}{10} = 13,62 \quad \text{und} \quad s_e^2 = \frac{\sum_i^n (y_i - \hat{y}_i)^2}{n} = \frac{126,02}{10} = 12,60$$

Anhand des Ergebnisses dieser Berechnungen können wir zudem illustrieren, dass die Summe der Regressionsvarianz und der Fehlervarianz der Gesamtvarianz entspricht. Die Gesamtvarianz der Punktwerte in der allgemeinpsychologischen beträgt $s_y^2 = 26,25$ (siehe Tabelle 8.2). Als Summe der Regressionsvarianz und der Fehlervarianz erhalten wir im Beispiel 13,62 + 12,60 = 26,22. Die geringe Abweichung zwischen dieser Summe und der Gesamtvarianz erklärt sich ausschließlich durch Rundungsfehler.

Tabelle 8.3

Zwischenschritte bei der Berechnung der Regressionsvarianz und der Fehlervarianz im „Klausurpunkte-Beispiel"*

Teilneh-mer-Nr.	Statistik-klausur (x_i)	allgemein-psych. Klausur (y_i)	$\hat{y}_i$	$\hat{y}_i - \bar{y}$	$y_i - \hat{y}_i$	$(\hat{y}_i - \bar{y})^2$	$(y_i - \hat{y}_i)^2$
1	7	7	9,89	−1,61	−2,89	2,59	8,35
2	3	3	5,29	−6,21	−2,29	38,56	5,24
3	8	5	11,04	−0,46	−6,04	0,21	36,48
4	6	10	8,74	−2,76	1,26	7,62	1,59
5	9	12	12,19	0,69	−0,19	0,48	0,04
6	5	13	7,59	−3,91	5,41	15,29	29,27
7	10	12	13,34	1,84	−1,34	3,39	1,80
8	14,5	16	18,52	7,02	−2,52	49,28	6,35
9	9,5	17	12,77	1,27	4,23	1,61	17,89
10	12	20	15,64	4,14	4,36	17,14	19,01
	$\Sigma = 84$	$\Sigma = 115$	$\Sigma = 115$	$\Sigma = 0$	$\Sigma = 0$	$\Sigma = 136,17$	$\Sigma = 126,02$
	$\bar{x} = 8,4$	$\bar{y} = 11,5$					

* Wenn Sie die Berechnungen in der Tabelle nachprüfen, werden Sie feststellen, dass die Summen der Abweichungen der vorhergesagten Werte vom Mittelwert und der tatsächlichen Werte von den vorhergesagten Werten nicht exakt Null betragen. Dies erklärt sich durch Rundungsfehler bei der Berechnung der vorhergesagten Werte.

8.2.2 Der Determinationskoeffizient r^2

Fassen wir noch einmal zusammen: Die Regressionsrechnung zielt darauf, die Unterschiede zwischen Personen in der Kriteriumsvariablen Y möglichst vollständig vorherzusagen. Ein Maß für die Unterschiede zwischen Personen auf der Y-Variablen ist die Gesamtvarianz. Die Regressionsvarianz gibt an, wie viel Varianz der Y-Variablen durch die Regression tatsächlich vorhergesagt werden kann. Ein Maß für die Güte der Vorhersage ist nun der Determinationskoeffizient. Er entspricht dem Anteil der Regressionsvarianz an der Gesamtvarianz:

$$\frac{\text{Regressionsvarianz}}{\text{Gesamtvarianz}} = \frac{s_{\hat{y}}^2}{s_y^2}$$

In unserem Klausurnotenbeispiel ergibt sich damit der folgende Determinationskoeffizient:

$$\frac{s_{\hat{y}}^2}{s_y^2} = \frac{13,62}{26,25} = 0,52$$

52% der Varianz der Punktwerte in der allgemeinpsychologischen Klausur können also aus den Ergebnissen der Studierenden in der Statistikklausur vorhergesagt (oder „aufgeklärt") werden.

Bei der Durchführung einer Regressionsanalyse können wir uns die Bestimmung des Determinationskoeffizienten bedeutend erleichtern, indem wir auf die Korrelation zwischen dem Prädiktor und der Kriteriumsvariablen zurückgreifen. Die recht aufwändige Berechnung der Regressionsvarianz, die wir in Tabelle 8.3 vorgenommen haben, ist daher in der Regel nicht notwendig. Zwischen der Regressionsvarianz und der Korrelation besteht folgende Beziehung:

$$s_{\hat{y}}^2 = r^2 \cdot s_y^2$$

Die Regressionsvarianz entspricht also dem Produkt des quadrierten Korrelationskoeffizienten mit der Gesamtvarianz. Wenn wir diese Formel umstellen, erhalten wir:

$$r^2 = \frac{s_{\hat{y}}^2}{s_y^2}$$

Der quadrierte Korrelationskoeffizient gibt demnach direkt den Anteil der vorhergesagten Varianz an der Gesamtvarianz an und ist somit identisch mit dem Determinationskoeffizienten.

Verdeutlichen wir uns auch dies anhand der Daten aus dem Klausurpunkte-Beispiel. Im Rechenbeispiel 8.1 haben wir bereits die Varianz der Punktwerte in der Statistikklausur und der allgemeinpsychologischen Klausur sowie zudem die Kovarianz beider Variablen bestimmt:

$$s_x^2 = 10,29 \qquad s_y^2 = 26,25 \qquad \text{cov}(x,y) = 11,85$$

Aus diesen Größen können wir die Korrelation zwischen den Punktwerten in der Statistikklausur und der allgemeinpsychologischen Klausur berechnen (siehe Abschnitt 7.3):

$$r_{xy} = \frac{\text{cov}(x,y)}{s_x \cdot s_y} = \frac{11,85}{\sqrt{10,29} \cdot \sqrt{26,25}} = 0,72$$

Wenn wir diesen Korrelationskoeffizienten quadrieren, erhalten wir erneut den oben bereits auf umständlicherem Wege berechneten Determinationskoeffizienten:

$$r^2 = 0,72^2 = 0,52$$

Aus der Beziehung zwischen der Korrelation und dem Determinationskoeffizienten wird ersichtlich, dass wir im Falle eines perfekten Zusammenhangs ($r = 1$ oder $r = -1$) zwischen zwei Variablen einen Determinationskoeffizienten von 1 finden werden. Dies ist auch inhaltlich sinnvoll: Bei einem perfekten Zusammenhang liegen alle Messwerte exakt auf der Regressionsgeraden. In diesem Fall werden die Messwerte also vollständig korrekt vorhergesagt. Die Fehlervarianz beträgt somit Null und die vorhergesagte Varianz stimmt mit der Gesamtvarianz überein. Sofern hingegen zwischen den beiden untersuchten Variablen gar kein Zusammenhang besteht ($r = 0$), nimmt auch der Determinationskoeffizient den Wert Null an. In diesem Fall wird unabhängig vom Wert der X-Variablen stets der Mittelwert $\bar{y}$ der Kriteriumsvariablen vorhergesagt. Da somit alle vorhergesagten Werte $\hat{y}_i$ gleich sind, beträgt die vorhergesagte Varianz 0 und die Fehlervarianz stimmt mit der Gesamtvarianz überein.

Aus der Tatsache, dass der Determinationskoeffizient dem quadrierten Korrelationskoeffizienten zweier Variablen entspricht, ergibt sich zudem, dass wir stets den gleichen Determinationskoeffizienten finden werden, unabhängig davon, welche der beiden Variablen wir als Prädiktor und welche wir als Kriterium betrachten. Bei der Vorhersage von Y aus X werden wir (in aller Regel) zwar eine andere Regressionsgerade errechnen als bei der Vorhersage von X aus Y. Beide Regressionsgeraden sind aber mit dem gleichen Determinationskoeffizienten verbunden und liefern somit gleich gute Vorhersagen. Wenn wir also anhand der Punkte in einer Statistikklausur 52% der Varianz der Ergebnisse in einer allgemeinpsychologischen Klausur vorhersagen können, so gilt auch das Umgekehrte: 52% der Varianz der Punktwerte in der Statistikklausur können aus den Ergebnissen in allgemeiner Psychologie vorhergesagt werden.

Im Kasten „Der Determinationskoeffizient als Maß der Fehlerreduktion" wird eine weitere Interpretationsmöglichkeit des Determinationskoeffizienten erläutert.

HINTERGRUND

Der Determinationskoeffizient als Maß der Fehlerreduktion Der Determinationskoeffizient kann auch als Maß dafür interpretiert werden, wie stark die Vorhersagefehler durch die Regressionsanalyse verringert werden können. Den Bezugspunkt bilden dabei die Fehler, die bei einer Vorhersage *ohne* Berücksichtigung des Prädiktors auftreten würden. Verdeutlichen wir uns dies an unserem Klausurpunkte-Beispiel. Nehmen wir an, wir sollten die Punkte von 10 Studierenden in einer allgemeinpsychologischen Klausur vorhersagen, ohne dass uns irgendeine weitere Information über die Studierenden zur Verfügung steht. Das bestmögliche Vorgehen bestünde in diesem Fall darin, bei jedem der Studierenden vorherzusagen, dass sein Punktwert dem durchschnittlichen Ergebnis in der allgemeinpsychologischen Klausur entsprechen wird. Diese Vorhersage ist natürlich nicht sonderlich gut, einige Studierende werden Punktzahlen erreichen, die deutlich über oder unter dem Mittelwert liegen. Mit einiger Wahrscheinlichkeit entspricht der Punktwert von gar keinem Studierenden exakt dem Mittelwert. Ein Maß für die Gesamtheit der Fehler ist in diesem Fall die Varianz der Punktwerte der Studierenden, die auf den quadrierten Abweichungen der Punktwerte vom Mittelwert beruht. Die Frage ist nun, wie deutlich sich die Vorhersage verbessert, wenn wir auf Informationen über die Ergebnisse der Studierenden in einer Statistikklausur zurückgreifen können. In diesem Fall erhalten wir die bestmöglichen Vorhersagen mit Hilfe einer Regressionsanalyse. Da die Ergebnisse in beiden Klausuren korrelieren, werden wir anhand der Regressionsgerade nicht mehr bei jedem Studierenden denselben Punktwert vorhersagen. Aber auch die Vorhersage auf Basis der Statistikklausur ist fehlerbehaftet. Ein Maß für die Gesamtheit der Fehler ist in diesem Fall die Fehlervarianz, die auf den quadrierten Abweichungen der tatsächlichen Punktwerte von den vorhergesagten Punktwerten beruht. In diesem Beispiel haben wir sowohl die Varianz als auch die Fehlervarianz schon bestimmt ($s_y^2 = 26,25$ und $s_e^2 = 12,60$). Der Anteil der Fehlervarianz an der Gesamtvarianz beträgt demnach $12,60 / 26,25 = 0,48$. Die Gesamtheit der Fehler, die bei der Vorhersage anhand der Ergebnisse der Statistikklausur auftreten, beläuft sich also auf 48% der Fehler, die bei einer Vorhersage ohne Information über die Statistikklausur resultieren würden. ▶

▶Fortsetzung

Dies bedeutet natürlich auch, dass die Gesamtheit der Vorhersagefehler um 52% reduziert wurde. Dass dieser Wert von 52% mit dem oben ermittelten Determinationskoeffizienten von $r^2 = 0{,}52$ übereinstimmt, ist kein Zufall. Die Regressionsvarianz und die Fehlervarianz addieren sich zur Gesamtvarianz ($s_{\hat{y}}^2 + s_e^2 = s_y^2$). Somit summieren sich die Anteile der Regressionsvarianz und der Fehlervarianz an der Gesamtvarianz zu 1 ($s_{\hat{y}}^2 / s_y^2 + s_e^2 / s_y^2 = 1$). Der Anteil der Regressionsvarianz an der Gesamtvarianz ist aber identisch mit dem Determinationskoeffizienten. Der Determinationskoeffizient gibt also an, um wie viel Prozent sich der Vorhersagefehler verringert, wenn bei der Vorhersage des Kriteriums der Prädiktor berücksichtigt wird.

8.2.3 Der Standardschätzfehler

Als Maß für die Vorhersagefehler in einer Regressionsanalyse haben wir bisher die Fehlervarianz s_e^2 verwendet. Die Fehlervarianz hat allerdings den Nachteil, dass sie nicht in den ursprünglichen Maßeinheiten der Kriteriumsvariablen, sondern in deren Quadrat ausgedrückt ist. Quadrierte Maßeinheiten sind offensichtlich nur schwer interpretierbar. Allerdings lässt sich dieses Problem sehr leicht lösen. Wir erhalten ein Maß in den ursprünglichen Einheiten, wenn wir die Wurzel aus der Fehlervarianz ziehen. Das Resultat ist der Standardschätzfehler s_e:

$$s_e = \sqrt{s_e^2} = \sqrt{\frac{\sum_{i}^{n}(y_i - \hat{y}_i)^2}{n}}$$

Der Standardschätzfehler gibt an, wie stark die tatsächlichen Werte um die von der Regressionsgeraden vorhergesagten Werte streuen. Er ist das zweite gebräuchliche Maß für die Güte der Vorhersage: Je kleiner der Standardschätzfehler, desto weniger weichen die tatsächlichen Werte von den vorhergesagten Werten ab und desto genauer ist folglich die Vorhersage.

Ähnlich wie bei der Berechnung des Determinationskoeffizienten sind wir auch bei der Berechnung des Standardschätzfehlers nicht darauf angewiesen, die einzelnen Abweichungen der tatsächlichen Werte von den vorhergesagten Werten zu bestimmen, zu quadrieren und aufzusummieren. Eine erheblich einfachere Berechnungsmöglichkeit ergibt sich, wenn wir auf die Korrelation zwischen Prädiktor und Kriterium zurückgreifen:

$$s_e = s_y \sqrt{1 - r^2}$$

Aus dieser Formel lässt sich ersehen, dass der Standardschätzfehler Null beträgt, wenn zwischen Prädiktor und Kriterium eine perfekte Korrelation ($r = 1$ oder $r = -1$) besteht. In diesem Fall gibt es keine Abweichungen der tatsächlichen Werte von den vorhergesagten Werten und somit auch keine Streuung um die Regressionsgerade. Korrelieren Prädiktor und Kriterium hingegen gar nicht ($r = 0$), so ist der Standardschätzfehler identisch mit der Standardabweichung der Kriteriumsvariablen.

Im Klausurnotenbeispiel beträgt die Standardabweichung der Punktwerte in der allgemeinpsychologischen Klausur $s_y = 5{,}12$ (siehe Tabelle 8.2). Die Korrelation zwischen den Punktwerten in der allgemeinpsychologischen Klausur und der Statistikklausur lag bei $r = 0{,}72$. Wir erhalten also den folgenden Standardschätzfehler:

$$s_e = 5{,}12 \cdot \sqrt{1 - 0{,}72^2} = 3{,}55$$

Die tatsächlichen Punktwerte in der allgemeinpsychologischen Klausur weichen also im Betrag durchschnittlich um etwa 3,55 Punkte von den vorhergesagten Punktwerten ab.[4]

Aus der Formel $s_e = s_y \sqrt{1 - r^2}$ wird auch deutlich, dass der Standardschätzfehler von der Standardabweichung der Kriteriumsvariablen Y und damit von der Maßeinheit abhängt, mit der diese Variable erfasst wurde. Nehmen wir an, dass die Dozentin, die die allgemeinpsychologische Klausur korrigiert, sich dazu entschließt, bei jeder Aufgabe die doppelte Punktzahl zu vergeben. Dies hätte zur Folge, dass sich auch die Standardabweichung der Punktwerte verdoppelt. Wir würden somit auch einen verdoppelten Standardschätzfehler von 7,10 Punkten finden. Diese Abhängigkeit des Standardschätzfehlers von der Maßeinheit der Kriteriumsvariablen kann zu Problemen bei seiner Interpretation führen: Wenn die Maßeinheit willkürlich gewählt wird und keine festgelegte Bedeutung hat, lässt sich die Größe des Standardschätzfehlers ohne zusätzliche Informationen kaum beurteilen. In anderen Worten: Wir benötigen eine Vorstellung davon, ob ein Unterschied von einem Punkt in der Klausur einen großen oder kleinen Leistungsunterschied anzeigt, um einschätzen zu können, ob der Standardschätzfehler von 3,55 Punkten beträchtliche oder vernachlässigbare Vorhersagefehler kennzeichnet. Sofern in der Regressionsanalyse jedoch eine Kriteriumsvariable betrachtet wird, die mit einer „etablierten" Maßeinheit gemessen wird, liefert der Standardschätzfehler eine recht anschauliche Aussage über die Güte der Vorhersage. Ein Beispiel: Im Abschnitt 8.1.8 haben wir die Körpergröße von Söhnen anhand der Körpergröße ihrer Väter vorhergesagt. Wir sind dabei davon ausgegangen, dass beide Variablen mit $r = 0{,}6$ korrelieren und dass die Standardabweichung der Körpergröße der Söhne $s_y = 10$ cm beträgt. In diesem Beispiel beläuft sich der Standardfehler also auf:

$$s_e = 10 \cdot \sqrt{1 - 0{,}6^2} = 8$$

Die tatsächlichen Körpergrößen der Söhne streuen also um 8cm um die vorhergesagten Körpergrößen.

---

4 Diese Beschreibung ist mathematisch natürlich nicht ganz korrekt. Da bei der Berechnung des Standardschätzfehlers die Abweichungen zwischen tatsächlichen und vorhergesagten Werten zunächst quadriert werden und erst nach einer Aggregierung dieser quadrierten Abweichungen die Wurzel gezogen wird, werden große Abweichungen stärker gewichtet als kleine. Dies führt dazu, dass der Standardschätzfehler stets (zumindest etwas) größer ausfällt als der tatsächliche Durchschnitt der Beträge der Abweichungen.

8.3   Probleme und Verzerrungen in der Regressionsrechnung

Wir sind im Kapitel 7 ausführlich auf mögliche Probleme bei der Interpretation und Berechnung des Korrelationskoeffizienten eingegangen. Inzwischen sollte Ihnen deutlich geworden sein, dass die Korrelationsrechnung und die Regressionsrechnung sehr eng „verzahnt" sind. Sowohl die Regressionskoeffizienten b_{yx} und a_{yx} als auch die Gütemaße der Vorhersage hängen von der Korrelation zwischen Prädiktor und Kriterium ab. Dies bedeutet natürlich auch, dass alle Umstände, die zu Verzerrungen des Korrelationskoeffizienten führen, auch die Ergebnisse der Regressionsanalyse verfälschen. Dies betrifft zunächst die „Form" des Zusammenhangs zwischen Prädiktor und Kriterium. Der Korrelationskoeffizient stellt nur dann ein adäquates Maß für den Zusammenhang zwischen zwei Variablen dar, wenn dieser Zusammenhang linear ist. Wie der Name schon sagt, gilt diese Einschränkung auch für die lineare Regression. Es hätte wenig Sinn, eine Regressionsgerade durch eine Punktwolke zu legen, die die Form einer Kurve beschreibt.[5] Wir würden uns damit zu Vorhersagen zwingen, die systematisch von den bestmöglichen Vorhersagen abweichen. Ähnliches gilt, wenn Ausreißer auftreten, die Variabilität in der untersuchten Stichprobe eingeschränkt ist oder heterogene Untergruppen zusammengefasst werden (siehe Abschnitt 7.4). In allen diesen Fällen würden wir in der Regressionsanalyse verzerrte Regressionskoeffizienten ermitteln und die Güte der Vorhersage anhand des Determinationskoeffizienten und des Standardschätzfehlers falsch beurteilen. Diese Einschränkungen betreffen zudem nicht nur die einfache Regression, sondern auch die multiple Regression, die wir im nächsten Abschnitt behandeln werden.

Schließlich sei noch einmal daran erinnert, dass das Ergebnis einer Regressionsanalyse alleine keinen Aufschluss über die Kausalbeziehung zwischen Prädiktor und Kriterium gibt. Auch wenn die Regressionsanalyse zeigt, dass eine sehr gute Vorhersage des Kriteriums erreicht wird, lässt sich daraus nicht ableiten, dass der Prädiktor das Kriterium ursächlich beeinflusst. Die Gründe dafür sind dieselben wie in der Korrelationsanalyse (siehe Abschnitt 7.5): Sofern die Daten nicht in einem experimentellen Design erhoben werden, bleibt die Kausalrichtung ungeklärt und es kann nicht ausgeschlossen werden, dass der Zusammenhang zwischen Prädiktor und Kriterium durch eine dritte, ursächlich verantwortliche Variable vermittelt wird.

8.4   Ein Ausblick auf die multiple Regression

Bisher sind wir stets davon ausgegangen, dass eine Kriteriumsvariable anhand *eines* Prädiktors vorhergesagt wird – wir haben uns also im Rahmen der *einfachen* linearen Regression bewegt. Eine nahe liegende Erweiterung dieses Ansatzes besteht darin, mehrere Prädiktoren zu verwenden, um die Vorhersage zu verbessern. Beispielsweise

---

5   Sie werden in Kapitel 20 Möglichkeiten kennen lernen, kurvilineare Zusammenhänge in lineare zu transformieren. Die so transformierten Zusammenhänge können dann mit der hier behandelten linearen Regression weiter analysiert werden.

können wir davon ausgehen, dass wir zu genaueren Vorhersagen der Punktwerte in einer allgemeinpsychologischen Klausur kommen werden, wenn wir neben den Ergebnissen in einer Statistikklausur auch die Vorbereitungszeit der Studierenden, ihre Motivation oder ihre Ergebnisse in früheren allgemeinpsychologischen Klausuren berücksichtigen. Das Ziel der multiplen Regression besteht darin, eine Kriteriumsvariable Y auf der Grundlage von zwei oder mehreren Prädiktoren (X_1, X_2, ..., X_m) bestmöglich vorherzusagen.

In einer linearen multiplen Regression[6] hat die Gleichung, anhand derer die Werte des Kriteriums vorhergesagt werden, die folgende allgemeine Form:

$$\hat{y}_i = b_1 x_{1i} + b_2 x_{2i} + ... + b_m x_{mi} + a$$

In der multiplen Regression wird also für jeden der m Prädiktoren ein Regressionsgewicht b_j bestimmt. Die Gleichung enthält zudem einen Regressionskoeffizienten a, der wie in der einfachen Regression dem y-Achsenabschnitt entspricht. Der Koeffizient a gibt also an, welcher Wert auf der Kriteriumsvariablen bei einer Person vorhergesagt wird, die auf allen Prädiktoren eine Ausprägung von Null aufweist. Bei der Bestimmung der Regressionsgewichte und des Achsenabschnitts wird wie in der einfachen Regression das Kriterium der kleinsten Quadrate verwendet. Die Regressionsgleichung zur Vorhersage der Werte der Kriteriumsvariablen wird also so gewählt, dass die Summe der quadrierten Vorhersagefehler (e_i) minimal wird. Die Vorhersagefehler entsprechen dabei auch in der multiplen Regression den Abweichungen zwischen den tatsächlichen und den vorhergesagten Werten ($y_i - \hat{y}_i$). Für die mit der Regressionsgleichung ermittelten vorhergesagten Werte gilt also:

$$\sum_i^n e_i^2 = \sum_i^n (y_i - \hat{y}_i)^2 = \min$$

Betrachten wir ein Beispiel für die Verwendung der Regressionsgleichung. Nehmen wir an, wir wollten das Jahresgehalt von Wissenschaftlern (Y) vorhersagen. Als Prädiktoren stehen uns die Dienstjahre (X_1), die Anzahl der Publikationen (X_2) und die Häufigkeit, mit der diese Publikationen zitiert wurden (X_3), zur Verfügung. Eine Regressionsanalyse hat ergeben, dass wir zu optimalen Vorhersagen kommen, wenn wir als Regressionskoeffizienten die folgenden Werte verwenden: $b_1 = 588$; $b_2 = 297$; $b_3 = 1010$; $a = 35.320$. Die Regressionsgleichung lautet somit:

$$\hat{y}_i = 588 \cdot x_{1i} + 297 \cdot x_{2i} + 1010 \cdot x_{3i} + 35.320$$

---

6 Das Wort „linear" besagt hier, dass auch dieses Verfahren davon ausgeht, dass die Beziehungen zwischen den beteiligten Variablen linear sind. Dies betrifft sowohl den Zusammenhang der verschiedenen Prädiktoren mit dem Kriterium als auch den Zusammenhang der Prädiktoren untereinander. Bestehen zwischen den Variablen auch nicht-lineare Beziehungen, so führt die multiple lineare Regression zu „verzerrten" Ergebnissen.

Bei einem Wissenschaftler, der seit 10 Jahren beschäftigt ist und 8 Publikationen vorweisen kann, die insgesamt 4 Mal zitiert wurden, würden wir also das folgende Jahresgehalt vorhersagen:

$$\hat{y}_i = 588 \cdot 10 + 297 \cdot 8 + 1010 \cdot 4 + 35.320 = 47.616 \text{ Euro}$$

8.4.1 Multiple Regression mit z-standardisierten Variablen

Wir haben bei der einfachen Regression gesehen, dass die unstandardisierten Regressionsgewichte aus verschiedenen Untersuchungen in aller Regel nicht vergleichbar sind. Dasselbe Problem betrifft in der multiplen Regression die unstandardisierten Gewichte der verschiedenen Prädiktoren. Die Prädiktoren werden zumeist mit ganz unterschiedlichen Maßeinheiten erfasst (im Beispiel oben etwa Jahre und Häufigkeiten) und weisen unterschiedliche Standardabweichungen auf. Dies führt dazu, dass die unstandardisierten Regressionsgewichte keine Aussage über die relative Bedeutung der verschiedenen Prädiktoren zulassen. Aus der Tatsache, dass die Anzahl der Zitationen im obigen Beispiel ein Regressionsgewicht hat, dass deutlich größer ist als das Regressionsgewicht der Dienstjahre, ergibt sich also nicht zwangsläufig, dass die Anzahl der Zitationen für die Vorhersage des Gehalts bedeutsamer wäre.

Die Lösung für das Problem der Vergleichbarkeit ist dieselbe wie in der einfachen Regression: Wir erhalten vergleichbare Regressionsgewichte, wenn wir vor der Analyse die Kriteriumsvariable und alle Prädiktoren z-standardisieren. In diesem Fall wird anhand der Regressionsgleichung der Wert einer Person auf der Kriteriumsvariablen natürlich nicht mehr in den Originaleinheiten vorhergesagt, sondern in z-Werten (also in Standardabweichungseinheiten). Die Regressionsgleichung vereinfacht sich im Fall einer Analyse mit z-standardisierten Variablen zu folgender Formel:

$$\hat{z}_{y_i} = \beta_1 \cdot z_{x_{1i}} + \beta_2 \cdot z_{x_{2i}} + \ldots + \beta_m \cdot z_{x_{mi}}$$

Dabei bezeichnen die Koeffizienten $\beta_1, \beta_2, \ldots, \beta_m$ *standardisierte Regressionsgewichte*, die häufig auch kurz β-Gewichte genannt werden. Der y-Achsenabschnitt a entfällt in einer Regression mit z-standardisierten Variablen. Der Grund dafür ist einfach, dass bei einer Person, die auf allen Prädiktoren durchschnittliche Merkmalsausprägungen ($z_x = 0$) aufweist, grundsätzlich auch eine durchschnittliche Ausprägung auf der Kriteriumsvariablen ($\hat{z}_y = 0$) vorhergesagt wird.

8.4.2 Eine Illustration mit zwei Prädiktoren

Kehren wir zu unserem Klausurnoten-Beispiel zurück. Nehmen wir an, uns stünde für die Vorhersage der Punkte in der allgemeinpsychologischen Klausur (Y) neben dem Ergebnis in der Statistikklausur (X_1) auch die Vorbereitungszeit (X_2) der Studierenden zur Verfügung. Die ▶Tabelle 8.4 zeigt die entsprechenden Rohdaten.

Tabelle 8.4

Punktzahlen von 10 Studierenden in einer Statistikklausur, ihre Vorbereitungszeit auf eine allgemeinpsychologische Klausur und ihre Punktzahlen in dieser Klausur

Teilneh-mer-Nr.	Punkte Statistik-klausur (X_1)	Vorbereitung in Stunden (X_2)	Punkte allgemeinpsycho-logische Klausur (Y)
1	7	20	7
2	3	19	3
3	8	17	5
4	6	19	10
5	9	23	12
6	5	22	13
7	10	15	12
8	14,5	21	16
9	9,5	25	17
10	12	24	20
	$\overline{x}_1 = 8,4;\ s_{x_1} = 3.21;$	$\overline{x}_2 = 20,5;\ s_{x_2} = 2,97;$	$\overline{y} = 11,5\ s_y = 5,12$

Bestimmung der standardisierten Regressionsgewichte

Wie können wir nun mit diesen beiden Prädiktoren zu optimalen Vorhersagen der Punktwerte in der allgemeinpsychologischen Klausur kommen? Wir bestimmen aus rein praktischen Gründen zunächst die standardisierten Regressionsgewichte: Diese Gewichte lassen sich sehr leicht errechnen, wenn die Korrelationen zwischen den beteiligten Variablen bekannt sind. Im Fall einer Regression mit zwei Prädiktoren, die in Form von z-standardisierten Werten vorliegen, lautet die Regressionsgleichung:

$$\hat{z}_{y_i} = \beta_1 \cdot z_{x_{1i}} + \beta_2 \cdot z_{x_{2i}}$$

Man kann nun zeigen, dass Vorhersagen resultieren, die dem Kriterium der kleinsten Quadrate genügen, wenn man β_1 und β_2 nach den folgenden Formeln berechnet:[7]

$$\beta_1 = \frac{r_{Y1} - r_{Y2} \cdot r_{12}}{1 - r_{12}^2} \quad \text{und} \quad \beta_2 = \frac{r_{Y2} - r_{Y1} \cdot r_{12}}{1 - r_{12}^2}$$

Dabei bezeichnet r_{Y1} die Korrelation zwischen dem Kriterium Y und dem Prädiktor X_1 (in unserem Beispiel also zwischen den Punktwerten in der allgemeinpsychologischen Klausur und der Statistikklausur) und r_{Y2} die Korrelation zwischen dem Kriterium Y

---

7   Eine Herleitung dieser Formeln findet man z.B. bei Hays (1994).

und dem Prädiktor X_2 (der Vorbereitungszeit). r_{12} entspricht schließlich der Korrelationen zwischen den Prädiktoren.

Um im Beispiel die Regressionsgewichte berechnen zu können, benötigen wir also zunächst die Korrelationen aller beteiligten Variablen. Die Korrelation zwischen den Punktwerten in der allgemeinpsychologischen Klausur und der Statistikklausur kennen wir bereits: $r_{Y1} = 0{,}72$ (siehe Abschnitt 8.2.2). Die übrigen Korrelationen können wir natürlich aus den Rohdaten in Tabelle 8.4 berechnen. Sie betragen: $r_{Y2} = 0{,}64$ und $r_{12} = 0{,}23$ (falls Sie den Eindruck haben, noch Übung bei der Berechnung von Korrelationen zu benötigen, rechnen Sie nach!). In der ▶Tabelle 8.5 sind alle Zusammenhänge zwischen den Variablen in Form einer so genannten Korrelationsmatrix dargestellt.

Tabelle 8.5

Korrelation zwischen der Punktzahl in der allgemeinpsychologischen Klausur, der Punktzahl in der Statistikklausur und der Vorbereitungszeit auf die allgemeinpsychologische Klausur

	Y	X_1	X_2
Punkte allg.-psych. Klausur (Y)	1,00	0,72	0,64
Punkte Statistikklausur (X_1)		1,00	0,23
Vorbereitung in Stunden (X_2)			1,00

Aus diesen Korrelationen ergeben sich nun die folgenden standardisierten Regressionsgewichte:

$$\beta_1 = \frac{r_{Y1} - r_{Y2} \cdot r_{12}}{1 - r_{12}^2} = \frac{0{,}72 - 0{,}64 \cdot 0{,}23}{1 - 0{,}23^2} = 0{,}60 \quad \text{und}$$

$$\beta_2 = \frac{r_{Y2} - r_{Y1} \cdot r_{12}}{1 - r_{12}^2} = \frac{0{,}64 - 0{,}72 \cdot 0{,}23}{1 - 0{,}23^2} = 0{,}50$$

Die Formel zur Vorhersage der $\hat{z}_{y_i}$-Werte lautet also:

$$\hat{z}_{y_i} = 0{,}60 \cdot z_{x_{1i}} + 0{,}50 \cdot z_{x_{2i}}$$

An dieser Stelle wird einer der zentralen Unterschiede zur einfachen Regression deutlich: In der einfachen Regression stimmt das standardisierte Regressionsgewicht des Prädiktors mit seiner Korrelation mit dem Kriterium überein. In der multiplen Regression entsprechen die standardisierten Regressionsgewichte der Prädiktoren in aller Regel hingegen nicht ihrer Korrelation mit dem Kriterium. Für gewöhnlich findet man – wie in unserem Beispiel – standardisierte Regressionsgewichte, die kleiner sind als die Korrelation zwischen Prädiktor und Kriterium. Allerdings ist (in relativ seltenen Fällen) durchaus auch das Gegenteil möglich. Wenn wir noch einmal einen Blick auf die Formel für die standardisierten Regressionsgewichte werfen, wird schnell deutlich, dass eine Übereinstimmung zwischen dem standardisierten Regressionsgewicht und der Korrelation zwischen Prädiktor und Kriterium nur dann auftritt, wenn die beiden Prädiktoren untereinander nicht korrelieren ($r_{12} = 0$). Beispielsweise würde für das standardisierte Regressionsgewicht β_1 in diesem Fall gelten:

$$\beta_1 = \frac{r_{Y1} - r_{Y2} \cdot r_{12}}{1 - r_{12}^2} = \frac{r_{Y1} - r_{Y2} \cdot 0}{1 - 0} = r_{Y1}$$

Sofern die Prädiktoren untereinander korrelieren, werden die standardisierten Regressionsgewichte hingegen von der jeweiligen Korrelation zwischen Prädiktor und Kriterium abweichen. Warum ist dies so? Kurz gesagt, bedeutet eine Korrelation zwischen den Prädiktoren, dass die beiden entsprechenden Variablen bis zu einem gewissen Grade die gleiche Information enthalten (etwas formeller ausgedrückt: die Prädiktoren verfügen über gemeinsame Varianz). Wenn wir nun die beiden Prädiktoren in einer multiplen Regressionsanalyse einsetzen, können wir die Information, die in beiden Prädiktoren enthalten ist, natürlich nicht zwei Mal für die Vorhersage des Kriteriums nutzen. Bei der Bestimmung des standardisierten Regressionsgewichts eines Prädiktors muss also die Varianz, die er mit dem anderen Prädiktor teilt, zunächst herausgerechnet (oder „auspartialisiert") werden. Genau dies leisten die obigen Formeln für die standardisierten Regressionsgewichte. Das standardisierte Regressionsgewicht eines Prädiktors gibt also an, wie sich der vorhergesagte z-Wert verändert, wenn der Prädiktor um eine Standardabweichung steigt und dabei die gemeinsame Varianz des Prädiktors mit dem anderen Prädiktor kontrolliert wird (man sagt auch, dass der andere Prädiktor „konstant gehalten" wird). Eine andere Formulierung für diesen Sachverhalt lautet: Das standardisierte Regressionsgewicht bezeichnet den eigenständigen Beitrag eines Prädiktors zur Vorhersage der Kriteriumsvariablen, der nicht durch andere in der Regressionsanalyse berücksichtigte Prädiktoren geleistet werden kann.

Nutzen wir die von uns bestimmte standardisierte Regressionsgleichung noch für eine konkrete Vorhersage. Nehmen wir an, dass eine Studentin sowohl hinsichtlich ihres Punktwerts in der Statistikklausur als auch hinsichtlich ihrer Vorbereitungszeit einen z-Wert von 1 aufweist, also jeweils eine Standardabweichung über dem Mittelwert liegt. Anhand der Regressionsgleichung wird für diese Studentin der folgende z-Wert in der allgemeinpsychologischen Klausur vorhergesagt:

$$\hat{z}_{y_i} = 0{,}60 \cdot 1 + 0{,}50 \cdot 1 = 1{,}1$$

Wir erwarten also, dass der Punktwert der Studentin das durchschnittliche Ergebnis in der allgemeinpsychologischen Klausur um 1,1 Standardabweichungen übertrifft. Aus diesem vorhergesagten z-Wert können wir natürlich auch den vorhergesagten Punktwert $\hat{y}_i$ berechnen. Der Mittelwert der Punkte in der allgemeinpsychologischen Klausur betrug $\bar{y} = 11{,}5$, die Standardabweichung lag bei $s_y = 5{,}12$ (Tabelle 8.4). Es ergibt sich also ein vorhergesagter Punktwert von: $\hat{y}_i = 11{,}5 + 1{,}1 \cdot 5{,}12 = 17{,}13$. Die Berechnung der vorhergesagten y-Werte auf diesem Wege ist aber relativ umständlich. Wir müssen dazu die Rohwerte auf den Prädiktoren zunächst in z-Werte transformieren, auf dieser Grundlage den vorhergesagten z-Wert auf der Kriteriumsvariablen berechnen und diesen z-Wert wieder in einen Wert in den Originaleinheiten umrechnen. Eine erheblich komfortablere Möglichkeit die vorhergesagten y-Werte zu bestimmen besteht darin, die unstandardisierten Regressionskoeffizienten und damit die unstandardisierte Regressionsgleichung zu ermitteln.

Bestimmung der unstandardisierten Regressionskoeffizienten

Die unstandardisierten Regressionskoeffizienten b_1 und b_2 können aus den entsprechenden β-Gewichten berechnet werden. Die Formeln dazu lauten:

$$b_1 = \beta_1 \cdot \frac{s_y}{s_{x_1}} \quad \text{und} \quad b_2 = \beta_2 \cdot \frac{s_y}{s_{x_2}}$$

Den y-Achsenabschnitt a erhalten wir folgendermaßen:

$$a = \bar{y} - b_1 \cdot \bar{x}_1 - b_2 \cdot \bar{x}_2$$

Bestimmen wir die Regressionsgleichung in unserer Beispieluntersuchung. Die Mittelwerte der beteiligten Variablen betrugen $\bar{x}_1 = 8{,}4$, $\bar{x}_2 = 20{,}5$ und $\bar{y} = 11{,}5$. Die Standardabweichungen lagen bei $s_{x_1} = 3{,}21$, $s_{x_2} = 2{,}97$ und $s_y = 5{,}12$ (Tabelle 8.4). Wir bestimmen also die folgenden unstandardisierten Regressionsgewichte:

$$b_1 = \beta_1 \cdot \frac{s_y}{s_{x_1}} = 0{,}60 \cdot \frac{5{,}12}{3{,}21} = 0{,}96 \quad \text{und}$$

$$b_2 = \beta_2 \cdot \frac{s_y}{s_{x_2}} = 0{,}50 \cdot \frac{5{,}12}{2{,}97} = 0{,}86$$

Der y-Achsenabschnitt beträgt:

$$a = \bar{y} - b_1 \cdot \bar{x}_1 - b_2 \cdot \bar{x}_2 = 11{,}5 - 0{,}96 \cdot 8{,}4 - 0{,}86 \cdot 20{,}5 = -14{,}19$$

Die unstandardisierte Regressionsgleichung zur Vorhersage der Punktwerte in der allgemeinpsychologischen Klausur lautet somit:

$$\hat{y}_i = 0{,}96 \cdot x_1 + 0{,}86 \cdot x_2 - 14{,}19$$

Tabelle 8.6

Vorhergesagte Werte und Vorhersagefehler in der Beispieluntersuchung

Teilnehmer-Nr.	x_{1i}	x_{2i}	y_i	$\hat{y}_i$	$y_i - \hat{y}_i$
1	7	20	7	9,73	−2,73
2	3	19	3	5,03	−2,03
3	8	17	5	8,11	−3,11
4	6	19	10	7,91	2,09
5	9	23	12	14,23	−2,23
6	5	22	13	9,53	3,47
7	10	15	12	8,31	3,69
8	14,5	21	16	17,79	−1,79
9	9,5	25	17	16,43	0,57
10	12	24	20	17,97	2,03

Die ▶Tabelle 8.6 zeigt die anhand dieser Gleichung vorhergesagten Werte für die 10 Teilnehmer in unserer Untersuchung. Die Tabelle enthält zudem die Vorhersagefehler $(y_i - \hat{y}_i)$, die somit bei den einzelnen Teilnehmern auftreten.

8.4.3 Gütemaße in der multiplen Regression

Wie in der einfachen Regression stellt sich auch in der multiplen Regression die Frage, wie präzise die Regressionsgleichung die Werte der Kriteriumsvariablen vorhersagen kann. Als Gütemaße werden dabei neben dem Standardschätzfehler der multiple Determinationskoeffizient und die multiple Korrelation verwendet.

Multiple Korrelation und der multiple Determinationskoeffizient

Die multiple Korrelation gibt in einer Regressionsanalyse mit mehreren Prädiktoren an, wie stark die vorhergesagten y-Werte mit den tatsächlichen y-Werten korrelieren. Da sich die vorhergesagten y-Werte vollständig aus einer Kombination der Prädiktoren ergeben, können wir die multiple Korrelation auch als Maß für den Zusammenhang der tatsächlichen y-Werte mit allen Prädiktoren auffassen. Grafisch lässt sich die multiple Korrelation durch ein Streudiagramm veranschaulichen, in dem auf einer Achse die vorhergesagten y-Werte und auf der anderen Achse die tatsächlichen y-Werte abgetragen werden. ▶Abbildung 8.8 zeigt ein entsprechendes Streudiagramm für die Daten aus unserer Beispieluntersuchung.

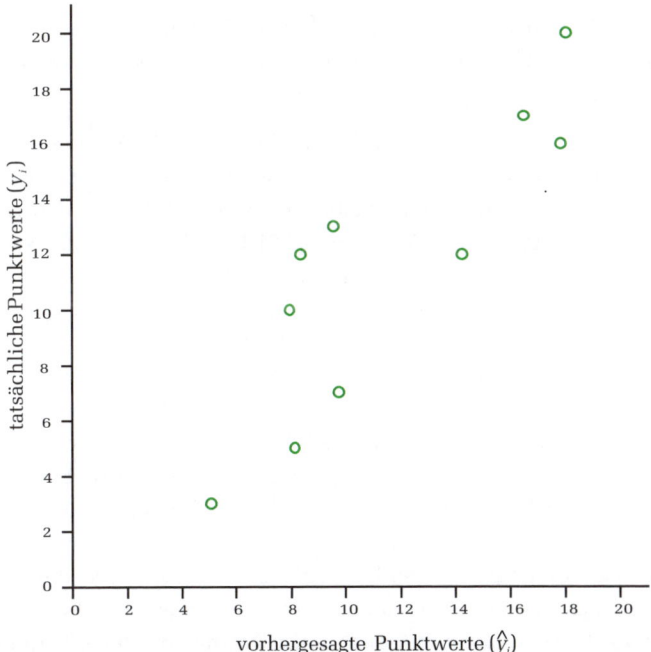

Abbildung 8.8: Grafische Veranschaulichung des multiplen Korrelationskoeffizienten. Die multiple Korrelation entspricht dem Zusammenhang zwischen vorhergesagten und tatsächlichen y-Werten.

Offensichtlich besteht in unserem Fall ein sehr starker Zusammenhang zwischen den vorhergesagten und den tatsächlichen y-Werten, was nichts anderes bedeutet, als dass uns mit Hilfe der Regressionsgleichung eine gute Vorhersage gelingt.

Rechnerisch lässt sich der multiple Korrelationskoeffizient $R_{Y.12}$ in einer Regression mit zwei Prädiktoren anhand der folgenden Formel bestimmen:

$$R_{Y.12} = \sqrt{\beta_1 \cdot r_{Y1} + \beta_2 \cdot r_{Y2}}$$

Der multiple Korrelationskoeffizient in unserer Untersuchung beträgt somit:

$$R_{Y.12} = \sqrt{0{,}60 \cdot 0{,}72 + 0{,}50 \cdot 0{,}64} = 0{,}87$$

Der multiple Determinationskoeffizient $R^2_{Y.12}$ entspricht dem Quadrat der multiplen Korrelation. In einer Regression mit zwei Prädiktoren gilt also die folgende Berechnungsformel:

$$R^2_{Y.12} = \beta_1 \cdot r_{Y1} + \beta_2 \cdot r_{Y2}$$

Genau wie der Determinationskoeffizient r^2 in der einfachen Regression gibt der multiple Determinationskoeffizient an, welcher Anteil der Varianz der Kriteriumsvariablen anhand der Regressionsgleichung vorhergesagt (oder „aufgeklärt") werden kann. In der Beispieluntersuchung beläuft sich der multiple Determinationskoeffizient auf:

$$R^2_{Y.12} = 0{,}60 \cdot 0{,}72 + 0{,}50 \cdot 0{,}64 = 0{,}75$$

Wir können also 75% der Varianz der Punktwerte in der allgemeinpsychologischen Klausur anhand der Punktwerte in der Statistikklausur und der Vorbereitungszeit der Studierenden vorhersagen.

Offensichtlich konnten wir mit der multiplen Regression die Vorhersage des Ergebnisses in der allgemeinpsychologischen Klausur deutlich verbessern. In der einfachen Regression mit den Punktwerten in der Statistikklausur als Prädiktor betrug der Determinationskoeffizient $r^2_{Y1} = 0{,}52$ (siehe Abschnitt 8.2.2). Da die Korrelation zwischen der Vorbereitungszeit und den Punkten in der allgemeinpsychologischen Klausur bei $r_{Y2} = 0{,}64$ liegt (Tabelle 8.5), würde eine einfache Regression mit der Vorbereitungszeit als Prädiktor zu einem Determinationskoeffizienten von $r^2_{Y2} = 0{,}41$ führen. In beiden einfachen Regressionen ist der Anteil der vorhergesagten Varianz also kleiner als in einer multiplen Regression, in der beide Prädiktoren zugleich berücksichtigt werden. Andererseits ist der multiple Determinationskoeffizient kleiner als die Summe der beiden Determinationskoeffizienten aus den einfachen Regressionen ($r^2_{Y1} + r^2_{Y1} = 0{,}52 + 0{,}41 = 0{,}93$). Sie sollten bereits eine Idee haben, woran dies liegt: Unsere Prädiktoren korrelieren, enthalten also zum Teil redundante Information. Diese redundante Information kann bei der Vorhersage des Kriteriums nicht zwei Mal genutzt werden. Wir haben bereits gesehen, dass dieses Problem bei der Berechnung der standardisierten Regressionsgewichte berücksichtigt wird. Die Menge der redundanten Information in beiden Prädiktoren beeinflusst aber auch die Höhe des multiplen Determinationskoeffizienten.

Die ▶Abbildung 8.9a veranschaulicht das Konzept der redundanten Information. Jeder der drei Kreise in der Abbildung repräsentiert die Varianz einer der Variablen X_1, X_2 und Y. Die Schnittmenge von zwei Kreisen entspricht der gemeinsamen Varianz von zwei Variablen, also derjenigen Varianz, die in einer einfachen Regression durch die jeweils andere Variable vorhergesagt werden kann. In der Abbildung 8.9a hat jeder der beiden Prädiktoren eine Schnittmenge mit dem Kriterium Y. Jeder der beiden Prädiktoren kann also einen Teil der Varianz in Y vorhersagen. Zudem weisen aber auch die beiden Prädiktoren eine Schnittmenge auf, was immer dann der Fall ist, wenn die Prädiktoren korrelieren. Dies führt dazu, dass ein Teil der Varianz in Y durch *beide* Prädiktoren vorhergesagt werden kann. Dieser Teil der Varianz in Y entspricht in der Abbildung der dunkel markierten Fläche, also der Schnittmenge aller drei Kreise. Diese dunkel markierte Fläche entspricht auch der redundanten Information: Diesen Varianzanteil des Kriteriums Y können wir sowohl durch X_1 als auch durch X_2 vorhersagen. Wenn wir nun den Varianzanteil bestimmen, den wir in einer multiplen Regression mit beiden Prädiktoren insgesamt vorhersagen können, dann kann die redundante Information nicht zwei Mal berücksichtigt werden. Wenn die beiden Prädiktoren korrelieren, wird daher der multiple Determinationskoeffizient in der Regel kleiner ausfallen als die Summe der beiden einzelnen Determinationskoeffizienten (also: $R^2_{Y.12} < r^2_{Y1} + r^2_{Y2}$). Die Diskrepanz zwischen der Summe der beiden einzelnen Determinationskoeffizienten und dem multiplen Determinationskoeffizienten wird dabei umso größer ausfallen, je größer die Menge an redundanter Information ist. Der Extremfall wird erreicht, wenn die beiden Prädiktoren perfekt korrelieren ($r_{12} = 1$), also vollständig redundant sind. Im Diagramm 8.9a würde sich dies darin zeigen, dass die beiden Kreise X_1 und X_2 übereinander liegen. In diesem Fall würden wir durch die Berücksichtigung eines zweiten Prädiktors keine zusätzliche Information über die Ausprägung des Kriteriums gewinnen. Der multiple Determinationskoeffizient wäre ebenso groß wie jeder der beiden einzelnen Determinationskoeffizienten (also: $R^2_{Y.12} = r^2_{Y1} = r^2_{Y2}$).

Der gegenteilige Extremfall ist in ▶Abbildung 8.9b illustriert. Hier weisen zwar beide Prädiktoren einen Zusammenhang zum Kriterium auf, korrelieren aber untereinander nicht ($r_{12} = 0$). Dies hat zur Folge, dass die Prädiktoren vollständig unterschiedliche Anteile der Varianz in Y vorhersagen können. In diesem Fall entspricht die Summe der beiden einzelnen Determinationskoeffizienten dem multiplen Determinationskoeffizienten (also: $R^2_{Y.12} = r^2_{Y1} + r^2_{Y2}$).

(a)
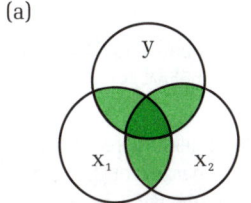

(b)
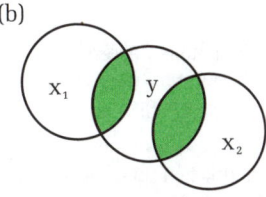

Abbildung 8.9: Zwei mögliche „Korrelationsstrukturen" in einer multiplen Regression mit zwei Prädiktoren. In Abbildung (a) korrelieren beide Prädiktoren sowohl mit dem Kriterium als auch untereinander. Dies führt dazu, dass die Prädiktoren redundante Information über das Kriterium enthalten, die in der Abbildung durch die dunkel markierte Fläche veranschaulicht wird. In Abbildung (b) korrelieren die Prädiktoren zwar mit dem Kriterium, aber nicht untereinander. Beide Prädiktoren können daher vollständig unterschiedliche Anteile der Varianz im Kriterium vorhersagen.

Es ist auch möglich – wenngleich in der Praxis eher selten, dass der multiple Determinationskoeffizient größer ist als die Summe der einzelnen Determinationskoeffizienten (also: $R^2_{Y.12} > r^2_{Y1} + r^2_{Y2}$). In einem solchen Fall spricht man von einem *Suppressoreffekt*. Auch ein Suppressoreffekt kann nur dann auftreten, wenn die beiden Prädiktoren untereinander korrelieren, also gemeinsame Varianz aufweisen. Typischerweise weist einer der beiden Prädiktoren aber keine oder nur eine schwache Korrelation mit dem Kriterium auf. Dennoch führt gerade die zusätzliche Berücksichtigung dieses mit dem Kriterium unkorrelierten Prädiktors zu einer Verbesserung der Vorhersage. Im Falle eines Suppressoreffekts „unterdrückt" also die gemeinsame Varianz der Prädiktoren die Vorhersageleistung eines Prädiktors. Wenn diese gemeinsame Varianz „herausgerechnet" wird – was in der multiplen Regression stets geschieht –, verbessert sich somit die Vorhersage. Im Kasten „Ein Suppressoreffekt" finden Sie ein inhaltliches Beispiel.

HINTERGRUND

Ein Suppressoreffekt Nehmen wir an, wir wollten die Arbeitsleistung in handwerklichen Berufen (Y) vorhersagen. Als Prädiktoren stehen uns die Ergebnisse eines speziellen Eignungstests für solche Berufe (X_1) und Messungen der sprachlichen Fähigkeiten der Probanden (X_2) zur Verfügung. Es stellt sich nun heraus, dass der Eignungstest mit $r_{Y1} = 0,5$ mit der Arbeitsleistung korreliert. Die sprachlichen Fähigkeiten korrelieren hingegen gar nicht mit der Arbeitsleistung ($r_{Y2} = 0$). In einer einfachen Regression können anhand des Eignungstests also 25% der Varianz der Arbeitsleistung vorhergesagt werden ($r^2_{Y1} = 0,5^2 = 0,25$). Aufgrund der sprachlichen Fähigkeiten kann in einer einfachen Regression offensichtlich gar keine Varianz in der Arbeitsleistung vorhergesagt werden ($r^2_{Y2} = 0$).

Welche Vorhersagegüte erreichen wir nun in einer multiplen Regression mit beiden Prädiktoren? Um dies errechnen zu können, benötigen wir noch die Korrelation der Prädiktoren. Nehmen wir an, dass diese bei $r_{12} = 0,4$ liegt. Inhaltlich können wir demnach festhalten, dass Probanden mit guten sprachlichen Fähigkeiten tendenziell auch gut im Eignungstest abschneiden. Dennoch erlauben die sprachlichen Fähigkeiten keine sinnvolle Vorhersage der Arbeitsleistung.

Anhand der verschiedenen Korrelationen können wir nun die standardisierten Regressionsgewichte berechnen:

$$\beta_1 = \frac{r_{Y1} - r_{Y2} \cdot r_{12}}{1 - r^2_{12}} = \frac{0,5 - 0 \cdot 0,4}{1 - 0,4^2} = 0,60 \quad \text{und}$$

$$\beta_2 = \frac{r_{Y2} - r_{Y1} \cdot r_{12}}{1 - r^2_{12}} = \frac{0 - 0,5 \cdot 0,4}{1 - 0,4^2} = -0,24$$

Mit den standardisierten Regressionsgewichten lässt sich der multiple Determinationskoeffizient bestimmen:

$$R^2_{Y.12} = \beta_1 \cdot r_{Y1} + \beta_2 \cdot r_{Y2} = 0,60 \cdot 0,5 - 0,24 \cdot 0 = 0,3$$

Durch die multiple Regression werden also 30% der Varianz in der Arbeitsleistung vorhergesagt. Der multiple Determinationskoeffizient ist somit höher als die Summe der einzelnen Determinationskoeffizienten.

Dieses Ergebnis können wir etwa folgendermaßen interpretieren: Probanden mit überdurchschnittlichen sprachlichen Fähigkeiten, erzielen tendenziell auch überdurchschnittliche Ergebnisse im Eignungstest. Es besteht aber kein Zusammenhang zwischen den sprachlichen Fähigkeiten und der Arbeitsleistung. Die sprachlichen Fähigkeiten mindern somit die Vorhersageleistung des Eignungstests. Wenn wir den Einfluss der sprachlichen Fähigkeiten auf das Ergebnis im Eignungstest kontrollieren, erhalten wir daher bessere Vorhersagen.

Der Standarschätzfehler

Der Standardschätzfehler kann in der multiplen Regression ebenso interpretiert werden wie in der einfachen Regression: Er gibt an, wie stark die vorhergesagten y-Werte um die tatsächlichen y-Werte streuen. Je geringer der Standardschätzfehler ausfällt, desto kleiner sind die Vorhersagefehler im Allgemeinen und desto präziser ist die Vorhersage. In einer multiplen Regression mit zwei Prädiktoren kann der Standardschätzfehler anhand der folgenden Formel berechnet werden:

$$s_e = s_y \cdot \sqrt{1 - R_{Y.12}^2}$$

In unserer Beispieluntersuchung betrug der multiple Determinationskoeffizient $R_{Y.12}^2 = 0{,}75$ und die Standardabweichung der Kriteriumsvariablen lag bei $s_y = 5{,}12$. Es resultiert also der folgende Standardschätzfehler:

$$s_e = s_y \cdot \sqrt{1 - R_{Y.12}^2} = 5{,}12 \cdot \sqrt{1 - 0{,}75} = 2{,}56$$

Im Vergleich mit dem Standardschätzfehler aus der einfachen Regression mit den Punktwerten in der Statistikklausur als Prädiktor wird abermals deutlich, dass wir durch die zusätzliche Berücksichtigung eines weiteren Prädiktors die Vorhersage verbessern konnten: In der einfachen Regression betrug der Standardschätzfehler $s_e = 3{,}55$ (siehe Abschnitt 8.2.3).

Z U S A M M E N F A S S U N G

Das Ziel der einfachen linearen Regression besteht darin, die Werte einer Kriteriumsvariablen Y auf der Grundlage eines Prädiktors X möglichst präzise vorherzusagen. Zu diesem Zweck wird eine Regressionsgleichung ermittelt, die die allgemeine Form $\hat{y} = bx + a$ hat. Dabei ist $\hat{y}$ der vorhergesagte Wert auf der Kriteriumsvariablen, die Parameter b und a werden als Regressionskoeffizienten bezeichnet. Diese Gleichung kann grafisch durch eine Regressionsgerade veranschaulicht werden, die für jeden Wert des Prädiktors X angibt, welcher Wert des Kriteriums Y vorhergesagt wird. Der Koeffizient b bezeichnet die Steigung dieser Geraden, ihm können wir also entnehmen, wie sich die Ausprägung von Y verändert, wenn der Prädiktor X um eine Einheit steigt. Der Koeffizient a entspricht dem y-Achsenabschnitt der Regressionsgerade, gibt also an, auf welcher Höhe die Regressionsgerade die y-Achse schneidet. Die Regressionsgerade wird nach dem Kriterium der kleinsten Quadrate bestimmt: Die Gerade wird so gewählt, dass die Summe der quadrierten Abweichungen zwischen den vorhergesagten y-Werten und den tatsächlichen y-Werten minimal wird.

Die Regressionsgewichte b aus verschiedenen Untersuchungen sind in aller Regel nicht vergleichbar. Vergleichbare Regressionsgewichte erhält man aber dann, wenn man Prädiktor und Kriterium in der Regressionsanalyse zunächst z-standardisiert. In diesem Fall erhält man in der Analyse ein standardisiertes Regressionsgewicht β. Das standardisierte Regressionsgewicht β gibt an, um wie viele Standardabweichungseinheiten sich das Kriterium Y verändert, wenn der Prädiktor X um eine Standardabweichung steigt. In der einfachen Regression ist das standardisierte Regressionsgewicht β zudem identisch mit der Korrelation zwischen Prädiktor und Kriterium.

Neben den Vorhersagen des Kriteriums Y wird in der Regressionsanalyse auch ermittelt, wie präzise diese Vorhersagen sind. Als Gütemaße sind dabei der Determinationskoeffizient und der Standardschätzfehler gebräuchlich. Beide Maße beruhen konzeptionell auf einer Zerlegung der Varianz des Kriteriums Y. ▶

▶Fortsetzung

Diese Varianz kann in zwei Komponenten aufgeteilt werden: Die Regressionsvarianz, die durch den Prädiktor vorhergesagt werden kann, und die Fehlervarianz, die nicht durch den Prädiktor vorhergesagt werden kann. Der Determinationskoeffizient r^2 entspricht nun dem Anteil der vorhergesagten Varianz an der Gesamtvarianz in Y, gibt also an, wie viel Prozent der Varianz aufgeklärt werden können. Der Standardschätzfehler entspricht der Wurzel aus der Fehlervarianz und ist somit also ein Maß für die Streuung der tatsächlichen Werte um die vorhergesagten Werte.

Die Regressionsanalyse basiert auf dem Zusammenhang zwischen Prädiktor und Kriterium und unterliegt somit den gleichen Problemen und Einschränkungen wie die Korrelationsanalyse. Dies betrifft insbesondere die Annahme der Linearität: Die Regressionsanalyse führt zu verzerrten Ergebnissen, wenn zwischen den beteiligten Variablen eine nicht-lineare Beziehung besteht. Dies gilt gleichermaßen für die einfache wie für die multiple Regression.

Die multiple Regression ist eine Erweiterung des „einfachen" Ansatzes, in der mehrere Prädiktoren genutzt werden, um ein Kriterium vorherzusagen. Dabei wird für jeden Prädiktor ein Regressionsgewicht b bestimmt. Die Regressionsgleichung gibt somit an, wie alle Prädiktoren verrechnet werden müssen, um zu einer optimalen Vorhersage des Kriteriums zu gelangen. Die standardisierten Regressionsgewichte β stimmen in der multiplen Regression in aller Regel nicht mehr mit der Korrelation zwischen dem entsprechenden Prädiktor und dem Kriterium überein. Dies geht darauf zurück, dass in der multiplen Regression berücksichtigt wird, dass mehrere Prädiktoren oftmals die gleiche Information über das Kriterium enthalten. Diese redundante Information kann für die Vorhersage des Kriteriums nicht mehrfach genutzt werden. Die standardisierten Regressionsgewichte β bezeichnen damit jeweils den eigenständigen Beitrag eines Prädiktors zur Vorhersage des Kriteriums, der durch die anderen Prädiktoren nicht geleistet werden kann.

Als Gütemaße werden in der multiplen Regression der multiple Korrelationskoeffizient (R), der multiple Determinationskoeffizient (R^2) und der Standardschätzfehler genutzt. Die multiple Korrelation entspricht der Korrelation zwischen vorhergesagten und tatsächlichen y-Werten und ist somit ein Maß für den Zusammenhang des Kriteriums mit allen berücksichtigten Prädiktoren. Der multiple Determinationskoeffizient gibt an, welcher Anteil der Varianz des Kriteriums durch alle Prädiktoren aufgeklärt werden kann. Der multiple Determinationskoeffizient wird in der Regel geringer ausfallen als die Summe der einzelnen Determinationskoeffizienten, wiederum weil die Prädiktoren zumeist redundante Information über das Kriterium enthalten. Der Standardschätzfehler kann in der multiplen Regression ebenso interpretiert werden wie in der einfachen: Er gibt an, wie stark die tatsächlichen Werte um die vorhergesagten Werte streuen.

Z U S A M M E N F A S S U N G

Weiterführende Literatur

Cohen, J., Cohen, P. & West, S.G. (2003). *Applied multiple regression/correlation analysis for the behavioral sciences.* Mahwah, NJ: Lawrence Erlbaum Associates.

Umfassende, wenig „mathematische" Darstellung der Korrelations- und Regressionsrechnung (siehe auch Kapitel 7) und ihrer Anwendungsmöglichkeiten in der Psychologie.

Übungsaufgaben mit Lösungen sowie weitere Informationen zu diesem Buchkapitel finden Sie auf der Companion Website zum Buch unter *http://www.pearson-studium.de*

Effektgrößen

9

ÜBERBLICK

Viele Fragestellungen in der Psychologie laufen darauf hinaus, nachzuforschen, ob es Unterschiede gibt. Man möchte beispielsweise herausfinden, ob sich Männer von Frauen hinsichtlich ihrer räumlichen Vorstellungsfähigkeit unterscheiden, ob Meditation die Konzentrationsfähigkeit erhöht, ob es besser ist, mit oder ohne Musik zu lernen oder ob Psychotherapie wirkt. Solche Fragen werden in der Regel so untersucht, dass man Gruppen miteinander vergleicht. Bei einem Geschlechtervergleich ist die Gruppenaufteilung offensichtlich schon vorgegeben. Zur Untersuchung der anderen Fragestellungen bildet man die Gruppen am besten durch Randomisieren (siehe Kapitel 5): Beispielsweise meditiert eine Gruppe und in der anderen werden nur Gespräche geführt, eine Gruppe lernt mit und eine ohne Musik oder eine Gruppe erhält Psychotherapie und die andere nicht. Die Werte für die entsprechenden Gruppen sind fast nie gleich, aber wie groß sind die Unterschiede, die man gefunden hat? Sind sie bedeutsam oder trivial? Ist der Unterschied in der einen Studie größer als in der anderen? Das sind Fragen, die sich zumindest teilweise beantworten lassen, wenn man die Effektgrößen kennt.

9.1 Was sind Effektgrößen?

Effektgrößen wurden erst in den 1960er Jahren durch Jonathan Cohen (1962) populär gemacht. Er benutzte dieses Konzept um Aussagen über Populationen zu machen (wir werden in Kapitel 12 sehen, warum das wichtig ist). Meist werden Effektgrößen jedoch berechnet, um Aussagen über die Stichprobe, also über das in einer Studie gefundene Ergebnis zu machen. Alle in diesem Kapitel behandelten Effektgrößen beziehen sich auf Stichprobenergebnisse.

Die eingangs angeführten Beispiele befassen sich alle mit Gruppenunterschieden. Solche Gruppenunterschiede zu quantifizieren ist zwar das Haupteinsatzgebiet von Effektgrößen, das Konzept ist allerdings viel umfassender: Effektgrößen können als Ergänzung zu vielen unterschiedlichen Verfahren berechnet werden und können auch unterschiedliche Arten von Informationen ausdrücken. Einige Effektgrößen haben Sie schon gesehen (z.B. die Korrelationen in Kapitel 7) und andere werden wir in späteren Kapiteln – jeweils mit dem zugehörigen statistischen Verfahren – behandeln. Grundsätzlich kann man die meisten Effektgrößen in zwei Arten von Maßen einteilen: Abstandsmaße und Zusammenhangsmaße. Wir werden zunächst die gebräuchlichsten Abstands- und Zusammenhangsmaße vorstellen. Dabei werden wir zeigen, dass man mit beiden Arten von Maßen dieselbe Information ausdrücken kann. Wir werden auch demonstrieren, wie man die beiden Arten von Maßen ineinander überführen kann. Danach werden wir noch kurz erörtern, wie man Effektgrößen interpretiert; und schließlich geben wir einen Ausblick auf das, was Sie in puncto Effektgrößen in späteren Kapiteln erwartet.

9.2 Abstandsmaße

Eine nahe liegende Idee, die Effektgröße für einen Gruppenunterschied zu bestimmen, ist, sich den Abstand zwischen den beiden Mittelwerten anzusehen. Man könnte z.B. den Abstand der arithmetischen Mittelwerte in einem Konzentrationstest von Personen, die meditieren, und solchen, die das nicht tun, bestimmen. Wir haben jedoch in Kapitel 6 gesehen, dass Mittelwertsunterschiede nur sinnvoll interpretiert werden können, wenn man auch die Streuung der Werte mit berücksichtigt. Beispielsweise würde es für die Beurteilung des Mittelwertsunterschieds in einem Konzentrationstest einen Unterschied machen, ob die Meditierenden und die Nicht-Meditierenden sich innerhalb ihrer Gruppen nahezu nicht oder aber sehr stark unterscheiden, ob die Gruppen also sehr homogen oder eher heterogen sind. Bei einem identischen Mittelwertsunterschied ist der Unterschied zwischen den Gruppen im ersten Fall ausgeprägter als im zweiten. Das legt nahe, ein Maß zu verwenden, das beides beinhaltet, Mittelwertsunterschied und Streuung. Ein anderes Problem, das häufig in der psychologischen Forschung auftritt, ist die Verwendung von unterschiedlichen Skalen. Wenn in einer Studie ein Konzentrationstest verwendet wird, bei dem die Spannweite der Werte von 1 bis 9 reicht und in der anderen ein Test, dessen mögliche Werte sich von etwa 50 bis 150 erstrecken, dann sind die in den beiden Studien erhaltenen Mittelwerte oder Mittelwertsunterschiede offensichtlich nicht miteinander vergleichbar. Wieder erhält man jedoch vergleichbare Ergebnisse, wenn man die Streuung der Werte (die in der zweiten Studie deutlich größer sein wird als in der ersten) mit berücksichtigt.

In der Tat ist das auch die Idee hinter der einfachsten Art, eine Effektgröße zu berechnen. Die entsprechende Effektgröße heißt d oder, nach ihrem „Erfinder", *Cohens d*:

$$d = \frac{\mu_A - \mu_B}{\sigma_{AB}}$$

Cohen (1962) hatte dieses Maß ursprünglich als Maß für Populationsunterschiede benutzt, um Aussagen über die so genannte Teststärke oder Power machen zu können (siehe Kapitel 12). Daher werden griechische Buchstaben in der Formel benutzt (Sie erinnern sich: griechische Buchstaben stehen meist für Populationswerte, lateinische für Stichprobenwerte). Wenn man d aus den Stichprobenwerten berechnet, werden die Stichprobenmittelwerte für die Gruppen A und B so behandelt wie Populationswerte und die gemeinsame Streuung der beiden Stichproben so wie die gemeinsame Populationsstreuung. Tatsächlich wird d also so berechnet:

$$d = \frac{\bar{x}_A - \bar{x}_B}{s_{AB}}$$

Wenn die zwei Stichprobengrößen gleich sind, wird die gemeinsame Streuung der beiden Gruppen folgendermaßen bestimmt:

$$s_{AB} = \sqrt{\frac{s_A^2 + s_B^2}{2}}$$

Wenn die Stichprobengrößen sich unterscheiden ($n_A \neq n_B$), dann sollte die Varianz der größeren Stichprobe ein höheres Gewicht bekommen. Das wird durch die folgende gewichtete gemeinsame Streuung sichergestellt:

$$s_{AB} = \sqrt{\frac{s_A^2 n_A + s_B^2 n_B}{n_A + n_B}}$$

Wenn man die Abweichung *eines* Gruppenmittelwerts von einem vorgegebenen Wert bestimmen möchte, teilt man diese Abweichung durch die Streuung in dieser einen Gruppe (siehe z.B. Cohen, 1988, 49):

$$d = \frac{\left(\overline{x} - vorgegebener \text{ Wert}\right)}{s}$$

Wenn der vorgegebene Wert 0 beträgt, dann vereinfacht sich der Ausdruck zu

$$d = \frac{\overline{x}}{s}$$

Dieselbe Formel kann man verwenden, wenn Mittelwertsunterschiede in einem within-subjects Design (siehe Kapitel 5) untersucht wurden. Hierbei sind die Ausgangswerte Differenzwerte (z.B. Messung A – Messung B), aus denen dann der Mittelwert und die Streuung berechnet wird:

$$d = \frac{\overline{x}_{Differenzwerte}}{s_{Differenzwerte}}$$

Manchmal wird für den Vergleich zweier Mittelwerte $\hat{\sigma}_{AB}$ benutzt, die Schätzung für die Populationsvarianz. Wenn beide Gruppen gleich groß sind, dann gilt:

$$\hat{\sigma}_{AB} = \sqrt{\frac{\hat{\sigma}_A^2 + \hat{\sigma}_B^2}{2}}, \quad \text{wobei} \quad \hat{\sigma}_A^2 = \frac{n}{n-1} s_A^2 \quad \text{und} \quad \hat{\sigma}_B^2 = \frac{n}{n-1} s_B^2$$

Ansonsten muss man die Schätzung wieder durch die Stichprobengrößen gewichten:

$$\hat{\sigma}_{AB} = \sqrt{\frac{\hat{\sigma}_A^2 (n_A - 1) + \hat{\sigma}_B^2 (n_B - 1)}{n_A + n_B - 2}}$$

Das entsprechende Abstandsmaß wird häufig als *g* oder, wieder nach dem „Erfinder", *Hedges' g* bezeichnet:[1]

$$g = \frac{\overline{x}_A - \overline{x}_B}{\hat{\sigma}_{AB}}$$

---

1 Manchmal wird in der Literatur allerdings *g* auch als *d* bezeichnet. Cohen selbst bezeichnet diese Effektgröße als d_s (1988, 66). Letzte Klarheit bekommt man nur, wenn die Berechnungsprozedur erläutert wird.

Ein Beispiel: In einem Kindergarten werden zufällig je 5 Jungen und Mädchen einer Altersgruppe ausgewählt. Jedes Kind soll vier Geschicklichkeitsaufgaben lösen. Nehmen wir an, die Anzahl der gelösten Aufgaben bei den Jungen seien 2, 3, 3, 3, 4 und bei den Mädchen 3, 3, 4, 4, 4. Um die Effektgröße für den Mittelwertunterschied zu berechnen, benötigen wir zunächst Mittelwerte und Varianzen der beiden Gruppen.

$$\bar{x}_{Jungen} = \frac{2+3+3+3+4}{5} = 3,0$$

$$\bar{x}_{Mädchen} = \frac{3+3+4+4+4}{5} = 3,6$$

$$s^2_{Jungen} = \frac{(2-3)^2+(3-3)^2+(3-3)^2+(3-3)^2+(4-3)^2}{5} = 0,4$$

$$s^2_{Mädchen} = \frac{(3-3,6)^2+(3-3,6)^2+(4-3,6)^2+(4-3,6)^2+(4-3,6)^2}{5} = 0,24$$

Für d ergibt sich somit:

$$d = \frac{\bar{x}_{Mädchen} - \bar{x}_{Jungen}}{\sqrt{\dfrac{s^2_{Mädchen} + s^2_{Jungen}}{2}}} = \frac{3,6-3,0}{\sqrt{\dfrac{0,24+0,4}{2}}} = 1,06$$

und für g erhält man

$$g = \frac{\bar{x}_{Mädchen} - \bar{x}_{Jungen}}{\sqrt{\dfrac{\dfrac{n}{n-1}s^2_{Mädchen} + \dfrac{n}{n-1}s^2_{Jungen}}{2}}} = \frac{3,6-3,0}{\sqrt{\dfrac{0,3+0,5}{2}}} = 0,95$$

Für den Einstichprobenfall ist die Berechnung von g analog zu der von d:

$$g = \frac{(\bar{x} - vorgegebener \text{ Wert})}{\hat{\sigma}}$$

oder, wenn der vorgegebene Wert 0 beträgt,

$$g = \frac{\bar{x}}{\hat{\sigma}}$$

Wieder kann man die Formel auch für die Berechnung von Mittelwertsdifferenzen aus within-subjects Designs verwenden:

$$g = \frac{\bar{x}_{Differenzwerte}}{\hat{\sigma}_{Differenzwerte}}$$

Da die geschätzte Populationsvarianz immer größer ist als die Stichprobenvarianz (weil man die Summe der Abweichungsquadrate durch $n-1$ teilt und nicht durch n, siehe Kapitel 10 für Einzelheiten), ist g immer kleiner als d. Dieser Unterschied macht sich vor allem bei kleinen Stichproben bemerkbar, bei großen fällt er dagegen kaum ins Gewicht. Das Rechenbeispiel 9.1 illustriert anhand der Effektgröße d den Einfluss der Streuung und die Irrelevanz unterschiedlicher Skalierungen.

Rechenbeispiel 9.1

Variationen über das Abstandsmaß d Was passiert mit einer Effektgröße, wenn die Streuung der Werte sich erhöht? Modifizieren wir einfach mal die Werte aus unserem Beispiel: Die jeweils 5 Jungen und Mädchen aus dem Kindergarten können nun bis zu 5 Aufgaben richtig lösen. Nehmen wir an, die Anzahl der gelösten Aufgaben bei den Jungen seien nun 1, 3, 3, 3, 5 und bei den Mädchen 2, 3, 4, 4, 5. Die Mittelwerte bleiben offensichtlich gleich.

$$\bar{x}_{Jungen} = 3,0$$
$$\bar{x}_{Mädchen} = 3,6$$

Dagegen ändern sich die Varianzen:

$$s^2_{Jungen} = \frac{(1-3)^2 + (3-3)^2 + (3-3)^2 + (3-3)^2 + (5-3)^2}{5} = 1,6$$

$$s^2_{Mädchen} = \frac{(2-3,6)^2 + (3-3,6)^2 + (4-3,6)^2 + (4-3,6)^2 + (5-3,6)^2}{5} = 1,04$$

Welche Auswirkungen hat das auf die Effektgröße d?

$$d = \frac{\bar{x}_{Mädchen} - \bar{x}_{Jungen}}{\sqrt{\dfrac{s^2_{Mädchen} + s^2_{Jungen}}{2}}} = \frac{3,6-3,0}{\sqrt{\dfrac{1,04+1,6}{2}}} = 0,52$$

Das Beispiel illustriert, dass – bei identischem Mittelwertsunterschied – die Effektgrößen kleiner werden, wenn die Streuung größer wird. Das ist auch plausibel, weil größere Streuungen bedeuten, dass der Mittelwert nicht so typisch für die Werte in der Stichprobe ist, wie wenn die Streuung klein wäre.

Sehen wir uns nun an, was passiert, wenn wir eine transformierte Skala benutzen. Nehmen wir die ursprünglichen Werte (mit 4 möglichen Lösungen) als Ausgangsbasis: Anstatt für jede gelöste Aufgabe einen Punkt zu vergeben, vergeben wir jeweils 10 Punkte und erhalten folgende Punktewerte: 20, 30, 30, 30, 40 für die Jungen und 30, 30, 40, 40, 40 für die Mädchen. Mittelwerte und Varianzen sind nun folgendermaßen:

▶

▶Fortsetzung

$$\overline{x}_{Jungen} = 30$$

$$\overline{x}_{Mädchen} = 36$$

$$s^2_{Jungen} = \frac{(20-30)^2 + (30-30)^2 + (30-30)^2 + (30-30)^2 + (40-30)^2}{5} = 40$$

$$s^2_{Mädchen} = \frac{(30-36)^2 + (30-36)^2 + (40-36)^2 + (40-36)^2 + (40-36)^2}{5} = 24$$

Und für d ergibt sich:

$$d = \frac{\overline{x}_{Mädchen} - \overline{x}_{Jungen}}{\sqrt{\dfrac{s^2_{Mädchen} + s^2_{Jungen}}{2}}} = \frac{36-30}{\sqrt{\dfrac{24+40}{2}}} = 1{,}06$$

Diese Rechnung illustriert, dass sich die Effektgröße nicht verändert, wenn man die Werte linear transformiert[2]. Wir haben in unserem Beispiel die Originalwerte mit 10 multipliziert; wir hätten aber auch noch jeweils einen konstanten Wert zu jedem Wert hinzu addieren können und auch das hätte keinen Unterschied gemacht (Probieren Sie es aus!).

Bevor wir uns nun den Zusammenhangsmaßen zuwenden, noch ein Hinweis auf eine mögliche Verwechslung, die gerne gemacht wird: Auf den ersten Blick sehen die Abstandmaße einem anderen Maß sehr ähnlich, das wir in früheren Kapiteln (Kapitel 6 und 7) schon einige Male behandelt haben: den z-Werten. Sehen wir uns die Formel für z-Werte noch einmal an:

$$z_i = \frac{x_i - \overline{x}}{s}$$

Man sieht, dass ein z-Wert den standardisierten Unterschied zwischen einem Einzelwert und einem Mittelwert ausdrückt. Die Information bezieht sich immer auf den *Einzelwert*. Die Information, die man aus einem Abstandsmaß wie d oder g bekommt, bezieht sich dagegen immer auf *Mittelwerte* oder Mittelwertsunterschiede.

9.3 Zusammenhangsmaße

Zusammenhangsmaße, *korrelative Effektgrößen* oder *Korrelationen* (hier als Synonyme gebraucht) haben Sie schon in Kapitel 7 kennen gelernt. Sie erinnern sich: Eine Korrelation drückt den linearen Zusammenhang zwischen zwei Variablen aus und kann zwischen −1 (perfekter negativer Zusammenhang) und +1 (perfekter positiver Zusammenhang) variieren. Wie kann man nun die Effektgröße für einen Mittelwerts-

---

2 Man spricht von einer linearen Transformation von Werten x_i, wenn gilt $x_{i-neu} = a \cdot x_i + b$, wenn man also den alten Wert mit einem Faktor a multipliziert und eine Konstante b addiert.

unterschied als Korrelation ausdrücken? ▶Abbildung 9.1 zeigt, wie die Werte aus dem Beispiel im vorigen Abschnitt als Korrelation dargestellt werden können: Gruppenzugehörigkeit (Mädchen vs. Jungen) korreliert mit der Anzahl richtig gelöster Aufgaben. Das Sonnenblumendiagramm zeigt beispielsweise, dass 2 Mädchen (der längere vertikale Strich) 3 Aufgaben richtig gelöst haben und dass ein Junge 2 und einer 4 Aufgaben richtig lösen konnte.

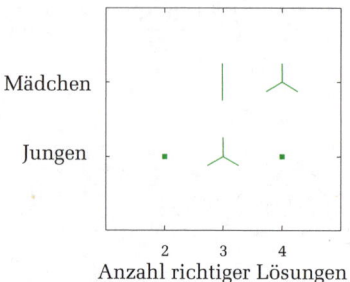

Anzahl richtiger Lösungen

Abbildung 9.1: Darstellung eines Unterschieds zwischen Mädchen und Jungen hinsichtlich der Anzahl richtiger Lösungen als Zusammenhang zwischen Gruppenzugehörigkeit (Mädchen vs. Jungen) und Anzahl richtiger Lösungen.

Nun bleibt noch ein Problem: Die Anzahl richtiger Lösungen ist eindeutig festgelegt, welche Zahlen werden aber für die Kodierung von „Mädchen" und „Jungen" verwendet? Die auf den ersten Blick vielleicht erstaunliche Antwort ist: irgendwelche unterschiedlichen Zahlen.[3] Man muss nur darauf achten, die „Richtung" der Korrelation vorher zu bestimmen. Wenn man für die Werte in Abbildung 9.1 die Zugehörigkeit zur Gruppe der Mädchen mit einer größeren Zahl kodiert als die Zugehörigkeit zur Gruppe der Jungen, dann wird die Korrelation positiv, andernfalls wird sie negativ. Dass man beliebige unterschiedliche Zahlen verwenden kann, liegt daran, dass man bei der Korrelation mit z-transformierten Werten rechnet (siehe Kapitel 6):

$$r_{xy} = \frac{\sum_{i}^{n} z_x \cdot z_y}{n}$$

Betrachten wir ein einfaches Beispiel: Was ist der z-Wert von 1, wenn wir jeweils gleich oft 1 und 0 als Werte vorliegen haben? Das ist offensichtlich[4]

$$z_i = \frac{X_i - \overline{X}}{s} = \frac{1 - 0,5}{0,5} = 1$$

---

3   Es gibt auch eine spezielle Formel für diesen Fall, den so genannten punkt-biserialen Korrelationskoeffizienten. Das ist aber nur eine Sonderform der normalen Pearson-Korrelation und wird deswegen hier nicht gesondert aufgeführt.

4   Die Varianz kann in diesem Fall sehr einfach berechnet werden, weil die beiden unterschiedlichen (und somit alle vorkommenden) Werte den gleichen Abstand vom Mittelwert haben. Es reicht also aus, wenn man einen Wert und den Mittelwert der beiden Werte kennt (z. B. $x_i = 1$ und $x = 0,5$, dann ist der quadrierte Abstand dieser beiden Werte gleich der Varianz (hier 0,25). Die Wurzel daraus ist dann die Streuung (hier 0,5).

Nehmen wir nun ein ungewöhnliches Wertepaar zum Vergleich, 33 und −3: was ist der z-Wert der größeren Zahl, also 33, wenn die 33 und die −3 gleich häufig vorkommen? Der ist wieder 1:

$$z_i = \frac{x_i - \overline{x}}{s} = \frac{33 - 15}{18} = 1$$

Bei einer Variablen mit zwei gleich häufigen Werten (z.B. zwei Werten, die zur Kodierung für zwei Gruppen benutzt werden) sind die z-Werte immer 1 (für den größeren Wert) und −1 (für den kleineren Wert), egal welche Werte man ursprünglich benutzt. Wenn die Werte nicht gleich häufig sind (wenn in unserem Beispiel die Anzahl der Jungen und Mädchen ungleich wäre), dann ändern sich natürlich auch die z-Werte entsprechend, sind aber nach wie vor unabhängig von den Zahlen, die zur Kodierung verwendet werden.

Nun sehen wir uns das Beispiel aus dem vorangegangenen Abschnitt genauer an: Wie hoch korreliert das Geschlecht der Kinder (Mädchen vs. Jungen) mit der Lösungsgüte (Anzahl richtig gelöster Aufgaben)? ▶Tabelle 9.1 veranschaulicht die Lösung. Die z-Werte für die x-Variable kennen wir schon: 1 für die Mädchen und −1 für die Jungen. Die z-Werte für die Anzahl der richtigen Lösungen (y-Variable) haben wir für Sie berechnet.

Tabelle 9.1

Berechnung einer korrelativen Effektgröße (r), die den Zusammenhang zwischen Geschlecht und Anzahl der richtigen Lösungen wiedergibt

Kinder	Richtige Lösungen	z_x	z_y	$z_x \cdot z_y$
Junge 1	2	−1	−2,031	2,031
Junge 2	3	−1	−0,469	0,469
Junge 3	3	−1	−0,469	0,469
Junge 4	3	−1	−0,469	0,469
Junge 5	4	−1	1,094	−1,094
Mädchen 1	3	1	−0,469	−0,469
Mädchen 2	3	1	−0,469	−0,469
Mädchen 3	4	1	1,094	1,094
Mädchen 4	4	1	1,094	1,094
Mädchen 5	4	1	1,094	1,094
		$\Sigma = 0$	$\Sigma = 0$	$\Sigma = 4,688$

Wenn wir nun die Formel für die Berechnung der Korrelation mittels z-Werten benutzen, brauchen wir nur noch die Summe der z-Kreuzprodukte durch die Anzahl der Kinder ($n = 10$) zu teilen und erhalten $r = 0{,}47$ (gerundet).

Zusammenhangsmaße sind als Effektgrößen anfänglich vielleicht weniger intuitiv als Abstandsmaße, besonders wenn es, wie in unserem Beispiel, nahe liegt, die Effektgröße als Unterschied zwischen Gruppenmittelwerten zu interpretieren. Sie sind aber allgemeiner verwendbar: Sie können sowohl „richtige" Korrelationen wie die in Kapitel 7 als auch – wie gerade demonstriert – Mittelwertsunterschiede ausdrücken. Ein weiterer Vorteil von Korrelationen ist, dass sie auch bei nominal- oder ordinalskalierten Variablen gut interpretierbar sind.[5] Abstandsmaße sind hingegen nur bei intervallskalierten Daten sinnvoll interpretierbar. Zudem werden wir in Kapitel 16 sehen, dass Zusammenhangsmaße auch sinnvoll berechenbar sind als Effektstärken, die die Unterschiede zwischen *mehr als zwei* Gruppen wiedergeben. Im nächsten Abschnitt werden wir zeigen, dass Abstands- und Zusammenhangsmaße äquivalent sind: Man kann sie leicht ineinander überführen.

9.4 Effektgrößen aus Effektgrößen

Bisher haben wir Effektgrößen aus den so genannten Rohwerten berechnet, also den Messwerten, die wir als Ergebnis einer Studie bekommen. Wenn man die Ergebnisse aus unterschiedlichen Studien vergleichen möchte, in denen auch jeweils unterschiedliche Arten von Effektgrößen berechnet wurden, ist das kein Problem: Man kann aus Abstandsmaßen Zusammenhangsmaße berechnen und umgekehrt; man kann aber auch verschiedene Abstandsmaße ineinander überführen.

9.4.1 Abstandsmaße aus Abstandsmaßen

Sehen wir uns zunächst die zwei Abstandsmaße aus Abschnitt 9.2 an: wie kann man aus einem d ein g berechnen und umgekehrt? Die entsprechenden Formeln sind:

$$d = g\sqrt{\frac{n}{df}}$$

und

$$g = d\sqrt{\frac{df}{n}}$$

In diesen Formeln taucht ein neues Symbol auf: *df*. Diese *df*, eine Abkürzung für *degrees of freedom* oder *Freiheitsgrade,* werden im Kasten „Was sind Freiheitsgrade" kurz erläutert. Wir werden auf das Konzept der Freiheitsgrade in späteren Kapiteln (ab Kapitel 11) immer wieder zurückkommen.

---

5 Die genaue Berechnung dieser Maße unterscheidet sich von der des Pearson-Korrelationskoeffizienten, aber die Interpretation bleibt im Wesentlichen gleich (siehe Kapitel 17 für einige Beispiele).

H
I
N
T
E
R
G
R
U
N
D

Was sind Freiheitsgrade? Freiheitsgrade werden auch in deutschen Texten häufig mit df (degrees of freedom) abgekürzt. Sie sind gewissermaßen eine Alternative zur Stichprobengröße, die meist mit n bezeichnet wird. Der Grund, warum man oft nicht n, sondern df benutzt, liegt grob gesagt darin, dass die df mathematisch leichter handhabbar sind, wenn man Verfahren benutzt, die es erlauben, aufgrund der Stichprobenergebnisse Schlüsse auf die Population zu ziehen (siehe Kapitel 11 und 12). Das Konzept der Freiheitsgrade wurde 1924 von Ronald A. Fisher eingeführt, der sie benutzte, um Inkonsistenzen in der damaligen Statistikliteratur zu beseitigen (Salsburg, 2001, 49).

Der Begriff Freiheitsgrade steht für die Anzahl der Werte, die in einem statistischen Ausdruck frei variieren können. Ein solcher statistischer Ausdruck ist beispielsweise die Stichprobenvarianz. Bei der Berechnung von s^2 können von den n Werten nur $n-1$ frei variieren, da die Summe aller Abweichungen der n Einzelwerte von ihrem Mittelwert immer 0 ist (siehe Kapitel 6):

$$\sum_{i=1}^{n} \left(x_i - \bar{x} \right) = 0$$

Wenn also z.B. $n = 4$ und die ersten drei Abweichungen vom Mittelwert 6, -9 und -1 betragen, muss die vierte Abweichung $0 - 6 + 9 + 1 = 4$ sein. Wenn wir zwei Mittelwerte für einen statistischen Ausdruck berechnen würden, dann wären die Freiheitsgrade $n-2$. Als Faustregel kann man sich merken, dass man für jeden Mittelwert, der für die Berechnung eines statistischen Ausdrucks benötigt wird, einen Freiheitsgrad abziehen muss.

In unserem Beispiel müssen wir zwei Mittelwerte berechnen, einen für die Jungen und einen für die Mädchen. Wir haben insgesamt $n = 10$ Werte und die Freiheitsgrade betragen somit $n - 2 = 8$. Sie erinnern sich: Unsere Ergebnisse waren $d = 1{,}06$ und $g = 0{,}95$. Eingesetzt in die jeweiligen Formeln erhalten wir diese Werte wieder (gerundet):

$$d = g\sqrt{\frac{n}{df}} = 0{,}95\sqrt{\frac{10}{8}} = 1{,}06$$

und

$$g = d\sqrt{\frac{df}{n}} = 1{,}06\sqrt{\frac{8}{10}} = 0{,}95$$

9.4.2 Korrelationen aus Abstandsmaßen

Wenn in einer Studie die Effektgrößen als Abstandsmaße angegeben wurden, man aber gerne Korrelationen hätte, kann man folgende Formeln verwenden, wenn die zwei Stichprobengrößen gleich sind:[6]

$$r = \frac{d}{\sqrt{d^2 + 4}}$$

---

6 Im Einstichprobenfall oder bei Differenzwerten macht eine solche Umrechnung wenig Sinn.

und

$$r = \frac{g}{\sqrt{g^2 + 4\left(\dfrac{df}{n}\right)}}$$

Bei ungleichen Stichprobengrößen ist die Sache etwas komplizierter:

$$r = \frac{d}{\sqrt{d^2 + \dfrac{1}{pq}}}$$

wobei p und q die Anteile der jeweiligen Stichprobengrößen an der Gesamtstichprobengröße sind. Wenn in der ersten Gruppe beispielsweise $n_A = 40$ und in der zweiten $n_B = 60$ Personen untersucht worden wären, dann erhielten wir $p = 0,4$ und $q = 0,6$. Wenn beide Anteile 0,5 sind, wenn also die Gruppengrößen gleich sind, dann erhält man $1/pq = 4$. Die entsprechende Umrechnungsformel für g ist:

$$r = \sqrt{\frac{g^2(n_A n_B)}{g^2(n_A n_B) + (n_A + n_B)df}}$$

Für unser Beispiel ergäben sich wieder folgende Werte (wir benutzen zu Demonstrationszwecken die komplizierteren, aber allgemeineren Formeln):

$$r = \frac{d}{\sqrt{d^2 + \dfrac{1}{pq}}} = \frac{1,06}{\sqrt{1,06^2 + \dfrac{1}{0,5 \cdot 0,5}}} = 0,47$$

und

$$r = \sqrt{\frac{g^2(n_A n_B)}{g^2(n_A n_B) + (n_A + n_B)df}} = \sqrt{\frac{0,95^2(5 \cdot 5)}{0,95^2(5 \cdot 5) + (5+5)8}} = 0,47$$

9.4.3   Abstandsmaße aus Korrelationen

Man kann natürlich auch Abstandsmaße aus Korrelationen berechnen. Die entsprechenden Formeln dazu (allgemeiner Fall) und gleich auch die Ergebnisse für unser Beispiel sind:

$$d = \frac{\sqrt{\dfrac{1}{pq}} \cdot r}{\sqrt{1 - r^2}} = \frac{\sqrt{\dfrac{1}{0,5 \cdot 0,5}} \cdot 0,47}{\sqrt{1 - 0,47^2}} = 1,06$$

und

$$g = \frac{r}{\sqrt{1 - r^2}} \sqrt{\frac{(n_A + n_B)df}{n_A n_B}} = \frac{0,47}{\sqrt{1 - 0,47^2}} \sqrt{\frac{(5+5)8}{5 \cdot 5}} = 0,95$$

9.5 Wie bedeutsam ist eine Effektgröße?

Wir haben beschrieben, wie man Effektgrößen aus den Rohwerten berechnet (siehe auch Kapitel 7) und wie man sie ineinander überführen kann. Wie aber kann man sie sinnvoll interpretieren? Wann ist ein Effekt bedeutsam? Auf diese Fragen gibt es keine allgemein gültige Antwort. Die am ehesten zutreffende Antwort wäre noch: „Das hängt vom Gegenstandsbereich ab!" Wenn etwa der Effekt von Psychotherapie bei Angstzuständen im Durchschnitt einem $d = 0{,}67$ entspricht,[7] dann ist für eine neu eingeführte Psychotherapieform ein Effekt von $d = 0{,}3$ wenig interessant, einer von $d = 0{,}9$ aber sehr wohl. Bei praktischen Maßnahmen wie Trainingsergebnissen oder der Auswirkung von Interventionen weiß man ja – durch die Berechnung von Effektgrößen –, wie groß die bisherigen Effekte waren. Wenn das neue Programm oder die neue Intervention nicht mindestens die gleichen Effekte erbringt, dann ist das häufig ein guter Grund, die bisherige Vorgehensweise nicht zu ändern. Manchmal sind auch kleine Effekte schon sehr bedeutsam. Das kann man in manchen Fällen durch eine besondere Darstellungsart, den so genannten *Binomial Effect Size Display* (*BESD*) verdeutlichen (siehe den nächsten Kasten).

H I N T E R G R U N D

Binomial Effect Size Display (BESD) und kleine Effekte Der BESD wurde von Rosenthal und Rubin (1979) eingeführt und dient zur Illustration einer bestimmten Art von Effektgröße für die Beschreibung von dichotomen oder dichotomisierten Ergebnissen wie z.B. Erfolg vs. Misserfolg, Verbesserung vs. keine Verbesserung, Überlebender vs. Nicht-Überlebender usw. Man kann damit die Korrelation zwischen zwei dichotomen Variablen als *Veränderung in der „Erfolgsquote"* beschreiben. Ein reales Beispiel soll das verdeutlichen (siehe Rosenthal & Rosnow, 1991, 283f.):

In den 80er Jahren nahmen 22.071 Ärzte in den USA an einer Studie teil, in der man herausfinden wollte, ob die regelmäßige Einnahme einer geringen Menge von Aspirin gegen Herzinfarkt vorbeugt. Die eine Hälfte (11.037 Ärzte) erhielt tatsächlich Aspirin während die andere (11.034 Ärzte) ein Placebo erhielt. Nach 5 Jahren wurde Bilanz gezogen – die Ergebnisse sind in ▶Tabelle 9.2 dargestellt.

Bedingung	Kein Herzinfarkt	Herzinfarkt	Insgesamt
Aspirin	10.933 (a)	104 (b)	11.037 (a + b)
Placebo	10.845 (c)	189 (d)	11.034 (c + d)
Insgesamt	21.778 (a + c)	293 (b + d)	22.071

Tabelle 9.2: Ergebnisse einer groß angelegten Studie zur Präventionswirkung von Aspirin gegen Herzinfarkt. ▶

---

7 Wir werden uns in Kapitel 22 damit beschäftigen, wie man solche durchschnittlichen Effekte berechnet und interpretiert.

▶Fortsetzung

Nun kann man eine nahe liegende korrelative Effektgröße berechnen, den Phi-Koeffizienten (ϕ), den Sie in Kapitel 7 schon kennen gelernt haben:

$$\phi = r = \frac{a \cdot d - b \cdot c}{\sqrt{(a+b) \cdot (c+d) \cdot (a+c) \cdot (b+d)}} = \frac{10933 \cdot 189 - 104 \cdot 10845}{\sqrt{11037 \cdot 11034 \cdot 21778 \cdot 293}} = 0,034$$

Das Ergebnis, ein $r = 0,034$, ist offensichtlich ein sehr kleiner Effekt. Trotzdem wurde die Studie nach diesem Ergebnis abgebrochen, weil es die Auftraggeber als unethisch betrachteten, den Ärzten in der Placebo-Gruppe das Aspirin weiterhin vorzuenthalten. Wie kam man zu diesem Schluss? Beim BESD wird die Korrelation üblicherweise so in eine Vierfeldertafel „übersetzt", dass sich die Zeilen und Spalten zu 100 aufsummieren (▶Tabelle 9.3).

Bedingung	Kein Herzinfarkt, %	Herzinfarkt, %	Insgesamt
Aspirin	51,7 (a)	48,3 (b)	100
Placebo	48,3 (c)	51,7 (d)	100
Insgesamt	100	100	200

Tabelle 9.3: BESD-Darstellung der Ergebnisse einer groß angelegten Studie zur Präventionswirkung von Aspirin gegen Herzinfarkt.

Überprüfen wir, ob die Tabelle 9.3 tatsächlich eine Korrelation von 0,034 darstellt:

$$\phi = r = \frac{a \cdot d - b \cdot c}{\sqrt{(a+b) \cdot (c+d) \cdot (a+c) \cdot (b+d)}} = \frac{51,7 \cdot 51,7 - 48,3 \cdot 48,3}{\sqrt{100 \cdot 100 \cdot 100 \cdot 100}} = 0,034$$

Wie kommt man auf die Werte in der Tabelle 9.3? Man kann sie direkt aus der Korrelation berechnen. Dazu genügt es, einen der zwei unterschiedlichen Werte zu berechnen; der andere ergibt sich automatisch durch die Einschränkung, dass Zeilen- und Spaltensummen jeweils 100 ergeben müssen. Die Gleichung zur Berechnung des größeren der beiden Werte ist:

$$Gr\ddot{o}\ss erer \ \ Wert = 50 + \frac{100r}{2}$$

Daraus ergibt sich für unser Beispiel: $50 + (100 \cdot 0,034) / 2 = 51,7$, der Wert in den Zellen a und d in Tabelle 9.3. Was ist nun die Aussage, die im BESD enthalten ist? In diesem Fall sagt er aus, dass durch die Gabe von Aspirin die Erfolgsquote (kein Herzinfarkt) um 3,4 Prozentpunkte von 48,3% auf 51,7% gestiegen ist. Wenn man diesen prozentualen Zuwachs in Anzahl geretteter Leben umrechnet, dann ist das ein außerordentlich bedeutsamer Effekt, obwohl er absolut gesehen sehr klein ist. Der BESD ist gut geeignet zur Veranschaulichung von entsprechenden korrelativen Effektgrößen für Personen, die mit einer Korrelation wenig anfangen können, denen aber Prozentwerte vertraut sind (z.B. für Auftraggeber von Evaluationsstudien ohne besondere Methodenkenntnisse).

Wie interpretiert man aber eine Effektgröße, wenn man sie nicht mit bisherigen Ergebnissen vergleichen kann oder wenn man nicht von vornherein weiß, ab wann man einen Effekt als bedeutsam einstufen kann? Wir haben schon in Kapitel 7 gesehen, dass Jacob Cohen für diesen Fall Konventionen für die Beurteilung von Korrelationen eingeführt hat. Derartige Konventionen hat er auch für das Abstandsmaß d erarbeitet. Cohen hat dies bereits in den 60er Jahren vorgeschlagen, später aber immer wieder leicht modifiziert. Die Werte in ▶Tabelle 9.4 stammen aus Cohen (1992). Ursprünglich hatte er die Werte nur anhand von Beispielen begründet. Spätere Übersichten (z.B. Sedlmeier & Gigerenzer, 1989) zeigten aber, dass die von Cohen als mittelgroß eingestuften Effekte tatsächlich die sind, die in einem breiten Querschnitt der psychologischen Forschung am häufigsten vorkommen. Diese Konventionen sollten nicht zu ernst genommen werden. Sie sind nichts anderes als ein Notbehelf, wenn man keine andere Art von Information zur Verfügung hat. Außerdem wird offenbar, dass sie auch nicht sehr konsistent sind. Wenn man sie beispielsweise ineinander umrechnet, dann ergibt sich keine genaue Passung zwischen d und r. Das hängt mit der Natur von Konventionen zusammen: Sie müssen plausibel aussehen. Eine Korrelation von $r = 0,242$, die einem $d = 0,5$ entsprechen würde (bei gleichen Stichprobengrößen), sieht eben nicht so gut aus wie ein $r = 0,3$ (siehe hierzu aber auch Abschnitt 21.2.2).

Tabelle 9.4

Konventionen für die Interpretation von Effektgrößen am Beispiel von d und r

Größe des Effekts	Art der Effektgröße	
	d	r
klein	0,2	0,1
mittel	0,5	0,3
groß	0,8	0,5

9.6 Weitere Effektgrößen-Maße

Wie schon erwähnt gibt es eine Vielzahl von unterschiedlichen Effektgrößen. Neben Abstands- und Zusammenhangsmaßen werden manchmal auch noch so genannte *Maße der erklärten Varianz* verwendet, die in manchen Fällen wieder in Korrelationen umgerechnet werden können. Maße der erklärten Varianz kann man auch als Zusammenhangsmaße im weitesten Sinn betrachten. Das ist gut zu sehen bei einem Maß, das Sie schon aus Kapitel 8 kennen: beim Determinationskoeffizienten r^2, der häufig als Effektgröße bei der linearen Regression benutzt wird. (Die Wurzel aus r^2 ist eine Korrelation.) Einige weitere Maße der erklärten Varianz werden wir in den Kapiteln zur Inferenzstatistik beschreiben. Dort werden wir auch für jedes Verfahren vorstellen, wie man Effektgrößen auf einfache Weise aus den Ergebnissen von Signifikanztests berechnen kann. Wir werden im Zusammenhang mit entsprechenden Verfahren auch diskutieren, welchen Unterschied es für die Effektgrößenberechnung macht, ob ein between-

oder ein within-Design (siehe Kapitel 5) verwendet wurde, ob man also zwei unabhängige Gruppen miteinander vergleicht oder eine Gruppe zu verschiedenen Zeitpunkten. Im Zusammenhang mit inferenzstatistischen Verfahren werden wir auch immer wieder auf Populations-Effektgrößen zur Berechnung der Teststärke zurückkommen.

Z U S A M M E N F A S S U N G

Effektgrößen gewinnen in der psychologischen Forschung immer mehr an Bedeutung, weil sie es erlauben, allgemeine und über Studien hinweg vergleichbare Aussagen über die Größe von Unterschieden, Zusammenhängen und anderen Arten von Resultaten zu machen. Grundsätzlich kann man Effektgrößen in zwei Arten von Maßen einteilen: Abstandsmaße und Zusammenhangsmaße. Abstandsmaße werden in der Regel in Standardabweichungseinheiten ausgedrückt und Zusammenhangsmaße sind fast immer Variationen des Pearson-Korrelationskoeffizienten. Beide Maße kann man aus Rohdaten berechnen, aber man kann die Maße auch ineinander überführen: Wenn man ein Abstandsmaß berechnet hat, kann man es leicht in ein Zusammenhangsmaß umrechnen (und umgekehrt). Die gebräuchlichsten Effektgrößen sind die Abstandsmaße d und g und die Korrelation (r). In manchen Fällen (z.B. zur Kommunikation von Effektgrößen für statistische Laien) kann es sinnvoll sein, r in Prozentwerten auszudrücken, als so genannten *Binomial Effekt Size Display* (BESD).

Z U S A M M E N F A S S U N G

Weiterführende Literatur

Rosenthal, R. (1994). Parametric measures of effect size. In H. Cooper & L. V. Hedges (Eds.). *The handbook of research synthesis.* New York: Russel Sage Foundation (231–244).

Rosnow, R. L. & Rosenthal, R. (2003). Effect sizes for experimenting psychologists. *Canadian Journal of Experimental Psychology, 57,* 221-237.
Beides sind gut lesbare Übersichten, ohne besondere mathematischer Vorkenntnisse verständlich.

Tatsuoka, M. (1993). Effect size. In G. Keren & C. Lewis (Eds.). *A handbook for data analysis in the behavioral sciences: Methodological issues.* Hillsdale, NJ: Erlbaum (461–479).
Dieses Kapitel verlangt etwas mehr mathematisches Vorwissen.

Übungsaufgaben mit Lösungen sowie weitere Informationen zu diesem Buchkapitel finden Sie auf der Companion Website zum Buch unter *http://www.pearson-studium.de*

TEIL III

Inferenzstatistik

Grundlagen der Inferenzstatistik

10

ÜBERBLICK

In den vorangegangen Kapiteln dieses Buchs, die mit Datenanalyse zu tun hatten, haben wir uns durchweg mit Stichprobenergebnissen befasst. Psychologische Theorien beziehen sich jedoch äußerst selten auf Stichproben, sondern fast immer auf Populationen, wie etwa Psychologiestudierende, Friseure, katholische Pfarrer, Kinder, Frauen, Männer oder einfach alle Menschen. In seltenen Fällen ist es zumindest im Prinzip möglich, alle Mitglieder einer Population zu untersuchen (z.B. alle Mitglieder des Bundestages), aber in der Regel scheitert die Untersuchung einer Population an großen praktischen Schwierigkeiten. Wie kann man trotzdem zu verwertbaren Ergebnissen kommen? Man versucht, aufgrund der Stichprobenergebnisse Schlussfolgerungen auf die Population zu ziehen. Genauer gesagt benutzt man Stichproben*statistiken* als Schätzungen für Populations*parameter*. Das sind beides Bezeichnungen für zusammengefasste Werte wie Anteile, Mittelwerte, Mittelwertunterschiede oder Varianzen, die sich einmal auf Stichproben (Statistiken) und das andere Mal auf Populationen (Parameter) beziehen. Warum und wie man solche Schlüsse oder Inferenzen von der Stichprobe auf die Population ziehen kann, ist Gegenstand der *Inferenzstatistik*. Die zwei Arten von inferenzstatistischen Verfahren, mit denen wir uns in diesem Buch hauptsächlich beschäftigen werden, sind *Konfidenzintervalle* und *Signifikanztests*. Konfidenzintervalle dienen dazu, Genauigkeitsaussagen über Schätzungen von Populationsparametern zu treffen und Signifikanztests benutzt man, um Hypothesen über Populationsparameter zu prüfen. Dieses Kapitel behandelt die wahrscheinlichkeitstheoretischen Grundlagen der Inferenzstatistik, auf denen alle speziellen Verfahren, die in den nächsten Kapiteln beschrieben werden, beruhen.

Wir werden uns zunächst mit der Frage beschäftigen, warum Stichprobenstatistiken überhaupt als Schätzung für Populationsparameter brauchbar sind. Allerdings ist es mit der Schätzung von Populationsparametern nicht getan. Wie bekommt man zusätzlich Genauigkeitsaussagen über diese Populationsparameter? Wie kann man entscheiden, ob eine Hypothese über Populationsparameter (z.B. die Hypothese, dass sich die Mittelwerte zweier Populationen unterscheiden) zutrifft? Wir werden sehen, dass die theoretische Grundlage für solche Aussagen und Schlüsse – also für Konfidenzintervalle und Signifikanztests – so genannte *Stichprobenverteilungen* sind.[1] Das sind theoretische Verteilungen von Stichprobenstatistiken, die Auskunft darüber geben, mit welcher Wahrscheinlichkeit man welche Stichprobenergebnisse erwarten kann, wenn man bestimmte Annahmen über die jeweilige Population trifft. Zur Frage, was das für Annahmen sind und wie sie sich für Konfidenzintervalle und Signifikanztests unterscheiden, erfahren Sie mehr in den zwei folgenden Kapiteln.

Nach einer kurzen Einführung in einige grundlegende Aspekte der Wahrscheinlichkeitstheorie, die wir später benötigen, erklären wir, wie man Stichprobenverteilungen für Anteile und für Mittelwerte erhält und was sie inhaltlich aussagen. Danach zeigen wir, wie die Varianz und auch die Form der Stichprobenverteilung von der Stichprobengröße beeinflusst werden. Form und Varianz von Stichprobenverteilungen wiederum haben einen starken Einfluss auf alle Arten von inferenzstatistischen Aussagen. Zum Schluss wird der Inhalt dieses Kapitels noch einmal zusammenfassend betrachtet

---

1   Stichprobenverteilungen werden in manchen Büchern als „Stichprobenkennwerteverteilungen" bezeichnet und Stichprobenstatistiken als „Stichprobenkennwerte".

und in den Kontext der weiteren Kapitel über Inferenzstatistik gestellt. Für mathematisch interessierte Leser haben wir einige „Hintergrund-Kästen" eingefügt, die beim ersten Lesen ohne große Einbußen im Verständnis übersprungen werden können.

10.1 Wahrscheinlichkeiten, kurz gefasst

Es ist offensichtlich, dass Inferenzen oder Schlüsse über Populationsparameter nicht mit hundertprozentiger Sicherheit gezogen werden können, sondern immer potenziell fehlerbehaftet sind. Daran kann man nichts ändern, man kann aber versuchen, solche Schätzungen oder Urteile so genau und fundiert wie möglich zu machen. Hierzu muss man mit Wahrscheinlichkeiten operieren. Dieser Abschnitt gibt einen kurzen Überblick über einige Grundlagen der Wahrscheinlichkeitstheorie. Die Wahrscheinlichkeitstheorie ist ein eigener sehr umfangreicher Wissenschaftsbereich mit einem teilweise hohen Formalitätsgrad. Wir beschränken uns aber auf den Wissensstoff, der nötig ist, um die gebräuchlichsten inferenzstatistischen Verfahren in der Psychologie zu verstehen. Die wahrscheinlichkeitstheoretischen Grundlagen der Inferenzstatistik werden dabei in einer möglichst intuitiven Weise (Sedlmeier, 1999; 2007) an einfachen Beispielen verdeutlicht. Trotzdem wird dieses Kapitel vielen Lesern wohl größere Schwierigkeiten bereiten als die vorangegangen. Der Aufwand lohnt sich jedoch: Die Prinzipien, die in diesem Kapitel dargestellt werden, gelten für alle Verfahren, die wir in späteren Kapiteln vorstellen werden. Wenn Sie also den Inhalt dieses Kapitels verstanden haben, sollte auch das Verständnis der in den folgenden Kapiteln beschriebenen Verfahren kein großes Problem darstellen.

10.1.1 Was ist Wahrscheinlichkeit?

Wir kennen den Begriff „Wahrscheinlichkeit" aus dem Alltag: „Wahrscheinlich schreibe ich in der Klausur eine 2", „es ist sehr unwahrscheinlich, dass es heute regnen wird", „zu Ferienbeginn sind Staus auf der A4 sehr wahrscheinlich". Woher kommen diese Wahrscheinlichkeiten und was bedeuten sie? Die Antworten auf die letzten beiden Fragen können sehr unterschiedlich ausfallen. Zum Wahrscheinlichkeitsbegriff gibt es eine umfangreiche philosophische Literatur, auf die wir nicht im Detail eingehen können, aber eine häufig gemachte Unterscheidung ist die zwischen *subjektiver*, *klassischer* und *empirischer* oder *frequentistischer* Wahrscheinlichkeit.

Die Grundlage für eine subjektive Wahrscheinlichkeitsschätzung kann ein Gefühl oder eine Intuition sein, gemischt mit mehr oder weniger umfangreichem Hintergrundwissen: „Wie wahrscheinlich ist es, dass es menschenähnliche Lebewesen auf anderen Planeten gibt?", wäre wohl eine Frage, auf die die meisten Menschen eine solche subjektive Wahrscheinlichkeitsschätzung geben würden. Wahrscheinlichkeiten variieren zwischen $p = 0$ und $p = 1$ (p steht für *probability*) oder zwischen 0% und 100%. Bei der Antwort auf die obige Frage würde wahrscheinlich der ganze Wertebereich ausgeschöpft, wenn man viele Personen befragte.

Deutlich mehr Übereinstimmung kann man erwarten, wenn man Wahrscheinlichkeiten nach dem so genannten *klassischen Ansatz* bestimmt. Der lässt sich anwenden, wenn man die Wahrscheinlichkeiten aus den Eigenschaften der Gegenstände ableiten kann. So hat ein Würfel beispielsweise sechs Seiten und es gibt keinen Grund, warum er (wenn es ein fairer Würfel ist) auf eine bestimmte Seite bevorzugt fallen sollte. Oder wenn man die Wahrscheinlichkeit dafür bestimmen möchte, dass eine Münze auf Kopf fällt, kann man aus der Überlegung, dass die Münze nur entweder auf Kopf oder Zahl fallen kann (nehmen wir an, dass die Münze nicht auf dem Rand stehen bleibt) und dass es wieder keinen Grund gibt, warum ein Ergebnis bevorzugt auftreten sollte, die entsprechende Wahrscheinlichkeit ableiten. Dies geht bei allen Arten von Glücksspielen (die auch die Grundlage für die Ableitung dieses Wahrscheinlichkeitsbegriffs durch Blaise Pascal waren). Generell kommt man zur entsprechenden Wahrscheinlichkeit eines Ereignisses A, indem man die Anzahl der „günstigen" Fälle durch die Anzahl der möglichen Fälle teilt, die sich wiederum zusammensetzen aus den der Anzahl der günstigen und der nicht-günstigen Fälle:

$$p(A) = \frac{\text{Anzahl der günstigen Fälle}}{\text{Anzahl der möglichen Fälle}}$$

Wenn man beispielsweise eine „6" würfeln möchte gibt es einen günstigen Fall (die „6" zu würfeln) und fünf ungünstige Fälle (1, 2, 3, 4 oder 5 als Würfelergebnis zu bekommen). Die Wahrscheinlichkeit, eine „6" zu würfeln ist also $p = 1/(1 + 5) = 1/6$ und die Wahrscheinlichkeit, dass die Münze auf Kopf fällt ist $p = 1/(1 + 1) = 1/2$.

Der Anwendungsbereich für diese klassische Vorgehensweise ist offensichtlich sehr eingeschränkt, weil die Wahrscheinlichkeit der Einzelereignisse eindeutig aus den Eigenschaften der betreffenden Gegenstände bestimmbar sein muss. Subjektive Wahrscheinlichkeiten können demgegenüber zwar prinzipiell immer geschätzt werden, aber oft wird es große Uneinigkeit über die genauen Werte geben. Deswegen benutzt man in der Praxis meist empirische oder *frequentistische* Wahrscheinlichkeiten. Man schätzt sie aufgrund von relativen Häufigkeiten; die Grundlage für die Häufigkeitswerte sind jedoch nicht theoretische Überlegungen, sondern Beobachtungen. Die relative Häufigkeit erhält man, indem man die Anzahl der „passenden" Beobachtungen $f(A)$ (f steht für *frequency*) durch die Anzahl aller relevanten Beobachtungen, der passenden und der nicht-passenden $f(\neg A)$ ($\neg$ steht für „nicht") teilt:

$$p(A) = \frac{f(A)}{f(A) + f(\neg A)}$$

Wenn wir z.B. die Beobachtung gemacht hätten, dass in einer Zufallsstichprobe von 20 Frauen 6 an Depression leiden und 14 nicht, dann wäre unsere Schätzung für die Wahrscheinlichkeit, dass eine zufällig ausgewählte Frau aus der entsprechenden Population an Depression leidet, $p = 6/(6 + 14) = 0{,}3$ oder 30%. Die Wahrscheinlichkeiten, mit denen wir uns in diesem Buch befassen, werden wir weitgehend auf diese Art ableiten. Besonders wichtig ist bei frequentistischen Wahrscheinlichkeiten die Rolle des Zufalls. Während der Zufall bei klassischen Wahrscheinlichkeiten gewissermaßen „automatisch" mitspielt, muss man bei frequentistischen Wahrscheinlichkeiten darauf achten, dass die Häufigkeiten, die man zur Wahrscheinlichkeitsschatzung benutzt, durch eine Zufallsstichprobe entstanden sind oder zumindest so interpretiert werden können.

10.1.2 Wahrscheinlichkeit von Konjunktionen und bedingte Wahrscheinlichkeiten

Wahrscheinlichkeitsschätzungen beziehen sich häufig auf zusammengesetzte Ereignisse oder *Konjunktionen*, wie z.B. „die Sonne scheint *und* es ist warm" oder „das Essen schmeckt, *aber* es ist teuer": *und* und *aber* zeigen hier an, dass beide Ereignisse jeweils zusammen zutreffen müssen. Wir hatten es in Kapitel 1 (Abschnitt 1.1.4) schon einmal mit einer Konjunktion von Ereignissen zu tun (die Aussage b in folgendem Problem):

Ein Schüler hat im Abschlusszeugnis in Mathematik die Note Vier erzielt. Welche der folgenden Aussagen trifft für ihn mit größerer Wahrscheinlichkeit zu?

a) Er hatte eine Sechs in Mathe im Halbjahreszeugnis.

b) Er hatte eine Sechs in Mathe im Halbjahreszeugnis, hat aber im zweiten Halbjahr Nachhilfe in Mathe erhalten.

▶Abbildung 10.1 übersetzt das Problem in eine grafische Darstellung. Die 30 Kästchen repräsentieren 30 Schüler, die im Abschlusszeugnis eine Vier hatten. Von denen haben 12 Nachhilfe bekommen (dunkle Kästchen) und 8 hatten eine Sechs im Halbjahreszeugnis (Kästchen mit einem Kreuz). Bei 5 Schülern traf beides zu (dunkle Kästchen mit Kreuz). Die Abbildung macht eine Eigenheit der Wahrscheinlichkeit von Konjunktionen deutlich: Ihre Wahrscheinlichkeit kann nie größer sein als die Wahrscheinlichkeit jedes der Einzelereignisse. In diesem Beispiel ist die Wahrscheinlichkeit dafür, dass ein (zufällig ausgewählter) Schüler eine Sechs im Halbjahreszeugnis hatte, 8/30 und die, dass ein Schüler Nachhilfe bekam, ist 12/30. Die Wahrscheinlichkeit der Konjunktion ist aber nur 5/30. Die Anzahl der Schüler in Abbildung 10.1, für die eine bestimmte Information zutrifft, wurde willkürlich gewählt. Die Schlussfolgerung stimmt aber immer: Die Wahrscheinlichkeit einer Konjunktion kann nie größer sein als die Wahrscheinlichkeit jeder der Einzelwahrscheinlichkeiten.

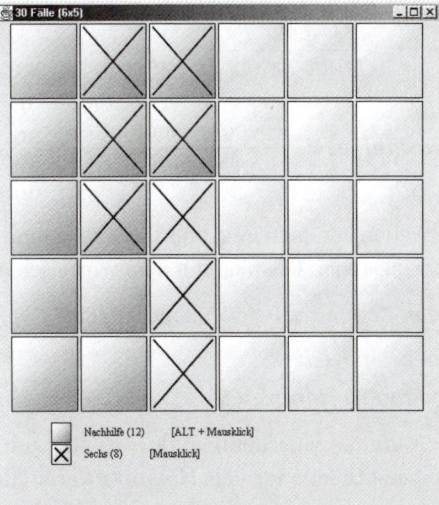

Abbildung 10.1: Illustration des Sachverhalts, dass die Wahrscheinlichkeit einer Konjunktion von Ereignissen nie größer sein kann als die Wahrscheinlichkeit jedes der Einzelereignisse. Die 30 Kästchen repräsentieren 30 Schüler mit einer Vier in Mathe im Abschlusszeugnis (erstellt mit dem Trainingsprogramm aus Sedlmeier & Köhlers, 2001).

Die Wahrscheinlichkeit von Konjunktionen ist für sich gesehen interessant, aber man braucht sie auch, um *bedingte Wahrscheinlichkeiten* zu bestimmen. In einfachen Fällen erkennt man die Bedingung an dem Wort *wenn*, das die Bedingung spezifiziert: Wie groß ist die Wahrscheinlichkeit, dass ein Schüler in Abbildung 10.1 Nachhilfe bekommen hat, *wenn* er eine Sechs im Halbjahreszeugnis hatte? Das ist nichts anderes als der Anteil der Schüler, auf die beides zutrifft (Nachhilfe *und* Sechs – eine Konjunktion), an den Schülern, die eine Sechs hatten (die Bedingung): 5 von 8 oder 5/8. Generell kann man eine bedingte Wahrscheinlichkeit für das Ereignis A unter der Bedingung B mit folgender Formel bekommen (rechts von dem senkrechten Strich „ | “ steht die Bedingung und das Zeichen „∧“ steht für „und“):

$$p(A|B) = \frac{p(A \wedge B)}{p(B)}$$

Eine bedingte Wahrscheinlichkeit für *A* gegeben *B* erhält man also, wenn man die Wahrscheinlichkeit der Konjunktion von *A* und *B* durch die Wahrscheinlichkeit der Bedingung *B* teilt. Man kann zur Berechnung direkt die zur Verfügung stehenden Häufigkeiten benutzen (siehe Abbildung 10.1). So ist beispielsweise die Wahrscheinlichkeit, dass ein Schüler eine Sechs schreibt, wenn er Nachhilfe bekam

$$p(Sechs|Nachhilfe) = \frac{f(Sechs \wedge Nachhilfe)}{f(Nachhilfe)} = \frac{5}{12}$$

Man kann auch zuerst die Wahrscheinlichkeiten für Zähler und Nenner schätzen und dann damit weiter rechnen (insbesondere, wenn diese Wahrscheinlichkeiten schon zur Verfügung stehen, wird man so verfahren):

$$p(Sechs \wedge Nachhilfe) = \frac{f(Sechs \wedge Nachhilfe)}{f(alle\ Schüler)} = \frac{5}{30}$$

$$p(Nachhilfe) = \frac{f(Nachhilfe)}{f(alle\ Schüler)} = \frac{12}{30}$$

$$p(Sechs|Nachhilfe) = \frac{p(Sechs \wedge Nachhilfe)}{p(Nachhilfe)} = \frac{\frac{5}{30}}{\frac{12}{30}} = \frac{5}{12}$$

Bedingte Wahrscheinlichkeiten kommen im Alltag häufig vor, sind aber nicht immer leicht zu erkennen, wie bei dem folgenden Beispiel, mit dem wir es schon einmal zu tun hatten:

Welches der folgenden Ereignisse ist wahrscheinlicher?

a) Eine Hausfrau hat promoviert

b) Eine promovierte Frau ist Hausfrau.

Ein Problem ist hier, erst einmal zu erkennen, dass es sich um bedingte Wahrscheinlichkeiten handelt. Übersetzt in eine formale Notation wären die Aussagen *a* und *b*:

a) p(promoviert | Hausfrau)

b) p(Hausfrau | promoviert)

Die Wahrscheinlichkeiten der Konjunktion (Hausfrau *und* promoviert) ist in beiden Fällen gleich, die Wahrscheinlichkeiten für die Bedingungen unterscheiden sich jedoch deutlich. Dass eine Frau eine Hausfrau ist, ist sehr viel wahrscheinlicher, als dass sie promoviert hat: $p(promoviert) < p(Hausfrau)$. Da man ja bei dieser Aufgabe jeweils die Wahrscheinlichkeit derselben Konjunktion durch die Wahrscheinlichkeit der entsprechenden Bedingung teilt, ist die (bedingte) Wahrscheinlichkeit für die Aussage *a* (teilen durch $p(Hausfrau)$) deutlich kleiner als die für Aussage *b* (teilen durch $p(promoviert)$).

Wir haben gesehen, wie man eine bedingte Wahrscheinlichkeit berechnet und auch, wie man die Wahrscheinlichkeit einer Konjunktion aus einem Stichprobenergebnis wie dem in Abbildung 10.1 bestimmen kann. Wie aber kann man die Wahrscheinlichkeit einer Konjunktion berechnen, wenn man das Stichprobenergebnis nicht im Detail zur Verfügung hat? Das ist durch eine einfache Umstellung der obigen Formel möglich:

$$p(A \wedge B) = p(A|B)p(B)$$

Auf der rechten Seite der Gleichung steht $p(A \mid B)$, was ausdrückt, dass man eine mögliche Abhängigkeit des Auftretens des Ereignisses A vom Auftreten des Ereignisses B bei der Berechnung der Wahrscheinlichkeit einer Konjunktion mit berücksichtigt. Die beiden Ereignisse können aber auch unabhängig voneinander auftreten. Beispiele für unabhängige Ereignisse sind (sich nicht beeinflussende) wiederholte Zufallsexperimente, wie etwa Münzwürfe oder Würfelergebnisse. Wenn ich beim ersten Münzwurf Kopf geworfen habe, hat das keinerlei Auswirkungen darauf, ob ich beim zweiten Wurf Kopf oder Zahl werfen werde. Eine wichtige Art von unabhängigen Ereignissen, mit denen wir es immer wieder zu tun haben werden, sind Zufallsziehungen aus einer Population. Wenn ich zufällig eine Person aus der Population auswähle und ihre Körpergröße messe, dann hat das keinen Einfluss darauf, welche Körpergröße die nächste zufällig gezogene Person haben wird (die erste Person ist dabei wieder mit in der Population). Auf diese Art von Unabhängigkeit (das Ergebnis in einer Zufallsziehung ist unabhängig von dem in einer anderen) werden wir wiederholt zurückkommen. Wenn nun das Ereignis A *unabhängig* vom Ereignis B auftritt (die Wahrscheinlichkeit von A bleibt gleich, ob nun das Ereignis B aufgetreten ist oder nicht), dann kann man die Wahrscheinlichkeit einer Konjunktion noch einfacher berechnen: wenn die Bedingung keine Rolle spielt, kann man sie weglassen:

$$p(A \wedge B) = p(A)p(B)$$

Diese so genannte *Produktregel* der Wahrscheinlichkeitstheorie kann man auf beliebig viele unabhängige Ereignisse erweitern und deswegen auch für die Ableitung der konjunktiven Wahrscheinlichkeiten für die so genannte Binomialverteilung (Abschnitt 10.3) benutzen. Nach diesem kurzen Abriss der Wahrscheinlichkeitstheorie sind wir gerüstet für die nähere Betrachtung von Stichprobenverteilungen.

10.2 Von der Population über Stichproben zur Stichprobenverteilung

Inferenzstatistik ist nötig, weil man etwas über die Populationsparameter aussagen möchte. Die Basis dafür sind die Ergebnisse aus Stichproben und das „Bindeglied" zwischen Stichprobenergebnissen und Schlüssen auf Populationsparameter sind Stichprobenverteilungen. Wir werden später noch ausführlich darauf eingehen, wie man Populationsparameter wie z.B. Anteile, Mittelwerte oder Varianzen aus den entsprechenden Stichprobenstatistiken schätzt. Zunächst werden wir jedoch aus didaktischen Gründen und um zu illustrieren, warum Stichprobenstatistiken gute Schätzungen für Populationsparameter liefern, umgekehrt vorgehen: Wir nehmen an, die Verteilung der Werte in der Population sei schon bekannt und schauen, welche Ergebnisse wir in Stichproben erwarten können, die aus dieser Population gezogen werden. Wir werden auch demonstrieren, wie durch wiederholte Ziehungen aus der Population und jeweilige Berechnung der entsprechenden Stichprobenstatistiken eine *empirische Stichprobenverteilung* entsteht. Wenn man beispielsweise 50 Stichproben aus derselben Population zieht und jeweils einen Anteil berechnet, dann wäre die Verteilung der resultierenden 50 Anteile eine empirische Stichprobenverteilung. Empirische Stichprobenverteilungen sind also Verteilungen der aus den Stichproben berechneten Stichprobenstatistiken.

Theoretische Stichprobenverteilungen wiederum kann man sich als die Verteilung unendlich vieler Stichprobenstatistiken (berechnet aus den Resultaten unendlich vieler Stichprobenziehungen aus derselben Population) vorstellen. Bevor man sie verwendet, werden diese Verteilungen standardisiert, so dass ihre Fläche den Wert 1 (oder 100%) hat. Dann kann man nämlich die Höhe der Verteilung über einem Wert oder einem Intervall von Werten (auf der y-Achse) als Wahrscheinlichkeit interpretieren.[2] Theoretische Stichprobenverteilungen werden allerdings in der Regel mathematisch abgeleitet (siehe Abschnitt 10.3 für ein Beispiel). Wenn wir im Folgenden den nicht weiter spezifizierten Ausdruck „Stichprobenverteilung" benutzen, sind immer theoretische Stichprobenverteilungen gemeint. Bevor wir uns der Konstruktion von Stichprobenverteilungen zuwenden, betrachten wir zunächst zwei Simulationsbeispiele, in denen gezeigt wird, wie durch die wiederholte Ziehung von Zufallsstichproben aus einer Population Stichprobenverteilungen entstehen. Das erste Beispiel befasst sich mit nominalskalierten Daten (Stichprobenstatistik: Anteil) und das zweite mit intervallskalierten Daten (Stichprobenstatistik: Mittelwert). Diese Beispiele sollen intuitiv verständlich machen, warum man Stichprobenstatistiken zur Schätzung von Populationsparametern verwenden kann.

10.2.1 Simulationsbeispiel für Anteile

Angenommen, 30% aller Frauen in Deutschland, die 70 Jahre oder älter sind, seien akut depressiv. Was würde passieren, wenn wiederholt Zufallsstichproben von Frauen dieser

---

2 Bei den meisten gebräuchlichen Stichprobenverteilungen, die wir in den folgenden Kapiteln benutzen, standardisiert man auch noch die x-Achse, um eine einzige Stichprobenverteilung für verschiedene Skalen verwenden zu können.

Alterskategorie gezogen würden? Im Idealfall könnte man als Grundlage für die Ziehungen die Dateien der Einwohnermeldeämter benutzen und mit Hilfe eines Zufallsmechanismus jeweils eine bestimmte Anzahl von Frauen auswählen, wobei in jeder Ziehung immer wieder alle Frauen dieselbe Chance haben, gezogen zu werden. Die Ergebnisse einer entsprechenden Simulation sind in ▶Abbildung 10.2 zu sehen (alle Simulationsergebnisse in diesem Kapitel wurden erstellt mit der Software aus Sedlmeier & Köhlers, 2001). Abbildung 10.2a zeigt die *Populationsverteilung* in Prozentwerten: 30% der Population der Frauen in der entsprechenden Altersgruppe sind depressiv ("D") und 70% sind gesund ("G"). Dabei repräsentiert jede Kugel beliebig (aber gleich) viele Frauen. Aus dieser Population wurden nun Stichproben von je 20 Frauen gezogen und in Abbildung 10.2b sind drei solche Stichprobenergebnisse, auch *Häufigkeitsverteilungen* genannt (hier: die Häufigkeiten von depressiven und nicht-depressiven Frauen), zu sehen: 6 von 20, 9 von 20 und 4 von 20 Frauen in der jeweiligen Stichprobe sind depressiv. Die Unterschiede zwischen den drei Stichprobenergebnissen sind vollständig auf den Zufallsprozess zurückführbar, die Variation kommt also ausschließlich durch den so genannten *Stichprobenfehler* zustande. Wenn man wiederholt Stichproben vom Umfang $n = 20$ zieht und jeweils notiert, wie viele der Frauen in der Stichprobe depressiv sind, bekommt man eine empirische *Stichprobenverteilung*, eine Verteilung von Stichprobenstatistiken (Anteilen, bei denen das "von 20" jeweils weggelassen ist). In Abbildung 10.2c kann man ein mögliches Ergebnis für 100 solcher Stichproben sehen. Eine "Ellipse" in dieser Verteilung ist jetzt keine einzelne Person mehr, sondern der Anteil aus einer Stichprobe (jeweils die Anzahl der depressiven Frauen von den 20 Frauen in der Stichprobe). Dabei können, rein durch Zufall, auch ganz untypische Ergebnisse zustande kommen. Abbildung 10.2c zeigt beispielsweise eine Stichprobe (eine der 100 Ellipsen), in der 14 von 20, also 70% der Frauen depressiv waren. Am häufigsten sind jedoch Stichprobenergebnisse, die mit dem tatsächlichen Wert von 30% (6 von 20) übereinstimmen oder nahe daran liegen.[3]

Damit haben wir schon eine intuitive Begründung dafür, warum wir eine Stichprobenstatistik als Grundlage für die Schätzung des entsprechenden Populationsparameters benutzen können. Wenn wir nur eine Stichprobe ziehen und den Anteil berechnen, ist es am wahrscheinlichsten, dass dieser Anteil mit dem Populationsanteil übereinstimmt. Selbst wenn keine totale Übereinstimmung vorliegt, ist die Wahrscheinlichkeit, dass der gefundene Anteil nahe am Populationsanteil liegt, viel größer, als dass er weit davon entfernt ist. Bei Anteilen ist es automatisch so, dass auch die in der Stichprobe gefundene Streuung (eine weitere Stichprobenstatistik) eine gute Schätzung der Populationsstreuung ist, wenn der Anteil eine gute Schätzung war, denn die Streuung wird durch die Höhe des Anteils vollständig festgelegt (siehe Abschnitt 10.4.1).

---

3 Im Prinzip könnten Sie diese Simulation auch selbst z.B. mit 100 Chips (30, auf die Sie ein "D" malen, und 70, die Sie mit "G" bezeichnen) durchführen. Sie müssten die Chips in ein Säckchen legen, "durchmischen" und dann immer einen Chip ziehen und ihn anschließend wieder in das Säckchen zurücklegen. Das Zurücklegen ist notwendig, damit sich die Anteile von "D" und "G" Chips nicht ändern. Wenn die Population sehr groß ist, macht es keinen praktisch bedeutsamen Unterschied, ob man mit oder ohne Zurücklegen zieht. Das hier benutzte Computerprogramm zieht mit Zurücklegen.

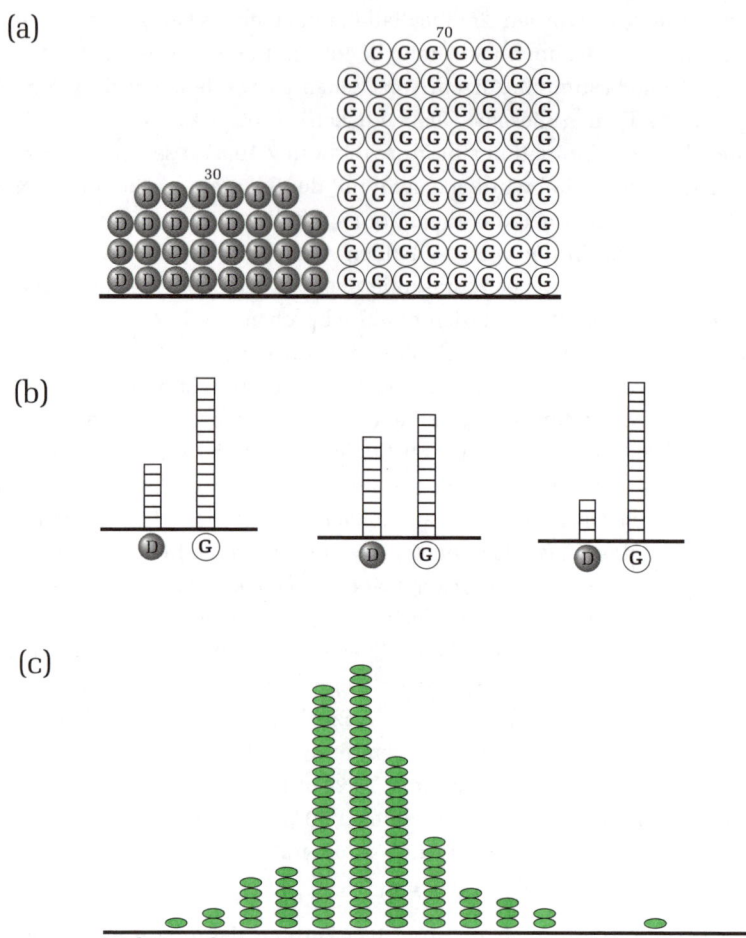

Abbildung 10.2: Von der Populationsverteilung – Anteile depressiver (D) und gesunder (G) Frauen in einer bestimmten Altersgruppe – (a) über die Häufigkeitsverteilungen in drei Stichproben (b) zur empirischen Stichprobenverteilung aus 100 Stichprobenziehungen (c).

10.2.2 Simulationsbeispiel für Mittelwerte

Sehen wir uns nun die Entstehung einer empirischen Stichprobenverteilung für (etwas vereinfachte) Mittelwerte an. Die Populationsverteilung in ▶Abbildung 10.3a zeigt, wie viele (von 100) Personen in der Population jeweils eine bestimmte Punktzahl (auf der jeweiligen Kugel notiert) in einem hypothetischen Mathematiktest richtig lösen. Auch hier steht jede Kugel wieder für beliebig (aber gleich) viele Personen. Die möglichen Punkte pro Person variieren von 0 bis 10. So erreichen 6 von 100 Personen nur einen Punkt, und 11 von 100 erreichen 7 Punkte. Aus dieser Population werden jetzt wiederholt Stichproben unterschiedlicher Größe ($n = 10$ und $n = 40$) gezogen.[4] In ▶Abbildung 10.3b sind auf der linken Seite die Häufigkeitsverteilungen aus zwei Stichprobenziehungen mit $n = 10$ dargestellt. In der ersten Stichprobe hat beispielsweise je eine der gezogenen Personen 0, 2, 3, 5 und 10 Aufgaben richtig gelöst, 2 Personen haben 7 Aufgaben richtig und drei Personen 6. Auf der rechten Seite von Abbildung 10.3b sind die Ergebnisse für zwei Stichproben der Größe $n = 40$ abgebildet. Man sieht, dass die Form der Häufigkeitsverteilung bei diesen beiden Stichproben der Form der Populationsverteilung schon relativ ähnlich ist. Stellen wir uns nun vor, dass von jeder Stichprobe der Mittelwert (die Stichprobenstatistik) berechnet wird. ▶Abbildung 10.3c zeigt das Resultat von 30 Stichprobenziehungen, getrennt für Stichproben aus $n = 10$ (links) und $n = 40$ Werten (rechts): Aus jeder Stichprobe wurde der Mittelwert berechnet, zur Vereinfachung der Darstellung auf die nächste volle Zahl gerundet und als eine „Scheibe" in die empirische Stichprobenverteilung eingefügt. Man sieht sofort einen Unterschied zur Konstruktion von empirischen Stichprobenverteilungen für Anteile: Die Skala auf der x-Achse bleibt im Prinzip immer gleich (0 bis 10), von der Populationsverteilung über die Häufigkeitsverteilungen hin zur empirischen Stichprobenverteilung. Auffallend ist jedoch, dass die Streuung der empirischen Stichprobenverteilung deutlich kleiner ist als die Streuungen sowohl der Populationsverteilung als auch der Häufigkeitsverteilungen. Hier wirkt sich die Stichprobengröße deutlich erkennbar aus: Die empirische Stichprobenverteilung für $n = 40$ streut noch deutlich weniger als die für $n = 10$. Wir werden auf diesen Sachverhalt später noch näher eingehen.

Wieder zeigen die Ergebnisse für beide Stichprobenverteilungen, dass Stichproben mit einem (gerundeten) Mittelwert von 5 am wahrscheinlichsten sind. Wenn also nur ein einziger Stichprobenmittelwert zur Verfügung stünde, dann wäre es vernünftig anzunehmen, dass dieser mit dem Populationsmittelwert übereinstimmt. Abbildung 10.3c legt nahe, dass drastische Abweichungen vom Populationsmittelwert nicht zu erwarten sind und dass solche Abweichungen umso weniger zu erwarten sind, je größer die zugrunde liegende Stichprobe ist. Im Gegensatz zu Anteilen, aus denen die Streuung automatisch folgt, ist das bei Mittelwerten nicht der Fall. Selbst wenn der Mittelwert in der Stichprobe eine gute Schätzung für den Populationsmittelwert ist, heißt das nicht automatisch, dass auch die Varianz der Stichprobe eine gute Schätzung für die Populationsvarianz ist. Ein Vergleich der Häufigkeitsverteilungen für $n = 40$ mit der Populationsverteilung lässt jedoch schon vermuten, dass die Stichprobenvarianz (Stichprobenstatistik) als (ungefähre) Schätzung der Populationsvarianz verwendet werden kann. Wir werden in Abschnitt 10.4.2 wieder auf dieses Thema zurückkommen.

---

4   Auch in diesem Fall kann man entweder annehmen, dass die Population unendlich groß ist, oder dass mit Zurücklegen gezogen wird (was das Computerprogramm gemacht hat) – in beiden Fällen gibt es äquivalente Ergebnisse.

(a)

(b)

(c)

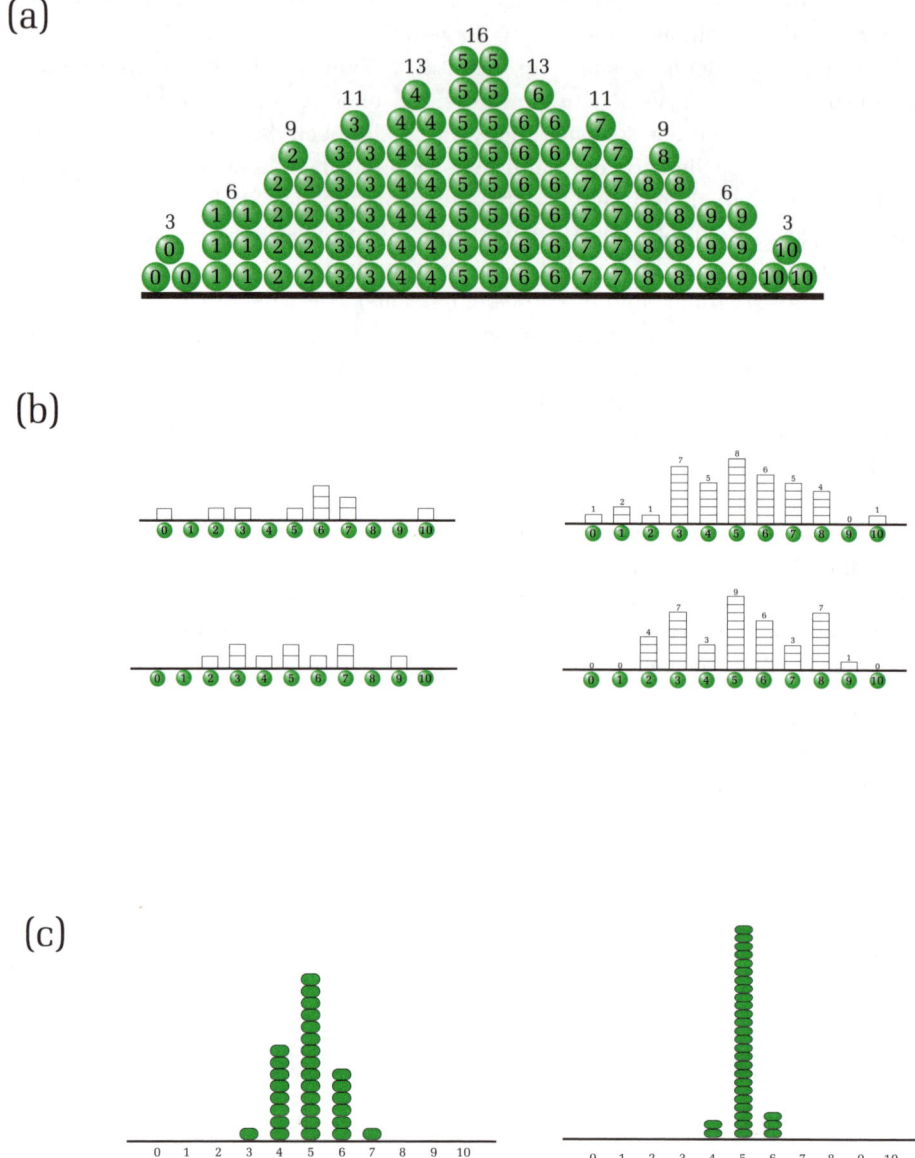

Abbildung 10.3: Von der Populationsverteilung – Anzahl richtige Lösungen (a) über ausgewählte Stichprobenergebnisse – je zwei für $n = 10$ (links) und $n = 40$ (rechts) (b) – zu den entsprechenden empirischen Stichprobenverteilungen für $n = 10$ (links) und $n = 40$ (rechts) mit gerundeten Mittelwerten aus je 30 Stichprobenziehungen (c).

10.2.3 Die tatsächliche Vorgehensweise: Von der Stichprobe zur Population

Die zwei Simulationen sollten verdeutlichen, was man erwarten kann, wenn man wiederholt Stichproben aus Populationsverteilungen zieht. In der Praxis beschreiten wir jedoch den umgekehrten Weg: Wir haben normalerweise nur eine einzige Stichprobe zur Verfügung und wollen die daraus berechneten Stichprobenstatistiken (z.B. Anteil und Mittelwert) benutzen, um Aussagen über die entsprechenden Populationsparameter zu treffen. Die Simulationen sollten demonstrieren, warum man die Stichprobenstatistiken selbst als Schätzungen für die Populationsparameter benutzen kann. Warum? Weil Stichprobenstatistiken, die identisch mit den Populationsparametern sind oder zumindest sehr nahe an diesen liegen, auch die im Vergleich zu anderen Ergebnissen höchste Auftretenswahrscheinlichkeit haben. Essenziell dabei ist natürlich, dass es sich bei den Stichproben um Zufallsstichproben handelt.

Wenn es in der Inferenzstatistik nur um das Schätzen von Populationsparametern ginge, dann könnten wir uns mit diesem Resultat schon zufrieden geben (obwohl man auch mathematisch zeigen kann, dass Stichprobenstatistiken gute Schätzungen für Populationsparameter sind). Die Schätzung von Populationsparametern ist jedoch nur der erste Schritt bei der Konstruktion von Konfidenzintervallen und bei Signifikanztests werden in der Regel nur Streuungsmaße für die Schätzung korrespondierender Populationsparameter benötigt (siehe Kapitel 11 und 12). Was wir aber immer benötigen, um Genauigkeitsaussagen über Populationsparameter zu treffen (Konfidenzintervalle) oder Stichprobenergebnisse in Bezug auf Hypothesen zu beurteilen (Signifikanztests), sind detaillierte Aussagen über die Wahrscheinlichkeiten, mit denen unterschiedliche Ergebnisse (unterschiedliche Werte für die Stichprobenstatistiken) auftreten: Wir benötigen (theoretische) Stichprobenverteilungen.

Wie man die Lage- und Streuungsmaße von Stichprobenverteilungen für Anteile und Mittelwerte ermittelt, wird in Abschnitt 10.4 behandelt. Zunächst aber sehen wir uns die Stichprobenverteilung für Anteile etwas genauer an, weil sie ohne mathematische Vorkenntnisse relativ einfach abzuleiten ist. Wir werden diese Verteilung später auch zur Illustration des *empirischen Gesetzes der großen Zahlen* und des *zentralen Grenzwertsatzes* benutzen, zwei Gesetzmäßigkeiten, die im Zusammenhang mit Stichprobenverteilungen eine wichtige Rolle spielen.

10.3 Stichprobenverteilung für Anteile

Die Herleitung von Stichprobenverteilungen ist mathematisch nicht immer ganz einfach. Eine Ausnahme ist die Stichprobenverteilung, die entsteht, wenn man es mit Anteilen zu tun hat: die *Binomialverteilung*. Sie ist deswegen gut geeignet zur Veranschaulichung dessen, was eine Stichprobenverteilung ist und wie sie zustande kommt. Die Ausgangsbasis für Binomialverteilungen sind *Zufallsexperimente* mit nur zwei möglichen Ergebnissen. Ein Zufallsexperiment ist jedes Ereignis, dessen Ausgang oder Ergebnis vom Zufall abhängt. Solche Zufallsexperimente werden auch als Bernoulli-Experimente bezeichnet. Ein Beispiel dafür hatten wir schon im vorigen Abschnitt: Das Zufallsexperiment bestand dabei aus der zufälligen „Ziehung" einer Frau einer bestimmten Altergruppe und die beiden möglichen Ergebnisse waren „depressiv" und „nicht depressiv". Die Wahrscheinlichkeit, zufällig eine depressive Frau auszuwählen war $p = 0,3$ oder 30% und die Stichprobengröße betrug $n = 20$. ▶Abbildung 10.4 zeigt die Stichprobenverteilung für diesen Fall.

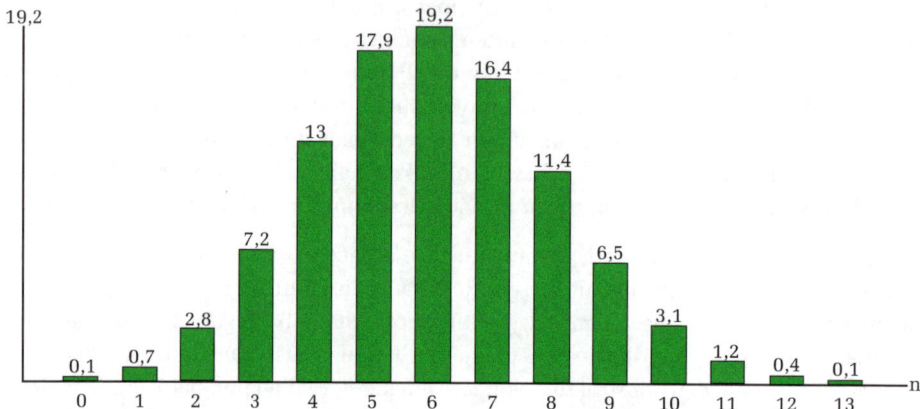

Abbildung 10.4: Theoretisch zu erwartende Stichprobenverteilung aus einer Population mit 30% depressiven Frauen und Stichproben der Größe $n = 20$. Die Werte über den Balken sind die Wahrscheinlichkeiten (in %), mit denen man die entsprechenden Ergebnisse erwarten kann. Der Wert über der Ordinatenachse dient als Referenzwert (Achsenlänge entspricht der in Prozentwerten angegebenen Wahrscheinlichkeit).

Welche Information ist in dieser Stichprobenverteilung enthalten? Wir haben nun die Wahrscheinlichkeiten, mit denen spezifische Ergebnisse zu erwarten sind, wenn man eine Stichprobe von $n = 20$ Personen aus einer Population zieht, in der 30% der Personen ein bestimmtes Merkmal aufweisen (in unserem Beispiel die 30% Frauen, die depressiv sind). Wir wissen nun beispielsweise, dass das wahrscheinlichste Ergebnis ($p = 0,192$ oder 19,2%, siehe den höchsten Balken in Abbildung 10.4) in einer solchen Stichprobe ist, dass 6 von 20 Frauen (30%, der Populationsanteil) depressiv sind, aber es kann auch vorkommen, dass nur eine von diesen 20 Frauen depressiv ist, das allerdings nur mit einer sehr kleinen Wahrscheinlichkeit ($p = 0,007$ oder 0,7%). Wie erhält man so eine Stichprobenverteilung für Anteile? Wir werden uns zunächst an einem etwas einfacheren Beispiel ansehen, wie man dabei im Prinzip vorgeht. Danach erläutern wir die generelle Berechnungsweise mit Hilfe der so genannten Binomialformel.

10.3.1 Binomialverteilung „per Hand"

Nehmen wir an, Sie sollten 4 Aufgaben mit zwei Lösungsalternativen (Sie können „richtig" oder „falsch" ankreuzen) lösen, die so schwierig für Sie sind, dass Sie bei jeder der Aufgaben nur raten können. Sie könnten nun zufällig die erste der Aufgaben falsch (F) lösen, die zweite richtig (R), die dritte richtig (R) und die vierte wieder falsch (F). Dies ergäbe die Reihenfolge FRRF mit zwei richtigen und zwei falschen Lösungen. Für die Lösungsrate (2 von 4 richtig) gibt es aber noch einige andere Reihenfolgen: RFFR, FFRR, FRFR, RFRF und RRFF. Das Bestimmen der Anzahl von möglichen Reihenfolgen für ein bestimmtes Ergebnis (z.B. „2 richtige Lösungen") ist der erste Schritt bei der Konstruktion einer Binomialverteilung.[5] Der zweite besteht darin, die Wahrscheinlichkeit für eine der Reihenfolgen zu bestimmen (die Wahrscheinlichkeit für die anderen Reihenfolgen ist dieselbe). In unserem Beispiel müssten Sie raten, das heißt, die Wahrscheinlichkeit für eine richtige und eine falsche Lösung wären gleich: $p(R) = p(F) = 0,5$. Sie brauchen aber nun die Wahrscheinlichkeit für die gesamte Reihenfolge, also dafür, dass alle vier Ergebnisse zusammen zutreffen. Das ist nichts anderes als die Wahrscheinlichkeit der Konjunktion dieser 4 Ereignisse (siehe Abschnitt 10.1.2).

Die Lösungswahrscheinlichkeiten für 4 Aufgaben, von denen jede nur zufällig richtig gelöst werden kann, sind unabhängig voneinander und deswegen können wir die Produktregel anwenden und die Einzelwahrscheinlichkeiten multiplizieren: $p(FRRF) = 0,5 \cdot 0,5 \cdot 0,5 \cdot 0,5 = 0,0625$ oder 6,25%. Weil es insgesamt 6 solche Reihenfolgen mit zwei richtigen (und zwei falschen) Lösungen gibt, ist somit die Wahrscheinlichkeit von 2 richtigen Lösungen bei vier Aufgaben: $6,25 \% \cdot 6 = 37,5\%$. Das Ergebnis ist in der mittleren Säule der Stichprobenverteilung in ▶Abbildung 10.5 zu sehen. Die anderen 4 Säulen zeigen die möglichen Reihenfolgen und entsprechenden Wahrscheinlichkeiten (in Prozent) für 0, 1, 3 und 4 richtige Lösungen.

6,25%	25%	37,5%	25%	6,25%
		RFFR		
		FFRR		
	FFFR	FRFR	FRRR	
	FFRF	FRRF	RFRR	
	FRFF	RFRF	RRFR	
FFFF	RFFF	RRFF	RRRF	RRRR
0	1	2	3	4

Abbildung 10.5: Binomialverteilung für $p = 0,5$ und $n = 4$. Gezeigt sind alle möglichen Reihenfolgen von richtigen und falschen Lösungen und die Wahrscheinlichkeiten (in Prozent) für 0 bis 4 richtige Lösungen.

Was wäre aber, wenn bei solchen Rateaufgaben nicht nur zwei, sondern vier Antwortalternativen vorgegeben wären und nur jeweils eine davon richtig wäre? Die Anzahl der Reihenfolgen für 2 richtige Lösungen bliebe natürlich gleich, aber die Wahrscheinlichkeiten würden sich ändern, da nun $p(R) = 0,25$ und $p(F) = 0,75$. Somit wäre beispielsweise $p(FRRF) = 0,25 \cdot 0,75 \cdot 0,75 \cdot 0,25 = 0,03515625$ oder 3,52% und die Wahrscheinlichkeit von 2 richtigen Lösungen wäre bei dieser Aufgabe nur $3,52 \% \cdot 6 = 21,1 \%$ (gerundet). Dieser Wert ist in der mittleren Säule der

---

5 Der Name Binomialverteilung kommt daher, dass der Ausdruck $(a + b)^n$ in der Mathematik als Binom bekannt ist und dass, wenn a und b durch p und q $(= 1 - p)$ ersetzt werden, durch Expansion dieses Binoms die Binomialverteilung entsteht. Wenn beispielsweise ein Bernoulli-Experiment zwei Mal durchgeführt wird $(n = 2)$, dann wäre das entsprechende Binom $(p + q)^2$ und die entsprechende Expansion $p^2 + 2pq + q^2$ ergäbe die Wahrscheinlichkeiten für 0, 1 und 2 „Erfolge": Bei $p = 0,5$ und damit $q = 1 - p = 0,5$ wären das 0,25, 0,5 und 0,25. Das funktioniert für jedes n, ist aber für große Stichproben sehr viel mühsamer handhabbar als die Formel für die Binomialverteilung.

rechten Stichprobenverteilung in ▶Abbildung 10.6 zu sehen. Die anderen Werte werden auf dieselbe Weise ermittelt. Links daneben ist zum Vergleich die Binomialverteilung aus Abbildung 10.5 in einer anderen Darstellungsart zu sehen.

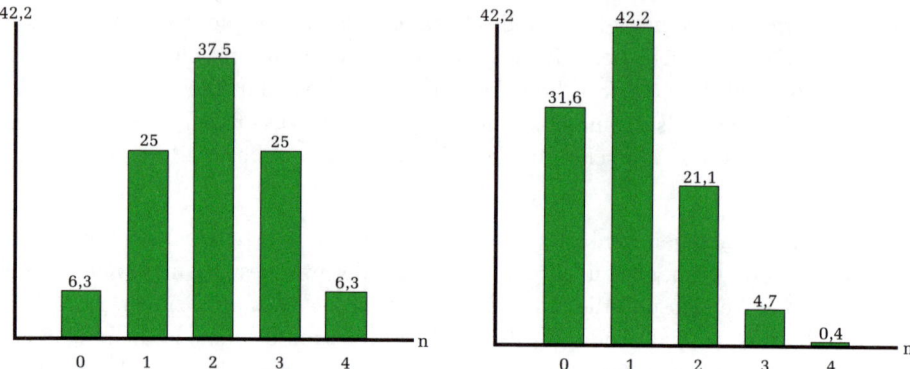

Abbildung 10.6: Binomialverteilungen für $p = 0,5$ und $n = 4$ (links) und $p = 0,25$ und $n = 4$ (rechts). Der Wert über der Ordinatenachse dient als Referenzwert (Achsenlänge entspricht der in Prozentwerten angegebenen Wahrscheinlichkeit).

Im Prinzip könnte man jede Binomialverteilung auf diese Weise „per Hand" berechnen, in der Praxis benutzt man jedoch meist die Binomialformel, insbesondere bei größeren Stichproben.

10.3.2 Binomialverteilung mit Binomialformel

Die Wahrscheinlichkeit von beliebigen Ergebnissen aus Bernoulli-Experimenten kann man mit Hilfe der *Binomialformel* berechnen. Sie beschreibt $P(A_k)$, die Wahrscheinlichkeit, dass ein Ereignis A in einem Zufallsexperiment mit n Ziehungen k-Mal eintritt. Dabei hat das Ereignis A bei jeder der n Ziehungen eine konstante Auftretenswahrscheinlichkeit p. Die Formel für die Binomialverteilung ist:

$$P(A_k) = \binom{n}{k} p^k (1-p)^{n-k}$$

Der erste Teil des Ausdrucks auf der rechten Seite der Formel (ausgesprochen „n über k") heißt *Binomialkoeffizient* und wird berechnet als[6]

$$\binom{n}{k} = \frac{n!}{k!(n-k)!}$$

Der Binomialkoeffizient gibt an, wie viele verschiedene Anordnungen möglich sind, die aus k Mal A und $n - k$ Mal „nicht A" bestehen. Der Rest der Formel (rechts vom Binomialkoeffizienten) ist die Wahrscheinlichkeit einer Konjunktion: das Produkt der Wahrscheinlichkeiten des Ereignisses A (k-Mal) und des Ereignisses „nicht A" („n

---

6 Das Ausrufezeichen (ausgesprochen „Fakultät") bedeutet dabei, dass die jeweilige Zahl mit jeder kleineren multipliziert wird (so ist z.B. 3! = 3 · 2 · 1 = 6) und außerdem gilt 0! = 1.

minus k"-Mal). Die Binomialverteilung ist also nur eine Formalisierung dessen, was wir schon erörtert haben: das Produkt aus der Anzahl der Reihenfolgen, auf die ein Ergebnis zustande kommen kann, mal der Wahrscheinlichkeit einer dieser (gleich wahrscheinlichen) Reihenfolgen. Die Parameter der Binomialverteilung, das heißt, die Kenngrößen, durch die sie vollständig bestimmt ist, sind n und p.

Hier ist das Beispiel von oben nochmals, diesmal gelöst mit Hilfe der Binomialformel: Wie groß ist die Wahrscheinlichkeit, dass von vier Rateaufgaben zwei richtig gelöst werden? Es gilt: $n = 4$, $k = 2$, $p = 0,5$ und eingesetzt in die Formel ergibt sich natürlich wieder derselbe Wert, den wir oben berechnet haben.

$$P(2\ richtige) = \binom{4}{2} 0,5^2 (1-0,5)^{4-2}$$
$$= \frac{4!}{2! \cdot 2!} 0,25 \cdot 0,25$$
$$= \frac{4 \cdot 3 \cdot 2 \cdot 1}{2 \cdot 1 \cdot 2 \cdot 1} 0,25 \cdot 0,25$$
$$= 0,375$$

Auch die Werte der Verteilung in Abbildung 10.4 kann man natürlich mit Hilfe der Binomialformel berechnen. Wie hoch ist beispielsweise die Wahrscheinlichkeit, dass man $k = 5$ depressive Frauen in einer Stichprobe von $n = 20$ Frauen findet, wenn die Wahrscheinlichkeit für Depression $p = 0,3$ beträgt?

$$P(5\ depressive\ Frauen) = \binom{20}{5} 0,3^5 (1-0,3)^{20-5}$$
$$= \frac{20!}{5! \cdot 15!} 0,3^5 \cdot 0,7^{15}$$
$$= 0,179$$

10.4 Lage- und Streuungsmaße von Stichprobenverteilungen

Wie Häufigkeitsverteilungen so können auch Stichprobenverteilungen am besten charakterisiert werden, indem man ihre Lage- und Streuungsmaße angibt. Diese Maße benötigt man zur Berechnung von Konfidenzintervallen und Durchführung von Signifikanztests (siehe aber Kapitel 19 und 21 für eine alternative Vorgehensweise). Es handelt sich dabei um den so genannten Erwartungswert und die Varianz sowie die Wurzel daraus, die Standardabweichung, die bei Stichprobenverteilungen häufig als *Standardfehler* bezeichnet wird. Der Erwartungswert ist der Durchschnittswert, den man auf lange Sicht, das heißt, bei unendlich oft durchgeführten Zufallsziehungen, erwarten kann. Erwartungswert und Varianz werden dabei entweder theoretisch abgeleitet oder aus den Stichprobenergebnissen geschätzt. Im Folgenden erläutern wir, welche Erwartungswerte und Varianzen Binomialverteilungen und Stichprobenverteilungen für Mittelwerte haben, und wie man diese im Prinzip erhält.

10.4.1 Binomialverteilung

Wie schon erwähnt, sind Bernoulli-Experimente mit zwei möglichen Ergebnissen – z.B. „Erfolg" und „Misserfolg" – die Ausgangsbasis für die Konstruktion von Binomialverteilungen. Erwartungswert, Varianz und Standardabweichung (Standardfehler) beziehen sich im Folgenden immer auf „Erfolg".

Der Erwartungswert einer Binomialverteilung für die Anzahl der Erfolge bei n Durchführungen des Bernoulli-Experiments ist

$$E\left(Anzahl\ \ _{„}Erfolge"\right) = n \cdot p$$

Bei 4 Rateaufgaben ($n = 4$) und einer Lösungswahrscheinlichkeit von $p = 0{,}5$ wäre der Erwartungswert für „Anzahl richtiger Lösungen" also $4 \cdot 0{,}5 = 2$ richtige Lösungen und bei einer Lösungswahrscheinlichkeit von $p = 0{,}25$ wäre der Erwartungswert $4 \cdot 0{,}25 = 1$ richtige Lösung. Manchmal ist man nicht so sehr an der *Anzahl* der „Erfolge" interessiert, sondern an deren *Anteil*. Den entsprechenden Erwartungswert erhält man einfach, indem man durch n teilt:

$$E\left(Anteil\ \ _{„}Erfolge"\right) = \frac{n \cdot p}{n} = p$$

Die Varianz einer Binomialverteilung ist

$$\sigma^2 = np\left(1-p\right)$$

und die Standardabweichung (der Standardfehler) beträgt somit

$$\sigma = \sqrt{\sigma^2} = \sqrt{np\left(1-p\right)}$$

Bei 4 Rateaufgaben ($n = 4$) und einer Lösungswahrscheinlichkeit von $p = 0{,}5$ wäre die Varianz $4 \cdot 0{,}5 \cdot 0{,}5 = 1$; und bei einer Lösungswahrscheinlichkeit von $p = 0{,}25$ wäre die Varianz $4 \cdot 0{,}25 \cdot 0{,}75 = 0{,}75$. Den Standardfehler für Anteile erhält man wieder mittels Division durch n:

$$\sigma_{Anteil} = \frac{\sqrt{np\left(1-p\right)}}{n} = \sqrt{\frac{np\left(1-p\right))}{n^2}} = \sqrt{\frac{p\left(1-p\right)}{n}}$$

Wie man auf diese Formeln für Erwartungswert und Varianzen kommt, wird im folgenden Kasten erläutert.

Erwartungswert und Varianz einer diskreten Zufallsvariablen In Kapitel 6 haben wir beschrieben, wie man Mittelwert und Varianz aus einer Stichprobe berechnet. Hier befassen wir uns damit, wie man die äquivalenten Werte für Stichprobenverteilungen berechnet. Die praktische Vorgehensweise ist in beiden Fällen nahezu äquivalent, aber es gibt doch einen fundamentalen Unterschied: Wenn man aus einem Stichprobenergebnis Mittelwert und Varianz berechnet, dann liegen die Zahlen schon vor. Mittelwert und Varianz von Stichprobenverteilungen sind dagegen Zusammenfassungen von „hypothetischen" Ergebnissen, die man auf lange Sicht (bei unendlich oft durchgeführten Zufallsziehungen) erwarten kann. Deswegen benutzt man auch andere Begriffe, wie etwa *Erwartungswert* statt *Mittelwert*. Ein weiterer häufig im Zusammenhang mit Stichprobenverteilungen verwendeter Begriff ist der der *Zufallsvariablen*.

Zufallsvariablen

Stichprobenverteilungen entstehen durch Zufallsziehungen, deren Ergebnisse sich immer auf bestimmte Variablen beziehen. In Abschnitt 10.2 haben wir beispielsweise Zufallsziehungen von Personen diskutiert, bei denen die Variablen „Gesundheitszustand" (mit den Ausprägungen „depressiv" und „gesund") und „Punktzahl in einem Mathematiktest" (mit den Ausprägungen 0 bis 10) benutzt wurden; und im letzten Abschnitt haben wir uns mit der Variable „Geschlecht" (mit den Ausprägungen „männlich" und „weiblich") befasst. Solche Variablen, deren mögliche Ergebnisse zwar bekannt sind, bei denen das aktuelle Ergebnis jedoch vom Zufall (meist dem Ergebnis einer Zufallsziehung) abhängt, werden Zufallsvariablen genannt. Etwas genauer gesagt ist eine Zufallsvariable eine Funktion, die jedem möglichen Ergebnis einer Zufallsziehung (z.B. der Zufallsziehung einer Person) einen numerischen Wert zuweist (z.B. 1 für „depressiv" und 0 für „nicht depressiv"). Die möglichen Werte, die eine Zufallsvariable annehmen kann, und deren Wahrscheinlichkeiten können als Verteilung der Zufallsvariable dargestellt werden. Von solchen Zufallsvariablen kann man nun Erwartungswerte und Varianzen berechnen. Alle oben erwähnten Beispiele beinhalten so genannte *diskrete* Zufallsvariablen. Diskret bedeutet hier, dass die Variable nicht aus Werten besteht, die (zumindest im Prinzip) kontinuierlich ineinander übergehen (wie beispielsweise Zeitmessungen), sondern dass man die möglichen Werte abzählen kann.

Erwartungswert

Der Erwartungswert einer diskreten Zufallsvariablen X ist die Summe der Produkte aller möglichen Werte dieser Zufallsvariablen (x_i), mal deren Wahrscheinlichkeiten (p_i); und dieser Erwartungswert ist nichts anderes als der Populationsmittelwert μ.[7]

$$E(X) = \mu = x_1 p_1 + x_2 p_2 + \ldots + x_n p_n = \sum_{i=1}^{n} x_i p_i \qquad \blacktriangleright$$

---

7 Diese Berechnungsweise ist völlig analog zur Berechnung des Mittelwerts aus einem Stichprobenergebnis. Wenn uns beispielsweise die Zahlen 1, 3, 3, 5, 5, 5, 6, 6, 6, 6 als Stichprobenergebnis vorlägen, dann würden wir normalerweise alle Zahlen addieren und durch die Anzahl ($n = 10$) teilen. Wir können aber genauso gut die Zahlen in Kategorien ($x_1 = 1$; $x_2 = 3$, $x_3 = 5$; $x_4 = 6$) einteilen und den durch deren Anteile ($a_1 = 0{,}1$, $a_2 = 0{,}2$, $a_3 = 0{,}3$ und $a_4 = 0{,}4$) gewichteten Mittelwert berechnen:

$$\bar{x} = \sum_{i=1}^{n} x_i a_i = 1 \cdot 0{,}1 + 3 \cdot 0{,}2 + 5 \cdot 0{,}3 + 6 \cdot 0{,}4 = 4{,}6.$$

►Fortsetzung

Wie sieht der Erwartungswert für ein Bernoulli-Experiment mit den zwei möglichen Ergebnissen „Erfolg" und „Misserfolg" aus? Hier müssen wir zunächst einmal Werte vergeben: In der Regel sind das die Werte 1 (*Erfolg*) und 0 (*Misserfolg*). Der Erwartungswert wäre somit, bei einer Erfolgswahrscheinlichkeit von p:

$$E(\text{„}Erfolg\text{"}) = 1 \cdot p + 0 \cdot (1-p) = p$$

Damit haben wir auch schon den Erwartungswert einer Binomialverteilung für $n = 1$. Wenn unsere Zufallsvariable beispielsweise mit 30%-iger Wahrscheinlichkeit den Wert „depressiv" annehmen würde (und mit 70%-iger Wahrscheinlichkeit den Wert „gesund"), dann wäre der Erwartungswert für das Ergebnis „depressiv" $1 \cdot 0{,}3 + 0 \cdot (1 - 0{,}3) = 0{,}3$. In anderen Worten: wenn man eine Zufallsstichprobe bestehend aus einer Frau (aus einer vorher definierten Population mit 70% depressiven Frauen) ziehen würde, dann wäre mit einer Wahrscheinlichkeit von 0,3 (30%) zu erwarten, dass diese Frau depressiv sein wird. Meist verwendet man die Binomialverteilung aber nicht für eine einzige Zufallsvariable, sondern für eine Summe von n Zufallsvariablen, also für Stichproben vom Umfang n. Was ist dann der Erwartungswert? Da die Werte aller Zufallsvariablen unabhängig voneinander zustande kommen (Beispiel: 5 Münzwürfe, bei denen jeweils „Kopf" als „Erfolg" gewertet würde), kann man die Erwartungswerte für die einzelnen Zufallsvariablen einfach aufsummieren. Bei n Zufallsvariablen (einer Stichprobengröße von n) und der Erfolgswahrscheinlichkeit p ergibt sich:

$$E(\text{Anzahl } "Erfolge") = n \cdot p$$

Wenn man also eine Stichprobe von $n = 200$ Frauen aus der spezifizierten Population ziehen würde, dann könnte man erwarten, dass $200 \cdot 0{,}3 = 60$ dieser Frauen depressiv sein werden.

Varianz

Bei der Bestimmung der Varianz einer Binomialverteilung gehen wir analog zur Bestimmung des Erwartungswerts vor. Wir zeigen zunächst, wie man die Varianz für eine Zufallsvariable (entsprechend einer Stichprobengröße von $n = 1$) erhält und dann, wie man die Varianz einer Summe von Zufallsvariablen bekommt. Benutzen wir wieder die Bezeichnungen von oben: x_i soll einen möglichen Wert der diskreten Zufallsvariable X bezeichnen und p_i dessen Wahrscheinlichkeit. Dann kann man die Varianz dieser Zufallsvariablen ausdrücken als[8]

$$\sigma^2{}_X = \sum_{i=1}^{m} (x_i - \mu)^2 p_i$$

►

---

[8] Die Äquivalenz zwischen dieser Formulierung der Varianz und der Varianzformel aus Kapitel 6 läßt sich leicht nachvollziehen, wenn Sie ein beliebiges Beispiel auf beide Arten berechnen. Sie müssten lediglich μ durch den Stichprobenmittelwert ersetzen und p_i durch den Anteil der jeweiligen Zahl an der Stichprobengröße.

▶Fortsetzung

wobei μ der Erwartungswert der Zufallsvariablen ist. Mit Hilfe dieser Formel können wir beispielsweise wieder die Varianz für „Erfolg" in einem Bernoulli-Experiment berechnen, wenn die Erfolgswahrscheinlichkeit p beträgt, und wir „Erfolg" wieder mit 1 kodieren und „Misserfolg" mit 0 (den Erwartungswert für „Erfolg" in einem Bernoulli-Experiment kennen wir schon, der ist auch p):

$$\sigma^2{}_X = \sum_{i=1}^{m} \left(x_i - \mu \right)^2 p_i$$

$$= \left(0 - p \right)^2 \left(1 - p \right) + \left(1 - p \right)^2 p$$

$$= p^2 \left(1 - p \right) + \left(1 - p \right)^2 p$$

$$= p \left(p - p^2 + 1 - 2p + p^2 \right)$$

$$= p \left(1 - p \right)$$

Wie sieht nun die Varianz einer Binomialverteilung für $n > 1$ aus? Hier hilft die so genannte *Summenregel der Varianz für unabhängige Zufallsvariablen*. Die Regel besagt, dass die Varianz der Summe unabhängiger Zufallsvariablen gleich der Summe von deren Varianzen ist (siehe z.B. Hays, 1994, Appendix B). Wenn wir also die Varianz für die Zufallsvariable X haben, bekommen wir somit durch Aufaddieren die Varianz von nX:

$$\sigma^2_{nX} = np \left(1 - p \right)$$

10.4.2 Stichprobenverteilungen für Mittelwerte

In den meisten Bereichen der psychologischen Forschung haben wir es häufiger mit Mittelwerten und Mittelwertunterschieden zu tun als mit Anteilen. Um Inferenzen über Mittelwerte oder Mittelwertunterschiede in der Population zu ziehen, stehen unterschiedliche Arten von Stichprobenverteilungen zur Verfügung. Wir werden uns vor allem zwei davon, die so genannte *t-Verteilung* und die *F-Verteilung* noch ausführlicher in den folgenden Kapiteln ansehen. Hier geht es zunächst einmal nur um die prinzipielle Vorgehensweise bei der Bestimmung von Erwartungswert und Varianz von Stichprobenverteilungen für Mittelwerte. Der Erwartungswert für den Mittelwert ist nichts anderes als der Erwartungswert für eine der Zufallsvariablen, aus der er berechnet wurde, und der Erwartungswert einer Zufallsvariable ist, wie wir schon gesehen haben, nichts anderes als der Populationsmittelwert:

$$E\left(\overline{X} \right) = E\left(X \right) = \mu.$$

Der Erwartungswert einer Stichprobenverteilung für Mittelwerte ist leicht bestimmt: Man nimmt entweder den Stichprobenmittelwert als Schätzung (z.B. wenn man Konfidenzintervalle bestimmen möchte – siehe Kapitel 11) oder benutzt theoretische Vorgaben (aus Hypothesen abgeleitet – siehe Kapitel 12).

Die Varianz der Stichprobenverteilung muss in den meisten Fällen aus der Stichproben-varianz geschätzt werden. Allerdings benutzt man nicht die Stichprobenvarianz selbst, sondern, wie schon in Kapitel 6 erwähnt, eine leichte Modifikation, die Schätzung für die Populationsvarianz. Bei der wird die Summe der Abweichungsquadrate nicht durch n, sondern durch $n-1$ geteilt (warum das so ist, versuchen wir im nächsten Kasten plausibel zu machen):

$$\hat{\sigma}^2 = \frac{1}{n-1}\sum_{i=1}^{n}\left(x_i-\bar{x}\right)^2$$

Die Varianz der Stichprobenverteilung beim Schätzen des Mittelwerts ist dann

$$\hat{\sigma}_{\bar{x}}^2 = \frac{\hat{\sigma}^2}{n}$$

Meist benutzt man aber für konkrete Berechnungen nicht die Varianz der Stichproben-verteilung, sondern den Standardfehler, weil dieser in den Originaleinheiten ausge-drückt werden kann:

$$\hat{\sigma}_{\bar{x}} = \sqrt{\frac{\hat{\sigma}^2}{n}} = \frac{\hat{\sigma}}{\sqrt{n}}$$

Warum man die Stichprobenvarianz für Mittelwerte erhält, indem man die geschätzte Populationsvarianz durch n teilt, wird auch im Kasten „Varianz einer Stichprobenver-teilung für Mittelwerte" erklärt.

HINTERGRUND

Varianz einer Stichprobenverteilung für Mittelwerte Wie bei der Binomialver-teilung haben wir es auch bei der Stichprobenverteilung für Mittelwerte mit der Verteilung einer (gemittelten) Summe von n Zufallsvariablen zu tun (siehe Kasten „Erwartungswert und Varianz einer diskreten Zufallsvariablen"). Die Argumentation für die Herleitung der Varianz ist demgemäß analog: Wenn wir die Varianz für *eine* Zufallsvariable kennen, dann können wir wieder die *Summenregel der Varianz für unabhängige Zufallsvariablen* anwen-den und die Varianzen der n Zufallsvariablen aufaddieren. Die Anzahl der Zufallsvariablen entspricht dabei der Stichprobengröße.[9]

Varianz für $n = 1$

Die Varianz einer Stichprobenverteilung für Mittelwerte mit der Stichprobengröße $n = 1$ ist nichts anderes als die Populationsvarianz. Warum? Wenn man unendlich oft jeweils eine Zufallsstichprobe von $n = 1$ aus einer Population zieht, den Wert der Zufallsvariablen bestimmt (der Mittelwert eines Werts ist der Wert selbst) und die Stichprobe dann jeweils wie-der in die Population zurück legt, dann erhält man eine Verteilung, deren Varianz identisch mit der Populationsvarianz ist, da ja die Wahrscheinlichkeit p_i, einen Wert x_i zu erhalten, in bei-den Fällen gleich ist und somit die im Kasten „Erwartungswert und Varianz einer diskreten Zufallsvariablen" eingeführte Varianzformel

$$\sigma^2 = \sum_{i=1}^{m}\left(x_i-\mu\right)^2 p_i$$

▶

---

9 Die Summe mehrerer Zufallsvariablen ist selbst auch wieder eine Zufallsvariable. Wir verwenden hier den Begriff Zufallsvariable aber immer nur für einfache, also nicht-zusammengesetzte Werte.

▶Fortsetzung

identische Ergebnisse für Populationsverteilung und Stichprobenverteilung erbringt. Wenn wir also die Populationsvarianz kennen, kennen wir auch die Varianz der Stichprobenverteilung für *eine* Zufallsvariable ($n = 1$). Die Populationsvarianz wird, wie schon erwähnt, durch folgende Formel geschätzt:

$$\hat{\sigma}^2 = \frac{1}{n-1} \sum_{i=1}^{n} \left(x_i - \overline{x} \right)^2$$

Wenn man die Stichprobenvarianz s^2 schon berechnet hat, dann ergibt sich die geschätzte Populationsvarianz einfach aus:

$$\hat{\sigma}^2 = \frac{n}{n-1} s^2$$

Warum Abweichungsquadrate durch ($n - 1$) teilen?

Warum ist die Schätzung der Populationvarianz genauer, wenn man die Summe der Abweichungsquadrate durch $n - 1$ und nicht durch n teilt? Das kann man mathematisch begründen (siehe alle weiterführenden Statistiklehrbücher, z.B. Hays, 1994, 216), intuitiv ist es jedoch nicht leicht zu verstehen. Wir versuchen es mit einem Plausibilitätsargument, das auf dem Zusammenhang zwischen zwei Variationsmaßen beruht, der Varianz und der mittleren quadratischen Abweichung jedes Werts von jedem anderen. Zunächst lässt sich zeigen, dass die Varianz einer Verteilung halb so groß ist wie die mittlere quadratische Abweichung aller Werte voneinander (für die im Folgenden ausgelassenen Rechenschritte siehe Diepgen, 1999):

$$Mittlere \quad quadratische \quad Abweichung = \frac{1}{n^2} \sum_{i=1}^{n} \sum_{j=1}^{n} \left(x_i - x_j \right)^2$$

$$= 2 \frac{1}{n} \sum_{i=1}^{n} \left(x_i - \overline{x} \right)^2 = 2 \left(Varianz \right)$$

Wenn nun eine Stichprobe aus n Werten besteht, dann gibt es n^2 solcher Abweichungen (jedes Werts von jedem anderen). Von diesen Abweichungen sind aber genau n Null, weil sie die Abweichungen der Werte von sich selbst sind. Der Anteil dieser „Null-Abweichungen" an allen Abweichungen ist $n/n^2 = 1/n$. In kleinen Stichproben macht dieser Anteil viel aus und führt zu einer deutlichen Unterschätzung der Variation in der Population. Man kann diese Unterschätzung jedoch ausgleichen, wenn man die „Null-Abweichungen" abzieht: man hat es dann also nur mit $n^2 - n = n(n - 1)$ quadratischen Abweichungen der Messwerte voneinander zu tun. Eingesetzt in die Ableitung der Varianz aus den mittleren quadrierten Abweichungen der Messwerte voneinander ergibt sich die $n - 1$ im Nenner der Varianz:

$$\frac{1}{n(n-1)} \sum_{i=1}^{n} \sum_{j=1}^{n} \left(x_i - x_j \right)^2 = 2 \frac{1}{n-1} \sum_{i=1}^{n} \left(x_i - \overline{x} \right)^2 \qquad \blacktriangleright$$

▶**Fortsetzung**

Warum geschätzte Populationsvarianz durch *n* teilen?

Wie kann man die Varianz einer Stichprobenverteilung für Mittelwerte bestimmen? Der Mittelwert ist nichts anderes als der Durchschnitt von n Zufallsvariablen X_i ($i = 1, \ldots n$). Die Varianz davon ist also („Var" steht für „Varianz"):

$$\sigma^2_{\bar{X}} = Var\left(\frac{1}{n}\sum_{i=1}^{n} X_i\right)$$

Wir haben es hier mit der Varianz des Produkts einer Konstanten ($1/n$) und der Summe von n identischen Zufallsvariablen X_i zu tun. Wenn man die Konstante herauszieht, muss man diese quadrieren, da für beliebige Konstanten a und Zufallsvariablen Z gilt (z_i steht für einen Wert der Zufallsvariablen Z und $\bar{z}$ für deren Mittelwert):

$$Var(aZ) = \frac{1}{n}\sum_{i=1}^{n}\left(az_i - a\bar{z}\right)^2 = \frac{a^2}{n}\sum_{i=1}^{n}\left(z_i - \bar{z}\right)^2 = a^2\,Var(Z)$$

Wenn wir das auch bei unserer Formel machen und dann noch, wie im vorhergehenden Kasten, die Summenregel der Varianz für unabhängige Zufallsvariablen benutzen (die Varianz einer Summe von unabhängigen Zufallsvariablen ist gleich der Summe deren Varianzen), erhalten wir

$$\sigma^2_{\bar{X}} = \frac{1^2}{n^2}Var\left(\sum_{i=1}^{n} X_i\right) = \frac{1}{n^2}\sum_{i=1}^{n} Var(X_i)$$

Wir kennen auch die Varianz einer Zufallsvariablen X_i schon, das ist nichts anderes als die Populationsvarianz:

$$Var(X_i) = \sigma^2$$

Wenn wir die nun in die vorherige Gleichung einsetzen, erhalten wir schließlich:

$$\sigma^2_{\bar{X}} = \frac{1}{n^2}\sum_{i=1}^{n} Var(X_i) = \frac{nVar(X_i)}{n^2} = \frac{n\sigma^2}{n^2} = \frac{\sigma^2}{n}$$

Die Varianz des arithmetischen Mittels schätzen wir, indem wir in diese Formel die geschätzte Varianz von X_i einsetzen:

$$\hat{\sigma}^2_{\bar{X}} = \frac{\hat{\sigma}^2}{n}$$

Wie geht man nun in der Praxis vor, wenn man Erwartungswert und Varianz einer Stichprobenverteilung für Mittelwerte aus den Ergebnissen einer Stichprobe schätzen möchte? Das folgende Rechenbeispiel illustriert, wie man die entsprechenden Formeln für ein konkretes Stichprobenergebnis benutzt. Diese Vorgehensweise ist natürlich potenziell fehlerbehaftet – die Häufigkeitsverteilung in der Stichprobe, die als Schätzgrundlage für die Populationsverteilung dient, kann deutlich von dieser abweichen. Trotzdem ist die plausibelste Erwartung bei jeder Zufallsziehung, dass das Stichprobenergebnis (die Häufigkeitsverteilung) repräsentativ für die Populationsverteilung ist (siehe Abschnitt 10.2). Wir können jetzt Lage- und Streuungsmaße für die Stichprobenverteilung von Mittelwerten schätzen. Was jedoch noch fehlt, ist die genaue Form der Stichprobenverteilung. Die hängt ab von der Form der Populationsverteilung und vor allem von der Stichprobengröße. Wir werden in Abschnitt 10.5 sehen, dass Stichprobenverteilungen mit steigender Stichprobengröße immer mehr die Form der so genannten Normalverteilung annehmen, unabhängig davon, wie die Populationsverteilung aussieht. Bei kleineren Stichproben – die Regel in der psychologischen Forschung – benötigt man allerdings Annahmen über die Form der Populationsverteilung, um die genaue Form der entsprechenden Stichprobenverteilung zu bestimmen. In den nächsten Kapiteln werden wir einige spezielle Verteilungen kennen lernen.

Rechenbeispiel 10.1

Schätzung für Erwartungswert und Standardfehler einer Stichprobenverteilung für Mittelwerte Nehmen wir an, wir hätten die erste Stichprobe aus Abbildung 10.3b links gezogen: die Anzahl richtig gelöster Aufgaben war bei den 10 Personen in der Stichprobe 0, 2, 3, 5, 6, 6, 6, 7, 7 und 10. Wie können wir daraus Erwartungswert und Standardfehler der Stichprobenverteilung für den Mittelwert schätzen? Der Erwartungswert wird durch das arithmetische Mittel aus der Stichprobe geschätzt:

$$\text{Schätzung für } E\left(\overline{X}\right) = \frac{0+2+3+5+6+6+6+7+7+10}{10} = 5,2$$

Die Populationsvarianz schätzen wir aus den Werten in der Stichprobe:

$$\hat{\sigma}^2 = \frac{1}{n-1}\sum_{i=1}^{n}\left(x_i - \overline{x}\right)^2 = \frac{1}{9}\left(\left(0-5,2\right)^2 + \left(2-5,2\right)^2 + \ldots + \left(10-5,2\right)^2\right) = 8,18$$

Daraus können wir nun den Standardfehler berechnen:

$$\hat{\sigma}_{\overline{x}} = \sqrt{\frac{\hat{\sigma}^2}{n}} = \sqrt{\frac{8,18}{10}} = 0,90$$

Beide Schätzungen sind nicht ganz exakt. In unserem Beispiel können wir die Güte der Schätzung überprüfen, weil wir ja die Werte der Populationsverteilung in Abbildung 10.3a zur Verfügung haben. Wenn wir Mittelwert und Varianz berechnen, macht es keinen Unterschied, ob wir die 100 Werte in der Populationsverteilung so nehmen wie sie sind oder die unendlich vielen Werte, für die sie anteilsmäßig stehen. Die Berechnungen ergeben $\mu = 5,0$ und $s^2 = 6,31$. Wir haben also sowohl den Erwartungswert als auch die Populationsvarianz aufgrund unserer Stichprobenergebnisse etwas überschätzt. Wie sieht es aus, wenn man eine größere Stichprobe zur Schätzung benutzt? Wenn man die entsprechenden Berechnungen mit der Stichprobe rechts oben in Abbildung 10.3b durchführt ($n = 40$), liegen die berechneten Werte schon näher an den tatsächlichen Werten: ▷

> ►Fortsetzung
>
> $$\textit{Schätzung für } E\left(\overline{X}\right) = 4{,}95 \text{ und } \hat{\sigma}^2 = 4{,}77$$
>
> Solche Abweichungen der Stichprobenstatistiken von den entsprechenden Populationsparametern sind bei Zufallsziehungen nicht zu vermeiden. Wie auch in unserem Rechenbeispiel nimmt aber die Größe der Abweichungen tendenziell mit steigender Stichprobengröße ab (siehe Abschnitt 10.5.1).

10.5 Der Einfluss der Stichprobengröße auf die Stichprobenverteilung

Den Einfluss der Stichprobengröße auf die Stichprobenverteilung kann man schon bei der Ableitung der Varianz einer Stichprobenverteilung für Mittelwerte erkennen (siehe Kasten „Varianz einer Stichprobenverteilung für Mittelwerte"): Mit steigender Stichprobengröße sinkt die Varianz der Stichprobenverteilung (weil die geschätzte Populationsvarianz durch n geteilt wird). Betrachten wir zur Illustration die zwei Extreme: Wenn $n = 1$, das heißt, wenn immer Stichproben der Größe 1 gezogen und daraus der Mittelwert berechnet wird (die jeweilige Zahl ist ihr eigener Mittelwert), dann kann man erwarten, dass die Varianzen von Stichprobenverteilung und Populationsverteilung gleich sind, weil wir in diesem Fall die Populationsvarianz durch 1 teilen: Stichprobenverteilung und Populationsverteilung sind in diesem Fall identisch. Wenn wir hingegen die ganze Population als Stichprobe ziehen (das geht natürlich nur bei endlichen Populationen und Ziehen ohne Zurücklegen), dann wird sich an dem daraus berechneten Mittelwert nichts ändern, auch wenn wir die Stichprobenziehung unendlich oft wiederholen: Die Varianz der Stichprobenverteilung ist 0. Was aber tut sich zwischen diesen Extremen? Wir sehen uns nun zwei Gesetzmäßigkeiten an, die Auskunft darüber geben, das *empirische Gesetz der großen Zahlen* und den *zentralen Grenzwertsatz*.

10.5.1 Empirisches Gesetz der großen Zahlen

Das empirische Gesetz der großen Zahlen ist kein mathematisches Gesetz im strengen Sinn, sondern eine beobachtbare „Gesetzmäßigkeit". Es besagt, dass die Schätzungen von zusammengesetzten Werten wie Anteilen oder Mittelwerten tendenziell mit steigender Stichprobengröße genauer werden. In ►Abbildung 10.7 wird das empirische Gesetz der großen Zahlen mit unserem Eingangsbeispiel illustriert. Die drei Simulationsergebnisse zeigen, was typischerweise passiert, wenn in der Population 30% der Personen oder Objekte ein bestimmtes Merkmal besitzen und sukzessive die Stichprobe vergrößert wird. Auf der y-Achse wird die relative Häufigkeit für dieses Merkmal (in %) angegeben und auf der x-Achse die Stichprobengröße. Nach der Ziehung des ersten Wertes ist die relative Häufigkeit entweder 0% oder 100%. Danach wird die Schätzung des Populationsparameters (Anteil von 30%) mit steigender Stichprobengröße (von links nach rechts in den drei Beispielen in Abbildung 10.7) tendenziell immer genauer. Der Stichprobenanteil nähert sich dem Populationsanteil jedoch nicht in einer völlig systematischen Weise an. Aus allen drei Simulationen in Abbildung 10.7 ist ersichtlich, dass die Genauigkeit nicht monoton zunimmt: Die Schätzungen können mit kleineren Stichproben besser sein als mit größeren, aber größere Stichproben sind *im Durchschnitt* genauer und variieren auch weniger um den tatsächlichen Wert. In allen drei Simulationen ist bei $n = 50$ (rechter Endpunkt der Skala) der Unterschied zwischen der Schätzung und dem tatsächlichen Anteil relativ klein.

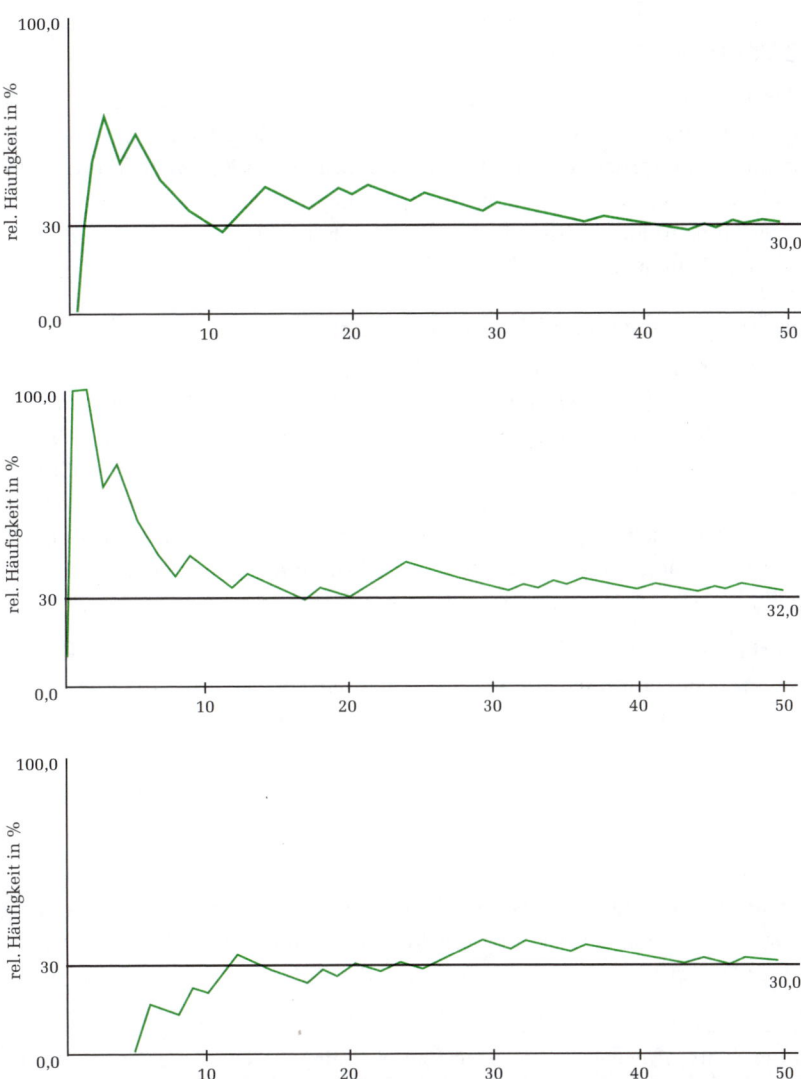

Abbildung 10.7: Illustration des empirischen Gesetzes der großen Zahlen anhand dreier simulierter Zufallsstichproben: Mit steigender Stichprobengröße (in der Abbildung variiert die Stichprobengröße von 1 bis 50, aufgetragen an der x-Achse) wird die Schätzung des Anteils (wahrer Anteil: 30%) tendenziell genauer.

Das empirische Gesetz der großen Zahlen illustriert, dass große Stichproben besser sind als kleine, um Populationsparameter zu schätzen. Es kann auch als Begründung dafür genommen werden, warum man Stichprobenstatistiken grundsätzlich als Schätzungen für Populationsparameter benutzen kann: In allen drei Simulationen in Abbildung 10.7 ist der Anteil schon bei relativ kleinen Stichproben nahe am Populationsanteil (für weitere mathematische Argumente dafür, warum sich Stichprobenstatistiken mit steigender Stichprobengröße tendenziell immer mehr den entsprechenden Populationsparametern annähern, siehe z.B. Sedlmeier & Gigerenzer, 1997).

10.5.2 Zentraler Grenzwertsatz

Der zentrale Grenzwertsatz beschreibt eine mathematische Gesetzmäßigkeit, die Auswirkungen auf die Form von Stichprobenverteilungen hat. Sie besagt, dass sich jede gebräuchliche Stichprobenverteilung (jede Verteilung von Summen oder Mittelwerten von Zufallsvariablen) mit steigender Stichprobengröße immer mehr der so genannten Normalverteilung oder, in ihrer standardisierten Form, der *Standardnormalverteilung* annähert (z.B. Huntsberger & Billingsley, 1973, 131).[10]

Normalverteilung und Standardnormalverteilung

Die *Normalverteilung* – andere gebräuchliche Namen sind *Glockenkurve* (nach ihrer Form) oder *Gauß'sche Verteilung* (nach Carl Friedrich Gauß) – ist die bekannteste und wohl auch wichtigste Verteilung in der Statistik. Allerdings war Gauß nicht ihr Erfinder. Abraham de Moivre fand als Erster, dass die Binomialverteilung bei großen Stichproben in die Normalverteilung übergeht (eine Gesetzmäßigkeit, die der zentrale Grenzwertsatz beschreibt). Später zeigten dann Laplace und auch Gauß, dass die Normalverteilung die Verteilung von Fehlern bei wiederholten Beobachtungen und Experimenten oft gut beschreibt.

Die Normalverteilung ist die „Mutter der Stichprobenverteilungen": Jede gebräuchliche Stichprobenverteilung geht bei $n \to \infty$ in eine Normalverteilung über. Das macht man sich in der Statistik zu Nutze, indem man ab einer genügend großen Stichprobe die Normalverteilung benutzt. Für die Binomialverteilung gibt es dazu beispielsweise eine Faustregel, ab wann man sie guten Gewissens durch die Normalverteilung ersetzen kann:

$$np(1-p) > 9$$

So bräuchte man beispielsweise bei $p = 0,1$ ein n von 100, aber bei $p = 0,5$ nur ein n von 36, um statt der Binomialverteilung die Normalverteilung für inferenzstatistische Verfahren benutzen zu können. Es besteht, zumindest theoretisch, immer ein Unterschied

---

10 Das stimmt streng genommen nur, wenn entweder die Population, aus der man Stichproben zieht, unendlich groß ist oder wenn man jede Person / jedes Objekt nach der Ziehung wieder in die Population „zurücklegt". Würde man nämlich wiederholt die ganze Population (z.B. alle erwachsenen Männer einer Stadt) auf einmal als Stichprobe ziehen und den Mittelwert für eine bestimmte Variable (z.B. die Körpergröße) berechnen, dann erhielte man natürlich immer denselben Wert und die Verteilung bestünde aus einem senkrechten „Strich".

zwischen Binomialverteilung und Normalverteilung, weil die Binomialverteilung eine Verteilung diskreter Werte ist und die Normalverteilung sich auf kontinuierliche Werte bezieht. Dieser Unterschied wird jedoch mit zunehmender Stichprobengrößer immer mehr vernachlässigbar und bei $n \to \infty$ verschwindet er völlig.

Der wahre Vorteil der Normalverteilung zeigt sich jedoch erst, wenn man die standardisierte Form, die Standardnormalverteilung (▶Abbildung 10.8) benutzt. Die Standardnormalverteilung erhält man aus der Normalverteilung durch die z-Transformation (siehe Kapitel 6). Wenn also die Stichprobenverteilung eines Mittelwerts X normalverteilt ist, mit dem Standardfehler $\sigma/\sqrt{n}$ und dem Erwartungswert μ, dann erhält man die entsprechenden Werte der Standardnormalverteilung durch die Berechnung der z-Werte:

$$z_i = \frac{\overline{X}_i - \mu}{\dfrac{\sigma}{\sqrt{n}}}$$

Die Standardnormalverteilung hat, wie schon einige Male erwähnt, die schöne Eigenschaft, dass ihr Mittelwert 0 und ihre Varianz (und damit auch ihre Streuung) 1 beträgt. Darüber hinaus kann man bei der Normalverteilung und der Standardnormalverteilung auch die Bedeutung von Standardabweichungen genau interpretieren: Zwischen je einer Standardabweichung links und rechts vom Mittelwert liegen etwa 68% aller Werte – der „Normalbereich". Die Vorteile der Standardnormalverteilung kommen dadurch zum Tragen, dass der Zusammenhang zwischen Flächeninhalt und z-Wert in nahezu jedem Statistikbuch (wie auch in diesem) tabelliert ist (Tabelle 1 in Anhang A). Auf die Standardnormalverteilung werden wir in den nächsten Kapiteln immer wieder stoßen.

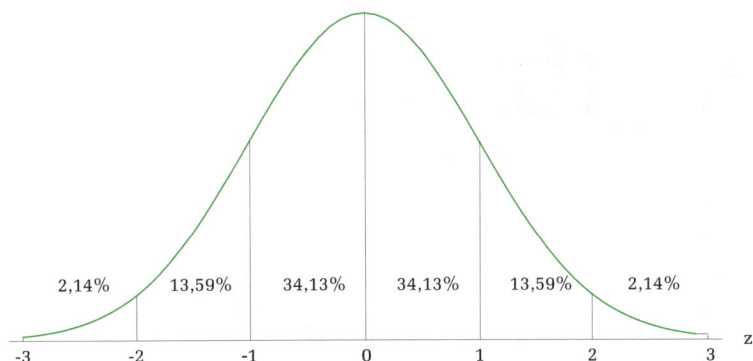

Abbildung 10.8: Standardnormalverteilung oder z-Verteilung. Angegeben sind Standardabweichungseinheiten und korrespondierende Flächeninhalte.

Eine andere wichtige Rolle spielt die Normalverteilung als Annahme über die Verteilung von Werten in der Population. Einige der gebräuchlichsten Verfahren in der Inferenzstatistik, wie beispielsweise der *t-Test* oder die *Varianzanalyse* (siehe Kapitel 12–16) stützen sich auf die Annahme, dass Populationswerte normalverteilt sind.

Demonstration des zentralen Grenzwertsatzes

Sehen wir uns eine Demonstration des zentralen Grenzwertsatzes anhand einer Populationsverteilung an, die 10% „Erfolge" (z.B. Anteil von Personen mit blauen Augen) und 90% „Misserfolge" (z.B. Anteil von Personen mit andersfarbigen Augen) enthält.

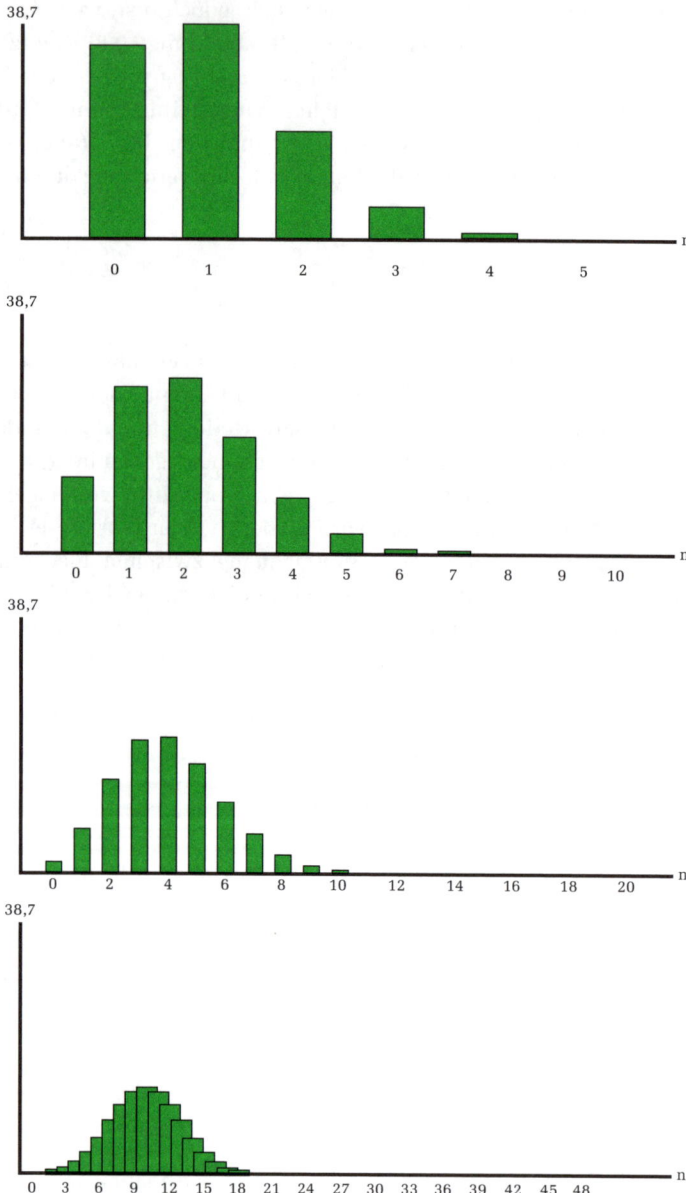

Abbildung 10.9: Illustration des zentralen Grenzwertsatzes. Mit zunehmender Stichprobengröße nähert sich eine Binomialverteilung mit $p = 0{,}1$ der Normalverteilung an. Die Stichprobengrößen betragen, von oben nach unten: $n = 10$, $n = 20$, $n = 40$ und $n = 100$. Es wird nur jeweils die (linke) Hälfte des Wertebereichs betrachtet, da Werte über 50% (z.B. 6 von 10 oder 11 von 20) äußerst unwahrscheinlich sind. Der Wert über der Ordinatenachse dient als Referenzwert (Achsenlänge entspricht der in Prozentwerten angegebenen Wahrscheinlichkeit).

Diese Populationsverteilung ist offensichtlich einer Normalverteilung äußerst unähnlich. Wir betrachten nun die Stichprobenverteilungen (Binomialverteilungen), die entstehen, wenn wir aus dieser Population sukzessive größere Stichproben ziehen (▶Abbildung 10.9). Dargestellt sind jeweils die Wahrscheinlichkeiten für die Anzahl von „Erfolgen" (z.B. Anzahl von Personen mit blauen Augen) aus jeweils n Ziehungen (n ist die Stichprobengröße). Die oberste Verteilung in Abbildung 10.9 entsteht, wenn man Stichproben der Größe $n = 10$ zieht (man erhält also beispielsweise die Wahrscheinlichkeiten dafür, dass 1, 2, 3 usw. von insgesamt 10 Personen blaue Augen haben). Es ist klar erkennbar, dass die dabei entstehende Stichprobenverteilung noch stark von der Normalverteilung abweicht. Auch bei der Binomialverteilung mit $n = 20$ (zweite von oben) ist die Abweichung noch deutlich sichtbar. Die Verteilung mit $n = 40$ ist allerdings schon relativ symmetrisch und bei der mit $n = 100$ (unten in Abbildung 10.9) ist eine Abweichung von einer symmetrischen Glockenkurve, abgesehen von den immer noch diskreten Werten, mit bloßem Auge nicht mehr feststellbar.

Auch das empirische Gesetz der großen Zahlen findet sich in Abbildung 10.9 wieder. Der wahre Wert ist in allen vier Teilabbildungen gleich: 10% (1 von 10, 2 von 20, 4 von 40 und 10 von 100 in den Teilabbildungen). Es ist deutlich ersichtlich, dass die Wahrscheinlichkeiten für große relative Abweichungen hiervon mit steigender Stichprobengröße sinken. Oder in anderen Worten: Mit steigender Stichprobengröße wird die Schätzung der Anteile genauer.

10.6 Rekapitulation und Ausblick

Das zentrale Problem der Inferenzstatistik ist: „Wie kann man aufgrund von Stichprobenergebnissen und den daraus berechneten Stichprobenstatistiken Schlüsse auf die entsprechenden Populationsparameter ziehen?" Es ist offensichtlich, dass solche Schlüsse nicht mit absoluter Sicherheit gezogen werden können, sondern dass man sich mit Wahrscheinlichkeitsaussagen behelfen muss. Die Grundlage für solche Wahrscheinlichkeitsaussagen sind die Stichprobenverteilungen. Stichprobenverteilungen für Anteile, Mittelwerte, Mittelwertsunterschiede oder andere zusammengesetzte Maße entstehen im Prinzip, wenn man unendlich oft Stichproben aus einer Population zieht, die entsprechende Stichprobenstatistik berechnet und daraus sukzessive eine Verteilung bildet. Wenn man diese Verteilung standardisiert, wenn also die gesamte Fläche unter der Verteilung den Wert 1 (oder 100%) hat, dann kann man die Wahrscheinlichkeiten für bestimmte Werte (bei diskreten Verteilungen) oder festgelegte Intervalle von Werten (bei kontinuierlichen Verteilungen) bestimmen. Damit lassen sich dann verschiedene Arten von Wahrscheinlichkeitsaussagen machen. Wir können beispielsweise für eine vorgegebene Population bestimmen, mit welcher Wahrscheinlichkeit eine Stichprobenstatistik in einem vorgegebenen Intervall liegen wird; oder wir können die Wahrscheinlichkeit dafür bestimmen, dass eine Stichprobenstatistik um mindestens einen bestimmten Betrag vom Erwartungswert der Stichprobenverteilung abweicht. Solche Wahrscheinlichkeitsurteile spielen eine zentrale Rolle bei den schon angesprochenen Konfidenzintervallen (Kapitel 11) und Signifikanztests (Kapitel 12).

Eine sehr wichtige Annahme in der Inferenzstatistik haben wir schon einige Male erwähnt, aber da sie so zentral ist, gehen wir noch einmal kurz darauf ein. Wir haben gesehen, dass Stichprobenergebnisse variieren (sonst gäbe es keine Stichprobenverteilung): Warum kann man die aktuelle Stichprobenstatistik dennoch als Grundlage für die Schätzung des entsprechenden Populationsparameters benutzen? Die Antwort wird in den Abbildungen der empirischen Stichprobenverteilungen in Abschnitt 10.2 nahe gelegt: Das wahrscheinlichste Ergebnis für eine Stichprobenstatistik ist ein Wert, der identisch mit dem entsprechenden Populationsparameter ist oder zumindest nahe daran liegt. Dieses Ergebnis ist umso wahrscheinlicher, je größer die benutzte Stichprobe ist (empirisches Gesetz der großen Zahlen). Dass auch die Varianz der Stichprobe die beste Schätzung für die Populationsvarianz ist (mit der Einschränkung, dass die Stichprobenvarianz eine leichte Unterschätzung ist, die dadurch ausgeglichen wird, dass man die Summe der quadrierten Abweichungen durch $n-1$ und nicht durch n teilt), kann man nicht so leicht aus den Simulationsergebnissen für $n = 10$, aber schon etwas eher für $n = 40$ in Abbildung 10.3 erkennen. Wenn man aber bedenkt, dass bei einer Zufallsstichprobe jedes Element in der Populationsverteilung dieselbe Chance hat, gezogen zu werden, sollte man nichts anderes erwarten, als dass die Verteilung in der Stichprobe repräsentativ ist für die Populationsverteilung. Somit ist die Stichprobenvarianz auch eine gute Schätzung der Populationsvarianz.

Wir haben zudem gesehen, dass wir bei großen Stichproben eigentlich immer die Normalverteilung oder die Standardnormalverteilung als Stichprobenverteilung benutzen könnten (zentraler Grenzwertsatz). In der Psychologie haben wir es jedoch aus den verschiedensten Gründen häufig mit relativ kleinen Stichproben zu tun. Deshalb sind unterschiedliche Stichprobenverteilungen entwickelt worden, die sich je nach Art der Fragestellung unterscheiden. Die in der Psychologie gebräuchlichsten Verteilungen, mit denen wir uns in den nächsten Kapiteln beschäftigen werden, sind die t-, F- und *Chi*-Quadrat-Verteilungen. Die grundlegenden Ideen der Inferenzstatistik, die wir in diesem Kapitel angesprochen haben, werden wir aber bei allen diesen Verteilungen und den speziellen Verfahren, die wir in den nächsten Kapiteln beschreiben, wieder finden.

Z U S A M M E N F A S S U N G

Das Problem der Inferenzstatistik besteht darin, wie man aufgrund von Stichprobenergebnissen Aussagen über Populationswerte machen kann. Dazu nimmt man an – und die Richtigkeit dieser Annahme kann durch Simulationen oder mathematische Berechnungen gezeigt werden –, dass die Werte in der Stichprobe im Allgemeinen repräsentativ für die Werte in der Population sind. Insbesondere benutzt man zusammengefasste Werte aus der Stichprobe, die *Stichprobenstatistiken* (z.B. Anteile, Mittelwerte, Mittelwertunterschiede, Varianzen u.a.) um die entsprechenden Werte in der Population, die *Populationsparameter*, zu schätzen. Allerdings sind alle Schlüsse (Inferenzen) auf die Population immer nur Wahrscheinlichkeitsaussagen. ▶

► **Fortsetzung**

Die Grundlage für alle diese Wahrscheinlichkeitsaussagen sind *Stichprobenverteilungen*, die entstehen, wenn man aus einer Population (hypothetisch) unendlich oft Stichproben zieht, jeweils eine Stichprobenstatistik daraus berechnet und diese Stichprobenstatistiken als Verteilung abbildet. Man kann die Entstehung solcher Stichprobenverteilungen durch Computersimulationen verdeutlichen, in der Regel werden die Lage- und Streuungsmaße, die sie beschreiben, aber mathematisch abgeleitet. Wenn eine Stichprobenverteilung standardisiert ist (Fläche = 1 oder 100%), enthält sie die Wahrscheinlichkeiten, mit denen man Stichprobenstatistiken (wie Anteile oder Mittelwerte) einer bestimmten Größe erwarten kann.

In diesem Kapitel haben wir gezeigt, wie man Stichprobenverteilungen für Anteile und Mittelwerte konstruiert und deren Lage- und Streuungsmaße bestimmt. Außerdem wurde demonstriert, welchen Einfluss die Stichprobengröße auf die Verteilungen hat: Die Schätzung von Populationsparametern wird mit steigender Stichprobengröße genauer (*empirisches Gesetz der großen Zahlen*) und die Form von Stichprobenverteilungen nähert sich mit steigender Stichprobengröße immer mehr einer Normalverteilung an (*zentraler Grenzwertsatz*), unabhängig davon wie die Populationsverteilung aussieht. Alle spezifischen Schätz- und Testverfahren in den nächsten Kapiteln beruhen auf dem Konzept der Stichprobenverteilungen.

Z U S A M M E N F A S S U N G

Weiterführende Literatur

Freedman, D. Pisani, R. Purves, R. & Adhikari, A. (1991). *Statistics* (2nd ed.). New York: W. W. Norton.
Hervorragendes elementares Einführungsbuch, das anhand eines Urnenmodells die Grundlagen der Inferenzstatistik abdeckt; allerdings nicht für Psychologen geschrieben und deswegen nicht immer leicht auf die „psychologische Methodensprache" übertragbar.

Hays, W. L. (1994). *Statistics* (5th ed.). Fort Worth: Harcourt Brace.

Huntsberger, D. V. & Billingsley, P. (1973). *Elements of statistical inference* (3rd ed.). Boston: Allyn & Bacon.
Beides sind gut verständliche Statistikbücher mit vielen Hintergrundinformationen und ausführlichen Ableitungen der gebräuchlichsten Kenngrößen der Inferenzstatistik.

Sedlmeier, P. & Köhlers, D. (2001). *Wahrscheinlichkeiten im Alltag: Statistik ohne Formeln.* Braunschweig: Westermann.
Lehrbuch, hauptsächlich gedacht für die gymnasiale Oberstufe, das alle zentralen Bestandteile der Wahrscheinlichkeitstheorie auf einfache Weise erklärt und außerdem ein computerbasiertes Trainingsprogramm beinhaltet.

Übungsaufgaben mit Lösungen sowie weitere Informationen zu diesem Buchkapitel finden Sie auf der Companion Website zum Buch unter *http://www.pearson-studium.de*

Konfidenzintervalle

ÜBERBLICK

11

Wir haben in Kapitel 10 gesehen, dass Schätzungen von Populationsparametern wie z.B. Anteilen und Mittelwerten mit steigender Stichprobengröße genauer werden. Nun liegt es natürlich nahe zu fragen: „Wie genau?" Die gebräuchlichste Antwort auf diese Frage ist es, ein so genanntes *Konfidenzintervall* oder Vertrauensintervall anzugeben. Die „Genauigkeit" drückt sich in der Länge des Konfidenzintervalls aus: je kürzer das Intervall, desto genauer die Schätzung. Das Konzept eines Konfidenzintervalls ist jedoch nicht ganz einfach zu verstehen. Wir werden uns deswegen zunächst als Hinführung ansehen, welche Stichprobenergebnisse man erwarten könnte, wenn man die Populationswerte schon kennen würde. Anhand von Konfidenzintervallen für Anteile werden wir dann das generelle Konzept erklären und uns auch die Auswirkung der „Höhe der Konfidenz" und der Stichprobengröße auf die Länge von Konfidenzintervallen ansehen. Danach wird, wieder anhand von Anteilen, beschrieben, wie man die Grenzen eines Konfidenzintervalls im Prinzip berechnet. Später wird dieses Prinzip auf die Berechnung von Konfidenzintervallen für Mittelwerte und solche für Mittelwertsunterschiede erweitert. Bei Letzteren diskutieren wir auch den Unterschied zwischen unabhängigen und abhängigen Messungen und dessen Auswirkungen. Das Kapitel endet mit einer kurzen Rekapitulation der Interpretationsmöglichkeiten von Konfidenzintervallen.

11.1 Was ist ein Konfidenzintervall?

Der Antwort auf die Frage, was ein Konfidenzintervall ist, werden wir uns in mehreren Schritten annähern. Im ersten Schritt befassen wir uns mit Wahrscheinlichkeitsintervallen, die etwas leichter zu verstehen sind als Konfidenzintervalle, aber nicht mit diesen verwechselt werden sollten.

11.1.1 Wahrscheinlichkeitsintervalle: Ein Gedankenexperiment

Beginnen wir mit einem Gedankenexperiment: Nehmen wir an, wir wüssten, dass der tatsächliche Anteil von SPD-Wählern an allen Wahlberechtigten 30% beträgt. Wenn wir nun – wie es die Meinungsumfrageinstitute vor der Wahl tun – Stichproben ziehen und die darin gefundenen Anteile von SPD Wählern bestimmen würden: Was könnten wir auf lange Sicht erwarten? Wir würden also aus einer bekannten Population wiederholt Stichproben ziehen und in jeder Stichprobe den Anteil berechnen: In welchem Bereich liegen dann erwartungsgemäß die mittleren 90% der Anteile? Oder noch spezifischer: Was sind die Grenzen des Intervalls, das je 45% der Stichprobenergebnisse links und rechts vom tatsächlichen Anteil von 30% umfasst, in dem also unsere Ergebnisse mit 90%-iger Wahrscheinlichkeit liegen werden? Wie groß ist dieses Intervall, wenn wir 2000 zufällig ausgewählte Wahlberechtigte befragen würden? Wie groß wäre das Intervall bei 200 Wahlberechtigten? Aus Kapitel 10 wissen wir schon, wie wir Antworten auf diese Fragen bekommen können: Wir konstruieren Stichprobenverteilungen für Anteile mit $n = 200$ und $n = 2000$ und betrachten die mittleren Intervalle in denen jeweils 90% der Ergebnisse liegen. ▶Abbildung 11.1 zeigt die zwei entsprechenden Stichprobenverteilungen für einen Anteil von 30%, das heißt, Binomialverteilungen mit $p = 0,3$ (diese und weitere Simulationsergebnisse in diesem Kapitel wurden mit dem Programm aus Sedlmeier & Köhlers, 2001 erstellt). Da Binomialverteilungen in diskrete Schritte (z.B. Anzahl der SPD-Wähler) aufgeteilt sind, ergeben sich für die Intervalle nicht immer exakt 90%. Was aber in der Abbildung 11.1 deutlich wird ist, dass die Intervalle mit steigender Stichprobengröße kleiner werden, weil sich die Streuung einer Stichprobenverteilung (der Standardfehler) mit steigender Stichprobengröße verkleinert (siehe Kapitel 10). Zur besseren Vergleichbarkeit sind die Personenwerte (Anzahl der SPD-Wähler) in Prozentwerte (prozentualer Anteil der SPD-Wähler) umgewandelt worden. Die mittleren 90% der entsprechenden Stichprobenverteilungen umfassen bei $n = 200$ (Abbildung 11.1 unten) noch 11 Prozentpunkte (von 25% bis 35%, oder 50 bis 70 SPD-Wählern), während das entsprechende Intervall bei $n = 2000$ nur mehr 3,4 Prozentpunkte (von 28,4% bis 31,7%, oder 568 bis 634 SPD-Wähler) umfasst. Wir wissen also, dass, wenn wir eine Stichprobe von $n = 200$ ziehen würden, der Anteil der SPD-Wähler mit annähernd 90%-iger Wahrscheinlichkeit zwischen 25% und 35% läge, während wir mit derselben Wahrscheinlichkeit davon ausgehen könnten, dass bei einer Stichprobe von $n = 2000$ der Anteil zwischen 28,4% und 31,7% liegen würde. Das Wahrscheinlichkeitsintervall für die größere Stichprobe ist also deutlich kleiner als das für die kleinere und das bedeutet auch, dass eine Schätzung des Populationsanteils aufgrund der größeren Stichprobe genauer wäre.

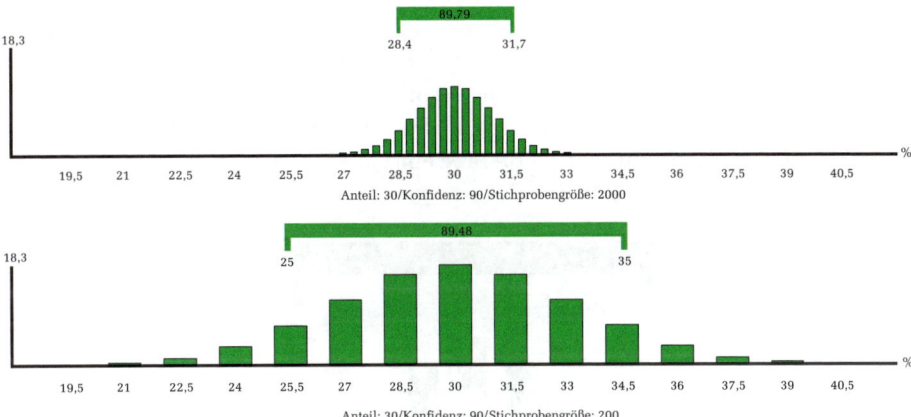

Abbildung 11.1: Die mittleren ca. 90% in Stichprobenverteilungen für Anteile (Binomialverteilungen mit $p = 0,3$ für $n = 2000$ (oben) und $n = 200$ (unten). Weil Binomialverteilungen diskret sind (hier Anzahl der SPD-Wähler), sind die entsprechenden Intervalle nicht genau 90%. Zur besseren Vergleichbarkeit ist die x-Achse in Prozenteinheiten transformiert. Der Wert über der Ordinatenachse dient als Referenzwert (Achsenlänge entspricht der in Prozentwerten angegebenen Wahrscheinlichkeit).

Ein Wahrscheinlichkeitsintervall können wir nur erstellen, wenn wir den tatsächlichen Wert kennen. Wenn das der Fall wäre, bräuchten wir allerdings keine Inferenzstatistik, denn es gäbe nichts zu inferieren. Im Normalfall ist die Schlussrichtung umgekehrt: Wir haben eine Stichprobenstatistik zur Verfügung und möchten den entsprechenden Populationsparameter schätzen, sowie eine Genauigkeitsaussage für diesen machen. Wir finden also beispielsweise in unserer Stichprobe mit $n = 200$, dass 40% der Befragten angegeben haben, sie würden die SPD wählen. In diesem Fall ist es nicht mehr möglich, ein Wahrscheinlichkeitsintervall zu konstruieren, weil wir ja den Populationsanteil nicht kennen. Diese 40% könnten wir beispielsweise bei einem Populationsanteil von 30% erhalten haben (untere Verteilung in Abbildung 11.1), wir könnten dieses Ergebnis aber auch bei anderen Populationsanteilen, wie etwa 53% oder 16% (um nur 2 willkürlich ausgewählte Werte zu nennen) bekommen. Die Wahrscheinlichkeit, einen bestimmten Anteil wie beispielsweise 40% zu erhalten, oder die Wahrscheinlichkeit, dass der Anteil in einem bestimmten Intervall liegt, hängt aber davon ab, wie groß der tatsächliche Anteil ist. Wenn wir den nicht kennen – und das ist der Normalfall –, dann können wir kein Wahrscheinlichkeitsintervall bestimmen. Man hilft sich dann mit dem Konzept des Konfidenzintervalls. Anstelle einer formalen Definition illustrieren wir die Grundidee am Beispiel von Konfidenzintervallen für Anteile.

11.1.2 Konfidenzintervalle für Anteile

Nehmen wir an, wir hätten eine Zufallsstichprobe von $n = 100$ bayrischen Wählern gezogen und sie befragt, für welche Partei sie in der nächsten Landtagswahl stimmen werden. Das Ergebnis: 60 von den 100 Wählern sagen, sie würden für die CSU stimmen. Aus Kapitel 10 wissen wir, dass die Stichprobenstatistik die beste Schätzung für den entsprechenden Populationsparameter ist. Wir würden also in diesem Fall den gefundenen Anteil von 0,6 oder 60% CSU Wählern als beste Schätzung für den Anteil der CSU Wähler in der Population betrachten. Nehmen wir weiter an, wir wollten ein 90% Konfidenzintervall konstruieren: wie würden wir vorgehen? Ausgehend von dem geschätzten Anteil konstruieren wir die Stichprobenverteilung – eine Binomialverteilung mit $p = 0,6$ und $n = 100$ – und suchen die Endpunkte für das Intervall, die die mittleren 90% der Stichprobenverteilung einschließen. ▶Abbildung 11.2 zeigt das entsprechende Konfidenzintervall.

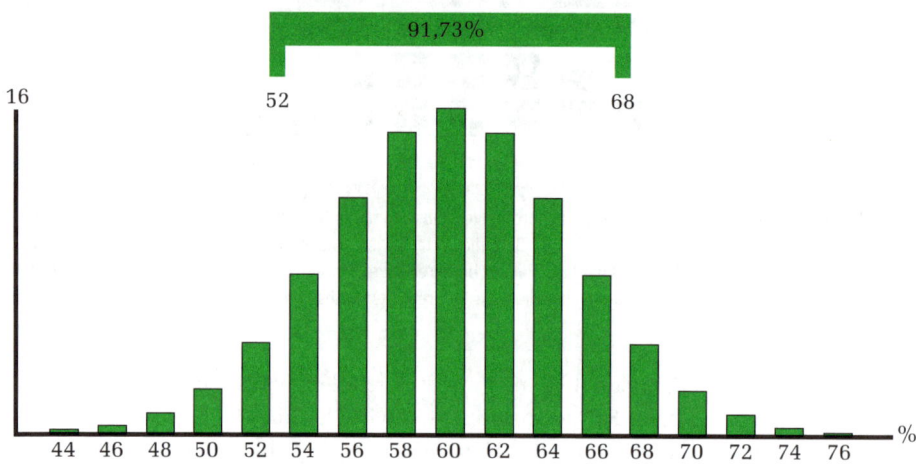

Anteil: 60% / Konfidenz: 90 / Stichprobengröße: 100

Abbildung 11.2: 91,73% Konfidenzintervall für einen gefundenen Anteil von 60% bei einer Stichprobengröße von $n = 100$. Der Wert über der Ordinatenachse dient als Referenzwert (Achsenlänge entspricht der In Prozentwerten angegebenen Wahrscheinlichkeit).

Wieder ist das Konfidenzintervall nicht genau 90%, weil die Binomialverteilung eine Verteilung diskreter Werte (CSU-Wähler) ist. Das Intervall für diskrete Werte, das am nächsten zu 90% liegt, ist ein Konfidenzintervall von 91,73%, das 16 Prozentpunkte umfasst (von 52% bis 68%). Nun sind wir ja im Prinzip genauso vorgegangen wie in Abschnitt 11.1.1 – was also ist der Unterschied zwischen Wahrscheinlichkeitsintervall und Konfidenzintervall?

Der Unterschied wird in ▶Abbildung 11.3 deutlich. Nehmen wir an, der Anteil der CSU-Wähler sei tatsächlich 55%. Wenn wir nun ein Wahrscheinlichkeitsintervall erstellen würden, ergäbe das ein einziges Intervall, das sich (ungefähr) symmetrisch um 55% herum erstrecken würde. Was aber tatsächlich bei 50 Zufallsstichproben mit jeweils $n = 100$ bayerischen Wählern passieren könnte, sieht man in der Abbildung. Jede Stichprobe liefert einen Anteil, der 55% sein kann, aber, aufgrund des *Stichprobenfehlers* (also rein durch Zufall), auch davon abweichen kann. Wenn man nun für jeden der gefundenen 50 Anteile ein Konfidenzintervall berechnen und diese Intervalle untereinander abbilden würde, dann erhielte man ein Ergebnis wie das in Abbildung 11.3. Die Konfidenzintervalle umfassen jeweils die mittleren (ungefähr) 90% der entsprechenden Stichprobenverteilungen, abgetragen auf der x-Achse. Beispielsweise erstreckt sich das 90%-Konfidenzintervall für einen gefundenen Anteil von 60 von 100 CSU-Wählern von 52% bis 58% (siehe auch Abbildung 11.2). Einige dieser Intervalle – genau 10% in unserer Simulation – überlappen den wahren Wert von 55% *nicht*. Wenn man in einer Studie ein solches Intervall gefunden hätte, dann wäre die Wahrscheinlichkeit, dass sich der wahre Wert (55%) darin befindet, offensichtlich 0. Für die Intervalle, die den wahren Wert überdecken, ist die Wahrscheinlichkeit, dass sich der wahre Wert darin befindet, natürlich 1. Wir können also aufgrund eines Konfidenzintervalls keine Wahrscheinlichkeitsaussage über den wahren Wert machen, weil wir nicht wissen, welches der möglichen Intervalle wir in der entsprechenden Studie gefunden haben.

Was ist nun die Bedeutung eines Konfidenzintervalls? Wir können damit zwar keine Wahrscheinlichkeitsaussage über den tatsächlichen Wert in der Population machen, aber wir können eine Wahrscheinlichkeitsaussage über das Intervall machen: Ein 90% Konfidenzintervall überdeckt mit 90%-iger Wahrscheinlichkeit den wahren Wert. Auch bei der Interpretation von Konfidenzintervallen liegt, wie in Abbildung 11.3 angedeutet, in der Regel ein frequentistischer Wahrscheinlichkeitsbegriff zugrunde: Wenn man unendlich viele Zufallsstichproben aus derselben Population ziehen, jeweils den Anteil bestimmen und dann 90% Konfidenzintervalle konstruieren würde, dann überlappten 90% von ihnen den tatsächlichen Wert. Analoges gilt natürlich auch für Intervalle mit höherer oder niedrigerer Konfidenz als 90% (bei einem 95% Konfidenzintervall kann man beispielsweise davon ausgehen, dass 95% aller Intervalle den wahren Wert überlappen). Wenn man also eine Stichprobe gezogen hat und ein 90% Konfidenzintervall aus dem resultierenden Anteil oder Mittelwert berechnet hat, dann kann man 90% konfident (oder 90% sicher) sein, dass das Intervall den wahren Wert beinhaltet.

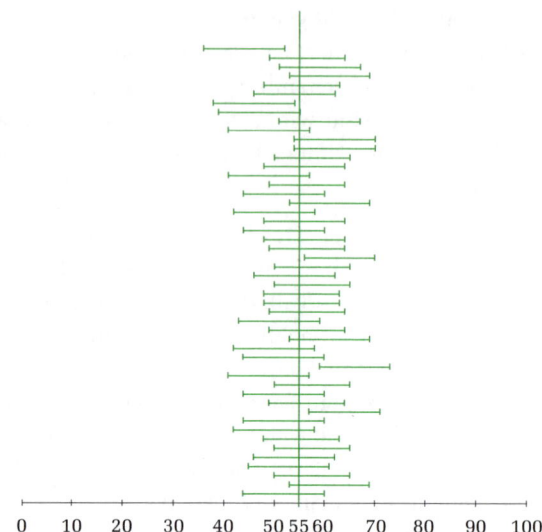

Abbildung 11.3: „Verteilung" von 50 90%-Konfidenzintervallen bei einem tatsächlichen Anteil von $p = 0{,}55$ und $n = 100$. Von den 50 Intervallen überlappen 45 den tatsächlichen Wert von $p = 0{,}55$ oder 55%.

11.1.3 Auswirkungen der Höhe der Konfidenz und der Stichprobengröße

Wir haben bislang nur 90% Konfidenzintervalle betrachtet. Das haben wir deswegen getan, weil Konfidenzintervalle häufig für 90% Konfidenz konstruiert werden. Gebräuchlich sind auch noch 95% und 99% Konfidenzintervalle, aber andere Prozentwerte sieht man relativ selten. Warum? ▶Abbildung 11.4 soll das verdeutlichen. In allen drei Simulationen, deren Ergebnisse dort gezeigt werden, wurde angenommen, dass der tatsächliche Anteil in der Population $p = 0{,}6$ beträgt. Die Abbildung in der Mitte zeigt wieder, welche Variation rein durch Zufall (Stichprobenfehler) entstehen kann, wenn man 50 Stichproben mit jeweils $n = 20$ zieht und aufgrund des gefundenen Anteils jeweils ein 90% Konfidenzintervall konstruiert. Auf lange Sicht würde man hier erwarten, dass 90% der Intervalle den wahren Anteil von 0,6 oder 60% überdecken. Nun könnte man ja meinen, dass es am besten wäre, wenn *alle* Intervalle den wahren Wert überdecken. Genau das ist der Fall bei 100% Konfidenzintervallen (untere Simulation in Abbildung 11.4). Die Abbildung zeigt aber sofort den gewaltigen Nachteil von solchen Konfidenzintervallen: 100% Konfidenzintervalle überdecken den gesamten Wertebereich und sind damit völlig uninformativ. Wenn die Konfidenz dagegen relativ klein ist wie bei 50% Konfidenzintervallen (obere Simulation in Abbildung 11.4), dann ist die Aussagekraft auch klein: Man kann nur mehr zu 50% sicher sein, dass das Intervall den wahren Wert überdeckt.[1]

---

1 Die Anzahl der Konfidenzintervalle, die den wahren Wert überdecken, entspricht in den Simulationsergebnissen in Abbildung 11.4 nicht genau den Konfidenzintervall-Werten von 50% und 90%. Das ist aufgrund des Stichprobenfehlers auch nicht anders zu erwarten. Eine genaue Passung kann man mit großer Wahrscheinlichkeit nur erwarten, wenn sehr viele solcher Intervalle – im Idealfall unendlich viele – konstruiert werden (auch hier wirkt wieder das empirische Gesetz der großen Zahlen!).

Die gebräuchlichen Werte für die Höhe der Konfidenz von 90% oder 95% sind also ein Kompromiss zwischen Trivialität (100%) und geringer Aussagekraft (z.B. 50%).

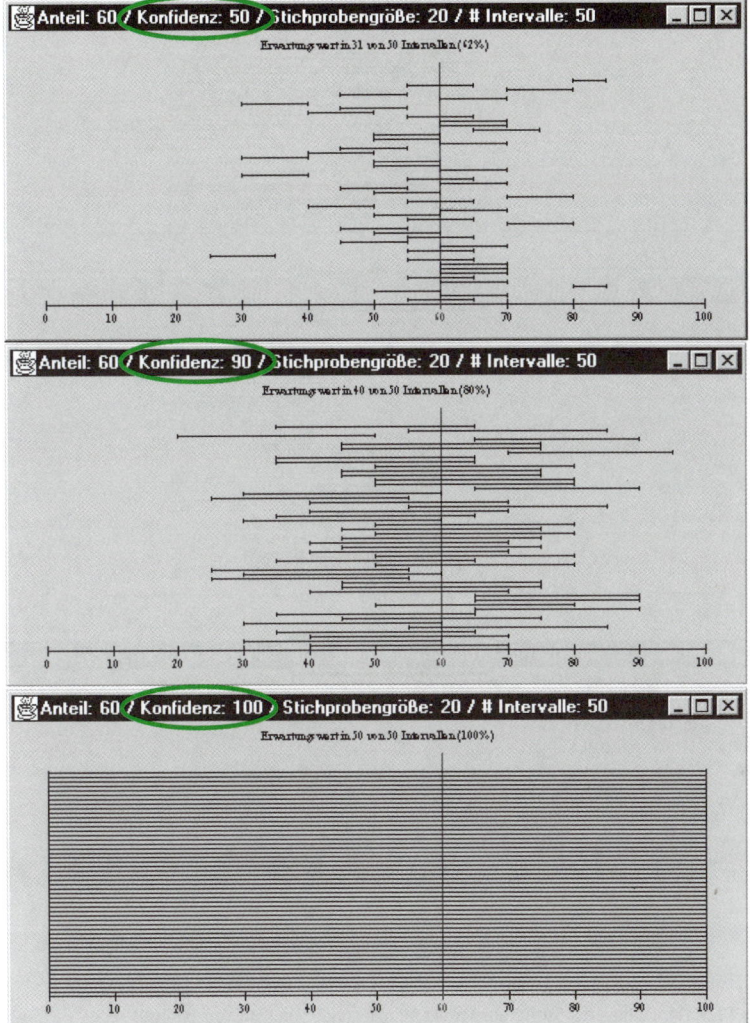

Abbildung 11.4: Der Einfluss der Höhe der Konfidenz auf die Länge von Konfidenzintervallen.

Wie die zugrunde liegenden Stichprobenverteilungen, so sind auch Konfidenzintervalle hochgradig abhängig von der Stichprobengröße (siehe auch Kapitel 10). Generell gilt: je kleiner die Stichprobe, desto größer das Konfidenzintervall. ▶Abbildung 11.5 illustriert diesen Sachverhalt. In drei Simulationen wurde nur die Stichprobengröße variiert. Es ist offensichtlich, dass die Intervalle deutlich kleiner werden, die Schätzungen also präziser, wenn die Stichprobengröße zunimmt (von $n = 10$ über $n = 50$ bis $n = 200$ in Abbildung 11.5).

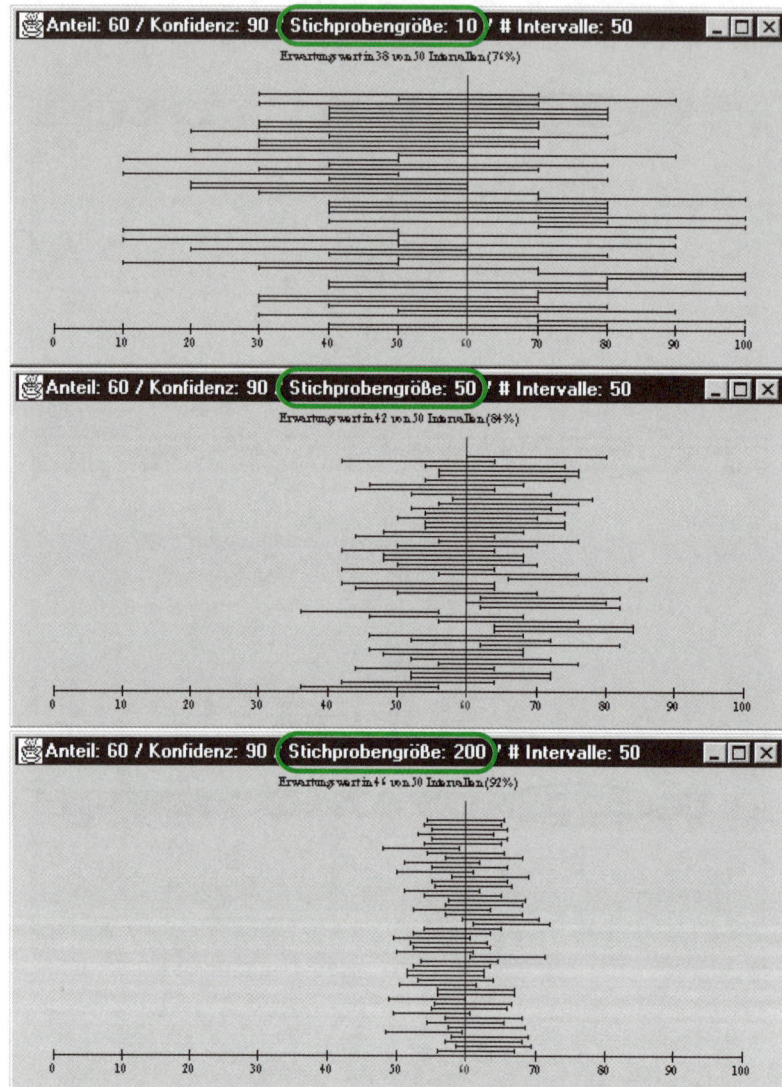

Abbildung 11.5: Der Einfluss der Stichprobengröße auf die Länge von Konfidenzintervallen.

11.1.4 Die Berechnung von Konfidenzintervallen

Konfidenzintervalle für Anteile kann man natürlich mit Hilfe der Binomialverteilung berechnen. Das geht so:

1 Stichprobe ziehen und Anteil berechnen.

2 Stichprobenverteilung zu diesem Anteil konstruieren.

3 Von den Rändern der Stichprobenverteilung her jeweils soweit zur Mitte „gehen", bis an den Rändern ein Flächenanteil von der Hälfte aus 100% minus Konfidenz übrig bleibt (bei einem 90 % Konfidenzintervall müssten beispielsweise 5% der Fläche der Stichprobenverteilung jeweils am linken und rechten Rand übrig bleiben).

4 Die entsprechenden Werte auf der x-Achse sind die Endpunkte des Konfidenzintervalls.

Das Benutzen der Binomialverteilung ist jedoch recht aufwändig, insbesondere bei großen Stichproben. Deswegen nutzt man meist die Gesetzmäßigkeit, dass sich die Binomialverteilung schon bei relativ kleinen Stichproben der Normalverteilung annähert (siehe Kapitel 10) und verwendet die Standardnormalverteilung zur Berechnung von Konfidenzintervallen für Anteile und andere Kennwerte. Bei genügend großen Stichproben kann man die Standardnormalverteilung zur Berechnung von Konfidenzintervallen für jede Art von gebräuchlichen Stichprobenverteilungen benutzen. Diese Vorgehensweise wird in ▶Abbildung 11.6 für ein 95% Konfidenzintervall zusammenfassend illustriert.

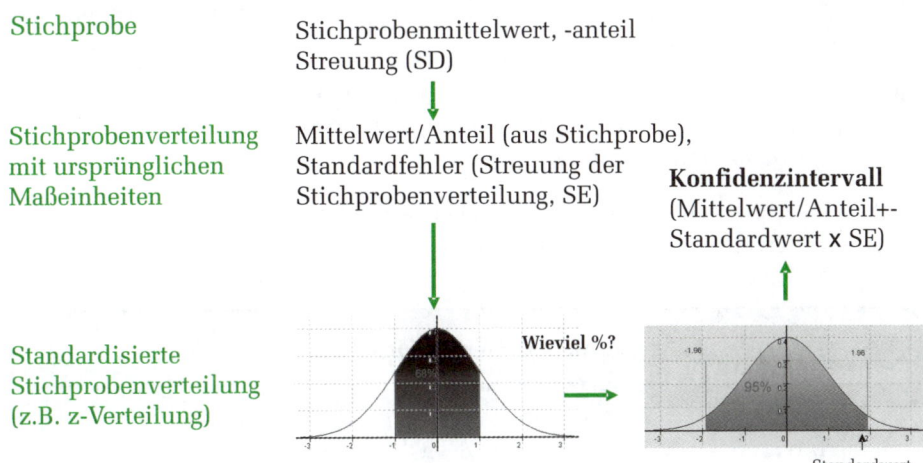

Abbildung 11.6: Illustration der Berechnung eines Konfidenzintervalls mit Hilfe der Standardnormalverteilung.

Man beginnt mit den Kennwerten aus der Stichprobe und konstruiert damit die Stichprobenverteilung in den ursprünglichen Maßeinheiten (siehe Kapitel 10). Dann benutzt man die Standardnormalverteilung als „Rechenhilfe". Die Standardnormalverteilung hat den großen Vorteil, dass man die x-Werte (oft als *z-Werte* oder *Standardwerte* bezeichnet), die bestimmte Flächeninhalte einschließen, sehr leicht aus Tabellen nachschlagen kann (z.B. aus Tabelle 1 in Anhang A). Wir kennen beispielsweise schon die Standardwerte für ein 68% Konfidenzintervall: −1 und 1 (links unten in Abbildung 11.6). Die mittleren 95% der Standardnormalverteilung werden durch −1,96 und +1,96 Standardabweichungseinheiten eingeschlossen. Da die Standardabweichung einer Standardnormalverteilung 1 beträgt, sind das auch die Endpunkte für das 95% Konfidenzintervall in Standardabweichungseinheiten (rechts unten in

Abbildung 11.6). Wir sind aber an dem Konfidenzintervall in Originaleinheiten interessiert. Was wir durch einen Blick auf die Tabelle der Standardnormalverteilung gefunden haben, nämlich dass das 95% Konfidenzintervall zwischen −1,96 und +1,96 Standardabweichungseinheiten liegt, nutzen wir jetzt für die weitere Berechnung. Wir müssen nun lediglich die Standardabweichung der ursprünglichen Stichprobenverteilung (den Standardfehler) mit den Standardwerten (hier −1,96 und +1,96) multiplizieren und erhalten den Abstand links und rechts vom Mittelwert oder Anteil, der die Endpunkte des Konfidenzintervalls kennzeichnet.

Die generelle Prozedur bei der Bestimmung eines Konfidenzintervalls mit Hilfe der Standardnormalverteilung ist also:

1 Stichprobe ziehen und Anteil (oder Mittelwert) berechnen.

2 Standardnormalverteilungswerte für gesuchtes Konfidenzintervall bestimmen.

3 Standardabweichung der Stichprobenverteilung (auch als Standardfehler oder SE für „standard error" bezeichnet) berechnen.

4 Standardabweichung der Stichprobenverteilung mit Standardnormalverteilungswerten multiplizieren.

5 Die entsprechenden Werte (Abweichungen der Ergebnisse aus 4. links und rechts von Anteil oder Mittelwert) auf der x-Achse der Stichprobenverteilung sind die Endpunkte des Konfidenzintervalls.

Im Rechenbeispiel 11.1 wird diese Vorgehensweise anhand der Berechnung eines Konfidenzintervalls für einen Anteil illustriert.

Rechenbeispiel 11.1

Konfidenzintervall für Anteil Angenommen, wir hätten eine Stichprobe von $n = 120$ Wählern gezogen und 72 von ihnen hätten gesagt, dass sie die CSU wählen würden: Wie groß wäre das entsprechende 90% Konfidenzintervall?

Ein Blick auf die Tabelle der Standardnormalverteilung (Anhang A, Tabelle 1) zeigt, dass die z-Werte, die 90% einschließen −1,65 und +1,65 betragen.[2] Aus Kapitel 10 wissen wir, wie man den Standardfehler einer Binomialverteilung berechnet (wir benutzen die Formeln für „ganze Einheiten" und nicht die für Anteile):

$$SE = \sqrt{np(1-p)} = \sqrt{120 \cdot 0,6(1-0,6)} = 5,367$$

▶

---

[2] In der Tabelle für die Standardnormalverteilung und auch in der für die *t*-Verteilung sind immer die Flächen angegeben, die links oder unterhalb eines spezifischen Wertes der Teststatistik liegen. Da wir aber den mittleren Bereich der Verteilung benötigen, müssen wir für ein 90%-Konfidenzintervall nach dem Wert suchen, unterhalb dessen 95% der Fläche der Verteilung liegen (weil man auch auf der anderen Seite der Verteilung 5% „abschneiden" muss) und für ein 95%-Konfidenzintervall nach dem Wert unterhalb dessen 97,5% der Fläche liegen.

▶Fortsetzung

Nun multiplizieren wir den Standardfehler in Originaleinheiten mit den zuvor gefunden z-Werten und erhalten die untere und obere Grenze des Konfidenzintervalls, indem wir das Ergebnis von der gefundenen Anzahl der Wähler abziehen, bzw. dazu addieren.

$$Untere\ Grenze = 72 - 5{,}367 \cdot 1{,}65 = 63{,}14$$
$$Obere\ Grenze = 72 + 5{,}367 \cdot 1{,}65 = 80{,}86$$

Das 90% Konfidenzintervall erstreckt sich also von 63,14 bis 80,86 Wähler oder von 52,6% bis 67,4% der Wähler. Nun kann man sich natürlich fragen, wie sinnvoll es ist, ein Konfidenzintervall für Bruchteile von Wählern zu konstruieren. Wenn man die Zahlen rundet, sich das Konfidenzintervall also von 63 bis 81 Wählern (und entsprechenden Anteilen von 52,5% und 67,5%) erstreckt, erhalten wir ein Konfidenzintervall von 92,33% (berechnet mit dem Programm aus Sedlmeier und Köhlers, 2001). Wir können also (ungefähr) 90% sicher sein, dass das Intervall zwischen 52,5% und 67,5% den tatsächlichen Prozentsatz von CSU-Wählern beinhaltet.

11.2 Konfidenzintervalle für Mittelwerte

In Kapitel 10 haben wir gesehen, wie man Lage- und Streuungsmaße für Stichprobenverteilungen von Mittelwerten erhält. Bei großen Stichproben würde das schon ausreichen, um Konfidenzintervalle zu berechnen, weil wir dann die Standardnormalverteilung als Annäherung und damit auch die in Abschnitt 11.1.4 beschriebene Methode anwenden könnten. Da man es aber in der Psychologie häufig mit relativ kleinen Stichproben zu tun hat, wird oft nicht die Standardnormalverteilung benutzt, sondern Stichprobenverteilungen, die für diesen Fall genauere Schätzungen liefern. Die generelle Methode zur Berechnung von Konfidenzintervallen ändert sich jedoch nicht.

Möchte man ein Konfidenzintervall für einen Mittelwert berechnen, benutzt man dazu die so genannte *t-Verteilung* (siehe Kasten „Die *t*-Verteilung (Student's *t*)").

HINTERGRUND

*Die **t**-Verteilung (Student's **t**)*   Die *t*-Verteilung wurde ursprünglich in einem Aufsatz unter dem Pseudonym „Student" im Jahre 1908 veröffentlicht. Später stellte sich heraus, dass der Autor, William S. Gosset, bei der Guinness Brauerei in Dublin arbeitete und unter dem Pseudonym publizierte, weil es den Brauereiangestellten nicht erlaubt war, in Fachzeitschriften zu publizieren (ein anderer Mitarbeiter hatte einmal auf diesem Weg Brauerei-Geheimnisse verraten). Gosset war vor das Problem gestellt, wie man Bier von einer konsistent hohen Qualität herstellen könne und hatte es dabei mit relativ kleinen Stichproben (z.B. von Gersten-Lieferungen) zu tun. Wegen der kleinen Stichproben konnte er die Standardnormalverteilung nicht benutzen und entwickelte deswegen die *t*-Verteilung. Wie die Standardnormalverteilung ist auch die *t*-Verteilung eine Verteilung einer standardisierten Zufallsvariablen mit Mittelwert 0 und Streuung ≥ 1 (1 bei $df \to \infty$) und ein einzelner Wert der *t*-Verteilung wird berechnet als: ▶

▶**Fortsetzung**

$$t = \frac{\overline{x} - \mu}{\hat{\sigma}_{\overline{x}}}$$

Im Unterschied zur z-Verteilung ist die Form der t-Verteilung abhängig von der Stichproben-größe. (Bei sehr großen Stichproben geht die t-Verteilung in die z-Verteilung über.) Man benutzt zur Charakterisierung einer bestimmten t-Verteilung aber nicht direkt die Stich-probengröße, sondern die Freiheitsgrade (siehe auch Kasten „Was sind Freiheitsgrade?" in Kapitel 9). Im Falle der Stichprobenverteilung für Mittelwerte muss ein Mittelwert aus den n Werten der Stichprobe berechnet werden. Wenn der Mittelwert berechnet ist, können nur noch $n - 1$ Werte frei variieren, der letzte Wert ist schon festgelegt. Wir haben es also hier mit $n - 1$ Freiheitsgraden (df) zu tun. ▶Abbildung 11.7 zeigt den Einfluss der Freiheits-grade auf die Form der Verteilung (die Standardnormalverteilung – NV in der Abbildung – ist eine t-Verteilung mit unendlich vielen Freiheitsgraden).

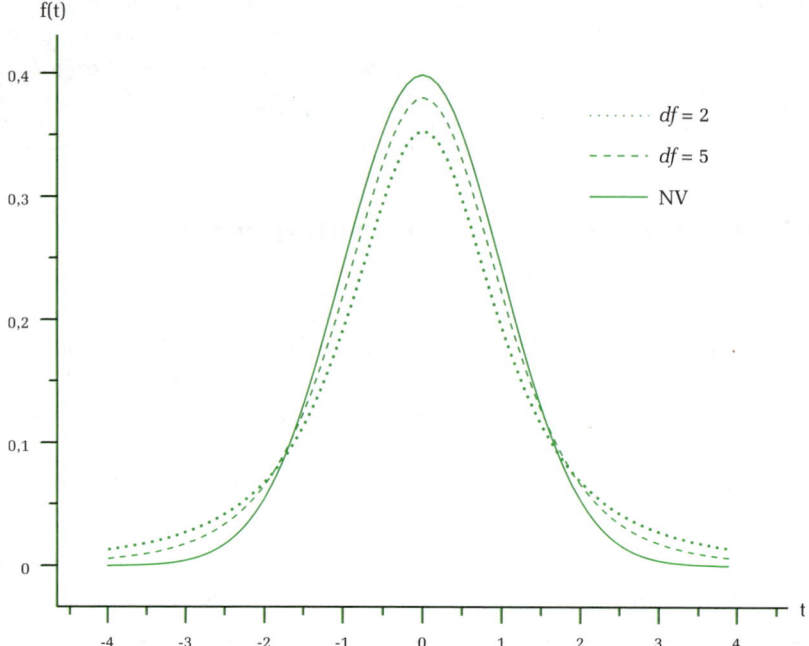

Abbildung 11.7: Vergleich der Standardnormalverteilung (NV) mit t-Verteilungen mit unterschied-lichen Freiheitsgraden.

Auch die t-Verteilung ist – für unterschiedliche Freiheitsgrade – in nahezu allen Statistik-büchern tabelliert, wie auch in diesem (Tabelle 2 in Anhang A). Wenn man die t-Verteilung anwendet, setzt man immer stillschweigend voraus, dass zumindest zwei Voraussetzungen erfüllt sind: a) Werte können als *intervallskaliert* betrachtet werden und b) die Werte in der Population sind *normalverteilt*. Allerdings muss die zweite Annahme nicht strikt erfüllt sein. Die Verfahren, die auf der t-Verteilung beruhen, sind relativ unempfindlich, wenn die Popu-lationsverteilung von einer Normalverteilung abweicht. ▶

▶**Fortsetzung**

Meist reicht eine visuelle Inspektion der Häufigkeitsverteilung der Stichprobe (z.B. mit Stamm-Blatt Diagramm, Box-Plot, oder Histogramm) um zu sehen, ob die Verteilung deutlich von einer symmetrischen Verteilung abweicht. Erkennt man eine deutliche Abweichung, sollte man vor allem bei kleinen Stichproben die *t*-Verteilung nicht verwenden, sondern andere Verfahren, die diese Verteilungsannahmen nicht benötigen (siehe Kapitel 18).

Die *t*-Verteilung kann man nicht nur dazu benutzen, Konfidenzintervalle für Mittelwerte zu berechnen. In Abschnitt 11.3 werden wir sehen, dass auch Konfidenzintervalle für Mittelwerts*unterschiede* mit ihrer Hilfe bestimmt werden können, und wir werden ihr auch in den nächsten Kapiteln wieder bei verschiedenen Arten von Signifikanztests begegnen.

Die Vorgehensweise bei der Berechnung eines Konfidenzintervalls für Mittelwerte ist analog zu der in Abbildung 11.6 beschriebenen. Zunächst zieht man eine Stichprobe und berechnet daraus Mittelwert und Varianz. Der Stichprobenmittelwert wird als Schätzung für den Populationsmittelwert benutzt und die Stichprobenvarianz ist die Grundlage für die Schätzung der Populationsvarianz: Die Summe der Abweichungsquadrate wird dabei durch $n - 1$ und nicht durch n geteilt (siehe Kapitel 10). Die geschätzte Populationsvarianz wiederum ist die Grundlage für die Schätzung des Standardfehlers. Jetzt muss man nur noch aus der Tafel für die *t*-Verteilung (Tabelle 2 in Anhang A) die *t*-Werte für die passenden Freiheitsgrade und die gewünschte Höhe der Konfidenz bestimmen ($t_{df,Konf.}$) und man erhält die untere und obere Grenze des Konfidenzintervalls:

$$Untere\ Grenze = \bar{x} - \hat{\sigma}_{\bar{x}} \cdot t_{df,Konf.}$$

$$Obere\ Grenze = \bar{x} + \hat{\sigma}_{\bar{x}} \cdot t_{df,Konf.}$$

Das Rechenbeispiel 11.2 illustriert die Vorgehensweise.

Rechenbeispiel 11.2

Konfidenzintervall für Mittelwerte Eine Gruppe von 11 akut depressiven Studenten habe eine einfache Reaktionsaufgabe durchgeführt. Die Studenten mussten mehrfach so schnell wie möglich auf einen Knopf drücken, wenn sie über den Kopfhörer einen Ton hörten. Da einzelne Reaktionszeiten sehr leicht verzerrt sein können (z.B. weil der Proband gerade nicht aufpasst) wird für jeden Studenten der Median über viele Durchgänge genommen. Die resultierenden Reaktionszeiten (in Millisekunden) seien: 203, 195, 193, 193, 193, 188, 185, 184, 172, 170 und 162. Wir möchten nun das arithmetische Mittel der Reaktionszeiten für die entsprechende Population schätzen und als Indikator für die Genauigkeit der Schätzung das *90% Konfidenzintervall* bestimmen. ▶

▶Fortsetzung

Zunächst berechnen wir den Stichprobenmittelwert und die geschätzte Populationsvarianz:

$$\bar{x} = \frac{203 + 195 + \ldots + 162}{11} = 185,27$$

$$\hat{\sigma} = \sqrt{\frac{1}{n-1} \sum_{i=1}^{n} \left(x_i - \bar{x} \right)^2}$$

$$= \sqrt{\frac{1}{10} \left[\left(203 - 185,27 \right)^2 + \left(195 - 185,27 \right)^2 + \ldots + \left(162 - 185,27 \right)^2 \right]}$$

$$= \sqrt{154,818} = 12,443$$

Nun können wir den Standardfehler berechnen:

$$SE = \hat{\sigma}_{\bar{x}} = \frac{\hat{\sigma}}{\sqrt{n}} = \frac{12,443}{\sqrt{11}} = 3,752$$

Jetzt benötigen wir noch die t-Werte für $n - 1 = 10$ Freiheitsgrade und einer Konfidenz von 90%. Wenn wir nach den t-Werten suchen, zwischen denen 90% der Fläche der t-Verteilung liegt, dann reicht es, wenn wir einen davon bestimmen, weil die t-Verteilung symmetrisch ist (der andere unterscheidet sich vom ersten nur durch das Vorzeichen). Wir suchen also den positiven t-Wert, oberhalb dessen noch 5% der Verteilung liegen. Für $t_{10, Konf = 90\%}$ finden wir in Anhang A (Tabelle 2) einen Wert von 1,813. Nun können wir die Grenzen des Konfidenzintervalls bestimmen:

$$Untere\ Grenze = \bar{x} - \hat{\sigma}_{\bar{x}} \cdot t_{df, Konf.} = 185,27 - 3,752 \cdot 1,813 = 178,47$$

$$Obere\ Grenze = \bar{x} + \hat{\sigma}_{\bar{x}} \cdot t_{df, Konf.} = 185,27 + 3,752 \cdot 1,813 = 192,07$$

Wir können somit zu 90% sicher sein, dass das Intervall zwischen etwa 178 msec und 192 msec den wahren Mittelwert der Reaktionszeit für die von uns untersuchte Population von akut depressiven Studierenden überdeckt.

11.3 Konfidenzintervalle für Mittelwertsunterschiede

In der psychologischen Forschung geht es häufig darum herauszufinden, wie groß Unterschiede sind. Wie sehr unterscheiden sich Mädchen und Jungen in Mathematiktests? Wie stark unterscheiden sich eineiige Zwillinge, von denen jeweils einer bei den leiblichen Eltern und der andere bei Pflegeeltern aufgewachsen ist, in ihrer Bindungsfähigkeit? Die erste Fragestellung könnte man untersuchen, indem man zwei Stichproben (von Jungen und Mädchen) zieht. Die Auswahl der Personen in der einen Stichprobe hat dabei keinen Einfluss auf die Auswahl der Personen in der anderen:

Die Messungen sind unabhängig voneinander. Bei der Untersuchung der zweiten Fragestellung kommt man nicht daran vorbei, jeweils einen Zwilling mit seinem Zwillingsbruder oder seiner Zwillingsschwester zu vergleichen. Da sich eineiige Zwillinge in vieler Hinsicht stark ähnlich sind, kann man erwarten, dass man, wenn man einen ausgewählt hat, auch beim andern relativ ähnliche Werte bekommt: Die Messungen sind nicht unabhängig voneinander. Das ist immer dann der Fall, wenn einem Objekt oder einer Person in der einen Stichprobe eindeutig ein Objekt oder eine Person in der anderen Stichprobe zugeordnet ist. In solchen Fällen man kann davon ausgehen, dass die Messwerte in beiden Stichproben miteinander korrelieren. Dieser Unterschied, *unabhängige* vs. *abhängige* Messungen[3], hat auch Auswirkungen auf die Konstruktion von Konfidenzintervallen und, wie wir in den folgenden Kapiteln sehen werden, die Spezifizierung von Signifikanztests.

11.3.1 Unabhängige Messungen

Auch die Konstruktion von Konfidenzintervallen für Mittelwertsunterschiede folgt dem oben beschriebenen Ablauf. Man schätzt die entsprechenden Populationsmittelwerte und deren Varianzen. Daraus berechnet man Mittelwert und Streuung der Stichprobenverteilung für den Mittelwerts*unterschied*. Diese Stichprobenverteilung würde entstehen, wenn man unendlich oft je eine Stichprobe aus den zwei entsprechenden Populationen zieht, daraus jeweils den Mittelwert berechnet und letztlich die Verteilung der *Differenzen der Mittelwerte* betrachtet. Schließlich benutzt man auch hier wieder aus praktischen Gründen die standardisierte Stichprobenverteilung für Mittelwertsunterschiede. Das ist auch diesmal wieder die *t*-Verteilung, wobei ein einzelner Wert so berechnet wird:

$$t = \frac{\overline{x}_A - \overline{x}_B}{\hat{\sigma}_{\overline{x}_A - \overline{x}_B}}$$

Den Standardfehler für Mittelwertsunterschiede bestimmt man folgendermaßen:

$$\hat{\sigma}_{\overline{x}_A - \overline{x}_B} = \sqrt{\frac{(n_A - 1) \cdot \hat{\sigma}_A^2 + (n_B - 1) \cdot \hat{\sigma}_B^2}{(n_A - 1) + (n_B - 1)} \left(\frac{1}{n_A} + \frac{1}{n_B} \right)}$$

Die Gewichtungen mit den Freiheitsgraden ($n_A - 1$ und $n_B - 1$) berücksichtigen die Tatsache, dass größere Stichproben bessere Schätzungen liefern und deshalb bei der Schätzung auch stärker berücksichtigt werden sollten. Wenn die zwei Stichproben gleich groß sind ($n_A = n_B$), dann reduziert sich dieser Ausdruck:

$$\hat{\sigma}_{\overline{x}_A - \overline{x}_B} = \sqrt{\hat{\sigma}_{\overline{x}_A}^2 + \hat{\sigma}_{\overline{x}_B}^2}$$

---

3 Manchmal werden, vor allem in der mathematischen Literatur, auch die Bezeichnungen *unverbundene* (unabhängige) und *verbundene* (abhängige) Messung benutzt.

Wie man die Formel für den Standardfehler bei Mittelwertsunterschieden erhält und warum man ihn bei gleichen Stichprobengrößen vereinfachen kann, wird im Kasten „Standardfehler für unabhängige Mittelwertsunterschiede" erläutert.

HINTERGRUND

Standardfehler für unabhängige Mittelwertsunterschiede   Der Standardfehler für Mittelwertsunterschiede bei unabhängigen Messungen für zwei Gruppen A und B wird im Prinzip genauso berechnet wie der Standardfehler für Mittelwerte (siehe Kapitel 10, Kasten „Varianz einer Stichprobenverteilung für Mittelwerte"). Allerdings haben wir es hier nicht nur mit einer, sondern mit zwei Populationsvarianzen zu tun, nämlich der für die Population A und der für die Population B. Wenn man nun die t-Verteilung für die Berechnung von Konfidenzintervallen für Mittelwertsunterschiede benutzen möchte, muss noch zusätzlich zu den Bedingungen für den Einstichprobenfall – intervallsakalierte und in der Population normalverteilte Werte (sieh Kasten „Die t-Verteilung (Student's t)") – eine weitere Bedingung erfüllt sein: *Die Varianzen der beiden Populationen A und B müssen gleich sein.* Die Stichprobenvarianzen sind jedoch in der Regel nicht genau gleich. Wenn man trotzdem diese Annahme beibehält, ist die beste Schätzung die gemeinsame (Englisch: *pooled*) Varianz, bei deren Berechnung die Freiheitsgrade als Gewichtungsfaktoren benutzt werden (z.B. Huntsberger & Billingsley, 1973, 178):[4]

$$\hat{\sigma}^2_{pooled} = \frac{(n_A - 1) \cdot \hat{\sigma}^2_A + (n_B - 1) \cdot \hat{\sigma}^2_B}{(n_A - 1) + (n_B - 1)}$$

Wir wissen schon, dass die Varianz einer Summe von unabhängigen Zufallsvariablen nichts anderes ist als die Summe der Varianzen (siehe Hays, 1994, Appendix B): $Var(A + B) = Var(A) + Var(B)$. Nun haben wir es hier aber mit der Varianz einer Differenz zu tun. Differenzen können jedoch auch als Summen betrachtet werden: $Var(A - B) = Var(A) + Var(-B)$. Da die Verteilung von B sich von der von $-B$ nur im Vorzeichen unterscheidet, sind die Varianzen gleich (weil man immer nur die quadrierten Abweichungen, also nur positive Werte berücksichtigt). Es gilt also generell: $Var(A - B) = Var(A) + Var(B)$. Diese Gesetzmäßigkeit verwenden wir für die Berechnung der Varianz der Stichprobenverteilung für Mittelwertsunterschiede:

$$\hat{\sigma}^2_{\bar{x}_A - \bar{x}_B} = \hat{\sigma}^2_{\bar{x}_A} + \hat{\sigma}^2_{\bar{x}_B}$$

▶

---

4   Wenn schon bei der Inspektion der Verteilungen in der Stichprobe erkenntlich ist, dass die Varianzen sehr verschieden sind, kann man entweder auf so genannte nonparametrische Verfahren (siehe Kapitel 18) zurückgreifen oder auf Verfahren, die Korrekturen an den Freiheitsgraden vornehmen (siehe z.B. Brühl, 2006).

▶Fortsetzung

Die Wurzel daraus ist dann der Standardfehler:

$$\hat{\sigma}_{\bar{x}_A - \bar{x}_B} = \sqrt{\frac{\hat{\sigma}^2_{pooled}}{n_A} + \frac{\hat{\sigma}^2_{pooled}}{n_B}}$$

$$= \sqrt{\frac{\frac{(n_A-1)\cdot\hat{\sigma}^2_A + (n_B-1)\cdot\hat{\sigma}^2_B}{(n_A-1)+(n_B-1)}}{n_A} + \frac{\frac{(n_A-1)\cdot\hat{\sigma}^2_A + (n_B-1)\cdot\hat{\sigma}^2_B}{(n_A-1)+(n_B-1)}}{n_B}}$$

$$= \sqrt{\frac{(n_A-1)\cdot\hat{\sigma}^2_A + (n_B-1)\cdot\hat{\sigma}^2_B}{(n_A-1)+(n_B-1)}\left(\frac{1}{n_A}+\frac{1}{n_B}\right)}$$

Wenn die zwei Stichprobengrößen gleich sind ($n_A = n_B = n$), dann kann man die Formel noch zusätzlich vereinfachen:

$$\hat{\sigma}_{\bar{x}_A - \bar{x}_B} = \sqrt{\frac{(n_A-1)\cdot\hat{\sigma}^2_A + (n_B-1)\cdot\hat{\sigma}^2_B}{(n_A-1)+(n_B-1)}\left(\frac{1}{n_A}+\frac{1}{n_B}\right)}$$

$$= \sqrt{\frac{(n-1)\left(\hat{\sigma}^2_A + \hat{\sigma}^2_B\right)}{(n-1)2}\left(\frac{2}{n}\right)}$$

$$= \sqrt{\frac{\hat{\sigma}^2_A}{n} + \frac{\hat{\sigma}^2_B}{n}}$$

$$= \sqrt{\hat{\sigma}^2_{\bar{x}_A} + \hat{\sigma}^2_{\bar{x}_B}}$$

Die untere und obere Grenze des Konfidenzintervalls für Mittelwertsunterschiede berechnet man dann so:

$$Untere\ Grenze = \left(\bar{x}_A - \bar{x}_B\right) - \hat{\sigma}_{\bar{x}_A - \bar{x}_B} \cdot t_{df, Konf.}$$

$$Obere\ Grenze = \left(\bar{x}_A - \bar{x}_B\right) + \hat{\sigma}_{\bar{x}_A - \bar{x}_B} \cdot t_{df, Konf.}$$

Das Rechenbeispiel 11.3 illustriert die Vorgehensweise.

Rechenbeispiel 11.3

Konfidenzintervall für unabhängige Mittelwertsunterschiede Nehmen wir an, zusätzlich zu der in Rechenbeispiel 11.2 untersuchten Gruppe von akut depressiven Studenten hätten wir auch eine vergleichbare Stichprobe von Reaktionszeiten bei nicht-depressiven Studenten erhoben und möchten das *95% Konfidenzintervall* für den Mittelwertsunterschied bestimmen. Aus Illustrationsgründen betrachten wir wieder eine relativ kleine Stichprobe von $n = 7$ Studenten. Die Mediane der Reaktionszeiten dieser Studenten seien (in Millisekunden): 199, 185, 184, 179, 178, 170 und 161. Wir bezeichnen nun die Gruppe der depressiven Studenten mit A und die Vergleichsgruppe mit B. Mittelwert und geschätzte Populationsstreuung für Gruppe A entnehmen wir aus dem Rechenbeispiel 11.2: ▶

▶Fortsetzung

$$\bar{x}_A = 185,27$$

$$\hat{\sigma}_A^2 = 154,818$$

Die entsprechenden Werte für Gruppe B haben wir für Sie berechnet:

$$\bar{x}_B = 179,43$$

$$\hat{\sigma}_B^2 = 144,286$$

Nun können wir die Schätzung für den Mittelwertunterschied in der Population und den Standardfehler des Mittelwertsunterschiedes berechnen:

$$\bar{x}_A - \bar{x}_B = 185,27 - 179,43 = 5,84$$

$$
\hat{\sigma}_{\bar{x}_A - \bar{x}_B} = \sqrt{\frac{(n_A-1)\cdot\hat{\sigma}_A^2 + (n_B-1)\cdot\hat{\sigma}_B^2}{(n_A-1)+(n_B-1)}\left(\frac{1}{n_A}+\frac{1}{n_B}\right)}
$$

$$
= \sqrt{\frac{(11-1)\cdot154,818 + (7-1)\cdot144,286}{(11-1)+(7-1)}\left(\frac{1}{11}+\frac{1}{7}\right)}
$$

$$
= 5,939
$$

Die Konfidenz steht schon fest: 95%, wir brauchen aber noch die passenden t-Werte. Wir suchen also den positiven t-Wert jenseits dessen noch die Hälfte der verbleibenden Fläche, also 2,5% liegt. Nun fehlen noch die Freiheitsgrade. Diesmal mussten wir zwei Mittelwerte berechnen. In der ersten Stichprobe können damit noch $n_A - 1 = 10$ und in der zweiten noch $n_B - 1 = 6$ Werte frei variieren: wir müssen also den t-Wert für (insgesamt) 16 Freiheitsgrade suchen. Aus der Tabelle für die t-Verteilung in Anhang A entnehmen wir $t_{16,\,95\%} = 2,12$. Nun haben wir alle Informationen um die Grenzen des Konfidenzintervalls zu berechnen:

$$\text{Untere Grenze} = \left(\bar{x}_A - \bar{x}_B\right) - \hat{\sigma}_{\bar{x}_A - \bar{x}_B}\cdot t_{df,Konf.} = 5,84 - 5,939\cdot2,12 = -6,75$$

$$\text{Obere Grenze} = \left(\bar{x}_A - \bar{x}_B\right) + \hat{\sigma}_{\bar{x}_A - \bar{x}_B}\cdot t_{df,Konf.} = 5,84 + 5,939\cdot2,12 = 18,43$$

Wir können also zu 95% sicher sein, dass das Intervall zwischen –6,75 Millisekunden und 18,43 Millisekunden den wahren Mittelwertunterschied zwischen den beiden Populationen überdeckt. Dies ist offensichtlich kein besonders informatives Ergebnis, denn das Intervall beinhaltet auch ein Stück im Minus-Bereich, was ja bedeuten würde, dass die Gruppe A kürzere Reaktionszeiten hätte als die Gruppe B.

11.3.2 Abhängige (gepaarte) Messungen

Wenn Messungen abhängig voneinander sind, dann hat das keine systematischen Auswirkungen auf Mittelwertsunterschiede, wohl aber auf die Varianz des Mittelwertsunterschieds und somit auch auf den Standardfehler. Wir benutzen die Werte in ▶Abbildung 11.8 um zu verdeutlichen, warum das so ist. In der linken und der rechten Grafik sind jeweils dieselben Werte abgebildet. Links sind die Messwerte positiv korreliert. Das ist auch der Normalfall bei abhängigen oder gepaarten Messungen. Ein Beispiel: Wenn der Einfluss von schweren Krankheiten auf IQ-Werte untersucht werden soll, dann könnte man eine Person während der Krankheit und nachher testen und sich die Differenz ansehen. Wenn nun eine Person beispielsweise im gesunden Zustand einen hohen IQ-Wert hat, dann wird der bei einer Krankheit womöglich sinken, aber er wird immer noch vergleichsweise hoch sein. Aber auch bei einer Person mit niedrigem IQ wird dieser womöglich noch etwas kleiner werden, wenn diese Person schwer krank ist. Die Niveauunterschiede bleiben also im Allgemeinen erhalten und das führt zu einer positiven Korrelation zwischen den Messwerten. Manchmal können abhängige Messwerte aber auch negativ korrelieren. Nehmen wir an, wir würden bei einer Gruppe von Personen zwei Mal innerhalb einiger Stunden das Ausmaß des Hungers messen (beispielsweise mit Hilfe einer geeigneten Rating-Skala). Die Personen, die das erste Mal sehr hungrig waren, haben bei der zweiten Messung mit höherer Wahrscheinlichkeit etwas – möglicherweise auch ziemlich viel – gegessen und sind jetzt überhaupt nicht mehr hungrig, während diejenigen, die bei der ersten Messung nicht hungrig waren, möglicherweise nichts gegessen haben, aber dafür bei der zweiten Messung sehr hungrig sind. Ein solcher Sachverhalt – eine hohe negative Korrelation – wird in der Grafik rechts in Abbildung 11.8 illustriert. An den je 8 Werten für Messung A und Messung B hat sich jedoch nichts geändert und somit ändert sich auch der Mittelwertsunterschied nicht.

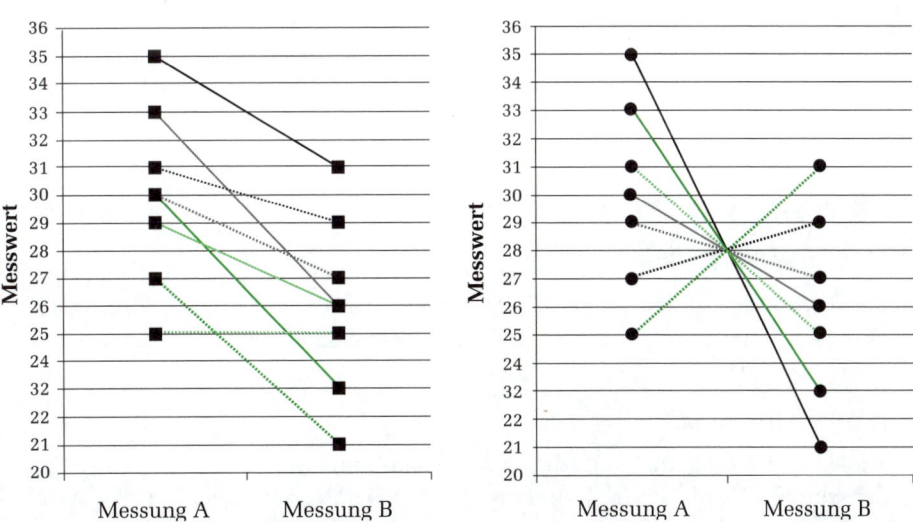

Abbildung 11.8: Messwertpaare (abhängige Messungen) mit unterschiedlichen Korrelationen. Die Korrelation der Messungen in der linken Abbildung beträgt $r = 0{,}69$ und die rechts $r = -1$.

Bei abhängigen Messungen ist die Untersuchungseinheit nicht die einzelne Messung, sondern die Differenz zwischen den zwei Messungen: Für jede Person i bestimmen wir also $x_{diff,i} = x_{1i} - x_{2i}$. Würden wir den mittleren Differenzwert für die beiden in Abbildung 11.8 rechts und links dargestellten Beispiele berechnen, so erhielten wir beide Male denselben Mittelwertsunterschied. Es ergeben sich aber deutliche Unterschiede, wenn wir die *Varianzen* der Differenzen berechnen: Wenn die Messwerte negativ korreliert sind – wie im rechten Beispiel in Abbildung 11.8 –, ist die Varianz deutlich höher als bei einer positiven Korrelation.

Erfreulicherweise wirkt sich diese Abhängigkeit der Varianz von der Korrelation zwischen den Messwerten nicht erschwerend auf die Berechnung des entsprechenden Konfidenzintervalls aus. Der Grund dafür ist, dass die Differenzwerte genauso behandelt werden können wie einfache Werte. Wieder können wir auch die t-Verteilung als Berechnungshilfe verwenden:

$$t = \frac{\overline{x}_{diff} - \mu_{diff}}{\hat{\sigma}_{\overline{x}_{diff}}}$$

Diese Formel ist identisch mit der für den Einstichprobenfall. Wir können auch bei der Berechnung des Standardfehlers analog verfahren:

$$SE = \hat{\sigma}_{\overline{x}_{diff}} = \frac{\hat{\sigma}_{diff}}{\sqrt{n}}, \text{ wobei } \hat{\sigma}_{diff} = \sqrt{\frac{1}{n-1} \sum_{i=1}^{n} \left(\overline{x}_{diff,i} - \overline{x}_{diff} \right)^2}$$

Die unteren und oberen Grenzen eines Konfidenzintervalls für abhängige Mittelwertsunterschiede sind dann

$$Untere\ Grenze = \overline{x}_{diff} - \hat{\sigma}_{\overline{x}_{diff}} \cdot t_{df,Konf.}$$
$$Obere\ Grenze = \overline{x}_{diff} + \hat{\sigma}_{\overline{x}_{diff}} \cdot t_{df,Konf.}$$

Illustrieren wir die Vorgehensweise wieder anhand eines Beispiels, in dem auch die Auswirkungen der Höhe des Zusammenhangs zwischen den beiden Messungen demonstriert wird (Rechenbeispiel 11.4).

Rechenbeispiel 11.4

Konfidenzintervall für abhängige Mittelwertsunterschiede Wir zeigen zunächst das Ergebnis für den Normalfall, positiv korrelierte Messwerte, demonstrieren dann, was passiert, wenn die Messwerte negativ miteinander korrelieren, und vergleichen diese Ergebnisse schließlich mit dem Resultat bei unabhängigen Stichproben. Dabei benutzen wir immer dieselben Werte.

Positive Korrelation

▶Tabelle 11.1 zeigt die Werte, die in der linken Grafik in Abbildung 11.8 verwendet wurden. Nehmen wir an, in Messung A seien die Werte von 8 Personen in einem Lesetest (höhere Werte = bessere Leseleistung) unter normalen Bedingungen erhoben worden. ▶

▶Fortsetzung

Dieselben Personen mussten eine Parallelform des Tests auch unter Beschallung mit Hintergrundmusik bearbeiten. Die zwei Formen des Tests und die Reihenfolge (ohne vs. mit Musik) seien dabei ausbalanciert worden. Berechnet werden soll nun die mittlere Differenz und das *90% Konfidenzintervall* hierfür.

Messung A	Messung B	Differenz
27	21	6
25	25	0
30	23	7
29	26	3
30	27	3
33	26	7
31	29	2
35	31	4

Tabelle 11.1: Hypothetische Werte für die Leseleistungen von 8 Personen ohne (Messung A) und mit (Messung B) Hintergrundmusik.

Der Mittelwert der Differenzen und die geschätzte Populationsstreuung der Differenzwerte, sowie der daraus berechnete Standardfehler sind:

$$\overline{x}_{diff} = \frac{6+0+7+3+3+7+2+4}{8} = 4$$

$$\hat{\sigma}_{diff} = \sqrt{\frac{1}{n-1}\sum_{i=1}^{n}\left(x_{i,diff} - \overline{x}_{diff}\right)^2} = \sqrt{\frac{1}{4}\left[\left(6-4\right)^2 + \left(0-4\right)^2 + ... + \left(4-4\right)^2\right]} = 2,507$$

$$\hat{\sigma}_{\overline{x}_{diff}} = \frac{\hat{\sigma}_{diff}}{\sqrt{n}} = \frac{2,507}{\sqrt{8}} = 0,886$$

Nun benötigen wir noch die passenden *t*-Werte. Da die Ausgangbasis für die Berechnung schon die Differenzen sind, wir also nur einen Mittelwert berechnen müssen, haben wir es hier mit $n-1 = 8-1 = 7$ Freiheitsgraden zu tun. Der entsprechende *t*-Wert ist $t_{7, Konf=90\%} = 1,895$ (siehe Anhang A, Tabelle 2). Somit sind Unter- und Obergrenze des gesuchten Konfidenzintervalls:

$$Untere\ Grenze = \overline{x}_{diff} - \hat{\sigma}_{\overline{x}_{diff}} \cdot t_{df,Konf.} = 4 - 0,886 \cdot 1,895 = 2,32$$

$$Obere\ Grenze = \overline{x}_{diff} + \hat{\sigma}_{\overline{x}_{diff}} \cdot t_{df,Konf.} = 4 + 0,886 \cdot 1,895 = 5,68$$

Wir können also zu 90% konfident sein, dass das Intervall von 2,32 bis 5,68 Punkten im Lesetest den wahren Unterschied in der Leseleistung zwischen Lesen mit und ohne Musik beinhaltet (ohne Musik liest man besser).

▶Fortsetzung

Negative Korrelation

Nun führen wir zum Vergleich dieselbe Rechnung für die negativ korrelierten Messwerte durch (rechte Grafik in Abbildung 11.8). Die Werte für Messung B in ▶Tabelle 11.2 sind identisch mit denen in Tabelle 11.1 und auch die Werte für Messung A entsprechen denen in Tabelle 11.1, sie stehen diesmal nur in einer anderen Reihenfolge, so dass sich eine Korrelation von $r = -1$ für die beiden Messungen ergibt. Diese Rechnung soll hier nicht inhaltlich begründet werden, sondern dient nur dazu, die Auswirkungen von negativ korrelierten Messwertepaaren zu zeigen.

Messung A	Messung B	Differenz
35	21	14
31	25	6
33	23	10
30	26	4
29	27	2
30	26	4
27	29	−2
25	31	−6

Tabelle 11.2: Hypothetische Werte für 8 Personen für Messung A und Messung B.

Der Mittelwert der Differenzen ist natürlich identisch zur vorherigen Berechnung aber der Standardfehler wird deutlich größer:

$$\bar{x}_{diff} = \frac{14+6+10+4+2+4-2-6}{8} = 4$$

$$\hat{\sigma}_{diff} = \sqrt{\frac{1}{n-1}\sum_{i=1}^{n}\left(x_{i,diff} - \bar{x}_{diff}\right)^2} = \sqrt{\frac{1}{7}\left[(14-4)^2 + (6-4)^2 + \dots + (-4-4)^2\right]} = 6,325$$

$$\hat{\sigma}_{\bar{x}_{diff}} = \frac{\hat{\sigma}_{diff}}{\sqrt{n}} = \frac{6,325}{\sqrt{8}} = 2,236$$

Somit sind Unter- und Obergrenze des gesuchten Konfidenzintervalls:

$$Untere\ Grenze = \bar{x}_{diff} - \hat{\sigma}_{\bar{x}_{diff}} \cdot t_{df,Konf.} = 4 - 2,236 \cdot 1,895 = -0,24$$

$$Obere\ Grenze = \bar{x}_{diff} + \hat{\sigma}_{\bar{x}_{diff}} \cdot t_{df,Konf.} = 4 + 2,236 \cdot 1,895 = 8,24$$

Dieses Konfidenzintervall für einen identischen Mittelwertsunterschied von 4 ist zweieinhalb mal so groß wie jenes, das wir für positiv korrelierte Messwerte erhalten haben! Wenn also abhängige Messungen negativ korreliert sind, dann kehrt sich der Vorteil, den man normalerweise bei abhängigen Messungen hat – die Verkleinerung der Streuung –, in sein Gegenteil um.

▶Fortsetzung

Unabhängige Messungen

Wie wäre unser Ergebnis, wenn es sich nicht um abhängige, sondern um unabhängige Messungen gehandelt hätte? (Bei unabhängigen Messungen geht man davon aus, dass die Messwerte nicht korreliert sind.) An der Größe des Mittelwertsunterschieds würde sich offensichtlich nichts ändern, aber der Standardfehler des Mittelwertsunterschieds müsste nun anders berechnet werden. Wir brauchen nun zunächst die geschätzten Populationsvarianzen. Die sind in diesem Fall gleich und betragen:

$$\hat{\sigma}_A^2 = \hat{\sigma}_B^2 = 10,0$$

Damit können wir auch den Standardfehler berechnen, nun mit Hilfe der einfacheren Formel, weil die Gruppengrößen gleich sind.

$$\hat{\sigma}_{\bar{x}_A - \bar{x}_B} == \sqrt{\frac{\hat{\sigma}_A^2}{n} + \frac{\hat{\sigma}_B^2}{n}} = \sqrt{\frac{10}{8} + \frac{10}{8}} = 1,581$$

Die Freiheitsgrade sind nun $n_A - 1 + n_B - 1 = 14$ und der entsprechende t-Wert ist $t_{14,Konf=90\%} = 1,761$ (siehe Anhang A, Tabelle 2). Die Unter- und Obergrenzen des gesuchten Konfidenzintervalls sind also:

$$\text{Untere Grenze} = \bar{x}_{diff} - \hat{\sigma}_{\bar{x}_{diff}} \cdot t_{df,Konf.} = 4 - 1,581 \cdot 1,761 = 1,22$$

$$\text{Obere Grenze} = \bar{x}_{diff} + \hat{\sigma}_{\bar{x}_{diff}} \cdot t_{df,Konf.} = 4 + 1,581 \cdot 1,761 = 6,78$$

Wenn die Messungen unabhängig vorgenommen worden wären, dann wäre das Konfidenzintervall um ca. 65% größer als bei positiv korrelierten abhängigen Messungen. Dieser Effekt – eine verminderte Genauigkeit bei unabhängigen Messungen – kommt, wie wir gesehen haben, durch den geringeren Standardfehler bei den abhängigen Messungen zustande und dieser geringere Standardfehler wiederum dadurch, dass die abhängigen Messungen in der Regel positiv miteinander korrelieren (siehe Abbildung 11.8, links). Falls das, was selten vorkommt, nicht der Fall ist, falls also die Messwerte negativ korrelieren, vergrößert sich allerdings der Standardfehler im Vergleich zu unabhängigen Messungen.

11.4 Die Interpretation von Konfidenzintervallen

Konfidenzintervalle beinhalten eine Wahrscheinlichkeitsaussage. Diese Aussage bezieht sich aber *nicht* auf den wahren Wert (den Populationsparameter), sondern auf das *Intervall*. Wenn wir unendlich oft eine Zufallsstichprobe aus einer Population ziehen und jeweils für die Stichprobenstatistik ein 90% Konfidenzintervall berechnen, dann werden 90% dieser Intervalle den wahren Wert (den Wert des entsprechenden Populationsparameters) überdecken. (Die Zufallsvariablen sind also die Intervallgrenzen.) Als Jerzy Neyman 1934 erstmals das Konzept der Konfidenzintervalle vorstellte, meinte ein namhafter Kollege, er sei sich nicht sicher, ob es sich nicht um einen „Konfidenz-Trick" handle (Salsburg, 2001, 121). Der Grund für diese Kollegenmeinung war, dass Konfidenzintervalle eben keine Wahrscheinlichkeitsaussage über den wahren Wert zulassen, sondern nur über die Intervalle. Inzwischen hat sich herausgestellt, dass diese Aussage praktisch sehr wertvoll sein kann. Eine wachsende Anzahl von Methodikern argumentiert mittlerweile, dass Konfidenzintervalle das nützlichste inferenzstatistische Verfahren seien (z.B. Cummings & Finch, 2001).

Konfidenzintervalle wurden ursprünglich von Neyman als Hilfsmittel für Entscheidungen entwickelt. Insbesondere, wenn Entscheidungen relativ schnell gefällt werden müssen, und wenn nur eingeschränkte Ressourcen vorhanden sind (der Normalfall), dann muss manchmal eine einzige Untersuchung als Entscheidungsgrundlage ausreichen. Hierbei ist häufig nicht so sehr die Frage interessant, wie weit sich ein Konfidenzintervall links und rechts von einer Stichprobenstatistik aus erstreckt, sondern, ob das Konfidenzintervall einen kritischen Wert über- oder unterschreitet. Wenn man beispielsweise weiß, dass es sich nur lohnt, die Produktion eines Gebrauchsgegenstands in Serie gehen zu lassen, wenn die Ausschussquote nicht höher als 10% ist, dann kann man eine Stichprobe ziehen und ein Konfidenzintervall, z.B. ein 95% Konfidenzintervall, über die gefundene Ausschussquote berechnen. Das macht in diesem Fall natürlich nur dann Sinn, wenn die gefundene Ausschussquote unter 10% liegt: Die obere Grenze des Konfidenzintervalls sollte den kritischen Wert in diesem Beispiel nicht überdecken. Wenn nun diese obere Grenze unter einem Anteil von 10% liegt, dann kann man mit einer Konfidenz von 95% davon ausgehen, dass die Ausschussquote nicht überschritten wird. In diesem Fall würde man sich dafür entscheiden, die Produktion in Serie gehen zu lassen.

Aber auch wenn keine unmittelbaren Entscheidungen anstehen, können Konfidenzintervalle eine nützliche Grundlage für Urteile sein. Solche Urteile werden häufig an Wahlabenden gemacht, wenn Meinungsforschungsinstitute Vorhersagen darüber machen, ob kleinere Parteien die 5%-Hürde überschreiten werden – man kann Konfidenzintervalle also auch für Vorhersagen benutzen. Schließlich kann man sie dazu benutzen, und das ist die hauptsächliche Verwendungsform in der psychologischen Forschung, eine Aussage über die Genauigkeit von Ergebnissen zu machen.

Auch die Beispiele in diesem Kapitel könnten für entsprechende Aussagen über die Genauigkeit von Ergebnissen benutzt werden. Allerdings dürfte klar geworden sein, dass diese Aussagen kaum jemals absoluter Natur sind. Um die in einem Konfidenzintervall enthaltene Genauigkeitsaussage verwenden zu können, benötigt man in der Regel Vorwissen über den Gegenstandsbereich. Relativ einfach ist das noch für unser erstes Rechenbeispiel: Wenn das 90% Konfidenzintervall für den prozentualen Anteil von CSU-Wählern zwischen 52% und 68% liegt (Rechenbeispiel 11.1), dann könnte man zu 90% konfident sein, dass die CSU wieder mal die absolute Mehrheit im bayrischen Landtag gewinnt (weil die Untergrenze den Wert von 50% nicht überschreitet). Ob die CSU-Leitung nun aber den Wahlkampf noch intensivieren sollte oder nicht, dürfte auch von den aktuellen Veränderungen im Vergleich zur vorangegangenen Wahl abhängen. Das Konfidenzintervall für den Mittelwert der Reaktionszeiten der depressiven Studierenden (Rechenbeispiel 11.2) kann nur sinnvoll interpretiert werden, wenn man diesen Wert mit theoretischen Erwartungen, früheren Werten oder mit Werten bei anderen Erkrankungen vergleichen kann. Das Konfidenzintervall für den Unterschied zwischen den Reaktionszeit-Mittelwerten von depressiven und nicht-depressiven Studierenden (Rechenbeispiel 11.3) ist schon leichter zu interpretieren. Wenn das Konfidenzintervall den Wert 0 (= kein Unterschied) nicht überdeckt, dann kann man relativ sicher sein, dass depressive Studierende längere Reaktionszeiten haben als nicht depressive. Eine ähnliche Argumentation gilt für den Vergleich der Lesebedingungen (ohne vs. mit Musik – Rechenbeispiel 11.4). Wenn die Untergrenze des Konfidenzintervalls größer als 0 ist, dann kann man entsprechend konfident sein (z.B. zu 90%), dass sich Hintergrundmusik störend auf das Lesen auswirkt.

Eine andere wichtige Information, die man häufig benötigt, nämlich die über die Größe des Effekts kann man jedoch nicht direkt aus einem Konfidenzintervall entnehmen: hier ist es notwendig, Effektgrößen zu berechnen (siehe Kapitel 9 und 21). Im nächsten Kapitel werden wir sehen, dass Konfidenzintervalle eng verwandt sind mit den so genannten Signfikanztests.

Z U S A M M E N F A S S U N G

Wie kann man auf der Grundlage einer Stichprobenstatistik (z.B. Anteil, Mittelwert oder Mittelwertsunterschied) Genauigkeitsaussagen über die entsprechenden Populationsparameter machen? Die gebräuchlichste Antwort auf diese Frage ist: Konstruiere ein Konfidenzintervall! Konfidenzintervalle entstehen, wenn man, ausgehend vom Stichprobenergebnis, eine Stichprobenverteilung für die gewünschte Stichprobenstatistik erstellt und die Werte dieser Stichprobenverteilung ermittelt zwischen denen die mittleren 90% (für ein 90%-Konfidenzintervall), 95% (für ein 95%-Konfidenzintervall) oder 99% (für ein 99%-Konfidenzintervall) der Fläche dieser Stichprobenverteilung liegen. Andere Konfidenzintervalle sind eher ungebräuchlich, weil sie entweder triviale Informationen beinhalten (100% Konfidenzintervall) oder weil die Genauigkeit zu gering ist (weniger als 90%).

In der Praxis werden Konfidenzintervalle meist unter Zuhilfenahme einer standardisierten Stichprobenverteilung, wie der z- oder der t-Verteilung erstellt: man berechnet den Standardfehler für die Stichprobenverteilung in ursprünglichen Einheiten (*SE*), bestimmt dann die x-Werte der standardisierten Stichprobenverteilung zwischen denen der gewünschte Flächenanteil, z.B. 95%, liegt (*Standardwert*), geht dann vom Wert der Stichprobenstatistik aus *SE · Standardwert* nach unten und oben und erhält so die untere und obere Grenze des Konfidenzintervalls.

Mit Konfidenzintervallen kann man *keine* Wahrscheinlichkeitsaussage über den wahren Wert (den Populationsparameter) machen, sondern nur über die Intervalle. Wenn man beispielsweise aus einer bekannten Population unendlich oft 95% Konfidenzintervalle konstruieren würde (nach immer gleichen Zufallsziehungen), könnte man erwarten, dass 95% dieser Intervalle den Populationsparameter beinhalten. Somit ist die Wahrscheinlichkeit, dass ein aktuell konstruiertes 95% Konfidenzintervall den Populationsparameter enthält auch 95%.

Z U S A M M E N F A S S U N G

Weiterführende Literatur

Siehe auch Literatur zu Kapitel 10

Salsburg, D. (2001). *The lady tasting tea: How statistics revolutionized science in the twentieth century.* New York: W. H. Freeman.

Sehr lesenswerte Hintergrundinformationen über Leben und Ideen berühmter und einflussreicher Statistiker.

Übungsaufgaben mit Lösungen sowie weitere Informationen zu diesem Buchkapitel finden Sie auf der Companion Website zum Buch unter *http://www.pearson-studium.de*

Signifikanztests

12

ÜBERBLICK

Wenn man das am weitesten verbreitete statistische Verfahren in der Psychologie nennen sollte, dann ist die Lösung einfach: der Signifikanztest! Der Signifikanztest ist ein Verfahren zur Überprüfung von Hypothesen. In diesem Kapitel geht es erst einmal darum, zu verstehen, wie ein Signifikanztest im Prinzip funktioniert. Dabei werden wir sehen, dass es nicht *einen* Signifikanztest gibt, sondern mehrere Ansätze. Diese Ansätze unterscheiden sich im Wesentlichen nicht hinsichtlich der Berechnungen, die durchgeführt werden, wohl aber hinsichtlich der Annahmen, die man trifft und hinsichtlich der Interpretation der Ergebnisse.

Wir werden sehen, dass die Grundlage für das Verständnis von Signifikanztests genauso wie bei Konfidenzintervallen die Stichprobenverteilungen sind. Während die Stichprobenverteilungen bei Konfidenzintervallen jedoch um die (empirisch ermittelten) Stichprobenstatistiken herum konstruiert werden, sind die Ausgangswerte für die Stichprobenverteilungen beim Signifikanztest hypothetische Populationsparameter, die so genannten statistischen Hypothesen, die man *vor* der Durchführung des Tests festlegt. Das Ergebnis eines Signifikanztests ist dann – grob gesagt – eine Wahrscheinlichkeitsaussage über ein Stichprobenergebnis im Lichte der zuvor aufgestellten Hypothesen.

Wie kommt man auf die Hypothesen? Was benötigt man zur Vorbereitung und Durchführung eines Signifikanztests? Wie sieht das Ergebnis aus und was bedeutet es? Durch welche Faktoren kann es beeinflusst werden? Wie hängen Signifikanztest und Konfidenzintervall zusammen? Wie sollte man Signifikanztestergebnisse verwenden? Das sind die Fragen, denen wir uns in diesem Kapitel widmen.

Dabei gehen wir zunächst chronologisch vor und behandeln die unterschiedlichen Ansätze in der Reihenfolge, in der sie entwickelt wurden. Das ermöglicht auch ein leichteres Verständnis der jeweiligen Modifikationen. Wir werden danach darauf eingehen, wie man statistische Hypothesen spezifizieren sollte, wie man Signifikanztestergebnisse *(nicht)* interpretieren sollte und welcher Zusammenhang zwischen Signifikanztests und Konfidenzintervallen besteht. Das Kapitel schließt mit einigen allgemeinen Hinweisen und Empfehlungen.

12.1 Wie funktioniert ein Signifikanztest?

Wie könnte man die Hypothese überprüfen, dass die Sachsen intelligenter sind als die übrigen Deutschen? Wenn man als Maß für die Intelligenz einen gebräuchlichen IQ-Test verwenden würde, wüsste man schon den Mittelwert des IQs aller Deutschen: Der ist aufgrund der Normierung von IQ-Tests genau 100 IQ Punkte. Man könnte nun IQ Werte von allen Sachsen erheben und dann den Mittelwert der Sachsen mit dem Gesamtmittelwert (IQ von 100) vergleichen. In diesem Fall könnte man die beiden Werte direkt miteinander vergleichen und seine Schlüsse ziehen. Solche Gesamterhebungen (alle Sachsen) sind jedoch aus praktischen Gründen fast nie durchführbar. Der zweitbeste Weg wäre, eine Zufallsstichprobe von Sachsen zu ziehen und jeweils den IQ zu messen. Damit hätte man eine Schätzung des tatsächlichen durchschnittlichen IQs und könnte nun wieder direkt aufgrund des gefundenen Durchschnitts-IQs seine Überlegungen anstellen. Da es sich aber nun um das Ergebnis einer Zufallsstichprobe handelt, könnte man mit der Schätzung auch danebenliegen. Hier wäre es hilfreich, zu wissen, wie wahrscheinlich es war, dass die gefundene Abweichung vom Populationsmittelwert (IQ von 100) rein durch Zufall (aufgrund des Stichprobenfehlers) zustande kommen konnte. Wenn diese Wahrscheinlichkeit sehr gering ist, dann spricht das dafür, dass sich der IQ der Sachsen tatsächlich von dem Durchschnitts IQ aller Deutschen unterscheidet (weil diese minimale Wahrscheinlichkeit dafür spricht, dass die Abweichung kein Zufall mehr sein kann). Eine solche bedingte Wahrscheinlichkeit ist auch das zentrale Ergebnis eines Signifikanztests: die Wahrscheinlichkeit dafür, dass die aktuelle Stichprobenstatistik von einem vorgegebenen oder erwarteten Populationsparameter um mindestens den gefundenen Betrag abweicht. Bei dem vorgegebenen Populationsparameter handelt es sich um die so genannte *Nullhypothese* oder H_0. Wenn man den Wert der gefundenen Stichprobenstatistik als „Daten" bezeichnet, ergibt ein Signifikanztest die Wahrscheinlichkeit, dass diese oder noch stärker von der Nullhypothese abweichende Daten gefunden werden konnten, wenn die Nullhypothese tatsächlich zutrifft. Kurz gefasst bekommt man also $p(Daten \mid H_0)$, den *p-Wert* oder, noch kürzer, p. Im Beispiel mit den Sachsen wäre dieses Ergebnis $p(gefundener\ Sachsen\text{-}IQ \mid IQ = 100)$, der Durchschnitts-IQ aus der Stichprobe ist die Stichprobenstatistik und der Durchschnitts-IQ aller Deutschen der Populationsparameter für die H_0. Oder ein anderes Beispiel: Wenn die H_0 besagt, dass der Anteil von depressiven Frauen über 70 Jahren 30% beträgt (Hypothese über Populationsparameter) und man in einer Zufallsstichprobe aus der entsprechenden Population einen Wert von 45% (Stichprobenstatistik) gefunden hätte, dann könnte man mit einem Signifikanztest $p(gefunden:\ 45\% \mid vermutet:\ 30\%)$ berechnen.

Warum ist diese bedingte Wahrscheinlichkeit interessant? Sie ermöglicht die Antwort auf folgende Frage: „Kann das noch Zufall sein?", oder genauer: „Lassen sich die beobachteten Abweichungen von einem erwarteten Wert noch als Zufallsprodukt akzeptieren?" Wenn nun der *p-Wert* sehr klein ist und man zu dem Schluss kommt, dass das Ergebnis kein Zufall (unter der Gültigkeit von H_0) mehr sein kann, nennt man es *signifikant*, was etwa soviel bedeutet wie „statistisch bedeutsam".

Zur Berechnung der *p*-Werte benutzt man die entsprechenden Stichprobenverteilungen (Kapitel 10). Im Gegensatz zur Berechnung von Konfidenzintervallen, bei denen man von empirisch gefundenen Stichprobenstatistiken ausgeht (Kapitel 11), werden die Stichprobenverteilungen beim Signifikanztesten um einen theoretischen oder erwarteten Wert herum konstruiert. Für die H_0, die besagt, dass 30% aller Frauen über 70 Jahre depressiv sind, wäre das eine Stichprobenverteilung für Anteile (Binomialverteilung) und für die H_0, dass der mittlere IQ 100 Punkte beträgt, wäre das eine Stichprobenverteilung für Mittelwerte (siehe Kapitel 10). Wenn die Nullhypothese stimmt, sind große Effekte (z.B. große Abweichungen eines Anteils oder eines Mittelwerts von einem erwarteten Wert) eher unwahrscheinlich, können aber rein durch Zufall (durch den Stichprobenfehler) immer noch vorkommen. Ob nun ein gefundener Effekt noch durch Zufall zustande kam, entscheidet man in der Regel aufgrund eines Kriteriums, einer festgelegten kleinen Wahrscheinlichkeit, die meist mit α bezeichnet wird und einem Flächenanteil am Rand (oder an den Rändern) der Stichprobenverteilung entspricht. Wenn dieses α beispielsweise auf 5% festgelegt ist, dann würde man bei allen Ergebnissen, deren Auftretenswahrscheinlichkeiten unter der

Gültigkeit der Nullhypothese kleiner als 5% sind, schließen, dass das kein Zufall mehr sein kann, sondern eine systematische Abweichung von der Nullhypothese. Die erste dokumentierte Form eines solchen Schlusses stammt aus dem 18. Jahrhundert (siehe Kasten „Beeinflusst Gott die Geschlechterverteilung?").

HINTERGRUND

Beeinflusst Gott die Geschlechterverteilung? Der wohl älteste dokumentierte Signifikanztest (publiziert 1710) geht auf den Engländer John Arbuthnot zurück (Gigerenzer & Murray, 1987, 4). Er testete die „Nullhypothese", dass die Anteile von Jungen- und Mädchengeburten gleich sind (beide 50%) gegen die Hypothese, dass Gott darauf hinwirkt, dass mehr Männer geboren werden, weil diese im Lauf ihres Lebens deutlich mehr Gefahren ausgesetzt sind als die Frauen und somit eher sterben. Seine Stichprobe bestand aus den Geburtsraten über 82 Jahre hinweg (von 1629 bis 1710) im Geburtenregister von London und er fand, dass in all diesen Jahren mehr Jungen als Mädchen geboren wurden. Wie hoch ist die Wahrscheinlichkeit für ein solches Ergebnis, wenn man annimmt, dass im Durchschnitt gleich viele Jungen und Mädchen geboren werden? Sehen wir uns zunächst ein einziges Jahr an: Wie hoch ist die Wahrscheinlichkeit, dass in einem beliebigen Jahr unter dieser Annahme („Nullhypothese") mehr Jungen geboren werden? Die ist natürlich ½ (vorausgesetzt, es werden nie genau gleich viele Jungen und Mädchen geboren). Wie hoch ist dann die Wahrscheinlichkeit, dass in 82 Jahren immer mehr Jungen als Mädchen geboren werden? Hier handelt es sich um die Wahrscheinlichkeit einer Konjunktion (im ersten Jahr mehr Jungen *und* im zweiten Jahr mehr Jungen *und* …) und die erhält man bei unabhängigen Ereignissen durch Multiplikation der Einzelwahrscheinlichkeiten (siehe Kapitel 10): $p = (\frac{1}{2})^{82}$, eine astronomisch kleine Wahrscheinlichkeit. Das, so Arbuthnot, konnte nun kein Zufall mehr sein, die „Nullhypothese" war also widerlegt und das Ergebnis sprach nach Arbuthnots Meinung dafür, dass es einen Gott gibt, der aktiv ins menschliche Geschehen eingreift.

Arbuthnot hatte noch keine Stichprobenverteilung für seine „Zufallshypothese" benutzt. Hätte er die Binomialverteilung gekannt, dann wäre die Verteilung in ►Abbildung 12.1 seine Stichprobenverteilung unter Gültigkeit der H_0 gewesen (diese Verteilung und die weiteren Darstellungen der Ergebnisse von Binomialtests in diesem Kapitel wurden mit der Software aus Sedlmeier & Köhlers, 2001 erstellt). Es ist deutlich sichtbar, dass die Wahrscheinlichkeit für 82 Jahre mit Jungenüberschuss praktisch gleich 0 ist. Schon mehr als 55 von 82 Jahren mit mehr Jungen als Mädchen sind äußerst unwahrscheinlich, wenn man von einem tatsächlichen Geschlechterverhältnis von 50 : 50 ausgeht.

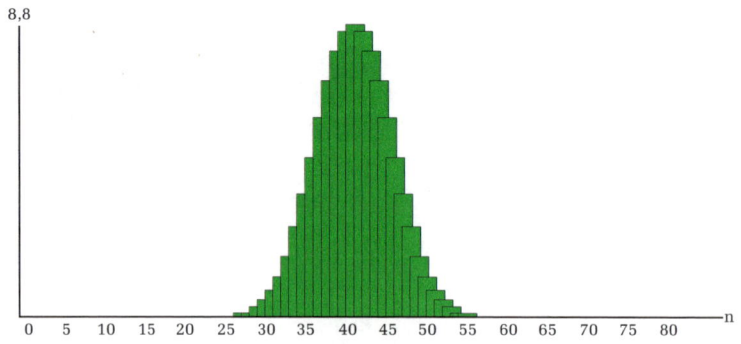

Abbildung 12.1: Stichprobenverteilung für Arbuthnots „Nullhypothese" (Binomialverteilung mit $p = 0{,}5$ und $n = 82$). Der Wert über der Ordinatenachse dient als Referenzwert (Achsenlänge entspricht der in Prozentwerten angegebenen Wahrscheinlichkeit).

Bis hierher sind sich die unterschiedlichen Ansätze des Signifikanztestens weitgehend einig. Wie man aber die „Zufallsgrenze" bestimmt und was ein signifikantes Ergebnis bedeutet, darüber gehen die Meinungen auseinander. Wir werden uns nun drei unterschiedliche Ansätze etwas genauer ansehen, den von R. A. Fisher, den von Neyman und Pearson und schließlich den Ansatz, der in der psychologischen Forschung hauptsächlich verwendet wird.[1]

12.2 Vorgehensweise nach R. A. Fisher

(Sir) Ronald Aylmer Fisher, einer der einflussreichsten Statistiker aller Zeiten, war der erste, der Signifikanztests für Nichtstatistiker verständlich machte (Fisher, 1925). Fishers Konzeption von Signifikanztests ist in ▶Abbildung 12.2 dargestellt. Der Test ist signifikant, wenn der Wert für die gefundene Stichprobenstatistik ein (durch die Wahl von α festgelegtes) Kriterium überschreitet, oder, äquivalent, wenn der p-Wert kleiner oder gleich α ist. In diesem Fall wird die H_0 abgelehnt (oder „verworfen"). Bei einem nicht-signifikanten Testergebnis ist nach Fisher allerdings keine Schlussfolgerung möglich. Als Größe für α schlug Fisher 5% und 1% vor.[2] Wir zeigen nun zwei Beispiele für die Vorgehensweise nach Fisher und diskutieren anschließend einige damit verbundene Probleme.

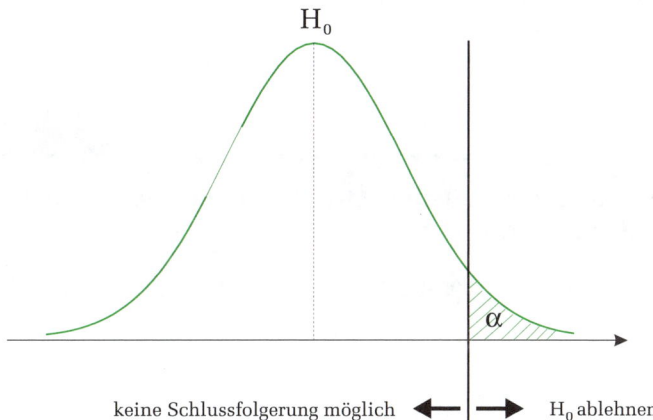

Abbildung 12.2: Ronald A. Fishers Konzeption von Signifikanztests.

---

1   Die Ansätze von R. A. Fisher und Neyman & Pearson sind jeweils sehr reichhaltige statistische Theorien, aus denen hier nur die für die psychologische Forschung relevanten Inhalte in einfacher Form wiedergegeben werden. Fisher hat darüber hinaus auch noch weitere interessante inferenzstatistische Verfahren entwickelt, auf die wir an dieser Stelle nicht eingehen können.
2   Die Auswirkungen dieses Vorschlags sieht man heute noch in den Tabellen der Prüfverteilungen in vielen Statistikbüchern.

12.2.1 Beispiel 1: Vorzeichentest

Der Test, den Arbuthnot im Prinzip benutzt hat, ist auch heute noch unter dem Namen *Vorzeichentest* im Gebrauch und wird verwendet, wenn man herausfinden möchte, ob ein Anteil von einem theoretisch zu erwartenden Wert von 50% abweicht. Das Vorzeichen bezieht sich dabei darauf, wie sich die beiden Bestandteile von Wertepaaren zueinander verhalten. Bei Arbuthnot wäre so ein Wertepaar der Anteil der Jungen (A) und der Anteil der Mädchen (B) in einem bestimmten Jahr. Wenn nun für ein bestimmtes Wertepaar A > B (der Anteil der Jungen ist größer als der Anteil der Mädchen), dann könnte man das durch ein „+" ausdrücken, wenn es umgekehrt ist, durch ein „–" (und wenn es keinen Unterschied gibt, durch ein „="). Getestet wird, ob sich der Anteil der positiven und negativen Vorzeichen signifikant unterscheidet.

Nehmen wir an, wir wollten mit Hilfe eines Signifikanztests in der Fisher'schen Version herausfinden, ob sich Lebenspartner in einer bestimmten gesellschaftlichen Gruppe hinsichtlich ihrer Ausbildung unterscheiden. Wir könnten nun ein Paar mit „+" kennzeichnen, wenn der (männliche) Partner den höheren Abschluss hat und mit „–", wenn die Partnerin den höheren Abschluss hat. Gleichheit bei den Bildungsabschlüssen würde mit einem „=" gekennzeichnet. Es steht uns eine kleine Zufallsstichprobe aus der entsprechenden Population zur Verfügung, bestehend aus 11 Paaren, deren Ergebnisse in ▶Tabelle 12.1 zu sehen sind. Bei einem Paar haben beide Partner den gleichen Bildungsabschluss. Für das Umgehen mit Gleichheitszeichen gibt es verschiedene Möglichkeiten, aber die einfachste, die wir hier auch verwenden, ist, sie wegzulassen. Unsere Stichprobengröße ist damit $n = 10$ Paare.

Tabelle 12.1

Ergebnisse einer hypothetischen Studie, in der die Ausbildung von Paaren verglichen wird

Partner	Partnerin	Vorzeichen
Studium	Realschule	+
Gymnasium	Realschule	+
Realschule	Gymnasium	–
Studium	Gymnasium	+
Grundschule	Hauptschule	–
Studium	Hauptschule	+
Gymnasium	Gymnasium	=
Gymnasium	Studium	–
Studium	Realschule	+
Realschule	Hauptschule	+
Studium	Gymnasium	+

Die Nullhypothese für unseren Test ist, dass der Anteil der positiven Vorzeichen (in der Population aller betreffenden Paare) 50% beträgt: $\pi = 0{,}5$.[3] Wie wahrscheinlich wären dann die möglichen Ergebnisse (0 bis 10 Mal ein positives Vorzeichen) oder, mit anderen Worten, wie sähe unsere Stichprobenverteilung für H_0 aus? ▶Abbildung 12.3 zeigt die entsprechende Binomialverteilung mit den Wahrscheinlichkeiten (in %) für die einzelnen möglichen Ergebnisse. Nehmen wir an, wir würden vermuten, dass es mehr „+" geben wird, dass also bei über der Hälfte der Paare die (männlichen) Partner einen höheren Bildungsabschluss haben als die Partnerinnen. Deswegen legen wir das α auf der rechten Seite der Verteilung fest (zur Entscheidung über die Lage von α siehe Abschnitt 12.8.1). Wir entscheiden uns für das α, das am nächsten zu 5% liegt: $\alpha = 5{,}5\%$ (bestimmt aus der Summe der Wahrscheinlichkeiten für 8, 9 und 10 positive Vorzeichen: 4,4% + 1% + 0,1%, siehe Abbildung 12.3; siehe auch die Tabelle 5 in Anhang A).

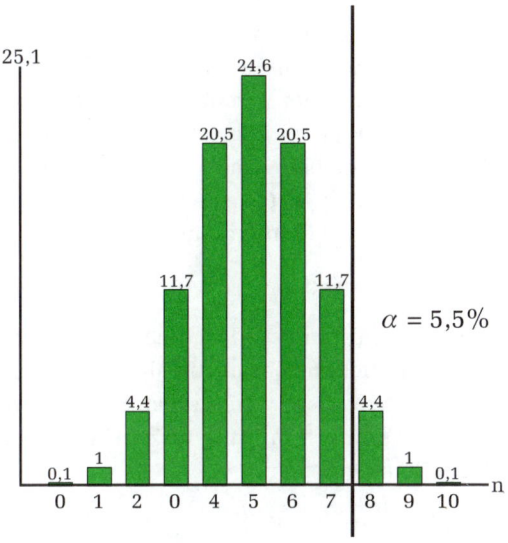

Abbildung 12.3: Stichprobenverteilung für die Nullhypothese ($\pi = 0{,}5$) für $n = 10$. Die Wahrscheinlichkeiten für die einzelnen Ergebnisse sind in Prozentwerten angegeben. Der Wert über der Ordinatenachse dient als Referenzwert (Achsenlänge entspricht der in Prozentwerten angegebenen Wahrscheinlichkeit).

Was wäre nun das Ergebnis unseres Tests? Wir haben in der Stichprobe insgesamt 7 positive Vorzeichen gefunden. Das durch α festgelegte Kriterium entspricht allerdings 8 oder mehr positiven Vorzeichen und somit ist das Testergebnis nicht signifikant. Das zeigt sich auch im p-Wert: Die Wahrscheinlichkeit für 7 oder mehr positive Vorzeichen ist, wenn die H_0 zutrifft, 17,2% (11,7% + 5,5%, siehe Abbildung 12.3, siehe auch Tabelle 5 in Anhang A) und das ist offensichtlich größer als 5,5%, der Wert für α. Wir können also in diesem Fall gemäß dem Fisher'schen Ansatz keine Schlussfolgerung ziehen.

---

3 Wir benutzen hier wieder die verbreitete Konvention, Populationswerte mit griechischen Buchstaben zu bezeichnen und verwenden deswegen π statt p.

12.2.2 Beispiel 2: *t*-Test für Mittelwert

In Kapitel 11 haben wir schon die *t*-Verteilung kennen gelernt, die die Grundlage vieler inferenzstatistischer Verfahren zu Mittelwerten oder Mittelwertunterschieden ist (siehe auch Kapitel 13). Sie wird unter anderem benutzt, um zu testen, ob sich ein Stichprobenmittelwert (X) signifikant von einem erwarteten Wert (μ) unterscheidet. Der hierbei benutzte *t*-Wert ist:

$$t = \frac{\bar{x} - \mu}{\hat{\sigma}_{\bar{x}}}$$

und der geschätzte Standardfehler ist (siehe Kapitel 11):

$$\hat{\sigma}_{\bar{x}} = \frac{\hat{\sigma}}{\sqrt{n}} = \sqrt{\frac{\frac{1}{n-1} \sum_{i=1}^{n} (x_i - \bar{x})^2}{n}}$$

Kehren wir zur Illustration der Vorgehensweise zu unserem Eingangsbeispiel zurück. Da ging es um die Frage, ob die Sachsen intelligenter sind als die übrigen Deutschen. Den Wert für den Populationsparameter μ in der Formel haben wir schon: das ist der IQ-Wert aller Deutschen (100 IQ Punkte). Um den Mittelwert für die Sachsen zu schätzen, wird von $n = 250$ (so viele stehen gerade zur Verfügung) zufällig ausgewählten Sachsen der IQ ermittelt. Der daraus berechnete Mittelwert ist 101,2 und die aus den Stichprobenwerten geschätzte Populationsstreuung ist 15,2:

$$\bar{x} = 101,2 \text{ und } \hat{\sigma} = 15,2$$

Wie würde nun ein Signifikanztest in der Fisher'schen Tradition aussehen, der überprüft, ob sich die gefundene Stichprobenstatistik signifikant von dem vorgegebenen Wert unterscheidet? Die Nullhypothese wäre in dem Fall: $\mu = 100$ IQ-Punkte (keine Abweichung vom Mittelwert in der Population). Zur Berechnung des empirischen *t*-Werts fehlt nur noch der Standardfehler:

$$\hat{\sigma}_{\bar{x}} = \frac{\hat{\sigma}}{\sqrt{n}} = \frac{15,2}{\sqrt{250}} = 0,961$$

und der *t*-Wert ist somit:

$$t = \frac{\bar{x} - \mu}{\hat{\sigma}_{\bar{x}}} = \frac{101,2 - 100}{0,961} = 1,249$$

Der empirisch gefundene oder *empirische t*-Wert ist also 1,249. Als Kriterium setzen wir wieder den Wert der Teststatistik für $\alpha = 5\%$ fest. Das Kriterium ist in Abbildung 12.2 als senkrechter Strich eingezeichnet. Ein Blick in die Tabelle der *t*-Verteilung (Tabelle 2 in Anhang A) zeigt, dass der *kritische t*-Wert, der *t*-Wert der α abtrennt, jenseits dessen also in unserem Beispiel noch 5% der Fläche der *t*-Verteilung liegen, bei

$df = n - 1 = 249$ etwa 1,65 beträgt.[4] Alle empirischen t-Werte, die größer als der kritische t-Wert sind, also in Abbildung 12.2 rechts vom Kriterium liegen würden, sind somit signifikant, da $p < \alpha$ (je größer der t-Wert, desto kleiner der p-Wert) und alle empirischen t-Werte, die links vom Kriterium liegen, wären nicht signifikant (entspricht $p > \alpha$). Das Ergebnis eines t-Tests wird häufig in folgender Form berichtet: $t(df)$ = empirischer t-Wert, also $t(249) = 1,249$ in unserem Beispiel. Dieses Ergebnis ist nicht signifikant, weil der empirische t-Wert kleiner ist als der kritische t-Wert oder, äquivalent, weil p größer ist als α. Gemäß der Fisher'schen Vorgehensweise ist es also auch hier nicht möglich, Schlüsse auf die Population zu ziehen.

12.2.3 Probleme mit der Vorgehensweise nach Fisher

In Fishers Version des Signifikanztests kann man die Nullhypothese verwerfen, wenn das Kriterium überschritten wurde und das Ergebnis somit signifikant war. Was bedeutet es nun, die Nullhypothese zu verwerfen? Fishers Ansichten darüber veränderten sich über die Zeit hinweg. Vorübergehend benutzte er den exakten p-Wert als Maß dafür, wie stark eine Beobachtung von der Nullhypothese abweicht und interpretierte die Größe des p-Wertes zeitweise auch als Stärke der Evidenz gegen die Nullhypothese (Salsburg, 2001, 95–97). Das kann sinnvoll sein, wenn man identische Experimente miteinander vergleicht, aber nicht beim Vergleich unterschiedlicher Experimente, was er später selbst einräumte. Fisher betrachtete die Durchführung von Signifikanztests als eine Aufgabe, die großes Geschick und Wissen über den jeweiligen Gegenstandsbereich erfordere. (Bei Fisher selbst, der lange Jahre in einer Agrar-Versuchsanstalt arbeitete, betrafen die Nullhypothesen beispielsweise die Wirkung von Dünger). Erst wenn ein Experiment wiederholt signifikante Ergebnisse zeitige, könne man vom Nachweis eines Phänomens – etwa der Wirkung des Düngers – sprechen. Bei der Interpretation isolierter signifikanter Ergebnisse sollte man dagegen vorsichtig sein (Fisher, 1929).

Neben dem Problem, wie man nun ein signifikantes Ergebnis interpretieren sollte, gibt es im Fisher'schen Ansatz aber noch zwei andere Schwierigkeiten. Zum einen kann man nichts darüber aussagen, wie groß denn die Chancen sind, einen Effekt zu entdecken, wenn tatsächlich einer vorhanden ist. Das kann dazu führen, dass man viel Aufwand in eine Studie steckt und trotzdem einen tatsächlich vorhandenen Effekt mittels eines Signifikanztests nicht entdeckt, weil die Wahrscheinlichkeit dafür zu gering war. Und zum anderen ist es natürlich unbefriedigend, keinerlei Aussagen machen zu können, wenn der Test nicht signifikant ist. Das ist besonders dann problematisch, wenn die Forschungshypothese der Nullhypothese entspricht, wenn man also erwartet, dass es keine Abweichung zwischen Stichprobenstatistik und dem theo-

---

4 Der Wert für $df = 249$ ist nicht tabelliert, aber wenn man den Wert für die höchsten tabellierten Freiheitsgrade nimmt ($df = 120$), dann erhält man einen t-Wert von 1,658. Der kleinste t-Wert für $\alpha = 5\%$ beträgt 1,645 (für $df = \infty$). Der Wert für $df = 249$ muss also irgendwo zwischen diesen beiden Werten liegen. Dieses Beispiel illustriert auch, dass man bei großen Stichproben ohne größere Genauigkeitseinbußen die Standardnormalverteilung benutzen kann (dort ist der Wert für $\alpha = 5\%$ auch 1,645, siehe Tabelle 1 in Anhang A).

retisch erwarteten Populationsparameter gibt. Zwei weitere bekannte Statistiker, Jerzy Neyman und Egon S. Pearson reagierten auf diese Probleme und schlugen einen alternativen Ansatz vor.

12.3 Neymans & Pearsons Verbesserungsvorschläge

Beginnend mit zwei im Jahr 1928 veröffentlichten Artikeln versuchten Neyman und Pearson den Ansatz von Fisher zu verbessern. Was waren diese Verbesserungen? Zunächst lösten sie die Probleme, dass man in Fishers Ansatz nicht einschätzen konnte, wie wahrscheinlich es ist, einen vorhandenen Effekt zu entdecken und dass bei einem nicht-signifikanten Ergebnis keine verwertbare Information vorliegt, damit, dass sie der Nullhypothese (H_0) eine Alternativhypothese (H_1 oder H_A) gegenüberstellten (▶Abbildung 12.4). Das Problem der Interpretation eines Signifikanztestergebnisses lösten sie durch eine „Verhaltensinterpretation": Wenn der Test signifikant ist, verhalte Dich so oder handle so, als wenn die H_1 wahr wäre, und wenn er nicht signifikant ist, so, als wenn die H_0 wahr wäre. Wir sehen uns nun diese Vorschläge im Detail an.

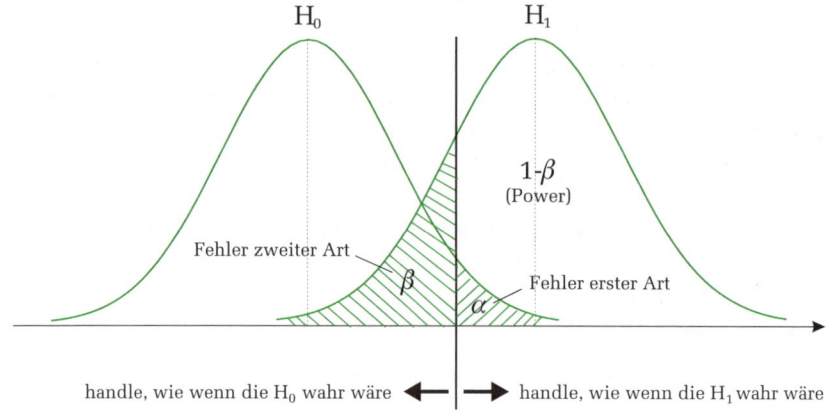

Abbildung 12.4: Signifikanztest nach Neyman und Pearson.

12.3.1 Warum braucht man die Alternativhypothese und wie wird sie bestimmt?

Wie schon erwähnt, gibt es in der Fisher'schen Version des Signifikanztests keine Alternativhypothese (H_1) und zur Berechnung des p-Werts benötigt man sie auch nicht: Der p-Wert bezieht sich immer auf die Nullhypothese. Das ist bei der Neyman-Pearson'schen Vorgehensweise nicht anders. Warum ist die H_1 dann trotzdem notwendig? Nehmen wir an, der Effekt in der Population ist relativ klein. In diesem Fall würde man ihn auch bei wiederholten Tests mit einer hohen Wahrscheinlichkeit nicht entdecken und möglicherweise schlussfolgern, dass keiner vorhanden ist. Das wäre eine Vergeudung von Ressourcen und eine potenzielle Grundlage für falsche Entscheidungen. Würde man aber von vornherein vermuten, dass der Effekt klein ist, träfe man also eine entsprechende Annahme über die Alternativhypothese, dann könnte man sich überlegen, ob es überhaupt sinnvoll ist, einen Test durchzuführen oder aber, was man unternehmen kann, um die Chance, den Effekt zu finden, zu vergrößern (siehe hierzu Abschnitt 12.4). Die Vernachlässigung der Alternativhypothese ist ein noch größeres Problem, wenn die Forschungshypothese der Nullhypothese entspricht und man aufgrund eines nicht-signifikanten Testergebnisses seine Hypothese bestätigt sieht.[5] Problematisch kann es aber auch sein, wenn Tests mit sehr großen Stichproben durchgeführt werden. Hier werden auch schon sehr kleine und irrelevante Effekte signifikant. Diese Probleme können nicht auftreten, wenn man eine Alternativhypothese festlegt, denn dann kann man bestimmen, wie groß die Wahrscheinlichkeit ist, den in der H_1 festgelegten Effekt mit Hilfe des Tests aufzudecken. Diese Wahrscheinlichkeit nennt man *Teststärke* oder (auch im Deutschen) *Power* und ihre Bestimmung wird in Abschnitt 12.5 erläutert.

Nun, da man die Teststärke bestimmen kann, würde sich das erste Problem (den vorhandenen Effekt mit einer hohen Wahrscheinlichkeit *nicht* zu entdecken) nicht ergeben, weil man unter solchen Umständen die entsprechende Studie (noch) nicht durchführen würde (oder zumindest keinen Signifikanztest rechnen würde). Auch zur Lösung des zweiten Problems (wann kann man ein nicht-signifikantes Ergebnis inhaltlich interpretieren?) kann ein Blick auf die Teststärke beitragen: Nur wenn auch kleine Effekte eine sehr hohe Chance hatten, entdeckt zu werden, wenn also auch für diese Effekte die Teststärke sehr hoch war, dann ist ein nicht-signifikantes Ergebnis eine brauchbare Evidenz. Wenn ein Test auch für einen geringen Populationseffekt eine hohe Teststärke besitzt und das Ergebnis trotzdem nicht signifikant wird, dann hat man eher eine Grundlage, sich so zu verhalten, wie wenn die Nullhypothese wahr wäre, weil man alles getan hat, den Effekt aufzuspüren. Wenn die Teststärke jedoch sehr gering ist, ist ein nicht-signifikantes Ergebnis von vornherein sehr wahrscheinlich. Auch das dritte Problem (hohe Wahrscheinlichkeit für signifikante, aber irrelevante Effekte bei großen Stichproben) kann man nur mit Hilfe einer Teststärkeanalyse erkennen. Wenn schon bei winzigen Effekten die Teststärke sehr hoch ist (und die Forschungshypothese mit der Alternativhypothese korrespondiert), dann ist ein signifikantes Testergebnis nicht mehr sonderlich informativ. Beim letzten Problem ist es sehr hilfreich, sich zu überlegen, wie groß denn ein praktisch bedeutsamer Effekt sein sollte. Dieser Effekt sollte dann die Grundlage für die Bestimmung der Teststärke sein.

Wie findet man die passende Alternativhypothese? Eine Möglichkeit besteht darin, sich zu überlegen, wie groß der Effekt in der Population mindestens sein muss, um praktisch bedeutsam zu sein. Wenn beispielsweise laut Expertenmeinung ein alternatives Rechtschreibtraining nur eingesetzt werden soll, wenn es die durchschnittliche Punktanzahl in einem normierten Rechtschreibtest um 5 erhöht und wenn im Manual zu diesem Test steht, dass die Standardabweichung der Testergebnisse 12 Punkte beträgt, dann kann man die Effektgröße d berechnen (Kapitel 9): $d = 5/12 = 0,42$. Diese

---

5 Das sollte man zwar nach Fisher nicht tun (bei nicht-signifikanten Ergebnissen sind keine Schlussfolgerungen möglich), aber in der Praxis kommt ein solcher Schluss immer wieder vor (siehe auch Abschnitt 12.8.2).

Effektgröße kann man dann für die Spezifizierung der Alternativhypothese verwenden. Wie das technisch geschieht, wird in den folgenden Rechenbeispielen immer wieder demonstriert werden. Eine weitere Möglichkeit, die Alternativhypothese zu spezifizieren, besteht in der Analyse bisheriger relevanter Ergebnisse. Zu nahezu jedem Forschungsgegenstand liegen schon Studien vor, oft sogar recht viele. Man kann die Effektgrößen aus diesen Studien zur Schätzung des Populationseffekts benutzen (siehe dazu Kapitel 22) und aufgrund dieser Schätzung die Alternativhypothese festlegen. Nicht selten sollten die Ergebnisse in einer Studie mindestens so „gut" sein wie in den Vorgängerstudien, vor allem wenn die Effizienz von Maßnahmen untersucht werden soll. Auch in diesem Fall bietet es sich an, die Effektgrößen aus Vorgängerstudien zu verwenden. (Wie man Effektgrößen aufgrund von Signifikanztestergebnissen erhalten kann, beschreiben wir für die jeweiligen Verfahren in den folgenden Kapiteln). Wenn man überhaupt keine Vorinformationen zur Verfügung hat, bleibt noch eine dritte Möglichkeit für das Bestimmen der Alternativhypothese: Man kann Konventionen für Effektgrößen benutzen (Kapitel 9). Welchen Effekt man dann für die Spezifikation der Alternativhypothese wählt, hängt auch von der Intention der Forscher ab. Wenn beispielsweise die Forschungshypothese mit der statistischen Nullhypothese korrespondiert, wenn man also ein nicht-signifikantes Testergebnis finden möchte, dann ist es wichtig, auch schon kleine Effekte nicht zu übersehen und man wird für die Alternativhypothese einen (sehr) kleinen Wert verwenden. Wenn man aber einen Effekt finden möchte, der auch praktisch bedeutsam ist, dann wird man als Alternativhypothese oft versuchsweise einen relativ großen Effekt in der Population annehmen.

12.3.2 Fehler erster und zweiter Art (α und β)

Wenn man sich nun zwischen H_0 und H_1 aufgrund eines Stichprobenergebnisses entscheiden soll, dann kann man zwei Arten von Fehlern machen, einen, wenn die H_0 zutrifft und einen, wenn die H_1 zutrifft (welche der beiden Hypothesen zutrifft, wissen wir nicht, und das ist auch der Grund dafür, einen Signifikanztest durchzuführen).[6] Diese beiden Fehler sind in Abbildung 12.4 dargestellt. Der eine Fehler tritt auf, wenn man sich gegen die H_0 entscheidet, obwohl sie zutrifft. Diesen Fehler kennen wir schon, das ist der Fehler erster Art oder α-Fehler. Wenn tatsächlich die H_0 wahr ist, dann ist es zwar am wahrscheinlichsten, dass der Wert einer ermittelten Stichprobenstatistik in der Mitte der Verteilung liegt (linke Stichprobenverteilung in Abbildung 12.4), aber auch Werte am Rand der Verteilung unter H_0 können durch den Stichprobenfehler zustande kommen, wie beispielsweise die Werte, die in der Abbildung 12.4 rechts vom senkrechten Strich, dem *Kriterium*, liegen und deren Wahrscheinlichkeit mit α bezeichnet ist. Analog dazu kann man auch einen *Fehler zweiter Art* oder β-Fehler begehen, wenn tatsächlich die H_1 wahr ist, man sich aber für die H_0

---

6 Es könnte natürlich sein, dass in Wirklichkeit weder die H_0 noch die H_1, sondern eine dritte Hypothese zutrifft. Die Wahrscheinlichkeit hierfür wird aber dadurch minimiert, dass vor der Studie und dem Signifikanztesten zunächst aus einer Theorie eine Hypothese abgeleitet und operationalisiert wird. Ein Signifikanztest ist nur sinnvoll, wenn die theoretische Vorarbeit, die letztlich zu diesem Signifikanztest führt, sorgfältig durchgeführt wurde.

entscheidet – bei den Werten für H_1, die links vom Kriterium in Abbildung 12.4 liegen. Die Bestimmung des Kriteriums sollte beim Signifikanztests nach Neyman und Pearson das Resultat einer Abwägung zwischen der relativen Wichtigkeit von α-und β-Fehler sein. Die schon erwähnte Teststärke oder Power ist nichts anderes als das Komplement von β $(1 - \beta)$.[7]

12.3.3 Die „Verhaltensinterpretation" des Signifikanztestergebnisses

Neyman und Pearson schlugen eine Trennung vor zwischen einem mathematischen Teil des Signifikanztestens – in dem sie, zumindest hinsichtlich der Berechnung des p-Werts weitgehend mit Fisher übereinstimmen – und einem verhaltensrelevanten oder subjektiven Teil. Sie interpretieren das Ergebnis eines Signifikanztests als Grundlage für Entscheidungen, während Fisher insgesamt eher zu einer epistemischen Interpretation neigte (die Nullhypothese ist falsch). Wenn der Test signifikant ist, sollte man sich nach Neyman und Pearson so verhalten, als wenn die Alternativhypothese stimmte, andernfalls so, als wenn die Nullhypothese zuträfe. Dazu muss man nicht unbedingt völlig davon überzeugt sein, dass die Nullhypothese oder die Alternativhypothese tatsächlich zutrifft, aber wenn die Evidenz eher für die eine oder die andere Hypothese spricht, dann sollte man sich auch entsprechend verhalten. Bei Neyman und Pearson ist die Ausgangsbasis für einen Signifikanztest ein Entscheidungsproblem und das Ergebnis des Signifikanztests soll dann die Grundlage für die Entscheidung liefern. Das ist möglich, weil die Wahl der Fehler erster und zweiter Art (ein subjektiver Bestandteil des Signifikanztests) von Kosten-Nutzen Erwägungen abhängen und nicht auf Konventionen beruhen. Wenn man seine Entscheidung durch die Kosten-Nutzen-Analyse auf eine solide Grundlage gestellt hat, dann reicht das Testergebnis aus für die Wahl zwischen den entsprechenden Aktionen (siehe auch Abschnitt 12.6).

12.4 Welche Faktoren beeinflussen das Ergebnis eines Signifikanztests?

Die im Folgenden beschriebenen Einflüsse auf das Ergebnis eines Tests gelten auch für den Signifikanztest nach Fisher. Man kann sie jedoch nur quantifizieren wenn man, wie von Neyman und Pearson vorgeschlagen, beim Signifikanztesten eine Alternativhypothese benutzt. Wie schon mehrfach erwähnt, ist das Hauptergebnis eines Signifikanztests (in jeder der hier beschriebenen Varianten) der p-Wert, die Wahrscheinlichkeit, dass das gefundene Ergebnis oder ein noch extremeres auftritt, wenn die H_0 zutrifft: Wenn $p \leq \alpha$, dann ist das Ergebnis signifikant, andernfalls ist es nicht signifikant. Wie kann man die Wahrscheinlichkeit dafür, dass ein Test signifikant wird, wenn die H_1 zutrifft, beeinflussen? Das ist die Frage nach der Teststärke oder der Power. In diesem Absatz behandeln wir die Faktoren, die Einfluss auf die Teststärke haben. Da

---

7 Die Gesamtwahrscheinlichkeit und somit auch die Fläche jeder der beiden Stichprobenverteilungen beträgt 1. Wenn also beispielsweise $\beta = 0{,}2$ (oder 20 %) betragen würde, dann wäre die Teststärke $1 - \beta = 0{,}8$ (oder 80 %).

die Grundlage für das Signifikanztesten die entsprechenden Stichprobenverteilungen sind, haben alle Faktoren, die die Form dieser Verteilungen oder den Abstand zwischen den Erwartungswerten für H_0 und H_1 beeinflussen, auch Auswirkungen auf die Teststärke. Die drei zentralen Faktoren, auf die Experimentatoren zumindest teilweise Einfluss nehmen können, werden nun mit Hilfe von Beispielen aus Binomialtests illustriert. Wir erwähnen auch noch zwei zusätzliche Einflussfaktoren: die Minimierung des „experimentellen Fehlers" und eine Modifikation der zugrunde liegende Population(en).

12.4.1 Populations-Effektgröße

Betrachten wir zur Illustration der Auswirkung der Populations-Effektgröße auf die Teststärke wieder den Vorzeichentest aus Abschnitt 12.2. Die H_0 war dort 50% (es gibt gleich viele Paare, bei denen entweder der Partner oder die Partnerin einen höheren Bildungsabschluss besitzt) und die entsprechende Stichprobenverteilung, eine Binomialverteilung mit $p = 0,5$ und $n = 10$, ist in ▶Abbildung 12.5a mit hellen Balken eingezeichnet. Wenn nun der Populationseffekt tatsächlich 10% höher wäre (60%), wie hoch wäre dann die Teststärke, also die Wahrscheinlichkeit für ein signifikantes Ergebnis? Um diese Frage zu beantworten, benötigen wir die Stichprobenverteilung für die H_1 (Binomialverteilung mit $p = 0,6$ und $n = 10$), die mit grünen Balken in Abbildung 12.5a dargestellt ist. Der Flächenanteil der nicht schraffierten grünen Balken rechts vom Kriterium (dem senkrechten Strich, der ein α von 5,5% abtrennt) repräsentiert die Teststärke. Die ist in diesem Fall sehr klein: $1 - \beta = 1 - 0,833 = 0,167$ oder 16,7% (siehe auch Tabelle 5 in Anhang A). Die Wahrscheinlichkeit, einen Unterschied von 10 Prozentpunkten in der Population (60% − 50%) mit unserem Test aufzudecken, war also nur gering (wir werden darauf in Abschnitt 12.6 wieder zu sprechen kommen). Was würde passieren, wenn der Populationseffekt deutlich größer wäre? ▶Abbildung 12.5b zeigt, dass die Teststärke gewaltig ansteigt, wenn der Unterschied in der Population statt 10 Prozentpunkten 40 Prozentpunkte beträgt.

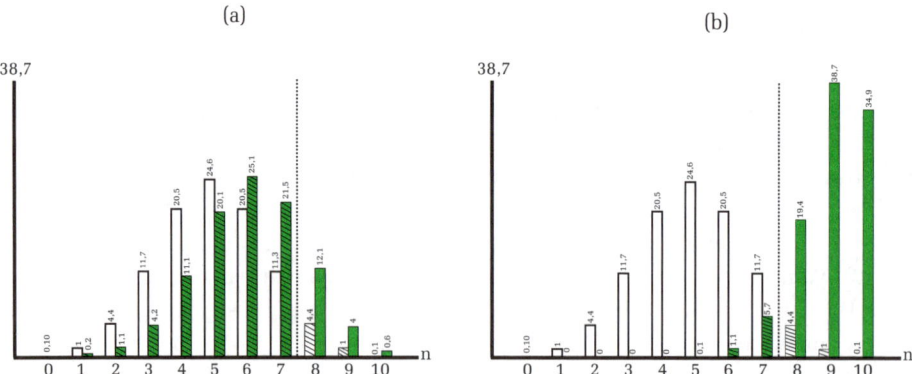

(a)   (b)

Abbildung 12.5: Illustration der Auswirkung der Populations-Effektgröße auf die Teststärke oder Power. Die Zahlen auf den Säulen sind die Wahrscheinlichkeiten (in Prozent) für die einzelnen Ergebnisse unter der Gültigkeit der H_0 (jeweils helle Verteilung) und H_1 (jeweils dunkle Verteilung.) Die Teststärke ist jeweils repräsentiert durch die Fläche der grünen unschraffierten Balken. Der Wert über der Ordinatenachse dient als Referenzwert (Achsenlänge entspricht der in Prozentwerten angegebenen Wahrscheinlichkeit).

Wenn der Erwartungswert für den Anteil der positiven Vorzeichen 90% (9 von 10) wäre, dann ergäbe sich eine Teststärke von $1 - \beta = 1 - 0{,}069 = 0{,}931$ oder 93,1%. Wenn also bei mindestens 90% aller Paare der entsprechenden Population die Männer ein höheres Bildungsniveau hätten als die Frauen, dann würde der Vorzeichentest das sogar mit einer Stichprobe von nur 10 Paaren mit einer Wahrscheinlichkeit von 93,1% aufdecken. Die hier illustrierte Gesetzmäßigkeit gilt generell: je größer der Populations-Effekt, desto höher die Teststärke.

12.4.2 Stichprobengröße

Wir haben schon bei der Behandlung der Konfidenzintervalle in Kapitel 11 festgestellt, dass die Stichprobengröße eine entscheidende Rolle für die Form der Stichprobenverteilungen spielt. Zum einen nähern sich alle gebräuchlichen Stichprobenverteilungen mit steigender Stichprobengröße immer mehr der Normalverteilung an (Zentraler Grenzwertsatz, siehe Kapitel 10) und zum anderen wird der Standardfehler mit zunehmender Stichprobengröße immer kleiner. Diese zweite Gesetzmäßigkeit, die man auch auf Grund des empirischen Gesetzes der großen Zahlen erwarten kann[8], sehen wir uns nun an einem Beispiel an. ▶Abbildung 12.6 unten zeigt noch einmal zum Vergleich die Hypothesenspezifikation zum Vorzeichentest aus Abschnitt 12.2. Dort betrug, wie schon im vorhergehenden Abschnitt erwähnt, die Teststärke nur 16,7%. Was passiert, wenn man die Stichprobengröße von $n = 10$ auf $n = 40$ erhöht, sieht man in den mittleren Testverteilungen in Abbildung 12.6. Die Teststärke (jeweils dargestellt durch die Fläche der nicht schraffierten grünen Balken rechts vom Kriterium) hat sich bei nahezu konstantem α in etwa verdoppelt und diesmal wäre ein Ergebnis von 70% (28 Paare von 40, bei denen die Männer ein höheres Bildungsniveau aufweisen) signifikant geworden. Die x-Achsen wurden aus Vergleichbarkeitsgründen in Prozentwerte transformiert. Es wird deutlich, dass sich der Standardfehler im Vergleich zu der Verteilung für $n = 10$ deutlich verringert hat. Der Test mit $n = 40$ ist allerdings im Sinne der Neyman-Pearson Vorgehensweise immer noch nicht zufrieden stellend spezifiziert, da die Teststärke noch immer unter 50% liegt. Mit $n = 100$ wird bei einem α von 4,4% (das α das für diskrete Werte am nächsten zu 5% liegt) eine Teststärke von immerhin 62,3% erzielt (Abbildung 12.6 oben).[9] Generell gilt: je größer die Stichprobe, desto größer die Teststärke.

---

8 Das empirische Gesetz der großen Zahlen drückt aus, dass aggregierte Stichprobenergebnisse (z.B. Anteile, Mittelwerte, Varianzen usw.) mit steigender Stichprobengröße tendenziell näher am Populationswert liegen (siehe Kapitel 10). Das heißt nichts anderes, als dass die Streuung dieser aggregierten Werte, der Standardfehler, immer kleiner wird.

9 Die Standardabweichung der Binomialverteilung in Anteilseinheiten ist (siehe Kapitel 10) $\sigma = \sqrt{p(1-p)/n}$ und die entsprechenden Werte für die Verteilungen unter Gültigkeit der H_0 (weiße Balken) sind: $\sigma_A = 0{,}158$, oder 15,8% für $n = 10$, $\sigma_B = 0{,}079$ oder 7,9% für $n = 40$ und $\sigma_C = 0{,}05$ oder 5% für $n = 100$.

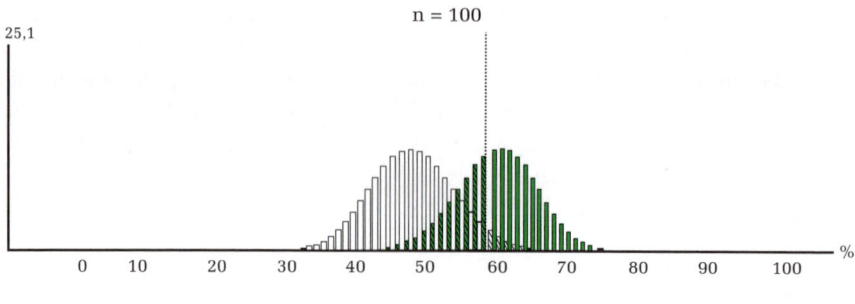

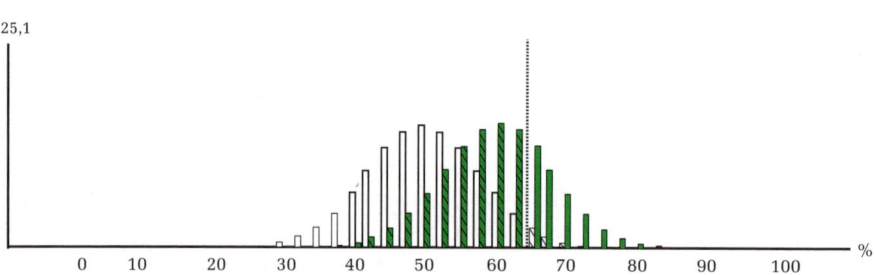

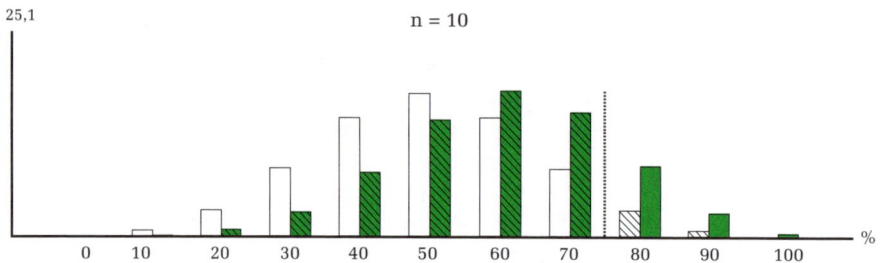

Abbildung 12.6: Einfluss der Stichprobengröße auf die Teststärke. Die x-Achsen sind aus Vergleichbarkeitsgründen in Prozentpunkten angegeben (beispielsweise bedeutet ein Prozentsatz von 70% in der unteren Abbildung 7 von 10, in der mittleren Abbildung 28 von 40 und in der oberen Abbildung 70 von 100). Der Wert über der Ordinatenachse dient als Referenzwert (Achsenlänge entspricht der in Prozentwerten angegebenen Wahrscheinlichkeit).

12.4.3 Abwägung der Fehler erster und zweiter Art

In der Neyman-Pearson'schen Variante des Signifikanztestens sollte *vor* dem Test eine Kosten-Nutzen-Analyse gemacht werden, als deren Resultat man sich für die Größe von α und β und somit für ein bestimmtes Kriterium entscheidet. Im Grunde möchte man beide Arten von Fehlern so klein wie möglich (und nötig) halten. Das ist auch praktizierbar, wenn man über die Stichprobengröße frei entscheiden kann. Nicht so selten sind in der psychologischen Forschung die Stichprobengrößen jedoch eingeschränkt. Das ist insbesondere der Fall, wenn man relativ kleine Populationen untersucht, wie etwa Patienten mit bestimmten neurologischen Erkrankungen oder Vorstandsvorsitzende von großen Unternehmen. Manchmal wird man auch aus Kostengründen nicht in der Lage sein, größere Stichproben zu erheben. In diesem Fall muss man sich entscheiden: Soll α oder β größer sein und was könnte ein geeignetes Verhältnis zwischen den beiden Arten von Fehlern sein? Eine vernünftige Einschränkung ist sicherlich, dass keiner der beiden Fehler größer als 50% sein sollte, denn dann wäre die Chance, einen Fehler zu begehen (falls die entsprechende Hypothese zuträfe), größer als die Chance, ein richtiges Resultat zu erhalten.

Ein Beispiel: Bei besonders schwerwiegenden Arten von Krebs gibt es Behandlungsarten, wie etwa die Knochenmarkstransplantation, die ein hohes Sterberisiko mit sich bringen. Nehmen wir an, die Überlebenschance bei der „konventionellen" Knochenmarkstransplantation sei 70%. Nun würde ein Therapeut behaupten, er könne durch die Anwendung einer neuen Technik die Überlebenschance mit nur kleineren Nebenwirkungen und kaum höheren Kosten um 10 Prozentpunkte erhöhen. Der Fehler der ersten Art – der Test wird signifikant, obwohl die Nullhypothese stimmt – würde hier inhaltlich bedeuten, dass man die neue Behandlung einführt, obwohl sie nicht wirksamer ist. Das wäre, kaum Mehrkosten und wenig Nebenwirkungen vorausgesetzt, nicht besonders schwerwiegend. Der Fehler zweiter Art – der Test wird nicht signifikant, obwohl die Alternativhypothese stimmt – ist deutlich schwerwiegender: Pro 100 Patienten würde man die Chance versäumen, das Leben von 10 der Patienten zu verlängern. Insgesamt seien nun 20 Patienten mit dieser neuen Methode behandelt worden. Wie sollte man α und β aufgrund einer Kosten-Nutzen-Analyse festlegen? Zur Beantwortung der Frage kann man beispielsweise das Programm aus Sedlmeier und Köhlers (2001) benutzen. Es bietet für Binomialtests die Möglichkeit, α, β, $1 - \beta$, oder das Verhältnis zwischen α und β festzulegen. Letzteres ist in ▶Abbildung 12.7 zu sehen, in der das Programm verschiedene Alternativen für die Gewichtung der Fehler anbietet. In diesem Fall kann man davon ausgehen, dass β wichtiger ist als α und dass deswegen β < α sein sollte. Die Auswahl eines (ungefähren) Verhältnisses von 2:1 (α doppelt so groß wie β) scheint im vorliegenden Beispiel die sinnvollste Wahl, da eine noch stärkere Konzentration auf β dazu geführt hätte, dass α über 50% gestiegen wäre. Wenn nun in der Stichprobe 75%, das heißt 15 von den 20 Patienten, die Behandlung überlebt hätten, dann sollte man sich so verhalten, als würde die Behandlung wirken, die neue Methode also einführen. In der psychologischen Forschung werden häufig aufgrund von Konventionen Fehler erster Art von 5% oder 1% benutzt. Ein solches konventionelles α zu wählen, wäre in diesem Fall nicht sinnvoll, weil dadurch die Teststärke unbrauchbar klein wäre – beispielsweise beträgt bei dem α, das den konventionellen Werten in diesem Fall am nächsten kommt, 3,6%, die Teststärke nur 20,7%.[10]

---

10 Allerdings ist die momentane Lösung auch problematisch. Ein $p \leq \alpha$ ist in dem Beispiel von vornherein unter Gültigkeit der H_0 relativ wahrscheinlich (41,7%). Die Evidenz durch das Ergebnis des Signifikanztests ist also nicht sehr aussagekräftig (ein signifikantes Ergebnis kann sehr gut durch Zufall zustande kommen). Eine Möglichkeit in diesem Fall wäre, mit dem Test noch zu warten, bis mehr Patienten die Behandlung durchlaufen haben, falls das möglich ist.

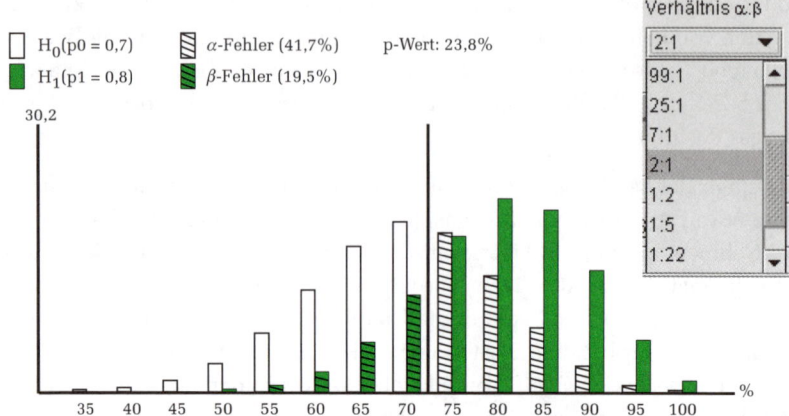

Abbildung 12.7: Illustration eines Kompromisses zwischen α und β. Der Wert über der Ordinatenachse dient als Referenzwert (Achsenlänge entspricht der in Prozentwerten angegebenen Wahrscheinlichkeit).

12.4.4 Minimierung des „experimentellen Fehlers"

Wie schon wiederholt in früheren Kapiteln angesprochen ist die Erfassung psychologischer Variablen zum Teil recht schwierig. Das hat zum einen damit zu tun, dass es sich um latente Variablen wie Intelligenz, Gedächtnis, Aggression usw. handelt, die nicht direkt gemessen werden können. Zum anderen hat es damit zu tun, dass die Messungen durch eigentlich irrelevante Einflüsse, die Störvariablen oder Moderatorvariablen verzerrt sein können. Außerdem kann es sein, dass es Fehler oder Ungenauigkeiten bei der Auswahl der Stichprobe gibt. Alle diese Einflüsse werden manchmal durch den Begriff „experimenteller Fehler" zusammengefasst. Wenn dieser experimentelle Fehler groß ist, dann ist auch die Streuung der Werte in der Stichprobe generell größer (weil die Messung ungenauer ist), als wenn der experimentelle Fehler klein ist. Die Streuung in der oder den Stichproben wiederum wirkt sich auf den Standardfehler aus und hat somit einen ähnlichen Effekt wie die Stichprobengröße (siehe oben). Wie kann man nun den experimentellen Fehler minimieren und so die Teststärke erhöhen? Die Antwort ist: durch erhöhte Sorgfalt und Präzision. Wenn beispielsweise die Ängstlichkeit von Versuchsteilnehmern gemessen werden soll und mehrere psychometrische Tests zur Messung von Ängstlichkeit zur Verfügung stehen, sollte man den mit der höchsten Reliabilität und Validität wählen. Man sollte auch versuchen, potenzielle Einflüsse der Versuchsleiter (eine Störvariable) zu minimieren, beispielsweise dadurch, dass alle Versuchsteilnehmer eine identische Instruktion am Computer erhalten und auch einzeln getestet werden. Außerdem sollte man gewährleisten, dass nur Mitglieder der Population für die eine Hypothese abgeleitet wurde, in die Stichprobe aufgenommen werden. Wenn man beispielsweise Studien zu Unterschieden bei verschiedenen psychosomatischen Krankheitsbildern durchführen möchte, dann werden tatsächlich vorhandene Unterschiede umso eher aufgedeckt, je genauer die differentielle Diagnose dieser Krankheitsbilder war.

12.4.5 Homogenität der Population(en)

Neben den vier gerade besprochenen Einflussgrößen auf die Teststärke gibt es noch eine fünfte, die nicht so offensichtlich ist, die sich aber auch wieder auf den Standardfehler auswirkt. Stellen Sie sich vor, Sie wollen herausfinden, ob sich Männer und Frauen hinsichtlich ihrer Ablenkbarkeit beim Lesen durch Geruchsbelästigung unterscheiden. Nehmen wir an, wir könnten diese Ablenkbarkeit mit Hilfe eines Lesetests messen. Sie haben jetzt die Wahl zwischen zwei Arten von Stichproben, die beide gleich groß sind: Eine Zufallsstichprobe von erwachsenen Männern und Frauen in Ihrer Stadt oder eine Zufallsstichprobe von männlichen und weiblichen Psychologie-Erstsemestern. Welche würden Sie wählen, um diesen Effekt (Auswirkung von Geruchsbelästigung), falls es ihn gibt, mit Hilfe eines Signifikanztests aufzudecken? Sie sollten sich für die Psychologie-Erstsemester entscheiden! Der Grund dafür ist, dass man in einer homogenen Gruppe wie den Erstsemestern eine kleinere Varianz der Lesefähigkeit erwarten kann als in einer heterogenen Gruppe, in der sich aller Voraussicht nach Personen mit einer geringen, aber auch solche mit einer sehr hoch ausgeprägten Lesefähigkeit befinden. Diese Varianz ist ja die Grundlage für die Berechnung des Standardfehlers (siehe Kapitel 10) und der Standardfehler wiederum bestimmt die Form der Stichprobenverteilung. Wenn man von einem konstanten mittleren Unterschied zwischen Männern und Frauen in beiden Populationen (Studierende und Gesamtbevölkerung) ausgeht, dann führt ein geringerer Standardfehler zwangsläufig zu einer höheren Teststärke: je homogener die Stichproben, desto höher die Teststärke.[11] Allerdings muss man hier abwägen: größere Homogenität kann eine geringere externe Validität bedeuten. Wenn man nur eine Teilpopulation (z.B. nur Studierende) untersucht, und es Gründe für die Annahme gibt, dass diese sich hinsichtlich der untersuchten Variablen von den anderen Teilpopulationen unterscheidet, kann man auch nur Schlüsse über diese Teilpopulation und nicht über die Gesamtpopulation ziehen. Der Unterschied zu den vorher besprochenen Faktoren ist also, dass man hier die Population(en) „modifiziert", was möglicherweise Auswirkungen auf die Verallgemeinerbarkeit der Ergebnisse hat.

12.5 Poweranalyse

Im Abschnitt 12.4 wurde deutlich, dass die Teststärke oder Power eines Tests hauptsächlich durch drei Einflussgrößen bestimmt wird, die sich auch gegenseitig kompensieren können: (angenommene) Effektgröße in der Population, Stichprobengröße und die Abwägung von α und β. Über diese Einflussgrößen sollte man sich *vor* der Durchführung eines Tests bewusst sein, man sollte also vor jedem Test eine *Teststärkeanalyse* oder *Poweranalyse* durchführen. Die Information, nach der man sucht, bestimmt die Art der Analyse. Das Bestimmen der Teststärke ist mathematisch etwas aufwändig, da hierfür das Integral über den entsprechenden Flächenanteil der Stichprobenverteilung unter der H_1 berechnet werden muss. Aber mittlerweile existieren einige umfangreiche Tabellenwerke (z.B. Cohen, 1988) und – noch komfortabler – frei im Internet

---

11 Dieser Effekt zeigt sich auch in standardisierten Effektgrößen (Kapitel 9). So vergrößert sich beispielsweise das Effektgrößenmaß d, wenn sich bei beim Vergleich zweier Gruppenmittelwerte bei konstantem Mittelwertunterschied die gemeinsame Streuung verringert.

erhältliche Computerprogramme, die es erlauben, die Teststärke für eine Vielzahl von Tests ohne Mühe zu bestimmen. Die Teststärke aller in diesem Buch behandelten Tests kann beispielsweise mit *GPower* bestimmt werden (Erdfelder, Faul, & Buchner, 1996; Faul, Erdfelder, Lang & Buchner, 2007).[12] In manchen Fällen − generell bei großen Stichproben − kann man die Power auch unter Zuhilfenahme der Standardnormalverteilung bestimmen (ein Beispiel für Letzteres ist in Abschnitt 12.6.1 beschrieben).

12.5.1 Die Suche nach der Stichprobengröße: „A priori Analyse"

Um die passende Stichprobengröße für einen Signifikanztest zu finden, muss man sich zuerst über drei Fragen im Klaren sein: 1. „Was ist meine Alternativhypothese (wie groß ist der Mindesteffekt, den ich entdecken möchte)?" 2. „Wie groß möchte ich α oder den Fehler erster Art, manchmal auch als *Irrtumswahrscheinlichkeit*[13] bezeichnet, setzen?" und 3. „Wie groß sollte die Teststärke mindestens sein (oder äquivalent: welchen Wert sollte β oder der Fehler zweiter Art nicht überschreiten)?" Diese Art der Poweranalyse sollte *vor* jedem Signifikanztest und natürlich auch, falls ein Signifikanztest geplant ist, vor der Datenerhebung durchgeführt werden, da sie die Grundlage für die Abschätzung der notwendigen Stichprobengröße ist.

12.5.2 Die Suche nach einem Kompromiss zwischen α und β

Manchmal ist die Größe der zur Verfügung stehenden Stichprobe begrenzt. Das kann daran liegen, dass die Population, die untersucht werden soll, relativ spezifisch ist. Das gilt, wie schon erwähnt, beispielsweise für Personen mit seltenen Krankheiten oder Personen in herausgehobenen Positionen. Ein anderer Grund für kleine Stichproben kann sein, dass man für die Durchführung einer Studie nur eine bestimmte Zeit oder nur ein begrenztes Budget zur Verfügung hat. Wie kann man in diesem Fall zu einer zufrieden stellenden Teststärke kommen? An der Größe des Populationseffekts kann man oft kaum etwas ändern, bleiben also nur die beiden Fehler, insbesondere der Fehler erster Art. Man kann aber auch keine absoluten Werte mehr für α und β (oder $1 - \beta$) festsetzen: Die entscheidende Frage bei dieser Art von Teststärkeanalyse ist die nach dem *Verhältnis* von α und β. Ein Beispiel für eine entsprechende Suche nach einem Kompromiss zwischen α und β haben wir in Abschnitt 12.4.3 gesehen.

12.5.3 Die Suche nach weiteren Interpretationsmöglichkeiten: „Post hoc Analyse"

Eine post-hoc Analyse, also eine Teststärkeanalyse *nach* der Durchführung des Tests, wäre natürlich im Neyman-Pearson-Ansatz nicht notwendig. Dort muss man sich *vor* der Durchführung des Tests Gedanken über die Effektgröße in der Population machen und die beiden Fehlerarten entsprechend bestimmen. Wenn man aber vor der Durch-

---

12 GPOWER (Stand 2007: Version 3) ist Freeware und (mit Dokumentation) erhältlich von folgender Internetseite: *http://www.psycho.uni-duesseldorf.de/aap/projects/gpower.*

13 Der Irrtum wäre, sich gegen die H_0 zu entscheiden, wenn sie tatsächlich zutrifft, und α ist die Wahrscheinlichkeit hierfür.

führung des Tests versäumt hat, eine Teststärkeanalyse durchzuführen oder wenn man die Ergebnisse anderer Forscher interpretieren möchte, empfiehlt sich eine post-hoc Analyse vor allem dann, wenn die Forschungshypothese mit der Nullhypothese korrespondiert (kein Unterschied, kein Zusammenhang usw.) und wenn das Testergebnis *nicht* signifikant geworden ist. Das Ergebnis ist dann nur sinnvoll interpretierbar, wenn gewährleistet ist, dass die Chance groß genug war, selbst geringe Effekte aufzudecken. Wenn beispielsweise die Forschungshypothese besagt, dass sich Jungen und Mädchen hinsichtlich der Schnelligkeit, mit der sie eine neue Sprache lernen, nicht unterscheiden, dann würde diese Hypothese der statistischen Nullhypothese entsprechen. Wenn man nun jeweils nur für eine kleine Gruppe von Jungen und Mädchen entsprechende Daten erheben würde, könnte es durchaus sein, dass der Test wegen seiner geringen Teststärke nicht signifikant wird, obwohl sich Jungen und Mädchen in Wirklichkeit deutlich hinsichtlich ihrer Lernfähigkeit für Sprachen unterscheiden. Ein nicht-signifikantes Ergebnis wäre dann offensichtlich nicht zu interpretieren. Man könnte sich nun im Nachhinein noch überlegen, wie groß der Effekt in der Population maximal sein dürfte, um noch von einem „vernachlässigbaren Effekt" sprechen zu können und dann nachprüfen, wie groß die Chance war, diesen Effekt zu finden. Nur wenn die Teststärke schon für das Aufdecken eines kleinen Effekts hoch war, kann man sich guten Gewissens so verhalten, als wenn die Nullhypothese stimmte.

12.6 Vorgehensweise nach Neyman und Pearson

Nachdem nun die Bestandteile des Signifikanztests[14] nach Neyman und Pearson erläutert sind, beschreiben wir zunächst die grundlegende Vorgehensweise, bevor wir uns wieder zwei Beispiele ansehen. Bei der Neyman-Pearson'schen Variante des Signifikanztestens geht man folgendermaßen vor:

1. Formuliere eine Nullhypothese (und konstruiere die entsprechende Stichprobenverteilung, falls Stichprobengröße vorgegeben).

2. Formuliere eine Alternativhypothese (und konstruiere die entsprechende Stichprobenverteilung, falls Stichprobengröße vorgegeben).

3. Entscheide Dich für die Größe von α oder β, wäge die relative Wichtigkeit von α und β ab und konstruiere aufgrund der daraus ermittelten Stichprobengröße die entsprechenden Stichprobenverteilungen (falls nicht schon geschehen).

4. Prüfe, ob der p-Wert, die Wahrscheinlichkeit des Stichprobenergebnisses unter der Annahme, dass die Nullhypothese zutrifft, größer oder kleiner/gleich α ist.

5. Wenn der p-Wert nicht größer als α ist, dann ist das Ergebnis des Tests signifikant, ansonsten ist es nicht signifikant.

---

14 Der Signifikanztest in der Version von Neyman und Pearson (siehe z.B. Neyman, 1950) wird häufig auch als *Hypothesentest* bezeichnet. Wir benutzen hier aber den Ausdruck „Signifikanztest" in einer sehr allgemeinen Bedeutung, auch aus Konsistenzgründen mit der gängigen Literatur.

6 Wenn das Ergebnis signifikant ist, verhalte Dich so, als wenn die Alternativhypothese wahr wäre, wenn es nicht signifikant ist, so, als wenn die Nullhypothese zuträfe.

Die Datenerhebung erfolgt dabei im Idealfall erst, nachdem der Test voll spezifiziert wurde, also nach Schritt 3. Der Grund dafür ist, dass man erst nach diesem Schritt die notwendige Stichprobengröße ermitteln kann. In Fällen mit von vornherein begrenzter Stichprobe kann man diese auch früher erheben und dann im Schritt 3 im Rahmen einer Poweranalyse nach einem geeigneten Kompromiss zwischen α und β suchen. Sehen wir uns nun zwei Beispiele an.

12.6.1 Beispiel 1: Vorzeichentest nach Neyman und Pearson

Die Ergebnisse aus Untersuchungen wie der im Beispiel 1 in Abschnitt 12.2.1 zu einem möglichen Unterschied hinsichtlich des jeweils höchsten Bildungsabschlusses der Partner in Partnerschaften haben häufig keine unmittelbare Handlungsrelevanz und sind auch einer Kosten-Nutzen-Analyse nicht sehr zugänglich. Wir kommen auf das Beispiel aber in Abschnitt 12.7.2 wieder zurück. Betrachten wir nun ein anderes Beispiel. Nehmen wir an, das Familienministerium hat eine Forschergruppe damit beauftragt, herauszufinden, ob die Geburtenreihenfolge einen systematischen Einfluss auf das spätere Leben der Kinder hat. Eine Teilfragestellung ist, ob früher geborene Kinder bessere Chancen auf eine erfolgreiche Karriere haben als später geborene. Früher nahm man an, dass sich die Geburtenreihenfolge auf die Intelligenz auswirkt (je später geboren, desto geringer die Intelligenz), aber die mittlerweile vorhandene Evidenz ist nicht vereinbar mit dieser Ansicht (siehe Rodgers, Cleveland, van den Oord, & Rowe, 2000). Trotzdem könnte die Geburtenreihenfolge auch andere Auswirkungen haben, die mitbestimmen, wie erfolgreich Kinder später in ihrer beruflichen Laufbahn sein werden. Wenn das so wäre, könnte man versuchen, herauszufinden, woran das liegt, und möglicherweise Maßnahmen ergreifen, die die Chancengleichheit für die später geborenen Kinder erhöhen.

Den beruflichen Erfolg könnte man beispielsweise für Brüderpaare jeweils nach Ende des aktiven Berufslebens durch eine Expertenkommission einschätzen lassen. Wenn der ältere Bruder die bessere Karriere gemacht hat, könnte das mit einem „+" gekennzeichnet werden, und wenn der jüngere erfolgreicher war mit einem „–" (wir gehen davon aus, dass die Expertenkommission sich immer für einen der beiden Brüder entscheiden kann, dass also in diesem Fall Gleichheit ausgeschlossen ist). Für die Erhebung könnte man zufällig Familien mit mindestens zwei (relativ bald hintereinander geborenen) Brüdern auswählen und jeweils bei einem Brüderpaar (das Paar wird zufällig ausgewählt, falls es mehr als zwei Brüder in der Familie gibt) nachprüfen, ob der ältere oder der jüngere Bruder die erfolgreichere Karriere gemacht hat. Wenn man davon ausgeht, dass die Geburtenreihenfolge keine Auswirkungen auf die Karriere hat, dann sollte sich kein Unterschied in der Anzahl der jeweiligen Brüderpaare (älterer Bruder erfolgreicher vs. jüngerer Bruder erfolgreicher) ergeben. Die Nullhypothese wäre also H_0: $\pi = 0{,}5$ (der Anteil der Brüderpaare mit einem erfolgreicheren älteren Bruder ist 50%).

Nun brauchen wir noch eine Alternativhypothese. Nehmen wir an, eine tatsächliche Abweichung um 10% oder mehr wird, angesichts des daraus ableitbaren Ausmaßes einer systematischen Benachteiligung der später Geborenen, schon als besorgniserregend betrachtet. Die Alternativhypothese ist also, dass bei mindestens 60% der Paare die älteren Brüder erfolgreicher in ihrem Berufsleben sind, H_1: $\pi = 0{,}6$. Der nächste Schritt ist nun eine (a priori) Teststärkeanalyse, in die auch Schritt 3 der Vorgehensweise nach Neyman und Pearson mit eingeht: die Abwägung der beiden Fehlerarten. Welcher Fehler wichtiger ist, hängt von deren Konsequenzen ab. Was könnten in diesem Fall Konsequenzen sein? Wenn später Geborene benachteiligt sind (H_1 trifft zu) und man findet das nicht (β–Fehler), kann man auch keine Gegenmaßnahmen einleiten. Das wäre zum einen ungerecht und könnte auch größere volkswirtschaftliche Auswirkungen haben, da die später Geborenen möglicherweise durch geeignete frühe Interventionsmaßnahmen ihre berufliche Leistungsfähigkeit verbessern könnten. Wenn später Geborene jedoch nicht benachteiligt sind (H_0 trifft zu) und man findet ein signifikantes Ergebnis (α–Fehler), dann ergäben sich möglicherweise hohe Kosten wegen der dann fälligen Folgestudien und der unnötigerweise entwickelten Interventionsmaßnahmen. Außerdem steht das Prestige der Forscher auf dem Spiel: Sie wollen auf keinen Fall eine neuerliche Diskussion über die Auswirkungen der Geburtenreihenfolge anzetteln, bei der sich möglicherweise bald herausstellt, dass sie grundlos war. Die Forscher beschließen also, dem α–Fehler Priorität zu geben und wollen ihn maximal halb so hoch setzen wie den β–Fehler. Der β–Fehler sollte aber auch relativ klein sein. Nach längerer Diskussion einigt man sich, dass die in der Alternativhypothese festgesetzte Abweichung mit einer Wahrscheinlichkeit von mindestens 90% aufgedeckt werden soll. Damit ist schon die gewünschte Teststärke festgelegt ($1 - \beta = 0{,}9$) und automatisch auch die Fehler der zweiten Art ($\beta = 0{,}1$) und der ersten Art ($\alpha = 0{,}05$, also halb so groß wie β).

Wie groß müsste die Stichprobe mindestens sein, um diesen Anforderungen zu genügen? Mit Hilfe des Programms GPower findet man, dass für $\alpha = 5\%$ und $\beta = 9{,}8\%$ eine Stichprobengröße von $n = 213$ erforderlich ist. Der nächste Schritt wäre nun, eine entsprechende Stichprobe zu ziehen. Hier kann sich natürlich noch ergeben, dass die Erhebung einer Stichprobe dieser Größe aus pragmatischen Gründen (Zeit und Geld) nicht möglich ist. In diesem Fall ist manchmal der einzige Ausweg, die Wahrscheinlichkeiten für beide Fehler zu erhöhen. Nehmen wir für dieses Beispiel jedoch an, dass das Familienministerium hinreichend Mittel und Zeit zur Verfügung gestellt hat, um diese Stichprobe zu erheben. Die entsprechenden Stichprobenverteilungen mit $n = 213$ (Brüderpaare) für die H_0 ($\pi = 0{,}5$) und die H_1 ($\pi = 0{,}6$) sind in ▶Abbildung 12.8 zu sehen.

Die Power ist nichts anderes als die Summe der Flächeninhalte der dunklen Verteilung rechts vom Kriterium (ab einem Wert von 119). Man müsste also zu ihrer Berechnung mit Hilfe der Binomialformel die Wahrscheinlichkeiten für alle Werte von 119 bis 213 unter der Stichprobenverteilung für H_1 ($p = 0{,}6$, $n = 213$) berechnen und aufsummieren. Bei genügend großen Stichproben kann man jedoch auch die Standardnormalverteilung als Annäherung an die Binomialverteilung benutzen (siehe Kapitel 10). Man kann die Standardnormalverteilung sowohl für die Berechnung des p-Wertes als auch für die Poweranalyse benutzen. Wie das geht, wird im Kasten „Powerbestimmung mit Standardnormalverteilung (am Beispiel von Binomialtests)" erläutert.

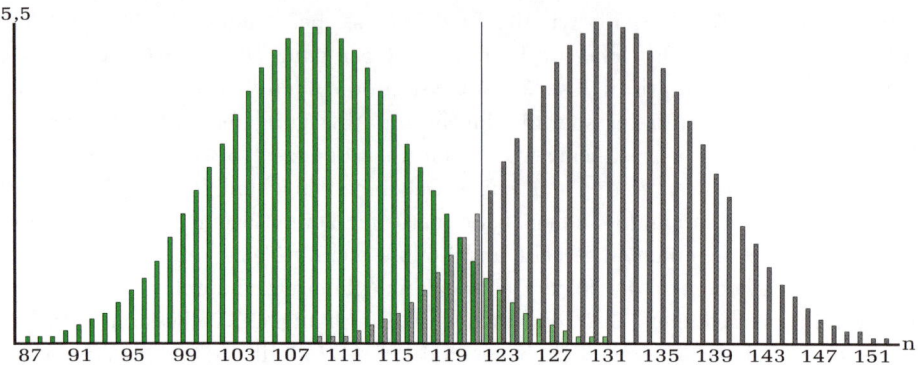

5,5

87 91 95 99 103 107 111 115 119 123 127 131 135 139 143 147 151 n

Abbildung 12.8: Binomialverteilungen für die H_0 (linke Verteilung: $p = 0,5$, $n = 213$) und die H_1 (rechte Verteilung: $p = 0,6$, $n = 213$) mit $\alpha = 5\%$ und $1 - \beta = 90,2\%$. Der Wert über der Ordinatenachse dient als Referenzwert (Achsenlänge entspricht der in Prozentwerten angegebenen Wahrscheinlichkeit).

Bei der vorliegenden Spezifikation wäre der Test bei einem α von 5% signifikant, wenn mindestens bei 119 der 213 Brüderpaare der ältere Bruder erfolgreicher im Beruf gewesen wäre. In diesem Fall würde man sich so verhalten, als wenn die H_1 wahr wäre. Man würde sich also, eventuell aufgrund der Äußerungen der Brüderpaare bei der Anhörung durch die Expertenkommission, überlegen, was der Grund für die Ungleichheit sein könnte und entsprechende weitere Studien (mit Kindern) planen und durchführen. Das Familienministerium sollte auch schon einen entsprechenden längerfristigen Etat für die nächsten Jahre einplanen. Wenn man finden würde, dass bei weniger als 119 der 213 Paare der ältere Bruder erfolgreicher war, würde man sich so verhalten, als wenn die H_0 stimmt, man würde also beispielsweise die Studie veröffentlichen und auch in der Tagespresse publik machen, dass die Geburtenreihenfolge sich nicht nachteilig auf die Karriere auswirkt.

HINTERGRUND

Powerbestimmung mit Standardnormalverteilung (am Beispiel von Binomialtests) Wenn die Stichprobe genügend groß ist, kann man jede gebräuchliche Stichprobenverteilung durch die Standardnormalverteilung ersetzen. Das ermöglicht dann auch die (approximative) Berechnung der Power. Wie das geht, wird nun am Beispiel der Binomialverteilung erläutert. Das Prinzip dabei ist einfach, die Berechnung jedoch etwas kompliziert. Sehen wir uns zunächst das Prinzip an.

Wie kann man die Standardnormalverteilung für die Poweranalyse benutzen? Aus ▶Abbildung 12.9 ist ersichtlich, dass wir dazu den Flächeninhalt der Verteilung unter H_1 von z_{krit} bis ∞ bestimmen müssen. Das z_{krit} bezieht sich auf die H_0 – zur Bestimmung der Power benötigen wir jedoch den entsprechenden Wert unter der H_1. Diesen nennen wir z_{Power} und er errechnet sich, wenn wir z_{krit} und z_{H1} auf die Verteilung unter der H_0 beziehen als:

$$z_{Power} = z_{H1} - z_{krit}$$

In Abbildung 12.9 ist z_{H1} größer als z_{krit} und deswegen ist z_{Power} positiv. Wenn die H_1 links von der H_0 liegen würde, dann wäre es negativ (falls $|z_{H1}| > |z_{krit}|$). ▶

▸Fortsetzung

Da die Standardnormalverteilung symmetrisch ist, kann man für die Powerbestimmung jedoch immer den positiven Wert oder Absolutwert benutzen. Egal, ob der ermittelte Wert für z_{Power} also $-1{,}50$ oder $+1{,}50$ wäre, die entsprechende Teststärke wäre in beiden Fällen 93% (siehe Tabelle 1 in Anhang A).

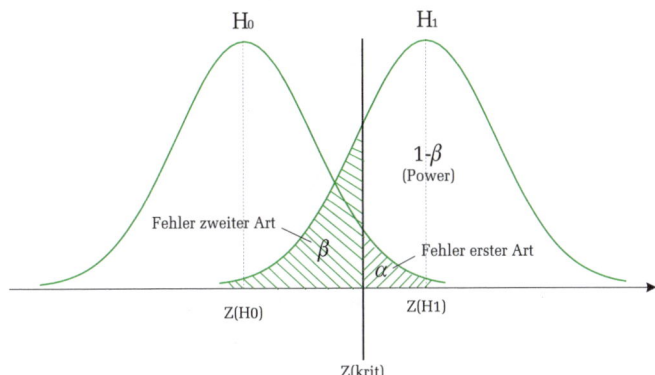

Abbildung 12.9: Veranschaulichung der Größen zur Bestimmung der Power mit Hilfe der Standardnormalverteilung.

Wir demonstrieren nun, wie man die Standardnormalverteilung im Falle von Binomialtests für die Powerbestimmung benutzen kann. Die Voraussetzung dafür ist eine genügend große Stichprobe – als Faustregel gilt, dass $np(1-p) > 9$ sein muss. Dann kann man ohne große Genauigkeitsverluste die Standardnormalverteilung anstelle der Binomialverteilung benutzen. Eine Abweichung vom Erwartungswert einer Binomialverteilung in z-Einheiten wird dabei für Anteile folgendermaßen berechnet (z.B. Huntsberger & Billingsley, 1973).[15]

$$z_a = \frac{p_1 - p_0}{\sqrt{p_0(1-p_0)/n}}, \text{ für Anteile } (p_1)$$

Wenn wir beispielsweise für $p_0 = 0{,}5$ und $n = 213$ den z-Wert für eine Abweichung von 10% bestimmen würden, wenn also $p_1 = 0{,}6$ betragen würde, dann erhielten wir:

$$z_{a=0{,}6} = \frac{0{,}6 - 0{,}5}{\sqrt{0{,}5(1-0{,}5)/213}} = 2{,}92$$

▶

---

15 Die entsprechende Formel für Originaleinheiten (k) lautet folgendermaßen:

$$z_k = \frac{k - np_0}{\sqrt{np(1-p_0)}}$$

▶Fortsetzung

Bei einer a priori Poweranalyse muss man z_{Power} und z_{krit} vor der Testdurchführung festlegen. Wenn man beispielsweise ein $\alpha = 5\%$ benutzen würde, wäre $z_{krit} = 1{,}65$ und wenn die Power 90% betragen sollte, dann wäre $z_{Power} = 1{,}28$ (siehe Tabelle 1 in Anhang A). Außerdem sind natürlich die Werte für die Null- und die Alternativhypothese festgelegt (z.B. $p_0 = 0{,}5$ und $p_1 = 0{,}6$). Wie erhalten wir nun bei diesen Vorgaben die notwendige Stichprobengröße für einen Binomialtest? Wenn wir die Gleichung zur Bestimmung von z_{Power} nach z_{H1} auflösen, dabei die Umrechnungsformel für die Binomialverteilung in z-Werte (siehe oben) benutzen und dann alle Ausdrücke quadrieren und nach n auflösen, erhalten wir:

$$z_{H1} = z_{Power} + z_{krit}$$

$$\frac{p_1 - p_0}{\sqrt{p_0(1-p_0)/n}} = z_{Power} + z_{krit}$$

$$\frac{(p_1 - p_0)^2}{p_0(1-p_0)/n} = (z_{Power} + z_{krit})^2$$

$$n = \frac{p_0(1-p_0)(z_{Power} + z_{krit})^2}{(p_1 - p_0)^2}$$

Bei unseren Vorgaben ($\alpha = 5\%$, $1-\beta = 90\%$ sowie $p_0 = 0{,}5$ und $p_1 = 0{,}6$) ergäbe sich für n also

$$n = \frac{0{,}5(1-0{,}5)(1{,}28 + 1{,}65)^2}{(0{,}6 - 0{,}5)^2} = 214{,}6$$

Wir bräuchten also nach dieser Rechnung mindestens $n = 215$ Werte, um bei einer H_0 von $p = 0{,}5$ und $\alpha = 5\%$ einen tatsächlichen Populationseffekt von $p = 0{,}6$ mit 90%-iger Wahrscheinlichkeit zu entdecken. Dieser approximative Wert ist für praktische Zwecke ausreichend nahe an dem mit Hilfe des Programms GPower ermittelten Wert von $n = 213$.

12.6.2 Beispiel 2: *t*-Test nach Neyman und Pearson

Im zweiten Beispiel in Abschnitt 12.2, dem *t*-Test, sollte überprüft werden, ob die Sachsen intelligenter sind als die übrigen Deutschen. Nehmen wir an, diese Studie wäre von einer Initiative zur Verringerung der Arbeitslosigkeit in Sachsen (IVAS) in Auftrag gegeben worden. Wenn sich tatsächlich herausstellen sollte, dass die Sachsen einen Intelligenzvorsprung haben, würde IVAS das für eine bundesweite Kampagne nutzen, um die Arbeitsmarktchancen für Sachsen in anderen Bundesländern zu erhöhen.

Die Nullhypothese ist schon festgelegt: Wenn die Sachsen nicht intelligenter sind als die übrigen Deutschen, dann sollte man auch für sie einen durchschnittlichen IQ von 100 Punkten erwarten:

$$H_0 \colon \mu = 100 \text{ IQ Punkte}$$

IVAS möchte allerdings diese Kampagne nur starten, wenn der Vorteil der Sachsen in den IQ Werten wirklich substanziell ist. Als Wert hierfür wird ein Punktevorsprung um mindestens 5 IQ Punkte angesetzt, was bei dem verwendeten IQ Test mit einer Streuung von 15 Punkten einem $d = 5/15 = 0{,}33$ entspricht. Die Alternativhypothese ist also:

$$H_1: \mu \geq 105 \text{ IQ Punkte}$$

Der nächste Schritt beinhaltet nun wieder eine Poweranalyse mit einer Festlegung der Größe mindestens eines der beiden Fehler und einer Abwägung der beiden Arten von Fehlern. Daraus resultiert dann im Idealfall die Wahl einer geeigneten Stichprobengröße. Da nach Ansicht der IVAS der Nutzen eines positiven Ergebnisses (Intelligenzvorsprung für die Sachsen) sehr hoch ist, soll der Effekt, wenn er vorhanden ist, mit einer sehr hohen Wahrscheinlichkeit gefunden werden. Als sehr hohe Wahrscheinlichkeit wird 95% betrachtet, die Power wird also auf 95% gesetzt. Der Fehler der ersten Art sollte aber noch kleiner sein als der Fehler der zweiten Art, denn fälschlicherweise die Nullhypothese zu verwerfen, könnte nach Ansicht des IVAS hohe Kosten verursachen. Wenn etwa eine Folgstudie zu einem anders lautenden Ergebnis käme, dann könnte sich das äußerst negativ auf das Image von IVAS auswirken. Man einigt sich, dass der Fehler der ersten Art nur halb so groß sein soll wie der Fehler der zweiten Art. Da der β–Fehler durch die Wahl der Power $(1 - \beta = 0{,}95)$ schon auf 5% festgelegt ist, beträgt α somit 2,5%.

Wie groß muss die Stichprobe sein, um diese Vorgaben – $d = 0{,}33$, $\alpha = 0{,}025$ und $\beta = 0{,}05$ – zu erfüllen? Das Programm GPower gibt Auskunft: Es muss eine Stichprobengröße von $n = 122$ gezogen werden, um diese Vorgaben zu erfüllen. Im nächsten Kapitel werden wir ausführlicher auf die Bestimmung der Teststärke für unterschiedliche Arten von t-Tests eingehen (inklusive der hier durchgeführten Art – siehe den Abschnitt zu t-Tests für abhängige Stichproben in Kapitel 13). Nehmen wir nun an, es wäre bei $n = 122$ zufällig ausgewählten erwachsenen Sachsen der IQ erhoben worden und Mittelwert und geschätzte Populationsstreuung seien

$$\bar{x} = 101{,}3 \quad \text{und} \quad \hat{\sigma} = 15{,}4$$

Dann ist das Resultat für den geschätzten Standardfehler

$$\hat{\sigma}_{\bar{x}} = \frac{\hat{\sigma}}{\sqrt{n}} = \frac{15{,}4}{\sqrt{122}} = 1{,}394$$

und der t-Wert beträgt somit

$$t = \frac{\bar{x} - \mu}{\hat{\sigma}_{\bar{x}}} = \frac{101{,}3 - 100}{1{,}394} = 0{,}933$$

Dieser t-Wert, $t(121) = 0{,}933$, ist nicht signifikant, da bei einem α von 2,5% der t-Wert für $df = 121$ etwa 1,98 beträgt (siehe Anhang A, Tabelle 2). Man sollte sich also so verhalten, als wenn die H_0 wahr wäre. IVAS sollte also auf keinen Fall eine „IQ-Kampagne" starten und sich andere Maßnahmen zur Förderung der Arbeitsplatzchancen für Sachsen überlegen.

12.6.3 Akzeptanz des Ansatzes in der Psychologie

In seiner Reinform wird der Ansatz von Neyman und Pearson in der Psychologie selten verwendet. Das liegt neben der Tatsache, dass Fisher die vorgeschlagenen Verbesserungen nicht als solche gesehen hat und es deswegen nicht zu einer Integration der beiden Ansätze gekommen ist (siehe nächsten Abschnitt), sicher auch daran, dass in der Psychologie selbst in der angewandten Forschung selten zeitkritische Entscheidungen anstehen. Dazu kommt, dass meist zu einem Forschungsgebiet schon viele Studien vorliegen. Wenn wirklich Entscheidungen anstehen, ist es in so einem Fall vernünftig, alle Ergebnisse (und nicht nur das aus einem einzelnen Signifikanztest) in die Entscheidung einzubeziehen. In der Grundlagenforschung hingegen geht es kaum je um Entscheidungen, sondern eher um Erkenntnis und Wissenszuwachs. Hier hat es ein Verfahren, das auf Entscheidungen ausgelegt ist, natürlich besonders schwer, sich zu etablieren.

12.7   Das konventionelle Verfahren: Der „Hybrid"

In vielen Statistikbüchern für Psychologen wird weder die Vorgehensweise nach Fisher noch die nach Neyman und Pearson vorgestellt (für eine Ausnahme siehe z.B. Haagen & Seifert, 1979), sondern ein Verfahren, für das es gar keinen eigentlichen Urheber gibt: ein „Hybrid" aus den Ansätzen von Fisher, Neyman und Pearson und (manchmal) Thomas Bayes (siehe Acree, 1979; Gigerenzer, 1993; Spielman, 1974; zu Bayesianischen Verfahren siehe Kapitel 19). In der psychologischen Forschungspraxis wird der hybride Ansatz deutlich häufiger benutzt als die Ansätze von Fisher oder Neyman und Pearson (siehe Hager, 2006). Dass die Ansätze von Fisher und Neyman und Pearson nie systematisch integriert wurden, scheint zumindest zum Teil an den negativ gefärbten persönlichen Beziehungen zwischen beiden Lagern gelegen zu haben (siehe Kasten „Fisher vs. Neyman und Pearson"). Außerdem haben Neyman und Pearson ihren Ansatz nie in einer Form dargestellt, die für einen breiten Leserkreis so verständlich war wie Fishers Bücher. Bei der Rezeption in der psychologischen Forschung wird zudem, wie schon erwähnt, eine Rolle gespielt haben, dass das Konzept einer Kosten-Nutzen-Analyse und die Verhaltensinterpretation eines Signifikanztestergebnisses nur in einem kleinen Teil der Fragestellungen wirklich sinnvoll ist.

> **H I N T E R G R U N D**
>
> *Fisher vs. Neyman und Pearson*   Die Geschichte der Entwicklung von Signifikanztests ist stark verbunden mit einzelnen Personen, die sich persönlich kannten, sich aber in ihren Ansichten unterschieden und nicht immer gut miteinander auskamen (zu weiteren Details für das Folgende siehe Gigerenzer & Murray, 1987; Gigerenzer, Swijtink, Porter, Daston, Beatty, & Krüger, 1999 und Salsburg, 2001). Die dominierende Figur Anfang des 20. Jahrhunderts auf dem Gebiet der Statistik war der Engländer Karl Pearson, der „Erfinder" der Pearson-Korrelation (siehe Kapitel 7) und vieler weiterer statistischer Verfahren wie etwa des χ^2-Tests (siehe Kapitel 17). Ein junger, damals noch unbekannter englischer Statistiker und Genetiker namens Ronald Aylmer Fisher, der bald sehr bekannt wurde, kritisierte von 1922 an einige dieser Verfahren und erweiterte manche von ihnen beträchtlich. Das könnte dazu geführt haben, dass es ihm später nie gelang, einen Artikel in der führenden Fachzeitschrift *Biometrika* zu veröffentlichen, deren Herausgeber Karl Pearson war.   ▶

▶**Fortsetzung**

Fisher war der erste, der Signifikanztests für Nichtstatistiker verständlich machte (Fisher, 1925). Fishers Konzeption von Signifikanztests haben wir (etwas vereinfacht) in Abschnitt 12.2 dargestellt.

Als Karl Pearson in Ruhestand ging, wurde seine Professur am University College in London zweigeteilt in eine Professur für Eugenik und eine für Statistik. Die erste übernahm Fisher und die zweite Egon S. Pearson, der Sohn von Karl Pearson. Die Kommunikation zwischen den zwei Lehrstühlen war ziemlich eingeschränkt und das wurde nicht besser, als Egon Pearson anfing, mit einem Statistiker aus Warschau zusammenzuarbeiten: Jerzy Neyman. Beginnend mit zwei im Jahr 1928 veröffentlichten Artikeln versuchten Neyman und Pearson den Ansatz von Fisher zu verbessern (siehe Abschnitt 12.3). Das Verhältnis zwischen Fisher auf der einen Seite und Neyman und Pearson auf der anderen Seite war zeitlebens von gegenseitigen Spannungen und Kontroversen gekennzeichnet, die vor allem zwischen Fisher und Neyman auch öffentlich und nicht selten in polemischer Form ausgetragen wurden. Fisher war weit davon entfernt, die Neyman-Pearson Theorie als Erweiterung seines Ansatzes zu sehen, und eröffnete beispielsweise, nachdem Neyman einen Vortrag gehalten hatte, die Diskussion mit den Worten, dass Neyman besser ein Thema gewählt hätte, zu dem er mit Autorität sprechen könne, während Neyman einmal bemerkte, dass Fishers Methoden in einem mathematisch spezifizierbaren Sinn „schlechter als nutzlos" seien (Gigerenzer & Murray, 1987, 17).

12.7.1 Bestandteile

Wodurch unterscheidet sich nun dieser Hybrid von den anderen beiden Ansätzen? Diese Frage lässt sich nicht eindeutig beantworten, weil das Bild in den Lehrbüchern und auch die tatsächliche Nutzung des Signifikanztests durch die Forscher, die ihn anwenden, variiert. Wenn man jedoch einmal absieht von falschen Interpretationen des p-Werts, die offensichtlich durch die Vermischung der Ansätze mit verursacht wurden (siehe Abschnitt 12.8.2), dann scheint sich doch eine Reihe von Bestimmungsmerkmalen für den Hybrid zu ergeben. Man findet so gut wie nie eine Verhaltensinterpretation von Signifikanzergebnissen und der Fehler erster Art ist nahezu immer von vornherein (ohne Kosten-Nutzen-Analyse) auf 5% oder 1% festgelegt (Fisher). Allerdings gibt es kaum mehr ein Lehrbuch, in dem die Alternativhypothese nicht beschrieben würde (Neyman-Pearson). Nicht selten liest man, dass man bei einem nicht-signifikanten Ergebnis keine Aussage machen kann (Fisher), auch wenn immer öfter Teststärke-Berechnungen vorgeführt oder zumindest illustriert werden (Neyman-Pearson). Im hybriden Ansatz ist bislang die „Sternchenstrategie" sehr beliebt: * („signifikant") für $p < 5\%$, ** („sehr signifikant") für $p < 1\%$ und *** („hoch signifikant") für $p < 0,1\%$. Diese Vorgehensweise suggeriert, dass der p-Wert automatisch eine Aussage über die praktische Bedeutsamkeit eines Ergebnisses erlaubt. Das tut er aber nur eingeschränkt (etwa wenn man die Ergebnisse für mehrere identisch spezifizierte Experimente miteinander vergleicht).

Wir werden im folgenden meist eine optimierte Version des konventionellen Ansatzes verwenden. Diese Version des Hybrid ist in den wichtigsten Aspekten identisch mit der Vorgehensweise nach Neyman und Pearson, abgesehen von der ausführlichen Kosten-Nutzen-Analyse und der Verhaltensinterpretation der Ergebnisse. Die a priori

Festlegung auf ein kleines α ist in der psychologischen Forschung nicht unplausibel, da die Forschungshypothese überwiegend der Alternativhypothese entspricht und diese möglichst streng geprüft werden sollte. Allerdings scheint sich immer mehr die Einsicht zu verbreiten, dass man auch der H_1 eine genügend hohe Chance geben sollte, dass also die Power genügend hoch sein sollte. Als Konvention hierfür werden nicht selten die von Cohen (1988) vorgeschlagenen 80% verwendet. Wenn die Forschungshypothese aber der Nullhypothese entspricht, wenn also mit Hilfe des Signifikanztests überprüft werden soll, ob *kein* Populationseffekt vorhanden ist, dann muss noch mehr auf eine hohe Teststärke (für einen möglichst kleinen Effekt) geachtet werden, da sonst nicht-signifikante Ergebnisse auch bedeuten könnten, dass ein substanzieller Effekt gefunden wurde, das Testergebnis aber mangels genügend hoher Power nicht signifikant wurde. Eine Poweranalyse muss also ein integraler Anteil auch des konventionellen Ansatzes sein, selbst wenn die Stichprobe schon vor der Spezifikation des Tests erhoben wurde. Zudem werden im konventionellen Ansatz immer öfter exakte p-Werte berichtet. Das wäre im Neyman-Pearson'schen Ansatz nicht notwendig, weil man sich bei der Kosten-Nutzen-Analyse schon Klarheit über die akzeptablen Werte verschafft hat, aber durchaus kompatibel mit der Fisher'schen Vorgehensweise. Genaue p-Werte haben auch den Vorteil, dass man sie für die Berechnung von Effektgrößen verwenden kann (siehe Kapitel 21).

12.7.2 Vorgehensweise und Ergebnisinterpretation

Die tatsächliche Vorgehensweise im konventionellen Ansatz, wie er im vorigen Abschnitt beschrieben wurde, unterscheidet sich kaum von der in Abschnitt 12.6 beschriebenen Vorgehensweise nach Neyman und Pearson. Man würde jedoch aus pragmatischen Gründen nahezu immer von einem α von 5% oder 1% ausgehen und dann eine genügend hohe Teststärke sicherstellen, oder zumindest, wenn die Stichprobe schon gezogen ist, feststellen, wie hoch die Teststärke bei der zur Verfügung stehenden Stichprobengröße und dem gewünschten Mindesteffekt ist. Eine hohe Teststärke ist die Voraussetzung dafür, dass die „Zufallsinterpretation" eines Signifikanztestergebnisses in beide Richtungen anwendbar ist. Die eine Richtung haben wir schon ganz zu Anfang des Kapitels betrachtet: Bei einem *p-Wert*, der kleiner ist als α, zieht man den Schluss, dass die Abweichung des empirischen Ergebnisses vom erwarteten Wert (spezifiziert durch die H_0) kein Zufall mehr sein kann und verwirft deswegen die H_0. Man könnte nun die äquivalente Berechnung auch für die Alternativhypothese durchführen und so $p(Daten \mid H_1)$ berechnen. Diesen Schritt „erspart" man sich gewissermaßen, wenn man die Teststärke genügend hoch wählt. Wenn dann ein Testergebnis nicht signifikant ist, ist das gleichbedeutend damit, dass $p(Daten \mid H_1)$ kleiner ist als β, die Wahrscheinlichkeit für einen Fehler zweiter Art. Die Poweranalyse garantiert also, dass das Testergebnis symmetrisch interpretiert werden kann (sowohl als Evidenz für die H_0 als auch für die H_1), auch wenn nur $p(Daten \mid H_0)$ berechnet wird.[15]

---

15 Im Neyman-Pearson-Ansatz wird diese Symmetrie durch die Kosten-Nutzen-Analyse gewährleistet.

Es spräche auch im konventionellen Ansatz nichts dagegen, das Signifikanztestergebnis als Grundlage für eine Entscheidung zu nutzen; ein Testergebnis muss allerdings nicht automatisch in eine Handlung einmünden und wird das in der psychologischen Forschung auch nur in seltenen Fällen tun. Das Beispiel 1 (Vorzeichentest) zu den Bildungsabschlüssen bei Paaren aus Abschnitt 12.2.1 würde also, abgesehen von einer solchen Handlungsentscheidung, im hybriden Ansatz ähnlich behandelt werden wie das Beispiel aus Abschnitt 12.6.1 (zur Abhängigkeit des Berufserfolgs von der Geburtenreihenfolge), mit dem Unterschied, dass man sich um die Kosten-Nutzen-Analyse keine besonderen Gedanken macht und versucht, bei einem niedrigen α-Fehler auch den β-Fehler zu minimieren. Die Konsequenz dieser abgekürzten Prozedur für die Spezifikation des Tests kann aber durchaus identisch sein mit der aus einer gründlichen Kosten-Nutzen-Analyse. Generell wird im konventionellen Ansatz das Ergebnis von Signifikanztests als Entscheidungs- und Bewertungskriterium für die geprüften Hypothesen benutzt, wobei in der Regel auch weitere Kriterien – wie beispielsweise Effektgrößen und die Ergebnisse grafischer Analysen (siehe Kapitel 20–22) mit einbezogen werden sollten (siehe hierzu auch Westermann, 2000, Kap. 15).

12.8 Signifikanztests: Was man noch wissen sollte

Die folgenden Ausführungen beziehen sich sowohl auf den Signifikanztest im Sinne von Neyman und Pearson als auch auf die optimierte Version des konventionellen Ansatzes. Wir werden zunächst diskutieren, wie man Null- und Alternativhypothesen spezifizieren sollte, und dann wie man p-Werte *nicht* interpretieren sollte. Daraufhin beschreiben wir den Zusammenhang zwischen Signifikanztests und Konfidenzintervallen und schließen mit einigen allgemeinen Hinweisen und Empfehlungen für die Durchführung von Signifikanztests und die Interpretation der entsprechenden Ergebnisse.

12.8.1 Spezifikation von Null- und Alternativhypothese

In unseren Beispielen haben wir immer nur in eine Richtung getestet und die Alternativhypothese als genauen Wert spezifiziert. Das wird in der Praxis nicht immer so gehandhabt – man kann auch in beide Richtungen testen.

Einseitige vs. zweiseitige Tests

Dass man beim Aufstellen der Alternativhypothese auch immer die *Richtung* des Effekts berücksichtigt (positive oder negative Abweichung) ist im Rahmen des Neyman-Pearson-Ansatzes die nahe liegende Vorgehensweise. Man sollte sich dort ja vor dem Test überlegen, was eine plausible Alternativhypothese sein könnte und damit ist in den meisten Fällen auch eine Annahme darüber verbunden, ob die Alternativhypothese in positiver oder negativer Richtung von der Nullhypothese abweicht. Wenn man eine solche begründete Erwartung hat, kann man den Test einseitig durchführen (▶Abbildung 12.10a für eine positive Abweichung). Wenn man allerdings auf keine theoretischen Vorarbeiten zurückgreifen kann und es nur darum geht, irgendeine Abweichung aufzudecken, dann muss man zweiseitig testen. In diesem Fall wird das α gleichmäßig auf beide Ränder der

Stichprobenverteilung aufgeteilt (▶Abbildung 12.10b). Bei zweiseitigen Tests ist es also schwieriger, ein signifikantes Ergebnis zu erlangen, weil das tatsächliche α auf jeder Seite nur halb so groß ist wie beim einseitigen Test. Der p-Wert bezieht sich beim zweiseitigen Testen – wie auch das α – immer auf *beide* Enden der Testverteilung. Ein zweiseitiges α von 5% würde also einem einseitigen α von 2,5% entsprechen und umgekehrt würde ein einseitiges α von 5% mit einem zweiseitigem α von 10% korrespondieren. Bei gleichem (Gesamt-) α ist somit die Teststärke bei zweiseitigen Tests immer kleiner als die von einseitigen (weil die Teststärke dem Flächenanteil „außerhalb" des Kriteriums entspricht und das Kriterium bei einem zweiseitigen α mehr nach „außen" rückt).

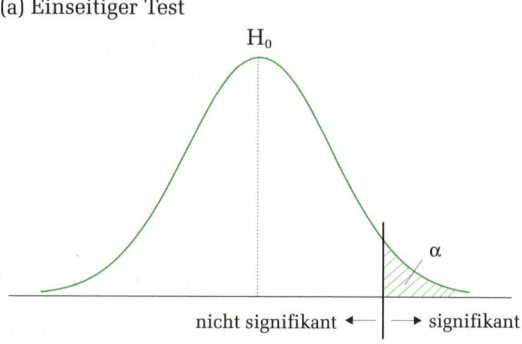

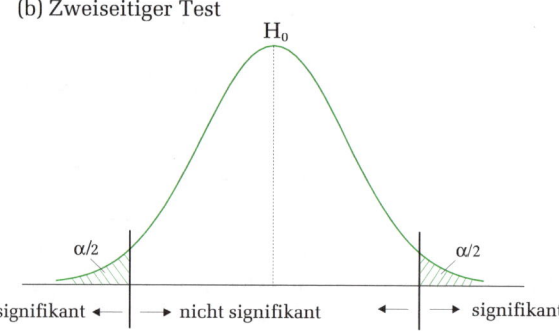

Abbildung 12.10: Einseitiger vs. zweiseitiger Test. Die Alternativhypothese ist jeweils weggelassen.

Spezifizieren der Alternativhypothese

In Berichten über durchgeführte Studien findet man häufig keine Angabe zur Alternativhypothese. Wenn aber doch Angaben gemacht werden, dann werden häufig nur Ungleichheitszeichen verwendet, wie beispielsweise

$H_1\colon \mu_A > \mu_B$, oder $\mu_A > \mu_B$ (für Mittelwertsunterschiede) und

$H_1\colon \mu < 100$ oder $\mu > 100$ (für den Vergleich eines Mittelwerts mit einem theoretischen Wert).

Solche Formulierungen werden nicht selten auch in Lehrbüchern für mathematische Statistik verwendet. Dort werden Angaben dieser Art aber häufig von so genannten „Operationscharakteristiken" oder „Gütefunktionen" ergänzt, die die Teststärke für unterschiedliche Effektgrößen in Abhängigkeit von n und α angeben. Solche Operationscharakteristiken können auch mit Hilfe einiger computerisierter Programme zur Poweranalyse (z.B. mit GPower) erstellt werden. Eine Operationscharakteristik kann eine zusätzliche Hilfe bei der Entscheidung für die Festlegung von n, α und β sein; einfacher ist die Poweranalyse jedoch meist, wenn man sich zunächst Gedanken über den Mindesteffekt macht, den man in der Untersuchung erwarten kann oder aufdecken möchte und diesen Effekt als Wert für die Alternativhypothese benutzt, wie wir das auch in diesem Buch in der Regel tun.

12.8.2 Wie man *p*-Werte *nicht* interpretieren sollte

Der p-Wert gibt, wie schon mehrfach erwähnt, die Wahrscheinlichkeit dafür an, dass das Ergebnis einer Studie (oder ein noch extremeres) gefunden werden konnte, wenn tatsächlich die Nullhypothese zutrifft: $p(Daten \mid H_0)$. Die unreflektierte Vermischung verschiedener Ansätze des Signifikanztestens (siehe Abschnitt 12.7) scheint allerdings in der Vergangenheit dazu geführt zu haben, dass p-Werte nicht selten fehlerhaft interpretiert wurden. Wir führen hier einige der beliebtesten Fehlinterprationen auf (siehe z.B. Gigerenzer, 1993; Haller & Kraus, 2002; Oakes, 1986): p-Werte

- sind Indikatoren für die Größe eines Effekts (*falsch!*).
- erlauben eine Abschätzung der Wahrscheinlichkeit, dass die Null-/Alternativhypothese zutrifft (*falsch!*).
- sind „Irrtumswahrscheinlichkeiten": wenn man sich auf Grund des p-Werts dafür entscheidet, die Nullhypothese zu verwerfen, kennt man die Wahrscheinlichkeit, dass man dabei einen Fehler macht (*falsch!*).
- erlauben eine Abschätzung der Wahrscheinlichkeit, dass ein Ergebnis replizierbar ist (*falsch!*).

Sehen wir uns nun die „Interpretationen" etwas genauer an.

Warum ist *p* kein Indikator für die Effektgröße?

Wie wir in Abschnitt 12.4 gesehen haben, ist die Größe des in der Studie vorliegenden Effekts nur einer von mehreren Faktoren, die den p-Wert beeinflussen. Deswegen kann man von einer Veränderung des p-Wertes nicht auf eine entsprechende Veränderung der Effektgröße schließen. So verändert sich p bei einem konstanten Effekt, wenn sich die Stichprobengröße ändert. Ein p-Wert alleine sagt also nichts über die Größe des gefundenen Effekts aus.

Warum kann man mit *p* die Wahrscheinlichkeit der Hypothese nicht abschätzen?

Der p-Wert ist eine bedingte Wahrscheinlichkeit, $p(\text{Ergebnis} \mid H_0)$, die Wahrscheinlichkeit, dass das aktuelle oder ein noch extremeres Ergebnis gefunden werden konnte unter der Annahme, dass die Nullhypothese zutrifft. Die Wahrscheinlichkeitsaussage betrifft also das Ergebnis, nicht die Nullhypothese. Man könnte im Prinzip auch $p(\text{Ergebnis} \mid H_1)$ bestimmen, aber auch in diesem Fall beträfe die Wahrscheinlichkeitsaussage das Ergebnis und nicht die Alternativhypothese. Aussagen über die Wahrscheinlichkeit von Hypothesen sind weder im Ansatz von Neyman-Pearson noch in dem von Fisher (und natürlich auch nicht im hybriden Ansatz) möglich. Wir werden in Kapitel 19 den so genannten Bayesianischen Ansatz kurz vorstellen, bei dem Aussagen über die Wahrscheinlichkeit von Hypothesen gemacht werden können.

Warum ist *p* nicht die Irrtumswahrscheinlichkeit?

Die Irrtumswahrscheinlichkeit ist die Wahrscheinlichkeit dafür, irrtümlicherweise die Nullhypothese zu verwerfen und damit nichts anderes als der Fehler der ersten Art, der sich ausschließlich auf die Nullhypothese bezieht. Die Wahrscheinlichkeit für diesen Fehler wird aufgrund theoretischer Erwägungen *vor* dem Test festgelegt, während der *p*-Wert *nach* dem Test aufgrund des empirischen Ergebnisses berechnet wird. Der *p*-Wert ist ein „Produkt" der Daten, während die Irrtumswahrscheinlichkeit eine Eigenschaft des Tests ist.

Warum ist *p* kein Indikator für Replizierbarkeit?

Die Replizierbarkeit eines (signifikanten) Ergebnisses hängt von der Teststärke (Power) ab, und die wiederum von n, der Effektgröße und α. Wenn diese Größen fixiert sind und wiederholt Stichproben gezogen werden, dann bleibt die Teststärke konstant, aber es ist zu erwarten, dass sich die Ergebnisse in den einzelnen Studien unterscheiden, bedingt durch Zufallseinflüsse bei der Stichprobenziehung. Unterschiedliche Ergebnisse führen aber auch zu unterschiedlichen *p*-Werten – *p*-Werte können somit nicht als Indikator für Replizierbarkeit dienen.

Wie *sollte* man *p*-Werte interpretieren?

Noch einmal zur Wiederholung: Ein *p*-Wert ist die bedingte Wahrscheinlichkeit für ein Ergebnis oder ein noch extremeres, unter der Bedingung, dass die Nullhypothese zutrifft. Wenn der *p*-Wert kleiner ist als eine vorgegebene kleine (Irrtums-)Wahrscheinlichkeit α, wenn das Ergebnis also unter der Gültigkeit der Nullhypothese sehr unwahrscheinlich ist, dann kann man schließen, dass diese beobachtete Abweichung von der Nullhypothese kein Zufall mehr sein kann. In diesem Fall ist das Ergebnis signifikant und man entscheidet sich gegen die H_0 und für die H_1. Die Konsequenz dessen ist im Neyman-Pearson-Ansatz, dass man sich bei einem signifikanten Ergebnis so verhält, als wenn die H_1 richtig wäre, und bei einem nicht-signifikanten Ergebnis, als wenn die H_0 zuträfe (Letzteres aufgrund der vorangegangenen Kosten-Nutzen-Analyse). Im konventionellen Ansatz benutzt man ein Testergebnis in der Regel als (eines von mehreren) Entscheidungs- oder Bewertungskriterium für die Hypothesen.

12.8.3 Signifikanztest und Konfidenzintervall

Signifikanztests und Konfidenzintervalle hängen eng miteinander zusammen. ▶Abbildung 12.11 illustriert den Zusammenhang für den Fall von symmetrischen Stichprobenverteilungen, wie etwa der Standardnormalverteilung oder der t-Verteilung. Zur Erinnerung: Ein X-% Konfidenzintervall ist das Intervall, das die mittleren X % der Stichprobenverteilung einschließt, die um eine aus der Stichprobe berechnete Stichprobenstatistik herum erstellt wird (siehe Kapitel 11). Wenn beispielsweise die Stichprobenstatistik genau dem Wert für die Nullhypothese eines Signifikanztests mit einer symmetrischen Stichprobenverteilung entspräche und dort ein zweiseitiges α von 5% verwendet würde, dann entspräche ein Konfidenzintervall von 95% (100 − α%) für diese Stichprobenstatistik dem Intervall zwischen dem linken und rechten α–Anteil (in Abbildung 12.11 dem Intervall zwischen den zwei kleinen vertikalen Strichen, die jeweils $\alpha/2$ abtrennen). Wenn nun ein 95%-Konfidenzintervall den Wert für die Nullhypothese nicht überlappt, dann ist das gleichbedeutend mit einem signifikanten Ergebnis bei einem zweiseitigen α von 5% oder generell: Ein X-% Konfidenzintervall, das den Wert für die Nullhypothese nicht überlappt, ist äquivalent zu einem signifikanten Testergebnis mit einem zweiseitigen α von 100 − X%. Bei einem einseitigen α zeigt schon ein (100% − 2α)-Konfidenzintervall, das den Wert für die Nullhypothese nicht überlappt, dass das entsprechende Testergebnis signifikant ist: In diesem Fall würde also ein nicht überlappendes 90% Konfidenzintervall anzeigen, dass der Test bei einem einseitigen α von 5% signifikant ist (vorausgesetzt, das Konfidenzintervall liegt auf der „richtigen Seite").

Warum das so ist, wird klar, wenn man sich überlegt, wie die Streuung der Stichprobenverteilung, der Standardfehler, berechnet wird. Der Standardfehler wird sowohl für die Stichprobenverteilung um eine empirisch ermittelte Stichprobenstatistik als auch für die Stichprobenverteilung für die H_0 aus der Stichprobenvarianz geschätzt und diese Schätzung ist für beide Fälle identisch. Die Intervalle, die die mittleren 95% (oder 90% oder 99%) der Stichprobenverteilung einschließen, sind also in beiden Fällen gleich lang. Nehmen wir wieder an, das α in Abbildung 12.11 betrage 5%. Wenn nun der Wert für die Stichprobenstatistik (der bei symmetrischen Stichprobenverteilungen genau in der Mitte liegt) mit dem Wert für $\alpha/2$ rechts von der H_0 übereinstimmen würde, dann wäre das untere Ende des 95% Konfidenzintervalls identisch mit dem Wert für die H_0. Das wäre der Grenzfall für ein signifikantes Ergebnis ($p = \alpha$): Konfidenzintervall und Wert für die H_0 würden sich nicht überlappen. Wenn der Mittelwert eines Konfidenzintervalls noch weiter von der H_0 entfernt liegt, also „außerhalb" des durch $\alpha/2$ gekennzeichneten Kriteriums, dann wäre das immer äquivalent mit einem signifikanten Ergebnis, da ($p < \alpha$). Andererseits ist ein Konfidenzintervall, das den Wert der Nullhypothese überdeckt (und dessen Mittelwert somit „innerhalb" des Kriteriums liegt), gleichbedeutend mit einem nicht-signifikanten Ergebnis ($p > \alpha$).

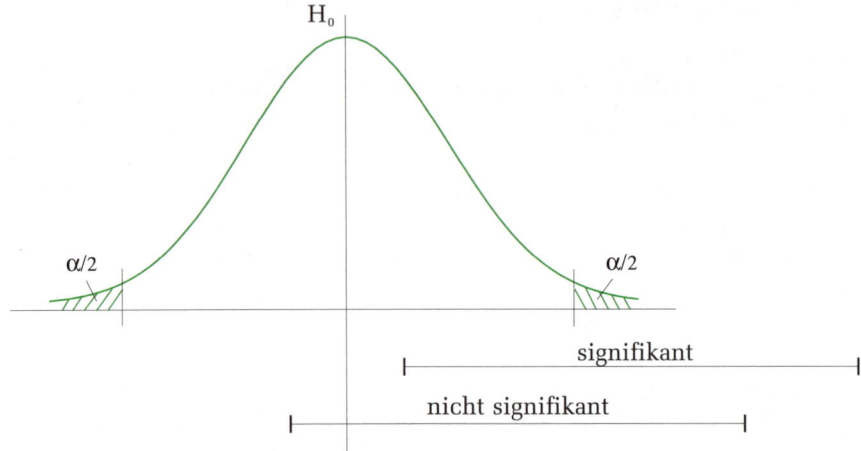

Abbildung 12.11: Illustration des Zusammenhangs zwischen Konfidenzintervallen und Signifikanztests für symmetrische Stichprobenverteilungen (z.B. z-Verteilung oder t-Verteilung). Die zwei Konfidenzintervalle, von denen eines zu einem signifikanten und das andere zu einem nicht signifikanten Testergebnis korrespondiert, sind symmetrisch um die entsprechenden Stichprobenstatistiken herum konstruiert.

Konfidenzintervalle können also im Prinzip (bei unsymmetrischen Stichprobenverteilungen ist der Zusammenhang etwas komplizierter) auch zum Signifikanztesten verwendet werden. Das ist ein Grund, weswegen einige Methodiker dafür plädieren, generell Konfidenzintervalle den Signifikanztests vorzuziehen, da Erstere zusätzlich Aussagen über die Genauigkeit von Ergebnissen (die Länge des Konfidenzintervalls) liefern. Man muss jedoch darauf achten, dass Konfidenzintervalle dieselbe Fragestellung behandeln. Wenn der Signifikanztest beispielsweise auf das Aufdecken eines Mittelwertsunterschiedes ausgerichtet ist, muss auch das entsprechende Konfidenzintervall für den entsprechenden Mittelwerts*unterschied* (und nicht für die einzelnen Mittelwerte) konstruiert werden. Es gibt allerdings auch Faustregeln dafür, wie man Aussagen über die Signifikanz eines Mittelwertsunterschieds ableiten kann, wenn man nur die Konfidenzintervalle für die einzelnen Mittelwerte zur Verfügung hat (Cumming & Finch, 2005).

12.8.4 Allgemeine Hinweise und Empfehlungen

Aussagen aufgrund der Ergebnisse inferenzstatistischer Verfahren sind nur gut interpretierbar, wenn die entsprechende Studie sauber durchgeführt wurde. Wenn Hypothesen schlampig abgeleitet wurden, oder die Messungen nicht reliabel und valide waren, dann sind auch Signifikanztestergebnisse kaum zu interpretieren. Außerdem ist es, wenn man die Ergebnisse aus Signifikanztests verallgemeinern möchte, unbedingt notwendig, sich zu überlegen, für welche Population diese Ergebnisse aussagekräftig sind (siehe hierzu Westermann, 2000).

Signifikanztests sind in manchen Wissenschaftsgebieten, wie auch der Psychologie, sehr verbreitet und werden häufig in einer Weise durchgeführt, dass man ihre Durchführung schon fast als feststehendes Ritual betrachten kann (z.B. Salsburg, 1985). Deswegen und wegen relativ verbreiteter Fehlinterpretationen von p-Werten (siehe Abschnitt 12.8.2) entstand in den USA eine Initiative von Forschern, die dafür plädierte, ganz auf das Signifikanztesten zu verzichten (z.B. Hunter, 1997). Hierauf wurde von der weltweit größten und einflussreichsten Organisation akademischer Psychologen, der *American Psychological Association* (*APA*), eine *Task Force on Statistical Inference* einberufen, die Empfehlungen zur Anwendung der Inferenzstatistik in der Psychologie geben sollte. Eine kondensierte Form dieser Empfehlungen, die sich offensichtlich auf die optimierte Version der konventionellen Vorgehensweise beziehen (siehe Abschnitt 12.7), wurde kurze Zeit später veröffentlicht (Wilkinson & Task Force on Statistical Inference, 1999). Zentrale Empfehlungen sind: immer Teststärke berechnen, immer exakte p-Werte berichten, immer (Stichproben-)Effektgrößen berechnen und in Zweifelsfällen Konfidenzintervallen gegenüber Signifikanztests den Vorzug geben.

Grundsätzlich schließen wir uns den Empfehlungen der APA Task Force an: Es sollte immer eine Teststärkeanalyse vor dem Test durchgeführt werden, es sollten immer die exakten p-Werte berichtet werden (keine Sternchen) und es sollten auch immer zusätzlich Effektgrößen berechnet werden (siehe auch Kapitel 9 und 21). Im Einzelfall sollte man sich überlegen, ob es nicht sinnvoller wäre, ein Konfidenzintervall zu berechnen, statt einen Signifikanztest durchzuführen. Zudem empfehlen wir, einen Signifikanztest nach Neyman-Pearson durchzuführen, wenn dies angebracht ist. Das ist in der Regel dann der Fall, wenn die Studie als Entscheidungsgrundlage dient. Dann sollten die Fehler erster und zweiter Art nach einer Kosten-Nutzen-Analyse vor der Durchführung des Tests festgelegt werden. Zur Entscheidung nach dem Test reicht dann der Vergleich des p-Werts mit α.

In keinem Fall sollte ein p-Wert das einzige Ergebnis einer Studie sein. Man sollte immer versuchen, alle relevanten Ergebnisse einer Studie aufzufinden und auch zu kommunizieren (siehe auch Sedlmeier, 1996). Dabei sind neben der Ermittlung von Effektgrößen Methoden der deskriptiven und der explorativen Datenanalyse von unschätzbarem Wert. Wenn viele Studien zu einem Bereich durchgeführt wurden, dann lohnt es sich, die daraus ermittelten Effektgrößen zu einer empirischen Stichprobenverteilung (Verteilung der gefundenen Effektgrößen) zusammenzufassen und daraus den Populationseffekt zu schätzen (siehe Kapitel 22). Das Signifikanztesten darf nicht zu einem Ritual verkommen, sondern sollte im Zusammenhang mit anderen Arten von Analysen zur bestmöglichen Interpretation der Ergebnisse aus empirischen Studien beitragen.

Z U S A M M E N F A S S U N G

„Lassen sich die beobachteten Abweichungen von einem erwarteten Wert noch als Zufallsprodukt akzeptieren?" Dies ist die zentrale Frage eines Signifikanztests. Beim erwarteten Wert handelt es sich um einen Populationsparameter, der in der Regel als Nullhypothese (H_0) bezeichnet wird und die Abweichung bezieht sich auf eine Stichprobenstatistik, das Resultat einer empirischen Studie. Zur Beantwortung der Eingangsfrage wird eine Stichprobenverteilung für die H_0 konstruiert und die Wahrscheinlichkeit der beobachteten oder einer noch extremeren Abweichung (Daten) vom Erwartungswert der H_0 ermittelt: $p(Daten|H_0)$. Ist diese bedingte Wahrscheinlichkeit kleiner als eine vorgegebene Wahrscheinlichkeit (α), dann argumentiert man, dass das kein Zufall mehr sein kann und bezeichnet das Testergebnis als *signifikant*.

Die erste populäre Version von Signifikanztests wurde von R. A. Fisher eingeführt. Diese Version hat allerdings mit zwei gewichtigen Nachteilen zu kämpfen. Zum einen kann man nichts darüber aussagen, wie groß die Chancen sind, eine tatsächlich vorhandene Abweichung zu entdecken und zum anderen kann man keinerlei Aussagen machen, wenn der Test nicht signifikant ist. Diese Schwierigkeiten lösten J. Neyman und E. S. Pearson, indem sie neben der Nullhypothese eine weitere statistische Hypothese einführten (die häufig der Forschungshypothese entspricht) – die Alternativhypothese (H_1). Für spezifische Alternativhypothesen kann man nun die Wahrscheinlichkeit berechnen, mit der ein signifikantes Testresultat erwartet werden kann – die Teststärke oder Power. Nun sind auch zwei Arten von Fehlern möglich. Man kann die Nullhypothese verwerfen, obwohl sie zutrifft. Das ist der Fehler der ersten Art oder α-Fehler. Man kann sich aber auch für die Nullhypothese entscheiden, obwohl die Alternativhypothese zutrifft. Das ist der Fehler der zweiten Art oder β-Fehler. Im Ansatz von Neyman und Pearson müssen die Wahrscheinlichkeiten für diese Fehler aufgrund einer Kosten-Nutzen-Analyse festgelegt werden.

In der psychologischen Forschung wird häufig ein Verfahren benutzt, das keinen eigentlichen Urheber hat, aber in seiner optimierten Form sehr stark mit dem Ansatz von Neyman und Pearson übereinstimmt. Bei diesem „konventionellen Vorgehen" wird in der Regel keine ausgeprägte Kosten-Nutzen-Analyse durchgeführt, aber eine Analyse der Teststärke ist auch dort essenziell.

Die „konventionelle Vorgehensweise" war in der Vergangenheit einiger Kritik ausgesetzt und wir schlagen vor, den Signifikanztest pragmatisch einzusetzen, was bedeutet, dass man sich seiner Begrenzungen bewusst ist und alle Informationen nutzt, die sich aus ihm gewinnen lassen. Die Antwort auf die zentrale Frage „Kann das noch Zufall sein?", ist in vielen Fällen nützlich und man sollte nicht auf sie verzichten. Diese Antwort ist jedoch nur eine von vielen, die man aus den Daten gewinnen kann und deswegen sollte der Signifikanztest nie in Isolation, sondern immer im Verbund mit anderen Methoden benutzt werden.

Z U S A M M E N F A S S U N G

Weiterführende Literatur

Siehe Literaturangaben zu Kapitel 10.

Haagen, K. & Seifert, H.-G. (1979). *Methoden der Statistik für Psychologen.* Stuttgart: Kohlhammer. *Eines der wenigen Psychologie-Statistikbücher, die den Neyman-Pearson-Ansatz detailliert beschreiben.*

Übungsaufgaben mit Lösungen sowie weitere Informationen zu diesem Buchkapitel finden Sie auf der Companion Website zum Buch unter *http://www.pearson-studium.de*

t-Tests

13

ÜBERBLICK

Die *t*-Verteilung haben wir schon im Kapitel 11 kennen gelernt und sie für die Konstruktion von Konfidenzintervallen für Mittelwerte und Mittelwertsunterschiede benutzt. Wie schon erwähnt wurde diese standardisierte Stichprobenverteilung ursprünglich von Gosset unter dem Pseudonym „Student" entwickelt (und 1908 publiziert), um Signifikanztests mit kleinen Stichproben durchzuführen. Damals kannte man zwar schon die Standardnormalverteilung, aber man wusste auch, dass diese bei kleinen Stichproben zu verzerrten Ergebnissen führt. Im Kapitel 12 haben wir die *t*-Verteilung bereits für die Durchführung eines Signifikanztests benutzt, eines Test, der überprüft, ob sich ein Populationsmittelwert signifikant von einem erwarteten Wert unterscheidet.

In diesem Kapitel werden wir weitere *t*-Tests behandeln. Wir beginnen mit *t*-Tests, die prüfen, ob sich zwei Populationsmittelwerte signifikant unterscheiden. Dabei muss unterschieden werden, ob die zur Prüfung benutzten Stichprobenmittelwerte aus unabhängigen oder abhängigen Stichproben stammen. Danach gehen wir kurz auf den *t*-Test für Korrelationen und Regressionskoeffizienten ein, bevor wir uns damit befassen, wie man aus den Ergebnissen von Signifikanztests (Stichproben-)Effektgrößen berechnen kann. Die Berechnung solcher Effektgrößen werden wir für alle bis dahin behandelten *t*-Tests demonstrieren.

13.1 Unterschied zwischen zwei Mittelwerten

Wir haben schon in Kapitel 11 gesehen, dass es für die Konstruktion von Konfidenzintervallen einen (manchmal deutlichen) Unterschied macht, ob bei einem Vergleich zweier Mittelwerte die Daten aus abhängigen oder unabhängigen Stichproben stammen. Dieser Unterschied spielt auch bei Signifikanztests eine bedeutsame Rolle.

13.1.1 Unabhängige Stichproben

Generelle Vorgehensweise

Wenn man überprüfen will, ob sich die Mittelwerte zweier unabhängiger Populationen signifikant voneinander unterscheiden, benötigt man auch zwei unabhängige Stichproben, jeweils eine aus jeder Population. Die (stochastische) Unabhängigkeit der beiden Stichproben bedeutet, grob gesagt, dass die Werte in der einen Stichprobe keinerlei Vorhersage über die Werte in der anderen erlauben. Beim *t*-Test für einen Mittelwertsunterschied aus zwei unabhängigen Stichproben A und B benutzt man folgende Prüfgröße:

$$t = \frac{(\overline{x}_A - \overline{x}_B) - (\mu_A - \mu_B)}{\hat{\sigma}_{\overline{x}_A - \overline{x}_B}}$$

Dieser *t*-Wert ist nichts anderes als ein Mittelwertsunterschied, der dadurch standardisiert wird (also in ein Format gebracht wird, das unabhängig von der tatsächlich verwendeten Skala ist), dass man ihn durch den Standardfehler, die Streuung dieses Mittelwertsunterschiedes, teilt. Der rechte Term im Zähler $(\mu_A - \mu_B)$ drückt eine Vermutung über die entsprechenden Populationsmittelwerte aus. Dieser Term entspricht der Nullhypothese und kann beliebige Werte annehmen, aber nahezu immer geht man davon aus, dass er 0 ist, weil die Nullhypothese in der Regel besagt, dass sich die Mittelwerte in den zwei Populationen *nicht* unterscheiden ($\mu_A - \mu_B = 0$). Die Formel für den Ausdruck im Nenner des t-Werts, den Standardfehler des Mittelwertunterschiedes wiederholen wir hier noch einmal (siehe auch Kapitel 11), wobei wir annehmen, dass die Schätzungen für die Populationsvarianzen von A und B, $\hat{\sigma}_A^2$ und $\hat{\sigma}_B^2$ schon vorliegen:

$$\hat{\sigma}_{\bar{x}_A - \bar{x}_B} = \sqrt{\frac{(n_A - 1) \cdot \hat{\sigma}_A^2 + (n_B - 1) \cdot \hat{\sigma}_B^2}{(n_A - 1) + (n_B - 1)} \left(\frac{1}{n_A} + \frac{1}{n_B} \right)}$$

oder, wenn die beiden Gruppen A und B gleich groß sind ($n_A = n_B = n$):

$$\hat{\sigma}_{\bar{x}_A - \bar{x}_B} = \sqrt{\hat{\sigma}_{\bar{x}_A}^2 + \hat{\sigma}_{\bar{x}_B}^2} = \sqrt{\frac{\hat{\sigma}_A^2}{n} + \frac{\hat{\sigma}_B^2}{n}}$$

Durch Einsetzen der aus der Stichprobe berechneten Werte ergibt sich der *empirische* t-Wert. Dieser wird mit dem *kritischen* t-Wert verglichen, einem theoretischen Wert, der durch das Kriterium, also durch die Wahl von α und β festgelegt ist. Wenn der empirische t-Wert betragsmäßig größer als der kritische t-Wert ist (beide t-Werte könnten auch negativ sein), dann ist das Ergebnis signifikant. Das ist gleichbedeutend damit, dass der p-Wert kleiner ist als α. Wenn der empirische t-Wert mit dem kritischen t-Wert identisch ist, dann gilt auch $p = \alpha$. Und wenn der empirische t-Wert kleiner als der kritische t-Wert ist, dann ist das gleichbedeutend mit $p > \alpha$, also einem nicht-signifikanten Ergebnis. Bevor man den Test durchführt – im Idealfall, bevor man die Stichprobe erhebt – sollte man eine Poweranalyse durchführen, um abzuschätzen, wie hoch die Chancen sind, einen tatsächlich vorhandenen Populationseffekt auch zu entdecken (siehe Rechenbeispiel 13.1).

Poweranalyse

Die wichtigste Variante der Poweranalyse ist die a priori Analyse (siehe Kapitel 12). Bei dieser Analyse bestimmt man die Stichprobengröße, die benötigt wird, um einen festgelegten Populationseffekt mit einer bestimmten Wahrscheinlichkeit aufzudecken. Dazu ist zunächst eine Schätzung für den Populationseffekt, der aufgedeckt werden soll, also für die Festlegung der Alternativhypothese erforderlich. Hierbei wird es sich in den meisten Fällen um den Mindesteffekt handeln, an dem man interessiert ist (siehe Kapitel 12). Der Populationseffekt für unabhängige Mittelwertunterschiede lässt sich als Abstandsmaß in Standardabweichungseinheiten ausdrücken (siehe Kapitel 9):

$$d = \frac{\mu_A - \mu_B}{\sigma_{AB}}$$

Wenn wir also eine Vorstellung über die Größe des Mittelwertunterschieds zwischen den zwei Populationen ($\mu_A - \mu_B$) und die (gemeinsame) Streuung in den beiden Populationen (σ_{AB}) haben, können wir das daraus berechnete d als Ausgangswert für die Festlegung der Alternativhypothese benutzen. So könnte man etwa bei Hypothesen zu Unterschieden in standardisierten Tests vorgehen. Beispielsweise beträgt die Standardabweichung für IQ-Tests meist 15 Punkte und wenn man einen Mittelwertunterschied zwischen zwei Populationen von 10 Punkten annehmen würde, entspräche das einem $d = 10/15 = 0{,}67$. Wenn keine genauen Vorstellungen über die Populationswerte vorliegen, dann kann man als Anhaltspunkt für die Alternativhypothese die Effektgrößen aus früheren Studien heranziehen (zur Berechnung aus Signifikanztestergebnissen siehe Abschnitt 13.3.3) oder man benutzt Konventionen für kleine, mittlere oder große Effekte (siehe Kapitel 9).

Wenn die Alternativhypothese spezifiziert ist, benötigt man zur Berechnung der notwendigen Stichprobengröße noch die gewünschten Werte von α und β (oder $1 - \beta$). Man kann für die Ermittlung der Stichprobengröße entweder Computerprogramme (wie GPower) benutzen oder Tabellen (wie die von Cohen, 1988). ►Tabelle 13.1 gibt eine Auswahl von Teststärkewerten $(1 - \beta)$ für zwei unterschiedliche Werte von α (0, 01 und 0,05, einseitig) und verschiedene Wert für $n = n_A = n_B$.[1] Ein Beispiel: Wenn man einen kleinen Populationseffekt von $d = 0{,}2$ aufdecken möchte und man aus jeder der zwei Populationen eine Stichprobe von $n = 160$ Personen ziehen würde, dann wäre die Wahrscheinlichkeit, diesen Effekt bei einem einseitigen α von 0,05 zu entdecken 56%. Ein weiteres Beispiel: Wenn man einen (großen) Populationseffekt von $d = 0{,}8$ vermuten würde, dann könnte man diesen bei einem einseitigen α von 0,01 schon mit jeweils $n = 40$ Personen in jeder Stichprobe mit 88%-iger Wahrscheinlichkeit aufdecken. Außer für sehr kleine Stichproben und/oder Populationseffekte könnte man die Tabelle 13.1 auch für zweiseitige Tests mit verdoppeltem α benutzen, also $\alpha = 0{,}02$ (links) und $\alpha = 0{,}10$ (rechts).[2]

Die Werte in Tabelle 13.1 werden in den meisten Fällen für eine genaue Ermittlung der notwendigen Stichprobengröße und auch für andere Arten der Poweranalyse nicht ausreichen, aber man kann sich einen ersten Eindruck über die ungefähre Höhe der Power unter relativ unterschiedlichen Bedingungen verschaffen. Genauere Werte findet man in Cohens (1988) Tabellen oder mit Hilfe eines der im Internet erhältlichen Programme, wie z.B. GPower (Faul et al., 2007; siehe auch Kapitel 12).

---

1   Wenn sich die Stichprobengrößen unterscheiden, $n_A \neq n_B$, sollte man laut Cohen (1988) das so genannte *harmonische Mittel* der beiden Stichprobengrößen n' benutzen: $n' = 2n_An_B/(n_A + n_B)$.

2   Streng genommen ist die Power bei zweiseitigen *t*-Tests mit doppeltem α (z. B $\alpha_{zweiseitig} = 0{,}02$) geringfügig größer als die Power bei dem entsprechenden einseitigem *t*-Test (z. B $\alpha_{einseitig} = 0{,}01$). Der Grund dafür ist, dass die *t*-Verteilung unter der Alternativhypothese sich von $-\infty$ bis ∞ erstreckt. Wenn man zweiseitig testet, dann gibt es zwei Kriterien, die jeweils bei dem Wert von $\alpha_{zweiseitig}/2$ links und rechts von der H_0 liegen. Deswegen trennt auch das Kriterium, das auf der dem Populationseffekt entgegengesetzten Seite der Nullhypothese liegt, noch ein kleines Stück der Stichprobenverteilung für die Alternativhypothese ab. Dieser Flächeninhalt (der maximal einen Wert von $\alpha_{zweiseitig}/2$ erreichen kann) wird dann zu dem Flächeninhalt auf der „richtigen" Seite hinzuaddiert. Dieser Effekt spielt aber nur eine Rolle, wenn entweder der Populationseffekt oder die Stichprobe (oder beide) sehr klein sind.

Tabelle 13.1

Power bei *t*-Tests für unabhängigen Mittelwertsunterschied und einseitige α von 0,01 und 0,05*

Gruppen-größe (*n*)	$\alpha = 0{,}01$			$\alpha = 0{,}05$		
	d = 0,2 (klein)	*d* = 0,5 (mittel)	*d* = 0,8 (groß)	*d* = 0,2 (klein)	*d* = 0,5 (mittel)	*d* = 0,8 (groß)
10	0,03	0,10	0,25	0,11	0,29	0,53
20	0,04	0,21	0,54	0,15	0,46	0,80
40	0,07	0,45	0,88	0,22	0,72	0,97
80	0,14	0,78	*	0,35	0,93	*
160	0,25	0.98	*	0,56	*	*

* Werte > 0,995 sind mit einem „*" gekennzeichnet (die Werte sind entnommen aus Cohen, 1988, 28–31).

Voraussetzungen für die Durchführung

Wenn man einen *t*-Test durchführt, setzt man (wie schon in Kapitel 11 erwähnt) voraus, dass einige Bedingungen erfüllt sind. Diese Bedingungen beziehen sich größtenteils auf die zugrunde liegende(n) Population(en). Im Falle eines *t*-Tests für unabhängige Stichproben müssen die Stichproben offensichtlich (stochastisch) unabhängig voneinander sein. Außerdem wird vorausgesetzt, dass die Messwerte intervallskaliert sind, dass die jeweiligen Populationswerte normalverteilt sind und dass auch die Varianzen in den beiden Populationen gleich sind. Wenn das nicht der Fall ist, dann folgt die Stichprobenverteilung nicht mehr einer *t*-Verteilung und die Aussagekraft des Testergebnisses ist eingeschränkt. In den meisten Fällen stimmt dann das vorgegebene α nicht mehr mit dem realen α überein. Allerdings sind *t*-Tests relativ robust gegenüber Verletzungen der Annahmen über die Verteilung der Populationswerte, es sei denn, die Stichproben sind sehr klein. Falls die Voraussetzungen deutlich verletzt sind, kann man stattdessen ein entsprechendes so genanntes nonparametrisches Verfahren benutzen (siehe Kapitel 18). Die Vorgehensweise beim *t*-Test für unabhängige Stichproben wird nun in Rechenbeispiel 13.1 illustriert.

Rechenbeispiel 13.1

t-Test für unabhängige Stichproben   Es soll überprüft werden, ob eine einfache Form der Meditation für die Behandlung einer weniger schweren Depression geeignet ist. Man weiß, dass der Behandlungseffekt mit konventionellen Verfahren, gemessen anhand von Verbesserungswerten in einem Depressionsfragebogen, ungefähr einem *d* = 0,5 entspricht. Deswegen sollte auch die Meditations-Behandlung mindestens einen solchen Effekt erbringen. Nehmen wir an, dass die Standardabweichung der entsprechenden Werte in dem Depressionsfragebogen 12 beträgt. Die Alternativhypothese besagt also, dass der Behandlungseffekt mindestens 6 Punkten und somit einer halben Standardabweichungseinheit entspricht und die Nullhypothese besagt, dass es keinen Behandlungseffekt gibt. ▶

▶Fortsetzung

H_0: $\mu_{Meditation} = \mu_{keine\ Meditation}$ oder äquivalent: $\mu_A - \mu_B = 0$

H_1: $\mu_{Meditation} - \mu_{keine\ Meditation} \geq 6$ (Punkte im Depressionsfragebogen)

Als Teilnehmer stehen Personen in einer großen Stadt zur Verfügung, die an der betreffenden Form von Depression leiden und die sich in psychotherapeutische Wartelisten eingetragen haben. Aus diesen Wartelisten soll die für die Studie notwendige Anzahl von Teilnehmern ausgewählt und zufällig in eine Behandlungs- und eine Kontrollgruppe aufgeteilt werden. Beide Gruppen treffen sich dann regelmäßig. In der Behandlungsgruppe lernen die Teilnehmer die Anwendung der Meditationstechnik und in der Kontrollgruppe werden Diskussionsrunden über gerade aktuelle politische und soziale Themen durchgeführt (und die Teilnehmer in der Kontrollgruppe haben die Gelegenheit, später an der Behandlung teilzunehmen, sollte sich diese als erfolgreich erweisen).

Wie viele Teilnehmer werden benötigt, um den Behandlungseffekt, sollte er in der vermuteten Höhe existieren, mit Hilfe des Tests zu finden? Da keine konkrete Entscheidung ansteht, wird keine Kosten-Nutzen Analyse zur Optimierung des Entscheidungskriteriums durchgeführt und ein α von 5% (einseitig) sowie eine Teststärke von 80% werden als ausreichend erachtet. Wenn wir nun mit diesen Werten in Tabelle 13.1 nachsehen, wird schon deutlich, dass die Anzahl der Teilnehmer pro Gruppe irgendwo zwischen $n = 40$ (Power = 72%) und $n = 80$ (Power = 93%) liegen muss. Das Programm GPower liefert die Gruppengröße, die für ein $1 - \beta = 0{,}8$ benötigt wird: $n = 51$.

Aus den Wartelisten werden nun 110 Personen ausgewählt (etwas mehr als notwendig, um eventuelle kleinere Ausfälle während der Therapie ausgleichen zu können) und diese 110 Personen werden zufällig in die Meditationsgruppe und die Kontrollgruppe aufgeteilt. Nach 2 Monaten füllen beide Gruppen den Depressionsfragebogen aus. Es stehen 53 Werte für die Meditationsgruppe und 51 für die Kontrollgruppe zur Verfügung. Eine Veranschaulichung der Werte mit einem Stamm-Blatt-Diagramm hat ergeben, dass die Häufigkeitsverteilungen der Fragebogenwerte in beiden Gruppen einigermaßen symmetrisch sind, einer Glockenkurve ähneln und auch hinsichtlich ihrer Variation nicht deutlich voneinander abweichen. Die entsprechenden Mittelwerte und geschätzten Populationsvarianzen sind:

$$\bar{x}_{Meditation} = 7{,}22 \text{ und } \hat{\sigma}^2_{Meditation} = 6{,}12 \quad (n = 53)$$

$$\bar{x}_{keine\ Meditation} = 4{,}91 \text{ und } \hat{\sigma}^2_{keine\ Meditation} = 6{,}54 \quad (n = 51)$$

Daraus berechnen wir zunächst den Standardfehler (A steht für die Meditationsgruppe und B für die Kontrollgruppe):

$$\hat{\sigma}_{\bar{x}_A - \bar{x}_B} = \sqrt{\frac{(n_A - 1) \cdot \hat{\sigma}^2_A + (n_B - 1) \cdot \hat{\sigma}^2_B}{(n_A - 1) + (n_B - 1)} \left(\frac{1}{n_A} + \frac{1}{n_B} \right)}$$

$$= \sqrt{\frac{52 \cdot 6{,}12 + 50 \cdot 6{,}54}{52 + 50} \left(\frac{1}{53} + \frac{1}{51} \right)} = 0{,}493$$

▶

▶Fortsetzung

Nun bleibt noch die Berechnung des t-Wertes:

$$t = \frac{\left(\overline{x}_A - \overline{x}_B\right)}{\hat{\sigma}_{\overline{x}_A - \overline{x}_B}} = \frac{7,22 - 4,91}{0,493} = 4,69$$

Die Freiheitsgrade für diesen Test sind $df = n_A - 1 + n_B - 1 = 52 + 50 = 102$ und das Ergebnis kann somit als $t(102) = 4,69$ berichtet werden. In der t-Tabelle in Anhang A sind nur die kritischen t-Werte für $t(60) = 1,671$ und $t(120) = 1,658$ aufgelistet. Der Wert für $t(102)$ müsste somit bei etwa 1,66 liegen. Aber selbst wenn wir diesen Wert nicht genau kennen, ist deutlich, dass $t_{empirisch} > t_{kritisch}$ und somit $p < \alpha$. Eine solche Berechnung wird man in der Regel mit Hilfe eines Statistikprogramms durchführen und das gibt automatisch auch den exakten p-Wert mit an. Für diesen Zweck stehen aber auch zahlreiche Programme zur Verfügung, die teilweise aus dem Internet herunter geladen werden oder dort direkt benutzt werden können (z.B. unter *http://statpages.org/pdfs.html*). Alle Programme sollten in unserem Fall einen kritischen t-Wert von $t(102) = 1,660$ und als Ergebnis des Tests $p = 0,0000052$ liefern. Die Evidenz aus diesem Test spricht dafür, dass Meditation als Therapieansatz bei Depression nützlich sein könnte. Stünde eine Handlungsentscheidung an, könnte das Ergebnis als Entscheidungsgrundlage dafür benutzt werden, die neue Therapieform einzuführen. Zusätzlich zum Signifikanztest sollte aber auch noch die Größe des gefundenen Effekts berechnet werden (siehe Rechenbeispiel 13.5).

13.1.2 Abhängige Stichproben

Wenn man die Mittelwerte aus zwei (stochastisch) abhängigen Stichproben miteinander vergleichen möchte, dann kann man jedem Wert in der einen Stichprobe einen Wert in der anderen zuordnen: man hat es mit Werte*paaren* zu tun. Da die zwei Werte in einem Wertepaar oft ein ähnliches Niveau haben, ist der Standardfehler in der Regel kleiner als bei unabhängigen Stichproben (siehe unten). Für diesen Fall gibt es auch einen eigenen t-Test. Dieser Test ist im Grunde äquivalent zum t-Test, mit dem überprüft wird, ob sich ein Mittelwert signifikant von einem vorgegebenen Wert unterscheidet (Kapitel 12). Die Überlegungen zur Powerberechnung in diesem Abschnitt sind also auch auf den t-Test für den Einstichprobenfall anwendbar.

Generelle Vorgehensweise

Der t-Test für abhängige Stichproben prüft, ob die gefundene Mittelwertsdifferenz zwischen den abhängigen Stichproben bedeutsam von der für die entsprechenden Populationen vermuteten Mittelwertsdifferenz abweicht. Der Mittelwertsunterschied zwischen zwei abhängigen Stichproben A und B ist nichts anderes als der Mittelwert der Differenzen aller Wertepaare:

$$\overline{x}_A - \overline{x}_B = \overline{x}_{diff}$$

Dadurch erhalten wir einen Test, den wir schon kennen, nämlich den für den Einstichprobenfall, nur dass statt Einzelwerten nun mit Differenzwerten gerechnet wird. Das hat auch zur Folge, dass die Stichprobengröße n, die bei diesem Test verwendet wird (und damit auch die Freiheitsgrade; $df = n - 1$) sich auf die Anzahl der Wertepaare und nicht der Messwerte bezieht. Wir beschreiben nun die entsprechenden Formeln (siehe auch Kapitel 11 und 12):

$$t = \frac{\overline{x}_{diff} - \mu_{diff}}{\hat{\sigma}_{\overline{x}_{diff}}}$$

Der rechte Ausdruck im Zähler der Formel, μ_{diff}, bezieht sich auf die Nullhypothese, also den Mittelwertsunterschied in den betreffenden Populationen. Da die Nullhypothese in der Regel besagt, dass sich die Populationsmittelwerte *nicht* unterscheiden, ist $\mu_{diff} = 0$ und der *t*-Wert reduziert sich zu

$$t = \frac{\overline{x}_{diff}}{\hat{\sigma}_{\overline{x}_{diff}}}$$

Auch der Standardfehler wird analog zum Einstichprobenfall berechnet:

$$SE = \hat{\sigma}_{\overline{x}_{diff}} = \frac{\hat{\sigma}_{diff}}{\sqrt{n}} \text{ , wobei } \hat{\sigma}_{diff} = \sqrt{\frac{1}{n-1}\sum_{i=1}^{n}\left(x_{i,diff} - \overline{x}_{diff}\right)^2}$$

Wenn man die Schätzungen für Populationsvarianzen aus den einzelnen Messungen A und B schon vorliegen hat, kann man auch diese für die Schätzung der Varianz des abhängigen Mittelwertsunterschiedes benutzen. Dabei muss nun aber die Korrelation (r) zwischen den Messungen berücksichtigt werden (siehe z.B. Hays, 1994, 339):

$$\hat{\sigma}_{diff} = \hat{\sigma}_{x_A - x_B} = \sqrt{\hat{\sigma}_A^2 + \hat{\sigma}_B^2 - 2r\hat{\sigma}_A\hat{\sigma}_B}$$

An dieser Darstellung sieht man den starken Einfluss der Korrelation auf das Ergebnis des *t*-Tests. Je höher die (positive) Korrelation, desto kleiner ist die geschätzte Populationsstreuung. Bei konstantem Mittelwertsunterschied führt also eine höhere Korrelation zu einem größeren *t*-Wert als eine geringere Korrelation. Die Höhe der Korrelation wirkt sich somit direkt auf die Power des Tests aus (größere *t*-Werte werden eher signifikant).

Poweranalyse

Der Populationseffekt kann als standardisierter Differenzwert ausgedrückt werden:

$$d = \frac{\mu_{diff}}{\sigma_{diff}}$$

Dieses d ist nicht identisch mit dem d im Falle unabhängiger Stichproben.[3] Man muss also immer darauf achten, ob man eine Poweranalyse für einen t-Test für unabhängige oder abhängige Stichproben durchführt. ▶Tabelle 13.2 zeigt für zwei Werte von α (0,01 und 0,05, einseitig) und verschiedene Werte für n, die Größe der *Gesamtstichprobe* (Anzahl der Wertepaare), welche Teststärke sich bei drei unterschiedlichen Populationseffektgrößen (klein, mittel, groß nach Cohens Standards, siehe Kapitel 9) ergeben würde. Ein Beispiel: Wenn man bei einem einseitigen α von 0,01 einen Effekt von $d = 0,5$ aufdecken möchte, dann wäre die Wahrscheinlichkeit für ein signifikantes Ergebnis bei $n = 40$ Personen (die jeweils 2 Messwerte liefern) 77%.

Tabelle 13.2

Power bei t-Tests für abhängige Messungen und einseitige α von 0,01 und 0,05*

Stichproben-größe (n)	$\alpha = 0,01$			$\alpha = 0,05$		
	$d = 0,2$ (klein)	$d = 0,5$ (mittel)	$d = 0,8$ (groß)	$d = 0,2$ (klein)	$d = 0,5$ (mittel)	$d = 0,8$ (groß)
10	0,04	0,17	0,43	0,15	0,42	0,75
20	0,07	0,40	0,84	0,22	0,70	0,96
40	0,13	0,77	0,99	0,34	0,93	*
80	0,29	0,98	*	0,55	*	*
160	0,57	*	*	0,81	*	*

* Werte > 0,995 sind mit einem „*" gekennzeichnet (die Werte wurden mit Hilfe des Programms GPower ermittelt).

Wie schon erwähnt, kann Tabelle 13.2 (oder erweiterte entsprechende Tabellen bzw. Computerprogramme) auch für die Bestimmung der Power des t-Tests für den Einstichprobenfall (siehe Kapitel 12) benutzt werden.

---

3 Cohen (1988) hebt den Unterschied zwischen den d's für unabhängige und abhängige Stichproben dadurch hervor, dass er verschiedene Subskripte benutzt, z.B. d_4' bei abhängigen Stichproben. Für die Benutzung seiner Tabellen (Tabelle 13.1 ist ein Ausschnitt daraus) schlägt er vor, d_4' in d umzurechnen und Letzteres zu verwenden:

$$d = \frac{d_4'}{\sqrt{1-r}}$$

Dementsprechend würden sich auch die Konventionen für die Größe von Effekten verändern. Wir halten uns hier jedoch an die derzeit vorherrschende Konvention, in beiden Fällen dieselbe Bezeichnung und auch die gleichen Konventionen für kleine, mittlere und große Effekte zu verwenden.

Voraussetzungen für die Anwendung

Auch beim *t*-Test für abhängige Stichproben müssen die Werte Intervallskalenniveau besitzen und die Differenzwerte (Messung A – Messung B) müssen normalverteilt sein.

Das Rechenbeispiel 13.2 illustriert nun die Vorgehensweise beim *t*-Test für abhängige Stichproben.

Rechenbeispiel 13.2

t-Test für abhängige Stichproben Wir greifen hier das Beispiel aus Kapitel 11 wieder auf. Die Frage dort war, ob Hintergrundmusik das Lesen fühlbar beeinträchtigt. Es soll eine Studie durchgeführt werden, in der die Probanden einmal ohne und einmal mit Hintergrundmusik einen Lesetest bearbeiten. Der bedeutsame Mindesteffekt wird (zu Demonstrationszwecken) auf einen sehr großen Effekt, eine Standardabweichungseinheit ($d = 1$) gesetzt. Die Standardabweichung des Lesetests sei laut Testmanual 8 Punkte. Somit ergeben sich die Null- und die Alternativhypothese:

$$H_0: \mu_A = \mu_B \text{ oder, äquivalent: } \mu_A - \mu_B = 0$$
$$H_1: \mu_A - \mu_B \geq 8 \text{ (Testpunkte)}$$

Eine a priori Teststärkeanalyse mit GPower ergibt, dass bei dieser hohen Effektstärke und geforderten Fehlern von $\alpha = 0,05$ und $\beta = 0,2$ (α wird als vier Mal so wichtig erachtet wie β) eine Stichprobengröße von $n = 8$ ausreicht (ein Blick in Tabelle 13.2 ergibt, dass wir bei einem Effekt von $d = 0,8$ und $n = 10$ auch schon eine Power von 75% erzielen würden).

Das Ergebnis der entsprechenden hypothetischen Studie ist in ▶Tabelle 13.3 dargestellt (identisch zu den Werten in Rechenbeispiel 11.4). Jeweils 8 Studierende haben ohne (Gruppe A) und mit Hintergrundmusik (Gruppe B) einen Lesetest bearbeitet. Die dritte Spalte in Tabelle 13.3 enthält die Differenzwerte (eine positive Differenz drückt aus, dass Lesen ohne Musik besser funktioniert als mit).

Messung A	Messung B	Differenz
27	21	6
25	25	0
30	23	7
29	26	3
30	27	3
33	26	7
31	29	2
35	31	4

Tabelle 13.3: Hypothetische Werte für die Leseleistungen von 8 Personen ohne (Messung A) und mit Hintergrundmusik (Messung B). ▶

▶**Fortsetzung**

Den Mittelwertsunterschied und den Standardfehler für diesen Mittelwertsunterschied kennen wir schon aus Kapitel 11 (Rechenbeispiel 11.4):

$$\overline{x}_{diff} = \frac{6+0+7+3+3+7+2+4}{8} = 4$$

$$\hat{\sigma}_{diff} = \sqrt{\frac{1}{n-1}\sum_{i=1}^{n}\left(x_{diff} - \overline{x}_{diff}\right)^2} = \sqrt{\frac{1}{7}\left[(6-4)^2 + (0-4)^2 + \ldots + (4-4)^2\right]} = 2,507$$

$$\hat{\sigma}_{\overline{x}_{diff}} = \frac{\hat{\sigma}_{diff}}{\sqrt{n}} = \frac{2,507}{\sqrt{8}} = 0,886$$

Alternativ könnte man $\hat{\sigma}_{diff}$ auch aus den geschätzten Populationsvarianzen für Messung A und Messung B, sowie der Korrelation zwischen den zwei Messungen berechnen. Die beiden geschätzten Populationsvarianzen betragen für die Werte in Tabelle 13.3 $\hat{\sigma}_A^2 = \hat{\sigma}_B^2 = 10$ und die Korrelation zwischen den Messungen beträgt $r = 0,6857$ (siehe auch Rechenbeispiel 11.4):

$$\hat{\sigma}_{diff} = \hat{\sigma}_{x_A - x_B} = \sqrt{\hat{\sigma}_A^2 + \hat{\sigma}_B^2 - 2r\hat{\sigma}_A\hat{\sigma}_B} = \sqrt{10 + 10 - 2 \cdot 0,6857 \cdot 10} = 2,507$$

Nun bleibt noch die Berechnung des *t*-Wertes:

$$t = \frac{\overline{x}_{diff}}{\hat{\sigma}_{\overline{x}_{diff}}} = \frac{4}{0,886} = 4,515$$

Ein Blick in die *t*-Tabelle in Anhang A zeigt, dass der kritische *t*-Wert für 7 Freiheitsgrade ($df = 7$) $t = 1,895$ beträgt. Unser Ergebnis, $t(7) = 4,515$ ist somit signifikant und spricht dafür, dass Hintergrundmusik die Leseleistung beeinträchtigt. Auch hier empfiehlt es sich, zusätzlich die Größe des Effekts zu bestimmen (siehe Rechenbeispiel 13.6).

13.2 Weitere *t*-Tests

t-Tests werden nicht nur für Mittelwerte und Mittelwertsvergleiche benutzt, sondern auch, um zu prüfen, ob sich eine Korrelation oder ein Regressionskoeffizient (siehe Kapitel 7 und 8) signifikant von 0 unterscheiden. Außerdem werden wir auch im Kapitel zur Kontrastanalyse (Kapitel 16) wieder auf den *t*-Test stoßen.

13.2.1 Korrelation

Der *t*-Test für Korrelationen kann nur durchgeführt werden, wenn die Nullhypothese besagt, dass sich die Korrelation in der Population nicht von 0 unterscheidet. In allen anderen Fällen ist die Stichprobenverteilung für Korrelationskoeffizienten nicht symmetrisch und deswegen kann dann die (symmetrische) t-Verteilung auch nicht als Prüfverteilung benutzt werden.[4]

Generelle Vorgehensweise

Der t-Wert für den Test, ob sich eine Korrelation von 0 unterscheidet, ist (für eine Herleitung siehe z.B. Hays, 1994)

$$t = \frac{r\sqrt{n-2}}{\sqrt{1-r^2}}$$

Das n im Zähler steht dabei für die Anzahl der Wertepaare, die in die Berechnung der Korrelation eingehen. Die Freiheitsgrade für diesen Test betragen $df = n - 2$. Im Zähler wird also r mit den Freiheitsgraden multipliziert und im Nenner steht der Standardschätzfehler, den wir aus Kapitel 8 schon kennen.

Poweranalyse

Die Korrelation ist selbst eine Effektgröße und kann direkt – als Populationskorrelation ρ (rho) – für die Poweranalyse benutzt werden. ▶Tabelle 13.4 zeigt für zwei Werte von α (0,01 und 0,05, einseitig) und verschiedene Werte für n, die Stichprobengröße (Anzahl der Wertepaare), welche Teststärke sich bei drei unterschiedlichen Populationseffektgrößen (klein, mittel und groß nach Cohens Standards, siehe Kapitel 9) ergeben würde. Ein Beispiel: Wenn man bei einem einseitigen α von 0,01 einen Effekt von $\rho = 0,5$ aufdecken möchte, dann wäre die Wahrscheinlichkeit für ein signifikantes Ergebnis bei $n = 40$ Messwertepaaren 85 %.

Tabelle 13.4

Power bei t-Tests für $\rho = 0$*

Stichproben-größe (n)	$\alpha = 0,01$			$\alpha = 0,05$		
	$\rho = 0,1$ (klein)	$\rho = 0,3$ (mittel)	$\rho = 0,5$ (groß)	$\rho = 0,1$ (klein)	$\rho = 0,3$ (mittel)	$\rho = 0,5$ (groß)
10	0,02	0,06	0,19	0,08	0,22	0,46
20	0,03	0,15	0,49	0,11	0,37	0,75
40	0,04	0,33	0,85	0,15	0,60	0,96
80	0,07	0,66	0,99	0,22	0,86	*
160	0,14	0,94	*	0,35	0,99	*

* Werte > 0,995 sind mit einem „*" gekennzeichnet (die Werte sind entnommen aus Cohen, 1988, 84–87).

---

4 In diesem Fall transformiert man für Signifikanztests und Konfidenzintervalle das r in ein z-verteiltes Korrelationsmaß (siehe Abschnitt 21.2.5 und 21.3.1).

Voraussetzungen für die Durchführung

Auch beim *t*-Test, mit dem überprüft wird, ob sich die Korrelation zweier Variablen signifikant von 0 unterscheidet, müssen die Werte dieser Variablen intervallskaliert sein. Zusätzlich müssen sie in der Population *gemeinsam (bivariat) normalverteilt* sein (▶Abbildung 13.1). Das kann man schwer überprüfen, aber der Test ist sehr robust gegenüber Verletzungen dieser Voraussetzung. Wenn jedoch deutlich ersichtlich ist, dass die Werteverteilung bei zumindest einer der Variablen sehr stark von einer symmetrischen (und glockenkurvenähnlichen) Verteilung abweicht, sollte man mit der Interpretation des Testergebnisses vorsichtig sein, denn dann weicht die Stichprobenverteilung mit hoher Wahrscheinlichkeit von der *t*-Verteilung ab und die spezifizierten Werte für α und β entsprechen nicht mehr den tatsächlichen Werten.

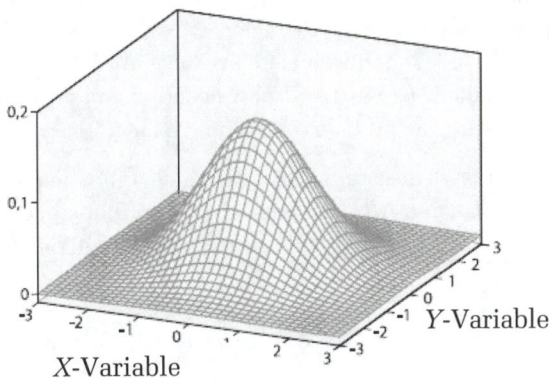

Abbildung 13.1: Bivariate Normalverteilung (nach Bortz, 2005, 191). Die *X*- und die *Y*-Variable sind jeweils standardnormalverteilt. Die Höhenachse gibt die Wahrscheinlichkeiten für die Ausprägungen der bivariaten Verteilung an.

Das Rechenbeispiel 13.3 zeigt, wie ein entsprechender Test durchgeführt werden kann.

> **Rechenbeispiel 13.3**
>
> *t-Test für Korrelationen* Es soll die Hypothese überprüft werden, dass es *keinen* Zusammenhang gibt zwischen der Sympathie, die man für einen Politiker empfindet und der Sachkompetenz, die man ihm zuschreibt. Diese Hypothese soll zunächst nur für einen Politiker untersucht werden. In diesem Fall entspricht die Forschungshypothese der statistischen Nullhypothese. Wie in Kapitel 12 erörtert, muss in dem Fall die Power schon für kleine Effekte sehr hoch sein, da es ansonsten nicht gerechtfertigt ist, ein nicht-signifikantes Ergebnis im Sinne von „kein Effekt in der Population" zu interpretieren. Als Wert für die Alternativhypothese wird deswegen ein kleiner Effekt gesetzt und die zwei statistischen Hypothesen sind demnach: ▶

▶Fortsetzung

$$H_0: \rho = 0 \text{ und}$$
$$H_1: \rho \geq 0,1$$

Der Wert für β soll genauso hoch sein wie der für α (einseitig) und man wählt für beide 5%, möchte also eine Teststärke von 95% gewährleisten. Wie viele Personen müsste man befragen? Ein Blick auf Tabelle 13.4 macht deutlich, dass das wesentlich mehr als $n = 160$ sein müssen, weil für diese Stichprobengröße die Power lediglich 35% betragen würde. Eine Suche mit dem Programm GPower ergibt, dass in diesem Fall ein $n = 1073$ benötigt wird.

Glücklicherweise erklärt sich ein renommiertes Meinungsumfrageinstitut dazu bereit, zwei entsprechende Fragen, bezogen auf den Außenminister, mit in die nächste Umfrage aufzunehmen. Die Befragten sollen jeweils auf einer Skala von 0 bis 10 einschätzen, wie sympathisch sie den Außenminister finden und für wie kompetent sie ihn halten. Es wird stillschweigend davon ausgegangen, dass die entsprechenden Messungen auf Intervallskalenniveau erfolgen.

Die Stichprobe umfasst insgesamt 1100 Befragte, von denen 52 zu mindestens einer der zwei Fragen keine Angaben gemacht haben. Bei einem $n = 1048$ ergibt sich eine Korrelation von $r = 0,12$. Das Ergebnis des Signifikanztests ist also

$$t = \frac{r\sqrt{n-2}}{\sqrt{1-r^2}} = \frac{0,12\sqrt{1048-2}}{\sqrt{1-0,12^2}} = 3,91$$

In diesem Fall kann man angesichts der riesigen Stichprobe auch sofort die Standardnormalverteilung als Prüfverteilung benutzen. Wenn wir das tun, müssen wir in Tabelle 1, Anhang A nach dem kritischen z-Wert für ein einseitiges α von 5% suchen. Der ist $z = 1,65$ und deutlich kleiner als der empirische t-Wert, also ist auch $p < \alpha$ und das Testergebnis ist somit signifikant. Die Tabelle für die Standardnormalverteilung zeigt auch, dass der p-Wert kleiner sein muss als 0,001, da unterhalb des größten dort tabellierten z-Werts von 3,09 schon 99,9% der Fläche der Standardnormalverteilung liegen (was einem $p = 0,001$ entsprechen würde). Das Ergebnis kann man als starke Evidenz dafür interpretieren, dass ein Zusammenhang zwischen Sympathie- und Kompetenzurteilen für den Außenminister (und möglicherweise auch für andere Politiker) existiert. Allerdings ist dieser Effekt ziemlich klein ($r = 0,12$).

13.2.2 Regression

Diesen Abschnitt über den t-Test, der überprüft, ob sich im Fall *einer* Prädiktorvariable ein Regressionsgewicht b (oder β für standardisierte Werte) signifikant von 0 unterscheidet (siehe hierzu Kapitel 8), können wir sehr kurz halten. Das ist deswegen möglich, weil Korrelation und Regressionskoeffizient, insbesondere im Fall von nur zwei Variablen, eng zusammenhängen. Dieser Zusammenhang ist, wie schon in Kapitel 8 erwähnt,

$$r = b \frac{s_x}{s_y}$$

Die Korrelation ergibt sich aus dem Produkt des Regressionskoeffizienten b mit dem Quotienten aus der Streuung der Prädiktorvariable (X-Variable) und der Kriteriumsvariable (Y-Variable). Wenn die Streuungen der beiden Variablen gleich sind (wie im Fall von z-standardisierten Werten), dann sind Regressionsgewicht und Korrelation sogar identisch. Man kann also einen Signifikanztest zur Frage, ob sich ein Regressionsgewicht signifikant von 0 unterscheidet, durchführen, indem man das r in der Formel für den Signifkanztest für $\rho = 0$ durch das Produkt von Regressionskoeffizienten und Quotient der Streuungen ersetzt. Auch eine Poweranalyse kann man analog zu der beim Test für die Abweichung einer Korrelation von 0 durchführen.

Für Regressionsgewichte in einer multiplen Regression (siehe Kapitel 8) kann auch der t-Test benutzt werden (siehe hierzu Cohen, Cohen und West, 2003). Bei der multiplen Regression ist jedoch die interessantere Frage, ob eine gute Vorhersage der Kriteriumswerte aus der Kenntnis mehrerer Prädiktoren insgesamt möglich ist, ob sich also das Ausmaß der aufgeklärten Varianz (R^2) signifikant von 0 unterscheidet. Der entsprechende Test ist allerdings ein F-Test und wird in Kapitel 15 behandelt.

13.3 Effektgrößenberechnung aus Testergebnissen von *t*-Tests

In den vorangegangenen Abschnitten und auch schon in Kapitel 12 haben wir jeweils Überlegungen und teilweise auch Berechnungen zu Effektsgrößen durchgeführt. Alle diese Überlegungen und Berechnungen bezogen sich auf den *Populationseffekt*. In diesem Abschnitt geht es um die Berechnung von *Stichprobeneffekten*. Der Unterschied zwischen diesen beiden Effekten ist einfach: Es gibt immer nur *einen* Populationseffekt, aber aus jedem Stichprobenergebnis, das aus dieser Population gezogen wird, kann ein Stichprobeneffekt berechnet werden. Man kann allerdings die Stichprobeneffekte für die Schätzung des Populationseffekts benutzen (und damit für die Spezifikation der Alternativhypothese). Dabei ist die beste Schätzung der Mittelwert aus den schon vorhandenen Stichprobeneffekten aus derselben Population (das ist auch das Prinzip der Metaanalyse, siehe Kapitel 22). Im Kapitel 9 haben wir gezeigt, wie man Stichprobeneffekte aus den Rohwerten ermittelt. Nun demonstrieren wir, wie man solche Effektgrößen aus den Ergebnissen von Signifikanztests berechnen kann. Nach einer kurzen Illustration der generellen Idee geben wir Beispiele zur Effektgrößenberechnung für alle bisher benutzten Arten von t-Tests.

13.3.1 Generelle Idee

Für die Berechnung von Effektgrößen aus Signifikanztestergebnissen gilt folgende „Merkregel":

$$Effektgröße = \frac{Signifikanztestergebnis}{Größe\ der\ Studie}$$

Dabei wird das „Signifikanztestergebnis" als Funktion der Teststatistik (z.B. *t*-Wert) ausgedrückt und die „Größe der Studie" meist in Freiheitsgraden (*df*) oder direkt als Stichprobengröße (*n*). In der Regel kann man auf diese Weise sowohl Abstands- als auch Korrelationsmaße berechnen. Wir demonstrieren nun die Vorgehensweise für die bislang behandelten Arten von *t*-Tests anhand der Effektgrößen *g* und *r*.

13.3.2 Eine Stichprobe (Mittelwert vs. vorgegebener Wert)

Wie schon in Kapitel 9 erwähnt, wird das Abstandsmaß *g* für den Einstichprobenfall berechnet als

$$g = \frac{\left(\bar{x} - vorgegebener \text{ Wert}\right)}{\hat{\sigma}}$$

Wenn man nun „vorgegebener Wert" durch μ ersetzt, findet man, dass *g* bereits Bestandteil der Formel für den *t*-Test im Einstichprobenfall ist:

$$t = \frac{\bar{x} - \mu}{\frac{\hat{\sigma}}{\sqrt{n}}} = \frac{\bar{x} - \mu}{\hat{\sigma}} \cdot \sqrt{n} = g\sqrt{n}$$

Aufgelöst nach *g* ergibt sich:

$$g = \frac{t}{\sqrt{n}}$$

Rechenbeispiel 13.5 zeigt, wie man *g* in diesem Fall berechnet.

Rechenbeispiel 13.4

Effektgrößenberechnung für Mittelwert vs. vorgegebener Wert   In Abschnitt 12.6.2 wurde untersucht, ob der Mittelwert der IQ Werte aus einer Zufallsstichprobe von erwachsenen Sachsen signifikant vom bundesdeutschen Durchschnittswerte (100) abweicht. Es ergab sich ein (nicht signifikantes) Ergebnis von $t\,(121) = 0{,}933$. Die daraus berechnete Effektgröße beträgt:

$$g = \frac{t}{\sqrt{n}} = \frac{0{,}933}{\sqrt{122}} = 0{,}08$$

Das ist ein sehr kleiner Effekt, wenn man die Konventionen aus Kapitel 9 als Vergleichsmaßstab benutzt.[5]

---

5 In Kapitel 9 sind die Konventionen nur für *d* angegeben. Der Unterschied zwischen *g* und *d* ist allerdings, außer bei sehr kleinen Stichproben, vernachlässigbar gering. Außerdem können die beiden Maße jederzeit ineinander überführt werden (siehe Kapitel 9).

13.3.3 Zwei unabhängige Stichproben

Für den Fall zweier unabhängiger Stichproben berechnet sich *g* folgendermaßen (siehe Kapitel 9):

$$g = \frac{\overline{x}_A - \overline{x}_B}{\hat{\sigma}_{AB}}$$

Der geschätzten gemeinsamen Streuung der zwei Stichproben, $\hat{\sigma}_{AB}$ sind wir schon in Kapitel 11 begegnet (als „gepoolte" Streuung):

$$\hat{\sigma}_{AB} = \hat{\sigma}_{pooled} = \sqrt{\frac{\hat{\sigma}_A^2(n_A - 1) + \hat{\sigma}_B^2(n_B - 1)}{n_A + n_B - 2}}$$

Nun kann man sehen, dass das Abstandsmaß *g* auch für den Fall zweier unabhängiger Stichproben *A* und *B* schon Bestandteil der Formel für den *t*-Test ist ($\mu_A - \mu_B = 0$):

$$t = \frac{(\overline{x}_A - \overline{x}_B) - (\mu_A - \mu_B)}{\sqrt{\frac{\hat{\sigma}_A^2(n_A - 1) + \hat{\sigma}_B^2(n_B - 1)}{n_A + n_B - 2}\left(\frac{1}{n_A} + \frac{1}{n_B}\right)}} = \frac{\overline{x}_A - \overline{x}_B}{\sqrt{\hat{\sigma}_{AB}^2\left(\frac{1}{n_A} + \frac{1}{n_B}\right)}}$$

$$= \frac{\overline{X}_A - \overline{X}_B}{\hat{\sigma}_{AB}\sqrt{\frac{1}{n_A} + \frac{1}{n_B}}} = \frac{g}{\sqrt{\frac{1}{n_A} + \frac{1}{n_B}}}$$

Aufgelöst nach *g* ergibt sich:

$$g = t\sqrt{\frac{1}{n_A} + \frac{1}{n_B}} = t\sqrt{\frac{n_A + n_B}{n_A \cdot n_B}}$$

Im Falle zweier Stichproben kann man auch eine korrelative Effektgröße aus dem *t*-Wert berechnen, die als Korrelation zwischen Gruppenzugehörigkeit (UV) und Messwerten (AV) interpretiert werden kann:[6]

$$r = \sqrt{\frac{t^2}{t^2 + df}}$$

Bei der Formel für *r* muss man beachten, dass, im Gegensatz zur Berechnung aus den Rohwerten, das Vorzeichen nicht automatisch festgelegt ist. Wenn man *r*'s aus unterschiedlichen Studien vergleichen möchte, muss man das Vorzeichen durch die Inspek-

---

6 Die Formel kann leicht aus der abgeleitet werden, die dafür benutzt wird zu testen, ob sich eine Korrelation signifikant von 0 unterscheidet (Abschnitt 13.2.1):

$$t = \frac{r\sqrt{n-2}}{\sqrt{1-r^2}} = \frac{r\sqrt{df}}{\sqrt{1-r^2}}$$

Wenn man beide Seiten der Gleichung quadriert, die einzelnen Ausdrücke umstellt und dann wieder die Wurzel zieht, erhält man:

$$t^2 = \frac{r^2 df}{1 - r^2} \Rightarrow t^2 - t^2 r^2 = r^2 df \Rightarrow r^2(t^2 + df) = t^2 \Rightarrow r = \sqrt{\frac{t^2}{t^2 + df}}$$

tion der Daten oder einen Blick auf den *t*-Wert bestimmen. Das Vorzeichen des *t*-Werts sollte immer mit dem Vorzeichen von *r* korrespondieren. Rechenbeispiel 13.5 illustriert die Vorgehensweise.

Rechenbeispiel 13.5

Effektgrößenberechnung für Mittelwertsunterschied, unabhängige Stichproben In Rechenbeispiel 13.1 wurde ein Signifikanztest durchgeführt, in dem die (hypothetischen) Depressionswerte einer Gruppe von Meditierenden ($n_A = 53$) mit denen einer Kontrollgruppe ($n_B = 51$) verglichen wurden. Das Testergebnis war mit $t(102) = 4{,}69$ signifikant bei einem α von 5% (einseitig). Wie groß ist der Effekt, der in dieser Studie gefunden wurde? Wir berechnen zunächst *g* und dann *r*.

$$g = t\sqrt{\frac{n_A + n_B}{n_A \cdot n_B}} = 4{,}69\sqrt{\frac{53+51}{53 \cdot 51}} = 0{,}92 \quad \text{und} \quad r = \sqrt{\frac{t^2}{t^2 + df}} = \sqrt{\frac{4{,}69^2}{4{,}69^2 + 102}} = 0{,}42$$

Dieser Effekt entspricht in beiden Formen einem vergleichsweise großen Effekt und gibt einen Hinweis darauf, *wie* hilfreich diese Therapiemethode ist, beispielsweise im Vergleich zu anderen Methoden.

13.3.4 Zwei abhängige Stichproben

Die Effektgröße für abhängige Mittelwertsunterschiede ist (siehe Kapitel 9, „Differenzwerte" sind mit „diff" abgekürzt):

$$g = \frac{\overline{x}_{diff}}{\hat{\sigma}_{diff}}$$

Genau wie im Fall des Tests eines Mittelwerts gegen einen vorgegebenen Wert ist die Effektgröße *g* schon in der Formel für den *t*-Test für Mittelwerte aus abhängigen Stichproben (t_{AS}) enthalten.

$$t_{AS} = \frac{\overline{x}_{diff}}{\hat{\sigma}_{\overline{x}_{diff}}} = \frac{\overline{x}_{diff}}{\dfrac{\hat{\sigma}_{diff}}{\sqrt{n}}} = \frac{\overline{x}_{diff}}{\hat{\sigma}_{diff}}\sqrt{n} = g\sqrt{n}$$

Aufgelöst nach *g* ergibt sich:

$$g = \frac{t_{AS}}{\sqrt{n}}$$

Abhängige Stichproben korrelieren miteinander und meistens ist diese Korrelation positiv. Das führt dazu, dass die Fehlervarianz eines *t*-Tests für abhängige Stichproben in der Regel kleiner ist als die eines vergleichbaren *t*-Tests für unabhängige Stichproben (siehe Abschnitt 11.3.2). Dies ist umso mehr der Fall, je höher die (positive) Korrelation zwischen den Stichproben ist. Wenn man nun inhaltlich vergleichbare Effektgrößen aus Studien mit abhängigen und solche aus Studien mit unabhängigen Stichproben zur Verfügung hat, dann sind diese hinsichtlich ihrer Größe *nicht* direkt miteinander vergleichbar. Da die Korrelation der Messwerte zwischen den abhängigen Stichproben der Grund für diese Nichtvergleichbarkeit ist, schlagen einige Autoren vor, das Ausmaß dieser Korrelation bei der Berechnung von Effektgrößen zu berücksichtigen und im Nachhinein zu kontrollieren (z.B. Cohen, 1988, 48; Dunlap, Cortina, Vaslow & Burke, 1996). Die entsprechend modifizierte Effektgröße *g* ist im Fall eines *t*-Tests für abhängige Stichproben (t_{AS}) mit *n* Messwertpaaren und der Korrelation *r* zwischen den abhängigen Messungen:

$$g = t_{AS}\sqrt{\frac{2(1-r)}{n}}$$

Das verschiedentlich vorgeschlagene Benutzen der Formel für die Berechnung einer korrelativen Effektgröße aus t_{AS} (z.B. Rosenthal & Rosnow, 1991, 312) kann deutlich höhere Effekte erbringen und sollte deswegen aus Gründen der Vergleichbarkeit eher nicht verwandt werden (siehe Dunlap et al., 1996). Wenn man bei *t*-Tests für abhängige Stichproben Werte für *g* berichtet, sollte immer angegeben werden, welche der beiden Formeln benutzt wurde. Das Rechenbeispiel 13.6 illustriert die Handhabung beider Umrechnungsformeln und demonstriert zum Vergleich, welches Ergebnis man bei unabhängigen Stichproben (mit identischen Werten) bekäme.

Rechenbeispiel 13.6

Effektgrößenberechnung für Mittelwertsunterschied, abhängige Stichproben In Rechenbeispiel 13.2. wurden an 8 Personen die Leseleistungen einmal mit und einmal ohne Hintergrundmusik erhoben. Der Vergleich der Leseleistungen ohne und mit Hintergrundmusik ergab als Testergebnis *t*(7) = 4,515. Daraus errechnet sich:

$$g = \frac{t_{AS}}{\sqrt{n}} = \frac{4,515}{\sqrt{8}} = 1,596$$

Die Korrelation zwischen den zwei abhängigen Messungen betrug *r* = 0,6857. Wenn man vorhätte, die in dieser Studie erzielte Effektgröße mit solchen aus Studien mit unabhängigen Stichproben zu vergleichen, dann sollte die Korrelation in die Berechnung einbezogen werden:

$$g = t_{AS}\sqrt{\frac{2(1-r)}{n}} = 4,515\sqrt{\frac{2(1-0,6857)}{8}} = 1,27$$

Mit und ohne Berücksichtigung der Korrelation zwischen den beiden Messungen ist das ein nach allen Standards außerordentlich großer Effekt. ▶

▶Fortsetzung

Dieser korrigierte Wert würde sich auch ergeben, wenn Messung A und Messung B in Tabelle 13.3 tatsächlich aus zwei unabhängigen Stichproben stammen würden. In Rechenbeispiel 11.4 hatten wir schon den Standardfehler dafür berechnet (die geschätzten Populationsvarianzen für beide Messungen haben den Wert 10):

$$\hat{\sigma}_{\bar{x}_A - \bar{x}_B} = \sqrt{\frac{\hat{\sigma}_A^2}{n} + \frac{\hat{\sigma}_B^2}{n}} = \sqrt{\frac{10}{8} + \frac{10}{8}} = 1{,}581$$

Daraus ergibt sich ein t_{US}-Wert (US steht für unabhängige Stichproben, das Kürzel wird aber nur in diesem Kasten benutzt um den Unterschied zwischen den beiden Arten von *t*-Tests hervorzuheben) von

$$t_{US} = \frac{(\bar{x}_A - \bar{x}_B)}{\hat{\sigma}_{\bar{x}_A - \bar{x}_B}} = \frac{4}{1{,}581} = 2{,}53$$

und die daraus berechnete Effektgröße ist, wie nicht anders zu erwarten, wieder

$$g = t_{US}\sqrt{\frac{n_A + n_B}{n_A \cdot n_B}} = 2{,}53\sqrt{\frac{8+8}{8 \cdot 8}} = 1{,}27$$

Man könnte in diesem Fall auch die entsprechende korrelative Effektgröße berechnen, entweder aus dem Ergebnis des Signifikanztests (aus t_{US}, nicht aber aus t_{AS}, siehe oben)

$$r = \sqrt{\frac{t_{US}^2}{t_{US}^2 + df}} = \sqrt{\frac{2{,}53^2}{2{,}53^2 + 14}} = 0{,}56$$

oder aus der gerade berechneten Effektgröße g (siehe Kapitel 9):

$$r = \frac{g}{\sqrt{g^2 + 4\left(\dfrac{df}{n}\right)}} = \frac{1{,}27}{\sqrt{1{,}27^2 + 4\left(\dfrac{14}{16}\right)}} = 0{,}56$$

13.3.5 Korrelation und Regression

Eine Effektgrößenberechnung aus einem *t*-Test für Korrelationen erübrigt sich, da hier, wie im Beispiel mit den Einschätzungen von Politikern (Rechenbeispiel 13.3), die Effektgröße schon vor dem Test vorliegt. Wenn nur der *t*-Wert und nicht die Korrelation selbst angegeben ist, dann kann man diese mit Hilfe der schon beim *t*-Test für unabhängige Mittelwertsunterschiede verwendeten Formel zurückrechnen:

$$r = \sqrt{\frac{t^2}{t^2 + df}}$$

Diese Formel kann man auch benutzen, wenn man das Ergebnis eines Signifikanztests zur Frage, ob sich ein Regressionskoeffizient signifikant von 0 unterscheidet, vorliegen hat.

Z U S A M M E N F A S S U N G

Tests, die mit Hilfe der t-Verteilung durchgeführt werden – so genannte t-Tests – haben in der Psychologie einen hohen Verbreitungsgrad. Sie können dazu benutzt werden, zu überprüfen, ob sich ein Populationsmittelwert von einem vorgegebenen Wert unterscheidet (Einstichprobenfall, siehe Kapitel 12), aber auch, ob sich zwei Populationsmittel signifikant unterscheiden. Dabei macht es einen Unterschied, ob die entsprechenden zwei Stichproben, aus denen die Mittelwerte berechnet werden, abhängige oder unabhängige Messungen enthalten.

Bei abhängigen Stichproben sind die Untersuchungseinheiten jeweils Messwertpaare während bei unabhängigen Stichproben eine solche Zuordnung zwischen den Messwerten in den beiden Stichproben nicht getroffen werden kann. Die Messwertpaare bei abhängigen Messungen sind in der Regel positiv miteinander korreliert und das führt zu kleineren Standardfehlern als bei vergleichbaren unabhängigen (unkorrelierten) Stichproben. Dieser Unterschied schlägt sich in unterschiedlichen Berechnungsweisen für den t-Wert und unterschiedlichen Powerberechnungen nieder. Eine Variante von t-Tests wird auch verwendet, wenn man überprüfen möchte, ob sich eine Korrelation oder ein Regressionskoeffizient in der Population signifikant von 0 unterscheiden.

Aus Testergebnissen kann man direkt (ohne Rekurs auf die Rohwerte) Effektgrößen berechnen. Die Ergebnisse von t-Tests können entweder in Abstandsmaße (z.B. g) oder in eine Korrelation umgerechnet werden. Bei der Interpretation von Effektgrößen sollte man darauf achten, ob sie aus dem Ergebnis eines t-Tests für unabhängige oder abhängige Stichproben berechnet wurden, da Effektgrößen aus abhängigen Stichproben in der Regel größer sind.

Z U S A M M E N F A S S U N G

Weiterführende Literatur

Rosenthal, R. (1994). Parametric measures of effect size. In H. Cooper & L. V. Hedges (Eds.). *The handbook of research synthesis*. New York: Russel Sage Foundation (231–244).

Rosnow, R. L., & Rosenthal, R. (2003). Effect sizes for experimenting psychologists. *Canadian Journal of Experimental Psychology, 57*, 221–237.
Beides sind leicht verständliche Übersichten, ohne besondere mathematische Vorkenntnisse lesbar.

Tatsuoka, M. (1993). Effect size. In G. Keren & C. Lewis (Eds.). *A handbook for data analysis in the behavioral sciences: Methodological issues*. Hillsdale, NJ: Erlbaum (461–479).
Dieses Kapitel verlangt etwas mehr mathematisches Vorwissen.

Übungsaufgaben mit Lösungen sowie weitere Informationen zu diesem Buchkapitel finden Sie auf der Companion Website zum Buch unter *http://www.pearson-studium.de*

Der *F*-Test in der einfaktoriellen Varianzanalyse

14

ÜBERBLICK

Wie Sie im Kapitel 12 gesehen haben, können Signifikanztests eingesetzt werden, um die Frage zu klären, ob beobachtete Unterschiede zwischen verschiedenen Stichproben die Schlussfolgerung erlauben, dass auch zwischen den entsprechenden Populationen Unterschiede bestehen. Als spezielles Verfahren für den Vergleich der *Mittelwerte* aus *zwei* (unabhängigen oder abhängigen) Stichproben haben Sie im Kapitel 13 den *t*-Test kennen gelernt. Auch die Varianzanalyse dient – trotz ihres Namens – dazu, Unterschiede zwischen Mittelwerten auf Signifikanz zu testen. Sie wird allerdings vor allem dann eingesetzt, wenn die Mittelwerte aus *mehr als zwei Stichproben* zu vergleichen sind. Der Name des Verfahrens rührt einfach daher, dass dieser Vergleich von Mittelwerten überraschender Weise mit Hilfe einer Betrachtung von Varianzen erreicht wird. (Genauer gesagt stützt sich die Varianzanalyse – wie wir noch sehen werden – im einfachsten Fall auf eine Untersuchung der Varianzen, die innerhalb von Stichproben und zwischen verschiedenen Stichproben auftreten.) Das statistische Prüfverfahren, das innerhalb der Varianzanalyse zur Anwendung kommt, ist der *F*-Test.

Die Varianzanalyse wird in der Psychologie sehr häufig eingesetzt. Ein Grund dafür besteht einfach darin, dass in psychologischen Studien oftmals mehr als zwei Stichproben verglichen werden. Beispiele finden wir vor allem in der experimentellen Forschung. Jedes Experiment, in dem eine unabhängige Variable in mehr als zwei Stufen variiert wird und in dem es somit mehr als zwei Bedingungen gibt, stellt einen möglichen Anwendungsfall der Varianzanalyse dar. Die Daten in den verschiedenen Bedingungen bilden dabei die Stichproben. Wir könnten etwa die Wirkung von Schlafmangel auf die Konzentrationsfähigkeit untersuchen, indem wir drei Bedingungen herstellen, in denen wir unterschiedliche Teilnehmer für 20, 24 und 28 Stunden am Schlafen hindern. Die drei Gruppen von Teilnehmern sind dann die Stichproben. Die Varianzanalyse könnten wir in diesem Experiment einsetzen, um zu testen, ob wir aufgrund der Unterschiede in der mittleren Konzentrationsfähigkeit der drei Gruppen annehmen können, dass auch zwischen den Populationen von Personen, die 20, 24 und 28 Stunden nicht geschlafen haben, Unterschiede in der durchschnittlichen Konzentrationsfähigkeit bestehen.

Die Varianzanalyse kommt aber durchaus auch in der nicht-experimentellen Forschung zur Anwendung. Wir könnten uns beispielsweise für die Frage interessieren, ob Psychologen in verschiedenen Berufsfeldern unterschiedlich viel verdienen. Um diese Frage zu beantworten, könnten wir Stichproben von jeweils 20 Psychologen ziehen, die in der Forschung, der klinischen Psychologie, der Organisationspsychologie und der pädagogischen Psychologie tätig sind. Die Unterschiede in den Mittelwerten der Gehälter in diesen vier Stichproben können dann wiederum mittels der Varianzanalyse auf Signifikanz getestet werden.

In beiden skizzierten Studien sollte eine *einfaktorielle Varianzanalyse für unabhängige Stichproben* eingesetzt werden. Die Verwendung einer Varianzanalyse für unabhängige Stichproben ist vor allem dann angezeigt, wenn sich in den verschiedenen Bedingungen oder Gruppen unterschiedliche Personen befinden (also z.B. in Experimenten im between-subjects Design mit Randomisierung). Daneben gibt es – analog zum *t*-Test –

auch eine *Varianzanalyse für abhängige Stichproben*. Dieses Verfahren wird vor allem dann eingesetzt, wenn die Daten in den verschiedenen Bedingungen von denselben Teilnehmern stammen (also bei Experimenten im within-subjects Design). Eine einfaktorielle Varianzanalyse wäre in unseren Beispielen das Verfahren der Wahl, weil die verschiedenen Gruppen jeweils aus der unterschiedlichen Ausprägung *einer* Variablen resultieren (Dauer des Schlafentzugs bzw. Berufsfeld). Wie wir im Kapitel 5 gesehen haben, können in Studien jedoch auch mehrere unabhängige Variablen zugleich untersucht werden. Wir könnten beispielsweise zusätzlich zum Schlafmangel auch die körperliche Belastung der Teilnehmer manipulieren. Damit würden sich die verschiedenen Gruppen von Teilnehmern natürlich auch auf zwei Variablen unterscheiden. In solchen Designs mit mehreren unabhängigen Variablen kann eine *mehrfaktorielle Varianzanalyse* durchgeführt werden, um auf signifikante Mittelwertsunterschiede zu testen.

Wir werden in diesem Kapitel anhand der einfaktoriellen Varianzanalyse für unabhängige Stichproben die grundlegende Logik des Verfahrens vorstellen und dabei insbesondere erläutern, warum und wie mit Hilfe einer Analyse von Varianzen Aussagen über Mittelwertsunterschiede getroffen werden können. Natürlich behandeln wir auch die rechnerische Durchführung der einfaktoriellen Varianzanalyse. Zudem werden wir Anwendungsvoraussetzungen diskutieren, geeignete Effektgrößen dar – und einige Überlegungen zur Power der einfaktoriellen Varianzanalyse anstellen. Auf die komplexeren Varianten der Varianzanalyse – die mehrfaktorielle Varianzanalyse und die Varianzanalyse für abhängige Stichproben – gehen wir in Kapitel 15 ein.

Klären wir aber zunächst, warum zum Vergleich der Mittelwerte aus mehr als zwei Stichproben nicht einfach mehrere *t*-Tests genutzt werden können.

14.1 Warum nicht mehrere *t*-Tests?

Betrachten wir noch einmal das Experiment zur Wirkung von Schlafmangel auf die Konzentrationsfähigkeit. Nehmen wir an, wir finden zwischen den Teilnehmergruppen, die 20, 24 und 28 Stunden nicht geschlafen haben, Unterschiede in der durchschnittlichen Konzentrationsfähigkeit. Wir wollen nun wissen, ob diese Unterschiede ausreichende Evidenz für die Schlussfolgerung bieten, dass auch zwischen den entsprechenden Populationen Unterschiede in der durchschnittlichen Konzentrationsfähigkeit bestehen. Prinzipiell könnten wir diese Frage nun einfach beantworten, indem wir die Stichprobenmittelwerte paarweise mit mehreren *t*-Tests vergleichen. Wir könnten also mit den Daten aus den Gruppen „20 Stunden" und „24 Stunden", „20 Stunden" und „28 Stunden" sowie „24 Stunden" und „28 Stunden" insgesamt drei *t*-Tests durchführen. Mit jedem dieser *t*-Tests würden wir ermitteln, ob bei den beiden verglichenen Bedingungen Unterschiede zwischen den Populationsmittelwerten anzunehmen sind. Warum benötigen wir dann überhaupt einen eigenen Signifikanztest, um die Mittelwerte aus mehr als zwei Gruppen zu vergleichen?

Das Problem mit der Durchführung mehrerer *t*-Tests liegt darin, dass sich mit diesem Vorgehen zwangsläufig die Wahrscheinlichkeit für das Auftreten einer Fehlentscheidung erhöht. Wir haben in Kapitel 12 gesehen, dass wir mit dem Signifikanzkriterium α die Wahrscheinlichkeit für eine Fehlentscheidung zugunsten der Alternativhypothese festlegen. Nehmen wir nun an, dass zwischen den Populationsmittelwerten in unserem Experiment keine Unterschiede bestehen, dass also bei allen drei *t*-Tests die Nullhypothese korrekt ist. Gehen wir weiterhin davon aus, dass wir für alle drei *t*-Tests ein Kriterium von $\alpha = 5\%$ festlegen. Beim ersten Test, den wir durchführen, haben wir damit natürlich eine Wahrscheinlichkeit von $1 - \alpha = 0{,}95$, ein nicht-signifikantes Ergebnis zu finden und uns richtiger Weise für die Nullhypothese zu entscheiden. Wie groß ist aber die Wahrscheinlichkeit, dass wir uns bei der Durchführung von zwei Tests *in beiden Tests* richtig entscheiden? Diese Wahrscheinlichkeit beträgt $(1 - \alpha) \cdot (1 - \alpha)$ $= 0{,}95 \cdot 0{,}95 = 0{,}9025$ oder 90,25%. Damit liegt aber auch die Wahrscheinlichkeit für *mindestens eine Fehlentscheidung* zugunsten der Alternativhypothese nicht mehr bei 5%, sondern bei $1 - 0{,}9025 = 0{,}0975$ oder 9,75%. In unserem Beispielexperiment benötigen wir für den vollständigen Vergleich aller Bedingungen drei Tests. Die Chance, dass wir in diesen drei Tests zumindest einmal fälschlich die Alternativhypothese annehmen, beträgt $1 - (1 - 0{,}05)^3 = 0{,}1426$. Wir wollen diese Wahrscheinlichkeit, dass bei mehreren Tests mindestens ein α-Fehler auftritt, als *kumuliertes α* bezeichnen. Allgemein können wir das kumulierte α bei der Durchführung von *j* Tests nach der Formel

$$\text{kumuliertes } \alpha = 1 - (1 - \alpha)^j$$

bestimmen. Die Zahl der Tests, die wir benötigen, um bei *k* Gruppen alle möglichen Vergleiche durchzuführen, beträgt $j = (k \cdot (k - 1))/2$. Wenn wir also beispielsweise unser Experiment um eine vierte Bedingung erweitern würden, in der die Teilnehmer 32 Stunden nicht schlafen, so müssten wir sechs Tests durchführen, um einen vollständigen Vergleich aller Gruppen zu erreichen. Das kumulierte α läge damit bereits bei 26,5% (Rechnen Sie nach!). Generell steigt also bei diesem Vorgehen mit der Anzahl der zu vergleichenden Gruppen die Wahrscheinlichkeit dafür, dass wir mindestens einmal fälschlich die Alternativhypothese annehmen, immer weiter an.

Dies ist natürlich ärgerlich. Eine Möglichkeit, mit diesem Problem umzugehen, besteht darin, für die einzelnen Tests ein korrigiertes α' festzulegen. Dieses α' sollte so niedrig sein, dass das kumulierte α die angestrebte Fehlerwahrscheinlichkeit nicht überschreitet. Wir können dieses korrigierte α' bestimmen, indem wir die Formel für das kumulierte α nach α' auflösen. Es ergibt sich:

$$\alpha' = 1 - (1 - \text{kumuliertes } \alpha)^{1/j}$$

Für unser Experiment mit drei Gruppen müssten wir demnach ein α' von 0,017 festlegen, damit das kumulierte α bei 0,05 liegt. Für ein Experiment mit vier Gruppen und sechs Tests resultiert ein korrigiertes α' von 0,0085. Rechnerisch sehr viel einfacher lässt sich α' mit der *Bonferroni-Korrektur* bestimmen, die näherungsweise zu denselben Ergebnissen führt. Bei dieser Korrektur errechnet man das α', indem man das angestrebte kumulierte α durch die Anzahl der Tests teilt, also:

$$\alpha' = \text{kumuliertes } \alpha / j$$

Mit dieser – sehr häufig angewandten – Formel sollten wir demnach bei vier Gruppen und einem kumulierten α von 0,05 jeden der sechs benötigten *t*-Tests mit einem Signifikanzkriterium von $\alpha' = 0,0083$ durchführen[1].

Mit Hilfe der Bonferroni-Korrektur können wir also das Problem einer steigenden Wahrscheinlichkeit für eine Fehlentscheidung zugunsten der Alternativhypothese in den Griff bekommen und dafür Sorge tragen, dass diese Wahrscheinlichkeit auf einem gewünschten Niveau konstant bleibt. Leider trägt uns die Bonferroni-Korrektur aber eine andere Schwierigkeit ein: Indem wir bei den einzelnen Tests ein geringeres α wählen – also ein extremeres Signifikanzkriterium setzen –, vermindern wir natürlich die Chance, *überhaupt* ein signifikantes Ergebnis zu finden. Die Teststärke der einzelnen *t*-Tests sinkt! Wenn also bei einem (oder mehreren) unserer Gruppenvergleiche tatsächlich die Alternativhypothese korrekt ist, werden wir dies nur mit verringerter Wahrscheinlichkeit entdecken. Mit anderen Worten: Die Wahrscheinlichkeit eines β-Fehlers (einer Fehlentscheidung zugunsten der Nullhypothese) steigt.

Die Durchführung mehrerer *t*-Tests bringt uns also in ein Dilemma: Wir können die Bonferroni-Korrektur durchführen und somit die Wahrscheinlichkeit für einen α-Fehler kontrollieren. Bei diesem Vorgehen müssen wir aber damit leben, dass sich die Wahrscheinlichkeit für einen β-Fehler erhöht. Alternativ können wir auf die Bonferroni-Korrektur verzichten. Dann haben wir natürlich nach wie vor das Problem, dass die Wahrscheinlichkeit eines α-Fehlers steigt. Um uns aus diesem Dilemma zu befreien, benötigen wir ein Verfahren, dass alle Gruppenmittelwerte in unserem Experiment in nur *einem* Test vergleicht. Genau dies leistet die Varianzanalyse.

Im Kasten „Zu viele Signifikanztests" auf der nächsten Seite werden weitere Situationen geschildert, in denen das Problem der α-Fehler-Kumulierung auftritt.

---

1 Die Formel zur Berechnung des kumulierten α führt genau genommen nur dann zu einem korrekten Resultat, wenn die Ergebnisse der verschiedenen *t*-Tests voneinander unabhängig sind. Dies ist jedoch in der Regel nicht der Fall. Finden wir etwa in unserem Beispielexperiment bei zwei der drei *t*-Tests ein signifikantes Ergebnis, so ist die Wahrscheinlichkeit für einen signifikanten Mittelwertsunterschied im dritten Test nicht mehr dieselbe wie bei zwei vorangegangenen, nicht-signifikanten Ergebnissen. Dies hat zur Folge, dass das tatsächliche kumulierte α kleiner ist als mit der obigen Formel errechnet wird. Besteht eine Abhängigkeit zwischen den Tests, lässt die Formel das Problem der α-Fehler-Kumulierung also etwas dramatischer erscheinen als es ist. Da die Bonferroni-Korrektur ja auf dieser Formel basiert, führt sie in diesem Fall dazu, dass ein kleineres korrigiertes α' gewählt wird als erforderlich wäre. Die Bonferroni-Korrektur ist also ein sehr vorsichtiges (konservatives) Vorgehen, bei dem nur ein großer Effekt in den Stichprobendaten eine Entscheidung zugunsten der Alternativhypothese nach sich zieht.

HINTERGRUND

Zu viele Signifikanztests Das Problem einer erhöhten kumulierten Wahrscheinlichkeit für einen α-Fehler stellt sich nicht nur, wenn die Mittelwerte aus mehr als zwei Gruppen zu vergleichen sind. Dieselbe Schwierigkeit ergibt sich auch dann, wenn zwei Gruppen hinsichtlich ihrer Mittelwerte auf mehreren Variablen verglichen werden – oder ganz allgemein bei der Durchführung zahlreicher Signifikanztests in einer Untersuchung. Ein Beispiel: Um zu klären, wodurch sich die „Unternehmerpersönlichkeit" auszeichnet, könnten wir bei Stichproben von Unternehmern und Angestellten 40 Persönlichkeitsmerkmale erheben. Wir können dann bei allen 40 Merkmalen mit *t*-Tests prüfen, ob ein signifikanter Unterschied vorhanden ist. Wenden wir bei diesen Tests wieder ein Signifikanzkriterium von $\alpha = 5\%$ an, so müssen wir natürlich damit rechnen, dass 5% der Tests, bei denen die Nullhypothese zutrifft, fälschlicherweise zu einer Annahme der Alternativhypothese führen. Bei 40 Tests sind also selbst dann zwei signifikante Ergebnisse zu erwarten, wenn zwischen den Populationen von Unternehmern und Angestellten überhaupt keine Persönlichkeitsunterschiede bestehen. 100 *t*-Tests mit einem α von 5% werden im Durchschnitt allein aufgrund des Zufalls fünf signifikante Ergebnisse erbringen. Offensichtlich würde man also einen Fehler begehen, wenn man diese fünf signifikanten Ergebnisse als Beleg dafür interpretieren würde, dass auf den entsprechenden Variablen tatsächlich Populationsunterschiede existieren. Finden wir in 100 Tests sieben signifikante Ergebnisse, so bleibt offen, welche dieser Ergebnisse tatsächlich vorhandene Unterschiede anzeigen. In unserem Beispielfall – also beim Vergleich von zwei Gruppen auf mehreren abhängigen Variablen – ist die mit Abstand beste Lösung in der Regel in einer veränderten Forschungsstrategie zu finden: Es hat wenig Sinn, quasi „mit Schrot auf Spatzen zu schießen" und alle erdenklichen Persönlichkeitsmerkmale zu erheben. Stattdessen sollte man sich auf eine Untersuchung derjenigen Persönlichkeitsmerkmale beschränken, bei denen aufgrund theoretischer Überlegungen ein Unterschied zwischen Unternehmern und Angestellten zu vermuten ist. Damit verringert sich auch die Zahl der benötigten Signifikanztests.

14.2 Die Logik der Varianzanalyse

Die Nullhypothese in der Varianzanalyse besagt, dass die verschiedenen untersuchten Populationen alle den gleichen Mittelwert haben. In unserem Beispielexperiment lautet die Nullhypothese also, dass sich die Populationen von Personen, die 20, 24 oder 28 Stunden nicht geschlafen haben, hinsichtlich ihrer durchschnittlichen Konzentrationsfähigkeit nicht unterscheiden.

$$H_0 : \mu_{20h} = \mu_{24h} = \mu_{28h}$$

In der Alternativhypothese wird in der Varianzanalyse grundsätzlich lediglich das Gegenteil von der Nullhypothese formuliert. Die Alternativhypothese besagt also ausschließlich, dass zwischen den verschiedenen Populationen irgendwelche Mittelwertsunterschiede bestehen. Allgemein trifft diese Alternativhypothese der Varianzanalyse bereits dann zu, wenn mindestens einer der untersuchten Populationsmittelwerte von mindestens einem der anderen Populationsmittelwerte abweicht.

Mit der Varianzanalyse prüfen wir nun, ob sich die beobachteten Stichprobenmittelwerte stärker voneinander unterscheiden als zu erwarten wäre, wenn die Nullhypothese korrekt wäre. Mit anderen Worten, die Varianzanalyse beantwortet die Frage, ob zwischen den Stichprobenmittelwerten Unterschiede bestehen, die nicht mehr plausibel durch eine zufällige Abweichung der Stichprobenmittelwerte vom *gleichen* Populationsmittelwert erklärt werden können. Dies geschieht – wie schon erwähnt – durch eine Betrachtung von Varianzen. Ein Grund für diese Konzentration auf Varianzen liegt einfach darin, dass die Frage nach den Unterschieden zwischen Mittelwerten gleichbedeutend ist mit der Frage nach der Variation dieser Mittelwerte.

Wir werden im Folgenden genauer klären, wie die Analyse von Varianzen Aufschluss über Mittelwertsunterschiede geben kann. Dabei werden wir die Logik der Varianzanalyse mit zwei unterschiedlichen Ansätzen erläutern. Der erste Ansatz beruht darauf, dass in der Varianzanalyse auf zwei unterschiedlichen Wegen die Populationsvarianz geschätzt wird. Der zweite Ansatz beschreibt die Varianzanalyse als ein Verfahren, in dem die Variation in den Daten in eine systematische Varianz zwischen Gruppen und eine unsystematische Varianz innerhalb von Gruppen zerlegt wird. (Falls dies verwirrend klingt, gedulden Sie sich bitte noch einen Moment bis zur Erläuterung in den nächsten Abschnitten! – Wir wollen Ihnen hier nur eine Übersicht über die folgenden Inhalte geben.) Beide Ansätze sind mathematisch äquivalent und führen zu identischen Ergebnissen. Auf die Details der rechnerischen Durchführung werden wir besonders beim zweiten Ansatz eingehen. Wir stellen hier beide Ansätze dar, um deutlich zu machen, dass es mehrere Möglichkeiten gibt, das Vorgehen der Varianzanalyse zu verstehen. Beide Ansätze beleuchten auch unterschiedliche theoretische Hintergründe der Varianzanalyse.

In Studien, in denen die Verwendung einer Varianzanalyse bei der Datenauswertung geplant ist, sollte – wie bei allen Signifikanztests – bereits *vor* der Datenerhebung eine Poweranalyse erfolgen. Diese Poweranalyse beruht auf spezifischen Effektmaßen, deren Verständnis wiederum die Kenntnis der grundlegenden Logik der Varianzanalyse voraussetzt. Wir werden auf diese Effektmaße und die Poweranalyse daher erst am Ende dieses Kapitels eingehen.

14.2.1 Zwei Wege zu einer Schätzung der Populationsvarianz

In der Varianzanalyse wird angenommen, dass die verschiedenen untersuchten Gruppen aus Populationen mit der gleichen Varianz stammen. In unserem Beispiel gehen wir also davon aus, dass die Varianz der Konzentrations-Messwerte in den Populationen von Personen, die 20, 24 oder 28 Stunden nicht geschlafen haben, gleich ist. Diese Populationsvarianz ist natürlich unbekannt, aber sie kann aus den Stichprobendaten geschätzt werden. Dies geschieht in der Varianzanalyse auf zwei Arten: Zum einen anhand der Varianz der Messwerte *innerhalb* der einzelnen Stichproben; zum anderen aufgrund der *Variation zwischen den Mittelwerten* der Stichproben. Diese Varianzschätzungen werden anschließend miteinander verglichen. Wie wir noch sehen werden, ist dabei zu erwarten, dass die beiden Varianzschätzungen zu einem ähnlichen Ergebnis führen, wenn die Nullhypothese korrekt ist. Unterscheiden sich die Populationsmittelwerte hingegen, so wird die Varianzschätzung aufgrund der Stichprobenmittelwerte größer ausfallen als die Schätzung aufgrund der Varianz innerhalb der Stichproben. Betrachten wir aber zunächst genauer, wie man zu den beiden Schätzungen der Varianz gelangt.

Schätzung der Populationsvarianz aufgrund der Variation innerhalb der Stichproben

Wir haben bereits in Kapitel 10 dargestellt, wie man anhand der Daten in einer Stichprobe die Populationsvarianz schätzen kann. Die Formel dafür lautet:

$$\hat{\sigma}^2 = \frac{\sum\limits_{i=1}^{n}\left(x_i - \bar{x}\right)^2}{n-1}$$

In der Varianzanalyse stehen uns nun mehrere Stichproben zur Verfügung. Aus jeder dieser Stichproben können wir eine Schätzung für die Populationsvarianz σ^2 gewinnen. In der ▶Tabelle 14.1 sind die (fiktiven) Ergebnisse unseres Beispielsexperiments dargestellt. Wir nehmen dabei an, dass in jeder der drei Bedingungen fünf Teilnehmer untersucht worden sind. Die Tabelle enthält zusätzlich bereits die Mittelwerte der Konzentrationswerte in den drei Bedingungen. Zudem sind auch die drei Schätzungen der Populationsvarianz schon berechnet.

Tabelle 14.1

Ergebnisse des Beispielexperiments zur Wirkung von Schlafmangel auf die Konzentrationsfähigkeit (fiktive Daten)

Gruppe 1 20 h	Gruppe 2 24 h	Gruppe 3 28 h
19	13	16
21	15	14
17	18	15
20	17	12
23	16	13
$\bar{x}_1 = 20{,}0$	$\bar{x}_2 = 15{,}8$	$\bar{x}_3 = 14{,}0$
$\hat{\sigma}_1^2 = 5{,}0$	$\hat{\sigma}_2^2 = 3{,}7$	$\hat{\sigma}_3^2 = 2{,}5$

Wie ersichtlich wird ergeben sich in unserem Fall Varianzschätzungen von 5,0, 3,7 und 2,5 aus den drei Stichproben. Generell gilt nun, dass man die Schätzung eines Populationsparameters verbessern kann, indem man mehrere (unabhängige) Schätzer dieses Parameters mittelt. Wir erhalten also eine gute Schätzung der Populationsvarianz, wenn wir den Mittelwert der Varianzschätzungen aus den einzelnen Stichproben berechnen. Diese mittlere geschätzte Varianz wird auch *Varianzschätzung innerhalb von Gruppen* genannt und mit $\hat{\sigma}_{inn}^2$ abgekürzt. Bei k Gruppen lautet die Formel zu ihrer Berechnung:

$$\hat{\sigma}_{inn}^2 = \frac{\sum\limits_{j=1}^{k}\hat{\sigma}_j^2}{k}$$

wobei durch den Index j die unterschiedlichen Gruppen kenntlich gemacht werden[2]. In unserem Beispiel schätzen wir also aufgrund der Varianz innerhalb der einzelnen Gruppen eine Populationsvarianz von:

$$\hat{\sigma}^2_{inn} = \frac{5,0 + 3,7 + 2,5}{3} = 3,73$$

Für das richtige Verständnis der Varianzschätzung innerhalb von Gruppen ist wichtig, dass sie von Mittelwertsunterschieden zwischen den Gruppen nicht beeinflusst wird. Da wir ja jeweils nur die Varianz *innerhalb* der einzelnen Stichproben betrachtet haben, spielen etwaige Mittelwertsunterschiede hier keine Rolle. Wir können also erwarten, dass die Varianzschätzung innerhalb von Gruppen stets – unabhängig davon ob die Nullhypothese oder die Alternativhypothese zutrifft – eine gute Schätzung der Populationsvarianz liefert.

Schätzung der Populationsvarianz aufgrund der Variation zwischen den Stichprobenmittelwerten

Die zweite Möglichkeit zur Schätzung der Populationsvarianz beruht auf der Variation der Stichprobenmittelwerte. Die Varianz der Stichprobenmittelwerte ergibt sich natürlich aus der quadrierten Abweichung der einzelnen Mittelwerte vom Gesamtmittelwert aller Daten, den wir mit $\bar{\bar{x}}$ bezeichnen wollen. (Sofern in allen Stichproben die gleiche Teilnehmeranzahl untersucht wird, ist der Gesamtmittelwert $\bar{\bar{x}}$ identisch mit dem Mittelwert der Stichprobenmittelwerte.) Die Formel für die Berechnung der Varianz der Stichprobenmittelwerte lautet also:

$$\hat{\sigma}^2_{\bar{x}} = \frac{\sum\limits_{j=1}^{k} \left(\bar{x}_j - \bar{\bar{x}} \right)^2}{k-1}$$

Wie können wir nun aus dieser Varianz der Stichprobenmittelwerte eine Schätzung der Populationsvarianz gewinnen? Erinnern wir uns zunächst an das Konzept der Stichprobenverteilung, das wir in Kapitel 10 kennen gelernt haben: Wenn wir aus einer Population unendlich viele Stichproben ziehen und in jeder dieser Stichproben den Mittelwert berechnen, so bilden diese unendlich vielen Mittelwerte eine neue Verteilung – die Stichprobenverteilung des Mittelwerts. In der Varianzanalyse untersuchen wir mehrere Bedingungen und damit auch mehrere Populationen. Allerdings nehmen wir an, dass alle diese Populationen die gleiche Varianz und die gleiche Form (nämlich die einer Normalverteilung) haben. Wenn nun zudem die Nullhypothese zutrifft, so sind auch die Mittelwerte dieser Populationen identisch. Somit sind die verschiedenen Populationen statistisch nicht mehr zu unterscheiden – es gibt nur eine „statistische" Population. Bei Gültigkeit der Nullhypothese entsprechen die Daten in den verschiedenen Bedingungen daher mehreren Stichproben aus ein und derselben Population. Die

---

2 Diese Formel für $\hat{\sigma}^2_{inn}$ führt ebenso wie die im folgenden Abschnitt genannte Formel für $\hat{\sigma}^2_{zw}$ nur dann zu einem korrekten Ergebnis, wenn in den verschiedenen Gruppen die gleiche Anzahl von Teilnehmern untersucht wird. Formeln, die auch bei unterschiedlichen Stichprobengrößen angewendet werden können, werden im Abschnitt 14.2.2 behandelt.

verschiedenen Stichprobenmittelwerte können wir folglich als einen „Ausschnitt" aus den unendlich vielen Mittelwerten in der Stichprobenverteilung verstehen. Entsprechend schätzt die nach der obigen Formel berechnete Varianz der Stichprobenmittelwerte die Varianz der Stichprobenverteilung.

Wovon hängt die Varianz der Stichprobenmittelwerte nun ab? Eine wesentliche Einflussgröße ist die Populationsvarianz. Wenn die Werte in der Population nah beieinander (beispielsweise zwischen 9 und 11) liegen – die Populationsvarianz also klein ist, dann werden natürlich auch die Mittelwerte von Stichproben aus dieser Population einander ähnlich sein. Streuen die Werte in der Population hingegen stark (z.B. zwischen 0 und 20), so müssen wir auch von Stichprobenmittelwerten aus dieser Population erwarten, dass sie sich deutlicher unterscheiden. Die Varianz der Stichprobenmittelwerte steht also in einer direkten Beziehung zur Populationsvarianz. Folglich sollte es möglich sein aus der Varianz der Stichprobenmittelwerte eine Schätzung für die Populationsvarianz zu gewinnen.

Um eine solche Schätzung vorzunehmen, müssen wir natürlich die exakte Beziehung zwischen beiden Größen kennen. Tatsächlich haben wir die Formel, die den Zusammenhang zwischen der Varianz der Stichprobenverteilung des Mittelwerts und der Populationsvarianz beschreibt, schon in Kapitel 10 kennen gelernt. Sie lautete:

$$\hat{\sigma}_{\bar{x}}^2 = \frac{\hat{\sigma}^2}{n}$$

Um die Varianz der Stichprobenverteilung des Mittelwerts zu bestimmen, müssen wir also einfach die Populationsvarianz durch die Stichprobengröße n teilen. In der Varianzanalyse kehren wir diesen Vorgang jedoch um: Anhand der Mittelwerte in den verschiedenen Gruppen haben wir bereits eine Schätzung für die Varianz der Stichprobenverteilung gewonnen. Wenn wir nun die Formel umstellen und die geschätzte Varianz der Stichprobenverteilung mit n multiplizieren, erhalten wir offensichtlich eine Schätzung für die Populationsvarianz. Diese Schätzung der Populationsvarianz wird auch als *Varianzschätzung zwischen Gruppen* bezeichnet und mit $\hat{\sigma}_{zw}^2$ abgekürzt:

$$\hat{\sigma}_{zw}^2 = n \cdot \hat{\sigma}_{\bar{x}}^2$$

Dabei ist allerdings zu beachten, dass wir die Populationsvarianz nur dann korrekt aus der Varianz der Stichprobenmittelwerte schätzen, wenn die Nullhypothese zutrifft. Wenn die Populationen alle den gleichen Mittelwert haben, hängt die Varianz der Stichprobenmittelwerte (bei gegebenem n) ja ausschließlich von der Populationsvarianz ab. Bei Gültigkeit der Nullhypothese können wir daher auch erwarten, dass die Varianzschätzung zwischen Gruppen zu einem ähnlichen Ergebnis führt wie die Varianzschätzung innerhalb von Gruppen.

Anders verhält es sich allerdings, wenn die Alternativhypothese zutrifft. In diesem Fall ziehen wir in den verschiedenen Bedingungen Stichproben aus Populationen, die (gemäß den Annahmen der Varianzanalyse) die gleiche Varianz und die gleiche Form haben, deren Mittelwerte sich aber unterscheiden. Die Varianz der Stichprobenmittelwerte hängt dann – genau wie bei Gültigkeit der Nullhypothese – von der Populationsvarianz ab. Zusätzlich wird die Varianz der Stichprobenmittelwerte aber auch von der Unterschiedlichkeit der Populationsmittelwerte beeinflusst. Natürlich müssen wir erwarten, dass die Mittelwerte von Stichproben aus Populationen mit unterschiedlichen Mittelwerten weiter auseinander liegen als die Mittelwerte von Stichproben aus Populationen mit dem gleichen Mittelwert. Je stärker sich die Populationsmittelwerte unterscheiden, desto deutlicher werden zumeist auch die Stichprobenmittelwerte voneinander abweichen. Wenn die Alternativhypothese zutrifft, wird die Varianz der Stichprobenmittelwerte also von zwei Größen beeinflusst: der Populationsvarianz *und* der Unterschiedlichkeit der Populationsmittelwerte.

Bei Gültigkeit der Alternativhypothese führt die Varianzschätzung zwischen Gruppen daher zu einer systematischen Überschätzung der Populationsvarianz. Diese Überschätzung wird umso größer ausfallen, je größere Unterschiede zwischen den Populationsmittelwerten bestehen. Dies heißt natürlich auch, dass wir bei Gültigkeit der Alternativhypothese erwarten müssen, dass die Varianzschätzung zwischen Gruppen höher ausfällt als die Varianzschätzung innerhalb von Gruppen. Auf diesem Sachverhalt beruht die Grundidee der Varianzanalyse. Der Hypothesentest vollzieht sich in der Varianzanalyse über einen Vergleich der beiden Varianzschätzungen. Finden wir bei der Varianzschätzung zwischen Gruppen ein ähnliches Ergebnis wie bei der Varianzschätzung innerhalb von Gruppen, so spricht dies dafür, dass die Nullhypothese korrekt ist. Ist die Varianzschätzung zwischen Gruppen jedoch deutlich größer als die Varianzschätzung innerhalb von Gruppen, so weisen wir die Nullhypothese zurück: Es ist einfach zu unwahrscheinlich, dass die Nullhypothese zutrifft und wir dennoch eine erheblich größere Varianzschätzung zwischen Gruppen als innerhalb von Gruppen finden. Wir würden aus diesem Ergebnis daher schließen, dass zwischen den Populationsmittelwerten Unterschiede bestehen.

Wie groß ist die Varianzschätzung zwischen Gruppen in unserem Beispieldatensatz in Tabelle 14.1? Um diese Frage zu beantworten, müssen wir zunächst den Gesamtmittelwert bestimmen. Da in unserem Fall alle Gruppen gleich groß sind, entspricht der Gesamtmittelwert dem Mittelwert der Stichprobenmittelwerte:

$$\bar{\bar{x}} = \frac{\sum_{j}^{k} \bar{x}_j}{k} = \frac{20,0 + 15,8 + 14,0}{3} = 16,6$$

Mit diesem Gesamtmittelwert können wir die Varianz der Stichprobenmittelwerte berechnen:

$$\hat{\sigma}_{\bar{x}}^2 = \frac{\sum_{j=1}^{k} (\bar{x}_j - \bar{\bar{x}})^2}{k-1} = \frac{(20,0-16,6)^2 + (15,8-16,6)^2 + (14,0-16,6)^2}{2} = 9,48$$

Aus der Multiplikation der Varianz der Stichprobenmittelwerte mit der Stichprobengröße *n* erhalten wir schließlich die Varianzschätzung zwischen Gruppen:

$$\hat{\sigma}_{zw}^2 = n \cdot \hat{\sigma}_{\bar{x}}^2 = 5 \cdot 9,48 = 47,40$$

In unserem Beispielexperiment bestimmen wir also aufgrund der Varianz der Stichprobenmittelwerte eine sehr viel größere Schätzung der Populationsvarianz als aufgrund der Varianz innerhalb der Stichproben (zur Erinnerung: Diese Schätzung ergab
3,73). Genauer gesagt übertrifft die Varianzschätzung zwischen Gruppen die Varianzschätzung innerhalb von Gruppen um mehr als das zwölffache. Unser Ergebnis liefert
also ein Indiz dafür, dass sich die durchschnittliche Konzentrationsfähigkeit von Personen, die 20, 24 oder 28 Stunden nicht geschlafen haben, auch in den Populationen
unterscheidet.

F-Wert und *F*-Verteilung

Der Vergleich der Varianzschätzung zwischen Gruppen mit der Varianzschätzung
innerhalb von Gruppen wird in der Varianzanalyse anhand des Verhältnisses beider
Größen durchgeführt. Dieses Verhältnis der beiden Varianzschätzungen wird auch als
F-Wert bezeichnet. (Das *F* steht für R. A. Fisher, den Statistiker, der die Varianzanalyse
entwickelte (zu Fisher siehe auch Kapitel 12).)

$$F = \frac{\hat{\sigma}^2_{zw}}{\hat{\sigma}^2_{inn}}$$

Wenn die Varianzschätzung zwischen Gruppen ebenso groß ist wie die Varianzschätzung innerhalb von Gruppen, erhalten wir also einen *F*-Wert von 1. *F*-Werte größer als
1 zeigen dagegen an, dass die Varianzschätzung zwischen Gruppen höher ausgefallen
ist als die Varianzschätzung innerhalb von Gruppen.

Rekapitulieren wir noch einmal, dass wir bei Gültigkeit der Nullhypothese ähnliche
Varianzschätzungen zwischen Gruppen und innerhalb von Gruppen erwarten und folglich einen *F*-Wert im Bereich von 1 finden sollten. Wir können jedoch, auch wenn die
Nullhypothese zutrifft, nicht davon ausgehen, dass der *F*-Wert exakt 1 betragen wird.
Unsere beiden Varianzschätzungen beruhen ja auf Stichprobenergebnissen. Diese Stichprobenergebnisse hängen – wie alle Stichprobenergebnisse – natürlich davon ab, welche Stichproben wir zufällig ziehen. Wir können also durchaus Stichprobenmittelwerte
finden, die sich weniger deutlich unterscheiden als aufgrund der Populationsvarianz zu
erwarten wäre. Zugleich können die Daten innerhalb der Stichproben stärker variieren
als dies im Vorfeld anzunehmen ist. In diesem Fall würden wir einen *F*-Wert kleiner 1
ermitteln. Das Gegenteil ist natürlich ebenso denkbar: Die Varianz der Stichprobenmittelwerte kann allein aufgrund des Zufalls bei der Stichprobenziehung größer ausfallen
als dies bei gleichen Populationsmittelwerten zu erwarten wäre. Die Varianz innerhalb
der Stichproben kann wiederum kleiner sein als zu erwarten ist. In diesem Fall würden
wir einen *F*-Wert größer 1 finden. Es können also auch bei Gültigkeit der Nullhypothese
– bedingt durch den Zufall – *F*-Werte auftreten, die größer als 1 sind. Damit stehen wir
vor der Frage, um *wie viel* größer als 1 ein *F*-Wert sein muss, damit wir die Nullhypothese zurückweisen können. Anders ausgedrückt: Wie groß muss ein *F*-Wert sein, damit
wir die Abweichung von 1 nicht mehr plausibel durch Zufall erklären können, sondern
einen Unterschied zwischen den Populationsmittelwerten annehmen müssen?

Diese Frage beantwortet die *F*-Verteilung. Eine *F*-Verteilung ist eine Stichprobenverteilung von *F*-Werten. Sie gibt an, mit welcher Wahrscheinlichkeit bei Gültigkeit der

Nullhypothese verschiedene F-Werte auftreten. Machen wir uns kurz klar, wie man eine F-Verteilung konstruieren könnte: Nehmen wir an, dass wir drei Populationen mit identischem Mittelwert betrachten (die Nullhypothese trifft also zu). Aus jeder dieser drei Populationen ziehen wir eine Stichprobe von zehn Personen. Anhand der Stichprobendaten bestimmen wir die Varianzschätzung innerhalb von Gruppen und die Varianzschätzung zwischen Gruppen und berechnen aus diesen Varianzschätzungen den F-Wert. Diesen Prozess wiederholen wir nun: Wir ziehen abermals drei Stichproben der Größe $n = 10$ und berechnen erneut einen F-Wert. Wenn wir den Vorgang unendlich viele Male wiederholen, erhalten wir unendlich viele F-Werte. Diese unendlich vielen F-Werte bilden eine F-Verteilung.

Es gibt mehrere F-Verteilungen. Die exakte Form dieser Verteilungen hängt von der Anzahl der Freiheitsgrade (df, siehe Kapitel 9) in einer varianzanalytischen Studie ab. Diese Freiheitsgrade wiederum ergeben sich zum einen aus der Anzahl der Stichproben, die wir in der Studie untersuchen, und zum anderen aus der Größe dieser Stichproben. Typische Merkmale der Form von F-Verteilungen können wir jedoch den beiden Beispielen in ▶Abbildung 14.1 entnehmen. F-Verteilungen erstrecken sich – anders als t-Verteilungen und die Normalverteilung – nicht in den negativen Zahlenbereich. Da es sich bei F-Werten um Verhältnisse von zwei Varianzen handelt und Varianzen natürlich stets positive Werte annehmen, können keine negativen F-Werte auftreten. Darüber hinaus häufen sich bei allen F-Verteilungen die meisten F-Werte im kleinen Wertebereich. Aus den F-Verteilungen wird also ersichtlich, dass wir bei Gültigkeit der Nullhypothese sehr häufig F-Werte im Bereich von 1 und kleiner finden werden. Dagegen sind nur wenige F-Werte deutlich größer als 1. Beispielsweise liegen in der mit $df_{zw} = 4$ und $df_{inn} = 20$ gekennzeichneten Verteilung nur 10% aller F-Werte oberhalb eines Werts von 2,25. Dies heißt nichts anderes, als dass in einer Untersuchung mit den Freiheitsgraden $df_{zw} = 4$ und $df_{inn} = 20$ bei Gültigkeit der Nullhypothese mit 10%-iger Wahrscheinlichkeit ein F-Wert größer als 2,25 auftreten wird.

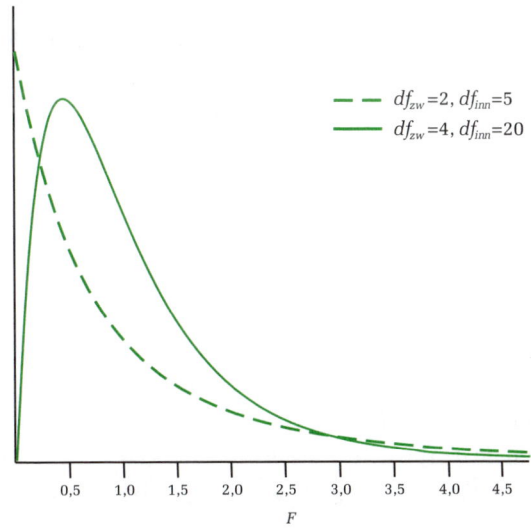

$-- \; df_{zw}=2, df_{inn}=5$
$—\; df_{zw}=4, df_{inn}=20$

0,5   1,0   1,5   2,0   2,5   3,0   3,5   4,0   4,5

F

Abbildung 14.1: F-Verteilungen bei verschiedenen Freiheitsgraden.

Wir können also mit Hilfe der F-Verteilung die Wahrscheinlichkeit bestimmen, mit der wir in einer Untersuchung F-Werte einer bestimmten Größe finden werden, wenn die Nullhypothese zutrifft. Diese Wahrscheinlichkeit entspricht dem p-Wert, den wir bereits aus den in den Kapiteln 12 und 13 behandelten Signifikanztests kennen: Wir erhalten die Wahrscheinlichkeit für ein Untersuchungsergebnis (hier: für einen F-Wert), vorausgesetzt, dass die Nullhypothese zutrifft. Wir können also in der Varianzanalyse anhand des F-Werts nach der gleichen Logik über die Annahme oder Zurückweisung der Nullhypothese entscheiden, wie bei anderen Signifikanztests auch: Wir bestimmen vor der Untersuchung ein Signifikanzkriterium α. Finden wir in der Untersuchung einen F-Wert, dessen Wahrscheinlichkeit bei Gültigkeit der Nullhypothese gleich oder geringer ist als α (also $p \leq \alpha$), so ist unser Ergebnis signifikant. Wir weisen die Nullhypothese zurück und nehmen die Alternativhypothese an. Wir haben in unserer Studie einen F-Wert gefunden, der bei Gültigkeit der Nullhypothese so unwahrscheinlich ist, dass uns die Nullhypothese nicht mehr plausibel erscheint.

Um in einer konkreten Untersuchung die korrekte Wahrscheinlichkeit zu einem F-Wert zu bestimmen, müssen wir natürlich aus der „Familie" der F-Verteilungen die „passende" Verteilung auswählen. Welche die passende F-Verteilung ist, hängt – wie schon gesagt – von zwei Typen von Freiheitsgraden ab. Diese Freiheitsgrade sind verbunden mit der Berechnung der Varianzschätzung zwischen Gruppen und der Berechnung der Varianzschätzung innerhalb von Gruppen. Entsprechend werden sie mit df_{zw} und df_{inn} gekennzeichnet. (Da die Varianzschätzung zwischen Gruppen im Zähler und die Varianzschätzung innerhalb von Gruppen im Nenner des F-Werts steht, spricht man auch von *Zähler-* und *Nennerfreiheitsgraden*.) Die Zählerfreiheitsgrade entsprechen der Anzahl der untersuchten Gruppen minus 1, also:

$$df_{zw} = k - 1$$

Die Zählerfreiheitsgrade resultieren daraus, dass wir bei der Berechnung der Varianzschätzung zwischen Gruppen die Abweichung der k Stichprobenmittelwerte vom Gesamtmittelwert betrachten. Wenn der Gesamtmittelwert festgelegt ist, können aber nur noch $k - 1$ Stichprobenmittelwerte frei variieren.

Bei der Bestimmung der Varianzschätzung innerhalb von Gruppen berechnen wir in jeder der k Gruppen eine Varianzschätzung. Bei der Berechnung dieser Varianzschätzung können in jeder Gruppe $n - 1$ Werte frei variieren. Die Nennerfreiheitsgrade entsprechen der Summe dieser $n - 1$ frei variierbaren Werte in *allen* Gruppen, also:

$$df_{inn} = \sum_{j=1}^{k}(n_j - 1) = N - k$$

wobei n_j die Anzahl der Teilnehmer in der Gruppe j und N die Anzahl der Teilnehmer in der gesamten Untersuchung bezeichnet. Wie viele Freiheitsgrade hätte also beispielsweise eine Untersuchung mit fünf Gruppen und 7 Teilnehmern in jeder Gruppe? Die Zählerfreiheitsgrade betrügen in diesem Fall $df_{zw} = 5 - 1 = 4$. Die Nennerfreiheitsgrade würden sich auf $df_{inn} = 6 + 6 + 6 + 6 + 6 = 30$ belaufen.

Natürlich müssen F-Verteilungen nicht tatsächlich konstruiert werden, indem man sehr, sehr häufig mehrere Stichproben zieht und jeweils einen F-Wert berechnet. Die Form einer F-Verteilung bei einer gegebenen Anzahl von Freiheitsgraden kann mathematisch hergeleitet werden. Entsprechend gibt es zu F-Verteilungen – wie auch zu t-Verteilungen – Tabellen, die in Abhängigkeit von den Zähler- und Nennerfreiheitsgraden *kritische F-Werte* zu verschiedenen α-Niveaus auflisten. Diese kritischen F-Werte geben an, welcher F-Wert in einer Untersuchung mit einer gegebenen Anzahl von Zähler- und Nennerfreiheitsgraden erreicht oder überschritten werden muss, damit das Ergebnis bei einem bestimmten Kriterium α als signifikant gelten kann. Eine solche *F-Tabelle* befindet sich im Anhang A. Sie können dieser Tabelle beispielsweise entnehmen, dass bei einem Signifikanzkriterium von $\alpha = 0{,}01$ in einer Untersuchung mit den Freiheitsgraden $df_{zw} = 4$ und $df_{inn} = 30$ der kritische F-Wert 4,02 beträgt. Finden wir in einer solchen Untersuchung also ein $F \geq 4{,}02$, so ist das Ergebnis mit einer Irrtumswahrscheinlichkeit von 1% signifikant und wir nehmen die Alternativhypothese an.

Führen wir zum Abschluss den Hypothesentest in unserem Beispielexperiment zur Wirkung von Schlafentzug auf die Konzentrationsfähigkeit durch: Nehmen wir an, dass wir für diese Untersuchung ein Signifikanzkriterium von $\alpha = 0{,}05$ festgelegt haben. Wir hatten anhand unserer Daten (siehe Tabelle 14.1) eine Varianzschätzung zwischen Gruppen von $\hat{\sigma}^2_{zw} = 47{,}40$ und eine Varianzschätzung innerhalb von Gruppen von $\hat{\sigma}^2_{inn} = 3{,}73$ ermittelt. Unser F-Wert beträgt also:

$$F = \frac{\hat{\sigma}^2_{zw}}{\hat{\sigma}^2_{inn}} = \frac{47{,}40}{3{,}73} = 12{,}71$$

In unserer Untersuchung gab es drei Gruppen mit jeweils fünf Teilnehmern. Die Anzahl der Zählerfreiheitsgrade ist also $df_{zw} = 3 - 1 = 2$ und die Anzahl der Nennerfreiheitsgrade $df_{inn} = 4 + 4 + 4 = 12$. Die F-Tabelle im Anhang A weist für diese Freiheitsgrade bei einem Signifikanzkriterium von $\alpha = 0{,}05$ einen kritischen F-Wert von 3,89 aus. F-Werte größer als 3,89 sind in unserer Untersuchung also mit einem p-Wert verbunden, der kleiner ist als 5%. Diese Situation wird noch einmal in ▶ Abbildung 14.2 illustriert. Die Wahrscheinlichkeit dafür, dass wir in unserer Untersuchung bei Gültigkeit der Nullhypothese ein $F \geq 12{,}71$ finden, ist entsprechend sehr viel geringer als 5%. (Dieser F-Wert ist so groß, dass er in Abbildung 14.2 nicht mehr erfasst wird. Der exakte p-Wert zu diesem F beträgt $p = 0{,}001$ – diesen exakten p-Wert gibt jedes Statistikprogramm oder auch ein Tabellenkalkulationsprogramm wie Excel aus.) Wir würden aufgrund dieses Ergebnisses also die Nullhypothese zurückweisen und die Alternativhypothese annehmen. Inhaltlich würden wir folglich schließen, dass zwischen Personen, die 20, 24 oder 28 Stunden nicht geschlafen haben, Unterschiede in der durchschnittlichen Konzentrationsfähigkeit bestehen.

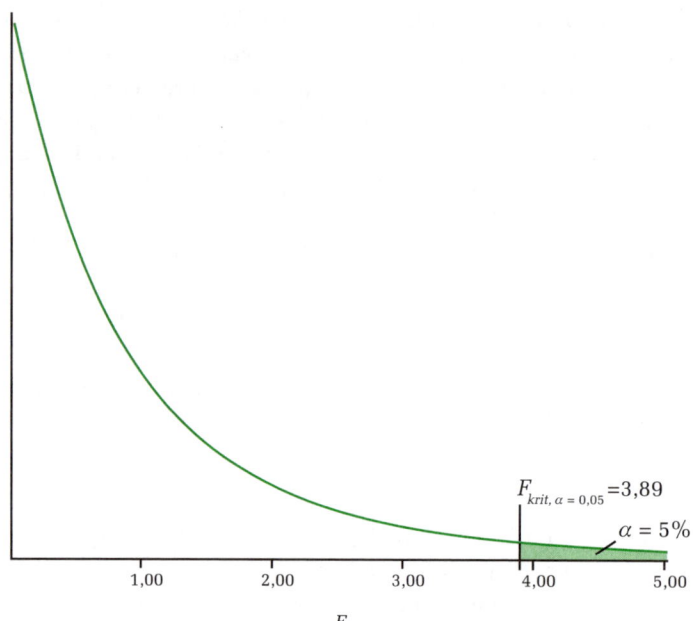

Abbildung 14.2: F-Verteilung mit $df_{zw} = 2$ und $df_{inn} = 12$, die in unserem Beispielexperiment genutzt wird. Der kritische F-Wert 3,89 trennt die äußersten 5% der Verteilung ab. Größere F-Werte sind mit einem $p < 0,05$ verbunden.

Auch nach der Annahme der Alternativhypothese bleibt allerdings offen, *welche* der drei Populationsmittelwerte sich unterscheiden. Die Nullhypothese besagte ja lediglich, dass alle drei Populationsmittelwerte gleich sind. Diese Nullhypothese ist natürlich falsch, wenn alle drei Mittelwerte voneinander abweichen. Sie ist aber beispielsweise auch dann falsch, wenn die Populationsmittelwerte von Personen, die 20 Stunden und 24 Stunden nicht geschlafen haben, gleich sind, und sich nur die durchschnittliche Konzentrationsfähigkeit von Personen, die 28 Stunden nicht geschlafen haben, davon unterscheidet. Die Annahme der Alternativhypothese impliziert also lediglich, dass zwischen den drei Gruppen irgendein Mittelwertsunterschied besteht. Um bei einem signifikanten Ergebnis genauer zu klären, welche der Gruppen sich unterscheiden, können im Rahmen einer Varianzanalyse so genannte Post-hoc Tests durchgeführt werden. Wir werden im Abschnitt 14.3 auf solche Tests eingehen.

Es sei aber schon jetzt erwähnt, dass auch Post-hoc Tests ein inhärentes Problem der Varianzanalyse nicht lösen: Die Alternativhypothese der Varianzanalyse ist – wie wir gesehen haben – unspezifisch. Sie wird auch als *Omnibus-Hypothese* bezeichnet, da sie alle möglichen Unterschiede zwischen mehreren Populationsmittelwerten beinhaltet. Besteht irgendeiner dieser Mittelwertsunterschiede, so ist die Alternativhypothese korrekt. Diese unspezifische Alternativhypothese wird in aller Regel nicht mit unserer inhaltlichen Forschungshypothese übereinstimmen. Wir werden wohl nur in den seltensten Fällen eine Studie mit der losen Vermutung beginnen, dass zwischen verschiedenen Gruppen irgendwelche Unterschiede bestehen. Zumeist ist die Forschungshypothese spezifischer. Auch in unserer Beispieluntersuchung liegt die Vermutung nahe, dass die Konzentrationsfähigkeit mit zunehmender Schlaflosigkeit sinkt – und nicht, dass bei Gruppen von Personen, die unterschiedlich lange nicht schlafen, auch irgendwelche Unterschiede in der Konzentrationsfähigkeit bestehen. Diese spezifischere Hypothese können wir genau genommen mit einer Varianzanalyse nicht testen. Wir werden im Kapitel 16 mit der Kontrastanalyse ein Verfahren kennen lernen, das es erlaubt, *fokussierte Hypothesen* zu überprüfen.

14.2.2 Varianzzerlegung

Wie schon angekündigt, wollen wir noch einen zweiten Blick auf die Logik der Varianzanalyse werfen. Vorab sei noch einmal erwähnt, dass dieser zweite Ansatz mathematisch äquivalent ist mit dem Ansatz der Varianzschätzungen, den wir gerade behandelt haben. Damit führen beide Ansätze natürlich auch zu identischen Ergebnissen. Allerdings sind die Berechnungsmethoden, die innerhalb des zweiten Ansatzes verwendet werden, gebräuchlicher und etwas flexibler. Zudem sind mit diesen Berechnungsmethoden einige Begriffe und Konzepte verbunden, die wir bisher noch nicht behandelt haben, die Sie aber kennen lernen sollten. Wir werden daher in diesem Abschnitt etwas detaillierter als zuvor auf die rechnerische Durchführung der Varianzanalyse eingehen. Die hier vorgestellten Formeln können – im Gegensatz zu den oben dargestellten Formeln für $\hat{\sigma}^2_{inn}$ und $\hat{\sigma}^2_{zw}$ – auch dann eingesetzt werden, wenn nicht alle Stichproben gleich groß sind. Inhaltlich geht es in diesem Abschnitt aber ausschließlich darum, einen anderen Aspekt in der Logik der Varianzanalyse zu betonen.

Die zentrale Idee des zweiten Ansatzes besteht darin, die Gesamtvariation in den Stichprobendaten in eine systematische Variation zwischen Gruppen und eine Fehlervariation innerhalb von Gruppen zu zerlegen. Die Gesamtvariation in den Daten ergibt sich natürlich aus der Abweichung aller einzelnen Messwerte vom Gesamtmittelwert $(x_i - \overline{\overline{x}})$, wobei die Gruppenzugehörigkeit der Messwerte unbeachtet bleibt. In der ▶Abbildung 14.3 sind die Daten aus unserem Beispielexperiment (siehe Tabelle 14.1) grafisch dargestellt. Dort ist der Messwert eines Probanden in der Gruppe „20 Stunden" besonders hervorgehoben. Bei dem fraglichen Probanden wurde offensichtlich ein Konzentrationswert von 21 gemessen. Der Gesamtmittelwert betrug in unserer Untersuchung $\overline{\overline{x}} = 16,6$ (der Gesamtmittelwert ist in der Abbildung 14.3 durch die gestrichelte Linie kenntlich gemacht). Der betrachtete Messwert weicht also um $21 - 16,6 = 4,4$ vom Gesamtmittelwert ab. Generell gilt nun, dass die Abweichung eines Messwerts vom Gesamtmittelwert in zwei Komponenten aufgeteilt werden kann: Die Abweichung des Messwerts von seinem *Gruppen*mittelwert $(x_{ij} - \overline{x}_j)$ und die Abweichung seines Gruppenmittelwerts vom Gesamtmittelwert $(\overline{x}_j - \overline{\overline{x}})$. Also:

$$(x_{ij} - \overline{\overline{x}}) = (x_{ij} - \overline{x}_j) + (\overline{x}_j - \overline{\overline{x}})$$

wobei durch den Index i die einzelnen Messwerte in der Gruppe j bezeichnet werden.

Für den von uns betrachteten Messwert heißt dies einfach Folgendes: Der Mittelwert in der Gruppe „20 Stunden" betrug 20 (die Mittelwerte in den verschiedenen Gruppen werden in Abbildung 14.3 durch die kurzen durchgezogenen Linien dargestellt). Dieser Gruppenmittelwert weicht also um 20 − 16,6 = 3,4 vom Gesamtmittelwert ab. Der Rest des Abstands von 4,4 zwischen dem Messwert und dem Gesamtmittelwert ergibt sich offensichtlich aus der Abweichung des Messwerts vom Gruppenmittelwert: 21 − 20 = 1. (Verdeutlichen Sie sich diesen Sachverhalt noch einmal in Abbildung 14.3.)

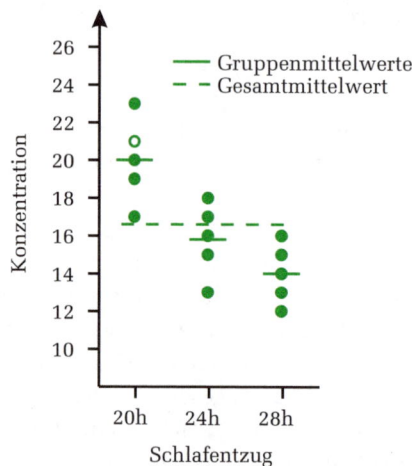

Abbildung 14.3: Die Ergebnisse des Beispielexperiments (siehe Tabelle 14.1) in einer grafischen Darstellung.

Diese Zerlegung der Abweichung eines Messwerts vom Gesamtmittelwert in zwei Komponenten ist mathematisch betrachtet kaum mehr als ein „Taschenspielertrick". In der obigen Formel wird der Gruppenmittelwert $\bar{x}_j$ einmal subtrahiert und einmal dazu addiert. Selbstverständlich erhalten wir dann nach wie vor dasselbe Ergebnis. Die Zerlegung ist dennoch relevant, weil die beiden Komponenten eine unterschiedliche inhaltliche Bedeutung haben. Die Abweichung eines Gruppenmittelwerts vom Gesamtmittelwert können wir als *systematische Variation* deuten. Die Abweichungen der Gruppenmittelwerte vom Gesamtmittelwert können innerhalb unserer Untersuchung ja durch eine Wirkung der unabhängigen Variablen erklärt werden: Mit unterschiedlich langem Schlafentzug gehen – zumindest bei den von uns untersuchten Probanden – unterschiedliche durchschnittliche Konzentrationswerte einher. Die Abweichung eines Messwerts von seinem Gruppenmittelwert ist innerhalb unserer Untersuchung hingegen nicht erklärbar. Alle Probanden in einer Gruppe waren ja dem gleichen Schlafentzug ausgesetzt. Abweichungen der Messwerte in einer Gruppe von ihrem Gruppenmittelwert stellen daher *Fehlervariation* dar, die in unserem Experiment nicht aufgeklärt werden kann.

Wir wollen nun Aussagen über das Ausmaß der systematischen Variation und der Fehlervariation im gesamten Datensatz treffen. Dazu können wir die entsprechenden Abweichungen $(\bar{x}_j - \bar{\bar{x}})$ und $(x_{ij} - \bar{x}_j)$ der einzelnen Messwerte nicht einfach aufsummieren, weil sich dabei positive und negative Abweichungen zu null addieren würden (Sie erinnern sich: Die Summe der Abweichungen vom Mittelwert beträgt immer null (siehe Kapitel 6)). Wir wenden daher das bei der Bestimmung von Variationen übliche Verfahren an und quadrieren diese Abweichungen zunächst. Die Summen dieser quadrierten Abweichungen werden kurz als Quadratsummen (QS, im englischen SS für *sum of squares*) bezeichnet.

Betrachten wir zunächst die Quadratsumme für die Gesamtvariation in den Daten. QS_{gesamt} resultiert aus der quadrierten Abweichung aller Messwerte vom Gesamtmittelwert:

$$QS_{Gesamt} = \sum_j \sum_i (x_{ij} - \bar{\bar{x}})^2$$

Der Fehlervariation entspricht die Quadratsumme innerhalb von Gruppen (QS_{inn}). Diese ergibt sich aus den quadrierten Abweichungen der Messwerte von ihrem jeweiligen Gruppenmittelwert:

$$QS_{inn} = \sum_j \sum_i (x_{ij} - \bar{x}_j)^2$$

Die systematische Variation bestimmen wir durch die Quadratsumme zwischen Gruppen (QS_{zw}). Diese errechnen wir, indem wir bei *jedem* Messwert die Abweichung seines Gruppenmittelwerts vom Gesamtmittelwert quadrieren und diese quadrierten Abweichungen aufaddieren:

$$QS_{zw} = \sum_j n_j (\bar{x}_j - \bar{\bar{x}})^2 \quad \text{mit } n_j = \text{Anzahl der Teilnehmer in der Gruppe } j$$

Man kann nun zeigen, dass sich die Gesamtvariation in den Daten in der gleichen Weise zerlegen lässt, wie die Abweichung eines einzelnen Messwerts vom Gesamtmittelwert. Die Fehlervariation und die systematische Variation addieren sich auf zur Gesamtvariation:

$$\sum_j \sum_i (x_{ij} - \bar{\bar{x}})^2 = \sum_j \sum_i (x_{ij} - \bar{x}_j)^2 + \sum_j n_j (\bar{x}_j - \bar{\bar{x}})^2 \quad \text{oder:}$$

$$QS_{gesamt} = QS_{inn} + QS_{zw}$$

Wir können die Gesamtvariation in den Daten also aufteilen in Fehlervariation, die innerhalb unserer Untersuchung nicht erklärbar ist, und in systematische Variation, die durch die unabhängige Variable erklärt werden kann.

Anhand der Quadratsumme zwischen Gruppen und der Quadratsumme innerhalb von Gruppen können wir den Hypothesentest in der Varianzanalyse genauso durchführen, wie wir dies bereits im vorangegangenen Abschnitt getan haben. Dividieren wir nämlich die Quadratsummen durch die entsprechenden Freiheitsgrade, so erhalten wir wiederum die dazu benötigten Varianzschätzungen zwischen Gruppen ($\hat{\sigma}_{zw}^2$) und innerhalb von Gruppen ($\hat{\sigma}_{inn}^2$). Die Varianzschätzung zwischen Gruppen entspricht der Quadratsumme zwischen Gruppen geteilt durch die Zählerfreiheitsgrade (df_{zw}, die Anzahl der Gruppen minus 1). Also:

$$\hat{\sigma}_{zw}^2 = \frac{QS_{zw}}{df_{zw}} = \frac{\sum_j n_j (\bar{x}_j - \bar{\bar{x}})^2}{k-1}$$

Die Varianzschätzung innerhalb von Gruppen erhalten wir, wenn wir die Quadratsumme innerhalb von Gruppen durch die Nennerfreiheitsgrade (df_{inn}, die Summe der $n_j - 1$ frei variierbaren Werte in allen Gruppen) teilen:

$$\hat{\sigma}_{inn}^2 = \frac{QS_{inn}}{df_{inn}} = \frac{\sum_j \sum_i (x_{ij} - \overline{x}_j)^2}{\sum_j (n_j - 1)}$$

Aus diesen Varianzschätzungen lässt sich natürlich wiederum ein *F*-Wert berechnen, den wir schließlich auf Signifikanz prüfen können. Im Rechenbeispiel 14.1 wird die Durchführung einer Varianzanalyse mit einer Zerlegung in Quadratsummen an unserem Beispieldatensatz demonstriert.

Rechenbeispiel 14.1

Quadratsummen in der Varianzanalyse Die ▶Tabelle 14.2 enthält noch einmal die Daten aus unserem Beispielexperiment. Die Abweichungen vom Gruppenmittelwert und die Abweichungen des Gruppenmittelwerts vom Gesamtmittelwert sind dort bereits zu jedem Messwert angegeben (jeweils in den Spalten ($x_{ij} - \overline{x}_j$) und ($\overline{x}_j - \overline{\overline{x}}$)). Beispielsweise beträgt der Gruppenmittelwert in der Gruppe „20 Stunden" $\overline{x}_1 = 20$. Der erste Messwert in dieser Gruppe weicht also um $19 - 20 = -1$ vom Gruppenmittelwert ab. Da der Gesamtmittelwert bei $\overline{\overline{x}} = 16{,}6$ liegt, beträgt die Abweichung des Gruppenmittelwerts vom Gesamtmittel bei diesem Messwert $20 - 16{,}6 = 3{,}4$.

Gruppe 1 20 h			Gruppe 2 24 h			Gruppe 3 28 h		
x_{i1}	$x_{i1} - \overline{x}_j$	$\overline{x}_1 - \overline{\overline{x}}$	x_{i2}	$x_{i2} - \overline{x}_2$	$\overline{x}_2 - \overline{\overline{x}}$	x_{i3}	$x_{i3} - \overline{x}_j$	$\overline{x}_3 - \overline{\overline{x}}$
19	−1	3,4	13	−2,8	−0,8	16	2	−2,6
21	1	3,4	15	−0,8	−0,8	14	0	−2,6
17	−3	3,4	18	2,2	−0,8	15	1	−2,6
20	0	3,4	17	1,2	−0,8	12	−2	−2,6
23	3	3,4	16	0,2	−0,8	13	−1	−2,6
$\overline{x}_1 = 20{,}0$			$\overline{x}_2 = 15{,}8$			$\overline{x}_3 = 14{,}0$		

Der Gesamtmittelwert beträgt $\overline{\overline{x}} = 16{,}6$

Tabelle 14.2: Die ersten Teilschritte bei der Berechnung einer Varianzanalyse mit unserem Beispieldatensatz (siehe Tabelle 14.1). ▶

Mit diesen Abweichungswerten können wir nun leicht die Quadratsummen bestimmen. Die Quadratsumme innerhalb von Gruppen beläuft sich auf:

$$QS_{inn} = \sum_j \sum_i (x_{ij} - \overline{x}_j)^2$$

$$= (-1)^2 + 1^2 + (-3)^2 + 0^2 + 3^2 + (-2,8)^2 + (-0,8)^2 + 2,2^2 + 1,2^2 + 0,2^2$$

$$+ 2^2 + 0^2 + 1^2 + (-2)^2 + (-1)^2$$

$$= 44,8$$

Die Quadratsumme zwischen Gruppen erhalten wir, indem wir die Abweichungen des Gruppenmittelwerts vom Gesamtmittelwert bei jedem Messwert quadrieren und die Ergebnisse aufaddieren:

$$QS_{zw} = \sum_j n_j (\overline{x}_j - \overline{\overline{x}})^2$$

$$= 5 \cdot 3,4^2 + 5 \cdot (-0,8)^2 + 5 \cdot (-2,6)^2$$

$$= 94,8$$

Um unsere bisherigen Berechnungen zu überprüfen, können wir die gesamte Quadratsumme bestimmen:

$$QS_{Gesamt} = \sum_j \sum_i (x_{ij} - \overline{\overline{x}})^2$$

$$= (19 - 16,6)^2 + (21 - 16,6)^2 + \ldots + (12 - 16,6)^2 + (13 - 16,6)^2$$

$$= 139,6$$

Sofern wir die Quadratsummen korrekt berechnet haben, sollte die Beziehung $QS_{inn} + QS_{zw} = QS_{gesamt}$ gelten. Dies ist bei uns der Fall, denn: 44,8 + 94,8 = 139,6.

Um die Varianzschätzungen innerhalb von Gruppen und zwischen Gruppen berechnen zu können, benötigen wir noch die Nenner- und Zählerfreiheitsgrade:

$$df_{inn} = \sum_{j=1}^{k} (n_j - 1) = (5-1) + (5-1) + (5-1) = 12$$

und

$$df_{zw} = k - 1 = 3 - 1 = 2$$

Die Varianzschätzung innerhalb von Gruppen beläuft sich also auf:

$$\hat{\sigma}_{inn}^2 = \frac{QS_{inn}}{df_{inn}} = \frac{44,8}{12} = 3,73$$

Als Varianzschätzung zwischen Gruppen erhalten wir:

$$\hat{\sigma}_{zw}^2 = \frac{QS_{zw}}{df_{zw}} = \frac{94,8}{2} = 47,4$$

▶**Fortsetzung**

Schließlich können wir aus den beiden Varianzschätzungen den *F*-Wert berechnen:

$$F = \frac{\hat{\sigma}^2_{zw}}{\hat{\sigma}^2_{inn}} = \frac{47{,}40}{3{,}73} = 12{,}71$$

Um den Hypothesentest durchführen zu können, benötigen wir noch den kritischen *F* -Wert. Wir hatten für unsere Untersuchung ein Signifikanzkriterium von $\alpha = 5\%$ festgelegt. Die Tabelle 3 im Anhang A zeigt für eine Untersuchung mit den Freiheitsgraden $df_{zw} = 2$ und $df_{inn} = 12$ bei diesem α-Niveau einen kritischen *F*-Wert von 3,89. Der von uns gefundene *F*-Wert ist also größer als der kritische *F*-Wert. Unser Ergebnis ist somit mit einer Irrtumswahrscheinlichkeit von 5% signifikant. Wir folgern daher, dass sich die durchschnittliche Konzentrationsfähigkeit von Personen, die 20, 24 oder 28 Stunden nicht geschlafen haben, unterscheidet.

Das Funktionsprinzip der Varianzanalyse kann also auch als ein Vergleich von systematischer Variation und Fehlervariation in den Daten beschrieben werden. Bei einer unveränderten Anzahl von Zähler- und Nennerfreiheitsgraden gilt stets: Je größer die systematische Variation im Vergleich zur Fehlervariation ausfällt, umso größer wird der *F*-Wert und umso eher können wir schließen, dass in der Population ein Effekt vorhanden ist. Diese Vorgehensweise der Varianzanalyse ist vergleichbar mit dem Versuch, ein Signal (beispielsweise die Worte, die ein Freund an Sie richtet) vor dem Hintergrund eines Rauschens (die Geräuschkulisse in Ihrem Lieblings-Club) zu entdecken. Je deutlicher das Signal das Rauschen übertrifft, umso leichter wird es erkennbar sein (Ihr Freund wird in besagtem Lieblings-Club sehr viel lauter sprechen müssen als in einer ruhigen Umgebung, um für Sie verständlich zu sein). In der Varianzanalyse entspricht die systematische Variation dem Signal und die Fehlervariation dem Rauschen. Um diese Vorgehensweise der Varianzanalyse noch einmal zu verdeutlichen, haben wir in ▶Abbildung 14.4 zwei alternative (fiktive) Ergebnisse zu unserem Beispielexperiment dargestellt. Vergleichen Sie zunächst die Abbildung 14.4a mit der Abbildung 14.3, die den bisher von uns analysierten Datensatz zeigt. Innerhalb der Gruppen variieren die Werte hier genau so stark wie in den ursprünglichen Daten. Somit ist natürlich auch die Fehlervariation unverändert. (Die Quadratsumme innerhalb von Gruppen beträgt nach wie vor $QS_{inn} = 44{,}8$). Allerdings ist die systematische Variation in den neuen Daten deutlich geringer, was durch die kleineren Unterschiede zwischen den Gruppenmittelwerten erkennbar wird. (Diese Gruppenmittelwerte betragen hier $\bar{x}_{20h} = 17$, $\bar{x}_{24h} = 15{,}8$ und $\bar{x}_{28h} = 15$. Daraus ergibt sich eine Quadratsumme zwischen Gruppen von $QS_{zw} = 10{,}13$.) Somit ändert sich natürlich auch das Verhältnis von systematischer Variation zu Fehlervariation, was zu einem verringerten *F*-Wert von $F = 1{,}36$ führt. Dieser *F*-Wert ist nicht signifikant (der genaue *p*-Wert beträgt 0,29). In der Abbildung 14.4b sind wir umgekehrt vorgegangen: Hier ist gegenüber dem ursprünglichen Datensatz die systematische Variation unverändert (die Gruppenmittelwerte sind dieselben wie in Abbildung 14.3 und die Quadratsumme zwischen Gruppen beträgt wiederum $QS_{zw} = 94{,}8$), die Fehlervariation aber deutlich vergrößert (die Quadratsumme innerhalb von Gruppen liegt hier bei $QS_{inn} = 272{,}8$). Auch dies führt zu einem kleineren F-Wert, der hier $F = 2{,}09$ beträgt und ebenfalls nicht signifikant ist (der genaue p-Wert ist 0,17). Bei beiden Ergebnissen, die in Abbildung 14.4 dargestellt sind, könnten wir also nicht schließen, dass die Dauer der Schlafentzugs in der Population einen Einfluss auf die durchschnittliche Konzentrationsfähigkeit hat.

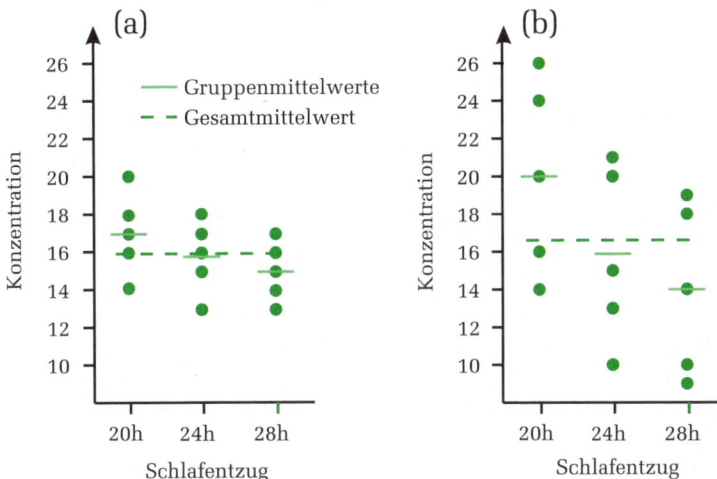

Abbildung 14.4: Zwei alternative Ergebnisse des Beispielexperiments. Im Vergleich zu den ursprünglichen Ergebnissen (siehe Abbildung 14.3) unterscheiden sich die Mittelwerte der verschiedenen Gruppen im Diagramm (a) weniger stark. Im Diagramm (b) ist hingegen die Variation innerhalb der Gruppen größer als in den ursprünglichen Daten.

ANOVA-Tabelle

Die Ergebnisse einer Varianzanalyse werden häufig – besonders von den meisten Statistikprogrammen – in Form einer so genannten ANOVA-Tabelle berichtet. Die ▶Tabelle 14.3 illustriert den Aufbau einer solchen ANOVA-Tabelle.

Tabelle 14.3

Aufbau einer ANOVA-Tabelle

Varianz-quelle	Quadrat-summe QS (engl.: SS)	Freiheitsgrade df	Varianzschätzung (engl.: MS)	F-Wert	p-Wert
zwischen	QS_{zw}	$k-1$	$\hat{\sigma}^2_{zw} = \dfrac{QS_{zw}}{k-1}$	$F = \dfrac{\hat{\sigma}^2_{zw}}{\hat{\sigma}^2_{inn}}$	p
innerhalb	QS_{inn}	$\displaystyle\sum_{j=1}^{k}(n_j - 1)$	$\hat{\sigma}^2_{inn} = \dfrac{QS_{inn}}{\sum_{j}(n_j - 1)}$		
gesamt	QS_{gesamt}	$N-1$			

In den Zeilen werden die verschiedenen „Varianzquellen" aufgelistet. Im Fall einer einfaktoriellen Varianzanalyse entsprechen diesen Varianzquellen die Variation zwischen Gruppen und die Variation innerhalb von Gruppen. Zudem ist eine Zeile für Angaben über die gesamte Variation in den Daten vorgesehen. In den ersten beiden Spalten werden die Quadratsummen und die Freiheitsgrade für die verschiedenen Varianzquellen aufgelistet. Die Freiheitsgrade für die gesamte Variation berechnen sich dabei nach der Formel

$$df_{gesamt} = N - 1$$

wobei N die Anzahl der Teilnehmer in der gesamten Untersuchung angibt. So wie sich die Quadratsumme zwischen Gruppen und die Quadratsumme innerhalb von Gruppen zur gesamten Quadratsumme aufaddieren, ergibt auch die Summe der Zähler- und Nennerfreiheitsgrade die Anzahl der Freiheitsgrade für die gesamte Variation. Es gilt also:

$$df_{gesamt} = df_{zw} + df_{inn}$$

Die dritte Spalte zeigt die beiden Varianzschätzungen. Die Varianzschätzungen werden im englischen auch mit *MS* (für *mean of squares*) bezeichnet. Schließlich folgt in den letzten Spalten die Angabe des *F*-Werts und des mit ihm verbundenen *p*-Werts. Die ▶Tabelle 14.4 zeigt die Ergebnisse unseres Beispielexperiments in Form einer ANOVA-Tabelle.

Tabelle 14.4

ANOVA-Tabelle für den Beispieldatensatz

Varianzquelle	QS	df	Varianzschätzung	F	p
zwischen	94,8	2	47,4	12,71	0,001
innerhalb	44,8	12	3,73		
gesamt	139,6	14			

Anders als in der Ausgabe von Computerprogrammen werden die Ergebnisse von Varianzanalysen in Forschungsartikeln zumeist in sehr verkürzter Form berichtet. Die Struktur dieser verkürzten Form lautet: $F(df_{zw}, df_{inn}) = $ *gefundener F-Wert, p = gefundener p-Wert*. Die Ergebnisse der von uns durchgeführten Varianzanalyse könnten wir also kurz folgendermaßen notieren: $F(2, 12) = 12.71$, $p = 0,001$.

14.3 Voraussetzungen der einfaktoriellen Varianzanalyse

Wie die meisten Signifikanztests ist auch die Varianzanalyse an bestimmte Voraussetzungen gebunden. Zwei dieser Voraussetzungen ergeben sich aus den Annahmen der Varianzanalyse, die wir im Verlauf dieses Kapitels schon mehrfach angesprochen haben:

- Die Werte in allen untersuchten Populationen sind normalverteilt.
- Die untersuchten Populationen haben die gleiche Varianz (*Varianzhomogenität*).

Diese Voraussetzungen sind notwendig, damit die Stichprobenverteilung der von uns errechneten Prüfgröße (des F-Werts) exakt einer F-Verteilung gleicht. Sind die Voraussetzungen nicht gegeben, so kann die Form der tatsächlichen Stichprobenverteilung von der F-Verteilung abweichen. Dies kann zur Folge haben, dass der Anteil der F-Werte, der in der tatsächlichen Stichprobenverteilung jenseits des kritischen F-Werts liegt, nicht mehr dem von uns angenommenen Anteil entspricht. Betrachten wir das Problem etwas konkreter: In unserer Beispieluntersuchung lag der kritische F-Wert zu einem Signifikanzkriterium von $\alpha = 5\%$ bei 3,89. Sind nun die Voraussetzungen der Normalverteilung oder der Varianzhomogenität nicht erfüllt, so kann der tatsächliche Anteil der F-Werte, der größer ist als 3,89, von 5% abweichen. Ist der Anteil der F-Werte, der jenseits von 3,89 liegt, kleiner als 5%, so werden wir uns bei Gültigkeit der Nullhypothese seltener für die Alternativhypothese entscheiden als von uns angenommen. Mit anderen Worten: Die Wahrscheinlichkeit für einen α-Fehler ist kleiner als 5%. In diesem Fall wird der Test als *konservativ* bezeichnet. Ist der Anteil der F-Werte, der jenseits des kritischen F-Werts liegt, hingegen größer als 5%, so entscheiden wir uns häufiger als angenommen fälschlich zugunsten der Alternativhypothese. In diesem Fall spricht man auch von einem *progressiven* Test. Schließlich kann sich ein Test als *robust* gegenüber Verletzungen seiner Voraussetzungen erweisen. Dies bedeutet, dass der Anteil der F-Werte, die den kritischen F-Wert überschreiten, nicht nennenswert von dem durch das Signifikanzkriterium α spezifizierten Anteil abweicht. In unserem Beispiel würde dies heißen, dass die Wahrscheinlichkeit für einen α-Fehler auch bei einer Verletzung der Voraussetzungen in etwa bei 5% liegt.

Zur Robustheit der Varianzanalyse gibt es eine große Anzahl an Untersuchungen (einen Überblick geben Glass et al., 1972). Glücklicherweise zeigen diese Untersuchungen, dass die Varianzanalyse auch bei diversen möglichen Verletzungen ihrer Voraussetzungen zu (annähernd) korrekten Ergebnissen führt. So beeinflussen Abweichungen von der Normalverteilung die Wahrscheinlichkeit für einen α-Fehler nur unwesentlich, es sei denn, wir untersuchen sehr kleine Stichproben oder die Populationsverteilungen sind extrem schief (Glass & Hopkins, 1996). Auch gegenüber ungleichen Populationsvarianzen erweist sich die Varianzanalyse als robust, sofern die von uns betrachteten Stichproben gleich groß sind. Bei gleichen Stichprobengrößen kann die größte Varianz die kleinste Varianz durchaus um das Mehrfache übertreffen, ohne dass nennenswerte Verzerrungen der Wahrscheinlichkeit für einen α-Fehler auftreten. Anders verhält es sich allerdings, wenn wir ungleich große Stichproben untersuchen. In diesem Fall stellen heterogene Varianzen ein ernstzunehmendes Problem dar. Bei unterschiedlichen Stichprobenumfängen können schon vergleichsweise geringe Unterschiede zwischen der größten und kleinsten Varianz zu kritischen Veränderungen des α-Fehlerniveaus führen. (Ob die Varianzanalyse dann konservativ oder progressiv entscheidet, hängt davon ab, ob die größeren Varianzen mit größeren oder kleineren Stichproben verbunden sind.)

Aus diesen Befunden ergeben sich offensichtlich zunächst Empfehlungen, die sich auf die Durchführung einer Studie beziehen: Sofern eine varianzanalytische Auswertung geplant ist, sollte man bei möglichst vielen Probanden Daten erheben und zudem dafür Sorge tragen, dass die untersuchten Stichproben gleich (oder zumindest ähnlich) groß sind – diese Maßnahmen erhöhen generell die Robustheit der Varianzanalyse. Darüber hinaus sollte man sich nach der Datenerhebung natürlich die Verteilung der Daten in den Stichproben (zum Beispiel mit einem Stamm-Blatt Diagramm) und die Stichprobenvarianzen ansehen. Ergeben sich dabei Hinweise auf bedeutsame Verletzungen der Voraussetzungen, so gibt es mehrere Möglichkeiten: Wenn bei ungleichen Stichprobengrößen ungleiche Varianzen auftreten, kann man auf Modifikationen der Varianzanalyse zurückgreifen, die die Voraussetzung der Varianzhomogenität nicht benötigen (den so genannten Welch-Test oder den Brown-Forsythe-Test, siehe Glass und Hopkins, 1996). Bei anderen Voraussetzungsverletzungen sollte man anstelle der Varianzanalyse ein *nonparametrisches Verfahren* einsetzen: den Kruskal-Wallis-Test, der auch als „Rangvarianzanalyse" bezeichnet wird. (Wir werden in den Kapiteln 17 und 18 auf einige nonparametrische Verfahren eingehen. Eine Darstellung des Kruskal-Wallis-Test findet man beispielsweise in Bortz und Lienert, 1998.)

Eine dritte Voraussetzung der bisher beschriebenen einfaktoriellen Varianzanalyse haben wir noch nicht explizit erwähnt: Die Daten in den verschiedenen Stichproben müssen unabhängig sein. Eine Verletzung dieser Voraussetzung führt regelmäßig zu falschen Wahrscheinlichkeitsangaben über den α-Fehler und ist somit ein „echtes" Problem. Wir können aber davon ausgehen, dass die Voraussetzung der Unabhängigkeit erfüllt ist, wenn wir in den verschiedenen Gruppen unterschiedliche Teilnehmer untersuchen und diese Teilnehmer den Gruppen zufällig zuordnen. Dies ist natürlich bei allen Experimenten im between-subjects Design mit Randomisierung (siehe Kapitel 5) der Fall. Bei der Auswertung von Experimenten im within-subjects Design müssen wir dagegen ein anderes Verfahren einsetzen: die Varianzanalyse für abhängige Stichproben (siehe Abschnitt 15.2).

14.4 Post-hoc Tests

Wir haben bereits erwähnt, dass im Rahmen der Varianzanalyse eine Omnibus-Hypothese geprüft wird. Können wir aufgrund des Ergebnisses einer Varianzanalyse die Alternativhypothese annehmen, so bedeutet dies lediglich, dass die Populationsmittelwerte der untersuchten Gruppen nicht alle gleich sind. Wir wissen aber nach wie vor nicht, zwischen welchen Gruppen Mittelwertsunterschiede bestehen. Um diese Frage genauer zu untersuchen, können im Anschluss an ein signifikantes Ergebnis Post-hoc Tests eingesetzt werden. Die Idee dieser Verfahren besteht im Wesentlichen darin, alle möglichen Einzelvergleiche von zwei Mittelwerten durchzuführen und festzustellen, welche Mittelwerte sich signifikant unterscheiden und welche nicht.[3] Als *Post-hoc* Tests werden diese Verfahren bezeichnet, da wir mit ihnen Fragestellungen (und statistische Hypothesen) untersuchen, die erst *nach* der Datenerhebung und der Auswertung der Daten entstanden sind: Das signifikante Ergebnis der Varianzanalyse hat gezeigt,

---

3 Es gibt allerdings auch Post-hoc Tests, in denen lediglich eine Teilmenge aller Einzelvergleiche durchgeführt wird. Diese wird so ausgewählt, dass man auf die Ergebnisse in den übrigen Einzelvergleichen zurückschließen kann.

dass zumindest irgendein Mittelwertsunterschied vorhanden ist. Aufgrund dieses Befundes wollen wir *nun* feststellen, zwischen welchen Gruppen Mittelwertsunterschiede bestehen, die für das signifikante Ergebnis verantwortlich sind. Genauere Hypothesen über vorhandene oder nicht vorhandene Unterschiede zwischen spezifischen Gruppen haben wir aber vor der Durchführung der Untersuchung nicht aufgestellt.[4] Post-hoc Tests können somit im eigentlichen Sinne auch nicht als Hypothesen prüfende Verfahren betrachtet werden. Selbstverständlich können in einer Untersuchung nur solche Hypothesen geprüft werden, die man bereits vor der Untersuchung aufgestellt hat. Das mit Post-hoc Tests verbundene Vorgehen ist eher explorativ: Wir gewinnen Hinweise auf spezifische Mittelwertsunterschiede. Um aber gezielt zu überprüfen, ob sich die entsprechenden Gruppen tatsächlich unterscheiden, müssten wir eine neue Untersuchung durchführen.

Da bei Post-hoc Tests alle möglichen Einzelvergleiche von zwei Mittelwerten durchgeführt werden, stehen sie vor dem Problem, das wir schon zu Beginn dieses Kapitels erläutert haben: Die Durchführung mehrerer Signifikanztests führt dazu, dass die Wahrscheinlichkeit für das Auftreten mindestens *eines* α-Fehlers steigt. Wird diese kumulierte Wahrscheinlichkeit für einen α-Fehler kontrolliert, so sinkt die Power der einzelnen Tests: Ein vorhandener Mittelwertsunterschied wird nur mit verringerter Wahrscheinlichkeit entdeckt. Aus diesem Grund ist eine ganze Reihe verschiedener Post-hoc Verfahren vorgeschlagen worden, die sich jeweils darum bemühen, einen Kompromiss zwischen der Kontrolle des kumulierten α-Fehlers und einem Verlust an Power zu finden. Die gebräuchlichsten dieser Verfahren tragen jeweils die Namen ihrer Entwickler: Scheffé-Test, Tukey-Test, Newman-Keuls- oder Duncan-Methode. Sieht man von den Details der Prozeduren ab, unterscheiden sich diese Verfahren vor allem dadurch, wie konservativ sie entscheiden. Manche Verfahren (z.B. der Scheffé-Test) kontrollieren den kumulierten α-Fehler eher streng und führen damit vergleichsweise häufig zu einer Entscheidung zugunsten der Nullhypothese. Damit ist natürlich auch die Power eher gering. Andere Verfahren (z.B. die Newman-Keuls-Methode) sind progressiver: Sie nehmen ein etwas größeres Risiko für einen α-Fehler in Kauf, entdecken dafür aber auch eher vorhandene Effekte.

Wir wollen hier exemplarisch kurz das Vorgehen des Scheffé-Tests illustrieren. Greifen wir dazu noch einmal auf die Daten aus unserem Experiment zur Wirkung von Schlafmangel auf die Konzentrationsfähigkeit zurück. Im Scheffé-Test wird für jeden Einzelvergleich ein eigener F-Wert bestimmt. Der Nenner des F-Werts – also die Varianzschätzung innerhalb von Gruppen $\hat{\sigma}^2_{inn}$ – wird dabei jeweils einfach aus dem F-Wert der Varianzanalyse übernommen. Der Grund für dieses Vorgehen besteht darin, dass wir nach wie vor annehmen, dass alle Stichproben aus Populationen mit der gleichen Varianz stammen. Diese Populationsvarianz schätzen wir einfach besser, wenn wir die Information aus allen Stichproben berücksichtigen und uns nicht auf nur zwei Stichproben beschränken.

---

4 Es sei noch einmal erwähnt, dass es die Varianzanalyse nicht erlaubt, fokussierte Hypothesen zu testen. Verfügen wir also bereits vor der Untersuchung über genauere Vermutungen über spezifische Mittelwertsunterschiede, so sollten wir von vornherein ein anderes Verfahren wählen: die Kontrastanalyse (siehe Kapitel 16).

Bei der Bestimmung des Zählers des *F*-Werts – der Varianzschätzung zwischen Gruppen $\hat{\sigma}^2_{zw}$ – betrachten wir hingegen natürlich nur die Gruppen, deren Mittelwerte wir aktuell vergleichen. Ansonsten bleibt das Vorgehen bei der Berechnung der Varianzschätzung zwischen Gruppen aber unverändert. Nehmen wir an, dass wir zunächst die Mittelwerte in den Gruppen mit 20 Stunden und 24 Stunden Schlafentzug vergleichen. Die entsprechenden Mittelwerte betrugen $\bar{x}_{20h} = 20,0$ und $\bar{x}_{24h} = 15,8$. Der Gesamtmittelwert für diese beiden Gruppen ist folglich $\bar{\bar{x}} = (20 + 15,8)/2 = 17,9$. Wenn wir uns zudem daran erinnern, dass wir in jeder Gruppe fünf Teilnehmer untersucht haben, können wir nun leicht eine Quadratsumme zwischen Gruppen bestimmen:

$$QS_{zw} = 5 \cdot (20 - 17,9)^2 + 5 \cdot (15,8 - 17,9)^2 = 44,1$$

Da wir nur $k = 2$ Gruppen betrachten, betragen die Zählerfreiheitsgrade natürlich $df_{zw} = k - 1 = 1$. Damit ist die QS_{zw} hier identisch mit der Varianzschätzung zwischen Gruppen. Die Varianzschätzung innerhalb von Gruppen betrug in unseren Daten $\hat{\sigma}^2_{inn} = 3,73$. Wir erhalten also einen *F*-Wert von

$$F = \frac{44,1}{3,73} = 11,82$$

Die kumulierte Wahrscheinlichkeit eines α-Fehlers wird im Scheffé-Test nun dadurch kontrolliert, dass der kritische *F*-Wert verändert wird, der vom gefundenen *F*-Wert übertroffen werden muss, damit der Einzelvergleich als signifikant gilt. Nehmen wir an, dass wir auch für den Scheffé-Test ein Signifikanzkriterium von $\alpha = 5\%$ wählen. Wir gehen nun von dem kritischen *F*-Wert aus, der bei den Freiheitsgraden der ursprünglichen Varianzanalyse zum Vergleich herangezogen werden müsste. Diese Freiheitsgrade betrugen in unserem Fall $df_{zw} = 2$ und $df_{inn} = 12$. Der kritische *F*-Wert zu diesen Freiheitsgraden liegt bei 3,89. Für den Scheffé-Test wird dieser kritische *F*-Wert mit der Anzahl der Zählerfreiheitsgrade der Varianzanalyse (df_{zw}) multipliziert. Wir erhalten also im Scheffé-Test einen kritischen *F*-Wert von $3,89 \cdot 2 = 7,78$. Nur wenn dieser *F*-Wert erreicht oder überschritten wird, gilt ein Einzelvergleich als signifikant. Durch dieses Vorgehen wird im Scheffé-Test sichergestellt, dass die kumulierte Wahrscheinlichkeit für einen α-Fehler bei allen möglichen Einzelvergleichen bei $\alpha = 5\%$ verbleibt.

Da der *F*-Wert von 11,82 in dem von uns betrachteten Einzelvergleich über dem kritischen *F*-Wert von 7,78 liegt, ist der Mittelwertunterschied zwischen den Gruppen mit 20 Stunden und 24 Stunden Schlafentzug signifikant. Bei den übrigen Einzelvergleichen findet der Scheffé-Test auch zwischen den Gruppen mit 20 Stunden und 28 Stunden Schlafentzug einen signifikanten Unterschied. Zwischen den Probanden, die 24 Stunden und 28 Stunden nicht geschlafen haben, besteht – gemäß dem Scheffé-Test – hingegen kein signifikanter Unterschied.

14.5 Effektgrößen in der einfaktoriellen Varianzanalyse

Selbstverständlich sollten wir uns auch beim Vergleich von drei oder mehr Gruppen nicht nur dafür interessieren, ob ein Effekt existiert, sondern auch dafür, wie groß dieser Effekt ist. Die Effektgrößenmaße *d* (oder *g*) und *r*, die wir bisher kennen gelernt haben, können nur eingesetzt werden, wenn zwei Gruppen verglichen werden. Wir haben bereits gesehen (siehe Kapitel 9), dass d den standardisierten Mittelwertsunterschied zwischen zwei Gruppen angibt. Die Effektgröße r kann aus d errechnet werden, liefert also eine äquivalente Information. Weil es aber beim Vergleich von mehr als zwei Gruppen nicht nur einen Mittelwertsunterschied gibt, folgen die meisten Effektgrößen, die in der Varianzanalyse eingesetzt werden können, einem etwas anderen Ansatz: Sie geben den Anteil der systematischen Variation an der gesamten Variation in den Daten an. Maße für die systematische Variation und die gesamte Variation in den Stichprobendaten kennen wir bereits: Die Quadratsumme zwischen Gruppen und die gesamte Quadratsumme. Die in einer Varianzanalyse am einfachsten zu bestimmende Effektgröße ist η^2 (Eta-Quadrat). In die Berechnung von η^2 gehen ausschließlich die beiden genannten Quadratsummen ein. Die Formel für η^2 lautet also:

$$\eta^2 = \frac{QS_{zw}}{QS_{gesamt}}$$

Die Effektgröße η^2 kann Werte zwischen 0 und 1 annehmen. Sie beträgt 0, wenn sich die Mittelwerte der verschiedenen Gruppen nicht unterscheiden und somit die Gesamtvariation in den Daten ausschließlich auf die Unterschiede innerhalb der Gruppen zurückgeht. In diesem Fall gibt es keine systematische oder durch die Gruppenzugehörigkeit „aufgeklärte" Variation in den Daten. Die Effektgröße beläuft sich dagegen auf 1, wenn sich die Gruppenmittelwerte unterscheiden, die Messwerte innerhalb jeder Gruppe aber gleich sind. In diesem Fall kann die Gesamtvariation vollständig auf Unterschiede zwischen den Gruppen zurückgeführt werden. In der Praxis wird man jedoch kaum jemals ein η^2 finden, das auch nur in der Nähe von 1 liegt. (Einige Gründe dafür, dass in psychologischen Studien eine vollständige Varianzaufklärung kaum zu erwarten ist, werden im Kasten „Was ist eine große Korrelation" im Kapitel 7 erläutert.) Wie bei den anderen Effektgrößen, existieren auch zur Beurteilung der Größe von η^2 Konventionen. Diese Konventionen gehen ebenfalls auf Jacob Cohen zurück[5] (siehe Cohen, 1988). Sie lauten:

Kleiner Effekt: $\eta^2 = 0,01$
Mittlerer Effekt: $\eta^2 = 0,06$
Großer Effekt: $\eta^2 = 0,14$

Die Effektgröße η^2 kann alternativ auch aus dem F-Wert und den Zähler- und Nennerfreiheitsgraden berechnet werden. Die Formel dazu lautet:

$$\eta^2 = \frac{F \cdot df_{zw}}{F \cdot df_{zw} + df_{inn}}$$

---

5 Cohen (1988) empfiehlt für Varianzanalysen eine andere Effektgröße namens f. Die von ihm vorgeschlagenen Konventionen beziehen sich auf diese Effektgröße f. Diese Effektgröße ist aus den Angaben einer ANOVA-Tabelle jedoch nicht unmittelbar zu berechnen und findet in Forschungsartikeln nur selten Verwendung. Die Effektgröße f steht aber in einer relativen einfachen Beziehung zu η^2:

$$f = \sqrt{\frac{\eta^2}{1 - \eta^2}}$$

Rechnet man Cohens Konventionen für f in η^2-Werte um, so erhält man die hier angegebenen Werte.

Diese Formel ist insbesondere dann hilfreich, wenn man die Effektgröße in publizierten Studien bestimmen möchte. In Forschungsartikeln finden sich eher selten Angaben zu den Quadratsummen. Der *F*-Wert und die Freiheitsgrade werden dagegen fast immer erwähnt.

Bestimmen wir die Effektgröße in unserer Beispieluntersuchung: Dort hatten wir eine Quadratsumme zwischen Gruppen von $QS_{zw} = 94,8$ gefunden. Die Quadratsumme für die gesamte Variation betrug $QS_{gesamt} = 139,6$. Wir erhalten also die folgende Effektgröße:

$$\eta^2 = \frac{94,8}{139,6} = 0,68$$

Benutzen wir für die Bestimmung von η^2 die alternative Formel, so sieht die Berechnung folgendermaßen aus (mit $F = 12,71$, $df_{zw} = 2$ und $df_{inn} = 12$):

$$\eta^2 = \frac{12,71 \cdot 2}{12,71 \cdot 2 + 12} = 0,68$$

In unserer Untersuchung sind also 68% der gesamten Variation in den Konzentrationsmesswerten systematische Variation, die durch die unterschiedliche Dauer des Schlafentzugs in den verschiedenen Gruppen aufgeklärt werden kann. Dieser Effekt des Schlafentzugs ist – gemäß Cohens Konventionen – als außerordentlich groß zu beurteilen.

Die Interpretation von η^2 als Anteil der systematischen Variation wirkt auf den ersten Blick einfach und intuitiv nachvollziehbar. Dennoch ist die Bedeutung von η^2 keineswegs eindeutig. Die Verwendung dieser Effektgröße ist daher auch nicht unumstritten. Tatsächlich argumentieren manche Statistiker (beispielsweise Rosnow & Rosenthal, 1998), dass man in Varianzanalysen beim Vergleich von mehr als zwei Gruppen gänzlich auf die Berechnung einer Effektgröße verzichten sollte (andere Effektgrößen, die in Varianzanalysen eingesetzt werden können, haben die gleichen Schwierigkeiten wie η^2). Betrachten wir, um uns das Problem bei der Interpretation von η^2 zu verdeutlichen, noch einmal die Daten aus unserem Beispielexperiment. In den Gruppen von Personen, die 20 Stunden, 24 Stunden und 28 Stunden nicht geschlafen haben, fanden wir dort die folgenden Mittelwerte: $\bar{x}_{20h} = 20$, $\bar{x}_{24h} = 15,8$ und $\bar{x}_{28h} = 14$. Nehmen wir nun an, dass wir das gleiche Experiment noch einmal mit fünf Teilnehmern pro Gruppe durchführen. Stellen wir uns (zu Illustrationszwecken) vor, dass wir dabei exakt die gleichen Ergebnisse finden wie im ersten Experiment – allerdings mit einer Einschränkung: Die Daten in den Gruppen „20 Stunden" und „24 Stunden" sind vertauscht. Im zweiten Experiment lauten die Gruppenmittelwerte also $\bar{x}_{20h} = 15,8$, $\bar{x}_{24h} = 20$ und $\bar{x}_{28h} = 14$. Wie hoch ist das η^2 in der zweiten Untersuchung? Der „Austausch" zweier Gruppenmittelwerte hat keinen Einfluss auf die Quadratsumme zwischen Gruppen: Ein Satz von identischen Mittelwerten hat bei gleicher Teilnehmerzahl natürlich auch immer die gleiche Quadratsumme, unabhängig davon, wie die Mittelwerte verschiedenen Gruppen zugeordnet sind. Auch die Quadratsumme für die gesamte Variation verändert sich gegenüber dem ersten Experiment nicht – wir haben ja in beiden Experimenten die gleichen 15 Messwerte gefunden (die Gruppenzugehörigkeit spielt auch hier keine Rolle). Damit erhalten wir offensichtlich auch im zweiten Experiment eine

Effektgröße von $\eta^2 = 0{,}68$. Dieses Ergebnis ist insoweit sinnvoll, als tatsächlich auch im zweiten Experiment 68% der gesamten Variation in den Daten auf die unterschiedliche Dauer des Schlafentzugs in den verschiedenen Gruppen zurückgeführt werden können. Die gleiche Effektgröße in beiden Experimenten passt auch zur Omnibus-Hypothese der Varianzanalyse, die ja (inhaltlich) lediglich besagte, dass die Dauer des Schlafentzugs *irgendeinen* Einfluss auf die Konzentrationsfähigkeit hat. Für diese Hypothese ist es unerheblich, in welcher Gruppe höhere oder niedrigere Konzentrationswerte auftreten. Wir werden allerdings kaum behaupten können, dass wir tatsächlich in beiden Experimenten den gleichen Effekt des Schlafentzugs gefunden haben. Immerhin ging in der ersten Untersuchung längerer Schlafentzug mit einer kontinuierlichen Abnahme der Konzentrationsfähigkeit einher. In der zweiten Untersuchung konnten sich Personen, die 24 Stunden nicht geschlafen haben, hingegen besser konzentrieren als Personen, die 20 Stunden nicht geschlafen haben. Erst bei noch längerem Schlafentzug nahm die Konzentrationsfähigkeit ab. Das generelle Problem von η^2 besteht also darin, dass ganz unterschiedliche Ergebnismuster (Kombinationen von Mittelwerten) zu der gleichen Effektgröße führen können. In unserer Beispieluntersuchung könnten wir etwa auch dann ein η^2 von 0,68 finden, wenn zwei der Gruppenmittelwerte gleich wären und nur der dritte sehr deutlich von diesen abweichen würde. Wir erhalten durch η^2 also durchaus eine Aussage über die Stärke des Effekts einer Variablen (in der Beispieluntersuchung wissen wir durch das große η^2, dass der Schlafentzug einen starken Einfluss auf die Konzentrationsfähigkeit hat). Eine inhaltliche Aussage über die Art des Effekts können wir aufgrund von η^2 aber nicht treffen (wir können anhand des η^2 also nicht angeben, ob Schlafentzug die Konzentrationsfähigkeit vermindert oder erhöht oder mit irgendwelchen „komplexeren" Änderungen der Konzentrationsfähigkeit verbunden ist). Effektgrößen, die auch inhaltlich eindeutig zu interpretieren sind, können nur im Rahmen von Kontrastanalysen bestimmt werden.

14.6 Power in der einfaktoriellen Varianzanalyse

Wie bei jedem Signifikanztest ist auch bei der Varianzanalyse eine angemessene Interpretation des Ergebnisses des Hypothesentests nur dann möglich, wenn man die Power des Verfahrens berücksichtigt. Die Power der Varianzanalyse hängt von der Effektstärke in der Population, dem Signifikanzkriterium α, der Stichprobengröße pro Gruppe und der Anzahl der untersuchten Gruppen ab. Ob der Vielzahl der Einflussfaktoren kann eine umfassende Darstellung der Power der Varianzanalyse in allen realistischen Untersuchungskonstellationen hier natürlich nicht erfolgen. Im Zweifel wird man für eine exakte Poweranalyse zu einer konkreten Untersuchung also auf sehr umfangreiche Powertabellen (Cohen, 1988) oder geeignete Software (zum Beispiel GPower[6]) zurückgreifen müssen. Um Ihnen jedoch einen Eindruck von der

---

6 GPower stützt sich bei der Bestimmung der Teststärke der Varianzanalyse allerdings auf die Effektgröße *f*. Sie können der Fußnote 5 dieses Kapitels entnehmen, wie sie *f* aus η^2 berechnen können.

Teststärke des Verfahrens zu geben, haben wir in der ▶Tabelle 14.5 die Power unter einigen derjenigen Randbedingungen zusammengetragen, die in psychologischen Untersuchungen oftmals auftreten.

Betrachten wir zunächst die Situation in unserem Beispielexperiment. Dort gab es drei Gruppen mit jeweils fünf Teilnehmern. Das Signifikanzkriterium war auf $\alpha = 0{,}05$ festgelegt worden. Wie ein Blick in die Tabelle 14.5 zeigt, ist die Power unter diesen Randbedingungen gering. Sie beläuft sich selbst für einen – nach Cohens Konventionen – großen Effekt ($\eta^2 = 0{,}14$) lediglich auf 0,21. Auch ein üblicherweise als groß betrachteter Populationseffekt würde hier also nur mit einer Wahrscheinlichkeit von 21% zu einem signifikanten Ergebnis führen. Dass wir in unserer Untersuchung dennoch ein signifikantes Ergebnis gefunden haben, hat folgenden einfachen Grund: Das Beispiel ist zu Demonstrationszwecken so konstruiert, dass mit dem Schlafentzug ein Effekt verbunden ist, der vollkommen unrealistisch groß ist. In der Forschungspraxis wäre es offensichtlich keine gute Idee, eine Varianzanalyse mit nur jeweils fünf Teilnehmern in drei Gruppen durchzuführen. Mit diesem Vorgehen würden wir voraussichtlich realistische, große Effekte übersehen. Eine Möglichkeit, diese Situation zu verbessern, besteht darin, das Signifikanzkriterium α zu erhöhen. Legen wir ein Signifikanzkriterium von $\alpha = 0{,}1$ fest, so steigt die Power für einen großen Effekt auf 0,33. Dies ist allerdings immer noch inakzeptabel: Wir würden einen existierenden großen Effekt ja mit 67%-iger Wahrscheinlichkeit nicht entdecken. Wenn wir die Wahrscheinlichkeit für einen α-Fehler nicht noch weiter erhöhen wollen, so bleibt uns nur, mehr Teilnehmer zu untersuchen. Mit 20 Teilnehmern pro Gruppe und einem Signifikanzkriterium von $\alpha = 0{,}1$ erreichen wir für große Effekte eine Power von 0,86. Damit hätten wir also eine gute Chance, große Effekte zu entdecken. Wollen wir in dieser Untersuchung jedoch einigermaßen sicher sein, auch kleine Effekte aufdecken zu können, so genügen uns auch 20 Teilnehmer pro Gruppe nicht: Die Power für kleine Effekte beträgt auch in dieser Konstellation nur 0,17.

Ein weiteres Beispiel: Nehmen wir an, Sie lesen einen Artikel, in dem von einer Studie mit 4 Gruppen und 20 Teilnehmern pro Gruppe berichtet wird. Eine Varianzanalyse mit einem Signifikanzkriterium von $\alpha = 0{,}05$ erbrachte ein nicht-signifikantes Ergebnis. Können Sie aus diesem Ergebnis schließen, dass tatsächlich kein Effekt vorhanden ist? Die Powertabelle zeigt, dass die Antwort auf diese Frage „Nein" lauten muss. Die Power dieser Varianzanalyse beträgt für einen Effekt mittlerer Größe 0,42. Sofern in der Population tatsächlich ein mittelgroßer Effekt vorhanden ist, wäre dieser also in der Varianzanalyse mit 58%-iger Wahrscheinlichkeit nicht entdeckt worden. Ein kleiner Effekt würde sogar mit einer Wahrscheinlichkeit von 90% übersehen. Es ist also trotz des nicht-signifikanten Ergebnisses durchaus möglich, dass ein kleiner oder mittlerer Effekt existiert. Hingegen können wir aufgrund des Ergebnisses des Signifikanztests recht sicher sein, dass in der Population kein großer Effekt besteht: Bei einem großen Effekt wäre immerhin mit einer Wahrscheinlichkeit von 85% ein signifikantes Ergebnis aufgetreten.

Tabelle 14.5

Power in der einfaktoriellen Varianzanalyse*

Teilnehmer pro Gruppe (n)	$\alpha = 0,01$			$\alpha = 0,05$			$\alpha = 0,10$		
	$\eta^2 = 0,01$ (klein)	$\eta^2 = 0,06$ (mittel)	$\eta^2 = 0,14$ (groß)	$\eta^2 = 0,01$ (klein)	$\eta^2 = 0,06$ (mittel)	$\eta^2 = 0,14$ (groß)	$\eta^2 = 0,01$ (klein)	$\eta^2 = 0,06$ (mittel)	$\eta^2 = 0,14$ (groß)
Drei Gruppen ($df_{zw} = 2$)									
5	0,01	0,03	0,07	0,06	0,11	0,21	0,11	0,19	0,33
10	0,02	0,06	0,21	0,07	0,20	0,44	0,13	0,30	0,58
20	0,03	0,17	0,54	0,10	0,37	0,78	0,17	0,50	0,86
30	0,04	0,30	0,79	0,12	0,54	0,93	0,20	0,66	0,96
40	0,05	0,43	0,92	0,15	0,68	0,98	0,24	0,78	0,99
50	0,06	0,56	0,97	0,18	0,78	0,99	0,27	0,86	*
Vier Gruppen ($df_{zw} = 3$)									
5	0,01	0,03	0,08	0,06	0,12	0,24	0,12	0,20	0,36
10	0,02	0,07	0,25	0,07	0,21	0,50	0,13	0,32	0,63
20	0,03	0,20	0,65	0,10	0,42	0,85	0,17	0,55	0,91
30	0,04	0,36	0,88	0,13	0,61	0,96	0,21	0,72	0,98
40	0,05	0,52	0,97	0,16	0,75	0,99	0,25	0,84	*
50	0,06	0,66	0,99	0,19	0,85	*	0,29	0,91	*

* Bei drei und vier untersuchten Gruppen, sechs Teilnehmeranzahlen pro Gruppe und drei unterschiedlichen Signifikanzkriterien α. Werte > 0,995 sind mit Sternchen gekennzeichnet; die Werte wurden mit Hilfe des Programms GPower ermittelt.

Bei der Planung einer eigenen Untersuchung sollte man natürlich schon vor der Datenerhebung eine Power-Betrachtung anstellen, um eine geeignete Teilnehmeranzahl festzulegen. Um Ihnen auch hier einen Anhaltspunkt zu geben, haben wir in der ▶Tabelle 14.6 die Teilnehmeranzahlen zusammengestellt, die bei einem Signifikanzkriterium von $\alpha = 0,05$ und drei, vier oder fünf Bedingungen benötigt werden, um eine Power von 80% zu erreichen. Tatsächlich wird in psychologischen Studien inzwischen oftmals eine Power von 80% angestrebt. Es sei aber betont, dass es sich auch dabei – wie beim Signifikanzkriterium $\alpha = 0,05$ – um eine Konvention handelt. Im konkreten Einzelfall können aufgrund einer Abwägung der Bedeutung von α- und β-Fehler andere Werte sinnvoller sein. Dies ergibt sich auch aus der Tabelle 14.6. Nehmen wir an, Sie planen eine Untersuchung mit drei Gruppen, in der sie nur einen kleinen Effekt erwarten. Um in dieser Situation eine Power von 80% zu erreichen, müssten Sie in jeder Gruppe 322 Probanden (also insgesamt 966 Teilnehmer) untersuchen. Dies dürfte in aller Regel ein nahezu aussichtsloses Unterfangen sein. Sofern Sie also auch einen kleinen Effekt für relevant halten und ihn aufdecken wollen, wird Ihnen kaum etwas anderes übrig bleiben, als ein höheres Risiko für einen α-Fehler in Kauf zu nehmen.

Tabelle 14.6

Benötigte Anzahl von Teilnehmern pro Gruppe, damit in einer einfaktoriellen Varianzanalyse mit dem Signifikanzkriterium $\alpha = 0{,}05$ eine Power von 80% erreicht wird

	$\eta^2 = 0{,}01$ (klein)	$\eta^2 = 0{,}06$ (mittel)	$\eta^2 = 0{,}14$ (groß)
Drei Gruppen ($df_{zw} = 2$)	322	52	21
Vier Gruppen ($df_{zw} = 3$)	274	45	18
Fünf Gruppen ($df_{zw} = 4$)	240	39	16

Z U S A M M E N F A S S U N G

Die Varianzanalyse ermöglicht es, Unterschiede zwischen mehr als zwei Mittelwerten auf statistische Signifikanz zu testen. Das Prüfverfahren, das innerhalb der Varianzanalyse zum Einsatz kommt, ist der *F*-Test. In allen Varianten eines *F*-Tests werden zwei Schätzungen der Populationsvarianz der abhängigen Variablen bestimmt und zueinander ins Verhältnis gesetzt. In der einfaktoriellen Varianzanalyse für unabhängige Stichproben, die wir in diesem Kapitel behandelt haben, beruht eine der beiden Schätzungen der Populationsvarianz auf der Varianz innerhalb der einzelnen untersuchten Gruppen. Diese Schätzung wird als *Varianzschätzung innerhalb von Gruppen* bezeichnet. Die zweite Varianzschätzung beruht auf der Varianz der Mittelwerte der verschiedenen Gruppen. Diese Schätzung wird als *Varianzschätzung zwischen Gruppen* bezeichnet. Die Nullhypothese in der einfaktoriellen Varianzanalyse besagt, dass die Populationsmittelwerte in allen untersuchten Gruppen (oder Bedingungen) gleich sind. Sofern die Nullhypothese zutrifft, ist zu erwarten, dass die Varianzschätzung innerhalb von Gruppen und die Varianzschätzung zwischen Gruppen gleich (oder zumindest ähnlich) groß ausfallen. Diese Erwartung ergibt sich daraus, dass bei Gültigkeit der Nullhypothese beide Varianzschätzungen ausschließlich von der Populationsvarianz abhängen und lediglich zufällig von der tatsächlichen Populationsvarianz abweichen. Sofern die Nullhypothese nicht zutrifft, ist hingegen zu erwarten, dass die Varianzschätzung zwischen Gruppen größer ausfällt als die Varianzschätzung innerhalb von Gruppen. Diese Erwartung ergibt sich daraus, dass die Varianzschätzung zwischen Gruppen die tatsächliche Populationsvarianz überschätzt, wenn die Alternativhypothese korrekt ist. In diesem Fall wird die Varianzschätzung zwischen Gruppen nicht nur von der Populationsvarianz beeinflusst, sondern zusätzlich auch von den Unterschieden zwischen den Populationsmittelwerten.

▶

▶Fortsetzung

Als Prüfgröße dient in der Varianzanalyse der F-Wert. Der F-Wert entspricht in der einfaktoriellen Varianzanalyse dem Quotienten aus der Varianzschätzung zwischen Gruppen und der Varianzschätzung innerhalb von Gruppen. Bei Gültigkeit der Nullhypothese ist daher ein F-Wert im Bereich von 1 zu erwarten. Bei Gültigkeit der Alternativhypothese sollten wir dagegen einen F-Wert größer 1 finden. Mit Hilfe der F-Verteilung lässt sich bestimmen, mit welcher Wahrscheinlichkeit F-Werte einer bestimmten Größe auftreten, wenn die Nullhypothese korrekt ist. Die exakte Form der F-Verteilung hängt von den Freiheitsgraden ab, die mit den Varianzschätzungen zwischen Gruppen und innerhalb von Gruppen verbunden sind. Ist die Wahrscheinlichkeit zu einem empirischen F-Wert in einer Untersuchung gleich oder kleiner als das zuvor festgesetzte Kriterium α, so ist das Ergebnis signifikant: Die Nullhypothese wird zurückgewiesen und die Alternativhypothese angenommen.

Das Vorgehen in der Varianzanalyse kann auch als Varianzzerlegung beschrieben werden: Die gesamte Variation in den Stichprobendaten wird in verschiedene Komponenten aufgeteilt. In der einfaktoriellen Varianzanalyse setzt sich die gesamte Variation aus systematischer Variation zwischen Gruppen (die auf den Einfluss der unabhängigen Variablen zurückgeführt werden kann) und aus Fehlervariation innerhalb von Gruppen (die im Rahmen der Untersuchung nicht erklärt werden kann) zusammen. Diese Varianzkomponenten können durch entsprechende Quadratsummen erfasst werden. Aus den Quadratsummen können wiederum die Varianzschätzungen zwischen und innerhalb von Gruppen abgleitet werden, so dass eine Hypothesenprüfung mittels des F-Werts möglich wird.

Die Alternativhypothese in der Varianzanalyse ist unspezifisch und wird auch als Omnibus-Hypothese bezeichnet. Eine Annahme der Alternativhypothese besagt daher lediglich, dass sich der Mittelwert auf mindestens einer Stufe der unabhängigen Variablen vom Mittelwert auf mindestens einer anderen Stufe unterscheidet. Um genauer zu prüfen, zwischen welchen Stufen der unabhängigen Variablen signifikante Unterschiede bestehen, können Post-hoc Tests eingesetzt werden. Diese Tests bemühen sich, dem Problem einer Kumulation des α-Fehlers, das bei mehreren Tests zu demselben Datensatz zwangsläufig eintritt, entgegenzuwirken. Der in diesem Kapitel vorgestellte Scheffé-Test ist eine relativ konservative Lösung.

Die Voraussetzungen der hier behandelten einfaktoriellen Varianzanalyse sind Unabhängigkeit der Daten in den verschiedenen Gruppen, Normalverteilung der abhängigen Variablen in den Populationen und gleiche Populationsvarianzen. Auf Verletzungen der Verteilungsannahmen reagiert die Varianzanalyse bei gleichen Stichprobengrößen robust.

Als Effektgröße kann in der einfaktoriellen Varianzanalyse das Maß η^2 („Eta-Quadrat") verwendet werden. Das Maß η^2 gibt den Anteil der systematischen Variation an der gesamten Variation an. Diese Effektgröße bezeichnet somit den Anteil der Varianz, die durch die unabhängige Variable aufgeklärt werden kann.

Wie bei jedem anderen Signifikanztest ist eine sinnvolle Durchführung und Interpretation der Varianzanalyse an eine angemessene Abschätzung des benötigten Stichprobenumfangs bzw. an eine Betrachtung der Teststärke gebunden. Die Power der Varianzanalyse hängt ab von der Effektstärke in der Population, dem Signifikanzkriterium α, der Stichprobengröße pro Gruppe und der Anzahl der untersuchten Gruppen.

ZUSAMMENFASSUNG

Übungsaufgaben mit Lösungen sowie weitere Informationen zu diesem Buchkapitel finden Sie auf der Companion Website zum Buch unter *http://www.pearson-studium.de*

Weitere *F*-Tests

15

ÜBERBLICK

Nachdem wir uns im vorangegangenen Kapitel ausführlich mit der Grundidee des *F*-Tests beschäftigt haben, sollen in diesem Kapitel drei weitere Anwendungsmöglichkeiten dieses Tests vorgestellt werden. Bei den ersten beiden Verfahren handelt es sich um Erweiterungen der varianzanalytischen Techniken, die wir in Kapitel 14 behandelt haben: Die *mehrfaktorielle Varianzanalyse* und die *Varianzanalyse für abhängige Stichproben*. Bei den bisher demonstrierten varianzanalytischen Auswertungen sind wir davon ausgegangen, dass eine Studie nur *eine* unabhängige Variable aufweist. Wir haben aber bereits in Kapitel 5 gesehen, dass in Studien auch mehrere unabhängige Variablen zugleich untersucht werden können. In solchen Designs mit mehreren unabhängigen Variablen kann eine mehrfaktorielle Varianzanalyse durchgeführt werden, um auf signifikante Mittelwertsunterschiede zu testen. Eine Varianzanalyse für abhängige Stichproben ist vor allem dann angezeigt, wenn die Daten in den verschiedenen Bedingungen einer Studie von denselben Teilnehmern stammen (also z.B. bei Experimenten im within-subjects Design).

Das „Funktionsprinzip" ist bei diesen (und allen übrigen) Varianten der Varianzanalyse im Wesentlichen das gleiche: Die Variation in den Stichprobendaten wird in verschiedene Komponenten zerlegt. Aus diesen Varianzkomponenten können dann unabhängige Schätzungen der Populationsvarianz gewonnen werden. Die Varianzschätzungen ermöglichen schließlich die Berechnung eines *F*-Werts und somit den Hypothesentest. Was sich zwischen verschiedenen Varianten der Varianzanalyse unterscheidet, ist also hauptsächlich das Vorgehen bei der Varianzzerlegung: In verschiedenen Untersuchungskonstellationen gibt es unterschiedliche und unterschiedlich zahlreiche, identifizierbare Varianzquellen. In Varianten der Varianzanalyse, die auf komplexere Untersuchungsdesigns zugeschnitten sind, ist daher in aller Regel auch die Varianzzerlegung etwas aufwändiger als in der einfaktoriellen Varianzanalyse für unabhängige Stichproben aus Kapitel 14.

Das dritte Verfahren, das wir in diesem Kapitel behandeln wollen, illustriert eine Anwendung des *F*-Tests außerhalb der Varianzanalyse: Der *F*-Test kann in der Regressionsanalyse eingesetzt werden, um die Varianzaufklärung durch die in die Regressionsgleichung aufgenommenen Prädiktoren auf Signifikanz zu testen. Auch hier beruht der Test auf einer Zerlegung der Variation in den Stichprobendaten.

Bei der Schilderung der varianzanalytischen Verfahren werden wir zunächst auf die Logik und Durchführung der jeweiligen Varianzzerlegung eingehen. Wir werden dann einen Blick auf die Voraussetzungen der Verfahren werfen. Anschließend werden wir geeignete Effektgrößen diskutieren. Auf der Basis dieser Effektgrößen werden wir schließlich einige Überlegungen zur Power der Verfahren anstellen. Dieses Vorgehen sollte natürlich nicht darüber hinwegtäuschen, dass varianzanalytische Auswertungen (wie alle Signifikanztests) vielfach nur dann sinnvoll sein werden, wenn eine Poweranalyse bereits bei der Planung der Studie – also als erster Bestandteil des Tests – durchgeführt wird.

15.1 Mehrfaktorielle Varianzanalyse

Im vorangegangenen Kapitel wurde dargestellt, wie die Varianzanalyse genutzt werden kann, um einen Effekt in Studien mit *einer* unabhängigen Variablen auf Signifikanz zu testen. Wir haben allerdings bereits in Kapitel 5 gesehen, dass in Experimenten und Quasi-Experimenten auch mehrere unabhängige Variablen untersucht werden können. Studien mit solchen mehrfaktoriellen Designs geben uns die Möglichkeit, mehrere Hypothesen zugleich zu prüfen. So können wir für jede der beteiligten unabhängigen Variablen feststellen, ob sie eine Wirkung auf die abhängige Variable hat – ob mit ihr also ein *Haupteffekt* verbunden ist. Zudem können wir klären, ob zwischen den unabhängigen Variablen ein *Interaktionseffekt* besteht – ob also die Wirkung einer unabhängigen Variablen von einer oder mehreren anderen unabhängigen Variablen beeinflusst wird (siehe Kapitel 5). Bei der Auswertung von Studien mit mehreren unabhängigen Variablen kann nun die mehrfaktorielle Varianzanalyse eingesetzt werden. Sie erlaubt es uns, die verschiedenen Effekte, die in einer solchen Studie auftreten können, auf Signifikanz zu testen.

Betrachten wir zunächst noch einmal ein Beispiel für eine Untersuchung mit einem einfachen mehrfaktoriellen Design. Nehmen wir an, dass wir uns für Lernsoftware zum Thema Geometrie interessieren. Konkret wollen wir die Effektivität von zwei Programmen vergleichen, die sich an Schüler der Mittelstufe richten. Zudem wollen wir klären, ob sich die beiden Programme gleichermaßen für Schüler an Gymnasien und an Realschulen eignen. Somit bietet es sich offensichtlich an, ein Experiment im 2 × 2-Design mit den Faktoren „Art der Lernsoftware" (Programm A vs. Programm B) und „Schultyp" (Realschule oder Gymnasium) durchzuführen. Wir ziehen also gleich große Stichproben mit Realschülern und Gymnasiasten und weisen jeweils die Hälfte der Schüler zufällig dem Programm A und dem Programm B zu.[1] Nachdem die Schüler die Programme durchgearbeitet haben, führen wir mit ihnen einen Test zur Messung ihrer Geometrie-Kenntnisse durch.

Um das Beispiel für unsere Demonstrationszwecke überschaubar zu halten, nehmen wir an, dass an unserem Experiment insgesamt nur zwölf Personen teilnehmen. Die ▶Tabelle 15.1 zeigt den Messwert der Geometrie-Kenntnisse für jeden dieser zwölf Teilnehmer. Zudem sind die Mittelwerte in den vier experimentellen Bedingungen sowie die Zeilen- und Spaltenmittelwerte angegeben.

---

1 Den Faktor „Schultyp" können wir offensichtlich weder manipulieren noch haben wir die Möglichkeit, die Schüler den beiden Faktorstufen zufällig zuzuordnen. Dieser Faktor hat folglich quasi-experimentellen Status. Damit unterliegt eine kausale Interpretation eines Effekts dieses Faktors natürlich auch all den Einschränkungen, die üblicherweise mit Quasi-Experimenten verbunden sind (siehe Kapitel 5).

Tabelle 15.1

Fiktive Ergebnisse eines Experiments zur Effektivität zweier Lernsoftware-Programme bei Realschülern und Gymnasiasten

Faktor B: Lernsoftware		Faktor A: Schultyp		
		Realschule (Spalte $j = 1$)	Gymnasium (Spalte $j = 2$)	Zeilen-mittelwert
Programm A (Zeile $l = 1$)		8	19	
		10 $\bar{x}_{11} = 10$	18 $\bar{x}_{21} = 19$	$\bar{x}_{\bullet 1} = 14,5$
		12	20	
Programm B (Zeile $l = 2$)		13	14	
		13 $\bar{x}_{12} = 14$	15 $\bar{x}_{22} = 16$	$\bar{x}_{\bullet 2} = 15$
		16	19	
Spalten-mittelwert		$\bar{x}_{1\bullet} = 12$	$\bar{x}_{2\bullet} = 17,5$	$\bar{\bar{x}} = 14,75$

Den Haupteffekt der unabhängigen Variablen „Schultyp" können wir einschätzen, indem wir den Mittelwert der Testleistung *aller* Realschüler mit dem Mittelwert *aller* Gymnasiasten vergleichen. Die entsprechenden Spaltenmittelwerte betragen für Realschüler $\bar{x}_{1\bullet} = 12$ und für Gymnasiasten $\bar{x}_{2\bullet} = 17,5$. (Der Punkt in der Notation gibt an, dass die Daten aus allen Stufen des anderen Faktors zusammengefasst werden.) Unsere Stichprobenergebnisse sprechen also für einen Haupteffekt des Schultyps: Gymnasiasten schnitten im Geometrie-Test besser ab als Realschüler. Analog zu diesem Vorgehen zeigt sich ein möglicher Haupteffekt des Faktors Lernsoftware in den Zeilenmittelwerten. In unserem Fall ergibt sich für Schüler, die das Programm A nutzten, ein Mittelwert von $\bar{x}_{\bullet 1} = 14,5$. Schüler, die mit dem Programm B arbeiteten, erreichten eine durchschnittliche Testleistung von $\bar{x}_{\bullet 2} = 15$. In unserer Untersuchung ist mit dem Faktor Lernsoftware also allenfalls ein schwacher Haupteffekt verbunden: Mit dem Programm B wurden unwesentlich bessere Leistungen erzielt als mit dem Programm A. Um schließlich zu bestimmen, ob in unserer Studie eine Interaktion aufgetreten ist, müssen wir den Effekt der Lernsoftware bei Realschülern mit ihrem Effekt bei Gymnasiasten vergleichen. Keine Interaktion besteht, wenn die Lernsoftware bei Schülern beider Schultypen den gleichen Effekt hat. Dies ist in unserer Studie offensichtlich nicht der Fall. Realschüler kamen mit dem Programm A zu schlechteren durchschnittlichen Ergebnissen als mit dem Programm B. Die Größe dieses Effekts beträgt $\bar{x}_{11} - \bar{x}_{12} = 10 - 14 = -4$. Gymnasiasten erreichten mit dem Programm A hingegen nennenswert bessere Leistungen als mit dem Programm B: $\bar{x}_{21} - \bar{x}_{22} = 19 - 16 = 3$. Unsere Stichprobenergebnisse zeigen also an, dass ein Interaktionseffekt vorhanden sein könnte. Die beiden Programme sind anscheinend unterschiedlich gut für Realschüler und Gymnasiasten geeignet.

Mit einer zweifaktoriellen Varianzanalyse können wir nun für jeden der drei möglichen Effekte in unserer Studie prüfen, ob die Stichprobenergebnisse ausreichende Evidenz für die Schlussfolgerung bieten, dass auch in den Populationen ein entsprechender Effekt besteht. Folglich werden in der zweifaktoriellen Varianzanalyse drei Nullhypothesen formuliert. Die Nullhypothesen zu den beiden Haupteffekten sind äquivalent zu der Nullhypothese in der einfaktoriellen Varianzanalyse. Sie besagen also jeweils, dass die Populationsmittelwerte auf den verschiedenen Stufen des betrachteten Faktors gleich sind. In unserem Beispiel lautet die Nullhypothese für den Faktor Schultyp entsprechend, dass die Populationen von Realschülern und Gymnasiasten die gleiche durchschnittliche Leistung im Geometrie-Test aufweisen. Für den Faktor Lernsoftware lautet die Nullhypothese, dass sich die Populationsmittelwerte von Nutzern der Programme A und B nicht unterscheiden. Kurz formuliert:

H_0 für den Faktor Schultyp: $\qquad \mu_{1\bullet} = \mu_{2\bullet}$
H_0 für den Faktor Lernsoftware: $\quad \mu_{\bullet 1} = \mu_{\bullet 2}$

Die Nullhypothese zum Interaktionseffekt besagt, dass der Faktor Lernsoftware in den Populationen von Realschülern und Gymnasiasten den gleichen Effekt hat. Also:

H_0 zur Interaktion: $\qquad\qquad \mu_{11} - \mu_{12} = \mu_{21} - \mu_{22}$

Die Idee zur Prüfung dieser Nullhypothesen, die in der mehrfaktoriellen Varianzanalyse verfolgt wird, ist dieselbe wie in der einfaktoriellen Varianzanalyse: Die gesamte Variation in den Stichprobendaten wird in verschiedene Komponenten zerlegt. Eine dieser Komponenten ist wie in der einfaktoriellen Varianzanalyse die Fehlervariation innerhalb von Gruppen. Die übrigen Komponenten geben die Variation an, die auf den Faktor Schultyp, den Faktor Lernsoftware und die Interaktion der Faktoren zurückgeführt werden kann. Aus jeder dieser Komponenten kann dann wiederum eine Schätzung der Populationsvarianz abgeleitet werden. Schließlich wird für jede der drei Nullhypothesen ein F-Wert gebildet. Dazu werden die Schätzungen der Populationsvarianz, die mit dem Faktor Schultyp, dem Faktor Lernsoftware und der Interaktion verbunden sind, durch die Varianzschätzung innerhalb von Gruppen geteilt. Ist die Nullhypothese korrekt, so können wir jeweils erwarten, dass die beiden Varianzschätzungen, die in den entsprechenden F-Wert eingehen, ähnlich groß sind. Wir sollten folglich einen F-Wert im Bereich von 1 finden. Ist die Nullhypothese hingegen falsch, so ist ein F-Wert größer als 1 zu erwarten.

Das Vorgehen bei der mehrfaktoriellen Varianzanalyse unterscheidet sich von der einfaktoriellen Varianzanalyse also dadurch, dass die Zerlegung der Variation in den Stichprobendaten etwas komplizierter ist. Betrachten wir diese Zerlegung genauer.

15.1.1 Varianzzerlegung in der zweifaktoriellen Varianzanalyse

Wir haben im vorangegangenen Kapitel gesehen, dass wir in der einfaktoriellen Varianzanalyse die Abweichung eines Messwerts vom Gesamtmittelwert in zwei Teile zerlegen können: Die Abweichung des Messwerts von seinem Gruppenmittelwert und die Abweichung seines Gruppenmittelwerts vom Gesamtmittelwert.

$$(x_{ij} - \overline{\overline{x}}) = (x_{ij} - \overline{x}_j) + (\overline{x}_j - \overline{\overline{x}})$$

Die Abweichung des Messwerts von seinem Gruppenmittelwert müssen wir dabei als Fehlervariation auffassen: Sie kann innerhalb unserer Untersuchung nicht erklärt werden. Die Abweichung des Gruppenmittelwerts vom Gesamtmittelwert können wir hingegen als systematische Variation betrachten: Abweichungen der Mittelwerte in den verschiedenen Gruppen vom Gesamtmittelwert zeigen einen Effekt der unabhängigen Variablen an. Den gleichen Sachverhalt können wir (mit einer simplen Umstellung der Formel) auch folgendermaßen formulieren:

$$x_{ij} = \overline{\overline{x}} + (x_{ij} - \overline{x}_j) + (\overline{x}_j - \overline{\overline{x}})$$

Ein Messwert setzt sich also additiv aus drei Komponenten zusammen: Dem Gesamtmittelwert, dem Fehler $(x_{ij} - \overline{x}_j)$ und dem in seiner Bedingung wirksamen Effekt der unabhängigen Variablen $(\overline{x}_j - \overline{\overline{x}})$.

Diese Logik können wir in einem ersten Schritt unverändert auf die zweifaktorielle Varianzanalyse übertragen. Auch hier resultiert die Abweichung eines Messwerts vom Gesamtmittelwert zum einen aus dem Fehler und zum anderen aus der systematischen Abweichung. Die systematische Abweichung zeigt sich dabei natürlich wiederum in der Differenz des Gruppenmittelwerts vom Gesamtmittelwert. Es gilt also:

gesamte Abweichung = systematische Abweichung + Fehler

$$(x_{ijl} - \overline{\overline{x}}) = (\overline{x}_{jl} - \overline{\overline{x}}) \qquad\qquad + (x_{ijl} - \overline{x}_{jl})$$

Dabei bezeichnet x_{ijl} den *i*-ten Messwert in der Spalte *j* und der Zeile *l* (siehe Tabelle 15.1). $\overline{x}_{jl}$ entspricht dem Gruppenmittelwert in der Bedingung, die sich aus der Kombination der Stufe des Faktors A in der Spalte *j* und der Stufe des Faktors B in der Zeile *l* ergibt.

Im Unterschied zur einfaktoriellen Varianzanalyse korrespondiert die systematische Abweichung aber nicht zum Effekt nur einer unabhängigen Variablen. Wie wir gesehen haben, können in einer zweifaktoriellen Varianzanalyse drei Effekte auftreten. Entsprechend kann die systematische Variation auf drei mögliche Quellen zurückgehen: Den Effekt des Faktors A, den Effekt des Faktors B und den Interaktionseffekt. Wir können die systematische Abweichung also weiter zerlegen. Es gilt:

systematische Abweichung = Effekt Faktor A + Effekt Faktor B + Interaktionseffekt

Verwenden wir, um uns das Vorgehen bei der gesamten Zerlegung zu verdeutlichen, den ersten Messwert in der Bedingung „Gymnasium / Programm A" aus unserer Beispieluntersuchung (siehe Tabelle 15.1). Dieser Messwert beträgt $x_{121} = 19$. Da auch der Gruppenmittelwert in der Bedingung „Gymnasium / Programm A" bei $\overline{x}_{21} = 19$

liegt, ist bei diesem Messwert offensichtlich keine unsystematische Abweichung aufgetreten. Die systematische Abweichung bei diesem Messwert erhalten wir, wenn wir von seinem Gruppenmittelwert den Gesamtmittelwert ($\overline{\overline{x}} = 14{,}75$) abziehen: $19 - 14{,}75 = 4{,}25$.

Den Effekt des Faktors Schultyp (im Folgenden als „Faktor A" bezeichnet), der in diese systematische Abweichung eingeht, können wir bestimmen, indem wir die Differenz zwischen dem Spaltenmittelwert für alle Gymnasiasten und dem Gesamtmittelwert berechnen. Allgemein:

$$\text{Effekt Faktor A} = \overline{x}_{j\bullet} - \overline{\overline{x}}$$

In unserem Fall resultiert bei Gymnasiasten also ein Effekt des Schultyps von $17{,}5 - 14{,}75 = 2{,}75$. Für alle Realschüler beträgt der Effekt des Schultyps entsprechend $12 - 14{,}75 = -2{,}75$.

Den Effekt des Faktors Lernsoftware (im Folgenden als „Faktor B" bezeichnet) erhalten wir, wenn wir die Abweichung des jeweiligen Zeilenmittelwerts vom Gesamtmittelwert berechnen. Allgemein:

$$\text{Effekt Faktor B} = \overline{x}_{\bullet l} - \overline{\overline{x}}$$

Bei dem von uns betrachteten Messwert, der von einem Nutzer des Programms A stammt, beträgt der Effekt der Lernsoftware also $14{,}5 - 14{,}75 = -0{,}25$. Bei Nutzern des Programms B ist hingegen ein Effekt der Lernsoftware von $15 - 14{,}75 = 0{,}25$ aufgetreten.

Bei der Bestimmung des Interaktionseffekts können wir uns schließlich zunutze machen, dass sich die systematische Abweichung aus den Effekten der Faktoren A und B und der Interaktion zusammensetzt. Den Interaktionseffekt können wir also nach folgender Formel berechnen:

$$\text{Interaktionseffekt} = \text{systematische Abweichung} - \text{Effekt Faktor A} - \text{Effekt Faktor B}$$

$$\text{Interaktionseffekt} = (\overline{x}_{jl} - \overline{\overline{x}}) \qquad - (\overline{x}_{j\bullet} - \overline{\overline{x}}) \qquad - (\overline{x}_{\bullet l} - \overline{\overline{x}})$$

In unserem Fall geht in die systematische Abweichung des Messwerts vom Gesamtmittelwert demnach ein Interaktionseffekt von $4{,}25 - 2{,}75 - (-0{,}25) = 1{,}75$ ein.

Dass dieses Vorgehen zur Bestimmung des Interaktionseffekts auch inhaltlich sinnvoll ist, können wir uns klar machen, indem wir uns kurz überlegen, wie die Gruppenmittelwerte aussehen müssten, wenn *kein* Interaktionseffekt bestünde. Ohne Interaktionseffekt sollte die systematische Abweichung eines Gruppenmittelwerts vom Gesamtmittelwert natürlich vollständig auf die Effekte der Faktoren A und B zurückgehen. Es sollte in diesem Fall also gelten:

$$(\overline{x}_{jl} - \overline{\overline{x}}) = (\overline{x}_{j\bullet} - \overline{\overline{x}}) + (\overline{x}_{\bullet l} - \overline{\overline{x}})$$

bzw.

$$\overline{x}_{jl} = \overline{\overline{x}} + (\overline{x}_{j\bullet} - \overline{\overline{x}}) + (\overline{x}_{\bullet l} - \overline{\overline{x}})$$

Wenn keine Interaktion besteht, sollten sich die Gruppenmittelwerte demnach additiv aus dem Gesamtmittelwert und den Effekten der Faktoren A und B zusammensetzen. In den vier Bedingungen unserer Beispieluntersuchung wären *ohne* Interaktion also die in ▶Tabelle 15.2 dargestellten Gruppenmittelwerte zu erwarten.

Tabelle 15.2

Gruppenmittelwerte in der Beispieluntersuchung bei einem additiven Effekt der Faktoren A und B

	Gesamt-mittelwert $(\overline{\overline{x}})$	+	Effekt Faktor A $(\overline{x}_{j\bullet} - \overline{\overline{x}})$	+	Effekt Faktor B $(\overline{x}_{\bullet l} - \overline{\overline{x}})$	=	Gruppen-mittelwert $(\overline{x}_{jl})$
Realsch. / Progr. A	14,75	+	(−2,75)	+	(−0,25)	=	11,75
Realsch. / Progr. B	14,75	+	(−2,75)	+	0,25	=	12,25
Gymn. / Progr. A	14,75	+	2,75	+	(−0,25)	=	17,25
Gymn. / Progr. B	14,75	+	2,75	+	0,25	=	17,75

Mit diesen Mittelwerten hat ein Faktor auf allen Stufen des anderen Faktors den gleichen Effekt: Gymnasiasten erzielen eine durchschnittliche Testleistung, die um 5,5 Testpunkte höher ausfällt als die von Realschülern – unabhängig davon, ob das Programm A oder das Programm B verwendet wurde. Nutzer des Programms B erzielen durchschnittliche Testleistungen, die um 0,5 Testpunkte besser sind als die Leistungen von Nutzern des Programms A – unabhängig davon, ob sie eine Realschule oder ein Gymnasium besuchen. Eine solche Unabhängigkeit der Effekte der beiden Faktoren besteht in den „tatsächlichen" Ergebnissen unserer Untersuchung offensichtlich nicht: Die Wirkung des Faktors Lernsoftware war durchaus vom Schultyp abhängig. Demnach ist in unseren Stichprobendaten ein Interaktionseffekt vorhanden. Die Formel, die wir oben benutzt haben, liefert nichts anderes als die Abweichung des Gruppenmittelwerts zu diesem Messwert von demjenigen Gruppenmittelwert, der ohne Interaktionseffekt zu erwarten wäre. In unserem Fall: $19 - 17{,}25 = 1{,}75$.

Fassen wir zusammen: Die Abweichung eines Messwerts vom Gesamtmittelwert können wir in eine systematische Abweichung und einen Fehler zerlegen. Die systematische Abweichung lässt sich weiter aufteilen in einen Effekt des Faktors A, des Faktors B und einen Interaktionseffekt. Insgesamt lautet die Zerlegung also:

gesamte Abweichung = Effekt Faktor A + Effekt Faktor B + Interaktionseffekt + Fehler

Für den von uns betrachteten Messwert sieht diese Zerlegung folgendermaßen aus:

$$4{,}25 = 2{,}75 + (−0{,}25) + 1{,}75 + 0$$

Eine solche Zerlegung können wir natürlich für den Messwert jedes Probanden in unserem Datensatz durchführen. Um Aussagen über das Ausmaß der Variation, die auf die verschiedenen Effekte zurückgeführt werden kann, und der Fehlervariation im gesamten Datensatz treffen zu können, müssen wir die entsprechenden Abweichungswerte bei den einzelnen Probanden wiederum quadrieren und über alle Probanden aufsummieren – wir müssen also Quadratsummen bilden. Diese Quadratsummen verhalten sich wiederum additiv: Die Quadratsummen für den Faktor A (QS_A), den Faktor B (QS_B), den Interaktionseffekt ($QS_{A \times B}$) und die Fehlervariation (QS_{inn}) addieren sich zur Quadratsumme für die gesamte Variation (QS_{gesamt}) in den Daten:

$$QS_{gesamt} = QS_A + QS_B + QS_{A \times B} + QS_{inn}$$

Quadratsummen

Die gesamte Variation in den Daten zeigt sich natürlich auch in der quadratischen Abweichung der einzelnen Messwerte vom Gesamtmittelwert. Eine alternative Formel für die QS_{gesamt} lautet also:

$$QS_{gesamt} = \sum_j \sum_l \sum_i (x_{ijl} - \overline{\overline{x}})^2$$

Eine Illustration zur Anwendung dieser und der folgenden Formeln anhand des Datensatzes aus unserer Beispieluntersuchung finden Sie im Rechenbeispiel 15.1.

Die Fehlervariation ergibt sich – genau wie in der einfaktoriellen Varianzanalyse – aus den Abweichungen *innerhalb* der verschiedenen Gruppen. Die entsprechende Quadratsumme resultiert also aus der Differenz zwischen den einzelnen Messwerten und ihrem Gruppenmittelwert:

$$QS_{inn} = \sum_j \sum_l \sum_i (x_{ijl} - \overline{x}_{jl})^2$$

Die Quadratsumme zum Faktor A erhalten wir, wenn wir anstelle der Messwerte ihre jeweiligen Spaltenmittelwerte betrachten. Die Abweichung der Spaltenmittelwerte vom Gesamtmittelwert wird quadriert und über alle Messwerte aufsummiert:

$$QS_A = \sum_j^k n \cdot m(\overline{x}_{j\bullet} - \overline{\overline{x}})^2$$

Dabei bezeichnet k die Anzahl der Stufen des Faktors A (also die Anzahl der Spalten) und n die Anzahl der Messwerte in jeder Bedingung. Durch m wird die Anzahl der Zeilen (also der Stufen des Faktors B) angegeben, über die bei der Berechnung eines Spaltenmittelwerts zusammengefasst wird.

Analog zu diesem Vorgehen wird bei der Bestimmung der Quadratsumme des Faktors B die Abweichung der Zeilenmittelwerte vom Gesamtmittelwert betrachtet:

$$QS_B = \sum_l^m n \cdot k(\overline{x}_{\bullet l} - \overline{\overline{x}})^2$$

Dabei ist m natürlich wieder die Anzahl der Zeilen und k die Anzahl der Spalten, die zu einem Zeilenmittelwert beitragen.

Schließlich können wir die Quadratsumme zum Interaktionseffekt aus den schon vorhandenen Quadratsummen berechnen:

$$QS_{A \times B} = QS_{gesamt} - QS_A - QS_B - QS_{inn}$$

Freiheitsgrade, Varianzschätzungen und *F*-Werte

Um aus den Quadratsummen Schätzungen der Populationsvarianz bestimmen zu können, benötigen wir noch die entsprechenden Freiheitsgrade. Die Anzahl der Freiheitsgrade zur Fehlervariation (QS_{inn}) erhalten wir nach derselben Logik wie in der einfaktoriellen Varianzanalyse: Bei der Bestimmung der QS_{inn} haben wir in jeder Gruppe die Abweichungen der einzelnen Messwerte vom Gruppenmittelwert berechnet. Da die Summe der Abweichungen vom Gruppenmittelwert Null betragen muss, können dabei pro Gruppe $n - 1$ Werte frei variieren. Die Anzahl der Gruppen ist natürlich das Produkt aus der Anzahl der Stufen des Faktors A (*k*) und der Anzahl der Stufen des Faktors B (*m*). Insgesamt beträgt die Anzahl der Freiheitsgrade zur QS_{inn}:

$$df_{inn} = k \cdot m \, (n - 1)$$

Die Anzahl der Freiheitsgrade zu den Quadratsummen der Faktoren A und B erhalten wir ebenfalls analog zur einfaktoriellen Varianzanalyse. Sie bestimmt sich jeweils als Anzahl der Faktorstufen minus 1:

$$df_A = k - 1$$

$$df_B = m - 1$$

Schließlich ergibt sich die Anzahl der Freiheitsgrade zur Interaktion aus dem Produkt der Freiheitsgrade der Faktoren A und B:

$$df_{A \times B} = (k - 1) \cdot (m - 1)$$

Zudem können wir die Freiheitsgrade für die Gesamtvariation im Datensatz berechnen. Diese bestimmt sich als die Anzahl aller Messwerte im Datensatz (*N*) minus 1:

$$df_{gesamt} = N - 1$$

So wie sich die verschiedenen Quadratsummen zur QS_{gesamt} aufaddieren, addieren sich auch die verschiedenen Freiheitsgrade zur df_{gesamt} auf. Es gilt demnach die folgende Beziehung.

$$df_{gesamt} = df_A + df_B + df_{A \times B} + df_{inn}$$

Die Schätzungen der Populationsvarianz erhalten wir, indem wir die Quadratsummen durch die entsprechenden Freiheitsgrade dividieren. Die Formeln für die Varianzschätzungen lauten daher:

$$\hat{\sigma}_A^2 = \frac{QS_A}{df_A}, \quad \hat{\sigma}_B^2 = \frac{QS_B}{df_B}, \quad \hat{\sigma}_{A \times B}^2 = \frac{QS_{A \times B}}{df_{A \times B}} \quad \text{und} \quad \hat{\sigma}_{inn}^2 = \frac{QS_{inn}}{df_{inn}}$$

Nun können wir zu jedem der drei möglichen Effekte in der zweifaktoriellen Varianzanalyse einen *F*-Wert bilden, indem wir die entsprechende Schätzung der Populationsvarianz durch die Varianzschätzung innerhalb von Gruppen teilen:

$$F_A = \frac{\hat{\sigma}^2_A}{\hat{\sigma}^2_{inn}}, \qquad F_B = \frac{\hat{\sigma}^2_B}{\hat{\sigma}^2_{inn}} \qquad \text{und} \qquad F_{A\times B} = \frac{\hat{\sigma}^2_{A\times B}}{\hat{\sigma}^2_{inn}}$$

Mit Hilfe dieser F-Werte können wir die Nullhypothesen in der zweifaktoriellen Varianzanalyse überprüfen. Dazu müssen wir die gefundenen F-Werte jeweils mit den kritischen F-Werten zu dem von uns gewählten Signifikanzniveau α vergleichen. (Die kritischen F-Werte können Sie der Tabelle 3 im Anhang A entnehmen.) Erreicht oder übersteigt ein empirischer F-Wert den kritischen F-Wert, so ist das Ergebnis signifikant – wir können die entsprechende Nullhypothese zurückweisen und die Alternativhypothese annehmen.

Rechenbeispiel 15.1

Eine zweifaktorielle Varianzanalyse Als Grundlage für die Durchführung einer zweifaktoriellen Varianzanalyse dienen zunächst die Abweichungen der einzelnen Messwerte vom Gesamtmittelwert ($x_{ijl} - \overline{\overline{x}}$) und ihrem Gruppenmittelwert ($x_{ijl} - \overline{x}_{jl}$). Zudem benötigen wir die Abweichungen der verschiedenen Spalten- und Zeilenmittelwerte vom Gesamtmittelwert ($\overline{x}_{j\bullet} - \overline{\overline{x}}$ und $\overline{x}_{\bullet l} - \overline{\overline{x}}$). Die ▶Tabelle 15.3 zeigt diese Abweichungen für die Daten aus unserer Beispieluntersuchung (siehe Tabelle 15.1).

| | | **Faktor A: Schultyp** | | | | | | | | |
| | | Realschule | | | | Gymnasium | | | | |
Faktor B Lernsoftware	x_{ijl}	$x_{ijl} - \overline{\overline{x}}$	$x_{ijl} - \overline{x}_{jl}$	$\overline{x}_{j\bullet} - \overline{\overline{x}}$	$\overline{x}_{\bullet l} - \overline{\overline{x}}$	x_{ijl}	$x_{ijl} - \overline{\overline{x}}$	$x_{ijl} - \overline{x}_{jl}$	$\overline{x}_{j\bullet} - \overline{\overline{x}}$	$\overline{x}_{\bullet l} - \overline{\overline{x}}$
Programm A	8	−6,75	−2	−2,75	−0,25	19	4,25	0	2,75	−0,25
	10	−4,75	0	−2,75	−0,25	18	3,25	−1	2,75	−0,25
	12	−2,75	2	−2,75	−0,25	20	5,25	1	2,75	−0,25
Programm B	13	−1,75	−1	−2,75	0,25	14	−0,75	−2	2,75	0,25
	13	−1,75	−1	−2,75	0,25	15	0,25	−1	2,75	0,25
	16	1,25	2	−2,75	0,25	19	4,25	3	2,75	0,25

Gruppenmittelwerte:
Realschule/Programm A: $\overline{x}_{11} = 10$ Realschule/Programm B: $\overline{x}_{12} = 14$
Gymnasium/Programm A: $\overline{x}_{21} = 19$ .....Gymnasium/Programm B: $\overline{x}_{22} = 16$

Spaltenmittelwerte: Realschule: $\overline{x}_{1\bullet} = 12$ .....Gymnasium: $\overline{x}_{2\bullet} = 17,5$

Zeilenmittelwerte: Programm A: $\overline{x}_{\bullet 1} = 14,5$ .....Programm B: $\overline{x}_{\bullet 2} = 15$

Gesamtmittelwert: $\overline{\overline{x}} = 14,75$

Tabelle 15.3: Erste Schritte bei der Berechnung einer zweifaktoriellen Varianzanalyse. ▶

▶Fortsetzung

Bestimmen wir anhand dieser Abweichungswerte zunächst die Gesamtvariation:

$$QS_{gesamt} = \sum_j \sum_l \sum_i (x_{ijl} - \overline{\overline{x}})^2$$

$$= (-6,75)^2 + (-4,75)^2 + (-2,75)^2 + (-1,75)^2 + (-1,75)^2 + 1,25^2 + 4,25^2 + 3,25^2$$

$$+ 5,25^2 + (-0,75)^2 + 0,25^2 + 4,25^2$$

$$= 158,25$$

Die Quadratsumme innerhalb von Gruppen beläuft sich auf:

$$QS_{inn} = \sum_j \sum_l \sum_i (x_{ijl} - \overline{x}_{jl})^2$$

$$= (-2)^2 + 0^2 + 2^2 + (-1)^2 + (-1)^2 + 2^2 + 0^2 + (-1)^2 + 1^2 + (-2)^2 + (-1)^2 + 3^2$$

$$= 30$$

Die Quadratsumme zum Faktor Schultyp erhalten wir, indem wir bei jedem Messwert die Abweichung seines Spaltenmittelwerts vom Gesamtmittelwert quadrieren und die Ergebnisse aufaddieren:

$$QS_A = \sum_j^k n \cdot m(\overline{x}_{j\bullet} - \overline{\overline{x}})^2$$

$$= 3 \cdot 2 \cdot (-2,75)^2 + 3 \cdot 2 \cdot (2,75)^2$$

$$= 90,75$$

Bei der Quadratsumme zum Faktor Lernsoftware betrachten wir bei den einzelnen Messwerten die Abweichungen ihrer Zeilenmittelwerte vom Gesamtmittelwert:

$$QS_B = \sum_l^m n \cdot k(\overline{x}_{\bullet l} - \overline{\overline{x}})^2$$

$$= 3 \cdot 2 \cdot 0,25^2 + 3 \cdot 2 \cdot (-0,25)^2$$

$$= 0,75$$

Bei der Berechnung der Quadratsumme zur Interaktion greifen wir auf die schon vorhandenen Quadratsummen zurück:

$$QS_{A \times B} = QS_{gesamt} - QS_A - QS_B - QS_{inn}$$

$$= 158,25 - 90,75 - 0,75 - 30$$

$$= 36,75$$

▶Fortsetzung

Neben den Quadratsummen benötigen wir auch die Freiheitsgrade zu diesen Quadratsummen. Die Freiheitsgrade zur Variation innerhalb von Gruppen betragen:

$$df_{inn} = k \cdot m \, (n-1) = 2 \cdot 2 \, (3-1) = 8$$

Die Freiheitsgrade zu den Faktoren Schultyp und Lernsoftware ergeben sich aus der jeweiligen Anzahl der Faktorstufen (k und m):

$$df_A = k - 1 = 2 - 1 = 1$$

$$df_B = m - 1 = 2 - 1 = 1$$

Schließlich erhalten wir die Freiheitsgrade zur Interaktion, wenn wir die Freiheitsgrade zu den Faktoren Schultyp und Lernsoftware multiplizieren:

$$df_{A \times B} = (k-1) \cdot (m-1) = (2-1) \cdot (2-1) = 1$$

Wenn wir die Quadratsummen durch ihre Freiheitsgrade teilen, resultieren die verschiedenen Schätzungen der Populationsvarianz. Die Varianzschätzung innerhalb von Gruppen lautet demnach:

$$\hat{\sigma}^2_{inn} = \frac{QS_{inn}}{df_{inn}} = \frac{30}{8} = 3,75$$

Da in unserem Fall (wie in jedem 2×2-Design) sowohl bei den Faktoren Schultyp und Lernsoftware als auch bei der Interaktion die Anzahl der Freiheitsgrade 1 beträgt, sind die entsprechenden Varianzschätzungen identisch mit den Quadratsummen. Wir erhalten daher:

$$\hat{\sigma}^2_A = \frac{QS_A}{df_A} = 90,75, \ \hat{\sigma}^2_B = \frac{QS_B}{df_B} = 0,75, \ \hat{\sigma}^2_{A \times B} = \frac{QS_{A \times B}}{df_{A \times B}} = 36,75$$

Wir können nun F-Werte berechnen, indem wir die Schätzungen der Populationsvarianz, die mit den Faktoren Schultyp und Lernsoftware sowie der Interaktion verbunden sind, durch die Varianzschätzung innerhalb von Gruppen dividieren:

$$F_A = \frac{\hat{\sigma}^2_A}{\hat{\sigma}^2_{inn}} = \frac{90,75}{3,75} = 24,2, \ F_B = \frac{\hat{\sigma}^2_B}{\hat{\sigma}^2_{inn}} = \frac{0,75}{3,75} = 0,2$$

und

$$F_{A \times B} = \frac{\hat{\sigma}^2_{A \times B}}{\hat{\sigma}^2_{inn}} = \frac{36,75}{3,75} = 9,8$$

Um mit Hilfe dieser F-Werte über die Annahme oder Zurückweisung der Nullhypothesen entscheiden zu können, benötigen wir noch die kritischen F-Werte. Nehmen wir an, wir hätten uns entschlossen, ein Signifikanzkriterium von $\alpha = 0,05$ zu verwenden. ▷

▶Fortsetzung

In unserem Fall haben alle ermittelten F-Werte einen Zählerfreiheitsgrad von 1 ($df_A = df_B = df_{A \times B} = 1$).[2] Die Anzahl der Nennerfreiheitsgrade beträgt $df_{inn} = 8$. Der Tabelle 3 im Anhang A entnehmen wir, dass der kritische F-Wert zu einem α von 0,05 bei Zählerfreiheitsgraden von 1 und Nennerfreiheitsgraden von 8 bei $F = 5{,}32$ liegt. Der Haupteffekt des Faktors Schultyp ist demnach signifikant. Wir können daher die Alternativhypothese annehmen und folgern, dass sich die durchschnittliche Leistung von Gymnasiasten und Realschülern in unserem Geometrietest auch in der Population unterscheidet. Ebenso ist der Interaktionseffekt signifikant: Sofern in der Population keine Interaktion besteht, wäre der von uns gefundene Wert für $F_{A \times B}$ mit einer Wahrscheinlichkeit von weniger als 5% aufgetreten. Wir schließen daher, dass auch in der Population eine Interaktion besteht – die Nutzung des Programms B anstelle des Programms A hat bei Gymnasiasten einen anderen Effekt als bei Realschülern. Der Haupteffekt des Faktors Lernsoftware ist hingegen nicht signifikant. Wir können die Annahme, dass die Population der Nutzer des Programms A (Gymnasiasten und Realschüler zusammengefasst) im Geometrietest die gleiche durchschnittliche Leistung erzielt wie die Population der Nutzer des Programms B, also nicht zurückweisen. Die Nullhypothese zum Faktor Lernsoftware kann demnach nicht verworfen werden.

15.1.2 ANOVA-Tabelle

ANOVA-Tabellen zu mehrfaktoriellen Varianzanalysen listen zu jeder Varianzquelle die Quadratsumme, die Freiheitsgrade, die Varianzschätzung, den F-Wert und den exakten p-Wert auf. Sie unterscheiden sich von den Tabellen zu einfaktoriellen Varianzanalysen also lediglich deshalb, weil die systematische Variation in den Daten in mehrfaktoriellen Designs auf mehrere Quellen (die Faktoren und ihre Interaktion) zurückgeführt werden kann. Entsprechend enthalten Tabellen zu mehrfaktoriellen Varianzanalysen anstelle einer Zeile für die gesamte systematische Variation eine Zeile für jeden Faktor und jede Interaktion. Die ▶Tabelle 15.4 illustriert den Aufbau einer ANOVA-Tabelle bei einer zweifaktoriellen Varianzanalyse.

---

2 Offensichtlich hätten nicht alle F-Werte die gleiche Anzahl von Zählerfreiheitsgraden, wenn wir in unserer Untersuchung beispielsweise einen Faktor mit zwei Stufen und einen Faktor mit drei Stufen kombiniert hätten. In diesem Fall betrüge die Anzahl der Zählerfreiheitsgrade bei dem 2-stufigen Faktor 1 und bei dem 3-stufigen Faktor 2. Wenn die verschiedenen F-Werte in einer mehrfaktoriellen Varianzanalyse mit einer unterschiedlichen Anzahl an Zählerfreiheitsgraden verbunden sind, dann muss – in Abhängigkeit von den Freiheitsgraden – auch für jeden F-Wert ein gesonderter kritischer Wert bestimmt werden.

Tabelle 15.4

Aufbau einer ANOVA-Tabelle für eine zweifaktorielle Varianzanalyse

Varianz-quelle	Quadrat-summe QS (engl.: SS)	Freiheitsgrade df	Varianzschätzung (engl.: MS)	F-Wert	p-Wert
Faktor A	QS_A	$k-1$	$\hat{\sigma}_A^2 = \dfrac{QS_A}{k-1}$	$F_A = \dfrac{\hat{\sigma}_A^2}{\hat{\sigma}_{inn}^2}$	p_A
Faktor B	QS_B	$m-1$	$\hat{\sigma}_B^2 = \dfrac{QS_B}{m-1}$	$F_B = \dfrac{\hat{\sigma}_B^2}{\hat{\sigma}_{inn}^2}$	p_B
Interaktion (A×B)	$QS_{A \times B}$	$(k-1) \cdot (m-1)$	$\hat{\sigma}_{A \times B}^2 = \dfrac{QS_{A \times B}}{(k-1)\cdot(m-1)}$	$F_{A \times B} = \dfrac{\hat{\sigma}_{A \times B}^2}{\hat{\sigma}_{inn}^2}$	$p_{A \times B}$
Fehler	QS_{inn}	$k \cdot m\,(n-1)$	$\hat{\sigma}_{inn}^2 = \dfrac{QS_{inn}}{k \cdot m(n-1)}$		
gesamt	QS_{gesamt}	$N-1$			

Die ▶Tabelle 15.5 zeigt die Ergebnisse aus unserem Rechenbeispiel in Form einer ANOVA-Tabelle. Die dort aufgeführten exakten p-Werte zu den verschiedenen Effekten stammen aus einem Statistikprogramm, mit dem wir die Varianzanalyse zusätzlich zur Berechnung „von Hand" durchgeführt haben (wir haben SPSS genutzt – jede andere Statistiksoftware wird aber dieselben p-Werte ausgeben).

Tabelle 15.5

ANOVA-Tabelle für die Ergebnisse aus dem Rechenbeispiel 15.1

Varianzquelle	QS	df	Varianzschätzung	F	p
Faktor Schultyp	90,75	1	90,75	24,2	0,001
Faktor Lernsoftware	0,75	1	0,75	0,2	0,667
Interaktion	36,75	1	36,75	9,8	0,014
Fehler	30,00	8	3,75		
gesamt	158,25	11			

15.1.3 Varianzanalysen mit mehr als zwei Faktoren

Idee und Vorgehen bei der zweifaktoriellen Varianzanalyse können ohne Einschränkung auf Untersuchungen mit drei und mehr unabhängigen Variablen übertragen werden. Die Durchführung von Varianzanalysen zu solchen Untersuchungsdesigns unterscheidet sich lediglich dadurch vom zweifaktoriellen Fall, dass die Zahl der möglichen Effekte mit der Anzahl der unabhängigen Variablen steigt. In einem Design mit den drei Faktoren A, B und C können offensichtlich drei Haupteffekte auftreten. Zudem können potenziell drei Interaktionen erster Ordnung (A × B, A × C und B × C) und eine Interaktion zweiter Ordnung (A × B × C) bestehen (siehe Kapitel 5). Insgesamt können also in einem dreifaktoriellen Design bereits sieben unabhängige Effekte beobachtet werden. Um die entsprechenden Nullhypothesen zu testen, zerlegt die dreifaktorielle Varianzanalyse die systematische Variation in den Daten folglich in sieben Quadratsummen. Zudem wird die Fehlervariation durch eine achte Quadratsumme erfasst, die sich aus den Abweichungen der Messwerte von ihrem Gruppenmittelwert ergibt. Dividiert man diese Quadratsummen durch ihre Freiheitsgrade, erhält man wiederum Schätzungen der Populationsvarianz. (Die Freiheitsgrade werden ebenfalls nach denselben Prinzipien bestimmt wie in der zweifaktoriellen Varianzanalyse: Die Anzahl der Freiheitsgrade zu einem Haupteffekt ergibt sich beispielsweise aus der Anzahl der Stufen des entsprechenden Faktors minus 1. Die Anzahl der Freiheitsgrade zu einer Interaktion erster Ordnung entspricht dem Produkt der Freiheitsgrade der beiden beteiligten Faktoren.) Schließlich kann mit diesen Schätzungen der Populationsvarianz zu jedem Effekt ein F-Wert gebildet werden, anhand dessen über die entsprechende Nullhypothese entschieden wird.

Ausführliche Darstellungen und Demonstrationen zu dreifaktoriellen Varianzanalysen findet man z.B. bei Bortz (2005) und Glass und Hopkins (1996).

15.1.4 Voraussetzungen der mehrfaktoriellen Varianzanalyse

Die Voraussetzungen der mehrfaktoriellen Varianzanalyse sind identisch mit denen der einfaktoriellen Varianzanalyse: Die untersuchten Populationen müssen die gleiche Varianz aufweisen und die abhängige Variable muss in allen Populationen normalverteilt sein. Zu beachten ist lediglich, dass sich diese Voraussetzungen auf die einzelnen Gruppen beziehen, die sich aus der Kombination der beteiligten Faktoren ergeben. Im Beispiel eines 2 × 2-Designs müssen also vier Populationen den genannten Voraussetzungen genügen. Sofern an den verschiedenen Bedingungen eine hinreichende Anzahl von Probanden teilnimmt und alle untersuchten Stichproben gleich groß sind, reagiert die mehrfaktorielle Varianzanalyse – ähnlich wie die einfaktorielle Varianzanalyse – robust auf Voraussetzungsverletzungen.

Die hier dargestellte Variante der mehrfaktoriellen Varianzanalyse ist zudem auf Untersuchungen mit unabhängigen Stichproben beschränkt. Bei abhängigen Stichproben muss eine andere Variante des Verfahrens eingesetzt werden (siehe Abschnitt 15.2).

15.1.5 Mehrfaktorielle Varianzanalysen mit ungleichen Stichprobengrößen

In unserem Rechenbeispiel für eine zweifaktorielle Varianzanalyse waren die Stichproben in den vier Bedingungen gleich groß. Die hier vorgestellten Formeln für die rechnerische Durchführung einer mehrfaktoriellen Varianzanalyse sind auch ausschließlich im Fall gleicher Stichprobengrößen anwendbar. Stichproben ungleicher Größe stellen für die mehrfaktorielle Varianzanalyse ein Problem dar: Ohne Änderungen im rechnerischen Vorgehen beeinflussen die größeren Gruppen die Quadratsummen für die Haupteffekte und die Interaktionen stärker als die kleineren Gruppen. Dies führt dazu, dass sich die Quadratsummen nicht zur Quadratsumme für die gesamte Variation (QS_{gesamt}) aufaddieren.[3] Die Quadratsummen zu den verschiedenen Effekten sind also nicht mehr unabhängig. Wir können daher nicht mehr eindeutig angeben, welcher Anteil der Variation in den Daten auf einen bestimmten Effekt zurückgeht.

Zur Lösung dieses Problems gibt es eine Reihe verschiedener Möglichkeiten (eine kurze Darstellung der entsprechenden Ansätze gibt z.B. Bortz, 2005). Die am häufigsten eingesetzte Methode ist eine Varianzanalyse nach dem so genannten *Allgemeinen Linearen Modell* (diese Methode beruht auf der multiplen Regression, die Sie im Kapitel 8 kennen gelernt haben). Inzwischen nutzen die meisten Statistikprogramme dieses Verfahren standardmäßig, um mehrfaktorielle Varianzanalysen mit ungleichen Stichprobengrößen durchzuführen. Folgt man der Standardprozedur solcher Statistikprogramme, so erhält man Ergebnisse, bei denen der Einfluss der verschiedenen Gruppen auf Haupt- und Interaktionseffekte ausgeglichen ist. Dies entspricht zumeist (aber nicht immer!) den gewünschten Hypothesentests. Ein Problem, das auch mit diesem Vorgehen nicht gelöst wird, besteht allerdings darin, dass die mehrfaktorielle Varianzanalyse bei ungleichen Stichprobengrößen – ähnlich wie die einfaktorielle Varianzanalyse – besonders anfällig gegenüber Verletzungen ihrer Voraussetzungen ist (Milligan et al., 1987). Generell sollte man sich daher nach Möglichkeit um gleiche (oder zumindest ähnliche) Stichprobengrößen in den verschiedenen Bedingungen bemühen.

15.1.6 Effektgrößen in der mehrfaktoriellen Varianzanalyse

Effektgrößen können in der mehrfaktoriellen Varianzanalyse zunächst nach derselben Logik bestimmt werden wie in der einfaktoriellen Varianzanalyse: Wir berechnen η^2 und ermitteln somit den Anteil der systematischen Variation, die auf einen bestimmten Effekt zurückgeführt werden kann, an der gesamten Variation in den Stichprobendaten. Unterschiede ergeben sich lediglich daraus, dass die systematische Variation in der mehrfaktoriellen Varianzanalyse nicht auf einen, sondern auf mehrere Effekte zurückgeht. Selbstverständlich wird zu jedem dieser Effekte eine gesonderte Effekt-

---

3 Dies trifft natürlich nur zu, wenn wir die Quadratsumme zur Interaktion nicht – wie im Abschnitt 15.1.1 von uns praktiziert – durch Subtraktion der übrigen Quadratsummen von der QS_{gesamt} berechnen, sondern sie direkt anhand der Abweichung der Gruppenmittelwerte von den ohne Interaktionseffekt zu erwartenden Gruppenmittelwerten bestimmen. Dies ist bei ungleichen Stichprobengrößen allerdings auch notwendig, da die „Subtraktionsmethode" hier ein falsches Ergebnis für die Quadratsumme zur Interaktion liefert.

größe berechnet. Als Maß für die mit einem Effekt verbundene Variation können wir die entsprechende Quadratsumme nutzen (für die beiden Haupteffekte und den Interaktionseffekt in einer zweifaktoriellen Varianzanalyse also QS_A, QS_B und $QS_{A \times B}$). Wenn wir die Quadratsumme für einen bestimmten, interessierenden Effekt mit QS_{Effekt} bezeichnen, lautet die allgemeine Formel für die Berechnung von η^2 demnach:

$$\eta^2 = \frac{QS_{Effekt}}{QS_{gesamt}}$$

In unserer Beispieluntersuchung ergeben sich somit die folgenden Effektstärken:

$$\eta^2_{Schultyp} = \frac{QS_{Schultyp}}{QS_{gesamt}} = \frac{90,75}{158,25} = 0,57,$$

$$\eta^2_{Lernsoftware} = \frac{QS_{Lernsoftware}}{QS_{gesamt}} = \frac{0,75}{158,25} = 0,005$$

und

$$\eta^2_{Interaktion} = \frac{QS_{Interaktion}}{QS_{gesamt}} = \frac{36,75}{158,25} = 0,23$$

Der Faktor Schultyp klärt 57% der gesamten Variation in den Daten auf. Mit dem Schultyp ist also ein enorm großer Effekt verbunden (dieser Effekt ist unrealistisch groß – wir haben das Beispiel jedoch so konstruiert, dass das Ergebnismuster überaus deutlich wird). Auch die Interaktion der Faktoren Schultyp und Lernsoftware hat mit einer Varianzaufklärung von 23% einen starken Effekt. Der Effekt der Lernsoftware ist dagegen verschwindend gering. Lediglich 0,5% der gesamten Variation gehen auf diesen Faktor zurück.

Das Maß η^2 stellt jedoch nur *eine* Möglichkeit zur Berechnung von Effektgrößen in der mehrfaktoriellen Varianzanalysen dar. Eine häufig genutzte – und auch von den meisten Statistikprogrammen angegebene – Alternative ist das *partielle* η^2, das mit η^2_p bezeichnet wird. Bei der Berechnung von η^2_p wird die auf einen bestimmten Effekt zurückzuführende Variation nicht an der Gesamtvariation relativiert, sondern lediglich an der Variation, die nicht anderweitig (also durch die anderen Effekte) erklärt werden kann. Die Begründung für diese Vorgehensweise besagt, dass ein Effekt (etwa der Effekt des Schultyps in unserer Beispieluntersuchung) nicht für Variation verantwortlich sein kann, die bereits durch andere Effekte (den Effekt der Lernsoftware und den Interaktionseffekt) erklärt wird. Die Variation, die in einem mehrfaktoriellen Design von einem bestimmten Effekt maximal aufgeklärt werden kann ist demnach nicht die Gesamtvariation, sondern lediglich die Variation, die nicht auf andere Effekte zurückgeht. Um dieser Überlegung Rechnung zu tragen, können bei der Bestimmung einer Effektgröße die übrigen Effekte „auspartialisiert" werden. Die von einem Effekt maximal aufzuklärende Variation erhalten wir, wenn wir zu der Quadratsumme dieses Effekts die Quadratsumme für die Fehlervariation (QS_{inn}) addieren. Die Formel für das partielle η^2_p lautet entsprechend:

$$\eta_P^2 = \frac{QS_{Effekt}}{QS_{Effekt} + QS_{inn}}$$

Steht die Quadratsumme zu einem Effekt nicht zur Verfügung (was die Regel ist, wenn man Effektgrößen in einer bereits publizierten Studie bestimmen möchte), so kann man η_p^2 auch aus dem F-Wert zu dem fraglichen Effekt und den entsprechenden Freiheitsgraden berechnen:

$$\eta_P^2 = \frac{F_{Effekt} \cdot df_{Effekt}}{F_{Effekt} \cdot df_{Effekt} + df_{inn}}$$

In unserer Beispieluntersuchung resultieren also folgende Werte für η_p^2:

$$\eta_{P,Schultyp}^2 = \frac{QS_{Schultyp}}{QS_{Schultyp} + QS_{inn}} = \frac{90,75}{90,75 + 30} = 0,75$$

$$\eta_{P,Lernsoftware}^2 = \frac{0,75}{0,75 + 30} = 0,02$$

und

$$\eta_{P,Interaktion}^2 = \frac{36,75}{36,75 + 30} = 0,55$$

Mit der alternativen Formel erhalten wir dieselben Ergebnisse. Beispielsweise sieht die Berechnung der Effektgröße η_p^2 mit Hilfe des F-Werts für den Faktor Schultyp folgendermaßen aus:

$$\eta_P^2 = \frac{F_{Schultyp} \cdot df_{Schultyp}}{F_{Schultyp} \cdot df_{Schultyp} + df_{inn}} = \frac{24,2 \cdot 1}{24,2 \cdot 1 + 8} = 0,75$$

Natürlich ist η_p^2 stets mindestens so groß wie η^2, da im Nenner der Formel nicht mehr die gesamte Variation, sondern nur noch ein Teil der Variation steht. Gleich groß werden η^2 und η_p^2 nur dann, wenn die Quadratsummen zu den übrigen Effekten 0 betragen. Zur Beurteilung der Effektgröße η_p^2 können Cohens Konventionen (kleiner Effekt: $\eta^2 = 0,01$, mittlerer Effekt; $\eta^2 = 0,06$, großer Effekt: $\eta^2 = 0,14$; siehe Abschnitt 14.5) herangezogen werden. In unserem Fall klärt der Faktor Schultyp 75% der Varianz auf, die nicht auf die übrigen Effekte zurückgeführt werden kann – dies wäre ein geradezu riesiger Effekt. Auch der Effekt der Interaktion ist mit $\eta_p^2 = 0,55$ als extrem groß einzuschätzen. Lediglich der Haupteffekt des Faktors Lernsoftware bleibt auch nach der „Auspartialisierung" der anderen Effekte mit einer Varianzaufklärung von 2% klein.

Ob man zur Beschreibung der in einer mehrfaktoriellen Studie beobachteten Effekte η^2 oder η_p^2 nutzen sollte, ist letztlich eine inhaltliche Frage, die aufgrund des primären Forschungsinteresses in der jeweiligen Untersuchung beantwortet werden sollte. In der Regel wird wohl η_p^2 die relevantere Aussage liefern. Allerdings können wir uns aufgrund von η_p^2 keinen Eindruck darüber verschaffen, welchen Beitrag zur Gesamtvariation in einem Datensatz ein bestimmter Effekt leistet. Interessieren wir uns in unserer Beispieluntersuchung etwa dafür, welcher Anteil der insgesamt beobachteten

Leistungsunterschiede im Geometrietest darauf zurückgeht, dass unsere Teilnehmer zwei verschiedene Schultypen besuchen, so liefert uns nur das η^2 zum Faktor Schultyp die entsprechende Angabe.

Neben η^2 und η_p^2 können in der Varianzanalyse unter Umständen auch die „herkömmlichen" Effektgrößen r und d bestimmt werden. Dies ist zunächst bei allen Faktoren der Fall, die nur zwei Stufen aufweisen (anders formuliert: bei Faktoren, deren F-Wert nur über *einen* Zählerfreiheitsgrad verfügt). Das Rationale dahinter ist offensichtlich: Der Haupteffekt zu einem zweistufigen Faktor resultiert aus dem Vergleich zweier Gruppen. Entsprechend müssen auch alle Effektmaße anwendbar sein, die Unterschiede zwischen zwei Gruppen beschreiben. Daneben kann jedoch auch der Interaktionseffekt in einem 2×2-Design über r oder d bestimmt werden, da dieser Interaktionseffekt ebenfalls als Vergleich zweier Gruppen aufgefasst werden kann: Der Effekt eines zweistufigen Faktors (beispielsweise der Lernsoftware) ist in einer Gruppe (z.B. bei Gymnasiasten) anders ausgeprägt als in einer zweiten Gruppe (zum Beispiel bei Realschülern). Entscheidend für die Anwendbarkeit der Effektgrößen r und d ist lediglich, dass die Freiheitsgrade im Zähler des entsprechenden F-Werts $df_{Effekt} = 1$ betragen.

Eine einfache Möglichkeit, die Effektgrößen r und d aus den Ergebnissen einer Varianzanalyse zu berechnen, wenn Zählerfreiheitsgrade von $df_{Effekt} = 1$ vorliegen, bieten die folgenden Formeln:

$$r = \sqrt{\frac{F_{Effekt}}{F_{Effekt} + df_{inn}}}$$

und

$$d = \frac{2 \cdot \sqrt{F_{Effekt}}}{df_{inn}}$$

In unserer Beispieluntersuchung finden wir folgende Effektgrößen r:

$$r_{Schultyp} = \sqrt{\frac{24,2}{24,2+8}} = 0,87$$

$$r_{Lernsoftware} = \sqrt{\frac{0,2}{0,2+8}} = 0,16$$

und

$$r_{Interaktion} = \sqrt{\frac{9,8}{9,8+8}} = 0,74$$

Wenn wir die Formel für r mit der Formel zur Berechnung von η_p^2 aus F-Werten vergleichen, so zeigt sich, dass r der Wurzel aus η_p^2 entspricht[4] (es sei nochmals darauf

---

4 Dass bei unseren Ergebnissen für die verschiedenen Effekte r nicht durchgängig exakt gleich der Wurzel aus η_p^2 ist, liegt an Rundungsfehlern.

hingewiesen, dass dies natürlich nur zutrifft, wenn r überhaupt anwendbar ist – also wenn die Zählerfreiheitsgrade des F-Werts $df_{Effekt} = 1$ betragen):

$$r = \sqrt{\eta_P^2} = \sqrt{\frac{F_{Effekt}}{F_{Effekt} + df_{inn}}}$$

Die Formel zur Berechnung von r liefert uns in der mehrfaktoriellen Varianzanalyse (ebenso wie die Formel zur Berechnung von d) also eine partielle Effektgröße. Das Maß r gibt demnach beispielsweise das Ausmaß des Zusammenhangs zwischen der unabhängigen Variablen „Schultyp" und der abhängigen Variablen „Leistung im Geometrietest" an, *nachdem* der Einfluss der übrigen Effekte auspartialisiert wurde (siehe auch den Abschnitt 7.6 zur Partialkorrelation). Dass r dabei gleich der Wurzel aus η_p^2 ist, sollte uns nicht überraschen: Wir haben bereits im Kapitel 8 gesehen, dass das Quadrat des Korrelationskoeffizienten r die Varianzaufklärung angibt. Beim Vergleich von zwei Gruppen in der Varianzanalyse liefert r^2 also die gleiche Information wie η_p^2.

15.1.7 Power in der mehrfaktoriellen Varianzanalyse

Die Wahrscheinlichkeit, einen Populationseffekt einer bestimmten Größe aufzudecken, kann in der mehrfaktoriellen Varianzanalyse nur für partielle Effektgrößen eindeutig bestimmt werden. Dies hängt damit zusammen, dass die Varianzschätzung im Nenner eines F-Werts auf der Fehlervariation (QS_{inn}) und nicht auf der Gesamtvariation basiert. Beim F-Test zu einem bestimmten Populationseffekt bleibt also – ebenso wie bei der partiellen Effektgröße η_p^2 zu diesem Effekt – die systematische Variation, die auf andere Quellen zurückgeht, unberücksichtigt.

Grundsätzlich können mehrfaktorielle Designs eine Möglichkeit sein, die Power für den Effekt einer bestimmten unabhängigen Variablen zu erhöhen: In einem einfaktoriellen Design gehen neben unsystematischen, zufälligen Einflüssen auch alle systematischen Einflüsse nicht-berücksichtigter Faktoren in die Fehlervariation ein. Wenn es uns gelingt, einen zusätzlichen Faktor zu identifizieren und in das Design aufzunehmen, der zur Variation der abhängigen Variablen beiträgt, reduzieren wir also die Fehlervariation. Auf diese Weise senken wir – im Vergleich zu einer einfaktoriellen Untersuchung einer bestimmten unabhängigen Variablen – die Varianzschätzung im Nenner des F-Werts und erhöhen damit die Chance, einen signifikanten Effekt zu finden. Wir können uns dies leicht anhand unserer Beispieluntersuchung verdeutlichen: Nehmen wir an, wir hätten in einer einfaktoriellen Auswertung der Daten ausschließlich den Faktor „Schultyp" berücksichtigt. Wie würden die Ergebnisse einer einfaktoriellen Varianzanalyse zum Faktor „Schultyp" aussehen? An der Quadratsumme zu diesem Faktor ändert sich gar nichts – sie beruht einzig und allein auf den Mittelwerten der Gymnasiasten und Realschüler. Allerdings würde sich die Variation innerhalb von Gruppen deutlich erhöhen: Die Quadratsummen zum Haupteffekt des Faktors „Lernsoftware" ($QS_B = 0{,}75$) und zur Interaktion der beiden Faktoren ($QS_{A \times B} = 36{,}75$) würden nun ebenfalls in die Fehlervariation eingehen. Anstelle einer QS_{inn} von 30 würden wir in der einfaktoriellen Varianzanalyse eine QS_{inn} von $30 + 0{,}75 + 36{,}75 = 67{,}5$ erhalten. Der F-Wert zum Effekt des Schultyps würde sich damit von 24,2 auf 13,44 reduzieren. Derselbe Effekt des Schultyps führt in der mehrfaktoriellen Varianzanalyse also zu einem höheren *F*-Wert – und die Wahrscheinlichkeit eines signifikanten Ergebnisses ist größer. Dies gilt offensichtlich immer dann, wenn die zusätzlich in das Design aufgenommenen Faktoren tatsächlich Variation in der abhängigen Variablen aufklären.[5]

Bei der rechnerischen Bestimmung der Power für jeden der Populationseffekte in einer mehrfaktoriellen Varianzanalyse ist zu berücksichtigen, dass die Teststärke vom gesamten Untersuchungsdesign beeinflusst wird. Beispielsweise wird die Teststärke zum Haupteffekt eines zweistufigen Faktors davon abhängen, ob ein zweiter Faktor in der Untersuchung zwei, drei, vier oder fünf Stufen aufweist. Damit ist es unmöglich, hier eine umfassende Darstellung der Teststärke in verschiedenen Untersuchungskonstellationen zu geben. Wir werden uns daher auf die beiden einfachsten mehrfaktoriellen Untersuchungspläne – das 2 × 2-Design und das 3 × 2-Design – beschränken. Die ▶Tabelle 15.6 gibt die Power in diesen Designs für kleine, mittlere und große Effekte bei einem Signifikanzkriterium von $\alpha = 5\%$ und verschiedenen Teilnehmeranzahlen pro Gruppe an. Die Teststärke in anderen Untersuchungsdesigns, bei anderen Signifikanzkriterien oder anderen Teilnehmerzahlen kann mit Hilfe detaillierter Powertabellen (Cohen, 1988)[6] oder geeigneter Software (z.B. GPower) ermittelt werden.

Nehmen Sie an, Sie planen eine Untersuchung im 2 × 2-Design. Bei einem der beiden Faktoren erwarten Sie einen großen Effekt. Für den zweiten Faktor und die Interaktion vermuten Sie, dass in der Population Effekte mittlerer Größe bestehen. Sie haben sich weiterhin überlegt, dass Sie die Untersuchung gerne mit 20 Teilnehmern in jeder Gruppe (also insgesamt 80 Probanden) durchführen würden, weil dies für Sie ohne große Mühe zu bewerkstelligen ist. Sie wollen nun feststellen, ob Ihre Untersuchung mit der geplanten Teilnehmerzahl eine ausreichende Teststärke aufweist. Wie die Tabelle 15.6 zeigt, führen große Populationseffekte in der geschilderten Situation bei einem α von 5% mit einer Wahrscheinlichkeit von 94% zu einem signifikanten Ergebnis. Für die Aufdeckung großer Populationseffekte ist die Power der Untersuchung also mehr als ausreichend. Bei Populationseffekten mittlerer Größe wird die Varianzanalyse hingegen nur mit 60%-iger Wahrscheinlichkeit ein signifikantes Ergebnis erbringen. Ist es für Sie aus inhaltlichen Gründen von zentraler Bedeutung, mittlere Effekte für den zweiten Faktor und die Interaktion aufzudecken, sollten Sie also in Erwägung ziehen, die Teststärke zu vergrößern. Zu diesem Zweck könnten Sie mehr Teilnehmer untersuchen oder das α-Niveau erhöhen (also einen anderen Kompromiss zwischen α- und β-Fehler wählen).

---

5 Allerdings ist zu beachten, dass die Freiheitsgrade zur QS_{inn} in der mehrfaktoriellen Varianzanalyse gegenüber der einfaktoriellen Varianzanalyse reduziert sind. Genaugenommen muss die durch zusätzliche Faktoren aufgeklärte Variation diesen Verlust an Freiheitsgraden überwiegen, damit die Power steigt.

6 Die Nutzung dieser Tabellen erfordert allerdings einige zusätzliche Berechnungen. Diese werden von Cohen (1988) ausführlich erläutert.

Tabelle 15.6

Power bei der mehrfaktoriellen Varianzanalyse in Untersuchungen mit einem 2 × 2-oder 2 × 3-Design bei einem Signifikanzkriterium von $\alpha = 5\%$*

Teilnehmer pro Gruppe (n)	$\eta_P^2 = ,01$ (klein)	$\eta_P^2 = ,06$ (mittel)	$\eta_P^2 = ,14$ (groß)
Alle Effekte in einem 2 × 2-Design:			
10	0,09	0,34	0,69
20	0,14	0,60	0,94
30	0,19	0,78	0,99
40	0,24	0,88	*
50	0,29	0,94	*
Haupteffekt des zweistufigen Faktors in einem 3 × 2-Design:			
10	0,12	0,48	0,86
20	0,19	0,78	0,99
30	0,27	0,92	*
40	0,34	0,97	*
50	0,41	0,99	*
Haupteffekt des dreistufigen Faktors und Interaktionseffekt in einem 3 × 2-Design:			
10	0,10	0,37	0,77
20	0,15	0,68	0,98
30	0,20	0,85	*
40	0,26	0,94	*
50	0,32	0,98	*

* Werte > 0,995 sind mit Sternchen gekennzeichnet; die Werte wurden mit Hilfe des Programms GPower ermittelt.

Betrachten wir ein zweites Beispiel: Sie lesen in einem Artikel, dass in einer Unter-suchung im 3 × 2-Design mit 10 Teilnehmern in jeder Gruppe die Interaktion bei einem Signifikanzkriterium von $\alpha = 5\%$ nicht signifikant war. Die Autoren interpre-tieren dies als Evidenz dafür, dass in der Population kein Interaktionseffekt vorhan-den ist. Sollten Sie sich dieser Interpretation anschließen? Aus der Tabelle 15.6 geht hervor, dass Sie dieser Interpretation nicht folgen sollten. Die Teststärke für einen Interaktionseffekt mittlerer Größe liegt in dieser Untersuchung lediglich bei 37%. Auch wenn in der Population ein mittlerer Interaktionseffekt vorhanden ist, wäre die-ser demnach mit einer Wahrscheinlichkeit von 63% nicht aufgedeckt worden. Ein kleiner Interaktionseffekt hätte in dieser Untersuchung sogar mit einer Wahrscheinlichkeit von 90% nicht zu einem signifikanten Ergebnis geführt.

Die ▶Tabelle 15.7 zeigt die Teilnehmeranzahlen, die in 2 × 2- und 3 × 2-Designs pro Gruppe benötigt werden, um bei einem α von 5% für die verschiedenen Effekte eine Teststärke von 80% zu erreichen. Nehmen wir an, Sie planen ein 3 × 2-Design, in dem Sie einen großen Interaktionseffekt und zwei mittlere Haupteffekte erwarten. Um bei $\alpha = 5\%$ eine Teststärke von 80% zu erzielen, werden für den Interaktionseffekt in jeder Gruppe 11 Teilnehmer benötigt. Beim Haupteffekt zum zweistufigen Faktor sind hingegen 22 Teilnehmer erforderlich, beim Haupteffekt zum dreistufigen Faktor sogar 27 Teilnehmer. Um alle Effekte mit mindestens 80%-iger Wahrscheinlichkeit aufdecken zu können, müssen Sie aus diesen Stichprobenumfängen den größten auswählen. Wir müssten die Untersuchung also mit 27 Teilnehmern pro Gruppe (insgesamt 162 Probanden) durchführen.

Tabelle 15.7

Benötigte Anzahl von Teilnehmern pro Gruppe, damit in einer mehrfaktoriellen Varianzanalyse zu 2 × 2- und 3 × 2-Designs mit dem Signifikanzkriterium $\alpha = 0{,}05$ eine Power von 80% erreicht wird

	$\eta_P^2 = ,01$ (klein)	$\eta_P^2 = ,06$ (mittel)	$\eta_P^2 = ,14$ (groß)
2 × 2-Design:			
Alle Effekte	197	33	14
3 × 2-Design:			
Haupteffekt des zweistufigen Faktors	132	22	9
Haupteffekt des dreistufigen Faktors und Interaktionseffekt	162	27	11

15.2 Varianzanalyse mit abhängigen Stichproben

Bei unseren Beispielen für varianzanalytische Auswertungen in diesem und dem vorherigen Kapitel sind wir bisher stets davon ausgegangen, dass in den verschiedenen Bedingungen einer Studie unterschiedliche Teilnehmer untersucht werden. Daneben besteht aber auch die Möglichkeit, in verschiedenen Bedingungen bei denselben Personen Daten zu erheben – also eine Studie im within-subjects Design durchzuführen (siehe Abschnitt 5.5). Um in Studien mit diesem Design zu testen, ob ein signifikanter Mittelwertsunterschied zwischen den Bedingungen besteht, wird die Varianzanalyse für abhängige Stichproben eingesetzt. (Zumindest, sofern die Studie mehr als zwei Bedingungen beinhaltet. Bei Studien mit zwei Bedingungen kann der *t*-Test für abhängige Stichproben verwendet werden, der im Abschnitt 13.1.2 geschildert wird.) Einen weiteren Anwendungsfall für die Varianzanalyse mit abhängigen Stichproben stellen

Untersuchungen dar, in denen die Stichproben parallelisiert werden: Dabei werden zunächst Gruppen mit solchen Teilnehmern gebildet, die hinsichtlich einer relevanten Störvariablen die gleiche oder zumindest eine ähnliche Ausprägung aufweisen. Die Größe der Gruppen entspricht dabei der Anzahl der Bedingungen in der Untersuchung. Jeder Bedingung wird dann aus jeder Gruppe ein zufällig ausgewählter Teilnehmer zugewiesen (siehe Abschnitt 5.3.1).

Bei Untersuchungen im within-subjects Design oder mit parallelisierten Stichproben können die bisher dargestellten Varianten der Varianzanalyse nicht verwendet werden, weil die Voraussetzung unabhängiger Stichproben verletzt wäre. Die „herkömmliche" ein- oder mehrfaktorielle Varianzanalyse würde also schlicht zu einem falschen Ergebnis führen. Die Varianzanalyse für abhängige Stichproben ist in den genannten Situationen aber nicht nur das „technisch" angemessene Verfahren, sondern bietet darüber hinaus auch einen wesentlichen Vorteil: Mit ihr haben wir (zumeist) eine größere Chance, vorhandene Populationseffekte aufzudecken. Die Power der Varianzanalyse für abhängige Stichproben ist also in aller Regel größer als die Power der herkömmlichen Varianzanalyse für unabhängige Stichproben.

Wir haben in Kapitel 14 gesehen, dass eine zentrale Idee der Varianzanalyse darin besteht, die gesamte Variation in den Daten in verschiedene Komponenten zu zerlegen. In der einfaktoriellen Varianzanalyse für unabhängige Stichproben bilden die systematische Variation zwischen Gruppen (gemessen durch QS_{zw}) und die Fehlervariation innerhalb von Gruppen (gemessen durch QS_{inn}) diese Komponenten. In der mehrfaktoriellen Varianzanalyse kann die systematische Variation zudem weiter aufgeteilt und verschiedenen Quellen (den Haupt- und Interaktionseffekten) zugeordnet werden. Generell können wir davon ausgehen, dass ein Teil der Gesamtvariation in den Daten auf individuelle Unterschiede zwischen den Versuchsteilnehmern zurückgeht. Solche Unterschiede entsprechen der „natürlichen" Variation zwischen Personen und stehen nicht in Zusammenhang mit der unabhängigen Variablen in der jeweiligen Studie. Wenn wir etwa die Wirkung mehrerer Förderprogramme auf die mathematischen Fertigkeiten von Schülern untersuchen, werden manche unserer Teilnehmer schon vor der Durchführung der Studie über umfänglichere Mathematikkenntnisse verfügen als andere – und folglich voraussichtlich besser abschneiden. In einer Untersuchung zum Effekt von Medikamenten auf die Reaktionsgeschwindigkeit werden wir feststellen, dass manche Personen per se (also unter dem Einfluss irgendeines Medikaments ebenso wie ohne diesen Einfluss) schneller reagieren als andere. Erheben wir Einschätzungen über die Attraktivität von Gesichtern, werden einige Teilnehmer in der Studie eine Tendenz entwickeln, generell positivere Urteile abzugeben als andere. Es dürfte kaum eine abhängige Variable geben, bei der wir nicht auf systematische Unterschiede zwischen verschiedenen Personen treffen. In der herkömmlichen Varianzanalyse für unabhängige Stichproben gehen diese individuellen Unterschiede in die Fehlervariation (QS_{inn}) ein – sie können ja nicht auf einen Effekt der unabhängigen Variablen zurückgeführt werden. Damit sind sie natürlich auch ein Bestandteil der Varianzschätzung innerhalb von Gruppen ($\hat{\sigma}^2_{inn}$) im Nenner des F-Bruchs. Untersuchungen im within-subjects Design oder mit parallelisierten Stichproben bieten uns grundsätzlich die Möglichkeit, die Variation, die auf systematische Unterschiede zwischen Personen zurückgeht, zu bestimmen und aus der Fehlervariation herauszurechnen (siehe Abschnitt 5.5.1). Im Fall von Untersuchungen mit zwei Bedingungen und einer Auswertung mit dem *t*-Test für abhängige Stichproben geschieht dies, indem zunächst bei jedem Teilnehmer (bzw. bei jedem Paar von „parallelisierten" Teilnehmern) die Differenz zwischen den beiden Messwerten berechnet wird (siehe Abschnitt 13.1.2). Im Fall von mehr als zwei Bedingungen und einer Auswertung mit der Varianzanalyse für abhängige Stichproben ist die Trennung der Variation zwischen Personen von der Fehlervariation rechnerisch etwas aufwändiger. Das zentrale Ergebnis dieser Trennung ist aber dasselbe wie beim *t*-Test: Die Power der Verfahren für abhängige Stichproben ist zumeist größer als die Power der entsprechenden Verfahren für unabhängige Stichproben. Auch in der Varianzanalyse ist dieser Zusammenhang leicht zu erkennen: Sofern systematische Unterschiede zwischen Personen bestehen, wird durch das Herausrechnen des entsprechenden Varianzanteils die Fehlervariation im Nenner des *F*-Bruchs kleiner – und der *F*-Wert somit größer. Es wird also mit größerer Wahrscheinlichkeit ein signifikantes Ergebnis auftreten.

Wir werden im Folgenden zunächst auf die Logik und Durchführung der Varianzzerlegung in der einfaktoriellen Varianzanalyse für abhängige Stichproben eingehen. Anschließend werden wir – dem schon gewohnten Schema folgend – die Voraussetzungen des Verfahrens erläutern, die Berechnung einer geeigneten Effektgröße demonstrieren und kurz darstellen, wie die Teststärke des Verfahrens bestimmt werden kann.

15.2.1 Varianzzerlegung in der einfaktoriellen Varianzanalyse mit abhängigen Stichproben

Verwenden wir die folgende Studie als Beispiel: Wir interessieren uns für die Frage, wie Menschen die Auftretenshäufigkeit von Ereignissen einschätzen. Um uns dieser Frage anzunähern, führen wir ein sehr einfaches Experiment durch. Wir präsentieren jedem Teilnehmer nacheinander unterschiedliche Wörter. Insgesamt werden jeweils zwölf verschiedene Wörter dargeboten, wobei wir die Auftretenshäufigkeit der Wörter manipulieren: Je vier Wörter werden 2 Mal, 4 Mal und 6 Mal gezeigt (natürlich in durchmischter Reihenfolge). Nach der Präsentation der Wortliste sollen die Teilnehmer einschätzen, wie häufig jedes der zwölf Wörter dargeboten wurde. Insgesamt realisieren wir mit diesem Vorgehen also ein Experiment im within-subjects Design mit einer unabhängigen Variablen (der Auftretenshäufigkeit), die in drei Stufen variiert wird. Da wir auf jeder Häufigkeitsstufe vier Wörter zeigen und somit auch von jedem Probanden vier Schätzungen erheben, beinhaltet unser Experiment zudem Messwiederholungen (siehe Kasten „Wozu Messwiederholungen?" in Kapitel 5). Vor der weiteren Auswertung der Daten, werden die vier Schätzungen jedes Teilnehmers auf derselben Häufigkeitsstufe gemittelt. Diese mittleren Schätzungen pro Teilnehmer und Häufigkeitsstufe bilden in unserem Fall auch die Datengrundlage für die Varianzanalyse für abhängige Stichproben. Die ▶Tabelle 15.8 zeigt die entsprechenden Werte von fünf Teilnehmern (es handelt sich um fiktive Daten).

Tabelle 15.8

Ergebnisse des Beispielexperiments zu Häufigkeitsschätzungen (fiktive Daten)

Teilnehmer	Häufigkeit			Zeilen-mittelwert
	2	**4**	**6**	
1	2,50	3,50	3,75	$\bar{x}_{\bullet 1} = 3{,}25$
2	2,00	2,75	4,25	$\bar{x}_{\bullet 2} = 3{,}00$
3	3,75	4,25	5,50	$\bar{x}_{\bullet 3} = 4{,}50$
4	3,25	4,50	5,75	$\bar{x}_{\bullet 4} = 4{,}50$
5	3,50	4,50	4,75	$\bar{x}_{\bullet 5} = 4{,}25$
Spalten-mittelwert	$\bar{x}_{1\bullet} = 3{,}00$	$\bar{x}_{2\bullet} = 3{,}90$	$\bar{x}_{3\bullet} = 4{,}80$	$\bar{\bar{x}} = 3{,}90$

Offensichtlich unterscheiden sich in unserer Stichprobe die Mittelwerte der Häufigkeitsschätzungen zu Wörtern, die 2, 4 und 6 Mal präsentiert wurden. Generell können wir nun mit der einfaktoriellen Varianzanalyse für abhängige Stichproben – wie in der Varianzanalyse für unabhängige Stichproben – die Nullhypothese prüfen, dass die Populationsmittelwerte in den verschiedenen Bedingungen gleich sind. Inhaltlich behauptet die Nullhypothese in unserem Beispiel, dass Wörter die 2, 4 und 6 Mal präsentiert werden, in der Population die gleiche durchschnittliche Häufigkeitsschätzung erhalten.

$$H_0: \mu_2 = \mu_4 = \mu_6$$

Die Alternativhypothese besagt – ebenfalls genau wie in der Varianzanalyse für unabhängige Stichproben –, dass sich mindestens zwei der Mittelwerte in der Population unterscheiden. Es handelt sich also wiederum um eine Omnibus-Hypothese, die korrekt ist, sofern irgendeiner der möglichen Mittelwertsunterschiede besteht.

Die Idee der Varianzzerlegung bei abhängigen Stichproben

Um die Nullhypothese zu testen, wird wie bei jeder Varianzanalyse die gesamte Variation in den Daten zerlegt. Ein Teilschritt besteht dabei natürlich auch im Fall abhängiger Stichproben darin, diejenige Variation zu bestimmen, die auf die unabhängige Variable zurückgeführt werden kann. In diesem Teilschritt können wir genauso vorgehen wie bei der herkömmlichen Varianzanalyse für unabhängige Stichproben: In unserem Beispielexperiment zeigt sich der Effekt des Faktors „Auftretenshäufigkeit" offensichtlich in den Abweichungen der drei Mittelwerte in den Häufigkeitsbedingungen vom Gesamtmittelwert. Folglich können wir auch die Quadratsumme zu diesem Effekt auf Basis der Abweichung der Bedingungsmittelwerte vom Gesamtmittelwert berechnen (die Formel ist also dieselbe wie für die QS_{zw} in der Varianzanalyse für unabhängige Stichproben).

Was sich gegenüber der Varianzanalyse für unabhängige Stichproben allerdings verändert, ist die Berechnung der Fehlervariation im Nenner des F-Werts. Beim herkömmlichen Vorgehen würden wir die Fehlervariation aus den Abweichungen der einzelnen Messwerte vom jeweiligen Bedingungsmittelwert berechnen (also die QS_{inn} bestimmen). Mit diesem Vorgehen würden wir aber vernachlässigen, dass die Werte in den verschiedenen Bedingungen von denselben Personen stammen. Damit würden wir – wie schon erwähnt – zum einen die Voraussetzung unabhängiger Stichproben verletzen. Zum anderen würden wir aber auch die Gelegenheit ungenutzt lassen, die Variation zwischen Personen in angemessener Weise zu berücksichtigen – wir würden somit den zentralen Vorteil, den uns das within-subjects Design unseres Experiments bietet, ignorieren.

Wie können wir also die Variation zwischen Personen aus der Fehlervariation herausrechnen? Eine Möglichkeit besteht darin, zunächst von jedem Messwert einer Person den Mittelwert aller ihrer Schätzungen abzuziehen (diese „Personenmittelwerte" entsprechen natürlich den Zeilenmittelwerten in Tabelle 15.8). Die ▶Tabelle 15.9 zeigt die resultierenden Differenzen zwischen Messwerten und Personenmittelwerten.

In den ursprünglichen Daten kommen die Unterschiede zwischen Personen offensichtlich in den Mittelwerten ihrer Schätzungen zum Ausdruck – manche Personen geben im Durchschnitt über alle Bedingungen höhere Schätzungen ab als andere. Indem wir die Personenmittelwerte von den Messwerten abziehen, eliminieren wir die Variation aus den Daten, die auf Unterschiede zwischen Personen zurückgeht. Das Resultat ist, dass die *Variation innerhalb der Bedingungen* abnimmt: Bei einem Vergleich der beiden Tabellen ist leicht zu erkennen, dass die Abweichung der einzelnen Werte vom jeweiligen Bedingungsmittelwert in der Tabelle 15.9 fast in allen Fällen kleiner ist als in der Tabelle 15.8. Dies ist dadurch zu erklären, dass die Werte nach der Subtraktion der Personenmittelwerte nicht mehr durch individuelle Unterschiede beeinflusst werden. Dagegen hat die Subtraktion der Personenmittelwerte keinen Einfluss auf die *Variation zwischen Bedingungen*: Die Abweichung der Bedingungsmittelwerte vom Gesamtmittelwert ist in Tabelle 15.9 ebenso groß wie in Tabelle 15.8.

Sofern wir mit den Daten aus der Tabelle 15.9 eine herkömmliche Varianzanalyse für unabhängige Stichproben durchführten, würden wir also mit der üblichen QS_{zw} diejenige Variation korrekt bestimmen, die auf unsere unabhängige Variable zurückgeführt werden kann. Die QS_{inn} würde hingegen nur noch diejenige Fehlervariation erfassen, die nicht auf individuelle Unterschiede zwischen den Teilnehmern zurückgeht. Dies ist exakt, was wir erreichen wollten. Tatsächlich werden in der Varianzanalyse für abhängige Stichproben auch äquivalente Quadratsummen berechnet.

Tabelle 15.9

Differenzen zwischen den Messwerten in Tabelle 15.8 und den jeweiligen Personenmittelwerten

Teilnehmer	Häufigkeit			
	2	**4**	**6**	*Zeilen-mittelwert*
1	−0,75	0,25	0,50	$\overline{x}_{\bullet 1} = 0$
2	−1,00	−0,25	1,25	$\overline{x}_{\bullet 2} = 0$
3	−0,75	−0,25	1,00	$\overline{x}_{\bullet 3} = 0$
4	−1,25	0,00	1,25	$\overline{x}_{\bullet 4} = 0$
5	−0,75	0,25	0,50	$\overline{x}_{\bullet 5} = 0$
Spalten-mittelwert	$\overline{x}_{1\bullet} = -0,90$	$\overline{x}_{2\bullet} = 0$	$\overline{x}_{3\bullet} = 0,90$	$\overline{\overline{x}} = 0$

Bei der Durchführung des Hypothesentests müssen wir allerdings berücksichtigen, dass sich die Anzahl der Freiheitsgrade für die QS_{inn} durch die Subtraktion der Personenmittelwerte ändert. Nach dieser Subtraktion muss der Mittelwert aller Messwerte einer Person Null betragen. Wir verlieren daher bei jeder Person einen Freiheitsgrad. Die Anzahl der Nennerfreiheitsgrade ergibt sich also nicht – wie im Normalfall – nach der Formel

$$df_{inn} = \sum_{1}^{k}(n-1),$$

sondern durch:[7]

$$df_{inn} = (k-1) \cdot (n-1)$$

Mit diesen veränderten Nennerfreiheitsgraden liefert eine herkömmliche Varianzanalyse zu den Daten aus der Tabelle 15.9 den korrekten F-Wert. Sie führt damit natürlich auch zu derselben Entscheidung über die Nullhypothese wie eine Varianzanalyse für abhängige Stichproben zu den ursprünglichen Daten.

Durch eine Varianzanalyse für abhängige Stichproben wird also nichts anderes erreicht als durch eine herkömmliche Varianzanalyse mit den Differenzen zwischen Messwerten und Personenmittelwerten. Das technische Vorgehen der Varianzanalyse für abhängige Stichproben unterscheidet sich allerdings von der bisher geschilderten Verfahrensweise.

---

7 k steht für die Anzahl der Bedingungen und n für die Anzahl der Messwerte in jeder Bedingung.

Quadratsummen

Die Berechnungen, die bei der einfaktoriellen Varianzanalyse für abhängige Stichproben durchzuführen sind, entsprechen – überraschender Weise – weitgehend den Berechnungen in einer zweifaktoriellen Varianzanalyse für unabhängige Stichproben. Ein Faktor ist offensichtlich die unabhängige Variable in der jeweiligen Studie – in unserem Fall die Auftretenshäufigkeit. Als zweiten Faktor können wir in einem within-subjects Design die Personen auffassen. Für jede Kombination aus einer Stufe der UV und einer Person erhalten wir dabei natürlich nur einen Messwert (jede Person liefert einen Wert in jeder Bedingung).

Wie bei jeder Varianzanalyse können wir nun zunächst die gesamte Variation in den Daten bestimmen. Dazu betrachten wir die Abweichung jedes Messwerts vom Gesamtmittelwert:

$$QS_{gesamt} = \sum_{j}^{k} \sum_{i}^{n} (x_{ji} - \bar{\bar{x}})^2$$

Dabei wird durch x_{ji} der Messwert der Person i in der Bedingung j bezeichnet.

Die Quadratsumme zum Effekt der unabhängigen Variablen (die wir als QS_{UV} bezeichnen wollen) können wir ebenfalls aus den Abweichungen der Bedingungsmittelwerte vom Gesamtmittelwert berechnen:

$$QS_{UV} = \sum_{j}^{k} n \cdot (\bar{x}_j - \bar{\bar{x}})^2$$

wobei durch n die Anzahl der Werte in jeder Bedingung angegeben wird.

Die Quadratsumme zum Effekt des Faktors „Personen" (QS_{Pers}) ergibt sich analog aus den Abweichungen der Personenmittelwerte vom Gesamtmittelwert:

$$QS_{Pers} = \sum_{i}^{n} k \cdot (\bar{x}_i - \bar{\bar{x}})^2$$

wobei durch k die Anzahl der Bedingungen bezeichnet wird.

Diese Quadratsumme gibt offensichtlich die Variation zwischen Personen an. Sie entspricht also derjenigen Variation, die wir aus der Fehlervariation und damit von der weiteren Betrachtung ausschließen wollen. Als eigene Größe ist der Effekt des Faktors „Personen" zumeist nicht weiter interessant: Die Tatsche, dass zwischen Personen Unterschiede bestehen, ist quasi immer trivial. Ein Hypothesentest zum Effekt des Faktors Personen erübrigt sich damit.

Eine Quadratsumme innerhalb von Gruppen müssen wir – anders als bei einer „echten" zweifaktoriellen Varianzanalyse – nicht bestimmen. Auf jeder Kombination einer Stufe der unabhängigen Variablen mit einer Person befindet sich nur ein Messwert – und ein Messwert kann nicht von „seinem" Mittelwert abweichen. Die herkömmliche Quadratsumme innerhalb von Gruppen beträgt also Null. Damit können wir beim Hypothesentest die Varianzschätzung im Nenner des *F*-Werts auch nicht auf der Grundlage der herkömmlichen QS_{inn} bestimmen.

Rechnerisch können wir aber mit der gleichen Vorgehensweise wie bei der zweifaktoriellen Varianzanalyse eine Quadratsumme für die Interaktion zwischen der unabhängigen Variablen und dem Faktor „Personen" berechnen. Diese Quadratsumme ($QS_{UV\times Pers}$) erhalten wir, wenn wir von der gesamten Variation die übrigen Quadratsummen abziehen:

$$QS_{UV\times Pers} = QS_{gesamt} - QS_{UV} - QS_{Pers}$$

Die Berechnung dieser Quadratsumme führt zu demselben Ergebnis wie die Berechnung der QS_{inn} in der im vorherigen Abschnitt geschilderten Varianzanalyse für unabhängige Stichproben mit den Differenzen zwischen Messwerten und Personenmittelwerten. Sie kann auch genauso wie diese QS_{inn} interpretiert werden. Die $QS_{UV\times Pers}$ gibt also die Variation innerhalb der Bedingungen an, nachdem diejenige Variation, die auf Unterschiede zwischen Personen zurückgeht, herausgerechnet wurde.[8] Die $QS_{UV\times Pers}$ wird in der Varianzanalyse für abhängige Stichproben daher auch als Grundlage für die Berechnung der Varianzschätzung im Nenner des F-Werts verwendet.

Freiheitsgrade, Varianzschätzungen und *F*-Wert

Die Freiheitsgrade zu den verschiedenen Quadratsummen können wir nach denselben Regeln bestimmen wie in der zweifaktoriellen Varianzanalyse. Die Formeln für die Freiheitsgrade lauten daher:

$$df_{UV} = k - 1$$

$$df_{Pers} = n - 1$$

$$df_{UV\times Pers} = (k - 1) \cdot (n - 1)$$

und

$$df_{gesamt} = N - 1$$

Dabei bezeichnet N hier die Anzahl aller Messwerte in der gesamten Untersuchung. Dividieren wir die QS_{UV} und die $QS_{UV\times Pers}$ durch die entsprechenden Freiheitsgrade, so erhalten wir zwei Schätzungen der Populationsvarianz:

$$\hat{\sigma}_{UV}^2 = \frac{QS_{UV}}{df_{UV}}$$

und

$$\hat{\sigma}_{Fehler}^2 = \frac{QS_{UV\times Pers}}{df_{UV\times Pers}}$$

---

8 Obwohl die $QS_{UV\times Pers}$ genauso berechnet wird wie die $QS_{A\times B}$ in der gewöhnlichen zweifaktoriellen Varianzanalyse, können wir sie dagegen nicht im herkömmlichen Sinn als Ausdruck eines Interaktionseffekts zwischen der unabhängigen Variablen und dem Faktor „Personen" auffassen. Auch die $QS_{UV\times Pers}$ ergibt sich aus den Abweichungen der „Mittelwerte" in den „Zellen" des Designs (den Kombinationen aus einer Stufe der unabhängigen Variablen mit einer Person) von denjenigen Werten, die bei einem additiven Effekt der unabhängigen Variablen und des Faktors Personen zu erwarten wären. Da in der Varianzanalyse für abhängige Stichproben jede Zelle jedoch nur einen Messwert enthält, können wir nicht entscheiden, ob diese Abweichungen tatsächlich auf eine Interaktion zurückgehen oder durch Zufallseinflüsse bei der Messung zustande kommen. Sofern tatsächlich eine Interaktion besteht, enthält die $QS_{UV\times Pers}$ also sowohl die Variation, die durch diese Interaktion entsteht, als auch Fehlervariation.

Die $\hat{\sigma}^2_{UV}$ beruht dabei auf derjenigen Variation in unseren Stichprobendaten, die wir auf die unabhängige Variable zurückführen können. Die $\hat{\sigma}^2_{Fehler}$ beruht hingegen auf der Variation innerhalb der Bedingungen, die nicht durch systematische Unterschiede zwischen den Personen entsteht. Sie geht also auf Fehlervariation in den Daten zurück, die im Rahmen unserer Analyse nicht erklärt werden kann.

Den für den Hypothesentest benötigten F-Wert erhalten wir, wenn wir die $\hat{\sigma}^2_{UV}$ durch die $\hat{\sigma}^2_{Fehler}$ dividieren:

$$ F = \frac{\hat{\sigma}^2_{UV}}{\hat{\sigma}^2_{Fehler}} $$

Erreicht oder übersteigt der von uns gefundene *F*-Wert den kritischen *F*-Wert zu dem von uns gewählten Signifikanzniveau α, so ist der Effekt der UV signifikant. In diesem Fall würden wir die Alternativhypothese annehmen und entsprechend folgern, dass sich die Populationsmittelwerte in den verschiedenen Bedingungen der Untersuchung unterscheiden.

Im Rechenbeispiel 15.2 wird die Durchführung einer einfaktoriellen Varianzanalyse für abhängige Stichproben anhand der Daten aus unserem Beispielexperiment (siehe Tabelle 15.8) demonstriert.

Rechenbeispiel 15.2   *Eine einfaktorielle Varianzanalyse für abhängige Stichproben* Bei der Durchführung einer einfaktoriellen Varianzanalyse für abhängige Stichproben benötigen wir zunächst die Abweichungen der Messwerte vom Gesamtmittelwert $(x_{ji} - \overline{\overline{x}})$ sowie die Abweichungen der Bedingungs- und Personenmittelwerte vom Gesamtmittelwert $(\overline{x}_{j\bullet} - \overline{\overline{x}}$ und $\overline{x}_{\bullet i} - \overline{\overline{x}})$. Die ▶Tabelle 15.10 zeigt diese Abweichungen für unsere Beispieldaten.

Teil-nehmer	UV: Häufigkeit											
	Häufigkeit 2				Häufigkeit 4				Häufigkeit 6			
	x_{ji}	$x_{ji} - \overline{\overline{x}}$	$\overline{x}_{j\bullet} - \overline{\overline{x}}$	$\overline{x}_{\bullet i} - \overline{\overline{x}}$	x_{ji}	$x_{ji} - \overline{\overline{x}}$	$\overline{x}_{j\bullet} - \overline{\overline{x}}$	$\overline{x}_{\bullet i} - \overline{\overline{x}}$	x_{ji}	$x_{ji} - \overline{\overline{x}}$	$\overline{x}_{j\bullet} - \overline{\overline{x}}$	$\overline{x}_{\bullet i} - \overline{\overline{x}}$
1	2,50	−1,40	−0,90	−0,65	3,50	−0,40	0	−0,65	3,75	−0,15	0,90	−0,65
2	2,00	−1,90	−0,90	−0,90	2,75	−1,15	0	−0,90	4,25	0,35	0,90	−0,90
3	3,75	−0,15	−0,90	0,60	4,25	0,35	0	0,60	5,50	1,60	0,90	0,60
4	3,25	−0,65	−0,90	0,60	4,50	0,60	0	0,60	5,75	1,85	0,90	0,60
5	3,50	−0,40	−0,90	0,35	4,50	0,60	0	0,35	4,75	0,85	0,90	0,35

Bedingungsmittelwerte:
Häufigkeit 2: $\overline{x}_{1\bullet} = 3,00$ Häufigkeit 4: $\overline{x}_{2\bullet} = 3,90$ Häufigkeit 6: $\overline{x}_{3\bullet} = 4,80$

Personenmittelwerte: $\overline{x}_{\bullet 1} = 3,25$, $\overline{x}_{\bullet 2} = 3,00$, $\overline{x}_{\bullet 3} = 4,50$, $\overline{x}_{\bullet 4} = 4,50$ und $\overline{x}_{\bullet 5} = 4,25$

Gesamtmittelwert: $\overline{\overline{x}} = 3,90$

Tabelle 15.10: Erste Teilberechnungen bei einer einfaktoriellen Varianzanalyse für abhängige Stichproben. ▶

▶Fortsetzung

Auf dieser Grundlage können wir nun die Gesamtvariation bestimmen:

$$QS_{gesamt} = \sum_{j}^{k} \sum_{i}^{n} (x_{ji} - \bar{\bar{x}})^2$$

$$= -(1,40)^2 + (-1,90)^2 + \ldots + 1,85^2 + 0,85^2$$
$$= 15,35$$

Die Quadratsumme zur unabhängigen Variablen „Häufigkeit" beträgt:

$$QS_{UV} = \sum_{j}^{k} n \cdot (\bar{x}_j - \bar{\bar{x}})^2$$

$$= 5 \cdot (-0,90)^2 + 5 \cdot 0^2 + 5 \cdot 0,90^2$$
$$= 8,1$$

Die Quadratsumme zum Faktor „Personen" beläuft sich auf:

$$QS_{Pers} = \sum_{i}^{n} k \cdot (\bar{x}_i - \bar{\bar{x}})^2$$

$$= 3 \cdot (-0,65)^2 + 3 \cdot (-0,90)^2 + 3 \cdot (0,60)^2 + 3 \cdot (0,60)^2 + 3 \cdot (0,35)^2$$
$$= 6,225$$

Schließlich erhalten wir die $QS_{UV\&Pers}$, wenn wir von der QS_{gesamt} die übrigen Quadratsummen abziehen:

$$QS_{UV \times Pers} = QS_{gesamt} - QS_{UV} - QS_{Pers}$$

$$= 15,35 - 8,1 - 6,225$$
$$= 1,025$$

Die Freiheitsgrade zu den verschiedenen Quadratsummen bestimmen sich wie folgt:

$$df_{UV} = k - 1 = 3 - 1 = 2$$
$$df_{Pers} = n - 1 = 5 - 1 = 4$$
$$df_{UV\&Pers} = (k-1) \cdot (n-1) = (3-1) \cdot (5-1) = 8$$
$$df_{gesamt} = N - 1 = 15 - 1 = 14$$

Wenn wir die QS_{UV} und die $QS_{UV \times Pers}$ durch die entsprechenden Freiheitsgrade teilen, resultieren die beiden benötigten Schätzungen der Populationsvarianz: ▶

▶Fortsetzung

$$\hat{\sigma}^2_{UV} = \frac{QS_{UV}}{df_{UV}} = \frac{8,1}{2} = 4,05$$

und

$$\hat{\sigma}^2_{Fehler} = \frac{QS_{UV \times Pers}}{df_{UV \times Pers}} = \frac{1,025}{8} = 0,128$$

Aus diesen Schätzungen der Populationsvarianz können wir den *F*-Wert für den Hypothesentest berechnen:

$$F = \frac{\hat{\sigma}^2_{UV}}{\hat{\sigma}^2_{Fehler}} = \frac{4,05}{0,128} = 31,64$$

Sofern wir mit einem Signifikanzkriterium von $\alpha = 0{,}05$ testen, liegt der kritische *F*-Wert bei Zählerfreiheitsgraden von $df_{UV} = 2$ und Nennerfreiheitsgraden von $df_{UV \times Pers} = 8$ bei $F = 4{,}46$ (siehe Tabelle 3 im Anhang A). Der von uns gefundene *F*-Wert ist also größer als der kritische *F*-Wert. Unser Ergebnis ist somit signifikant und wir nehmen die Alternativhypothese an.

Bei der Interpretation dieses Ergebnisses ist wiederum zu beachten, dass es sich bei der Alternativhypothese um eine Omnibus-Hypothese handelt. Diese Hypothese besagt ausschließlich, dass sich mindestens zwei der Populationsmittelwerte unterscheiden. Entsprechend können wir aus unserem signifikanten Ergebnis auch lediglich folgern, dass Wörter die 2, 4 und 6 Mal präsentiert werden, in der Population nicht die gleiche durchschnittliche Häufigkeitsschätzung erhalten. Wie in vielen Fällen, stimmt die unspezifische Alternativhypothese auch in unserem Beispiel nicht mit einer sinnvollen inhaltlichen Hypothese überein: Wir würden natürlich erwarten, dass wir mit steigender Präsentationshäufigkeit auch höhere durchschnittliche Häufigkeitsschätzungen finden – und nicht, dass sich die mittleren Schätzungen zu verschiedenen Häufigkeiten *irgendwie* unterscheiden. Eine spezifische Alternativhypothese können wir aber im Rahmen einer Varianzanalyse – auch im Fall abhängiger Stichproben – nicht testen. Eine Möglichkeit dazu bietet lediglich die Kontrastanalyse (siehe Kapitel 16).

15.2.2 ANOVA-Tabelle

Die ▶Tabelle 15.11 zeigt den Aufbau einer ANOVA-Tabelle bei einer einfaktoriellen Varianzanalyse mit abhängigen Stichproben.

Tabelle 15.11

Aufbau einer ANOVA-Tabelle für eine einfaktorielle Varianzanalyse mit abhängigen Stichproben

Varianz-quelle	Quadrat-summe QS (engl.: SS)	Freiheits-grade df	Varianzschätzung (engl.: MS)	F-Wert	p-Wert
Personen	QS_{Pers}	$n-1$	$\hat{\sigma}^2_{UV} = \dfrac{QS_{Pers}}{n-1}$		
UV	QS_{UV}	$k-1$	$\hat{\sigma}^2_{UV} = \dfrac{QS_{UV}}{k-1}$	$F = \dfrac{\hat{\sigma}^2_{UV}}{\hat{\sigma}^2_{Fehler}}$	p
Fehler	$QS_{UV \times Pers}$	$(k-1) \cdot (n-1)$	$\hat{\sigma}^2_{Fehler} = \dfrac{QS_{UV \times Pers}}{(k-1)(n-1)}$		
gesamt	QS_{gesamt}	$N-1$			

In der ▶Tabelle 15.12 werden die Ergebnisse aus unserem Rechenbeispiel in Form einer ANOVA-Tabelle dargestellt.

Tabelle 15.12

ANOVA-Tabelle für die Ergebnisse aus dem Rechenbeispiel 15.2

Varianz-quelle	QS	df	Varianz-schätzung	F	p
Personen	6,225	4	1,556		
Häufigkeit	8,100	2	4,050	31,24	0,0002
Fehler	1,025	8	0,128		
gesamt	15,350	14			

15.2.3 Voraussetzungen der Varianzanalyse mit abhängigen Stichproben

Die Voraussetzungen der Varianzanalyse für abhängige Stichproben beinhalten zunächst diejenigen Annahmen, die auch bei unabhängigen Stichproben erfüllt sein müssen: Die abhängige Variable sollte in allen Populationen normalverteilt sein und die Populationsvarianzen sollten gleich sein. Darüber hinaus ist die Varianzanalyse für abhängige Stichproben aber an eine zusätzliche Voraussetzung gebunden: In der Population müssen die Korrelationen zwischen den Messwerten in allen Paaren von

Bedingungen gleich groß sein. In unserer Beispieluntersuchung würde dies etwa heißen, dass die Korrelation zwischen Schätzungen zu Wörtern, die zwei- und sechs-Mal präsentiert wurden, in der Population ebenso groß sein muss wie die Korrelation der Schätzungen zu Wörtern, die zwei- und vier-Mal präsentiert wurden. Zudem sollte natürlich auch die Korrelation der Schätzungen zu vier- und sechs-Mal darge-botenen Wörtern den übrigen beiden Korrelationen entsprechen.

Verletzungen dieser Annahme „homogener Korrelationen"[9] haben ernstzunehmende Konsequenzen: Sind die verschiedenen Korrelationen in der Population nicht gleich groß, so führt die Varianzanalyse für abhängige Stichproben zu progressiven Entschei-dungen (siehe Abschnitt 14.3). In diesem Fall ermitteln wir anhand der F-Verteilung also einen p-Wert, der kleiner ist als der „tatsächliche" p-Wert zu unserem Stichprobenergebnis. Das Resultat ist, dass die Wahrscheinlichkeit für einen α-Fehler nicht mehr dem von uns festgesetzten α entspricht: Wir werden uns bei Gültigkeit der Nullhypothese mit einer größeren Wahrscheinlichkeit für die Alternativhypothese ent-scheiden als von uns angenommen.

Ob die Voraussetzung homogener Korrelationen in der Population erfüllt ist, ist oftmals schwer zu beurteilen. Hinweise auf eine mögliche Voraussetzungsverletzung können sich aus den Korrelationen zwischen den Messwertreihen in der untersuchten Stichprobe ergeben. Allerdings werden Studien mit einem within-subjects Design oft-mals mit vergleichsweise kleinen Stichproben durchgeführt. Das hat wiederum zur Folge, dass die Korrelationen in der Stichprobe nennenswert von den „wahren" Korre-lationen in der Population abweichen können. Wir finden in der Stichprobe also u.U. selbst dann deutlich unterschiedliche Korrelationen, wenn die Korrelationen in der Population gleich sind. Der umgekehrte Fall ist natürlich ebenso denkbar.

Eine Möglichkeit, mit der Voraussetzung homogener Korrelationen umzugehen, besteht in der Verwendung der *Huynh-Feldt-Korrektur*. Bei dieser Korrektur wird zunächst anhand der Stichprobendaten geschätzt, wie stark die Voraussetzung verletzt ist (das Maß für die Stärke der Voraussetzungsverletzung heißt ε (epsilon)). Dieser geschätzten Voraus-setzungsverletzung wird dann dadurch begegnet, dass die Zahl der Zähler- und Nenner-freiheitsgrade reduziert wird. Besteht keine Voraussetzungsverletzung, so ändert sich an den Freiheitsgraden gegenüber der üblichen Vorgehensweise nichts (die Zählerfreiheits-grade betragen dann $k - 1$ und die Nennerfreiheitsgrade $(k - 1) \cdot (n - 1)$). Je deutlicher die Voraussetzung verletzt ist, umso stärker werden die Zähler- und Nennerfreiheitsgrade abgesenkt. Der p-Wert zu dem in der Studie ermittelten F-Wert wird dann anhand der F-Verteilung mit den reduzierten Freiheitsgraden bestimmt. Dies führt dazu, dass wir einen höheren p-Wert erhalten als mit den nicht-reduzierten Freiheitsgraden. Auf diese Weise wirken wir einer Erhöhung der Wahrscheinlichkeit eines α-Fehlers entgegen.

---

9   Oftmals wird auch *„Sphärizität"* als Voraussetzung der Varianzanalyse mit abhängigen Stich-proben genannt. Sphärizität ist eine weniger strenge Annahme als die Voraussetzung homoge-ner Korrelationen. Sie ist aber hinreichend, um zu gewährleisten, dass die Varianzanalyse zu einem korrekten p-Wert führt. Inhaltlich bedeutet Sphärizität, dass die Varianzen der *Differen-zen* der Messwerte in allen Paaren von Bedingungen gleich groß sind. Homogene Korrelationen sind ein Spezialfall dieser Voraussetzung.

Die Ergebnisse der Huynh-Feldt-Korrektur werden von den meisten Statistikprogrammen automatisch ausgegeben. So erhalten wir beispielsweise bei der Durchführung einer Varianzanalyse für abhängige Stichproben mit SPSS neben den Resultaten der üblichen Vorgehensweise auch die Freiheitsgrade und den p-Wert, die sich bei Verwendung der Huynh-Feldt-Korrektur ergeben.[10] Sofern sich die Ergebnisse beider Verfahrensweisen nennenswert unterscheiden, sollte bei der Hypothesenprüfung grundsätzlich auf die Huynh-Feldt-Korrektur zurückgegriffen werden!

15.2.4 Effektgrößen in der Varianzanalyse mit abhängigen Stichproben

Als Maß für die Größe eines Effekts können in der Varianzanalyse mit abhängigen Stichproben – genau wie in der mehrfaktoriellen Varianzanalyse – η^2 und η_p^2 verwendet werden. Gebräuchlich ist vor allem das partielle Maß η_p^2. Aus der Gesamtvariation auspartialisiert wird dabei natürlich die Variation zwischen Personen. Die Formel für η_p^2 lautet in der einfaktoriellen Varianzanalyse für abhängige Stichproben:

$$\eta_P^2 = \frac{QS_{UV}}{QS_{UV} + QS_{UV \times Pers}}$$

Das Maß η_p^2 gibt hier somit an, welcher Anteil derjenigen Varianz, die nicht auf systematische Unterschiede zwischen den Personen zurückgeht, durch die unabhängige Variable aufgeklärt werden kann. In unserer Beispieluntersuchung beträgt das η_p^2 zum Effekt der Präsentationshäufigkeit:

$$\eta_P^2 = \frac{8,1}{8,1 + 1,025} = 0,89$$

Wenn wir die Variation zwischen Personen aus der Gesamtvariation herausrechnen, können demnach 89% der verbleibenden Variation in den Häufigkeitsschätzungen auf die Präsentationshäufigkeit zurückgeführt werden. Die Präsentationshäufigkeit hat also einen sehr großen Effekt.

Alternativ kann η_p^2 auch in der Varianzanalyse für abhängige Stichproben anhand des F-Werts und der relevanten Freiheitsgrade bestimmt werden. Die Formel dazu lautet:

$$\eta_P^2 = \frac{F \cdot df_{UV}}{F \cdot df_{UV} + df_{UV \times Pers}}$$

Bei der Verwendung von η_p^2 sollte allerdings beachtet werden, dass diese Effektgröße selbstverständlich nicht mit Effektgrößen aus Untersuchungen mit einem between-subjects Design verglichen werden kann. Durch das Herausrechnen der Variation zwischen Personen, das in beween-subjects Designs nicht möglich ist, wird η_p^2 nahezu immer größer oder auch deutlich größer ausfallen als ein η^2 aus einer inhaltlich ähn-

---

10 Die SPSS-Ausgabe enthält zusätzlich die Ergebnisse eines alternativen Korrekturverfahrens, der Greenhouse-Geisser-Korrektur. Die Huynh-Feldt-Korrektur ist das weniger konservative und gebräuchlichere Verfahren.

lichen Studie mit unabhängigen Stichproben. Um einen Vergleich der Effektgrößen aus Studien mit unterschiedlichen Versuchsplänen zu ermöglichen, sollte daher in Untersuchungen mit einem within-subjects Design (zumindest zusätzlich zum η_p^2) ein „gewöhnliches" η^2 berichtet werden (siehe auch Olejnik & Algina, 2003). In unserer Beispieluntersuchung beträgt dieses η^2:

$$\eta^2 = \frac{QS_{UV}}{QS_{gesamt}} = \frac{8,1}{15,35} = 0,53$$

15.2.5 Power in der Varianzanalyse mit abhängigen Stichproben

Um die Teststärke einer Varianzanalyse für abhängige Stichproben zu bestimmen oder die Anzahl der Teilnehmer zu ermitteln, die benötigt wird, damit ein Populationseffekt einer bestimmten Größe mit einer hinreichenden Wahrscheinlichkeit zu einem signifikanten Ergebnis führt, könnten wir im Prinzip die Tabellen 14.5 und 14.6 zur einfaktoriellen Varianzanalyse für unabhängige Stichproben verwenden. Zu beachten ist dabei zweierlei: Zum einen entspricht die in den Tabellen genannte Teilnehmerzahl pro Gruppe in der Varianzanalyse für abhängige Stichproben selbstverständlich der Teilnehmerzahl in der gesamten Untersuchung – wir erhalten ja in jeder Bedingung von jeder Person einen Messwert. Zum anderen ist anstelle des in den Tabellen aufgeführten η^2 das partielle η_p^2 als Maß für die Größe des erwarteten Populationseffekts zu verwenden. Genau wie bei der Effektgröße η_p^2 wird auch beim Hypothesentest in der Varianzanalyse für abhängige Stichproben die Variation zwischen Personen aus der Gesamtvariation herausgerechnet. Darin liegt auch der Grund dafür, dass die Power bei Varianzanalysen für abhängige Stichproben in aller Regel größer ausfällt als bei Varianzanalysen für unabhängige Stichproben: Da die partielle Effektgröße η_p^2 zumeist größer ist als die „gewöhnliche" Effektgröße η^2, haben wir bei einer Varianzanalyse mit abhängigen Stichproben auch eine bessere Chance den Effekt zu entdecken. Dies führt auch dazu, dass der praktische Nutzen der Tabellen 14.5 und 14.6 bei der Varianzanalyse für abhängige Stichproben einer Einschränkung unterliegt: Realistischerweise zu erwartende partielle Effektgrößen werden oftmals jenseits der Konventionen für η^2 liegen, auf denen diese Tabellen (wie auch die meisten anderen Powertabellen) basieren. Erwartet man einen partiellen Effekt, der einen herkömmlichen großen Effekt ($\eta^2 = 0,14$) übersteigt, so ist man für eine Poweranalyse also auf geeignete Software angewiesen (hierzu sei nochmals auf GPower verwiesen).

Wie groß der Unterschied zwischen η^2 und η_p^2 ausfällt, hängt davon ab, welcher Anteil derjenigen Variation, die nicht durch die UV aufgeklärt werden kann, auf Unterschiede zwischen Personen zurückgeht. Dieser Anteil der Variation kann durch die Korrelation der Messwerte in verschiedenen Bedingungen erfasst werden (genauer gesagt entspricht das Quadrat der Korrelation, r^2, diesem Anteil). Will man im Vorfeld einer Untersuchung also eine Abschätzung der zu erwartenden partiellen Effektgröße vornehmen, so benötigt man auch eine Abschätzung der Korrelation zwischen den Messwerten der Teilnehmer in verschiedenen Bedingungen. Ein Beispiel: Nehmen wir an, wir erwarten, dass ein bestimmter Faktor, den wir in drei Stufen variieren, einen „herkömmlichen" mittleren Effekt von $\eta^2 = 0{,}06$ hat. Um aus dieser Effektgröße eine Erwartung für eine partielle Effektgröße ableiten zu können, müssen wir zusätzlich abschätzen, wie stark die Messwerte der Teilnehmer in den verschiedenen Bedingungen korrelieren. Je größer die erwartete Korrelation ausfällt, umso deutlicher übertrifft das partielle η_p^2 das ursprüngliche η^2. Würden die Messwertreihen in den verschiedenen Bedingungen perfekt korrelieren ($r = 1$), so ergäbe sich ein η_p^2 von 1, also die maximal mögliche Effektgröße. Würde die Korrelation zwischen den Messwertreihen hingegen $r = 0$ betragen, so würde sich das partielle η_p^2 gegenüber dem ursprünglichen η^2 nicht verändern. In unserem Beispiel müssten wir in diesem Fall also auch eine partielle Effektgröße von $\eta_p^2 = 0{,}06$ erwarten. Wenn zwischen den Messwertreihen kein Zusammenhang besteht, können wir die Daten in den verschiedenen Bedingungen als unabhängig auffassen. In diesem Fall ist die Power der Varianzanalyse für abhängige Stichproben natürlich auch genauso groß wie die Power einer Varianzanalyse mit unabhängigen Stichproben.

Ausführliche Erläuterungen zur Abschätzung einer partiellen Effektgröße auf Basis der erwarteten Korrelation zwischen den Messwertreihen geben Rasch et al. (2006).[11] Dort findet man auch detaillierte Erklärungen zur Poweranalyse mit GPower in der Varianzanalyse mit abhängigen Stichproben.

15.2.6 Erweiterungen zur Varianzanalyse mit abhängigen Stichproben

Wir haben uns hier auf die Darstellung der einfaktoriellen Varianzanalyse mit Messwiederholung beschränkt. Dieses Verfahren kann – wie wir gesehen haben – bei Untersuchungen mit einem within-subjects Faktor eingesetzt werden. Daneben können aber auch Untersuchungen, in denen mehrere unabhängige Variablen innerhalb von Personen variiert werden, varianzanalytisch ausgewertet werden. Analog zur Situation bei unabhängigen Stichproben gibt es also auch mehrfaktorielle Varianzanalysen mit abhängigen Stichproben. Auch in diesen Verfahren erfolgt eine Zerlegung der Gesamtvariation in den Stichprobendaten. Dabei werden die Personen, wie im einfaktoriellen Fall, stets als ein zusätzlicher Faktor aufgefasst. Bei den Hypothesentests zu den verschiedenen, möglichen Effekten in einem mehrfaktoriellen Design beruht die Varianzschätzung im Nenner des F-Werts grundsätzlich auf der Interaktion zwischen dem fraglichen Effekt und dem Faktor „Personen".

Schließlich gibt es Varianten der Varianzanalyse, die bei gemischten Designs eingesetzt werden können. Gemischte Designs enthalten mindestens einen Faktor, der zwischen Personen variiert wird, und mindestens einen Faktor, der innerhalb von Personen variiert wird. In solchen Varianzanalysen ist es nicht ganz einfach, die jeweils korrekte Fehlervariation im Nenner des F-Bruchs zu einem bestimmten Effekt zu

---

11 Diese Erläuterungen beziehen sich allerdings auf die Effektgröße f. Dies hängt damit zusammen, dass GPower die Teststärke von Varianzanalysen auf der Grundlage dieser Effektgröße bestimmt (siehe Fußnoten 5 und 6 in Kapitel 14).

ermitteln. Ausführliche Darstellungen der mehrfaktoriellen Varianzanalyse mit abhängigen Stichproben und der Varianzanalyse für gemischte Designs findet man z.B. bei Glass & Hopkins (1996) und Bortz (2005).

15.3 Der *F*-Test in der Regressionsrechnung

Zum Abschluss dieses Kapitels wollen wir kurz eine Anwendung des *F*-Tests außerhalb der Varianzanalyse erläutern. Diese Variante des *F*-Tests kann innerhalb der Regressionsanalyse eingesetzt werden. Sie erlaubt es, in einer multiplen Regression die Nullhypothese zu prüfen, dass die Varianzaufklärung, R^2 (bzw. die multiple Korrelation, R), in der Population Null beträgt. (Im Prinzip kann der entsprechende *F*-Test auch in der einfachen Regression eingesetzt werden, um zu prüfen, ob die Varianzaufklärung in der Population von Null abweicht. Allerdings führt der *F*-Test in diesem Fall zu demselben Ergebnis, wie der *t*-Test zum Regressionsgewicht des Prädiktors (siehe Abschnitt 13.2.2): Da die gesamte Varianzaufklärung in der einfachen Regression auf einen einzelnen Prädiktor zurückgeht, *muss* ein Prädiktor, der mit einer Varianzaufklärung verbunden ist, die signifikant von Null abweicht, auch ein Regressionsgewicht aufweisen, das signifikant von Null verschieden ist.)

Wie wir gesehen haben, wird in allen Varianten der Varianzanalyse die Variation der abhängigen Variablen in verschiedene Komponenten zerlegt. Diese Varianzkomponenten werden jeweils in Quadratsummen ausgedrückt. Tatsächlich haben wir eine solche Zerlegung der Variation einer Variablen in verschiedene Quadratsummen aber bereits vor unserer Beschäftigung mit der Varianzanalyse kennen gelernt: In der Regressionsrechnung haben wir die Variation des Kriteriums in analoger Weise aufgeteilt. Rekapitulieren wir diese Varianzzerlegung in der Regressionsrechnung noch einmal.

Natürlich beruht auch die Variation eines Kriteriums auf der Abweichung der einzelnen Messwerte (y_i) von ihrem Mittelwert ($\bar{y}$):

$$y_i - \bar{y}$$

Diese Abweichung kann nun zerlegt werden in die Abweichung des vorhergesagten Werts ($\hat{y}_i$) vom Mittelwert und die Abweichung des tatsächlichen Werts vom vorhergesagten Wert. Es gilt also:

$$y_i - \bar{y} = (\hat{y}_i - \bar{y}) + (y_i - \hat{y}_i)$$

Quadrieren wir diese Abweichungen und summieren Sie über alle Teilnehmer einer Studie, so erhalten wir drei Quadratsummen, die ebenfalls in additiver Beziehung zueinander stehen:

$$\sum_i^n (y_i - \bar{y})^2 = \sum_i^n (\hat{y}_i - \bar{y})^2 + \sum_i^n (y_i - \hat{y})^2$$

$$QS_{ges} = QS_{Regr} + QS_{Fehler}$$

Dabei ist die QS_{ges} selbstverständlich ein Maß für die gesamte beobachtete Variation des Kriteriums. Die Summe der quadrierten Abweichungen der vorhergesagten Werte vom Mittelwert gibt hingegen diejenige Variation des Kriteriums an, die durch die Prädiktoren in der Regression aufgeklärt werden kann (wir bezeichnen diese Quadratsumme hier daher als QS_{Regr}). Schließlich ist die QS_{Fehler} ein Ausdruck derjenigen Variation des Kriteriums, die nicht durch die Prädiktoren aufgeklärt werden kann.

Dividieren wir nun die QS_{Regr} und die QS_{Fehler} durch die entsprechenden Freiheitsgrade, so erhalten wir, genau wie in der Varianzanalyse, zwei Schätzungen der Populationsvarianz des Kriteriums. Die Freiheitsgrade zur QS_{Regr} und zur QS_{Fehler} betragen

$$df_{Regr} = k$$

und

$$df_{Fehler} = n - k - 1$$

Dabei bezeichnet k die Anzahl der Prädiktoren und n die Anzahl der Teilnehmer in der Untersuchung.

Die Formeln für die Varianzschätzungen lauten:

$$\hat{\sigma}^2_{Regr} = \frac{QS_{Regr}}{df_{Regr}}$$

und

$$\hat{\sigma}^2_{Fehler} = \frac{QS_{Fehler}}{df_{Fehler}}$$

Aus diesen Varianzschätzungen können wir wiederum einen F-Wert berechnen, den wir zur Prüfung der Nullhypothese verwenden können:

$$F = \frac{\hat{\sigma}^2_{Regr}}{\hat{\sigma}^2_{Fehler}}$$

Erreicht oder übertrifft dieser F-Wert den kritischen F-Wert mit den entsprechenden Freiheitsgraden, so ist das Ergebnis signifikant. In diesem Fall verwerfen wir die Nullhypothese und können folgern, dass die Varianzaufklärung durch die Prädiktoren in der Population größer als Null ist.

Die ▶Tabelle 15.13 illustriert den Aufbau einer ANOVA-Tabelle zu diesem *F*-Test.

Tabelle 15.13

Aufbau einer ANOVA-Tabelle zu einem *F*-Test in der Regressionsrechnung

Varianz-quelle	Quadrat-summe QS (engl.: SS)	Freiheits-grade df	Varianz-schätzung (engl.: MS)	F-Wert	p-Wert
Prädiktoren (Regression)	QS_{Regr}	k	$\hat{\sigma}^2_{Regr} = \dfrac{QS_{Regr}}{k}$	$F = \dfrac{\hat{\sigma}^2_{Regr}}{\hat{\sigma}^2_{Fehler}}$	p
Fehler	QS_{Fehler}	$n - k - 1$	$\hat{\sigma}^2_{Fehler} = \dfrac{QS_{Fehler}}{n - k - 1}$		
gesamt	QS_{gesamt}	$n - 1$			

Bei der praktischen Durchführung dieses Tests sind wir allerdings nicht darauf angewiesen, auf die Quadratsummen zurückzugreifen. Alternativ lässt sich der *F*-Wert auch unmittelbar auf Basis des Determinationskoeffizienten R^2 bestimmen. Diesen Determinationskoeffizienten sollten wir im Rahmen der Regressionsrechnung bereits zuvor berechnet haben, um ein Maß für die Güte unserer Vorhersage zu gewinnen. Der Determinationskoeffizient ist durch den Anteil der aufgeklärten Variation an der gesamten Variation gegeben, also:

$$R^2 = \frac{QS_{Regr}}{QS_{gesamt}}$$

Nach einigen algebraischen Umformungen wird deutlich, dass sich der *F*-Wert auch folgendermaßen ermitteln lässt:

$$F = \frac{R^2 \cdot (n - k - 1)}{(1 - R^2) \cdot k}$$

Betrachten wir ein Beispiel: Nehmen wir an, dass sich im Rahmen einer Untersuchung mit 30 Studierenden gezeigt hast, dass drei Prädiktoren (sagen wir die Abiturnote der Studierenden, ihre Intelligenz und das Haushaltseinkommen der Eltern) 40% der Variabilität im Studienerfolg aufklären. Wir können nun mit dem *F*-Test die Nullhypothese prüfen, dass die Varianzaufklärung durch die drei Prädiktoren in der Population Null beträgt:

$$F = \frac{R^2 \cdot (n - k - 1)}{(1 - R^2) \cdot k} = \frac{0,4 \cdot (30 - 3 - 1)}{(1 - 0,4) \cdot 3} = 5,78$$

Bei einem Signifikanzkriterium von $\alpha = 5\%$ und Zählerfreiheitsgraden von $df_{Regr} = 3$ und Nennerfreiheitsgraden von $df_{Fehler} = 30 - 3 - 1 = 26$ beträgt der kritische *F*-Wert 2,98 (siehe Tabelle 3 im Anhang A). Unser Ergebnis ist also signifikant und wir können die Nullhypothese zurückweisen.

Der praktische Nutzen dieses Tests wird in vielen Fällen eher begrenzt sein: Regressionsanalysen werden oftmals mit dem Ziel durchgeführt, das Kriterium möglichst gut vorherzusagen und entsprechend möglichst viel Varianz aufzuklären. Mit der Aussage des F-Tests, dass wir annehmen können, dass die Varianzaufklärung in der Population zumindest größer als 0 ist, ist in solchen Untersuchungen offensichtlich nicht viel gewonnen. Wir können ein signifikantes Ergebnis erzielen und dennoch nur eine äußerst schwache Varianzaufklärung erreicht haben. (Dies gilt insbesondere dann, wenn wir eine große Stichprobe untersucht haben: In diesem Fall ist die Power des F-Tests groß und entsprechend wird sich auch bei einer nur geringen Varianzaufklärung in der Population mit hoher Wahrscheinlichkeit ein signifikantes Ergebnis einstellen.)

Selbstverständlich ist auch der F-Test in der Regressionsrechnung an Voraussetzungen gebunden. Diese beziehen sich auf die Residuen in der Regression, also die Abweichungen der einzelnen Kriteriumswerte von ihrem vorhergesagten Wert. Diese Residuen müssen bei jedem vorhergesagten Wert in der Population normalverteilt sein und die gleiche Populationsvarianz aufweisen (diese zweite Voraussetzung wird als *Homoskedastizität* bezeichnet). Zudem müssen die Residuen unabhängig sein.[12] Inwieweit diese Voraussetzungen verletzt sind, kann mit verschiedenen (v.a. grafischen) Techniken zur Residuenanalyse untersucht werden. Über diese Techniken und mögliche Vorgehensweisen bei Voraussetzungsverletzungen informieren z.B. Backhaus et al. (2003). Eine Einführung in die Poweranalyse zum F-Test in der Regressionsrechnung geben Cohen, Cohen und West (2003).

15.4 Weitere Varianten der Varianzanalyse

Die Varianzanalyse ist ein äußerst vielfältiges Verfahren. Die Formen der Varianzanalyse, die wir in diesem und dem vorangegangenen Kapitel vorgestellt haben, zeigen sicherlich die in der Psychologie am häufigsten angewendeten Varianten. Daneben gibt es aber zahlreiche „Weiterentwicklungen" der Varianzanalyse, die in ihrem technischen Ablauf zumeist etwas komplexer sind als die hier behandelten Varianten. In diesem Abschnitt wollen wir Ihnen eine erste Idee davon geben, welche Fragestellungen mit einigen dieser komplexeren varianzanalytischen Verfahren untersucht werden können und in welchen Situationen die Anwendung dieser Verfahren nützlich sein kann. Ausführliche Darstellungen dieser Verfahren findet man in den meisten weiterführenden Statistikbüchern (z.B. Tabachnik & Fidell, 2007; Stevenson, 2002).

Varianzanalyse mit „zufälligen Effekten"

In allen bisher beschriebenen Beispielen für varianzanalytische Auswertungen wurden die Faktorstufen in der jeweiligen Studie gezielt vom Untersucher ausgewählt und festgesetzt. So wurden im Beispiel für eine Varianzanalyse mit abhängigen Stich-

---

12 Diese Voraussetzungen sind identisch mit denen der Varianzanalyse für unabhängige Stichproben. Für die Varianzanalyse haben wir als Voraussetzungen genannt, dass die Werte der abhängigen Variablen in den Populationen zu den verschiedenen Bedingungen normalverteilt und die Populationsvarianzen gleich sind. Die Abweichung eines Werts von seinem Bedingungsmittelwert kann in der Varianzanalyse aber als Residuum aufgefasst werden.

proben die Häufigkeiten 2, 4 und 6 als Stufen des Faktors „Präsentationshäufigkeit" verwendet. Im Beispiel für eine mehrfaktorielle Varianzanalyse dienten zwei spezifische Programme als Stufen des Faktors „Lernsoftware". Dieses Vorgehen führt dazu, dass sich die Ergebnisse der entsprechenden Varianzanalysen auch ausschließlich auf die verwendeten Faktorstufen beziehen: Über die Effekte anderer Häufigkeiten oder anderer Programme als die jeweils untersuchten können wir keine Aussage treffen. Werden bei der Festlegung der Stufen eines Faktors gezielt diejenigen Ausprägungen ausgewählt, über die man Aussagen treffen möchte, so spricht man auch von einem Faktor mit „festen Effekten". Daneben gibt es aber auch Untersuchungen, in denen die angezielte Aussage sich nicht auf Unterschiede zwischen bestimmten Faktorstufen bezieht, sondern auf die Wirkung des Faktors „im Allgemeinen". Wir könnten uns beispielsweise dafür interessieren, ob und wie stark die Rechtschreibkenntnisse von Schülern nach dem ersten Schuljahr durch Unterschiede zwischen Lehrern beeinflusst werden. Um uns dieser Fragestellung anzunähern, könnten wir zufällig einige Lehrer auswählen und nach Ablauf des Schuljahrs die Rechtschreibkenntnisse ihrer Schüler ermitteln. Mit diesem Vorgehen untersuchen wir die Wirkung des Faktors „Lehrer" und die zufällig ausgewählten Lehrer stellen die Stufen dieses Faktors dar. Bei einer solchen, zufälligen Auswahl der Faktorstufen spricht man auch von einem Faktor mit „zufälligen Effekten". Eine entsprechende Varianzanalyse würde prüfen, ob der Faktor „Lehrer" einen Einfluss hat, und ermitteln, welcher Anteil der Variation in den Rechtschreibkenntnissen der Schüler auf Unterschiede zwischen Lehrern zurückgeführt werden kann.

Kovarianzanalyse

Die *Kovarianzanalyse* ermöglicht die statistische Kontrolle von intervallskalierten Störvariablen. Diese Störvariablen müssen natürlich bei allen Probanden erfasst werden. Wenn wir etwa die Wirkung verschiedener Förderprogramme auf die mathematischen Fertigkeiten von Schülern untersuchen, liegt die Vermutung nahe, dass das Untersuchungsergebnis auch durch die Intelligenz der Schüler beeinflusst werden könnte. Sofern wir bei den Schülern zusätzlich zu ihren mathematischen Fertigkeiten auch die Intelligenz messen, können wir diese Störvariable mit Hilfe einer Kovarianzanalyse kontrollieren. Die grundlegende Idee der Kovarianzanalyse besteht darin, zunächst mit Hilfe der Regressionsrechnung den Einfluss der Störvariablen – die als Kovariaten bezeichnet werden – aus der abhängigen Variablen (in unserem Fall also den mathematischen Fertigkeiten) herauszurechnen. Die anschließend ermittelten Ergebnisse zum Einfluss der unabhängigen Variablen (in unserem Fall die verschiedenen Förderprogramme) auf die abhängige Variable können weitgehend ebenso interpretiert werden wie in der gewöhnlichen Varianzanalyse.

Multivariate Varianzanalyse

Nahezu alle in diesem Buch behandelten Verfahren zielen auf die Analyse *einer* abhängigen Variablen. In psychologischen Studien können aber durchaus auch mehrere abhängige Variabeln zugleich untersucht werden. Zu den zahlreichen statistischen Verfahren, die bei solchen Studien zum Einsatz kommen können, zählt die *multivariate Varianz-*

analyse. Mit dieser Variante der Varianzanalyse kann geprüft werden, ob ein Faktor einen Einfluss auf *mehrere* abhängige Variablen hat. Bei den abhängigen Variablen handelt es sich in der Regel um verschiedene Indikatoren desselben Konstrukts. Wenn wir etwa die Wirkung verschiedener Psychotherapiemethoden untersuchen, so wäre es zweifellos vernünftig, den Therapieerfolg durch mehrere Variablen zu erfassen. Wir könnten z.B. die Selbsteinschätzung der Patienten, die Einschätzung des Therapieerfolgs durch einen unabhängigen Experten und die Anzahl der Fehltage der Patienten am Arbeitsplatz verwenden. Die multivariate Varianzanalyse ermöglicht es uns, die Hypothese zu prüfen, dass sich der Therapieerfolg, der durch die drei genannten abhängigen Variablen operationalisiert wird, zwischen den verschiedenen Therapiemethoden unterscheidet.

Z U S A M M E N F A S S U N G

Wir haben uns in diesem Kapitel zunächst mit der mehrfaktoriellen Varianzanalyse für unabhängige Stichproben beschäftigt. Dieses Verfahren kann eingesetzt werden, wenn in einer Studie mehrere unabhängige Variablen untersucht werden und die Teilnehmer entsprechend diesen Variablen in Gruppen eingeteilt werden. Studien mit solchen mehrfaktoriellen Designs erlauben es, mehrere Effekte zugleich zu untersuchen. In einer zweifaktoriellen Studie können drei Effekte auftreten: Die beiden Haupteffekte sind unabhängige Variablen und darüber hinaus ihr Interaktionseffekt. Ein Interaktionseffekt besteht dann, wenn die Wirkung einer unabhängigen Variablen von der Ausprägung der anderen unabhängigen Variablen beeinflusst wird. Mit einer zweifaktoriellen Varianzanalyse können diese drei Effekte auf Signifikanz getestet werden. Die Idee des Verfahrens besteht – wie in jeder Varianzanalyse – darin, die Variation in den Stichprobendaten in verschiedene Komponenten zu zerlegen. Diese Komponenten werden durch Quadratsummen beschrieben. In der zweifaktoriellen Varianzanalyse beschreibt jeweils eine Quadratsumme diejenige Variation, die auf einen bestimmten Effekt zurückgeführt werden kann. Zudem wird durch eine vierte Quadratsumme die Variation innerhalb von Gruppen gemessen, also diejenige Variation, die im Rahmen der Untersuchung nicht erklärt werden kann. Dividiert man die verschiedenen Quadratsummen durch die entsprechenden Freiheitsgrade, so erhält man Schätzungen der Populationsvarianz. Schließlich kann zu jedem Effekt ein F-Wert berechnet werden, indem man die mit ihm verbundene Schätzung der Populationsvarianz durch die Varianzschätzung innerhalb von Gruppen teilt. Anhand dieser F-Werte wird die Hypothesenprüfung durchgeführt. Ist die Nullhypothese korrekt, so ist – wie in der einfaktoriellen Varianzanalyse – ein F-Wert im Bereich von 1 zu erwarten.

Die Voraussetzungen der mehrfaktoriellen Varianzanalyse sind identisch mit denen der einfaktoriellen Varianzanalyse. Zu beachten ist, dass die mehrfaktorielle Varianzanalyse mit möglichst ähnlichen Gruppengrößen durchgeführt werden sollte, da Varianten des Verfahrens, die bei unterschiedlich großen Gruppen angemessen sind, anfälliger auf Voraussetzungsverletzungen reagieren. Als Effektgröße kann in der mehrfaktoriellen Varianzanalyse neben dem herkömmlichen η^2 die partielle Effektgröße η_p^2 verwendet werden. Bei diesem Maß wird die Variation, die mit einem bestimmten Effekt verbunden ist, nicht an der Gesamtvariation relativiert, sondern lediglich an der Variation, die nicht auf die übrigen Effekte zurückgeführt werden kann. Darüber hinaus können für Effekte, deren F-Wert lediglich einen Zählerfreiheitsgrad aufweist, auch die Effektgrößen d und r berechnet werden. Poweranalysen beziehen sich in der mehrfaktoriellen Varianzanalyse stets auf partielle Effektgrößen. Grundsätzlich stellen mehrfaktorielle Versuchspläne eine Möglichkeit dar, die Power für einen bestimmten Effekt zu erhöhen. Die Wahrscheinlichkeit, den Effekt einer unabhängigen Variablen zu entdecken, steigt, sofern eine weitere unabhängige Variable in das Untersuchungsdesign aufgenommen wird, die ebenfalls Varianz aufklärt. ▶

▶Fortsetzung

Als zweites Verfahren wurde in diesem Kapitel die einfaktorielle Varianzanalyse für abhängige Stichproben vorgestellt. Dieses Verfahren kann eingesetzt werden, wenn in einer Studie die Wirkung einer unabhängigen Variablen entweder mit einem within-subjects Design oder mit Hilfe parallelisierter Stichproben untersucht wird. Der wesentliche Unterschied dieses Verfahrens zur herkömmlichen einfaktoriellen Varianzanalyse besteht darin, dass hier die Variation zwischen Personen von der nicht erklärten Fehlervariation getrennt werden kann. Da auf diese Weise (zumeist) die Fehlervariation reduziert wird, steigt die Power für den Effekt der unabhängigen Variablen. Technisch entspricht das Vorgehen in der Varianzanalyse mit abhängigen Stichproben weitgehend der Verfahrensweise in einer zweifaktoriellen Varianzanalyse. Neben der unabhängigen Variablen werden dabei die Personen als ein Faktor betrachtet. Die Quadratsumme zur Interaktion zwischen dem Faktor Personen und der unabhängigen Variablen erfasst hier allerdings die Fehlervariation, die verbleibt, nachdem systematische Unterschiede zwischen Personen herausgerechnet wurden. Als Effektstärken können auch in der Varianzanalyse für abhängige Stichproben η^2 und η_p^2 eingesetzt werden. Das Maß η_p^2 gibt hier die Varianzaufklärung durch die unabhängige Variable an, nachdem Unterschiede zwischen Personen auspartialisiert wurden.

Als drittes Verfahren haben wir in diesem Kapitel eine Anwendung des F-Tests außerhalb der Varianzanalyse betrachtet: Der F-Test kann auch eingesetzt werden, um in der Regressionsanalyse zu prüfen, ob die Varianzaufklärung durch die Prädiktoren in der Population größer als Null ist. Auch hier beruht der F-Test auf einer Varianzzerlegung: Die gesamte Variation des Kriteriums zerfällt in Variation, die durch die Prädiktoren aufgeklärt wird, und in Fehlervariation. Aus den entsprechenden Quadratsummen lassen sich wiederum Schätzungen der Populationsvarianz ableiten. Aus diesen Varianzschätzungen kann dann ein F–Bruch gebildet werden, anhand dessen über die Zurückweisung der Nullhypothese entschieden wird.

Das Kapitel schließt mit einem Ausblick auf weitere Varianten der Varianzanalyse.

Z U S A M M E N F A S S U N G

Weiterführende Literatur

Glass, G.V. & Hopkins, K.D. (1996). *Statistical methods in education and psychology* (3rd ed.). Boston: Allyn Bacon.

Hier findet man eine sehr detaillierte, etwas stärker mathematisch orientierte Darstellung varianzanalytischer Techniken, die auch für Anfänger durchaus geeignet ist.

Stevens, J. (2002). *Applied multivariate statistics for the social sciences* (4th ed.). Mahwah, NJ: Lawrence Erlbaum Associates.

Tabachnik, B.G. & Fidell, L.S. (2007). *Using multivariate statistics* (5th ed.). Boston: Pearson.
Zwei Lehrbücher zu multivariaten Verfahren, in denen auch die am Ende des Kapitels kurz angesprochenen komplexeren Varianzanalysen ausführlich behandelt werden.

Übungsaufgaben mit Lösungen sowie weitere Informationen zu diesem Buchkapitel finden Sie auf der Companion Website zum Buch unter *http://www.pearson-studium.de*

Kontrastanalyse

16

ÜBERBLICK

In den letzten beiden Kapiteln haben wir die in der Psychologie weit verbreiteten varianzanalytischen Verfahren vorgestellt. Sie werden häufig zur Untersuchung der Frage benutzt, ob sich Populationsmittelwerte in Abhängigkeit der Abstufungen eines Faktors (einer unabhängigen Variablen) unterscheiden. Bei zwei oder mehr Faktoren kann man auch bedingte Mittelwertsunterschiede, so genannte Interaktionen, untersuchen. Hier ist die Frage, ob sich Mittelwerte für die Abstufungen des einen Faktors in Abhängigkeit der Ausprägungen eines anderen Faktors systematisch unterscheiden. Ein entscheidender Nachteil der Varianzanalyse ist jedoch, dass sie, selbst wenn eine präzise Hypothese über Populationsmittelwerte vorliegt, diese Hypothese nur sehr grob prüfen kann. In diesem Kapitel stellen wir eine Alternative zur herkömmlichen Varianzanalyse vor, die Kontrastanalyse. Die Kontrastanalyse erlaubt die Prüfung präziserer Hypothesen, liefert besser interpretierbare Effektgrößenmaße und deckt zudem tatsächlich vorhandene Effekte auch mit einer größeren Wahrscheinlichkeit auf, als dies bei der herkömmlichen Varianzanalyse der Fall ist.

Wir vergleichen zunächst die Hypothesen in der herkömmlichen Varianzanalyse mit den so genannten *Kontrasten*, den Hypothesen, die in der Kontrastanalyse untersucht werden. Wir zeigen dann, wie Kontrastanalysen für unabhängige Stichproben durchgeführt werden und erläutern dabei, wie man Effektgrößen berechnet und eine Poweranalyse durchführt. Kontrastanalysen können aber auch für abhängige Stichproben verwendet werden, und für den Vergleich der Güte zweier Hypothesen. Beides wird anschließend erläutert.

16.1   Kontraste vs. „Omnibus-Hypothesen"

In der herkömmlichen Varianzanalyse besagt die Nullhypothese, dass es keine (bedingten – bei einer Interaktion – oder unbedingten) Unterschiede zwischen den Mittelwerten in der Population gibt. Die Alternativhypothese ist allerdings weit weniger spezifisch. Sie ist eine „Omnibus-Hypothese" (omnibus, lateinisch: für alle), die sich, wie der Name sagt, gleichermaßen auf *alle* Mittelwerte bezieht: Irgendwelche Mittelwerte unterscheiden sich (siehe Kapitel 14). Ein Beispiel zur Wiederholung: Nehmen wir an, Kinder in verschiedenen Altersgruppen (gleiche Anzahl von Kindern in jeder Altersgruppe) werden hinsichtlich ihrer Feinmotorik getestet. Auch wenn die Hypothese eigentlich lautet, dass die Mittelwerte in diesem Test linear über die Altersgruppen hinweg ansteigen, bliebe die Alternativhypothese bei der Varianzanalyse doch, dass sich die Mittelwerte *irgendwie* unterscheiden.

16.1.1 Die Problematik von Omnibus-Hypothesen

Spezifizieren wir uns das Beispiel mit den Kindern und dem Feinmotoriktest etwas genauer. Nehmen wir an, die Mittelwerte der Kinder im Alter von 4, 5, 6 und 7 Jahren in einem Feinmotoriktest betragen 10, 12, 14 und 16, wobei höhere Werte für bessere Leistungen stehen. Ein solches Ergebnis würden wir erwarten, wenn die Kinder sich gemäß der Hypothese kontinuierlich in ihrer Feinmotorik verbessern. Mit diesen Werten (und den dazugehörigen Fehlervarianzen) könnten wir einen *F*-Test berechnen. Nehmen wir nun aus Illustrationsgründen an, die Kinder würden sich *nicht* kontinuierlich verbessern, sondern die Mittelwerte für die Altersgruppen 4, 5, 6 und 7 betragen 12, 14, 16 und 10 (die dazugehörigen Fehlervarianzen haben sich nicht verändert): Aus irgendwelchen Gründen ist also bei den 7-Jährigen der Testwert wieder stark gesunken. Wie würde sich das auf das Ergebnis des *F*-Tests auswirken? Die Antwort ist „überhaupt nicht". Warum sich nichts verändert, wenn wir die Mittelwerte 10, 12, 14 und 16 den vier Altersgruppen in irgendeiner beliebigen Weise zuordnen (und die gemittelte Fehlervarianz über die vier Gruppen hinweg konstant bleibt), sieht man in der Formel zur Berechnung der Varianzschätzung zwischen den Gruppen (zu den Formeln für die Varianzanalyse siehe Kapitel 14):

$$\hat{\sigma}^2_{zw} = \frac{QS_{zw}}{df_{zw}} = \frac{\sum\limits_{j} n_j (\bar{x}_i - \bar{\bar{x}})^2}{k-1}$$

Betrachten wir den Zähler dieser Formel, die Quadratsumme zwischen den Gruppen (QS_{zw}): Wenn nun die Gruppenmittelwerte $\bar{x}_j$ gleich bleiben, aber in anderer Reihenfolge in die Formel eingehen, ändert sich am Ergebnis überhaupt nichts. Solange sich die *Summe* der Abweichungsquadrate zwischen Gruppenmittelwerten und Gesamtmittelwert nicht verändert, verändert sich auch die Varianzschätzung zwischen den Gruppen nicht. Wenn wir zudem davon ausgehen, dass sich die Varianzen innerhalb der Gruppen nicht ändern (die Zuordnung zu den einzelnen Gruppen könnte sich sogar ändern), sind auch die Varianzschätzungen innerhalb der Gruppen, $\hat{\sigma}^2_{inn}$ gleich,

$$\hat{\sigma}^2_{inn} = \frac{\sum\limits_{j=1}^{k} \hat{\sigma}^2_j}{k}$$

und die *F*-Werte sind identisch für alle möglichen Kombinationen von Altersgruppen und Test-Mittelwerten.

Das bedeutet, dass ein signifikanter *F*-Wert noch keine Information darüber liefert, ob die Ergebnisse in Übereinstimmung mit der wissenschaftlichen Hypothese sind oder möglicherweise sogar mit dem Gegenteil (in unserem Beispiel entspräche das einer mit dem Alter linear abnehmenden feinmotorischen Fähigkeit, also Mittelwerten von 16, 14, 12, und 10 in den vier Altersgruppen). Ein signifikanter *F*-Wert kann auch bedeuten, dass sich irgendwelche Veränderungen (Verbesserungen *und* Verschlechterungen) über die Altersstufen hinweg gezeigt haben. In der traditionellen Varianzanalyse hilft man sich aus diesem Dilemma, indem man die Mittelwertsunterschiede ein zweites Mal mit Hilfe so genannter Post-hoc Tests analysiert (siehe Abschnitt 14.4). Das ist im Grunde eine sehr umständliche Vorgehensweise, bei der man, selbst wenn präzise Hypothesen über die Mittelwertsunterschiede vorliegen, diese nur indirekt überprüfen kann. Glücklicherweise gibt es ein Verfahren, mit dem man präzise Hypothesen über Mittelwertsunterschied auch direkt untersuchen kann: die Kontrastanalyse. Die Kontrastanalyse ist eine Sonderform der Varianzanalyse, bei der die Alternativhypothese präzise spezifiziert werden kann. Außerdem, und das ist der zweite entscheidende Vorteil der Kontrastanalyse im Vergleich mit der herkömmlichen Varianzanalyse, kann man Effektgrößen berechnen, die es erlauben, die Güte der Übereinstimmung zwischen präzisen Hypothesen – den *Kontrasten* – und den Daten zu bestimmen. Wir werden uns nun zunächst ansehen, wie man solche Kontraste erstellt. Den Effektgrößen widmen wir uns dann in Abschnitt 16.2.3.

16.1.2 Kontraste als präzise Hypothesen

Bei der Varianzanalyse betrachtet man die Summe der Abweichungsquadrate der Mittelwerte vom Gesamtmittel: Je stärker sich die Mittelwerte voneinander unterscheiden, desto größer sind auch die durchschnittlichen (quadrierten oder absoluten) Abweichungen vom Gesamtmittelwert. Alle diese Abweichungen erhalten bei der Berechnung der QS_{zw} in der Varianzanalyse dasselbe Gewicht von 1 (was nicht gesondert erwähnt wird). Wenn man nun genauere Erwartungen über diese Abweichungen der Mittelwerte voneinander hat, was liegt dann näher, als diese Erwartungen zahlenmäßig auszudrücken, beispielsweise in Form von unterschiedlichen Gewichten? Bei der Varianzanalyse werden die Abweichungen quadriert, weil die Summe der einfachen (nicht quadrierten) Abweichungen der Mittelwerte vom Gesamtmittelwert immer 0 ergibt (siehe Kapitel 6). Wenn nun die Abweichungen gewichtet sind, fällt diese Einschränkung weg und man könnte auch die einfachen Abweichungen betrachten (ohne sie zu quadrieren oder absolut zu setzen), was wir jetzt aus Illustrationszwecken tun und was, wie wir später sehen werden, auch bei der Kontrastanalyse geschieht. Bezeichnen wir das Gewicht für einen Mittelwert i als λ_i (Lambda), dann wäre die Summe der gewichteten Abweichungen der Gruppenmittelwerte vom Gesamtmittelwert

$$\sum_i \lambda_i \left(\overline{x}_i - \overline{\overline{x}} \right)$$

Wenn man nun noch die Einschränkung macht, dass die Summe (und damit der Mittelwert) der Lambdagewichte 0 sein soll, dann können wir die Summe der gewichteten Abweichungen auch als Kovariation zwischen den Abweichungen der Lambdas von ihrem Mittelwert (0) und den Abweichungen der Gruppenmittel vom Gesamtmittel ausdrücken.[1]

$$\sum_i \left(\lambda_i - 0 \right) \left(\overline{x}_i - \overline{\overline{x}} \right)$$

Der Betrag dieses Ausdrucks ist maximal, wenn die Lambdagewichte maximal mit den Abweichungen der Mittelwerte vom Gesamtmittelwert kovariieren. Das tun sie, wenn das Verhältnis der Lambdagewichte untereinander genau dem Verhältnis der Abweichungen der Mittelwerte vom Gesamtmittelwert entspricht, wenn also beispielsweise große positive Lambdagewichte mit großen positiven Abweichungen des Mittelwerts vom Gesamtmittelwert korrespondieren und große negative Lambdagewichte mit großen negativen Abweichungen der Mittelwerte vom Gesamtmittelwert.

---

1 Wenn man diesen Ausdruck durch die Anzahl der Wertepaare teilt, dann erhält man die Kovarianz von Lambdagewichten und Gruppenmitteln (siehe Kapitel 6).

Die Einschränkung, dass die Summe der Lambdagewichte 0 sein soll, hat zudem eine andere interessante und sehr nützliche Auswirkung – sie führt dazu, dass der Gesamtmittelwert selbst keine Rolle mehr spielt und somit vernachlässigt werden kann:[2]

$$\sum_i \lambda_i \left(\overline{x}_i - \overline{\overline{x}} \right) = \sum_i \lambda_i \overline{x}_i - \sum_i \lambda_i \overline{\overline{x}}$$
$$= \sum_i \lambda_i \overline{x}_i, \text{ falls } \sum_i \lambda_i = 0$$

Das heißt nichts anderes, als dass es dann egal ist, ob man die Summe der gewichteten Abweichungen der Mittelwerte von ihrem Gesamtmittelwert oder nur die Summe der gewichteten Mittelwerte selbst berechnet – das Ergebnis ist identisch. Deswegen enthalten die Formeln für die Kontrastanalyse, die wir gleich vorstellen werden, im Gegensatz zu denen bei der Varianzanalyse, auch keine Gesamtmittelwerte.

Kontraste: Lambdagewichte aus spezifischen Vorhersagen

Wie kommt man zu den Lambdagewichten, wenn man eine spezifische Vorhersage über die Mittelwerte in der Population hat? Wir haben gerade gesehen, dass es günstig ist, wenn die Summe der Lambdagewichte 0 beträgt. Wenn das bei den Vorhersagen, aus denen die Gewichte abgeleitet werden, nicht automatisch der Fall ist – wie kann man dann Lambdagewichte mit der Summe 0 bekommen? Das geht einfach und funktioniert für alle möglichen Gewichtskombinationen:

1 Berechne den Mittelwert aller Vorhersagen (Gewichte).

2 Ziehe von jeder Vorhersage den Mittelwert ab, das ergibt die Lambdagewichte.

3 „Verschönere" gegebenenfalls die Lambdagewichte durch Multiplikation mit geeigneten Faktoren.

Das Muster dieser Lambdagewichte ist der *Kontrast*. (Wir werden später sehen, dass es für das Ergebnis der Kontrastanalyse keinen Unterschied macht, ob man die Lambdagewichte mit einer Konstanten multipliziert oder nicht.) Rechenbeispiel 16.1 zeigt anhand des oben eingeführten Beispiels wie man Lambdagewichte bestimmt und demonstriert an diesem Beispiel auch, dass es keinen Unterschied macht, ob man die Lambdagewichte mit den Mittelwerten selbst oder den Abweichungen der Mittelwerte vom Gesamtmittel multipliziert.

---

2 Die Summe der Abweichungen aller λ_i von ihrem Mittelwert (0) ist 0. Daran ändert sich auch nichts, wenn die λ_i mit einer Konstanten, wie in unserem Fall dem Gesamtmittelwert, multipliziert werden.

Rechenbeispiel 16.1 | *Bestimmung von Lambdagewichten aus spezifischen Vorhersagen* In dem eingangs erwähnten Beispiel ging es um die Leistungen von Kindern unterschiedlichen Alters in einem Feinmotoriktest. Die Hypothese war, dass sich die Leistungen der Kinder in dem Feinmotoriktest mit dem Alter (von 4, 5, 6 und 7 Jahren) linear verbessern. Man könnte nun direkt die Alterswerte als Vorhersage benutzen und die Gewichte wären damit 4, 5, 6 und 7. Offensichtlich ist die Summe dieser Gewichte nicht 0. Berechnen wir also zunächst den Mittelwert der Gewichte:

$$\overline{x}_{Gewichte} = \frac{4+5+6+7}{4} = 5{,}5$$

Diesen Mittelwert ziehen wir jeweils von den Gewichten wieder ab und erhalten so die entsprechenden Lambdagewichte:

$$\lambda_1 = 4 - 5{,}5 = -1{,}5, \lambda_2 = 5 - 5{,}5 = -0{,}5, \lambda_3 = 6 - 5{,}5 = 0{,}5$$

und

$$\lambda_4 = 7 - 5{,}5 = 1{,}5$$

In diesem Fall kann man die Lambdagewichte noch durch Multiplikation mit 2 „verschönern" und erhält:

$$\lambda_1 = -3, \lambda_2 = -1, \lambda_3 = 1 \text{ und } \lambda_4 = 3$$

In unserem Beispiel waren die empirischen Mittelwerte für die 4 Altersstufen 10, 12, 14 und 16 Punkte in dem Feinmotoriktest mit einem Gesamtmittelwert von 13. Wir berechnen nun zuerst die Summe der gewichteten Abweichungen der Mittelwerte vom Gesamtmittel und dann die Summe der gewichteten Mittelwerte selbst und finden, wie erwartet, beide Male dasselbe Ergebnis:

$$\sum_i \lambda_i \left(\overline{x}_i - \overline{\overline{x}} \right) = -3(10-13) + (-1)(12-13) + 1(14-13) + 3(16-13) = 20$$

und

$$\sum_i \lambda_i \overline{x}_i = -3 \cdot 10 + (-1)12 + 1 \cdot 14 + 3 \cdot 16 = 20$$

Man muss sich also bei der Kontrastanalyse um den Gesamtmittelwert oder das „Niveau" der Daten keine Gedanken machen.

Arten von Kontrasten

Kontraste müssen nicht unbedingt so spezifisch sein wie der lineare Kontrast im vorigen Absatz. Tatsächlich wird eine einfache Form von Kontrasten auch dann häufig empfohlen, wenn man zwar keine Gesamtvorhersage für ein Muster aller Gruppenmittel machen kann, aber Vorhersagen für „Teilmuster". Solche Vorhersagen werden oft als „geplante Vergleiche" (*planned comparisons*) bezeichnet. Sehen wir uns einige unterschiedliche Arten von Kontrasten an einem Beispiel an: Man möchte vier Arten der Behandlung von Angststörungen hinsichtlich der Unterschiede ihrer Effektivität untersuchen. Die Bedingungen A, B, C und D sind:

- A: Ambulante Einzeltherapie
- B: Ambulante Gruppentherapie
- C: Stationäre Einzeltherapie
- D: Stationäre Gruppentherapie

Nehmen wir an, man könnte keinen theoretisch begründbaren quantitativen Kontrast für das Verhältnis der Mittelwerte über alle vier Gruppen ableiten oder die Forscher wären an einem solchen spezifischen Kontrast auch gar nicht interessiert. Interessant wären in diesem Beispiel aber ordinale Hypothesen wie beispielsweise, dass die Gruppentherapie besser ist als die Einzeltherapie und dass die stationäre Therapie besser ist als die ambulante. Wie würden die Kontraste aussehen, um diese beiden Hypothesen zu untersuchen? Für die erste Hypothese (Gruppentherapie besser als Einzeltherapie) müssen die Lambdagewichte für die gruppentherapeutischen Verfahren (B und D) größer sein als die für die Einzeltherapien (A und C). Das kann man beispielsweise durch folgenden Kontrast abbilden (statt 1 könnte man auch jedes Vielfache von 1 benutzen):

$$\lambda_A = -1, \lambda_B = 1, \lambda_C = -1 \text{ und } \lambda_D = 1$$

Die zweite Hypothese (stationäre Therapie besser als ambulante) ließe sich als Kontrast so abbilden:

$$\lambda_A = -1, \lambda_B = -1, \lambda_C = 1 \text{ und } \lambda_D = 1$$

Eine weitere mögliche Hypothese könnte sein, dass sich nur die stationäre Gruppentherapie und die ambulante Einzeltherapie unterscheiden und dass man keine fundierte Aussage über die beiden verbleibenden Therapieformen machen kann (die Lambdagewichte dafür werden auf 0 gesetzt). Der Kontrast, der diese Hypothese abbildet, wäre:

$$\lambda_A = -1, \lambda_B = 0, \lambda_C = 0 \text{ und } \lambda_D = 1$$

Im Prinzip sind die Werte für die Lambdagewichte jedoch in keiner Weise eingeschränkt (abgesehen davon, dass ihre Summe 0 ergeben muss). Wenn eine entsprechend präzise Hypothese vorläge, spräche auch nichts dagegen, Kontraste wie den folgenden (zur Illustration mit willkürlichen Zahlenwerten erzeugt) zu benutzen:

$$\lambda_A = -1{,}2, \lambda_B = -0{,}6, \lambda_C = 0{,}3 \text{ und } \lambda_D = 1{,}5$$

Diese Variationen über mögliche Kontraste sollten zeigen, dass Kontraste beliebig gebildet werden können und dass es sogar Sinn macht, Kontraste zu bilden, wenn man nur Hypothesen über ordinale Unterschiede (Vergleich zweier Werte) hat. Kontraste können, in Abhängigkeit von der Fragestellung oder Hypothese, sehr einfach sein, aber auch relativ komplex. In der Regel wird es so sein, dass besser ausgearbeitete Theorien und spezifischere Hypothesen auch zu präziseren Kontrasten führen. Nun wenden wir uns der Frage zu, wie man solche spezifischen Hypothesen überprüfen kann.

16.2 Kontrastanalyse für unabhängige Stichproben

Wie schon erwähnt, ist die Kontrastanalyse eine spezielle Variante der Varianzanalyse. Auch hier werden also zwei Varianzen miteinander verglichen. Die Fehlervarianz ist identisch mit der bei der herkömmlichen Varianzanalyse, $\hat{\sigma}^2_{inn}$, aber die Varianz zwischen den Gruppen wird ersetzt durch $\hat{\sigma}^2_{Kontrast}$, die Varianz für den Kontrast.

16.2.1 $F_{Kontrast}$ und $t_{Kontrast}$

Zur Bildung der Varianz für den Kontrast wird die quadrierte Summe der mit den Lambdagewichten multiplizierten Mittelwerte benutzt.[3] Da die absolute Größe der Lambdagewichte nicht eingeschränkt ist (ein linearer Kontrast für vier Mittelwerte könnte ja beispielsweise als -3, -1, 1 und 3 oder als $-1{,}5$, $-0{,}5$, $0{,}5$ und $1{,}5$ formuliert werden), muss die Quadratsumme so standardisiert werden, dass die absolute Größe der Lambdagewichte keinen Einfluss mehr hat und dass bei dieser Gewichtung die jeweilige Gruppengröße n_i berücksichtigt wird. Die Quadratsumme für einen Kontrast für k Gruppen mit den Gruppengrößen n_i ist dementsprechend (siehe zum Folgenden auch Hays, 1994, Kapitel 11; Rosenthal, Rosnow & Rubin, 2000):

$$QS_{Kontrast} = \frac{\left(\sum_{i=1}^{k} \lambda_i \overline{x}_i\right)^2}{\sum_{i=1}^{k} \frac{\lambda_i^2}{n_i}}$$

Die Freiheitsgrade für den Zähler in der Kontrastanalyse sind immer $df = 1$, und deswegen ist die Quadratsumme der Kontraste gleich der Varianz für den Kontrast (um die Varianzschätzung zu erhalten, wird die Quadratsumme durch die Freiheitsgrade geteilt).

$$F_{Kontrast} = \frac{\hat{\sigma}^2_{Kontrast}}{\hat{\sigma}^2_{inn}} = \frac{\dfrac{QS_{Kontrast}}{df_{Kontrast}}}{\hat{\sigma}^2_{inn}} = \frac{\dfrac{QS_{Kontrast}}{1}}{\hat{\sigma}^2_{inn}} = \frac{\dfrac{\left(\sum_{i=1}^{k} \lambda_i \overline{x}_i\right)^2}{\sum_{i=1}^{k} \frac{\lambda_i^2}{n_i}}}{\hat{\sigma}^2_{inn}} = \frac{\left(\sum_{i=1}^{k} \lambda_i \overline{x}_i\right)^2}{\hat{\sigma}^2_{inn}} \left(\frac{1}{\sum_{i=1}^{k} \frac{\lambda_i^2}{n_i}}\right)$$

---

3 Wir haben in Abschnitt 16.1.2 gesehen, dass es bei $\Sigma\lambda = 0$ keinen Unterschied macht, ob man das Produkt aus Lambdagewichten und Abweichungen zwischen Mittelwerten und Gesamtmittelwert oder nur das Produkt aus Lambdagewichten und Mittelwerten berechnet. Deswegen genügt es, nur die Mittelwerte selbst zu betrachten.

Eine weitere Folge dessen, dass es bei der Kontrastanalyse immer nur *einen* Zähler-freiheitsgrad gibt, ist, dass man Kontrastanalysen sowohl als *F*-Tests als auch als *t*-Tests berechnen kann (und die Ergebnisse mit den Formeln jeweils ineinander überführen kann). Im Falle *eines* Zählerfreiheitsgrades ($df = 1$) gilt generell:

$$F = t^2 \ \text{oder} \ t = \sqrt{F}$$

Die Formel für den *t*-Test für Kontraste ist folglich:

$$t_{Kontrast} = \sqrt{F_{Kontrast}} = \sqrt{\frac{\hat{\sigma}_{Kontrast}^2}{\hat{\sigma}_{inn}^2}} = \sqrt{\frac{\left(\sum\limits_{i=1}^{k} \lambda_i \overline{x}_i\right)^2}{\hat{\sigma}_{inn}^2}\left(\frac{1}{\sum\limits_{i=1}^{k} \frac{\lambda_i^2}{n_i}}\right)} = \frac{\left(\sum\limits_{i=1}^{k} \lambda_i \overline{x}_i\right)}{\sqrt{\hat{\sigma}_{inn}^2 \left(\sum\limits_{i=1}^{k} \frac{\lambda_i^2}{n_i}\right)}}$$

Die Nenner-Freiheitsgrade sind für *F*- und *t*-Test identisch: $df_{Nenner} = N - k$ (N ist die Gesamtstichprobengröße und k die Anzahl der Gruppen). Eine Kontrastanalyse für zwei unabhängige Stichproben ist damit auch identisch mit einem *t*-Test für unabhängige Stichproben oder einer entsprechenden Varianzanalyse (siehe Kasten „Äquivalenz von $t_{Kontrast}$ und *t*-Test für zwei unabhängige Stichproben").

H I N T E R G R U N D

Äquivalenz von $t_{Kontrast}$ und *t*-Test für zwei unabhängige Stichproben

Dass $t_{Kontrast}$ und *t*-Test für zwei unabhängige Stichproben äquivalent sind, kann man sehr einfach zeigen. Was sind die Kontrastgewichte bei einem *t*-Test? Wenn die Hypothese gerichtet ist, und das ist sie automatisch bei einer Kontrastanalyse, dann ist die im *t*-Test geprüfte Vorhersage, dass ein Populationsmittel *A* größer ist als ein anderes Populationmittel *B*. Die entsprechenden Lambdagewichte für diese Vorhersage wären also:

$$\lambda_A = 1 \ \text{und} \ \lambda_B = -1$$

Wir zeigen die Äquivalenz für gleiche Gruppengrößen ($n_A = n_B = n$):

$$t_{Kontrast} = \frac{\left(\sum\limits_{i=1}^{k} \lambda_i \overline{x}_i\right)}{\sqrt{\hat{\sigma}_{inn}^2 \left(\sum\limits_{i=1}^{k} \frac{\lambda_i^2}{n_i}\right)}} = \frac{\lambda_A \overline{x}_A + \lambda_B \overline{x}_B}{\sqrt{\frac{\hat{\sigma}_A^2 + \hat{\sigma}_A^2}{2}\left(\frac{\lambda_A^2}{n} + \frac{\lambda_B^2}{n}\right)}} \qquad (\lambda_A = 1, \lambda_B = -1)$$

$$= \frac{\overline{x}_A - \overline{x}_B}{\sqrt{\frac{\hat{\sigma}_A^2 + \hat{\sigma}_A^2}{2} \cdot \frac{2}{n}}} = \frac{\overline{x}_A - \overline{x}_B}{\sqrt{\frac{\hat{\sigma}_A^2 + \hat{\sigma}_A^2}{n}}}$$

$$= \frac{\overline{x}_A - \overline{x}_B}{\hat{\sigma}_{\overline{x}_A - \overline{x}_B}}$$

Ganz unten steht nichts anderes als die aus Kapitel 13 bekannte Formel für den *t*-Test bei unabhängigen Stichproben. Die Äquivalenz gilt natürlich auch für ungleiche Gruppengrößen (siehe Rosenthal et al., 2000).

Rechenbeispiel 16.2 illustriert die Vorgehensweise bei der Berechnung unterschiedlicher Kontraste anhand eines Datensatzes. Dabei wird auch verdeutlicht, dass Kontraste nicht unbedingt quantitativ sein müssen, sondern auch ordinal sein können. Um die Berechnungen übersichtlich zu halten, stellen wir zunächst Überlegungen zur Power des Tests zurück, kommen aber in Abschnitt 16.2.4 darauf zu sprechen.

Rechenbeispiel 16.2

Variationen über eine Kontrastanalyse für unabhängige Stichproben Das Rechenbeispiel illustriert anhand desselben Datensatzes zunächst den Test einer quantitativen Hypothese mit genauen Vorstellungen über die relativen Mittelwertsunterschiede und dann den Test zweier ordinaler Hypothesen.

Quantitative Hypothese

Nehmen wir an, es soll die Hypothese untersucht werden, dass Jungen im Vorschulalter von einem Problemlösetraining vor allem dann profitieren, wenn dieses Training „jungenspezifische" Materialien (z.B. Spielzeugautos oder -kräne) enthält. Wenn das Training jedoch „mädchenspezifische" Materialien (z.B. Barbie-Puppen) enthält, sollte der Trainingseffekt nur ungefähr ein Fünftel dessen erreichen, was man bei einem jungenspezifischen Training erwarten würde. Diese Vorhersage soll nun in ihrer Gesamtheit mit Hilfe einer Kontrastanalyse überprüft werden.

Bestimmen wir zunächst die Lambdagewichte: Ausgehend von einer „Baseline" von 0 (ohne Training) und einer erwarteten Leistung von 100% beim jungenspezifischen Training würde man beim mädchenspezifischen Training nur 20% der Leistung erwarten. Der Mittelwert dieser drei Werte ist 40 (%) und die Lambdagewichte sind somit (berechnet als ursprüngliche Vorhersage minus Mittelwert):

$$\lambda_{Kein\ Training} = -40, \lambda_{Jungentraining} = 60 \text{ und}$$
$$\lambda_{M\ddot{a}dchentraining} = -20$$

oder (multipliziert mit 1/20):

$$\lambda_{Kein\ Training} = -2, \lambda_{Jungentraining} = 3, \text{ und}$$
$$\lambda_{M\ddot{a}dchentraining} = -1$$

▶Tabelle 16.1 zeigt die (hypothetischen) Ergebnisse sowie die daraus berechneten Mittelwerte und geschätzten Populationsvarianzen.

Kein Training	„Jungentraining"	„Mädchentraining"
1	4	2
2	2	3
2	3	3
2	4	1
3	3	2
$\bar{x}_{KT} = 2,0$	$\bar{x}_{JT} = 3,20$	$\bar{x}_{MT} = 2,20$
$\hat{\sigma}^2_{KT} = 0,5$	$\hat{\sigma}^2_{JT} = 0,7$	$\hat{\sigma}^2_{MT} = 0,7$

Tabelle 16.1: Hypothetische Ergebnisse (Anzahl richtiger Lösungen in einem Problemlösetest) für drei Gruppen von Jungen in einem Kindergarten.

►Fortsetzung

Schätzen wir zunächst, genauso wie bei der Varianzanalyse, die Populationsvarianz aus den Varianzen innerhalb der Gruppen:

$$\hat{\sigma}_{inn}^2 = \frac{\sum\limits_{j=1}^{k} \hat{\sigma}_j^2}{k} = \frac{\sum\limits_{j=1}^{3} \hat{\sigma}_j^2}{3} = \frac{0,5+0,7+0,7}{3} = 0,633$$

Zur Berechnung des Kontrastes benutzen wir $t_{Kontrast}$:

$$t_{Kontrast} = \frac{\left(\sum\limits_{i=1}^{k} \lambda_i \bar{x}_i\right)}{\sqrt{\hat{\sigma}_{inn}^2 \left(\sum\limits_{i=1}^{k} \frac{\lambda_i^2}{n_i}\right)}} = \frac{(-2)2,0+3\cdot 3,2+(-1)2,2}{\sqrt{0,633\left(\frac{(-2)^2}{5}+\frac{3^2}{5}+\frac{(-1)^2}{5}\right)}} = 2,554$$

Der kritische t-Wert bei einem einseitigen α von 5% beträgt $t(12) = 1,782$. Das Testergebnis ist somit signifikant und ein entsprechendes Computerprogramm würde als p-Wert 0,0127 liefern. (Bei einem zweiseitigen α von 5%, das einem α von 5% beim F-Test entspräche, wären die entsprechenden Werte: $t(12)_{krit} = 2,179$ und $p = 0,0254$.)

Ordinale Fragestellungen

Nehmen wir nun zum Vergleich an, dass die Hypothesen über die Mittelwertsunterschiede zwischen den drei Bedingungen deutlich weniger präzise sind und dass sie nur zwei mögliche Werte für die Gruppenmittel zulassen. Man möchte jedoch trotzdem mehr wissen als lediglich, ob sich die Gruppenmittel irgendwie unterscheiden (die Omnibus-Hypothese). Die zwei Fragen, die die Forscher im Rahmen des aktuellen Beispiels interessieren, seien: 1. Hat das Training (unabhängig vom Material) einen Effekt? und 2. Ist das „Jungentraining" besser als das „Mädchentraining"?

Der Kontrast für die erste Fragestellung muss nur den Unterschied zwischen „Training" und „kein Training" abbilden. Da hinsichtlich der Art des Trainings keine spezifische Erwartung besteht, können beide Trainingsarten gleich gewichtet werden. Der Kontrast für diese Fragestellung ist also:

$\lambda_{Kein\ Training} = -2$, $\lambda_{Jungentraining} = 1$, und $\lambda_{Mädchentraining} = 1$ (oder ein Vielfaches davon).

Wenn die Forscher lediglich daran interessiert sind, ob das „Jungentraining" besser ist als das „Mädchentraining", kann man die Bedingung ohne Training vernachlässigen (Lambdagewicht von 0) und lediglich das größere von zwei Lambdagewichten für das „Jungentraining" und das kleinere für das „Mädchentraining" vergeben. Ein möglicher Kontrast für diese Fragestellung ist somit:

$\lambda_{Kein\ Training} = 0$, $\lambda_{Jungentraining} = 1$, und $\lambda_{Mädchentraining} = -1$

Der $t_{Kontrast}$-Wert für den ersten Kontrast (Training besser als kein Training?) ist: ►

►Fortsetzung

$$t_{Kontrast} = \frac{\left(\sum\limits_{i=1}^{k} \lambda_i \bar{x}_i \right)}{\sqrt{\hat{\sigma}_{inn}^2 \left(\sum\limits_{i=1}^{k} \frac{\lambda_i^2}{n_i} \right)}} = \frac{(-2)2,0 + 1 \cdot 3,2 + 1 \cdot 2,2}{\sqrt{0,633 \left(\frac{(-2)^2 + 1^2 + 1^2}{5} \right)}} = 1,606$$

Dieser Wert ist wäre bei einem einseitigen α von 5% mit $t(12)_{krit} = 1,782$ nicht signifikant. Beim zweiten Test („Jungentraining" besser als „Mädchentraining"?) ergibt sich:

$$t_{Kontrast} = \frac{\left(\sum\limits_{i=1}^{k} \lambda_i \bar{x}_i \right)}{\sqrt{\hat{\sigma}_{inn}^2 \left(\sum\limits_{i=1}^{k} \frac{\lambda_i^2}{n_i} \right)}} = \frac{0 \cdot 2,0 + 1 \cdot 3,2 + (-1)2,2}{\sqrt{0,633 \left(\frac{0^2 + 1^2 + (-1)^2}{5} \right)}} = 1,987$$

Dieses Ergebnis wäre bei einem einseitigen Wert von α von 5% signifikant, da $t_{emp} > t_{krit}$. Offensichtlich war der quantitative Kontrast bei unserem Datenbeispiel treffgenauer als die beiden ordinalen. Das muss natürlich nicht so sein, aber wenn die entsprechenden Hypothesen stimmen, dann werden in der Regel präzisere Hypothesen zu teststärkeren Kontrasten führen. Das schlägt sich auch, wie wir gleich sehen werden (in Abschnitt 16.2.3), in den Effektgrößen nieder.

„Qualitative" Fragestellungen

Selbst qualitative Fragestellungen können von einer Kontrastanalyse anstelle des herkömmlichen Omnibus-Tests profitieren. In unserem Beispiel wären solche Fragestellungen zwar nicht sehr plausibel, aber durchaus möglich: „Unterscheiden sich Trainingsgruppen und Kontrollgruppe irgendwie?" (wobei die Möglichkeit offen gelassen wird, dass das Training die Leistungen auch verschlechtern kann) und „Sind Jungen- und Mädchentraining unterschiedlich effektiv?" Schon diese vergleichsweise unspezifischen Fragestellungen sind präziser als die Omnibus-Fragestellung. Tatsächlich haben wir die entsprechenden Tests im vorigen Abschnitt (ordinale Fragestellungen) schon durchgeführt. Streng genommen ist mittels der Kontrastanalyse die Untersuchung einer qualitativen Fragestellung nicht möglich, weil immer Lambdagewichte spezifiziert werden müssen und der Kontrast dann mindestens eine ordinale Aussage macht (bei zwei Werten für die Lambdagewichte). Man könnte allerdings argumentieren, dass man die Vorzeichen der zwei möglichen Lambdagewichte einfach beliebig wählt. Das Vorzeichen von $t_{Kontrast}$ gibt dann Auskunft darüber, ob die Vorzeichen der tatsächlichen Richtung des Mittelwertsunterschieds entspricht (positiver Wert von $t_{Kontrast}$) oder nicht (negativer Wert für $t_{Kontrast}$). Im Unterschied zu den vorherigen Tests müssten wir allerdings bei qualitativen Fragestellungen immer ein zweiseitiges α verwenden. Bei einem zweiseitigen α von 5% mit $t(12)_{krit} = 2,179$ wären beide Testergebnisse *nicht* signifikant. Bei identischen Werten von α sind also ordinale Hypothesen teststärker als qualitative (falls die ordinalen Hypothesen zutreffen).

16.2.2 Orthogonale Kontraste

In manchen Statistikbüchern werden so genannte orthogonale Kontraste als Alternative zum Omnibus-Test der Varianzanalyse empfohlen. Orthogonale Kontraste sind, grob gesagt, solche, die nicht teilweise dasselbe überprüfen. Betrachten wir zur Illustration drei Kontraste für drei Gruppen A, B, C:

$$\text{Kontrast 1: } \lambda_A = 1, \lambda_B = -1, \lambda_C = 0 \ (\overline{x}_A > \overline{x}_B)$$

$$\text{Kontrast 2: } \lambda_A = 1, \lambda_B = 0, \lambda_C = -1 \ (\overline{x}_A > \overline{x}_C)$$

$$\text{Kontrast 3: } \lambda_A = 0, \lambda_B = 1, \lambda_C = -1 \ (\overline{x}_B > \overline{x}_C)$$

Bei näherer Betrachtung könnten wir auf Kontrast 2 verzichten, weil er durch Kontrast 1 und Kontrast 3 mitgetestet wird. (Wenn A größer ist als B und B größer als C, muss A auch größer sein als C.) Die drei Kontraste sind also nicht orthogonal. Zwei Kontraste A und B sind orthogonal, wenn die Summe der Produkte ihrer Lambdagewichte für die k Mittelwerte 0 ergibt:

$$\sum_{i=1}^{k} \lambda_{Ai} \cdot \lambda_{Bi} = 0$$

In Rechenbeispiel 16.2 (ordinale Hypothesen) hatten wir es schon mit zwei orthogonalen Kontrasten zu tun:

„Trainings-Kontrast": $\lambda_{Kein\ Training} = -2, \lambda_{Jungentraining} = 1$, und $\lambda_{Mädchentraining} = 1$

und

„Geschlechts-Kontrast": $\lambda_{Kein\ Training} = 0, \lambda_{Jungentraining} = 1$, und $\lambda_{Mädchentraining} = -1$

Bei diesen beiden Kontrasten (nennen wir den ersten A und den zweiten B) ergibt die Summe der Produkte der Kontrastgewichte:

$$\sum_{i=1}^{k} \lambda_{Ai} \cdot \lambda_{Bi} = -2 \cdot 0 + 1 \cdot 1 + 1 \cdot (-1) = 0$$

Die Attraktivität von orthogonalen Kontrasten liegt darin, dass die Quadratsumme aller bei einem vorhandenen Datensatz möglichen orthogonalen Vergleiche gleich der Quadratsumme zwischen den Bedingungen (QS_{zw}) der Varianzanalyse ist. Wenn man also alle orthogonalen Kontraste gerechnet hat, dann ist die ganze Varianz aus den Mittelwertsunterschieden ausgeschöpft (siehe hierzu und zum Folgenden z.B. Hays, 1994, 440–443; Rosenthal & Rosnow, 1991, 274–278). Man kann zeigen, dass die Anzahl der möglichen orthogonalen Kontraste beim Vergleich von k Mittelwerten jeweils $k - 1$ beträgt. Bei $k = 3$ Gruppen wie in unserem Beispiel gibt es also $k - 1 = 2$ orthogonale Kontraste. Dabei sind die spezifischen Kontraste, die man benutzt, *nicht* festgelegt. Wir könnten also beispielsweise statt des „Trainings-" und des „Geschlechts-Kontrasts" (ein möglicher Satz von Kontrasten) auch zwei andere orthogonale Kontraste bilden wie etwa diese beiden (oder irgendein anderes Paar).

$$\lambda_{Kein\ Training} = -2 \ \lambda_{Jungentraining} = 0, \text{ und } \lambda_{Mädchentraining} = 2$$

und

$$\lambda_{Kein\ Training} = 10, \lambda_{Jungentraining} = 0 \text{ und } \lambda_{Mädchentraining} = -10$$

In Rechenbeispiel 16.3 demonstrieren wir die Beziehung zwischen dem Ergebnis einer normalen Varianzanalyse und einem Satz orthogonaler Kontraste. In der Forschung sind orthogonale Kontraste allerdings selten sinnvoll einsetzbar. Das Problem dabei ist, dass man zwar den ersten Kontrast beliebig festlegen kann, aber nicht mehr den oder die weiteren. Die weiteren Kontraste sind jedoch häufig inhaltlich nicht sinnvoll zu interpretieren. Deswegen empfehlen wir, Kontrastanalysen nur für inhaltlich relevante Kontraste durchzuführen.

Rechenbeispiel 16.3

Orthogonale Kontraste und Varianzanalyse In diesem Rechenbeispiel wird illustriert, dass die Summe der Quadratsummen von orthogonalen Kontrasten der Quadratsumme zwischen den Bedingungen der Varianzanalyse (QS_{zw}) entspricht, dass also die orthogonalen Kontraste die gesamte Varianz zwischen den Gruppen „aufdecken". Betrachten wir zur Illustration wieder die zwei orthogonalen Kontraste aus Rechenbeispiel 16.3:

„Trainings-Kontrast": $\lambda_{Kein\ Training} = -2$, $\lambda_{Jungentraining} = 1$, und $\lambda_{Mädchentraining} = 1$

und

„Geschlechts-Kontrast": $\lambda_{Kein\ Training} = 0$, $\lambda_{Jungentraining} = 1$, und $\lambda_{Mädchentraining} = -1$

Die entsprechenden empirischen Mittelwerte waren 2,0, 3,2 und 2,2 und die Stichprobengröße war in allen drei Bedingungen $n = 5$. Berechnen wir nun die Quadratsummen für die beiden Kontraste:

$$QS_{Trainings-Kontrast} = \frac{\left(\sum_{i=1}^{k} \lambda_i \overline{x}_i\right)^2}{\sum_{i=1}^{k} \frac{\lambda_i^2}{n_i}} = \frac{\left((-2)2,0 + 1 \cdot 3,2 + 1 \cdot 2,2\right)^2}{\frac{(-2)^2 + 1^2 + 1^2}{5}} = \frac{1,96}{1,2} = 1,63$$

und

$$QS_{Geschlechts-Kontrast} = \frac{\left(\sum_{i=1}^{k} \lambda_i \overline{x}_i\right)^2}{\sum_{i=1}^{k} \frac{\lambda_i^2}{n_i}} = \frac{\left(0 \cdot 2,0 + 1 \cdot 3,2 + (-1)2,2\right)^2}{\frac{0^2 + 1^2 + (-1)^2}{5}} = \frac{1}{0,4} = 2,5$$

Nun zum Vergleich die QS_{zw} bei der entsprechenden Varianzanalyse (zur Vorgehensweise siehe Kapitel 14). Hierfür benötigen wir noch den Gesamtmittelwert (*KT*: kein Training, *JT*: „Jungentraining", *MT*: „Mädchentraining):

$$\overline{\overline{x}} = \frac{\overline{x}_{KT} + \overline{x}_{JT} + \overline{x}_{MT}}{3} = \frac{2,0 + 3,2 + 2,2}{3} = 2,467$$

In jeder Gruppe befanden sich $n = 5$ Jungen und somit

$$QS_{zw} = \sum_{i=1}^{k} n_i(\overline{x}_i - \overline{\overline{x}})^2 = 5\left[(2,0 - 2,467)^2 + (3,2 - 2,467)^2 + (2,2 - 2,467)^2\right] = 4,13$$

> ▶**Fortsetzung**

Vergleicht man die Ergebnisse der Quadratsummen für die zwei orthogonalen Kontraste und für die normale Varianzanalyse, ergibt sich wie erwartet:

$$QS_{Trainings-Kontrast} + QS_{Geschlechts-Kontrast} = QS_{zw}$$

Zum Vergleich mit dem Ergebnis der Kontrastanalyse berechnen wir hier auch das Ergebnis für den Omnibus Test ($\hat{\sigma}^2_{inn}$ können wir aus dem vorigen Rechenbeispiel übernehmen und $df_{zw}= 2$, da insgesamt 3 Mittelwerte miteinander verglichen werden):

$$F = \frac{\hat{\sigma}^2_{zw}}{\hat{\sigma}^2_{inn}} = \frac{\dfrac{QS_{zw}}{df_{zw}}}{\hat{\sigma}^2_{inn}} = \frac{\dfrac{4,13}{2}}{0,633} = \frac{2,065}{0,633} = 3,26$$

Wenn wir ein $\alpha = 0,05$ festgelegt hätten, wäre der kritische F-Wert $F(2, 12) = 3,89$ (siehe Tabelle 3 in Anhang A). Unser Testergebnis ist also nicht signifikant. Angesichts der kleinen Stichprobe müsste man vor einer inhaltlichen Interpretation dieses nicht-signifikanten Testergebnisses auf jeden Fall noch eine (post-hoc) Poweranalyse durchführen. Wenn die Teststärke für den von uns postulierten Mindesteffekt gering war, dann könnte man in diesem Fall die Nullhypothese nicht annehmen. Wie hoch war die Power unseres Tests, wenn wir als Mindesteffekt eine mittlere Effektgröße ($\eta^2 = 0,06$, siehe Kapitel 14) postulieren? Die Berechnung mit dem Programm GPower ergibt für die vorliegende Testspezifikation ($\alpha = 0,05$, $N = 15$) eine Power von nur 11%! Das nicht-signifikante Ergebnis sollte also auf keinen Fall inhaltlich interpretiert werden (der Power von Kontrastanalysen widmen wir uns in Abschnitt 16.2.4).

16.2.3 Effektgrößen bei der Kontrastanalyse für unabhängige Stichproben

In Kapitel 14 und 15 haben wir gesehen, dass man auch für Ergebnisse aus Varianzanalysen Effektgrößen berechnen kann. Allerdings sind diese Effektgrößen, bedingt durch die unspezifische Alternativhypothese, oft nur schwer zu interpretieren. Insbesondere muss ein großer Effekt nicht heißen, dass das Ergebnis konsistent mit der Forschungshypothese ist. Das ist bei der Kontrastanalyse anders. Hier kann man auch eine spezifische Effektgröße, $r_{effect\ size}$, berechnen. Zusätzlich werden aber oft zwei weitere Arten von Effektgrößen benutzt, $r_{alerting}$ und $r_{contrast}$. Wir werden nun erläutern, wie diese Effektgrößen berechnet werden, was sie bedeuten und wie sie miteinander zusammenhängen (siehe zum Folgenden auch Rosenthal et al., 2000).

Berechnung von $r_{effect\ size}$ aus den Rohwerten

Die Berechnung von Effektgrößen aus den Rohwerten funktioniert bei der Kontrastanalyse für eine beliebige Anzahl von unabhängigen Stichproben analog zur Berechnung einer korrelativen Effektgröße beim Unterschied zweier Mittelwerte aus unabhängigen

Stichproben (siehe Abschnitt 9.3). Dort wurde die abhängige Variable mit der unabhängigen Variable korreliert. Die Werte der unabhängigen Variablen repräsentierten dort die zwei Gruppen und konnten beliebig gewählt werden. Bei der Kontrastanalyse sind die Werte der unabhängigen Variablen schon vorgegeben: die Lambdagewichte. Die Effektgröße bei der Kontrastanalyse für unabhängige Stichproben wird also als Korrelation zwischen den Einzelwerten (in der abhängigen Variablen) und den Lambdagewichten berechnet.[4] Je höher die Korrelation, desto größer ist die Passung zwischen Kontrast und Ergebnissen. Betrachten wir wieder die Werte aus Rechenbeispiel 16.2. ▶Tabelle 16.2 zeigt die Zuordnung der entsprechenden Lambdagewichte zu den drei Bedingungen. Pro Bedingung liegen 5 Messwerte (Punkte in einem Problemlösetest) vor (siehe Tabelle 16.1).

Tabelle 16.2

Werte aus einer hypothetischen Untersuchung (Tabelle 16.1) mit den drei Kontrasten aus Rechenbeispiel 16.2

BEDINGUNG	Punkte in Prob-lemlösetest	Quantita-tiver Kontrast	„Trainings-Kontrast"	„Geschlechts-Kontrast"
Kein Training	1	−2	−2	0
	2	−2	−2	0
	2	−2	−2	0
	2	−2	−2	0
	3	−2	−2	0
„Jungen-training"	4	3	1	1
	2	3	1	1
	3	3	1	1
	4	3	1	1
	3	3	1	1
„Mädchen-training"	2	−1	1	−1
	3	−1	1	−1
	3	−1	1	−1
	1	−1	1	−1
	2	−1	1	−1

Die Korrelationen zwischen der AV und den Kontrastgewichten werden in der Literatur oft als $r_{effect\ size}$ bezeichnet, um sie von den zwei weiteren Arten von Effektgrößen, die wir gleich kennen lernen werden, zu unterscheiden. Wir haben die Korrelationen für Sie bereits ausgerechnet, sie sind für den quantitativen Kontrast, $r_{effect\ size} = 0{,}59$, für den „Trainings-Kontrast" $r_{effect\ size} = 0{,}37$, und für den „Geschlechts-Kontrast" $r_{effect\ size} = 0{,}46$. Der quantitative Kontrast hat also die höchste „Erklärungskraft".

---

4   Im Falle zweier Stichproben würde das beispielsweise bedeuten, dass die Lambdagewichte für die zwei Ausprägungen der unabhängigen Variablen 1 und −1 betragen.

Berechnung von $r_{alerting}$

Wenn man sich einen ersten Eindruck darüber verschaffen möchte, ob die Ergebnisse der in einem Kontrast ausgedrückten Hypothese entsprechen, dann liegt es nahe, nicht die Einzelwerte mit den Lambdagewichten zu korrelieren, sondern die Gruppen-Mittelwerte. Das ergibt $r_{alerting}$. Diese Korrelation soll auf einen Effekt aufmerksam machen (alert). Wenn bereits $r_{alerting}$ klein ist, dann ist auch kein großes $r_{effect\ size}$ zu erwarten. Tatsächlich gilt generell: $r_{effect\ size} \leq r_{alerting}$. In unserem Beispiel sind die Mittelwerte in den drei Bedingungen (kein Training, „Jungentraining" und „Mädchentraining") 2,0, 3,2 und 2,2. Wenn wir nun diese Mittelwerte mit den entsprechenden Lambdas korrelieren, erhalten wir für den quantitativen Kontrast $r_{alerting} = 0,999$, für den „Trainings-Kontrast" $r_{alerting} = 0,63$, und für den „Geschlechts-Kontrast" $r_{alerting} = 0,78$. $r_{alerting}$ kann allerdings auch noch anders interpretiert werden, insbesondere, wenn man das Quadrat davon betrachtet:

$$r_{alerting}^2 = \frac{QS_{Kontrast}}{QS_{zw}}$$

$r_{alerting}^2$ kann ähnlich wie der Determinationskoeffizient bei der Regressionsanalyse (siehe Kapitel 8) als Maß der „aufgeklärten Varianz" benutzt werden: das Ausmaß, in dem der vorliegende Kontrast die Unterschiede zwischen den Mittelwerten aufklärt.

Effektgrößen aus Signifikanztestergebnissen

Da man Kontrastanalysen mit dem t-Test durchführen kann, läge es nahe, zu erwarten, dass man direkt aus dem Ergebnis des t-Tests genauso wie im Fall zweier unabhängiger Stichproben wieder eine Effektgröße berechnen kann (siehe Kapitel 13). Das kann man auch, allerdings entspricht diese Effektgröße nicht genau dem Kontrasteffekt, wird jedoch zur Bestimmung der Power von Kontrastanalysen für unabhängige Stichproben benötigt. Diese Korrelation wird meist als $r_{contrast}$ bezeichnet:

$$r_{contrast} = \sqrt{\frac{F_{Kontrast}}{F_{Kontrast} + df_{inn}}} = \sqrt{\frac{t_{Kontrast}^2}{t_{Kontrast}^2 + df}}$$

Rechenbeispiel 16.4 illustriert die Anwendung der Formel.

Rechenbeispiel 16.4

Berechnung von $r_{contrast}$ Für die drei in Rechenbeispiel 16.2 berechneten Kontraste erhielten wir empirische t-Werte von $t_{Kontrast} = 2,554$ für den quantitativen Kontrast, $t_{Kontrast} = 1,606$ für den „Trainings-Kontrast" und $t_{Kontrast} = 1,987$ für den „Geschlechts-Kontrast". Wir wissen schon, dass die Freiheitsgrade bei Kontrastanalysen $df = N - k$ betragen, also in unserem Beispiel $df = 15 - 3 = 12$. Damit können wir die entsprechenden Werte für $r_{contrast}$ berechnen:

$$r_{contrast(quantitativ)} = \sqrt{\frac{t_{Kontrast}^2}{t_{Kontrast}^2 + df}} = \sqrt{\frac{2,554^2}{2,554^2 + 12}} = 0,59$$

▶

▶Fortsetzung

sowie

$$r_{contrast("Training")} = \sqrt{\frac{1{,}606^2}{1{,}606^2 + 12}} = 0{,}42$$

und

$$r_{contrast("Geschlecht")} = \sqrt{\frac{1{,}987^2}{1{,}987^2 + 12}} = 0{,}50$$

Hier sieht man, dass auch die Werte für $r_{contrast}$ zwar durchwegs kleiner sind als die Werte für $r_{alerting}$, aber in keinem Fall kleiner als die für $r_{effect\ size}$.

Die Ergebnisse in Rechenbeispiel 16.4 lassen vermuten, dass $r_{contrast}$ nie kleiner ist als $r_{effect\ size}$. Das ist auch tatsächlich so. Die Beziehung zwischen $r_{contrast}$ und $r_{effect\ size}$ wird vielleicht am ehesten deutlich, wenn man sich den Zusammenhang der beiden Maße in Abhängigkeit von $r_{alerting}$ ansieht. Dieser Zusammenhang wird in folgender Formel ausgedrückt (für eine Ableitung siehe Rosenthal et al., 2000):

$$r_{effect\ size} = \frac{r_{contrast}}{\sqrt{1 - r_{contrast}^2 + \dfrac{r_{contrast}^2}{r_{alerting}^2}}}$$

Eine Auswahl der möglichen Zusammenhänge zwischen den drei Effektgrößemaßen ist in ▶Tabelle 16.3 zu sehen. Die Werte für $r_{alerting}$ steigen über die Spalten hinweg und die für $r_{contrast}$ über die Zeilen. Die Werte für $r_{effect\ size}$ findet man jeweils im Schnittpunkt von Spalte und Zeile. Ein Beispiel: Wie hoch ist $r_{effect\ size}$, wenn $r_{alerting} = 0{,}8$ beträgt und $r_{contrast} = 0{,}7$? Am Kreuzungspunkt der Spalte für $r_{alerting} = 0{,}8$ und der Zeile für $r_{contrast} = 0{,}7$ findet man $r_{effect\ size} = 0{,}62$. Wir werden auf den Zusammenhang zwischen den drei Effektgrößen auch bei der Bestimmung der Power von Kontrastanalysen bei unabhängigen Stichproben zurückkommen.

Für die Berechnung von $r_{effect\ size}$ stehen auch noch einige weitere Möglichkeiten zur Verfügung, die u.a. auch mit dem „normalen" F-Wert operieren, wie beispielsweise folgende (für weitere Formeln siehe Rosenthal et al., 2000):

$$r_{effect\ size} = \sqrt{\frac{F_{Kontrast}}{F(df_{zw}) + df_{inn}}}$$

Rechenbeispiel 16.5 illustriert die Anwendung der Formel.

Tabelle 16.3

Zusammenhang zwischen $r_{alerting}$ (von 0,5 bis 1 in Abstufungen von 0,1), $r_{contrast}$ (von 0,1 bis 1 in Abstufungen von 0,1) und $r_{effect\ size}$ (die Zahlen innerhalb der Tabelle)

| | | $r_{alerting}$ | | | | | |
		0,5	0,6	0,7	0,8	0,9	1
	0,1	0,10	0,10	0,10	0,10	0,10	0,10
	0,2	0,19	0,19	0,20	0,20	0,20	0,20
	0,3	0,27	0,28	0,29	0,29	0,30	0,30
	0,4	0,33	0,35	0,37	0,38	0,39	0,40
$r_{contrast}$	0,5	0,38	0,42	0,45	0,47	0,49	0,50
	0,6	0,42	0,47	0,51	0,55	0,58	0,60
	0,7	0,45	0,51	0,57	0,62	0,66	0,70
	0,8	0,47	0,55	0,62	0,69	0,75	0,80
	0,9	0,49	0,58	0,66	0,75	0,83	0,90
	1	0,50	0,60	0,70	0,80	0,90	1,00

Rechenbeispiel 16.5

$r_{effect\ size}$ *aus Signifikanztestergebnissen* Betrachten wir wieder die Daten und Ergebnisse aus Rechenbeispiel 16.2 und berechnen $r_{effect\ size}$ für die drei Kontraste, die wir dort behandelt haben: den quantitativen Kontrast ($t_{Kontrast} = 2{,}554$), den „Trainings-Kontrast" ($t_{Kontrast} = 1{,}606$) und den „Geschlechts-Kontrast" ($t_{Kontrast} = 1{,}987$). Den entsprechenden F-Wert für die „normale" Varianzanalyse können wir Rechenbeispiel 16.3 entnehmen: $F(2, 12) = 3{,}26$. Nun müssen wir nur noch berücksichtigen, dass bei Kontrastanalysen $F = t^2$ und können dann $r_{effect\ size}$ für die drei Kontraste berechnen:

$$r_{effect\ size(quantitativ)} = \sqrt{\frac{F_{Kontrast}}{F\left(df_{zw}\right) + df_{inn}}} = \sqrt{\frac{2{,}554^2}{3{,}26 \cdot 2 + 12}} = 0{,}59$$

▶

▶Fortsetzung

$$r_{effect\ size(Training)} = \sqrt{\frac{1{,}606^2}{3{,}26 \cdot 2 + 12}} = 0{,}37$$

und

$$r_{effect\ size(Geschlecht)} = \sqrt{\frac{1{,}987^2}{3{,}26 \cdot 2 + 12}} = 0{,}46$$

Diese Werte entsprechen, wie erwartet, den $r_{effect\ size}$, die wir aus den Rohwerten berechnet haben.

Die Effektgrößenmaße im Vergleich

Angesichts dreier unterschiedlicher Effektgrößen ist die Effektgrößenberechnung bei der Kontrastanalyse auf den ersten Blick etwas verwirrend. Wann braucht man welche Effektgröße? Die wichtigste Effektgröße ist $r_{effect\ size}$, die der korrelativen Effektgröße im Fall von zwei unabhängigen Stichproben entspricht: der Korrelation zwischen Gruppenzugehörigkeit (ausgedrückt in Lambdagewichten) und den Rohwerten. Will man die Größe des gefundenen Effekts kommunizieren, dann wird das immer $r_{effect\ size}$ sein. $r_{alerting}$ ist dagegen ein relativ grobes Maß, das selten für sich alleine benutzt wird; es kann immer als obere Grenze für $r_{effect\ size}$ betrachtet werden. $r_{contrast}$ ist im Fall einer Kontrastanalyse für zwei unabhängige Stichproben identisch mit $r_{effect\ size}$. Ansonsten hängt das Ausmaß, in dem $r_{contrast}$ größer als $r_{effect\ size}$ ist, davon ab, wie viel Varianz aus den Mittelwertunterschieden durch den Kontrast aufgeklärt werden. Dieses Ausmaß der aufgeklärten Varianz korrespondiert mit dem Quadrat von $r_{alerting}$. Wenn der Kontrast die gesamte Varianz zwischen den Gruppen aufklärt, wenn also $r_{alerting} = 1$, dann gilt $r_{effect\ size} = r_{contrast}$.

16.2.4 Poweranalyse bei der Kontrastanalyse für unabhängige Stichproben

Die Nullhypothese bei der Kontrastanalyse ist identisch mit der Nullhypothese bei der Varianzanalyse: Die Populationsmittelwerte unterscheiden sich nicht. Die Alternativhypothese stützt sich hingegen auf den Kontrast: Sie besagt, dass die Passung zwischen dem Kontrast und den Populationswerten eine bestimmte Größe hat. Wie kann man nun diese (Mindest-)Größe festlegen? Rosenthal (persönliche Mitteilung) schlägt vor, für die Poweranalyse bei mehr als zwei Stichproben analog zur Poweranalyse beim t-Test für Korrelationen (siehe Kapitel 13) vorzugehen. Die Korrelation, die hierbei verwendet werden muss, ist $r_{contrast}$, da nur diese Effektgröße direkt mit dem Ergebnis des Signifikanztests zusammenhängt (siehe Abschnitt 16.2.3). Damit entsteht ein Problem, weil ja die eigentlich interessierende Effektgröße $r_{effect\ size}$ ist und nicht $r_{contrast}$. Wenn man eine gute Vorstellung davon hat, wie viel Varianz der jeweilige Kontrast an der Varianz zwischen den Gruppen aufklärt, kann man die entsprechende Umrechnungsformel aus Abschnitt 16.2.3 und die Werte aus Tabelle 16.3 benutzen.

Wenn man beispielsweise einen Effekt von $r_{effect\ size} = 0,45$ erwartet und die beste Schätzung für $r_{alerting}$ 0,7 beträgt, dann würde man für die Poweranalyse einen Wert von $r_{contrast} = 0,5$ benutzen (siehe Tabelle 16.3). In der Praxis wird man aber kaum jemals fundierte a priori Schätzungen für $r_{alerting}$ abgeben können. Darüber hinaus wird $r_{alerting}$ in den meisten Fällen als hoch vorausgesetzt werden, insbesondere wenn die theoretische Vorarbeit die Formulierung einer präzisen Hypothese erlaubt. Deswegen schlagen wir vor, generell $r_{alerting} = 1$ anzunehmen und damit $r_{contrast}$ so zu benutzen, wie wenn es sich um $r_{effect\ size}$ handeln würde. Was man bei dieser Vorgehensweise bekommt, ist in jedem Fall eine *Untergrenze* für die tatsächliche Power.

Für die Powerbestimmung könnte man die Tabelle 13.4 benutzen. Dort sind allerdings nur Werte für einseitige αs angegeben. Tabelle 16.4 gibt zusätzlich eine Auswahl von Teststärkewerten $(1 - \beta)$ für zwei unterschiedliche Werte von zweiseitigen αs (0,01 und 0,05) und verschiedene Werte für n, die Größe der Gesamtstichprobe, an. Ein Beispiel: In einer Kontrastanalyse möchte man bei einem zweiseitigen α von 0,01 einen Effekt von $\rho = 0,5$ aufdecken. Was wäre die Wahrscheinlichkeit für ein signifikantes Ergebnis bei $n = 80$ Messwerten? Die wäre laut ▶Tabelle 16.4 99%. Wir haben in Tabelle 16.4 die bekannten Konventionen für kleine, mittlere und große Effekte benutzt. Diese Konventionen entsprechen, wie schon erwähnt, den Effekten, die man in der psychologischen Forschung im Mittel findet. Es könnte jedoch durchaus sein, dass man diese Effekte (angesichts der höheren Präzision der Hypothesen) für Ergebnisse von Kontrastanalysen nach oben korrigieren müsste. Hierzu liegen allerdings unseres Wissens noch keine empirischen Befunde vor.

Tabelle 16.4

Power bei der Kontrastanalyse für unabhängige Stichproben und zweiseitige α von 1% und 5% und kleine, mittlere und große Effekte*

Stichprobengröße (n)	$a = 0,01$			$a = 0,05$		
	$\rho = 0,1$ (klein)	$\rho = 0,3$ (mittel)	$\rho = 0,5$ (groß)	$\rho = 0,1$ (klein)	$\rho = 0,3$ (mittel)	$\rho = 0,5$ (groß)
10	0,01	0,04	0,12	0,06	0,13	0,33
20	0,02	0,09	0,38	0,07	0,25	0,64
40	0,02	0,25	0,78	0,09	0,48	0,92
80	0,04	0,56	0,99	0,14	0,78	*
160	0,09	0,90	*	0,24	0,97	*

* Werte > 0,995 sind mit einem „*" gekennzeichnet (die Werte sind entnommen aus Cohen, 1988, 90–93).

Wir haben in der Tabelle nur die Größe der Gesamtstichprobe aufgeführt, nicht die Anzahl der Gruppen und deren Größen, da diese bei der Powerbestimmung keine direkte Rolle spielen. Die Anzahl der Gruppen spielt aber eine Rolle bei der Bestimmung des erwarteten Populationseffekts und damit auch eine indirekte bei der Powerbestimmung. Generell gilt: Je genauer der Kontrast die tatsächlichen Populationswerte spezifiziert, desto größer der Populationseffekt (die Passung zwischen Kontrast und tatsächlichen Werten). Wenn es in Bezug auf eine Fragestellung also viele unterschiedliche Populationen gibt (z.B. sechs unterschiedlich große tatsächliche Effekte für sechs unterschiedliche Therapieformen), dann würde eine Zusammenfassung dieser Effekte (z.B. in drei Gruppen, in denen jeweils zwei dieser Therapien zusammengefasst sind) zu einem geringeren Populationseffekt führen. In der Regel werden also differenziertere Kontraste (mehr Gruppen) teststärker sein als weniger differenzierte Kontraste (weniger Gruppen), weil sie zu höheren Effektgrößen führen, falls die in den Kontrasten spezifizierten Mittelwertsunterschiede tatsächlich vorhanden sind. Bezogen auf die Korrelation ($r_{effect\ size}$ oder der entsprechende Populationswert) würde das bedeuten, dass die Werte, die mit je einem Lambdagewicht gepaart sind, weniger um ihren Mittelwert streuen und dass so alle Werte ihren Lambdagewichten tendenziell ähnlicher sind. Das wiederum führt zu einer höheren Korrelation zwischen Lambdagewichten und Rohwerten. Das ist ein weiteres Argument dafür, Kontraste so spezifisch und präzise wie möglich zu formulieren.

Kommen wir noch einmal auf unser Datenbeispiel mit $N = 15$ Jungen zurück. Wie hoch müsste hier bei einem zweiseitigen α von 5% der erwartete Effekt gewesen sein, damit die Power mindestens 80% betragen hätte? Die Tabelle hat nur Werte von $N = 10$ und $N = 20$, aber ein entsprechendes Computerprogramm, wie etwa GPower gibt die Antwort: der Effekt müsste $\rho = 0{,}62$ (entsprechend einem $r_{contrast}$ in der Population) betragen.

16.3 Kontrastanalyse für unabhängige Stichproben bei komplexen Fragestellungen

Man könnte nun argumentieren, dass die Kontrastanalyse ja eine ganz interessante Alternative für einfaktorielle Varianzanalysen ist, aber was macht man, wenn man beispielsweise Interaktionseffekte oder andere komplexe Fragestellungen untersuchen möchte? Die Antwort ist: man macht genau dasselbe wie in den vorigen Abschnitten beschrieben. Die generelle Vorgehensweise ändert sich nicht – sie entspricht im Grunde immer der bei einer einfaktoriellen Varianzanalyse[5] –, nur die Bestimmung der Lambdagewichte ist bei komplexeren Fragestellungen naturgemäß auch etwas komplexer. Wir werden in diesem Abschnitt keine Berechnungen mehr durchführen, da sich an der Berechnungstechnik nichts ändert, sondern uns hauptsächlich mit der Bestimmung von Lambdagewichten befassen. Dabei werden wir auch feststellen, dass Begriffe wie „Haupteffekt" und „Interaktion", die eine zentrale Bedeutung in der Varianzanalyse mit zwei und mehr Faktoren besitzen, in der Kontrastanalyse nicht gesondert behandelt werden müssen.

---

5 Auch in Statistikpaketen wie beispielsweise *SPSS* ist die Kontrastanalyse häufig unter der Rubrik „Einfaktorielle Varianzanalyse" zu finden.

16.3.1 „Haupteffekte" und „Interaktionen"

Die Aufteilung der Effekte in „Haupteffekte" und „Interaktionen" bei der Varianzanalyse ist eine logische Folge des Verfahrens. Eine solche Vorgehensweise macht Sinn, wenn Hypothesen und Fragestellungen nicht genauer spezifiziert werden können als „Gibt es irgendeinen (bedingten) Unterschied?" Hat man jedoch präzisere Hypothesen oder Fragen über Mittelwertsunterschiede in der Population, bietet es sich an, diese Hypothesen als Kontraste zu spezifizieren und mittels einer Kontrastanalyse zu überprüfen. Im Grunde hat man es bei der Kontrastanalyse immer nur mit *einem* beliebig komplexen Faktor zu tun. Der Idealfall hierbei ist, dass man über das „Gesamtmuster" aller Mittelwerte eine Aussage machen kann, es sind aber auch Überprüfungen von „Teilmustern" möglich. Ein Beispiel für ein solches Design kennen Sie bereits aus Abschnitt 16.1.2. Hier wurden für die beiden Faktoren zur Therapieart (einzeln vs. Gruppe und stationär vs. ambulant) getrennt Kontraste aufgestellt. Sehen wir uns nun einige weitere Beispiele für mögliche Kontraste zu einem hypothetischen zweifaktoriellen Design an, mit dem die Wirkung der Faktoren „Medikation" (Ja vs. Nein) und „Psychotherapie" (Anzahl der Sitzungen pro Woche) bei einer bestimmten Art von psychischer Erkrankung nach einigen Monaten überprüft werden soll (▶Tabelle 16.5).

Tabelle 16.5				
Hypothetisches zweifaktorielles Design				
	PSYCHOTHERAPIE (Sitzungen pro Woche)			
MEDI-KATION	**Keine Sitzung**	**Eine Sitzung**	**Zwei Sitzungen**	**Drei Sitzungen**
Nein				
Ja				

Beispiel 1: Einfacher „Haupteffekt" (2 Ausprägungen)

Eine Studie dieser Art wird wohl in den meisten Fällen nur durchgeführt, wenn man schon zumindest einige Vorstellungen über die systematischen Auswirkungen der einzelnen Faktorausprägungen hat. So könnte man beispielsweise die ordinale Hypothese überprüfen wollen, dass die Medikation wirkt (und dass man über die Auswirkung der Intensität der Psychotherapie keine Aussage machen kann). Alle Bedingungen mit Medikation erhalten in diesem Fall ein positives und alle ohne ein negatives Lambdagewicht derselben Größe, z.B. „1" und „−1" (siehe Kontrast „Medikation" in ▶Tabelle 16.6). Die Kontrastanalyse würde in diesem Fall – mit genau zwei Faktorausprägungen – dasselbe Ergebnis erbringen (einen identischen F-Wert) wie der Test für den Haupteffekt des Faktors „Medikation" bei der entsprechenden Varianzanalyse. Der Test könnte jedoch, im Gegensatz zur Varianzanalyse, bei der automatisch immer ein „zweiseitiges α" verwendet wird, mit einem einseitigen α durchgeführt werden. Damit würde sich die Teststärke erhöhen (falls ein Effekt vorhanden ist).

Beispiel 2: Komplexerer „Haupteffekt"

Für alle weiteren im Folgenden behandelten Kontraste gibt es jedoch keine entsprechenden Tests mehr in der Varianzanalyse. Bei dem anderen „Haupteffekt", der Intensität der Psychotherapie, sind viele Hypothesen denkbar, beispielsweise die, dass sich der Zuwachs des Therapieeffekts mit linear zunehmender Therapiezeit (Sitzungen pro Woche) immer halbiert (und dass dabei die Medikation keine Auswirkungen hat): Wenn also der Besserungseffekt von keiner Sitzung auf *eine* Sitzung einem Besserungswert von 8 entsprechen würde, wäre der Zuwachs im Besserungswert von einer Sitzung auf zwei Sitzungen nur mehr 4 und der von zwei auf drei Sitzungen nur mehr 2. Die erwarteten Effektivitätswerte über die vier Bedingungen hinweg wären also: 0, 8, 12, und 14. Der Mittelwert dieser Werte ist 8,5. Wenn man von jeder Vorhersage diesen Mittelwert abzieht, erhält man die Lambdagewichte für den Kontrast „Zuwachs" in ▶Tabelle 16.6.[6]

Beispiel 3: Additiver Effekt

Was könnte man erwarten, wenn die zwei Faktoren additiv wirken, wenn also die Effekte von Psychotherapie und Medikation unabhängig voneinander sind und wenn der Effekt der Medikation der Wirkung einer Psychotherapiesitzung entsprechen würde? Die Wirkung der Psychotherapie in „Wirkungseinheiten" könnte man als 0 (keine Sitzung), 1 (eine Sitzung), 2 (zwei Sitzungen), 3 (drei Sitzungen) spezifizieren und die der Medikation als 0 (keine Medikation) und 1 (Medikation). Die Vorhersagen für die vier Bedingungen ohne Medikation wären damit 0, 1, 2, und 3 und die für die vier Bedingungen mit Medikation wären 1, 2, 3, und 4 (zu den Wirkungen der Psychotherapie wurde jeweils die Wirkung der Medikation hinzu addiert). Das entspricht der Hypothese bei der Varianzanalyse, dass beide Faktoren unabhängig voneinander wirken, dass es also ausschließlich zwei Haupteffekte gibt (allerdings „angereichert" mit einer Erwartung über das Ausmaß dieser Haupteffekte in den beiden Faktoren – hier: das Ausmaß ist gleich groß). Wenn wir von diesen Erwartungen wieder den Mittelwert (2) abziehen, erhalten wir die Lambdagewichte für den Kontrast „Additiv" in ▶Tabelle 16.6.

Beispiel 4: Multiplikativer Effekt

Eine Art von Interaktion zweier Faktoren, die auch aus manchen psychologischen Theorien abgeleitet werden kann, ist ein multiplikativer Effekt: Die Wirkungen zweier Faktoren beeinflussen sich multiplikativ – je höher die Ausprägung des einen Faktors, desto stärker wird die Wirkung des anderen Faktors beeinflusst und vice versa. Wenn wir wieder dieselben Ausgangswirkungen annehmen wie beim gerade diskutierten

---

6   Was macht man, wenn man vermutet, dass die Wirkung der Therapie mit steigender Intensität zunimmt, aber keine genaue Vorstellung davon hat, wie? Man könnte zusätzliche Informationen sammeln (z.B. aus den Ergebnissen früherer Studien) oder weitere theoretische Überlegungen anstellen. Wenn die Art der Zunahme trotzdem nicht genauer spezifiziert werden kann, dann bietet sich häufig ein linearer Kontrast an. Wenn dieser dann bei näherem Hinsehen unplausibel ist, kann das schon wieder die Grundlage für eine genauere Spezifikation sein (Warum ist er unplausibel?). Wenn die Therapiewirkung tatsächlich mit der Intensität zunimmt, dann wird ein linearer Kontrast, auch wenn er nicht genau zutrifft, nahezu immer teststärker sein als ein Omnibus-Test.

additiven Effekt, wären die multiplikativen Effekte für die vier Bedingungen ohne Medikation: $(0 \cdot 0 =) 0$, $(1 \cdot 0 =) 0$, $(2 \cdot 0 =) 0$, $(3 \cdot 0 =) 0$ und für die vier Bedingungen mit Medikation: $(0 \cdot 1 =) 0$, $(1 \cdot 1 =) 1$, $(2 \cdot 1 =) 2$, $(3 \cdot 1 =) 3$. Der Mittelwert dieser 8 Vorhersagen ist 0,75. Wenn man von jedem Vorhersage-Wert 0,75 abzieht, erhält man die Lambdagewichte in ▶Tabelle 16.6 (Spalte „Multiplikativ"), die man auch noch durch Multiplikation mit 4 „verschönern" könnte.

Beispiel 5: Nur Kombination wirkt

Vereinfachen wir zu guter Letzt den multiplikativen Effekt wieder. Nehmen wir an, die Hypothese sei, dass nur eine Kombination beider Therapiemethoden, Medikament *und* Psychotherapie, einen Therapieeffekt erzielt, dass aber die Intensität der Psychotherapie keine Auswirkungen hat. Wieder bräuchte man nur zwei unterschiedliche Lambdagewichte, ein negatives für die Effekte in denen keine oder nur eine Art von Therapie eingesetzt wird (Bedingungen 1 bis 5 in ▶Tabelle 16.6) und ein positives für die anderen Bedingungen. Wenn „kein Therapieeffekt" mit 0 kodiert wird und Therapieeffekt mit „1", dann wäre der Mittelwert der 8 Bedingungen 0,375 und die entsprechenden Kontrastgewichte (vorhergesagter Effekt minus Mittelwert aller Effekte) sind wieder in ▶Tabelle 16.6 eingetragen (in der letzten Spalte, „Kombination").

| Tabelle 16.6 |

Lambdagewichte für einige ausgewählte Kontraste*

BEDINGUNG (Medikation/Anzahl der Sitzungen)	KONTRASTE (Beispiele)				
	Medi-kation	Zuwachs	Additiv	Multi-plikativ	Kombi-nation
1: Nein/0	−1	−8,5	−2	−0,75	−0,375
2: Nein/1	−1	−0,5	−1	−0,75	−0,375
3: Nein/2	−1	3,5	0	−0,75	−0,375
4: Nein/3	−1	5,5	1	−0,75	−0,375
5: Ja/0	1	−8,5	−1	−0,75	−0,375
6: Ja/1	1	−0,5	0	0,25	0,625
7: Ja/2	1	3,5	1	1,25	0,625
8: Ja/3	1	5,5	2	2,25	0,625

* Für die Beschreibung der Kontraste siehe Text. Die angegebenen Lambdagewichte gelten jeweils für alle „Patienten" in der jeweiligen Bedingung.

16.3.2 Beliebige Fragestellungen

Im vorigen Absatz haben wir uns immer noch entlang der bei der Varianzanalyse benutzten Faktorenstruktur orientiert. Bei der Varianzanalyse ist es wichtig, dass die Faktoren „vollständig gekreuzt" sind, dass also jede Ausprägung des einen Faktors mit allen Ausprägungen des anderen Faktors kombiniert wird. Das Einhalten dieser Voraussetzung ermöglicht es erst, Haupteffekte sinnvoll zu interpretieren. Eine solche vollständige Kreuzung der Faktoren ist für die Kontrastanalyse nicht essenziell.

Sehen wir uns zur Illustration wieder ein Beispiel an: Musikhören beim Autofahren. Nehmen wir an, dass das Ausmaß der Reaktionsgeschwindigkeit (z.B. wie schnell kann ein Autofahrer bremsen, wenn der vorausfahrende Lastwagen einen Gegenstand verliert?) von der Aktiviertheit abhängt und diese Aktiviertheit wiederum von der Lautstärke der Musik. Der Zusammenhang zwischen Lautstärke und Aktiviertheit folgt einer „umgekehrt U-förmigen" Beziehung: Bei mittlerer Lautstärke ist die Aktiviertheit am höchsten und bei niedriger und hoher Lautstärke ist sie am niedrigsten. Die Natur dieses Zusammenhangs ist bei Frauen und Männern identisch, bei Frauen liegt jedoch die optimale Lautstärke etwas unter der für die Männer. Bei einer Varianzanalyse wären also die beiden Faktoren „Geschlecht" und „Lautstärke". ▶Abbildung 16.1 zeigt eine entsprechende Vorhersage, die mit Hilfe einer Kontrastanalyse problemlos überprüft werden könnte. Diese Vorhersage könnte man als eine Art „Interaktion" zwischen den Faktoren „Lautstärke" und „Geschlecht" betrachten, sie wäre aber mit Hilfe einer Varianzanalyse in dieser Weise nicht überprüfbar. Der Grund hierfür ist, dass die zwei Faktoren nicht vollständig gekreuzt sind: Lautstärkewerte von 55 dbA und 80 dbA werden nur für Frauen oder nur für Männer realisiert.

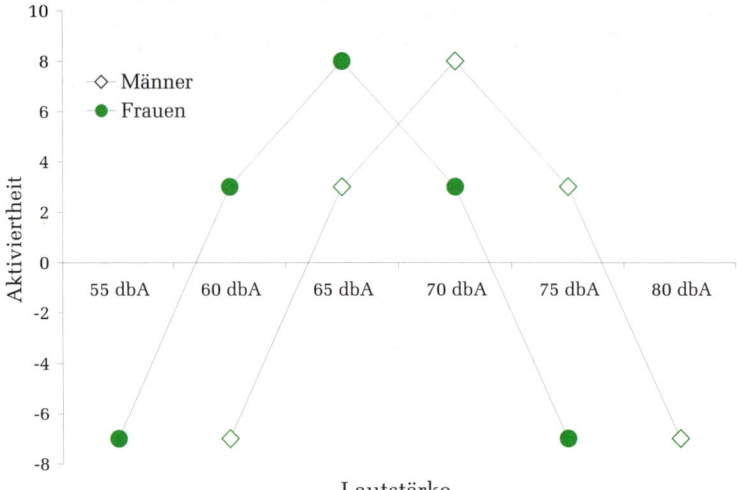

Abbildung 16.1: Vorhersage über umgekehrt U-förmige Zusammenhänge zwischen Lautstärke und Aktiviertheit für Männer und Frauen. Die eingezeichneten Aktiviertheits-Werte (−7, 3 und 8) können direkt als Lambdagewichte benutzt werden.

Dieser Abschnitt sollte zeigen, dass die Kontrastanalyse ein wesentlich flexibleres Instrument zur Überprüfung von Hypothesen über Mittelwerte ist als die herkömmliche Varianzanalyse. Die Voraussetzung dafür ist natürlich, dass eine entsprechende Hypothese spezifiziert werden kann.

16.4 Kontrastanalyse für abhängige Stichproben

Eine Kontrastanalyse für abhängige Stichproben ist lediglich eine Erweiterung des t-Tests für abhängige Stichproben. Beim t-Test für abhängige Stichproben bringt jede Person oder jeder Merkmalsträger nur immer jeweils einen Wert, den Differenzwert zwischen zwei Messungen, in die Analyse ein. Bei der Kontrastanalyse für abhängige Stichproben handelt es sich in der Regel nicht mehr um eine einfache Differenz (außer bei zwei Messwerten), sondern um die Zusammenfassung der Unterschiede zwischen den Resultaten in den Bedingungen, die jede Person oder jeder Merkmalsträger durchläuft. Sehen wir uns nun zunächst an, wie diese zusammengefassten Werte bestimmt werden.

16.4.1 Bestimmen der zusammengefassten Werte

Bevor wir uns die generelle Form der zusammengefassten Werte ansehen, illustrieren wir die Vorgehensweise an einem Beispiel. In Kapitel 13 (Rechenbeispiel 13.2) haben wir die Fragestellung, ob Hintergrundmusik das Lesen fühlbar beeinträchtigt, mit Hilfe eines t-Tests für abhängige Stichproben untersucht. Jede (hypothetische) Person musste einen Lesetest sowohl ohne als auch mit Musik bearbeiten. Nehmen wir an, es habe sich bei der Musik um klassische Musik gehandelt. Nun sollen die Auswirkungen von Musik auf die Leseleistung differenzierter überprüft werden. Jede Person hat zusätzlich zur Bedingung „ohne Musik" und „klassische Musik" noch eine Bedingung durchlaufen, in der sie „weißem Rauschen"[7] ausgesetzt war und eine weitere, in der sie Jazzmusik hörte. Wenn nun die Hypothese wäre, dass die störende Wirkung der Hintergrundmusik zunächst von „ohne Musik" über „weißes Rauschen" zu „Klassik" linear zunimmt, dass aber kein Unterschied zwischen den Bedingungen „Klassik" und „Jazz" bestünde, dann wäre eine Realisierung des entsprechenden Kontrastes (je niedriger die Lambdagewichte, desto stärker der störende Effekt):

$$\lambda_{ohne\ Musik} = 1{,}25,\ \lambda_{Rauschen} = 0{,}25,\ \lambda_{Klassik} = -0{,}75,\ \lambda_{Jazz} = -0{,}75$$

Die weitere Vorgehensweise unterscheidet sich aber nun von der im Falle unabhängiger Gruppen. Der Vorteil des t-Tests für abhängige Stichproben gegenüber dem für unabhängige Stichproben war ja, dass die Fehlervarianz geringer wird, wenn die Unterschiede pro Person (und nicht pro Gruppe) gemessen werden.[8] Der Kontrast muss also auf die

---

7 Als weißes Rauschen wird eine gleichmäßige Mischung von Tönen unterschiedlicher Frequenz bezeichnet. Weißes Rauschen kann man in Annäherung hören, wenn ein Radio eingeschaltet ist, aber keinen Empfang hat.

8 Somit spielen, wie in Kapitel 13 erörtert, die Niveauunterschiede zwischen den einzelnen Personen oder Objekten keine Rolle mehr. Bei unabhängigen Stichproben führen diese Niveauunterschiede in der Regel zu einer vergleichsweise größeren Fehlervarianz.

Werte je *einer* Person (oder eines Objekts) bezogen werden. Nun könnten wir die Lambda-gewichte mit den entsprechenden Abweichungen einer Person von deren mittlerem Ergebnis multiplizieren und aufsummieren und hätten ein Maß dafür, wie stark die Ergebnisse mit den Vorhersagen übereinstimmen: Das Ergebnis wäre maximal, wenn die relativen Abstände der Ergebnisse von ihrem Mittelwert den relativen Abständen der Lambdagewichte entsprechen würden. Sehen wir uns diese Vorgehensweise an einem Beispiel an.

Person A's Lesetest-Werte in den vier Bedingungen seien (je niedriger, desto schlechter ist die Leseleistung):

$$A_{ohne\ Musik} = 27, A_{Rauschen} = 25, A_{Klassik} = 21 \text{ und } A_{Jazz} = 23$$
$$\text{mit einem Mittelwert von } 24$$

Die Summe der Produkte der Abweichungen vom Mittelwert mit den Kontrasten wäre also:

$$(27 - 24)1,25 + (25 - 24)0,25 - (21 - 24)0,75 - (23 - 24)0,75 = 7$$

Dasselbe Ergebnis erhalten wir aber, wenn wir nicht die Differenzen vom Mittelwert, sondern nur die Werte selbst mit den Lambdagewichten multiplizieren und die Produkte aufsummieren (siehe auch Abschnitt 16.1.2):

$$27 \cdot 1,25 + 25 \cdot 0,25 - 21 \cdot 0,75 - 23 \cdot 0,75 = 7$$

Das Beispiel illustriert das generelle Prinzip des Gebrauchs von Lambdagewichten bei Kontrastanalysen für abhängige Stichproben: Für jede Person oder jeden Merkmalsträger wird ein Maß für die Passung zwischen Vorhersage (Kontrast) und den Ergebnissen berechnet. Das Maß, das im Beispiel berechnet wurde, ist dabei das gebräuchlichste und wird als L bezeichnet (m ist die Anzahl der Bedingungen).

$$L = \sum_{i=1}^{m} \left(x_i \cdot \lambda_i \right)$$

Rosenthal et al. (2000) schlagen als weiteres zusammengefasstes Maß die Korrelation zwischen den Lambdagewichten und den entsprechenden Werten pro Person vor. Anstelle von L würde also für jede Person ein r ermittelt. Die L-Werte enthalten noch die Information über die absoluten Abweichungen der Werte von ihrem Mittelwert, während die r's gewissermaßen standardisierte L-Werte sind.[9] Wir werden im Folgenden ausschließlich L-Werte benutzen, aber die Prozeduren sind auch analog auf r-Werte anwendbar.

---

9 L ist ja nichts anderes als der Zähler der Kovarianz. Wenn man L durch die Anzahl der Personen oder Objekte teilt, erhält man die Kovarianz und wenn man diese wiederum durch das Produkt der Streuungen von Lambdagewichten und Rohwerten teilt, erhält man die Korrelation. Die r-Werte beinhalten also etwas weniger Information als die L-Werte.

16.4.2 *t*-Test für die Kontrastanalyse bei abhängigen Stichproben

Der Signifikanztest im Fall einer Kontrastanalyse für abhängige Stichproben ist ein *t*-Test. Im allgemeinen Fall wird er berechnet als:

$$t = \frac{\overline{L} - \overline{L}_0}{\sqrt{\left(\frac{1}{k n_h}\right) \hat{\sigma}^2_{pooled}}}$$

Dabei steht $\overline{L}$ für den Mittelwert der berechneten *L*-Werte und $\overline{L}_0$ für den Wert der Nullhypothese (nahezu immer 0). Im Nenner geht man davon aus, dass in dem Test *k* verschiedene Untergruppen erfasst sein könnten. So könnten beispielsweise sowohl Männer als auch Frauen den oben erwähnten Lesetest unter verschiedenen Bedingungen durchlaufen oder dies könnten Probanden aus verschiedenen Altersgruppen sein. Wenn man die *L*-Werte in solche Gruppen unterteilt, dann kann man häufig erwarten, dass sich die durchschnittlichen *L*-Werte in diesen Gruppen unterscheiden. Wenn man nun die Varianz über alle *L*-Werte hinweg berechnen würde, dann würde die Populationsvarianz (die in allen *k* Gruppen gleich sein müsste) überschätzt, weil sowohl die Variation innerhalb der jeweiligen Gruppen als auch die zwischen den Gruppen mit in die Berechnung einginge. Deswegen wird bei diesem *t*-Test $\hat{\sigma}^2_{pooled}$, die „gepoolte" Schätzung der Populationsvarianz berechnet, wobei $\hat{\sigma}^2_i$ die aus Gruppe *i* geschätzte Populationsvarianz ist und n_i für die Anzahl der Werte in Gruppe *i* steht:

$$\hat{\sigma}^2_{pooled} = \frac{\sum_{i=1}^{k} (n_i - 1) \hat{\sigma}^2_i}{\sum_{i=1}^{k} (n_i - 1)}$$

Wenn die Gruppengrößen ungleich sind, wird das auch dadurch berücksichtigt, dass die Schätzung der (gepoolten) Varianz durch das harmonische Mittel, n_h gewichtet wird:[10]

$$n_h = \frac{k}{\sum_{i=1}^{k} \frac{1}{n_i}}$$

Bei gleichen Gruppengrößen *n* kann man dagegen n_h einfach durch *n* ersetzen. Bei nur einer Gruppe und $L_0 = 0$ reduziert sich der *t*-Wert zu dem bekannten Wert für den *t*-Test bei abhängigen Stichproben (oder den *t*-Test für den Einstichprobenfall):

$$t = \frac{\overline{L}}{\sqrt{\frac{\hat{\sigma}^2}{n}}}$$

---

10 Wenn beispielsweise $n_1 = 10$, $n_2 = 20$ und $n_3 = 24$, dann ist das harmonische Mittel:

$$n_h = \frac{k}{\sum_{i=1}^{k} \frac{1}{n_i}} = \frac{3}{\frac{1}{10} + \frac{1}{20} + \frac{1}{24}} = 15,7$$

Die Freiheitsgrade für den t-Test für Kontrastanalysen bei abhängigen Gruppen sind immer $df = n - 1$, wobei n die Anzahl der Personen oder Objekte ist, für die jeweils mehrere Messungen durchgeführt wurden. Rechenbeispiel 16.6 illustriert die Vorgehensweise.

Rechenbeispiel 16.6

Kontrastanalyse bei abhängigen Stichproben Greifen wir das oben erwähnte Beispiel zur Auswirkung von Hintergrundmusik auf das Lesen wieder auf. Eine schon erwähnte Hypothese dazu war, dass die Leseleistung ohne Musik am besten ist, sich bei weißem Rauschen um einen bestimmten Betrag (Punkte in einem normierten Lesetest) verschlechtert und sich noch einmal um denselben Betrag verschlechtert, wenn statt weißem Rauschen Hintergrundmusik eingespielt wird. Dabei macht es keinen Unterschied, ob es sich um Jazzmusik oder Klassik handelt. Wir führen den entsprechenden Kontrast hier noch einmal an:

Kontrast 1: $\lambda_{ohne\ Musik} = 1{,}25$, $\lambda_{Rauschen} = 0{,}25$, $\lambda_{Klassik} = -0{,}75$, $\lambda_{Jazz} = -0{,}75$

Die 8 (hypothetischen) Probanden, deren Werte in ▶Tabelle 16.7 zu sehen sind, haben (in systematisch durchvariierter Reihenfolge – einem Lateinischen Quadrat – siehe Kapitel 5) alle vier Bedingungen durchlaufen und jeweils die entsprechenden Werte in einem Lesetest erzielt (je höher der Wert, desto besser die Leseleistung).

	Ohne Musik	„Weißes" Rauschen	Klassik	Jazz	$L_{Kontrast\ 1}$	$L_{Kontrast\ 2}$
Person 1	27	25	21	23	7,00	12
Person 2	25	26	25	24	1,00	0
Person 3	30	32	23	24	10,25	11
Person 4	29	29	26	28	3,00	4
Person 5	30	28	27	24	6,25	11
Person 6	33	30	26	26	9,75	17
Person 7	31	32	29	27	4,75	5
Person 8	35	34	31	32	5,00	8

Tabelle 16.7: Werte in einem Lesetest für 8 Probanden für vier Bedingungen.

Den L-Wert für Person 1 haben wir in Abschnitt 16.4.1 schon berechnet und $L = 7$ erhalten. Wir berechnen zur Illustration noch den L-Wert für Person 2:

$$L = \sum_{i=1}^{k} (x_i \cdot \lambda_i) = 25 \cdot 1{,}25 + 26 \cdot 0{,}25 + 25(-0{,}75) + 24(-0{,}75) = 1$$

▶Fortsetzung

Die L-Werte für die anderen 6 Personen haben wir schon in Tabelle 16.7 in der Spalte „$L_{Kontrast\ 1}$" eingetragen.

Wir möchten testen, ob sich die L-Werte signifikant von 0 unterscheiden und haben nur eine Gruppe von Personen, können also die einfachste Formel für die Berechnung des t-Wertes benutzen. Dazu benötigen wir jedoch zuerst den Mittelwert aller L-Werte und die aus der Variation der L-Werte geschätzte Populationsvarianz:

$$\overline{L} = \frac{7 + 1 + 10,25 + 3 + 6,25 + 9,75 + 4,75 + 5}{8} = 5,875$$

und

$$\hat{\sigma}^2 = \frac{1}{7}\left[(7 - 5,875)^2 + (1 - 5,875)^2 + (10,25 - 5,875)^2 + (3 - 5,875)^2 + \cdots + (5 - 5,875)^2\right]$$
$$= 9,946$$

Der t-Wert ist somit

$$t = \frac{\overline{L}}{\sqrt{\dfrac{\hat{\sigma}^2}{n}}} = \frac{5,875}{\sqrt{\dfrac{9,946}{8}}} = 5,27$$

Wenn der tatsächliche Sachverhalt der Vorhersage, also dem Kontrast, entspricht, dann erhält man positive Werte für $\overline{L}$ und damit auch für t. Man kennt also die erwartete Richtung des Effekts und kann somit in diesem Fall auch wieder ein einseitiges α benutzen. Die Entscheidung sei für $\alpha = 0,01$ (einseitig) gefallen. Tabelle 2 in Anhang A gibt als kritischen t-Wert in diesem Fall $t(7) = 2,998$ an. Das Testergebnis, $t(7) = 5,27$, ist also signifikant.

Nehmen wir nun an, ein anderer Forscher hätte eine unterschiedliche Hypothese zur Auswirkung von Musik und Geräuschen auf die Leseleistung. Er sei der Meinung, dass es keinen Unterschied macht, ob es sich bei dem Hintergrundgeräusch um weißes Rauschen oder um Musik handelt: Beides beeinflusst die Leseleistung gleichermaßen. Die entsprechenden Lambdagewichte wären in diesem Fall

Kontrast 2: $\lambda_{ohne\ Musik} = 3, \lambda_{Rauschen} = -1, \lambda_{Klassik} = -1, \lambda_{Jazz} = -1$
(oder ein Vielfaches davon)

Wir berechnen wieder den L-Wert für Person 1:

$$L = \sum_{i=1}^{k}(x_i \cdot \lambda_i) = 27 \cdot 3 + 25(-1) + 21(-1) + 23(-1) = 12$$

Die weiteren aus diesem Kontrast berechneten L-Werte stehen in Tabelle 16.7 in der Spalte „$L_{Kontrast\ 2}$". Mittelwert und geschätzte Populationvarianz sind:

$$\overline{L} = \frac{12 + 0 + 11 + 4 + 11 + 17 + 5 + 8}{8} = 8,5$$

▶Fortsetzung

und

$$\hat{\sigma}^2 = \frac{1}{7}\Big[(12-8,5)^2+(0-8,5)^2+(11-8,5)^2+(4-8,5)^2+\cdots+(8-8,5)^2\Big]=28,857$$

Und der t-Wert beträgt:

$$t = \frac{\bar{L}}{\sqrt{\dfrac{\hat{\sigma}^2}{n}}} = \frac{8,5}{\sqrt{\dfrac{28,857}{8}}} = 4,48$$

Auch dieser Kontrast ist bei einem $\alpha = 0,01$ (einseitig) signifikant (da der kritische t-Wert, $t(7) = 2,998$, kleiner ist als der empirisch gefundene t-Wert). Ein solches Ergebnis – die Daten sind konsistent mit mehreren Hypothesen – ist in der psychologischen Forschung gar nicht so selten. Eine Möglichkeit, eine etwas präzisere Aussage zu dem Unterschied zwischen den beiden Hypothesen zu machen wird in Abschnitt 16.4.4 beschrieben. Um aber eine fundierte Entscheidung darüber zu treffen, welche Hypothese tatsächlich eher zutrifft, empfiehlt es sich in der Regel, die Hypothesen in weiteren unabhängigen Studien, eventuell unter Variation des experimentellen Kontextes (z.B. Art der Musik, Art der Probanden), zu überprüfen.

16.4.3 Effektgrößen bei der Kontrastanalyse für abhängige Stichproben

Die Effektgrößenberechnung bei der Kontrastanalyse für abhängige Stichproben erfolgt analog zu der beim t-Test für den Einstichprobenfall (oder der für abhängige Stichproben). Die Berechnung eines korrelativen Maßes macht in diesem Fall, genau wie auch beim t-Test im Einstichprobenfall wenig Sinn. Die Frage, die bei der Kontrastanalyse für abhängige Stichproben untersucht wird, ist, wie gut die relativen Unterschiede zwischen den Bedingungen der Vorhersage (dem Kontrast) entsprechen. Ein hoher Wert von $\bar{L}$ bedeutet eine große Übereinstimmung zwischen gefundenen Ergebnissen und Vorhersage. Allerdings muss dabei auch die Variation der L-Werte berücksichtigt werden: Wenn die Variation hoch ist, bedeutet das, dass der Effekt nicht konsistent über alle Personen oder Objekte hinweg aufgetreten ist. Deswegen bietet sich auch hier wieder als Effektgrößenmaß ein standardisiertes Abstandsmaß (g oder d) an, das auch die Variation der Werte mit berücksichtigt und unabhängig von der Skalierung der Werte ist. Wir benutzen hier das Maß g:

$$g = \frac{\bar{L}}{\hat{\sigma}}$$

aus den Rohdaten oder

$$g = \frac{t}{\sqrt{n}}$$

aus dem Ergebnis des t-Tests bei der Kontrastanalyse für abhängige Stichproben mit der Stichprobengröße n. Das Rechenbeispiel 16.7 illustriert die Anwendung.

Rechenbeispiel 16.7	**Berechnung von g bei der Kontrastanalyse für abhängige Stichproben** Sehen wir uns noch einmal die zwei Kontraste aus dem vorangegangen Rechenbeispiel (16.6)

an. Für *Kontrast 1* waren Mittelwert und geschätzte Populationsvarianz:

$$\overline{L} = 5{,}875 \text{ und } \hat{\sigma}^2 = 9{,}946$$

Somit erhalten wir

$$g = \frac{\overline{L}}{\hat{\sigma}} = \frac{\overline{L}}{\sqrt{\hat{\sigma}^2}} = \frac{5{,}875}{\sqrt{9{,}946}} = 1{,}86$$

Das Ergebnis des *t*-Tests für Kontrast 1 war $t(7) = 5{,}27$. Dieser Wert eingesetzt in die Formel für *g* ergibt wieder

$$g = \frac{t}{\sqrt{n}} = \frac{5{,}27}{\sqrt{8}} = 1{,}86$$

Die entsprechenden Berechnungen für den Kontrast 2 sind:

$$g = \frac{\overline{L}}{\hat{\sigma}} = \frac{8{,}5}{\sqrt{28{,}857}} = 1{,}58$$

und

$$g = \frac{t}{\sqrt{n}} = \frac{4{,}48}{\sqrt{8}} = 1{,}58$$

Diese Effekte sind für beide Kontraste außerordentlich groß.

16.4.4 Poweranalyse bei der Kontrastanalyse für abhängige Stichproben

Auch die Poweranalyse bei der Kontrastanalyse für abhängige Stichproben funktioniert analog zum *t*-Test für den Einstichprobenfall (oder für abhängige Stichproben). Man kann also direkt die Tabellen samt den dort angegebenen Konventionen in Abschnitt 13.1.2 benutzen (oder die anderen dort angegebenen Quellen) und den Populationseffekt kann man auch analog dazu bestimmen:

$$d = \frac{\overline{L}_{Population}}{\sigma_{L-Werte}}$$

Wie groß wäre die Power für den oben durchgeführten Test (mit einseitigem α und $n = 8$) gewesen, wenn wir einen Effekt von $d = 1$ in der Population vermutet hätten? Geeignete Tabellen oder ein entsprechendes Computerprogramm (wie etwa GPower) ermitteln hierfür einen Wert von $1 - \beta = 0{,}82$. Das Ergebnis illustriert, dass bei großen erwarteten Populationseffekten auch kleine Stichproben schon für eine zufrieden stellende Power ausreichen.

16.5 Vergleich zweier Hypothesen mit Hilfe der Kontrastanalyse

In diesem Abschnitt stellen wir eine zusätzliche Besonderheit der Kontrastanalyse vor: Man kann die Güte zweier (rivalisierender) Hypothesen miteinander vergleichen. Genauer gesagt, kann man bestimmen, um wie viel besser eine Hypothese die Daten vorhersagt als eine zweite. Wir werden dieses Verfahren sowohl für unabhängige als auch für abhängige Gruppen beschreiben (siehe hierzu auch Rosenthal et al., 2000, 159–170).

16.5.1 Unabhängige Stichproben

Die Grundidee beim Vergleich zweier Hypothesen, die jeweils als Kontrast ausgedrückt sind, besteht darin, die Differenzwerte der Lambdagewichte als neuen Kontrast zu benutzen und diesen zu testen. Wenn Kontrast A eine bessere Vorhersage ist als Kontrast B, sollte die Differenz (Kontrast A minus Kontrast B) zu einem positiven t-Wert führen. Wenn der t-Wert dagegen negativ ist, heißt das, dass Kontrast B die bessere Vorhersage ist. Die Kontrastanalyse mit den Differenzwerten testet, ob sich die zwei Ausgangskontraste signifikant hinsichtlich ihrer Vorhersagegüte unterscheiden und die entsprechende Effektgröße gibt an, wie groß die Diskrepanz hinsichtlich ihrer Vorhersagekraft ist.

Hierbei gibt es jedoch ein potenzielles Problem. Die einzige Einschränkung für die Bildung von Lambdagewichten ist, dass ihre Summe 0 ergeben muss. Die Summe der Absolutwerte kann dagegen frei variieren.[11] Wenn man nun die Differenz zwischen zwei Kontrasten bildet, wird die von den Absolutwerten beeinflusst. Es macht beispielsweise einen Unterschied, ob der Kontrast A mit $\lambda_{A1} = 20$, $\lambda_{A2} = -10$ und $\lambda_{A3} = -10$ mit dem Kontrast B mit $\lambda_{B1} = 30$, $\lambda_{B2} = -20$ und $\lambda_{B3} = -10$ oder mit dem äquivalenten Kontrast B' mit $\lambda_{B'1} = 3$, $\lambda_{B'2} = -2$ und $\lambda_{B'} = -1$ verglichen wird. Die Kontraste B und B' führen zu identischen Testergebnissen, da B' nur eine lineare Transformation von B ist: Die relativen Unterschiede zwischen den Lambdagewichten sind gleich geblieben. Wenn wir nun die Differenz zwischen Kontrast A und Kontrast B bilden, sind die Differenzwerte -10, 10 und 0, während sich im zweiten Fall Werte von 17, -8 und -9 ergeben. Die zwei Differenzkontraste können offensichtlich nicht ineinander überführt werden. Die Lösung des Problems besteht darin, die Kontrastgewichte zu standardisieren, indem man die Lambdagewichte pro Kontrast z-transformiert. Dann haben die Lambdagewichte in beiden Kontrasten neben ihrem identischen Mittelwert von 0 auch identische Streuungen von 1.

Bestimmen der Differenzgewichte

Die z-Transformation von Kontrasten erfolgt mit der schon bekannten Formel:

$$z_i = \frac{x_i - \overline{x}}{s}$$

---

11 So wären beispielsweise der Kontrast A mit den vier Lambdagewichten -3, -1, 1, und 3 und der Kontrast B mit den Lambdagewichten -6, -3, 3 und 6 äquivalent. Die Summe der Absolutwerte wäre aber für Kontrast A 8 und für Kontrast B 18.

Da der Mittelwert der Kontraste schon 0 ist (wenn die Summe 0 ist, ist auch der Mittelwert 0) vereinfacht sich die Formel zu

$$z_{\lambda i} = \frac{\lambda_i}{s_\lambda}$$

und auch bei der Berechnung der Streuung kann man den Mittelwert (0) weglassen:

$$s_\lambda = \sqrt{\frac{\sum\limits_{i=1}^{k} \lambda_i^2}{k}}$$

In Rechenbeispiel 16.8 wird die Vorgehensweise illustriert.

Signifikanztest

Die Vorgehensweise bei der Berechnung von $t_{Kontrast}$ ist identisch zu der beim „normalen" Test bei unabhängigen Stichproben:

$$t_{Kontrast} = \frac{\left(\sum\limits_{i=1}^{k} \lambda_i \bar{x}_i \right)}{\sqrt{\hat{\sigma}_{inn}^2 \left(\sum\limits_{i=1}^{k} \frac{\lambda_i^2}{n_i} \right)}}$$

Der einzige Unterschied besteht darin, dass nun die Lambdagewichte nicht mehr aus einem einzigen Kontrast stammen, sondern aus den Differenzen der standardisierten Lambdagewichte zweier Kontraste gebildet wurden (zur Illustration siehe Rechenbeispiel 16.8).

Effektgrößenberechnung und Poweranalyse

Effektgrößenberechung und Poweranalyse sind analog zur „normalen" Kontrastanalyse für unabhängige Gruppen (siehe Abschnitte 16.2.3 und 16.2.4 sowie Rechenbeispiel 16.8).

Rechenbeispiel 16.8

Vergleich zweier Hypothesen bei unabhängigen Stichproben Kommen wir wieder auf zwei in Rechenbeispiel 16.2 überprüfte Hypothesen zur Wirkung von geschlechtsspezifischen Problemlösetrainings bei Kindergartenkindern zurück. Die eine Hypothese besagte, dass Jungen im Vorschulalter von einem Problemlösetraining vor allem dann profitieren, wenn dieses Training „jungenspezifische" Materialien enthält; ein Training mit „mädchenspezifischen" Materialien sollte nur ca. 20% so effektiv sein. Der entsprechende Kontrast ist:

Spezifische Wirkung:

$\lambda_{Kein\ Training} = -2, \lambda_{Jungentraining} = 3$ und $\lambda_{Mädchentraining} = -1$ ▶

▶Fortsetzung

Eine andere Hypothese besagte, dass das Training unabhängig von den verwendeten Materialien gleich effektiv sein sollte. Der entsprechende Kontrast ist:

Unspezifische Wirkung: $\lambda_{Kein\ Training} = -2$, $\lambda_{Jungentraining} = 1$ und $\lambda_{Mädchentraining} = 1$

Wir möchten nun testen, ob der Kontrast, der eine spezifische Wirkung postuliert, eine bessere Vorhersage macht als der Kontrast, der eine unspezifische Wirkung postuliert, und wie groß gegebenenfalls dieser Vorteil ist.

Dazu benötigen wir die Differenzen der z-transformierten Lambdagewichte. Betrachten wir zunächst den ersten Kontrast (spezifische Wirkung). Die Streuung der Lambdagewichte ist:

$$s_{\lambda(spezifisch)} = \sqrt{\frac{\sum_{i=1}^{k} \lambda_i^2}{k}} = \sqrt{\frac{(-2)^2 + 3^2 + (-1)^2}{3}} = \sqrt{\frac{14}{3}} = 2,16$$

Die z-transformierten Lambdas für den ersten Kontrast sind also:

Spezifische Wirkung (z-Werte):

$\lambda_{Kein\ Training} = -2/2,16$, $\lambda_{Jungentraining} = 3/2,16$ und $\lambda_{Mädchentraining} = -1/2,16$

Die Streuung der Lambdagewichte für den zweiten Kontrast (unspezifische Wirkung) ist:

$$s_{\lambda(unspezifisch)} = \sqrt{\frac{\sum_{i=1}^{k} \lambda_i^2}{k}} = \sqrt{\frac{(-2)^2 + 1^2 + 1^2}{3}} = \sqrt{2} = 1,41$$

Die z-transformierten Lambdas für den zweiten Kontrast sind somit:

Unspezifische Wirkung (z-Werte):

$\lambda_{Kein\ Training} = -2/1,41$, $\lambda_{Jungentraining} = 1/1,41$ und $\lambda_{Mädchentraining} = 1/1,41$

Nun lassen sich die Differenzwerte bestimmen. Da wir davon ausgehen, dass der Kontrast für die spezifische Wirkung die bessere Vorhersage macht, ziehen wir den zweiten Kontrast vom ersten ab (wenn das nicht der Fall ist, wenn also der Kontrast für die unspezifische Wirkung die Daten besser vorhersagt, werden wir das an einem negativen t-Wert bemerken):

$$\lambda_{Kein\ Training(D)} = -2/2,16 + 2/1,41 = 0,49$$

$$\lambda_{Jungentraining(D)} = 3/2,16 - 1/1,41 = 0,68$$

$$\lambda_{Mädchentraining(D)} = -1/2,16 - 1/1,41 = -1,17$$

▶Fortsetzung

Der entsprechende t-Wert ist (die Gruppenmittelwerte und $\hat{\sigma}_{inn}^2 = 0{,}633$ können wir direkt aus Rechenbeispiel 16.2 übernehmen, da sich ja an den Daten nichts geändert hat, nur die Lambdagewichte wurden modifiziert):

$$t_{Kontrast} = \frac{\left(\sum\limits_{i=1}^{k} \lambda_i \bar{x}_i\right)}{\sqrt{\hat{\sigma}_{inn}^2 \left(\sum\limits_{i=1}^{k} \frac{\lambda_i{}^2}{n_i}\right)}} = \frac{0{,}49 \cdot 2{,}0 + 0{,}68 \cdot 3{,}2 + (-1{,}17) \cdot 2{,}2}{\sqrt{0{,}633 \left(\dfrac{0{,}49^2 + 0{,}68^2 + (-1{,}17)^2}{5}\right)}} = 1{,}137$$

Dieser Wert geht zwar in die erwartete Richtung (ist positiv), ist jedoch bei einem einseitigen α von 5% mit $t(12)_{krit} = 1{,}782$ nicht signifikant und kann deswegen für sich genommen nicht als Evidenz dafür betrachtet werden, dass die Hypothese einer spezifischen Trainingswirkung zutreffender ist als die einer unspezifischen Trainingswirkung.

Wenn wir jedoch die Lambdagewichte mit den Rohwerten korrelieren, erhalten wir ein $r = 0{,}26$, was als Hinweis darauf gesehen werden könnte, dass der Kontrast zur spezifischen Trainingswirkung den Sachverhalt in der Population doch besser beschreiben könnte als der Kontrast zur unspezifischen Trainingswirkung. Hier gibt es offensichtlich eine Diskrepanz zwischen Signifikanztestergebnis und Effektgröße. In einem solchen Fall ist die Frage interessant, wie groß denn die Power bei diesem Test war. Wenn wir mit dem Programm GPower nachsehen, wie groß die Power war, bei den vorhandenen Spezifikationen ($\alpha = 0{,}05$, $N = 15$) einen mittelgroßen Effekt aufzudecken ($\rho = 0{,}3$), dann erhalten wir einen Wert von $1 - \beta = 0{,}31$: Das nicht-signifikante Ergebnis ist also mit Vorsicht zu genießen und es kann durchaus sein, dass die gerade berechnete Effektgröße den Sachverhalt in der Population besser abbildet. Allerdings ist auch die „Zuverlässigkeit" von Effektgrößen abhängig von der Stichprobengröße (siehe Kapitel 21).

16.5.2 Abhängige Stichproben

Auch für abhängige Stichproben kann man zwei Hypothesen, ausgedrückt in Lambdagewichten, miteinander vergleichen. Auch hier ist es wieder notwendig, vorher die Lambdagewichte in den zwei Kontrasten zu standardisieren. Wieder werden L-Werte für die Berechnungen verwendet, diesmal aber die Differenzwerte zweier standardisierter L-Werte.

Bestimmen der Differenz-L-Werte

Das Standardisieren der Lambdagewichte erfolgt wie im Fall der unabhängigen Stichproben: Für jeden der beiden Kontraste werden die Lambdagewichte z-transformiert. Danach werden die L-Werte als Summe der m Produkte von Rohwerten und z-transformierten Lambdas pro Person oder Objekt berechnet:

$$L_z = \sum_{i=1}^{m} \left(x_i \cdot \lambda_{i,z} \right)$$

Bei zwei Kontrasten A und B, die miteinander verglichen werden sollen, erhält man die Differenz-L-Werte, indem man für jede Person oder jedes Objekt die z-transformierten L-Werte aus beiden Kontrasten voneinander subtrahiert.

$$L_{diff} = L_{z,A} - L_{z,B}$$

Rechenbeispiel 16.9 illustriert die Vorgehensweise.

Signifikanztest

Der entsprechende t-Test ist identisch zum „normalen" t-Test bei abhängigen Stichproben. Bei nur einer Gruppe ($k = 1$, siehe Abschnitt 16.4.2) mit n Personen oder Objekten reduziert sich die Formel zu (zur Illustration siehe Rechenbeispiel 16.9):

$$t = \frac{\overline{L}_{diff}}{\sqrt{\dfrac{\hat{\sigma}^2_{Ldiff}}{n}}}$$

Effektgrößenberechung und Poweranalyse

Die Berechnung der Effektgrößen und auch die Poweranalyse sind im Fall der Kontrastanalyse für den Vergleich zweier Hypothesen bei abhängigen Stichproben identisch mit der Vorgehensweise für die (einfache) Kontrastanalyse für abhängige Stichproben (siehe Abschnitte 16.4.3 und 16.4.4 und Rechenbeispiel 16.9).

Rechenbeispiel 16.9

Vergleich zweier Hypothesen bei abhängigen Stichproben Betrachten wir noch einmal die zwei in Rechenbeispiel 16.6 untersuchen Hypothesen. Eine Hypothese war, dass sich die Leseleistung um einen bestimmten Betrag (Punkte in einem Lesetest) verschlechtert, wenn man den Probanden während eines Lesetests weißes Rauschen einspielt und dann noch einmal um denselben Betrag, wenn die Probanden während des Lesetests Musik hören. Die Art der Musik (Klassik oder Jazz) spielt dabei aber keine Rolle. Der entsprechende Kontrast ist (höhere Werte bedeuten bessere Leseleistung):

Kontrast 1: $\lambda_{ohne\,Musik} = 1{,}25$, $\lambda_{Rauschen} = 0{,}25$, $\lambda_{Klassik} = -0{,}75$, $\lambda_{Jazz} = -0{,}75$

Die andere Hypothese besagte, dass nur entscheidend ist, ob den Probanden während des Lesetests ein Geräusch eingespielt wird. Dabei ist es irrelevant, ob es sich um weißes Rauschen oder um Musik handelt. Der entsprechende Kontrast ist:

Kontrast 2: $\lambda_{ohne\,Musik} = 3$, $\lambda_{Rauschen} = -1$, $\lambda_{Klassik} = -1$, $\lambda_{Jazz} = -1$ ▶

Nehmen wir nun an, die Ergebnisse aus Rechenbeispiel 16.6 wären uns nicht bekannt und wir wollten direkt überprüfen, ob Kontrast 2 die Daten besser vorhersagt als Kontrast 1 und wenn ja, um wie viel besser diese Vorhersage ist.

Berechnen wir dazu zunächst die z-transformierten Lambdagewichte. Die Streuungen der Lambdagewichte sind:

$$s_{\lambda(Kontrast1)} = \sqrt{\frac{\sum_{i=1}^{k} \lambda_i^2}{k}} = \sqrt{\frac{1,25^2 + 0,25^2 + (-0,75)^2 + (-0,75)^2}{4}} = 0,829$$

$$s_{\lambda(Kontrast2)} = \sqrt{\frac{\sum_{i=1}^{k} \lambda_i^2}{k}} = \sqrt{\frac{3^2 + (-1)^2 + (-1)^2 + (-1)^2}{4}} = 1,732$$

und die z-transformierten Lambdagewichte somit:

Kontrast 1 (z-Werte): $\lambda_{ohne\,Musik} = 1,25/0,688, \lambda_{Rauschen} = 0,25/0,829$
$\lambda_{Klassik} = -0,75/0,829, \lambda_{Jazz} = -0,75/0,829$ und

Kontrast 2 (z-Werte): $\lambda_{ohne\,Musik} = 3/1,732, \lambda_{Rauschen} = -1/1,732, \lambda_{Klassik}$
$= -1/1,732, \lambda_{Jazz} = -1/1,732$

Zur Illustration ermitteln wir die z-standardisierten L-Werte für die Person 1 aus Tabelle 16.7:

$$L_{1,\,Person\,1} = 27 \cdot (1,25/0,829) + 25 \cdot (0,25/0,829) + 21 \cdot (-0,75/0,829)$$
$$+ 23 \cdot (-0,75/0,829) = 8,44$$

$$L_{2,\,Person\,1} = 27 \cdot (3/1,732) + 25 \cdot (-1/1,732) + 21 \cdot (-1/1,732)$$
$$+ 23 \cdot (-1/1,732) = 6,93$$

Der Differenzwert, L_{diff} für Person 1 ist also:

$$L_{diff,\,Person\,1} = L_{2,\,Person\,1} - L_{1,\,Person\,1} = 6,93 - 8,44 = -1,51$$

Die weiteren Werte, sowohl für L_1 und L_2 als auch die L_{diff}-Werte, haben wir schon für Sie berechnet und in ▶Tabelle 16.8 eingetragen.

	L_1	L_2	L_{diff}
Person 1	8,44	6,93	−1,51
Person 2	1,21	0,00	−1,21
Person 3	12,36	6,35	−6,01
Person 4	3,62	2,31	−1,31
Person 5	7,54	6,35	−1,19
Person 6	11,76	9,82	−1,94
Person 7	5,73	2,89	−2,84
Person 8	6,03	4,62	−1,41

Tabelle 16.8: Beispieldaten zur Bestimmung der L-Werte für die Differenzen zweier Kontraste (L_{diff}). L_{diff} ergibt sich aus $L_2 - L_1$. Die Rohdaten sind in Tabelle 16.7 aufgeführt. ▶

▶Fortsetzung

Für die Berechnung des t-Wertes benötigen wir nun noch den Mittelwert der L_{diff}-Werte und die aus den L_{diff}-Werten geschätzte Populationsvarianz:

$$\overline{L}_{diff} = \frac{-1,51-1,21-6,01-1,31-1,19-1,94-2,84-1,41}{8} = -2,18$$

und

$$\hat{\sigma}^2_{Ldiff} = \frac{1}{7}\left[\left(-1,51+2,18\right)^2 + \left(-1,21+2,18\right)^2 + \left(-6,01+2,18\right)^2 + \dots + \left(-1,41+2,18\right)^2\right]$$
$$= 2,70$$

Der t-Wert ist somit

$$t = \frac{\overline{L}_{diff}}{\sqrt{\dfrac{\hat{\sigma}^2_{Ldiff}}{n}}} = \frac{-2,18}{\sqrt{\dfrac{2,70}{8}}} = -3,75$$

Das negative Vorzeichen des t-Tests macht deutlich, dass die hypothetisierte Richtung des Unterschieds (Kontrast 2 ist bessere Vorhersage als Kontrast 1) *nicht* stimmt, sonst müsste der t-Wert positiv sein. Das Ergebnis zeigt, dass tatsächlich Kontrast 1 die bessere Vorhersage ist. Das Resultat $t(7) = -3,75$ wäre auch bei einem zweiseitigen α von 1% signifikant (der kritische t-Wert beträgt $t(7) = 3,500$).[12] Man kann aus dem t-Wert auch gleich bestimmen, um wie viel schlechter (in Standardabweichungseinheiten) Kontrast 2 die Ergebnisse vorhersagt als Kontrast 1:

$$g = \frac{t}{\sqrt{n}} = \frac{-3,75}{\sqrt{8}} = -1,33$$

Obwohl also beide Kontraste die Daten schon relativ gut vorhersagen (siehe Rechenbeispiel 16.6) ist die Vorhersagekraft von Kontrast 1 noch deutlich höher also die von Kontrast 2.

---

[12] Eigentlich haben wir ja einseitig getestet und der gefundene Effekt war in der nicht vermuteten Richtung. Das würde bei einem einseitigen α zu einem nicht-signifikanten Ergebnis führen und dies wird in der Literatur manchmal als „Fehler 3. Art" bezeichnet. Dieser „Fehler" (Effekt in der falschen „Richtung" vermuten und mittels einseitigem Test nicht aufdecken) kann jedoch praktisch nie auftreten, außer man folgt blind einer vordefinierten Vorgehensweise (wovor generell gewarnt wird!).

Z U S A M M E N F A S S U N G

Die Kontrastanalyse ist eine Sonderform der Varianzanalyse, die zwei entscheidende Vorteile besitzt. Zum einen erlaubt sie den Test präziser Alternativhypothesen, während bei der Varianzanalyse immer nur eine Omnibus-Hypothese getestet werden kann (irgendwelche Gruppenmittel unterscheiden sich). Die präzise Alternativhypothese – spezifiziert durch den *Kontrast* – wird anhand von Kontrastgewichten (oder Lambdagewichten), je eines pro untersuchtem Mittelwert, festgelegt und kann die Teststärke gegenüber einem Omnibus-Test beträchtlich erhöhen. Zum anderen ist es bei der Kontrastanalyse möglich, Effektgrößen (r bei unabhängigen Stichproben, g oder d bei abhängigen) zu berechnen, die eine Aussage darüber erlauben, wie sehr die Daten mit einer spezifischen Hypothese übereinstimmen, während bei der Varianzanalyse beispielsweise ein großer Effekt (η^2 oder η_p^2) nicht bedeuten muss, dass das Ergebnis nennenswert mit der entsprechenden wissenschaftlichen Hypothese übereinstimmt. Ein dritter Vorteil der Kontrastanalyse ist, dass sie es ermöglicht, die Güte zweier Hypothesen miteinander zu vergleichen und das Ausmaß der „Überlegenheit" der stärker zutreffenden Hypothese zu berechnen.

Wie bei der Varianzanalyse gibt es unterschiedliche Verfahren für unabhängige und abhängige Stichproben, die sich hinsichtlich der Tests, der Poweranalyse und der Effektgrößenberechnung unterscheiden. Es wird empfohlen, bei allen präzisierbaren Fragestellungen, zu deren Untersuchung üblicherweise Varianzanalysen verwendet werden, eine entsprechende Kontrastanalyse durchzuführen.

Z U S A M M E N F A S S U N G

Weiterführende Literatur

Rosenthal, R., Rosnow, R. L. & Rubin, D. B. (2000). *Contrasts and effect sizes in behavioral research.* Cambridge, UK: Cambridge University Press.
Das Standardwerk.

Übungsaufgaben mit Lösungen sowie weitere Informationen zu diesem Buchkapitel finden Sie auf der Companion Website zum Buch unter *http://www.pearson-studium.de*

Verfahren zur Analyse nominalskalierter Daten: Chi-Quadrat (χ^2-)Tests

ÜBERBLICK

17

In den vorangegangen vier Kapiteln haben wir mit dem *t*-Test, der Varianzanalyse und der Kontrastanalyse Verfahren vorgestellt, die darauf zielen, Unterschiede zwischen Mittelwerten auf Signifikanz zu testen. Die Anwendung dieser Verfahren setzt damit offensichtlich zunächst voraus, dass überhaupt in sinnvoller Weise Mittelwerte berechnet werden können. Dies ist nur dann der Fall, wenn die untersuchten Daten zumindest Intervallskalenniveau aufweisen. Entsprechend handelte es sich bei den abhängigen Variablen in den Beispielen der Kapitel 13 bis 16 stets um quantitative Merkmale: Analysiert wurde etwa die Konzentrationsleistung, die Höhe von Häufigkeitsschätzungen oder die Anzahl gelöster Aufgaben. Bei all diesen Variablen sind Aussagen über die Größe des Unterschieds zwischen Messwerten möglich – die Variablen sind damit zumindest intervallskaliert (siehe Kapitel 3).

Die Untersuchung von Variablen mit Intervallskalenniveau bildet in vielen Bereichen der Psychologie sicher die Regel. Daneben gibt es aber auch zahlreiche Studien, in denen Daten auf einem niedrigeren Skalenniveau erfasst werden. Wenn wir Personen nach ihrem Herkunftsort, ihrer Lieblingsfarbe, ihrer Studienrichtung oder ihrer Religionszugehörigkeit fragen oder die Art der psychischen Erkrankung bei Psychotherapiepatienten bestimmen, so erhalten wir nominalskalierte Daten. In allen diesen Fällen werden ausschließlich qualitative Übereinstimmungen oder Unterschiede zwischen Personen erfasst. Eine Aussage darüber, ob die jeweilige Merkmalsausprägung bei einer bestimmten Person größer oder kleiner ist als bei einer anderen, oder gar darüber, wie groß der Unterschied zwischen den Merkmalsausprägungen ist, kann dagegen nicht getroffen werden. Entsprechend ist es bei nominalskalierten Variablen auch nicht sinnvoll, einen Mittelwert zu berechnen – offensichtlich gibt es keinen durchschnittlichen Herkunftsort und keine durchschnittliche Lieblingsfarbe (siehe Kapitel 3). Die einzige sinnvolle „Verrechnung" von nominalskalierten Daten besteht in der Bestimmung der Häufigkeiten, mit denen die verschiedenen Merkmalsausprägungen (oder Kategorien) aufgetreten sind: Wir können etwa festhalten, dass 14 befragte Personen „Rot" als Lieblingsfarbe nannten, aber nur 7 „Grün", dass 53 Personen in einer Stichprobe aus Nordrhein-Westfalen stammten oder dass 20 Versuchsteilnehmer an einer Depression litten.

Selbstverständlich können sich relevante Forschungsfragestellungen auf die Häufigkeit derartiger Merkmalsausprägungen beziehen und damit die Erhebung der entsprechenden nominalskalierten Variablen erforderlich machen: Treten Depressionen im Winter häufiger auf als in anderen Jahreszeiten? Sind psychische Störungen unter Psychologiestudierenden häufiger als unter Studierenden anderer Fachrichtungen? Wird eines von vier neu entwickelten Handy-Modellen von mehr potenziellen Kunden bevorzugt als die übrigen Modelle und sollte daher für die Markteinführung ausgewählt werden? Nennen Männer häufiger als Frauen „Karriere" als wichtigstes Lebensziel?

Bei Studien zu derartigen Fragestellungen werden wir in aller Regel vor demselben grundsätzlichen Problem stehen wie bei der Analyse von Mittelwerten: Wir untersuchen lediglich eine Stichprobe von Personen, wollen aber eine Aussage über die Population treffen. Wenn wir also in einer Stichprobe feststellen, dass tatsächlich mehr Männer als Frauen eine berufliche Karriere als Lebensziel angeben, stellt sich die

Frage, ob diese Beobachtung ausreichende Evidenz für die Schlussfolgerung bietet, dass auch in der Population entsprechende Häufigkeitsunterschiede bestehen. Um diese Frage zu beantworten, können wir wiederum geeignete Signifikanztests einsetzen. Die Signifikanztests, die bei der Analyse von Häufigkeiten angewendet werden können, werden als χ^2-Tests („Chi-Quadrat") bezeichnet.[1]

χ^2-Verfahren folgen derselben generellen Logik des Hypothesentestens, die Sie bereits von den Verfahren zur Überprüfung von Mittelwertunterschieden kennen. Auch hier werden eine Null- und eine Alternativhypothese formuliert. Die Nullhypothese bezieht sich bei χ^2-Tests auf eine erwartete Häufigkeitsverteilung: Wir könnten beispielsweise die Nullhypothese überprüfen, dass Männer und Frauen mit gleicher Häufigkeit eine berufliche Karriere als vorrangiges Lebensziel nennen. Mit diesen erwarteten Häufigkeiten werden die in einer Stichprobe beobachteten Häufigkeiten verglichen. Die Entscheidung über die Annahme oder Zurückweisung der Hypothesen erfolgt anhand des Signifikanzkriteriums α: Finden wir zwischen der beobachteten und der erwarteten Häufigkeitsverteilung Abweichungen, deren Wahrscheinlichkeit bei Gültigkeit der Nullhypothese gleich oder kleiner ist als α, so ist das Ergebnis signifikant und die Alternativhypothese wird angenommen. Entscheidungen zugunsten der Alternativ- bzw. der Nullhypothese unterliegen damit, wie in allen Signifikanztests, einer α- bzw. einer β-Fehlerwahrscheinlichkeit. Zudem können auch bei der Analyse von Häufigkeiten geeignete Maße der Effektgröße bestimmt werden. Aufbauend auf diesen Effektgrößen sollte auch bei der Anwendung von χ^2-Tests bereits *vor* der Durchführung der Studie eine Poweranalyse erfolgen. Unterschiede zu den bereits bekannten Verfahren ergeben sich also lediglich daraus, dass mit χ^2-Tests anstelle von Mittelwerten Häufigkeiten untersucht werden. Entsprechend werden andere Prüfgrößen berechnet und andere Stichprobenverteilungen verwendet, um die Wahrscheinlichkeit eines Stichprobenergebnisses bei Gültigkeit der Nullhypothese zu bestimmen.

Wir werden in diesem Kapitel χ^2-Tests für die Analyse einer Variablen und die Analyse zweier Variablen vorstellen. χ^2-Tests für eine Variable sind angezeigt, wenn sich eine Forschungshypothese auf die Auftretenshäufigkeiten der verschiedenen Stufen *eines* nominalskalierten Merkmals bezieht. Ein Beispiel wäre eine Studie zu der Frage, in welcher Jahreszeit Depressive erstmalig erkrankten (hier ist die „Jahreszeit der ersten depressiven Episode" die nominalskalierte Variable, die bei den Teilnehmern erfasst wird). χ^2-Tests für zwei Variablen werden verwendet, wenn bei den Probanden einer Studie zwei nominalskalierte Merkmale erhoben werden und sich die Forschungshypothese auf die Häufigkeitsverteilung der verschiedenen *Merkmalskombinationen* bezieht. Ein Beispiel gibt die Studie zu der Frage, ob Männer häufiger als Frauen eine berufliche Karriere als vorrangiges Lebensziel angeben (hier sind das „Geschlecht" der Probanden und das benannte „Lebensziel" die beiden nominalskalierten Variablen).

---

1 Auch Binomialtests, die Sie bereits in Kapitel 12 kennen gelernt haben, können zur Analyse von Häufigkeiten verwendet werden. Binomialtests sind allerdings beschränkt auf Situationen, in denen die Häufigkeiten von *zwei* Merkmalsausprägungen untersucht werden (in Kapitel 12 waren dies zum Beispiel die Häufigkeiten von Jungen- und Mädchengeburten). χ^2-Tests können hingegen unabhängig von der Anzahl der betrachteten Merkmalsausprägungen eingesetzt werden.

Wir werden im Folgenden bei beiden Verfahren zunächst auf die Formulierung der Nullhypothese und die Bestimmung der erwarteten Häufigkeiten eingehen. Anschließend werden wir die prinzipielle Vorgehensweise und die rechnerische Durchführung des jeweiligen χ^2-Verfahrens behandeln. Danach werden wir geeignete Effektgrößenmaße vorstellen. Da die Kenntnis dieser Effektgrößenmaße eine Voraussetzung für Teststärkenanalysen ist, werden wir erst abschließend einige Erläuterungen zur Power der Verfahren geben.

17.1 Der χ^2-Test für eine Variable

Mit dem χ^2-Test für eine Variable können wir prüfen, ob die in einer Stichprobe beobachtete Häufigkeitsverteilung der untersuchten Variablen signifikant von einer Häufigkeitsverteilung abweicht, die in der Population angenommen oder vermutetet wird. Die in der Population angenommene Häufigkeitsverteilung entspricht der Nullhypothese des χ^2-Tests.[2] Prinzipiell kann im χ^2-Test jede beliebige Annahme über die Häufigkeitsverteilung eines Merkmals als Nullhypothese formuliert werden. Eine besonders häufig getestete Nullhypothese besteht jedoch in der Vermutung, dass in der Population alle Ausprägungen der untersuchten Variablen gleich häufig auftreten. Betrachten wir zunächst ein Beispiel, in dem diese „Gleichverteilungsannahme" eine sinnvolle Nullhypothese bildet. (Ein Beispiel mit einer anders lautenden Nullhypothese wird im Abschnitt 17.1.4 erörtert.)

17.1.1 Die Gleichverteilungsannahme als Nullhypothese

Nehmen wir an, wir wären in einer Studie der Vermutung nachgegangen, dass Depressionen nicht in allen Jahreszeiten mit der gleichen Häufigkeit einsetzen. Zu diesem Zweck haben wir – mit der Hilfe einer psychiatrischen Klinik – eine Stichprobe von 200 zufällig ausgewählten Personen mit Depressionen rekrutiert. Bei jedem dieser 200 Probanden wurde dann ermittelt, zu welcher Jahreszeit bei ihm erstmalig eine depressive Episode auftrat. Als Resultat erhalten wir eine beobachtete Häufigkeitsverteilung zu der nominalskalierten Variablen „Jahreszeit der ersten depressiven Episode". Die erste Zeile der ▶Tabelle 17.1 zeigt die entsprechenden beobachteten Häufigkeiten.

Offensichtlich ist die Anzahl der Probanden, die den Merkmalsausprägungen Frühling, Sommer, Herbst und Winter zuzuordnen sind, in unserer Stichprobe nicht gleich. Unsere Vermutung scheint sich also zu bestätigen. Allerdings müssen wir berücksichtigen, dass die Unterschiede in den Häufigkeiten der verschiedenen Jahreszeiten auch rein zufällig zustande gekommen sein könnten: Selbstverständlich müssen wir in einer Stich-

---

2 Der χ^2-Test für eine Variable wird in der Literatur gelegentlich auch als „Anpassungstest" bezeichnet: Ist die in der Stichprobe beobachtete Verteilung hinreichend „angepasst" an die in der Population vermutete Verteilung, so erhalten wir ein nicht-signifikantes Ergebnis und weisen die Nullhypothese entsprechend nicht zurück. Bei einer schlechten „Passung" zwischen der Verteilung in der Stichprobe und der Nullhypothese wird das Ergebnis signifikant und die Nullhypothese verworfen.

probe auch dann nicht gleiche Häufigkeiten aller Merkmalsausprägungen finden, wenn die verschiedenen Merkmalsausprägungen in der Population tatsächlich gleich häufig sind. Probanden, bei denen die erste depressive Episode im Winter auftrat, könnten also in unserer Stichprobe rein zufällig überrepräsentiert sein. Wir stehen also vor der Frage, ob die beobachteten Häufigkeiten ausreichende Evidenz darstellen, um die Nullhypothese zurückzuweisen, dass in der Population die Gleichverteilungsannahme gilt.

Tabelle 17.1

Beobachtete und erwartete Häufigkeiten in einer Studie zur Jahreszeit des ersten Auftretens einer depressiven Episode bei depressiven Patienten (fiktive Daten)

	Frühling ($i = 1$)	Sommer ($i = 2$)	Herbst ($i = 3$)	Winter ($i = 4$)
Beobachtete Häufigkeit ($f_{b,i}$)	42	38	55	65
Erwartete Häufigkeit ($f_{e,i}$)	50	50	50	50

Der erste Schritt zur Beantwortung dieser Frage besteht darin, diejenigen Häufigkeiten zu bestimmen, die in der Stichprobe zu erwarten sind, wenn die Nullhypothese zutrifft. Dies ist denkbar simpel, sofern die Nullhypothese – wie in unserem Fall – besagt, dass in der Population alle Merkmalsausprägungen gleich häufig sind: Das von uns untersuchte Merkmal hat vier Ausprägungen. Es sollte also jeweils ein Viertel der Probanden in unserer Stichprobe jeder dieser vier Merkmalsausprägungen zuzuordnen sein. Allgemein können wir die unter der Gleichverteilungsannahme in jeder Merkmalsausprägung erwartete Häufigkeit bestimmen, indem wir die Anzahl der Untersuchungsteilnehmer (N) durch die Anzahl der Merkmalsausprägungen (k) teilen:

$$f_{e,i} = \frac{N}{k}$$

Dabei wird mit $f_{e,i}$ die erwartete Häufigkeit in der Merkmalsausprägung i bezeichnet. In unserer Beispielstudie ergeben sich also die folgenden erwarteten Häufigkeiten:

$$f_{e,1} = f_{e,2} = f_{e,3} = f_{e,4} = \frac{200}{4} = 50$$

Der Hypothesentest stützt sich nun auf die Abweichungen zwischen den beobachteten und den erwarteten Häufigkeiten. Im χ^2-Test wird als Prüfgröße ein Maß für diese Abweichungen bestimmt: Der χ^2-Wert. Anhand dieses Wertes wird dann ermittelt, mit welcher Wahrscheinlichkeit die gefundenen Abweichungen (oder noch größere) auftreten, wenn die Nullhypothese zutrifft. Ist diese Wahrscheinlichkeit hinreichend gering (also gleich oder kleiner als α), so ist das Ergebnis signifikant und die Alternativhypothese wird angenommen.

Die Alternativhypothese ist im χ^2-Test – ähnlich wie in der Varianzanalyse – grundsätzlich eine Omnibus-Hypothese. Sie besagt, dass die Häufigkeitsverteilung in der Population in irgendeiner Weise nicht der in der Nullhypothese vermuteten Verteilung entspricht. Eine fokussierte Alternativhypothese – wie etwa die, dass Depressionen im Winter häufiger auftreten als in anderen Jahreszeiten – kann also mit χ^2-Tests nicht geprüft werden.[3]

17.1.2 Der χ^2-Wert

Wie lässt sich nun das benötigte Maß für die Abweichung zwischen den beobachteten und den erwarteten Häufigkeiten bestimmen? Die Formel zur Berechnung des χ^2-Werts lautet

$$\chi^2 = \sum_i^k \frac{(f_{b,i} - f_{e,i})^2}{f_{e,i}}$$

wobei durch $f_{b,i}$ die beobachtete Häufigkeit und durch $f_{e,i}$ die erwartete Häufigkeit in der Merkmalsausprägung i angegeben wird. Durch k wird die Anzahl der Merkmalsausprägungen bezeichnet.

Bei der Bestimmung des χ^2-Werts wird also zunächst für jede Merkmalsausprägung die Differenz zwischen beobachteter und erwarteter Häufigkeit berechnet und quadriert. Ein Grund für die Quadrierung besteht darin, dass sich die „einfachen" Differenzen in den verschiedenen Merkmalsausprägungen grundsätzlich zu Null addieren. So belaufen sich die Differenzen in unserer Beispieluntersuchung in den Merkmalsausprägungen Frühling, Sommer, Herbst und Winter auf -8, -12, 5 und 15 (siehe Tabelle 17.1). Die Summe dieser Abweichungen ist Null. Durch die Quadrierung erhalten wir natürlich ausschließlich positive Werte (in unserem Fall 64, 144, 25 und 225) und verhindern somit, dass sich positive und negative Abweichungen ausgleichen. Die zusätzliche Division der quadrierten Abweichungen durch die erwarteten Häufigkeiten erfolgt, weil identische Abweichungen bei großen erwarteten Häufigkeiten weniger bedeutsam sind als bei kleinen erwarteten Häufigkeiten. Nehmen wir etwa an, dass wir zwischen beobachteter und erwarteter Häufigkeit eine Abweichung von 8 finden. Beläuft sich die erwartete Häufigkeit auf 1000, so ist diese Abweichung als wenig bedeutsam einzustufen: Die beobachtete Häufigkeit (992 oder 1008) weicht nur um 0,8% von der erwarteten Häufigkeit ab. Beträgt die erwartete Häufigkeit hingegen 10, so ist eine Abweichung von 8 als ungleich wichtiger zu beurteilen: Die beobachtete Häufigkeit (2 oder 18) verfehlt die erwartete Häufigkeit um 80%. Die Division der quadrierten Abweichungen durch die erwarteten Häufigkeiten kommt also einer Standardisierung gleich: Durch sie werden die quadrierten Abweichungen entsprechend ihrer Bedeutsamkeit gewichtet und somit so transformiert, dass sie vergleichbar sind.

---

3 Eine Ausnahme von dieser Regel besteht dann, wenn das Merkmal, dessen Verteilung untersucht wird, exakt zwei Ausprägungen aufweist. In diesem Fall können auch gerichtete Alternativhypothesen geprüft werden (siehe auch Fußnote 4 in diesem Kapitel).

Den χ^2-Wert erhalten wir schließlich, wenn wir die quadrierten und standardisierten Abweichungen in den verschiedenen Merkmalsausprägungen aufaddieren. Sofern die beobachteten Häufigkeiten mit den erwarteten Häufigkeiten perfekt übereinstimmen, wird der χ^2-Wert Null betragen. Hingegen wird der χ^2-Wert umso größere Werte annehmen, je deutlicher die beobachteten Häufigkeiten von den erwarteten Häufigkeiten abweichen. In unserer Beispieluntersuchung (siehe Tabelle 17.1) resultiert der folgende χ^2-Wert:

$$\chi^2 = \sum_{i}^{k} \frac{(f_{b,i} - f_{e,i})^2}{f_{e,i}} = \frac{(42-50)^2}{50} + \frac{(38-50)^2}{50} + \frac{(55-50)^2}{50} + \frac{(65-50)^2}{50}$$
$$= 1,28 + 2,88 + 0,5 + 4,5$$
$$= 9,16$$

Wie ist dieser χ^2-Wert zu bewerten? Zur Beantwortung dieser Frage wird im χ^2-Test – wie in jedem Signifikanztest – der entsprechende p-Wert bestimmt: Wir ermitteln also die Wahrscheinlichkeit, mit der der gefundene χ^2-Wert (oder ein noch größerer) auftritt, wenn die Nullhypothese zutrifft. Ist diese Wahrscheinlichkeit gering, so können die Abweichungen zwischen den beobachteten und den unter der Nullhypothese erwarteten Häufigkeiten offensichtlich nicht plausibel durch Zufall erklärt werden – die Nullhypothese wird folglich zurückgewiesen. Um den mit einem bestimmten χ^2-Wert verbundenen p-Wert ermitteln zu können, benötigen wir allerdings noch die Stichprobenverteilung von χ^2-Werten.

17.1.3 χ^2-Verteilung und Freiheitsgrade

χ^2-Werte folgen genau wie t- oder F-Werte einer Stichprobenverteilung, die mathematisch hergeleitet werden kann. Diese Stichprobenverteilung wird – wenig überraschend – als χ^2-Verteilung bezeichnet. Die exakte Form dieser χ^2-Verteilung hängt von der Anzahl der Freiheitsgrade ab.

Im χ^2-Test werden, wie wir gesehen haben, die Häufigkeiten in k unterschiedlichen Merkmalsausprägungen betrachtet. Die Freiheitsgrade ergeben sich aus der Anzahl der Häufigkeiten, die frei variieren können, wenn die Stichprobengröße N gegeben ist. In unserer Beispieluntersuchung beträgt die Stichprobengröße $N = 200$. Die Häufigkeiten in den $k = 4$ Merkmalsausprägungen müssen sich demnach zu 200 addieren. Wenn wir die Häufigkeiten in drei Merkmalsausprägungen kennen, liegt auch die Häufigkeit in der vierten Merkmalsausprägung fest – offensichtlich können die Häufigkeiten nur in drei Merkmalsausprägungen frei variieren. In unserer Beispieluntersuchung betragen die Freiheitsgrade des χ^2-Werts also $df = 4 - 1 = 3$. Allgemein können die Freiheitsgrade im χ^2-Test für eine Variable nach der folgenden Formel bestimmt werden:

$$df = k - 1$$

Die ▶Abbildung 17.1 zeigt χ^2-Verteilungen für drei unterschiedliche Freiheitsgrade. Alle diese Verteilungen sind rechtsschief. Dies geht darauf zurück, dass der χ^2-Wert einerseits keine Werte kleiner als 0, andererseits aber (zumindest im Prinzip) beliebig große Werte annehmen kann. Dass der χ^2-Wert niemals negativ wird, liegt daran, dass Zähler und Nenner in der Berechnungsformel stets positiv sind. (Der Zähler ist positiv, weil die Abweichungen zwischen beobachteten und erwarteten Häufigkeiten quadriert werden. Der Nenner ist positiv, weil es selbstverständlich unmöglich ist, eine negative Häufigkeit zu erwarten.)

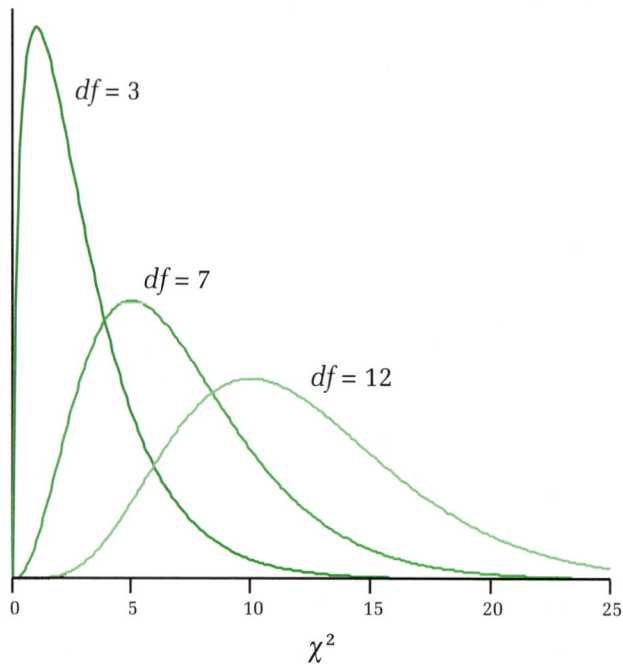

Abbildung 17.1: χ^2-Verteilungen bei verschiedenen Freiheitsgraden.

Durch die χ^2-Verteilungen ist jedem χ^2-Wert mit der entsprechenden Anzahl an Freiheitsgraden ein p-Wert zugeordnet. Beispielsweise beträgt in der mit $df = 3$ Freiheitsgraden gekennzeichneten Verteilung der Flächenanteil, der rechts von einem χ^2-Wert von 9,16 liegt, 2,7%. Die Wahrscheinlichkeit, dass bei Gültigkeit der Nullhypothese ein χ^2-Wert auftritt, der gleich oder größer ist als 9,16, beträgt also 2,7%. Den χ^2-Wert von 9,16 haben wir in unserer Beispieluntersuchung gefunden. Sofern wir in unserer Beispieluntersuchung ein Signifikanzkriterium von $\alpha = 5\%$ verwenden, ist also p kleiner als α. Das Ergebnis ist demnach signifikant und die Alternativhypothese wird angenommen. Inhaltlich würden wir aufgrund dieses Ergebnisses folgern, dass Depressionen auch in der Population nicht zu allen Jahreszeiten mit der gleichen Häufigkeit einsetzen.

Bei der Durchführung des χ^2-Tests „von Hand" erleichtern Tabellen mit *kritischen χ^2-Werten* die Signifikanzprüfung. Diese Tabellen geben in Abhängigkeit von den Freiheitsgraden an, welcher χ^2-Wert erreicht oder überschritten werden muss, damit ein Untersuchungsergebnis bei einem bestimmten α-Niveau als signifikant gelten kann. Eine entsprechende Tabelle befindet sich im Anhang A (Tabelle 4). Wir können dieser Tabelle entnehmen, dass der kritische χ^2-Wert in unserer Beispieluntersuchung – also bei $df = 3$ Freiheitsgraden und einem Signifikanzkriterium von $\alpha = 5\%$ – bei 7,815 liegt. Alle χ^2-Werte, die größer sind als 7,815, sind also mit einem p-Wert verbunden, der kleiner ist als 5%. Entsprechende χ^2-Werte können folglich als signifikant betrachtet werden.

17.1.4 Andere Verteilungsannahmen als Nullhypothese

Wir haben zu Beginn des Abschnitts 17.1 erwähnt, dass im χ^2-Test im Prinzip jede beliebige Annahme über die Häufigkeitsverteilung einer Variablen in der Population als Nullhypothese fungieren kann. Tatsächlich wäre es in vielen Untersuchungen nicht sinnvoll anzunehmen, dass in der untersuchten Population eine Gleichverteilung besteht. Abweichende Annahmen über die Verteilung können sich etwa aus theoretischen Überlegungen ergeben oder einfach daraus, dass die Verteilung in einer bestimmten Population – die zum Vergleich herangezogen werden soll – bekannt ist. Betrachten wir kurz ein entsprechendes Beispiel.

Nehmen wir an, eine kürzlich durchgeführte, große und repräsentative Umfrage unter deutschen Studierenden hätte unter anderem ergeben, dass 40% der Studierenden mindestens einen Elternteil haben, der über einen Hochschulabschluss verfügt. Wir interessieren uns nun für die Frage, ob der Anteil der „Akademikerkinder" unter den Studierenden des Fachs Psychologie ebenso groß ist wie unter allen Studierenden. Um diese Frage zu klären, bitten wir 50 zufällig ausgewählte Psychologiestudierende, den Bildungsstatus ihrer Eltern anzugeben. Es zeigt sich, dass bei 14 der Studierenden in unserer Stichprobe mindestens ein Elternteil einen Hochschulabschluss hat (siehe auch Tabelle 17.2). In diesem Fall wäre es offensichtlich sinnlos, die Gleichverteilungsannahme als Nullhypothese zu verwenden und zu testen, ob die Anteile der Psychologiestudierenden mit und ohne Elternteil mit Hochschulabschluss bei 50% liegen. Die relevante Nullhypothese ergibt sich vielmehr aus der Verteilung in der Population aller Studierenden. Wir wollen also prüfen, ob auch in der Population der Psychologiestudierenden eine Verteilung von 40% Studierenden mit mindestens einem Elternteil mit Hochschulabschluss und 60% Studierenden ohne Elternteil mit Hochschulabschluss besteht.

Auch in diesem Fall müssen bei der Durchführung des χ^2-Tests zunächst die Häufigkeiten bestimmt werden, die in der Stichprobe bei Gültigkeit der Nullhypothese zu erwarten sind. Die erwarteten Häufigkeiten erhalten wir, wenn wir die in der Nullhypothese spezifizierten Anteile in den verschiedenen Merkmalsausprägungen auf die Stichprobengröße beziehen. Dazu müssen wir die Stichprobengröße (N) mit dem in der jeweiligen Merkmalsausprägung erwarteten Anteil (P_i) multiplizieren:

$$f_{e,i} = N \cdot P_i$$

Da die Stichprobengröße in unserer Untersuchung $N = 50$ beträgt, liegt die erwartete Häufigkeit von Studierenden, die mindestens einen Elternteil mit Hochschulabschluss haben, bei $f_{e,1} = 50 \cdot 0{,}40 = 20$. Die erwartete Häufigkeit von Studierenden ohne Elternteil mit Hochschulabschluss beträgt $f_{e,1} = 50 \cdot 0{,}60 = 30$.

Alle weiteren Schritte bei der Durchführung des χ^2-Tests folgen dem Ablauf, den Sie schon bei der Überprüfung der Gleichverteilungsannahme als Nullhypothese kennen gelernt haben: Die Abweichungen zwischen den beobachteten und den erwarteten Häufigkeiten in den einzelnen Merkmalsausprägungen werden quadriert und durch Division mit den erwarteten Häufigkeiten standardisiert. Diese Rechenschritte werden in ▶Tabelle 17.2 illustriert.

Tabelle 17.2

Beobachtete und erwartete Häufigkeiten in einer Untersuchung zum Anteil der „Akademikerkinder" unter Psychologiestudierenden (fiktive Daten)*

	Mindestens ein Elternteil mit Hochschulabschluss	Kein Elternteil mit Hochschulabschluss
Beobachtete Häufigkeit ($f_{b,i}$)	14	36
Erwartete Häufigkeit ($f_{e,i}$)	20	30
$f_{b,i} - f_{e,i}$	–6	6
$(f_{b,i} - f_{e,i})^2$	36	36
$(f_{b,i} - f_{e,i})^2 / f_{e,i}$	1,8	1,2

* Die Tabelle illustriert zudem die Berechnungsschritte bei der Bestimmung des χ^2-Werts.

Wenn wir schließlich die Resultate dieser Berechnungen addieren, erhalten wir den χ^2-Wert:

$$\chi^2 = \sum_{i}^{k} \frac{(f_{b,i} - f_{e,i})^2}{f_{e,i}} = 1,8 + 1,2 = 3$$

Die Freiheitsgrade des χ^2-Werts in dieser Untersuchung betragen $df = 2 - 1 = 1$. Sofern wir auch in diesem Test ein Signifikanzkriterium von $\alpha = 5\%$ verwenden, beläuft sich der kritische χ^2-Wert bei Freiheitsgraden von $df = 1$ auf 3,841 (siehe Tabelle 4 im Anhang A).[4] Der von uns gefundene χ^2-Wert ist also kleiner als der kritische χ^2-Wert und das Ergebnis

---

4 Da das hier untersuchte Merkmal nur zwei Ausprägungen aufweist, wäre es im Prinzip auch möglich, gerichtet zu testen (siehe Fußnote 3). Nehmen wir an, wir hätten bereits *vor* der Untersuchung die Vermutung gehabt, dass der Anteil der „Akademikerkinder" unter Psychologiestudierenden *geringer* ist als unter allen Studierenden. In diesem Fall hätten wir auf die Durchführung des χ^2-Tests verzichten können, wenn der Anteil der Psychologiestudierenden mit einem Elternteil mit Hochschulabschluss in unserer Stichprobe über 40% gelegen hätte. Bei einem hypothesenkonformen Stichprobenergebnis hätten wir hingegen bei der Ermittlung des kritischen χ^2-Werts das von uns gewünschte Signifikanzkriterium verdoppeln können. Wenn wir die *gerichtete* Hypothese also mit einem Kriterium von $\alpha = 5\%$ testen wollen, müssen wir dazu den kritischen χ^2-Wert zu einem α von 10% heranziehen. Der Grund für diese Verdopplung des Signifikanzkriteriums besteht einfach darin, dass beim gerichteten Testen nur (extreme) Abweichungen in der *erwarteten* Richtung zu einem signifikanten Ergebnis führen. Von den äußersten 10% der χ^2-Verteilung gehen aber nur 5% auf zufällige Abweichungen in der erwarteten Richtung zurück.

folglich nicht signifikant. Wir können die Nullhypothese nicht zurückweisen. Ob wir aufgrund dieses Befundes allerdings schließen sollten, dass die Häufigkeitsverteilung in der Population der Psychologiestudierenden tatsächlich derjenigen in der Population aller Studierenden entspricht, hängt natürlich von der Power unseres Tests ab: Sofern die Power gering ist, wir also mit hoher Wahrscheinlichkeit einen vorhandenen Unterschied zwischen den Verteilungen übersehen, wäre ein solcher Schluss offensichtlich nicht gerechtfertigt. Wir werden auf die Power im χ^2-Test für eine Variable in Kürze zurückkommen (siehe Abschnitt 17.1.6).

17.1.5 Effektgrößen

Wir haben in den vorangegangenen Kapiteln diverse standardisierte Effektstärken vorgestellt, die dazu dienen, die Größe von Mittelwertunterschieden zu messen und zu beschreiben. Auch die Ergebnisse von Studien zur Häufigkeitsverteilung nominalskalierter Variablen können mit standardisierten Effektgrößen beschrieben werden. Eine im Kontext des χ^2-Tests für eine Variable häufig verwendete Effektgröße ist das Maß w. Die Effektgröße w misst in standardisierter Form die Unterschiede zwischen beobachteten und erwarteten Häufigkeiten.

Wir haben zuvor bereits den χ^2-Wert als Maß für die Abweichungen zwischen beobachteten und erwarteten Häufigkeiten gekennzeichnet. Worin besteht der Unterschied zwischen beiden Maßen? Der χ^2-Wert wird durch die Stichprobengröße beeinflusst. Gleiche Unterschiede zwischen der beobachteten *relativen Häufigkeit* und der erwarteten *relativen Häufigkeit* verschiedener Merkmalsausprägungen führen in einer großen Stichprobe zu einem höheren χ^2-Wert als in einer kleinen Stichprobe. Nehmen wir an, dass in zwei Studien untersucht wird, ob das Fach Medizin von mehr Frauen als Männern studiert wird. In der ersten Studie wird eine Stichprobe von 100 zufällig ausgewählten Medizinstudierenden verwendet, in der zweiten Studie besteht die Stichprobe lediglich aus 50 Medizinstudierenden. Es zeigt sich, dass der Anteil der Frauen in den Stichproben in beiden Studien 60% beträgt (Die Stichprobe in der ersten Studie enthält also 60 Frauen und 40 Männer, die Stichprobe in der zweiten Studie umfasst 30 Frauen und 20 Männer). Damit ist der Effekt in beiden Studien offensichtlich gleich groß. Der χ^2-Wert in beiden Studien unterscheidet sich dennoch: Er beträgt in der Studie mit 100 Teilnehmern $\chi^2 = 4$ und in der Studie mit 50 Teilnehmern $\chi^2 = 2$ (Dies sollten Sie nachrechnen!). Der χ^2-Wert erlaubt es also nicht, Effekte aus Studien mit unterschiedlichen Stichprobengrößen zu vergleichen.

Dieses Problem wird durch die Effektgröße w gelöst. Das Maß w ist unabhängig von der Stichprobengröße und macht somit Effekte aus verschiedenen Studien vergleichbar. Die Formel für w ähnelt derjenigen für den χ^2-Wert. Die wesentliche Änderung besteht darin, dass anstelle der absoluten beobachteten und erwarteten Häufigkeiten relative Häufigkeiten (also Anteile) betrachtet werden:

$$w = \sqrt{\sum_{i}^{k} \frac{\left(P_{b,i} - P_{e,i}\right)^2}{P_{e,i}}}$$

Dabei steht $P_{b,i}$ für die beobachtete relative Häufigkeit in der Merkmalsausprägung i und $P_{e,i}$ für die entsprechende erwartete Häufigkeit.

Im Rechenbeispiel 17.1 wird die Berechnung der Effektgröße w demonstriert.

Rechenbeispiel 17.1

Berechnung der Effektgröße w Wir wollen das Maß w in unserer Beispielstudie zur Häufigkeit von Depressionen in verschiedenen Jahreszeiten bestimmen. Dazu benötigen wir zunächst die relativen beobachteten Häufigkeiten in den Jahreszeiten. Da die Stichprobengröße in dieser Studie $N = 200$ betrug, erhalten wir die folgenden relativen Häufigkeiten in Frühling, Sommer, Herbst und Winter (siehe Tabelle 17.1):

$$P_{b,1} = \frac{42}{200} = 0{,}21 \quad P_{b,2} = \frac{38}{200} = 0{,}19 \quad P_{b,3} = \frac{55}{200} = 0{,}275 \quad P_{b,4} = \frac{65}{200} = 0{,}325$$

Da in diesem Beispiel die Gleichverteilungsannahme als Nullhypothese diente, ist die erwartete relative Häufigkeit selbstverständlich in allen Jahreszeiten gleich:

$$P_{e,i} = \frac{50}{200} = 0{,}25$$

Diese Werte können wir nun in die Formel für w einsetzen:

$$w = \sqrt{\frac{(0{,}21-0{,}25)^2}{0{,}25} + \frac{(0{,}19-0{,}25)^2}{0{,}25} + \frac{(0{,}275-0{,}25)^2}{0{,}25} + \frac{(0{,}325-0{,}25)^2}{0{,}25}}$$

$$= \sqrt{0{,}0064 + 0{,}0144 + 0{,}0025 + 0{,}0225}$$

$$= \sqrt{0{,}0458} = 0{,}21$$

Inhaltlich ist die Effektgröße w nicht ganz einfach zu interpretieren. Bei der Beurteilung einer gefundenen Effektgröße kann man sich aber auch im Falle von w an Konventionen orientieren. Cohen (1988) schlägt folgende „Richtwerte" vor:

- Kleiner Effekt: $\quad w = 0{,}1$
- Mittlerer Effekt: $\quad w = 0{,}3$
- Großer Effekt: $\quad w = 0{,}5$

Gemäß diesen Konventionen ist die Abweichung der in unserer Studie beobachteten Häufigkeiten von einer Gleichverteilung also als kleiner bis mittlerer Effekt einzustufen.

Sofern der χ^2-Wert in einer Untersuchung bereits vorliegt, kann die Effektgröße w auch anhand dieses Wertes und der Stichprobengröße N bestimmt werden. Die Formel dazu lautet:

$$w = \sqrt{\frac{\chi^2}{N}}$$

Nutzen wir diese Formel, um die Effektgröße in der Beispielstudie zum Anteil der „Akademikerkinder" unter Psychologiestudierenden zu berechnen. In dieser Studie hatten wir einen χ^2-Wert von 3 gefunden, die Stichprobengröße betrug $N = 50$. Es ergibt sich folglich eine Effektgröße von:

$$w = \sqrt{\frac{3}{50}} = 0,24$$

Die Unterschiede zwischen der Häufigkeitsverteilung in der Population aller Studierenden und der Häufigkeitsverteilung in der untersuchten Stichprobe von Psychologiestudierenden entsprechen nach Cohens Konventionen also in etwa einem mittleren Effekt.

17.1.6 Power

Die Power des χ^2-Tests hängt – wie die aller Signifikanztests – vom Signifikanzkriterium α, der Stichprobengröße und der Effektgröße in der Population ab. Bei der für eine a priori Poweranalyse benötigten Abschätzung der Effektgröße w in der Population kann man sich auch hier auf Befunde früherer Studien im untersuchten Forschungsbereich stützen. Fehlen solche „Vergleichswerte", so bieten die Konventionen zur Beurteilung von w einen Anhaltspunkt. Eine dritte Möglichkeit zur Abschätzung des interessierenden Populationseffekts besteht darin, eine konkrete Alternativhypothese zu formulieren und zu spezifizieren, welche relativen Häufigkeiten unter der Alternativhypothese erwartet werden. Mit den unter der Null- und der Alternativhypothese erwarteten relativen Häufigkeiten kann dann – anhand der im vorherigen Abschnitt erläuterten Formel – berechnet werden, wie groß w ausfallen würde, wenn die Alternativhypothese zutrifft.

Die ▶Tabelle 17.3. zeigt die Power des χ^2-Tests für einen kleinen, mittleren und großen Populationseffekt bei einem Signifikanzkriterium von $\alpha = 1\%$ oder $\alpha = 5\%$ und fünf verschiedenen Stichprobengrößen. Zusätzlich berücksichtigt die Tabelle die Freiheitsgrade, da die Power des χ^2-Tests auch von dieser Größe beeinflusst wird. Umfangreichere Powertabellen findet man bei Cohen (1988). Zudem ermöglicht das Programm GPower auch für χ^2-Tests die komfortable Durchführung von Poweranalysen.

Betrachten wir als Beispiel die Situation in unserer Studie zur Häufigkeit von „Akademikerkindern" unter Psychologiestudierenden. In dieser Studie wich die Häufigkeitsverteilung in der Stichprobe von Psychologiestudierenden nicht signifikant von der Häufigkeitsverteilung in der Population aller Studierenden ab. Mit einer post hoc Poweranalyse können wir nun ermitteln, wie groß die Wahrscheinlichkeit war, in dieser Studie ein signifikantes Ergebnis zu erhalten. Die Teilnehmerzahl lag in dieser Untersuchung bei $N = 50$, die Freiheitsgrade betrugen $df = 1$, als Signifikanzkriterium wurde $\alpha = 5\%$ gewählt. Sofern in der Population ein Effekt mittlerer Größe besteht, führt der χ^2-Test unter diesen Randbedingungen – wie ▶Tabelle 17.3 zeigt – mit einer Wahrscheinlichkeit von 56% zu einem signifikanten Ergebnis. Mit einer Wahrscheinlichkeit von 44% wird ein Populationseffekt mittlerer Größe also nicht entdeckt. Bei einem kleinen Effekt in der Population kommt es sogar mit einer Wahrscheinlichkeit von 89% zu einem β-Fehler. Wir können aus dem nicht-signifikanten Testergebnis also offensichtlich nicht schließen, dass in der Population kein Effekt vorhanden ist.

Bei der Planung einer eigenen Untersuchung sollte natürlich auch im Falle des χ^2-Tests bereits vor der Datenerhebung eine (a priori) Poweranalyse durchgeführt werden. Es sollte die Stichprobengröße bestimmt werden, die benötigt wird, um den erwarteten Populationseffekt mit hinreichender Teststärke aufzudecken. Auch für diese a priori Analyse gibt Tabelle 17.3 Anhaltspunkte. Nehmen wir an, wir wollten eine Untersuchung mit $df = 2$ Freiheitsgraden durchführen, in der wir einen Effekt mittlerer Größe erwarten. Es soll ein Signifikanzkriterium von $\alpha = 5\%$ verwendet werden. Wie viele Teilnehmer werden benötigt, um eine Power von mindestens 80% zu erreichen? Tabelle 17.3 können wir entnehmen, dass ein Effekt mittlerer Größe in dieser Konstellation bei einer Stichprobengröße von $N = 100$ mit 77%-iger Wahrscheinlichkeit aufgedeckt wird. Bei $N = 150$ Teilnehmern beträgt die Power 92%. Um eine Power von 80% zu erreichen, werden demnach etwas mehr als 100 Teilnehmer benötigt.

Tabelle 17.3

Power im χ^2-Test bei Signifikanzkriterien von $\alpha = 0{,}01$ und $\alpha = 0{,}05$*

Freiheits-grade (df)	Stich-proben-größe (N)	$\alpha = 0{,}01$			$\alpha = 0{,}05$		
		$w = 0{,}1$ (klein)	$w = 0{,}3$ (mittel)	$w = 0{,}5$ (groß)	$w = 0{,}1$ (klein)	$w = 0{,}3$ (mittel)	$w = 0{,}5$ (groß)
$df = 1$	25	0,02	0,14	0,47	0,08	0,32	0,71
	50	0,03	0,32	0,83	0,11	0,56	0,94
	100	0,06	0,66	0,99	0,17	0,85	*
	150	0,09	0,86	*	0,23	0,96	*
	200	0,12	0,95	*	0,29	0,99	*
$df = 2$	25	0,02	0,10	0,36	0,07	0,25	0,60
	50	0,02	0,24	0,74	0,09	0,46	0,90
	100	0,04	0,55	0,98	0,13	0,77	*
	150	0,06	0,79	*	0,18	0,92	*
	200	0,08	0,91	*	0,23	0,97	*
$df = 3$	25	0,01	0,08	0,30	0,07	0,21	0,54
	50	0,02	0,19	0,68	0,08	0,40	0,86
	100	0,03	0,48	0,97	0,12	0,71	0,99
	150	0,05	0,72	*	0,15	0,88	*
	200	0,07	0,87	*	0,19	0,96	*

Power im χ^2-Test bei Signifikanzkriterien von $\alpha = 0{,}01$ und $\alpha = 0{,}05$*(Forts.)							
		$\alpha = 0{,}01$			$\alpha = 0{,}05$		
Freiheits-grade (df)	Stich-proben-größe (N)	$w = 0{,}1$ (klein)	$w = 0{,}3$ (mittel)	$w = 0{,}5$ (groß)	$w = 0{,}1$ (klein)	$w = 0{,}3$ (mittel)	$w = 0{,}5$ (groß)
$df = 4$	25	0,01	0,07	0,26	0,06	0,19	0,49
	50	0,02	0,16	0,62	0,08	0,36	0,82
	100	0,03	0,43	0,96	0,11	0,66	0,99
	150	0,04	0,67	*	0,14	0,85	*
	200	0,06	0,84	*	0,17	0,94	*

* Werte > 0,995 sind mit einem „*" gekennzeichnet (die Werte wurden mit Hilfe des Programms GPower ermittelt).

17.2 Der χ^2-Test für zwei Variablen

Der χ^2-Test für zwei Variablen ist dann angezeigt, wenn an einer Stichprobe von Probanden zwei nominalskalierte Variablen erhoben werden. Als Ergebnis erhalten wir in einer solchen Untersuchung zunächst die Häufigkeiten der verschiedenen *Kombinationen* der Ausprägungen beider Variablen. Diese Häufigkeiten der Merkmalskombinationen lassen sich besonders übersichtlich in *Kreuztabellen* (eine andere gebräuchliche Bezeichnung lautet Kontingenztafeln) darstellen. In einer Kreuztabelle befinden sich die Ausprägungen eines Merkmals in den Spalten, die Ausprägungen des anderen Merkmals stehen in den Zeilen. In den Zellen der Tabelle werden dann die Häufigkeiten der Merkmalskombinationen angegeben.

Ein Spezialfall einer Kreuztabelle ist die Vierfeldertafel, der wir bereits in Kapitel 7 begegnet sind. Eine Vierfeldertafel entsteht, wenn beide betrachteten Variablen genau zwei Ausprägungen aufweisen, also dichotom sind. In Kapitel 7 haben wir ein Untersuchungsbeispiel verwendet, in dem bei 100 zufällig ausgewählten Studierenden erhoben wurde, ob sie bereits an einem Methodenseminar teilgenommen haben und ob sie eine bestimmte Denksportaufgabe lösen konnten. Betrachten wir noch einmal die entsprechende Vierfeldertafel (▶Tabelle 17.4), die die Häufigkeit der verschiedenen Merkmalskombinationen zeigt. Wir können der Tabelle beispielsweise entnehmen, dass die Merkmalskombination „Keine Teilnahme an einem Methodenseminar" und „Denksportaufgabe gelöst" in der untersuchten Stichprobe 28 mal auftrat.

Tabelle 17.4

Vierfeldertafel mit den beobachteten Häufigkeiten der beiden Variablen Teilnahme an einem Methodenseminar und Lösung einer Denksportaufgabe

		Teilnahme an Methodenseminar („Merkmal B")		
		nein	ja	Zeilensummen
Denksport-aufgabe gelöst? („Merkmal A")	nein	32	8	$\Sigma = 40$
	ja	28	32	$\Sigma = 60$
	Spaltensummen	$\Sigma = 60$	$\Sigma = 40$	$N = 100$

Analog zum Verfahren für eine Variable können wir mit dem χ^2-Test für zwei Variablen nun prüfen, ob die in der Stichprobe beobachteten Häufigkeiten der verschiedenen Merkmalskombinationen signifikant von einer Häufigkeitsverteilung abweichen, die in der Population angenommen wird. Die in der Population angenommene Häufigkeitsverteilung entspricht auch hier der Nullhypothese. Im Prinzip kann – wie beim χ^2-Test für eine Variable – jede beliebige Annahme über die Häufigkeiten der verschiedenen Merkmalskombinationen als Nullhypothese fungieren. Allerdings wird der χ^2-Test für zwei Variablen in der Praxis nahezu ausschließlich verwendet, um zu prüfen, ob zwischen den beiden untersuchten Merkmalen ein Zusammenhang besteht. Die Nullhypothese besagt in diesem Fall, dass die beiden Variablen in der Population *nicht* zusammenhängen. Die erwarteten Häufigkeiten werden aus dieser Annahme abgeleitet. Diese Variante des χ^2-Tests wird auch als „χ^2-Test auf Unabhängigkeit" bezeichnet. Wir werden uns im Folgenden auf diese am häufigsten verwendete Form des χ^2-Tests für zwei Variablen beschränken.

In unserem Datenbeispiel in Tabelle 17.4 ist die Frage nach dem Zusammenhang der beiden betrachteten Variablen zweifellos vernünftig: Besteht ein Zusammenhang zwischen der Teilnahme an einem Methodenseminar und der Lösung einer bestimmten Denksportaufgabe? Oder sind die Variablen voneinander unabhängig? Sofern wir uns bei der Beantwortung dieser Frage auf die von uns untersuchte Stichprobe beschränken, können wir bereits eine eindeutige Aussage treffen: In unserer Stichprobe gibt es einen Zusammenhang. Unabhängigkeit würde bedeuten, dass der Anteil der Studierenden, die die Aufgabe lösen, unter den Teilnehmern an einem Methodenseminar ebenso groß ist wie unter den Nicht-Teilnehmern. Dies ist offensichtlich nicht der Fall: 40 der Studierenden in unserer Stichprobe haben an einem Methodenseminar teilgenommen. 32 dieser Studierenden haben die Denksportaufgabe korrekt gelöst. Der Anteil der „Löser" liegt hier also bei 32 : 40 = 0,8 oder 80%. Von den Nicht-Teilnehmern konnten hingegen nur 28 : 60 = 0,47 oder 47% die Aufgabe lösen. Zwischen den beiden Variablen besteht ein Zusammenhang. Wir haben bereits in Kapitel 7 ein Maß für die Stärke dieses Zusammenhangs vorgestellt: Den Phi-Koeffizienten (siehe

Abschnitt 7.7.1). Der Phi-Koeffizient kann genauso interpretiert werden wie der „gewöhnliche" Produkt-Moment-Korrelationskoeffizient. In unserer Beispieluntersuchung resultierte ein Zusammenhang von $\phi = 0{,}33$. Dieser Zusammenhang wäre nach Cohens Konventionen als Effekt mittlerer Größe einzustufen.

Können wir aus diesem Stichprobenergebnis schließen, dass auch in der Population ein Zusammenhang zwischen der Teilnahme an einem Methodenseminar und der Lösung der Denksportaufgabe besteht? Selbstverständlich müssen wir auch hier die Möglichkeit in Betracht ziehen, dass die Häufigkeiten in der Stichprobe die tatsächlichen Verhältnisse in der Population nicht korrekt widerspiegeln. Möglicherweise sind Studierende, die die Aufgabe lösen *und* an einem Methodenseminar teilgenommen haben, in unserer Untersuchung aufgrund eines Zufalls bei der Stichprobenziehung überrepräsentiert. Der χ^2-Test beantwortet hier die Frage, ob die Abweichungen zwischen den beobachteten Stichprobenhäufigkeiten und denjenigen Häufigkeiten, die bei Unabhängigkeit zwischen den Variablen zu erwarten wären, plausibel als Zufall erklärt werden können.

Der Ablauf beim χ^2-Test auf Unabhängigkeit entspricht weitgehend dem Vorgehen beim χ^2-Test für eine Variable: Die beobachteten Häufigkeiten werden mit den unter der Nullhypothese erwarteten Häufigkeiten verglichen. Als Maß für die Diskrepanz zwischen beobachteten und erwarteten Häufigkeiten dient der χ^2-Wert. Ist der mit dem χ^2-Wert verbundene p-Wert kleiner als das zuvor festgelegte Signifikanzkriterium α, so ist das Ergebnis signifikant – das Stichprobenergebnis kann nicht plausibel als zufällige Abweichung von der Nullhypothese erklärt werden und die Nullhypothese wird entsprechend zurückgewiesen. Unterschiede zwischen den beiden Verfahren bestehen lediglich hinsichtlich der Effektgrößen. Hier sind beim χ^2-Test auf Unabhängigkeit neben w auch andere Effektmaße gebräuchlich.

17.2.1 Die Unabhängigkeitsannahme als Nullhypothese

Wir haben in unserem Untersuchungsbeispiel bereits gesehen, dass bei Unabhängigkeit zu erwarten wäre, dass der Anteil der Studierenden, die die Denksportaufgabe lösen, unter den Teilnehmern eines Methodenseminars ebenso groß ist wie unter den Nicht-Teilnehmern. Dies lässt sich noch etwas präziser formulieren: Der Anteil der „Löser" an den Teilnehmern und Nicht-Teilnehmern müsste dem Anteil der „Löser" in der Gesamtstichprobe entsprechen. Die relative Häufigkeit der Merkmalsausprägung „Denksportaufgabe gelöst" in der Gesamtstichprobe können wir aus den Zeilenhäufigkeiten in Tabelle 17.4 berechnen: Von 100 befragten Studierenden haben 60 die Aufgabe gelöst, 40 kamen nicht zu einer korrekten Antwort. Der Anteil der „Löser" in der Gesamtstichprobe beträgt also 60 : 100 = 0,6, der Anteil der „Nicht-Löser" beläuft sich auf 40 : 100 = 0,4. Sofern Unabhängigkeit besteht, sollten sich diese Anteile nun auf jeder Ausprägung des Merkmals Teilnahme an einem Methodenseminar wieder finden. 60% der Teilnehmer sollten die Aufgabe lösen, 40% der Teilnehmer sollten daran scheitern. In unserer Stichprobe befanden sich 40 Teilnehmer an einem Methodenseminar. Bei Unabhängigkeit erwarten wir demnach, dass 60% dieser 40 Teilnehmer – also $0{,}6 \cdot 40 = 24$ – die Aufgabe lösen. 40%

der 40 Teilnehmer sollten an der Aufgabe scheitern, dies ergibt eine erwartete Häufigkeit von $0{,}4 \cdot 40 = 16$. Auch bei den 60 Studierenden, die nicht an einem Methodenseminar teilgenommen haben, sollte eine Aufteilung von 60% „Lösern" und 40% „Nicht-Lösern" auftreten. Dies führt zu erwarteten Häufigkeiten von $0{,}6 \cdot 60 = 36$ und $0{,}4 \cdot 60 = 24$.

Dieselbe Überlegung könnten wir natürlich auch in umgekehrter Richtung anstellen und würden dabei die gleichen Ergebnisse erhalten: Aus den Spaltenhäufigkeiten in Tabelle 17.4 geht hervor, dass 40% der befragten Studierenden bereits ein Methoden-seminar absolviert haben. Bei Unabhängigkeit sollten sich demnach unter den „Lösern" der Denksportaufgabe ebenso 40% Teilnehmer an einem Methodenseminar finden wie unter den „Nicht-Lösern". Insgesamt konnten 60 Studierende die Aufgabe lösen. Auch bei dieser Betrachtungsweise würden wir also zu dem Ergebnis kommen, dass die erwartete Häufigkeit von Studierenden, die die Aufgabe lösen *und* an einem Methodenseminar teilgenommen haben, 24 beträgt (40% von 60). Ebenso würden sich in den übrigen drei Zellen der Vierfeldertafel dieselben erwarteten Häufigkeiten erge-ben wie bei unserer ursprünglichen Berechnung.

Fassen wir die Berechnung der erwarteten Häufigkeiten noch einmal allgemein zusammen. Um die erwartete Häufigkeit in einer Zelle der Kreuztabelle zu bestimmen, haben wir zunächst die relative Häufigkeit der entsprechenden Ausprägung des Merk-mals A (Tabelle 17.4) in der Gesamtstichprobe berechnet. Dazu haben wir die Zeilen-häufigkeit (Z_i) dieser Merkmalsausprägung durch die Stichprobengröße geteilt:

$$P_i = \frac{Z_i}{N}$$

wobei wir mit P_i die relative Häufigkeit der Ausprägung i des Merkmals A bezeichnen. Die erwartete Häufigkeit (f_e) in der Zelle ergibt sich, wenn wir diese relative Häufig-keit mit der Spaltenhäufigkeit (S_j) der entsprechenden Ausprägung des Merkmals B multiplizieren:

$$f_{e,ij} = P_i \cdot S_j \quad \text{oder} \quad f_{e,ij} = \frac{Z_i}{N} \cdot S_j$$

Diese Formel lässt sich natürlich auch folgendermaßen darstellen:

$$f_{e,ij} = \frac{Z_i \cdot S_j}{N} \quad \text{oder in Worten} \quad f_{e,ij} = \frac{\text{Zeilenhäufigkeit} \cdot \text{Spaltenhäufigkeit}}{N}$$

Mit dieser Variante der Formel wird auch deutlich, dass es für die Berechnung der erwarteten Häufigkeiten keine Rolle spielt, welches Merkmal wir in den Zeilen oder Spalten der Kreuztabelle abtragen oder ob wir zunächst die relative Häufigkeit einer Merkmalsausprägung in den Zeilen oder Spalten der Tabelle berechnen.

Wenden wir die Formel auf die obere linke Zelle (keine Teilnahme an einem Metho-denseminar und Denksportaufgabe nicht gelöst) in unserem Beispieldatensatz an, erhalten wir:

$$f_{e,11} = \frac{40 \cdot 60}{100} = 24$$

In ►Tabelle 17.5 sind neben den beobachteten Häufigkeiten in unserer Beispieluntersuchung auch die erwarteten Häufigkeiten dargestellt.

Tabelle 17.5

Beobachtete und erwartete Häufigkeiten in der Beispieluntersuchung

			Teilnahme an Methodenseminar		
			nein	ja	**Zeilensummen**
Denksport-aufgabe gelöst?	nein	(f_b)	32	8	$\Sigma = 40$
		(f_e)	24	16	
	ja	(f_b)	28	32	$\Sigma = 60$
		(f_e)	36	24	
Spaltensummen			$\Sigma = 60$	$\Sigma = 40$	$N = 100$

Nachdem wir die Nullhypothese im χ^2-Test auf Unabhängigkeit und die Berechnung der entsprechenden erwarteten Häufigkeiten dargestellt haben, müssen wir noch kurz auf die Alternativhypothese eingehen: Die Alternativhypothese ist auch im χ^2-Test auf Unabhängigkeit eine Omnibus-Hypothese. Sie behauptet lediglich, dass zwischen den beiden untersuchten Variablen in der Population ein unspezifischer Zusammenhang besteht. In unserer Beispieluntersuchung ist diese Hypothese also korrekt, wenn die Teilnehmer an einem Methodenseminar die Denksportaufgabe häufiger lösen als Nicht-Teilnehmer. Sie trifft aber auch dann zu, wenn die Teilnahme an einem Methodenseminar mit einer verminderten Lösungshäufigkeit einhergeht. Sofern wir aufgrund eines signifikanten Ergebnisses die Alternativhypothese annehmen, können wir also auch nur folgern, dass in der Population irgendein Zusammenhang vorhanden ist. Eine Aussage über die Art oder Richtung dieses Zusammenhangs ist aufgrund des χ^2-Werts alleine nicht möglich.

17.2.2 Berechnung des χ^2-Werts

Der χ^2-Wert wird auf die gleiche Weise berechnet wie im Test für eine Variable: Die Abweichungen zwischen den beobachteten und erwarteten Häufigkeiten in jeder Zelle werden quadriert und durch die erwarteten Häufigkeiten dividiert. Addieren wir die Ergebnisse dieser Berechnungen über alle Zellen auf, so erhalten wir den χ^2-Wert. Die Formel lautet:

$$\chi^2 = \sum_i^k \sum_j^m \frac{(f_{b,ij} - f_{e,ij})^2}{f_{e,ij}}$$

Die Formel enthält nunmehr zwei Summenzeichen, weil die Zellen in allen Spalten *und* allen Zeilen der Kreuztabelle erfasst werden müssen. Durch k wird die Anzahl der Ausprägungen des Merkmals A, durch m die Anzahl der Ausprägungen des Merkmals B bezeichnet (siehe Tabelle 17.4).

In unserer Beispieluntersuchung resultiert der folgende χ^2-Wert:

$$\chi^2 = \frac{(32-24)^2}{24} + \frac{(8-16)^2}{16} + \frac{(28-36)^2}{36} + \frac{(32-24)^2}{24} = 11{,}11$$

Bei einer perfekten Übereinstimmung von beobachteten und erwarteten Häufigkeiten ergibt sich natürlich auch im χ^2-Test auf Unabhängigkeit ein χ^2-Wert von Null. Je deutlicher die beobachteten von den erwarteten Häufigkeiten abweichen, desto größer wird der χ^2-Wert ausfallen.

17.2.3 Freiheitsgrade und Signifikanzprüfung

Die Freiheitsgrade im χ^2-Test auf Unabhängigkeit ergeben sich aus der Anzahl der Zellen, deren Häufigkeiten frei variieren können. Dabei ist zu berücksichtigen, dass wir für die Berechnung der erwarteten Häufigkeiten auf die Zeilen- und Spaltenhäufigkeiten zurückgegriffen haben. Die Zeilen- und Spaltenhäufigkeiten müssen wir demnach als gegeben betrachten. Damit kann in unserer Beispieluntersuchung in nur einer Zelle die Häufigkeit frei variieren. Wissen wir etwa, dass 8 Teilnehmer an einem Methodenseminar die Denksportaufgabe nicht gelöst haben und dass insgesamt 40 Studierende die Aufgabe nicht lösen konnten, so müssen offensichtlich 32 Studierende an der Aufgabe gescheitert sein, die nicht an einem Methodenseminar teilgenommen haben. Ebenso könnten wir auch die Häufigkeiten in den übrigen Zellen berechnen, wenn wir die Häufigkeit in einer Zelle und die Spalten- und Zeilenhäufigkeiten kennen.

Allgemein bestimmt sich die Anzahl der Freiheitsgrade nach folgender Formel:

$$df = (k - 1) \cdot (m - 1)$$

wobei durch k und m die Anzahl der Ausprägungen der beiden Merkmale angegeben wird. In unserer Beispieluntersuchung kommen wir also auf $df = (2 - 1) \cdot (2 - 1) = 1$. In einer Studie, in der beide betrachteten Merkmale drei Ausprägungen aufweisen, beträgt die Anzahl der Freiheitsgrade $df = (3 - 1) \cdot (3 - 1) = 4$.

In Abhängigkeit von den Freiheitsgraden in unserer Untersuchung können wir nun den kritischen χ^2-Wert bestimmen. Nehmen wir an, dass wir für unsere Beispieluntersuchung ein Signifikanzkriterium von $\alpha = 0{,}01$ festgelegt haben. Der Tabelle 4 im Anhang A können wir entnehmen, dass der kritische χ^2-Wert bei $df = 1$ und $\alpha = 0{,}01$ bei 6,635 liegt. Der in unserer Beispieluntersuchung gefundene χ^2-Wert betrug 11,11, er ist also größer als der kritische χ^2-Wert. Damit ist das Ergebnis signifikant – der von uns gefundene χ^2-Wert tritt bei Gültigkeit der Nullhypothese mit einer Wahrscheinlichkeit auf, die geringer als 1% ist. Wir weisen daher die Nullhypothese zurück. Wir können nun davon ausgehen, dass in der Population ein Zusammenhang zwischen der Teilnahme an einem Methodenseminar und der Lösung der Denksportaufgabe besteht. Dies heißt nichts anderes, als dass Studierende, die an einem Methodensemi- nar teilgenommen haben, die Denksportaufgabe mit einer anderen Häufigkeit lösen als Studierende, die nicht an einem solchen Seminar teilgenommen haben.

Im Rechenbeispiel 17.2 wird ein weiterer χ^2-Test auf Unabhängigkeit durchgeführt.

Rechenbeispiel 17.2

χ^2-Test auf Unabhängigkeit mit einer nicht-dichoto- men Variablen Die Anwendung des χ^2-Tests auf Unab- hängigkeit ist nicht auf Studien beschränkt, in denen beide Variablen dichotom sind. Die untersuchten Variablen können (zumindest im Prinzip) beliebig viele Ausprägungen aufweisen. Betrachten wir kurz ein Bei- spiel mit einem dreistufigen und einem zweistufigen Merkmal.

Nehmen wir an, wir hätten insgesamt 150 Absolventen der Studienrichtungen Soziologie und Jura danach befragt, welcher Aspekt ihnen bei der Wahl eines künftigen Arbeitsplatzes am wichtigsten ist. Dabei waren die Antwortmöglich- keiten „Gehalt", „Arbeitszeit" und „Gestaltungsmöglichkeiten" vorgegeben. Das Resultat dieser Befragung können wir wiederum in einer Kreuztabelle darstellen (▶Tabelle 17.6).

		Gehalt	Arbeitszeit	Gestaltung	Zeilensummen
Wichtigster Aspekt bei Arbeitsplatzwahl					
Studien- fach	Jura	45	14	21	$\Sigma = 80$
	Soziologie	29	17	24	$\Sigma = 70$
	Spaltensummen	$\Sigma = 74$	$\Sigma = 31$	$\Sigma = 45$	$N = 150$

Tabelle 17.6: Kreuztabelle mit den beobachteten Häufigkeiten der beiden Variablen „Studienfach" und „wichtigster Aspekt bei der Arbeitsplatzwahl" (fiktive Daten).

Besteht ein Zusammenhang zwischen dem Studienfach und dem wichtigsten Aspekt bei der Arbeitsplatzwahl? Bestimmen wir zunächst die bei Unabhängigkeit der Variablen erwarteten Häufigkeiten. Dabei können wir wiederum auf die Formel

$$f_{e,ij} = \frac{\text{Zeilenhäufigkeit} \cdot \text{Spaltenhäufigkeit}}{N}$$

zurückgreifen. In der oberen linken Zelle der Kreuztabelle erhalten wir also eine erwartete Häufigkeit von $(80 \cdot 74) : 150 = 39{,}5$ (wie Sie sehen, müssen die erwar- teten Häufigkeiten keine ganzen Zahlen sein. Dass wir natürlich niemals tatsäch- lich eine Häufigkeit von 39,5 beobachten können, spielt für den χ^2-Test keine Rolle). Die ▶Tabelle 17.7 zeigt die erwarteten Häufigkeiten in allen Zellen der Kreuztabelle.

▶

▶Fortsetzung

Wichtigster Aspekt bei Arbeitsplatzwahl

		Gehalt	Arbeitszeit	Gestaltung	Zeilensummen
Studien-fach	Jura	39,5	16,5	24	$\Sigma = 80$
	Soziologie	34,5	14,5	21	$\Sigma = 70$
	Spaltensummen	$\Sigma = 74$	$\Sigma = 31$	$\Sigma = 45$	$N = 150$

Tabelle 17.7: Erwartete Häufigkeiten zu den Daten in Tabelle 17.6.

Aus den beobachteten und erwarteten Häufigkeiten können wir nun den χ^2-Wert berechnen. Wir erhalten:

$$\chi^2 = \frac{(45-39,5)^2}{39,5} + \frac{(14-16,5)^2}{16,5} + \frac{(21-24)^2}{24} + \frac{(29-34,5)^2}{34,5}$$

$$+ \frac{(17-14,5)^2}{14,5} + \frac{(24-21)^2}{21} = 3,26$$

Die Freiheitsgrade in dieser Untersuchung betragen $df = (k-1) \cdot (m-1) = (2-1) \cdot (3-1) = 2$. Sofern wir ein Signifikanzkriterium von $\alpha = 0,05$ verwenden, beläuft sich der kritische χ^2-Wert bei $df = 2$ auf 5,991 (siehe Tabelle 4 im Anhang A). Der von uns gefundene χ^2-Wert ist also kleiner als der kritische χ^2-Wert und das Ergebnis folglich nicht signifikant. Wir können aus dem Stichprobenergebnis demnach nicht folgern, dass in der Population ein Zusammenhang zwischen den Merkmalen „Studienfach" und „wichtigster Aspekt bei der Arbeitsplatzwahl" besteht.

17.2.4 Effektgrößen

Sofern wir den Zusammenhang zwischen zwei dichotomen Variablen untersuchen, kann als Maß der Effektgröße natürlich der Phi-Koeffizient verwendet werden, bei dem es sich um eine Spezialform der Produkt-Moment-Korrelation handelt (siehe Kapitel 7). Die Berechnung des Phi-Koeffizienten aus den Häufigkeiten in einer Vierfeldertafel haben wir bereits im Kapitel 7 erläutert. Alternativ kann der Phi-Koeffizient aus dem χ^2-Wert und der Stichprobengröße anhand der folgenden Formel bestimmt werden:

$$\phi = \sqrt{\frac{\chi^2}{N}}$$

Wenden wir diese Formel auf die Daten aus der Studie zum Zusammenhang zwischen der Teilnahme an einem Methodenseminar und der Lösung einer Denksportaufgabe an, so erhalten wir natürlich dasselbe Ergebnis wie bei einer „direkten" Berechnung aus den Häufigkeiten (siehe Abschnitt 7.7.1):

$$\phi = \sqrt{\frac{\chi^2}{N}} = \sqrt{\frac{11,11}{100}} = 0,33$$

Da der Phi-Koeffizient mit dem Produkt-Moment-Korrelationskoeffizienten übereinstimmt, können auf ihn auch die üblichen Konventionen zur Beurteilung von Zusammenhängen angewendet werden. Es gilt: kleiner Effekt: $\phi \approx 0{,}1$; mittlerer Effekt: $\phi \approx 0{,}3$; großer Effekt: $\phi \approx 0{,}5$.

Wenn mindestens eines der betrachteten Merkmale mehr als zwei Ausprägungen aufweist, kann der Zusammenhang zwischen den Merkmalen nicht durch den Phi-Koeffizienten ausgedrückt werden. In diesem Fall ist eine Erweiterung des Phi-Koeffizienten das gebräuchlichste Effektmaß: *Cramers Phi*. Die Formel für Cramers Phi lautet:

$$Cramers\ \phi = \sqrt{\frac{\chi^2}{N \cdot df_{kleiner}}}$$

Dabei werden zur Bestimmung von $df_{kleiner}$ die Freiheitsgrade der Zeilen- und Spaltenhäufigkeiten in der Kreuztabelle betrachtet. Wir haben die Anzahl der Ausprägungen des Merkmals in den Zeilen einer Kreuztabelle mit k bezeichnet, für die Anzahl der Ausprägungen des Merkmals in den Spalten wurde der Index m verwendet. Die Freiheitsgrade für die Zeilenhäufigkeiten in einer Kreuztabelle betragen $df_{Zeilen} = k - 1$. Analog ergeben sich die Freiheitsgrade für die Spaltenhäufigkeiten als $df_{Spalten} = m - 1$. Der kleinere der beiden Werte df_{Zeilen} und $df_{Spalten}$ ist nun $df_{kleiner}$.

Berechnen wir Cramers Phi für die Daten aus dem Rechenbeispiel 17.2. Dort wurde der Zusammenhang zwischen einem zweistufigen und einem dreistufigen Merkmal untersucht. Die Freiheitsgrade der Zeilen- und Spaltenhäufigkeiten betragen hier also $df_{Zeilen} = 2 - 1 = 1$ und $df_{Spalten} = 3 - 1 = 2$. In die Formel für Cramers Phi geht daher der Wert $df_{kleiner} = 1$ ein. Der χ^2-Wert lag in dieser Studie bei 3,26, N war 150. Für den von uns untersuchten Zusammenhang zwischen dem Studienfach und dem wichtigsten Aspekt bei der Berufswahl resultiert also das folgende Cramers Phi:

$$Cramers\ \phi = \sqrt{\frac{\chi^2}{N \cdot df_{kleiner}}} = \sqrt{\frac{3{,}26}{150 \cdot 1}} = 0{,}15$$

Cramers Phi nimmt ebenso wie der Phi-Koeffizient Werte zwischen 0 und 1 an, wobei der Wert 0 anzeigt, dass die Variablen völlig unabhängig sind und der Wert 1 ausdrückt, dass ein perfekter Zusammenhang besteht. Dennoch können wir Cramers Phi nicht in allen Fällen ebenso interpretieren wie den Phi-Koeffizienten. Der Grund dafür liegt darin, dass Cramers Phi nicht nur von der Stärke des Zusammenhangs zwischen den Variablen abhängt, sondern auch von der Größe $df_{kleiner}$ beeinflusst wird. Je größer $df_{kleiner}$, desto geringer wird Cramers Phi ausfallen. Ein Zusammenhang vergleichbarer Größe wird also in einer Kreuztabelle mit 4 Zeilen und 3 Spalten zu einem geringeren Cramers Phi führen als in einer Kreuztabelle mit 3 Zeilen und 2 Spalten (Cohen, 1988). Entsprechend können die Konventionen zur Beurteilung des Phi-Koeffizienten auch nicht generell auf Cramers Phi angewendet werden. (Eine Ausnahme besteht im Fall von $df_{kleiner} = 1$. In diesem Fall können die Werte von Cramers Phi ebenso interpretiert werden wie Werte des Phi-Koeffizienten.)

Welche Werte von Cramers Phi in Abhängigkeit von $df_{kleiner}$ zu bestimmten Werten des Phi-Koeffizienten korrespondieren, lässt sich mit Hilfe einer dritten Effektgröße illustrieren, die bei der Untersuchung des Zusammenhangs zweier nominalskalierter Variablen verwendet werden kann. Dabei handelt es sich um das Maß w, das wir bereits vom χ^2-Test für eine Variable kennen. Die Effektgröße w kann sowohl in Vierfeldertafeln als auch in größeren Kreuztabellen genutzt werden, um den Zusammenhang zwischen den betrachteten Merkmalen zu beschreiben. Die Formeln für w, die wir im Kontext des χ^2-Tests für eine Variable vorgestellt haben, können ohne Einschränkungen auf den χ^2-Test auf Unabhängigkeit übertragen werden. Das Maß w kann also zum einen aus den beobachteten und erwarteten *relativen Häufigkeiten* in den Zellen der Kreuztabelle berechnet werden:

$$w = \sqrt{\sum_{i}^{k} \sum_{j}^{m} \frac{\left(P_{b,ij} - P_{e,ij}\right)^2}{P_{e,ij}}}$$

wobei $P_{b,ij}$ für die beobachtete relative Häufigkeit in der Zelle ij und $P_{e,ij}$ für die entsprechende erwartete relative Häufigkeit steht.

Alternativ besteht wiederum die Möglichkeit w anhand des χ^2-Werts und der Stichprobengröße zu bestimmen:

$$w = \sqrt{\frac{\chi^2}{N}}$$

Damit wird auch deutlich, dass w im Falle einer Vierfeldertafel mit dem Phi-Koeffizienten identisch ist – dieser konnte anhand derselben Formel wie w aus dem χ^2-Wert und der Stichprobengröße berechnet werden. Zudem entspricht w auch Cramers Phi, wenn $df_{kleiner} = 1$ ist – wenn also zumindest eines der beiden betrachteten Merkmale nur zwei Ausprägungen aufweist. Für die Daten im Rechenbeispiel 17.2 errechnen wir damit auch für die Effektgröße w einen Wert von 0,15:

$$w = \sqrt{\frac{\chi^2}{N}} = \sqrt{\frac{3,26}{150}} = 0,15$$

Für w gelten bei der Untersuchung des Zusammenhangs zweier nominalskalierter Merkmale dieselben Konventionen wie bei der Analyse der Häufigkeitsverteilung eines Merkmals:

- Kleiner Effekt: $w = 0,1$
- Mittlerer Effekt: $w = 0,3$
- Großer Effekt: $w = 0,5$

Der Zusammenhang zwischen dem Studienfach und dem wichtigsten Aspekt bei der Arbeitsplatzwahl in der Studie im Rechenbeispiel 17.2 entspricht also in etwa einem kleinen Effekt.

Sofern beide untersuchten Variablen mehr als zwei Ausprägungen aufweisen – also $df_{kleiner}$ größer als 1 ist, sind Cramers Phi und w nicht äquivalent. In diesem Fall wird Cramers Phi kleiner ausfallen als w, weil es im Gegensatz zu w durch $df_{kleiner}$ beeinflusst wird. Die Diskrepanz zwischen w und Cramers Phi wird umso größer ausfallen, je größer $df_{kleiner}$ ist. Um auch für die Beurteilung von Cramers Phi eine Orientierung an Konventionen gewinnen zu können, muss in diesem Fall daher Cramers Phi zunächst in w umgerechnet werden. Die Formel dazu lautet:

$$w = Cramers\,\phi \cdot \sqrt{df_{kleiner}}$$

Zur Illustration sind in ▶Tabelle 17.8 für verschiedene $df_{kleiner}$ die Werte von Cramers Phi zusammengestellt, die zu bestimmten w-Werten korrespondieren (siehe Cohen 1988, 222). Beispielsweise würde in einer Untersuchung mit einem dreistufigen und einem vierstufigen Merkmal ($df_{kleiner} = 2$) ein Cramers Phi von 0,141 einem w von 0,20 entsprechen. In einer Studie mit zwei vierstufigen Merkmalen ($df_{kleiner} = 3$) wäre hingegen ein Cramers Phi von 0,115 äquivalent zu einem w von 0,20 und würde folglich zum Ausdruck bringen, dass ein ebenso großer Effekt beobachtet wurde wie in der ersten Untersuchung.

Tabelle 17.8

Werte für Cramers Phi, die bei unterschiedlichen $df_{kleiner}$ äquivalent sind zu entsprechenden Werten der Effektgröße w.*

w (in Vierfeldertafeln auch Phi)	Cramers ϕ		
	$df_{kleiner} = 1$	$df_{kleiner} = 2$	$df_{kleiner} = 3$
0,10	0,10	0,071	0,058
0,20	0,20	0,141	0,115
0,30	0,30	0,212	0,173
0,40	0,40	0,283	0,231
0,50	0,50	0,354	0,289
0,60	0,60	0,424	0,346
0,70	0,70	0,495	0,404
0,80	0,80	0,566	0,462
0,90	0,90	0,636	0,520

* Die Werte sind entnommen aus Cohen (1988), Tabelle 7.2.3.

Wir können der Tabelle entnehmen, dass bei $df_{kleiner} = 2$ Cramers Phi-Werte von 0,071, 0,212 und 0,354 den für das Maß w formulierten Konventionen für kleine, mittlere und große Effekte entsprechen. Bei $df_{kleiner} = 3$ korrespondieren Cramers Phi-Werte von 0,058, 0,173 und 0,289 zu den Konventionen für w.

17.2.5 Power

Um die Teststärke eines χ^2-Tests auf Unabhängigkeit zu bestimmen, können wir Tabelle 17.3 verwenden – also ebenso vorgehen wie im χ^2-Test für eine Variable. Zu beachten ist dabei lediglich, dass Angaben über die erwartete Effektgröße in der Population, die in Cramers Phi-Werten vorliegen, gegebenenfalls zunächst in w-Werte umgerechnet werden müssen.

Betrachten wir ein Beispiel für eine a priori Poweranalyse: Nehmen wir an, wir planen eine Studie zum Zusammenhang zweier dreistufiger Variablen. In einigen Publikationen über Studien mit einer ähnlichen Fragestellung und dem gleichen Design werden Cramers Phi-Werte im Bereich von 0,2 berichtet. Aufgrund dieser Befunde gehen wir davon aus, dass die Populationseffektgröße bei Cramers-Phi = 0,2 liegt. Wir beabsichtigen in unserer Untersuchung ein Signifikanzkriterium von α = 0,05 zu verwenden. Wie viele Teilnehmer werden benötigt um eine Power von mindestens 80% sicherzustellen?

Um Tabelle 17.3 verwenden zu können, müssen wir zunächst den Cramers Phi-Wert in w umrechnen. In einer Untersuchung mit zwei dreistufigen Merkmalen beträgt $df_{kleiner}$ = 2. Tabelle 17.8 können wir entnehmen, dass ein Cramers-Phi von 0,2 bei $df_{kleiner}$ = 2 in etwa einem w von 0,3 entspricht (eine exakte Umrechnung ergibt $w = Cramers\ \phi \cdot \sqrt{df} = 0,2 \cdot \sqrt{2} = 0,28$). Die Freiheitsgrade des χ^2-Werts in unserer Untersuchung belaufen sich auf $df = (k-1) \cdot (m-1) = (3\text{ -}1) \cdot (3-1) = 4$. Tabelle 17.3 zeigt, dass bei α = 0,05, df = 4 und einer erwarteten Effektgröße von w = 0,3 mit einer Stichprobengröße von N = 150 eine Power von 0,85 erreicht wird. Mit etwa 150 Teilnehmern ist also die von uns angestrebte Power gewährleistet.

17.3 Voraussetzungen der χ^2-Tests

χ^2-Tests zählen – im Gegensatz zu t-Tests und den verschiedenen Varianten der Varianzanalyse – zu den so genannten *nonparametrischen Testverfahren* (weitere nonparametrische Tests werden im Kapitel 18 vorgestellt). Diese Bezeichnung rührt daher, dass in den entsprechenden Verfahren keine Populationsparameter, wie Populationsmittelwerte oder -varianzen, geschätzt werden. Dies führt dazu, dass bestimmte Voraussetzungen, die bei parametrischen Tests notwendig sind, in nonparametrischen Verfahren keine Rolle spielen. Beispielsweise beruht die Schätzung der Populationsvarianz in der Varianzanalyse auf der Annahme, dass Varianzhomogenität besteht – alle Stichproben müssen aus Populationen mit der gleichen Varianz stammen (siehe Abschnitt 14.3). Eine vergleichbare Voraussetzung besteht für χ^2-Tests oder andere nonparametrische Verfahren nicht. Nonparametrische Tests sind zudem *verteilungsfrei*. Damit ist gemeint, dass in diesen Verfahren keine spezifischen Annahmen über die Form der Populationsverteilung getroffen werden müssen.[5] Auch damit unterscheiden sich die nonparametrischen Tests vom t-Test oder der Varianzanalyse.

---

5 Allerdings geht in manche Anwendungen nonparametrischer Tests die Annahme ein, dass die Verteilungen zweier Populationen die gleiche Form haben.

Diese Verfahren führen nur dann zu akkuraten Ergebnissen, wenn in allen untersuchten Populationen eine Normalverteilung gegeben ist (siehe die Abschnitte 13.1 und 14.3). Generell sind nonparametrische Tests demnach an weniger anspruchsvolle Voraussetzungen gebunden als parametrische Verfahren.

Dennoch liefern auch die hier vorgestellten χ^2-Tests nur dann korrekte Ergebnisse, wenn die Daten bestimmten Bedingungen genügen. Diese Bedingungen lauten:

- Jede Person muss eindeutig einer bestimmten Merkmalsausprägung bzw. Merkmalskombination zugeordnet werden können.
- Die Beobachtungen müssen voneinander unabhängig sein.

Die erste dieser Voraussetzungen wird bei Merkmalen wie Geschlecht, Parteimitgliedschaft oder „Lösung einer Denksportaufgabe" natürlich keine Probleme bereiten. Anders könnte es beispielsweise aussehen, wenn das Merkmal „Psychiatrische Diagnose" untersucht wird. Es ist keineswegs selten, dass bei Psychiatriepatienten mehrere Störungsbilder zugleich diagnostiziert werden. Damit könnte im χ^2-Test auch ein und dieselbe Person mehreren Merkmalsausprägungen zugeordnet werden. Dies hätte wiederum zur Folge, dass die Stichprobengröße N künstlich erhöht wird. Der χ^2-Test würde daher zu einem verfälschten Ergebnis führen. Damit der χ^2-Test in solchen Situationen angewendet werden kann, müssen Klassifikationskriterien entwickelt werden, die eine eindeutige Zuordnung von Probanden zu Merkmalsausprägungen ermöglichen.

Die Voraussetzung unabhängiger Beobachtungen ist insbesondere dann verletzt, wenn ein Merkmal bei denselben Probanden mehrfach erfasst wird. Ein Beispiel: In einer Untersuchung soll geprüft werden, ob eine kürzlich an einer Universität durchgeführte Aufklärungskampagne über die Folgen des Rauchens einen Effekt hatte. Dazu wird bei 100 Studierenden vor *und* nach der Aufklärungskampagne erfasst, ob sie rauchen. Diese Daten könnten nicht mit den hier vorgestellten „gewöhnlichen" χ^2-Tests ausgewertet werden – sie verletzen die Voraussetzung der Unabhängigkeit. Allerdings existieren Varianten des χ^2-Tests, mit denen abhängige nominalskalierte Daten analysiert werden können. In der skizzierten Studie wäre der *McNemar-Test* das Verfahren der Wahl. Eine Darstellung des *McNemar-Tests* und weiterer Verfahren für die Analyse abhängiger nominalskalierter Daten findet man bei Bortz, Lienert und Boehnke (2000).

Eine dritte Voraussetzung der χ^2-Tests ist umstritten. Dabei geht es um die Frage, ob in allen Merkmalsausprägungen bzw. Merkmalskombinationen bestimmte minimale erwartete Häufigkeiten gegeben sein müssen, damit der χ^2-Test zu einem korrekten Ergebnis führt. Warum sollte der χ^2-Test bei kleinen erwarteten Häufigkeiten ein fehlerhaftes Ergebnis liefern? Das Problem besteht darin, dass die Stichprobenverteilung des χ^2-Werts nur dann exakt einer χ^2-Verteilung entspricht, wenn die untersuchte Stichprobe sehr groß (genauer gesagt unendlich groß) ist. Bei kleinen Stichproben kann die tatsächliche Verteilung des χ^2-Werts nennenswert von der χ^2-Verteilung abweichen. In diesem Fall würden wir anhand der χ^2-Verteilung einen falschen p-Wert ermitteln. Minimale erwartete Häufigkeiten in den Merkmalsausprägungen bzw. Merkmalskombinationen stellen einen Schutz gegen dieses Problem dar. In vielen Statistikbüchern werden daher Empfehlungen zu der Frage gegeben, wie groß die erwarteten Häufigkeiten mindestens sein sollten. Eine besonders häufig genannte Richtlinie besagt, dass die erwartete Häufigkeit in 80% der Merkmalsausprägungen bzw. -kombinationen größer als 5 und in keiner Merkmalsausprägung kleiner als 1 sein sollte (z.B. Siegel & Castellan, 1988). Allerdings haben einige Forschungsarbeiten gezeigt, dass der χ^2-Test auch bei deutlich geringeren erwarteten Häufigkeiten zu annähernd korrekten p-Werten führen kann. Demnach ändert sich die Wahrscheinlichkeit für einen α-Fehler im χ^2-Test unter Umständen selbst dann nicht nennenswert, wenn erwartete Häufigkeiten kleiner als 1 auftreten (Good et al., 1977; Delucchi, 1993). Der χ^2-Test scheint auch bei kleinen erwarteten Häufigkeiten robust zu sein.

Dies sollte allerdings nicht darüber hinwegtäuschen, dass es wenig klug wäre, einen χ^2-Test bei einer kleinen Stichprobe (und somit mit geringen erwarteten Häufigkeiten) durchzuführen. Das Problem liegt weniger darin, dass der Test in diesem Fall zu einem ungenauen oder falschen Ergebnis führt. Eine kleine Stichprobe bedeutet aber, dass die Power des Tests gering sein wird. Die Wahrscheinlichkeit, einen vorhandenen Effekt zu übersehen, wäre sehr groß.

Z U S A M M E N F A S S U N G

χ^2-Tests können zur Analyse nominalskalierter Variablen verwendet werden. Sie ermöglichen es, Hypothesen über die Häufigkeiten von Merkmalsausprägungen oder Merkmalskombinationen in der Population zu prüfen. Die in der Population angenommene Häufigkeitsverteilung entspricht dabei der Nullhypothese des Tests. Die grundlegende Idee des χ^2-Tests besteht darin, die in der Stichprobe beobachteten Häufigkeiten mit den aufgrund der Nullhypothese erwarteten Häufigkeiten zu vergleichen. Die Diskrepanz zwischen beobachteten und erwarteten Häufigkeiten wird dabei durch den χ^2-Wert ausgedrückt. Der χ^2-Wert wird berechnet, indem zunächst die Differenzen zwischen beobachteten und erwarteten Häufigkeiten quadriert und durch die erwarteten Häufigkeiten dividiert werden. Die Ergebnisse dieser Berechnungen werden dann über alle Merkmalsausprägungen oder Merkmalskombinationen aufaddiert. χ^2-Werte folgen einer bekannten Stichprobenverteilung: der χ^2-Verteilung. Die exakte Form der χ^2-Verteilung hängt von den Freiheitsgraden des χ^2-Werts ab. Anhand der χ^2-Verteilung kann zu jedem χ^2-Wert ein p-Wert ermittelt werden. Aufgrund dieses p-Werts wird – wie in jedem Signifikanztest – darüber entschieden, ob die Nullhypothese zurückgewiesen werden kann.

Der χ^2-Test für eine Variable wird eingesetzt, um Hypothesen über die Häufigkeiten der Ausprägungen *einer* nominalskalierten Variablen zu prüfen. Dabei kann im Prinzip jede beliebige Annahme über die Häufigkeitsverteilung der Variablen als Nullhypothese formuliert werden. Eine besonders häufig geprüfte Nullhypothese ist jedoch die Gleichverteilungsannahme. Diese besagt, dass in der Population alle Ausprägungen der untersuchten Variablen gleich häufig auftreten. Andere Nullhypothesen werden beispielsweise dann verwendet, wenn die in der Stichprobe beobachteten Häufigkeiten mit der bereits bekannten Häufigkeitsverteilung in einer bestimmten Population verglichen werden sollen. Als Effektgröße kann im χ^2-Test für eine Variable das Maß w verwendet werden. Die Formel zur Berechnung von w basiert auf den Abweichungen zwischen den beobachteten und erwarteten *relativen Häufigkeiten* der verschiedenen Merkmalsausprägungen. Das Maß w ist damit – im Unterschied zum χ^2-Wert – unabhängig von der Stichprobengröße. ▶

►**Fortsetzung**

Der χ^2-Test für zwei Variablen kann verwendet werden, wenn bei den Teilnehmern einer Untersuchung zwei nominalskalierte Merkmale erhoben werden. In diesem Fall können Hypothesen über die Häufigkeiten der Kombinationen der Ausprägungen der beiden Merkmale geprüft werden. Auch im χ^2-Test für zwei Variablen kann im Prinzip jede beliebige Annahme über die Häufigkeiten der verschiedenen Merkmalskombinationen als Nullhypothese fungieren. In der Literatur wird der χ^2-Test für zwei Variablen jedoch überwiegend eingesetzt, um die Nullhypothese zu prüfen, dass zwischen den beiden Merkmalen Unabhängigkeit besteht. Dies ist dann der Fall, wenn die relativen Häufigkeiten der Ausprägungen eines Merkmals auf allen Ausprägungen des anderen Merkmals gleich sind.

Im χ^2-Test auf Unabhängigkeit werden verschiedene Effektgrößen verwendet. Sofern beide untersuchten Merkmale dichotom sind, ist der Phi-Koeffizient das gebräuchlichste Effektmaß. Eine Erweiterung des Phi-Koeffizienten, die auch eingesetzt werden kann, wenn eines oder beide Merkmale über mehr als zwei Ausprägungen verfügen, ist Cramers Phi. Dieses Maß wird allerdings von der Anzahl der Ausprägungen der Merkmale beeinflusst. Dies ist bei der Interpretation von Cramers Phi zu berücksichtigen. Schließlich kann auch bei der Untersuchung des Zusammenhangs zwischen zwei nominalskalierten Variablen das Maß w als Effektgröße verwendet werden. Im Fall von zwei dichotomen Merkmalen sind w und der Phi-Koeffizient identisch. Cramers Phi kann in w umgerechnet werden.

χ^2-Tests zählen zu den nonparametrischen Verfahren und sind daher nur an wenige Voraussetzungen gebunden. Diese Voraussetzungen besagen, dass jede Person eindeutig einer bestimmten Merkmalsausprägung bzw. Merkmalskombination zugeordnet werden können muss und dass die einzelnen Beobachtungen voneinander unabhängig sein müssen. Die Frage, ob bestimmte minimale erwartete Häufigkeiten in den Merkmalsausprägungen bzw. Merkmalskombinationen gegeben sein müssen, ist umstritten.

Z U S A M M E N F A S S U N G

Weiterführende Literatur

Bortz, J., Lienert, G.A. & Boehnke, K. (2000). *Verteilungsfreie Methoden der Biostatistik*. Berlin: Springer.

Ein Lehrbuch über nonparametrische Verfahren, in dem auch weitere Varianten und Anwendungsmöglichkeiten von χ^2-Tests erläutert werden.

Übungsaufgaben mit Lösungen sowie weitere Informationen zu diesem Buchkapitel finden Sie auf der Companion Website zum Buch unter *http://www.pearson-studium.de*

Verfahren zur Analyse ordinalskalierter Daten

ÜBERBLICK

18

Wir haben in den Kapiteln 13 bis 16 Signifikanztests zur Analyse von Daten vorgestellt, die mindestens Intervallskalenniveau aufweisen. Im vorangegangenen Kapitel haben Sie dann mit den χ^2-Verfahren Tests für nominalskalierte Daten kennen gelernt. In unserem Inventar an Signifikanztests fehlen damit offensichtlich noch Verfahren für ordinalskalierte Daten.[1] Ordinalskalierte Daten liegen vor, wenn uns die Messwerte von Probanden lediglich darüber informieren, bei welcher von zwei Personen das jeweilige Merkmal stärker ausgeprägt ist. Eine Aussage über die Größe des Unterschieds zwischen verschiedenen Merkmalsausprägungen ist aufgrund von ordinalskalierten Daten hingegen nicht möglich (siehe Abschnitt 3.3.2). Das typische Beispiel für ordinalskalierte Daten sind alle Arten von Rangreihen, wie etwa die Platzierungen von Sportlern in einem Wettbewerb. Wir könnten Tests für ordinalskalierte Daten dazu verwenden, um zu prüfen, welche von zwei Gruppen von Sportlern (gedopte und nicht-gedopte, Mitglieder der Mannschaften A und B) in Wettkämpfen besser abschneidet.

In der Psychologie stellt es sicher eine seltene Ausnahme dar, dass Daten unmittelbar in Form von Rangreihen vorliegen. In quasi allen Untersuchungen zu quantitativen Merkmalen wird man daran interessiert sein, Aussagen über die Größe des Unterschieds zwischen Personen oder Gruppen treffen zu können. Folglich wird man sich auch stets darum bemühen, Daten zu erheben, die (zumindest) Intervallskalenniveau aufweisen. Allerdings ist es gelegentlich umstritten, ob eine bestimmte Messung tatsächlich Intervallskalenniveau erreicht. Wenn etwa eine Rating-Skala von 1 (= „stimme völlig zu") bis 5 (= „lehne völlig ab") verwendet wird, um die Zustimmung zu einer bestimmten Aussage zu messen, dann ist es durchaus diskutabel, ob der Unterschied zwischen zwei Probanden, die die Skalenpunkte 1 und 2 angekreuzt haben, ebenso groß ist wie der Unterschied zwischen zwei Probanden, die sich für die Skalenpunkte 3 und 4 entschieden haben (siehe Abschnitt 3.3.3). Manche Psychologen argumentieren, dass man in einem solchen Fall nicht zu viel Vertrauen in die Qualität der Messung setzen sollte. Wenn man die Daten entsprechend nicht als intervallskaliert betrachtet, dann kann man in der weiteren Analyse natürlich auch nicht auf t-Tests und Varianzanalysen zurückgreifen, da diese Verfahren nur bei Messungen auf Intervallskalenniveau sinnvolle Ergebnisse liefern. Die Alternative besteht hier darin, den Probanden zunächst aufgrund ihrer Messwerte Rangplätze zuzuordnen. Mit diesen Rangplätzen können dann Tests für ordinalskalierte Daten durchgeführt werden.

Das vermutlich größte Anwendungsfeld für „Rangtests" ergibt sich aber aus der Tatsache, dass diese Tests – ebenso wie χ^2-Tests – zu den nonparametrischen Verfahren gehören und damit nur an wenige und vergleichsweise schwache Voraussetzungen gebunden sind. Sie erinnern sich: Parametrische Verfahren wie t-Tests und die verschiedenen Varianten der Varianzanalyse liefern nur dann korrekte Ergebnisse, wenn bestimmte Voraussetzungen erfüllt sind. Zu diesen Voraussetzungen zählt vor allem, dass die untersuchten Populationen normalverteilt sind und die gleiche Varianz aufweisen. Somit stellt sich die Frage, welche Verfahren bei der Analyse eingesetzt werden können, wenn zwar intervallskalierte Daten erhoben wurden, die Voraussetzungen

---

1 Allerdings kennen Sie aus Kapitel 12 bereits den Vorzeichentest, der zur Analyse von ordinalskalierten Daten verwendet werden kann. Wir werden in Abschnitt 18.3 auf diesen Test zurückkommen.

für die üblichen parametrischen Tests aber verletzt sind. In diesem Fall sind Rangtests eine mögliche Alternative, da sie ohne derartige Voraussetzungen auskommen. Diese Alternative hat aber einen nicht unerheblichen Preis: Auch hier besteht der erste Schritt bei der Durchführung von Rangtests darin, den Probanden auf der Grundlage ihrer Messwerte Rangplätze zuzuordnen. Damit geht die Information über die Größe der Unterschiede zwischen verschiedenen Probanden, die in den ursprünglichen Messwerten enthalten war, verloren. Somit sind die Ergebnisse von Rangtests weniger aussagekräftig als die Ergebnisse parametrischer Verfahren. Zudem haben Rangtests in den meisten Fällen eine geringere Power als parametrische Tests.

Wir werden im Folgenden zunächst noch einmal kurz auf die Voraussetzungen parametrischer Tests eingehen und erörtern, unter welchen Umständen es sinnvoll sein kann, an ihrer Stelle Rangtests zu verwenden. Wir werden dann exemplarisch zwei Rangtests vorstellen: den *U*-Test von Mann-Whitney, der zum Vergleich der Daten aus zwei unabhängigen Stichproben eingesetzt werden kann, und den Wilcoxon-Test, der für die Analyse der Daten aus zwei abhängigen Stichproben geeignet ist. Diese Tests stellen also einen möglichen „Ersatz" für die *t*-Tests für unabhängige und abhängige Stichproben dar. Zum Abschluss des Kapitels werden wir kurz auf die Powerbestimmung bei Rangtests eingehen.

18.1 Voraussetzungsverletzungen in parametrischen Tests

Wenn die Voraussetzungen, dass die betrachteten Populationen normalverteilt sind und homogene Varianzen aufweisen, verletzt sind, führen parametrische Tests zu „verzerrten" Ergebnissen. In diesen Fällen stimmt der errechnete *p*-Wert nicht mehr exakt mit dem korrekten *p*-Wert überein. Dies bedingt auch, dass die tatsächlichen Wahrscheinlichkeiten für einen α- und β-Fehler von den angenommenen (oder „nominellen") Wahrscheinlichkeiten abweichen. Wir haben in den Kapiteln zu parametrischen Testverfahren allerdings auch betont, dass diese Verfahren unter einer Vielzahl unterschiedlicher Randbedingungen robust gegenüber Voraussetzungsverletzungen sind: Auch bei deutlichen Abweichungen von einer Normalverteilung und deutlich unterschiedlichen Varianzen unterscheiden sich der korrekte und der errechnete *p*-Wert nur unwesentlich. Dies gilt insbesondere dann, wenn große Stichproben untersucht werden und die Anzahl der Probanden in allen Bedingungen oder Gruppen einer Studie gleich groß ist.

Daraus ergibt sich, dass unter den genannten Umständen auch recht deutliche Voraussetzungsverletzungen toleriert werden können. Da parametrische Tests aussagekräftigere Ergebnisse liefern und zudem zumeist die größere Power aufweisen, sollte man in entsprechenden Fällen für die Auswertung intervallskalierter Daten auch dann parametrische Tests verwenden, wenn Hinweise vorliegen, dass deren Voraussetzungen verletzt sind.

Wann stellen Rangtests dann eine sinnvolle Alternative zu den parametrischen Testverfahren dar? Die Antwort liegt auf der Hand: Wenn drastische Voraussetzungsverletzungen zu befürchten sind und zugleich kleine und/oder unterschiedliche große Stichproben in verschiedenen Bedingungen untersucht werden, liefern Rangtests bei der Signifikanzprüfung verlässlichere Ergebnisse. Ein entsprechendes Beispiel finden Sie im nächsten Abschnitt.

18.2 Der *U*-Test

Mit dem *U*-Test kann – wie wir schon erwähnt haben – geprüft werden, ob zwischen zwei unabhängigen Stichproben hinsichtlich einer abhängigen Variablen signifikante Unterschiede bestehen. Anders als beim *t*-Test für unabhängige Stichproben gehen in den *U*-Test dabei aber nicht die ursprünglichen Messwerte der Probanden ein, sondern die ihnen zugeordneten Rangplätze.

Wir wollen die Schritte bei der Durchführung des *U*-Tests an einem Beispiel illustrieren: Nehmen wir an, dass in einer Studie geprüft werden soll, ob ein bestimmtes Medikament als Nebenwirkung eine Verlangsamung der Reaktionszeit zur Folge hat. Zu diesem Zweck werden 20 Probanden zufällig in zwei Gruppen eingeteilt. Die 10 Probanden der einen Gruppe erhalten das Medikament, den 10 Probanden der anderen Gruppe wird ein Placebo verabreicht. Gemessen wird schließlich, wie viele Millisekunden (msec) die Probanden benötigen, um auf ein visuelles Signal zu reagieren.

Ein erster sinnvoller Schritt bei der Datenauswertung besteht nun darin, die Verteilung der Messwerte in beiden Gruppen zu betrachten. Zu diesem Zweck haben wir die Daten in ▶Abbildung 18.1 in einem (Back-to-back) Stamm-Blatt-Diagramm dargestellt (siehe Rechenbeispiel 6.1). Aus dem Diagramm wird deutlich, dass die Verteilung in beiden Gruppen extrem asymmetrisch ist und einer Normalverteilung nicht entfernt ähnelt. In beiden Gruppen ballen sich die Daten in einem niedrigen Wertebereich (in der Medikamenten-Gruppe bei 170 – 180 msec; in der Placebo-Gruppe bei 150 – 160 msec). Geringere Werte treten in beiden Gruppen gar nicht auf, einige Reaktionszeiten sind aber erheblich länger. Eine solche „linkssteile" Verteilung der Messwerte ist für Reaktionszeiten auch aus theoretischen Gründen zu erwarten: Eine Reaktionszeit von 0 msec kann natürlich nicht erreicht oder gar unterschritten werden. Für Reaktionszeiten gibt es eine untere Grenze. Eine obere Grenze besteht dagegen nicht, Reaktionszeiten können (zumindest im Prinzip) beliebig lang sein. Sowohl diese theoretische Überlegung als auch die Messwerte in unseren Stichproben legen demnach den Schluss nahe, dass die Verteilung der Reaktionszeiten in den betrachteten Populationen deutlich von einer Normalverteilung abweicht. Eine der Voraussetzungen für einen *t*-Test für unabhängige Stichproben ist damit grob verletzt. Daher entscheiden wir uns dafür, anstelle des *t*-Tests den *U*-Test zu verwenden, um auf signifikante Unterschiede zwischen den Gruppen hin zu testen.

```
              3 | 22 |
                | 21 | 9
                | 20 |
           6, 4 | 19 | 2
        6, 5, 4 | 18 | 3
     9, 8, 2, 1 | 17 | 7
                | 16 | 1, 3
                | 15 | 4, 5, 8, 9
       Medikament      Placebo
```

Abbildung 18.1: Verteilung der Reaktionszeiten in beiden Bedingungen der Beispielstudie (fiktive Daten).

18.2.1 Zuordnung der Rangplätze

Der erste Schritt bei der Durchführung des *U*-Tests besteht nun darin, die Messwerte aus beiden Stichproben in eine *gemeinsame* Rangreihe zu bringen und jedem Messwert einen entsprechenden Rangplatz zuzuordnen. Die ▶Tabelle 18.1 veranschaulicht diese Zuordnung der Rangplätze.

Tabelle 18.1

Zuordnung von Rangplätzen zu den Messwerten in der Beispielstudie

Gruppe 1 (Medikament)	Gruppe 2 (Placebo)	Rang
	154	1
	155	2
	158	3
	159	4
	161	5
	163	6
171		7
172		8
	177	9
178		10
179		11
	183	12
184		13
185		14
186		15
	192	16
194		17
196		18
	219	19
223		20

Die schnellste Reaktionszeit in unserer Untersuchung betrug 154 msec und trat in der Gruppe auf, in der den Probanden ein Placebo verabreicht wurde. Diese Reaktionszeit erhält den Rangplatz 1. Die zweitschnellste Reaktionszeit (155 msec) stammt ebenfalls aus der „Placebo-Gruppe". Dieser Reaktionszeit wird der Rangplatz 2 zugeordnet. Die niedrigste Reaktionszeit aus der „Medikamenten-Gruppe" beläuft sich auf 171 msec und nimmt in der gemeinsamen Rangreihe der Reaktionszeiten aus beiden Gruppen den 7. Rangplatz ein. Auf diese Weise wird nun jeder Messwert in einen Rangplatz transformiert.

In Tabelle 18.1 sind wir so vorgegangen, dass wir der niedrigsten Reaktionszeit den Rangplatz 1 und schließlich der höchsten Reaktionszeit den Rangplatz 20 zugeordnet haben. Für den U-Test spielt es jedoch keine Rolle, ob wir dem niedrigsten oder dem höchsten Messwert den Rangplatz 1 zuweisen. Der U-Test würde uns letztlich auch dann zu dem gleichen Ergebnis führen, wenn wir bei der Vergabe der Rangplätze genau umgekehrt vorgegangen wären und der höchsten Reaktionszeit den Rangplatz 1 und der niedrigsten Reaktionszeit den Rangplatz 20 zugewiesen hätten.

18.2.2 Null- und Alternativhypothese

Von den parametrischen Testverfahren sind wir gewohnt, dass die statistischen Hypothesen Aussagen über die Mittelwerte bzw. Mittelwertsunterschiede in verschiedenen Populationen treffen. Im U-Test soll ähnlich wie im t-Test für unabhängige Stichproben geprüft werden, ob die Werte in den beiden betrachteten Populationen unterschiedlich hoch sind. Da in den U-Test anstelle der ursprünglichen Messwerte jedoch Rangplätze eingehen, können sich die statistischen Hypothesen hier nicht auf die Mittelwerte der Messwerte beziehen. Stattdessen behauptet die Nullhypothese des U-Tests, dass die *mittleren Ränge* in beiden Populationen gleich groß sind.[2] Sofern in unserem Beispiel keine systematischen Unterschiede bestehen zwischen den Reaktionszeiten von Personen, die das Medikament eingenommen haben, und den Reaktionszeiten von Personen, die das Placebo erhalten haben, ist der durchschnittliche Rangplatz in beiden Populationen gleich groß.

In den von uns untersuchten Stichproben (siehe Tabelle 18.1) finden sich allerdings deutlich unterschiedliche mittlere Rangplätze ($\bar{R}$):

$$\bar{R}_1 = \frac{7+8+10+11+13+14+15+17+18+20}{10} = 13{,}3 \text{ und}$$

$$\bar{R}_2 = \frac{1+2+3+4+5+6+9+12+16+19}{10} = 7{,}7$$

Der höhere mittlere Rangplatz in der „Medikamenten-Gruppe" zeigt hier an, dass diese Personen tendenziell langsamer reagiert haben als die Probanden in der „Placebo-Gruppe". Das Stichprobenergebnis spricht also gegen die Nullhypothese. Wie jeder

---

2 Diese mittleren Ränge können natürlich nicht mehr wie „gewöhnliche" Mittelwerte interpretiert werden: Die mittleren Ränge bringen den Unterschied in den Rangplätzen zwischen beiden betrachteten Gruppen zum Ausdruck, sie enthalten dagegen keine Information über die Größe des Unterschieds in den ursprünglichen Messwerten.

Signifikanztest prüft der *U*-Test nun, ob diese Abweichung des Stichprobenergebnisses von der Nullhypothese noch hinreichend plausibel als Zufall erklärt werden kann. Dazu wird ein *p*-Wert ermittelt, also bestimmt, mit welcher Wahrscheinlichkeit das beobachtete Stichprobenergebnis auftritt, wenn die Nullhypothese zutrifft.

Die Alternativhypothese kann im *U*-Test wie im *t*-Test gerichtet oder ungerichtet formuliert werden, was auch hier einen einseitigen oder zweiseitigen Test nach sich zieht (siehe Abschnitt 12.8.1). Eine ungerichtete Alternativhypothese würde lediglich besagen, dass die mittleren Rangplätze der beiden betrachteten Populationen nicht gleich sind. Eine gerichtete Alternativhypothese spezifiziert hingegen, in welcher Population der höhere mittlere Rangplatz erwartet wird. In unserer Beispieluntersuchung sollten wir eine gerichtete Alternativhypothese verwenden: Unsere Vermutung lautete, dass das Medikament die Reaktionszeiten möglicherweise verlangsamt. Die entsprechende Alternativhypothese ist, dass der mittlere Rangplatz der Medikamenten-Gruppe höher ist als der mittlere Rangplatz der Placebo-Gruppe.

18.2.3 Der *U*-Wert

Um die Wahrscheinlichkeit des beobachteten Stichprobenergebnisses zu bestimmen, wird wie in jedem Signifikanztest eine Prüfgröße ermittelt. Im *U*-Test heißt diese Prüfgröße *U*-Wert. Bei der Berechnung des *U*-Werts wird zunächst für jede Person in der Gruppe 1 ausgezählt, wie viele Personen in der Gruppe 2 einen höheren Rangplatz haben. Betrachten wir noch einmal die Werte in Tabelle 18.1: Der niedrigste Messwert in der Gruppe 1 (der Medikamenten-Gruppe) hat den Rangplatz 7. In der Placebo-Gruppe haben 4 Personen einen höheren Messwert. Als nächstes betrachten wir die Person mit dem zweitniedrigsten Messwert in der Medikamenten-Gruppe. Diese Person hat den Rangplatz 8 und wird ebenfalls von 4 Personen aus der Placebo-Gruppe übertroffen. Für die Person in der Medikamenten-Gruppe mit dem Rangplatz 10 gilt, dass nur noch 3 Personen aus der Placebo-Gruppe einen höheren Rangplatz haben usw. Der U-Wert entspricht der Summe dieser „Rangplatzüberschreitungen". In unserem Beispiel ergibt sich:

$$U = 4 + 4 + 3 + 3 + 2 + 2 + 2 + 1 + 1 + 0 = 22$$

Diesen Wert können wir allerdings auch bestimmen, ohne einzelne Rangplatzüberschreitungen auszuzählen – was insbesondere in größeren Stichproben eine Erleichterung darstellt. Dazu benötigen wir lediglich die Summe der Rangplätze in der Gruppe 1. In unserem Beispiel beträgt die Summe der Rangplätze in der Medikamenten-Gruppe $T_1 = 133$. Aus diesem Wert lässt sich nun der *U*-Wert errechnen. Die Formel dazu lautet:

$$U = n_1 \cdot n_2 + \frac{n_1 \cdot (n_1 + 1)}{2} - T_1$$

wobei durch n_1 und n_2 die Stichprobengrößen der Gruppen 1 und 2 bezeichnet werden. Mit dieser Formel erhalten wir denselben *U*-Wert, den wir oben bereits durch Auszählen ermittelt haben:

$$U = 10 \cdot 10 + \frac{10 \cdot (10 + 1)}{2} - 133 = 22$$

Neben der Summe der Rangplatzüberschreitungen können wir auch eine Summe der Rangplatzunterschreitungen berechnen. Diese Summe wird mit U' bezeichnet. In diesem Fall ermitteln wir für jede Person in der Medikamenten-Gruppe, wie viele Personen in der Placebo-Gruppe einen niedrigeren Wert haben. Der niedrigste Wert in der Medikamenten-Gruppe liegt auf Rangplatz 7 und wird offensichtlich von 6 Werten in der Placebo-Gruppe unterschritten (siehe Tabelle 8.1). Der zweitniedrigste Wert in der Medikamenten-Gruppe wird ebenfalls von 6 Werten aus der anderen Gruppe unterschritten usw. Allerdings müssen wir auch U' nicht bestimmen, indem wir alle Rangplatzunterschreitungen auszählen. Offensichtlich muss es umso mehr Rangplatzunterschreitungen geben, je weniger Rangplatzüberschreitungen vorhanden sind: Wenn die Rangplätze in der Placebo-Gruppe nur selten über den Rangplätzen in der Medikamenten-Gruppe liegen, dann müssen sie die Rangplätze aus der Medikamentengruppe zwangsläufig häufig unterschreiten. Der Wert von U' lässt sich daher aus dem U-Wert berechnen. Die Formel dazu lautet:

$$U' = n_1 \cdot n_2 - U$$

In unserer Beispieluntersuchung beträgt U' also:

$$U' = 10 \cdot 10 - 22 = 78$$

Inhaltlich können wir den von uns ermittelten Werten für U und U' im Wesentlichen die gleiche Information entnehmen, die auch schon in den mittleren Rangplätzen enthalten war: Die Probanden aus der Placebo-Gruppe überschreiten die Rangplätze aus der Medikamentengruppe nur selten und unterschreiten sie entsprechend häufig. Die Probanden in der Placebo-Gruppe reagieren demnach tendenziell schneller als die Probanden aus der Medikamenten-Gruppe.

Sofern in der Population kein Unterschied besteht zwischen den Reaktionszeiten von Personen, die das Medikament eingenommen haben, und den Reaktionszeiten von Personen, die das Placebo erhalten haben, wäre natürlich zu erwarten, dass hohe und niedrigere Rangplätze in beiden Stichproben in etwa gleich häufig auftreten. Bei Gültigkeit der Nullhypothese sollten daher auch die Werte für U und U' in etwa gleich sein. Der bei Gültigkeit der Nullhypothese erwartete Wert von U (und U') kann nach folgender Formel berechnet werden:

$$\mu_U = \frac{n_1 \cdot n_2}{2}$$

In unserem Fall ist $\mu_U = (10 \cdot 10) / 2 = 50$. Je deutlicher U und U' von μ_U abweichen, desto unwahrscheinlicher ist das Stichprobenergebnis, wenn die Nullhypothese zutrifft. Wie in unserem Fall sind U und U' dabei immer gleich weit von μ_U entfernt. Diese „Symmetrie" ist auch der Grund, warum es keine Rolle spielt, ob wir dem höchsten oder niedrigsten Messwert den Rangplatz 1 zuordnen oder welche der beiden Stichproben wir als Gruppe 1 betrachten. Letztlich werden wir immer die gleichen U- und U'-Werte finden. Jeder dieser beiden Werte enthält die gleiche Information über die Wahrscheinlichkeit des Stichprobenergebnisses bei Gültigkeit der Nullhypothese.

18.2.4 Signifikanzprüfung in kleinen Stichproben

Bei kleinen Stichprobengrößen folgt der U-Wert einer eigenen Stichprobenverteilung. Anhand dieser Stichprobenverteilung kann bestimmt werden, mit welcher Wahrscheinlichkeit der beobachtete U-Wert (oder ein noch extremerer Wert) bei Gültigkeit der Nullhypothese auftritt. Die Tabellen 7.1 und 7.2 im Anhang A enthalten die kritischen U-Werte bei Stichprobengrößen bis zu $n_1 = 20$ und $n_2 = 20$ für Signifikanzkriterien von $\alpha = 0{,}01$ und $\alpha = 0{,}05$ im einseitigen Test sowie $\alpha = 0{,}02$ und $\alpha = 0{,}10$ im zweiseitigen Test. Für die Signifikanzprüfung mit dieser Tabelle muss der *kleinere* der beiden Werte U und U' herangezogen werden. Das Testergebnis ist signifikant, wenn der beobachtete Wert *gleich oder kleiner* ist als der in der Tabelle ausgewiesene kritische U-Wert.

Gehen wir davon aus, dass in unserer Beispieluntersuchung ein Signifikanzkriterium von $\alpha = 5\%$ vorgesehen war. Der kritische U-Wert zu diesem α liegt bei Stichprobengrößen von $n_1 = n_2 = 10$ bei 27. Wir hatten in der Studie die Werte $U = 22$ und $U' = 78$ ermittelt. Der kleinere dieser Werte liegt unterhalb des kritischen U-Werts. Bei Gültigkeit der Nullhypothese ist die Wahrscheinlichkeit des von uns gefundenen Stichprobenergebnisses also geringer als 5%. Das Ergebnis ist somit signifikant. Wir nehmen daher die Alternativhypothese an und können schließen, dass das Medikament die Reaktionszeiten verlangsamt.

18.2.5 Signifikanzprüfung in großen Stichproben

In großen Stichproben ist der U-Wert annähernd normalverteilt. In diesem Fall kann der U-Wert in einen standardisierten z-Wert umgerechnet werden, der dann für die Signifikanzprüfung verwendet wird. Die Formel für die z-Transformation des U-Werts lautet:

$$z = \frac{U - \mu_U}{\sigma_U}$$

Dabei entspricht σ_U dem Standardfehler des U-Werts und wird folgendermaßen bestimmt:

$$\sigma_U = \sqrt{\frac{n_1 \cdot n_2 \cdot (n_1 + n_2 + 1)}{12}}$$

Die Entscheidung über die Signifikanz des z-Werts kann mit Hilfe der Standardnormalverteilungs-Tabelle vorgenommen werden (Tabelle 1 in Anhang A).

Im Rechenbeispiel 18.1 wird das Vorgehen bei der Signifikanzprüfung in einem U-Test mit großen Stichproben demonstriert.

Rechenbeispiel 18.1

Ein U-Test mit großen Stichproben Nehmen wir an, dass ein Forscher sich entschließt ein von ihm durchgeführtes Experiment mit einem *U*-Test auszuwerten. In der Experimentalbedingung haben 25 Probanden an der Untersuchung teilgenommen, in der Kontrollbedingung befanden sich 24 Probanden. Die Alternativhypothese, die mit einem Signifikanzkriterium von $\alpha = 5\%$ getestet werden soll, besagt, dass der mittlere Rang der Probanden in der Experimentalgruppe (Gruppe 1) kleiner ist als der mittlere Rang in der Kontrollgruppe (Gruppe 2). Das Stichprobenergebnis bestätigt diese Vermutung tendenziell: Der mittlere Rang in der Experimentalgruppe ist $\bar{R}_1 = 22,4$, in der Kontrollgruppe findet sich ein mittlerer Rang von $\bar{R}_1 = 27,71$.

Für die Durchführung des *U*-Tests wird zunächst die Summe der Rangplätze in der Experimentalgruppe benötigt. Diese beträgt $T_1 = 560$. Auf der Grundlage dieser Rangsumme kann der *U*-Wert errechnet werden:

$$U = n_1 \cdot n_2 + \frac{n_1 \cdot (n_1 + 1)}{2} - T_1 = 25 \cdot 24 + \frac{25 \cdot (25 + 1)}{2} - 560 = 365$$

Für U' ergibt sich somit:

$$U' = n_1 \cdot n_2 - U = 25 \cdot 24 - 365 = 235$$

Der bei Gültigkeit der Nullhypothese erwartete Wert von U (und U') beläuft sich auf:

$$\mu_U = \frac{n_1 \cdot n_2}{2} = \frac{25 \cdot 24}{2} = 300$$

Um den *z*-Wert für die Signifikanzprüfung errechnen zu können, wird noch der Standardfehler des *U*-Werts benötigt. Dieser beträgt:

$$\sigma_U = \sqrt{\frac{n_1 \cdot n_2 \cdot (n_1 + n_2 + 1)}{12}} = \sqrt{\frac{25 \cdot 24 \cdot (25 + 24 + 1)}{12}} = 50$$

Es resultiert der folgende *z*-Wert:

$$z = \frac{U - \mu_U}{\sigma_U} = \frac{365 - 300}{50} = 1,3$$

Da U und U' stets gleich weit von μ_U entfernt sind, ist es gleichgültig, ob wir U oder U' in die Formel einsetzen. Wir werden stets den gleichen *z*-Wert (mit umgekehrtem Vorzeichen) errechnen und auf der Grundlage dieses *z*-Werts denselben *p*-Wert bestimmen. Bei gerichteten Alternativhypothesen ist allerdings darauf zu achten, dass sich die mittleren Ränge in den Stichproben tatsächlich in der erwarteten Richtung unterscheiden. Bei einem hypothesenkonträren Stichprobenergebnis erübrigt sich die Durchführung des Signifikanztests. ▶

▶Fortsetzung

Anhand der Standardnormalverteilungs-Tabelle (Tabelle 1 in Anhang A) können wir nun den p-Wert zum oben errechneten z-Wert ermitteln. Aus der Tabelle geht hervor, dass 90,32% der Fläche der Normalverteilung unterhalb eines z-Werts von 1,3 liegen. Die Wahrscheinlichkeit des von uns beobachteten U-Werts (oder eines noch extremeren Werts) beträgt somit $p = 1 - 0,9032 = 0,0968$. Der p-Wert ist also größer als das zu Beginn der Studie festgelegte Signifikanzkriterium von $\alpha = 0,05$. Das Ergebnis ist somit nicht signifikant. Die Nullhypothese, dass sich die mittleren Ränge in Experimental- und Kontrollgruppe nicht unterscheiden, kann aufgrund des Stichprobenergebnisses nicht zurückgewiesen werden.

18.2.6 Rangbindungen

In unserer Beispielstudie zur Wirkung eines Medikaments auf Reaktionszeiten unterschieden sich die Messwerte aller Probanden. Dies wird selbstverständlich nicht in allen Untersuchungen der Fall sein. Wenn mehrere Probanden die gleichen Messwerte aufweisen, dann liegen Rangbindungen vor. In diesem Fall wird allen Probanden mit gleichen Messwerten auch der gleiche Rang zugewiesen, nämlich der Mittelwert ihrer Rangplätze. Ein Beispiel: Nehmen wir an, zwei Probanden mit dem gleichen Messwert liegen auf den Rangplätzen 11 und 12. Hier würde beiden Probanden der mittlere Rangplatz 11,5 zugeordnet. Die Person mit dem nächst höheren Messwert erhält den Rangplatz 13.

Allerdings stellen Rangbindungen für den U-Test ein Problem dar. Insbesondere wenn die Probanden mit gleichen Messwerten aus unterschiedlichen Gruppen stammen, führt der U-Test zu nicht-korrekten Ergebnissen. In diesem Fall liefert der U-Test einen p-Wert, der größer ist als der tatsächlich korrekte p-Wert, was wiederum bedeutet, dass ein vorhandener Effekt mit größerer Wahrscheinlichkeit übersehen wird – Rangbindungen erhöhen also die Wahrscheinlichkeit eines β-Fehlers. Diesem Problem kann durch verschiedene Korrektur-Prozeduren begegnet werden, die jedoch vor allem bei kleinen Stichproben nicht ganz einfach zu handhaben sind. Einen Überblick über diese Korrektur-Prozeduren geben Siegel und Castellan (1988).

18.3 Der Wilcoxon-Test

Der Wilcoxon-Test kann angewendet werden, wenn Daten aus zwei abhängigen Stichproben vorliegen – also etwa dann, wenn eine abhängige Variable bei denselben Probanden zu zwei Messzeitpunkten oder in zwei unterschiedlichen Bedingungen eines Experiments erhoben wird. Der Wilcoxon-Test[3] ist damit ein nonparametrischer „Ersatz" für den t-Test für abhängige Stichproben, wenn dessen Voraussetzungen nicht erfüllt sind. Sie haben in Kapitel 12 bereits einen anderen nonparametrischen Test

---

3 Es gibt auch eine Variante des Wilcoxon-Tests für zwei unabhängige Stichproben. Dieser Test liefert dieselben Ergebnisse wie der U-Test. Der hier vorgestellte Wilcoxon-Test für abhängige Stichproben wird im Englischen auch als „Wilcoxon Signed-Rank Test" bezeichnet.

kennen gelernt, der bei zwei abhängigen Stichproben eingesetzt werden kann: Den Vorzeichentest. Im Vorzeichentest wird für jedes Messwertpaar ermittelt, in welcher der beiden Stichproben der größere Wert aufgetreten ist. Befindet sich der größere Wert in der ersten Stichprobe, wird ein positives Vorzeichen vergeben, andernfalls ein negatives. Die Signifikanzprüfung stützt sich dann auf die Anzahlen positiver und negativer Vorzeichen (siehe Abschnitt 12.2.1). Die Größe der Differenz zwischen den Messwerten in der ersten und zweiten Stichprobe wird im Vorzeichentest nicht berücksichtigt. Dies ändert sich im Wilcoxon-Test. Hier werden diesen Differenzen aufgrund ihrer Größe Rangplätze zugeordnet, die dann die Grundlage für den Signifikanztest bilden. Der Wilcoxon-Test nutzt also mehr Information aus den Daten als der Vorzeichentest und erreicht dadurch eine größere Power. Allerdings setzt er damit im Gegensatz zum Vorzeichentest auch voraus, dass die Differenzen zwischen den Messwerten ordinal interpretiert werden können.

18.3.1 Durchführung des Wilcoxon-Tests

Wir wollen auch die Schritte bei der Durchführung des Wilcoxon-Tests an einem Beispiel erläutern. Nehmen wir an, dass bei 9 Kindern sowohl im ersten als auch im zweiten Schuljahr erfragt wurde, wie viele andere Kinder sie als ihre Freunde bezeichnen. Geprüft werden soll nun, ob die Anzahl der Freunde zwischen dem ersten und dem zweiten Schuljahr steigt. Da nicht davon auszugehen ist, dass die Anzahl der Freunde normalverteilt ist[4] und die Stichprobengröße zudem gering ist, sind die Voraussetzungen des t-Tests für abhängige Stichproben wahrscheinlich verletzt. Wir entscheiden uns daher für eine Analyse mit dem Wilcoxon-Test.

Die ▶Tabelle 18.2 zeigt in der zweiten und dritten Spalte die Anzahl der Freunde der Kinder im ersten und zweiten Schuljahr. Der erste Schritt im Wilcoxon-Test besteht darin, die Differenzen zwischen den Werten im ersten und zweiten Schuljahr zu bestimmen (4. Spalte). Den *absoluten Beträgen* dieser Differenzen werden nun Rangplätze zugeordnet. Dabei werden Differenzen mit der Größe 0 nicht berücksichtigt und von der weiteren Analyse ausgeschlossen. Aus diesem Grund ist dem Kind mit der Teilnehmer-Nummer 9, das im ersten und zweiten Schuljahr dieselbe Anzahl von Freunden nennt, in der Tabelle 18.2 kein Rangplatz zugeordnet. Die im Betrag niedrigste Differenz, die in die Analyse einbezogen wird, tritt also beim Kind mit der Teilnehmer-Nummer 3 auf und beläuft sich auf 1. Dieser Differenz wird der Rangplatz 1 zugeordnet. Bei drei Kindern beläuft sich der Differenzbetrag auf 2 (Teilnehmer-Nummern 1, 4 und 6). Bei diesen Kindern liegen Rangbindungen vor (siehe Abschnitt 18.2.6). Da die Differenzbeträge der Größe 2 die Ränge 2, 3 und 4 einnehmen müssten, wird ihnen jeweils der mittlere Rangplatz 3 zugeordnet. Der nächst größere Differenzbetrag (3 beim Kind mit der Teilnehmer-Nummer 5) erhält den Rangplatz 5 usw.

---

4 Der Grund ist im Wesentlichen derselbe, den wir im Abschnitt 18.2 schon anhand von Reaktionszeiten erläutert haben: Auch bei der Variable „Anzahl der Freunde" werden sich die Messwerte in der Nähe der unteren Grenze des Wertebereichs – also einer Anzahl von 0 – häufen. Bei einigen Personen werden aber auch größere und deutlich größere Messwerte auftreten. Das Resultat ist wiederum eine asymmetrische, linkssteile Verteilung.

Tabelle 18.2

Anzahl der Freunde von 9 Kindern im ersten und zweiten Schuljahr (fiktive Daten)*

Teilnehmer-Nr.	1. Schuljahr	2. Schuljahr	Differenz	Rangplatz des Betrags der Differenz
1	2	4	-2	3 $(-)$
2	0	6	-6	8 $(-)$
3	3	2	1	1
4	5	3	2	3
5	2	5	-3	5 $(-)$
6	3	5	-2	3 $(-)$
7	9	4	5	7
8	2	6	-4	6 $(-)$
9	3	3	0	$-$

* In der 4. und 5. Spalte sind die Differenzen zwischen den Messwerten und die Rangplätze der Beträge dieser Differenzen angegeben.

Der nächste Schritt im Wilcoxon-Test besteht darin, die Summe der Rangplätze der negativen Differenzen (T_-) und die Summe der Rangplätze der positiven Differenzen (T_+) zu berechnen. Die Rangplätze, die zu negativen Differenzen gehören, haben wir in der 5. Spalte der Tabelle 18.2 durch ($-$) gekennzeichnet. Die Summe dieser Rangplätze beträgt:

$$T_- = 3 + 8 + 5 + 3 + 6 = 25$$

Die Summe der Rangplätze der positiven Differenzen beläuft sich auf:

$$T_+ = 1 + 3 + 7 = 11$$

Die Nullhypothese besagt inhaltlich auch im Wilcoxon-Test, dass zwischen den betrachteten Populationen keine systematischen Unterschiede bestehen. In diesem Fall wäre zu erwarten, dass die Rangsummen T_- und T_+, die wir in einer Untersuchung ermitteln, in etwa gleich groß sind. In unserer Untersuchung sollten bei Gültigkeit der Nullhypothese etwa gleich viele Kinder im ersten und im zweiten Schuljahr mehr Freunde haben und die Unterschiede in der Anzahl der Freunde sollten auch in beide Richtungen ähnlich groß ausfallen. Deutliche Diskrepanzen zwischen T_- und T_+ deuten daher darauf hin, dass die Nullhypothese falsch ist.

Im Wilcoxon-Test wird der kleinere der beiden Werte T_- und T_+ als Prüfgröße T verwendet. Die Tabelle 6 im Anhang A enthält die kritischen T-Werte bei verschiedenen Signifikanzkriterien α für Stichprobengrößen bis zu $n = 25$. Das Testergebnis ist signifikant, wenn der beobachtete Wert T *gleich oder kleiner* ist als der in der Tabelle ausgewiesene kritische T-Wert.

In unserem Beispiel sind wir von einer gerichteten Hypothese ausgegangen: Es sollte die Vermutung geprüft werden, dass die Anzahl der Freunde im zweiten Schuljahr größer ist als im ersten. Ein Anstieg in der Anzahl der Freunde vom ersten zum zweiten Schuljahr schlägt sich in unserer Untersuchung in einer negativen Differenz nieder. Die Tatsache, dass die Rangsumme der negativen Differenzen größer ist als die Rangsumme der positiven Differenzen, zeigt also an, dass das Stichprobenergebnis tendenziell in die erwartete Richtung geht. Bei der Berechnung der Rangsummen haben wir nur 8 Teilnehmer berücksichtigt, da beim 9. Kind eine Differenz von 0 auftrat. Die für die Bestimmung des kritischen T-Werts relevante Stichprobengröße liegt also bei $n = 8$. Nehmen wir an, dass für diese Untersuchung ein Signifikanzkriterium von $\alpha = 5\%$ vorgesehen war. Der Tabelle 6 im Anhang A können wir entnehmen, dass der kritische T-Wert zu diesem Signifikanzkriterium in einem einseitigen Test mit $n = 8$ Teilnehmern bei $T = 5$ liegt. Die kleinere der beiden Rangsummen belief sich in unserer Untersuchung auf $T_+ = 11$. Der beobachtete T-Wert ist also größer als der kritische T-Wert. Dies bedeutet, dass die Wahrscheinlichkeit des von uns gefundenen Stichprobenergebnisses bei Gültigkeit der Nullhypothese größer ist als 5%. Das Ergebnis ist demnach nicht signifikant. Die Nullhypothese, dass sich die Anzahl der Freunde zwischen dem ersten und zweiten Schuljahr nicht verändert, kann nicht zurückgewiesen werden.

18.3.2 Eine Voraussetzung des Wilcoxon-Tests

Wir haben zu Beginn von Abschnitt 18.3 bereits erwähnt, dass der Wilcoxon-Test voraussetzt, dass die Differenzen der Messwertpaare Ordinalskalenniveau aufweisen: Im Wilcoxon-Test werden den Differenzen gemäß ihrer Größe Rangplätze zugeordnet. Dieses Vorgehen ist nur dann sinnvoll, wenn größere Differenzen auch tatsächlich anzeigen, dass zwischen den entsprechenden Messwerten größere Unterschiede bestehen. Dies ist nicht bei allen Messungen selbstverständlich. Betrachten wir noch einmal eine Rating-Skala von 1 (= „stimme völlig zu") bis 5 (= „lehne völlig ab"), mit der die Zustimmung zu einer bestimmten Aussage gemessen wird. Wenn wir hier Zweifel daran haben, dass der Unterschied zwischen benachbarten Skalenpunkten stets gleich groß ist, können wir auch nicht gänzlich sicher sein, dass die Differenz zwischen den Skalenpunkten 1 und 3 tatsächlich einen größeren Unterschied in der Zustimmung zum Ausdruck bringt als die Differenz zwischen den Skalenpunkten 4 und 5. In einem solchen Fall ist der Wilcoxon-Test nicht anwendbar. Als Alternative verbleibt hier der Vorzeichentest.

18.4 Powerbestimmung im *U*-Test und Wilcoxon-Test

Für den *U*-Test und den Wilcoxon-Test existieren keine etablierten, leicht handhabbaren Verfahren zur Powerbestimmung. Dies liegt vor allem daran, dass auch keine Maße für die Effekte verfügbar sind, die in diesen Verfahren auf Signifikanz geprüft werden. Die gebräuchlichen Effektmaße für Untersuchungen mit zwei Gruppen bringen in irgendeiner Form den standardisierten Mittelwertunterschied zwischen den Messworten in beiden Gruppen zum Ausdruck (siehe Kapitel 9). Dieses Vorgehen ist bei Verfahren, die anstelle der Messwerte deren Rangplätze betrachten, offensichtlich unangemessen. Da die Power jedoch eine Funktion der erwarteten Effektgröße ist, ist ohne ein geeignetes Effektmaß natürlich auch keine Powerbestimmung möglich.

Das Fehlen von Verfahren zur Powerbestimmung schränkt die Interpretationsmöglichkeiten von Ergebnissen aus dem *U*-Test und dem Wilcoxon-Test drastisch ein. Insbesondere nicht signifikante Ergebnisse erlauben ohne eine Poweranalyse keine eindeutige Schlussfolgerung: Wir können nicht ausschließen, dass die Wahrscheinlichkeit einen vorhandenen Effekt zu entdecken – also richtigerweise ein signifikantes Ergebnis zu erhalten – extrem gering war. Aus einem nicht signifikanten Ergebnis lässt sich in einem solchen Fall nicht ableiten, dass die Nullhypothese angenommen werden kann. Eine Möglichkeit, zumindest eine grobe Abschätzung der Power im *U*-Test und im Wilcoxon-Test zu erhalten, besteht darin, auf die Verfahren zur Powerbestimmung aus den entsprechenden parametrischen Tests zurückzugreifen. Wir könnten demnach die Powertabellen zu den *t*-Tests für unabhängige und abhängige Stichproben in Kapitel 13 nutzen (Tabellen 13.1 und 13.2).[5] Ein Beispiel: Nehmen wir an, dass in unserer Studie zur Wirkung eines Medikaments auf die Rektionszeit (siehe Abschnitt 18.2) ein Effekt mittlerer Größe ($d = 0{,}5$) erwartet wurde. Die Stichprobengrößen lagen in dieser Studie bei $n_1 = n_2 = 10$, das Signifikanzkriterium wurde auf $\alpha = 5\%$ festgesetzt. Die Tabelle 13.1 zeigt allerdings, dass die Power unter diesen Randbedingungen lediglich bei 29% liegt. Bei diesem Vorgehen ist zweierlei zu beachten: Erstens haben wir den erwarteten Effekt in der „üblichen" Effektgröße d ausgedrückt. Die Übertragung dieser Effektgröße auf nonparametrische Tests ist aus den oben schon erläuterten Gründen generell zweifelhaft. Sie ist aber nur dann vertretbar, wenn die ursprünglichen Messwerte zumindest Intervallskalenniveau aufweisen – bei ordinalskalierten Daten ist d nicht definiert. Die beschriebene Abschätzung der Power des *U*-Tests kommt somit auch nur in Studien in Frage, in denen dieser Test als Ersatz für den *t*-Test angewendet wird, weil die Voraussetzungen der Normalverteilung oder der Varianzhomogenität nicht erfüllt sind. Zweitens ist die Power von parametrischen Verfahren unter nahezu allen realistischen Umständen größer als die Power entsprechender nonparametrischer Tests. Mit der beschriebenen Vorgehensweise werden wir die Power des *U*-Tests also in aller Regel überschätzen. Wie deutlich die Power des *U*-Tests von der des *t*-Tests abweicht, hängt unter anderem von der Form der Verteilung der abhängigen Variablen in den betrachteten Populationen ab und ist nur schwer genau einzuschätzen. Wir erhalten mit dem beschriebenen Vorgehen lediglich einen Wert, der eine grobe Orientierung bei der Beurteilung der Power nonparametrischer Testverfahren ermöglicht.

---

5 Bei großen Stichproben kann eine Abschätzung der Power alternativ auch mit Hilfe der Standardnormalverteilung vorgenommen werden. Das Verfahren ist dann analog zu dem Vorgehen, das im Kasten „Powerbestimmung mit Standardnormalverteilung (am Beispiel von Binomialtests)" in Kapitel 12 geschildert wurde.

Z U S A M M E N F A S S U N G

Wir haben in diesem Kapitel mit dem U-Test und dem Wilcoxon-Test zwei Verfahren zur Analyse ordinalskalierter Daten vorgestellt. Beide Tests zählen zu den nonparametrischen Verfahren und können daher auch als Ersatz für entsprechende parametrische Tests eingesetzt werden, wenn deren Voraussetzungen grob verletzt sind.

Der U-Test dient zur Analyse der Messwerte aus zwei unabhängigen Stichproben. Im U-Test werden die Messwerte aus beiden Stichproben in eine gemeinsame Rangreihe gebracht. Alle weiteren Auswertungsschritte beruhen auf den entsprechenden Rangplätzen der Messwerte. Berechnet werden die Summen der Rangplatzüberschreitungen (U) und der Rangplatzunterschreitungen (U') zwischen den beiden Gruppen. Bei Gültigkeit der Nullhypothese ist zu erwarten, dass U und U' in etwa gleich groß sind. Deutliche Unterschiede zwischen U und U' sprechen somit gegen die Nullhypothese. In kleinen Stichproben kann die Rangsumme U (oder U') direkt als Prüfgröße verwendet werden. Der U-Wert folgt in diesem Fall einer eigenen Stichprobenverteilung. In großen Stichproben ist der U-Wert annähernd normalverteilt. In diesem Fall kann der U-Wert in einen z-Wert transformiert werden, der dann anhand der Standardnormalverteilungstabelle auf Signifikanz geprüft werden kann.

Mit dem Wilcoxon-Test können die Daten aus zwei abhängigen Stichproben analysiert werden. Hier werden den absoluten Beträgen der Differenzen von Messwertpaaren Rangplätze zugeordnet. Der Wilcoxon-Test setzt somit voraus, dass die Differenzen der Messwertpaare ordinalskaliert sind. Bei Gültigkeit der Nullhypothese sollten die Summen der Rangplätze positiver und negativer Differenzen gleich groß sein. Deutliche Unterschiede zwischen diesen Rangsummen sprechen somit gegen die Nullhypothese. Die kleinere der beiden Rangsummen wird im Wilcoxon-Test als Prüfgröße T verwendet. Diese Prüfgröße folgt in kleinen Stichproben wiederum einer eigenen Stichprobenverteilung, mit deren Hilfe die Signifikanzprüfung vorgenommen wird.

Für ordinalskalierte Daten existieren keine etablierten Effektmaße. Dies bedingt, dass auch keine exakten Verfahren zur Bestimmung der Power des U-Tests und des Wilcoxon-Tests verfügbar sind. Sofern diese Tests als Ersatz für parametrische Verfahren verwendet werden, ist eine grobe Abschätzung der Power anhand der Teststärke dieser parametrischen Tests möglich. Dieses Vorgehen wird jedoch zumeist zu einer Überschätzung der Power des U-Tests und des Wilcoxon-Tests führen.

Z U S A M M E N F A S S U N G

Weiterführende Literatur

Bortz, J., Lienert, G.A. & Böhnke, K. (2000). *Verteilungsfreie Methoden der Biostatistik*. Berlin: Springer

Ein Lehrbuch über nonparametrische Verfahren. Hier findet man auch weitere Informationen zum U-Test und zum Wilcoxon-Test und Erläuterungen weiterer Verfahren für ordinalskalierte Daten.

Übungsaufgaben mit Lösungen sowie weitere Informationen zu diesem Buchkapitel finden Sie auf der Companion Website zum Buch unter *http://www.pearson-studium.de*

Inferenzstatistik: Erweiterungen und Ergänzungen

19

ÜBERBLICK

In den vorangegangenen Kapiteln zu unterschiedlichen Aspekten der Inferenzstatistik haben wir zunächst die grundlegenden Ideen und die zwei gebräuchlichsten Verfahren der *klassischen Inferenzstatistik* – Konfidenzintervall und Signifikanztest – eingeführt. Dabei haben wir bei weitem nicht alle Varianten diskutiert. Beispielsweise existiert eine Erweiterung des Neyman-Pearson Ansatzes, die auf Abraham Wald (1947) zurückgeht und die hauptsächlich als Grundlage für Entscheidungen bei kostspieligen Stichproben eine Rolle spielt. Wenn die Datenerfassung sehr teuer oder aufwändig ist, möchte man mit so wenigen Daten wie möglich zu einer Entscheidung kommen. In dem Ansatz von Wald gibt es keine vorgegebene Stichprobengröße, sondern die Werte werden einer nach dem anderen erhoben, die Stichprobe wird also sequenziell erweitert, weswegen das Verfahren auch als *Sequenzialanalyse* bekannt ist (siehe z.B. Knopf & Petermann, 1976). Auch hier werden zwei Hypothesen gegeneinander getestet. Dabei wird für die Stichprobenstatistik, die sequenziell, also nach jedem Wert immer wieder neu berechnet wird, ein Bereich festgelegt, innerhalb dessen keine Entscheidung möglich ist. Wenn dieser Bereich aber nach „oben" oder „unten" überschritten wird, entscheidet man sich für die entsprechende Hypothese. Die Sequenzialanalyse ist komplexer als die herkömmliche Neyman-Pearson Vorgehensweise, hat jedoch den Vorteil, dass man in der Regel mit sehr viel kleineren Stichproben auskommt. Denn sobald die Stichprobenstatistik den Indifferenzbereich verlässt, ist die Entscheidung für eine der beiden Hypothesen gefallen. Aber auch R.A. Fisher hat viele zusätzliche Verfahren entwickelt, die ebenso wie die Sequenzialanalyse in der Psychologie bislang so gut wie keine Rolle spielen. Das liegt bei der Sequenzialanalyse sicher daran, dass die Datenerhebung in psychologischen Studien kaum je so kostspielig ist, dass ein Fall mehr oder weniger einen großen Unterschied in Bezug auf Aufwand und Kosten machen würde. Die weiteren von R.A. Fisher entwickelten Verfahren sind relativ kompliziert, wenig erprobt und auch nie für eine breite Interessentengruppe popularisiert worden und so verwundert es nicht, dass sie bislang relativ unbekannt sind.

Zwei andere Ansätze haben jedoch unseres Erachtens großes Potenzial für die Psychologie. Der erste der beiden Ansätze – bekannt als *Bootstrap* – ist relativ neu und auf den ersten Blick sehr ungewöhnlich: Man erhält hierbei eine Stichprobenverteilung durch das Ziehen von Stichproben aus der vorliegenden *Stichprobe* (anstatt aus der real nicht-verfügbaren Population) und kommt dadurch in vielen Fällen zu vergleichbaren Aussagen wie im (bisher ausschließlich betrachteten) klassischen Ansatz. Außerdem kann man mit dem Bootstrap Inferenzprobleme bearbeiten, für die es dort noch keine befriedigenden Lösungen gibt. Bislang wurde diese Methode wenig eingesetzt, da sie sehr rechenintensiv ist und nicht Bestandteil der gängigen Statistikprogramme war. Der zweite Ansatz ist schon älter, aber immer noch umstritten, wobei die Pro-Argumente kontinuierlich an Gewicht gewinnen: die *Bayes-Statistik*. In diesem Ansatz kann man Schätzungen über die Wahrscheinlichkeit von Hypothesen durchführen, was im klassischen Ansatz unmöglich ist (siehe Kapitel 12). Das Kapitel gibt eine erste Einführung in diese beiden Ansätze und rekapituliert dann noch einmal die Rolle der Inferenzstatistik in der psychologischen Forschung.

19.1 Der Bootstrap: Inferenz nach Münchhausen-Art

In einer der Geschichten über Baron von Münchhausen zieht dieser sich (samt Pferd, das er mit seinen Knien festhält) am eigenen Haarschopf aus einem Sumpf. In der amerikanischen Version wurde aus dem Sumpf ein tiefer See und der Haarschopf mutierte zu Stiefelschlaufen – englisch: *bootstraps*. Diese Bootstraps gaben der Methode, die wir gleich vorstellen werden, ihren Namen. Es soll damit suggeriert werden, dass man etwas tut, was eigentlich unmöglich scheint (sich an den eigenen Stiefelschlaufen aus dem Wasser ziehen). Um was geht es? Beim Bootstrap zieht man wiederholt Stichproben aus einer vorliegenden *Stichprobe* (was häufig als *Resampling* bezeichnet wird) und möchte damit Schlussfolgerungen auf die Population treffen.

19.1.1 Grundlegende Idee und Vorgehensweise

Welche Möglichkeiten gibt es, zu Stichprobenverteilungen zu gelangen? Betrachten wir zur Illustration die Stichprobenverteilung für einen Mittelwert. Die gängige Vorgehensweise, etwa für die Konstruktion eines Konfidenzintervalls, ist, den Stichprobenmittelwert als Schätzung für den Populationsmittelwert zu nehmen und die Stichprobenvarianz als Schätzung für die Populationsvarianz, aus der dann der Standardfehler berechnet wird. Die Form der Stichprobenverteilung ergibt sich durch eine mathematische Ableitung, die an verschiedene Voraussetzungen in der Population gekoppelt ist, wie etwa Normalverteilung oder Varianzgleichheit. (In der Regel wird die Stichprobenverteilung schließlich noch standardisiert und ergibt im Fall eines Mittelwertes die t-Verteilung.) Eine andere Vorgehensweise, die wir in Kapitel 10 schon demonstriert haben, wäre das Erstellen einer (empirischen) Stichprobenverteilung durch wiederholtes Ziehen von Zufallsstichproben aus einer Population und jeweiliges Berechnen der Mittelwerte. Das ist leicht zu verstehen, aber in der Praxis äußerst aufwändig. Genauso leicht zu verstehen und, wenn genügend Rechenpower und entsprechende Programme zur Verfügung stehen, deutlich weniger aufwändig ist eine dritte Methode, der Bootstrap: wiederholtes Stichprobenziehen aus einer vorliegenden Stichprobe.[1] In Kapitel 10 haben wir demonstriert, dass Zufallsstichproben eine gute Grundlage für die Schätzung von Populationsparametern, wie etwa einem Anteil oder einem Mittelwert sind. Das ist umso eher der Fall, je größer die Stichproben sind. Wenn die Stichprobe repräsentativ für die Population ist – was man bei Zufallsstichproben annehmen kann –, dann sollte man auch durch wiederholtes Stichprobenziehen aus der repräsentativen Stichprobe eine empirische Stichprobenverteilung erhalten, die der theoretischen (auf die Population bezogenen) sehr ähnlich ist.

Man kann also den Bootstrap als Alternative zum Erstellen von Stichprobenverteilungen benutzen und dann einen Großteil der bisher behandelten inferenzstatistischen Verfahren anwenden. Der Bootstrap ist aber nicht nur eine Alternative zur theoretischen Ableitung von Stichprobenverteilungen, sondern besitzt, wie im nächsten Abschnitt

---

1 Tatsächlich gibt es mehrere Varianten dieser Methode, die auf dem Stichprobenziehen aus Stichproben (Resampling) beruhen. Der Bootstrap ist die bekannteste dieser Varianten und die Ergebnisse sind in vielen Fällen relativ ähnlich.

beschrieben, zudem einige Vorteile gegenüber dem klassischen Ansatz. Allerdings hat die Methode auch eine Besonderheit, die bislang ein großer Nachteil war: Sie ist nur mit Hilfe von groß angelegten Computersimulationen durchzuführen. So wundert es nicht, dass der Bootstrap, 1977 von Bradley Efron eingeführt (siehe Diaconis & Efron, 1983), erst langsam an Bedeutung gewinnt.

19.1.2 Vorteile des Bootstrap

Im klassischen Ansatz zur Inferenzstatistik müssen nahezu immer Vorannahmen für die Anwendung der Verfahren erfüllt sein. Wenn beispielsweise ein t-Test für einen Mittelwertsunterschied bei unabhängigen Stichproben durchgeführt werden soll, dann ist die Voraussetzung dafür, dass beide Stichproben aus normalverteilten Populationen mit identischen Varianzen stammen (siehe Kapitel 13). Diese Annahmen sind nur schwer zu prüfen, und wenn sie deutlich verletzt sind, kann man dem berechneten p-Wert nicht mehr trauen. Beim Bootstrap reicht die Annahme, dass die Stichproben repräsentativ für die Population sind. Wie die Populationsverteilungen und damit auch die Verteilungen der Stichprobenwerte genau aussehen, spielt keine Rolle. Auch die Varianzen müssen keinerlei Vorannahmen genügen. Oft wird bei der Durchführung von t-Tests und F-Tests stillschweigend vorausgesetzt, dass beide Annahmen erfüllt sind, was aber gar nicht so selten *nicht* zutrifft (Micceri, 1989). Falls man dann nicht auf die Robustheit der entsprechenden Verfahren vertrauen möchte, wäre der Bootstrap eine Alternative.

Ein weiterer großer Vorteil des Bootstrap ist, dass die Schätzung von Populationsparametern auch dann kein Problem ist, wenn man die „gängigen" Lage- und Streuungsmaße (arithmetisches Mittel und Varianz, bzw. die Standardabweichung) verlässt: Man kann die Verteilung beliebiger Stichprobenstatistiken wie etwa Mediane, Korrelationen und beta-Gewichte beliebiger Größe[2] oder noch komplexere Maße wie Differenzen oder anderswie kombinierte Stichprobenstatistiken durch wiederholtes Stichprobenziehen aus der repräsentativen Stichprobe erzeugen. Danach kann man wie gewohnt verfahren und beispielsweise Konfidenzintervalle konstruieren.

Man könnte nun einwenden, dass die Ergebnisse der Bootstrap-Methode immer von der Repräsentativität der Stichproben abhängen: Wenn die Stichprobe (durch den Stichprobenfehler) verzerrt ist, dann ist auch die mittels Bootstrap bestimmte Stichprobenverteilung verzerrt. Das stimmt natürlich, aber es ist im Vergleich zum klassischen Ansatz kein Nachteil. Denn auch dort, bei der theoretischen Ableitung von Stichprobenverteilungen, ist die Stichprobe die Ausgangsbasis zumindest für die Berechnung des Standardfehlers. Wenn man im klassischen Ansatz eine verzerrte Stichprobe benutzt, ist natürlich auch dort die Ableitung der Stichprobenverteilung fehlerhaft (Überlegungen zum Ausmaß potenzieller Verzerrungen der Bootstrap-Stichprobenverteilung findet man in Efron & Tibshirani, 1993).

---

2 Nur für $r = 0$ oder $b = 0$ folgt die Stichprobenverteilung einer symmetrischen t-Verteilung, ansonsten muss man die so genannte nichtzentrale t-Verteilung bestimmen, deren Berechnung relativ aufwändig ist.

19.1.3 Anwendungsbeispiele

Den Bootstrap kann man im Prinzip für beliebige inferenzstatistische Fragestellungen einsetzen, zu deren Beantwortung man Stichprobenverteilungen benötigt. Zwei Beispiele sollen die Vorgehensweise illustrieren.

Standardfehler

Eine zentrale Größe in der Inferenzstatistik ist der Standardfehler, die Standardabweichung der Stichprobenverteilung. Im klassischen Ansatz kann der Standardfehler aus der Stichprobe häufig nur unter der Annahme abgeleitet werden, dass entsprechende Verteilungs- und Varianzannahmen über die zugrunde liegende Population zutreffen. Beim Bootstrap gibt es keine solchen Voraussetzungen: Zur Bestimmung des Standardfehlers wird immer dieselbe Prozedur verwendet, unabhängig davon, für welche Stichprobenstatistik er bestimmt werden soll. In jedem Durchgang wird eine Zufallsstichprobe gezogen, die in der Regel genauso groß ist wie die zur Verfügung stehende Stichprobe. Wenn man also den Standardfehler des Mittelwerts aus einer repräsentativen Stichprobe von $n = 100$ Werten bestimmen möchte, wird zunächst aus dieser Stichprobe 100 Mal ein einzelner Wert mit Zurücklegen gezogen (die so genannte Bootstrap-Stichprobe) und dann aus diesen 100 Werten der Mittelwert berechnet. Dieser Vorgang (Bootstrap-Stichprobe ziehen, Mittelwert berechnen) wird sehr oft (z.B. 1000 Mal) wiederholt. Die Standardabweichung dieser 1000 Bootstrap-Mittelwerte wird dann als Schätzung des Standardfehlers genommen. Da der Standardfehler von der Stichprobengröße abhängt (siehe Kapitel 10), würde er überschätzt werden, wenn man kleinere Stichproben ziehen würde und unterschätzt, wenn die Bootstrap-Stichproben größer wären als die Originalstichprobe. Das ist der Grund, weswegen man in der Regel Stichproben im Umfang der Original-Stichprobengröße zieht.

Konfidenzintervall

Ein Konfidenzintervall wird im klassischen Ansatz bestimmt, indem man eine Stichprobenverteilung erstellt und das Intervall bestimmt, in dem die mittleren 90%, 95% oder 99% der Fläche dieser Stichprobenverteilung liegen (siehe Kapitel 11). Dieses Verfahren ist jedoch, wie schon erwähnt, beschränkt auf Fälle, in denen die entsprechenden Voraussetzungen in der Population zutreffen und nur auf eine eingeschränkte Menge von Stichprobenstatistiken, wie Anteile, Mittelwerte, Varianzen ohne weiteres anwendbar. Einfacher und genereller anwendbar ist die Bootstrap-Methode: Man erstellt die empirische Stichprobenverteilung (für beliebige Stichprobenstatistiken) und erhält das untere und obere Ende des Konfidenzintervalls durch Bestimmen der entsprechenden Quantile. Für ein 90%-Konfidenzintervall müsste man das 5%-Quantil und das 95%-Quantil bestimmen oder für ein 99%-Konfidenzintervall das 0,5% und das 99,5% Quantil. Diese Vorgehensweise funktioniert bei allen Arten von Populationsverteilungen und für alle Arten von Stichprobenstatistiken.

19.1.4 Praktische Vorgehensweise

Bootstrap-Prozeduren finden erst langsam Einzug in die verbreiteten Statistikpakete. Relativ einfach verwendbare Prozeduren existieren aber beispielsweise in dem Programm *Systat* (siehe Rechenbeispiel 19.1; für ein weiteres Anwendungsbeispiel siehe Kapitel 21). Etwas weniger bedienerfreundlich, aber dafür äußerst flexibel in Bezug auf die Durchführung von Bootstrap-Prozeduren ist das frei erhältliche Programm *R* (*http://cran.r-project.org*). Ein Anwendungsbeispiel mit *R* – ein Signifikanztest dafür, ob die Steigungen zweier Regressionsgeraden sich signifikant unterscheiden – findet sich in Engel und Grübel (2006). Untergrenzen für die Anzahl der Bootstrap-Stichproben, die für brauchbare Schätzungen notwendig sind, werden von Efron und Tibshirani (1986) und Johnson (2001) vorgeschlagen. So reichen in der Regel 200 Stichproben für die Bestimmung des Standardfehlers, während es für die Bestimmung von Konfidenzintervallen schon 1000 Stichproben sein sollten.

Rechenbeispiel 19.1

Bootstrap-Konfidenzintervalle für Mittelwert und Standardabweichung In einer Methodenlehre-Vorlesung befragten wir die 98 Teilnehmer nach ihrer selbst eingeschätzten Musikalität:

Ausmaß meiner Musikalität – bitte eine Zahl zwischen 0 (= bin unmusikalisch) und 10 (= bin außergewöhnlich musikalisch) eintragen _____

Die Ergebnisse sind in ▶Abbildung 19.1 oben in Form eines Stamm-Blatt-Diagramms angegeben. Die Verteilung geht über den gesamten Wertebereich der vorgegebenen Skala mit einem Median von 5 (gekennzeichnet durch das *M* in der Abbildung) und Quartilen von 4 und 7 (die *H*'s in der Abbildung stehen für „Hinges", Tukeys Bezeichung für Quartile). Der Mittelwert der selbst eingeschätzten Musikalität war in der Stichprobe 5,22 und die Standardabweichung betrug 2,27.

Wie bekommt man die Bootstrap-Konfidenzintervalle für Mittelwert und Standardabweichung? Zunächst muss man viele Bootstrap-Stichproben ziehen und daraus jeweils Mittelwert und Standardabweichung berechnen. Daraufhin bestimmt man die entsprechenden Quantile der so entstehenden empirischen Stichprobenverteilung und erhält die Endpunkte des Konfidenzintervalls. Abbildung 19.1 unten zeigt die mit Hilfe des Programmpakets Systat erzeugten empirischen Stichprobenverteilungen für 1000 Bootstrap-Stichproben (mit $n = 98$) für den Mittelwert und die Standardabweichung. Die Mittelwerte und Standardabweichungen (= Standardfehler) der beiden Stichprobenverteilungen betragen 5,22 und 0,22 für den Mittelwert und 2,25 und 0,13 für die Standardabweichung. Die Unter- und Obergrenzen eines 95%-Konfidenzintervalls wurden sodann durch die Bestimmung des 2,5 Quantils und des 97,5 Quantils ermittelt. Das 95%-Konfidenzintervall für den Mittelwert überdeckt den Bereich 4,78 bis 5,65 und das 95%-Konfidenzintervall für die Standardabweichung überdeckt den Bereich von 1,97 bis 2,51. ▶

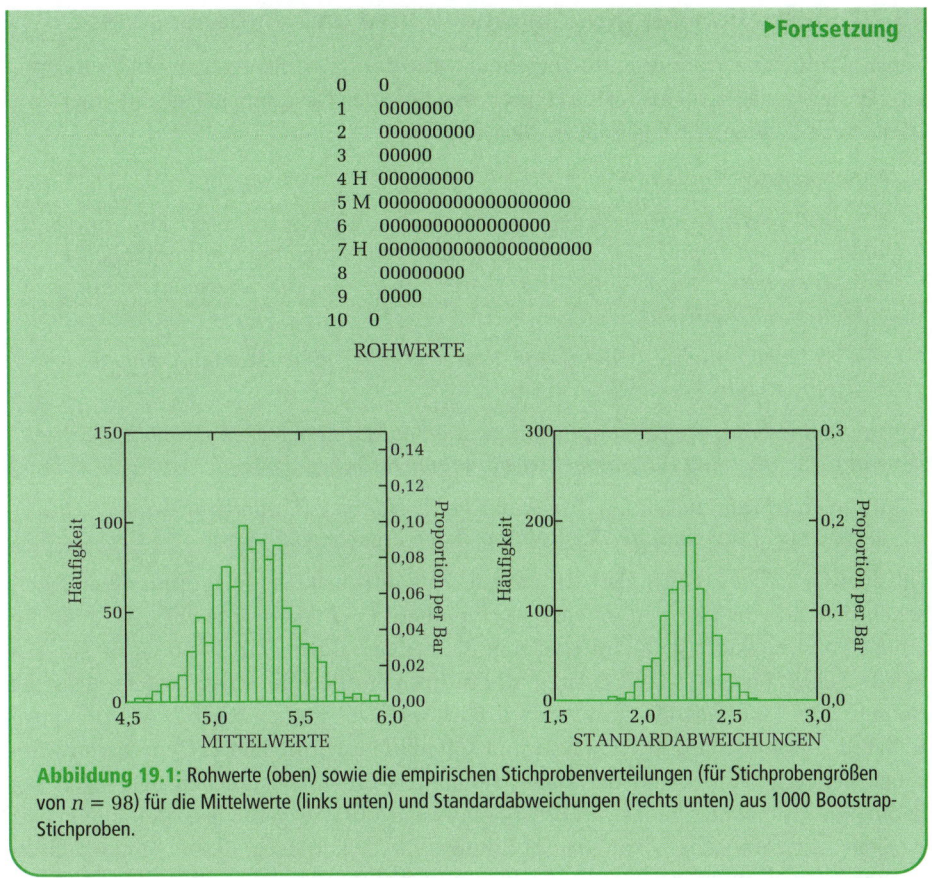

Abbildung 19.1: Rohwerte (oben) sowie die empirischen Stichprobenverteilungen (für Stichprobengrößen von $n = 98$) für die Mittelwerte (links unten) und Standardabweichungen (rechts unten) aus 1000 Bootstrap-Stichproben.

19.2 Der Bayesianische Ansatz: Hypothesen erhalten Wahrscheinlichkeiten

Der Ursprung des Bayesianischen Ansatzes wird in der Regel meist auf eine Veröffentlichung des englischen Pfarrers Thomas Bayes im Jahre 1763 zurückgeführt.[3] Dieser Ansatz erlaubt es, im Gegensatz zum bisher behandelten klassischen Ansatz, die *Wahrscheinlichkeit von Hypothesen* zu bestimmen. (Im klassischen Ansatz kann man hingegen nur die Wahrscheinlichkeit eines Stichprobenergebnisses unter der Gültigkeit einer Hypothese – meist der Nullhypothese – bestimmen.) In diesem Absatz beschränken wir uns auf eine einfache Variante des Bayesianischen Hypothesentestens und illustrieren die wichtigsten Einflussgrößen anhand von Beispielen.[4]

---

3 Bayes war zwar der Namensgeber, aber ziemlich sicher nicht der tatsächliche Urheber – ein Sachverhalt, der in der Wissenschaft gar nicht so selten ist (Stigler, 1983).
4 Man kann mit Hilfe der Bayes-Statistik auch so genannte „Glaubwürdigkeitsintervalle" erstellen, die eine Aussage darüber ermöglichen, mit welcher „Glaubwürdigkeit" sich der Populationsparameter in dem Intervall befindet (bei klassischen Konfidenzintervallen bezieht sich dagegen die Schlussfolgerung auf das Intervall, nicht auf den Populationsparameter – siehe Kapitel 11).

19.2.1 Illustration der grundlegenden Idee und Vorgehensweise

Sehen wir uns die grundlegende Vorgehensweise der Bayes-Statistik an einem Beispiel an. Wir betrachten zwei exklusive Hypothesen über den Gesundheitszustand einer Frau (siehe auch Sedlmeier & Gigerenzer, 2001):

Mammografie-Problem:

Wie groß ist die Wahrscheinlichkeit, dass eine zufällig ausgewählte Frau in den 40ern, die einen positiven Befund bei einer Mammografie hat, tatsächlich an Brustkrebs leidet? Zur Beantwortung dieser Frage stehen die folgenden drei Informationen zur Verfügung:

Die Wahrscheinlichkeit, dass eine Frau, die sich einer Mammografie unterzieht, Brustkrebs hat, liegt bei 1%.

Wenn eine Frau, die Brustkrebs hat, sich einer Mammografie unterzieht, ist die Wahrscheinlichkeit für ein positives Ergebnis 80%.

Wenn eine Frau, die keinen Brustkrebs hat, sich einer Mammografie unterzieht, liegt die Wahrscheinlichkeit für ein positives Ergebnis bei 10%.

Die eine Hypothese (*H*) ist also, dass diese Frau an Brustkrebs leidet (mit einer Wahrscheinlichkeit von 1%) und die andere Hypothese (¬*H*), dass sie nicht („¬" steht für „nicht") an Brustkrebs leidet (mit der Komplementärwahrscheinlichkeit von 99%). Der zweite Schritt ist die Datenerhebung, die in unserem Beispiel darin besteht, dass der Befund einer Mammografie ermittelt wird. Die zwei möglichen Ergebnisse sind „positiv" und „negativ". Im dritten Schritt nun sollen die ursprünglichen Hypothesenwahrscheinlichkeiten im Lichte der Daten revidiert werden, wir suchen also nach der bedingten Wahrscheinlichkeit *p*(Brustkrebs | positiv). Wie geht das? Betrachten wir zunächst eine grafische Lösung (▶Abbildung 19.2). Wir wissen, dass in einer Zufallsstichprobe von 1000 Frauen bei 107 (8 + 99) der Frauen ein positives Ergebnis zu erwarten ist: 80% der Frauen mit Brustkrebs (8 von 10 Frauen) werden richtigerweise als positiv diagnostiziert und 10% der Frauen ohne Brustkrebs (99 von den verbleibenden 990 Frauen) werden fälschlicherweise als positiv diagnostiziert (in Abbildung 19.2 mit einem Kreuz gekennzeichnet). Nun müssen wir nur noch den Anteil der Frauen mit Brustkrebs und positivem Ergebnis (8 Frauen) an allen Frauen mit einem positiven Ergebnis (107 Frauen) bestimmen und wir erhalten die gesuchte bedingte Wahrscheinlichkeit, berechnet aus der relativen Häufigkeit („#" steht für „Anzahl"):

$$p\left(Brustkrebs|\,positiv\right) = \frac{\#\left(Brustkrebs \wedge positiv\right)}{\#\left(positiv\right)} = \frac{8}{8+99} = 0{,}075$$

Die Wahrscheinlichkeit der einen Hypothese (Brustkrebs) ist also aufgrund der neuen Evidenz von 1% auf 7,5% (gerundet) gestiegen und die Wahrscheinlichkeit der anderen (kein Brustkrebs) von 99% auf 92,5% gesunken.

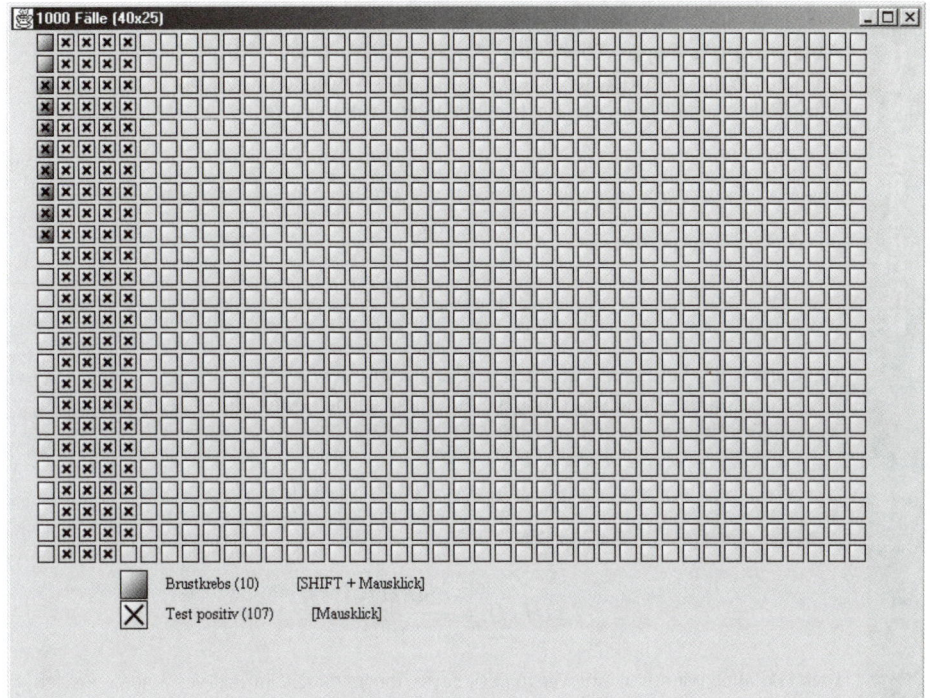

Abbildung 19.2: Darstellung des Mammografieproblems. Die 1000 Kästchen repräsentieren eine Zufallsstichprobe von 1000 Frauen in den 40ern. Bei 10 der Frauen (1%) kann erwartet werden, dass sie an Brustkrebs leiden (dunkle Kästchen), bei den anderen 990 (99%), dass das nicht der Fall ist (helle Kästchen). Von den 10 kranken Frauen, wird bei 8 (80%) durch die Mammografie der Brustkrebs entdeckt. Aber auch bei 99 der 990 gesunden Frauen (10%) ergibt der Test ein positives Ergebnis. Alle Frauen mit positivem Ergebnis sind durch Kästchen mit einem Kreuz gekennzeichnet (erstellt mit dem Programm aus Sedlmeier & Köhlers, 2001).

Man kann das Mammografie-Problem auch formal lösen, mittels des so genannten *Bayes-Theorems* (für eine Ableitung siehe den nachstehenden Kasten). In seiner einfachsten Form, mit den Hypothesen H (z.B. Brustkrebs) und $\neg H$ (z.B. kein Brustkrebs), sieht das so aus (D steht für Daten):

$$p(H \mid D) = \frac{p(H) \cdot p(D \mid H)}{p(H) \cdot p(D \mid H) + p(\neg H) \cdot p(D \mid \neg H)}$$

Wenn man die Werte aus dem Mammografie-Problem einsetzt, erhält man wieder

$$p(H \mid D) = \frac{0,01 \cdot 0,8}{0,01 \cdot 0,8 + 0,99 \cdot 0,1}$$
$$= 0,075$$

H I N T E R G R U N D

Ableitung des Bayes-Theorems Das Bayes-Theorem lässt sich aus der Definition von bedingten Wahrscheinlichkeiten ableiten (siehe auch Abschnitt 10.1.2). Die bedingte Wahrscheinlichkeit von H, gegeben D ist („ $\wedge$ " steht für „und"):

$$p(H \mid D) = \frac{p(H \wedge D)}{p(D)}$$

und die von D, gegeben H ist

$$p(D \mid H) = \frac{p(H \wedge D)}{p(H)}$$

Wenn man nun bei beiden Gleichungen jeweils mit dem Nenner auf der rechten Seite – $p(D)$ bzw. $p(H)$ – multipliziert und die Ausdrücke auf der jeweils linken Seite gleich setzt, was möglich ist, weil rechts dann beide Male nur $p(H \wedge D)$ steht, erhält man

$$p(H \mid D)p(D) = p(D|H)p(H)$$

Teilt man nun durch $p(D)$ ergibt sich

$$p(H \mid D) = \frac{p(D|H)p(H)}{p(D)}$$

Damit erhalten wir schon eine Version des Bayes-Theorems. Die im Text verwendete Version entsteht dadurch, dass man $p(D)$ in seine Bestandteile zerlegt. D kann entweder zusammen mit H auftreten oder zusammen mit $\neg H$ (es gibt nur diese beiden Möglichkeiten) und die Wahrscheinlichkeit für D ist somit die Wahrscheinlichkeit der aufsummierten Konjunktionen:

$$p(D) = p(D \wedge H) + p(D \wedge \neg H)$$
$$= p(H)p(D \mid H) + p(\neg H)p(D \mid \neg H)$$

Durch Einsetzen ergibt sich dann die Formel im Text:

$$p(H|D) = \frac{p(H) \cdot p(D|H)}{p(H) \cdot p(D|H) + p(\neg H) \cdot p(D|\neg H)}$$

Das Mammografie-Beispiel illustriert die grundlegende Idee des Bayesianischen Hypothesentestens. Man beginnt schon mit Vorannahmen über die Wahrscheinlichkeit der Hypothesen. Das sind im einfachsten Fall – wie in unserem Beispiel – zwei, aber es können auch sehr viel mehr sein. Die Verteilung der Wahrscheinlichkeiten dieser potenziellen Hypothesen nennt man häufig *Priorverteilung* oder *Priors* (von lateinisch *a priori*, also von vornherein vorhanden). Der nächste Schritt besteht darin herauszufinden, wie wahrscheinlich das gefundene Ergebnis bei Gültigkeit der untersuchten Hypothesen ist. In unserem Beispiel bestand die Stichprobe aus einem einzigen Testwert und das Ergebnis war „positiv". Man möchte nun herausfinden, wie wahrscheinlich das positive Ergebnis unter der Gültigkeit der beiden Hypothesen war. Diese bedingten Wahrscheinlichkeiten der „Daten" (D) für die i Hypothesen $p(D|H_i)$ werden meist als *Likelihoods* und deren Verteilung als *Likelihoodfunktion* bezeichnet. (Auch der p-Wert im konventionellen Ansatz ist eine Likelihood.) Im letzten Schritt wird die Wahrscheinlichkeit der Hypothesen (der Priors) aufgrund der Likelihoods revidiert und man erhält die *Posteriorverteilung* oder die *Posteriors* (a posteriori: im Nachhinein).

19.2.2 Signifikanztesten vs. Bayesianisches Hypothesentesten

Kommen wir zur Illustration des Verfahrens auf ein einfaches Beispiel aus Kapitel 12 (Abschnitt 12.2.1) zurück. Dort haben wir damit die Durchführung des Vorzeichentests illustriert. Der inhaltliche Gegenstand waren eventuelle Ausbildungsunterschiede in Partnerschaften. Die Nullhypothese besagte, dass sich die Ausbildung von Partner und Partnerin in der Population nicht unterscheidet ($\pi_A = 0{,}5$). Nehmen wir nun an, die Alternativhypothese ist, dass in mindestens 60% der Partnerschaften der Partner eine höhere Ausbildung hat ($\pi_B = 0{,}6$). Beim Bayesianischen Hypothesentesten unterscheidet man nicht mehr zwischen Null- und Alternativhypothese, sondern nur zwischen unterschiedlichen Hypothesen wie den beiden, die wir nun π_A und π_B genannt haben.[5] Das Ergebnis einer Stichprobe mit $n = 10$ Paaren war, dass bei 7 Paaren der Partner eine höhere Ausbildung hatte als die Partnerin. Das Ergebnis war bei einem α von 5,5% nicht signifikant ($p = 0{,}172$).[6] Wie kann man dieses Beispiel mit Hilfe eines Bayesianischen Hypothesentests behandeln? Betrachten wir zunächst die Priorverteilung.

Priorverteilung

In unserem Beispiel besteht die Priorverteilung nur aus zwei Wahrscheinlichkeiten, der für π_A (Anteil der Partner mit höherer Ausbildung ist 50%) und der für π_B (Anteil der Partner mit höherer Ausbildung ist 60%). Nun könnte man eventuell vorhandenes Vorwissen oder bisherige Erkenntnisse in die Schätzung der Priors einfließen lassen. Hat man keine gezielte Vorstellung über die Wahrscheinlichkeit der Hypothesen, liegt es nahe zunächst anzunehmen, dass sie die gleiche Wahrscheinlichkeit besitzen:

$$p(\pi_A) = p(\pi_B) = 0{,}5$$

Mit der Wahrscheinlichkeitszuweisung haben wir gleichzeitig festgelegt, dass alle anderen Hypothesen auszuschließen sind, da $p(\pi_A) + p(\pi_B) = 1$. Die Reduktion auf zwei Hypothesen (Nullhypothese und Alternativhypothese) ist der Normalfall im klassischen Ansatz, im Bayesianischen Ansatz aber eher eine Ausnahme und wurde hier aus Vereinfachungsgründen benutzt.

---

5 Der griechische Buchstabe π symbolisiert wie gewohnt, dass sich die Anteils-Hypothesen auf eine *Population* beziehen.
6 Wie in Abschnitt 12.4.1 beschrieben, ist die Power dieses Tests sehr gering (16,7%) und man sollte im klassischen Ansatz unbedingt die Stichprobengröße erhöhen, bevor ein entsprechender Test sinnvollerweise durchgeführt werden kann. Bei Bayesianischen Tests spielt die Stichprobengröße auch eine große Rolle (siehe Abschnitt 19.2.6), aber die Durchführung des Tests ist auch bei der vorliegenden Stichprobengröße sinnvoll.

Likelihoods

Die Likelihoods sind die bedingten Wahrscheinlichkeiten für ein Ergebnis, wenn eine bestimmte Hypothese zutrifft. Das Ergebnis in unserem Beispiel ist, dass bei 7 von 10 Paaren die Partner höhere Bildungsabschlüsse hatten als die Partnerinnen. Die Wahrscheinlichkeiten dieses Ergebnisses (D für „Daten") für die verwendeten Hypothesen kann man mit Hilfe der Binomialverteilung bestimmen (▶Abbildung 19.3). Man kann die entsprechenden Wahrscheinlichkeiten per Hand berechnen (siehe dazu Kapitel 10), die Tabelle 5 in Anhang A benutzen oder das Programm von Sedlmeier & Köhler (2001). Wir haben für die Berechnungen in diesem Kapitel Letzteres getan. Die so bestimmten Likelihoods betragen:

$$p(D|\pi_A) = p(X = 7 | \pi = .5, n = 10) = .117$$

und

$$p(D|\pi_B) = p(X = 7 | \pi = .6, n = 10) = .215$$

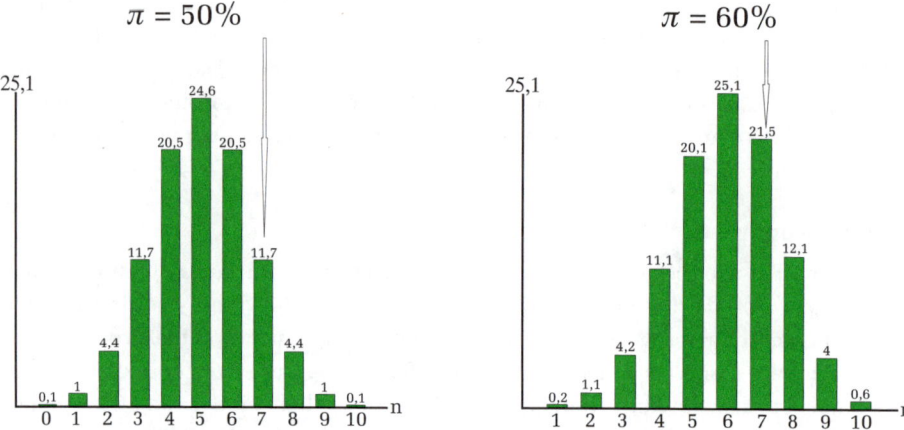

Abbildung 19.3: Binomialverteilungen für einen Anteil von $\pi = 50\%$ (links) und $\pi = 60\%$ (rechts), dargestellt in Personeneinheiten. Die Likelihoods (in Prozentwerten) für $n = 7$ sind jeweils mit einem Pfeil markiert.

Posteriorverteilung

Nun können wir die revidierten Hypothesenwahrscheinlichkeiten mit Hilfe der Bayes-Formel berechnen. Die Verteilung dieser (zwei) Wahrscheinlichkeiten ist die Posteriorverteilung (D steht wieder für „Daten"):

$$p(\pi_A|D) = \frac{p(D|\pi_A)p(\pi_A)}{p(D|\pi_A)p(\pi_A) + p(D|\pi_B)p(\pi_B)}$$

$$= \frac{0,117 \cdot 0,5}{0,117 \cdot 0,5 + 0,215 \cdot 0,5} = 0,352$$

und

$$p(\pi_B|D) = \frac{p(D|\pi_B)p(\pi_B)}{p(D|\pi_B)p(\pi_B) + p(D|\pi_A)p(\pi_A)}$$

$$= \frac{0,215 \cdot 0,5}{0,215 \cdot 0,5 + 0,117 \cdot 0,5} = 0,648$$

Nach der Datenerhebung haben sich die (anfangs gleichen) Hypothesenwahrscheinlichkeiten geändert. Nun ist die Unterschiedshypothese nahezu doppelt so wahrscheinlich wie die Gleichheitshypothese: $p(\pi_A) = 0{,}352$ und $p(\pi_B) = 0{,}648$. Wenn wir uns für eine Hypothese entscheiden müssten, wäre das eindeutig π_B. Man könnte jedoch mit Recht argumentieren, dass die Beschränkung auf π_A und π_B die Erkenntnismöglichkeiten einschränkt. Der tatsächliche Anteil von Paaren, bei denen der Partner einen höheren Bildungsabschluss hat als die Partnerin, könnte auch deutlich von den vorgegebenen Hypothesen abweichen; deswegen sollten auch weitere Hypothesen berücksichtigt werden. Das ist, wie wir im nächsten Abschnitt zeigen werden, im Bayesianischen Ansatz möglich und dort sogar eher der Normalfall.

19.2.3 Test mehrerer Hypothesen

Im letzten Abschnitt haben wir die Hypothesen $\pi_A = \pi_{50\%}$ und $\pi_B = \pi_{60\%}$ als gleich wahrscheinlich betrachtet. Damit war die Priorverteilung spezifiziert. Eine Beschränkung auf diese beiden Anteile ist allerdings nicht sehr plausibel. Nehmen wir nun an, dass wir auch andere Anteilshypothesen nicht ausschließen möchten. So könnte der tatsächliche Anteil der Partnerschaften, bei denen die Männer ein höheres Bildungsniveau haben als die Frauen, 40% oder 70% betragen ($\pi_{40\%}$ und $\pi_{70\%}$) oder auch 30% oder 80% ($\pi_{30\%}$ und $\pi_{80\%}$). Andere Anteile halten wir (für unser Beispiel) a priori für so unwahrscheinlich, dass wir sie nicht betrachten.

Priorverteilung

Die Wahrscheinlichkeiten für diejenigen Hypothesen, die wir in diesem Fall als plausibel betrachten, ergeben die Priorverteilung (▶Abbildung 19.4). Hier sieht man, dass das Aufstellen der Priorverteilung ein hohes Maß an Subjektivität beinhaltet. Wir hätten beispielsweise auch davon ausgehen können, dass alle unsere Hypothesen gleich wahrscheinlich sind oder wir hätten den Hypothesen $\pi_{20\%}$ und $\pi_{10\%}$ Wahrscheinlichkeiten > 0 zuweisen und sie in die Analyse aufnehmen können. Die Aufstellung der Priorverteilung sollte immer alles Wissen, das man a priori über die Hypothesen hat, mit berücksichtigen.

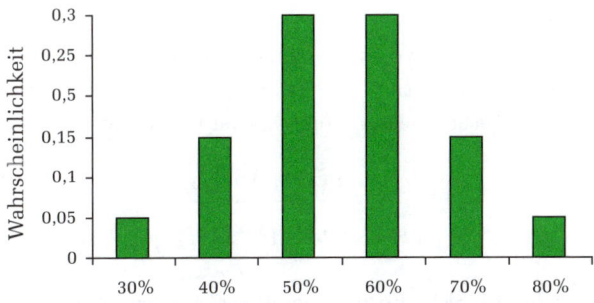

Abbildung 19.4: Priorverteilung für 6 Hypothesen über den Anteil von Paaren, bei denen die Partner (Männer) einen höheren Bildungsabschluss haben als die Partnerinnen.

Likelihoods

Nehmen wir wie im vorigen Beispiel an, das Ergebnis in einer Zufallsstichprobe von 10 Paaren sei gewesen, dass bei 7 dieser Paare die Partner einen höheren Bildungsabschluss hatten als die Partnerinnen. Für zwei der 6 Hypothesen kennen wir die Likelihoods schon aus dem vorigen Abschnitt: $p(D|\pi_{50\%}) = p(X = 7|\pi = .5, n = 10) = .117$ und $p(D|\pi_{60\%}) = p(X = 7|\pi = .6, n = 10) = .215$. Die anderen haben wir mit Hilfe der Software aus Sedlmeier und Köhlers (2001) schon für Sie berechnet:

$$p(D|\pi_{30\%}) = p(X = 7|\pi = .3, n = 10) = .009$$
$$p(D|\pi_{40\%}) = p(X = 7|\pi = .4, n = 10) = .042$$
$$p(D|\pi_{70\%}) = p(X = 7|\pi = .7, n = 10) = .267$$
$$p(D|\pi_{80\%}) = p(X = 7|\pi = .8, n = 10) = .201$$

Zusammenfassend ist die Verteilung der Likelihoods, die Likelihoodfunktion in ▶Abbildung 19.5 dargestellt. Wie nicht anders zu erwarten, ist das gefundene Ergebnis am wahrscheinlichsten für die Hypothese $\pi_{70\%}$ und nimmt umso mehr ab, je weiter die Hypothese von einem Anteil von 70% entfernt liegt.

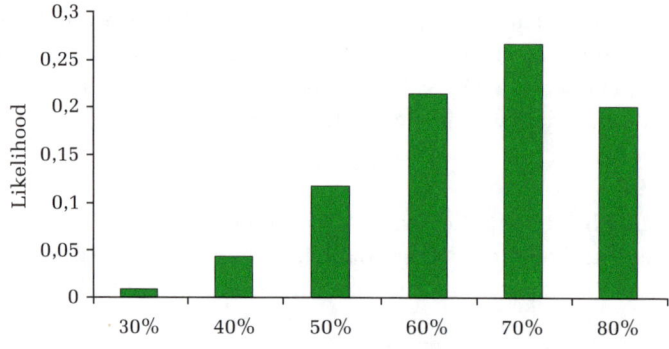

Abbildung 19.5: Likelihood-Funktion für 6 Hypothesen über den Anteil von Paaren, bei denen die Partner einen höheren Bildungsabschluss haben als die Partnerinnen, wenn bei einer Stichprobe von $n = 10$ Paaren 7 Partner einen höheren Bildungsabschluss hatten als die Partnerinnen.

Posteriorverteilung

Die Posteriorverteilung wird im Prinzip genauso berechnet wie im ersten Beispiel, nun müssen aber alle 6 Hypothesen berücksichtigt werden. Die entsprechende Formel für beliebig viele Hypothesen H_i ist (D steht wieder für „Daten"):

$$p(H_i|D) = \frac{p(D|H_i)p(H_i)}{\sum\limits_{i=1}^{k} p(D|H_i)p(H_i)}$$

Die Posteriorwahrscheinlichkeit für die Hypothese $\pi_{30\%}$ ist (den $i = 1, 2, ..., 6$ entsprechen die Hypothesen $\pi_{30\%}, \pi_{40\%}, ..., \pi_{80\%}$):

$$p(\pi_1|D) = \frac{p(D|\pi_1)p(\pi_1)}{\sum\limits_{i=1}^{6} p(D|\pi_i)p(\pi_i)}$$

$$= \frac{0{,}009 \cdot 0{,}05}{0{,}009 \cdot 0{,}05 + 0{,}042 \cdot 0{,}15 + 0{,}117 \cdot 0{,}3 + 0{,}215 \cdot 0{,}3 + 0{,}267 \cdot 0{,}15 + 0{,}201 \cdot 0{,}05}$$

$$= 0{,}003$$

Die Posteriorwahrscheinlichkeit von Hypothese $\pi_{30\%}$, die schon vorher nur 5% betrug, hat sich durch die neue Datenlage also auf 0,3% vermindert. Wir listen nun die (schon ausgerechneten) Posteriorwahrscheinlichkeiten für die anderen Hypothesen auf:

$$p(\pi_{40\%} \mid X = 7) = 0{,}040$$
$$p(\pi_{50\%} \mid X = 7) = 0{,}224$$
$$p(\pi_{60\%} \mid X = 7) = 0{,}412$$
$$p(\pi_{70\%} \mid X = 7) = 0{,}256$$
$$p(\pi_{80\%} \mid X = 7) = 0{,}064$$

Die entsprechende Posteriorverteilung ist in ▶Abbildung 19.6 zu sehen. Wieder ist die Hypothese $\pi_{60\%}$ am wahrscheinlichsten, aber die zweitwahrscheinlichste Hypothese ist nicht $\pi_{50\%}$, sondern $\pi_{70\%}$.

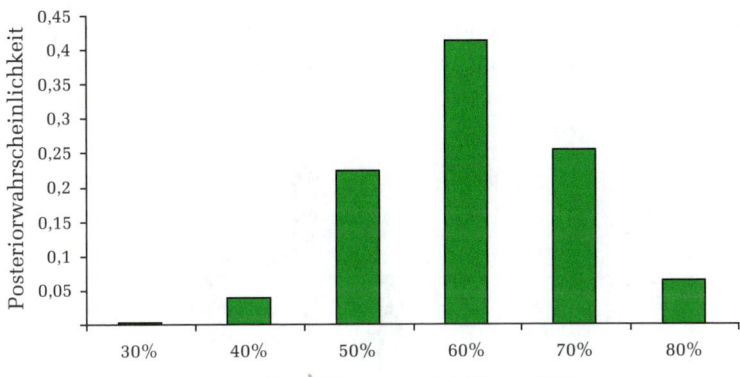

Abbildung 19.6: Posteriorverteilung für 6 Hypothesen über den Anteil von Paaren, bei denen die Partner einen höheren Bildungsabschluss haben als die Partnerinnen.

19.2.4 Auswirkung der Priorverteilung

Was passiert, wenn man die Priorverteilung ändert? Wie würden sich beispielsweise die Posteriorwahrscheinlichkeiten unserer 6 Hypothesen ändern, wenn wir sämtlichen Hypothesen die gleiche Priorwahrscheinlichkeit ($p = 0{,}167$) zugeordnet hätten? An den Likelihoods ändert sich nichts (siehe Abbildung 19.5), aber die veränderte Priorverteilung wirkt sich natürlich auf die Posteriorverteilung aus. Was wäre in diesem Fall die Posteriorwahrscheinlichkeit für die Hypothese $\pi_{30\%}$?

$$p(\pi_1|D) = \frac{p(D|\pi_1)p(\pi_1)}{\sum_{i=1}^{6} p(D|\pi_i)p(\pi_i)}$$

$$= \frac{0{,}009 \cdot 0{,}167}{0{,}009 \cdot 0{,}167 + 0{,}042 \cdot 0{,}167 + 0{,}117 \cdot 0{,}167 + 0{,}215 \cdot 0{,}167 + 0{,}267 \cdot 0{,}167 + 0{,}201 \cdot 0{,}167}$$

$$= \frac{0{,}009 \cdot 0{,}167}{0{,}167 \left(0{,}009 + 0{,}042 + 0{,}117 + 0{,}215 + 0{,}267 + 0{,}201\right)}$$

$$= \frac{0{,}009}{0{,}009 + 0{,}042 + 0{,}117 + 0{,}215 + 0{,}267 + 0{,}201}$$

$$= 0{,}011$$

Die geänderte Priorverteilung hat dazu geführt, dass sich die Posteriorwahrscheinlichkeit der Hypothese $\pi_{30\%}$ im Vergleich fast vervierfacht hat (von 0,3% auf 1,1%). Außerdem wird bei der Berechnung deutlich, dass eine gleichverteilte Priorverteilung (alle Hypothesen haben dieselbe Wahrscheinlichkeit) keine Auswirkung auf die Berechnung der Posteriorwahrscheinlichkeiten hat: Man kann diese immer gleiche Wahrscheinlichkeit ($p = 0{,}167$ im Beispiel) einfach wegkürzen. ▶Abbildung 19.7, in der die Ergebnisse für die „alte" Priorverteilung (Priorverteilung a) mit denen für die Gleichverteilung (Priorverteilung b) kontrastiert werden, macht deutlich, dass die Priorverteilung einen großen Einfluss auf die Posteriorverteilung haben kann: Nun ist beispielsweise nicht mehr $\pi_{60\%}$ am wahrscheinlichsten, sondern $\pi_{70\%}$. Das Beispiel illustriert, dass es sich lohnt, gründlich über die Priorverteilung nachzudenken, bevor man einen Bayesianischen Hypothesentest durchführt.

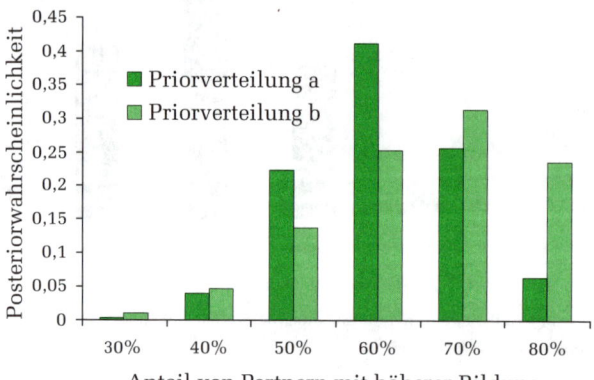

Abbildung 19.7: Vergleich zweier Posteriorverteilungen für 6 Hypothesen über den Anteil von Paaren, bei denen die Partner einen höheren Bildungsabschluss haben als die Partnerinnen. Die dunklere Verteilung entsteht, wenn die Priorverteilung aus Abbildung 19.4 (Priorverteilung a) zugrunde gelegt wird, und die andere Verteilung entsteht, wenn die Priorverteilung eine Gleichverteilung ist (Priorverteilung b).

19.2.5 Wiederholtes Testen: Die Replikation von Studien

In der psychologischen Forschung ist es nicht die Ausnahme, sondern eher der Regelfall, dass Studien repliziert werden. Wie würden sich die Hypothesenwahrscheinlichkeiten ändern, wenn wir in unserem Beispiel noch eine weitere Stichprobe von 10 Paaren erheben würden? Nehmen wir an, in der zweiten Stichprobe ergäbe sich, dass bei 6 von 10 Paaren der männliche Partner eine höhere Ausbildung hat. Nehmen wir weiter an, wir würden die Priors aus Abbildung 19.4 für plausibler halten als gleichverteilte Priors. Was ist dann in diesem Fall die Priorverteilung für den 2. Test? Im Gegensatz zu konventionellen Signifikanztests, bei denen das nicht möglich ist, werden bei wiederholten Bayesianischen Tests die Ergebnisse der vorhergehenden Tests als Information mit in das Verfahren einbezogen. Da sich nach unserem ersten Test die Wahrscheinlichkeiten für die Hypothesen geändert haben, ist die „alte" Posteriorverteilung die neue Priorverteilung (siehe Abbildung 19.6). Die Werte sind hier noch einmal aufgeführt: $p(\pi_{30\%}) = 0{,}003$, $p(\pi_{40\%}) = 0{,}040$, $p(\pi_{50\%}) = 0{,}224$, $p(\pi_{60\%}) = 0{,}412$, $p(\pi_{70\%}) = 0{,}256$, $p(\pi_{80\%}) = 0{,}064$.

Auch die Likelihoods ändern sich, weil das Ergebnis nun nicht mehr 7 von 10, sondern 6 von 10 beträgt. Die Likelihoods für dieses Ergebnis sind:

$$p(D|\pi_{30\%}) = p(X = 6|\pi = 0{,}3, n = 10) = 0{,}037$$
$$p(D|\pi_{40\%}) = p(X = 6|\pi = 0{,}4, n = 10) = 0{,}111$$
$$p(D|\pi_{50\%}) = p(X = 6|\pi = 0{,}5, n = 10) = 0{,}205$$
$$p(D|\pi_{60\%}) = p(X = 6|\pi = 0{,}6, n = 10) = 0{,}251$$
$$p(D|\pi_{70\%}) = p(X = 6|\pi = 0{,}7, n = 10) = 0{,}200$$
$$p(D|\pi_{80\%}) = p(X = 6|\pi = 0{,}8, n = 10) = 0{,}088$$

Wie verändern sich die Posteriorwahrscheinlichkeiten? Sehen wir uns diesmal die 6. Hypothese ($\pi_{80\%}$) an:

$$p(\pi_6|D) = \frac{p(D|\pi_6)p(\pi_6)}{\sum\limits_{i=1}^{6} p(D|\pi_i)p(\pi_i)}$$
$$= \frac{0{,}088 \cdot 0{,}064}{0{,}037 \cdot 0{,}003 + 0{,}111 \cdot 0{,}040 + 0{,}205 \cdot 0{,}224 + 0{,}251 \cdot 0{,}412 + 0{,}200 \cdot 0{,}256 + 0{,}088 \cdot 0{,}064}$$
$$= 0{,}027$$

Die Wahrscheinlichkeit der Hypothese $\pi_{80\%}$ hat sich also durch diesen erneuten Test auf weniger als die Hälfte des Ausgangswerts (0,064) verkleinert. Die Werte für die übrigen Hypothesen sind:

$$p(\pi_{30\%} | X = 6) = 0{,}001$$
$$p(\pi_{40\%} | X = 6) = 0{,}021$$
$$p(\pi_{50\%} | X = 6) = 0{,}218$$
$$p(\pi_{60\%} | X = 6) = 0{,}491$$
$$p(\pi_{70\%} | X = 6) = 0{,}243$$

▶Abbildung 19.8 zeigt, wie sich die Posteriorwahrscheinlichkeiten im Vergleich zum ersten Test verändert haben. Wie zu erwarten hat die Wahrscheinlichkeit der Hypothese $\pi_{60\%}$ weiter zugenommen und die Streuung der Posteriorverteilung hat abgenommen, was angesichts dieses zweiten konsistenten Ergebnisses plausibel ist.

Was wäre passiert, wenn die Reihenfolge der Ergebnisse umgekehrt gewesen wäre, wenn wir also in der ersten Studie 6 von 10 Paaren mit einem höheren Bildungsabschluss des Partners gefunden hätten und in der zweiten 7 von 10? Es hätte sich nichts verändert! Unabhängig von der Reihenfolge der Ergebnisse ist das Endresultat beim Bayesianischen Hypothesentesten immer dasselbe (probieren Sie es aus!).

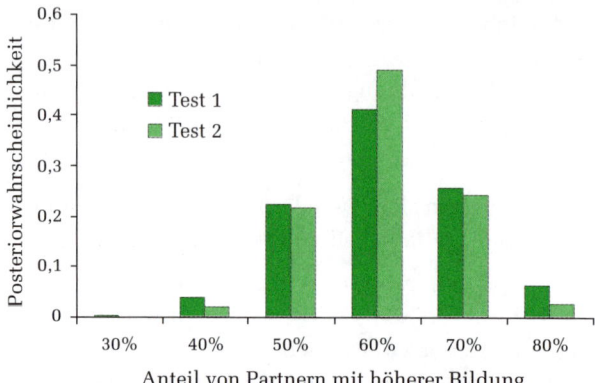

Abbildung 19.8: Vergleich zweier Posteriorverteilungen für 6 Hypothesen über den Anteil von Paaren, bei denen die Partner einen höheren Bildungsabschluss haben als die Partnerinnen. Die dunklere Verteilung zeigt die Hypothesenwahrscheinlichkeiten nach dem ersten Test und die hellere Verteilung die nach dem zweiten Test.

19.2.6 Einfluss der Stichprobengröße

Beim konventionellen Ansatz der Inferenzstatistik spielt die Stichprobengröße eine zentrale Rolle: Wie steht es damit im Bayesianischen Ansatz? Auch hier hat die Stichprobengröße einen bedeutsamen Einfluss – wenn, wie wir das in unseren Beispielen praktiziert haben, die Likelihoods auf der Grundlage frequentistischer Wahrscheinlichkeiten gebildet werden.[7] Die Likelihoods sind in dem Fall nichts anderes als „Ausschnitte" aus Stichprobenverteilungen (in unseren Beispielen: aus Binomialverteilungen mit $n = 10$ und unterschiedlichen p's). In Kapitel 10 haben wir gesehen, dass die Varianz von Stichprobenverteilungen (der Standardfehler) mit steigender Stichprobengröße abnimmt: Werte in der Nähe des Erwartungswerts werden damit wahrscheinlicher und solche weiter davon entfernt weniger wahrscheinlich. Wenn sich also der jeweilige Ausschnitt der Stichprobenverteilung im Zentrum der Verteilung befindet, dann steigen die Likelihoods mit steigender Stichprobengröße, wenn sich die Ausschnitte am Rand befinden, sinken sie.

---

7   Der Bayesianische Ansatz ist allerdings nicht auf solche Likelihoods beschränkt. Im Prinzip können Likelihoods auf beliebige Art und Weise (z.B. durch Expertenurteil) erstellt werden. Das ist vor allem in inhaltlichen Bereichen nahe liegend, zu denen man keine oder nur sehr eingeschränkte Häufigkeitsaussagen machen kann und somit auch relative Häufigkeiten nicht als Schätzungen für Wahrscheinlichkeiten benutzt werden können (die Vorgehensweise im frequentistischen Ansatz).

Bisher waren die Ausschnitte aus den Stichprobenverteilungen, für die wir Likelihoods bestimmt haben, immer einzelne Werte, z.B. 5 von 10 (50%), oder 7 von 10 (70%). Wenn die Stichprobengröße steigt, ist es jedoch oft praktikabler, mehrere Werte zu einem Ausschnitt zusammenzufassen. So könnte man zum Beispiel die 10er Intervalle betrachten wie etwa „> 40% bis ≤ 50%" oder „> 60% bis ≤ 70%". Solche Intervalle benutzen wir nun auch in unserem Beispiel. Im Grunde haben wir das auch bisher (mit $n = 10$) schon getan, es war jedoch nur jeweils ein Wert in dem Intervall. Um den Einfluss der Stichprobengröße zu verdeutlichen, betrachten wir nun im Vergleich die Likelihoods für doppelt so große Stichproben ($n = 20$). Nun fallen in das Intervall „> 40% bis ≤ 50%" die Werte 9 von 20 (45%) und 10 von 20 (50%) und die Likelihood für das Intervall „> 60% bis ≤ 70%" berechnet sich jetzt als Summe der Likelihoods für 13 von 20 (65%) und für 14 von 20 (70%). Ein Beispiel: Was ist die bedingte Wahrscheinlichkeit dafür, dass wir 13 oder 14 von 20 Paaren in unserer Stichprobe erhalten, bei denen der Partner den höheren Bildungsabschluss hat, wenn der tatsächliche Anteil 60% beträgt?

$$p(D \mid \pi_{60\%}) = p(X = 13 \mid \pi = .6, n = 20) + p(X = 14 \mid \pi = .6, n = 20)$$
$$= 0,166 + 0,124 = 0,29$$

Diese und die anderen Likelihoods (berechnet mit dem Programm aus Sedlmeier & Köhlers, 2001) sind in ▶Abbildung 19.9 zu sehen (helle Balken). Der Vergleich mit den Likelihoods, die aus einer Binomialverteilung mit $n = 10$ stammen, zeigt den Einfluss der Stichprobengröße: je größer die Stichprobe, desto kleiner die Streuung der Likelihoods.

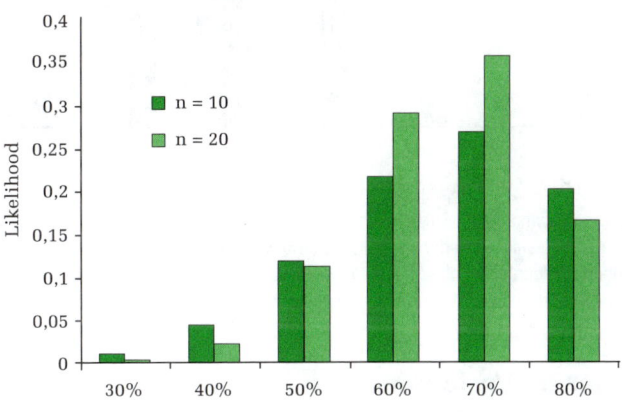

Abbildung 19.9: Die Auswirkung der Stichprobengröße auf die Likelihoods: Likelihoods für 6 Hypothesen über den Anteil von Paaren, bei denen die Partner einen höheren Bildungsabschluss haben als die Partnerinnen, wenn in einer Stichprobe 65% bis 70% der Partner einen höheren Bildungsabschluss hatten als die Partnerinnen (entspricht 7 von 10 Paaren bei $n = 10$ und 13 oder 14 Paaren bei $n = 20$).

Bei gleicher Priorverteilung wirkt sich die Stichprobengröße systematisch auf die Posteriorverteilung aus. Ausgehend von der Priorverteilung in Abbildung 19.4 berechnen wir als Beispiel die Posteriorwahrscheinlichkeit für die 4. Hypothese ($\pi_{60\%}$):[8]

---

8 Die Hypothesenwahrscheinlichkeiten sind die aus Abbildung 19.4 und die Likelihoods wurden mit Hilfe des Programms aus Sedlmeier und Köhlers (2001) bestimmt.

$$p(\pi_4|D) = \frac{p(D|\pi_4)\,p(\pi_4)}{\sum\limits_{i=1}^{6} p(D|\pi_i)\,p(\pi_i)}$$

$$= \frac{0{,}29 \cdot 0{,}3}{0{,}001 \cdot 0{,}05 + 0{,}02 \cdot 0{,}15 + 0{,}111 \cdot 0{,}3 + 0{,}29 \cdot 0{,}3 + 0{,}356 \cdot 0{,}15 + 0{,}164 \cdot 0{,}05}$$

$$= 0{,}470$$

Die gerade berechnete und alle weiteren Posteriorwahrscheinlichkeiten für $n = 20$ sind in ▶Abbildung 19.10 kontrastiert mit den entsprechenden Posteriorwahrscheinlichkeiten für $n = 10$. Man sieht hier denselben Effekt wie bei der Verteilung der Likelihoods: Die Streuung der Posteriorwahrscheinlichkeiten wird kleiner, was mit stärker ausgeprägten Wahrscheinlichkeiten für die plausiblen Hypothesen einhergeht. Größere Stichproben führen also – genauso wie im konventionellen Ansatz – zu eindeutigeren Ergebnissen.

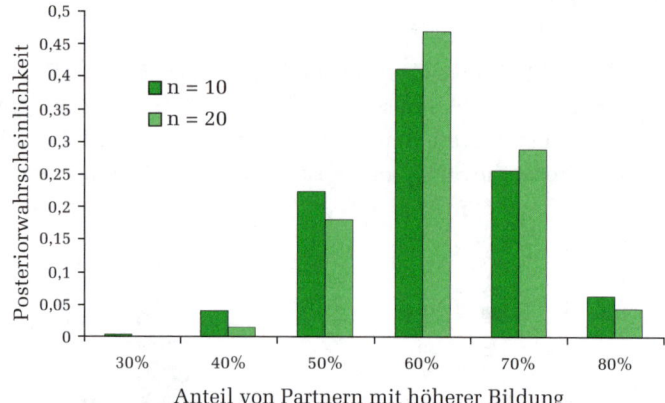

Abbildung 19.10: Die Auswirkung der Stichprobengröße auf die Posteriorwahrscheinlichkeiten bei identischen Priorverteilungen: Vergleich zweier Posteriorverteilungen für 6 Hypothesen über den Anteil von Paaren, bei denen die Partner einen höheren Bildungsabschluss haben als die Partnerinnen. Die dunklere Verteilung zeigt die Hypothesenwahrscheinlichkeiten bei einer Stichprobengröße von $n = 10$ und die hellere Verteilung die für $n = 20$.

19.2.7 Komplexere Verfahren

Bisher haben wir uns ausschließlich mit Anteilshypothesen und diskreten Stichprobenverteilungen (der Binomialverteilung) befasst. Der vorhergehende Absatz lässt allerdings schon den Übergang zu Hypothesen über beliebige Populationsparameter und Verteilungen erahnen. Statt diskreten Werten kann man beliebige Intervalle betrachten, sowohl in Bezug auf die Hypothesen als auch in Bezug auf die Likelihoods. Hierzu benutzt man kontinuierliche Verteilungen. Man könnte beispielsweise als Priorverteilung für einen Mittelwert, einen Anteil oder einen Mittelwertsunterschied eine Normalverteilung mit dem plausibelsten Wert in der Mitte benutzen. Hat man schon eine starke Präferenz für den plausibelsten Wert, dann wird diese Priorverteilung eine kleine Streuung haben, ist man sich nicht so sicher, eher eine große. Wenn man keinerlei Vorwissen besitzt, kann man eine (kontinuierliche) Gleichverteilung als Priorverteilung benutzen. Die Bestimmung der

Likelihoodfunktion und der Posteriorverteilung ist abhängig von der Priorverteilung und kann, in Abhängigkeit von deren Form, mathematisch sehr aufwändig sein. Die grundlegende Vorgehensweise ist jedoch immer die in den vorigen Abschnitten illustrierte.

19.2.8 Bayes-Statistik in der Praxis

Die Bayes-Statistik liefert eine Information, die manche Forscher auch immer wieder in das Ergebnis des klassischen Ansatzes hineininterpretiert haben: die Wahrscheinlichkeit von Hypothesen. Das sollte sie eigentlich sehr attraktiv machen. In der psychologischen Forschung wird die Anwendung der Bayes-Statistik seit langem empfohlen (z.B. Edwards, Lindman & Savage, 1963; Winkler, 1993), ihr tatsächlicher Gebrauch ist jedoch minimal. Warum? Vermutlich sind es hauptsächlich zwei Gründe, die bisher eine stärkere Verbreitung verhindert haben.

Ein Bestandteil der Bayes-Statistik, der viele Forscher abschreckt, ist das hohe Maß an Subjektivität, das in die Berechnungen mit eingeht. Besonders auffallend ist der Einfluss der Subjektivität bei der Bestimmung der Priorverteilung. Es ist offensichtlich, dass unterschiedliche Priors auch zu unterschiedlichen Posteriors führen (siehe beispielsweise Abbildung 19.7). Das kann ein großes Problem sein, vor allem dann, wenn nur eine einzelne Studie durchgeführt wird. Nach einigen Replikationen wirken sich die anfangs benutzten Priors jedoch kaum mehr auf die revidierten Wahrscheinlichkeiten aus. Aber selbst bei einer einzelnen Studie kann die Verwendung von Priors sehr sinnvoll sein. Wenn man etwa eine Hypothese, die schon sehr häufig bestätigt wurde, mit einer einzelnen oder einer Menge von anderen Hypothesen vergleicht, dann sollte die schon bewährte Hypothese auch mit einem Bonus, das heißt, mit einer höheren Priorwahrscheinlichkeit „ins Rennen gehen".

Ein zweites Problem der Bayes-Statistik ist, dass sie mathematisch sehr aufwändig werden kann, wenn man komplexere Fragestellungen betrachtet. Dieses Problem könnte verringert werden, wenn, wie im Fall der konventionellen Verfahren, leistungskräftige und leicht zu bedienende Auswertungssoftware zur Verfügung stünde. Dass das bislang nicht der Fall ist, hat nicht zuletzt auch erschwerende Auswirkungen auf die Lehre. Zusammenfassend lässt sich sagen, dass die Bayes-Statistik bislang in der psychologischen Methodenlehre nicht die Rolle spielt, die ihr von ihren Möglichkeiten her zustünde.

19.3 Inferenzstatistik in der Psychologie

Wir haben uns in diesem Buch hauptsächlich mit dem klassischen Ansatz der Inferenzstatistik beschäftigt. Dafür gibt es auch gute Gründe: Dieser Ansatz dominiert nach wie vor die psychologische Forschung, es liegen viele theoretische Arbeiten dazu vor, die meisten Statistikprogramme beinhalten nahezu ausschließlich Verfahren aus dem klassischen Ansatz und viele Forschungsergebnisse können ohne eine profunde Kenntnis dieses Ansatzes nicht richtig interpretiert werden. Die Bootstrap-Methode könnte man als eine Erweiterung des klassischen Ansatzes sehen, der erst durch die Rechenleistung heutiger Computer sinnvoll anwendbar ist und der durch seine Voraussetzungsfreiheit das Potenzial hat, der psychologischen Datenanalyse neue Impulse zu geben. Der Bayesianische Ansatz schließlich bringt eine wirkliche Neuerung: Anstelle von Wahrscheinlichkeitsurteilen über Daten im klassischen Ansatz (z.B. „kann das noch Zufall sein?"), erhält man Wahrscheinlichkeitsaussagen über Hypothesen.

19.3.1 Klassisch vs. Bayesianisch

Von einigen Methodikern werden der klassische und der Bayesianische Ansatz als Gegensätze betrachtet, aber es steigt der Konsens darüber, dass man nicht kategorisch zwischen den Ansätzen wählen muss, sondern dass beide sich gut ergänzen können (z.B. Howard, Maxwell & Fleming, 2000). Beispielsweise könnte man argumentieren, dass die Entscheidung für die Alternativ- oder die Nullhypothese nach dem klassischen Ansatz noch plausibler ist, wenn die entsprechende Hypothese (und nicht eine weitere, im klassischen Ansatz nicht behandelte) im Bayesianischen Ansatz die höchste Posteriorwahrscheinlichkeit erzielt. Wenn andererseits die Hypothese, für die man sich im klassischen Ansatz entschieden hat, eine geringe Posteriorwahrscheinlichkeit hat, könnte das die Grundlage dafür sein, die Spezifizierung von Null- und Alternativhypothese noch einmal zu überdenken.

Viele Gegner des Bayesianischen Ansatzes haben hauptsächlich an der Subjektivität der Wahrscheinlichkeitsschätzungen etwas auszusetzen. Diese Subjektivität kann jedoch in vielen Fällen reduziert werden, wenn etwa die Ergebnisse bisheriger Studien in die Konstruktion der Priorverteilung eingehen oder wenn die Likelihoods unter Einbeziehung der Stichprobengröße aus gängigen Stichprobenverteilungen geschätzt werden. Man sollte nicht vergessen, dass auch der klassische Ansatz nicht wirklich objektiv ist: Die Auswahl der Wahrscheinlichkeit für die Fehler 1. und 2. Art ist letztlich immer eine subjektive Entscheidung und ganz ohne subjektives Urteil kommt man auch beim Spezifizieren einer Alternativhypothese nicht aus.

Es gibt keinen plausiblen Grund dafür, profundes Vorwissen beim Testen von Hypothesen nicht zu verwenden. Das kann man im klassischen Verfahren durch die Auswahl geeigneter Hypothesen versuchen, aber viel leichter ist die Einbeziehung von Vorwissen im Bayesianischen Ansatz. Wenn wenig Vorwissen vorhanden ist, nur einmal getestet werden kann und eine wichtige Entscheidung ansteht, ist der klassische Ansatz die Methode der Wahl. Wenn aber viele vergleichbare Studien durchgeführt werden können und man an der Wahrscheinlichkeit verschiedener Hypothesen interessiert ist, dann sollte der Bayesianische Ansatz favorisiert werden.

19.3.2 Was kann Inferenzstatistik nicht?

Die Inferenzstatistik in der klassischen Prägung ist ein deduktives Verfahren (abgesehen von den Schlüssen, die man aufgrund des p-Wertes zieht). Ohne schon vorhandene Hypothesen machen Signifikanztests und Konfidenzintervalle offensichtlich keinen Sinn. Auch der Bayesianische Ansatz hat weitgehend deduktiven Charakter. In der Priorverteilung muss man potenziell sinnvolle Hypothesen festlegen, man ist dabei nur weniger eingeschränkt als im klassischen Ansatz. Damit ist deutlich: Inferenzstatistik kann keine große Rolle bei der Generierung von Theorien und Hypothesen spielen. Die Ergebnisse von Signifikanztests können zwar Denkanstöße liefern, aber solche Denkanstöße kommen häufig eher von einer detaillierten deskriptiven und explorativen Datenanalyse.

Aber auch die Überprüfung von Theorien lässt sich nicht auf die Durchführung inferenzstatistischer Verfahren beschränken. Nicht selten treten in Studien unerwartete oder kontraintuitive Ergebnisse auf. Hier hilft die Inferenzstatistik nicht weiter. Wieder liefert eine detaillierte Datenanalyse, vor allem mit Hilfe geeigneter grafischer Verfahren, den besten Zugang zum Verständnis der Ergebnisse.

Meist ist man daran interessiert, wie groß Effekte sind. Die Antwort darauf kann man nicht durch Inferenzstatistik erhalten, sondern durch die Berechnung entsprechender Effektgrößen (siehe Kapitel 9 und 21).[9] Auch zum Schätzen der Effektgröße in der Population gibt es ein weitaus besseres Verfahren als etwa ein einzelnes Konfidenzintervall: die Metaanalyse.

Solchen Verfahren, die zur Theoriengenerierung, zur detaillierten Analyse von Daten, und zur Analyse wiederholt erhobener Effektgrößen dienen, ist der nächste Teil dieses Buchs gewidmet.

ZUSAMMENFASSUNG

In diesem Kapitel soll verdeutlicht werden, dass die konventionellen inferenzstatistischen Verfahren, Signifikanztest und Konfidenzintervall – hier als „klassischer Ansatz" bezeichnet, nur ein Ausschnitt aus dem potenziell zur Verfügung stehenden Methodenarsenal der Inferenzstatistik sind. Viele der alternativen Ansätze sind theoretisch umstritten oder nicht so ausgearbeitet, dass sie sofort in der Praxis anwendbar wären. Wir haben uns auf die Beschreibung zweier zusätzlicher Ansätze beschränkt, die unseres Erachtens ein hohes Potenzial für den Einsatz in der psychologischen Forschung haben: den Bootstrap und die Bayes-Statistik.

Beim Bootstrap erstellt man empirische Stichprobenverteilungen durch wiederholtes Stichprobenziehen aus der Originalstichprobe. Wenn die Originalstichprobe repräsentativ für die Population ist, können die Ergebnisse analog zum klassischen Ansatz interpretiert werden. Die Bootstrap-Methode hat zwei Vorteile gegenüber dem klassischen Ansatz (der theoretischen Herleitung von Stichprobenverteilungen): Zum Einen ist sie nicht an Annahmen über die Population (z.B. Normalverteilung der Werte und gleiche Varianzen in den Populationen, die miteinander verglichen werden sollen) gebunden; und zum Anderen erlaubt sie Aussagen über Populationsparameter, zu deren Untersuchung es keine bislang ausgearbeiteten und allgemein zugänglichen Verfahren gibt.   ▶

---

9 Man kann natürlich die Ergebnisse von Signifikanztests zur Berechnung von Effektgrößen verwenden, aber das ist eher ein Abfallprodukt von Signifikanztests und erfolgt aus pragmatischen Gründen.

▶**Fortsetzung**

Die Bayes-Statistik bietet im Gegensatz zum klassischen Ansatz (bei dem nur die Wahrscheinlichkeit von Daten ermittelt werden kann) die Möglichkeit, die Wahrscheinlichkeit von Hypothesen zu bestimmen und diese Wahrscheinlichkeiten immer wieder im Lichte neuer Forschungsergebnisse zu revidieren.

Beide Verfahren stellen eine wichtige Ergänzung zum klassischen Ansatz da. Es wird allerdings auch verdeutlicht, dass der Nutzen von Inferenzstatistik in der psychologischen Datenanalyse eingeschränkt ist und dass deskriptive und explorative Verfahren oder Verfahren zur Berechnung und Aggregierung von Effektgrößen (Metaanalyse) eine essenzielle Rolle im psychologischen Methodenarsenal spielen.

Z U S A M M E N F A S S U N G

Welterführende Literatur

Diaconis, P. & Efron, B. (1983). Statistik per Computer: der Münchhausen-Trick. *Spektrum der Wissenschaft, 7,* 56-71.

Johnson, R. W. (2001). An introduction to the bootstrap. *Teaching Statistics, 23,* 49-54.
Kurzgefasste Einführungen in den Bootstrap.

Wickens, D. (2006). *VisualBayes: Ein Rechnerprogramm zur Einführung in die Bayes-Statistik.* Hildesheim: Franzbecker.
Leicht verständliche Einführung, allerdings nicht für Psychologen geschrieben. Das Rechnerprogramm benötigt, um zu funktionieren, die Mathematiksoftware DERIVE.

Winkler, R. L. (1993). Bayesian statistics: an overview. In G. Keren & C. Lewis (Eds.). *A handbook for data analysis in the behavioural sciences, Vol II: Statistical issues.* Hillsdale: Lawrence Erlbaum (201–232).
Relativ gut verständliche Einführung in die Bayes-Statistik.

Übungsaufgaben mit Lösungen sowie weitere Informationen zu diesem Buchkapitel finden Sie auf der Companion Website zum Buch unter *http://www.pearson-studium.de*

TEIL IV

Weitere Verfahren der Datenerhebung und Datenanalyse

Explorative Datenanalyse (EDA): Weitere Verfahren

20

ÜBERBLICK

Der Begriff *Explorative Datenanalyse* (EDA) wurde von dem Statistiker John Tukey geprägt, der meinte, dass EDA Detektivarbeit sei, numerische Detektivarbeit, detektivische Zählarbeit oder grafische Detektivarbeit (Tukey, 1977). EDA dient also dazu, Muster, Zusammenhänge und letztlich auch Bedeutung in den Daten zu entdecken. Somit ist die EDA nicht in erster Line eine Sammlung von Verfahren zur Überprüfung von Hypothesen – obwohl sie auch dazu hilfreich sein kann –, sondern, wie der Name schon sagt, zur Exploration von Daten, die auch nicht ausschließlich durch die Ausgangshypothesen geleitet sein muss. Eine solche Exploration von Daten ist nach allen Studien sinnvoll. Es ist eher die Regel als die Ausnahme, dass empirische Ergebnisse *nicht* genau den Erwartungen entsprechen und nicht selten weichen sie deutlich davon ab. In diesem Fall kann die EDA wertvolle Hinweise liefern. Die meisten EDA-Verfahren sind relativ einfach und *robust*. Letzteres bedeutet, dass kleinere Anomalien in den Daten, wie etwa extreme Werte, oder „merkwürdige" Verteilungen, sich kaum auf die Ergebnisse auswirken. Zwei der von Tukey vorgeschlagenen, sehr robusten Verfahren, Stamm-Blatt-Diagramme und Box-Plots, wurden schon in Kapitel 6 eingeführt. Inzwischen existiert eine umfangreiche Sammlung von Verfahren, die kontinuierlich wächst; und Tukey ermuntert dazu, selbst neue Verfahren zu entwickeln.

Sie werden in diesem Kapitel keine 3-D Abbildungen finden und das hat seinen Grund: Dreidimensionale („räumliche") Abbildungen sind notorisch irreführend und sollten in der grafischen Datenanalyse vermieden werden, es sei denn, man kann einen wirklichen 3-D Effekt erzeugen, indem man die Abbildung animiert (Drehungen um die 3 Koordinatenachsen), was auch in vielen Statistikpaketen (Computerprogrammen zur statistischen Analyse) möglich ist. Statische 3-D Darstellungen, die ja immer das Problem haben, 3 Dimensionen auf 2 zu reduzieren, sind dagegen so stark von der Perspektive dominiert, dass sie für die wissenschaftliche Datenanalyse nahezu unbrauchbar sind.

Im Folgenden werden wir einführend anhand von Box-Plots noch einmal auf die Robustheit von EDA-Verfahren eingehen und dann einige weitere nützliche Verfahren vorstellen. Zunächst konzentrieren wir uns dabei auf die grafische Analyse des Zusammenhangs zwischen zwei Variablen, und stellen dann die Streuungsdiagramm-Matrix vor, die das Konzept der Streuungsdiagramme auf das gleichzeitige Sichtbarmachen von multivariaten Zusammenhängen erweitert. Im letzten Teil des Kapitels befassen wir uns mit der mehrdimensionalen grafischen Klassifikation von Personen oder Objekten.

20.1 Robustheit von EDA-Verfahren: Box-Plots

Eine wichtige Eigenschaft von vielen EDA-Verfahren ist, dass sie „robust" oder unempfindlich gegenüber „außergewöhnlichen" Datenpunkten oder Verteilungen von Daten sind. Diese Eigenschaft kann man gut anhand von Box-Plots verdeutlichen (siehe auch Kapitel 6). Nehmen wir an, wir hätten für 7 Patienten folgende Reaktionszeiten (Mediane) in msek erhalten: 151, 160, 168, 169, 172, 175, 189. Zur Illustration fügen wir nun abwechselnd zwei unterschiedliche Werte für einen 8. Patienten hinzu. Die Auswirkungen dieses zusätzlichen 8. Datenpunktes auf Mittelwert und Streuung einerseits und Box-Plot und Interquartilsabstand andererseits illustrieren, dass Letztere deutlich robuster gegenüber außergewöhnlichen Werten sind (▶Abbildung 20.1). Der außergewöhnliche Wert beträgt 279 msec und die entsprechende Verteilung von Werten ist in den Teilabbildungen jeweils als „RT1" bezeichnet. Das Ausmaß der Robustheit wird deutlich, wenn man die Maße mit und ohne Einbezug des außergewöhnlichen Wertes vergleicht: Wenn der außergewöhnliche Wert keinen oder nur einen geringen Einfluss auf die Maße hat, sind diese robust. In unserem Beispiel wird die Verteilung mit dem außergewöhnlichen Wert verglichen mit einer anderen Verteilung, bei der der hinzugefügte 8. Wert im Vergleich zu den anderen „normal" ist. Die Verteilung mit diesem „normalen" Wert, 190 msec, wird in der Abbildung jeweils als „RT2" bezeichnet. Der Vergleich der beiden Verteilungen, „RT1" und „RT2", zeigt bei Mittelwert und Standardabweichung, dass beide Maße deutlich durch den Ausreißer beeinflusst werden: der Mittelwert steigt und die Standardabweichung wird sprunghaft größer (Abbildung 20.1, links). Bei Median und Interquartilsabstand ändert sich jedoch in diesem Beispiel überhaupt nichts: ob nun der hinzugefügte Werte extrem ist (279 msec, durch einen kleinen Kreis gekennzeichnet) oder „normal" (190 msec) macht keinen Unterschied: Median und Interquartilsabstand sind robust (Abbildung 20.1, rechts). Würde man in diesem Beispiel ausschließlich das arithmetische Mittel und die Standardabweichung berechnen, würde das die Aussage über die Patientengruppe stark verfälschen. Die mittlere Reaktionszeit wäre überhöht und vor allem die Aussage über die Heterogenität der Gruppe wäre stark übertrieben. Ein solcher Effekt ist generell umso größer, je kleiner die Stichprobe ist.

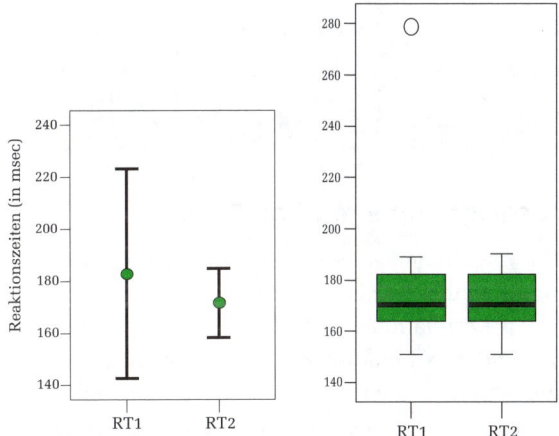

Abbildung 20.1: Illustration der Robustheit von Box-Plots: Vergleich des Einflusses eines „Ausreißers" auf Mittelwert und Standardabweichung (links) und Box-Plot (rechts).

Da Analysen selten mit der Beschreibung einzelner Variablen enden, haben verfälschte Mittelwerte und Standardabweichungen die Tendenz sich „fortzupflanzen", weil sie die Bestandteile vieler komplexerer Kenngrößen wie etwa Korrelationskoeffizienten sind. Deshalb sollte man die Verteilungen von Variablen immer zunächst überprüfen, z.B. mit Hilfe von Box-Plots, bevor man andere Maße berechnet, die auf Mittelwerten und Varianzen beruhen.

20.2 Varianten von Streuungsdiagrammen

Streuungsdiagramme sind eine sehr flexible Methode zur Darstellung bivariater Zusammenhänge, d.h. der Zusammenhänge zwischen zwei Variablen. In Kapitel 7 haben wir schon eine EDA-Variante eines Streuungsdiagramms gesehen, das Sonnenblumendiagramm, mit dessen Hilfe man Mehrfachvorkommen von identischen Werten darstellen kann. Im Folgenden stellen wir drei weitere nützliche Varianten vor. Wir benutzen dazu die Daten von 8 hypothetischen Patienten aus ▶Tabelle 20.1. Alle folgenden Abbildungen wurden mit dem Programmpaket *Systat* (SPSS Inc.) erstellt.

Tabelle 20.1

IQ-Werte, Werte auf einem Angstfragebogen und Reaktionszeiten für 8 hypothetische Patienten

	IQ	Angst	Reaktionszeit
Patient 1	123	12	151
Patient 2	121	11	160
Patient 3	115	10	168
Patient 4	110	10	169
Patient 5	105	11	172
Patient 6	103	10	175
Patient 7	100	12	189
Patient 8	120	20	279

20.2.1 Streuungsdiagramme mit Box-Plots

Da Ausreißer auch Korrelationen stark beeinflussen können (weil diese aus Mittelwerten und Streuungen berechnet werden – siehe Kapitel 7), ist es wünschenswert, sie zu entdecken, bevor man Korrelationen berechnet. Eine einfache Möglichkeit dafür ist, Streuungsdiagramm und Box-Plots miteinander zu kombinieren. Betrachten wir als Beispiel den Zusammenhang zwischen IQ und Werten in einem Angsttest („Angst") für die 8 hypothetischen Patienten aus Tabelle 20.1 (▶Abbildung 20.2). In der linken Abbildung wird deutlich, dass es in Bezug auf die Variable „Angst" eine Person mit einem extrem hohen Wert gibt, die in dem entsprechenden Box-Plot (am rechten Rand des Streuungsdiagramms) als Ausreißer gekennzeichnet ist. Die rechte Abbildung zeigt den Zusammenhang ohne diese hypothetische Person: die Box-Plots beinhalten nun keine außergewöhnlichen Werte mehr. Der Ausreißer führt zu einer ungerechtfertigten substanziellen Korrelation zwischen IQ und Angst von $r = 0{,}38$, die durch die Entfernung des Wertes wieder auf $r = 0{,}12$ reduziert wird. Streuungsdiagramme mit Box-Plots sind sehr nützlich bei der Identifikation von Ausreißern und geben einen schnellen Eindruck darüber, ob die beiden Variablen gleich oder unterschiedlich verteilt sind.

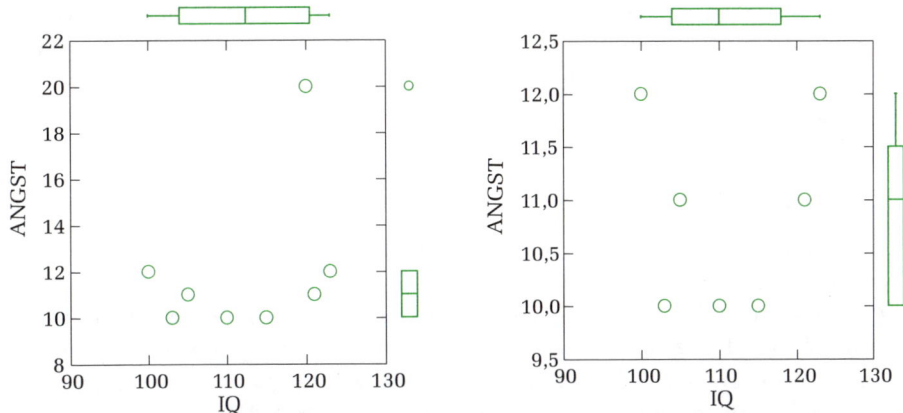

Abbildung 20.2: Streuungsdiagramm mit Box-Plots für den Zusammenhang zwischen IQ und Werten in einem Angsttest („Angst"), links für alle 8 Datenpunkte und rechts für die 7 Datenpunkte ohne den (im Box-Plot für die Variable „Angst" identifizierten) Ausreißer.(Bitte beachten: Durch die Herausnahme des Ausreißers hat sich der Wertebereich der y-Achse in der rechten Abbildung verkleinert).

20.2.2 Influence-Plot

Aus dem Beispiel in Abbildung 20.2 wird deutlich, dass ein einzelner Punkt den Korrelationskoeffizienten stark beeinflussen kann. Wie stark der Einfluss einzelner Punkte ist, kann man durch eine weitere Variante von Streuungsdiagrammen, den so genannten „Influence-Plots" deutlich machen. Die Größe der Kreise in ▶Abbildung 20.3 steht für das Ausmaß, in dem sich die Korrelation verändern würde, wenn man den entsprechenden Punkt aus den Daten entfernte. Ein ungefüllter Kreis bedeutet, dass sich die Korrelation durch Entfernen des Punktes verringern würde, ein gefüllter, dass die Korrelation ansteigen würde, wenn man den Datenpunkt entfernte.

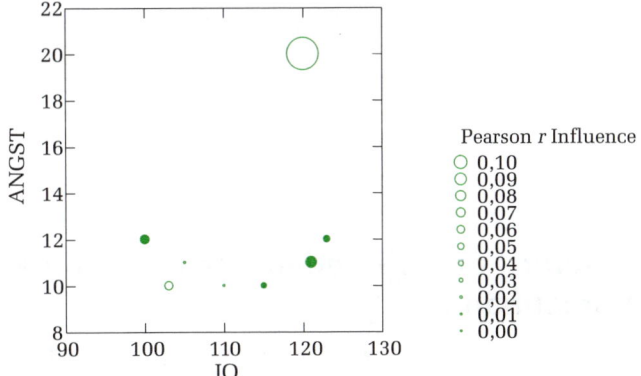

Abbildung 20.3: Influence Plot für den Zusammenhang zwischen IQ und Werten in einem Angsttest („Angst") für 8 hypothetische Patienten.

Die Legende rechts von der Abbildung zeigt an, wie groß die Veränderung in der Korrelation jeweils wäre. Auch in Abbildung 20.3 wird wieder deutlich, dass Patient 8 aus Tabelle 20.1 die Korrelation zwischen Angst und IQ stark verzerrt. Aus dem letzten

Abschnitt wissen wir schon, dass sich die Korrelation von $r = 0,38$ auf $r = 0,12$ verkleinert, wenn der große ungefüllte Kreis entfernt würde. Wenn man den größeren gefüllten Kreis rechts unten in der Abbildung entfernen würde, würde sich die Korrelation von $r = 0,38$ auf $r = 0,47$ vergrößern.

20.2.3 Bubble-Plot

Manchmal hat man Grund zu der Vermutung, dass der Zusammenhang zwischen zwei Variablen von einer dritten mit beeinflusst sein könnte. Der Einfluss dieser dritten Variable kann in einem Streuungsdiagramm durch die Größe der „Bubbles" (Kreise) sichtbar gemacht werden. ▶Abbildung 20.4 zeigt den Einfluss der Variable Angst auf den Zusammenhang zwischen IQ und Reaktionszeiten (RT) für die 8 hypothetischen Patienten, deren Werte in Tabelle 20.1 aufgelistet sind. Aus der Abbildung ist zu erkennen, dass der Patient mit der langen Reaktionszeit atypisch hohe Werte in einem Angsttest hatte, ausgedrückt durch das im Vergleich deutlich vergrößerte „Bubble" rechts oben in der Abbildung. Es könnte also sein, dass die unverhältnismäßig hohe Reaktionszeit durch die Angst mit verursacht wurde.

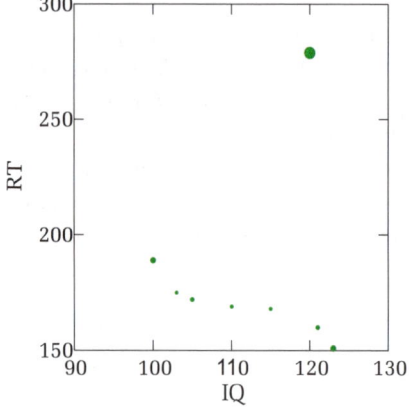

Abbildung 20.4: Bubble-Plot für den Zusammenhang zwischen IQ und Reaktionszeit (RT) für 8 hypothetische Patienten. Die Werte einer dritten Variablen – („Angst") aus Tabelle 20.1 – sind durch die Größe der Kreise („Bubbles") dargestellt.

20.3 „Aufspüren" und „Geradebiegen" nichtlinearer Zusammenhänge

Nur wenn der Zusammenhang zwischen zwei Variablen (einigermaßen) linear ist, ist der Korrelationskoeffizient aussagekräftig. Wenn aber schon ein Blick auf das Streuungsdiagramm einen nichtlinearen Zusammenhang zwischen zwei Variablen verrät, liegt es nahe, nach einer genaueren Beschreibung des Zusammenhangs zu suchen. Ein Weg dazu ist, eine so genannte Lowess-Kurve (Locally Weighted Scatterplot Smoother) in das Streuungsdiagramm einzuzeichnen. Diese Lowess-Kurve liefert jedoch noch keine Gleichung zur Beschreibung des Zusammenhangs. Eine solche kann man unter

Umständen durch die Kombination der Lowess-Prozedur mit der so genannten *Potenzleiter* erhalten. Mit Hilfe der Potenzleiter kann man feststellen, ob die bivariate Werteverteilung einer Form folgt, die mittels einer Potenzfunktion beschrieben werden kann. Wenn das der Fall ist, kann der Zusammenhang durch die Transformation der Werte einer oder beider Variablen nachträglich „linearisiert" werden. Für die transformierten Werte können dann wiederum Standardverfahren für lineare Zusammenhänge, wie z.B. die Regressionsrechnung angewandt werden. Wir beschreiben zunächst die Lowess-Prozedur und dann die Potenzleiter.

20.3.1 Lowess

Die Lowess-Prozedur ist mathematisch relativ aufwändig und wird hier nur informell beschrieben (für Details siehe z.B. Cleveland, 1979 oder Cleveland, 1985, 167ff.). Das Prinzip ist nicht schwer zu verstehen, wenn man grundlegende Kenntnisse der Regressionsrechnung besitzt (siehe Kapitel 8). Im Prinzip ist die Lowess-Prozedur eine wiederholte Regressionsrechnung für jeden einzelnen Datenpunkt. In jedem Schritt der Prozedur erhält man, auf der x-Achse von links nach rechts fortschreitend, die Vorhersage für den entsprechenden y-Wert dadurch, dass man die Regressionsgerade für einen bestimmten Ausschnitt um den aktuellen Datenpunkt herum konstruiert und den vorhergesagten y-Wert auf diese Regressionsgerade „setzt". Bei der „normalen" linearen Regression bezieht man zur Bestimmung der Regressionsgerade die Abweichungsquadrate *aller* Datenpunkte *gleichmäßig* mit ein (die Regressionsgerade minimiert die Summe der Abweichungsquadrate). Die Berechnung der Regressionsgeraden bei der Lowess-Prozedur unterscheidet sich, außer dass man die Regressionsgerade jeweils nur für einen Punkt berechnet (man berechnet so viele Regressionsgeraden wie es Datenpunkte gibt), von der Vorgehensweise bei der linearen Regression in zwei weiteren Aspekten: Zum einen benutzt man in jedem Rechenschritt nicht alle Punkte im Streuungsdiagramm, sondern jeweils nur einen Ausschnitt aus den benachbarten Punkten (deswegen „locally"). Der Ausschnitt wird durch einen Parameter festgelegt, der meist zwischen 0 und 1 variiert (manchmal auch zwischen 0 und 100) und als *Tension* oder f bezeichnet wird. Dieser Parameter bestimmt, wie viele benachbarte Datenpunkte in die Berechnung eingehen. Wenn beispielsweise $n = 20$ Datenpunkte vorhanden sind und $f = 0{,}5$, dann werden pro Rechenschritt $n \cdot f = 20 \cdot 0{,}5 = 10$ Datenpunkte berücksichtigt. Zum anderen werden nicht, wie in der Regressionsrechnung, alle Punkte gleich gewichtet, sondern der Einfluss eines Datenpunktes nimmt mit seiner Entfernung zum aktuellen Punkt ab (deswegen „weighted"). ▶Abbildung 20.5 illustriert die Vorgehensweise: In Schritt 1 wird um einen Punkt herum (x_6, der 6. Datenpunkt von links, siehe Pfeil) ein Teil der benachbarten Datenpunkte ausgewählt. Sodann wird jeder dieser Datenpunkte unterschiedlich stark gewichtet. Datenpunkte in der Nähe des Ausgangswerts bekommen ein hohes Gewicht und weiter entfernte ein sehr niedriges (siehe Gewichtungsfunktion in Schritt 2). Danach wird die Regressionsgerade für die ausgewählten und gewichteten Punkte berechnet (Schritt 3) und der ursprüngliche Punkt (der 6. Datenpunkt) senkrecht „verschoben", so dass er auf dieser Regressionsgeraden zu liegen kommt (Schritt 4, siehe den gefüllten Datenpunkt). Das Zwischenergebnis (nach der Regressionsrechnung für den 6. Datenpunkt) ist rechts unten in Abbildung 20.5 zu sehen. Die auf diese Weise bestimmten „neuen" Datenpunkte sind die Grundlage für die Zeichnung der Lowess-Kurve.

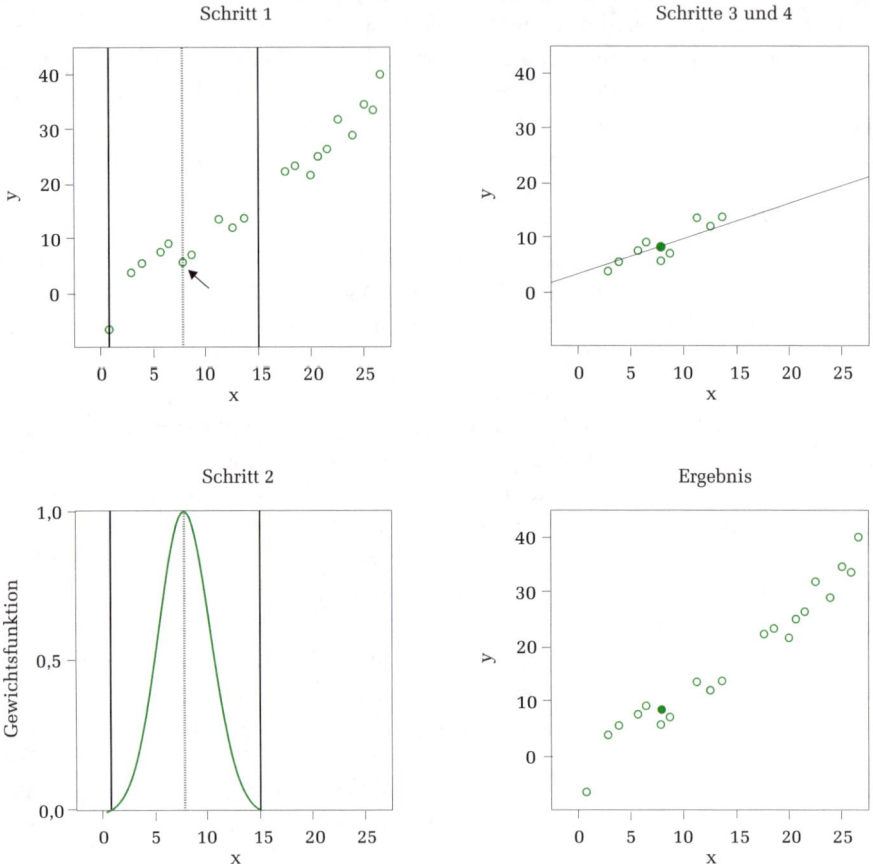

Abbildung 20.5: Illustration der Vorgehensweise zur Vorhersage eines Wertes bei der Konstruktion der Lowess-Kurve (nach Cleveland, 1985, 176).

Wenn möglich, werden in jedem Schritt gleich viele Datenpunkte links und rechts vom aktuellen Datenpunkt (x-Wert) in die Berechnung einbezogen. Wenn jedoch auf der einen Seite des aktuellen Datenpunktes weniger als die Hälfte aller zu berücksichtigenden Punkte liegen, nimmt man diese und zusätzlich noch die verbleibende Anzahl der Punkte auf der anderen Seite. Wenn man etwa die Vorhersage für x_{20} bestimmen sollte und es insgesamt nur 20 Datenpunkte gäbe, würde man bei einem $f = 0,5$ also die 10 letzten Datenpunkte x_{11} bis x_{20} für die Vorhersage benutzen (▶Abbildung 20.6). Die weitere Vorgehensweise für „extreme" Datenpunkte ist identisch zu der für „mittlere" Datenpunkte, außer dass die Gewichtsfunktion nicht mehr symmetrisch ist (siehe Schritt 2 in Abbildung 20.6).

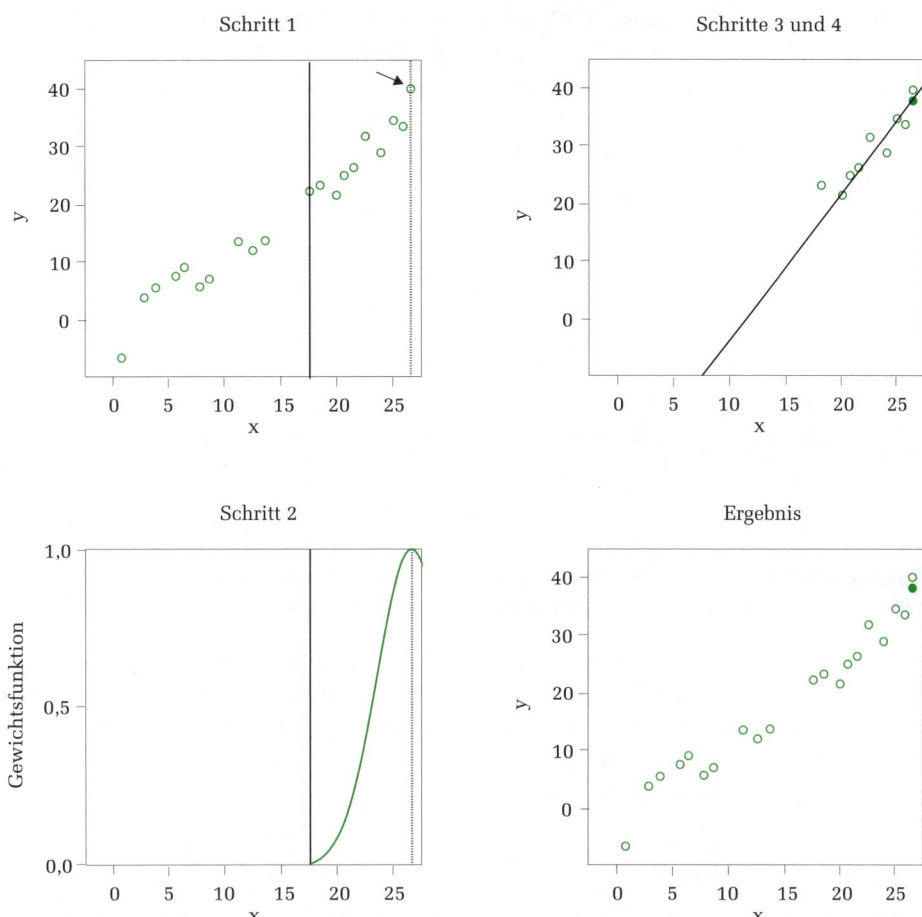

Abbildung 20.6: Illustration der Vorgehensweise zur Vorhersage eines „Randwertes" (x_{20}) zur Konstruktion der der Lowess-Kurve (nach Cleveland, 1985, 177).

Am Schluss der Prozedur werden die „geglätteten" (smoothed) vorhergesagten y-Werte mit einer Linie verbunden. Das Ausmaß der Glättung wird durch die Höhe des Parameters f bestimmt: Bei $f = 0$ erfolgt keine Glättung, weil die Nachbarpunkte ja in diesem Fall keinerlei Einfluss haben und bei $f = 1$ wäre die Glättung maximal. Häufig werden f-Werte um 0,8 oder 0,9 benutzt, weil die Kurve bei kleineren f-Werten zu stark „gezackt" ist.

Die Lowess-Kurve ist sehr nützlich, weil sie jede Art von bivariaten Zusammenhängen sichtbar machen kann. Wenn der Zusammenhang zwischen zwei Variablen perfekt linear ist, wird Lowess eine Gerade liefern, die identisch zur Regressionsgeraden bei der linearen Regression ist. Aber auch jede Art von nichtlinearem Zusammenhang wird mit Hilfe einer Lowess-Kurve aufgedeckt. Vor allem bei kleinen Stichproben, die Ausreißer beinhalten, kann es sein, dass die Regressionsgerade eine völlig falsche Beschreibung des bivariaten Zusammenhangs liefert, auch wenn der Zusammenhang zwischen den beiden Variablen tatsächlich grundsätzlich linear ist. Die Lowess-Kurve wird von solchen Anomalien in den Daten jedoch kaum beeinflusst. ▶Abbildung 20.7 illustriert das anhand des Zusammenhangs der Variablen IQ und RT aus Tabelle 20.1. Die Regressionsgerade (linkes Streuungsdiagramm) die durch den Ausreißer stark beeinflusst ist, suggeriert einen leicht positiven Zusammenhang, während die Lowess-Kurve (rechtes Streuungsdiagramm, $f = 0,8$) den nahezu linearen negativen Zusammenhang zwischen IQ und RT (ohne den Ausreißer-Wert) richtig wiedergibt.

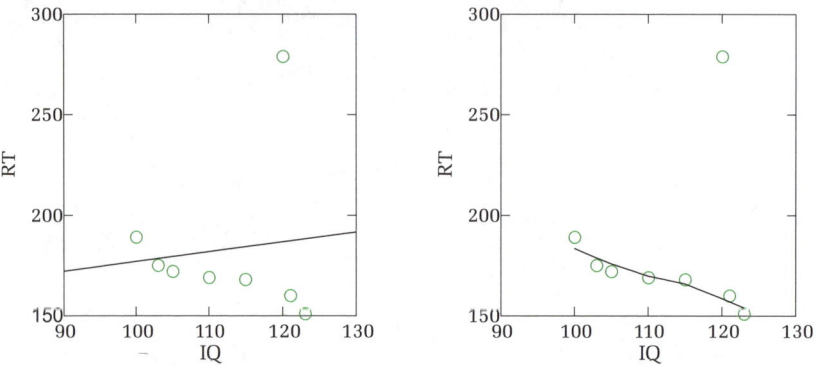

Abbildung 20.7: Regressionsgerade (links) und Lowess-Kurve (rechts) zur Beschreibung des Zusammenhangs zwischen IQ und Reaktionszeit (RT) für 8 hypothetische Patienten (Werte aus Tabelle 20.1).

Bei wenigen Datenpunkten kann man einen starken nichtlinearen Zusammenhang in einem Streuungsdiagramm schon ohne „Sehhilfe" leicht erkennen, bei vielen Datenpunkten, vor allem wenn diese eng beieinander liegen oder Werte mehrfach vorkommen, kann dies schwierig sein – mit einer Lowess-Kurve lässt sich ein solcher Zusammenhang jedoch problemlos aufdecken.

20.3.2 Potenzleiter

Wenn die Lowess-Kurve eine monotone Krümmung aufdeckt, das heißt, eine Kurve deren Steigung kontinuierlich zu- oder abnimmt und dabei nicht das Vorzeichen wechselt (also beispielsweise nicht einmal steigt, und dann wieder fällt), kann das Benutzen der Potenzleiter (Tukey, 1977) sehr sinnvoll sein. Das Ziel des Verfahrens ist, die Art des Zusammenhangs der beiden Variablen festzustellen und dann die Kurve durch entsprechende Werte-Transformation(en) zu begradigen. Die „begradigten" Werte können dann, wie schon erwähnt, mit Hilfe konventioneller Verfahren, die Linearität voraussetzen (wie z.B. die Regressionsrechnung), weiter verarbeitet werden. „Potenzleiter" bedeutet, dass man bei einer oder beiden Variablen ausgehend von einem Exponenten von 1 ($x^1 = x$) den Exponenten entweder in beliebig weiten Stufen erhöht (z.B. x^2, x^3, x^4, ...) oder erniedrigt (z.B. $y^{0,5}$, $y^{0,25}$, y^0, $y^{-0,5}$, ...). Ein Exponent von 0 wird dabei als Logarithmus behandelt: $x^0 = ln(x)$. Durch Erhöhen oder Erniedrigen der jeweiligen Exponenten kann man monotone Krümmungen begradigen. Wenn man weiß, wie man eine Kurve begradigen kann, dann kennt man auch automatisch die Gleichung zur Beschreibung dieser Kurve. Ein Beispiel: Was ist der Zusammenhang zwischen der y-Variable und der x-Variable in ▶Abbildung 20.8a? Steigt man mit der x-Variable die Potenzleiter hinauf und betrachtet jeweils die Art der Beziehung zur y-Variable, ergibt sich für x^3 eine Gerade (▶Abbildung 20.8b). Damit kennen wir auch die Gleichung, die den Zusammenhang zwischen den beiden Variablen beschreibt: $y = x^3$. Hat man jedoch eine Geradengleichung zur Verfügung, kann man auch wieder alle Verfahren benutzen, die auf solchen Gleichungen basieren.

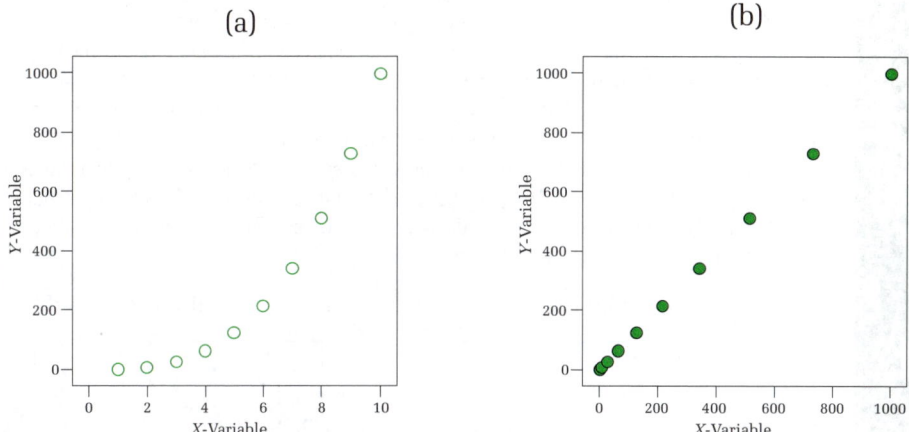

Abbildung 20.8: Beispiel für den Einsatz der Potenzleiter. Die Potenz der X-Variable in der linken Abbildung wurde von 1 auf 3 erhöht und der ursprünglich kurvilineare Zusammenhang zwischen der X- und der Y-Variable wird dadurch in einen linearen Zusammenhang transformiert.

Eine einfache Anweisung dazu, welche Variable in ihrer Potenz erniedrigt oder erhöht werden soll, um den Zusammenhang zwischen beiden Variablen linear zu machen, ist in ▶Abbildung 20.9 dargestellt. Die vier Kurven außen in der Abbildung sind die Arten von kurvilinearen Zusammenhängen, die mit Hilfe der Potenzleiter aufgedeckt werden können. Die Richtungen, in die die Potenzleiter beschritten werden sollte, sind durch die Pfeile im Inneren der Abbildung gekennzeichnet. Der kurvilineare Zusammenhang aus Abbildung 20.8 ist beispielsweise durch den Kurvenabschnitt *(d)* rechts unten repräsentiert. In diesem Fall könnte man entweder die Potenz der y-Variable erniedrigen oder (wie in Abbildung 20.8b) die Potenz der x-Variable erhöhen um die kurvilineare Beziehung zwischen beiden Variablen zu begradigen. Im Kasten „Vertrautheit als Funktion von Auftretenshäufigkeit?" wird anhand eines Datenbeispiels aus der Literatur die Kombination von Lowess und Potenzleiter illustriert.

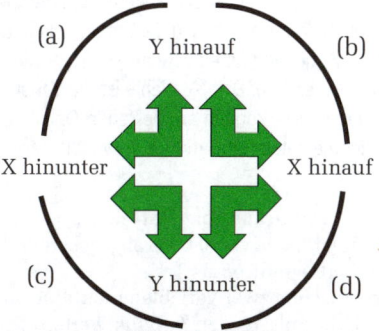

Abbildung 20.9: Grafische Darstellung der Richtung, in die die Potenzen der X- oder Y-Variablen verändert werden müssen, um die entsprechende Kurve „gerade zu biegen".

Vertrautheit als Funktion von Auftretenshäufigkeit? Die Kombination von Lowess und Potenzleiter soll anhand eines Datensatzes aus der Literatur (Appendix in Brown & Siegler, 1993) illustriert werden. Brown und Siegler (1993) untersuchten unter anderem die Hypothese, dass sich die subjektive Einschätzung des eigenen Wissens über einen Gegenstand aus der Häufigkeit, mit der man davon gehört hat, vorhersagen lässt. Die Häufigkeitsvorhersage gewannen die Autoren dabei aus der Zeitung. Sie zählten für einen bestimmten Zeitraum die Nennungshäufigkeiten von Ländernamen in der New York Times aus und benutzten diese Häufigkeiten als Vorhersagen für gemittelte „Knowledge Ratings", das heißt dafür, wie gut die Versuchsteilnehmer ihrer Meinung nach über das entsprechende Land Bescheid wussten.[1] Ein Standardverfahren zur Analyse eines solchen Datensatzes ist die lineare Regression (siehe Kapitel 8). ▶Abbildung 20.10 zeigt die Regressionsgerade (links) und die Lowess-Kurve für die Residualwerte oder Residuen (rechts).[2]

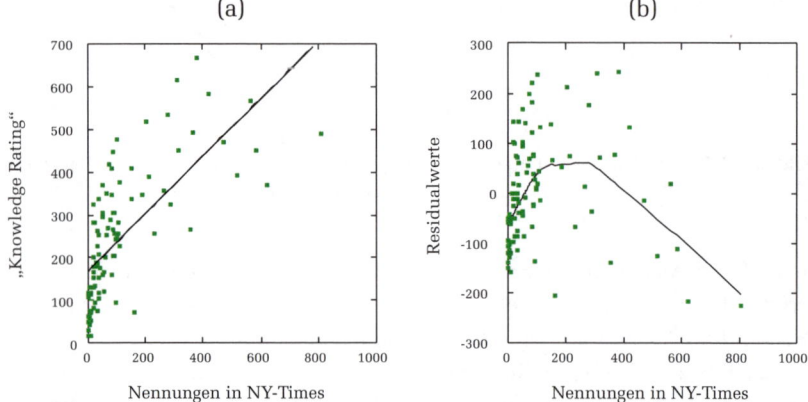

(a)   (b)

Abbildung 20.10: Regressionsgerade (links) und Residualwerte mit Lowess-Kurve (rechts) für den Datensatz aus Brown & Siegler (1993).

Die Erklärungskraft der linearen Regression, ausgedrückt mittels Determinationskoeffizient ist zwar relativ hoch – $r^2 = 0{,}49$ – die Lowess-Kurve, die das Muster in den Residualwerten beschreibt (▶Abbildung 20.10b) zeigt aber, dass es sich nicht um eine lineare Beziehung handelt. Bei einer linearen Beziehung wären die Residualwerte symmetrisch um 0 verteilt (siehe Abschnitt 8.2). Wir wissen jetzt, dass die Beziehung nicht linear ist und ein Blick auf ▶Abbildung 20.11a zeigt, dass die Krümmung monoton ist und der Kurve *(a)* links oben in Abbildung 20.9 entspricht. In diesem Fall gibt es zwei Möglichkeiten: Die Potenzleiter für die *Y*-Variable hinauf oder die für die *X*-Variable hinunter zu steigen. Falls man, wie in unserem Beispiel, die nach der Begradigung entstehende Beziehung für eine Regressionsgleichung nutzen möchte, empfiehlt es sich, die Werte für *y* nicht zu ändern. Die *Y*-Variable ist die Variable, deren Ergebnisse vorhergesagt werden und diese Ergebnisse können am Besten in Originaleinheiten interpretiert werden. Deswegen sollte man hier die Potenzleiter für die *X*-Variable nach unten steigen. ▶

---

1 Ein Ausreißer – die UDSSR – wurde aus der Analyse ausgeschlossen und die Knowledge Ratings, die ursprünglich auf einer Skala von 0 bis 9 abgegeben und dann gemittelt wurden, sind aus Darstellungsgründen mit 100 multipliziert.

2 Wenn der Zusammenhang zwischen zwei Variablen nicht linear ist, dann sieht man das in den Residualwerten noch deutlicher als in den Originalwerten. Die Residualwerte erhält man, wenn die vorhergesagten Werte (auf der Regressionsgeraden) von den tatsächlichen Werten subtrahiert werden.

▶Fortsetzung

Die drei ▶Abbildungen 20.11b, c und d zeigen die Zusammenhänge, die entstehen, wenn man die Potenzleiter für x nach unten steigt: $x^{0,5}$, $x^{0,25}$ und $\ln(x)$. Die beste Lösung scheint in diesem Fall nahe an $x^{0,25}$ zu liegen.

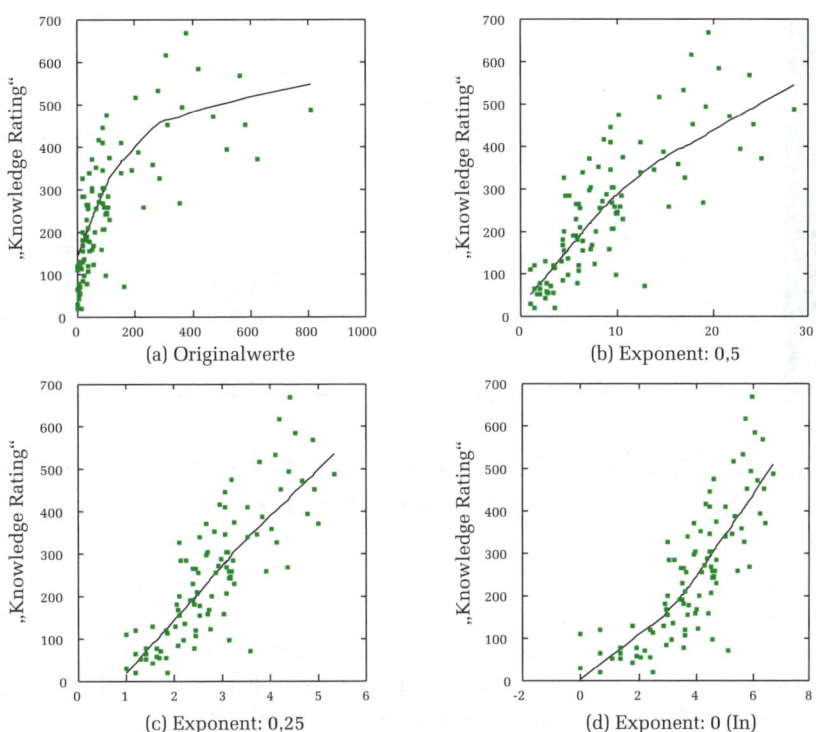

Abbildung 20.11: Lowess-Kurven für den Originalzusammenhang und für die Zusammenhänge, die entstehen, wenn man drei Schritte nach unten auf der Potenzleiter für die *X*-Variable „absteigt".

Nun kann man mit der transformierten *X*-Variable erneut eine Regressionsgerade erstellen. Die entsprechende Regressionsgleichung lautet in diesem Beispiel:

$$\hat{y}_i = -98{,}32 + 122{,}99 x_i^{0,25}$$

Der nun deutlich höhere Determinationskoeffizient von $r^2 = 0{,}66$ zeigt, dass die neue Regressionsgleichung mit den transformierten *x*-Werten eine viel bessere Vorhersage liefert als die Regressionsgleichung für den ursprünglichen Zusammenhang. Die Verbesserung ist auch in den entsprechenden Streuungsdiagrammen zu sehen. ▶Abbildung 20.12a zeigt die Regressionsgerade für die begradigte Beziehung und ▶Abbildung 20.12b die Lowess-Kurve für die Residualwerte. Die Lowess-Kurve liegt zwar nicht genau auf dem Wert 0 (das Optimum), aber die Abweichung ist nur mehr sehr schwach, das heißt in den Residualwerten ist kein weiterer systematischer Effekt mehr sichtbar. ▶

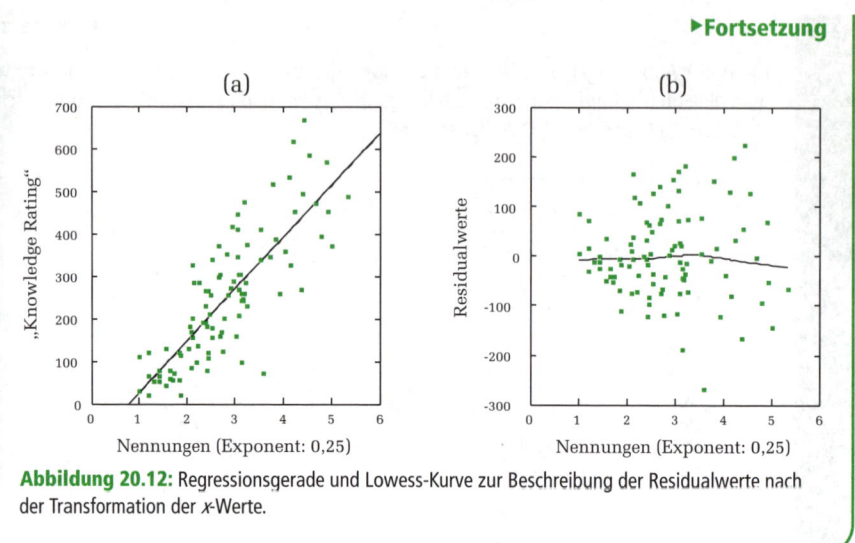

▶Fortsetzung

Abbildung 20.12: Regressionsgerade und Lowess-Kurve zur Beschreibung der Residualwerte nach der Transformation der *x*-Werte.

20.4 Multivariate Zusammenhänge auf einen Blick: Die Streuungsdiagramm-Matrix

Multivariate Zusammenhänge (Zusammenhänge zwischen mehr als zwei Variablen) sind grafisch nicht leicht darzustellen, weil man nur zwei Dimensionen zur Verfügung hat. Eine einfache, aber sehr effektive Möglichkeit, solche Zusammenhänge trotzdem sichtbar zu machen, besteht darin, mehrere bivariate Zusammenhänge gemeinsam in Form einer Matrix abzubilden: Die Streuungsdiagramm-Matrix. Sehen wir uns eine solche Streuungsdiagramm-Matrix für 4 der 5 Variablen aus ▶Tabelle 20.2 an.

Tabelle 20.2

Daten von 8 hypothetischen Patienten in 5 psychometrischen Tests

	Reaktions- zeit	IQ	Genauig- keit	Angst	Problem- lösen
Patient 1	151	123	50	12	3
Patient 2	160	121	49	11	4
Patient 3	168	115	51	10	4
Patient 4	169	110	50	10	5
Patient 5	172	105	54	11	5
Patient 6	175	103	54	10	5
Patient 7	189	100	55	12	5
Patient 8	279	120	50	20	6

▶Abbildung 20.13 zeigt die entsprechende Streuungsdiagramm-Matrix, die den Zusammenhang zwischen den Variablen Reaktionszeit (RT), IQ, den Werten in einer Genauigkeitsaufgabe (GENAU) und den Werten in einem Angsttest (ANGST) wiedergibt.[3] Um die einzelnen Streuungsdiagramme nebeneinander vergleichen zu können, werden vor dem Erstellen einer solchen Matrix alle Werte z-transformiert. Die Matrix erlaubt es, den Zusammenhang zwischen einer Variable und mehreren anderen schnell abzuschätzen. Wie hängt beispielsweise die Reaktionszeit mit den anderen drei Variablen zusammen? Aufschluss darüber gibt ein Blick auf die oberste „Zeile" in Abbildung 20.13. Man sieht einen negativen Zusammenhang mit dem IQ (Patienten mit einem höheren IQ haben auch niedrigere Reaktionszeiten), einen positiven mit Genauigkeit (Patienten mit höheren Genauigkeitswerten haben tendenziell auch längere Reaktionszeiten) und einen vernachlässigbaren Zusammenhang mit den Werten in einem Angsttest. Dieses Bild wäre allerdings sehr unterschiedlich, wenn man nur die Korrelationskoeffizienten betrachten würde. Die Korrelationen (siehe die r's in der ersten Zeile in der Abbildung) sind – auch das ist in dieser Zeile deutlich sichtbar – allesamt durch einen Patienten mit einer extrem hohen Reaktionszeit verfälscht worden. Dieser Patient ist hochintelligent, in seinem Genauigkeitswert etwas unterdurchschnittlich, hat jedoch auch einen deutlich erhöhten Wert im Angsttest.

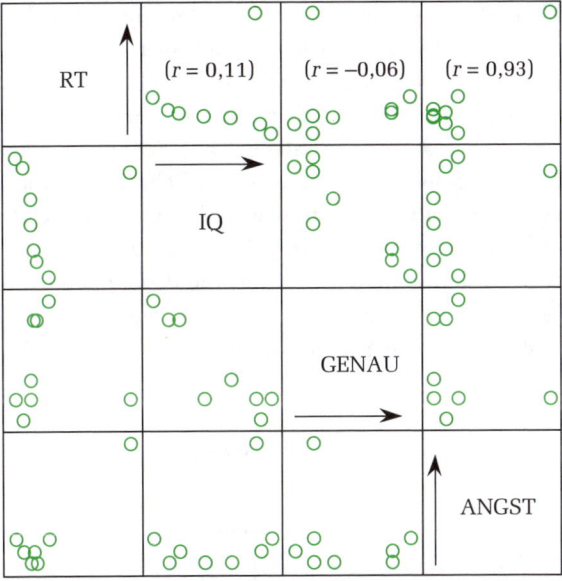

Abbildung 20.13: Streuungsdiagramm-Matrix für 4 der 5 Variablen aus Tabelle 20.2. Die Werte der Variablen werden jeweils nach oben und nach rechts hin größer (angezeigt durch die Pfeile).

---

3 Neben vollständigen Matrizen wie der in Abbildung 20.13 werden manchmal auch „halbe Matrizen" oder Dreiecksmatrizen benutzt (nur das „Dreieck" rechts oberhalb der Diagonalen), da die untere Dreiecksmatrix nur eine Spiegelung der oberen ist. Wenn man allerdings den Zusammenhang einer Variablen mit den anderen über Zeilen oder Spalten hinweg analysieren möchte, empfiehlt sich eine vollständige Matrix.

20.5 Mehrdimensionale grafische Klassifikation von Personen oder Objekten

Ein weiteres Anwendungsgebiet der EDA ist die Klassifikation von Personen und Objekten in Kategorien. Hierzu kann man numerische Verfahren wie die unterschiedlichen Ansätze der so genannten Clusteranalyse (z.B. Backhaus, Erichson, Plinke & Weiber, 2000) benutzen. Ein Nachteil dieser Verfahren ist, dass sie wenig spezifische Aussagen über die einzelnen Personen oder Objekte erlauben. Für solche spezifischen Aussagen sind grafische Verfahren, entweder als Ergänzung zu numerischen Verfahren oder auch für sich alleine, sehr nützlich. Im Folgenden wird eine Auswahl entsprechender Verfahren vorgestellt. Diese Verfahren können selbstverständlich auch alle zur Darstellung der *durchschnittlichen* Werte von Personen oder Objekten benutzt werden.

20.5.1 Rechteck-Icons

Wenn Personen oder Objekte durch ihre Ausprägungen in genau drei Variablen beschrieben werden sollen, bieten sich zur grafischen Darstellung *Rechteck-Icons* an. Man kann sich Rechteck-Icons als rechteckige Gefäße vorstellen, bei denen die Höhe, die Breite und der Füllungsgrad variieren und damit die relative Ausprägung jeweils einer Variablen beschreiben. Die Variablen müssen hierfür, wie auch in allen folgenden Verfahren, in z-transformierter Form vorliegen, weil sonst die unterschiedlichen Wertebereiche die Darstellung stark verzerren würden. ▶Abbildung 20.14 zeigt Rechteck-Icons für 8 hypothetische Patienten und ihre relativen Ausprägungen in den Variablen „Angst", „Genauigkeit" und „IQ" (siehe Tabelle 20.2). Schon auf einen Blick wird deutlich, dass man die 8 Patienten in drei unterschiedliche Kategorien einteilen könnte: Die Patienten 1 bis 4 verfügen über einen relativ hohen Wert im IQ (Breite), einen relativ niedrigen in der Genauigkeitsaufgabe (Höhe) und sind bezüglich des Werts im Angsttest (Füllung) unauffällig. Gleiches gilt für die Patienten 5 bis 7; bei ihnen ist jedoch der IQ geringer ausgeprägt, während ihr Wert in der Genauigkeitsaufgabe deutlich höher liegt. Patient 8 bildet eine eigene Kategorie, die durch den hohen Wert im Angsttest bestimmt ist.

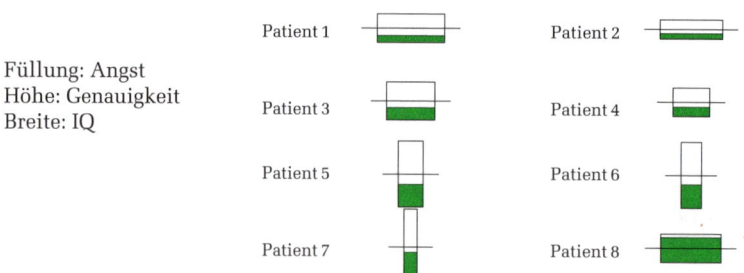

Abbildung 20.14: Rechteck-Icons zur gleichzeitigen Beschreibung der Ausprägungen dreier Variablen pro Person. Abgebildet sind die Variablen „Angst", „Genauigkeit" und IQ für 8 hypothetische Patienten (Werte aus Tabelle 20.2). Der Querstrich in der Mitte der Rechtecke erleichtert die Beurteilung des „Füllungsgrades".

20.5.2 Histogramm- und Profilplots

Will man die Ausprägungen von mehr als 3 Variablen pro Objekt oder Person gleichzeitig darstellen, bieten sich als einfache Möglichkeit Histogramm- und Profilplots an. Dabei werden wieder alle Variablen z-transformiert und der Reihe nach entweder als aneinander liegende Balken (Histogramm-Plot) oder als durch Linien verbundene Punkte (Profilplots) dargestellt. ▶Abbildung 20.15 zeigt die relativen Ausprägungen von 5 Variablen für 8 hypothetische Patienten (siehe Tabelle 20.2). Von links nach rechts sind die Variablen „Reaktionszeit", „IQ", „Genauigkeit", „Angst" und „Problemlösen" abgebildet. Die zwei im Vergleich zu den Rechteck-Plots zusätzlichen Variablen modifizieren die Klassifikation der 8 Patienten geringfügig gegenüber dem Ergebnis in Abbildung 20.14. Die in der Rechteck-Icon-Darstellung noch relativ homogene Gruppe der ersten 4 Patienten könnte man aufgrund der Histogramm- und Profilplots noch aufspalten in zwei Gruppen: Patient 1 und 2, sowie Patient 3 und 4. Letztere haben in allen Variablen eher durchschnittliche Werte, während bei Patient 1 und 2 deutlichere Kontraste zwischen den Variablenwerten zu erkennen sind. Die Patienten 5, 6 und 7 sind sich nach wie vor sehr ähnlich und auch hier bildet Patient 8 wieder eine eigene Kategorie.

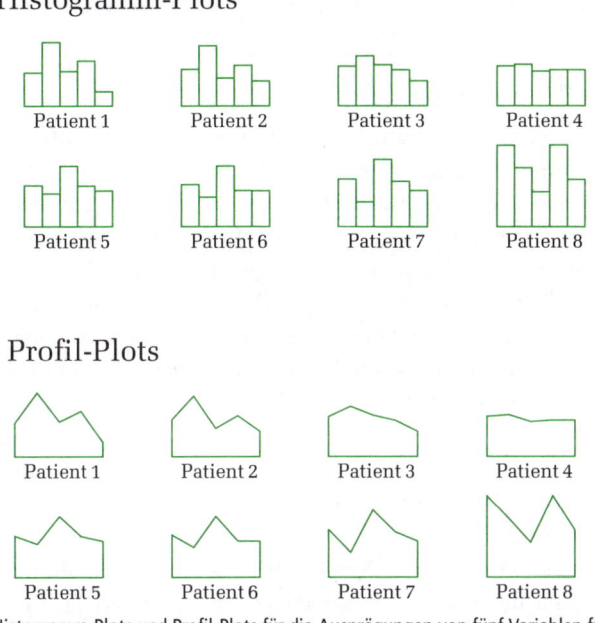

Abbildung 20.15: Histogramm-Plots und Profil-Plots für die Ausprägungen von fünf Variablen für 8 hypothetische Patienten (siehe Tabelle 20.2).

20.5.3 Star-Plots

Für die meisten Betrachter noch leichter differenzierbar als Histogramm- oder Profil-Plots sind so genannte *Star-Plots*. Der Name kommt daher, dass diese Darstellungen an Sterne erinnern, in die manchmal auch Mittelpunkt und Verbindungslinien eingezeichnet sind. ▶Abbildung 20.16 zeigt eine Star-Plot Version, die nur die Umrisslinien enthält. Wieder sind die relativen Ausprägungen von fünf Variablen für 8 hypothetische Patienten (siehe Tabelle 20.2) dargestellt. Die „Zacken" entsprechen dabei den Endpunkten der (nicht eingezeichneten) „Strahlen", die von einem für alle Star-Plots gemeinsamen Mittelpunkt ausgehen. Das Ausmaß der Angst wird durch den „Zacken" links oben symbolisiert und im Uhrzeigersinn folgen die „Zacken" für Genauigkeit, IQ, Reaktionszeit und Wert im Problemlösetest. Wieder finden sich 4 unterschiedliche Kategorien: Die Patienten 1 und 2, die Patienten 3 und 4, die Patienten 5 bis 7 und schließlich wieder als Einzelkategorie Patient 8.

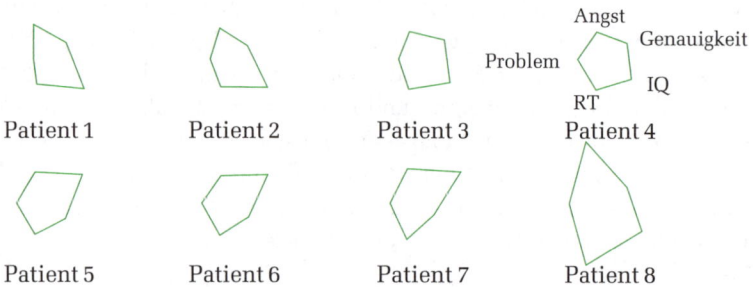

Abbildung 20.16: Star-Plots für die Ausprägungen von fünf Variablen für 8 hypothetische Patienten (siehe Tabelle 20.2).

20.5.4 Chernoff-Gesichter

Alle bisher beschriebenen Verfahren zur mehrdimensionalen grafischen Klassifikation sind gut zur Exploration der Daten geeignet. Das letzte hier vorgestellte Verfahren – die *Chernoff-Gesichter* – allerdings nur bedingt. Die nach ihrem „Erfinder", dem Statistiker Chernoff benannte Darstellungsform ist eher zur Kommunikation von Ergebnissen geeignet. Sie nutzt die Tatsache, dass wir in der Lage sind, schon kleinste Veränderungen in den Gesichtern und vor allem im Gesichtsausdruck anderer Menschen wahrzunehmen. Die Ausprägungen von Bestandteilen des Gesichts sind allerdings unterschiedlich auffällig und das kann auch die Exploration der Daten erschweren. So entdeckt man beispielsweise leichter, ob jemand lächelt (oder ob die Mundwinkel dieser Person nach unten gezogen sind) als ob jemand große oder kleine Ohren hat. Das führt dazu, dass unterschiedliche Bestandteile eines solchen Gesichtes unterschiedlich stark auffallen. Und damit kann auch die Auffälligkeit von relativen Ausprägungen manipuliert werden. Dies kann man für die Kommunikation von Ergebnissen nutzen, indem man den wichtigen Aspekten auffälligere Bestandteile des Gesichts zuordnet. ▶Abbildung 20.17 zeigt eine mögliche Darstellung der relativen Ausprägungen von fünf Variablen für 8 hypothetische Patienten (siehe Tabelle 20.2). Das Ausmaß des Lächelns bildet den Wert im Problemlösetest ab (Patient 1 hat den kleinsten Wert, Patient 8 den größten); die Augenbrauen-Neigung steht für die Ausprägung im Genauigkeitstest (Patient 2 hat die geringste, Patient 7 die höchste Ausprägung); der Augenabstand repräsentiert die Reaktionszeiten (Patient 1 ist der Schnellste, Patient 8 der Langsamste); die Länge des Gesichts entspricht dem IQ (Patient 1 hat den höchsten IQ, Patient 7 den niedrigsten); und die Haarlänge spiegelt schließlich das Ausmaß der Angst wider (hier sticht sofort Patient 8 hervor). Die vier

Kategorien, die in den Ergebnissen von Histogramm-Plots, Profil-Plots und Star-Plots zu sehen waren, ergeben sich auch bei den Chernoff-Gesichtern: Ähnliche Gesichter haben Patienten 1 und 2, Patienten 3 und 4, sowie Patienten 5, 6 und 7. Patient 8 bildet wieder eine Kategorie für sich.

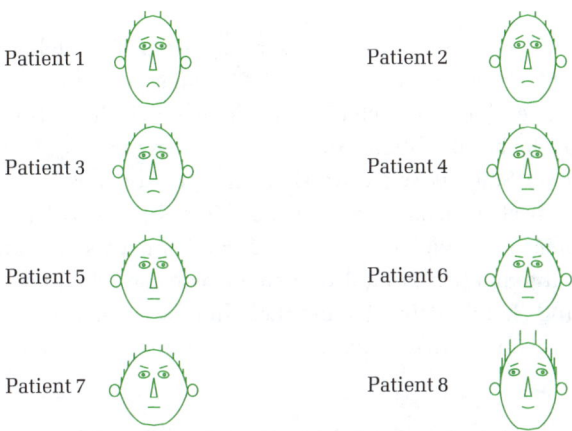

Ausmaß des Lächelns: Problemlösen
Augenbrauen-Neigung: Genauigkeit
Augenabstand: RT
Länge des Gesichts: IQ
Haarlänge: Angst

Abbildung 20.17: Chernoff-Gesichter für die Ausprägungen von fünf Variablen für 8 hypothetische Patienten (siehe Tabelle 20.2).

20.6 EDA im Kontext

Es gibt keine empirische Fragestellung, deren Untersuchung nicht von der Anwendung von EDA-Verfahren profitieren könnte. Selbst wenn Fragestellungen oder Hypothesen schon sehr präzise sind und direkt mit einem ausgewählten Verfahren überprüft werden können, ist es angebracht, zumindest die Verteilungen der Werte oder deren Zusammenhänge grafisch zu prüfen, bevor man Mittelwerte, Standardabweichungen, Korrelationen und andere zusammenfassende Maße berechnet oder inferenzstatistische Verfahren durchführt. In den meisten Fällen lohnt es sich jedoch, weiter in den Daten zu „stöbern" und nicht selten kann man dabei interessante Details entdecken und manchmal sogar Muster, die man nicht erwartet hat. EDA-Verfahren sind nützlich, weil sich mit ihrer Hilfe Muster oder Zusammenhänge in der Regel auf einen Blick erkennen lassen. Wenn man beispielsweise wissen möchte, ob sich Gruppen voneinander unterscheiden und wie dieser Unterschied aussieht, dann geht das mit Hilfe von nebeneinander abgebildeten Box-Plots sehr viel schneller, als wenn man die entsprechenden Informationen aus einer Tabelle mit Mittelwerten und Standardabweichungen herauslesen muss. Abgesehen von der Verarbeitungsgeschwindigkeit würde man bei letzterer Vorgehensweise Anomalien in den Daten wie Ausreißer oder schiefe Verteilungen nicht oder nur schwer aufdecken können. EDA-Verfahren sind vergleichsweise leicht verständlich, robust gegenüber Anomalien in den Daten und sie bewegen sich in der Regel auf einem niedrigen Abstraktionsniveau, das heißt, nicht weit weg von den Originaldaten. Ein gutes Beispiel für eine Darstellung, die Information über Lage und Streuung einer Verteilung liefert und auch noch eine vollständige Information über alle Rohdaten, ist das Stamm-Blatt-Diagramm (siehe Kapitel 6).

Die Verfahren, die in diesem Kapitel beschrieben wurden, stellen nur eine kleine Auswahl von EDA-Verfahren vor, die wir für außergewöhnlich nützlich halten. Manchmal wird in der Statistik noch ein Unterschied zwischen EDA und deskriptiver Statistik gemacht, doch tatsächlich existiert keine klare Trennlinie zwischen Verfahren der deskriptiven Statistik wie etwa Histogrammen oder Balkendiagrammen und EDA-Verfahren. Am ehesten könnte man eine Trennlinie bei der Verwendung von Lage- und Streuungsmaßen ziehen: EDA-Verfahren benutzen sehr häufig robuste Maße wie Median und Interquartilsabstand und so gut wie nie leicht beeinflussbare Maße wie Mittelwert und Standardabweichung. Letztlich ist es aber unwichtig, in welche Klasse man ein Verfahren eingruppiert: Entscheidend ist, dass es hilft, die Daten zu verstehen.

Z U S A M M E N F A S S U N G

Verfahren der Explorativen Datenanalyse (EDA) sind sowohl zum Überprüfen von Theorien als auch – in einem noch höheren Maße – zur Exploration von Daten sehr nützlich. Sie sind leicht zu verstehen, weil sie häufig grafischer Natur sind und weil sie meist auf einem niedrigen Abstraktionsniveau operieren. Dieses Kapitel behandelt eine kleine Auswahl von nützlichen Verfahren. Nach einer Illustration der Robustheit von EDA-Verfahren anhand von Box-Plots werden zusätzliche Analysemöglichkeiten für Streuungsdiagramme dargestellt. Diese Analysemöglichkeiten erlauben es, atypische Werte zu entdecken, den Einfluss einzelner Datenpunkte auf die Höhe des Zusammenhangs festzustellen und die Auswirkungen einer dritten Variable auf diesen Zusammenhang aufzuspüren.

Zur grafischen Analyse jeder Art von bivariaten Zusammenhängen bietet sich die Lowess-Prozedur an. Wenn kurvilineare Zusammenhänge einer Potenzfunktion folgen, kann man das mit Hilfe der Potenzleiter aufdecken und den Zusammenhang anschließend begradigen. Der begradigte Zusammenhang lässt sich dann mit Standardverfahren, die Linearität voraussetzen, weiter analysieren.

Das Konzept eines Streuungsdiagramms kann auch auf den mehrdimensionalen Fall erweitert werden: Die Streuungsdiagramm-Matrix. Wenn Personen und Objekte hinsichtlich mehrerer Merkmale klassifiziert werden sollen, bieten sich Verfahren zur grafischen multidimensionalen Klassifikation wie beispielsweise Star-Plots oder Chernoff-Gesichter an. Die Anwendung von EDA Verfahren wird für jede Art von Datenanalysen empfohlen.

Z U S A M M E N F A S S U N G

Weiterführende Literatur

Polasek, W. (1994). *EDA: Explorative Datenanalyse* (2. Aufl.). Berlin: Springer.
Eine relativ ausführliche Sammlung von EDA-Verfahren.

Smith, A. F. (1993). Exploratory data analysis. In G. Keren & C. Lewis (Eds.). *A handbook for data analysis in the behavioral sciences.* Hillsdale: Erlbaum (349-390).

Tukey, J. W. (1977). *Exploratory data analysis.* Reading, MA: Addison Wesley.
Das Standardwerk zur EDA: Tukeys Sprache ist etwas gewöhnungsbedürftig, allerdings haben sich die Bezeichnungen für einige von ihm in dem Buch vorgeschlagene Verfahren mittlerweile auf breiter Ebene durchgesetzt.

Wainer, H. & Thissen, D. (1993). Graphical data analysis. In G. Keren & C. Lewis (Eds.). *A handbook for data analysis in the behavioral sciences.* Hillsdale: Erlbaum (391-457).
Wainer & Thissen sowie Smith (siehe oben) geben einen interessanten Überblick über ausgewählte Verfahren.

Übungsaufgaben mit Lösungen sowie weitere Informationen zu diesem Buchkapitel finden Sie auf der Companion Website zum Buch unter *http://www.pearson-studium.de*

Effektgrößen: Erweiterungen und Ergänzungen

ÜBERBLICK

21

Was Effektgrößen sind und wie man sie aus den Daten berechnet, wurde schon in Kapitel 9 erläutert. Danach haben wir die grundlegenden Ideen der Inferenzstatistik und zahlreiche inferenzstatistische Verfahren vorgestellt. Dabei stellte sich heraus, dass dieselben Effektgrößen (und einige vorher nicht erwähnte) auch aus den Ergebnissen von Signifikanztests berechnet werden können. In der Praxis wird dies auch die hauptsächliche Vorgehensweise sein, da Statistikpakete in der Regel zwar (noch) nicht die Effektgrößen selbst aber die notwendigen Informationen zu ihrer Berechnung automatisch mitliefern. Eine Ausnahme ist die Effektgröße η^2, oder η_p^2 (Eta-quadrat oder partielles Eta-quadrat), das Statistikpakete häufig zusammen mit den Ergebnissen für Varianzanalysen ausgeben. In den Kapiteln 14 und 15 haben wir jedoch schon darauf hingewiesen, dass η^2 und η_p^2 mitunter schwierig zu interpretieren sind.

In diesem Kapitel befassen wir uns zunächst damit, was man tun kann, wenn nur unvollständige Angaben zur Berechnung von Effektgrößen vorliegen und sodann mit der Vergleichbarkeit unterschiedlicher Effektgrößen. Danach stellen wir, einer Empfehlung der *Task Force on Statistical Inference* der *American Psychological Association* folgend (Wilkinson et al., 1999) einige Möglichkeiten zur Berechnung von Konfidenzintervallen für Effektgrößen vor.

21.1 Effektgrößenschätzung bei unvollständigen Angaben

Wenn man sich einen Überblick über die Ergebnisse zu einer bestimmten Fragestellung verschaffen möchte, dann ist es erstrebenswert, möglichst alle durchgeführten Studien in eine entsprechende Analyse – meist eine Metaanalyse (siehe Kapitel 22) – aufzunehmen. Manchmal findet man in Berichten über empirische Studien jedoch nur unvollständige Angaben über die Ergebnisse, die es nicht erlauben, eindeutige Effektgrößen zu berechen. In einigen Fällen kann man trotzdem vernünftige Schätzungen vornehmen, sollte aber immer angeben, wie das Resultat bestimmt wurde. In Zweifelsfällen mag es aber besser sein, auf die Effektgrößen aus solchen Studien zu verzichten.

21.1.1 Nur *p*-Werte und Stichprobengröße(n) angegeben

Wenn exakte *p*-Werte und Stichprobengrößen angegeben sind, dann können die Effektgrößen meist auch exakt berechnet werden. Man benötigt nur die Art des Tests, bzw. die Art der Testverteilung und entsprechende Tabellen oder Software zur Bestimmung des Werts der Teststatistik. Wenn man zu den angegebenen *p*-Werten korrespondierende *t*-, *F*-, χ^2- oder *z*-Werte zur Verfügung hat, dann können die in den Kapiteln 13 – 17 angeführten Formeln benutzt werden. Wenn keine Angaben über die Art des verwendeten Tests vorliegen, man aber weiß, dass die Werte aus zwei Gruppen miteinander verglichen wurden, dann kann man entweder das Maß $r_{equivalent}$ berechnen oder aber die Standardnormalverteilung zu Hilfe nehmen.

$r_{equivalent}$ und t-Verteilung

Rosenthal und Rubin (2003) schlagen vor, in Fällen mit ungenügenden Angaben ein Maß zu berechnen, das wir eigentlich schon aus Kapitel 13 für die Berechnung von Effektgrößen aus dem Ergebnis eines t-Tests für unabhängige Gruppen kennen. Sie argumentieren, dass dieses Maß, das sie $r_{equivalent}$ nennen, in Annäherung auch brauchbare Werte bei Resultaten aus verteilungsfreien oder nonparametrischen Verfahren liefert (siehe dazu auch Cohen, 1965):

$$r_{equivalent} = \sqrt{\frac{t^2}{t^2 + (N-2)}}$$

Zunächst muss aus dem p-Wert der entsprechende t-Wert bestimmt werden. Dabei empfehlen Rosenthal und Rosnow, immer einseitige p-Werte zu benutzen.[1] Rechenbeispiel 21.1 illustriert die Vorgehensweise. Der einzige potenzielle Nachteil dieses Verfahrens ist, dass man ein Computerprogramm für die Bestimmung des entsprechenden t-Werts zur Verfügung haben muss (Bestandteil der gängigen Statistikpakete, oder aus dem Internet erhältlich, z.B. unter *http://statpages.org/pdfs.html*), da entsprechende ausführliche Tafelwerke nicht existieren oder für diesen Zweck eher mühsam zu handhaben sind. In diesem Fall bleibt aber noch die Möglichkeit, die Standardnormalverteilung zu benutzen.

Effektgrößenberechnung mit Hilfe der Standardnormalverteilung

In den Fällen, in denen ohnedies die z-Verteilung verwendet werden kann (wie beispielsweise bei Signifikanztests für Anteile mit entsprechend großem Stichprobenumfang) und generell bei allen Signifikanztests mit hohen Stichprobengrößen kann man die entsprechenden z-Werte benutzen, um eine Effektgröße zu berechnen Diese korrelative Effektgröße ist bei einer Gesamtstichprobengröße von N:

$$r = \frac{z}{\sqrt{N}}$$

Wenn der z-Wert nicht als unmittelbares Ergebnis eines Signifikanztests vorliegt, kann man ihn über den p-Wert aus der Tabelle für die Standardnormalverteilung ermitteln (Tabelle 1 in Anhang A). In Rechenbeispiel 21.1 wird auch diese Vorgehensweise demonstriert.

---

1 Wenn nicht angegeben ist, ob der p-Wert ein- oder zweiseitig ist und man diesen Wert trotzdem als einseitig behandelt, dann erhält man auf lange Sicht eher konservative (zu niedrige) Schätzungen. Warum? Bei identischer Größe korrespondiert ein zweiseitiger p-Wert immer zu einem größeren t-Wert als ein einseitiger p-Wert und größere t-Werte führen zu größeren Effektgrößen (z.B. entspricht bei $df = 20$ ein zweiseitiges $p = 0,05$ einem t-Wert von 2,09, während ein einseitiges $p = 0,05$ zu einem $t = 1,73$ korrespondiert).

Rechenbeispiel 21.1

Effektgröße aus p-Wert Nehmen wir an, in einem Artikel sei ausschließlich angegeben, dass bei einer Gesamtstichprobengröße von $N = 120$ ein Test durchgeführt wurde, in dem 2 Gruppen hinsichtlich ihrer Ängstlichkeitswerte miteinander verglichen worden seien. Es gibt keine Informationen darüber, welche Art von Werten oder welche Art von Test verwendet wurde und als Ergebnis wird nur der p-Wert berichtet: $p = 0{,}031$. Wie groß ist der gefundene Effekt?

Berechnen wir zunächst $r_{equivalent}$. Hierfür benötigen wir den t-Wert, der zu einem einseitigen $p = 0{,}031$ korrespondiert. Ein entsprechendes Computerprogramm liefert $t = 1{,}88$. Somit ergibt sich

$$r_{equivalent} = \sqrt{\frac{t^2}{t^2 + (N-2)}} = \sqrt{\frac{1{,}88^2}{1{,}88^2 + 118}} = 0{,}17$$

Wie sieht die Berechnung mittels der Standardnormalverteilung aus? Ein Blick in die Standardnormalverteilungstabelle (Anhang A.1) zeigt, dass der zu $p = 0{,}031$ korrespondierende z-Wert $z = 1{,}87$ beträgt. Die gesuchte Effektgröße ist also

$$r = \frac{z}{\sqrt{N}} = \frac{1{,}87}{\sqrt{120}} = 0{,}17$$

In diesem Fall macht es also, wenn man die Effektgröße auf zwei Nachkommastellen berechnet, keinen Unterschied, ob man die t- oder die z-Verteilung benutzt. Was wäre wenn die Stichprobe deutlich kleiner wäre, z.B. $N = 12$? Nun liefert das Computerprogramm $t = 2{,}10$, der z-Wert bleibt natürlich konstant. Somit erhalten wir

$$r_{equivalent} = \sqrt{\frac{t^2}{t^2 + (N-2)}} = \sqrt{\frac{2{,}10^2}{2{,}10^2 + 10}} = 0{,}55$$

und

$$r = \frac{z}{\sqrt{N}} = \frac{1{,}87}{\sqrt{12}} = 0{,}54$$

Dieses Beispiel illustriert, dass der „Fehler" (die Unterschätzung des Effekts), den man durch die Benutzung der Standardnormalverteilungs-Tabelle (anstelle der Bestimmung des genaueren t-Wertes) in Kauf nimmt, in vielen Fällen wohl nicht sehr groß sein wird.

21.1.2 Nur „globale" Angaben

Vereinzelt finden sich in Forschungsberichten nur sehr globale Angaben wie „das Ergebnis war nicht signifikant" oder „signifikant auf dem 5%-Niveau". Wenn in diesen Fällen noch Angaben über Stichprobengrößen vorliegen, kann man zumindest Ober- oder Untergrenzen für Effektgrößen abschätzen. Bei einem signifikanten Ergebnis kann die Untergrenze des Effekts berechnet werden, indem man den Wert der Test-statistik (z.B. den t-Wert) für $p = 0{,}05$ bestimmt, denn dieser Wert ist das Maximum für p, wenn der Test bei einem $\alpha = 0{,}05$ signifikant war. Alle anderen signifikanten Ergebnisse würden kleinere p-Werte und somit größere Effekte nach sich ziehen. Ähnlich kann man bei anderen Werten von α verfahren. Wenn angegeben wird, dass das Ergebnis nicht signifikant war, dann kann man daraus schlussfolgern, dass der p-Wert größer ist als α (z.B. $p > 0{,}05$ bei $\alpha = 0{,}05$). Man könnte in diesem Fall also $p = \alpha$ als Obergrenze für den Effekt betrachten.

21.2 Die Vergleichbarkeit von Effektgrößen

Eine wichtige Funktion von Effektgrößen ist es, Ergebnisse aus unterschiedlichen Studien miteinander vergleichbar zu machen. Wenn alle Studien, die verglichen werden sollen, ein identisches Design hatten und dieselben Messinstrumente benutzt wurden, ist es am informativsten, zu diesem Vergleich die Originaleinheiten zu verwenden – standardisierte Effektgrößen wären dann unnötig. Der Regelfall in der Psychologie ist jedoch, dass entweder Design oder abhängige Maße über die Studien hinweg variieren oder dass nur Informationen sehr unterschiedlicher Art zur Verfügung stehen. Trotz solcher Unterschiede ist es jedoch fast immer möglich, die Effektgrößen miteinander zu vergleichen oder vergleichbar zu machen. Vor einem solchen Vergleich ist immer zu klären, ob dieser auch inhaltlich Sinn macht. Man wird in der psychologischen Forschung selten Studien finden, bei denen Fragestellung, die verwendeten Maße und die verwendeten Stichproben völlig identisch oder äquivalent sind. Trotzdem ist es in vielen Fällen gerechtfertigt, entsprechende Ergebnisse zu vergleichen. Wenn beispielsweise in unterschiedlichen Studien verschiedene normierte IQ-Tests für die Untersuchung derselben Fragestellung verwendet wurden, wird in der Regel eine Kombination oder ein Vergleich (z.B. wenn die Studien sich in einer interessanten Bedingung unterscheiden) der daraus resultierenden Effektgrößen zulässig sein. Ab welcher Diskrepanz zwischen den Studien eine Kombination oder ein Vergleich von Effektgrößen nicht mehr zulässig ist, hängt von der verfolgten Fragestellung ab und von den von den Forschern als wichtig erachteten Kriterien (siehe hierzu auch Kapitel 22). Die essenzielle Grundlage für die Vergleichbarkeit von Effektgrößen ist immer eine Entscheidung über die *inhaltliche* Vergleichbarkeit

21.2.1 Effektgrößen aus Rohdaten vs. Signifikanztestergebnissen

Ob Effektgrößen aus Rohdaten oder aus Signifikanztestergebnissen berechnet werden, macht keinen Unterschied. Die Äquivalenz der beiden Berechnungsarten ist auch zu erwarten, wenn man bedenkt, dass in beiden Fällen dieselben Informationen benutzt werden, nämlich die in der Stichprobe gefundenen Datenwerte. Für die Berechnung von Effektgrößen aus Signifikanztestergebnissen sprechen jedoch häufig praktische Gründe.

21.2.2 Die Vergleichbarkeit von unterschiedlichen korrelativen Maßen

Wir haben in Kapitel 17 gesehen, dass unterschiedliche korrelative Maße nicht immer identische Bedeutungen haben: Cramer's Phi kann beispielsweise nur unter bestimmten Umständen einen Maximalwert von 1 erreichen, während das für die „üblichen" Korrelationen immer zutrifft. In der Regel ist es jedoch möglich, abweichende Werte in einen Standard umzurechnen. Dieser Standard ist die Pearson-Korrelation (Produkt-Moment-Korrelation). Will man etwa inhaltlich vergleichbare Kontingenztafeln mit unterschiedlicher Anzahl von Reihen- und Spaltenfaktoren vergleichen, kann man hierzu aus der Kenntnis von Cramer's Phi die Höhe der entsprechenden Pearson Korrelation (in ihrer Sonderform als Phi-Koeffizient) abschätzen (siehe Kapitel 17). Auch die Korrelationen, die wir bisher zur Berechnung von Effektgrößen für den Unterschied zwischen zwei Mittelwerten verwendet haben, sind eine Spezialform der Pearson Korrelation. Sie werden oft als *punktbiseriale Korrelation* oder r_{pb} bezeichnet, weil die zwei Werte der unabhängigen Variablen, die zur Gruppeneinteilung benutzt wird nur Punktwerte sind, wie z.B. 0 und 1 (oder beliebige andere unterschiedliche Werte) für die zwei Gruppen. Das stellt, für sich genommen, noch kein Problem dar. Wenn allerdings diese zweiwertige Variable künstlich dichotomisiert wurde, wenn also tatsächlich mehr Ausprägungen vorhanden sind, diese aber in zwei Gruppen geteilt wurden, dann wird die Größe des korrelativen Effekts systematisch unterschätzt. Ein Beispiel wäre, wenn die unabhängige Variable Alter durch eine Aufteilung in „jünger" (bis 30 Jahre) und „älter" (über 30 Jahre) zustande käme. Um diesen Effekt der Unterschätzung auszugleichen wird häufig ein Korrekturfaktor vorgeschlagen (z.B. Cohen, 1988, 82):

$$r = 1{,}253 r_{pb}$$

Den Zusammenhang zwischen r_{pb} bei einer dichotomisierten unabhängigen Variablen und r (der Pearson-Korrelation) benutzt Cohen (1988, 82) auch als Begründung für die Vergleichbarkeit seiner Konventionen für Effektgrößen (siehe Kapitel 9). Wenn man beispielsweise aus einem mittelgroßen Abstandsmaß von $d = 0{,}5$ ein Korrelationsmaß berechnet, erhält man (bei gleichen Gruppengrößen)

$$r = \frac{d}{\sqrt{d^2 + 4}} = \frac{0{,}5}{\sqrt{0{,}25 + 4}} = 0{,}243.$$

Dieser Wert ist kleiner als die Konvention für einen mittelgroßen korrelativen Effekt ($r = 0{,}3$). Ginge man aber davon aus, dass dieses r bei einer dichotomisierten unabhängigen Variablen berechnet wurde, dann müsste man es noch mit 1,253 multiplizieren und erhielte

$$r = 0{,}243 \cdot 1{,}253 = 0{,}304$$

Ein Wert, der praktisch identisch mit der von Cohen vorgeschlagenen Konvention ist. Falls man also künstlich dichotomisierte Variablen für die Effektgrößenberechnung benutzt und diese mit anderen korrelativen Effektgrößen vergleichen möchte, sollte man den oben erwähnten Umrechnungsfaktor benutzen.

21.2.3 Abstandsmaße vs. korrelative Maße

Möchte man die Werte von Pearson Korrelationen oder Kontingenzkoeffizienten miteinander vergleichen, macht es wenig Sinn, Abstandsmaße zu benutzen. Handelt es sich jedoch um den Vergleich zweier Gruppenmittelwerte kann man sowohl Abstands- als auch Korrelationsmaße verwenden. Die entsprechenden Umrechnungsformeln wurden in Kapitel 9 vorgestellt. Welches Maß im jeweiligen Fall berechnet wird, hängt davon ab, welche Art von Information zur Verfügung steht. Fehlen beispielsweise Angaben über die jeweiligen Gruppengrößen, sind aber die Freiheitsgrade erwähnt, empfiehlt es sich eine Korrelation aus dem Ergebnis des Signifikanztests zu berechnen. Auch wenn man Ergebnisse aus Kontrastanalysen mit mehreren Gruppenmittelwerten und Ergebnisse aus *t*-Tests für einen Unterschied zwischen zwei unabhängigen Gruppen miteinander vergleichen möchte, empfiehlt sich die Korrelation als Effektgröße. (Bei einem solchen Vergleich muss natürlich wiederum sichergestellt sein, dass dieser inhaltlich Sinn macht.)

21.2.4 Unabhängige vs. abhängige Stichproben

Wenn man Effektgrößen als standardisierte Abstandmaße ausdrückt hat man es immer mit einem Quotienten aus dem systematischen Effekt (z.B. einem Unterschied zwischen zwei Mittelwerten) im Zähler und dem „unsystematischen Rauschen", also der Variation der Messwerte, seien es einfache Werte oder Differenzen, im Nenner zu tun. Diese unsystematische Variation haben wir in Kapitel 12 (Abschnitt 12.4.4) als „experimentellen Fehler" bezeichnet. Dieser experimentelle Fehler ist bei abhängigen Stichproben, wie man sie in Within-Designs untersucht in der Regel geringer als bei unabhängigen Stichproben. Dies wiederum führt dazu, dass die Effektgrößen in der Regel (wenn die Werte in den beiden Stichproben positiv korrelieren) größer sind als in vergleichbaren Studien mit unabhängigen Stichproben.[2]

Wenn man nun, nach einer positiven inhaltlichen Prüfung zu der Überzeugung gelangt ist, dass entsprechende Studien vergleichbar sind, dann sollte man auch die Effektgrößen vergleichbar machen. In Kapitel 13 haben wir gesehen, wie man das für die Ergebnisse aus *t*-Tests machen kann: Die Korrelation bei abhängigen Stichproben wird im Nachhinein statistisch kontrolliert und die Stichproben werden dadurch so behandelt, als ob sie unabhängig wären (siehe Abschnitt 13.3.4). Ähnlich kann man auch bei Kontrastanalysen vorgehen: Man behandelt die abhängigen Stichproben, als ob sie unabhängig wären. Das heißt beispielsweise bei einem Kontrast für 4 abhängige Messungen, dass man die Lambdagewichte nicht dazu benutzen würde, jeweils einen kombinierten Wert (z.B. *L*) pro Person zu bestimmen. Anstelle dessen würde man die Werte für die vier Messungen wie vier unabhängige Stichproben betrachten. Die entsprechende Korrelation würde dann zwischen Lambdagewichten und Messwerten berechnet werden (siehe Kapitel 16).

---

[2] Eine strikte Vergleichbarkeit zwischen Effektgrößen aus Studien mit abhängigen vs. unabhängigen Stichproben ist allerdings schwierig herzustellen, da es in vielen Fällen auch inhaltlich einen Unterschied macht, ob man unabhängige oder abhängige Stichproben benutzt und zudem immer die Frage hinsichtlich der vergleichbaren Stichprobengröße bleibt: Soll bei den abhängigen Stichproben die Anzahl der Messungen oder der Messwertpaare als Vergleichsstandard dienen?

21.2.5 Signifikanztest auf Unterschied zweier Effektgrößen

Möchte man prüfen, ob sich zwei Effektgrößen signifikant voneinander unterscheiden bietet sich ein Signifikanztest an, den man auch benutzt, wenn man den Unterschied zwischen zwei Korrelationen auf Signifikanz prüfen möchte. Da die Stichprobenverteilungen von Korrelationen nicht symmetrisch sind (außer für $\rho = 0$), ist auch die Stichprobenverteilung der Differenz zweier Korrelationen nicht symmetrisch. Eine Lösung für dieses Problem stammt von R. A. Fisher: r wird in ein (annähernd) normalverteiltes Korrelationsmaß, *Fisher-z* oder z_r transformiert:

$$z_r = \frac{1}{2}\log_e\left[\frac{1+r}{1-r}\right] \text{ mit der Streuung } \sigma_{z_r} = \frac{1}{\sqrt{N-3}}$$

Diese Fisher-z Transformation muss nun für beide Effektgrößen durchgeführt werden.Wenn man die Differenz $(z_1 - z_2)$ durch die gemeinsame Streuung teilt erhält man wieder einen z-verteilten Wert (siehe z.B. Rosenthal & Rosnow, 1991, 495):

$$z_{diff} = \frac{z_1 - z_2}{\sqrt{\dfrac{1}{N_1-3} + \dfrac{1}{N_2-3}}}$$

Rechenbeispiel 21.2 zeigt die konkrete Vorgehensweise.

Rechenbeispiel 21.2

Unterscheiden sich zwei Effektgrößen signifikant? Nehmen wir an, es seien zwei Therapiestudien mit verschiedenen Stichproben und unterschiedlichen Therapieformen durchgeführt worden. Die aus der ersten Studie mit Therapie A berechnete Effektgröße sei $r_A = 0{,}44$ ($N_A = n_{Thereapiegruppe} + n_{Kontrollgruppe} = 42$) und die aus der zweiten Studie mit Therapie B betrage $r_B = 0{,}34$ ($N_B = n_{Thereapiegruppe} + n_{Kontrollgruppe} = 60$). Unterscheiden sich die Effekte der zwei Therapien signifikant?

Zunächst müssen die z_r-Werte der zwei Korrelationen, z_A und z_B bestimmt werden. Dazu kann man entweder die obige Formel oder auch Tabelle 8 in Anhang A benutzen und erhält: $z_A = 0{,}472$ und $z_B = 0{,}354$. Eingesetzt in die Formel zur Berechnung des z-Wertes der Differenz erhalten wir:

$$z_{diff} = \frac{z_A - z_B}{\sqrt{\dfrac{1}{N_A-3} + \dfrac{1}{N_B-3}}} = \frac{0{,}472 - 0{,}354}{\sqrt{\dfrac{1}{42-3} + \dfrac{1}{60-3}}} = 0{,}57$$

Der Unterschied zwischen den beiden Effektgrößen ist damit offensichtlich bei einem $p = 0{,}28$ (siehe Tabelle 1 in Anhang A) nicht signifikant (bei einem einseitigen Test und einem $\alpha = 0{,}05$ wäre $z_{krit} = 1{,}65$).

21.3 Konfidenzintervalle für Effektgrößen

Identische Effektgrößen in unterschiedlichen Studien besagen, dass die Größe des gefundenen Effekts gleich war. Sie bedeuten aber nicht automatisch, dass sie dieselbe Aussagekraft haben. So ist eine Effektgröße deutlich aussagekräftiger, wenn sie aus einer großen Stichprobe berechnet wird als wenn die zugrunde liegende Stichprobe eher klein ist. Die Genauigkeit von Schätzungen spiegelt sich in der Größe von Konfidenzintervallen wieder: Je kleiner das Intervall, desto genauer die Schätzung (siehe Kapitel 11). Eine solche Genauigkeitsaussage ist schon für sich genommen interessant, aber noch wichtiger, wenn man Ergebnisse aus unterschiedlichen Studien miteinander vergleichen möchte (siehe z.B. Cumming, & Finch, 2001; Wilkinson et al., 1999). Bislang werden in den meisten Statistikprogrammen Effektgrößen noch nicht standardmäßig berechnet. Allerdings ist es – wie in den Kapiteln 13 bis 17 illustriert – relativ einfach, Signifikanztestergebnisse zu ihrer Berechnung zu nutzen. Das Berechnen der Konfidenzintervalle für Effektgrößen bereitet dagegen einige Schwierigkeiten, insbesondere wenn man exakte Intervalle bestimmen möchte. Wir werden in diesem Absatz zunächst zeigen, wie man angenäherte oder „approximative" Konfidenzintervalle für r und g nach der „Standardmethode" berechnet. Dann beschreiben wir, wie man auch mit Hilfe der Bootstrap-Methode (siehe Kapitel 19) approximative Konfidenzintervalle für Effektgrößen berechnen kann. Schließlich behandeln wir noch kurz die Berechnung exakter Konfidenzintervalle (für weitere Details und entsprechende Literaturhinweise siehe z.B. Kline, 2004 und Steiger, 2004).

21.3.1 Approximative Konfidenzintervalle für r und g

Will man ein Konfidenzintervall für eine Stichprobenstatistik berechnen, benötigt man die entsprechende Stichprobenverteilung. Es läge nun nahe, die Stichprobenverteilungen für Korrelationen und Mittelwertunterschiede auch für die Effektgrößen r und g (einen standardisierten Mittelwertunterschied) zu verwenden. In beiden Fällen wäre das die t-Verteilung. Die bislang verwendete t-Verteilung gibt allerdings die standardisierten Stichprobenverteilungen von r und g nicht exakt wieder. Das hängt damit zusammen, dass für diese beiden Maße jeweils auch ein so genannter Nonzentralitätsparameter (grob gesagt, ist das die Abweichung von der Nullhypothese) geschätzt und in die Berechnung einbezogen werden muss und dadurch die Stichprobenverteilungen für r und g nicht mehr symmetrisch sind: Man benötigt nun so genannte *nichtzentrale* Stichprobenverteilungen (siehe hierzu Cumming & Finch, 2001; Kline, 2004). Trotzdem kann man auch ohne allzu große Verzerrungen die korrespondierende symmetrische (zentrale) Stichprobenverteilung benutzen, wenn die Stichprobengrößen nicht zu klein sind und die Effekte nicht zu groß (siehe z.B. Smithson, 2000). Auf diese Weise erhält man approximative Konfidenzintervalle.

Konfidenzintervall für *r*

Wie schon erwähnt ist die standardisierte Stichprobenverteilung für *r* (die *t*-Verteilung) nur symmetrisch für *r* = 0. Das ist kein Problem für die Berechnung von *p*-Werten, da diese ja unter der Annahme berechnet werden, dass die Nullhypothese ($\rho = 0$) zutrifft. Für die Berechnung von Konfidenzintervallen muss man aber in der Regel von *r* ≠ 0 ausgehen. Eine Lösung für dieses Problem, die *Fisher-z* Transformation, haben wir schon in Abschnitt 21.2.5 kennengelernt. Da z_r für nicht zu kleine Stichproben und nicht zu große Effekte normalverteilt (und symmetrisch) ist, kann man entsprechende Konfidenzintervalle leicht berechnen: [3]

1   *r* in z_r umrechnen.

2   Obere und untere Grenzen des gewünschten Konfidenzintervalls in *z*-Werten bestimmen und mit σ_{z_r} multiplizieren.

3   Werte aus 2 zu z_r addieren.

4   Die in 3. erhaltenen Ober- und Untergrenzen des Konfidenzintervalls für z_r wieder in *r* zurücktransformieren.

Hier sind die Schritte 2 und 3 noch einmal in formaler Notation:

$$z_{r,UntereGrenze} = z_r - z_{Konf.} \cdot \frac{1}{\sqrt{N-3}}$$

$$z_{r,ObereGrenze} = z_r + z_{Konf.} \cdot \frac{1}{\sqrt{N-3}}$$

Und diese Formel benötigt man für Schritt 4:

$$r = \frac{e^{2z_r} - 1}{e^{2z_r} + 1}$$

Für die Rücktransformation (z_r in *r*) kann auch Tabelle 8 in Anhang A benutzt werden. Rechenbeispiel 21.3 illustriert die Berechnung eines Konfidenzintervalls für *r*. Ein solches Konfidenzintervall kann auch als „Signifikanztest" dafür benutzt werden, ob sich eine Korrelation signifikant von einem bestimmten Wert ($\rho = c$) unterscheidet. Wenn beispielsweise ein 90%-Konfidenzintervall den Wert *r* = c nicht beinhaltet, dann wäre der entsprechende Test bei einem α = 0,05 (einseitig) signifikant (siehe Kapitel 12, Abschnitt 12.8.3).

---

[3]   Diehl und Arbinger (1990, 367) konnten mittels einer Simulation zeigen, dass selbst bei einer sehr hohen Populationskorrelation von $\rho = 0,85$ und einer Stichprobengröße von *n* = 20 die Verteilung der Fisher-z transformierten Korrelationskoeffizienten in guter Näherung einer Normalverteilung folgte.

Rechenbeispiel 21.3

Konfidenzintervall für r Nehmen wir an, wir hätten in einer Studie mit $n = 60$ Teilnehmern einen Effekt von $r = 0,4$ gefunden. Was sind Unter- und Obergrenzen eines 90% Konfidenzintervalls für dieses r? Zunächst muss r in z_r transformiert werden. Ein Blick auf die Tabelle 8 in Anhang A zeigt:

$$z_r = 0,42$$

Die Werte der Standardnormalverteilung zwischen denen die mittleren 90% ihrer Fläche liegen sind $-1,65$ und $1,65$. Sie werden nun mit der Standardabweichung von z_r für $n = 60$ multipliziert und das Resultat zu z_r addiert (Subtraktion eines Wertes ist dasselbe wie die Addition eines Wertes mit negativem Vorzeichen):

$$z_{r,UntereGrenze} = 0,42 - 1,65\frac{1}{\sqrt{60-3}} = 0,42 - 0,22 = 0,20$$

und

$$z_{r,ObereGrenze} = 0,42 + 1,65\frac{1}{\sqrt{60-3}} = 0,42 + 0,22 = 0,64$$

Den Unter- und Obergrenzen in z_r-Einheiten entsprechen Korrelationen von $r = 0,20$ und $r = 0,57$. Das Konfidenzintervall für $r = 0,4$ bei $n = 60$ ist also nicht ganz symmetrisch.

Konfidenzintervall für g

Auch das Konfidenzintervall für g kann in Annäherung für nicht zu kleine Stichproben und nicht zu große Effekte berechnet werden. Da g als eine Funktion von t ausgedrückt werden kann (siehe Kapitel 13) kann man zur Berechnung sowohl von g als auch eines Konfidenzintervalls für g die t-Verteilung verwenden. Dabei nutzt man die Gesetzmäßigkeit, dass die nichtzentrale t-Verteilung mit steigender Stichprobengröße und abnehmender Effektgröße immer symmetrischer wird und sich der zentralen t-Verteilung annähert (und schließlich der Normalverteilung – siehe den zentralen Grenzwertsatz in Kapitel 10). Man benutzt also statt der nichtzentralen die zentrale t-Verteilung und geht ähnlich vor wie bei der Bestimmung des Konfidenzintervalls für r. Hier ist die Vorgehensweise zusammengefasst (siehe auch Rechenbeispiel 21.4):

1 Empirischen t-Wert ($t_{empiririsch}$) für g bestimmen (liegt schon vor, wenn ein Signifikanztest berechnet wurde).

2 Obere und untere Grenzen des gewünschten Konfidenzintervalls in t-Werten bestimmen.

3 Werte aus 2 zu $t_{empiririsch}$ addieren (obere Grenze) bzw. von $t_{empiririsch}$ subtrahieren.

4 Die in 3. erhaltenen Ober- und Untergrenzen des Konfidenzintervalls für $t_{empiririsch}$ wieder in g zurücktransformieren.

Rechenbeispiel 21.4

Konfidenzintervall für g Stellen wir uns vor, in einer Studie ist untersucht worden, ob eine neue Trainingsmaßnahme besser ist als eine konventionelle. Beide Trainingsmaßnahmen sind in Gruppen von je $n = 40$ Schülern durchgeführt worden. Die Analyse der Ergebnisse hat einen Vorteil für die neue Trainingsmaßnahme von $g = 0,54$ ergeben. Über welchen Bereich erstreckt sich das 95%-Konfidenzintervall für g?

Im ersten Schritt der Berechnung benötigen wir den entsprechenden t-Wert. Wenn das Ergebnis des t-Tests nicht mehr verfügbar wäre, könnte man es leicht aus den vorliegenden Informationen berechnen:

$$t = \frac{g}{\sqrt{\dfrac{1}{n_A} + \dfrac{1}{n_B}}} = \frac{0,54}{\sqrt{\dfrac{1}{40} + \dfrac{1}{40}}} = 2,41$$

Die t-Werte für ein 95% Konfidenzintervall sind die Werte, zwischen denen 95% der t-Verteilung liegen, also $t_{2,5\%}$ und $t_{97,5\%}$. Für $df = n_A - 1 + n_B - 1 = 78$ erhalten wir (siehe Tabelle 2 im Anhang A):

$$t_{2,5\%} = -1,99 \text{ und } t_{97,5\%} = 1,99$$

Die Unter- und Obergrenzen des Konfidenzintervalls, ausgedrückt in t-Werten, sind also:

$$t_{untere\ Grenze} = t_{empiririsch} + t_{2,5\%} = 2,41 - 1,99 = 0,42$$

$$t_{obere\ Grenze} = t_{empiririsch} + t_{97,5\%} = 2,41 + 1,99 = 4,40$$

Die Unter- und Obergrenzen des Konfidenzintervalls für g erhält man durch Umrechnung der t-Werte in g-Werte:

$$g_{untere\ Grenze} = t_{untere\ Grenze}\sqrt{\frac{1}{n_A} + \frac{1}{n_B}} = 0,42\sqrt{\frac{1}{40} + \frac{1}{40}} = 0,09$$

$$g_{obere\ Grenze} = t_{obere\ Grenze}\sqrt{\frac{1}{n_A} + \frac{1}{n_B}} = 4,40\sqrt{\frac{1}{40} + \frac{1}{40}} = 0,98$$

Dieses Konfidenzintervall ist relativ groß, zeigt aber, dass der Wert der Effektgröße in einem entsprechenden Test noch signifikant von 0 abweichen würde, denn sonst wäre die Untergrenze kleiner als 0.

21.3.2 Bootstrap-Konfidenzintervalle

Bootstrap-Konfidenzintervalle für Effektgrößen sind konzeptuell sehr einfach und können genauso erstellt werden wie etwa Konfidenzintervalle für Mittelwerte (siehe Kapitel 19). Es ist dabei nicht nötig, sich Gedanken darüber zu machen, ob die Stichprobenverteilungen der Effektgrößen symmetrisch sind oder nicht: Man erstellt empirische Stichprobenverteilungen für die gewünschten Statistiken und nimmt die entsprechenden Perzentile der Stichprobenverteilungen als Endpunkte des Konfidenzintervalls. Für ein 90%-Konfidenzintervall sind das beispielsweise die Werte, die 5% und 95% der Fläche der Stichprobenverteilung abschneiden und für ein 95% Konfidenzintervall sind es die 2,5% und 97,5% Quantile. Wie bereits in Kapitel 19 beschrieben, entsteht die empirische Stichprobenverteilung beim Bootstrap dadurch, dass aus den n vorliegenden Daten (der Originalstichprobe) unabhängige Zufallsstichproben wiederum vom Umfang n mit Zurücklegen gezogen werden (die „Bootstrap-Stichprobe"). Dann wird von jeder Bootstrap-Stichprobe die entsprechende Stichprobenstatistik (Mittelwerte, Korrelation, usw.) berechnet. Da die vorhandenen Daten wieder verwendet werden spricht man von Resampling. Dies wird per Zufallszahlengenerator am Computer sehr oft (z.B. 1000 mal) wiederholt und die Verteilung der errechneten Werte der Bootstrap-Stichproben wird, beispielsweise als Histogramm, dargestellt. Wir illustrieren diesen Vorgang an zwei Beispielen (berechnet mit dem Statistikprogramm Systat): Zunächst ein Bootstrap-Konfidenzintervall für einen Korrelationskoeffizienten, dann ein Bootstrap-Konfidenzintervall für die Effektgröße g.

Konfidenzintervall für r

In einer Lehrveranstaltung haben wir erhoben, wie gerne die Studierenden Musik bei verschiedenen Gelegenheiten, beispielsweise beim Kochen und Essen, hören. Dabei benutzten sie eine Skala von 0 (z.B. „Beim Kochen höre ich *nie* Musik") und 10 (z.B. „Beim Kochen höre ich *immer* Musik"). ▶Abbildung 21.1 zeigt den Zusammenhang für die Gelegenheiten „Kochen" und „Essen" in unserer Stichprobe ($n = 111$). Der annähernd lineare Zusammenhang beträgt $r = 0,49$.

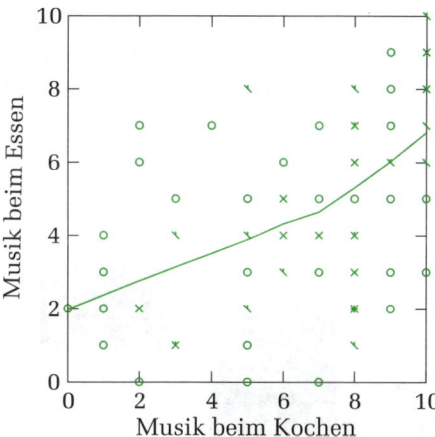

Abbildung 21.1: Zusammenhang zwischen der Vorliebe, beim Kochen und beim Essen Musik zu hören in einer studentischen Stichprobe ($n = 111$, $r = 0,49$). Dargestellt ist ein Sonnenblumendiagramm mit einer Lowess-Kurve ($f = 0,9$).

Bei jeder Bootstrap-Stichprobe wurden nun $n = 111$ Wertepaare (aus den in Abbildung 21.1 gezeigten) sukzessive mit Zurücklegen gezogen und anschließend wurde jeweils die Korrelation zwischen den Wertepaaren berechnet. Diese Prozedur wurde 1000 mal durchgeführt. Die Verteilung der so entstandenen Korrelationen, die empirische Stichprobenverteilung, ist in ▶Abbildung 21.2 zu sehen.

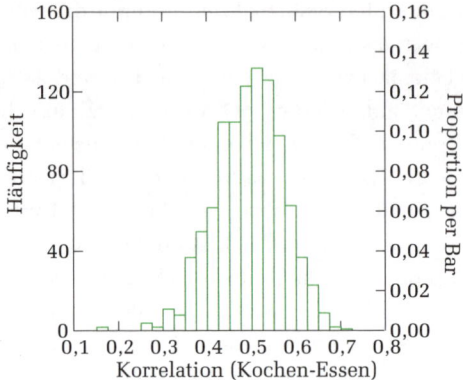

Abbildung 21.2: Empirische Stichprobenverteilung für 1000 Korrelationen, die aus Bootstrap-Stichproben berechnet wurden.

Für die Bestimmung des 90% Konfidenzintervalls benötigt man nur noch das 5%- und das 95%-Quantil. Die entsprechenden Werte, die Endpunkte des 90% Konfidenzintervalls, sind $r = 0,37$ und $r = 0,61$. Das 95% Konfidenzintervall erstreckt sich von $r = 0,34$ bis $r = 0,63$.

Konfidenzintervall für g

Auch das Erstellen eines Bootstrap-Konfidenzintervalls soll anhand eigener Daten illustriert werden (aus Sedlmeier, 2006b). Zwei randomisierte Gruppen von Psychologie-Nebenfachstudierenden sollten beurteilen, wie relevant eine Methodenvorlesung für ihr Haupfach sei. Eine Gruppe benutzte dabei eine „unipolare Skala" zwischen 0 (= irrelevant) und 100 (= sehr relevant) und die andere eine „bipolare Skala" zwischen −50 (= irrelevant) und +50 (= sehr relevant). Die entsprechenden Ergebnisse (ohne Ausreißer) sind in ▶Abbildung 21.3 zu sehen (zu dieser Studie siehe auch Kapitel 4, Abschnitt 4.2.1).

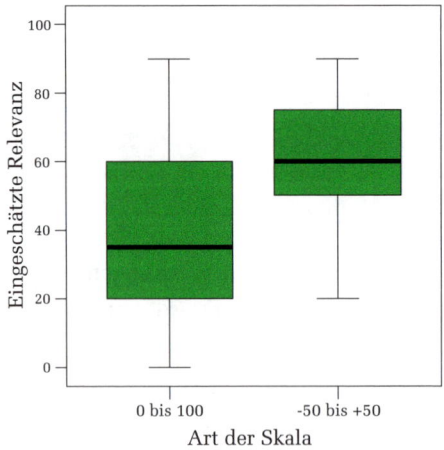

Abbildung 21.3: Relevanzeinschätzungen einer Methodenvorlesung durch zwei randomisierte Gruppen, die sich nur hinsichtlich der benutzten Skalen (*unipolar*: 0 bis 100 vs. *bipolar*: −50 bis 50) unterschieden. Zu den Schätzungen der bipolaren Skala wurde jeweils 50 addiert.

Für die Berechnung von g müssen immer zwei Stichproben gezogen werden, eine aus der Gruppe mit der unipolaren Skala ($n = 37$) und eine aus der Gruppe mit der bipolaren Skala ($n = 34$). Die zur Berechnung von g notwendigen Größen sind neben den Stichprobengrößen die Mittelwerte der Gruppen (A steht für die Gruppe mit der bipolaren Skala und B für die mit der unipolaren) und die (geschätzten) Populationsvarianzen:

$$g = \frac{\bar{x}_A - \bar{x}_B}{\sqrt{\dfrac{\hat{\sigma}_A^2 (n_A - 1) + \hat{\sigma}_B^2 (n_B - 1)}{n_A + n_B - 2}}}$$

Für beide Gruppen wurden 1000 Bootstrap-Stichproben gezogen und nach der Ziehungsreihenfolge gepaart (der Mittelwert aus der 1. Ziehung der Gruppe A wurde mit dem Mittelwert aus der 1. Ziehung der Gruppe B verglichen, usw.). Aus den 2 Mittelwerten und Varianzen wurde jeweils g berechnet. Die so entstandene Stichprobenverteilung der 1000 g-Werte ist in ▶Abbildung 21.4 wiedergegeben.

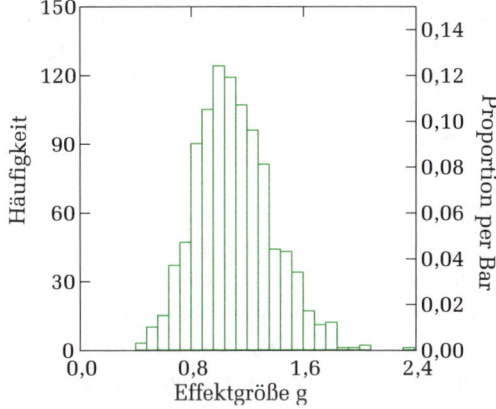

Abbildung 21.4: Empirische Stichprobenverteilung für 1000 g-Werte.

Das 90% Konfidenzintervall für g erstreckt sich nach dieser Bootstrap-Simulation zwischen $g = 0{,}70$ und $g = 1{,}58$.[4] Die entsprechenden Werte für das 95% Konfidenzintervall sind $g = 0{,}64$ und $g = 1{,}70$.

---

4   Die Ober- und Untergrenzen für das nach der Standardmethode (Abschnitt 21.3.1) berechnete approximative Konfidenzintervall betragen $g = 0{,}68$ und $g = 1{,}48$ (berechnet mit einem empirischen $g = 1{,}08$ unter Zuhilfenahme der oben angegebenen Formeln, wobei $t(69) = 1{,}67$). Eine potenzielle Ursache für die leichte Diskrepanz (Bootstrap-Konfidenzintervall > approximatives Konfidenzintervall) kann man in Abbildung 21.4 erkennen: Die Stichprobenverteilung für g ist leicht asymmetrisch und dadurch vergrößert sich das Bootstrap-Konfidenzintervall, vor allem in Richtung auf größere Werte von g hin. Die Diskrepanz zwischen den zwei Ergebnissen dürfte jedoch für praktische Belange keine Rolle spielen.

21.3.3 Exakte Konfidenzintervalle

Wie bereits erwähnt, entsprechen die standardisierten Stichprobenverteilungen für Effektgrößen in der Regel nicht exakt den Stichprobenverteilungen, die beim Signifikanztesten oder beim Erstellen von Konfidenzintervallen für Stichprobenstatistiken wie etwa Mittelwerten oder Mittelwertsunterschieden verwendet werden: Man benötigt hierzu so genannte nichtzentrale Stichprobenverteilungen, die als zusätzlichen Parameter (zusätzlich zu den Freiheitsgraden) noch einen so genannten *Nonzentralitätsparameter* – häufig als δ bezeichnet – haben. Der Nonzentralitätsparameter ist ein Populationswert, der als Lagemaß für die entsprechende Stichprobenverteilung dient und aus den Stichprobenergebnissen geschätzt werden muss. Dadurch, dass er beliebige Werte annehmen kann, ist es kaum möglich, nichtzentrale Stichprobenverteilungen zufriedenstellend zu tabellieren, weil sich durch die zahlreichen Kombinationsmöglichkeiten von *df* und δ auch bei gröberen Abstufungen von δ schon eine Unzahl von Tabellen ergeben würde. Leider werden auch in den meisten Statistikprogrammen die Werte für nichtzentrale Stichprobenverteilungen bislang entweder nicht berechnet oder sind nur über relativ komplizierte Umwege zu erhalten. Zudem scheinen noch keine guten Abschätzungen darüber vorzuliegen, wie weit exakte Konfidenzintervalle von approximativ errechneten abweichen. Wir werden deswegen hier nur anhand der Effektgröße *g* beschreiben, wie man solche exakten Konfidenzintervalle im Prinzip berechnet. Interessierte Leser seien auf die entsprechende weiterführende Literatur verwiesen (z.B. Fidler & Thompson, 2001; Smithson, 2001).

Exaktes Konfidenzintervall für *g*

Die standardisierte Stichprobenverteilung für *g* folgt der nichtzentralen *t*-Verteilung, die durch Freiheitsgrade und Nonzentralitätsparameter bestimmt ist. In diesem Fall ist der Nonzentralitätsparameter der „wahre *t*-Wert" zu dessen Schätzung der empirische *t*-Wert benutzt werden kann. Wenn man die nichtzentrale *t*-Verteilung zur Verfügung hat, ist die Berechnung des exakten Konfidenzintervalls für *g* analog zu seiner approximativen Berechnung:

1 Empirischen *t-Wert* ($t_{empiririsch}$) für *g* bestimmen (liegt schon vor, wenn ein Signifikanztest berechnet wurde).

2 $t_{empiririsch}$ als Schätzung für Nonzentralitätsparamter δ benutzen und obere und untere Grenzen des gewünschten Konfidenzintervalls in Werten der entsprechenden nichtzentralen *t*-Verteilung bestimmen.

3 Die in 2. erhaltenen Ober- und Untergrenzen des Konfidenzintervalls für die nichtzentrale *t*-Verteilung wieder in *g* zurücktransformieren.

Ein Programm zur Berechnung der entsprechenden Werte der nonzentralen *t*-Verteilung, NDC (noncentral distribution calculator, Steiger, 2004), ist frei aus dem Internet erhältlich (*http://www.statpower.net*). Berechnet man hiermit beispielsweise das exakte 95%-Konfidenzintervall für *g* = 0,54 und $n_A = n_B = 40$ (siehe Rechenbeispiel 21.4) erhält man (nach Eingabe des empirischen *t*-Werts, *t*(78) = 2,41) *t*-Werte von 0,407 (untere Grenze) und 4,399 (obere Grenze).[5] Transformiert man diese Werte wieder zurück in *g* (siehe Rechenbeispiel 21.4 für die Vorgehensweise), erhält man Werte für die Grenzen des Konfidenzintervalls, die bis auf zwei Nachkommastellen identisch sind mit der approximativen Lösung. Das illustriert, dass approximative Konfidenzintervalle bei nicht zu kleinen Stichproben sich kaum von exakten unterscheiden.

Z U S A M M E N F A S S U N G

Effektgrößen können als Maße für praktische Bedeutsamkeit benutzt werden und sie ermöglichen es, die Ergebnisse aus unterschiedlichen Studien miteinander zu vergleichen. Dabei muss allerdings immer gewährleistet sein, dass die entsprechenden Ergebnisse auch inhaltlich vergleichbar sind. Wie in früheren Kapiteln schon beschrieben, können Effektgrößen aus den Rohwerten (Kapitel 9) oder aus Ergebnissen von Signifikanztests (Kapitel 13 – 18) berechnet werden.

Selbst wenn die Angaben zur Berechnung von Effektgrößen unvollständig sind, kann man, gestützt auf den *p*-Wert und die Stichprobengröße, zumindest approximative Berechnungen durchführen. Auch wenn Effektgrößen aus unterschiedlichen Designs berechnet wurden kann man sie in der Regel durch entsprechende Transformationen vergleichbar machen.

Die Bedeutsamkeit von Effektgrößen variiert mit der Stichprobengröße: Größere (Zufalls-)Stichproben ergeben in der Regel genauere Schätzungen. Dies kann man in einem um die Effektgrößen errichteten Konfidenzintervall sichtbar machen. Für die Berechnung entsprechender exakter Konfidenzintervalle benötigt man so genannte nonzentrale Verteilungen. Approximative Konfidenzintervalle, die (bei nicht zu kleinen Stichproben und nicht zu großen Effekten) nur unwesentlich ungenauer sind, kann man jedoch relativ einfach berechnen oder mit Hilfe der Bootstrap-Methode konstruieren.

Z U S A M M E N F A S S U N G

Weiterführende Literatur

Cohen, J. (1988). *Statistical power analysis for the behavioral sciences* (2nd ed). Hillsdale: Erlbaum.
Der Klassiker: ursprünglich für die Powerberechnung (aufgrund von Populationseffektgrößen) konzipiert aber auch für Hintergrundinformationen zur Effektgrößenberechnung aus den Daten sehr nützlich

Kline, R. B. (2004). *Beyond significance testing*. Washington: American Psychological Association.
Gibt u.a. eine gute Übersicht über die Berechnung von Konfidenzintervallen für Effektgrößen.

Übungsaufgaben mit Lösungen sowie weitere Informationen zu diesem Buchkapitel finden Sie auf der Companion Website zum Buch unter *http://www.pearson-studium.de*

---

5 Diese Werte sind Schätzungen der entsprechenden Nonzentralitätsparameter (von Steiger als *δ* bezeichnet), können aber wie die *t*-Werte in Rechenbeispiel 21.4 benutzt werden (siehe hierzu auch Kline, 2004, 109–113).

Metaanalyse

ÜBERBLICK

22

Hilft Psychotherapie? Wie wirkt sich die Attraktivität von Personen auf ihre Beurteilung durch andere Menschen aus? Gibt es Geschlechtsunterschiede bei Persönlichkeitseigenschaften? Zu Fragestellungen wie diesen liegen mittlerweile hunderte oder sogar tausende von empirischen Studien vor. In manchen Studien findet man, dass Psychotherapie große Besserungen bei Depressivität erzielt, dass attraktive Personen als deutlich intelligenter eingeschätzt werden und dass Männer weitaus weniger ängstlich sind als Frauen. In anderen Studien werden eher kleine Effekte berichtet und in wieder anderen kann man sogar das Gegenteil lesen: Psychotherapie schadet, weniger attraktive Personen werden als intelligenter eingeschätzt und Männer sind ängstlicher als Frauen. Wie kann man sich das erklären? Eine Möglichkeit wäre, nach einer plausiblen „Geschichte" für die Ergebnisse zu suchen. Erklärungen dieser Art, manchmal als „qualitative Überblicksarbeiten" bezeichnet, benutzen häufig „Moderatorvariablen": Psychotherapie wirkt nur, wenn die Patienten eine bestimmte Vorgeschichte haben, bei den Auswirkungen der Attraktivität spielt das Alter der Personen eine Rolle und die Ängstlichkeit hängt auch vom Bildungsniveau ab. Solche Zusammenfassungen sind jedoch fehleranfällig: Plausible Geschichten müssen nicht richtig sein. Moderatorvariablen können eine wichtige Rolle spielen, aber eine relativ große Variation bei empirischen Ergebnissen kann man rein durch Zufall (den Stichprobenfehler) erwarten, wenn tatsächlich immer derselbe Populationseffekt untersucht wird aber unterschiedliche Stichproben gezogen werden (siehe Kapitel 10).

Man sollte daher versuchen, die Ergebnisse zu quantifizieren. Eine Möglichkeit hierbei wäre, zunächst zu bestimmen, ob ein Ergebnis signifikant war oder nicht (Signifikanztestergebnisse werden bislang in nahezu allen empirischen Arbeiten angegeben) um dann aus dem Anteil der signifikanten Ergebnisse an allen Ergebnissen Schlussfolgerungen abzuleiten. Warum das keine gute Idee ist, haben wir schon in Kapitel 12 angesprochen: Signifikanztestergebnisse spiegeln nicht unbedingt die Größe oder Stärke von Effekten wider. Wenn man beispielsweise viele Studien mit niedriger Teststärke vorliegen hätte, wären die Chancen für signifikante Ergebnisse auch bei substanziellen Effektgrößen sehr niedrig: Man erhielte einen kleinen Anteil an signifikanten Ergebnissen und würde sich mit hoher Wahrscheinlichkeit in den Schlussfolgerungen irren. Eine bessere Möglichkeit für die Synthese von Forschungsergebnissen besteht darin, die in den jeweiligen Studien gefundenen Effektgrößen als Grundlage für die Analyse zu benutzen und eine so genannte *Metaanalyse* durchzuführen.

Wir werden zunächst die Metaanalyse in Grundzügen vorstellen und die praktische Durchführung beschreiben. Danach gehen wir auf potenzielle Probleme ein und diskutieren die Stellung der Metaanalyse im Forschungskontext.

22.1 Metaanalyse in Grundzügen

Numerische Ergebnisse aus mehreren vergleichbaren Studien wurden schon in den 1930er Jahren zusammengefasst, aber der Ausdruck *Metaanalyse* geht nach allgemeiner Auffassung auf Glass (1976) zurück, der zusammen mit einem Kollegen auch die erste Metaanalyse – zur Wirksamkeit von Psychotherapie – publizierte (Smith & Glass, 1977).

Das Hauptergebnis einer Metaanalyse ist die präzise Schätzung des jeweiligen Populationseffekts und diese Schätzung erhält man durch die Berechnung eines gewichteten Mittelwerts aller vorliegenden Effektgrößen. In der Studie von Smith und Glass (1977) war das Hauptergebnis der mittlere, mit den Stichprobengrößen gewichtete Unterschied zwischen den Gruppen, die Psychotherapie erhalten hatten und den jeweiligen Kontrollgruppen, ausgedrückt in Standardabweichungseinheiten ($d = 0{,}68$).[1] Solche mittleren Effektgrößen müssen natürlich noch inhaltlich interpretiert werden. Im Fall der Metaanalyse von Smith und Glass (1977) war die allgemein akzeptierte Interpretation, dass der Effekt von Psychotherapie zwar nicht überwältigend hoch ist, dass aber ihre Wirkung zweifelsfrei nachgewiesen wurde. Die Größe des Effekts ist in ▶Abbildung 22.1 demonstriert. Bei dieser Demonstration wird vereinfachend angenommen, dass das Ausmaß der psychischen Gesundheit in den untersuchten Populationen normalverteilt ist: Bei den meisten Menschen ist das Ausmaß der psychischen Gesundheit „mittelmäßig"; einigen geht es aber sehr schlecht und einigen sehr gut (letzteres entspricht Werten weiter rechts auf der x-Achse). Die linke Verteilung in Abbildung 22.1 zeigt, wie sich die psychischen Gesundheitswerte für die Population der nicht behandelten Patienten verteilen und die rechte Verteilung gibt die Verteilung der Gesundheitswerte für die Population der behandelten Patienten wider.

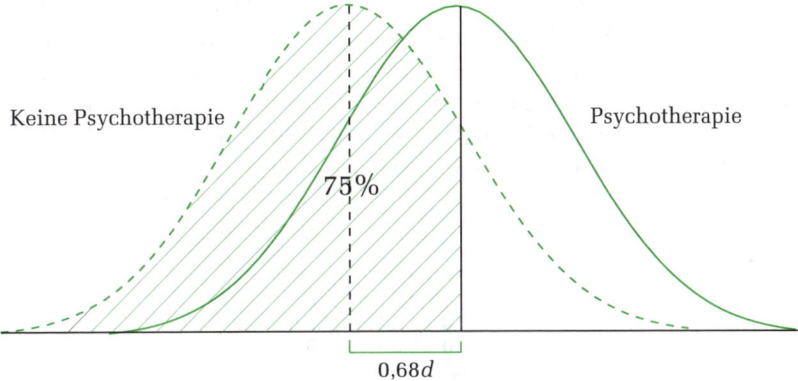

Abbildung 22.1: Zentraler, in der Metaanalyse von Smith und Glass (1977) gefundener Effekt der Psychotherapie.

Die gefundene Effektgröße, die ja nichts anderes ist als 0,68 Standardabweichungseinheiten der Normalverteilung (die Effektgröße d wird hier als normalverteilt betrachtet) bedeutet nun, dass die Gruppe der Therapierten im Mittel einen „Gesundheitswert" erreicht, den nur 25% der Nichttherapierten erreichen (unterhalb von 0,68 Standardabweichungseinheiten liegen 75% der Fläche der Standardnormalverteilung und oberhalb die restlichen 25%, siehe Tabelle 1 in Anhang A).[2]

---

1 Die Effektgröße, die Smith und Glass (1977) benutzten – manchmal auch als Δ bezeichnet – unterscheidet sich von der Effektgröße d, wie wir sie verwendet haben, allerdings dadurch, dass im Nenner nicht die gepoolte Standardabweichung von Therapie- und Kontrollgruppe benutzt wurde, sondern nur die Standardabweichung der Kontrollgruppe.

22.1.1 Empirische Stichprobenverteilungen als Ausgangsbasis

In Kapitel 10 haben wir demonstriert, wie empirische Stichprobenverteilungen entstehen: Dadurch dass man wiederholt Zufallsstichproben aus einer Population zieht, jeweils daraus einen aggregierten Wert (Anteil, Mittelwert, Mittelwertsunterschied, Korrelation usw.) berechnet und diese Werte in einer Verteilung darstellt. Bei der Metaanalyse geht man im Prinzip genauso vor. Wie schon erläutert, macht eine Metaanalyse nur Sinn, wenn die Studien, die in sie eingehen, vergleichbar sind, wenn man sie also so behandeln kann als seien sie durch wiederholte Stichprobenziehungen aus *derselben (oder denselben)* Population(en) entstanden. Nehmen wir beispielsweise an, es sei in 60 Studien untersucht worden, ob Psychotherapie bei Depression wirksam ist. In jeder Studie sei eine Kontrollgruppe ($n = 15$ Patienten ohne Psychotherapie) mit einer Therapiegruppe ($n = 15$ Patienten mit Psychotherapie) verglichen worden. Der Effekt der Therapie sei dann jeweils als Effektgröße r berechnet worden. Wenn man diese Effektgröße aus den Rohwerten berechnen würde, müsste man die Gruppenzugehörigkeit (z.B. 1 = Therapiegruppe, 0 = Kontrollgruppe) beispielsweise mit den Werten einer Depressionsskala (z.B. hohe Werte = geringe Depression) korrelieren. Hohe positive Korrelationen würden dann für einen ausgeprägten Therapieeffekt stehen und negative Korrelationen würden bedeuten, dass die Patienten in der Kontrollgruppe sich wohler fühlen als die Patienten in der Therapiegruppe. ▶Abbildung 22.2 zeigt ein mögliches Ergebnis, eine empirische Stichprobenverteilung von 60 Korrelationen. Die Ergebnisse wurden mit Hilfe einer Simulation erzeugt, die wir später (Rechenbeispiel 21.2) noch etwas genauer betrachten werden. Die beste Schätzung für den wahren Effekt der Therapie erhält man durch die Berechnung der gemittelten Effektgröße. Das wäre in unserem Beispiel $r = 0,30$, vergleichbar mit dem Effekt, den Smith und Glass (1977) fanden.

```
 7 | 0
 6 | 5
 5 | 0,0,1,3,4,5,5,9
 4 | 2,3,3,3,3,3,4,6,7,8
 3 | 0,0,1,3,3,6,6,7,7,7,8,9
 2 | 0,0,1,3,3,4,7,8,9,9
 1 | 1,1,3,5,6,6,8,9,9
 0 | 4,5,5,8,9
-0 | 0
-1 | 0,2,7
```

Abbildung 22.2: Verteilung (empirische Stichprobenverteilung) der korrelativen Effektgrößen für 60 hypothetische Psychotherapie-Studien, dargestellt als Stamm-Blatt-Diagramm. Die Blätter stehen für die zweite Nachkommastelle.

22.1.2 Metaanalyse vs. „Signifikanzen-Zählen"

Die Ergebnisse in Abbildung 22.2 illustrieren einen bedeutsamen Unterschied zwischen Einzelstudien und dem Ergebnis einer Metaanalyse. Auch wenn tatsächlich ein substanzieller Populationseffekt vorhanden ist, können einzelne Studien sogar zu

---

2 Jede Normalverteilung lässt sich in eine Standardnormalverteilung (mit Mittelwert 0 und Streuung 1) transformieren: 0,68 Standardabweichungseinheiten in Originaleinheiten (diese Einheiten können beliebige Werte haben) entsprechen also 0,68 Standardabweichungseinheiten der z-Verteilung und ein z-Wert von 0,68 entspricht einem Flächenanteil von 75 %.

einem gegenteiligen Ergebnis kommen, illustriert durch die 3 negativen Korrelationen in Abbildung 22.2. Wenn man nur das Ergebnis aus einer dieser drei Studien vorliegen hätte, wäre die plausibelste Schlussfolgerung, dass Therapie die Depression sogar noch verstärkt. Die Ergebnisse in diesem Beispiel kamen aber ausschließlich durch den Stichprobenfehler, also durch Zufallseinflüsse bei der Auswahl der Stichproben zustande.[3] Aber auch wenn man alle Studien in die Analyse einbezöge, jedoch statt Effektgrößen die Ergebnisse eines Signifikanztests als Ausgangsbasis benutzte, würde man eine falsche Schlussfolgerung ziehen. Bei einem zweiseitigen $\alpha = 0,05$ wären alle Korrelationen, die bei $df = 28$ kleiner als $r = 0,36$ sind, also 33 von 60 in der Abbildung nicht signifikant.[4] Gestützt darauf könnte man argumentieren, dass die Ergebnisse der Mehrheit der Studien gegen die Effektivität der Therapie sprächen oder zumindest, dass man keine fundierten Schlüsse ziehen könnte. Beide Schlussfolgerungen wären falsch: Die Variation der Ergebnisse kam ausschließlich durch Zufall zustande und die beste Schätzung für die wahre Populationsgröße ist ein substanzieller Therapieeffekt, der $r = 0,3$ entspricht (siehe aber auch Rechenbeispiel 22.2).

22.1.3 Wichtige Einflussgrößen

Das Beispiel in Abbildung 22.2 repräsentiert einen Idealfall: Alle Studien sind perfekt miteinander vergleichbar. Das ist in der Praxis natürlich kaum je der Fall. In der Regel unterschieden sich selbst Studien, die identische Fragestellungen untersuchen, hinsichtlich einiger Variablen. In einer Metaanalyse versucht man, den Einfluss solcher Variablen entweder zu kontrollieren oder ihren Einfluss herauszufinden. Sehen wir uns einige der wichtigsten dieser Einflussgrößen etwas genauer an.

Stichprobengröße

Es ist offensichtlich, dass die Größe der Stichprobe einen Einfluss auf die Interpretation von Ergebnissen haben sollte: Effekte aus großen Stichproben sind genauere Schätzungen des Populationseffekts als solche aus kleinen. Diese Gesetzmäßigkeit wird auch in der Metaanalyse berücksichtigt. Bei der Mittelung der Effektgrößen wird jede Effektgröße (EG) durch die Stichprobengröße (N) oder eine Funktion der Stichprobengröße gewichtet. Im einfachsten Fall würde man also die gemittelte gewichtete Effektgröße so berechnen:

$$\overline{EG} = \frac{\sum_{i=1}^{n} N_i EG_i}{\sum_{i=1}^{n} N_i}$$

---

3 Allerdings wurden, wie wir im Rechenbeispiel 22.2 noch erläutern werden, die Zufallsstichproben nicht aus einer, sondern aus zwei Populationen gezogen.
4 Das entspricht in etwa dem Prozentsatz von nicht-signifikanten Ergebnissen, den man aufgrund einer Powerberechnung (z.B. mit GPower) bei einem zweiseitigen $a = 0,05$ und $N = 30$ erwarten würde, wenn der tatsächliche Populationseffekt etwa $\rho = 0,33$ betragen würde.

Hätten wir beispielsweise in drei Studien die Effektgrößen $r_1 = 0{,}43$, $r_2 = 0{,}23$, und $r_3 = 0{,}77$ gefunden und wären die entsprechenden Stichprobengrößen $N_1 = 50$, $N_2 = 100$ und $N_3 = 20$, dann ergäbe sich ein gewichteter mittlerer Effekt von:

$$\overline{r} = \frac{\sum\limits_{i=1}^{n} N_i r_i}{\sum\limits_{i=1}^{n} N_i} = \frac{50 \cdot 0{,}43 + 100 \cdot 0{,}23 + 20 \cdot 0{,}77}{50 + 100 + 20} = \frac{59{,}9}{170} = 0{,}35$$

Man sieht an diesem Beispiel, dass die Einbeziehung der Genauigkeit der Ergebnisse (die Studie mit $N = 100$ hat die höchste Genauigkeit) den Mittelwert im Vergleich zum ungewichteten Mittelwert ($r = 0{,}48$) deutlich beeinflussen kann, was bei einer Metaanalyse auch wünschenswert ist.

Methodische Qualität der Studie

Studien zu ein und derselben Forschungshypothese können sich hinsichtlich ihrer methodischen Qualität sehr stark unterscheiden. So sollten Ergebnisse aus (richtigen) Experimenten stärker gewichtet werden als Ergebnisse aus Quasiexperimenten. Wenn beispielsweise in einer Studie die Patienten zufällig auf die Therapie- und die Kontrollgruppe aufgeteilt werden (Experiment), dann ist die Aussagekraft stärker als wenn man eine Therapiegruppe mit einer Gruppe von Krankenhausangestellten vergleicht (Quasi-Experiment), auch wenn letztere hinsichtlich Alter, sozialem Hintergrund usw. parallelisiert wurden (siehe Kapitel 5). Auch Einzelheiten der Durchführung der Studie können Auswirkungen auf die Aussagekraft der Ergebnisse haben. Wenn beispielsweise Vorher-Nachher-Messungen durchgeführt werden und der zeitliche Abstand zwischen diesen beiden Messungen in Kontroll- und Experimentalgruppe unterschiedlich ist, kann das die Glaubwürdigkeit der Ergebnisse stark beeinflussen. Als äußeres Indiz für die methodische Qualität einer Studie wird bei Metaanalysen nicht selten die Art des Publikationsorgans benutzt. Ist die Studie in einer führenden Fachzeitschrift (z.B. in einer APA oder APS-Zeitschrift)[5] erschienen, dann könnte man zumindest in der überwiegenden Mehrzahl der Fälle davon ausgehen, dass sie keine methodischen Schwächen enthält, da der Review-Prozess bei solchen Zeitschriften sehr selektiv ist. Bei eher lokalen Psychologie-Zeitschriften oder bei Buchbeiträgen ist die Chance für methodische Mängel schon höher und bei so genannter „grauer Literatur", etwa unveröffentlichter Literatur, oder Literatur, die keinem Review-Prozess unterworfen wurde, kann es noch häufiger vorkommen, dass methodische Unzulänglichkeiten unentdeckt bleiben. Die methodische Qualität von Studien kann man entweder durch Gewichtungen berücksichtigen (methodisch schwächere Arbeiten bekommen ein geringeres Gewicht) oder – die sauberere Möglichkeit, zumindest wenn genügend Studien vorliegen – man kann separate Analysen für die unterschiedlichen Klassen von Arbeiten durchführen.

---

5 APA: American Psychological Association, APS: Association for Psychological Science.

Inhaltliche Unterschiede

Wie schon gesagt, wären exakt replizierte Studien der Idealfall für eine Metaanalyse. Solche Studien findet man jedoch relativ selten, da bislang die Anreize (Publizierbarkeit, Rezeptionswahrscheinlichkeit bei anderen Forschern) bedauerlicherweise gering sind. Studien zu ein- und derselben Fragestellung unterscheiden sich deswegen in der Regel. Manchmal sind das zu vernachlässigende Unterschiede, wie etwa die Verwendung unterschiedlicher Parallelformen desselben psychometrischen Tests, manchmal können die Unterschiede aber durchaus deutliche Auswirkungen haben, wie etwa wenn Angst einmal mit Hilfe eines Fragebogens und ein anderes Mal mit Hilfe von Verhaltensmaßen gemessen wird. Neben Unterschieden in der abhängigen Variablen können auch die unabhängigen Variablen unterschiedlich operationalisiert sein. So kann eine Therapiegruppe einmal mit einer Kontrollgruppe verglichen werden, in der Gespräche durchgeführt werden (um den Effekt des „sozialen Austauschs" zu kontrollieren) und ein anderes Mal mit einer Kontrollgruppe, in der die Teilnehmer sich nur einen Film ansehen. Wenn man Grund zu der Annahme hat, dass solche Unterschiede als Moderatorvariablen wirken, also die Ergebnisse systematisch beeinflussen, muss man sich bei einer Metaanalyse auch deren Auswirkungen ansehen. Smith und Glass (1977) untersuchten in ihrer Metaanalyse über die Wirksamkeit von Psychotherapie neben Unterschieden in Abhängigkeit von der Art der Therapie unter anderem die Einflüsse folgender potenzieller Moderatorvariablen: Dauer der Therapie, Einzel- vs. Gruppentherapie, Erfahrung des Therapeuten, IQ der Klienten, Ähnlichkeit des sozialen Hintergrunds zwischen Therapeuten und Klienten und die „Reaktivität" der abhängigen Maße, das heißt das Ausmaß, in dem die Messungen durch die Klienten beeinflusst werden konnten (z.B. Arbeitsleistung = wenig reaktives Maß; Selbsteinschätzung der Verbesserung mittels Fragebogen = stark reaktives Maß). Die Auswahl der Moderatorvariablen sollte weitgehend von theoretischen Überlegungen abhängig sein, wird aber häufig durch die zur Verfügung gestellte Information eingeschränkt. Demografische Informationen wie Geschlecht, Alter oder sozialer Hintergrund sollten auf jeden Fall immer mit erhoben werden.

22.2 Praktische Durchführung

Genau wie bei einer Einzelstudie ist der Ausgangspunkt einer Metaanalyse eine Fragestellung, die so präzise wie möglich sein soll. Der Aufwand für eine Metaanalyse ist sehr hoch, aber er lohnt sich auch, da die so gewonnenen Ergebnisse deutlich aussagekräftiger sind als die Ergebnisse aus Einzelstudien.

22.2.1 Suche nach passenden Studien

Wenn Klarheit über die Fragestellung herrscht, kann man beginnen, nach relevanten Studien zu suchen. Man sollte danach streben, alle Publikationen zu finden, die relevant sein könnten. Eine Metaanalyse kann nur sinnvoll durchgeführt werden, wenn die Untersucher sich schon eingehend mit dem inhaltlichen Gebiet befasst haben oder zumindest willens sind, das zu tun. Das impliziert, dass ihnen zumindest ein Teil der relevanten Studien schon bekannt ist. Wie findet man die fehlenden Studien? Dafür gibt es mehrere Strategien. Eine zentrale Strategie ist die Benutzung psychologischer Fachdatenbanken (z.B. PSYCLIT, PSYNDEX oder Fachdatenbanken für Dissertationen). Für die Suche benötigt man hierbei aussagekräftige Deskriptoren, also Stichwörter, die die zu untersuchende Fragestellung möglichst genau abbilden. Hilfreich sind hierbei oft die Deskriptoren, die in inhaltlich zentralen schon bekannten Zeitschriftenaufsätzen verwendet wurden. Wenn ein oder einige wenige Artikel sehr bedeutsam sind, dann lohnt es sich, diese Artikel als Ausgangsbasis für die Suche zu verwenden. Man kann in den SSCI(Social Science Citation Index)- oder SCI(Science Citation Index)-Datenbanken nachsehen, welche anderen Autoren diesen bedeutsamen Artikel zitieren. Die Chancen sind dann hoch, dass diese Autoren auch eine ähnliche Fragestellung untersucht haben.

Für jedes Fachgebiet in der Psychologie gibt es mittlerweile einige Zeitschriften, die sich hauptsächlich mit Fragestellungen aus diesem Fachgebiet beschäftigen. Man sollte sich die Mühe machen, zumindest die letzten Jahrgänge durchzusehen, um relevante Artikel aufzuspüren. Das Literaturverzeichnis der entsprechenden Artikel gibt dann zusätzlich wieder Hinweise auf frühere, relevante Arbeiten. Auch das Internet kann in vielen Fällen erfolgreich als „Suchmaschine" benutzt werden, insbesondere für relativ neue Arbeiten, die vielleicht noch nicht publiziert wurden. Und schließlich ist es in vielen Fällen hilfreich, Forschergruppen anzuschreiben, von denen man weiß, dass sie an der Untersuchung entsprechender Fragestellungen arbeiten. Insgesamt sollte die Suche so umfassend wie möglich sein und in Zweifelsfällen muss man versuchen, die entsprechende Literatur zu beschaffen. Man kann zwar selten alle so gesammelten Studien für die Metaanalyse benutzen, aber dieser zusätzliche Aufwand steht in keinem Verhältnis zu möglichen fehlerhaften Schlüssen, die aus einer unvollständigen Aufarbeitung der Forschungsliteratur entstehen können.

22.2.2 Auswahl von Studien: Kriterien

Wie wählt man passende Studien aus? Hierfür werden Kriterien benötigt, die im Idealfall vor der Analyse des ersten Textes zur Verfügung stehen, sich aber in der Praxis erst im Laufe der Analysearbeit präzisieren. Welche Behandlungsmethode sollte als Psychotherapie betrachtet werden? (Sollte man beispielsweise auch „Fernheilung" mit einbeziehen? Sollte man Meditationstechniken als Psychotherapie betrachten?) Welche Moderatorvariablen könnten neben der Attraktivität von Personen Auswirkungen auf deren Einschätzung durch andere haben? Welche methodischen Mindestanforderungen müssen für die Aufnahme einer Studie in die Analyse erfüllt sein? Die Beantwortung von Fragen wie diesen führt zu einer Liste von Kriterien, die sich meist erst nach dem genauen Lesen einiger entsprechender Arbeiten ergibt, die dann aber für die gesamte Analyse verbindlich sein sollte. Jeder Interessierte sollte im Prinzip mit Hilfe dieser Kriterien eine identische Analyse durchführen können (und auch zu denselben Ergebnissen gelangen).

22.2.3 Berechnung und Kombination von Effektgrößen

Wie schon in den Kapiteln 9 und 21 beschrieben, gibt es viele Möglichkeiten, Effektgrößen zu berechnen. Für eine Metaanalyse ist es darüber hinaus unumgänglich, sich für eine Art von Effektgrößen zu entscheiden. Das wird in der Regel entweder ein korrelatives Maß (r) oder ein standardisiertes Abstandsmaß (d oder g) sein.

Abhängige vs. unabhängige Effektgrößen

Häufig werden in einem Artikel die Ergebnisse aus mehr als einer Studie berichtet. Wenn diese Studien mit unabhängigen Stichproben erhoben wurden, kann man auch mehrere Effektgrößen berechnen, die alle in die Metaanalyse mit eingehen. Werden jedoch mehrere abhängige Variablen an *einer* Stichprobe überprüft und kann man davon ausgehen, dass die entsprechenden Messungen dasselbe Merkmal messen (z.B. Intelligenz, gemessen durch zwei unterschiedliche IQ-Tests) dann sind die Messungen abhängig: Bei Personen, die hohe Werte in einer Messung haben, kann man auch hohe Werte in den anderen Messungen erwarten. Die Effektgrößen sind in diesem Fall auch abhängig voneinander und man sollte *einen* Wert für die weiteren Berechnungen benutzen. Es empfiehlt sich dabei häufig, die abhängigen Effektgrößen zu mitteln und die gemittelte Effektgröße in der Metaanalyse zu verwenden. Nicht zu verwechseln mit der Abhängigkeit von Effektgrößen ist die Abhängigkeit von Messungen, wie sie bei within-Designs besteht. Wenn sowohl Effektgrößen aus abhängigen als auch unabhängigen Messungen in die Metaanalyse eingehen, sollte man aus Vergleichbarkeitsgründen die abhängigen Effektgrößen entsprechend umrechnen um sie vergleichbar zu machen (siehe Abschnitt 21.2.4).

Aggregation von Effektgrößen

Wie schon erwähnt ist die mittlere gewichtete Effektgröße das zentrale Ergebnis einer Metaanalyse. Rechenbeispiel 22.1 zeigt anhand eines Mini-Datensatzes, wie man vorgehen kann, wenn die Informationen für Effektgrößen in unterschiedlicher Form vorliegen.

Rechenbeispiel 22.1

Zusammenfassung von Effektgrößen Nehmen wir an, wir hätten nur 5 Studien zur Verfügung, die ein neuartiges Trainingsprogramm (Training A) zum Lernen von Gleichungen mit 2 Unbekannten mit einem herkömmlichen Trainingsprogramm (Training B) für Schüler verglichen haben. Die Studien sind methodisch und inhaltlich vergleichbar. In allen Studien sind jeweils 2 gleich große randomisierte Gruppen miteinander verglichen worden. Folgende Informationen über die Ergebnisse stehen zur Verfügung (N = Gesamtstichprobengröße):

1. Studie: $\bar{x}_{Training\ A} = 1{,}6$, $\bar{x}_{Training\ B} = 1{,}4$, $s_{Training\ A} = s_{Training\ B} = 0{,}4$, $N = 60$
2. Studie: $r = 0{,}4$, $N = 20$
3. Studie: $d = 0{,}8$, $N = 40$
4. Studie: $t(48) = 1{,}6$
5. Studie: $F(1{,}36) = 2{,}28$ ▶

▶Fortsetzung

Zunächst müssen die Informationen in eine einheitliche Effektgröße umgerechnet werden. Wir benutzen hierzu die Effektgröße r. In der ersten Studie kann r nicht direkt berechnet werden, aber man kann zunächst d und daraus r berechnen (siehe Kapitel 9):

$$d = \frac{\bar{x}_A - \bar{x}_B}{s_{AB}} = \frac{1,6 - 1,4}{0,4} = 0,5$$

und somit

$$r = \frac{d}{\sqrt{d^2 + 4}} = \frac{0,5}{\sqrt{0,5^2 + 4}} = 0,24$$

Für die 2. Studie liegt die Effektgröße schon im richtigen Format vor und die Effektgröße der dritten Studie erhält man wieder durch eine einfache Umrechnung von d in r:

$$r = \frac{d}{\sqrt{d^2 + 4}} = \frac{0,8}{\sqrt{0,8^2 + 4}} = 0,37$$

Die Effektgrößen aus den Studien 4 und 5 müssen aus den Ergebnissen von Signifikanztests berechnet werden (siehe Kapitel 13 und 16). Für die 4. Studie ergibt sich:

$$r = \sqrt{\frac{t^2}{t^2 + df}} = \sqrt{\frac{1,6^2}{1,6^2 + 48}} = 0,23$$

und für die 5. Studie:

$$r = \sqrt{\frac{F}{F + df_{within}}} = \sqrt{\frac{2,28}{2,28 + 36}} = 0,24$$

Man könnte sich in einer ersten Analyse nun die approximativen 90%-Konfidenzintervalle für alle Effektgrößen ansehen (▶Abbildung 22.3, zur Berechnung siehe Kapitel 21). Man kann hier beispielsweise sehen, dass der größte Effekt, $r = 0,4$, auch die ungenaueste Schätzung ist, weil die Stichprobengröße ($n = 20$) in dieser Studie die kleinste war – somit bekommen wir ein recht großes Konfidenzintervall für diesen Effekt.

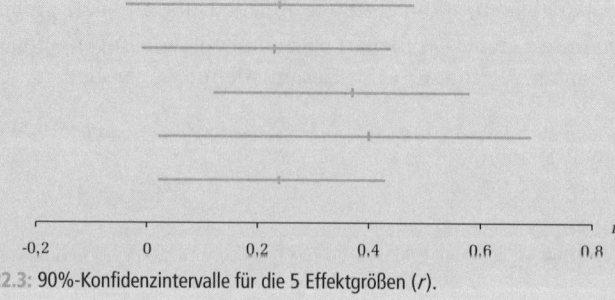

Abbildung 22.3: 90%-Konfidenzintervalle für die 5 Effektgrößen (r).

▶Fortsetzung

Nun bleibt noch die Berechnung des gewichteten Mittelwertes. Hierbei muss man beachten, dass bei den Studien 4 und 5 nur die Freiheitsgrade vorliegen: $df = n_A - 1 + n_B - 1$. Die Größe der Gesamtstichprobe ist also jeweils $N = n_A + n_B = df + 2$ und die Stichprobengrößen für die Studien 4 und 5 betragen somit $N = 50$ und $N = 38$. Nun lässt sich der mit den Stichprobengrößen gewichtete Mittelwert der Effektgrößen berechnen.

$$\bar{r} = \frac{\sum_{i=1}^{n} N_i r_i}{\sum_{i=1}^{n} N_i} = \frac{60 \cdot 0,24 + 20 \cdot 0,4 + 40 \cdot 0,37 + 50 \cdot 0,23 + 38 \cdot 0,24}{60 + 20 + 40 + 50 + 38} = 0,28$$

Die beste Schätzung für die tatsächliche Größe des Vorteils von Training A über Training B ist also $r = 0,28$, ein „mittelgroßer" Effekt (siehe Kapitel 9). Die inhaltliche Bedeutung dieses Effekts könnte man deutlich machen, indem man überprüft, wie viel länger Schüler mit der konventionellen Lehrmethode brauchen, um einen Wissensvorteil zu erreichen, der einem $r = 0,28$ entspricht. So könnte dieser Effekt beispielsweise dem durchschnittlichen Wissensunterschied zwischen Schülern gegen Ende der einen Klasse (z.B. 4. Klasse) und solchen gegen Mitte der nächsten Klasse (beispielsweise 5. Klasse) entsprechen (dann wäre er sehr bedeutsam) oder er könnte einem Wissensunterschied zwischen Schülern in der 3. und der 5. Woche desselben Schuljahrs entsprechen (dann wäre er praktisch weniger bedeutsam).

Korrektur von Effektgrößen

Die Art und Weise, wie Messungen zustande kommen, kann auch Auswirkungen auf die Effektgrößen haben. Wenn Messungen unreliabel sind, kann man eine größere Fehlerstreuung erwarten und das führt in der Regel zu (unzulässigerweise) verminderten Effektgrößen. Auch Unterschiede im Wertebereich der abhängigen Variablen können die Größe von Effekten beeinflussen. Ein Spezialfall der Einschränkung des Wertebereichs ist die Dichotomisierung von Variablen (abhängigen und unabhängigen), also etwa die Aufteilung von Werten in eine kleinere und eine größere Hälfte (Mediansplit). Für diese und weitere potenzielle Beeinträchtigungen der Messgenauigkeit existieren Korrekturformeln, für die allerdings oft Informationen benötigt werden, die aus den Berichten nicht immer zur Verfügung stehen. Eine ausführliche Diskussion solcher Korrekturformeln findet sich beispielsweise in dem Buch von Hunter und Schmidt (1990).

22.2.4 Analyse potenzieller Moderatorvariablen

Die Analyse potenzieller Moderatorvariablen besteht in der Regel darin, die Kovariation zwischen den Ausprägungen der Moderatorvariablen und den Effektgrößen zu analysieren. Wenn die Moderatorvariablen nominalskaliert sind und mehr als zwei Ausprägungen haben, bieten sich Mittelwertsvergleiche der entsprechenden Effektgrößen an und wenn sie intervallskaliert sind, kann man korrelative Verfahren benutzen.[6] Smith und Glass (1977) korrelierten in ihrer Metaanalyse zur Wirksamkeit von Psychotherapie die Effektgrößen mit allen Moderatorvariablen und fanden, dass die Moderatorvariablen „Dauer der Therapie", „Einzel- vs. Gruppentherapie" und „Erfahrung des Therapeuten" keinen nennenswerten Zusammenhang mit dem Therapieerfolg aufwiesen. Das Ausmaß des Therapieerfolgs wurde aber offentsichtlich durch den IQ der Klienten beeinflusst (je höher, desto höher der Therapieeffekt) und durch die Ähnlichkeit des sozialen Hintergrunds (je ähnlicher bei Therapeuten und Klienten, desto mehr profitierten die Klienten). Außerdem ergab sich ein Zusammenhang mit der Reaktivität der abhängigen Maße (bei nicht-reaktiven Maßen wie etwa der Beurteilung durch Arbeitskollegen waren die positiven Auswirkungen der Therapie deutlich geringer als bei reaktiven Maßen, deren Werte die Klienten selbst erzeugten, wie beispielsweise der Einschätzung ihrer Besserung auf einem Fragebogen). Die Analyse von Moderatorvariablen liefert in vielen Fällen wertvolle Zusatzinformationen, die manchmal auch eine nach Ausprägungen der Moderatorvariablen getrennte Analyse und Interpretation nahelegen.

22.3 Potenzielle Probleme und Möglichkeiten zu ihrer Kontrolle

Die Güte einer Metaanalyse steht und fällt mit den Daten, die verwendet werden: Schlechte Studien ergeben schlechte Metaanalysen. Wenn die Auswahl der Studien selektiv ist, sind auch die Schlussfolgerungen selektiv; und wenn unterschiedliche Populationseffekte vermischt werden, ist die Schätzung eines mittleren Populationseffekts auch nur eingeschränkt brauchbar. Es gibt allerdings einige einfache Methoden, mit Hilfe derer man entscheiden kann, ob die Analyseergebnisse brauchbar sind und ob es evtl. möglich ist, präzisere Aussagen zu machen. Wir beschreiben zwei dieser Methoden.

22.3.1 Selektive Auswahl von Studien: Funnel-Plot

Selbst wenn es gelingt, alle publizierten Studien zu einer bestimmten Fragestellung zu finden, kann es sein, dass diese Studien eine selektive Auswahl darstellen. Ein möglicher Grund dafür könnte der so genannte Publikations-Bias sein, wonach Studien mit signifikanten Ergebnissen eine deutlich höhere Chance haben publiziert zu werden als solche mit nicht-signifikanten Ergebnissen. Starke Verzerrungen dieser Art kann man relativ leicht mit Hilfe des so genannen *Funnel-Plots* (z.B. Egger, Smith, Schneider & Minder, 1997; Light & Pillemer, 1984) aufdecken. Die Idee hinter den Funnel-Plots (der Name kommt von der Trichterform der Punktewolke) ist einfach: Je größer die Stichprobe, desto genauer sollte der Populationseffekt geschätzt werden. Bei kleinen Stichproben sollte es eher zu großen Abweichungen vom wahren Wert kommen als bei großen.

---

6 Bei nominalskalierten Moderatorvariablen mit zwei Ausprägungen kann man den beiden Ausprägungen beliebige Zahlen zuordnen und die Moderatorvariablen mit den Effektgrößen korrelieren.

Diese Abweichungen sollten jedoch, wenn es sich um eine repräsentative Auswahl von Studien handelt, symmetrisch um den wahren Wert herum streuen. Ein Funnel-Plot ist nichts anderes als ein Streuungsdiagramm mit den Variablen „Effektgröße" (x-Achse) und „Stichprobengröße" (y-Achse). Jede Studie in der Metaanalyse ist in diesem Funnel-Plot als ein Punkt repräsentiert. ▶Abbildung 22.4 zeigt einen Funnel-Plot, der konsistent ist mit einer repräsentativen Auswahl von Studien. Die reliabelsten Studien, also die mit den größten Stichproben, liegen in der Mitte der Verteilung und die weniger reliablen sind symmetrisch darum verteilt.

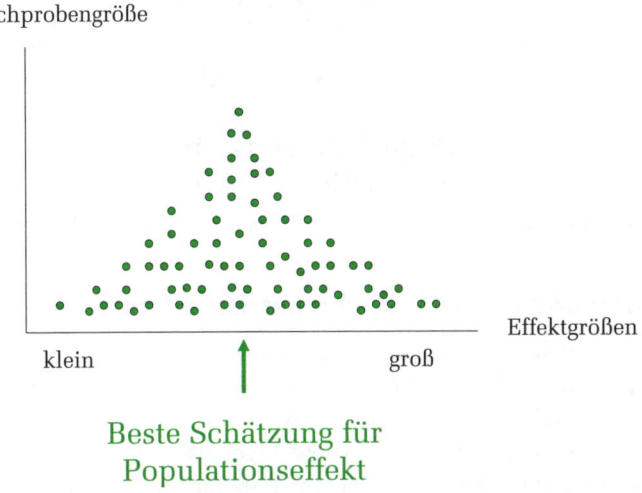

Abbildung 22.4: Funnel-Plot, der nahe legt, dass die Auswahl der Studien repräsentativ war. Jeder Punkt steht für eine Studie.

Wenn die Auswahl der Studien deutlich unrepräsentativ war, ist das im Funnel-Plot gut erkennbar. ▶Abbildung 22.5 zeigt ein hypothetisches Beispiel, bei dem kleinere Effektgrößen aus kleineren Stichproben systematisch fehlen. Das führt zu einer mehr oder weniger stark ausgeprägten Überschätzung des Effekts. Ein solcher Funnel-Plot könnte dadurch zustande kommen, dass in einer bestimmten Forschungsrichtung Studien mit signifikanten Ergebnissen eine höhere Chance haben, publiziert zu werden. Je kleiner die Stichprobengröße, desto größer muss ein empirisch gefundener Effekt sein, damit das Ergebnis eines entsprechenden Tests signifikant wird. Kleinere Effekte würden dann vor allem bei kleineren Stichproben kaum publiziert worden sein.

Neben dem Funnel-Plot gibt es weitere Alternativen zum Aufdecken von Selektionseffekten, die jedoch methodisch deutlich aufwändiger sind (z.B. Pham, Platt, McAuley, Klassen & Moher, 2001; Rust, Lehmann & Farley, 1990; Wang & Buschman, 1998).

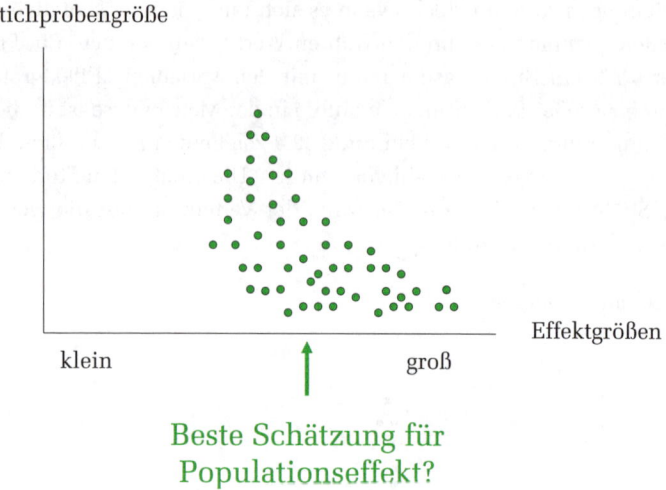

Stichprobengröße

klein   groß

Effektgrößen

Beste Schätzung für
Populationseffekt?

Abbildung 22.5: Funnel-Plot, der auf eine selektive Auswahl von Studien hindeutet. Jeder Punkt steht für eine Studie.

22.3.2 „Äpfel und Birnen": Psychometrische Metaanalyse

Ein Problem, mit dem jede Metaanalyse im Prinzip zu kämpfen hat, ist, dass die Studien selten perfekt miteinander vergleichbar sind, da es sich fast nie um eindeutige Replikationen handelt. Kleinere Unterschiede – ähnliche „Apfelsorten" – haben allerdings keinen wesentlichen Einfluss auf das Ergebnis. Wenn aber die Ergebnisse der Studien aus unterschiedlichen Populationen stammen, wenn man also tatsächlich „Äpfel und Birnen" im Korb hätte, könnte das die Interpretierbarkeit der Metaanalyse-Ergebnisse stark in Mitleidenschaft ziehen. Ob das der Fall ist, lässt sich jedoch auch noch im Nachhinein feststellen: Mit Hilfe der *psychometrischen Metaanalyse* (Hunter & Schmidt, 1990).

Die psychometrische Metaanalyse hat ihren Namen von der Grundgleichung der klassischen Testtheorie (siehe Kapitel 3 oder auch Bühner, 2006):

$$X_p = T_p + e_p$$

Der Testwert einer Person p, X_p ist in der Regel fehlerbehaftet und weicht vom wahren Wert T_p um einen Fehler e_p ab. Die Konzepte „wahrer Wert" und „Fehler" übernahmen Hunter und Schmidt (1990) in folgende Gleichung:[7]

$$\sigma_r^2 = \sigma_\rho^2 + \sigma_e^2$$

---

7   Wir verwenden im Folgenden, obwohl sie gegen die verbreitete Konvention verstößt, Popula tionswerte mit griechischen Buchstaben zu bezeichnen und Stichprobenwerte mit lateinischen, aus Vergleichbarkeitsgründen ihre Notation.

Die Varianz der gefundenen Effektgrößen, σ_r^2, setzt sich zusammen aus σ_ρ^2, der Varianz der Populationseffektgrößen (der wahren Werte) und σ_e^2, der Fehlervarianz.

Wenn nun, was wünschenswert wäre, alle Effektgrößen aus *einer* Population stammen, dann sollte die Varianz der Populationseffektgrößen 0 sein, da es ja nur eine Population gibt und die Populationseffektgröße somit nicht variieren kann. Daraus folgt:

$$\sigma_\rho^2 = \sigma_r^2 - \sigma_e^2 \approx 0$$

Die Varianz der gefundenen Effektgrößen sollte also auf die Fehlervarianz (Fehler beim Stichprobenziehen) zurückzuführen sein. Wenn aber $\sigma_\rho^2 >> 0$ („>>" steht für „deutlich größer"), dann würde das darauf hindeuten, dass tatsächlich „Äpfel und Birnen" in einem Korb liegen. In diesem Fall sollten getrennte Analysen für plausible Subgruppen durchgeführt werden. Sind die Populationsvarianzen für die Subgruppen deutlich kleiner als in der ursprünglichen Analyse, spricht das für eine unzulässige ursprüngliche Zusammenfassung und liefert die Grundlage für eine spezifischere Interpretation: Die Subgruppen repräsentieren unterschiedliche Populationen mit unterschiedlichen Effektgrößen.[8]

Das war die Theorie. In der Praxis berechnet man zunächst die Varianz der gefundenen Effektgrößen (Hunter & Schmidt, 1990, 100):

$$\sigma_r^2 = \frac{\sum\left[N_i\left(r_i - \overline{r}\right)^2\right]}{\sum N_i}$$

wobei N_i für die Stichprobengröße und r_i für die Effektgröße in Studie i steht. Dazu muss noch die Fehlervarianz bestimmt werden (Hunter & Schmidt, 1990, 108, $\overline{N}$ ist die durchschnittliche Stichprobengröße über alle Studien hinweg):

$$\sigma_e^2 = \frac{\left(1 - \overline{r}^2\right)^2}{\overline{N} - 1}$$

Und dann kann man die Differenz zwischen diesen beiden Varianzen analysieren. Rechenbeispiel 22.2 illustriert die Vorgehensweise.

---

8 Was „deutlich größer" ist, ist allerdings auch vom inhaltlichen Gebiet abhängig. Im Zweifelsfall sollte man ausprobieren, ob sich die Populationsvarianzen deutlich verkleinern, wenn man sie für plausible Subgruppen berechnet. Die Suche nach solchen passenden Subgruppen wiederum kann nicht automatisiert erfolgen, sondern muss durch den Sachverstand der Forscher geleitet sein.

Rechenbeispiel 22.2

Psychometrische Metaanalyse In Abbildung 22.2 sind die Effektgrößen (r) aus 60 hypothetischen Therapiestudien abgebildet. In jeder Studie wurde eine Therapiegruppe ($n = 15$) mit einer Kontrollgruppe ($n = 15$) verglichen. Nehmen wir nun an, es wären tatsächlich *zwei* unterschiedliche Arten von Therapien verwendet worden, Therapie A und Therapie B, und es gäbe Anlass zu der Vermutung, dass die Wirksamkeit der beiden Therapieformen unterschiedlich hoch sein könnte. Tatsächlich ist die Verteilung der Effektgrößen in Abbildung 22.2 aus den zwei unterschiedlichen Verteilungen in ▶Abbildung 22.6 zusammengesetzt.[9] Ließe sich das „Vermischen" der beiden Verteilungen im Nachhinein mit Hilfe der Psychometrischen Metaanalyse aufdecken?

```
                    7  | 0
                    6  | 5
          5,4,0     5  | 0,1,3,5,9
            3,2     4  | 3,3,3,3,4,6,7,8
        7,3,3,0,0   3  | 1,6,6,7,7,8,9
      9,9,7,3,3,1,0 2  | 0,4,8
        9,8,6,6,3   1  | 1,1,5,9
        8,5,5,4     0  | 9
              0    -0  |
          7,2,0    -1  |
```

Therapie A   Therapie B

Abbildung 22.6: Effektgrößen aus Abbildung 22.2, aufgeteilt in zwei Untergruppen, Therapie A und Therapie B.

Zunächst würde man überprüfen, ob die Varianz der Populationseffekte größer als 0 ist. Zu diesem Zweck müssen die Varianz der gefundenen Effektgrößen und die Fehlervarianz berechnet werden:

$$\sigma^2_{r-gesamt} = \frac{\sum\left[N_i(r_i-\bar{r})^2\right]}{\sum N_i}$$

$$= \frac{30(0{,}70-0{,}30)^2+30(0{,}65-0{,}30)^2+\ldots+30(-0{,}17-0{,}30)^2}{60\cdot 30} = 0{,}0358$$

und

$$\sigma^2_{e-gesamt} = \frac{\left(1-\bar{r}^2\right)^2}{\overline{N}-1} = \frac{\left(1-0{,}30^2\right)^2}{29} = 0{,}0286$$

▶

---

9   Die Verteilungen stammen aus zwei Simulationen, in denen jeweils 30 Zufallsstichproben von einer nichtzentralen t-Verteilung mit $df = 28$ und Nonzentralitätsparametern von 1,1 (Therapie A) und 2,3 (Therapie B) gezogen wurden. Eine Zufallsstichprobe war dabei ein einzelner t-Wert, der anschließend in eine Korrelation umgerechnet wurde (siehe hierzu Kapitel 13). Die Simulationen wurden mit dem Programm Lisp-Stat (Tierney, 1990) durchgeführt.

▶Fortsetzung

und somit:

$$\sigma^2_{\rho-gesamt} = \sigma^2_{r-gesamt} - \sigma^2_{e-gesamt} = 0{,}0358 - 0{,}0286 = 0{,}0072$$

Die Varianz der Populationseffektgrößen ist zwar nicht besonders hoch, aber doch deutlich unterschiedlich von 0. Sehen wir uns nun die beiden Subgruppen an. Wenn die Therapien A und B sich hinsichtlich ihrer Wirksamkeit unterscheiden, sollte die Varianz der Populationseffektgrößen für beide Therapieformen einzeln betrachtet deutlich niedriger sein als für die Gesamtstichprobe. Betrachten wir zunächst die Werte für Therapie A, mit einem durchschnittlichen Therapieeffekt von $r = 0{,}215$:

$$\sigma^2_{r-Therapie\ A} = \frac{\sum\left[N_i(r_i-\overline{r})^2\right]}{\sum N_i}$$

$$= \frac{30(0{,}55-0{,}215)^2 + 30(0{,}54-0{,}215)^2 + \ldots + 30(-0{,}17-0{,}215)^2}{30 \cdot 30}$$

$$= 0{,}0331$$

und

$$\sigma^2_{e-Therapie\ A} = \frac{\left(1-\overline{r}^2\right)^2}{\overline{N}-1} = \frac{\left(1-0{,}215^2\right)^2}{29} = 0{,}0314$$

und somit

$$\sigma^2_{\rho-Therapie\ A} = \sigma^2_{r-Therapie\ A} - \sigma^2_{e-Therapie\ A} = 0{,}0331 - 0{,}0314 = 0{,}0017$$

Die entsprechenden Berechnungen für Therapie B mit einem mittleren Effekt von $r = 0{,}384$ sind:

$$\sigma^2_{r-Therapie\ B} = \frac{\sum\left[N_i(r_i-\overline{r})^2\right]}{\sum N_i}$$

$$= \frac{30(0{,}70-0{,}384)^2 + 30(0{,}65-0{,}384)^2 + \ldots + 30(0{,}09-0{,}384)^2}{30 \cdot 30}$$

$$= 0{,}0242$$

und

$$\sigma^2_{e-Therapie\ B} = \frac{\left(1-\overline{r}^2\right)^2}{\overline{N}-1} = \frac{\left(1-0{,}384^2\right)^2}{29} = 0{,}0251$$

und somit

$$\sigma^2_{\rho-Therapie\ B} = \sigma^2_{r-Therapie\ B} - \sigma^2_{e-Therapie\ B} = 0{,}0242 - 0{,}0251 = -0{,}0009.$$

▶

▶Fortsetzung

Eine negative Varianz ist auf den ersten Blick etwas merkwürdig, aber bei dieser Berechnungsprozedur kann es zu negativen Varianzen kommen, die jedoch so behandelt werden können, als ob die Varianz 0 wäre (siehe Hunter & Schmidt, 1990, 109). Insgesamt lässt sich festhalten, dass in diesem Beispiel die Varianz der Populationseffekte deutlich reduziert werden kann, wenn man anstelle der Gesamtstichprobe von 60 Studien eine getrennte Analyse für die je 30 Studien mit Therapie A und Therapie B durchführt. Die durchschnittliche Effektgröße für alle Studien ($r = 0{,}30$) wäre demnach ein irreführendes Ergebnis, da Therapie B (mit $r = 0{,}38$) im Mittel fast doppelt so hohe Effekte erzielt hat wie Therapie A ($r = 0{,}22$).

22.4   Metaanalyse im Kontext

Wenn zwei Forscher berichten, dass sie eine Metaanalyse durchgeführt haben, dann muss das nicht heißen, dass sie auf identische Weise vorgegangen sind. Metaanalyse ist ein Sammelname für verschiedene Verfahren, von denen sich die meisten allerdings nicht wesentlich voneinander unterscheiden.

22.4.1 Varianten von Metaanalysen

Wir haben uns bei der Darstellung der Metaanalyse am Ansatz von Hunter und Schmidt (1990) orientiert, der relativ weit verbreitet ist. Es existieren jedoch mehrere metaanalytische Ansätze, die sich jedoch relativ ähnlich sind. Eine Ausnahme ist ein früher Ansatz von Rosenthal (z.B. Rosenthal 1991), der auf der Kombination von p-Werten beruht. Dieser Ansatz wird jedoch kaum benutzt und auch wir würden davon abraten, da solche kombinierten p-Werte sehr schwierig zu interpretieren sind. Mittlerweile scheint Konsens darüber zu bestehen, dass die Ausgangsbasis für eine Metaanalyse eine empirische Stichprobenverteilung von Effektgrößen aus den Einzelstudien sein muss. Nach wie vor gibt es Unterschiede in den Vorstellungen darüber, welche Art von Effektgrößen benutzt werden sollte (z.B. Becker, 2003; Bond, Wiitala & Richard, 2003; Rosenthal, 1991): in den Annahmen über die zugrunde liegende Population von Studien (Field, 2001) und darüber, ob im Rahmen von Metaanalysen Signifikanztests verwendet werden sollen, und wenn ja, welche. Außer bei sehr kleinen Stichproben, oder für einige extreme Fälle, unterscheiden sich die Ergebnisse der unterschiedlichen Ansätze jedoch kaum (z.B. Field, 2001).

22.4.2 Verhältnis von Einzelstudien und Metaanalysen

Das Zahlenbeispiel, das wir in Abbildung 22.6 benutzt haben, macht einen gravierenden Nachteil von Einzelstudien deutlich: Es kann sein, dass ein einzelnes Ergebnis nur aufgrund des Stichprobenfehlers weit vom Populationswert entfernt liegt. Wir haben in Kapitel 10 gesehen, dass das plausibelste Resultat für gebräuchliche Stichprobenstatistiken (z.B. ein Anteil, Mittelwert oder Mittelwertsunterschied) der Wert des entsprechenden Populationsparameters ist. Man kann sich jedoch nicht ganz sicher sein, mit der Statistik auch nahe am Populationsparameter zu liegen, da größere Abweichungen zwar unwahrscheinlich, aber möglich sind. Das sieht man auch in Abbildung 22.6: Die meisten Ergebnisse liegen tatsächlich in der Nähe der Populationseffekte ($\rho = 0{,}2$ für Therapie A und $\rho = 0{,}4$ für Therapie B), aber einige weichen stark davon ab. Dementsprechend ist die Aussagekraft einer Metaanalyse deutlich höher als die einer Einzelstudie, da sich extreme Werte bei der Berechnung des Mittelwerts gegenseitig „neutralisieren". Dieser Sachverhalt wird manchmal benutzt, um für eine Priorität von Metaanalysen im Forschungsprozess zu argumentieren: Die Metaanalytiker sollten die Theorienentwicklung betreiben und individuelle Studien haben hauptsächlich den Sinn, Daten für diese Theorienbildung zu liefern (z.B. Schmidt, 1992; 1996).

22.4.3 Die Aussagekraft von gemittelten Effektgrößen

Das zentrale Ergebnis einer Metaanalyse ist eine gemittelte Effektgröße. Das sieht auf den ersten Blick nach relativ wenig Ertrag für eine so aufwändige Methode aus. Dieser Eindruck sollte sich jedoch ändern, wenn man das Ergebnis einer Metaanalyse mit dem „optimalen Ergebnis" vergleicht. Das optimale Ergebnis wäre die genaue Kenntnis des untersuchten Effekts in der Population: *Wie viel* hilft Psychotherapie? *Wie stark* wirkt sich die Attraktivität von Personen auf ihre Einschätzung durch andere aus? *Wie sehr* unterscheiden sich Männer von Frauen bei bestimmten Persönlichkeitseigenschaften? Die genauen Antworten auf diese Fragen sind nichts anderes als präzise Aussagen über die Größe von Populationseffekten. Die Metaanalyse gibt solche (relativ) genauen Antworten. Demgegenüber sind die Ergebnisse aus Einzelstudien deutlich weniger präzise, was unter anderem auch bedeutet, dass ein einzelner p-Wert nicht überinterpretiert werden sollte. Aber selbst ein gut geschätzter Populationseffekt – das Ergebnis einer Metaanalyse – ist nicht automatisch auch eine wichtige Information: die Antwort kann nur so gut sein, wie die Frage war. Damit die gestellten Fragen sinnvoll sind, ist es wichtig, dass Forscher, die eine Metaanalyse durchführen, mit dem jeweiligen inhaltlichen Bereich gut vertraut sind.

Z U S A M M E N F A S S U N G

Metaanalyse ist ein Sammelname für weitgehend ähnliche Verfahren, die es ermöglichen, aus den Ergebnissen von vielen Einzelstudien Populationseffekte sehr genau zu schätzen. Das zentrale Ergebnis einer Metaanalyse ist die gewichtete mittlere Effektgröße aus allen zur Verfügung stehenden Studien. Darüber hinaus kann man die Auswirkung potenzieller Moderatorvariablen bestimmen. Ob die zur Verfügung stehenden Studien repräsentativ sind und ob die Studien vergleichbar sind – die Voraussetzung für die Berechnung einer mittleren Effektgröße – lässt sich in vielen Fällen auch noch im Nachhinein feststellen. Zwei einfache Verfahren hierzu sind Funnel-Plots und die Psychometrische Metaanalyse.

Die Ergebnisse von Metaanalysen können nur so gut sein wie die zur Verfügung stehenden Daten. Deswegen muss man bei der Analyse der Einzelstudien sehr sorgfältig vorgehen und einzelne Ergebnisse im Zweifelsfall ausschließen. Ist eine Metaanalyse jedoch methodisch sauber durchgeführt worden, sind die Genauigkeit der Aussage und der Erkenntnisgewinn deutlich höher als in einer Einzelstudie.

Z U S A M M E N F A S S U N G

Weiterführende Literatur

Hunter, J. E. & Schmidt, F. L. (1990). *Methods of Meta-Analysis*. Newbury Park: Sage.
Gut verständliche Einführung, die auch in die Tiefe geht.

Schmidt, F. L. (1996). Statistical significance testing and cumulative knowledge in psychology: implications for training of researchers. *Psychological Methods*, *1*, 115-129.
Diskutiert den Zusammenhang zwischen Signifikanztest und Metaanalyse.

Übungsaufgaben mit Lösungen sowie weitere Informationen zu diesem Buchkapitel finden Sie auf der Companion Website zum Buch unter *http://www.pearson-studium.de*

Besonderheiten der Datenerhebung

ÜBERBLICK

23

Die Daten, mit denen man es in der psychologischen Forschung zu tun hat, stammen fast immer aus Stichproben. Meist will man aber nicht nur Aussagen über die Stichproben machen, sondern über die zugrunde liegende(n) Population(en). Wenn die Stichprobe jedoch auf irgendeine Weise verfälscht und nicht repräsentativ ist, dann sind alle Schlüsse auf die Population auch mit Vorsicht zu genießen. Dieses Kapitel soll für Fehlermöglichkeiten in der empirischen Forschung sensibilisieren, die in der Art der verwendeten Stichproben begründet sind. Wir werden uns zunächst mit einigen fragwürdigen Vorgehensweisen bei der Stichprobenziehung beschäftigen und einige Hinweise für die Vermeidung von Fehlern geben. Dann wenden wir uns einem Problem zu, das auftaucht, wenn Studienteilnehmer Antworten auf sensible Fragen geben sollen. Befürchten die Befragten, dass die Anonymität nicht gewährleistet sein könnte, dann sind die Antworten oft verfälscht. Wir stellen ein Verfahren vor, das hilft, solche Verfälschungen zu vermeiden: die *Randomized Response* Technik. Abschließend diskutieren wir eine Methode, die es ermöglicht, die *Größe* einer Population oder einer Teilpopulation aufgrund einer wiederholten Stichprobenziehung zu schätzen: das *Sampling Resampling* Verfahren. Die letzten beiden Verfahren, insbesondere Sampling Resampling, spielen zwar in der Grundlagenforschung keine so große Rolle, können aber gewinnbringend bei angewandten Forschungsfragen und auch in der interdisziplinären Zusammenarbeit eingesetzt werden.

23.1 Verfälschte Stichproben

Stichproben können auf vielfache Weise verfälscht sein. Die einfachste Art der Verfälschung besteht darin, dass der Prozess der Stichprobenziehung zwar auf Repräsentativität oder zumindest Vergleichbarkeit ausgelegt ist, aber aus irgendwelchen Gründen sein Ziel nicht erreicht. Stichproben können aber auch dadurch verfälscht werden, dass nur nach bestimmten Werten gesucht wird oder dass notwendige Wert systematisch *nicht* in der Stichprobe auftauchen. Wir werden in diesem Abschnitt einige Beispiele diskutieren, die die Leser für die Problematik sensibilisieren sollen (zu verfälschten Stichproben im Alltag siehe Fiedler & Juslin, 2006).

23.1.1 Selektive Stichproben

Vor allem bei schriftlichen Umfragen ist die Rücklaufquote nicht selten deutlich unter 50% (siehe auch Kapitel 4). Selbst wenn die Befragten zufällig ausgesucht wurden, kann ein geringer Rücklauf dazu führen, dass die Antworten nicht repräsentativ für die untersuchte Population sind. Das kann insbesondere dann der Fall sein, wenn die zu untersuchende Population sehr heterogen ist. Führt man beispielsweise eine repräsentative Meinungsumfrage über die Hörgewohnheiten von Rundfunkhörern in einem Bundesland durch, dann kann es sein, dass von den Angehörigen einer bestimmten Altersgruppe

– z.B. die 30- bis 50-jährigen – anteilmäßig weniger Fragebögen zurückgeschickt werden als von den Jugendlichen oder den älteren Mitbürgern. Das wiederum könnte bei der Auswertung zu der möglicherweise irrigen Schlussfolgerung führen, dass die Sendungen, die auf die 30 bis 50-jährigen Hörer zugeschnitten sind, nicht gut bei ihnen ankommen. Es könnte durchaus sein, dass viele aus dieser Altersgruppe die entsprechenden Sendungen hören, aber keine Zeit oder keine Lust haben, an der Befragung teilzunehmen. Wenn man trotzdem Statistiken für die gesamte Stichprobe berechnen möchte, dann müsste man die Werte für die einzelnen Subgruppen gewichten. Die Berechnung des gewichteten Mittelwerts über alle Subgruppen i sähe folgendermaßen aus:

$$\overline{x}_{gewichtet} = \sum_{i=1}^{k} p_i \overline{x}_i, \text{ wobei } p_i = \text{Anteil der Subgruppe } i \text{ in der Population}.$$

Solche Subgruppen könnten, Angehörige unterschiedlicher Altersschichten sein, sich aber auch hinsichtlich Bildungsgrad, Art der besuchten Schule (bei Schülern), Herkunftsregion, usw. unterscheiden. Meist ist es das Beste, sich bei nichtrepräsentativen Stichproben die Ergebnisse separat für die Subgruppen anzusehen. Das kann man auch schon a priori machen: Man kann die Stichprobenziehung so auslegen, dass gezielt aus den relevanten Subpopulationen Teilstichproben gezogen werden. Auf diese Weise erhält man so genannte *geschichtete Stichproben*. Die Entscheidung darüber, welche Subgruppen man getrennt betrachten möchte, kann nicht generell getroffen werden, sondern hängt von der jeweiligen Fragestellung ab.

Nichtrepräsentative Stichproben können aber auch auf andere Weise zustande kommen. Im Kasten „Sternzeichen, Suizid und Interesse am Hausbau" werden zwei Beispiele beschrieben, in denen jeweils zwei große Stichproben miteinander verglichen wurden, obwohl das wenig Sinn machte: Die jeweils kleinere Stichprobe war dabei nicht vergleichbar mit der größeren. Nichtrepräsentative Stichproben müssen aber nicht in jedem Fall wertlos sein. So werden viele Studien mit Psychologiestudierenden in den Anfangssemestern durchgeführt. Sind die Ergebnisse dann überhaupt brauchbar? Die Antwort ist: Es kommt auf die Fragestellung an. Wenn es sich bei den untersuchten Variablen um solche handelt, bei denen man davon ausgehen kann, dass kaum Unterschiede zwischen unterschiedlichen Bevölkerungsgruppen existieren, dann kann eine nichtrepräsentative Stichprobe durchaus brauchbar sein. Das betrifft beispielsweise Fragestellungen zur Wahrnehmung, oder zu Aufmerksamkeits-, Gedächtnis-, Urteils- und Denkprozessen. Wenn sich die Fragestellungen jedoch auf Themengebiete wie etwa soziale Einstellungen oder Persönlichkeitsvariablen beziehen, dann sind studentische Stichproben manchmal wenig brauchbar für Schlüsse auf die Gesamtbevölkerung (siehe auch Kapitel 4 und 5).

Sternzeichen, Suizid und Interesse am Hausbau In einer in den Populärmedien viel beachteten Arbeit argumentierte der Industriellen-Erbe, Ex-Playboy und „Diplom-Mathematiker" Gunter Sachs, dass die Sternzeichen unser Leben nachhaltig beeinflussen (Sachs, 1999). Neben einigen ungewöhnlichen Interpretationen von Signifikanztestergebnissen (siehe Diepgen, 1998) liefert Sachs auch mehrere Beispiele für unzulässige Vergleiche von Stichproben. Hier sind zwei davon.

Sachs untersuchte unter anderem, ob es einen Zusammenhang zwischen Suizidneigung und Zugehörigkeit zu Sternzeichen gibt. Seine Schlussfolgerung aufgrund eines Signifikanztestergebnisses: „Ein zufälliger Zusammenhang zwischen Sternzeichen und Suiziden ist mit einer Wahrscheinlichkeit von mindestens 1:1000 auszuschließen" (Sachs, 1999, 163). Abgesehen davon, dass diese Interpretation eine nicht gerechtfertigte Aussage über eine Hypothesenwahrscheinlichkeit ist (Sie erinnern sich: Beim Signifikanztesten kann man nur Wahrscheinlichkeitsaussagen über die Daten machen, nicht über die Hypothesen) basiert sie auf einem Vergleich zweier großer Stichproben, die nicht vergleichbar sind. Sachs standen die Sternzeichen von 30.358 Schweizer Bürgern zur Verfügung, die in den Jahren 1969 bis 1994 Selbstmord begangen hatten. Die Häufigkeitsverteilung über die einzelnen Sternzeichen hinweg verglich er mit Hilfe eines χ^2-Anpassungstests (siehe Kapitel 17) mit 687.850 anderen, nach Sternzeichen aufgeteilten Todesfällen in diesem Zeitraum, und erhielt eine signifikante Abweichung zwischen beiden Verteilungen. Abgesehen davon, dass diese anderen Todesfälle nur eine Auswahl aus allen Todesfällen in dem betreffenden Zeitraum waren (etwa 60% aller Todesfälle, ohne Suizide) liegt hier ein noch schwerwiegenderes Problem vor: Die Suizidstichprobe entstammt einer anderen Population als die Stichprobe für die anderen Todesfälle. Der Grund für die Nicht-Repräsentativität ist das Todesalter: Menschen, die auf „normale" Weise sterben, sind im Durchschnitt viel älter als Menschen, die Selbstmord begehen. Nun ändern sich aber, wie auch aus einem Vergleich der von Sachs (1999) angegebenen Tabellen ersichtlich ist, die Anteile der Geburten zu den einzelnen Sternzeichen über die Jahre hinweg. Da diese Anteile aber als Vergleichsstandard benutzt werden, müssen sie vergleichbar sein für die „normalen Todesfälle" und für die Todesfälle durch Suizid. Ein Möglichkeit für einen sinnvollen Vergleich wäre, eine Stichprobe (oder eine Totalerhebung) aller Schweizer Bürger, die (vor langer Zeit) innerhalb eines bestimmten Zeitraums geboren wurden und mittlerweile auch alle gestorben sind, zu nehmen, und dann die jeweiligen Anteile von Suiziden und normalen Todesfällen für jedes Sternzeichen miteinander in Beziehung zu setzen. Im tatsächlich durchgeführten Vergleich sind die Personen mit „normalen Todesfällen" im Durchschnitt sehr viel eher geboren (und später gestorben) als die Personen, die Suizid verübt haben. Das Testergebnis ist somit nicht aussagekräftig.[1]

Ein weiteres Beispiel für eine unrepräsentative Stichprobe sieht man in ►Abbildung 23.1. Diese Abbildung zeigt die prozentualen Abweichungen (in Prozentpunkten) der Angehörigen der einzelnen Sternzeichen von einem Anteil von 17,6%. Das war der Prozentsatz von 13.283 Befragten, der angab, ein besonderes Interesse für das Bauen, Modernisieren und Renovieren zu haben. Die Abbildung zeigt, dass der betreffende Anteil für das Sternzeichen Fische signifikant vom Gesamtanteil abweicht. Abbildung 23.1 ist allerdings auch noch aus einem anderen Grund höchst bemerkenswert: Die Summe der positiven und negativen Abweichungen ist nicht 0, was bei einem Mittelwert der Fall sein sollte.   ►

---

1 Man kann sich in diesem Beispiel auch darüber streiten, ob es sich tatsächlich um Stichproben oder nicht etwa um Populationen handelt. Die Schlussfolgerung, dass der Verglich nicht zulässig war, weil die eine Gruppe nicht repräsentativ für die andere war, ist davon jedoch unberührt.

▶**Fortsetzung**

Wie kommt das? Die Erklärung ist, dass 2525 der Befragten ihren Geburtstag nicht angegeben hatten und somit kein Sternzeichen bestimmt werden konnte. Der Anteil der Bau-, Modernisierungs- und Renovierungsinteressenten wurde aber trotzdem aus der Gesamtstichprobe berechnet. Offensichtlich war die Teilstichprobe (diejenigen, die ihr Sternzeichen angegeben hatten) jedoch nicht repräsentativ für die Gesamtstichprobe, denn der Anteil der „Bau-Interessenten" für die Teilstichprobe mit den bekannten Sternkreiszeichen ist nicht 17,6%, sondern 18,9% (der gewichtete Mittelwert der in der Abbildung angegebenen Prozentsätze). Damit ist natürlich auch die Aussage über das besondere Bauinteresse der Fische-Geborenen nicht wirklich brauchbar.

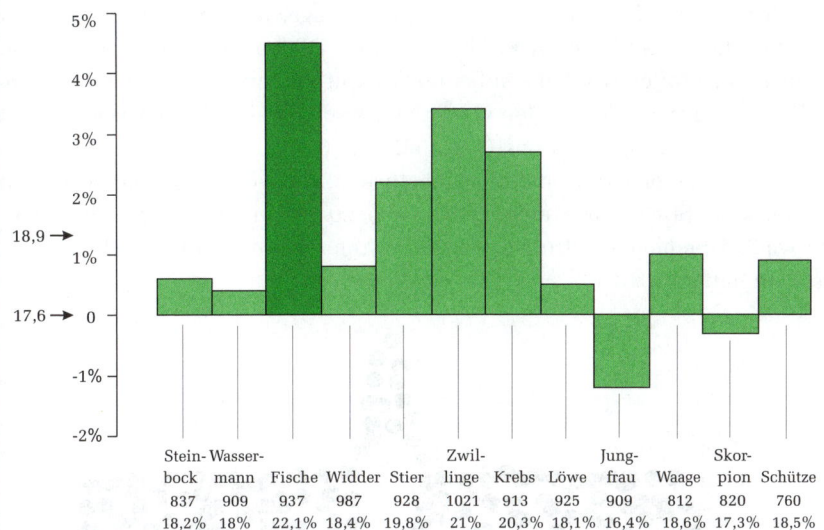

Abbildung 23.1: Prozentuale Abweichungen der Angehörigen einzelner Tierkreiszeichen von einem „mittleren Anteil" (modifiziert nach Sachs 1999, 263). Dieser mittlere Anteil war 17,6% für alle Befragten (in der Abbildung auf den Vergleichswert von 0 gesetzt) und 18,9% für die Befragten, die auch ihr Sternzeichen angaben. Für jedes Sternzeichen sind sowohl die absolute Anzahl als auch der prozentuale Anteil der „Bau-Interessenten" angegeben.

23.1.2 „Nonsampling Error": Verfälschung durch „Nichtziehen"

Wainer (1999) berichtet von dem Schweizer Arzt Lombard, der 1835 aufgrund der Einträge in Sterberegistern eine Tabelle veröffentlichte, die Aufschluss über die Lebenserwartung von Angehörigen verschiedener Berufe geben sollte. Der gefährlichste Beruf war ... Student. Studenten starben durchschnittlich in einem Alter von 20,7 Jahren! Lombard erkannte offensichtlich, dass hier irgendwas nicht stimmte, wandte diese wohl eher intuitive Erkenntnis aber nicht auf die Bewertung anderer Berufe an. So starben „Verkaufsassistenten" im Schnitt schon mit 39,4 Jahren, während das Durchschnitts-Sterbealter von Geschäftsinhabern 63,0 und das von Professoren schon damals stolze 66,6 Jahre betrug. Die wohl gesündesten „Berufe" hatte Lombard nicht auf seiner Liste: Rentner und Pensionäre. Offensichtlich bezieht sich die Selektivität in dieser Stichprobe auf das Altersintervall, das typisch für einen Beruf ist. Studenten „wechseln" ihren Beruf meist nach einigen Jahren und Verkaufsassistenten können selbst Geschäftsinhaber werden.

Ein weiteres Beispiel für einen *Nonsampling Error* ist eine Anekdote über den Statistiker Abraham Wald (den Erfinder der Sequentialtests), der im zweiten Weltkrieg für die Britische Armee arbeitete. Er sollte unter anderem herausfinden, an welchen Stellen die Flugzeuge der Royal Airforce eine extra Panzerung erhalten sollten. Dazu analysierte er die Einschüsse der Kampfflugzeuge, die von den Einsätzen zurückkamen. Er fand das Muster in ▶Abbildung 23.2: Die heimkehrenden Flugzeuge waren fast überall getroffen worden – außer im Cockpit und am Seitenruder. Sollte man jetzt die Panzerung an all den Stellen verstärken, an denen die Flugzeuge getroffen worden waren? Wald schlug genau das Gegenteil vor: Cockpit und Seitenruder sollten verstärkt werden. Der Grund dafür war natürlich, dass die heimkehrenden Flugzeuge eine selektive Stichprobe waren: Es lag nahe, zu vermuten, dass die Flugzeuge, die in den weißen Bereichen getroffen worden waren, es nie zum Heimatflughafen zurück geschafft hatten.

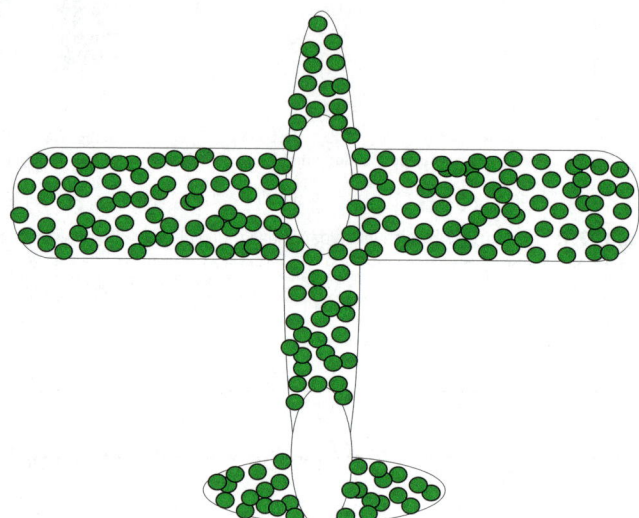

Abbildung 23.2: Vereinfachte Darstellung der Flugzeugteile (weiße Flecke), die bei heimkommenden Kampfflugzeugen nie getroffen waren (nach Wainer, 1999).

Ein drittes Beispiel für eine (anfänglich) selektive Stichprobenziehung ist im Kasten „Der Grund für die Challenger-Katastrophe" zu sehen.

HINTERGRUND

Der Grund für die Challenger-Katastrophe Im Jahr 1986 ereignete sich eine Katastrophe in der amerikanischen Raumfahrt: die *Challenger*, ein Space-Shuttle, explodierte kurz nach dem Start und dabei kamen alle Besatzungsmitglieder ums Leben. Der Verdacht fiel früh auf spezielle Dichtungsringe, die möglicherweise bei niedrigen Temperaturen nicht richtig funktionierten. Also erstellten die Ingenieure eine grafische Aufbereitung über die Temperaturen bei allen Starts, bei denen es zu Problemen gekommen war (allerdings ohne schlimmere Konsequenzen und ohne dass es die breite Öffentlichkeit mitbekommen hätte). Diese Problemfälle waren über das ganze mögliche Temperaturspektrum (in Fahrenheit) verteilt (▶Abbildung 23.3). Es gab also keinen Hinweis darauf, dass die Temperatur eine Rolle gespielt hatte. Oder doch?

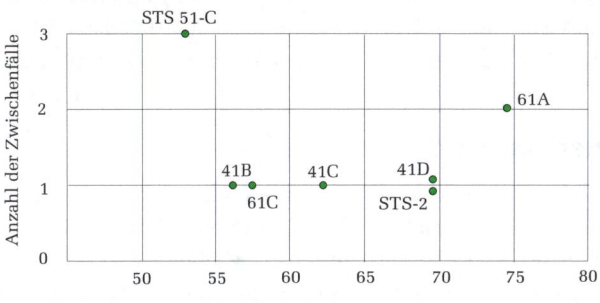

Abbildung 23.3: Zusammenhang zwischen Temperatur und Anzahl der Zwischenfälle bei Space-Shuttle Flügen, bei denen Probleme aufgetreten waren (modifiziert nach Dawes, 2001, 9). Die Punkte und die dazu gehörigen Kürzel bezeichnen einzelne Shuttle-Flüge.

Wir haben es hier wieder mit einer selektiven Stichprobe zu tun. Wenn der Zusammenhang zwischen Temperatur und ihrer Auswirkung auf die Dichtringe deterministisch wäre, dann würde eine solche selektive Stichprobe schon aussagekräftig sein. Aber selbst in der Physik sind Beziehungen zwischen Variablen oft sehr komplex. Um einen Einfluss der Temperatur auszuschließen, müsste man auch wissen, wie der Sachverhalt bei den Flügen aussieht, bei denen es zu keinerlei Problemen kam. ▶Abbildung 23.4 zeigt, dass diese Information ganz entscheidend ist: Die Temperatur hatte mit hoher Wahrscheinlichkeit doch die ursprünglich vermutete Auswirkung, denn keiner der Flüge ohne Zwischenfälle war bei niedrigen Temperaturen gestartet worden.

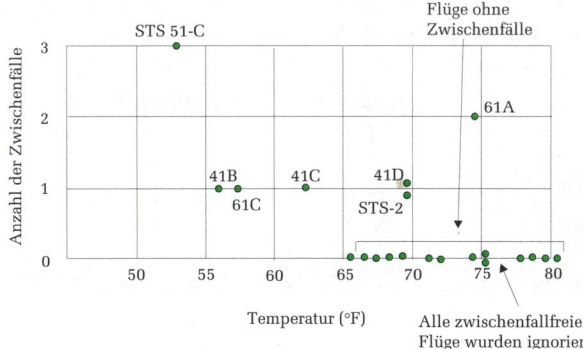

Abbildung 23.4: Zusammenhang zwischen Temperatur und Anzahl von Space-Shuttle Flügen mit und ohne Probleme (modifiziert nach Dawes, 2001, 9). Die Punkte bezeichnen die Shuttle-Flüge.

Selektive Stichproben sind in der Psychologie oft nicht so leicht zu erkennen. Sie entstehen häufig, wenn man auf Daten zurückgreift, die sowieso vorliegen. So haben es Therapeuten in der Regel mit selektiven Stichproben zu tun: Erstens sehen sie hauptsächlich Patienten und vermehrt die Patienten, bei denen sich die Erkrankung nicht gebessert hat und die deswegen immer wieder kommen. Das könnte zu einer Überschätzung des Anteils von Problemfällen in der Bevölkerung führen. Auch bei vielen Arten von Auswahlprozessen sind selektive Stichproben ein großes Problem. In der Regel weiß man nicht, was aus den Bewerbern geworden wäre, die das Auswahlverfahren nicht erfolgreich abgeschlossen haben. Das hat zur Folge, dass man Auswahlverfahren nicht gut beurteilen kann, wenn nur die selektive Stichprobe der Ausgewählten zur Verfügung steht. Die relativ seltenen Untersuchungen, in denen repräsentative Studien verwendet wurden, deuten darauf hin, dass viele Auswahlverfahren suboptimal sind (Dawes, 1994).

23.1.3 Ziehen nach Ergebnis

Eine nicht so leicht zu entdeckende Art einer nichtrepräsentativen Stichprobe kann entstehen, wenn man eine Stichprobe aufgrund von Ergebnissen oder Auswirkungen erhebt. Ein Beispiel soll das verdeutlichen. ▶Tabelle 23.1 zeigt den Zusammenhang zwischen Rauchen und Lungenkrebs in den Vereinigten Staaten in einer repräsentativen Stichprobe (nach Dawes, 2001, 126). Ein Viertel der US-Bürger hat damals geraucht und die bedingten Wahrscheinlichkeiten für Lungenkrebs, gegeben Rauchen bzw. Nichtrauchen, waren:

$$p(\text{Lungenkrebs} \mid \text{Raucher}) = 20/200 = 10\%$$
$$p(\text{Lungenkrebs} \mid \text{Nichtraucher}) = 3/600 = 0{,}5\%$$

Sieht man sich den Zusammenhang zwischen Rauchen und Lungenkrebs mit Hilfe des Phi-Koeffizienten an, erhält man: $\phi = 0{,}25$.

Tabelle 23.1

Zusammenhang zwischen Rauchen und Lungenkrebs in einer repräsentativen US-Stichprobe von n = 800 US-Bürgern für das Jahr 1999 (nach Dawes, 2001, 126)

	Lungenkrebs	Kein Lungenkrebs	Gesamt
Raucher	20	180	**200 (25%)**
Nichtraucher	3	597	**600 (75%)**

Was passiert, wenn man sich eine Zufallsstichprobe nach dem *Ergebnis* – „Lungenkrebs" oder „kein Lungenkrebs" zusammenstellt? Man könnte beispielsweise eine Stichprobe von 400 Lungenkrebskranken und 400 Personen ohne Lungenkrebs ziehen. Welche Anzahl von Rauchern könnten wir jeweils erwarten? Ausgehend von den Daten in Tabelle 23.1 zeigt ▶Abbildung 23.5, wie die Anzahl der Raucher in diesem Fall geschätzt werden kann. Von den 800 Personen in der ersten Stichprobe sind 200 Raucher (*R*) und 600 Nichtraucher (*NR*). Die Raucher kann man aufteilen in 20 Personen mit Lungenkrebs (*LK*) und 180 ohne Lungenkrebs und die Nichtraucher in 3 Personen mit und 597 ohne Lungenkrebs. Insgesamt haben wir in der Stichprobe 23 Personen mit und 777 ohne Lungenkrebs erfasst.

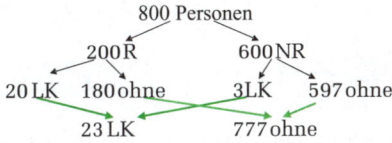

Abbildung 23.5: Illustration der Vorgehensweise für die Bestimmung des Anteils der Raucher an Lungenkrebskranken und Gesunden, ausgehend von den Informationen in Tabelle 23.1.

Wenn wir nun statt 23 Personen mit Lungenkrebs 400 Lungenkrebskranke in unserer Stichprobe hätten, wie viele Raucher könnten wir dann darin erwarten? Wenn wir annehmen, dass der Anteil der Raucher an den Lungenkrebskranken sich nicht ändert (in der Stichprobe ist er 20 von 23) dann erhalten wir:

$$\frac{\text{Anzahl Raucher}}{400} = \frac{20}{23}$$

$$\text{Anzahl Raucher} = \frac{20 \cdot 400}{23} = 347{,}8$$

Genauso erhalten wir die erwartete Anzahl von Rauchern bei den 400 Personen *ohne* Lungenkrebs:

$$\frac{\text{Anzahl Raucher}}{400} = \frac{180}{777}$$

$$\text{Anzahl Raucher} = \frac{180 \cdot 400}{777} = 92{,}7$$

Bilden wir die Ergebnisse wieder in einer Tabelle ab, erhalten wir die (gerundeten) Werte in ▶Tabelle 23.2. Die Tabelle zeigt, welche Anteile von Rauchern und Nichtrauchern man (auf der Basis der Daten in Tabelle 23.1) erwarten könnte, wenn man jeweils Zufallsstichproben von 400 Lungenkrebskranken und 400 Personen, die nicht an Lungenkrebs erkrankt sind, ziehen würde.

Tabelle 23.2

Zusammenhang zwischen Rauchen und Lungenkrebs in einer nach dem _Ergebnis_ gezogenen Stichprobe (je _n_ = 400 Personen _mit_ und _ohne_ Lungenkrebs)

	Lungenkrebs	Kein Lungenkrebs
Raucher	348	93
Nichtraucher	52	307
Gesamt	400	400

Wieder haben wir Zufallsstichproben vorliegen, diesmal jedoch ausgewählt nach dem „Ergebnis" (Lungenkrebs oder kein Lungenkrebs). Wenn wir aufgrund dieser neuen Stichproben Aussagen über die bedingten Wahrscheinlichkeiten für Lungenkrebs, gegeben Rauchen oder Nichtrauchen berechneten, erhielten wir drastisch höhere Werte:

$$p(\text{Lungenkrebs} \mid \text{Raucher}) = 348/(348+93) = 78{,}9\% \text{ und}$$

$$p(\text{Lungenkrebs} \mid \text{Nichtraucher}) = 52/(52+307) = 14{,}5\%$$

Sieht man sich nun auch wieder den Zusammenhang zwischen Rauchen und Lungenkrebs mit Hilfe des _Phi_-Koeffizienten an, erhält man: $\phi = 0{,}64$. Durch die Stichprobenziehung nach dem _Ergebnis_ haben sich also die Werte deutlich verändert. Die zweite Stichprobe ist natürlich nicht geeignet, um valide Aussagen über die Gefährlichkeit des Rauchens zu machen. Diese Stichprobe ist nicht repräsentativ für die Population der Vereinigten Staaten. Wollte man jedoch beispielsweise die differentielle Wirksamkeit einer Trainingsmaßnahme zur Bewältigung des Alltags bei Lungenkrebskranken und Personen, die nicht an Lungenkrebs leiden, untersuchen, wäre die zweite Stichprobe durchaus angemessen. Auch dieses Beispiel macht wieder deutlich, dass die Repräsentativität von Stichproben von der untersuchten Fragestellung abhängt.

Stichproben, die nach dem Ergebnis seleGiert sind, findet man häufig in Studien zur Auswirkung von Ernährungsgewohnheiten. Man könnte beispielsweise Personen mit und ohne Herzinfarkt miteinander vergleichen und finden, dass die Personen ohne Herzinfarkt häufiger Rotwein getrunken haben. Das Beispiel mit den Lungenkrebskranken sollte deutlich gemacht haben, dass nahe liegende Kausalwirkungen (z.B Rotwein beugt Herzinfarkt vor) bei Stichproben, die nach dem Ergebnis gezogen wurden (z.B. Herzinfarkt oder kein Herzinfarkt), mit Vorsicht betrachtet werden müssen. Wenn man gute Schätzungen über Zusammenhänge (z.B. zwischen Rauchen und Lungenkrebs) in der Population machen möchte, führt an einer Zufallsstichprobe oder zumindest einer repräsentativen Stichprobe kein Weg vorbei.

Wenn man Kausaulaussagen machen möchte, dann kann man die Stichprobe nicht nach dem Ergebnis (der abhängigen Variable – Beispiel: Lungenkrebs) aussuchen, sondern muss die Einteilung nach der möglichen *Ursache* (der unabhängigen Variable – Beispiel: Rauchen) vornehmen. Ähnliche Probleme entstehen, wenn man etwa die Ursachen von sexueller Delinquenz, Depression oder Autismus dadurch zu ergründen versuchte, dass man Erwachsene, die an solchen Problemen leiden (Ergebnis) nach ihren Kindheitserinnerungen (potenzielle Ursache) befragt und darauf hin Kausalerklärungen „konstruiert". Diese Erklärungen müssen nicht falsch sein, aber wenn sich beispielsweise autistische Erwachsene häufig an „gefühlskalte Mütter" erinnern (oder wenn die Mütter sich selbst daran erinnern, dass sie sich manchmal „gefühlskalt" gegenüber ihrem Kinder verhalten haben), dann muss das noch nichts besagen. Die entsprechende, früher relativ verbreitete Erklärung ist tatsächlich falsch (siehe Dawes, 2001, 136). Man müsste bei den Müttern beginnen und versuchen, herauszufinden, ob die Kinder von „gefühlskalten Müttern" (auch was das ist, müsste erst sauber definiert werden) sich systematisch anders entwickeln als die von anderen Müttern.

23.2 Unverfälschte Antworten bei sensiblen Fragen: Randomized Response

Haben Sie schon mal im Kaufhaus gestohlen? Haben Sie bei der letzten Klausur abgeschrieben? Haben Sie Ihre Partnerin/Ihren Partner schon einmal betrogen? Das sind Beispiele für „sensible" Fragen, bei denen man nicht immer davon ausgehen kann, dass sie in Umfragen wahrheitsgemäß beantwortet werden. Die Wahrscheinlichkeit für wahrheitsgemäße „Ja"-Antworten wird aber umso höher sein, je eher man erwarten kann, dass vollständige Anonymität gewährleistet ist. Die Beteuerung, dass die Umfrage anonym durchgeführt wird, scheint hierbei oft nicht zu genügen. Es gibt aber eine Vorgehensweise, bezeichnet als *Randomized Response*, die es erlaubt, die tatsächlichen Anteile und (mit Einschränkungen) Mittelwerte gut zu schätzen (z.B. Campbell & Joiner, 1973; Eisenhauer, 2001). Die Methode ist nicht nur zur Schätzung von Anteilen und Mittelwerten geeignet, sondern im Prinzip auch zur Untersuchung von Zusammenhängen zwischen mehreren „sensiblen" (und nichtsensiblen) Variablen, wenn nicht nur einzelne Fragen, sondern Fragenkomplexe mit der Methode bearbeitet werden. Wie der Name schon sagt (*randomized*), spielt der Zufall bei dieser Methode eine entscheidende Rolle. Wie soll das funktionieren?

23.2.1 Randomized Response für Anteile I

Stellen Sie sich vor, ein Student hätte bei einer Klausur vom Nachbarn abgeschrieben. Nun sitzt er zusammen mit seinen Kommilitoninnen und Kommilitonen noch im Hörsaal und soll einige sensible Fragen beantworten, unter anderem auch die, ob er bei der Klausur abgeschrieben hat. Die Anleitung des Versuchsleiters zur Beantwortung der sensiblen Fragen könnte folgendermaßen lauten:

*Auf dem Fragebogen finden Sie einige Fragen, bei denen manche Leute dazu ten-
dieren, nicht wahrheitsgemäß zu antworten. Wir wenden aber heute eine Methode
an, bei der ich nicht herausfinden kann, was Ihre Antwort bedeutet.*

*Bei dieser Methode bestimmt der Zufall, ob Sie eine Frage wahrheitsgemäß
beantworten oder „lügen". Das mit dem Zufall funktioniert so: Bevor Sie eine
Frage beantworten, entscheiden Sie sich für eine der vier möglichen Kombinationen, die Sie erhalten können wenn Sie eine Münze zwei Mal werfen („Kopf"-
„Kopf", „Kopf"-„Zahl", „Zahl"-„Kopf" und „Zahl"-„Zahl"). Wenn die von Ihnen
vorher festgelegte Kombination tatsächlich auftritt (z.B. „Zahl"-„Zahl") beantworten Sie die Frage wahrheitsgemäß und wenn eine andere Kombination auftritt (z.B. „Kopf"-„Zahl") lügen sie. Sie werden also mit einer Wahrscheinlichkeit
von 25% die Wahrheit sagen und mit einer Wahrscheinlichkeit von 75% lügen –
entscheidend dafür, was Sie machen, ist das Ergebnis des Münzwurfs. Sie können für alle Antworten dieselbe Kombination benutzen oder abwechseln. Aus
Gedächtnisgründen empfehle ich aber ersteres.*

*Egal ob Sie mit „Ja" oder „Nein" antworten: Niemand weiß, was Ihre Antwort
bedeutet. Wenn Sie beispielsweise gefragt würden, ob Sie schon einmal in
einem Kaufhaus gestohlen haben, dann könnte eine „Ja"-Antwort bedeuten,
dass Sie das tatsächlich schon mal getan haben; ein „Ja" könnte aber auch
bedeuten, dass Sie noch nie in einem Kaufhaus gestohlen haben, aber wegen
Ihres Münzwurfergebnisses „lügen" und deswegen „Ja" gesagt haben.*

*Weil ich die Wahrscheinlichkeiten für „die Wahrheit sagen" und „lügen" kenne
(25% und 75%), kann ich aufgrund der Ergebnisse aller Befragten den tatsächlichen Anteil trotzdem gut schätzen, obwohl für die einzelnen Befragten volle
Anonymität gewährleistet ist.*

Der Student legt nun für sich fest, dass er wahrheitsgemäß antwortet, wenn die Münze
zwei Mal auf „Zahl" fällt. Er wirft die Münze zwei Mal und erhält „Zahl" im ersten
und „Kopf" im zweiten Wurf. Das bedeutet, dass er lügen muss und er kreuzt dementsprechend die Antwort „Nein" bei der Frage an, ob er gerade abgeschrieben hat. Nehmen wir an, es hätten 124 Studierende an der Befragung teilgenommen und 84 von
ihnen hätten mit „Ja" geantwortet. Wie kann man nun den tatsächlichen Anteil der
Studierenden schätzen, die bei der Klausur abgeschrieben haben? Betrachten wir
zunächst einmal die zwei extremen Fälle: a) niemand hat abgeschrieben und b) alle
haben abgeschrieben. Im ersten Fall könnten wir 93 „Ja" Antworten erwarten. Alle
Befragten antworten nur „Ja", wenn sie durch den Ausgang des Zufallsprozesses zum
Lügen gezwungen werden. Die Wahrscheinlichkeit dafür ist 75% und 75% von 124
sind 93. Wenn tatsächlich alle abgeschrieben haben, antworten die Befragten nur mit
„Ja", wenn sie die Wahrheit sagen müssen. Die Wahrscheinlichkeit dafür ist 25% und
25% von 124 sind 31. Wir haben es in diesem Beispiel also mit dem auf den ersten
Blick paradoxen Ergebnis zu tun, dass weniger „Ja"-Antworten auf einen höheren
tatsächlichen „Ja"-Anteil hindeuten. Zurück zu unserem Beispiel: 84 Studierende
haben mit „Ja" geantwortet. Die entsprechende Formel zur Schätzung des tatsächlichen „Ja"-Anteils ist (p darf dabei nicht 0,5 betragen!):

$$\hat{\pi} = \frac{(n_1/n) + p - 1}{2p - 1}$$

wobei:

$\hat{\pi}$: geschätzter tatsächlicher Anteil

p : Wahrscheinlichkeit für wahrheitsgetreue Antwort ($p \neq 0{,}5$!)

n_1 : Anzahl "Ja-Antworten"

n : Anzahl Antworten

In unserem Beispiel ergäbe sich also ein geschätzter „Ja"-Anteil von

$$\hat{\pi} = \frac{(n_1/n) + p - 1}{2p - 1} = \frac{(84/124) + 0{,}25 - 1}{2 \cdot 0{,}25 - 1} = 0{,}145$$

Unsere beste Schätzung dafür, wie hoch der Anteil der Studierenden war, die bei der letzten Klausur abgeschrieben haben, wäre also 14,5%. Im nächsten Kasten wird die Ableitung dieser Formel erläutert.

HINTERGRUND

Ableitung der Randomized-Response-Formel Wie kann man aus der Kenntnis der Wahrscheinlichkeit, mit der die Probanden die Wahrheit sagen, den tatsächlichen Anteil von „Ja"-Antworten schätzen? Um diese Frage zu beantworten, hilft es, sich zu überlegen, welchen Anteil von „Ja"-Antworten man insgesamt erwarten kann. Dieser erwartete Anteil $p(x = $ „Ja") setzt sich zusammen aus den wahrheitsgemäßen und den „gelogenen" Antworten. Wenn wir von einer „Wahrheitswahrscheinlichkeit" von p ausgehen und der tatsächliche Anteil π beträgt, dann können wir einen Anteil von πp wahrheitsgemäßen „Ja"-Antworten erwarten. Hätten also 50 von 100 Personen schon mal im Kaufhaus gestohlen und betrüge $p = 0{,}25$, denn könnten wir einen Anteil von $0{,}5 \cdot 0{,}25 = 0{,}125$ erwarten: 13 der 100 Personen (wenn man den Anteil von 0,125 aufrundet) würden also wahrheitsgemäß mit „Ja" antworten. Dazu kommen aber noch die gelogenen „Ja"-Antworten. Der tatsächliche Anteil dafür wäre $1 - \pi$ und die Wahrscheinlichkeit für ein „gelogenes Ja" wäre $1 - p$. Somit ist der erwartete Anteil von „Ja"-Antworten:

$$p(x = "Ja") = \pi p + (1 - \pi)(1 - p)$$

Wenn wir den erwarteten Anteil von „Ja"-Antworten durch die entsprechende relative Häufigkeit schätzen, also durch den Anteil von n_1 „Ja"-Antworten an allen n Antworten, und wenn wir das π mit einem Dach ($\wedge$) versehen, als Zeichen dafür, dass es sich um eine Schätzung handelt, dann erhalten wir nach einigen Umformungen die Formel, die wir in unserem Beispiel benutzt haben:

$$\frac{n_1}{n} = \hat{\pi} p + (1 - \hat{\pi})(1 - p)$$

$$\frac{n_1}{n} = \hat{\pi} p + 1 - p - \hat{\pi} + \hat{\pi} p$$

$$2\hat{\pi} p - \hat{\pi} = (n_1/n) + p - 1$$

$$\hat{\pi} = \frac{(n_1/n) + p - 1}{2p - 1}$$

23.2.2 Randomized Response für Anteile II

Ein Nachteil der im Abschnitt 23.2.1 benutzten Formel ist, dass sie nicht für $p = 0{,}5$ funktioniert (dann ist der Nenner 0 und die Gleichung nicht definiert). Diesen Nachteil kann man vermeiden, allerdings auf Kosten einer etwas aufwändigeren Befragung. Bei dieser Variante werden statt einer Frage zwei vorgegeben. Eine Frage ist die kritische Frage (z.B. „Haben Sie von Ihrem Nachbarn abgeschrieben?") und eine zweite Frage ist eine, die von allen Befragten erwartungsgemäß mit „Ja" beantwortet werden sollte (z.B. „Studieren Sie?" in einer Befragung von Studierenden). Das „Randomized" bezieht sich in diesem Fall darauf, welche der zwei Fragen beantwortet werden soll. So könnte man etwa festlegen, dass die Probanden mit einer Wahrscheinlichkeit von p (z.B. $p = 0{,}5$, was beispielsweise „Kopf" beim Münzwurf entsprechen würde) auf die erste (sensible) und mit der Komplementärwahrscheinlichkeit $1 - p$ auf die zweite (immer mit „Ja" beantwortete) Frage antworten sollen. Der tatsächliche Anteil von „Ja"-Antworten lässt sich dann mit folgender Formel schätzen (n_1 = gefundene Anzahl von „Ja"-Antworten und n = Gesamtanzahl der Antworten):

$$\hat{\pi} = \frac{n_1 - (1 - p)n}{pn}$$

Modifizieren wir zum Verständnis dieser Formel das Beispiel von vorhin etwas. Nehmen wir an, direkt nach einer Klausur stellt der Dozent folgende zwei Fragen:

- Haben Sie gerade in der Klausur vom Nachbarn abgeschrieben?
- Studieren Sie?

Zusätzlich gibt er den Studierenden die Instruktion, dass sie die möglichen Ergebnisse eines Münzwurfs den beiden Fragen zuordnen sollen, also beispielsweise soll „Kopf" für „1. Frage" und „Zahl" für „2. Frage" stehen (ohne dass jemand weiß, welche Zuordnung sie getroffen haben). Welche von den beiden Fragen sie gleich beantworten sollen, hängt davon ab, ob sie mit ihrer Münze „Kopf" oder „Zahl" werfen werden.

Gesetzt den Fall, die Befragung von $n = 124$ Studierenden, die die Klausur mitgeschrieben haben, hat 71 „Ja"-Antworten ergeben. Was ist die beste Schätzung dafür, wie hoch der Anteil der „Abschreiber" war? Die $n_1 = 71$ „Ja"-Antworten beinhalten sowohl die „Ja"-Antworten auf die sensible als auch auf die unproblematische Frage. Uns interessieren aber nur die „Ja"-Antworten auf die sensiblen Fragen. Die Anzahl dieser Antworten erhalten wir, wenn wir von n_1 die Anzahl der „Ja"-Antworten auf die unproblematische Frage abziehen. Dieser Anteil ist $(1 - p)n$. Wenn $p = 0{,}5$, wie in unserem Beispiel, ist auch $1 - p = 0{,}5$ und wir erhalten $(1 - p)n = 0{,}5 \cdot 124 = 62$. Diese 62 Studierenden haben also „Ja" gesagt, weil sie aufgrund des Münzwurfergebnisses die 2. Frage beantwortet haben. Im Zähler der Formel steht nichts anderes als die Zahl von „Ja"-Antworten, die von Personen produziert werden, die auf die sensible Frage wahrheitsgemäß antworten. Setzt man die Anzahl der „Ja"-Antworten auf die sensible Frage in Beziehung zu allen Antworten auf die sensible Frage (pn), dann erhält man den geschätzten tatsächlichen „Ja"-Anteil für die sensible Frage. Eingesetzt in die Formel ergäbe unser Beispiel:

$$\hat{\pi} = \frac{n_1 - (1-p)n}{pn} = \frac{71 - (1-0,5)124}{0,5 \cdot 124} = 0,145$$

Das Ergebnis der Schätzung ist also, dass 14,5% der Klausurteilnehmer abgeschrieben haben.[2] Diese zweite Methode kann auch angewandt werden, wenn man die zu erwartende Antwort auf die nicht-sensible Frage als Zufallsprozess mit einer bekannten Wahrscheinlichkeit betrachten kann. In diesem Fall kann man sich den Zufallsprozess bei der Befragung sparen. Hier ist ein Beispiel:

Trifft *mindestens eine* der beiden folgenden Aussagen auf Sie zu?

- Ich habe schon einmal illegale Drogen konsumiert.
- Die letzte Ziffer meiner Telefonnummer ist eine gerade Zahl.

Bei der 2. Aussage kann man davon ausgehen, dass sie ungefähr die Hälfte der Befragten mit „Ja" beantworten $(1 - p = 0,5)$. Alle anderen (ein Anteil von $p = 0,5$) haben die sensible Frage beantwortet, wenn ihre Antwort „Ja" war. Wenn Personen aus dieser Gruppe mit „Ja" antworten, würde das bedeuten, dass sie tatsächlich schon mal illegale Drogen konsumiert haben. Man kann also auch in diesem Fall die oben verwendete Formel benutzen. Allerdings gibt es für $p = 0,5$ auch noch eine vereinfachte Rechenmöglichkeit (siehe den folgenden Kasten).

H I N T E R G R U N D

Vereinfachte Randomized-Response-Formel für p = 0,5 Wenn $p = 0,5$, dann lässt sich die gerade benutzte Formel vereinfachen zu

$$\hat{\pi} = 2(\text{Anteil der „Ja"-Antworten}) - 1$$

Hier ist die Ableitung:

$$\hat{\pi} = \frac{n_1 - (1-p)n}{pn} \qquad \left[p = 0,5, \text{Zähler und Nenner mit } \frac{2}{n} \text{ multiplizieren} \right]$$

$$= \frac{\frac{2n_1}{n} - \frac{0,5n \cdot 2}{n}}{\frac{0,5n \cdot 2}{n}}$$

$$= \frac{\frac{2n_1}{n} - \frac{n}{n}}{\frac{n}{n}}$$

$$= \frac{2n_1}{n} - 1 \qquad \left[\frac{n_1}{n} \text{ ist der Anteil der "Ja"-Antworten} \right]$$

$$= 2(\text{Anteil der "Ja"-Antworten}) - 1$$

▶

---

2 Wir haben aus Konsistenzgründen Zahlen gewählt, die zu identischen Ergebnissen führen.

▶**Fortsetzung**

Sehen wir uns das vorige Beispiel mit dieser Formel an. Wir hatten 71 „Ja"-Antworten bei insgesamt 124 Antworten. Der Anteil der „Ja"-Antworten ist somit 71/124 = 0,5725 und wir erhalten wieder:

$$\hat{\pi} = 2\left(\text{Anteil der "Ja"-Antworten}\right) - 1$$
$$= 2 \cdot 0,5725 - 1$$
$$= 0,145$$

23.2.3 Randomized Response für Mittelwerte

Die Idee des Randomized Response lässt sich im Prinzip auch zur Schätzung von Mittelwerten benutzen, allerdings benötigt man hierzu zwei Stichproben. Wieder vergleicht man die Ergebnisse für eine sensible Frage mit denen für eine nichtsensible Frage. Für manche Menschen ist die Frage nach dem eigenen Einkommen eine sehr sensible Frage. Möchte man nun das mittlere Einkommen einer bestimmten Personengruppe innerhalb eines Berufszweigs schätzen, dann wäre die sensible Frage: „Wie hoch ist Ihr Einkommen?" Für die Schätzung von Mittelwerten mit Hilfe von Randomized Response muss die nichtsensible Frage allerdings nach ähnlichen Werten fragen. Eine Möglichkeit wäre: „Was ist das Durchschnittseinkommen in Ihrem Berufszweig?" Wieder muss die Wahrscheinlichkeit p dafür festgelegt werden, dass die Befragten auf die sensible Frage antworten. Die Grundlage für die Schätzung ist nun, dass eine Gruppe von Befragten mit der Wahrscheinlichkeit p_1 auf die sensible Frage antwortet (und mit der Wahrscheinlichkeit $1 - p_1$ auf die andere) und eine weitere Gruppe mit der Wahrscheinlichkeit p_2 (und mit der Wahrscheinlichkeit $1 - p_2$ auf die andere Frage). Da man diese zwei Wahrscheinlichkeiten vorgibt und damit kennt, kann man anschließend aus den Differenzen der Mittelwerte in den beiden Gruppen den Mittelwert für die Antworten auf die sensible Frage schätzen. Die zwei (Zufalls-) Stichproben müssen in diesem Fall natürlich aus derselben Population stammen. Der gesuchte Mittelwert wird mit folgender Formel geschätzt (zur Ableitung siehe Eisenhauer, 2001).

$$\hat{\mu} = \frac{\left(1 - p_1\right)\bar{x}_2 - \left(1 - p_2\right)\bar{x}_1}{p_2 - p_1}, \text{ wobei } \bar{x}_1 \text{ und } \bar{x}_2$$

Mittelwerte der ersten und zweiten Stichprobe

Wir gehen zur Illustration der Vorgehensweise davon aus, dass wir das Durchschnittseinkommen der spezifischen Personengruppe schon kennen: Es sei tatsächlich 1500 € und das Durchschnittseinkommen des entsprechenden Berufszweigs liege bei 2400 €. Befragt worden seien zwei Zufallsstichproben von $n = 20$ Angehörigen der in Frage kommenden Personengruppe. In der ersten Stichprobe sei $p_1 = 0,25$ (z.B. zwei Mal „Kopf" bei zwei Münzwürfen) und in der zweiten Stichprobe sei $p_2 = 0,75$ (z.B. alle anderen Ergebnisse bei 2 Münzwürfen). Wir könnten somit in der ersten und in der zweiten Stichprobe folgende Durchschnittseinkommen erwarten:

$$\overline{x}_1 = 0,25 \cdot 1500€ + 0,75 \cdot 2400€ = 2175€$$
$$\overline{x}_2 = 0,75 \cdot 1500€ + 0,25 \cdot 2400€ = 1725€$$

In der ersten Stichprobe würde man bei 25% der Befragten erwarten, dass sie zwei Mal Kopf geworfen haben und deswegen ihr tatsächliches Gehalt (1500 €) angeben, während 75% aufgrund einer anderen Folge von Münzwurfergebnissen das Durchschnittsgehalt ihres Berufszweigs (2400 €) angegeben haben. (In der zweiten Stichprobe hätten 75% ihr tatsächliches Gehalt angegeben und 25% das Durchschnittsgehalt ihrer Berufszweigs.) Hätten wir tatsächlich diese Werte als Resultate aus zwei vergleichbaren Stichproben erhalten, könnten wir den tatsächlichen Mittelwert schätzen:

$$\hat{\mu} = \frac{(1-p_1)\,\overline{x}_2 - (1-p_2)\,\overline{x}_1}{p_2 - p_1}$$
$$= \frac{0,75 \cdot 1725€ - 0,25 \cdot 2175€}{0,75 - 0,25}$$
$$= 1500€$$

Bei der Schätzung von Mittelwerten gibt es allerdings in der Praxis manchmal Probleme. Ein Problem könnte sein, dass die Befragten sich in ihrer Schätzung des nichtsensiblen Wertes nicht einig sind. Das ist jedoch kein großes Problem, wenn die Schätzfehler in beiden Stichproben vergleichbar sind und dürfte vor allem bei großen Stichproben keine nennenswerte Rolle mehr spielen. Ein anderes potenzielles Problem ist allerdings gravierender. Wenn der sensible Wert sehr stark von dem nichtsensiblen abweicht (wie in unserem Beispiel), dann entfällt möglicherweise der große Vorteil der Randomized-Response-Technik: die Gewährleistung der Anonymität. Jemand, der weiß, dass das Durchschnittseinkommen 2400€ beträgt, kann damit rechnen, dass der Untersucher sofort erkennt, dass er mit einer Antwort von „1600€" die sensible Frage beantwortet hat, weil dieser Wert deutlich vom Durchschnittseinkommen abweicht. Das könnte dazu führen, dass manche Befragten vielleicht doch wieder dazu tendieren, nicht die „volle Wahrheit" zu berichten.

Abgesehen von dieser Einschränkung ist die Randomized-Response-Technik eine sehr nützliche Methode, mit deren Hilfe ohne Täuschung der Probanden und ohne spezielle Untersuchungsdesigns präzise Antworten auf sensible Fragen gefunden werden können.

23.3 Schätzen von Gruppen- und Populationsgrößen: Sampling-Resampling

Manchmal kann es auch in der psychologischen Forschung wünschenswert sein, die Größe von Gruppen oder Populationen zu bestimmen. Das wird selten in der Grundlagenforschung der Fall sein, kann aber in Evaluationsstudien oder für die interdisziplinäre Zusammenarbeit, etwa mit Verhaltensforschern, Wirtschaftswissenschaftlern, Medizinern oder Soziologen interessant werden. In vielen Fällen liegen natürlich Statistiken vor, die eine Schätzung erübrigen, aber manchmal stehen entsprechende Informationen nicht zur Verfügung oder sind in der zur Verfügung stehenden Zeit nicht zu erhalten. Wie viele potenzielle Kunden für ein neues Produkt gibt es in einer Stadt? Wie viele Mitarbeiter einer großen Firma sind SPD-Anhänger? Wie viele Teilnehmer kamen zur Großkundgebung? Wie hoch ist die Dunkelziffer für bestimmte kriminelle Delikte in einer Region? Wie viele Nichtsesshafte gibt es in Chemnitz? Zur Beantwortung solcher Fragen reicht eine einzelne Stichprobe nicht aus. Damit könnte man zwar Anteile oder Mittelwerte in der entsprechenden Gruppe oder Population schätzen aber eben nicht deren Größe. Man kann das Problem allerdings lösen, wenn man nicht *eine*, sondern *zwei* Stichproben zieht. Das *Sampling* (1. Stichprobe) – *Resampling* (2. Stichprobe) Verfahren stammt aus der Biologie und ist dort als *Capture-Recapture*-Verfahren bekannt.[3] Woher der Name kommt, wird in dem folgenden Beispiel deutlich: Möchte man die Anzahl von Fischen in einem Teich bestimmen, dann würde man beim Capture-Recapture-Verfahren zunächst eine Zufallsstichprobe von n_1 Fischen fangen (Capture), sie markieren (z.B. mit einem leuchtenden Marker-Stift) und wieder in den Teich zurückbefördern. Danach wird eine zweite Zufallsstichprobe von n_2 Fischen gefangen (Recapture) und man sieht sich an, wie viele von diesen markiert sind (k), also auch schon in der ersten Stichprobe enthalten waren (siehe Engel, 2000; Pollock, 2000). Der Anteil der markierten Fische in der zweiten Stichprobe sollte dann ungefähr so groß sein wie der Anteil der ersten Stichprobe an der Populationsgröße (N), also:

$$\frac{n_1}{N} \approx \frac{k}{n_2}$$

Warum das so ist, kann man sich leicht an einem Zahlenbeispiel verdeutlichen. Nehmen wir an, in dem Teich sind tatsächlich 1000 Fische. In der ersten Stichprobe ziehen wir n_1 = 100 davon, markieren sie und entlassen sie wieder in die Freiheit. Nun schwimmen im Teich 100 markierte und 900 nicht markierte Fische. Wenn wir daraus wieder eine Zufallsstichprobe ziehen, können wir erwarten, dass 10% der Fische markiert sind. Der Anteil der ersten Stichprobe an der Grundgesamtheit (n_1 von N) ist also genau so groß wie der Anteil der markierten Fische an allen Fischen in der zweiten Stichprobe (k von n_2). Löst man die Gleichung für die Größe der Grundgesamtheit auf, erhält man:

$$N = \frac{n_1 \cdot n_2}{k}$$

Betrachten wir ein Beispiel: Wie viele Besucher waren zwischen 21 Uhr und 22 Uhr bei einem großen Freiluft-Rockkonzert? Das Problem in diesem Beispiel ist, eine gute Zufallsstichprobe zu bekommen. Eine Möglichkeit bestünde darin, das Areal, in dem das Konzert stattfindet, in kleine Parzellen einzuteilen und einige von diesen zufällig auszuwählen. Man könnte nun alle Personen dort „markieren" (sie könnten beispielsweise einen Button zum Anstecken bekommen) oder jeweils eine Zufallsauswahl davon treffen (z.B. mit Hilfe einer Lostrommel). Nehmen wir an, wir hätten in diesem ersten Durchgang 153 Zuhörer „markiert". In einer zweiten, auf dieselbe Art erhobenen Stichprobe (Parzellen

---

3   Das Verfahren sollte trotz des ähnlichen Namens nicht mit den Resampling-Verfahren in der Inferenzstatistik, wie beispielsweise der Bootstrap-Methode (Kapitel 19), verwechselt werden.

wieder zufällig ausgewählt) eine halbe Stunde später erhielten wir 141 Personen, von denen 8 markiert waren. Die (gerundete) Schätzung für die Anzahl der Zuhörer ist somit:

$$N = \frac{n_1 \cdot n_2}{k} = \frac{153 \cdot 141}{8} = 2697$$

Für diese Schätzung muss man natürlich annehmen, dass in der Zeit, in der die Stichproben gezogen wurden, keine oder wenig Fluktuation statt fand: Es kamen keine neuen Zuhörer und die vorhandenen bleiben die ganze Stunde über.

Ein zweites Beispiel: Man ist interessiert an der aktuellen Anzahl der Internetbetrüger in einem bestimmten Bundesland. Aus Datenschutzgründen stellt die zuständige Behörde aber nicht die Gesamtdaten, sondern nur zwei Zufallsstichproben aus der Kriminalstatistik zur Verfügung. Die erste Zufallsstichprobe umfasst 500 anonymisierte aber mit einer Kennung versehene Straftäter, von denen 59 wegen Internetbetrugs verurteilt sind. In einer zweiten Zufallsstichprobe vom gleichen Umfang ist das bei 63 der Fall und 48 davon sind in der ersten Stichprobe aufgrund ihrer Kennung „markiert" worden. Was ist nun unsere beste Schätzung für die aktuelle Anzahl der Internetbetrüger in diesem Bundesland? Die Zielpopulation sind nun nicht alle Kriminellen, sondern nur eine Subgruppe davon, die Internetbetrüger. Die in der Formel verwendeten Stichprobengrößen beziehen sich somit nicht auf die Gesamtstichproben (jeweils $n = 500$), sondern auf die Zielpopulation: $n_1 = 59$ und $n_2 = 63$, und $k = 48$. Die beste Schätzung der Anzahl der Internetbetrüger in dem betreffenden Bundesland aufgrund der vorliegenden Datenlage ist also (gerundet):

$$N = \frac{n_1 \cdot n_2}{k} = \frac{59 \cdot 63}{48} = 77$$

Wenn man die Populationsgröße kennt, kann man die Größe von Subgruppen oder Teilpopulationen auch einfacher schätzen (ohne Resampling). Hier genügt *eine* Zufallsstichprobe. Wenn wir etwa die Anzahl von Erwachsenen, die in Chemnitz an Depression leiden, schätzen wollten, könnten wir zumindest die Anzahl von Erwachsenen in Chemnitz herausfinden. Nehmen wir an, das seien $N = 160000$. Nun erheben wir eine Zufallsstichprobe von $n_2 = 500$ Erwachsenen und finden, dass $k = 11$ davon an Depression leiden. Wie viele Personen in Chemnitz leiden an Depression? Die Antwort erhalten wir, wenn wir die obige Formel nach n_1 auflösen:

$$n_1 = \frac{N \cdot k}{n_2} = \frac{160000 \cdot 11}{500} = 3520$$

Die Frage nach der Größe einer Population, Teilpopulation oder Gruppe stellt sich in der psychologischen Forschung weit weniger häufig als die nach der Ausprägung von Populationsparametern, aber wenn sie sich stellt, ist das Sampling-Resampling-Verfahren eine geeignete Methode um relativ genaue Antworten zu finden. Die Genauigkeit der Antwort wird wie bei allen Schätzungen mit steigenden Stichprobengrößen zunehmen. Und wie bei der Metaanalyse (siehe Kapitel 22), die ohne die Idee der Replikation von Studien nicht möglich wäre, wird die Schätzung nach dem Sampling-Resampling-Verfahren genauer, wenn man die Werte aus wiederholten Untersuchungen mittelt. Dasselbe gilt natürlich auch für das Randomized-Response-Verfahren.

Z U S A M M E N F A S S U N G

Das Kapitel befasst sich, von unterschiedlichen Perspektiven aus, mit dem Prozess des Stichproben-ziehens. Es wird anhand von Beispielen eine Reihe von eher subtilen Fehlern vorgestellt, die man beim Ziehen von Stichproben und bei der Interpretation der Ergebnisse begehen kann. Alle beschrie-benen Fehler führen zu einer systematischen Verfälschung von Stichprobenergebnissen. Es wird jeweils auch diskutiert, was man gegen solche Verfälschungen unternehmen kann.

Darüber hinaus werden zwei Verfahren behandelt, die bislang kaum in psychologischen Metho-denbüchern auftauchen, aber besonders in der angewandten und Fächer übergreifenden For-schung eine wichtige Rolle spielen können: Randomized Response und Sampling Resampling. Randomized-Response-Verfahren garantieren den Befragten wirkliche Anonymität und können gewinnbringend in Studien zu „sensiblen" Fragestellungen eingesetzt werden. Sampling-Resamp-ling-Verfahren sind eine nützliche Methode, um die Größe von Populationen, Teilpopulationen oder Gruppen zu schätzen, vor allem wenn diese Schätzung relativ schnell erfolgen muss und wenn auf den ersten Blick nicht genügend Informationen für eine solche Schätzung zur Verfügung stehen.

Z U S A M M E N F A S S U N G

Weiterführende Literatur

Dawes, R. M. (2001). *Everyday irrationality.* Boulder: Westview
Sammlung von Fehlern, die man beim Stichprobenziehen machen kann (kein Statistikbuch).

Eisenhauer, J. G. (2001). Eliciting honesty: How to tell the truth with statistics. *Teaching Statistics, 23,* 45-48.
Leicht verständlicher Text zur Randomized-Response-Technik.

Übungsaufgaben mit Lösungen sowie weitere Informationen zu diesem Buchkapitel finden Sie auf der Companion Website zum Buch unter *http://www.pearson-studium.de*

Computermodellierung als Forschungsmethode

24

ÜBERBLICK

Das Erstellen von Computerprogrammen mit der Absicht, menschliches Verhalten nachzubilden oder zu modellieren – nicht anderes ist *Computermodellierung* in der Psychologie – mag auf den ersten Blick nicht wie eine Forschungsmethode aussehen. Die grundlegende Herangehensweise unterscheidet sich tatsächlich von der bei den bisher behandelten Ansätzen. Computermodellierung ist jedoch in manchen Bereichen der Psychologie hervorragend geeignet, die Theorieentwicklung voranzutreiben. Computermodelle sind dynamische Theorien, aus denen oft sehr spezifische Vorhersagen abgeleitet werden können. Dabei werden die in den Theorien postulierten psychischen Strukturen und Prozesse als Computerprogramme abgebildet. Man kann mit Hilfe von Computermodellen Theorien ganz unterschiedlicher Breite entwickeln. Das Ideal ist aber letztlich, eine umfassende Theorie des Menschen in seiner Umwelt zu erstellen. Diese Aufgabe kann nicht von der Psychologie alleine geleistet werden und deswegen ist Computermodellierung oft auch die Methode der Wahl bei interdisziplinär arbeitenden Forschergruppen. Entsprechende Forschergruppen sind häufig unter den Bezeichnungen „Künstliche Intelligenz", „Kognitionswissenschaft" oder „Artificial Life" zu finden. Wir werden uns hier auf Computermodelle konzentrieren, die in der Psychologie zur Modellierung kognitiver, sozialer und evolutionärer Prozesse gebräuchlich sind und dabei wiederum auf solche, die unserer Ansicht nach das größte Potenzial für die Verbesserung psychologischer Theorien besitzen. Aber auch Computermodelle müssen (anhand ihrer Vorhersagen) immer empirisch überprüft werden. Dazu können im Prinzip alle bisher beschriebenen Methoden verwendet werden.

In diesem Kapitel werden wir zunächst versuchen, zu verdeutlichen, warum Computermodellierung in der psychologischen Forschung sehr sinnvoll sein kann, bevor wir kurz darauf eingehen, was man, zumindest im Prinzip, wie modellieren kann. Danach beschreiben wir vier ausgewählte Ansätze. Diese Beschreibung wird noch nicht ausreichen, selbst Modelle zu erstellen, sie sollte aber einen Eindruck davon vermitteln, was man mit solchen Modellen erreichen kann und sie sollte Hilfestellung leisten bei der Auswahl eines passenden Ansatzes. Anschließend werden einige Hinweise zur Verbindung von Computermodellierung mit Statistik und zum Erstellen von entsprechenden Computerprogrammen gegeben. Das Kapitel endet mit einer kurzen Diskussion der Möglichkeiten und Grenzen von Computermodellierung.

24.1   Warum Computermodellierung?

Computersimulationen[1] haben einige Vorteile gegenüber der konventionellen Vorgehensweise bei der Ausarbeitung von Theorien. Sie können Modelle menschlichen Verhaltens sowohl reichhaltiger machen als auch auch präziser. Überdies machen sie deutlich, dass einige Trennlinien, die bislang zwischen bestimmten Bereichen der Psychologie verlaufen, relativ willkürlich gezogen sind.

---

1   Mit dem Begriff „Computer*simulation*" wird manchmal die Nachbildung menschlichen Verhaltens betont, mit dem Begriff „Computer*modellierung*" der Aspekt der Theorienbildung.

24.1.1 „Reichere" Modelle

Das Ideal in der experimentellen Forschung ist es, eindeutige Kausalbeziehungen dadurch aufzuzeigen, dass man alle alternativen Erklärungen für das beobachtete Verhalten ausschließt, indem man die Auswirkung entsprechender „Störvariablen" kontrolliert (siehe Kapitel 5). Diese Tendenz zur Vereinfachung ist sehr hilfreich, weil man sonst oft den Wald vor lauter Bäumen nicht mehr sieht. Sie hat aber auch dazu geführt, dass viele Theorien so aufgebaut sind, dass man sie auf eben diese Weise prüfen kann. Ein Nachteil dieser Emphase auf „Kontrolle" ist, dass man sich dadurch relativ „enge" Fragestellungen oder Hypothesen einhandelt, weil man schon aus Gründen der zu behandelnden Komplexität systematische Variation nur in der oder den (wenigen) unabhängigen Variablen zulässt, nicht aber in möglicherweise bedeutsamen zusätzlichen Variablen. In einer Computersimulation könnte man hingegen sämtliche relevanten Variablen mit ihren potenziellen Auswirkungen in entsprechende Vorhersagen integrieren. De facto beginnt man auch in den meisten Computersimulationen mit relativ wenigen, als zentral erachteten Variablen, um zunächst deren Zusammenwirken zu verstehen. Sobald jedoch ein grundlegendes Verständnis erreicht ist oder spezifische Fragestellungen dies erfordern, kann man beliebig viele Variablen hinzuzufügen. Wechselwirkungen zwischen den Variablen (und damit sind nicht die eher statischen „Interaktionen" gemeint, wie man sie mit Hilfe der Varianzanalyse untersucht – siehe Kapitel 15 –, sondern fortlaufende Interaktionen zwischen Individuen oder intraindividuellen Prozessen) werden jedoch schon von Anfang an so genau wie möglich spezifiziert und in die Modellierungen mit einbezogen.

24.1.2 Präzisere Vorhersagen

In herkömmlichen Theorien oder Modellen werden Beziehungen zwischen Variablen oft als „Kästchendiagramme" abgebildet, in denen jedes Kästchen für eine Variable steht und die Kausalbeziehungen zwischen den Variablen als gerichtete Pfeile dargestellt sind (korrelative Beziehungen werden durch Pfeile an beiden Enden der Verbindungslinien zwischen Kästchen dargestellt). Versucht man, solche „Kästchentheorien" als Computermodelle abzubilden, wird oft deutlich, dass die Beziehungen zwischen den Variablen nur sehr unscharf definiert sind oder dass weitere Annahmen getroffen werden müssen, um einen Sachverhalt zu erklären. Computerprogramme funktionieren jedoch nur, wenn alle Prozesse genau spezifiziert sind. Dieser Zwang zur genauen Spezifikation aller Variablen und Prozesse führt zwangsläufig auch zu präziseren Modellen. Das bedeutet – zumindest bei der ersten Version eines solchen Modells – nicht unbedingt, dass das Modell menschliches Verhalten genau abbildet. Es bedeutet jedoch, dass ein solches Modell leichter falsifiziert werden kann, weil sich leichter überprüfen lässt, ob seine Vorhersagen zutreffen oder nicht. Ein weiterer Grund für präzisere Vorhersagen liegt darin, dass, wie schon erwähnt, auch Moderatorvariablen mit in die Vorhersage einbezogen werden können. Dadurch lassen sich im Extremfall Vorhersagen für einzelne Personen machen, was bei herkömmlichen Theorien schon aus Komplexitätsgründen nahezu unmöglich ist. Die Vorhersagen bei Experimenten beziehen sich darüber hinaus in der Regel auf „Endprodukte" wie beispielsweise den Lernerfolg. Computermodelle ermöglichen jedoch auch Vorhersagen über alle Stadien der untersuchten *Prozesse* (z.B. Lernverläufe in Abhängigkeit eines dynamischen Lernkontextes) und erlauben so auch eine Präzisierung der Vorhersagen. Ganz besonders interessant ist, dass Computersimulationen manchmal zu Vorhersagen führen, die selbst die „Autoren" nicht erwartet haben, was bei der herkömmlichen Theorienbildung von vornherein ausgeschlossen ist. Wir werden später einige Beispiele für solche unerwarteten Vorhersagen beschreiben.

24.1.3 Aufhebung künstlicher Trennungen

In der akademischen Psychologie hat es sich eingebürgert, menschliches Erleben und Verhalten von unterschiedlichen Perspektiven her zu erforschen. So gibt es beispielsweise Experten für Lernvorgänge, solche für das Gedächtnis und wieder andere für Urteils- und Entscheidungsverhalten. Eine solche Aufteilung hat ihre Vorteile, da menschliches Erleben und Verhalten komplex ist und leichter untersucht werden kann, wenn man nur bestimmte Aspekte davon betrachtet. Außerdem liegt selbst zu sehr speziellen Fragestellungen meist eine Flut von Forschungsergebnissen vor, und es kommen kontinuierlich neue Erkenntnisse hinzu, so dass es sehr schwierig ist, den Überblick über ein Forschungsgebiet zu behalten. Allerdings könnte durch diese Spezialisierung leicht der Eindruck entstehen, Neues zu lernen, sich etwas zu merken und Urteile abzugeben funktionierten unabhängig voneinander. Das Erstellen von Computersimulationen macht deutlich, dass es solche Grenzen in dieser Form nicht gibt: Urteile funktionieren nur aufgrund von Gedächtnisstrukturen und Gedächtnisstrukturen sind das Resultat von Lern- und Wahrnehmungsvorgängen. Dies alles muss bei Computersimulationen zumindest in Ansätzen spezifiziert werden. Auch Persönlichkeitseigenschaften, Sozialverhalten und Ereignisse in der Umwelt haben Einfluss auf unser Verhalten; und die Art und Weise, wie diese Faktoren sich darauf auswirken, können bei Computersimulationen mit berücksichtigt werden.

Eine weitere Trennung, die durch Computermodellierung leicht aufgehoben werden kann, ist die zwischen Individuum und Gruppen. Häufig wird in der psychologischen Forschung ausschließlich Individualverhalten oder aber ausschließlich Gruppenverhalten untersucht. Die Verbindung zwischen dem Verhalten von Individuen und den Eigenheiten von Gruppen, zu denen diese Individuen gehören, lassen sich mit Hilfe der herkömmlichen Vorgehensweise nur schwer untersuchen, da die entsprechenden Interaktionsmuster äußerst komplex werden können. Bei Computersimulationen kann man definieren, wie sich Individuen in Abhängigkeit des Verhaltens anderer Individuen verhalten und dann ohne zusätzlichen theoretischen Aufwand betrachten, wie sich das „Verhalten" der Gruppe dadurch verändert und welche Rückwirkungen das Gruppenverhalten auf das Individualverhalten hat.

24.2 Was kann man wie modellieren?

Das Ziel der Forschungsmethode Computermodellierung ist identisch mit dem generellen Ziel der Psychologie: der möglichst vollständigen Beschreibung, Erklärung und Vorhersage menschlichen Erlebens und Verhaltens. Die ideale „Theorie", ausgedrückt als Computermodell, sieht allerdings etwas anders aus als konventionelle Theorien. Im Extrem könnte das ein hochgradig interaktives und handlungsfähiges Computerprogramm sein, das sich so entwickelt, so denkt, fühlt und sich so verhält wie ein Mensch (eventuell nachbildbar durch einen Roboter). Ob das tatsächlich ein Ideal ist und ob dies überhaupt möglich ist, ist allerdings eine offene und immer wieder diskutierte Frage. Diese Aufgabe kann in vollem Umfang auch nur in der Zusammenarbeit mit anderen Disziplinen wie etwa Informatik, Biologie, Physik, Sprachwissenschaft etc. sinnvoll angegangen werden. In jedem Fall lohnt es sich jedoch, Theorien über kognitive und soziale Prozesse reichhaltiger und präziser zu machen: Computermodelle sind eine ausgezeichnete Möglichkeit hierzu.

Computermodellierung bietet sich vor allem für Theorien über Gegenstandbereiche mit komplexen Sachverhalten und dynamischen Interaktionen zwischen Personen und/oder intraindividuellen psychischen Prozessen an. Dies ist insbesondere der Fall bei Theorien zum Lernen oder Wissenserwerb, zum Problemlösen, zur individuellen Entwicklung, zur sozialen Interaktion und zur Evolution menschlichen Verhaltens. Dabei müssen sowohl Annahmen über psychische Strukturen, wie etwa Gedächtnisinhalte oder angeborene und erlernte Fähigkeiten und Eigenschaften, als auch Annahmen über psychische Prozesse nach denen Urteilen, Denken oder Problemlösen verläuft, getroffen werden. Diese Annahmen bestimmen die in Computermodellen benutzten Strukturen und Prozesse. Bevor wir einige spezifische Ansätze der Computermodellierung beschreiben, scheint es daher sinnvoll, zunächst einmal die Unterschiede in der „Grobstruktur" solcher Modelle etwas genauer anzusehen. Die in der Psychologie verwendeten Computermodelle kann man nach unterschiedlichen Gesichtspunkten einteilen. Zwei gebräuchliche Klassifikationsmöglichkeiten sind die nach der Art und Weise, wie Inhalte im Computerprogramm repräsentiert werden, und die nach den Prozessen, die modelliert werden sollen.

24.2.1 Art der Repräsentation: Symbolisch vs. subsymbolisch

Bei der Computermodellierung wird, genauso wie bei den Verfahren, die wir bisher in diesem Buch beschrieben haben, die Welt mit Hilfe von Variablen beschrieben. Man könnte beispielsweise den gegenwärtigen Gemütszustand eines Menschen durch dessen aktuelle Ausprägungen in den Variablen „Fröhlichkeit", „Angst", „Hunger", „Ermüdung" usw. beschreiben. Die Ausprägungen der Variablen beschreiben wir mit Hilfe von Symbolen, wie etwa Zahlen oder Wörtern. Genauso funktioniert es auch in vielen Computerprogrammen. Für eine spezifische Simulation wird zunächst festgelegt, welche Variablen relevant sind und dann operiert das Programm mit den Ausprägungen dieser Variablen. Solche Computermodelle benutzen eine *symbolische Repräsentation*: Jedes simulierte Objekt, jede simulierte Person, jeder simulierte Gefühlszustand usw., also jegliche Variable und ihre Ausprägung wird mit Hilfe eines oder mehrerer Symbole repräsentiert.

Man könnte allerdings auch argumentieren, dass Wahrnehmungs- oder Denkvorgänge tatsächlich nicht mit Hilfe von Symbolen funktionieren. Was wir sehen, ist eine verarbeitete Version elementarerer Sinneseindrücke, die in den Zellen unserer Retina empfangen werden (auf die Retina treffen keine Symbole auf), und was wir denken, setzt sich schwerlich aus Symbolen zusammen, die in unserem Kopf herumschwirren. Genauso wenig ist die Information, die in unseren Genen steckt, symbolischer Natur. Der Unterschied zwischen einer symbolischen Beschreibungsebene und einer darunter liegenden, neuronalen oder genetischen, Ebene wird auch in der konventionellen Forschung problematisiert. Die Computersimulation erlaubt es aber, *subsymbolische Repräsentationsformen* zu verwenden, die mit dieser Art von Informationen umgehen können. „Subsymbolisch" bedeutet hierbei, dass der Informationsgehalt einer Variablen zu gering ist, als dass sinnvoller Weise ein Symbol zu seiner Beschreibung verwendet werden könnte. Beispielsweise könnte eine Computersimulation dessen, wie eine Touristin einen Nasenbär wahrnimmt, das retinale Abbild eines Nasenbärs als eine Ansammlung von verschieden farbigen Punkten simulieren. Ein Punkt für sich hätte dann keine Bedeutung, nur das Muster, das die Punkte insgesamt ergeben, repräsentiert den Nasenbären. In einer symbolischen Repräsentation hingegen könnte die durch einen Nasenbär hervorgerufene Wahrnehmung durch das Wort (Symbol) „Nasenbär" repräsentiert werden. Manchmal wird der Unterschied zwischen symbolischer und subsymbolischer Repräsentation aber auch fließend. Wir werden bei der Beschreibung der einzelnen Ansätze wieder auf diesen Punkt zu sprechen kommen.

24.2.2 Art der modellierten Prozesse: Kognition, Sozialverhalten und Evolution

Die existierenden Computermodelle in der psychologischen Forschung befassen sich hauptsächlich mit Lern-, Gedächtnis- und Problemlöseprozessen, gefolgt von solchen zur Simulation sozialer Prozesse. Die Simulation evolutionärer Prozesse wird außerhalb der Psychologie – etwa in der Biologie – sehr häufig als Forschungsmethode eingesetzt, dürfte aber allmählich auch in der Psychologie an Bedeutung gewinnen. In Abhängigkeit der abzubildenden Prozesse ändern sich auch die präferierten Modelltypen. Wenn kognitive Prozesse wie Lernen, Denken, Urteilen oder Problemlösen simuliert werden sollen, lehnen sich die Modelle häufig an ein Abbild des Gehirns an. Wir werden im Folgenden zwei solcher Ansätze näher beschreiben: *Produktionssysteme*, bei denen im Hintergrund die Idee eines Computers „durchschimmert" und die mit symbolischer Repräsentation arbeiten, und künstliche *Neuronale Netzwerke*, die typischerweise versuchen, die neuronale Funktionsweise des Gehirns nachzubilden und deswegen meist subsymbolische Repräsentationsformen verwenden. Zur Simulation sozialer Prozesse liegt es nahe, Modelle zu benutzen, die Hilfen zur Repräsentation von Individuen zur Verfügung stellen. Wir werden entsprechende einfache *verteilte Modelle* vorstellen, bei denen jede „Einheit" eine Person samt ihren Ausprägungen in den für die Simulation relevanten „Eigenschaften" repräsentiert. Zur Modellierung evolutionärer Prozesse bietet es sich an, „Genmaterial" als Grundlage zu benutzen. Wir werden uns dazu so genannte *genetische Algorithmen* etwas genauer ansehen. Bei der

Beschreibung von genetischen Algorithmen werden wir auch auf hybride Modelle eingehen, bei denen mehrere Typen von Simulationsmodellen kombiniert sind.

24.3 Produktionssysteme

Produktionssysteme haben ihren Namen von den *Produktionen* (productions) oder *Produktionsregeln,* ein Ausdruck, der im Grunde nichts anderes bedeutet als „Wenn-Dann-Regel". Auf der Basis solcher Produktionsregeln kann man einen erstaunlich großen Anteil menschlichen Erlebens und Verhaltens nachbilden.

24.3.1 Architektur und Funktionsweise

Produktionssysteme wurden in der Psychologie bisher häufig dazu benutzt, Denk- und Problemlöseprozesse sowie den Prozess des Wissenserwerbs zu modellieren (z.B. Anderson, 1989). Dazu benutzen sie verschiedene Arten von „Gedächtnis", die (meist) sowohl konsistent sind mit Befunden aus der Gedächtnisforschung, als auch die Funktionsweise von Computern widerspiegeln. Zwei weitere Bestandteile von Produktionssystemen sind ein *Inferenzmechanismus*, der den Ablauf steuert, und ein Mechanismus zur *Konfliktresolution*, der benutzt wird, wenn das Programm eine Auswahlmöglichkeit aus mehreren Vorgehensweisen hat. Sehen wir uns zunächst die Bestandteile des „Gedächtnisses" etwas genauer an. Das *Arbeitsgedächtnis* enthält die aktuellen Gedächtnisinhalte und steuert das Geschehen, indem es gezielt auf Inhalte aus dem Langzeitgedächtnis zugreift, diese modifiziert (= Lernen), „Wahrnehmungen" verarbeitet oder Aktionen auslöst. Das Langzeitgedächtnis besteht meist aus zwei Teilen, einem *prozeduralen* und einem *deklarativen* Teil. Im prozeduralen Teil befindet sich das „Wissen wie" in Form von Produktionsregeln, und im deklarativen Teil das „Wissen was", also Faktenwissen. Ein Beispiel für eine Produktion wäre: „WENN Du eine Suppe essen möchtest, DANN benutze einen Löffel" und ein Beispiel für einen deklarativen Gedächtnisinhalt: „Ein Löffel ist ein Gegenstand, den man in der Hand hält und zum Essen von flüssigen Speisen benutzt, etc.". ▶Abbildung 24.1 zeigt ein vereinfachtes Beispiel für die Inhalte des prozeduralen und deklarativen „Gedächtnisses" eines Produktionssystems, mit dem sich dessen Funktionsweise illustrieren lässt.

Regeln (prozedurales Gedächtnis):

R1: WENN Y & X
       DANN Z (= Ziel erreicht)

R2: WENN C & D
       DANN Y

R3: WENN A oder B
       DANN D

Fakten (deklaratives Gedächtnis):

A, C, E, G, H, X

Abbildung 24.1: Vereinfachtes Beispiel für Langzeitgedächtnisinhalte in einem Produktionssystem.

Im oberen Teil von Abbildung 24.1 sind die Produktionsregeln zu sehen und im unteren Teil die Fakten oder Wissensinhalte, die das Produktionssystem schon „kennt", die sich also schon im deklarativen Langzeitgedächtnis befinden (symbolisch dargestellt mit Hilfe von Buchstaben). Nehmen wir an, es soll modelliert werden, wie ein Schüler geometrische Beweise durchführt. Das Ziel sei, zu beweisen, dass zwei Dreiecke kongruent sind (dargestellt durch das Symbol $Z = Kongruenz bewiesen$). Kann das Produktionssystem die Vorgehensweise des Schülers, gestützt auf Vermutungen über dessen aktuelles „Wissen", modellieren? Z befindet sich noch nicht im deklarativen Gedächtnis (was bedeuten würde, dass der Beweis schon bekannt wäre) und auch noch nicht im Arbeitsspeicher. Die einzige Möglichkeit wäre also, den Beweis durch die Anwendung von Produktionsregeln unter Rückgriff auf schon bekannte Inhalte zu führen. Im Arbeitsspeicher wird dazu abgeprüft, ob die WENN-Teile der Regeln erfüllt sind. Nehmen wir an, die Symbole Y und X im WENN-Teil der ersten Regel ($R1$) stünden für $Y = der Schüler hat festgestellt, dass bei beiden Dreiecken zwei Seiten und der dazwischen liegende Winkel gleich sind$ und $X = der Schüler kennt die „Seite-Winkel-Seite"-Gesetzmäßigkeit$[2]. Diese Regel kann jedoch nicht angewandt werden, da beide Bedingungen in $R1$, sowohl Y als auch X, erfüllt sein müssen, sich aber nur X ist im deklarativen Gedächtnis befindet (der Schüler kennt also die „Seite-Winkel-Seite" Gesetzmäßigkeit, weiß aber noch nicht, ob die im vorliegenden Fall anwendbar ist). Auch die zweite Regel ($R2$) kann nicht angewandt werden, da das Produktionssystem zwar C „kennt", nicht aber D. C könnte dabei für den (dem Schüler schon bekannten) Sachverhalt stehen, dass bei beiden Dreiecken zwei Seiten gleich lang sind, und D, dass der dazwischen liegende Winkel gleich ist (was der Schüler noch nicht bewiesen hat). Das aktuelle Wissen des Systems reicht aber aus, um die dritte Regel ($R3$) anzuwenden. Diese Regel „feuert" (wird ausgeführt) und erzeugt den Wissensinhalt D (A könnte die Kenntnis des Schülers darüber repräsentieren, dass zwei Scheitelwinkel gleich sind und dass diese Kenntnis bei den aktuellen Dreiecken anwendbar ist). Nun ist auch der WENN-Teil von $R2$ erfüllt und diese Regel wird deswegen ausgeführt. Das resultiert in der Kenntnis des Wissensinhalts Y, was wiederum zur Anwendung von $R1$ und somit zum Erreichen des Ziels führt.

Was wir gerade beschrieben haben, ist eine von zwei generellen Funktionsweisen von Produktionssystemen, häufig als *Vorwärtsverkettung* oder *Bottom-Up-Strategie* bezeichnet. Bei dieser Art von Inferenzmechanismus wird das Verhalten des Produktionssystems durch die Daten, also Gedächtnisinhalte oder „Wahrnehmungen" gesteuert, bewegt sich also vom Elementaren hin zu Komplexen (deswegen *Bottom Up*). In unserem Beispiel haben die Daten erst $R3$ zum „Feuern" gebracht, dann $R2$ und schließlich $R1$. Bei der Vorwärtsverkettung überprüft das Programm also immer, ob die schon bekannten Fakten irgendeine Produktionsregel zum Feuern bringen und das solange, bis das Ziel erreicht ist (oder bis keine Regeln mehr ausgeführt werden können, die das Programm dem Ziel näher bringen). Ein zweiter Inferenzmechanismus ist die *Rückwärtsverkettung* oder *Top-Down-Strategie*. Bei dieser Strategie beginnt das Produktionssystem mit dem Ziel (deswe-

---

2 Diese Gesetzmäßigkeit besagt, dass zwei Dreiecke kongruent sind, wenn bei beiden Dreiecken zwei Seiten und der dazwischen liegende Winkel gleich sind.

gen *top down*) und würde in unserem Beispiel zuerst *R1* „interpretieren" und dann „versuchen", den WENN-Teil von *R1* mit dem vorhandenen Wissen abzugleichen. Dazu würde es sowohl Fakten als auch die DANN-Teile anderer Produktionsregeln benutzen. Dieser Suchprozess kann sich über mehrere Stufen (durch „Expansion" mehrerer Regeln) erstrecken. In unserem Beispiel würde das Produktionssystem „bemerken", dass zur Ableitung von *Y* mit Hilfe von *R2* immer noch das Faktum *D* fehlt und deswegen auch noch auf *R3* zugreifen, bevor das Ziel erreicht werden kann.

Tatsächlich sind die Wissensinhalte in Produktionssystemen oft deutlich komplexer als die in Abbildung 24.1 und nicht selten könnten mehrere Regeln ausgeführt werden oder es kann für keine der Regeln der WENN-Teil zur Gänze erfüllt sein. Für dieses Problem enthalten die meisten Produktionssysteme einen Mechanismus zur Konfliktresolution, der das Problem löst, welche Regel ausgeführt werden soll. Ein offensichtliches Kriterium für das Lösen solcher Konflikte ist das Ausmaß der Übereinstimmung zwischen dem WENN-Teil von Regeln und dem aktuellen Wissen (den Fakten im Arbeitsspeicher und im deklarativen Gedächtnis): Die Regel mit der höchsten Übereinstimmung wird gewählt (es müssen nicht immer, wie in unserem Beispiel, alle Bedingungen erfüllt sein – dies muss dann natürlich inhaltlich begründet sein). Ein anderes Kriterium ist die Spezifität des WENN-Teils: Die Regel mit den spezifischeren Bedingungen (z.B. „Appetit auf Matjes" vs. „Appetit") wird gewählt. Und schließlich wird auch häufig noch die „Geschichte" einer Produktionsregel berücksichtigt: Regeln, die in der Vergangenheit schon mehrfach erfolgreich angewandt wurden, werden eher ausgewählt. Es kann aber durchaus sein, dass keine Regel passt, dann stoppt auch die Verarbeitung des Produktionssystems, evtl. ohne das Ziel zu erreichen.

24.3.2 Ein spezifisches Modell: ACT-R

Die wohl erfolgreichste Produktionssystem-Theorie in der Psychologie ist *ACT-R* (*Adaptive Control of Thought-Revised*) von Anderson und Mitarbeitern (z.B. Anderson, 1993; Anderson & Lebiere, 1998). ▶Abbildung 24.2 zeigt eine schematische Darstellung. In dieser Theorie wird angenommen, dass Menschen immer irgendwelche Ziele verfolgen. Das jeweils aktuelle Ziel (das Ziel ist dabei je nach Formulierung entweder im WENN oder im DANN-Teil von Produktionsregeln enthalten) sind in einem Arbeitsspeicher aktiviert (symbolisiert durch den Kreis in Abbildung 24.2). Wenn ein Ziel abgearbeitet ist, wird das nächste aus dem „Zielstapel" gezogen. ACT-R greift zum Erreichen des Ziels auf das prozedurale und das deklarative Gedächtnis zu. Aus dem prozeduralen Gedächtnis werden mit Hilfe von Konfliktresolutionsmechanismen geeignete Regeln ausgewählt, und im deklarativen Gedächtnis wird danach gesucht, ob entsprechende Fakten für die Ausführung aktueller (zur Zielerreichung ausgewählter) Regeln bekannt sind oder ob das Ziel nicht möglicherweise schon erfüllt ist (gezogenes Ziel). Die entsprechenden Gedächtnisinhalte (Abrufergebnis) werden dann im Arbeitsspeicher zum Erreichen des momentan aktuellen Ziels verwendet. Weiterhin nimmt Anderson an, dass deklaratives Wissen in prozedurales umgewandelt werden kann durch den Prozess der „Produktionsregel-Kompilation"[3]. Das entspricht in etwa mensch-

lichen Lernvorgängen, bei denen man zur Lösung eines Problems anfangs suboptimale Vorgehensweisen in Zusammenhang mit Instruktionen benutzt, aus der sich im Laufe der Zeit eine optimale Vorgehensweise entwickelt. So lösen beispielsweise Schüler Alge- bra- oder Geometrieaufgaben anfangs sehr umständlich, indem sie ihre bisherigen Kennt- nisse benutzen und immer wieder auf Instruktionen für die einzelnen Zwischenschritte angewiesen sind. Nach einiger Zeit müssen sie jedoch über diese Zwischenschritte kaum mehr nachdenken und sind in der Lage, solche Aufgaben mehr oder weniger automa- tisch zu lösen (siehe Anderson, 1992). Produktionsregeln können in *ACT-R* auch direkt auf das deklarative Gedächtnis zugreifen (Abrufanfrage).

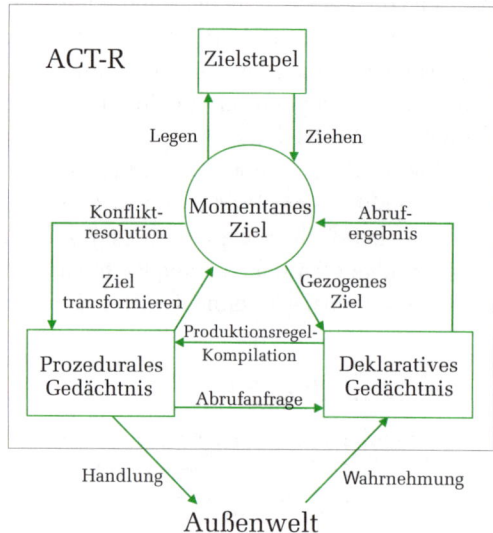

Abbildung 24.2: Die ACT-R Theorie von J. R. Anderson (modifiziert nach Anderson & Lebiere, 1998, 11).

Die ACT-R Theorie ist ein gutes Beispiel dafür, wie eine Theorie verbessert werden kann (durch Modifikation der Architektur und der Verarbeitungsregeln), indem man sie immer wieder testet und die Testergebnisse als Grundlage für die Modifikationen benutzt, aus denen wieder neue testbare Vorhersagen abgeleitet werden (entsprechend der in Kapitel 1 vorgestellten Wissenschaftlichen Methode). Die Langlebigkeit dieser Theorie (von 1976 bis jetzt), deren Name immer wieder leicht modifiziert wurde, (ACT, ACT*, PUPS und schließlich ACT-R) ist auch ein Indiz dafür, dass sie immer in der Lage war, neuere Forschungsergebnisse zu integrieren. Neueste Informationen über den Stand der Theorie und einen Eindruck von der Fülle der Problembereiche,

---

3   „Kompilieren" nennt man beim Programmieren das Übersetzen von „Quellcode", das heißt, einer Auflistung der Programmierbefehle, die jedoch noch keine Aktionen auslösen, in ein Pro- gramm, das tatsächlich ausgeführt werden kann.

auf die sie anwendbar ist, kann man sich auf der Homepage der Arbeitsgruppe verschaffen (*http://act-r.psy.cmu.edu*). Außergewöhnlich für psychologische Grundlagenforschung ist auch, dass die ACT-R Theorie praktische Auswirkungen hatte. Mit ihrer Hilfe wurden Tutorsysteme erstellt und immer wieder aufgrund empirischer Ergebnisse modifiziert (z.B. Anderson, Corbett, Koedinger & Pelletier, 1995). Diese Tutoren – z.B. zum Lernen von verschiedenen Programmiersprachen und zur Lösung von Algebra- und Geometrieaufgaben – werden mittlerweile auch in Schulen in den USA verwendet. Die inhaltliche Grundlage dieser Tutorsysteme sind Sammlungen von Produktionsregeln, die das Verhalten von „idealen Lernern" und mögliche Fehler von „tatsächlichen Lernern" widerspiegeln, sowie eine Sammlung von Interventionsmöglichkeiten, aus denen das System die passenden auswählt. Die Grundlage für diese Auswahl ist das aktuelle Modell des Lernenden, das aufgrund der Produktionsregeln erzeugt wird. Wenn die Schüler mit Hilfe der Tutoren nicht gut lernen, heißt das nichts anderes, als dass irgendetwas an der zugrunde liegenden (durch ACT-R modellierten) Theorie nicht stimmt. Das wiederum war des Öfteren die Ausgangbasis für die Modifikation entsprechender Modelle.

24.3.3 Wofür sind Produktionssystem-Modelle geeignet?

Bei der Darstellung von Produktionssystemen haben wir uns auf die ACT-R Theorie beschränkt, weil sie im Moment die am besten ausgearbeitete Theorie ihrer Art ist. Was nicht bedeutet, dass es keine anderen Ansätze gäbe. Ein anderes prominentes Modell in der Psychologie ist beispielsweise *Soar* (Laird, Newell & Rosenbloom, 1987). Darüber hinaus gibt es noch viele weitere Modelle, die auf Produktionssystemen beruhen oder solche Systeme beinhalten. Eine der ersten Anwendungen von Produktionssystemen waren so genannte Expertensysteme mit Hilfe derer man versuchte, das Verhalten von Experten nachzubilden. Als großes Problem hierbei hat sich herausgestellt, dass Experten sich nicht immer bewusst sind, warum sie was machen. Das von ihnen erfragte Wissen, das die Grundlage für die Produktionsregeln bildet, ist dann häufig eine Erklärung im Nachhinein („Warum könnte ich das so gemacht haben?"), die stimmen kann aber nicht muss. Expertensysteme werden heutzutage auch in der Industrie eingesetzt, beispielsweise bei der Produktplanung und Steuerung oder bei der Analyse und Synthese chemischer Verbindungen. Dabei entspricht die Vorgehensweise des Systems jedoch meist nicht mehr der tatsächlichen Vorgehensweise des menschlichen Experten, auch wenn die Ergebnisse hinsichtlich ihrer Güte vergleichbar sind. Diese Divergenz zwischen „Maschinenwissen" und menschlichem Wissen hatte auch zur Folge, dass Versuche, Expertensysteme als Grundlage für Tutorsysteme zu benutzen, gescheitert sind (siehe Sedlmeier, 2001). Praktisch verwertbare Produktionssysteme sind zwar sehr interessant, spielen jedoch für die psychologische Theorienbildung keine besondere Rolle, wenn die Produktionsregeln menschliches Verhalten oder Theorien darüber nicht angemessen wiedergeben. Generell sind Produktionssysteme gut geeignet zur Modellierung kognitiver Prozesse: Vor allem solcher, die valide erfasst und mit Hilfe von Wenn-Dann-Regeln abgebildet werden können.

24.4 Verteilte Modelle

Wenn man einen Schwarm von Vögeln betrachtet, der in nahezu idealer Pfeilform nach Süden fliegt, dann drängt sich fast unweigerlich der Eindruck auf, dass es hier irgendeine Form von zentraler Kontrolle geben müsse. Die mittlerweile allgemein akzeptierte Erklärung dafür ist jedoch, dass die Pfeilform dadurch entsteht, dass jeder Vogel drei simple Regeln befolgt: 1. Vermeide Kollisionen mit Vögeln, die in der Nähe fliegen, 2. Versuche, deine Fluggeschwindigkeit der der anderen Vögel anzugleichen und 3. Versuche, in der Nähe der anderen Vögel zu bleiben (Reynolds, 1987). Das erstaunliche Phänomen, dass aggregiertes Verhalten, also das Verhalten einer Gruppe, eines Schwarms oder einer Herde, so völlig anders aussehen kann als das Verhalten der Individuen, die dieser Gruppe angehören, ist im Tierreich sehr häufig anzutreffen. Aus der Beobachtung des Verhaltens einer einzelnen Ameise oder Biene ist nicht ersichtlich, wie daraus eine Ameisenstrasse oder ein Bienenschwarm werden kann. Doch auch hier lässt sich mit Hilfe entsprechender Computersimulationen zeigen, dass einfaches Individualverhalten zu komplexem Verhalten im Aggregat führen kann (z.B. Franks, 1989; Seeley, 2000). Das Geschehen läuft jedoch nicht nur in eine Richtung, vom Individualverhalten zur Gruppe, sondern in all den erwähnten Modellen (und denen, die wir noch behandeln werden) ist das Verhalten der Individuen stark von dem der anderen Individuen beeinflusst und deren Verhalten wiederum von anderen Individuen: Gruppen- und Individualverhalten bedingen sich also gegenseitig.

Lassen sich solche Ergebnisse auch auf den Menschen übertragen? In der Sozialpsychologie werden zwar häufig Gruppeneinflüsse auf Individuen oder (andere) Gruppen untersucht, aber wie sich Gruppenverhalten aufgrund des Verhaltens von Individuen herausbildet, ist aufgrund der vielfachen Interaktionsmöglichkeiten der Individuen ein Gegenstand, der sich mit herkömmlichen „Kästchentheorien" nur schwer abbilden lässt. Verteilte Computermodelle (verteilt sind die Individuen, die jedes selbstständig für sich mit den anderen Individuen interagieren) machen die Darstellung entsprechender, dynamischer Zusammenhänge jedoch relativ einfach und haben auch das Potenzial, die Sichtweise auf Gruppenprozesse zu verändern. Bevor wir uns einige Simulationsbeispiele ansehen, sollen zunächst der Aufbau (die Architektur) und die Funktionsweise von entsprechenden Programmen kurz erläutert werden.

24.4.1 Architektur und Funktionsweise

Verteilte Modelle bestehen oft aus einer ein- oder mehrdimensionalen Anordnung von Zellen, die unterschiedliche Zustände einnehmen, in Abhängigkeit der Zustände der Nachbarzellen. Solche Modelle werden häufig *Zelluläre Automaten* genannt und wurden von Wolfram (1984; 2002) populär gemacht. In den meisten Fällen ist die Architektur relativ einfach: eine zweidimensionale rechteckige Anordnung von Zellen. Manchmal sind die Ränder des Rechtecks wieder mit den gegenüberliegenden Rändern verbunden, was als *Torus* bezeichnet wird.[4] Das wird dann gemacht, wenn die äußeren Zellen nicht anders behandelt werden sollen als die inneren. Da die Zustandsveränderung einer Zelle ausschließlich von den Zuständen der Nachbarzellen abhängt, macht es natürlich einen Unterschied, ob eine Zelle in einer zweidimensionalen Anordnung 8 Nachbarn hat (jede Zelle bei einem Torus) oder 5 (Randzelle) oder nur 3 (Eckzelle). Wie funktioniert nun so ein verteiltes Modell? Benutzen wir zur Demonstration ein eindimensionales Modell mit 3 Zellen (siehe ▶Abbildung 24.3). Jede Zelle hat nur zwei Nachbarn und die Zelle 1 ist wieder mit der Zelle 3 verbunden.

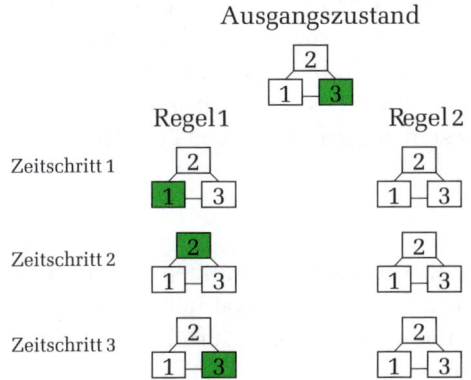

Abbildung 24.3: Einfaches Beispiel zur Demonstration der Funktionsweise eines *Zellulären Automaten*.

Um den Prozess etwas anschaulicher zu machen, stellen wir uns vor, die drei Zellen repräsentieren drei Zellennachbarn in einem Gefängnis, die jeweils mit ihren beiden Nachbarn Kontakt haben. Nehmen wir weiter an, die 2 möglichen Zustände der Zellennachbarn seien „zufrieden" (weiße Zelle) und „unzufrieden" (grüne Zelle). Im Ausgangszustand sind die ersten beiden Personen zufrieden, aber Person 3 nicht. Eine Veränderungsregel (*Regel 1* in Abbildung 24.3) sei nun, dass der Zustand einer Person im jeweils nächsten Zeitschritt (die Zeit wird in diskrete Schritte aufgeteilt) nur vom Zustand der Person im Uhrzeigersinn links von ihr abhängt. Wenn diese den gleichen Zustand hat, ändert sich nichts, wenn sie aber einen anderen Zustand hat, ändert sich auch der Zustand des rechten Nachbarn. Bei Person 2 ändert sich damit nichts, wohl aber bei Person 1 (wird unzufrieden, weil Person 3 im Zeitschritt vorher unzufrieden war) und bei Person 3 (wird zufrieden, weil Person 2 im Zeitschritt vorher zufrieden war). Wenn man mehrere Zeitschritte durchspielt, wird deutlich, dass man bei dieser Regel immer wiederkehrende Muster erhält: Die Unzufriedenheit bewegt sich gewissermaßen kontinuierlich im Uhrzeigersinn. Ganz anders ist das Verhalten nach *Regel 2* (rechts in Abbildung 24.3). Diese Regel besagt, dass eine Person ihren Zustand nur ändert, wenn beide Nachbarn sich in einem anderen Zustand befinden. Bei den Perso-

---

4 Man kann sich einen Torus leicht mit Hilfe eines rechteckigen Stück Teigs vorstellen (auf der Außenseite des Teigs kann man sich die Zellen denken). Zuerst fügt man die untere und die obere Kante des Teigs aneinander und erhält eine Art Teigrolle. Danach fügt man die beiden offenen Enden der Teigrolle aneinander und erhält einen Ring mit einem Loch in der Mitte, der einem (karierten) Doughnut ähnelt.

nen 1 und 2 ist jeweils ein Nachbar unzufrieden und einer zufrieden und deswegen verändert sich ihr Zustand nicht, wohl aber bei Person 3, da beide Nachbarn, 1 und 2, zufrieden sind. Nach dieser Veränderung bleibt die Konstellation jedoch stabil und führt zu einer immerwährenden Zufriedenheit der Zellennachbarn.

Die Veränderung (Update) der Zustände in einfachen, verteilten Modellen wird entweder synchron oder asynchron durchgeführt. In unserem Beispiel haben wir einen *synchronen Update* vorgenommen, was nichts anderes bedeutet, als dass wir bei allen beteiligten Zellen zuerst nachgesehen haben, ob und wie sie sich ändern müssten, und dann erst die Änderung für alle Zellen auf einmal (synchron) durchgeführt haben. Ein *asynchroner Update* wird in der Regel so gemacht, dass zufällig eine Zelle ausgewählt und die etwaige Änderung für diese Zelle sofort vorgenommen wird, bevor wieder die nächste Zelle zufällig ausgewählt wird usw. Bei vielen Anwendungen führen diese beiden Arten der Veränderung zu praktisch identischen Resultaten.

24.4.2 Beispiele

Zwei Beispiele sollen einen Eindruck davon vermitteln, was man mit Modellen dieser Art simulieren kann und wie in einem Aggregat (z.B. einer Gruppe von Menschen) komplexe Veränderungen durch wiederholtes Ausführen von einfachen, individuellen Verhaltensweisen entstehen können.

Der Einfluss leicht erregbarer Individuen auf die Friedfertigkeit von Gruppen

Kenrick, Li und Butner (2003) untersuchten, ausgehend von einer evolutionspsychologisch orientierten Rahmentheorie, in einer Serie von einfachen Simulationen, wie sich die „Aggressivität" von Gruppen in Abhängigkeit der Ausgangskonfiguration innerhalb einer Gruppe systematisch entwickeln könnte. In einer ihrer Simulationen verwendeten sie Gruppen von 36 „Individuen" die am Anfang zur Hälfte „feindlich" und zur Hälfte „friedliebend" waren (▶Abbildung 24.4, oben). In jedem Zeitschritt änderte sich das Verhalten eines Individuums, wenn die Mehrzahl der Nachbarn ein anderes Verhalten zeigte. Nachbarn waren alle direkt oder diagonal verbundenen Zellen – die Anzahl der Nachbarn variierte also von drei (in den Ecken) bis zu 8 (mindestens eine Zelle vom Rand entfernt). Sehen wir uns ein Beispiel an: das vierte Individuum von links in der ersten Zeile ist am Anfang „feindlich", aber da alle seine fünf Nachbarn „friedliebend" sind, wird er im zweiten Zeitschritt auch „friedliebend". Bei dieser Ausgangskonfiguration wird die gesamte Gruppe nach relativ kurzer Zeit einhellig „friedliebend" (Abbildung 24.4a). Was würde es nun ausmachen, wenn ein einziges dieser Individuen leicht erregbar wäre, wenn dieses Individuum beispielsweise schon „feindlich" wird, auch wenn es nur einen „feindlichen" Nachbarn gibt? Die Simulationsergebnisse zeigen, dass die Auswirkungen eines solchen Individuums vom Gesamtkontext abhängig sind, in dieser Situation also den jeweiligen direkten Nachbarn. Wenn sich das leicht erregbare Individuum auf der in Abbildung 24.4b mit einem Pfeil bezeichneten Stelle befindet, dann ergibt sich, wieder bei gleicher Ausgangslage, das dort abgebildete stabile Gleichgewicht von „feindlichen" und „friedliebenden" Individuen. Wenn sich ein solches Individuum jedoch an der in Abbildung 24.4c mit einem Pfeil bezeichneten Stelle befindet, kann das die Bildung einer durchwegs „friedliebenden" Gruppe nicht aufhalten. Wenn aber beide Individuen in derselben Simulation auftreten (Abbildung 24.4d) führt das dazu, dass die gesamte Gruppe dauerhaft „feindlich" wird. Kenrick et al. (2003) führen als Beispiel aus dem Alltag, auf das eine solche Simulation möglicherweise anwendbar ist, die Beobachtung an, dass ein einziges aggressives Kind manchmal genügt, um einen friedlichen Kinderspielplatz in eine „Kampfzone" zu verwandeln.

Ausgangszustand

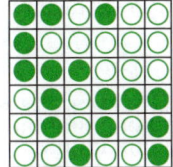

○ „friedliches" Individuum
● „feindliches" Individuum

Simulationsergebnisse

(a)   (b)   (c)   (d)

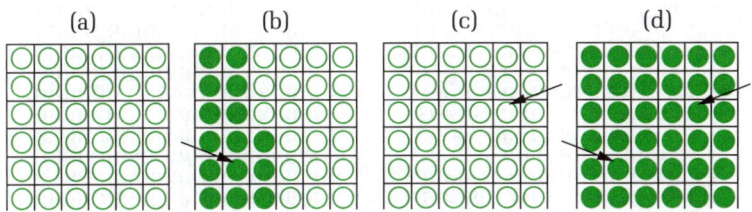

Abbildung 24.4: Ausgangszustand für eine Simulation und vier unterschiedliche Simulationsergebnisse aus Kenrick et al. (2003, 13). Die Positionen der „leicht erregbaren" Individuen sind mit Pfeilen gekennzeichnet.

Eine dynamische Variante der Social Impact Theory

Latanés (1981) Social Impact Theory postuliert, dass die Meinungen von Menschen durch die Meinungen ihrer Mitmenschen stark beeinflusst werden und spezifiziert einige Regeln hierzu. Nowak, Szamrej und Latané (1990) modifizierten die (statische) Originaltheorie, so dass auch Veränderungen über die Zeit hinweg untersucht werden konnten. Vorhersagen aus einer solchen dynamischen Theorie lassen sich aus Komplexitätsgründen kaum mit konventionellen Methoden ableiten, wohl aber mit entsprechenden Computersimulationen. In der Simulation von Nowak et al. (1990) hatte jedes Individuum eine von zwei Meinungen (z.B. Pro oder Contra „Abtreibung"). Darüber hinaus besaß es zwei Attribute, „Überzeugungskraft" und „Unterstützungskraft", deren Ausprägung jeweils von 0 (minimal) bis 100 (maximal) reichen konnte. Eine Person mit minimaler Überzeugungskraft würde nicht in der Lage sein, jemanden mit einer anderen Meinung zu einer Meinungsänderung zu bewegen, während eine Person mit maximaler Unterstützungskraft eine andere Person mit derselben Meinung sehr in der gemeinsamen Meinung bestärken könnte.

▶Abbildung 24.5 (links) zeigt den Ausgangszustand in einer der Simulationen von Nowak et al (1990), eine Ansammlung von 40 (Zeilen) x 40 (Spalten) „Personen" auf einem rechteckigen Spielfeld. Die Einstellungen der Personen sind durch senkrechte (z.B. „Pro") und waagrechte (z.B. „Contra") Striche wiedergegeben. In Abbildung 24.5 (links) vertreten 70% der simulierten Personen eine Pro-Einstellung und 30% eine Contra-Einstellung. Die Personen mit der Contra-Einstellung bilden also eine Minderheit. Eine interessante Frage ist nun, was mit dieser Minderheit geschieht, wenn die Personen auf dem Spielfeld wiederholt miteinander kommunizieren und dabei versuchen, die Personen mit anderer Meinung von ihrer eigenen zu überzeugen sowie die mit der gleichen Meinung zu unterstützen.

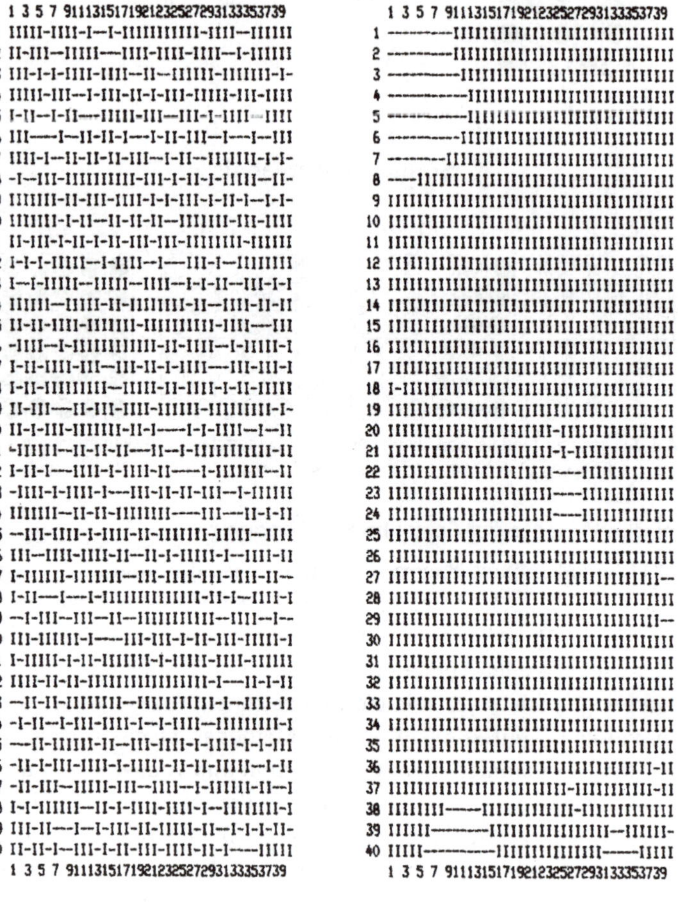

Abbildung 24.5: Ausgangsbasis (links) und Ergebnis (rechts) einer Simulation aus Nowak, Szamrej & Latané (1990, 367).

In jedem Zeitschritt der Simulation wurden für jedes Individuum der unterstützende und der überzeugende Einfluss der benachbarten Individuen berechnet, die nicht mehr als 10 Schritte auf dem Spielfeld (kein Torus) entfernt waren. Dabei wurde der Einfluss durch die Entfernung gewichtet: Je weiter entfernt die Nachbarn waren, desto geringer war ihr (unterstützender und überzeugender) Einfluss. Für jedes Individuum wurde dann bestimmt, ob der überzeugende Einfluss (von Individuen, die anderer Meinung waren) größer war als der unterstützende Einfluss (von Individuen mit derselben Meinung). War das der Fall, dann änderte das Individuum seine Meinung, wenn nicht, behielt es sie bei.

Nowak et al. (1990) verwendeten ein synchrones Update, sie bestimmten also die entsprechenden Werte zunächst für alle Personen auf dem Spielfeld, bevor die „Meinungsänderungen" stattfanden. Wenn ein Individuum seine Meinung änderte, wurden seine Werte für die Unterstützungs- und die Überzeugungskraft wieder zufällig neu belegt. Die Simulationen wurden jeweils solange fortgesetzt, bis sich keine Änderungen mehr ergaben, das System also „stabil" war. Die rechte Darstellung in Abbildung 24.4 zeigt ein typisches Ergebnis. Die Mehrheitsmeinung nahm noch deutlich zu und die Meinungen polarisierten sich in der Regel (Pro- und Contra-Gruppen wurden homogener). Obwohl die Mehrheitsmeinung in der Regel stark an Bedeutung gewann, waren ihre Anhänger nicht in der Lage, die Minderheitsmeinung zu verdrängen. Dieses Ergebnis war über sehr viele Simulationen hinweg stabil. Nowak et al. (1990) argumentieren, dass ihre Simulationsergebnisse empirische Befunde zum Anwachsen von Mehrheitsmeinungen durch erhöhte Kommunikation (z.B. vor Wahlen) und zur Polarisierung von Meinungen gut widerspiegeln. In ihren Simulationen bildeten sich Minoritätsgruppen häufig (aber nicht ausschließlich) an den Rändern und Ecken des Spielfelds. Auch dieses Phänomen hatte man in empirischen Untersuchungen von großen Wohnanlagen gefunden, in denen die Bewohner von Eckhäusern weniger sozialen Kontakt mit den anderen Bewohnern hatten und mit höherer Wahrscheinlichkeit von der Majoritätsmeinung abwichen (Festinger, Schachter & Back, 1950).

24.4.3 Wofür sind einfache verteilte Modelle geeignet?

In den oben beschriebenen Beispielen wurde immer ein sehr kleiner Ausschnitt individuellen Verhaltens erfasst. Trotzdem sollte deutlich geworden sein, dass auch sehr einfache individuelle Verhaltensweisen schwer vorhersehbare Veränderungen im Aggregat erzeugen können. Immer wenn die Entstehung oder Veränderung von Gruppenverhalten über die Zeit hinweg untersucht werden soll, bieten sich Simulationen mit einfachen verteilten Modellen als Methode an. Solche Modelle haben auch das Potenzial, zu neuartigen, eher zutreffenden Erklärungen sozialer Phänomene zu führen. Resnick (1994) argumentiert, dass es für viele Menschen (auch für Psychologen) schwierig ist, bei sozialen Phänomenen nicht sofort an eine zentrale Kontrollinstanz zu denken. So müssen spontane Streiks oder Serien von terroristischen Attentaten nicht unbedingt von einer zentralen Instanz (oder einem Befehlshaber) organisiert sein, sie können auch durch das lokale Zusammenwirken von Individuen (z.B. über das Internet) entstehen. Auch viele „Verschwörungstheorien" können möglicherweise alternativ und besser durch eher banale, interindividuelle Kommunikationsprozesse erklärt werden als durch einzelne „Drahtzieher".

Obwohl sich einfache verteilte Modelle hauptsächlich für die Simulation sozialer Prozesse anbieten, gibt es auch Versuche, individuelles Erleben und Verhalten mit ihrer Hilfe zu simulieren. Ein prominentes Beispiel hierfür ist die Modellierung des Selbst-Konzepts und Veränderungen des Selbst-Konzepts als Interaktion zwischen vielen, selbstrelevanten Gedanken und Gefühlen (Nowak, Vallacher, Tesser & Borkowski, 2000). Die „Individuen" in entsprechenden Modellen sind momentan meist noch sehr „karg" ausgestattet – im Extremfall haben sie nur zwei mögliche Zustände – aber das macht nur solange Sinn, bis die entsprechenden Theorien gut ausgetestet sind. Danach kann die Komplexität des Individualverhaltens – zur Untersuchung weiterer Einflusse – beliebig gesteigert werden. Die meisten verteilten Modelle arbeiten mit symbolischen Repräsentationsformen, aber subsymbolische Repräsentation ist durchaus auch möglich (siehe Nowak et al. 2000).

24.5 Neuronale Netzwerke

Neuronale Netzwerke (genauer: *künstliche* neuronale Netzwerke) sind die Art von Computermodellierung, die in der psychologischen Forschung in den letzten Jahrzehnten am meisten Aufmerksamkeit erfahren haben. Neuronale Netzwerke (manchmal auch als *konnektionistische Modelle* bezeichnet) sind wirklichen neuronalen Strukturen nachgebildet, allerdings – zumindest in Anwendungen in der Psychologie – auf einem sehr stark abstrahierten Niveau. ▶Abbildung 24.6 zeigt den Bezug zwischen einem neuronalen Netzwerk und einem wirklichen Gehirn am Beispiel des Sehvorgangs. Auf das Auge treffen Lichtstrahlen, die auf der Retina Aktionspotenziale auslösen, die wiederum der Sehnerv über das Corpus geniculatum laterale an den visuellen Kortex weiterleitet. In einem konnektionistischen Modell würde sich dieser Vorgang auf drei Schichten von Zellen reduzieren: eine Eingabeschicht, eine mittlere (Verarbeitungs-)Schicht (oft als *hidden layer* bezeichnet) und eine Ausgabeschicht. Die Analogie zwischen neuronalen Netzwerken und wirklichen Gehirnen legt nahe, dass neuronale Netzwerke im Prinzip alles modellieren können (sollen), was das Gehirn macht.

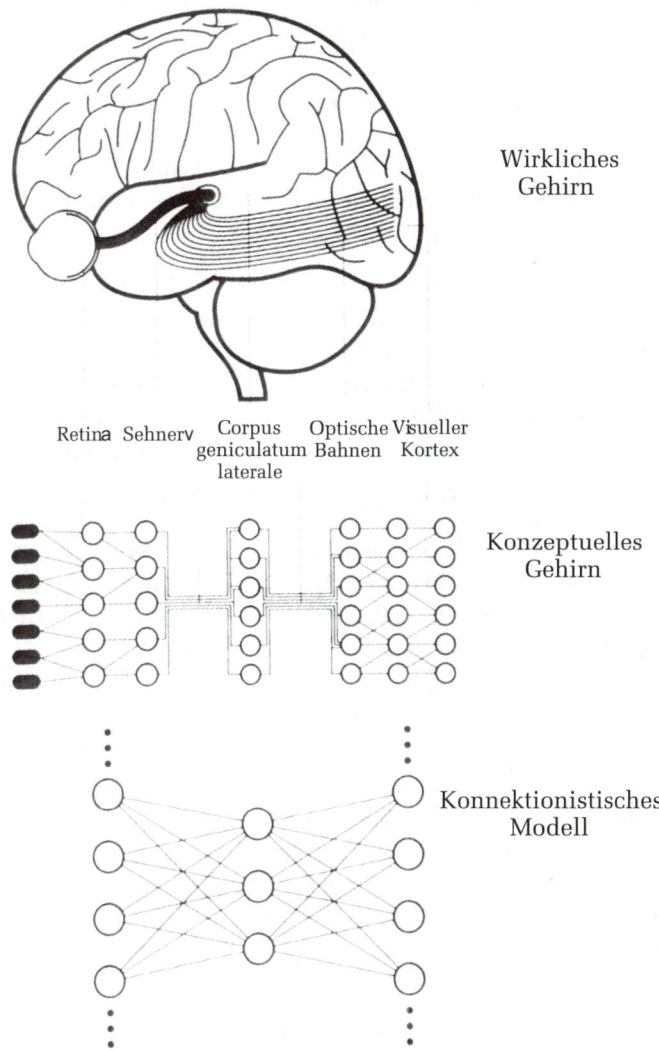

Wirkliches
Gehirn

Retina Sehnerv Corpus Optische Visueller
geniculatum Bahnen Kortex
laterale

Konzeptuelles
Gehirn

Konnektionistisches
Modell

Abbildung 24.6: Bezug zwischen einem neuronalen Netzwerk (konnektionistisches Modell) und einem wirklichen Gehirn (nach McLeod, Plunkett & Rolls, 1998, 13).

24.5.1 Architektur und Funktionsweise

Die in Abbildung 24.6 (unten) dargestellte Architektur mit drei Schichten von Zellen ist in psychologischen Modellen sehr verbreitet. Darüber hinaus gibt es jedoch eine Fülle von Architekturen, angefangen von solchen mit nur einer Schicht, deren Zellen untereinander verbunden sind (so genannte *rekurrente* Modelle) bis hin zu sehr komplexen Modellen. Generell besteht ein neuronales Netzwerk aus Zellen und Verbindungen zwischen den Zellen. Die Zellverbindungen entsprechen einer Kombination von Axonen oder Dendriten mitsamt den Synapsen in wirklichen Gehirnen. Ebenso wie das Gehirn ist ein neuronales Netzwerk im Prinzip immer lernbereit, obwohl zu Testzwecken, also zur Generierung von Vorhersagen, der Lernmechanismus oft „abgestellt" wird. Die Impuls*frequenz* beim Feuern der Nervenzellen wird in neuronalen Netzwerken in der Regel als Reiz*stärke* ausgedrückt. Der generelle Lernmechanismus in neuronalen Netzwerken (und auch in menschlichen Gehirnen) ist sehr einfach: Lernen ist gleichbedeutend mit der Modifikation der Verbindungsstärken zwischen Zellen. Diese Verbindungsstärken können positiv oder negativ sein und entsprechen erregenden oder hemmenden Synapsen. Wie aber kann man mit einem so einfachen Instrument überhaupt etwas lernen?

Tatsächlich gibt es in neuronalen Netzwerken sehr viele unterschiedliche Lernregeln. Alle diese Lernregeln beschreiben Formen des assoziativen Lernens. Eine der einfachsten ist die so genannte *Hebb'sche-Regel*. Der Name dieser Regel geht auf den Neurophysiologen Donald Hebb zurück, der herausfand, dass die Assoziation zwischen Zellverbänden, die gleichzeitig feuern, sich erhöht. Das ist auch das Prinzip der Hebb'schen Regel, deren Anwendung in ▶Abbildung 24.7 illustriert wird. Wie könnte ein neuronales Netz die Zuordnung zwischen Speisen und dazu passenden Getränken lernen? Oben in Abbildung 24.7 ist ein Netz mit jeweils 4 Eingabezellen (eckige Zellen) und 4 Ausgabezellen (runde Zellen) abgebildet, bei dem jede Eingabezelle mit jeder Ausgabezelle verbunden ist. Zur besseren Veranschaulichung des Lernvorgangs benutzen wir die Darstellung darunter, in der die Verbindungsstärken zwischen den jeweils 4 Eingabe- und Ausgabezellen durch Kreise dargestellt werden. (In der Abbildung ganz oben muss man sich die Verbindungsstärken in den Verbindungslinien „mitdenken".) Links in der Mitte sehen wir ein Netz ohne „Gedächtnisinhalte" (alle Kreise sind leer). Die Speisen und Getränke sind jeweils subsymbolisch durch 4 Merkmale repräsentiert, die entweder vorhanden sein können oder nicht. So wird beispielsweise ein Steak dadurch repräsentiert, dass das erste und das dritte Merkmal, mit deren Hilfe Speisen definiert werden (von links oben gesehen) vorhanden sind, die anderen beiden jedoch nicht. Beim Rotwein sind die zwei ersten Merkmale (von links unten aus gesehen) für Getränke vorhanden, die anderen beiden nicht. Alle „Speisen-Zellen" sind mit allen „Getränke-Zellen" verbunden.

In Abbildung 24.7a „sieht" das Netzwerk, dass jemand zum Steak Rotwein trinkt. Gemäß der Hebb'schen Lernregel werden deswegen die Verbindungen zwischen den Merkmalen, die gleichzeitig aktiv sind, erhöht, dargestellt durch die dunklen Kreise in Abbildung 24.7b. Danach lernt das Netzwerk genauso die Zuordnung von Fisch zu Weißwein und die von Pizza zu Bier (Abbildung 24.7c und d).[5] Neue Lerndurchgänge bauen dabei immer auf dem schon Gelernten auf. Am Schluss dieser kurzen Lernserie (Gewichtebelegung in der Teilabbildung d) „weiß" das Netzwerk, was zu Steak, Fisch und Pizza getrunken werden sollte. Wenn es beispielsweise ein Steak vorgesetzt bekommt, werden wieder die erste und die dritte Eingabezelle aktiviert. Diese Aktivierung wird an diejenigen Ausgabezellen weitergeleitet, die eine positive Verbindung mit den Eingabezellen haben. Das sind für die erste Eingabezelle die ersten beiden Ausga-

---

5   Wenn eine Verbindung wiederholt aktiviert wird (wie bei der durch den Kreis links oben dargestellten Verbindung zwischen erster „Speisezelle" und erster „Getränkezelle") dann steigt in der Regel die Verbindungsstärke weiter an. In der Abbildung ist das um der einfacheren Darstellung willen nicht berücksichtigt.

bezellen und auch die 4. Ausgabezelle (siehe die oberste Reihe von Verbindungsge-wichten in Abbildung 24.7d). Das wäre offensichtlich nicht die richtige Lösung, bei der nur die ersten beiden Ausgabezellen aktiviert sein sollten (das Ausgabemuster für Rot-wein, siehe Teilabbildung a). Es wird also noch eine Zusatzannahme benötigt, nämlich die, dass der Reiz eine bestimmte Schwelle überschreiten muss. Diese Zusatzannahme findet man sehr häufig in neuronalen Netzwerken und sie entspricht auch der Verar-beitungsweise des Gehirns. In unserem Fall ist die Schwelle, dass eine Ausgabezelle durch mindestens 2 Eingabezellen aktiviert sein muss um selbst aktiv zu werden. Nun werden tatsächlich nur mehr die ersten beiden Ausgabezellen aktiviert, da die dritte Eingabezelle, die Teil des Erregungsmusters für „Steak" ist, die vierte Ausgabezelle nicht aktiviert (probieren Sie das Ganze mal mit dem „Fisch"!).

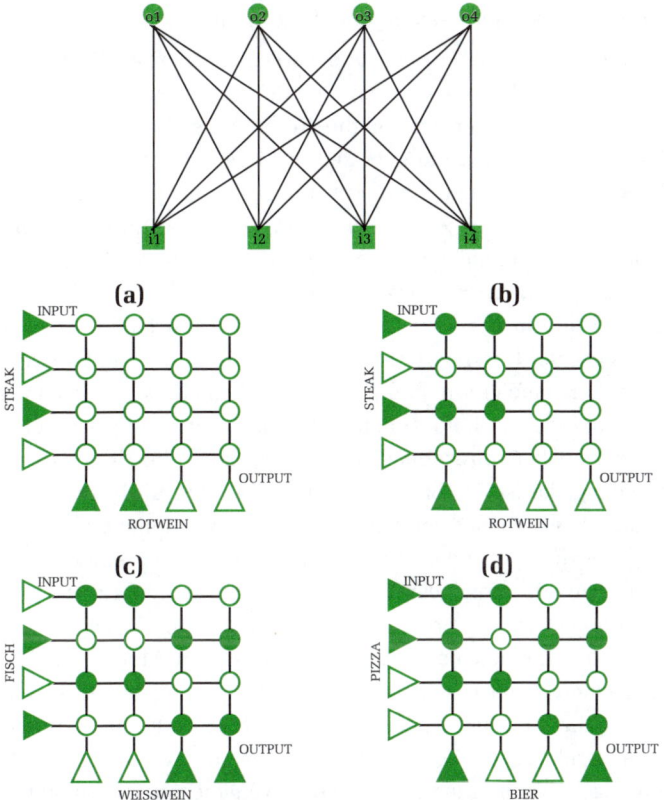

Abbildung 24.7: Illustration der Hebb'schen Lernregel (nach Allman, 1990, 143–145).

Bei der Hebb'schen Lernregel reicht es in manchen Fällen, wie in unserem Beispiel, schon aus, wenn das Netzwerk die zu lernenden Verbindungen nur einmal „sieht".[6]

---

6 Allerdings kommt man bei dieser Lernregel mit kleinen Netzen auch leicht an Kapazitäts-grenzen (stellen Sie sich vor, Sie würden das Netz in Abbildung 24.7 die Zuordnung von 100 Speisen und Getränken lernen lassen). Das Problem lässt sich jedoch auch bei der Hebb'schen Regel häufig durch Hinzufügen von Zellen vermindern.

Bei der Benutzung anderer Lernregeln sind jedoch sehr viele Lerndurchgänge notwendig, vor allem wenn das Netzwerk komplexere Wissensinhalte „lernen" soll (wie in den folgenden beiden Beispielen).

24.5.2 Beispiele

Um einen Eindruck von der Vielfalt und den Möglichkeiten neuronaler Netzwerke zu vermitteln, gehen wir nun etwas ausführlicher auf zwei Beispiele aus der Literatur ein, bei deren Beschreibung wir jeweils auch kurz auf die verwendeten Repräsentationsformen und die im Vergleich zum Einführungsbeispiel etwas komplexeren Lernmechanismen eingehen.

Das Erlernen unregelmäßiger Vergangenheitsformen

Beim Erlernen der *Past-Tense* Formen von Verben machen englischsprachige Kinder charakteristische Fehler. Zunächst lernen sie alle Vergangenheitsformen richtig durch Imitation, aber irgendwann lernen sie die Regel, dass die Vergangenheitsform von Verben durch das Anhängen der Endsilbe „ed" gebildet wird: z.B. „we mix*ed*" oder „she hinder*ed*". Diese Regel gilt natürlich nur für regelmäßige Verben, nicht für unregelmäßige. Kinder tendieren jedoch während einer bestimmten Phase in ihrer Entwicklung dazu, die regelmäßige Verbendung auch bei unregelmäßigen Verben anzuwenden wie z.B. „he go*ed*" an Stelle von „he went".[7] Die gängige Lehrmeinung ist, dass nach dem ersten Stadium der korrekten Anwendung von Past-Tense Formen (durch Imitation) eine Phase der Überregularisierung folgt, in der die Kinder den charakteristischen Fehler begehen, gefolgt wiederum von der Fähigkeit, beide Arten der Vergangenheitsbildung auseinander zu halten. Betrachtet man den Anteil der richtig gebildeten Vergangenheitsformen bei unregelmäßigen Verben, so sollte dieser einer U-förmigen Kurve folgen: anfangs keine Fehler (100% korrekt), in der mittleren Phase viele Fehler und in der dritten Phase wieder keine Fehler. Das konventionelle Erklärungsmodell ist in ▶Abbildung 24.8 zu sehen. Wenn Kinder das Past-Tense für einen Wortstamm bilden wollen (z.B. für „mix"), dann geschieht das anfangs rein über die im assoziativen Gedächtnis (richtig) gelernten Formen. Später lernen sie die Regel für die Bildung der Past-Tense-Form und können auch die rechte Route im Modell in Abbildung 24.8 benutzen. Das machen sie bevorzugt (unter Vernachlässigung der „linken Route") in der Phase der Überregularisierung. Später werden Fehler dadurch vermieden, dass der Zugriff auf die unregelmäßigen Vergangenheitsformen (linke Route) schneller ist als der Zugriff auf die Regel. Wenn eine unregelmäßige Vergangenheitsform aktiviert ist, wird die Regel-Route blockiert und somit tritt kein Fehler mehr auf.

---

[7] Das Phänomen ist aufgrund der sprachlichen Unterschiede im Deutschen zwar seltener, aber auch hier kann man Kinder manchmal „er gehte" sagen hören.

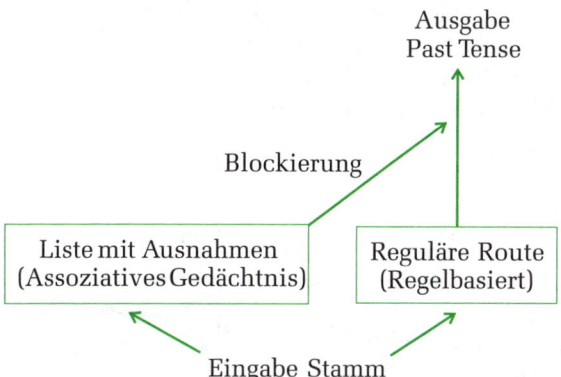

Abbildung 24.8: Konventionelles Modell der Past-Tense-Bildung im Englischen (nach Pinker und Prince, 1988).

Plunkett und Marchman (1993) bezweifelten die Angemessenheit eines solchen Zwei-Wege-Modells und erstellten ein neuronales Netzwerk, das als Eingabe die entsprechenden Wortstämme bekam und als Ausgabe die Past-Tense-Formen liefern sollte. Eine dritte Schicht in der Mitte (ähnlich der Repräsentation des corpus geniculatum laterale in Abbildung 24.6) diente der zusätzlichen Verarbeitung. Die Repräsentation von Eingabe und Ausgabe geschah in subsymbolischer Form, bei der jedes Phonem (jeder Laut) dadurch bestimmt war, ob es sich um einen Vokal oder einen Konsonant handelte, ob der Laut stimmhaft war oder stimmlos, auf welche Weise der Laut entsteht (2 Kriterien) und an welchen Stellen im Mund-Rachenraum er erzeugt wird (2 Kriterien). Auf diese Weise wurde jedes Phonem durch die Kombination von 6 Merkmalen abgebildet. Das Lernen erfolgte dadurch, dass die Vorhersage des Netzwerks (Ausgabeschicht) auf der Grundlage des jeweils präsentierten Verbstamms (Eingabeschicht) mit der richtigen Ausgabe verglichen wurde. Die Diskrepanz zwischen tatsächlicher Ausgabe und richtiger Antwort für jede Zelle war dann in jedem Lernschritt die Grundlage für die Veränderung der Verbindungsstärken zwischen den Zellen der einzelnen Schichten. Die Verbindungsstärken werden dabei so geändert, dass bei einer wiederholten Vorgabe dieses Wortstamms sich die Vorhersage der Past-Tense-Form verbessern sollte.[8]

Die Simulation von Plunkett und Marchman (1993) erbrachte ein auf den ersten Blick erstaunliches Ergebnis (obere Kurve rechts in ▶Abbildung 24.9): Der Fehleranteil war nie größer als 5% und von der U-förmigen Beziehung war auch nichts zu sehen. Der Vergleich mit empirischen Daten (aus Marcus et al., 1992, links in Abbildung 24.9) erbrachte das noch erstaunlichere Ergebnis, dass diese konsistent waren mit der Vorher-

---

8 Die Ausgabe für eine Ausgabezelle ist in neuronalen Netzwerken meist eine Kommazahl. Ein Beispiel: Nehmen wir an, der Wert einer bestimmten Zelle soll bei einem Konsonanten „0" annehmen und bei einem Vokal „1". Wenn nun dem Netzwerk ein Vokal präsentiert würde und die Ausgabe für diese Zelle 0,6 betragen würde, dann wäre die Diskrepanz zur richtigen Ausgabe (Vokal = 1) 0,4. Die Verbindungsstärken werden nun so modifiziert, dass beim nächsten Auftreten des Vokals die Ausgabe für diese Zelle noch näher an 1 ist. Dabei müssen natürlich fortwährend „Kompromisse geschlossen" werden, weil Verbesserungen für eine spezifische Ausgabe Verschlechterungen für andere bedeuten können. Die verwendeten Lernregeln garantieren jedoch, dass sich die Ausgabe *insgesamt* im Laufe des Lernens verbessert.

sage der Simulation (und nicht mit der gängigen Theorie!). Die konventionelle Erklärung ist also weder konsistent mit den Daten, noch ist es notwendig, zwei unterschiedliche Routen zu postulieren. Ein einfaches neuronales Netzwerkmodell, das keine zusätzlichen inhaltlichen Annahmen benötigt, scheint eine bessere Erklärung für das Bilden der Past-Tense-Formen zu liefern als das deutlich komplexere konventionelle Modell.[9]

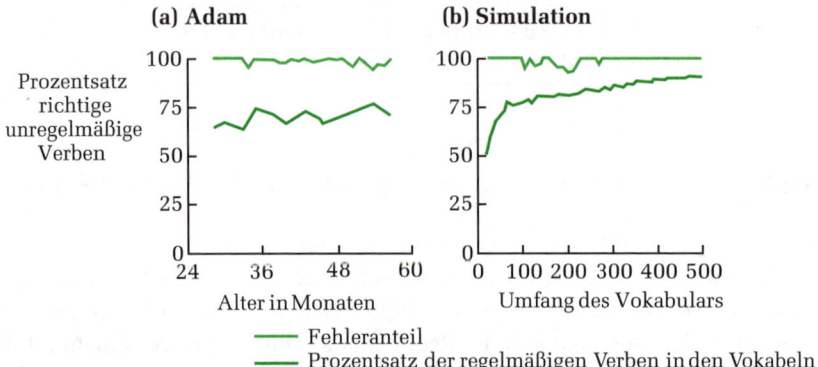

Abbildung 24.9: Anteil von richtig gebildeten Past-Tense-Formen. Rechts sind die Simulationsergebnisse zu sehen und links die Ergebnisse bei einem Kind (nach McLeod et al. 1998; 186).

Erkennen von Wortgrenzen

Kinder sind offensichtlich schon in den ersten Lebensmonaten in der Lage, sprachliche Laute von nicht sprachlichen zu unterscheiden (Safran, Aslin & Newport, 1996). Ist damit erwiesen, dass wir über ein angeborenes Sprachorgan verfügen, wie unter anderem der berühmte Sprachforscher Noam Chomsky behauptet? Elman (1990) stellte (gestützt auf einen Vorschlag von Jordan 1986) ein Modell vor, das ohne die Annahme einer genetischen Ausstattung mit einem Sprachorgan auskommt (für eine umfassende Diskussion des Verhältnisses zwischen genetischer Anlage und Lernen siehe Elman et al., 1996). Die Simulation des Verstehens von kontinuierlichen Sprachreizen – im Gegensatz zur Bearbeitung einzelner Wörter wie im vorigen Beispiel – hatte zunächst mit der Schwierigkeit zu kämpfen, dass die bis dahin verfügbaren neuronalen Netzwerke zwar Assoziationen zwischen schon vorhandenen oder zwischen zwei direkt aufeinander folgenden Reizen simulieren konnten, nicht aber Assoziationen über eine Sequenz von Reizen hinweg, wie etwa den Buchstaben eines Wortes oder den Wörtern eines Satzes. Dieses Problem kann jedoch durch die in ▶Abbildung 24.10 abgebildete oder ähnliche Netzwerk-Architekturen gelöst werden.

---

9 Das konventionelle Modell benötigt zusätzlich zu den Mechanismen für die zeitliche Steuerung der beiden Routen auch noch Annahmen über die Repräsentation der Wörter (in Form eines Lexikons, also eines Verzeichnisses aller Wörter mitsamt deren Attributen wie etwa „Wortart" „Deklination/Konjugation" usw.), die für das neuronale Netzwerk nicht notwendig sind.

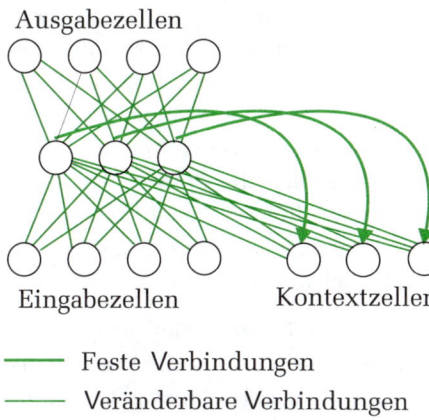

Ausgabezellen

Eingabezellen   Kontextzellen

—— Feste Verbindungen
—— Veränderbare Verbindungen

Abbildung 24.10: Netzwerkarchitektur zur Modellierung von Sequenzen.

Die buchstabenweise Verarbeitung von Wörtern würde mit Hilfe dieser Architektur folgendermaßen verlaufen: Nehmen wir an, das Netzwerk soll das Wort „KATRIN" verarbeiten. Zunächst „liest" das Netzwerk den Buchstaben „K", der subsymbolisch repräsentiert ist durch das Aktivierungsmuster an der Eingabeschicht: Jede Eingabezelle verarbeitet ein Merkmal des entsprechenden Lautes. Diese Aktivierung pflanzt sich über die Verbindungen zur mittleren Schicht fort und erzeugt dort eine Aktivierung, die eine Funktion der Aktivierung der Eingabezellen und der Verbindungsgewichte ist. Oft wird dabei das Skalarprodukt zwischen Eingabeaktivierungen und Verbindungsgewichten benutzt. Ein Beispiel: Nehmen wir an, die Aktivierung der vier Eingabezellen in Abbildung 24.10, die das „K" repräsentieren, seien von links nach rechts 1, 0, 1 und 0, was bedeuten würde, dass das erste Merkmal vorhanden ist (z.B. handelt es sich um einen Konsonanten und nicht um einen Vokal), das zweite nicht (z.B. ist der Laut nicht stimmhaft, sondern stimmlos), usw. Die Gewichte von diesen 4 Zellen hin zu der linken Zelle in der mittleren Schicht (hidden layer) seien 0,2, 0,3, 0,4 und 0,5. Das Skalarprodukt und somit die Aktivierung dieser Zelle betrüge also $1 \cdot 0{,}2 + 0 \cdot 0{,}3 + 1 \cdot 0{,}4 + 0 \cdot 0{,}5 = 0{,}6$. Genauso werden auch alle anderen Zellen in der mittleren Schicht aktiviert. Das wäre ein Beispiel für eine *lineare Aktivierungsfunktion*. Tatsächlich wird die Aktivierung für eine Zelle aus verschiedenen Gründen häufig noch transformiert, aber das generelle Prinzip bleibt gleich und wird auch für die Fortpflanzung der Aktivierung von der mittleren Schicht zur Ausgabeschicht angewandt. Wenn das Netzwerk den Buchstaben „K" „liest", dann sagt es den nächsten Buchstaben vorher, produziert also ein Aktivierungsmuster an den Zellen der Ausgabeschicht. In unserem Beispiel würde diese Aktivierung im Idealfall der Aktivierung für den Buchstaben „A" entsprechen. Normalerweise ist die Vorhersage jedoch fehlerbehaftet und die Diskrepanz zwischen der Aktivierung der Ausgabezellen und der „richtigen" Aktivierung für „A" wird benutzt, um die Verbindungsstärken zwischen allen Knoten so zu ändern, dass der Fehler bei der Vorhersage verkleinert wird.

Das Besondere an dem Netzwerk in Abbildung 24.10 sind jedoch die Kontextzellen. Ganz zu Anfang sind sie in der Regel nicht aktiv, aber nachdem das Netzwerk den ersten Buchstaben verarbeitet hat, wird eine Kopie des Aktivierungsmusters in der mittleren Schicht (in unserem Beispiel durch die Verarbeitung von „K" ausgelöst) eins zu eins an die Kontextzellen weitergereicht (konstante Verbindungsstärken). Wenn nun das Netzwerk den nächsten Buchstaben des Wortes, also das „A" von KATRIN „liest", wird auch die „Erinnerung" an das „K" aus den Kontextzellen mit verarbeitet. In allen folgenden Lernschritten werden auch die Stärken der Verbindungen, die von den Kontextzellen zu den Zellen der mittleren Schicht führen, modifiziert. Der Einbezug der Kontextzellen führt dazu, dass das Netzwerk die „Erinnerung" an frühere Buchstaben in seinem Lernprozess berücksichtigt.

Das Ergebnis einer Simulation von Elman (1990), der eine ähnliche Netzwerkarchitektur benutzt hat, ist in ▶Abbildung 24.11 zu sehen. Elman benutzte hierbei eine ununterbrochene Kette von Phonemen, die aus der Aneinanderreihung von unterschiedlichen Sätzen entstanden. Mit so einem ununterbrochenen Strom von Lauten haben wir es generell bei gesprochener Sprache zu tun. Wenn man sich das physikalische Muster von gesprochener Sprache auf einem entsprechenden Messgerät ansieht, ist es unmöglich, Wortgrenzen zu erkennen. Das war auch die Ausgangsbasis in dem Experiment von Saffran et al. (1996), bei dem schon Säuglinge in der Lage waren, Wortgrenzen zu entdecken. Wie könnte man herausfinden, ob auch ein neuronales Netz Wortgrenzen entdecken kann? Eine Möglichkeit ist, sich den Vorhersagefehler, also die Diskrepanz zwischen dem vorhergesagten Aktivierungsmuster für das nächste Phonem und dem „richtigen" Aktivierungsmuster, anzusehen. Am Anfang eines Wortes sollte dieser Fehler sehr hoch sein, weil das Netzwerk, genau wie Menschen auch, ja nicht „wissen" kann, welches Wort folgen wird. Je mehr Phoneme des Wortes aber bekannt sind, desto geringer sollte der Vorhersagefehler für den nächsten Buchstaben sein. Wenn man beispielsweise schon die zu KATRI korrespondierenden Laute vernommen hat, macht man mit hoher Wahrscheinlichkeit die richtige Vorhersage für N, die Endung des Worts, während die Möglichkeiten für die Laute, die nach KA folgen können, noch viel zahlreicher sind und somit die Vorhersage auch stärker fehlerbehaftet sein wird.

Abbildung 24.11 macht deutlich, dass Elmans Netz sich entsprechend verhielt. Elman benutzte als Test die Sätze „Many years ago, a boy and girl lived by the sea. They played happily…". Die Wörter in diesen Sätzen wurden dem Netzwerk als ununterbrochene Folge von Lauten dargeboten (in der Abbildung vereinfacht als Buchstaben dargestellt). Wenn das Netz in der Lage war, Wortgrenzen zu erkennen, so hätte das Ausmaß des Vorhersagefehlers über die Buchstaben eines Worts hinweg immer kleiner werden müssen, bevor er für das folgende Wort wieder deutlich anstieg. Genau das war der Fall. Der Vorhersagefehler[10] für die einzelnen Phoneme sank innerhalb der Wörter systematisch. So ist beispielsweise beim ersten Wort „many" der Vorhersagefehler für das „m" am größten und für das „y" am kleinsten. Das Netzwerk machte aber auch typische Fehler. Der Pfeil in Abbildung 24.11 zeigt, dass Probleme auftauchen können, wenn ein Wort in einem anderen enthalten ist wie beispielsweise das „the" im „they".

---

10 Ein häufig verwendetes Maß für den Vorhersagefehler, das auch hier verwendet wurde, ist die Wurzel aus dem Quadrat der Abweichungen zwischen der Vorhersage und dem richtigen Ergebnis, gemittelt über alle Ausgabezellen (mean squared deviation).

Wenn das kleinere Wort deutlich häufiger ist, dann kann es zu einer falschen Vorhersage kommen wie im Beispiel, in dem das Wortende nach dem „e" von „the" vorhergesagt wurde statt nach dem „y" von „they". Solche Vorhersagen können empirisch überprüft werden.

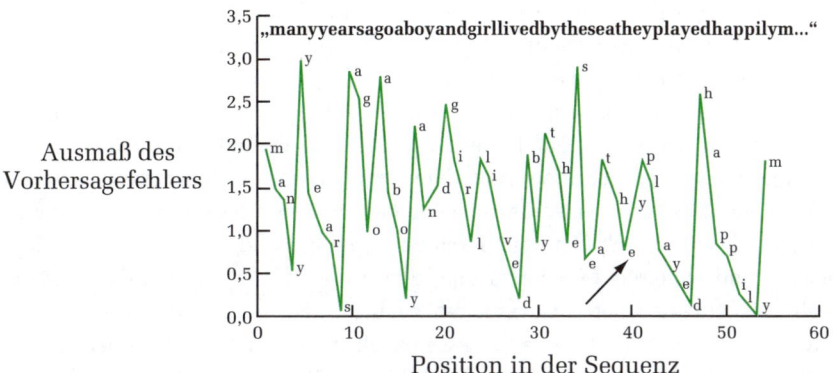

Abbildung 24.11: Ergebnisse aus einer Simulation von Elman (1990). Abgetragen sind die Vorhersagefehler des Netzwerks für jedes Phonem (zur Vereinfachung als Buchstaben dargestellt) von nahtlos aneinander gereihten Wörtern zweier Sätze. Das Netzwerk macht die größten Vorhersagefehler jeweils am Wortanfang und die kleinsten am Wortende, was als Sensibilität für das Erkennen von Wortgrenzen interpretiert werden kann.

24.5.3 Wofür sind neuronale Netzwerke geeignet?

Wir haben zwei Beispiele zu Theorien über Aspekte der Sprachverarbeitung vorgestellt, eines zur Sprachproduktion und eines zum Verstehen von Sprache. Dies ist nicht ganz zufällig, weil die Sprachpsychologie tatsächlich eines der Parade-Anwendungsfelder für neuronale Netze ist. Allerdings gibt es mittlerweile zu nahezu allen Aspekten kognitiver Prozesse neuronale Netzwerkmodelle. Aber auch wenn die Modelle sich auf den ersten Blick mit anderen Inhalten befassen – wie beispielsweise Aufmerksamkeitsprozessen (Cohen & Servan-Schreiber, 1992), neuropsychologischen Beeinträchtigungen (z.B. Hinton & Shallice, 1991), Objektkonstanz (z.B. Mareschal, Plunkett & Harris, 1995), mentale Modelle (z.B. Rumelhart, Smolensky, McClelland & Hinton, 1986), Entscheidungsverhalten (z.B. McClelland, 1989) oder Urteilsprozessen (z.B. Sedlmeier, 2002) – der Kern ist immer ein (assoziativer) Lernprozess und ein sich daraus entwickelndes Gedächtnis. Das Gedächtnis eines neuronalen Netzes ist nichts anderes als die Gesamtheit der Verbindungsstärken oder Gewichte. Trotz ihrer Einfachheit sind neuronale Netzwerke im Prinzip zur Modellierung aller Leistungen geeignet, die auch das Gehirn vollbringt. Diese Art der Modellierung macht zudem deutlich, dass es keine wirklichen Trennungen zwischen allen möglichen Arten von kognitiven und auch (bisher weniger Gegenstand neuronaler Netzwerkmodelle) emotionalen oder motivationalen Prozessen gibt. Neuronale Netzwerke sind hauptsächlich zur Simulation individueller kognitiver Prozesse geeignet, es gibt aber ernsthafte Ansätze, damit auch soziale Interaktionen zu modellieren (z.B. Read & Miller, 1998).

24.6 Genetische Algorithmen

Genetische Algorithmen werden in der Psychologie verwendet, um die Evolution von Aspekten des Verhaltens von Menschen und anderen Lebewesen am Computer nachzubilden.[11] Die „treibenden Kräfte" der Evolution, zufällige Variation (Mutation, Rekombination des Erbguts) und natürliche Selektion, finden sich auch in den unterschiedlichen Varianten von genetischen Algorithmen wieder. Von den in diesem Kapitel beschriebenen Ansätzen spielen sie bislang die geringste Rolle in der Psychologie, sind aber in anderen Wissenschaften, wie etwa der in Biologie, schon sehr verbreitet. Die Prozesse, die durch Computermodelle der Evolution von Verhalten nachgebildet werden, starten mit einem oder mehreren „adaptiven Problemen", das heißt mit Problemen, die in irgendeiner Weise mit der Weitergabe von Genen zu tun haben (z.B. Nahrungssuche, Partnersuche, Vermeidung von Raubtieren usw.). Ausgehend von vermuteten adaptiven Problemen und weiteren Annahmen über den früheren Zustand von Organismen und Umwelt versucht man, jetziges Verhalten nachzubilden oder Vorhersagen darüber zu machen, indem man evolutionäre Prozesse nachbildet. Wenn es gelingt, jetziges Verhalten unter realistischen Annahmen nachzubilden, eröffnet das zum einen die Möglichkeit, umfassende Theorien über menschliches Verhalten zu entwickeln, und zum anderen erlaubt es die nahtlose Anbindung der Psychologie an Nachbarwissenschaften, vor allem an die Biologie.

24.6.1 Architektur und Funktionsweise

Die natürliche Selektion greift auf das beobachtbare Verhalten, also auf den *Phänotyp* eines Individuums zu, nicht direkt auf das darunter liegende genetische Material, den *Genotyp*. Wenn beispielsweise ein Lebewesen die angeborene Fähigkeit hat, sehr schnell zu laufen (Genotyp), diese aber nicht nutzt und immer nur langsam spazieren geht (Phänotyp), dann kann dieses Individuum leichter von Raubtieren gefressen werden und reduziert somit seine Möglichkeiten, die eigenen Gene weiterzugeben (die Hauptsache in der Evolutionstheorie). Der Unterschied zwischen Phänotyp und Genotyp spielt in vielen Simulationen mit genetischen Algorithmen eine bedeutsame Rolle. Er ist in ▶Abbildung 24.12 anhand der hauptsächlich verwendeten Repräsentationsarten von Individuen dargestellt.

Zwei dieser Repräsentationsarten, gerichtete Grafen und normierter Programmcode, spielen in der Psychologie bisher eine vernachlässigbare Rolle, sind aber der Vollständigkeit halber hier mit aufgeführt. Gerichtete Grafen werden in der Computeranimation und Robotik eingesetzt und normierter Pogrammcode auf dem Gebiet des maschinellen Lernens (siehe Forrest, 1993). Gerichtete Grafen sind eine flexible Möglichkeit, simulierte Lebewesen aller Art wie Lego-Figuren aus beweglichen Teilen zusammenzusetzen und normierter Programmcode ermöglicht das Zerstückeln und Wiederzusammensetzen von Programmcode mit dem Ziel, automatisch Computerprogramme zu erzeugen, die ihre Aufgabenlösung optimieren. In der Psychologie benutzt man bislang haupt-

---

11 Genetische Algorithmen sind darüber hinaus auch sehr nützlich für die Analyse komplexer Daten, ohne dass das irgendeinen Bezug zur Evolution hätte.

sächlich die ersten beiden Repräsentationsformen in Abbildung 24.12. Die erste kennen wir schon aus den Beispielen für verteilte Modelle (dort werden allerdings eher selten evolutionäre Prozesse untersucht). Ein Individuum kann dabei unterschiedliche Zustände oder eine Kombination von Zuständen annehmen. Der Genotyp (z. b „1") wird im Phänotyp inhaltlich interpretiert (z.B. „Pro-Meinung"). Bei solch einfachen Repräsentationen ist allerdings die Lernfähigkeit des Individuums stark eingeschränkt. Die zweite und wichtigere Repräsentationsform für ein Individuum ist die als „Chromosom". Tatsächlich wird meist nur ein „Chromatid", also eine Hälfte des Chromosoms, verwendet, bei dem der korrespondierende Phänotyp oft ein neuronales Netzwerk („Gehirn") ist. Wie hierbei der Genotyp in den Phänotyp umgesetzt wird, erläutern wir im nächsten Abschnitt. In entsprechenden Simulationen befinden sich Individuen in einer Umwelt, die im einfachsten Fall ausschließlich aus den anderen Individuen besteht, aber im Prinzip beliebig viele Aspekte der Umwelt beinhalten kann. Die Art der verwendeten, evolutionären Algorithmen hängt von der Repräsentation der Individuen ab (siehe Abbildung 24.12), aber unabhängig davon beinhalten alle Algorithmen Regeln sowohl für die Selektion von Individuen als auch für die zufälligen Modifikationen deren „Nachwuchses".

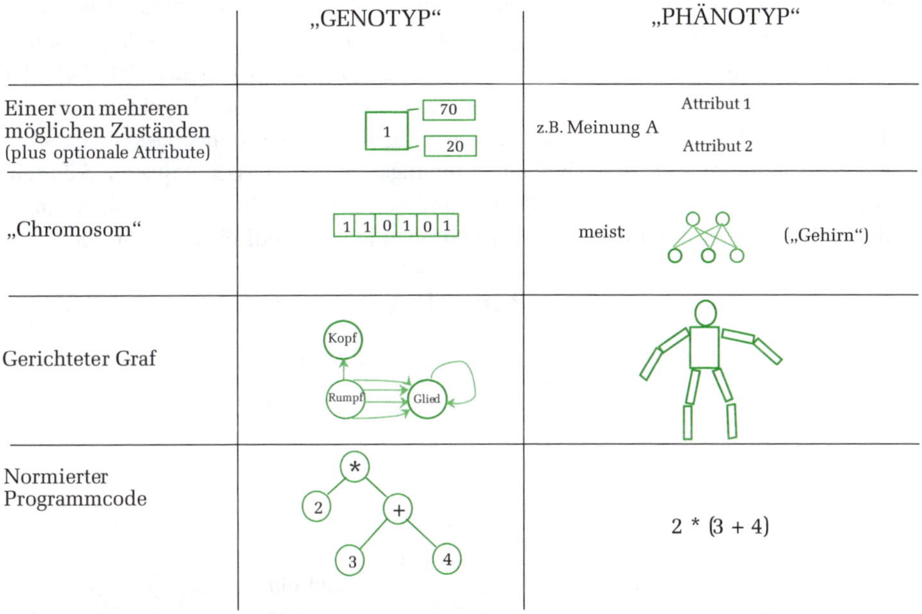

Abbildung 24.12: Repräsentation von Individuen für die Anwendung genetischer Algorithmen.

Wie schon erwähnt greift die Selektion auf den Phänotyp, also das Verhalten des Individuums, zu, während die Zufalls-Modifikation sich auf den Genotyp, das Erbmaterial bezieht. Selektionsmechanismen werden dabei entweder implizit oder explizit in die Computerprogramme eingebaut. Implizite Selektion könnte beispielsweise bedeuten, dass die Individuen (in einer „Computerwelt"), die bei der Nahrungssuche erfolgreich sind (oder beim Eintauschen von Gütern) und dadurch ein bestimmtes „Energieniveau" erreichen, sich fortpflanzen können. Wenig erfolgreiche Individuen, deren Energieniveau zu gering ist, „sterben" dagegen und hinterlassen keine Nachkommen. Diese *implizite Fitnessfunktion* wird meist im Zusammenhang mit einer variablen Populationsgröße benutzt, bei der im Prinzip auch die Möglichkeit besteht, dass die ganze Population ausstirbt. Wird eine *explizite Fitnessfunktion* angewandt, dann ist die Reproduktion eines Individuums umso wahrscheinlicher, je höher sein Wert gemäß einer voreingestellten "Fitnessfunktion" ist. In diesem Fall benutzt man, wohl aus Gründen der leichteren Auswertbarkeit der Ergebnisse, meist konstante Populationsgrößen. Ob und wie viele Nachkommen bestimmte Individuen haben, wird hierbei meist zum Ende einer „Generation" (entsprechend einer Lebensspanne, die für alle Individuen gleich lang ist) überprüft. Dabei ist die Anzahl der Nachkommen häufig proportional zum „Erfolg" eines Individuums oder einer Gruppe von Individuen.

Wird ein Individuum für die Reproduktion ausgewählt (in vielen Simulationen reicht für die Reproduktion ein einziges Individuum), dann tritt der Zufallsaspekt von genetischen Algorithmen in Aktion. Zwei Zufallsmechanismen, die häufig bei der Verwendung von simuliertem Genmaterial verwendet werden, sind in ▶Abbildung 24.13 dargestellt. Bei der *Mutation* werden zufällig einzelne „Gene" des Nachwuchses modifiziert und beim *Crossover*, das nur Sinn macht, wenn ein „Elternpaar" Nachwuchs hat, werden Genabschnitte der „Eltern" ausgetauscht (wie das auch bei der geschlechtlichen Reproduktion von Lebewesen wie beispielsweise beim Menschen der Fall ist). Der „Nachwuchs" ist also den „Eltern" meist relativ ähnlich, aber in der Regel leicht verändert – die Grundlage für die Verbesserung des Erbguts, in dem Sinne, dass die entsprechenden Individuen sich den Umweltbedingungen immer besser anpassen können. Wenn die Umweltbedingungen sich ändern, müssen explizite Fitnessfunktionen umgestellt werden, während implizite Fitnessfunktionen keiner Modifikation bedürfen.

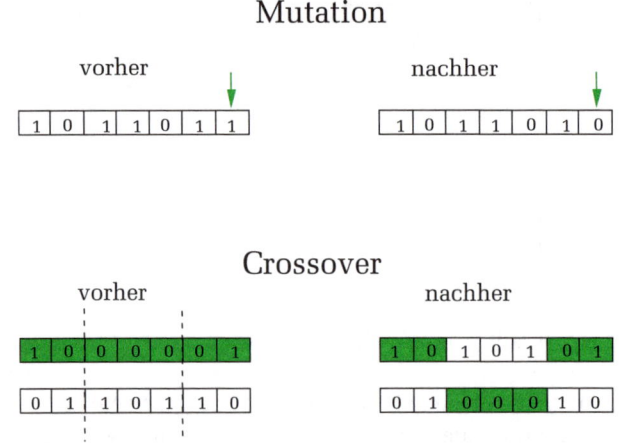

Abbildung 24.13: Die zwei Zufallsmechanismen zur Modifikation von „Genmaterial".

24.6.2 Beispiele

Viele Simulationen mit genetischen Algorithmen wurden bislang mit sehr primitiven „Organismen" durchgeführt, wobei es oft schwierig ist, irgendwelche Analogien zu menschlichem Verhalten zu entdecken. Die zwei folgenden Beispiele sollten jedoch deutlich machen, dass solche Bezüge durchaus hergestellt werden können.

Die Evolution von „Gehirnen"

Wie werden Gehirne im Laufe der Evolution modifiziert? Miller, Todd & Hedge (1989) schlugen eine Antwort auf diese Frage vor, die genetische Algorithmen benutzt. An dieser Stelle wird nur das Prinzip anhand eines vereinfachten Beispiels erläutert, einige relativ spezielle Anwendungsbeispiele findet man im Originalartikel. ▶Abbildung 24.14 verdeutlicht die Verbindung zwischen Genotyp und Phänotyp, wie sie Miller et al. (1989) verwendeten. Das als Genotyp verwendete „Chromosom" hat eine feste Länge und jedes „Gen" steht für eine Verbindungsstärke in einem neuronalen Netzwerk. In dem Beispiel in Abbildung 24.14 sind drei Zellen für das Netzwerk vorgesehen, und die gerichteten Verbindungen, die jede der Zellen mit sich selbst oder anderen Zellen verbinden, sind jeweils durch drei „Gene" festgelegt. Eine vorhandene Verbindung ist mit „1" kodiert und eine fehlende Verbindung mit „0". Die Verbindungen, die von der ersten Zelle ausgehen, sind durch die drei ersten Gene im Chromosom festgelegt. Das erste Gen definiert die Verbindung zu Zelle 1 (in diesem Fall eine Verbindung zu sich selbst), das zweite Gen eine zu Zelle 2 und das dritte Gen eine zu Zelle 3. Da nur das dritte Gen einen Eintrag von „1" hat, ist Zelle 1 nur mit Zelle 3 verbunden. Dasselbe trifft für Zelle 2 zu (siehe die drei Gene in der Mitte des Chromosoms. Von Zelle 3 aus geht keine Verbindung, weder zu sich selbst noch zu einer anderen Zelle. Das ergibt das (Mini-) neuronale Netzwerk in Abbildung 24.14 rechts oben.

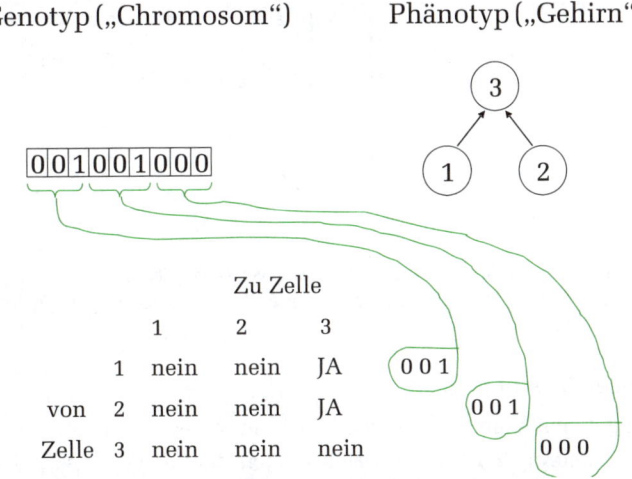

Abbildung 24.14: Die Umsetzung von „Chromosom" (Genotyp) in „Gehirn" (Phänotyp).

Solche Netzwerke sind lernfähig und können zum Lösen von Aufgaben benutzt werden, zum Beispiel zur Lösung eines adaptiven Problems. Miller et al. (1989) gaben ihren Netzwerken unterschiedliche Probleme zur Lösung vor. Die Netzwerke lernten immer eine Generation lang (vergleichbar einem individuellen Leben) und erzeugten dann, entsprechend ihrem Erfolg beim Lösen der jeweils vorgegebenen Aufgaben (gemessen durch einen Fehlerwert – je kleiner der Fehler, desto größer der Erfolg), Nachkommen. Die Nachkommen wurden von einem „Elternpaar" „erzeugt" und deswegen konnten die Autoren sowohl Mutation als auch Crossover bei der Modifikation des Nachwuchses verwenden. ▶Abbildung 24.15 zeigt das Prinzip. Nach einer erfolgreichen Generation (geringe Fehler beim Lösen einer spezifizierten Aufgabe durch entsprechenden Lernerfolg) erzeugen ein „Vatergehirn" und ein „Muttergehirn" ein „Kindgehirn" durch Crossover (die ersten 6 Zellen von der „Mutter" und die letzten drei vom „Vater") und Mutation (4. Zelle von links). Im nächsten Schritt lernen nun die „Kindgehirne" das entsprechende Problem zu lösen und wieder können sich die besten davon vorrangig fortpflanzen, usw. Wichtig ist, dass nicht die erlernte Problemlösefähigkeit (repräsentiert durch die Verbindungsstärken *nach* dem Lernen) vererbt wird, sondern die „Lernfähigkeit" (repräsentiert durch die Art der Verbindungen). Das Ergebnis dieser und ähnlicher simulierter Evolutionsprozesse ist, dass die „Gehirne" über die Generationen hinweg immer lernfähiger werden, das heißt, immer besser in der Lage sind, Probleme zu lösen.

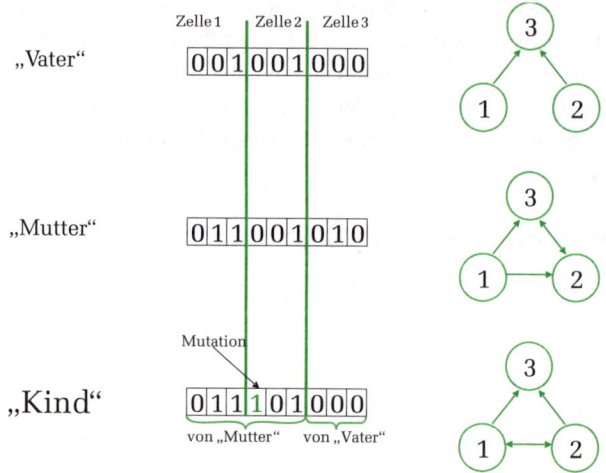

Abbildung 24.15: Beispiel für die Veränderung der Architektur von neuronalen Netzwerken durch genetische Algorithmen. Die Verbindungen in den neuronalen Netzwerken (rechts) sind durch die Werte in den „Genen" (Mitte) festgelegt.

Die Evolution der Sprachfähigkeit

Batali (1994) untersuchte mit seinem Modell, das aus einer Kombination von genetischen Algorithmen mit neuronalen Netzen besteht, unterschiedliche Aspekte des Erwerbs der Sprachfähigkeit. Wir stellen hier nur den einfachsten vor. Lange Zeit herrschte in den Sprachwissenschaften die Meinung vor, dass es nicht möglich sei, bestimmte Aspekte von Sprache zu lernen, wenn man ausschließlich Sprachreizen ausgesetzt ist. Deshalb wurde immer wieder ein angeborener Mechanismus für das Erlernen von Sprache postuliert (weil Kinder beim Sprachlernen auch nur Sprachreize zur Verfügung haben und keine besondere Instruktion erhalten, aber dennoch ihre Sprache meist mühelos lernen). Einer dieser „schwierigen Aspekte" des Sprachlernens sind so genannte „Mitteleinbettungen". Ein einfaches Beispiel dafür ist in ▶Abbildung 24.16 zu sehen. Was man zur Verarbeitung solcher Sätze lernen muss, ist die Regel, dass man genauso viele Satzteile nach „oben" (die mit „b" gekennzeichneten Satzteile) steigen muss, wie man vorher nach „unten" gestiegen ist (die mit „a" gekennzeichneten Satzteile), damit der Satz grammatikalisch korrekt ist. Im Beispiel braucht man also genau so viele korrespondierende Verben, wie man vorher Relativpronomen benutzt hat.

```
Die Frau,                                        hustete auch.
          die den Mann,                   sah,
                        der hustete,
      a           a             a    b         b           b
```

Abbildung 24.16: Beispiel für Mitteleinbettungen (eingebettete Relativsätze).

Neuronale Netzwerke haben sehr große Schwierigkeiten, die generelle Form einer solchen Regel zu lernen, die auf eine beliebige Zahl von Mitteleinbettungen anwendbar ist. Batali (1994) überprüfte die Hypothese, dass man deswegen aber noch kein spezifisches Sprachorgan postulieren muss, sondern dass die Erklärung vielleicht auch in einem Zusammenwirken von eher unspezifischen Evolutionsmechanismen und Lernen bestehen könnte. Eine vereinfachte Version des dazu benutzen Modells ist in ▶Abbildung 24.17 zu sehen. Das Netzwerk las immer ein Symbol (z.B. einen Buchstaben) und sagte das jeweils nächste vorher. Wenn also das Netzwerk die grammatikalische Struktur des Satzes in Abbildung 24.16 richtig verstehen würde, würde es, nachdem es den ersten „b"-Satzteil" gelesen hätte, zwei weitere „b"-Satzteile vorhersagen (den drei „a"-Satzteilen müssen drei „b"-Satzteile folgen).

Das genetische Material bei Batali bestand, ähnlich wie bei Miller et al. (1989), aus einem „Chromosom", bei dem die „Gene" den Verbindungen zwischen Zellen des Netzwerks entsprachen. Batali verwendete jedoch eine konstante Architektur und somit genügte es, nur die tatsächlich verwendeten Verbindungen anzugeben (siehe den „Genotyp" in Abbildung 24.17). Die „Gene" enthielten dabei auch schon die Verbindungsstärken für das neuronale Netz. Der genetische Algorithmus benutzte (aus Speicherplatzgründen) kein Crossover, sondern nur eine spezielle Art der Mutation, bei der die Verbindungsstärken zufällig modifiziert wurden. Nach jeder Generation, in der die Netzwerke lernen konnten, „überlebte" das beste Drittel der Netzwerke unverändert. Jedes dieser Netzwerke produzierte dann jeweils 2 Nachkommen, bei denen der oben erwähnte Mutationsmechanismus angewandt wurde. Die Anzahl der Netzwerke blieb also konstant über die Evolution hinweg. Batali konnte zeigen, dass Netzwerke nur durch die Kombination von Evolution *und* Lernen in der Lage waren, Mitteleinbettungen beliebiger Komplexität zu lernen, nicht aber durch Lernen alleine. Der Evolutionsmechanismus führte dazu, dass nach Ablauf der „Evolution" die Gewichte im neuronalen Netzwerk, so vorbelegt waren, dass die Netzwerke in der Lage waren, während einer „Lebenszeit" verschiedene grammatikalische Regeln zu lernen. Die Gehirne waren im Verlauf der Evolution „sensibel" für Sprachreize geworden. Das Ergebnis ist konsistent mit der Annahme, dass man kein spezifisches Sprachorgan benötigt, um eine Sprache aufgrund von natürlich auftretenden Sprachreizen zu erlernen; eine allgemeine Sensibilisierung für sprachliche Strukturen aufgrund genereller evolutionärer Prozesse genügt auch.

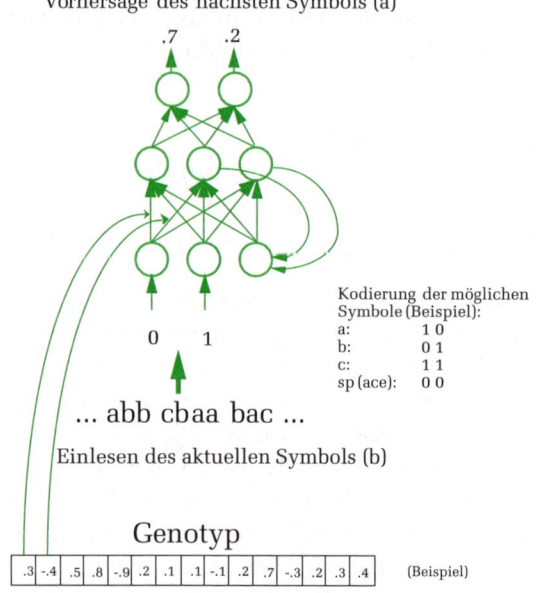

Abbildung 24.17: Vereinfachte Version des von Batali (1994) benutzen Modells.

24.6.3 Wofür sind genetische Algorithmen geeignet?

Genetische Algorithmen erlauben es, alle Arten von Evolutionsprozessen nachzubilden. In der Psychologie sind vor allem Simulationen interessant, in denen nicht nur Evolution, sondern auch Lernen eine Rolle spielt, also in der Regel eine Kombination von genetischen Algorithmen und neuronalen Netzwerken. Bislang sind solche Simulationen eher einfacher Natur, vor allem wenn zusätzlich zum Lernen auch noch die Auswirkungen der Kultur mit berücksichtigt werden (z.B. Belew, 1990). Sie eignen sich jedoch im Prinzip dafür, alle evolutionspsychologisch motivierten Theorien reicher und präziser zu machen. Immer, wenn man an einer umfassenden Theorie menschlichen Verhaltens und Erlebens interessiert ist, in der auch erklärt werden soll, wie unser heutiges Verhalten entstanden ist, sollte der Einsatz genetischer Algorithmen ernsthaft erwogen werden.

24.7 Praktische Vorgehensweise

Eine zentrale Schwierigkeit bei der Anwendung von Computermodellen als Forschungsmethode ist, dass man zunächst ein Computermodell erstellen muss. Dazu stehen mittlerweile einige Hilfsmittel zur Verfügung, die keine besonderen Programmierkenntnisse mehr erfordern. Wir werden einige davon in diesem Abschnitt kurz beschreiben. Das Erstellen des Computerprogramms allein reicht aber noch nicht aus. Das Computerprogramm ist eine flexible Theorie, aus der präzise Vorhersagen abgeleitet werden können. Nach wie vor müssen diese Vorhersagen aber empirisch überprüft werden. Ein Computerprogramm für sich alleine nützt wenig, und sei es auch noch so gut programmiert (genauso wie eine Theorie, die nicht überprüft werden kann). Entscheidend für die Brauchbarkeit von Computerprogrammen ist letztlich immer der „Fit", also die Übereinstimmung zwischen den aus der Theorie (dem Computermodell) abgeleiteten Vorhersagen und den empirischen Daten. Die generelle Vorgehensweise bei der Überprüfung von Vorhersagen unterscheidet sich dabei im Prinzip nicht von der, die wir bisher in diesem Buch beschrieben haben.

24.7.1 Bewertung von Simulationsergebnissen

In vielen Computermodellen werden die Anfangswerte – z.B. die Attributsausprägungen bei einfachen, verteilten Modellen oder die Verbindungsstärken in neuronalen Netzwerken – zufällig besetzt. Der Anfangszustand kann aber Auswirkungen auf das Ergebnis der Simulation haben. Das ist der Grund dafür, dass man als Simulationsergebnis in diesen Fällen gemittelte Vorhersagen benutzt. Nur wenn man den Ausgangszustand eindeutig spezifizieren kann, reicht auch das Ergebnis aus einem einzigen Durchgang, wie etwa bei vielen Produktionssystem-Anwendungen. Häufig empfiehlt es sich, nicht nur das Endergebnis der Simulation zu protokollieren, sondern auch die Verlaufskurven für die interessierenden Variablen. Dabei sollte man solche Variablen wählen, die zur Nachbildung von vorliegenden empirischen Ergebnissen oder zur Vorhersage von empirisch überprüfbaren Resultaten benutzt werden können. Das werden in der Regel Variablen sein, deren Ausprägungen sich relativ leicht empirisch ermitteln lassen. Für die Darstellung von Simulationsergebnissen können im Prinzip alle Verfahren der deskriptiven Statistik und der EDA, die in diesem Buch vorgestellt wurden, hilfreich sein. In der Regel wird die Überprüfung eines Computermodells darauf hinauslaufen, zu analysieren, wie gut die Vorhersage mit entsprechenden empirischen Daten übereinstimmt. Die empirischen Daten müssen dabei nicht unbedingt in neuen Studien gewonnen werden. Manchmal machen Computermodelle auch Vorhersagen, die sich mit Ergebnissen aus schon durchgeführten Experimenten überprüfen lassen (manchmal auch mit Ergebnissen, die dort nur „nebenbei" erhoben wurden). Wenn Vorhersagen aus Computermodellen nicht konsistent mit etablierten empirischen Ergebnissen sind, lohnt es sich in der Regel auch nicht, neue Vorhersagen daraus abzuleiten. In diesem Fall muss das Modell zunächst so modifiziert werden, dass es auch die bisherigen Ergebnisse simulieren kann (oder es stellt sich bei einem zweiten Blick auf die empirischen Ergebnisse heraus, dass ihre Interpretation überdacht werden muss – siehe das erste Beispiel in Abschnitt 24.5.2).

24.7.2 Programmierung

Die beste Möglichkeit Computermodelle zu erstellen ist, sie selbst zu programmieren. Dazu eignen sich vor allem Programmiersprachen, die im Rahmen der KI- (Künstliche-Intelligenz-) Forschung entwickelt oder weiterentwickelt wurden, wie etwa *Lisp* oder *Prolog*. Mittlerweile sind allerdings auch konventionelle Programmiersprachen, wie etwa *C*, so flexibel und häufig deutlich schneller als traditionelle KI-Sprachen, so dass im Prinzip jede Programmiersprache für das Erstellen von Computermodellen menschlichen Lebens und Verhaltens herangezogen werden kann. Der entscheidende Vorteil beim Benutzen von generell verwendbaren Programmiersprachen ist, dass die Entwickler jede Einzelheit so spezifizieren können wie sie sie sich vorstellen. Überdies erlaubt die Verwendung einer generellen Programmiersprache beliebige Kombinationen von adaptiven Prozessen, wie etwa die Kombination von kulturellen Prozessen und Lernprozessen. Die große Flexibilität kann aber auch ein Nachteil sein, weil das Programmieren einzelner Programmteile oder Module dann sehr viel Zeit in Anspruch nehmen kann. Etwas Abhilfe können Benutzerforen oder Homepages von Gruppen, die an entsprechenden Programmen arbeiten, schaffen. Von dort kann man häufig schon vorgefertigte Module für verschiedene Programmiersprachen herunterladen.

24.7.3 Simulationsumgebungen

Relativ wenig Aufwand für die Erstellung von Computerprogrammen ist nötig, wenn man schon vorhandene Simulationsumgebungen benutzt. Diese sind zwar in der Regel nur für jeweils eine bestimmte Art von Computermodellen (z.B. Produktionssystem, einfache verteilte Modelle, neuronale Netzwerke) verwendbar, aber häufig sehr komfortabel und sie ermöglichen die Anfertigung recht umfassender Simulationen. Allerdings legt man sich durch die Auswahl einer Simulationsumgebung auch auf die darin enthaltenen Vorannahmen, Architekturen und Lernprozesse fest. Die drei im Folgenden vorgestellten Simulationsumgebungen sind kostenlos aus dem Internet erhältlich (Stand 2007).

ACT-R

Für das Erstellen eines Produktionssystems bieten sich die von J. R. Anderson und seinen Mitarbeitern an der Carnegie-Mellon University zur Verfügung gestellten Simulationsumgebungen an (*http://act-r.psy.cmu.edu/*). Die Modelle wurden mit Lisp erstellt und Kenntnisse in dieser Programmiersprache sind hilfreich. Allerdings sind von dieser Internetseite auch Programmierumgebungen für ACT-R erhältlich, die für sich alleine verwendet werden können. Dazu gibt es eine Fülle von Tutorials und eine Auflistung von schon bestehenden Simulationen, anhand derer man sich den Aufbau und die Funktionsweise von ACT-R Modellen ansehen kann.

Starlogo

Starlogo ist eine Erweiterung der Programmiersprache Logo und wurde unter der Führung von Mitchel Resnick am MIT entwickelt (*http://education.mit.edu/starlogo/*). Die Simulationsumgebung ist sehr einfach zu bedienen und wird deswegen sogar im

Schulunterricht eingesetzt (das „Schulbuch" ist Colella, Klopfer & Resnick, 2001). Starlogo benutzt eine in ihrer Größe variierbare „Spielfläche", die in gleich große Einheiten (Zellen) aufgeteilt ist. Sowohl diese nicht beweglichen Einheiten als auch bewegliche „Individuen" können mit „Eigenschaften" und „Verhaltensregeln" ausgestattet werden und erlauben so die Simulation von beliebig komplexen verteilten Modellen. Starlogo wurde in den letzten Jahren kontinuierlich weiterentwickelt und besitzt mittlerweile auch recht anschauliche Möglichkeiten für die Visualisierung der ablaufenden Prozesse, sowohl auf individueller als auch aggregierter Ebene. Die Simulationsumgebung ist ausgezeichnet dokumentiert.

tlearn

tlearn ist eine einfach handhabbare Software zur Simulation von neuronalen Netzwerken (*http://crl.ucsd.edu/innate/tlearn.html*). Der besondere Vorteil von *tlearn* ist, dass es das Produkt von langjährigen Arbeiten renommierter Forscher ist und dass viele publizierte Simulationen vorliegen, die eine Vorgängerversion oder auch tlearn selbst als Simulationsgrundlage benutzten. Die Software ist eingebettet in einen gut ausgearbeiteten theoretischen Hintergrund (Elman et al., 1996). Zu ausgewählten Simulationen liegen Demoversionen vor, die in zwei Büchern ausführlich samt theoretischem Hintergrund beschrieben werden (McLeod et al., 1998; Plunkett & Elman, 1997). *tlearn* beinhaltet zwar nur einen Teil der in neuronalen Netzwerken verwendeten Lernmechanismen, aber diese Lernmechanismen wurden in einer beträchtlichen Anzahl von Computermodellen in der Psychologie verwendet.

24.8 Möglichkeiten und Grenzen der Computermodellierung

Wir haben in diesem Kapitel nur einen Ausschnitt aus potenziell verwendbaren Computermodellen beschrieben. In der KI-Forschung, aber auch in manchen Gebieten der Psychologie, sind neben Produktionssystemen, einfachen verteilten Modellen, neuronalen Netzwerken und genetischen Algorithmen viele weitere Modelle benutzt worden. Wir haben beispielsweise „Programmieren mit Logik" überhaupt nicht behandelt, unter anderem deswegen, weil menschliche Denkvorgänge in aller Regel nicht der Vorgehensweise bei logischen Beweisen entsprechen und somit die psychologische Plausibilität entsprechender Programme eingeschränkt ist. Die vorliegende Auswahl ist zugegebenermaßen eine Selektion, die aber doch ein repräsentatives Abbild der Modellierungsaktivitäten in der psychologischen Forschung wiedergeben sollte.

Die Computermodellierung ist eine bisher zu Unrecht in der Psychologieausbildung vernachlässigte Forschungsmethode. Das liegt sicher auch daran, dass sie nicht ohne gewisse Vorkenntnisse über Programmierung einsetzbar ist. Der Trend bei der Entwicklung von Software hin zu leichterer Bedienbarkeit lässt jedoch vermuten, dass dieser bislang problematische Aspekt in Zukunft an Bedeutung verlieren wird. Davon abgesehen kann die Psychologie von ihrem Einsatz nur profitieren: Jede präzise Theorie kann in ein Computermodell umgesetzt werden. Wenn die Theorie so einfach ist, dass sich das nicht lohnt, sollte man sich möglicherweise Gedanken über die Erklärungskraft dieser „Theorie" machen (siehe hierzu auch Gigerenzer, 1998; Vallacher & Nowak, 1994).

Ein Computermodell in Isolation kann sehr interessante Ergebnisse liefern. Wenn dieses Modell jedoch nicht theoretisch fundiert ist und/oder nicht empirisch überprüft werden kann, dann ist es für die psychologische Theorienbildung wenig brauchbar. Computermodellierung in der Psychologie muss also immer in den gesamten Forschungskontext eingebettet sein. Wie auch alle anderen Forschungsmethoden sind Computersimulationen nie Selbstzweck, sondern dienen dazu, menschliches Erleben und Verhalten besser beschreiben, erklären und vorhersagen zu können.

Z U S A M M E N F A S S U N G

Computermodellierung ist eine bislang in der Psychologie zu Unrecht vernachlässigte Forschungsmethode. Sie ermöglicht die Entwicklung und Überprüfung präziser und umfassender Theorien, die – im Gegensatz zur experimentellen Vorgehensweise – auch Stör- oder Moderatorvariablen und komplexe Wechselwirkungen zwischen Variablen beinhalten können. Computermodelle können die Ergebnisse komplexer Interaktionsprozesse vorhersagen, liefern nahezu unweigerlich auch Vorhersagen über Prozesse und nicht nur über Endergebnisse. Außerdem kann bei der Anwendung von Computersimulationen deutlich werden, dass oft getrennt behandelte inhaltliche Gebiete wie Lernen, Gedächtnis, Denken, Urteilen, Emotionen usw. nicht wirklich trennbar sind. Im Prinzip wäre es möglich, eine umfassende Theorie inklusive der Evolution menschlichen Erlebens und Verhaltens als Computermodell zu erstellen. Aus Komplexitätsgründen und auch aufgrund bisher mangelhafter Kenntnisse über entsprechende Prozesse behandeln Computersimulationen bislang jedoch nur Ausschnitte daraus. Nachgebildet werden vor allem Aspekte des Lernens und des Sozialverhaltens.

In diesem Kapitel werden vier Ansätze mit großem Potenzial für die Weiterentwicklung psychologischer Theorien vorgestellt. *Produktionssysteme* wurden bisher hauptsächlich zur Simulation von Wissenserwerb und kognitiven Prozessen aller Art benutzt. Einfache *verteilte Modelle* simulieren dynamische soziale Interaktionen und erlauben es, die Auswirkungen einfacher individueller Verhaltensweisen auf Gruppenverhalten zu untersuchen. *Neuronale Netzwerke* bilden (auf einer hohen Abstraktionsstufe) das menschliche Gehirn nach und sind im Prinzip dazu geeignet alle Prozesse zu modellieren, die auch im Gehirn ablaufen. *Genetische Algorithmen* schließlich sind ein Instrument, um zu untersuchen, wie heutiges Verhalten als Produkt evolutionärer Prozesse entstehen konnte. Sie werden häufig schon mit neuronalen Netzwerken zu umfassenderen Modellen kombiniert.

Computermodellierung ist allerdings keine Forschungsmethode, die ohne Empirie auskommt: Die Erklärung von Verhalten mittels eines Computermodells bedeutet, dass man tatsächlich beobachtbares Verhalten nachbilden kann, und Vorhersagen aus Computermodellen sind nur dann brauchbar, wenn sie empirisch überprüfbar sind und auch überprüft werden.

Z U S A M M E N F A S S U N G

Weiterführende Literatur

Anderson, J. R. & Lebiere, C. (1998). *The atomic components of thought.* Mahwah: Erlbaum.
Einführung in Theorie und Praxis von Produktionssystemen in der Psychologie.

Colella, V. S., Klopfer, E. & Resnick, M. (2001). *Adventures in modeling: Exploring complex, dynamic systems with StarLogo.* New York: Teachers College Press.
Sehr leicht zu verstehende Einführung in die Funktionsweise einfacher verteilter Modelle.

Elman, J. L., Bates, E. A., Karmiloff-Smith, A., Parisi, D. & Plunkett, K. (1996). *Rethinking Innateness: A connectionist perspective on development.* Cambridge, MA: MIT Press.
Fundierter theoretischer Hintergrund zu neuronalen Netzwerken in der Psychologie.

Forrest, S. (1993). Genetic algorithms: Principles of natural selection applied to computation. *Science, 261*, 872-878.
Kurze Übersicht zu Funktionsweise und Anwendungsmöglichkeiten von genetischen Algorithmen.

Franklin, S. (1997). *Artificial minds.* Cambridge, MA: MIT Press.
Interessanter Überblick über die historische Entwicklung von Computermodellen.

McLeod, P., Plunkett, K. & Rolls, E. T. (1998). *Introduction to connectionist modelling of cognitive Processes.* Oxford: Oxford University Press.
Überblick über Neuronale Netzwerkmodelle in der Psychologie mit anschaulichen Beispielen.

Resnick, M. (1994). Learning about life. *Artificial Life, 1*, 229-241.
Etwas mehr theoretischer Hintergrund zu einfachen verteilten Modellen, auch leicht verständlich.

Übungsaufgaben mit Lösungen sowie weitere Informationen zu diesem Buchkapitel finden Sie auf der Companion Website zum Buch unter *http://www.pearson-studium.de*

Qualitative Methoden

25

ÜBERBLICK

Im Gegensatz zu Nachbardisziplinen, wie der Soziologie, der Anthropologie oder der Pädagogik, führt der qualitative Ansatz in der psychologischen Forschung nach wie vor ein Schattendasein. Das liegt wohl zum großen Teil an der Skepsis vieler Psychologen über die Nützlichkeit qualitativer Forschung. Diese Skepsis ist vermutlich auch der Grund dafür, dass qualitative Methoden, zumindest in Deutschland, in der akademischen Ausbildung bislang keine große Rolle spielen. Ein weiteres Problem besteht darin, dass keine vollständige Einigkeit darüber herrscht, was qualitative Methoden sind, auch nicht unter den qualitativ arbeitenden Forschern selbst (siehe Mayring, 2003). Oft werden sie in Abgrenzung zu den „quantitativen Methoden" definiert. Allerdings lässt sich eine solche Unterscheidung nicht immer streng durchhalten. Für manche Autoren gilt eine Analyse schon als „qualitativ", wenn sie sich ausschließlich mit Messungen auf Nominalskalenniveau befasst. Das wäre beispielsweise der Fall, wenn man beobachtetes Verhalten zunächst in Kategorien einteilt (z.B. „fröhlich", „verärgert", „traurig" usw.) und nachher die Häufigkeiten der Kategorieneinträge vergleicht. Hier erhält man auch – zusätzlich zu den möglichen Erkenntnissen, die beim Kategorisierungsprozess gewonnen werden – letztlich Quantifizierungen. Für andere Autoren müssen qualitative Methoden ganz ohne Zahlen auskommen: Das Ergebnis der Analyse ist dann, genauso wie die Ausgangsbasis, wieder ein (dann komprimierter) Text. Manchmal wird qualitativ mit „verstehend" in Zusammenhang gebracht im Gegensatz zum „erklärenden" konventionellen Ansatz und ein weiterer Versuch, qualitative Forschung von quantitativer abzuheben, ist die Unterscheidung in Bezug auf den Untersuchungsgegenstand: „komplexe Wirklichkeit" (qualitativ) vs. „isolierte Daten" (quantitativ). Häufig wird qualitative Forschung mit dem Finden, Bilden oder Erweitern von Theorien verbunden, während der Zuständigkeitsbereich des konventionellen (quantitativen) Ansatzes – mit dem wir uns in diesem Buch bislang ausschließlich beschäftigt haben – auf das Überprüfen von Theorien festgelegt wird. Alle diese Unterscheidungen sind jedoch nur begrenzt brauchbar: Zum einen sind sie oft nicht klar definiert und zum anderen werden häufig nur Teilausschnitte des jeweils anderen „Lagers" betrachtet.

Das betrachtende Lager ist hierbei meist die qualitative Forschung: Es existiert eine bemerkenswerte Asymmetrie zwischen den beiden Lagern (wenn man hier überhaupt von Lagern sprechen möchte), die wohl die gegenwärtig herrschenden „Machtverhältnisse" widerspiegelt: Von Seiten der „Mainstream-Forschung", also Anhängern der konventionellen Methoden, findet eine Auseinandersetzung so gut wie nicht statt – qualitative Forschung wird weitgehend ignoriert. So ergab eine Analyse der Jahrgänge 1989, 1994 und 1999 von 15 Journals der APA oder assoziierter Verbände, deren Inhalte sich für qualitative Analysen eignen würden,[1] dass nur in etwa 1% aller untersuchten Artikel qualitative Methoden angewandt wurden (Kidd, 2002). Demgegenüber findet man in programmatischen Arbeiten von Vertretern des qualitativen Ansatzes nicht selten har-

---

1 Die Zeitschriften waren: *Cultural Diversity and Ethnic Minority Psychology, Developmental Psychology, European Psychologist, Health Psychology, Journal of Abnormal Psychology, Journal of Consulting and Clinical Psychology, Journal of Counseling Psychology, Journal of Educational Psychology, Journal of Family Psychology, Journal of Occupational Health Psychology, Journal of Personality and Social Psychology, Professional Psychology: Research and Practice, Psychology and Aging, Psychology of Addictive Behavior* und *Rehabilitation Psychology.*

sche und manchmal auch polemische Kritik an der gängigen Forschungspraxis. Vorurteile scheint es jedoch auf beiden Seiten zur Genüge zu geben.

Wir versuchen in diesem Kapitel, zunächst einen möglichst unvoreingenommenen Überblick über qualitative Methoden zu geben. Dazu befassen wir uns zunächst mit grundlegenden Annahmen qualitativer Ansätze, diskutieren ihre Vielfalt und stellen dann drei exemplarische Ansätze vor. Das sollte den Lesern einen Eindruck davon vermitteln, was qualitative Forschung ist und wie sie funktioniert. Das hierbei erworbene Wissen wird jedoch in den meisten Fällen nicht dazu ausreichen, selbst qualitative Forschung zu betreiben. Deswegen verweisen wir jeweils auf Hintergrundliteratur und publizierte Forschungsbeispiele. Am Schluss des Kapitels diskutieren wir das Verhältnis von qualitativer und „herkömmlicher" Forschung und bewerten den qualitativen Ansatz in Bezug auf die bisherigen Inhalte dieses Buchs.

25.1 Qualitative Methoden im Überblick

Qualitative Methoden unterscheiden sich untereinander in vielfacher Hinsicht. Manche sind relativ eng umgrenzt und beziehen sich im Wesentlichen nur auf die Datensammlung (z.B. die schon in Kapitel 4 erwähnte Fokusgruppe) oder die Datenanalyse (z.B. die Qualitative Inhaltsanalyse, siehe unten), während andere fest in eine bestimmte Weltanschauung eingebunden sind, die dann den gesamten Forschungsprozess beeinflusst (z.B. die diskursive Psychologie, siehe unten). Eine erste Inspektion einführender Bücher (z.B. Flick, von Kardorff & Steinke, 2004) vermittelt den Eindruck einer unübersehbaren Vielfalt von Ansätzen und Verfahren. Dementsprechend ist es auch nicht möglich, in einem einzigen Kapitel einen umfassenden Überblick zu geben. Wir werden dennoch in diesem Abschnitt zunächst versuchen, mögliche Zielvorstellungen qualitativ arbeitender Forscher zu eruieren, dann die qualitative Version der „wissenschaftlichen Methode" beschreiben und schließlich auf die Vielfalt qualitativer Verfahren eingehen.

25.1.1 Zielstellung qualitativer Forschung: Drei Sichtweisen

Was kann man mit qualitativen Methoden anfangen? Welche Ziele kann man mit ihrer Hilfe verfolgen? Die Antworten auf diese Fragen werden sehr unterschiedlich ausfallen, je nachdem, welche Gruppe von qualitativ arbeitenden Forschern man befragt. Unter qualitativen Forschern gibt es keinen allgemeinen Konsens über die Antworten auf die zwei zentralen Fragen der Wissenschaftstheorie: „Was ist die Wirklichkeit?" und „Wie können wir sie erkennen?" Nicht selten findet man entweder keine Angaben oder aber Argumente, die nahe legen, dass die Einstellung zu diesen Fragen weitgehend den konventionellen Ansätzen (siehe Kapitel 2) entspricht. Andere qualitativ arbeitende Forscher, wie beispielsweise die Vertreter der Diskursanalyse gehen jedoch nicht davon aus, dass es eine unabhängig von uns existierende Welt gibt, sondern argumentieren, dass sich jeder Mensch seine eigene Welt konstruiert, in die die anderen nur begrenzten Einblick haben können. Will man etwas über andere Lebenswelten erfahren, muss man versuchen, die entsprechende Konstruktion zu verstehen, indem man zunächst versucht sie zu analysieren (Dekonstruktion) und sie dann wieder zusammensetzt (Rekonstruktion). Verstehen ist also in diesem Ansatz gleichbedeutend mit dem Rekonstruieren von subjektiven Bedeutungswelten. Die wissenschaftstheoretischen Grundeinstellungen haben natürlich Auswirkungen darauf, was Forscher als das Ziel von Wissenschaft betrachten. Auf die Frage nach der Art der Zielstellung qualitativer Forschung gibt es (mindestens) drei Antworten, die wir uns jetzt ansehen.

Ergänzung zu konventionellen Verfahren

Viele Mainstream-Forscher würden argumentieren, dass auch ihre Arbeit qualitative Aspekte enthält, wie etwa den, dass man Versuchspersonen nach einem Experiment zu ihren Eindrücken befragt und die Antworten bei der Interpretation der Ergebnisse berücksichtigt. Auch nicht oder nur teilweise strukturierte mündliche Interviews (die mittlerweile auch fester Bestandteil des konventionellen Methodenrepertoires sind – siehe Kapitel 4) werden häufig als qualitative Methoden betrachtet. Selbst die Ergebnisse aus Verfahren der Datengewinnung, denen eigene Kapitel in Lehrbüchern zu qualitativen Methoden gewidmet sind, wie etwa die Ergebnisse aus Fokusgruppen (siehe Kapitel 4), können durchaus quantitativ analysiert werden. Die meisten qualitativ arbeitenden Forscher sind aber der Ansicht, dass die qualitative Methode mehr ist als eine (marginale) Ergänzung der quantitativen Vorgehensweise.

Gleichberechtigte Ansätze

Vertreter der qualitativen Forschung argumentieren häufig, dass es Fragestellungen gibt, zu deren Untersuchung eine qualitative Vorgehensweise deutlich besser ist als die konventionelle Methodik (z.B. Ashworth, 2003; Pope & Mays, 1995). Ein Gegenstand, zu dessen Erforschung man auf qualitative Methoden schwerlich verzichten kann, ist beispielsweise das Bewusstsein (z.B. Depraz, 1999; Velmans, 2001; Vermersch, 1999). Ein anderes oft vorgebrachtes Argument ist, dass die qualitative Forschung eine große Lücke im wissenschaftlichen Vorgehen schließt, indem sie Wege aufzeigt, wie man systematisch Theorienbildung betreiben und somit die induktive Vorgehensweise weniger fehleranfällig machen kann. Zur Theorienbildung wird dabei bewusst der Kontext mit einbezogen (und nicht als Ansammlung von Störvariablen betrachtet). Die so entstehenden Theorien beziehen sich häufig darauf, wie Menschen ihre Umwelt erleben und mit ihr umgehen. Beispiele sind Theorien über die Auswirkungen von Arbeitslosigkeit (z.B. Jahoda, Lazarsfeld & Zeisel, 1933), das Umgehen mit schweren Erkrankungen (z.B. Lyons & Maede, 1993) oder die Genese von problematischem Verhalten (z.B. Parke & Griffiths, 2005). Die zentrale Rolle qualitativer Forschung wird also weniger bei der Überprüfung als bei der Entwicklung von Theorien gesehen. Ob man eher qualitativ oder quantitativ vorgehen soll, wird im Idealfall durch die Fragestellung und den untersuchten Gegenstandsbereich bestimmt. Dabei kann es durchaus sein, dass in einer Studie beide Herangehensweisen sinnvoll sind (z.B. Henwood & Pidgeon, 2001).

Alternative zum konventionellen Ansatz

Einige qualitativ arbeitende Forscher lehnen den konventionellen Ansatz vollständig ab. Sie argumentieren, dass sich schon das der konventionellen Methodik zugrunde liegende naturwissenschaftliche Weltbild nicht aufrecht erhalten lasse: Wenn es keine von uns unabhängig existierende Welt inklusive gesetzmäßig ablaufender psychischer Prozesse gibt, macht es auch wenig Sinn, nach allgemeinen Gesetzmäßigkeiten für diese Welt zu suchen. Außerdem macht es keinen Sinn, etwas zu quantifizieren, was nicht quantifizierbar ist (z.B. die Inhalte eines Diskurses). Forschungsgegenstand sind dann die Weltbilder oder Konstruktionen der untersuchten Personen und deren Auswirkungen auf Erleben und Verhalten. Trotzdem bleibt man in den entsprechenden Ansätzen (wie etwa der Diskursanalyse, siehe unten) nicht bei der Analyse von Individuen stehen, sondern versucht in der Regel, allgemeine Muster oder Strukturen aufzudecken.

25.1.2 Die wissenschaftliche Methode: Qualitative Version

Auch qualitativ arbeitende Forscher gehen systematisch vor und verfolgen eine „wissenschaftliche Methode". Diese kann, zumindest für solche Forscher, die eine quantitative Vorgehensweise nicht kategorisch ausschließen, der in Kapitel 1 diskutierten, aus den Naturwissenschaften entlehnten wissenschaftlichen Methode, sehr ähnlich sein. Ein Beispiel hierfür zeigt ▶Abbildung 25.1 (nach Mayring, 2003). Wie bei der konventionellen wissenschaftlichen Methode beginnt auch diese mit einer Fragestellung, die zur Auswahl eines entsprechenden Methodeninventars führt (in diesem Fall sogar unter Einschluss quantitativer Methoden). Die Analyse mündet schließlich, wie auch in der konventionellen Vorgehensweise, wieder in einer Interpretation der Ergebnisse im Lichte der Fragestellung. Wenn man hier noch den besonderen Stellenwert einer Theorie als Ausgangsbasis des Forschungsprozesses hinzufügen würde, könnte man die beiden Ansätze, abgesehen von Unterschieden bei der Wahl von spezifischen Methoden, mehr oder weniger ineinander überführen.

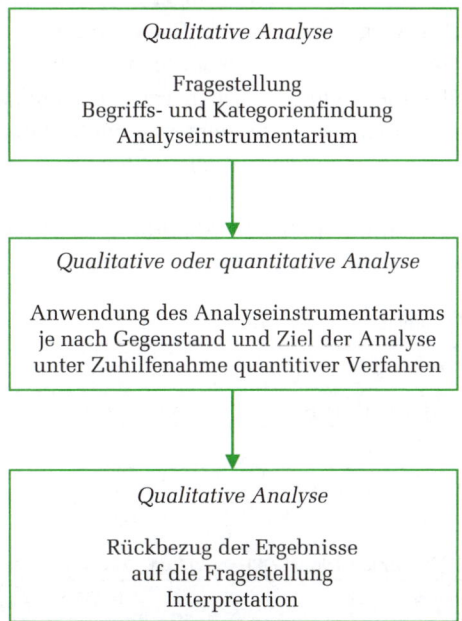

Abbildung 25.1: „Wissenschaftliche Methode" in der qualitativen Forschung nach Mayring (2003, 20).

Eine andere Version der „qualitativen wissenschaftlichen Methode", mit der sich die Mehrzahl der qualitativ arbeitenden Forscher wohl eher identifizieren kann, zeigt ▶Abbildung 25.2 (nach Miles & Huberman, 1994). Hier gibt es keine vorstrukturierte lineare Abfolge mehr. Der Forschungsprozess kann überall beginnen, beispielsweise beim Sammeln von Daten oder auch mit Schlussfolgerungen und Vermutungen. Es fällt zudem auf, dass Datenanalyse und Datensammlung nicht in einer vorbestimmten Reihenfolge stattfinden: Neue Daten können aufgrund bestimmter Schlussfolgerungen gezielt gesammelt werden, es kann aber auch sein, dass während der Datenanalyse Fragen auftauchen, die zu einem vorübergehenden Abbruch der Analyse und (nach entsprechenden Vermutungen oder Schlussfolgerungen) zu einer erneuten Datensammlung führen. Allerdings ist es auch bei dieser Variante der wissenschaftlichen Methode so, dass Schlussfolgerungen nicht aufgrund der Rohdaten (direkt nach der Datengewinnung) erfolgen, sondern erst nach einer Zusammenfassung oder Strukturierung der Daten.

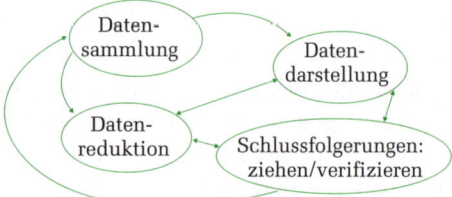

Abbildung 25.2: „Wissenschaftliche Methode" der qualitativen Forschung nach Miles und Huberman (1994, 12).

Die Darstellung des Zusammenspiels der Bestandteile des qualitativen Forschungsprozesses in Abbildung 25.2 wird ergänzt durch die Vorstellungen zur zeitlichen Strukturierung dieser Bestandteile. ▶Abbildung 25.3 macht noch einmal die Nicht-Linearität des qualitativen Vorgehens deutlich: Datensammlung und Datenanalyse finden weitgehend gleichzeitig statt. Allerdings sollte man sich vor Beginn der Datenanalyse schon Gedanken über die weitere Vorgehensweise machen, insbesondere darüber, wie man die später anfallenden Daten zusammenfassen (reduzieren) kann. Und nach der Datensammlung wird auch noch zusätzlich Zeit benötigt, um zu einer zusammenfassenden Wertung der Daten zu kommen. Bei den „Daten" (und auch bei den „reduzierten" und den „dargestellten" Daten in Abbildung 25.3) handelt es sich in aller Regel um verbale Daten, also Wörter und Texte.

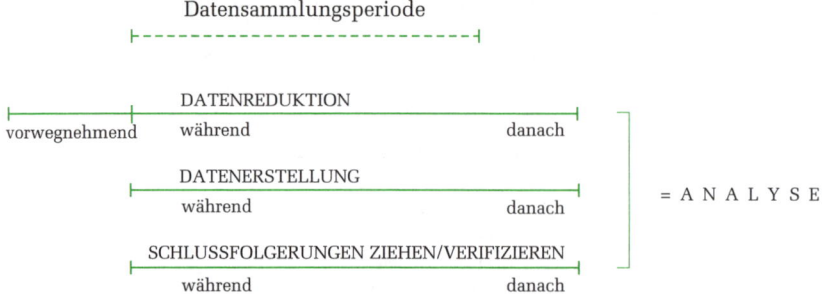

Abbildung 25.3: Zeitliche Strukturierung der Bestandteile des qualitativen Forschungsprozesses (nach Miles & Huberman, 1994, 10).

25.1.3 Die Vielfalt qualitativer Ansätze

Die im Abschnitt 25.1.2 skizzierten zwei Versionen der qualitativen wissenschaftlichen Methode – insbesondere die zweite – entsprechen vermutlich der Herangehensweise eines Großteils der qualitativ arbeitenden Forscher. Es ist jedoch sehr wahrscheinlich, dass es auch qualitative Ansätze gibt, deren Vertreter sich nicht darin wieder finden können. Das ist deswegen anzunehmen, weil die Anzahl der Ansätze unüberschaubar groß ist, was daran liegt, dass sie manchmal nur für die Untersuchung einer spezifischen Fragestellung entwickelt wurden. Manchmal findet man aber auch ganz unterschiedliche Bezeichnungen für Ansätze, die sich im Grunde sehr ähneln. Einen Versuch, das Wesentliche aus vielen Ansätzen zusammenzufassen, haben Miles und Huberman (1994) unternommen. Wir werden später (in Abschnitt 25.3) darauf noch zu sprechen kommen.

Um den Lesern aber einen Eindruck von der Vielfalt der Ansätze zu vermitteln, zeigt ▶Abbildung 25.4 einen Versuch, Typen qualitativer Forschung mit einem (unvollständigen) Ausschnitt aus Ansätzen und Verfahren zu bilden (nach Tesch, 1990; für einen Überblick siehe auch Flick, Kardorff & Steinke, 2004). Demnach gibt es (neben der Reflexion) drei Typen qualitativer Forschung, die sich danach unterscheiden, worin der Schwerpunkt des Forschungsinteresses liegt: Merkmale der Sprache zu untersuchen, Regelmäßigkeiten zu entdecken oder die Bedeutung eines Textes oder einer Handlung zu verstehen. Auch diese Typisierung würde wohl nicht von allen Verfechtern der aufgeführten Ansätze geteilt werden. Im Grunde spielen bei der überwiegenden Mehrzahl der qualitativen Verfahren die Charakteristika von Sprache eine Rolle (der erste Typus), man will auch jeweils Regelhaftigkeiten entdecken (zweiter Typus) und auf das Aufdecken der Bedeutung, die in dem analysierten Material enthalten ist (dritter Typus), zielen mehr oder weniger alle qualitativen Ansätze ab. Die Abbildung lässt also auf den zweiten Blick neben der Vielfalt qualitativer Verfahren auch eine damit verbundene Problematik erahnen: Die Grenzen zwischen einzelnen qualitativen Verfahren sind oft unscharf und die benutzten Begriffe sind nicht immer eindeutig definiert.

Bislang haben wir, um zunächst einen generellen Eindruck über das Themengebiet zu vermitteln, qualitative Verfahren auf einem sehr hohen Abstraktionsniveau beschrieben. Zum besseren Verständnis der qualitativen Vorgehensweise ist es jedoch notwendig, zumindest einige Verfahren konkreter zu beschreiben. Wir haben dazu zwei umfassendere und relativ bekannte Ansätze aus Abbildung 25.4 ausgewählt, die Grounded Theory und die Diskursanalyse. Zunächst widmen wir uns aber einem Verfahren, das vor allem im deutschsprachigen Raum in der Pädagogik und den Sozialwissenschaften relativ verbreitet ist: die Qualitative Inhaltsanalyse. Diese drei Beispiele dürften eine große Bandbreite des qualitativen Spektrums widerspiegeln.

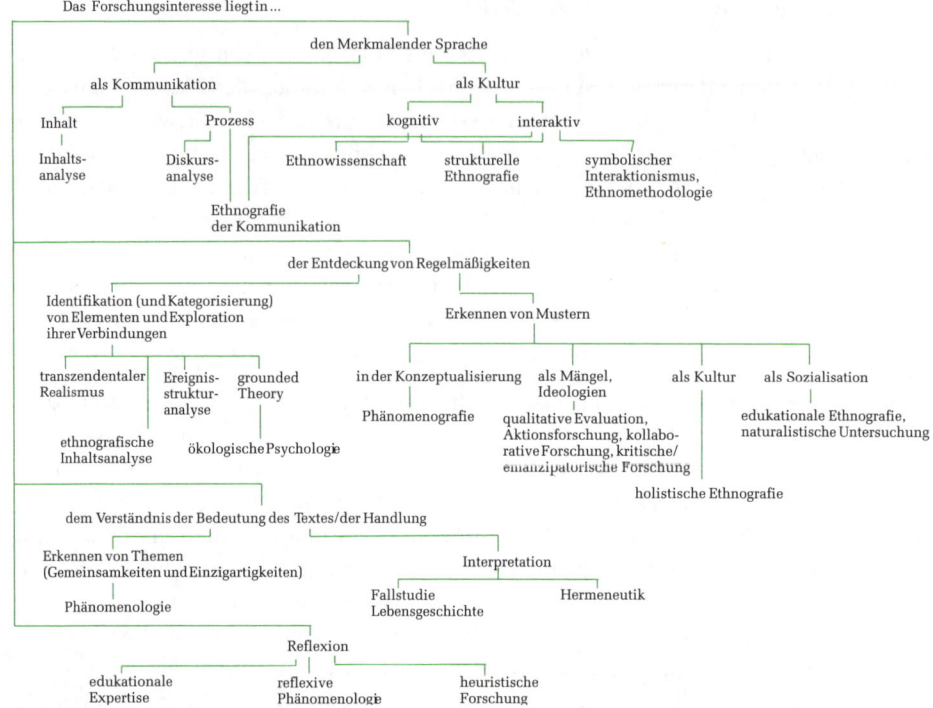

Das Forschungsinteresse liegt in ...

den Merkmalen der Sprache

als Kommunikation   als Kultur

Inhalt   Prozess   kognitiv   interaktiv

Inhalts-   Diskurs-   Ethnowissenschaft   strukturelle   symbolischer
analyse   analyse   Ethnografie   Interaktionismus,
Ethnomethodologie

Ethnografie
der Kommunikation

der Entdeckung von Regelmäßigkeiten

Identifikation (und Kategorisierung)   Erkennen von Mustern
von Elementen und Exploration
ihrer Verbindungen

transzendentaler   Ereignis-   grounded   in der Konzeptualisierung   als Mängel,   als Kultur   als Sozialisation
Realismus   struktur-   Theory   Ideologien
analyse

Phänomenografie   qualitative Evaluation,   edukationale Ethnografie,
ethnografische   ökologische Psychologie   Aktionsforschung, kollabo-   naturalistische Untersuchung
Inhaltsanalyse   rative Forschung, kritische/
emanzipatorische Forschung

holistische Ethnografie

dem Verständnis der Bedeutung des Textes/der Handlung

Erkennen von Themen   Interpretation
(Gemeinsamkeiten und Einzigartigkeiten)

Phänomenologie   Fallstudie   Hermeneutik
Lebensgeschichte

Reflexion

edukationale   reflexive   heuristische
Expertise   Phänomenologie   Forschung

Abbildung 25.4: Überblick über Typen qualitativer Forschung (nach Tesch, 1990, 72–73).

25.2 Spezifische Ansätze: Eine Auswahl

Die im Folgenden vorgestellten Ansätze können an dieser Stelle nicht umfassend beschrieben werden. Es sollte allerdings jeweils deutlich werden, was die Grundidee ist und wie die allgemeine Vorgehensweise und die Analysemöglichkeiten aussehen.

25.2.1 Qualitative Inhaltsanalyse

Die qualitative Inhaltsanalyse dient zur systematischen Bearbeitung von Protokollen kommunikativer Prozesse (Mayring, 2004, 468). Sie ist ein Analyseverfahren für Texte, aber auch für musikalisches, bildliches, plastisches o.ä. Material, das in Form eines Protokolls festgehalten ist. Für die Datensammlung setzt die qualitative Inhaltsanalyse keine Vorgaben und es gibt auch keine Festlegungen in Bezug auf die Verwendung des Analyseergebnisses für die Theorienbildung. Die qualitative Inhaltsanalyse setzt sich sowohl ab von einer quantitativen Inhaltsanalyse als auch einer „freien" Text-interpretation (Mayring, 1995). Bei einer quantitativen Inhaltsanalyse werden Texte anhand vorgegebener Skalen oder Kriterien eingeschätzt. Analysen betreffen sowohl die Häufigkeit von bestimmten Ausdrücken als Indikatoren übergeordneter Variablen (z.B. die Häufigkeit der Wörter „muss", „nio" usw. als Indikator für Dogmatismus), als auch die Intensität oder Valenz von Texten (z.B. „Wie intensiv wird die Meinung einer bestimmten Partei in den Kommentaren unterschiedlicher Zeitungen vertreten?"). Die Kritik an der quantitativen Vorgehensweise war unter anderem, dass der Kontext der Texte und die dem Kommunikationsmaterial zugrunde liegenden „latenten Sinnstrukturen" nur unzureichend erfasst werden können und dass zudem die Logik der Analyse zu wenig linguistisch fundiert sei (Mayring, 2004). Die qualitative Inhaltsanalyse ist ein Versuch, diese Unzulänglichkeiten durch eine höhere Flexibilität zu überwinden. Als Abgrenzung zur „freien" Textinterpretation besitzt sie jedoch ein hohes Ausmaß an Strukturiertheit, die hilft, willkürliche und verzerrte Interpretationen, die bei einer „freien" Interpretation entstehen können, zu vermeiden.

Mayring (1995) schlägt drei Arten von Inhaltsanalyse vor, die *zusammenfassende Inhaltsanalyse*, die *explizierende Inhaltsanalyse* und die *strukturierende Inhaltsanalyse*, die er später (siehe Mayring, 2004) mit einer vierten ergänzt, der *induktiven Kategorienbildung*. Die zusammenfassende Inhaltsanalyse dient dazu, das Material so zu reduzieren, dass die wesentlichen Inhalte übrig bleiben. Das Endergebnis dieser Analyse ist ein überschaubarer Kurztext. Die explizierende Inhaltsanalyse ist in gewissem Sinne das Gegenteil der zusammenfassenden Inhaltsanalyse: bei unklaren Textteilen soll zusätzliches Material herangezogen werden, um die Textstellen zu explizieren oder verständlich zu machen. Hierbei wird systematisch nach entsprechendem „Explikationsmaterial" gesucht. Die strukturierende Inhaltsanalyse geht von vorher festgelegten Ordnungskriterien aus und dient dazu, eine bestimmte Struktur aus dem Material herauszufiltern. Die Strukturierungsdimensionen müssen dabei aus einer Fragestellung abgeleitet und theoretisch begründet werden. ▶Abbildung 25.5 zeigt ein Beispiel für einen entsprechenden Codierleitfaden.

KATEGORIE	DEFINITION	ANKERBEISPIELE	KODIERREGELN
K1: hohes Selbstvertrauen	Hohe subjektive Gewissheit, mit der Anforderung gut fertig geworden zu sein, d.h. - Klarheit über die Art der Anforderung und deren Bewältigung - Positives, hoffnungsvolles Gefühl beim Umgang mit der Anforderung, - Überzeugung, die Bewältigung der Anforderung selbst in der Hand gehabt zu haben	„Sicher hat´s mal ein Problemchen gegeben, aber das wurde dann halt ausgeräumt, entweder von mir die Einsicht, oder vom Schüler, je nachdem, wer den Fehler gemacht hat. Fehler macht ja ein jeder." „Ja klar, Probleme gab´s natürlich, aber zum Schluss hatten wir ein sehr gutes Verhältnis, hatten wir uns zusammengerauft."	Alle drei Aspekte der Definition müssen in Richtung „hoch" weisen, es soll kein Aspekt auf nur mittleres Selbstvertrauen schließen lassen. Sonst Kodierung „mittleres S."
K2: mittleres Selbstvertrauen	Nur teilweise oder schwankende Gewissheit, mit der Anforderung gut fertig geworden zu sein	„Ich hab mich da einigermaßen durchlaviert, aber es war oft eine Gratwanderung." „Mit der Zeit ist es etwas besser geworden, aber ob das an mir lag oder an den Umständen, das weiß ich nicht."	Wenn nicht alle drei Definitionsaspekte auf „hoch" oder „niedrig" schließen lassen
K3: niedriges Selbstvertrauen	Überzeugung, mit der Anforderung schlecht fertig geworden zu sein	„das hat mein Selbstvertrauen getroffen; da hab ich gemeint, ich bin eine Null - oder ein Minus."	Alle drei Aspekte deuten auf niedriges Selbstvertrauen, auch keine Schwankungen

Abbildung 25.5: Beispiel für einen Codierleitfaden (Auszug) zur strukturierenden Inhaltsanalyse (nach Mayring, 2000).

Die induktive Kategorienbildung schließlich wird dazu benutzt, schrittweise Kategorien aus dem Material zu entwickeln. ▶Abbildung 25.6 zeigt ein Ablaufmodell hierzu. Auch bei der induktiven Kategorienbildung geht eine Fragestellung voraus, die sich schon auf die provisorische Festlegung der Kategorien auswirkt. Für Mayring (z.B. 2003) spielt dabei die „Intercoder-Reliabilität" eine zentrale Rolle. Besonders in der Anfangsphase der Analyse ist eine entsprechende begleitende (formative) Reliabilitätsprüfung, bei der mehrere „Inhaltsanalytiker" ihre Codierergebnisse miteinander vergleichen, besonders wichtig. Aber auch nach der vollständigen Codierung ist eine abschließende (summative) Reliabilitätsprüfung notwendig. Für den Vergleich der Kodierergebnisse schlägt Mayring (2003) auch Formeln zur Berechnung von verschiedenen Reliabilitätskoeffizienten vor. Das unterste Kästchen in Abbildung 25.6 verdeutlicht, dass Mayring auch den Einbezug quantitativer Analysen befürwortet. Genauere Beschreibungen für alle Vorgehensweisen der qualitativen Inhaltsanalyse finden sich in Mayring (2003).

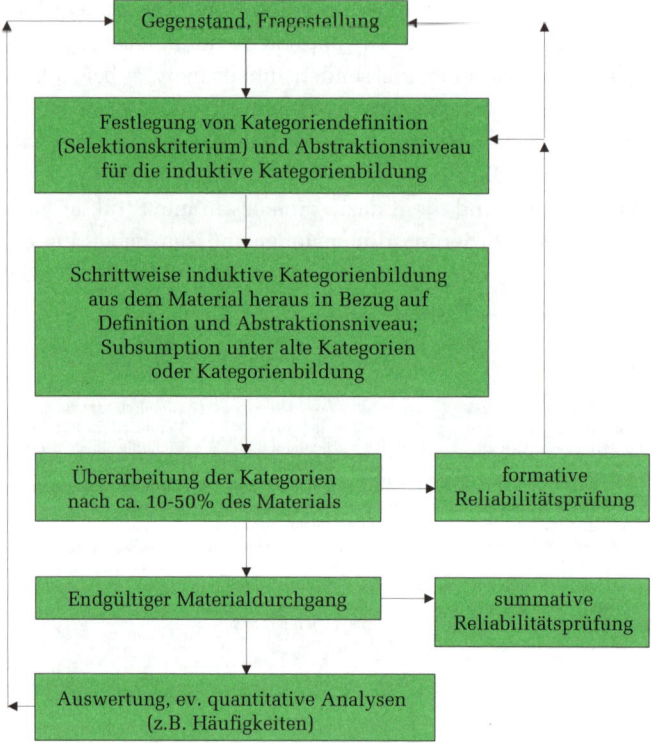

Abbildung 25.6: Ablaufmodell induktiver Kategorienbildung (nach Mayring, 2000).

Allerdings lassen selbst minutiöse Ablaufpläne dem „Inhaltsanalytiker" weit mehr Spielraum, als das bei quantitativen Verfahren der Fall ist. Selbst bei der qualitativen Inhaltsanalyse, die wohl hinsichtlich der Systematisierung des Verfahrens einen Platz am oberen Ende des qualitativen Methodenspektrums einnimmt, lässt sich ein gehöriges Maß an Subjektivität nicht vermeiden. Wir werden später sehen, dass Subjektivität bei vielen qualitativen Ansätzen eher als Plus, denn als zu minimierendes Übel gesehen wird, und dass dem auch die Gütekriterien der qualitativen Forschung Rechnung tragen.

25.2.2 Grounded Theory

Der wahrscheinlich am besten ausgearbeitete, qualitative sozialwissenschaftliche Ansatz, ist die *Grounded Theory*, die von den Soziologen Barney Glaser und Anselm Strauss entwickelt (Glaser & Strauss, 1967) und später mehrfach modifiziert wurde (z.B. Charmaz, 2003). Wie der Name schon andeutet, zielt dieser Ansatz darauf ab, auf empirische Forschung gegründete (grounded) Theorien zu entwickeln. (Wir werden später sehen, dass der Begriff „Theorie" hier nicht immer gleichbedeutend mit dem ist, was wir bislang in diesem Buch als „Theorie" bezeichnet haben, sondern sich auf eine Teilmenge der in der Psychologie möglichen Theorien bezieht.) Die Datengrundlage hierfür sind Texte im weiteren Sinn (transkribierte Interviews, Notizen während des Forschungsprozesses, Beobachtungsprotokolle usw.), die systematisch analysiert werden. Aus der Analyse resultieren Konzepte und Einsichten oder Schlussfolgerungen (so genannte *Memos*), die miteinander vernetzt werden und als Grundlage für die Entwicklung einer Theorie dienen. Die Grounded Theory ist hinsichtlich ihrer erkenntnistheoretischen Grundannahmen nicht eindeutig festgelegt: Die meisten Anwender des Ansatzes gehen von einer unabhängig existierenden Realität aus, auf die im Prinzip auch zugegriffen werden kann. Manche Anwender des Ansatzes richten jedoch ihr besonderes Augenmerk darauf, wie Menschen Aktionen, Bedeutungen und Absichten in Abhängigkeit ihrer vorgegebenen Kultur, ihrer Sprache und ihres sozialen Kontextes „konstruieren".

Es gibt mittlerweile verschiedene Versionen der Grounded Theory, die sich unter anderem darin unterscheiden, ob der Ansatz eher als „Kunstlehre" oder als „Technik" verstanden wird. Das hat vor allem Auswirkungen auf den Analyseprozess. Während Glaser (1978; 1992) davon ausgeht, dass die Kategorien unmittelbar aus den Daten ersichtlich sind, dass Transkribieren eine Zeitverschwendung ist und dass für den guten Analysierer die wichtigen Inhalte offensichtlich sind (Analyse als Kunstfertigkeit), argumentiert Strauss (1987; Strauss & Corbin, 1990), dass die Methode lehr- und lernbar sein muss und schlägt detaillierte Regeln für die Codierung vor. Allerdings sind selbst hinsichtlich der Codierung die Gemeinsamkeiten der verschiedenen Versionen sehr viel größer als die Unterschiede. Neben dem Codieren spielen auch die schon erwähnten Memos und das *Theoretical Sampling*, das theoriegeleitete systematische Ziehen von Stichproben eine zentrale Rolle in der Grounded Theory. Diese Bestandteile werden nun genauer beschrieben.

Codieren

Der Codiervorgang wird als Interaktion mit einem Text verstanden, bei der Interpretationen immer wieder am Text überprüft werden müssen. Man beginnt mit dem so genannten *zeilenweisen Codieren* (Line Coding), bei dem man versucht, für jede Zeile oder kleine Texteinheit eine geeignete Zusammenfassung zu finden, indem man die darin vorkommenden Aktionen oder Ereignisse definiert. Die Aufteilung in kleine Bedeutungseinheiten soll verhindern, dass die Forscher ihre eigenen Motive, Ängste oder ungelösten persönlichen Probleme in den Text hinein interpretieren, oder dass sie sich die Weltsicht der Befragten unreflektiert zu Eigen machen. Nach dem zeilenweisen Codieren erfolgt das *fokussierte Codieren* (focused coding), das dazu dient, größere Textteile zusammenzufassen oder übergreifende Themen zu extrahieren. Der Kasten „Zeilenweises und fokussiertes Codieren" illustriert die Vorgehensweise an einem Beispiel.

HINTERGRUND

Zeilenweises und fokussiertes Codieren Das folgende Beispiel für zeilenweises und fokussiertes Codieren stammt aus einer Studie zur Verarbeitung von chronischen Krankheiten von Charmaz (2003, 96–98) und wurde aus Authentizitätsgründen in der Originalsprache belassen. Interviewt wurde eine 60-jährige Frau nach einem Schlaganfall (CVA). Bemerkungen durch die Forscherin (Kathy Charmaz) sind in eckige Klammern gesetzt. Besonders nützliche Codes sind dabei so genannte „in-vivo-Codes", Aussagen, die von den Befragten selbst kommen und die wesentliche Gesichtpunkte zusammenfassen (z.B. „live one day at a time").

Transkript	1. Zeilenweises Codieren	2. Fokussiertes Codieren
I have to see it [her CVA] as a warning I can't let myself get so anxious. I have to live one day at a time. I've been so worried about John [her husband who had had life-threatening heart attacks and lost his job three years before retirement] and preparing to get a job [her first in 38 years]... It's just so hard with all this stress...to concentrate on what I can do today. I always used to look to the future. I can't now; it upsets me too much. I have to live one day at a time now or else there may not be any me.	*Meaning of the CVA* *Feeling forced to live one day at a time* *Having a worried past* *Earlier losses* *Difficult living one day at a time; concentrate on today* *Giving up future orientation* *managing emotions thru living one day at time* *reducing live-threatening risk*	*Feeling forced to live one day at a time* *Concentrating on today* *Giving up future orientation* *Managing emotions* *Reducing life-threatening risk*

Zeilenweises und fokussiertes Codieren werden manchmal auch als „offenes Codieren" bezeichnet. Das Ergebnis sind Konzepte und Kategorien (Kategorien sind stärker ausdifferenziert als Konzepte, es gibt allerdings keinen klar definierten Unterschied zwischen beiden). Um ein reines Paraphrasieren (ein reines Nacherzählen mit anderen Worten) zu vermeiden, können folgende Fragen an den Text gestellt werden (Böhm, 2004, 477–478):

— Was? Worum geht es hier? Welches Phänomen wird angesprochen?
— Wer? Welche Personen, Akteure sind beteiligt? Welche Rollen spielen sie dabei? Wie interagieren sie?
— Wie? Welche Aspekte des Phänomens werden angesprochen (oder nicht angesprochen)?
— Wann? Wie lange? Wo? Wie viel? Wie stark?
— Warum? Welche Begründungen werden gegeben oder lassen sich erschließen?
— Wozu? In welcher Absicht, zu welchem Zweck?
— Womit? Welche Mittel, Taktiken und Strategien werden zum Erreichen des Ziels verwendet?

Bei der Ableitung von Konzepten und Kategorien sollte immer die *Methode des konstanten Vergleichs* (constant comparison) angewandt werden. Man sollte zunächst Daten (Textstellen) in demselben und in unterschiedlichen Interviews miteinander vergleichen, aber (später) auch die resultierenden zeilenweisen und fokussierten Codes, sowie die Einbettung der Konzepte und Kategorien in den Kontext des analysierten Geschehens. Werden Diskrepanzen (oder identische Kategorien für unterschiedliche Aussagen) entdeckt, muss die Analyse revidiert werden. Die Methode des konstanten Vergleichs soll sicherstellen, dass die Analyseergebnisse so objektiv wie möglich sind. Diese Methode sollte in allen Stadien der Analyse verwandt werden.

Ein umstrittener (von Glaser nicht empfohlener) Schritt in der Codierungsarbeit ist das *axiale Codieren*. Axiales Codieren hat zur Aufgabe, die Dimensionen einer Kategorie zu spezifizieren. Als zentral angesehene Kategorien (Achsenkategorien) werden auf diese Weise in ein Beziehungsnetz eingebettet, das aufgrund sehr kurzer Textsegmente, aber auch größerer Textabschnitte oder sogar des gesamten Textes erstellt wird. ▶Abbildung 25.7 beschreibt schematisch die Vorgehensweise beim axialen Codieren. Ein Beispiel (nach Böhm, 2004, 479): Wenn man viel getrunken hat (Kontext) hat man (Bedingung) Kopfschmerzen (die Achsenkategorie). Dann nimmt man Aspirin (Handlungsstrategie) und bald darauf geht es einem wieder besser (Konsequenzen).

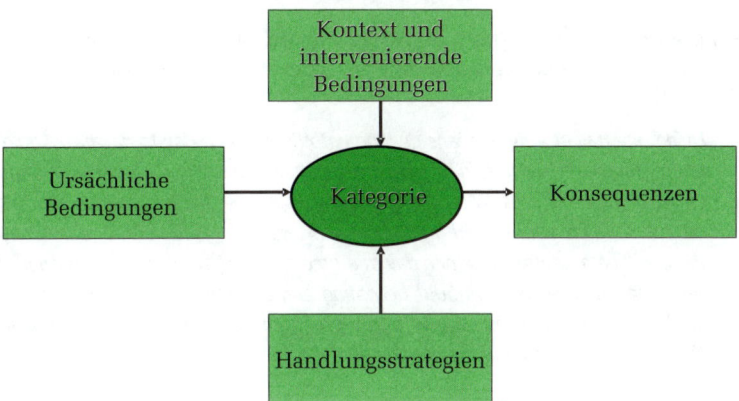

Abbildung 25.7: Schema für das axiale Codieren (nach Böhm, 2004, 479).

Eine weitere Form des Codierens, das *selektive Codieren*, das später im Analyseprozess durchgeführt wird, dient dazu, aus den bis dahin erarbeiteten Kategorien, Notizen, Memos, Bedingungsgefügen usw. eine Synthese zu bilden.[2] Das geschieht im Rahmen der Erstellung der ersten Fassung des Berichts (siehe unten). Böhm (2004, 482–483) schlägt in diesem Stadium der Analyse als Leitfragen vor: Worum geht es hier? Was habe ich durch die Untersuchung gelernt? Was steht im Mittelpunkt? Welche Zusam-

---

2 Es liegt in der Natur der Sache, dass für die hier vom Forscher geforderte Induktionsleistung keine allgemeinen Vorgaben gemacht werden können. Offensichtlich wird erwartet, dass die intensive und wiederholte systematische Beschäftigung mit dem Gegenstand zu Einfällen und Erkenntnissen führt, die aber jeweils wieder an dem vorhandenen Material überprüft werden müssen.

menhänge bestehen? Es kann sich in diesem Schritt zeigen, dass die bisher analysierten Informationen inkonsistent oder unzureichend sind. Das wiederum führt zu erneuten Analysen und/oder zum Sammeln von zusätzlichen Daten.

Memos schreiben

Memos gründen sich auf die Ergebnisse des Codierens und auch auf Eindrücke aufgrund der Daten selbst. Sie sind eine Art Zwischenbilanz, fördern die Distanzierung von den Daten und tragen dazu bei, über eine rein deskriptive Arbeit hinaus zu gelangen. Auch interessante Einfälle während der Analysearbeit sollte man festhalten, um sie später bei der Ausarbeitung der Theorie mit benutzen zu können. Memos dienen dazu, über zugrunde liegende Prozesse oder inhaltliche Verbindungen zwischen den Bestandteilen des analysierten Materials nachzudenken. Sie haben keine festgesetzte Form und können zu allen Phasen des Forschungsprozesses geschrieben werden. Der Kasten „Ein Memo" zeigt ein Beispiel, das sich auf den Interviewausschnitt im Kasten „Zeilenweises und fokussiertes Codieren" bezieht. Memos beziehen sich nicht selten auf mehrere Interviews. Sie sind Versuche, übergreifende Muster und Strukturen aufzudecken und somit eine wichtige Vorstufe zur Generierung der so entstehenden „Grounded Theory" (der Begriff wird sowohl für die Methode als auch für das Ergebnis verwandt).

HINTERGRUND

Ein Memo   Das folgende Memo ist eine Analyse der Kategorie „Living one day at a time" (siehe Kasten „Zeilenweises und fokussiertes Codieren") und ist entnommen aus Charmaz (2003, 105).

Living one day at a time means dealing with illness on a day-to-day basis, holding future plans and even ordinary activities in abeyance while the person and, often, others deal with illness. When living one day at a time, the person feels that his or her future remains unsettled, that he or she cannot foresee the future or whether there will be a future. Living one day at a time allows the person to focus on illness, treatment, and regimen without becoming entirely immobilized by fear or future implications. By concentrating on the present, the person can avoid or minimize thinking about death and the possibility of dying.

Theoretical Sampling

Ein wichtiger Bestandteil der Grounded Theory ist das Theoretical Sampling. Der Prozess des Stichprobenziehens bei der Grounded Theory und auch bei anderen qualitativen Ansätzen unterscheidet sich grundlegend vom Stichprobenziehen im konventionellen Ansatz. Dort strebt man nach einer repräsentativen Stichprobe, was schon aufgrund der erforderlichen Größe der Stichproben bei der Grounded Theory nicht zu bewerkstelligen ist. Stattdessen geht man bei der Auswahl der Probanden „theoriegeleitet" vor. Theoriegeleitet bedeutet, dass gezielt nach Personen gesucht wird, die entweder die Analyseergebnisse bei einem früheren Interview bestätigen oder widerlegen können, oder nach Personen, die geeignet sind, noch offene Fragen zu beantworten. Das kann auch bedeuten, dass dieselbe Person noch einmal befragt wird. So berichtet Charmaz (2003, 105), dass sie daran interessiert war, herauszufinden, wie die von ihr befragten

Teilnehmerinnen in einer Studie zur Verarbeitung von chronischen Krankheiten (siehe die zwei Kästen hierzu), das Vergehen von Zeit bei früheren Krankheiten wahrgenommen hatten. Das Theoretical Sampling wird im Idealfall erst abgebrochen, wenn hinsichtlich der untersuchten Forschungsfrage eine Sättigung erreicht ist, wenn also neue Interviews voraussichtlich keine wichtigen Zusatzerkenntnisse mehr bringen.

Theorienbildung

Bei der Grounded Theory fängt die Theorienbildung nicht erst *nach* der Analyse der Daten an – die Memos können auch schon Bruchstücke einer Theorie sein und das Bilden von Kategorien kann man auch schon als Arbeit an der Theorie betrachten. Wenn aber die bedeutsamen Kategorien extrahiert und samt ihrer Kontexte analysiert sind, beginnt mit dem Schreiben der ersten Fassung der eigentliche (analytische *und* synthetische) Prozess, der letztlich zu einer Theorie führen soll. Die Bestandteile der Analyse müssen logisch miteinander verknüpft werden und diese Verknüpfung muss explizit gemacht werden, damit sie für die Leser nachvollziehbar ist. Beim Schreiben der ersten Fassung sollte man aber nicht mit einer Gliederung starten, sondern mit den Hauptkategorien und den Memos. Die erste Fassung ist in der Regel nur eine von vielen. Durch den Prozess des Schreibens werden Inkonsistenzen und nicht integrierte Analyseergebnisse deutlich und dies führt zu einer Revision des Manuskripts. Charmaz (2003) empfiehlt, die Forschungsliteratur zu einem Thema erst nach dem Erstellen der ersten Fassung zu studieren (um nicht voreingenommen an den Theorienbildungsprozess heranzugehen) und sie bei einer erneuten Revision des Berichts zu berücksichtigen.[3]

Art der Theorien

Die Methode der Grounded Theory ist relativ weit verbreitet und wird zur Theorienbildung in ganz unterschiedlichen Bereichen eingesetzt. Willkürlich ausgewählte Beispiele aus der Literatur enthalten Theorien über die Struktur von „healing stories" (Geschichten darüber, wie psychische Probleme erfolgreich bearbeitet wurden, Swatton & O'Callaghan, 2002), über die Auswirkungen von Psychotherapie bei Bulimiepatientinnen (Laberg, Törnkvist & Andersson, 2001), über die emotionale Befindlichkeit von Mördern (Milsom, Beech & Webster, 2003), über „after death communication" (der empfundenen Kommunikation mit Verstorbenen, Devers & Robinson, 2002), über die Einstellungen zur Elektroschockbehandlung (Rose, Fleischmann & Wykes, 2004) oder über Stressverarbeitung in Organisationen (Länsisalmi, Peiró & Kivimäki, 2000). Diese Auswahl zeigt schon, dass die Grounded Theory wohl eher nicht geeignet für die Entwicklung sehr umfassender Theorien ist, und dass sie naturgemäß in Bereichen angewandt wird, in denen subjektives Erleben eine große Rolle spielt.

---

3 Über die Sinnhaftigkeit dieser Maßnahme kann man sicher streiten. Wenn man mit der Forschungsliteratur zu einem Thema wenig vertraut ist, besteht eine erhöhte Gefahr, „das Rad noch einmal zu erfinden".

25.2.3 Diskursanalyse

Diskursanalyse ist eine Sammelbezeichnung für unterschiedliche konstruktivistische Ansätze (siehe Kapitel 2), deren Vertreter annehmen, dass der Diskurs die soziale Realität konstruiert und/oder zum Erreichen sozialer Absichten und Ziele eingesetzt wird (Willig, 2003). „Diskurse" werden dabei als Sprache im weitesten Sinn verstanden, unter Einbeziehung aller Arten von symbolischem, zur Selbstdarstellung verwendetem Material (siehe Parker, 2004). Die Unterschiede zwischen den wissenschaftstheoretischen Grundlagen der Diskursanalyse und dem vorherrschenden „positivistischen" Weltbild wurden schon in Kapitel 2 erläutert. Wir werden uns hier auf die Vorgehensweise bei der Diskursanalyse konzentrieren. Dazu geben wir die Analyse eines kurzen Transkripts durch Carla Willig (2003) mittels zweier diskursanalytischer Methoden wider, der *diskursiven Psychologie* und der *Foucault'schen Diskursanalyse*. Der Textausschnitt für beide Analysen ist in ▶Tabelle 25.1 wiedergegeben (aus Authentizitätsgründen wieder in der Originalsprache belassen).

Tabelle 25.1
Ausschnitt aus einem „break-up" Interview, in dem eine Frau über die Trennung von ihrem Mann erzählt (Willig, 2003, 168). „I" steht dabei für die Interviewerin und „R" für die Befragte

1I:	And when you made the decision um when you were actually working
2	towards finishing it did you talk to friends about it?
3R:	Oh of course
4I:	Yeah
5R:	All the time yeah it would always be a case of how do I do it
6I:	Ah right
7R:	How do I say it what do I say I know I've got to do it how do I go about doing
8	it you know and and just sort of role-playing it through and and you know just
9	sort of just preparing myself to actually say to him I don't want to go out with
10	you anymore because it's so hard even though you know it's got to be done
11	It is just so hard because there's all these you know ties and emotional
12	baggage which is which you're carrying and you you you're worrying about
13	the other person and you're thinking you invested you know he's invested
14	maybe two years in me
15I:	Yes
16R:	By going out with me and suddenly I'm dumping him what if he doesn't find
17	anyone else to go out with
18I:	Oh right yes
19R:	You you start taking responsibility for them and for how they'll cope
20	afterwards you know maybe to the detriment to your own personal sort of
21	well-being
22I:	Right
23R:	And it was a case of how is he going to cope what's going to happen to him
24	what if no one goes out with him what if this and what if that and it's all a
25	case of ifs anyway and you know as far as I was concerned I was I was more
26	concerned about him and how he would be [...]

Diskursive Psychologie

Die diskursive Psychologie (Potter & Wetherell, 1987) untersucht, wie Menschen Sprache in einer weit gefassten Bedeutung (Diskurse) benutzen, um ihre Interessen in sozialen Interaktionen durchzusetzen. Wie schon in Kapitel 2 erwähnt, sind die zentralen Fragen bei der Analyse von Texten: „Was *tun* die Leute mit ihrer Sprache?" und „Auf was zielen sie ab?" Die Analyse eines Textes vollzieht sich dabei in vier Schritten: Lesen, Codieren, Analyse und Schreiben.

Der erste Schritt besteht im aufmerksamen *Lesen* des gesamten Texts. Der Text wird natürlich immer wieder gelesen, aber das erste Lesen sollte keine explizite Analyse beinhalten, sondern dem Leser einen Eindruck davon geben, „was der Text tut". Der Textausschnitt in Tabelle 25.1 hinterließ in Willig den Eindruck, dass die Sprecherin sich große Mühe bei ihrer Entscheidung, die Beziehung zu ihrem Partner zu beenden, gegeben hatte, und dass sie diese Entscheidung nicht auf die leichte Schulter nahm.

Im zweiten Schritt wird der Diskurs codiert. Unter *Codierung* wird nicht, wie etwa bei der Grounded Theory ein Teil der Analysearbeit verstanden, sondern nur die Vorbereitung dazu. Codierung bedeutet hier hauptsächlich die Auswahl der relevanten Textteile und das Hervorheben von wichtigen Passagen. Was relevant ist, hängt von der Fragestellung ab. Der Textausschnitt in Tabelle 25.1 wurde ausgewählt, weil die Forschungsfrage sich damit beschäftigte, wie sich Menschen erklären, warum und unter welchen Begleitumständen sie eine Beziehung beenden.

Der dritte Schritt ist die *Analyse*, die von den folgenden Leitfragen bestimmt wird: „Warum lese ich diese Passage auf diese Weise?" und „Welche Eigenheiten des Texts erzeugen diese Lesart?". Die Forscher suchen nach Mustern (z.B. systematische Gemeinsamkeiten und Unterschiede in unterschiedlichen Stellen eines oder mehrerer Texte in Abhängigkeit der thematisierten Kontexte) und nach deren Funktionen und Konsequenzen. Um etwas dazu herauszufinden, sollte man seine Aufmerksamkeit auf Terminologie, stilistische und grammatikalische Eigenheiten und auf präferierte Metaphern und Wendungen richten. Ein Beispiel (Willig, 2003): So werden jugendliche Straftäter in einem Zeitungsartikel als „rüpelhafte Jugendliche"(young tearaways) bezeichnet, während ihre Strafverteidiger sie „Kinder ohne Hoffnung" (no-hope kids) nennen. Die erste „Konstruktion" würde dabei die Unkontrollierbarkeit von jungen Straftätern hervorheben und implizieren, dass Eltern und Polizei strenger sein sollten, während die zweite „Konstruktion" die Wichtigkeit von sozialer und ökonomischer Deprivierung nahe legt. Willigs Analyse des Texts in Tabelle 25.1 ergibt, dass die Sprecherin auf dic Eingangsfrage der Interviewerin eine extreme Formulierung benutzt („All the time...", Zeile 5), die zusammen mit ihrer Behauptung, dass sie die Situation mit Freunden diskutiert hat (Zeile 3) eine effektive Rechtfertigung für ihre Entscheidung liefert. Durch das Benutzen von listenähnlichen Sätzen und den Gebrauch von Wiederholungen („How do I do it, how do I say it, what do I say", Zeile 5-7 und „How is he going to cope, what's going to happen to him, what if no one goes out with him, what if this and what if that", Zeile 23-24) demonstriert sie, dass sie sich verpflichtet fühlte, alle möglichen Auswirkungen der Trennung sorgfältig abzuwägen. Es wird hiermit nach Willigs Analyse eine Version von

Entscheidungsverhalten konstruiert, die jeden Eindruck vermeidet, die Entscheidung sei oberflächlich oder spontan gefallen.

Der letzte Analyseschritt ist das *Schreiben*. Dabei geht man davon aus, dass das Schreiben selbst zu einer klärenden Analyse führt. Der Versuch eine klare und kohärente Erklärung zu finden erlaubt dem Diskursanalytiker, Inkonsistenzen aufzuspüren und Spannungen im Text zu entdecken, die wiederum zu neuen Einsichten führen können. Das Schreiben wird als eine „Rekonstruktion" der Bedeutung des Texts gesehen, dem eine „Dekonstruktion" (die Identifikation der wichtigen Inhalte des Texts) vorausging.

Foucault'sche Diskursanalyse

Eine weitere Art von Diskursanalyse geht zurück auf den französischen Philosophen Michel Foucault (1926-1984) und wurde in den späten 1970er Jahren in die Psychologie eingeführt (siehe Parker, 1992). Zentrale Fragen der Foucault'schen Diskursanalyse sind: „Was charakterisiert die diskursiven Welten, in denen Menschen leben?" und „Was sind die Implikationen dieser diskursiven Welten für mögliche Lebensweisen?" Stärker als bei der diskursiven Psychologie, bei der das Hauptaugenmerk darauf gerichtet ist, wie Menschen Diskurse benutzen um ihre Zwecke zu verfolgen, achtet man bei der Foucault'schen Diskursanalyse auch darauf, wie Diskurse ihre Benutzer beeinflussen.

Über die Anzahl der Schritte bei der Foucault'schen Diskursanalyse gibt es unterschiedliche Ansichten. Wir folgen hier wieder Willig (2003), die vorschlägt, in sechs Schritten vorzugehen, wobei das Augenmerk sukzessive auf Aspekte des zu analysierenden Textes gerichtet werden soll, die folgendermaßen bezeichnet sind: „Diskursive Konstruktionen", „Diskurse", „Handlungsorientiertheit", „Positionierungen", „Praxis" und „Subjektivität".

Der erste Schritt der Analyse befasst sich mit *diskursiven Konstruktionen*, das heißt, mit der Auswahl von und Suche nach diskursiven Objekten. Welche Objekte ausgewählt werden, hängt von der Fragestellung ab. Ein diskursives Objekt könnte beispielsweise „Krankheit" sein und in diesem ersten Schritt würde man nach den Stellen im Text suchen, in denen Krankheit thematisiert (konstruiert) wird. Dabei muss nicht unbedingt der entsprechende Begriff auftauchen. Indirekte Verweise wie beispielsweise „die schlimme Sache" oder „der Zustand" könnten darauf hindeuten, dass das diskursive Objekt als etwas „Unaussprechliches" konstruiert wird. Im Beispiel in Tabelle 25.1 ist das diskursive Objekt „Beziehung" und ist als soziales Arrangement mit Anfang und Ende konstruiert, das Sicherheit im Austausch für Investition von Zeit und Emotionen garantiert.

Im nächsten Schritt werden die *Diskurse* zu einem diskursiven Objekt genauer analysiert. So könnte beispielsweise eine Frau in einem Interview zur Krebserkrankung ihres Mannes einen „medizinischen Diskurs" führen (über Diagnosen und Behandlung), einen „psychologischen" (Erklärungen darüber, warum ihr Mann die Krankheit bekam) oder einen „Beziehungs-Diskurs" (Beschreibung, wie sie zusammen gegen die Krankheit kämpfen). In unserem Textausschnitt (Tabelle 25.1) wird laut Willig (2003, 176) ein „ökonomischer Diskurs" (soziales Arrangement) geführt. Ein anderer möglicher Diskurs über das diskursive Objekt „Beziehung" wäre natürlich auch ein „romantischer Diskurs".

Der dritte Schritt der Analyse befasst sich mit der *Handlungsorientiertheit* der Diskurse: „Was wird gewonnen, wenn das Objekt auf diese Weise konstruiert wird?" „Was ist die Funktion der Konstruktion und wie hängt sie mit anderen Konstruktionen im umgebenden Text zusammen?" So könnte etwa ein medizinischer Diskurs über die Krebserkrankung des Ehemanns als Funktion für die Ehefrau haben, die Verantwortung an die Ärzte zu übertragen; oder ein Beziehungs-Diskurs könnte ausdrücken, dass sie einen großen Anteil an der Wiedergenesung des Ehemanns nach einer Operation hatte. Dem Textausschnitt in Tabelle 25.1 ging ein anderer Ausschnitt voran, in dem deutlich wurde, dass die Freunde der Frau froh waren, dass sie ihren Partner verlassen hatte. Die Konstruktion der Beziehung als soziales Arrangement könnte dem Eindruck entgegenwirken, dass der Expartner das Opfer einer egoistischen und spontanen Entscheidung war. Diese Konstruktion bringt den Fokus auf gegenseitige Unterstützung in einer Partnerschaft und die Auswirkungen auf die Gefühle („It's so hard ... it's just so hard", Zeile 10-11) und macht somit laut Willigs Analyse deutlich, dass die Partnerin verantwortungsbewusst gehandelt hat.

Im vierten Schritt der Foucault'schen Diskursanalyse geht es um *Positionierungen*: Wie positionieren sich die Protagonisten mit ihren Konstruktionen? Die Idee hierbei ist, dass die Diskurse mögliche Positionen für die Protagonisten zur Verfügung stellen, die diese einnehmen können oder auch nicht. Ein Diskurs beinhaltet Rechte und Pflichten für die Person, die ihn nutzt. Der Diskurs „soziales Arrangement" beispielsweise positioniert die Partner als hochgradig voneinander abhängige Personen. Das Involviertsein in einer Beziehung schränkt die Freiheit und Mobilität der Partner ein und bindet sie aneinander durch Investitionen, eine gemeinsame Geschichte und Emotionen („there's all these you know ties and emotional baggage which ... you're carrying", Zeile 11-12). Eine durch diesen Diskurs mögliche Positionierung wäre die als sozial verantwortlich handelnde Personen, die voneinander abhängig sind und die schwierige Aufgabe haben, ihre Interessen innerhalb der Beziehung zu verwirklichen.

Der vorletzte Schritt der Analyse befasst sich mit der *Praxis*, den Möglichkeiten, die der Diskurs für Handlungen bietet. Diskurse schränken auch ein, was gesagt oder getan werden kann. Ein soziales-Arrangement-Diskurs würde implizieren, dass ein Partner Verantwortung für das Wohlergehen des anderen übernimmt (Zeile 19) und dass er sich über die Zukunft des anderen sorgt.

Der sechste und letzte Schritt schließlich ist der spekulativste, weil der Diskursanalytiker hier Beziehungen herstellt zwischen den diskursiven Konstruktionen und dem *subjektiven Erleben* der Protagonisten. Dabei geht es darum, was diese ausgehend von der im Diskurs eingenommen Position fühlen, denken und erfahren *könnten*, da die Frage, was Personen tatsächlich fühlen, denken oder erfahren aufgrund einer Diskursanalyse alleine nicht mit Sicherheit beantwortet werden kann. Aus unserem Textausschnitt könnte beispielsweise geschlossen werden, dass mögliche Gefühle für die Protagonistin Schuldgefühle und Bedauern sein könnten („You start taking responsiblity for them and for how they'll cope afterwards you know maybe to the detriment to your own personal sort of well-being", Zeile 19-21).

Art der Theorien

Theorien, die mit Hilfe diskursanalytischer Ansätze konstruiert werden, sind nie „neutral" oder „objektiv", da Diskurse immer Funktionen haben, die häufig auch mit Machtfragen zu tun haben. So wundert es nicht, dass diese Methode relativ verbreitet in der Feminismus-Forschung (z.B. Edley & Wetherell, 2001) ist. Ein Extremfall (extrem, weil nur auf eine einzige Person bezogen) einer diskursanalytisch gewonnenen Theorie könnte wohl eine „Theorie" sein, die ein Therapeut aufgrund der Gesprächsprotokolle über seinen Klienten erstellt. Aber es gibt auch Versuche, allgemeine Aussagen zu machen, beispielsweise darüber, wie Raucherinnen ihr Rauchen rechtfertigen und wie das für Präventionsprogramme genutzt werden kann (Gillies, 1999) oder darüber, welche Funktion Gespräche beim Essen haben (Wiggins, Potter & Wildsmith, 2001). Die Art der Theorien wird naturgemäß eingeschränkt auf solche inhaltlichen Bereiche, in denen es Diskurse gibt und selbst hier setzen die einzelnen Ansätze unterschiedliche Schwerpunkte. So sieht die diskursive Psychologie den Sprecher eher als aktiv Handelnden, der diskursive Strategien benutzt um Ziele zu erreichen, während in der Foucault'schen Diskursanalyse der Diskurs und seine Auswirkung auf die beteiligten Personen im Vordergrund steht. Es gibt jedoch mittlerweile auch Versuche, unterschiedliche Arten von Diskursanalyse in einen allgemeinen Ansatz zu integrieren (Wetherell, 1998).

25.3 Der qualitative Forschungsprozess

Der qualitative Forschungsprozess folgt meist nicht einem linearen Ablauf, sondern kann und sollte auch flexibel gestaltet werden. Wenn bei der Analyse von Daten neue Fragen auftauchen, kann das dazu führen, dass zunächst neue Daten erhoben werden; und diese neuen Daten wiederum können die Theorieentwicklung – denn darum geht es ja häufig bei qualitativen Methoden – wieder in eine neue Richtung lenken. Im Folgenden werden wir aber trotzdem aus Darstellungsgründen diese beiden Phasen des Forschungsprozesses, die Datensammlung und die Datenanalyse, gesondert betrachten und auf deren Besonderheiten in der qualitativen Forschung eingehen.

25.3.1 Datensammlung

Obwohl auch qualitativ arbeitende Forscher manchmal von sehr präzisen Fragen oder Hypothesen ausgehen und diese überprüfen möchten, sind explorative Studien mit der Intention, Hypothesen oder Theorien zu generieren, weitaus häufiger. Die am häufigsten angewandten Methoden der Datensammlung scheinen dabei unterschiedliche Versionen des Leitfadeninterviews zu sein, also teilweise vorstrukturierte, aber relativ wenig standardisierte mündliche Befragungen (siehe Kapitel 4). Die in der qualitativen Forschung untersuchten Fragen befassen sich häufig mit dem subjektiven Erleben der untersuchten Personen und dafür müssen nicht selten passende Fragetechniken erst entwickelt werden. Da bei introspektiven Techniken die Fehleranfälligkeit sehr hoch ist, insbesondere dadurch, dass die Befragten dazu tendieren, ihre Erfahrungen und Eindrucke sofort zu interpretieren, müssen auch besondere Vorsichtsmaßnahmen getroffen werden. Insbesondere sollten die Forscher, unabhängig davon, ob sie qualitativ oder quantitativ arbeiten, versuchen, eigene Erwartungen und Vorstellungen möglichst auszublenden oder sich ihrer zumindest bewusst zu sein. Wir werden darauf im Abschnitt zu den Gütekriterien noch einmal eingehen. Außerdem ist in manchen Fällen der Zugang zu den relevanten Gedächtnisinhalten nicht einfach und muss vorbereitet werden. Im Kasten „Der Zugang zur ‚intuitiven Erfahrung'" wird ein Beispiel hierzu beschrieben.

Eine weitere, relativ verbreitete Methode, zu Daten zu kommen, sind Gruppenbefragungen, insbesondere Fokusgruppen (Wilkinson, 1998; 2003; siehe auch Kapitel 4). Darüber hinaus können alle Arten von verbalen oder verbalisierbaren Daten (wie etwa Filme oder Beobachtungsprotokolle) die Ausgangsbasis für qualitative Analysen sein, in Ausnahmefällen auch ausschließlich visuelle Daten wie etwa Fotografien (siehe Flick, 2004).

HINTERGRUND

Der Zugang zur „intuitiven Erfahrung" Wie entstehen plötzliche wichtige Einsichten? Wie gelangten Archimedes, Gauss, Kékulé, Pasteur, Heisenberg und viele andere Wissenschaftler zu ihren bahnbrechenden Einfällen? Gibt es dafür ein allgemeines Muster? In entsprechenden anekdotischen Berichten werden solche Einsichten häufig als plötzlich, unerwartet und ohne vorausgehendes tiefes Nachdenken auftretend beschrieben. Muss man sich mit dieser Beschreibung zufrieden geben oder gibt es eine Möglichkeit, solche intuitiven Erfahrungen doch genauer zu beschreiben? Dieser Frage widmete sich Petitmengin-Peugeot (1999). Sie befragte Psychotherapeuten (z.B. über plötzliche Einsichten zu Problemen der Klienten), Wissenschaftler (z.B. einen Astrophysiker über seine plötzliche Intuition über die logische Struktur der Quantenmechanik), Künstler (z.B. über Momente kreativer Intuitionen) und „normale Leute" (z.B. über intuitives Verhalten in einer hoffnungslosen Situation). Um keine „nachträglichen Erklärungen" zu erhalten, sondern Zugang zu der tatsächlichen Erfahrung zu erlangen, wandte sie eine Reihe von „Vorsichtsmaßnahmen" an. Zunächst führte sie die Befragten (in deren Imagination) zu der konkreten Situation zurück, in der sie ihre intuitive Einsicht hatten und versuchte, sie dahin zu bringen, ihre Erfahrung noch einmal durchzuleben. Das beinhaltete den Einbezug aller sensorischen und emotionalen Erfahrungen (z.B. Wie hat es gerochen? Welche Empfindungen hatten sie? Wie hat sich die Sitzfläche des Stuhls angefühlt? usw.). Als Indikatoren, dass sich die Versuchsteilnehmer tatsächlich in die Situation begeben hatten, benutzte sie unter anderem das Blickverhalten (Versuchsteilnehmer sollte Augenkontakt aufgegeben haben) und das sprachliche Verhalten (Präsens statt Vergangenheit als Indikator, keine Kommentare oder Urteile). Wenn deutlich wurde, dass die Versuchsteilnehmer sich aus der Situation wegbewegten, brachte sie sie wieder dorthin zurück. Sie achtete auch auf die Sprechgeschwindigkeit und forderte die Teilnehmer auf, ihr Sprechtempo zu verlangsamen und sich Zeit zu lassen (und nicht schon „vorgedachte" Wissensinhalte zu berichten), wenn das nicht sowieso der Fall war. Bei der Befragung achtete sie darauf, keine „warum"-Fragen zu stellen und keine Inhalte in der Frage mit vorzugeben. Wenn den Teilnehmern gleichzeitiges Verbalisieren nicht möglich war, wurden sie gebeten, die Situation, eventuell aufgeteilt in Abschnitte, schweigend zu durchleben und im Anschluss daran ihr Erleben zu berichten. Petitmengin-Peugeot kam in ihrer Studie tatsächlich zu dem Schluss, dass die Entstehung von Intuitionen einem allgemeinen Muster folgt (zu Einzelheiten siehe Petitmengin-Peugeot, 1999).

25.3.2 Datenanalyse

Bei der qualitativen Datenanalyse sind letztlich die Forscher die „Analyseinstrumente". Das birgt natürlich eine große Gefahr für Fehleinschätzungen und unzutreffende Interpretationen. Unter dem Mäntelchen der Wissenschaftlichkeit könnte man versucht sein, gerade diejenigen Teile aus den verbalen Daten als Belege zu benutzen, die den eigenen Vorstellungen am Besten entsprechen. Außerdem scheint es vereinzelt die Illusion zu geben, dass qualitative Datenanalyse leichter sei als quantitative. Gerade wegen der deutlich höheren Fehleranfälligkeit, und natürlich auch wegen der komplexen Natur der Daten, ist richtig betriebene qualitative Datenanalyse deutlich aufwändiger und in vielerlei Hinsicht auch anspruchsvoller als die konventionelle Vorgehensweise.

Kunst oder Technik?

Es mag Forscherinnen und Forscher geben, die eine natürliche Begabung dafür haben, effektive Befragungen durchzuführen und bei der Datenanalyse „verborgene Sinnzusammenhänge" aufzuspüren. Eine solche Sensibilität ist möglicherweise bis zu einem bestimmten Ausmaß trainierbar. Trotzdem muss der Prozess der Datenanalyse auch für entsprechend geschulte Kolleginnen und Kollegen immer nachvollziehbar sein. Wenn er das nicht mehr ist, könnte das durchaus Kunst sein, aber eben keine Wissenschaft mehr. Angesichts der großen Anzahl und der Vielfalt der qualitativen Ansätze erscheint es auf den ersten Blick als hoffnungsloses Unterfangen, eine Sammlung nachvollziehbarer Techniken zu erstellen. Miles und Huberman (1994) haben jedoch gezeigt, dass dies möglich ist und dass zumindest ein großer Teil der in unterschiedlichen Ansätzen benutzten Analysetechniken vielen dieser Ansätze im Grunde gemeinsam ist. Miles und Huberman beschreiben viele Techniken im Detail und argumentieren, dass nicht nur die Techniken, sondern der typische Ablauf bei qualitativen Studien einem gemeinsamen Muster folgt, auf das wir zu Anfang des Kapitels schon eingegangen sind (siehe Abbildung 25.2 und Abbildung 25.3). Das spricht dafür, dass qualitative Methoden in der Regel erlernbare Techniken und nicht (möglicherweise angeborene) Kunstfertigkeiten sind.

Generelle Vorgehensweise

In nahezu allen Ansätzen ist die Ausgangsbasis für die Analyse ein Text, der häufig aus einer Transkription eines Interviews oder Gesprächs resultiert, der aber auch das Ergebnis einer „verschriftlichten" Verhaltensbeobachtung sein kann. Hierbei ist es häufig nicht notwendig, das gesamte Gespräch oder Geschehen zu transkribieren. Nach einer ersten Prüfung des Materials lässt sich oft relativ eindeutig bestimmen, welche Textteile für die untersuchte Fragestellung relevant sind und welche nicht. Nur die relevanten Bestandteile sollten angesichts des zeitlichen Aufwands transkribiert werden. Der erste Analyseschritt besteht dann in der Regel darin, diesen Text möglichst unvoreingenommen zu lesen. Ohne die Bereitschaft, offen zu sein für die Aussage des Textes, ist eine qualitative Analyse immer potenziell fehlerbehaftet. Eindrücke, die beim ersten Lesen entstehen, sollten festgehalten werden (z.B. in Form von Memos; dieses Festhalten von Eindrücken sollte während der Datenanalyse und, falls das möglich ist, auch schon bei der Datensammlung erfolgen). Im nächsten Schritt wird der Text codiert. Hierfür gibt es sehr viele unterschiedliche Vorschläge. Einen relativ gut ausgearbeiteten Vorschlag bietet die Grounded Theory an (siehe Abschnitt 25.2.2). Mit dem Kategorisieren verbunden ist auch immer, die Kategorien in ihren Kontext zu stellen und nach Gemeinsamkeiten, Unterschieden, Verbindungen, Wirkungen etc. zu suchen. Das bedeutet zum einen, dass man darauf achten muss, die Kategorisierungen konsistent innerhalb eines Textes und auch über unterschiedliche Texte hinweg vorzunehmen, aber auch, nach systematischen Verbindungen zwischen den Kategorien zu suchen. Schon während der Codierungsarbeit sollen Interpretationen festgehalten werden (z.B. wieder in der Form von Memos), aber vor allem nach einem (vorläufigen) Abschluss der Textanalyse versucht man, unter dauerndem Rückbezug zu früheren Schritten (bis hin zum Ausgangstext) bedeutsame Muster und Strukturen zu finden. Es ist in den meisten Fällen nicht sinnvoll, eine Theorie auf ein einziges Interview zu gründen. Wenn man nach allgemein gültigen Aussagen sucht, ist es notwendig, zu zeigen, dass entsprechende Strukturen sich in Texten von unterschiedlichen (z.B. mit Hilfe des Theoretical Sampling systematisch ausgesuchten) Personen auffinden lassen.

25.3.3 Gütekriterien

Manche qualitativ arbeitende Forscher, wie beispielsweise Mayring (2003), orientieren sich noch an konventionellen Gütekriterien. Einige „Konstruktivisten" hingegen lehnen es generell ab, Qualitätskriterien für die qualitative Forschung zu formulieren (siehe Steinke, 2004). Die Mehrheit der Forscher würde aber wahrscheinlich argumentieren, dass in der qualitativen Forschung vielfach die Standards aus der konventionellen Forschung – Objektivität, Reliabilität und Validität für die Beurteilung von Messungen (siehe Kapitel 3) sowie externe Validität für die Verallgemeinerbarkeit von Ergebnissen (siehe Kapitel 4) und interne Validität als Grundlage für Kausalschlüsse (siehe Kapitel 5) – nicht erreichbar, bzw. nicht anwendbar sind, dass es aber notwendig ist, Gütekriterien zu benutzen, die denen der konventionellen Forschung teilweise recht nahe kommen. Einige dieser Gütekriterien werden im Folgenden diskutiert (siehe hierzu auch Flick, 2004, Kapitel 18).

Prozedurale Reliabilität

Die Bestimmung der Reliabilität in der klassischen Konzeption setzt die Stabilität der untersuchten Kennwerte voraus (siehe Kapitel 3). Beispielsweise macht die Berechnung der Retest-Reliabilität bei einem Intelligenztest nur Sinn, wenn man annehmen kann, dass sich die Intelligenz beim zweiten Messzeitpunkt nicht geändert haben. Aber auch andere Arten der Reliabilitätsbestimmung, bei denen die Lösungen in verschiedenen Teilen von Tests miteinander verglichen werden, setzen voraus, dass sich die Leistung der Probanden über den Testverlauf hinweg nicht verändern. Ein solches Konzept macht bei der Erhebung von qualitativen Daten oft wenig Sinn. Wenn eine Person bei wiederholten Befragungen stereotyp sich wiederholende Aussagen macht, würde das den Forscher wohl eher stutzig machen. Die *prozedurale Reliabilität* hat dagegen den Zweck, die Verstrauenswürdigkeit von Daten und Interpretationen zu erhöhen, indem man die Prozedur weitgehend standardisiert. Das entspricht allerdings mehr dem klassischen Konzept der Objektivität als dem der Reliabilität. Man kann beispielsweise Konventionen für die Aufzeichnung von Notizen vorgeben, man kann Leitfäden für Leitfadeninterviews so weit wie möglich spezifizieren, man kann Interviewer schulen, sich ihrer eigenen Erwartungen und Wünsche bewusst zu werden und Interpretationen möglichst zu vermeiden, und man kann das Vorgehen bei der Codierung und der Interpretation von Texten möglichst nachvollziehbar machen.[4] Die Methode des konstanten Vergleichs in der Grounded Theory, in der etwa die Interpretation einer Textstelle immer an anderen Ausschnitten desselben Texts oder an anderen Texten überprüft wird, ist ein Beispiel für eine Methode, die die prozedurale Reliabilität erhöht.

Alternative Sicht der Validität

Die Frage nach der Validität in der qualitativen Forschung ist die Frage danach, wie gut das Verhältnis zwischen den tatsächlichen Zusammenhängen und der Version, die der Forscher davon liefert, ist. Dieses Verhältnis könnte beispielsweise dadurch beeinträchtigt sein, dass eine Interviewsituation die Interviewten dazu bewegt, bewusst oder unbewusst die Unwahrheit zu sagen. Eine Analyse der Untersuchungssituation (Gibt es Anhaltpunkte oder mögliche Gründe für solche Verfälschungen?) kann helfen, hierüber mehr Klarheit zu gewinnen. In diese Analyse können auch die Interviewpartner mit einbezogen werden. Eine direktere Art, zu überprüfen, ob die Interpretation des Forschers valide ist, also den Tatsachen entspricht, besteht in der *kommunikativen Validierung*. Damit ist nichts anderes gemeint, als dass den Befragten die Ergebnisse von Analyse und Interpretation vorgelegt werden und sie dazu Stellung nehmen können. Das kann durch direkte Fragen oder mit Hilfe indirekter Techniken geschehen (siehe z.B. Scheele & Groeben, 1988). Die kommunikative Validierung setzt natürlich voraus, dass die Befragten überhaupt Zugriff zu den relevanten Inhalten haben (dass es sich dabei also beispielsweise nicht um unbewusste Prozesse handelt) und dass sie auch die Wahrheit sagen.

Triangulation

Ein geflügelter Begriff in der qualitativen Forschung ist die *Triangulation*. Er wurde in die qualitative Methodenliteratur aus der Landvermessung importiert und bedeutet, dass ein Forschungsgegenstand von mindestens zwei Perspektiven aus betrachtet wird. Denzin (1978) schlug vier Arten der Triangulation vor, die er zunächst als Strategien der Validierung verstand, später aber (Denzin 1989) als Strategien auf dem Weg zu einem tieferen Verständnis des untersuchten Gegenstandes. Bei der *Daten-Triangulation* werden neben Interviewdaten beispielsweise auch Video-Daten oder Fotos benutzt. Die *Forscher-Triangulation* bedeutet, dass unterschiedliche Beobachter oder Interviewer eingesetzt werden, um Verzerrungen einzelner Forscher aufzudecken oder zu minimieren. Ein dritter Typ von Triangulation ist die *Theorien-Triangulation*, die beinhaltet, dass verschiedene theoretische Sichtweisen nebeneinander gestellt wer-

---

4   Auf diese Weise könnte man auch dem Konzept der „Retest-Reliabilität" wieder näher kommen. Wenn es beispielsweise darum geht, überdauernde Eigenschaften einer Person oder Personengruppe mittels eines Leitfadeninterviews zu untersuchen, dann sollten, falls die entsprechenden Eigenschaften tatsächlich stabil sind, unterschiedliche Forscher, die auf dieselbe Weise vorgehen, auch zu vergleichbaren Ergebnissen kommen (falls die prozedurale Reliabilität hoch ist).

den sollen, um ihre Nützlichkeit und Erklärungskraft zu prüfen. Schließlich schlägt Denzin noch die *methodologische Triangulation* vor, die zwei Subtypen enthält, die *Within-Method-Triangulation* und die *Between-Method-Triangulation*. Ein Beispiel für Erstere wäre die Verwendung verschiedener Interviewtechniken, während die Kombination eines Leitfaden-Interviews mit einem Fragebogen ein Beispiel für die Between-Method-Triangulation wäre.

Verallgemeinerung

Da es in der qualitativen Forschung keine Zufallsstichproben und auch kaum repräsentative Stichproben gibt, ist die externe Validität im klassischen Sinne so gut wie nie gegeben. Wie kann man seine Ergebnisse trotzdem verallgemeinern? Zwei Hilfen hierzu haben wir bei der Beschreibung der Grounded Theory schon erwähnt: Die *Methode des konstanten Vergleichs,* mit Hilfe derer man feststellen kann, ob Gemeinsamkeiten über verschiedene Fälle hinweg existieren, und das *Theoretical Sampling,* mit der man gezielt versuchen kann Aussagen, die man für eine Auswahl von Personen machen kann, dadurch zu falsifizieren, indem man nach „extremen" Fällen sucht und überprüft, ob diese Aussagen auch für sie noch zutreffen. Eine Weiterentwicklung der Methode des konstanten Vergleichs ist die *Fallkontrastierung und Idealtypenbildung.* Dabei sollen ein „minimaler Vergleich" von möglichst ähnlichen Fällen und ein „maximaler Vergleich" von möglichst unterschiedlichen Fällen auf Unterschiede und Gemeinsamkeiten helfen, die Endpunkte (durch den maximalen Vergleich) und das Zentrum (durch den minimalen Vergleich) des im empirischen Material enthaltenen Spektrums zu finden.

Generelle Hilfen

In jedem Fall hilfreich sind drei Vorgehensweisen (die auch im konventionellen Ansatz nicht schaden können). Zunächst sollten Interpretationen und Schlussfolgerungen immer wieder anhand eines Rückbezugs auf die Datengrundlage überprüft werden, um unzutreffende Schlussfolgerungen zu vermeiden. Auch eine unabhängige Analyse durch mehrere (geschulte) Personen kann nie schaden: Wenn sie übereinstimmen, ist das ein Indikator für die Verlässlichkeit der entsprechenden Codierungen und Interpretationen und wenn das nicht der Fall ist, der Ausgangspunkt für entsprechende Klärungen. Schließlich ist, wie bei jeder Art von Forschung, das kritische Feedback von unabhängigen Kollegen von unschätzbarem Wert. Dabei kann es sogar von Vorteil sein, wenn die Kollegen in dem entsprechenden Gebiet nicht besonders bewandert sind: Manchmal tendieren Forscher, die lange in einem bestimmten Gebiet arbeiten, dazu, an identischen „blinden Flecken" zu leiden.

25.4 Qualitative Methoden: Eine kritische Bewertung

Wir haben in diesem Kapitel versucht, einen möglichst unvoreingenommenen Überblick über qualitative Methoden zu geben. Die Beschreibung dreier ausgewählter Ansätze sollte einen Eindruck über das Spektrum der qualitativen Ansätze geben. Aber schon nach dieser eingeschränkten Behandlung des Themas ist offensichtlich, dass sich qualitative Methoden nicht nahtlos in die Methoden und Verfahren einreihen lassen, die wir bislang in diesem Buch behandelt haben. Angesichts der Diskrepanz zwischen den beiden generellen Ansätzen – qualitativ vs. konventionell – kommen wir nicht umhin, eine Wertung vorzunehmen. Wie könnte so eine Wertung aussehen? Da wir uns bislang exklusiv (mit Ausnahme einiger Abschnitte in den Kapiteln 2 und 4) mit dem konventionellen Ansatz beschäftigt haben, war nicht zu erwarten, dass wir nun vorschlagen, diesen Ansatz zugunsten einer qualitativen Vorgehensweise aufzugeben. Wie könnte man, ausgehend von dieser Position, mit dem qualitativen Ansatz verfahren? Ein Extrem wäre, zu sagen, dass der qualitative Ansatz nichts wirklich Neues ist – jede konventionelle Analyse enthält qualitative Elemente – und dass man alle sinnvollen Fragestellungen der Psychologie mit Hilfe des konventionellen Ansatzes untersuchen kann: Der qualitative Ansatz ist also im konventionellen Ansatz enthalten. Ein anderes Extrem wäre, zu postulieren, dass alle Fragestellungen, die man *nicht* mit Hilfe des konventionellen Ansatzes untersuchen kann, sowieso sinnlos sind: Der qualitative Ansatz wäre somit überflüssig. Angemessener, nicht zuletzt aus pragmatischen Gründen, scheint uns aber eine Zwischenposition zu sein: Der konventionelle Ansatz sollte, wann immer das sinnvoll ist, um qualitative Methoden erweitert werden.

Wir werden uns später damit befassen, was diese pragmatischen Gründe sind und wann uns der Einsatz qualitativer Methoden sinnvoll erscheint. Zuvor aber widmen wir uns einigen potenziellen Einwänden gegen die Vereinbarkeit der beiden Ansätze. Die Methoden, die wir bisher in dem Buch beschrieben haben, setzen voraus, dass menschliches Erleben und Verhalten Gesetzmäßigkeiten folgt und dass man diese Gesetzmäßigkeiten im Prinzip (mit genau diesen Methoden) erforschen kann. Um sie aber erforschen zu können, muss es möglich sein, entsprechende sinnvolle Messungen vorzunehmen. Darüber hinaus muss es möglich sein, im Prinzip darüber entscheiden zu können, ob eine Theorie oder Hypothese zutrifft oder nicht. Das im konventionellen Ansatz allgemein akzeptierte Kriterium hierfür ist das Falsifikationskriterium. Wie steht es mit Messung und Falsifikationskriterium im qualitativen Ansatz?

25.4.1 Qualitative „Messung"

Manche Leser haben beim Nachvollziehen der Beispiele in Absatz 25.2 vielleicht gedacht: „Klingt ja ganz plausibel, aber könnten diese protokollierten Äußerungen nicht vielleicht auch etwas ganz anderes bedeuten?" Die hier angedeutete Beliebigkeit der Interpretationen (der Codierungen) von Textausschnitten hat mit der Frage zu tun, ob das Repräsentationsproblem (siehe Kapitel 3) bei qualitativen Messungen überhaupt lösbar ist. Sie hat zudem damit zu tun, welche Rolle die Subjektivität des Messenden bei der Messung spielt. Schließlich sehen die „Messungen" in den oben erwähnten Beispielen deutlich anders aus als die Daten, mit denen wir es bisher in diesem Buch zu tun hatten: Was ist die Besonderheit an qualitativen Messungen? Mit diesen drei Aspekten der qualitativen Messung befasst sich der folgende Absatz.

Das Repräsentationsproblem bei qualitativen Messungen

In Kapitel 3 haben wir erläutert, dass Messung in der Psychologie bedeutet, die Werte von Variablen (Merkmale oder Eigenschaften) von Merkmalsträgern (Personen oder Objekten) zu bestimmen. Das ist nur sinnvoll möglich, wenn die zur Verfügung stehenden Zahlen und die Relationen zwischen diesen (das numerische Relativ) die zu messenden Merkmalsträger und die Relationen zwischen ihnen (das empirische Relativ) gut abbilden (homomorphe Abbildung). Das bedeutet beispielsweise, dass Messung in der Lage sein sollte, ängstlicheren Menschen auch höhere Ängstlichkeitswerte zuzuordnen oder dass, wenn eine Person ängstlich ist und die andere nicht, das auch in den entsprechenden Messwerten abgebildet sein sollte. Ersteres wäre eine Messung auf Ordinalskalenniveau und letzteres eine auf Nominalskalenniveau. Ist so eine Abbildung bei qualitativen Messungen überhaupt möglich oder kann, mit anderen Worten, das Repräsentationsproblem bei dieser Art von Messung gelöst werden?

Auf den ersten Blick sieht es nicht danach aus: In fast allen Fällen sind qualitative Messergebnisse keine Zahlen, sondern Texte. Das ist aber auch im konventionellen Ansatz nicht so selten. Bei manchen standardisierten Fragebögen etwa muss man sich für eine von zwei oder mehreren Aussagen entscheiden (z.B. „Ich bin im Grund eher ein ängstlicher Mensch – stimmt/stimmt nicht"). Die Zahlen kommen hier erst im nächsten Schritt ins Spiel (z.B. „1" für „stimmt" oder „0" für „stimmt nicht"). Ob man nun die Zahlen „1" und „0" oder etwa die Antworten „Ja" und „Nein" benutzt, macht selbst für Berechnungen keinen Unterschied. Den Anteil der zustimmenden Antworten könnte man beispielsweise berechnen, indem man den Mittelwert aller Antworten mit „1" (stimme zu) und „0" (stimme nicht zu) berechnet oder aber indem man die Anzahl der „Ja"-Antworten durch die Anzahl aller Antworten teilt. Bei nominalskalierten Variablen – darum handelt es sich in diesem Fall – sind also Zahlen für die Messung nicht unbedingt erforderlich. Zahlen stehen in diesem Fall nur für Kategorien und man kann auch diese Kategorien selbst benutzen. Genau das passiert bei der qualitativen Messung: Text wird (beim Codieren) in Kategorien übersetzt. Man kann also argumentieren, dass qualitative Messung mindestens auf Nominalskalenniveau stattfindet und dass auch für sie das Repräsentationsproblem zumindest im Prinzip gelöst ist.[5] Das schließt jedoch (genauso wie im konventionellen Ansatz) nicht aus, dass die Messungen falsch sein können. Lediglich die Wahrscheinlichkeit hierfür (z.B. für eine fehlerhafte Kategorisierung) dürfte im qualitativen Ansatz höher sein und auch die Komplexität der Kategorien wird häufig relativ hoch sein.

Die Subjektivität qualitativer Messungen

Qualitativ arbeitende Forscher sind selbst die „Mess- und Interpretationsinstrumente". Das führt zu einem hohen Maß an Subjektivität in der Forschung. Diese Subjektivität ist zum einen gewünscht, weil man davon ausgeht, dass sie es erst ermöglicht, Einsichten in das subjektive Erleben anderer Menschen zu erlangen, die mit konventionellen quantita-

---

5 In manchen Fällen kann man auch postulieren, dass bei qualitativem Vorgehen Messungen (Codierungen) nicht nur auf Nominal-, sondern auch auf Ordinalskalenniveau durchgeführt werden können (siehe z.B. Abbildung 25.5).

tiven Methoden nur schwer zustande kommen. Zum anderen birgt die Subjektivität die Gefahr, Sachverhalte zu „sehen", die nicht vorhanden sind. Das aus den Naturwissenschaften übernommene Ideal der Objektivität von Forschung ist aber selbst in der konventionellen Vorgehensweise kaum erreichbar. Subjektivität ist, manchmal etwas versteckt, immer Bestandteil des gesamten Forschungsprozesses. Bei der konventionellen wissenschaftlichen Methode beginnt man mit einer Theorie. Wie man auf diese Theorie kommt und wie man sie modifiziert, enthält ein hohes Maß an Subjektivität, genauso wie die Auswahl der spezifischen Hypothesen, die anschließend überprüft werden sollen. Häufig gibt es im Forschungsprozess die Wahl zwischen mehreren Möglichkeiten, beispielsweise bei der Auswahl von Designs oder der Auswahl von Analyseverfahren. Auch hier ist die Vorgehensweise in den seltensten Fällen rein logisch deduktiv, sondern enthält subjektive Elemente (und wenn es nur die Entscheidung für ein bestimmtes Analyseverfahren ist, weil das die Arbeitsgruppe „schon immer genommen hat"). Selbst bei Signifikanztests stehen subjektive Entscheidungen an (siehe Kapitel 12). Insgesamt ist das Ausmaß an Subjektivität bei der konventionellen Vorgehensweise natürlich sehr viel geringer als bei der Anwendung qualitativer Methoden. Für sich genommen ist die Subjektivität von qualitativen Methoden aber kein Grund, auf sie zu verzichten. Man muss nur, angesichts der Beeinflussbarkeit von Wahrnehmung und Gedächtnis (siehe Kapitel 1) besonders vorsichtig mit Schlussfolgerungen umgehen. Die in Abschnitt 25.3.3 diskutierten Gütekriterien sind hierzu ein gutes Hilfsmittel. Wann immer die Subjektivität des Forschers eine Rolle spielt, sollte man versuchen, damit in einer methodischen Art und Weise umzugehen. Dafür bieten qualitative Methoden einige Unterstützung an.

Variablen untersuchen vs. nach Variablen suchen

Bei der herkömmlichen Vorgehensweise werden immer Variablen untersucht. Aus einer Theorie werden Hypothesen oder Fragestellungen abgeleitet, die sich auf spezifizierte Variablen beziehen. In den entsprechenden Studien werden dann die Werte von Merkmalsträgern (Versuchsteilnehmern) auf diesen Variablen gemessen. Dabei ist im Vornherein klar, welche Variablen gemessen werden sollen und welche Werte diese Variablen im Prinzip annehmen können. Bei der qualitativen Messung kann zu Beginn einer Studie beides noch relativ offen sein. Wenn beispielsweise untersucht werden soll, wie Menschen mit chronischen Krankheiten umgehen (siehe das Beispiel in Abschnitt 25.2.2), dann ist bei einer qualitativen Vorgehensweise nicht von vornherein klar, welche Variablen dabei eine wichtige Rolle spielen werden. Das kann erst nach der Analyse bestimmt werden. Bei der qualitativen Messung werden also als ein mögliches Resultat der „Messung" relevante Variablen im Verlauf der Untersuchung erst gefunden. Und in der Regel gehen qualitativ arbeitende Forscher auch nicht davon aus, schon alle möglichen Variablenausprägungen zu kennen.[6] Dies, das Auffinden interessanter und relevanter Variablen und Erkenntnisse über mögliche Ausprägungen dieser Variablen, könnte man als einen der wichtigsten Nutzen der Anwendung qualitativer Methoden sehen.

---

6 Manche qualitativ arbeitenden Forscher würden vielleicht nicht einmal von „Variablen" sprechen, sondern möglicherweise argumentieren, dass sie menschliches Erleben und Verhalten „ganzheitlich" verstehen wollen. Sieht man sich jedoch entsprechende Forschungsberichte an (z.B. die in diesem Kapitel zitierten), dann beziehen sich die dort zu findenden Analysen und Argumente fast immer auf das, was man im konventionellen Ansatz „Variablen" nennen würde.

25.4.2 Qualitative Methoden und Falsifizierbarkeit

Manche qualitativ arbeitenden Forscher würden vielleicht einwenden, dass es nicht nötig ist, sich um die Falsifizierbarkeit von Theorien Gedanken zu machen, denn qualitative Methoden sind kein Instrument zur Überprüfung von Theorien, sondern eines, das in erster Linie dazu beitragen soll, gute Theorien zu *finden*. Das wäre aber zu kurz gegriffen. Es nützt nichts, eine interessante Theorie zu finden, wenn diese falsch ist. Noch schlimmer wäre es, wenn die Theorie falsch ist und es niemand bemerkt. Kann man überhaupt feststellen, ob eine aus einer qualitativen Analyse entstandene Theorie falsch ist?

Zunächst einmal kann man falschen Theorien vorbeugen, indem man bei der „Theoriengenerierung" sehr sorgfältig vorgeht. Die Methode des konstanten Vergleichs (Abschnitt 25.2.2), die Einbeziehung mehrerer unabhängiger Codierer und die gezielte Suche nach widersprechender Evidenz durch „Theoretical Sampling" vermindern schon bei der Entstehung einer Theorie die Wahrscheinlichkeit, dass sie falsch ist. Darüber hinaus macht es wenig Sinn, beim ersten Entwurf einer Theorie – und das wird in der Regel das Resultat einer erfolgreichen qualitativen Vorgehensweise sein – stehen zu bleiben. Aus einer brauchbaren Theorie können Vorhersagen abgeleitet werden und diese Vorhersagen müssen überprüfbar sein. Wenn sie das sind, kann die Theorie auch falsifiziert werden. Auch wenn eine Theorie das Produkt einer qualitativen Vorgehensweise ist, wäre es äußerst unklug, nicht auch andere passende Methoden aus dem konventionellen Ansatz zu benutzen, um die Theorien zu überprüfen. Ein Teil der Überprüfung kann aber sicherlich auch mit qualitativen Methoden geleistet werden, z.B. indem eine Studie von einer unabhängigen Forschergruppe repliziert wird, wie das beispielsweise in der Anthropologie üblich ist (siehe Kirk & Miller, 1986).

Grenzen für die Falsifizierbarkeit von Theorien ergeben sich sicherlich bei einer konstruktivistischen Grundeinstellung, wie sie beispielsweise bei einigen diskursanalytischen Ansätzen zu finden ist (siehe Abschnitt 2.2.2 in Kapitel 2). Wenn jedes Individuum sich seine Welt selbst konstruiert, dann kann sich auch eine Theorie nur auf dieses Individuum beziehen und nur in Bezug auf dieses Individuum falsifiziert werden. Das jedoch dürfte äußerst schwierig sein. Die entscheidende Frage ist in diesem Fall jedoch, ob entsprechende Theorien in irgendeiner Weise für die Wissenschaft auch interessant sind, was getrost bezweifelt werden kann.

25.4.3 Wie man qualitative Forschung *nicht* betreiben sollte

Ein Grund, weswegen qualitative Forschung bei nicht wenigen Vertretern der wissenschaftlichen Psychologie nicht den besten Ruf genießt, ist wohl eine manchmal feststellbare gewisse Beliebigkeit der Anwendung qualitativer Methoden. Beim Lesen mancher Aufsätze über qualitative Forschung kann der Eindruck erweckt werden, dass die Autoren versuchen, eine plausible Idee dadurch zu „verwissenschaftlichen", dass sie schreiben, sie hätten die „Qualitative Inhaltsanalyse" oder die „Grounded Theory" (oder ein anderes Verfahren) bei der Datenanalyse verwandt. Wenn dann auch nur die „Ergebnisse" der Analyse berichtet werden oder einige „ausgewählte Beispiele", dann ist die Überzeugungskraft dieser Forschungsergebnisse natürlich nicht sehr hoch. Das wäre nichts anderes als die Argumentationsweise, die man in der Alltagspsychologie häufig findet, die aber auch sehr fehleranfällig ist (siehe Kapitel 1, Abschnitt 1.4).

Ein großer Unterschied zwischen konventionellen und qualitativen Methoden besteht darin, dass erstere sehr viel besser definiert sind: Wenn in einem Forschungs-bericht steht, dass die Daten mittels einer Regressionsanalyse analysiert wurden, gibt es wenig Spielraum für Mutmaßungen über das, was tatsächlich gemacht wurde. Wenn man jedoch liest, dass die Grounded Theory zur Analyse der Daten angewandt wurde, dann kann man zwar annehmen, dass die vorhandenen Texte in unterschied-lich stark abstrahierenden Codierungsschritten interpretiert wurden, aber es bleiben viele offene Fragen, die nur dadurch geklärt werden können, dass der gesamte Prozess von der Datenerhebung über die verschiedenen Interpretationsschritte bis hin zum Endergebnis der Interpretation detailliert – zumindest anhand einer repräsentativen Auswahl der (Zwischen-)Ergebnisse – beschrieben wird.

Qualitative Forschung ist sicherlich kein gutes Mittel um „schnell mal" Rechtferti-gungen für interessante Ideen oder Vermutungen zu erhalten. Sie kann diese Rechtfer-tigung zumindest teilweise liefern, aber nur, wenn sie sehr sorgfältig durchgeführt wird. Der Aufwand dafür wird in den meisten Fällen deutlich höher sein als – falls das für die betreffende Fragestellung möglich sein sollte – eine „quantitative" Studie durchzuführen.

25.4.4 Wann sind qualitative Methoden nützlich?

Wenn die konventionellen Methoden zur Untersuchung einer Fragestellung oder Hypo-these ausreichen, besteht unseres Erachtens kein Grund, zusätzlich qualitative Methoden einzusetzen, auch wegen des zusätzlichen (und möglicherweise nutzlosen) Arbeitsauf-wands. Qualitative Methoden befassen sich fast immer mit Kommunikationsprozessen, deren Analyse dazu benutzt wird, etwas über zugrunde liegende Denk- und Urteilspro-zesse, Wertvorstellungen, Weltbilder usw. herauszufinden. Eine Analyse solcher Kom-munikationsprozesse macht natürlich nur Sinn, wenn diese in Protokollen erfassten Pro-zesse im Prinzip auch die Antwort auf die untersuchte Fragestellung beinhalten. Das ist sicher nicht der Fall, wenn sich die Fragestellung auf die Untersuchung automatisierter Prozesse bezieht, die einer Introspektion nicht zugänglich sind. Ein Beispiel hierfür ist die Untersuchung von routinisierten Problemlöseprozessen bei Experten: Experten kön-nen Routineprobleme ohne besonderen Aufwand lösen, wissen aber oft selbst nicht genau, wie sie das machen. Eine Theorie darüber, was Experten darüber denken, wie sie ihre Probleme lösen, wie sie also ihre Problemlöseprozesse im Nachhinein „rationalisie-ren", könnte hingegen sehr wohl Gegenstand einer qualitativen Vorgehensweise sein. Auch Theorien über Urteils- und Gedächtnisfehler (siehe Kapitel 1) können offensicht-lich nicht Gegenstand einer qualitativen Vorgehensweise sein (weil sich die untersuch-ten Personen dieser Fehler in der Regel nicht bewusst sind), wohl aber wieder subjektive Theorien darüber, ob und wie solche Fehler zustande kommen können. Ähnliches gilt für Wahrnehmungsprozesse. Wenn man etwas darüber herausfinden möchte, wie Menschen visuelle oder akustische Informationen verarbeiten, dann eignen sich qualitative Verfahren vielleicht, um Aufschlüsse über begleitendes subjektives Erleben zu erhalten, jedoch nicht dazu, umfassende Theorien über die Sinneswahrnehmung zu erstellen.

Theorien über den Einfluss der Sprache und des Sprachgebrauchs sind ein besonders interessanter Fall. Diskursanalytische Ansätze konzentrieren sich auf Ausschnitte menschlichen Erlebens und Verhaltens, die in irgendeiner Weise mit Sprache in ihrem sozialen und kognitiven Kontext zu tun haben. Die dabei untersuchten manipulierenden oder funktionalen Aspekte von Sprache werden allerdings auch im konventionellen Ansatz schon lange erfolgreich untersucht (z.B. Grice, 1975; Harris & Monaco, 1978). Sieht man sich die bisher erzielten Ergebnisse an, entsteht der Eindruck, dass die konventionelle Vorgehensweise deutlich aussagekräftigere Ergebnisse erzielt hat, was jedoch auch durch Faktoren wie die geringe Verbreitung diskursanalytischer Ansätze oder eventuelle Vorbehalte von Zeitschriftenherausgebern mitbestimmt sein könnte. Wenn jedoch der Gegenstandsbereich diskursanalytischer Theorien auf Individuen eingeschränkt wird, dann macht eine entsprechend Theorienbildung (ganz abgesehen von der schwierigen Überprüfbarkeit solcher Theorien, siehe Abschnitt 25.4.2) wenig Sinn.

Qualitative Methoden sind sehr sinnvoll, wenn der Forschungsprozess, bedingt durch die Art des Untersuchungsgegenstands, wenig strukturiert ist und wenn der Kontext eine wichtige Rolle spielt. Wenn man beispielsweise etwas darüber herausfinden möchte, welche Weltbilder eine Jugendgruppe hat, die sich von der Gesellschaft „abschottet", nach welchen Mechanismen religiöse Gemeinschaften funktionieren oder wie sich Umstrukturierungen in Betrieben auswirken (siehe auch King, 2000). Eine qualitative Vorgehensweise erlaubt es auch, die „Versuchsteilnehmer" als „Forschungspartner" zu betrachten, was für die Untersuchung komplexer Fragestellungen manchmal sehr nützlich sein kann. Auch innerhalb der „Mainstream-Forschung" könnte der qualitative Ansatz eine stärkere Rolle spielen. Anstatt die qualitativen Aspekte jedes Forschungsprozesses (z.B. die Modifikation von Theorien und Hypothesen oder die Interpretation der zusätzlichen Äußerungen von Versuchsteilnehmern), wie üblich, „nebenbei" zu behandeln, kann es sehr sinnvoll sein, zu ihrer Untersuchung systematisch qualitative Methoden einzusetzen. Wie gut das Zusammenspiel zwischen quantitativen und qualitativen Methoden funktioniert, ist eine offene Frage, aber eine, die es sich zu untersuchen lohnt.

Z U S A M M E N F A S S U N G

Der qualitative Ansatz spielt bislang in der Psychologie, sowohl in der Forschung als auch in der Methodenausbildung, keine bedeutsame Rolle, ganz im Gegensatz zu Nachbardisziplinen wie der Soziologie, der Anthropologie oder der Pädagogik. Das liegt sicher an der Skepsis vieler Forscher über die Nützlichkeit dieses Ansatzes.

Das Kapitel gibt einen Überblick über Grundlagen, Ziele und Vielfalt qualitativer Ansätze und stellt drei davon, die Qualitative Inhaltsanalyse, die Grounded Theory und die Diskursanalyse etwas ausführlicher vor. Das Datenmaterial für die qualitativen Verfahren sind fast ausschließlich Texte, die wiederum meist Protokolle von Interviews, Diskussionen usw. sind. Die Datenanalyse erzeugt in der Regel keine Zahlen, sondern stark komprimierte Texte (Kategorien, Konzepte), die in vielen Fällen als Bausteine für die Theorienbildung benutzt werden. Qualitative Methoden dienen weniger zur Überprüfung von Theorien als zu deren Generierung. Die Natur der Datenerhebung und –analyse macht es notwendig, Gütekriterien zu entwickeln, die den konventionellen Gütekriterien wie Objektivität, Reliabilität und Validität nur teilweise entsprechen.

Der Gegenstandsbereich qualitativer Methoden ist gegenüber dem der (bislang behandelten) konventionellen Methoden eingeschränkt: Automatisch ablaufende oder aus sonstigen Gründen der bewussten Verarbeitung nicht zugängliche Prozesse können nicht Gegenstand qualitativer Theorienbildung sein, weil sich diese hauptsächlich auf die Äußerungen von Studienteilnehmern stützt. Qualitative Methoden können aber, vor allem in den induktiven Phasen der Forschung (Theorienbildung, Theorienmodifikation), eine wichtige Rolle als Ergänzung und Erweiterung der konventionellen Methoden spielen.

Z U S A M M E N F A S S U N G

Weiterführende Literatur

Flick, U. (2004). *Qualitative Sozialforschung* (2. Aufl.). Rowohlt Taschenbuch Verlag.
Eine umfassende, differenziert geschriebene und kompakte Einführung, die alle Stadien des qualitativen Forschungsprozesses behandelt.

Miles, M. B. & Huberman, A. M. (1994). *Qualitative data analysis* (2nd ed). Thousand Oaks: Sage.
Ein gelungener Versuch, die in vielen unterschiedlichen qualitativen Ansätzen benutzten Verfahren und Techniken frei von „ideologischem Ballast" herauszuarbeiten.

Smith, J. A. (2003). (Ed.). *Qualitative psychology.* London, Sage.
Gutes Einführungsbuch zu den bekanntesten qualitativen Ansätzen mit illustrativen Beispielen.

Übungsaufgaben mit Lösungen sowie weitere Informationen zu diesem Buchkapitel finden Sie auf der Companion Website zum Buch unter *http://www.pearson-studium.de*

TEIL V

Reflexion

Methoden und Psychologie

26

ÜBERBLICK

Manche Studierende der Psychologie in den ersten Semestern sehen Forschungs-methoden und insbesondere Statistik als notwendiges Übel, notwendig hauptsächlich, um die entsprechenden Prüfungsleistungen zu erwerben, um sich dann wiederum mit den *wirklichen* Inhalten der Psychologie beschäftigen zu können. Nichts könnte weiter von der Wahrheit entfernt sein. Wie wir versucht haben, in diesem Buch darzustellen, gehen Methode und Inhalt immer Hand in Hand. Ohne Forschungsmethoden und Sta-tistik gibt es keine soliden Erkenntnisse in der Psychologie und die bedeutsamen Inhalte der Psychologie sind nicht zuletzt deswegen bedeutsam, weil sie empirischen Prüfungen standgehalten haben.

Der Titel dieses Buches verspricht die Behandlung zweier Themengebiete: For-schungsmethoden und Statistik. Diese beiden Themengebiete werden teilweise an Uni-versitäten getrennt unterrichtet. Unseres Erachtens macht es aber mehr Sinn, beides gemeinsam zu lehren, denn beide Gebiete hängen untrennbar miteinander zusammen und man braucht beides, um empirische Forschung betreiben zu können. Rekapitulieren wir noch einmal, wie wir in dem Buch versucht haben, den Zusammenhang zwischen den beiden Themengebieten herzustellen. In den Kapiteln 1 bis 5, den „Grundlagen empirischer Forschung", haben wir uns hauptsächlich mit Inhalten befasst, die gemein-hin als Forschungsmethoden bezeichnet werden. Aber schon dort haben wir vielfach auf statistische Verfahren Bezug genommen. Umgekehrt haben wir versucht, bei der Beschreibung dessen, was in der Regel als Statistik betrachtet wird – „Deskriptive und explorative Datenanalyse" (Kapitel 6 bis 9) und „Inferenzstatistik" (Kapitel 10 bis 19) – immer wieder Bezüge zur Forschungsmethodik herzustellen. Zentrale Bezugspunkte sind etwa die Art des Designs, das Skalenniveau der Daten, die Art von Stichproben und die Art und Weise, wie diese erhoben werden. Alle diese Aspekte der Forschungsmetho-dik haben Auswirkungen auf die Auswahl der Verfahren; und bei der Auswahl bestimmter Verfahren setzt man in der Regel voraus, dass die untersuchte Forschungs-frage sinnvoll ist und dass forschungsmethodische Voraussetzungen erfüllt sind.

Die Schwierigkeit einer Trennung von Forschungsmethodik und Statistik oder, bes-ser gesagt, der enge Zusammenhang zwischen den beiden Gebieten wird im vierten Teil des Buches „Weitere Verfahren der Datenerhebung und Datenanalyse" noch deut-licher. Dort werden ganz unterschiedliche Methoden der Theoriengenerierung und – prüfung, der Datenerhebung und der Datenanalyse behandelt, die nicht ohne weiteres getrennt betrachtet werden können. So sind Verfahren der qualitativen Datenanalyse nur sinnvoll bei der Behandlung bestimmter Fragestellungen und spezifischer Daten und auch die Computermodellierung erfordert spezielle Analyseverfahren und methodische Vorgehensweisen.

In diesem Kapitel wird zunächst noch einmal erläutert, warum das Buch inhaltlich so (und nicht anders) aufgebaut ist. Danach werden wir ausführlich auf die Funktion von Methoden (Forschungsmethodik *und* Statistik) eingehen und dabei auch noch einmal die Rolle des derzeit dominierenden statistischen Verfahrens, des Signifikanz-tests, relativieren. Zum Schluss werden die Leser ermuntert, die durch die Lektüre dieses Buchs (hoffentlich) erworbene „Methodenbrille" – ein Werkzeug, das den Blick für zutreffende Erklärungen menschlichen Erlebens und Verhaltens schärfen soll – sinnvoll zu nutzen.

26.1 Bewährte Methoden und neue Ansätze

Wenn man verschiedene Forscher in der Psychologie fragen würde, welche Methoden (Verfahren zur Datensammlung *und* zur Datenanalyse) denn nun die besten sind, würde man sicher unterschiedliche Antworten bekommen. Das liegt zum einen daran, dass nicht alle Methoden bei allen Fragestellungen gleichermaßen gut angewandt werden können. Zum anderen liegt es auch daran, dass sich in einzelnen Arbeitsgruppen oder in ganzen Fachgebieten die Anwendung bestimmter Methoden über einen längeren Zeitraum hinweg etabliert hat. Dabei sind die Chancen hoch, dass die verwendeten Methoden auch gut geeignet sind, die Fragestellungen in dem jeweiligen Gebiet zu untersuchen. Manchmal hat die Anwendung bestimmter Methoden allerdings auch „Tradition": Die Mitglieder einer Forschungsgemeinschaft haben sich darauf geeinigt, was als brauchbare oder überzeugende Evidenz betrachtet werden kann und unterweisen auch den wissenschaftlichen Nachwuchs hauptsächlich in diesen „bewährten" Methoden (siehe Aiken, West, Sechrest & Reno, 1990). Wenn dann die Ergebnisse von Studien bewertet werden, dann hat es jemand, der sich nicht an die „Tradition" hält, auf lange Sicht schwerer, andere von seinen Befunden und Erkenntnissen zu überzeugen. Das kann sich etwa darin zeigen, dass bei „nichtkonformem Verhalten" die Chancen sinken, entsprechende Befunde in Fachzeitschriften zu veröffentlichen.

Eine dieser „bewährten" Methoden ist sicherlich der Signifikanztest, der, hauptsächlich in Form von Varianzanalyse und *t*-Tests nach wie vor eine dominierende Rolle in der psychologischen Forschung spielt. Demgemäß nimmt er auch in diesem Buch einen breiten Raum ein und wird durch ein eigenes Kapitel über die Kontrastanalyse ergänzt, die unseres Erachtens häufig eine bessere Wahl darstellt als die (normale) Varianzanalyse. Wir haben versucht, einen Kompromiss zu finden zwischen den verbreiteten Methoden und solchen, die wir für sinnvoll erachten, die jedoch im Moment in der psychologischen Forschergemeinschaft noch keine bedeutende Rolle spielen. Bei anderen Autoren wäre dieser Kompromiss wahrscheinlich anders ausgefallen und das vorliegende Buch ist das Ergebnis unserer Überlegungen dazu, welche Verfahren wichtig genug sind, um sie in ein einführendes Lehrbuch aufzunehmen.[1]

„Neu" ist in diesem Buch eine im Vergleich zu vielen anderen Lehrbüchern etwas veränderte Schwerpunktsetzung: Grafischen (EDA-) Verfahren und Effektgrößen wird sehr viel Raum gegeben, weil wir der Überzeugung sind, dass diese beiden Gruppen von Verfahren sehr nützlich sind, um Erkenntnisse aus den Daten zu gewinnen und diese dann effektiv zu kommunizieren (siehe hierzu Abschnitt 26.2.1). Eine natürliche Folge der ausführlichen Behandlung von Effektgrößen ist, dass die Metaanalyse ein eigenes Kapitel bekommen hat. Neu ist auch die Einbeziehung von Verfahren der Datenerhebung, die Zufallsmechanismen benutzen: die Randomized-Response-Technik zur Erhebung von sensiblen Daten und die Sampling-Resampling-Methode zum Schätzen der Größe von Populationen oder Subpopulationen. Außerdem behandeln wir zwei weitere Themen,

---

[1] Da es sich um ein einführendes Lehrbuch handelt, sind diesen Überlegungen beispielsweise alle multivariaten Verfahren zum Opfer gefallen. Neben vielen anderen Verfahren konnten auch solche für Einzelfallanalysen oder für die Untersuchung von Zeitreihen nicht berücksichtigt werden.

die als Ergänzung des Standardmethodenrepertoires sehr interessant sein können: Computermodellierung und Qualitative Methoden. Wir werden anschließend auf die Rolle beider Verfahren eingehen. Davor rekapitulieren wir, was in diesem Buch in Bezug auf die Behandlung der Inferenzstatistik über das übliche Maß hinausgeht.

26.1.1 Inferenzstatistik: Erweiterte Perspektiven

Wir haben die Metaanalyse als natürliche Konsequenz der Analyse mehrerer Effektgrößen betrachtet und sie deswegen in der Kapitelfolge danach behandelt. Man könnte Metaanalyse aber auch als Teil der Inferenzstatistik betrachten, gewissermaßen als Methode, die das gleiche Ziel hat wie Konfidenzintervalle – die Schätzung von Populationsparametern –, das aber mit deutlich höherer Präzision leistet: Wenn Ergebnisse aus mehreren vergleichbaren Studien vorliegen, sind die zusammengefassten Schätzungen immer den Einzelschätzungen (oder Ergebnissen aus Signifikanztests einzelner Studien) vorzuziehen. Wir haben außerdem zwei Verfahren behandelt, die alternativ für die Interpretation von Einzelergebnissen eingesetzt werden können, Bootstrap und Bayes-Statistik. Der Bootstrap ist eine Erweiterung des klassischen Ansatzes, der sich hauptsächlich darin von jenem unterscheidet, wie Stichprobenverteilungen, die Grundlage der klassischen Inferenzstatistik, zustande kommen. Die Entstehung von Stichprobenverteilung mit der Bootstrap-Methode dürfte den meisten Studierenden ohne statistische Vorbildung intuitiv sehr viel eher einleuchten als die formale Ableitung solcher Verteilungen. Daneben eröffnet die Methode die Möglichkeit, (ohne irgendwelche theoretische Zusätze!) mit nicht-normalen Populationsverteilungen zurecht zu kommen, und sie ermöglicht es, Hypothesen über beliebig komplexe Populationsparameter zu testen. Während die Boostrap-Methode lediglich den klassischen Ansatz erweitert, eröffnet die Bayes-Statistik gewissermaßen eine andere Welt: Sie ermöglicht tatsächlich (im Gegensatz zum klassischen Ansatz) Aussagen über die Wahrscheinlichkeit von Hypothesen. Wir haben diesen Ansatz wegen des eingeschränkten Raums, aber auch wegen der bislang sehr eingeschränkten Verfügbarkeit von entsprechenden Analyseprogrammen, nur in seinen Grundzügen anhand einfacher Beispiele vorgestellt. Das sollte nicht als Wertung missverstanden werden. Anhand eines Beispiels haben wir auch demonstriert, dass Bayesianisches Hypothesentesten nicht nur auf Einzelergebnisse anwendbar ist, sondern noch sinnvoller für die Beurteilung von Replikationen sein kann, vor allem wenn man keine guten Vorstellungen über die a priori Wahrscheinlichkeit von Hypothesen besitzt. Das ist eine im Vergleich zur Metaanalyse alternative Art der Aggregation von Studien (Aggregation von Hypothesenwahrscheinlichkeiten vs. Aggregation von Effektgrößen), aber die beiden Verfahren könnten sich gegenseitig ergänzen.

26.1.2 Die Rolle von Simulationen

Computersimulationen sind bislang eher selten Bestandteil einführender Methodenkurse. Sie sind jedoch hervorragend geeignet, systematisches Denken zu schulen und Theorien sowohl auszuarbeiten als auch präzise Vorhersagen daraus zu gewinnen. Sie sind somit eine wichtige Ergänzung zur experimentell-empirischen Forschung. Simulationen haben das Potenzial, der Theorienentwicklung in vielen Bereichen der Psychologie neue Möglichkeiten zu eröffnen, insbesondere wenn es um Theorien über längerfristige oder komplexe Veränderungen (z.B. Theorien über Lernen, Entwicklung, Problemlösen, Soziale Interaktionen usw.) geht. Theorien über Veränderungen umfassen in der Regel mehrere Schritte, die von den Ergebnissen vorhergehender Schritte abhängig sind. Diese sequentiellen Abhängigkeiten werden in vielen Bereichen schon nach wenigen Schritten so komplex, dass es unmöglich ist, entsprechende Theorien präzise zu formulieren, ohne den Gegenstandsbereich erheblich einzuschränken. In Computermodellen reicht es, gute Vorstellungen über die Ausgangsbedingen und die Veränderungsregeln zu haben (das ist die Theorie!). Die Vorhersagen der Theorie können dann dadurch abgeleitet werden, dass man das entsprechende Computerprogramm Ergebnisse produzieren lässt. Computermodelle sind sicher nicht für alle Forschungsfragen der Psychologie sinnvoll, aber wo sie eingesetzt werden können, lohnt sich ihr Einsatz. In Isolation sind Computersimulationen jedoch nur begrenzt sinnvoll: sie müssen immer wieder an die Empirie (z.B. Experimente, die die Vorhersagen aus den Simulationen überprüfen) rückgekoppelt werden.

26.1.3 Die Rolle der qualitativen Methoden

Um es gleich vorweg zu nehmen: Wir sind nicht der Ansicht, dass der qualitative Ansatz eine Alternative zum konventionellen Ansatz darstellt. In ihrer (falsch verstandenen) Extremform ist die qualitative Vorgehensweise nichts anderes als wissenschaftlich verbrämter Journalismus, mit Hilfe derer man „Belege" für alle beliebigen Hypothesen finden kann. Auch der Konstruktivismus in seiner Reinform, die ja implizieren würde, dass jeder in seiner eigenen Welt lebt, die Außenstehende im Prinzip nie völlig verstehen können, ist keine geeignete Ausgangsbasis für wissenschaftliches Arbeiten (obwohl man diese Position natürlich auch nicht eindeutig widerlegen kann). Dass wir unsere Sicht der Welt (und auch unsere Vergangenheit) immer wieder (re-)konstruieren, ist jedoch auch durch Forschungen im „Mainstream"-Ansatz gut belegt, und wie das geschieht, ist eine interessante Fragestellung, bei deren Erforschung qualitative Verfahren sicher ein wichtige Rolle spielen können. Man könnte argumentieren, dass qualitative Methoden schon immer auch Bestandteil des konventionellen Ansatzes waren. Das würde den Tatsachen allerdings nur teilweise entsprechen. Sicherlich werden Probanden nach einem Experiment häufig gefragt, was sie bei der Lösung der Aufgaben gedacht haben, oder man benutzt Gespräche mit Fachkollegen um eigene Theorien weiter zu entwickeln. Systematisch eingesetzt wurden qualitative Verfahren bisher in der Psychologie eher selten. Doch gerade das, der systematische Einsatz von Verfahren, die auf der Sammlung und Analyse verbaler Daten beruhen, bietet noch unausgelotete Chancen für die Weiterentwicklung von Theorien. Der Einsatz qualitativer Methoden könnte auch dazu beitragen, Grenzen in einem Forschungsgebiet, die sich dadurch ergeben, dass zur Erfassung der entsprechenden Inhalte keine systematischen Messinstrumente wie Fragebögen oder Tests zur Verfügung stehen oder erstellt werden können, zu überwinden. Kritisch wird jedoch sein, dabei methodisch so sorgfältig wie möglich vorzugehen. Eines der wichtigsten Kriterien für die Güte der Ergebnisse ist der

Konsens zwischen unabhängigen Beurteilern. Das ist jedoch keine Besonderheit der qualitativen Methoden. Auch im konventionellen Ansatz entscheidet letztlich der Konsens von unabhängigen Beurteilern, ob die Ergebnisse (z.B. aus Signifikanztests) aussagekräftig sind oder nicht, oder was als gute Evidenz gilt.

26.2 Forschungsmethoden und Statistik als Argument

Forschungsmethoden und Statistik sind kein Selbstzweck, sondern haben zwei Funktionen: solide wissenschaftliche Erkenntnisse zu gewinnen und diese Erkenntnisse zu kommunizieren. Für beide Funktionen können Methoden als „Argument" betrachtet werden. Wir werden zunächst diese zwei Funktionen etwas näher erläutern, dann erörtern, was statistische Argumente überzeugend macht und schließlich noch einmal auf die Argumentationskraft der derzeit dominierenden Methode, des Signifikanztests, zurückkommen.

26.2.1 Die zwei Funktionen von Forschungsmethoden und Statistik

Die zwei Fragen, die mit Hilfe statistischer Methoden beantwortet werden können sind

1 Was sagen die Daten zu meiner Theorie / Hypothese / Fragestellung?

2 Wie überzeuge ich die Fachkollegen von meiner Interpretation?

Damit sind auch zwei Funktionen von Methoden verbunden. Die erste Funktion, die Analyse von Daten, ist sicher die wichtigere. Wenn man keine interpretierbaren Muster oder Strukturen in den Daten findet, kann man auch nichts Sinnvolles kommunizieren (außer die Daten enthalten tatsächlich keine relevante Information, was aber höchst selten vorkommen dürfte). Wenn man durch die Anwendung geeigneter statistischer Verfahren eine gute Interpretation der Ergebnisse gefundenen hat, dann müssen auch potenzielle Rezipienten davon überzeugt werden. Meist sind das Mitglieder der „wissenschaftlichen Gemeinschaft" (Scientific Community), die sich mit entsprechenden Fragestellungen beschäftigen. Diese Überzeugungsarbeit gut zu leisten ist die zweite Funktion von Methoden. Die Güte der Überzeugungsarbeit hängt zum einen davon ab, wie gut die ausgewählten Methoden zur Darbietung und Kommunikation von empirischen Ergebnissen geeignet sind, und zum anderen davon, welche Methoden in der jeweiligen wissenschaftlichen Gemeinschaft akzeptiert sind.

26.2.2 Überzeugende Argumente: Die MAGIC Kriterien

Was könnten Kriterien sein, die ein Urteil darüber erlauben, wie gut Methoden im Einzelfall diese zwei Funktionen erfüllen, wie gut also die entsprechenden Argumente sind? Dazu hat Abelson (1995) interessante und fundierte Vorschläge gemacht: Ein überzeugendes Argument sollte seiner Meinung nach die MAGIC-Kriterien erfüllen.

- *M*agnitude (Größe von Effekten)
- *A*rticulation (Detailgenauigkeit)
- *G*enerality (Breite der Schlussfolgerungen)
- *I*nterestingness (Potential für Meinungsänderung)
- *C*redibility (Sauberkeit der Methodik, theoretische Kohärenz)

Sehen wir uns diese Kriterien etwas genauer an. Mit *Magnitude* meint Abelson das quantifizierbare Ausmaß der Evidenz. Ein nahe liegender Kandidat, um auszudrücken wie groß ein Effekt ist, ist natürlich ein Effektgrößenmaß. Man könnte, wie es Abelson tut, aber auch die Wahrscheinlichkeit von Hypothesen (nur mit Hilfe der Bayes-Statistik ermittelbar!), insbesondere die Veränderung in den Posteriorwahrscheinlichkeiten nach neuen Ergebnissen, unter diese Rubrik fassen. Mit *Articulation* ist die Detailgenauigkeit der Ergebnisse gemeint. So ist die Aussage: „die vier Mittelwerte unterscheiden sich irgendwie" deutlich ungenauer als die Aussage „die vier Mittelwerte werden linear größer": eine Kontrastanalyse kann beispielsweise zu Ergebnissen mit höherer Detailgenauigkeit führen als eine normale Varianzanalyse. Unter *Generality* versteht Abelson die Breite der Schlussfolgerungen, die man aus den Ergebnissen ziehen kann. Dieses Kriterium, das sehr große Ähnlichkeit zur externen Validität (Kapitel 5) hat, bezieht sich seiner Natur nach darauf, dass man mehrere Studien mit in die Argumentation einbezieht, in denen auch der Kontext systematisch variiert wurde. Ein Verfahren, das generelle Aussagen erlaubt, ist beispielsweise die Metaanalyse. Abelson argumentiert zudem, dass es nicht nur die Methoden alleine sind, die zu einem guten Argument führen. Man muss auch die Inhalte berücksichtigen. Das drückt er mit dem Kriterium *Interestingness* aus. Dieses Kriterium bedeutet, dass die „Geschichte", die mit einem statistischen Argument erzählt wird, das Potenzial haben sollte, das, was Menschen über einen wichtigen Sachverhalt glauben, zu ändern. Das letzte der MAGIC-Kriterien schließlich, *Credibility,* hat damit zu tun, wie sorgfältig die theoretische Vorarbeit zu einer empirischen Studie war (ob z.B. wirklich eine a priori aufgestellte Hypothese geprüft wurde oder ob die Hypothese erst im Nachhinein „erfunden" wurde) und wie sauber die statistische Auswertung durchgeführt wurde.

26.2.3 Die Rolle des Signifikanztests in der statistischen Argumentation

Der Signifikanztest ist ein etablierter Bestandteil des psychologischen Methodenarsenals und hat in manchen Bereichen der Wissenschaft fast schon magischen Status erreicht (Salsburg, 1985). Die dominante Rolle, die er bei der Beurteilung und auch der Kommunikation von Studienergebnissen spielt, geht vielfach auf Kosten der Anwendung anderer Methoden. Darauf, dass es für eine größere Methodenvielfalt gute Gründe gibt, haben wir schon verschiedentlich hingewiesen. Es könnte aber natürlich auch sein, dass der Signifikanztest so grundlegende Informationen über Forschungsergebnisse liefert, dass weitere Methoden vernachlässigbar sind. In diesem Absatz erläutern wir, warum das ein unzutreffender Schluss wäre.

Signifikanztestergebnis vs. Idealfall

Der Signifikanztest wird benötigt, weil man keine Populations-, sondern nur Stichprobendaten zur Verfügung hat. Aus den Stichprobendaten zieht man dann Schlüsse auf Populationsparameter. Diese Schlüsse beziehen sich beispielsweise auf die Passung von Populationsparametern zu theoretisch erwarteten Werten (z.B. „Ist der IQ-Mittelwert aller Sachsen größer als 105?") oder auf Unterschiede zwischen Populationsparametern (z.B. „Unterscheiden sich zwei Therapieformen hinsichtlich ihrer Wirksamkeit um einen Mindesteffekt?"). Generell vergleicht man (im Neyman-Pearson Modell und im optimierten konventionellen Modell) zwei solche Parameter (beliebiger Komplexität), die Nullhypothese und die Alternativhypothese, und entscheidet sich aufgrund des Testergebnisses für einen der beiden. Was wäre der Idealfall, um etwas über die Populationsparameter herauszufinden? Der Idealfall wäre sicherlich, die tatsächliche Ausprägung der relevanten Populationsparameter zu kennen (z.B. „Der Durchschnitts-IQ aller Sachsen beträgt 101,3 IQ-Punkte" oder „Mit Therapie A werden von 100 Patienten im Durchschnitt 8 mehr geheilt als mit Therapie B"). Was bedeuten nun diese tatsächlichen Werte der Populationsparameter? Selbst im Idealfall, das heißt wenn wir alle Informationen zur Verfügung haben (die uns immer fehlen, wenn wir einen Signifikanztest durchführen, denn das ist ja der Grund ihn durchzuführen), gibt es keine automatische Antwort auf diese Frage. Wichtig sind hier in jedem Fall inhaltliche Erwägungen, die nur fundiert zu leisten sind, wenn man über Expertise in dem jeweiligen Forschungsgebiet verfügt.

Das Ergebnis eines Signifikanztests wird jedoch manchmal so interpretiert, als sei ein signifikantes Ergebnis automatisch auch „bedeutsam" (und ein nicht-signifikantes, dass dem nicht so ist): der Signifikanztest wird also wie eine Art automatisierte „Bewertungsmaschinerie" benutzt. Der Vergleich mit dem Idealfall zeigt, dass das unzulässig ist. Das Ergebnis des Signifikanztests ist lediglich eine Wahrscheinlichkeitsaussage über die Daten, unter der Annahme, dass die Nullhypothese zutrifft. Das ist nur eine indirekte Aussage über das Ergebnis, das wir im Idealfall zur Verfügung hätten (Welchen Wert haben der oder die Populationsparameter tatsächlich?). Der Vergleich mit dem Idealfall zeigt auch, dass Konfidenzintervalle diesem näher kommen als Signifikanztests und dass von allen Verfahren, die in diesem Buch beschreiben wurden, das Ergebnis einer Metaanalyse am ehesten dem Idealfall, der möglichst genauen Kenntnis von Populationsparametern entspricht. Über die inhaltliche Bedeutsamkeit von Ergebnissen kann der Signifikanztest keine Aussage machen.[2]

Bezug zur Falsifikationsstrategie

Auf den ersten Blick ähnelt die Vorgehensweise beim Signifikanztesten der Falsifikationsstrategie, wie sie beispielsweise vom kritischen Rationalismus propagiert wird (siehe Kapitel 2, Absatz 2.2.1): Aufgrund einer Hypothese macht man eine Vorhersage über ein zu erwartendes Ergebnis; wenn dieses Ergebnis dann nicht eintrifft, spricht das gegen die Hypothese. So ähnlich ist die Argumentation auch beim Signifikanztest. Aus

---

2 Auch andere statistische Verfahren können keine Aussage über inhaltliche Bedeutsamkeit leisten. Im Gegensatz zu Signifikanztesten werden sie in der Regel aber auch nicht so interpretiert.

der Kenntnis der Nullhypothese lässt sich vorhersagen, mit welcher Wahrscheinlichkeit die Daten um ein bestimmtes Ausmaß vom Wert der Nullhypothese abweichen. Wenn sie sehr stark abweichen (wenn die Wahrscheinlichkeit einer gefundenen Abweichung kleiner ist als ein vorgegebenes Kriterium α), wird die Nullhypothese verworfen. Problematisch ist hierbei neben der probabilistischen Natur des Schlusses aber, dass die Nullhypothese nur in seltenen Fällen der Forschungshypothese entspricht. Meist möchte man Unterschiede oder andere Effekte aufdecken und nicht zeigen, dass es in der Population keinen Effekt gibt. Bei der Falsifikationsstrategie setzt man die Hypothese selbst der Prüfung aus, beim Signifikanztesten meist das (oft a priori relativ unwahrscheinliche) Gegenteil, die Nullhypothese. Damit ist die Schlussrichtung aber in der Vielzahl der Fälle nicht mehr konsistent mit dem des Modus Tollens, der der Falsifikationsstrategie zugrunde liegt. Der Signifikanztest kann somit nicht als natürliche Konsequenz des Falsifikationskriteriums betrachtet werden. Häufig wird also der Signifikanztest benutzt, um zu zeigen, dass ein von der Hypothese *nicht* vorhergesagtes Ergebnis (die Nullhypothese), nicht zutrifft.

„Harte" vs. „weiche" Evidenz

Hinter der Durchführung von Signifikanztests stecken manchmal ein enormer rechnerischer Aufwand und eine Fülle von Voraussetzungen. Das sieht ganz nach einer „harten" Methode aus. Dagegen ist das Anfertigen von Grafiken im Prinzip zumindest einfacher, könnte also eher als „weiche" Methode bezeichnet werden. Es könnte ja nun sein, dass „harte" Fachgebiete eben auch „harte" Methoden brauchen. Tatsächlich ist es umgekehrt: Je „härter" die Fakten, desto häufiger werden Grafiken und desto weniger häufig werden Signifikanztests verwendet. Das gilt sowohl für die Wissenschaften insgesamt als auch für die Teildisziplinen der Psychologie (siehe Kasten „´Harte´ Methoden für ´harte´ Fachgebiete?"). Auch dies ist ein Indiz dafür, dass die Evidenz, die ein Signifikanztestergebnis erbringt, nicht aussagekräftiger sein muss als eine simple Darstellung der Ergebnisse.

> **HINTERGRUND**
>
> *"Harte" Methoden für "harte" Fachgebiete?* In den Wissenschaften insgesamt sind „harte" Fachgebiete solche, die harte oder eindeutige Fakten und Daten liefern, also beispielsweise die Naturwissenschaften, während die Sozialwissenschaften in der Regel als Fachgebiete mit eher „weichen" Daten betrachtet werden. Die Psychologie befindet sich dabei wohl im Mittelfeld. Aber auch innerhalb der Psychologie gibt es eine weitgehend akzeptierte Abstufung hinsichtlich der „Härte" der Subdisziplinen: Physiologische Psychologie und Allgemeine Psychologie werden eher als „harte Subdisziplinen" betrachtet, während die Persönlichkeitspsychologie und die klinische Psychologie eher „weichere" Daten erzeugen.
>
> ▶

▶**Fortsetzung**

Gibt es nun einen Zusammenhang zwischen der „Härte" eines Fachgebiets und den bevorzugt verwendeten Methoden? Smith, Best, Stubbs, Archibald und Roberson-Nay (2002) fanden in einer groß angelegten Analyse von Artikeln in Fachzeitschriften, dass das tatsächlich der Fall ist. Je härter das Fachgebiet, desto häufiger werden grafische Verfahren benutzt und je weicher, desto häufiger Signifikanztests. ▶Abbildung 26.1a zeigt den Zusammenhang zwischen dem Flächenanteil, den Grafiken in den wichtigen Fachzeitschriften einnehmen, und der Härte des Fachgebiets. Chemie und Physik wurden als „harte" Gebiete eingeschätzt und die Wirtschaftswissenschaften („Wirtschaft") und „Soziologie" als weiche. Der Flächenanteil korreliert eindeutig mit der „Härte" des Fachs: je härter, desto mehr werden Grafiken benutzt. Ein ähnliches Ergebnis ergab sich innerhalb der Psychologie (▶Abbildung 26.1b). Dort waren zunächst psychologische Fachzeitschriften hinsichtlich der „Härte" ihres Fachgebietes eingeschätzt worden und dann wurde untersucht, wie hoch der Flächenanteil, den Grafiken einnehmen, in diesen Zeitschriften war. In den Zeitschriften *Behavioral Neuroscience* (BNS) und *Journal of Experimental Psychology: Animal Behavior Processes* (JEP: ABP), die die als „hart" eingeschätzten Fachgebiete Physiologische Psychologie und Tierforschung repräsentieren, war der Flächenanteil der Grafiken deutlich höher als etwa in den *Zeitschriften Journal of Clinical Psychology* (JCP) oder *Journal of Educational Psychology* (JEdP). Der Zusammenhang zwischen der Häufigkeit statistischer Verfahren (Signifikanztests) und der Härte der Fachgebiete für dieselben 10 Zeitschriften war genau umgekehrt (▶Abbildung 26.1c): Je härter das Fachgebiet, desto weniger häufig werden Signifikanztestergebnisse berichtet.

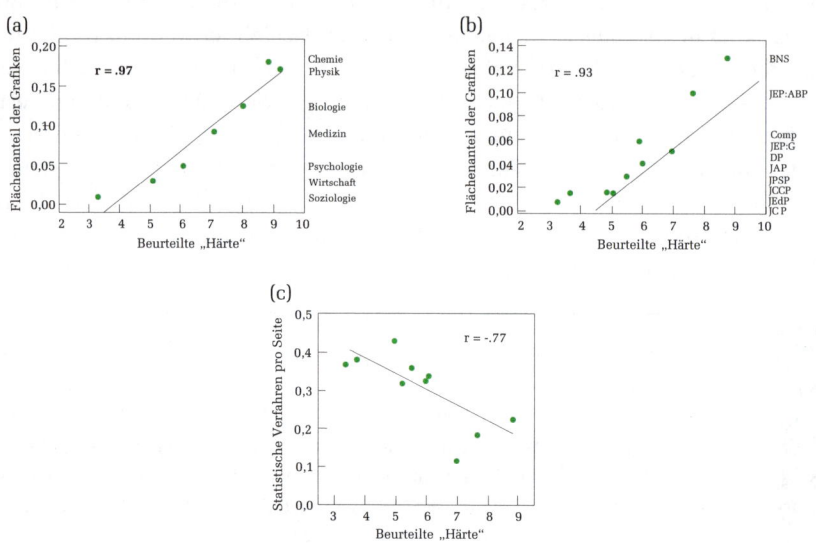

Abbildung 26.1: Die Beziehung zwischen der „Härte" eines Faches oder Fachgebietes und dem Flächenanteil in Artikeln, der durch Grafiken eingenommen wird (a und b), sowie der durchschnittlichen Anzahl von statistischen Verfahren pro Seite (c), nach Smith et al. (2002). Die Abkürzungen für die psychologischen Fachzeitschriften in Abbildung (b) bedeuten (von oben nach unten): *BNS*: Behavioral Neuroscience, *JEP:ABP*: Journal of Experimental Psychology: Animal Behavior Processes, *Comp*: Journal of Comparative Psychology, *JEP:G*: Journal of Experimental Psychology: General, *DP*: Developmental Psychology, *JAP*: Journal of Abnormal Psychology, *JPSP*: Journal of Personality and Social Psychology, *JCCP*: Journal of Consulting and Clinical Psychology, *JEdP*: Journal of Educational Psychology und *JCP*: Journal of Clinical Psychology.

26.3 Die Methodenbrille: Sehhilfe oder Sehbehinderung?

In diesem Buch haben wir eine „Methodenbrille" für Sie angefertigt: Sie soll helfen, interessante und sinnvolle Fragen zu menschlichem Erleben und Verhalten zu stellen, Untersuchungen sorgfältig zu planen und durchzuführen, daraus resultierende Daten gewissenhaft zu analysieren und zu fundierten Schlüssen über die Ergebnisse zu gelangen. Die Methodenbrille macht den Unterschied zwischen Laienpsychologie (bei der leicht „Sehfehler" auftreten können – siehe Kapitel 1) und der wissenschaftlichen Psychologie aus. Sie ist also eindeutig als Sehhilfe gedacht. Sie könnte aber, zumal wenn sie hauptsächlich als Schmuckstück getragen wird, oder nur durchlässig für eine bestimmte „Wellenlänge" ist, auch als Sehbehinderung wirken, was ganz und gar nicht im Sinne dieses Buches wäre.

Wie können Methoden die Erkenntnis beeinträchtigen? In Kapitel 1 und 2 haben wir uns schon einmal mit der Problematik befasst, dass unsere Wahrnehmung und somit auch die Erkenntnisse über die Welt unter anderem von unserem Vorwissen und unseren Erwartungen beeinflusst werden. Eine ausführliche Methodenausbildung, wie man sie im Psychologiestudium erwirbt, wird irgendwann auch zum Vorwissen. Wenn sich dieses Vorwissen jedoch mit der Zeit nur auf bestimmte Teile reduziert und automatisch angewandt wird, dann verliert auch die Methodenbrille an Wert. Beispielsweise kann eine ausführliche (und exklusive) Beschäftigung mit mehrfaktoriellen Designs dazu führen, dass die Welt wie eine Kreuzung unterschiedlicher Faktoren aussieht und demgemäß alle Fragestellungen mit Hilfe der Varianzanalyse untersucht werden können (die Art der Methode ist austauschbar). Noch schlimmer ist es, wenn Methoden automatisch und ritualistisch angewandt werden (weil die Tradition es so will). Eine derartige Methodenbrille, die nur für Methoden einer bestimmten „Wellenlänge" durchlässig ist oder nur als Schmuckstück getragen wird, führt offensichtlich zu einer Einschränkung der Erkenntnismöglichkeiten. Wir haben in diesem Buch versucht, einer solchen Sehbehinderung vorzubeugen, indem wir immer wieder auf die Beziehung von Fragestellung und Methode und auch auf die Möglichkeiten, sowie die Stärken und Schwächen der einzelnen Methoden hingewiesen haben. Außerdem haben wir, soweit das der Rahmen dieses Buchs erlaubte, eine relativ große Methodenvielfalt dargestellt und versucht, Verbindungen zwischen einzelnen Methoden herzustellen. Der immerwährende Rückbezug auf die Fragestellung und die Flexibilität bei der Benutzung von unterschiedlichen methodischen Ansätzen ist ein gutes Mittel dafür, potenzielle negative Begleiterscheinungen der Methodenbrille zu verhindern. Generell sieht man aber mit der Methodenbrille in der Psychologie sehr viel besser als ohne!

ZUSAMMENFASSUNG

Forschungsmethodik und Statistik sind nicht Selbstzweck, sondern immer nur so nützlich, wie sie zur Klärung von wissenschaftlichen Fragestellungen (und manchmal auch zur Generierung interessanter Fragen) beitragen können. In diesem Buch haben wir versucht, einen vernünftigen Kompromiss herzustellen zwischen „bewährten" Vorgehensweisen und Verfahren und solchen Verfahren, die wir für sehr nützlich halten, die jedoch bisher in einführenden Methodenbüchern eher ein Schattendasein fristen.

Methoden haben zwei Funktionen, Analyse und Kommunikation: Zunächst sind sie notwendig, um herauszufinden, was die Daten über die zugrunde liegende Theorie oder Hypothese (Fragestellung) zu sagen haben und dann sollen sie dazu geeignet sein, diese Erkenntnisse und Einsichten auch für andere plausibel zu machen. In Abhängigkeit der Fragestellungen sind hierfür unterschiedliche Methoden unterschiedlich gut geeignet. Der die psychologische Methodenlehre nach wie vor dominierende Signifikanztest ist nicht immer die beste Methode dazu und nie die einzig geeignete.

In der Praxis muss man häufig Kompromisse zwischen den für die Beantwortung der Fragestellung möglicherweise besten Methoden und dem zur Verfügung stehenden Methodenarsenal machen. Wir haben versucht, in diesem Buch eine Auswahl von Methoden zur Verfügung zu stellen, die es erlauben, einen großen Teil der in der Psychologie möglichen Fragestellungen zu untersuchen. Dabei sollte man jedoch darauf achten, Methoden nie automatisch einzusetzen und offen bleiben für potenzielle Verbesserungen des Forschungsprozesses durch den Einbezug neuer Methoden.

ZUSAMMENFASSUNG

Weiterführende Literatur

Abelson, R. P. (1995). *Statistics as principled argument.* Hillsdale, NJ: Lawrence Erlbaum.
Interessantes Resümee über die Funktion von Statistik.

Übungsaufgaben mit Lösungen sowie weitere Informationen zu diesem Buchkapitel finden Sie auf der Companion Website zum Buch unter *http://www.pearson-studium.de*

Anhang

ÜBERBLICK

Anhang A: Tabellen

Tabelle 1

Standardnormalverteilung

z	0,00	0,01	0,02	0,03	0,04	0,05	0,06	0,07	0,08	0,09
0,0	0,5000	0,5040	0,5080	0,5120	0,5160	0,5199	0,5239	0,5279	0,5319	0,5359
0,1	0,5398	0,5438	0,5478	0,5517	0,5557	0,5596	0,5636	0,5675	0,5714	0,5753
0,2	0,5793	0,5832	0,5871	0,5910	0,5948	0,5987	0,6026	0,6064	0,6103	0,6141
0,3	0,6179	0,6217	0,6255	0,6293	0,6331	0,6368	0,6406	0,6443	0,6480	0,6517
0,4	0,6554	0,6591	0,6628	0,6664	0,6700	0,6736	0,6772	0,6808	0,6844	0,6879
0,5	0,6915	0,6950	0,6985	0,7019	0,7054	0,7088	0,7123	0,7157	0,7190	0,7224
0,6	0,7257	0,7291	0,7324	0,7357	0,7389	0,7422	0,7454	0,7486	0,7517	0,7549
0,7	0,7580	0,7611	0,7642	0,7673	0,7704	0,7734	0,7764	0,7794	0,7823	0,7852
0,8	0,7881	0,7910	0,7939	0,7967	0,7995	0,8023	0,8051	0,8079	0,8106	0,8133
0,9	0,8158	0,8186	0,8212	0,8238	0,8264	0,8289	0,8315	0,8340	0,8365	0,8398
1,0	0,8413	0,8438	0,8461	0,8485	0,8508	0,8531	0,8554	0,8577	0,8599	0,8621
1,1	0,8643	0,8665	0,8686	0,8708	0,8729	0,8749	0,8770	0,8790	0,8810	0,8830
1,2	0,8849	0,8869	0,8888	0,8907	0,8925	0,8944	0,8962	0,8980	0,8997	0,9015
1,3	0,9032	0,9049	0,9066	0,9082	0,9099	0,9115	0,9131	0,9147	0,9162	0,9177
1,4	0,9192	0,9207	0,9222	0,9236	0,9251	0,9265	0,9279	0,9292	0,9306	0,9319
1,5	0,9332	0,9345	0,9357	0,9370	0,9382	0,9304	0,9406	0,9418	0,9429	0,9441
1,6	0,9452	0,9463	0,9474	0,9484	0,9495	0,9505	0,9515	0,9525	0,9535	0,9545
1,7	0,9554	0,9564	0,9573	0,9582	0,9591	0,9599	0,9608	0,9616	0,9625	0,9633
1,8	0,9641	0,9649	0,9656	0,9664	0,9671	0,9678	0,9686	0,9693	0,9699	0,9706
1,9	0,9713	0,9719	0,9726	0,9723	0,9738	0,9744	0,9750	0,9756	0,9761	0,9767
2,0	0,9772	0,9778	0,9783	0,9788	0,9793	0,9798	0,9803	0,9808	0,9812	0,9817
2,1	0,9821	0,9826	0,9830	0,9834	0,9838	0,9842	0,9846	0,9850	0,9854	0,9857
2,2	0,9861	0,9864	0,9868	0,9871	0,9875	0,9878	0,9881	0,9884	0,9887	0,9890
2,3	0,9893	0,9896	0,9898	0,9901	0,9904	0,9906	0,9909	0,9911	0,9913	0,9916
2,4	0,9918	0,9920	0,9922	0,9925	0,9927	0,9929	0,9931	0,9932	0,9934	0,9936
2,5	0,9938	0,9940	0,9941	0,9943	0,9945	0,9946	0,9948	0,9949	0,9951	0,9952
2,6	0,9953	0,9955	0,9956	0,9957	0,9959	0,9960	0,9961	0,9962	0,9963	0,9964
2,7	0,9965	0,9966	0,9967	0,9968	0,9969	0,9970	0,9971	0,9972	0,9973	0,9974
2,8	0,9974	0,9975	0,9976	0,9977	0,9977	0,9978	0,9979	0,9979	0,9980	0,9981
2,9	0,9981	0,9982	0,9982	0,9983	0,9984	0,9984	0,9985	0,9985	0,9986	0,9986
3,0	0,9987	0,9987	0,9987	0,9988	0,9988	0,9989	0,9989	0,9989	0,9990	0,9990

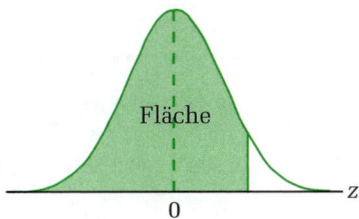

Abbildung 1: Standardnormalverteilung.

Tabelle 1: Standardnormalverteilung

Beispiele:

- Welcher Flächenanteil entspricht einem z-Wert von 1,44? Zunächst sucht man in der ersten Spalte nach dem z-Wert für 1,4 und geht dann auf der entsprechenden Zeile bis zur Spalte, die mit 0,04 bezeichnet ist (dieser Eintrag bedeutet, dass auf der zweiten Nachkommastelle eine „4" steht). Der gesuchte Wert ist 0,9251.

- Welchem z-Wert entspricht ein Flächenanteil von 0,95? Hier sind nur „benachbarte" Flächenanteile von 0,9495 und 0,9505 zu finden, mit entsprechenden z-Werten von 1,64 und 1,65. In so einem Fall führt man eine „lineare Interpolation" durch, was in unserem Fall heisst, dass man den Mittelwert der entsprechenden z-Werte benutzt. Das Ergebnis ist also $(1{,}64 + 1{,}65)/2 = 1{,}645$.

Tabelle 2

t-Verteilung

df \ Fläche	0,800	0,850	0,900	0,950	0,975	0,990	0,995
1	1,377	1,964	3,078	6,314	12,706	31,821	63,657
2	1,001	1,386	1,886	2,920	4,303	6,965	9,925
3	0,978	1,250	1,638	2,353	3,182	4,541	5,841
4	0,941	1,190	1,533	2,132	2,776	3,747	4,604
5	0,920	1,156	1,476	2,015	2,571	3,365	4,032
6	0,906	1,134	1,440	1,943	2,447	3,143	3,707
7	0,896	1,119	1,415	1,895	2,305	2,998	3,500
8	0,889	1,108	1,397	1,860	2,306	2,896	3,355
9	0,883	1,100	1,383	1,833	2,262	2,821	3,250
10	0,879	1,093	1,372	1,813	2,228	2,764	3,169
11	0,876	1,088	1,363	1,796	2,201	2,718	3,106
12	0,873	1,083	1,356	1,782	2,179	2,681	3,055
13	0,870	1,079	1,350	1,771	2,160	2,650	3,012
14	0,868	1,076	1,345	1,761	2,145	2,625	2,977
15	0,866	1,074	1,341	1,753	2,131	2,602	2,947
16	0,865	1,071	1,337	1,746	2,120	2,584	2,921
17	0,863	1,069	1,333	1,740	2,110	2,567	2,898
18	0,862	1,067	1,330	1,734	2,101	2,552	2,878
19	0,861	1,066	1,328	1,729	2,093	2,540	2,861
20	0,860	1,064	1,325	1,725	2,086	2,528	2,845
21	0,859	1,063	1,323	1,721	2,080	2,518	2,831
22	0,858	1,061	1,321	1,717	2,074	2,508	2,819
23	0,858	1,060	1,319	1,714	2,069	2,500	2,807
24	0,857	1,059	1,318	1,711	2,064	2,492	2,797
25	0,856	1,058	1,316	1,708	2,060	2,485	2,787
26	0,856	1,058	1,315	1,706	2,056	2,479	2,779
27	0,855	1,057	1,314	1,703	2,052	2,473	2,771
28	0,855	1,056	1,313	1,701	2,048	2,467	2,763
29	0,854	1,055	1,311	1,699	2,045	2,462	2,756
30	0,854	1,055	1,310	1,697	2,042	2,459	2,750
40	0,851	1,050	1,303	1,684	2,021	2,423	2,705
60	0,848	1,046	1,296	1,671	1,997	2,390	2,860
120	0,845	1,041	1,289	1,658	1,980	2,358	2,617
∞	0,843	1,039	1,282	1,645	1,960	2,326	2,576

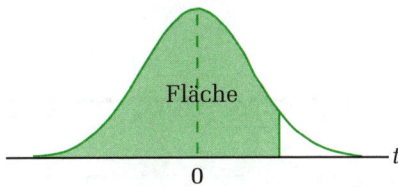

Abbildung 2: *t*-Verteilung.

Tabelle 2: *t*-Verteilung

Beispiele:

- Was ist der kritische *t*-Wert bei 20 Freiheitsgraden und einem einseitigen α von 5%? Ein einseitiges α von 5% entspricht einem Flächenanteil von 95% oder 0,95. Der gesuchte Wert ist also 1,725.

- Was ist der kritische *t*-Wert bei 60 Freiheitsgraden und einem zweiseitigen α von 1%? In diesem Fall muss der Wert für α auf beide Enden der Verteilung aufgeteilt werden und der entsprechende Flächenanteil beträgt somit 0,995. Der gesuchte Wert ist also 2,860.

F-Verteilung

Nenner-*df*	Fläche	Zähler-*df*											
		1	2	3	4	5	6	7	8	9	10	11	12
1	0,75	5,83	7,50	8,20	8,58	8,82	8,98	9,10	9,19	9,26	9,32	9,36	9,41
	0,90	39,90	49,50	53,60	55,80	57,20	58,20	58,90	59,40	59,90	60,20	60,50	60,70
	0,95	161,00	200,00	216,00	225,00	230,00	234,00	237,00	239,00	241,00	242,00	243,00	244,00
2	0,75	2,57	3,00	3,15	3,23	3,28	3,31	3,34	3,35	3,37	3,38	3,39	3,39
	0,90	8,53	9,00	9,16	9,24	9,29	9,33	9,35	9,37	9,38	9,39	9,40	9,41
	0,95	18,50	19,00	19,20	19,20	19,30	19,30	19,40	19,40	19,40	19,40	19,40	19,40
	0,99	98,50	99,00	99,20	99,20	99,30	99,30	99,40	99,40	99,40	99,40	99,40	99,40
3	0,75	2,02	2,28	2,36	2,39	2,41	2,42	2,43	2,44	2,44	2,44	2,45	2,45
	0,90	5,54	5,46	5,39	5,34	5,31	5,28	5,27	5,25	5,24	5,23	5,22	5,22
	0,95	10,10	9,55	9,28	9,12	9,10	8,94	8,89	8,85	8,81	8,79	9,76	8,74
	0,99	34,10	30,80	29,50	28,70	28,20	27,90	27,70	27,50	27,30	27,20	27,10	27,10
4	0,75	1,81	2,00	2,05	2,06	2,07	2,08	2,08	2,08	2,08	2,08	2,08	2,08
	0,90	4,54	4,32	4,19	4,11	4,05	4,01	3,98	3,95	3,94	3,92	3,91	3,90
	0,95	7,71	6,94	6,59	6,39	6,26	6,16	6,09	6,04	6,00	5,96	5,94	5,91
	0,99	21,20	18,00	16,70	16,00	15,50	15,20	15,00	14,80	14,70	14,50	14,10	14,40
5	0,75	1,69	1,85	1,88	1,89	1,89	1,89	1,89	1,89	1,89	1,89	1,89	1,89
	0,90	4,06	3,78	3,62	3,52	3,45	3,40	3,37	3,34	3,32	3,30	3,28	3,27
	0,95	6,61	5,79	5,41	5,19	5,05	4,95	4,88	4,82	4,77	4,74	4,71	4,68
	0,99	16,30	13,30	12,10	11,40	11,00	10,70	10,50	10,30	10,20	10,10	9,96	9,89
6	0,75	1,62	1,76	1,78	1,79	1,79	1,78	1,78	1,77	1,77	1,77	1,77	1,77
	0,90	3,78	3,46	3,29	3,18	3,11	3,05	3,01	2,98	2,96	2,94	2,92	2,90
	0,95	5,99	5,14	4,76	4,53	4,39	4,28	4,21	4,15	4,10	4,06	4,03	4,00
	0,99	13,70	10,90	9,78	9,15	8,75	8,47	8,26	8,10	7,98	7,87	7,79	7,72
7	0,75	1,57	1,70	1,72	1,72	1,71	1,71	1,70	1,70	1,69	1,69	1,69	1,68
	0,90	3,59	3,26	3,07	2,96	2,88	2,83	2,78	2,75	2,72	2,70	2,68	2,67
	0,95	5,59	4,74	4,35	4,12	3,97	3,87	3,79	3,73	3,68	3,64	3,60	3,57
	0,99	12,20	9,55	8,45	7,85	7,46	7,19	6,99	6,84	6,72	6,62	6,54	6,47
8	0,75	1,54	1,66	1,67	1,66	1,66	1,65	1,64	1,64	1,64	1,63	1,63	1,62
	0,90	3,46	3,11	2,92	2,81	2,73	2,67	2,62	2,59	2,56	2,54	2,52	2,50
	0,95	5,32	4,46	4,07	3,84	3,69	3,58	3,50	3,44	3,39	3,35	3,31	3,28
	0,99	11,30	8,65	7,59	7,01	6,63	6,37	6,18	6,03	5,91	5,81	5,73	5,67
9	0,75	1,51	1,62	1,63	1,63	1,62	1,61	1,60	1,60	1,59	1,59	1,58	1,58
	0,90	3,36	3,01	2,81	2,69	2,61	2,55	2,51	2,47	2,44	2,42	2,40	2,38
	0,95	5,12	4,26	3,86	3,63	3,48	3,37	3,29	3,23	3,18	3,14	3,10	3,07
	0,99	10,60	8,02	6,99	6,42	6,06	5,80	5,61	5,47	5,35	5,26	5,18	5,11
10	0,75	1,49	1,60	1,60	1,59	1,59	1,58	1,57	1,56	1,56	1,55	1,55	1,54
	0,90	3,28	2,92	2,73	2,61	2,52	2,46	2,41	2,39	2,35	2,32	2,30	2,28
	0,95	4,96	4,10	3,71	3,48	3,33	3,22	3,14	3,07	3,02	2,98	2,94	2,91
	0,99	10,00	7,56	6,55	5,99	5,64	5,39	5,20	5,06	4,94	4,85	4,77	4,71

Tabelle 3

					Zähler-df								Nenner-df
15	20	25	30	40	50	60	100	120	200	500	∞	Fläche	
9,49	9,58	9,63	9,67	9,71	9,74	9,76	9,78	9,80	9,82	9,84	9,85	0,75	
61,20	61,70	62,00	62,30	62,50	62,70	62,80	63,00	63,10	63,20	63,30	63,30	9,90	1
246,00	248,00	249,00	250,00	251,00	252,00	252,00	253,00	253,00	254,00	254,00	254,00	0,95	
3,41	3,43	3,43	3,44	3,45	3,45	3,46	3,47	3,47	3,48	3,48	3,48	0,75	
9,42	9,44	9,45	9,46	9,47	9,47	9,47	9,48	9,78	9,49	9,49	9,49	0,90	
19,40	19,40	19,40	19,50	19,50	19,50	19,50	19,50	19,50	19,50	19,50	19,50	0,95	2
99,40	99,40	99,50	99,50	99,50	99,50	99,50	99,50	99,50	99,50	99,50	99,50	0,99	
2,46	2,46	2,47	2,47	2,47	2,47	2,47	2,47	2,47	2,47	2,47	2,47	0,75	
5,20	5,18	5,18	5,17	5,16	5,15	5,15	5,14	5,14	5,14	5,14	5,13	0,90	
8,70	8,66	8,64	8,62	8,59	8,58	8,57	8,55	8,55	8,54	8,53	8,53	0,95	3
26,90	26,70	26,60	26,50	26,40	26,40	26,30	26,20	26,20	26,10	26,10	26,10	0,99	
2,08	2,08	2,08	2,08	2,08	2,08	2,08	2,08	2,08	2,08	2,08	2,08	0,75	
3,87	3,84	3,83	3,82	3,80	3,80	3,79	3,78	3,78	3,77	3,76	3,76	0,90	
5,86	5,80	5,77	5,75	5,72	5,70	5,69	5,66	5,66	5,65	5,64	5,63	0,95	4
14,20	14,00	13,90	13,80	13,70	13,70	13,70	13,60	13,60	13,50	13,50	13,50	0,99	
1,89	1,88	1,88	1,88	1,88	1,88	1,87	1,87	1,87	1,87	1,87	1,87	0,75	
3,24	3,21	3,19	3,17	3,16	3,15	3,14	3,13	3,12	3,12	3,11	3,10	0,90	
4,62	4,56	4,53	4,50	4,46	4,44	4,43	4,41	4,40	4,39	4,37	4,36	0,95	5
9,72	9,55	9,47	9,38	9,29	9,24	9,20	9,13	9,11	9,08	9,04	9,02	0,99	
1,76	1,76	1,75	1,75	1,75	1,75	1,74	1,74	1,74	1,74	1,74	1,74	0,75	
2,87	2,84	2,82	2,80	2,78	2,77	2,76	2,75	2,74	2,73	2,73	2,72	0,90	
3,94	3,87	3,84	3,81	3,77	3,75	3,74	3,71	3,70	3,69	3,68	3,67	0,95	6
7,56	7,40	7,31	7,23	7,14	7,09	7,06	6,99	6,97	6,93	6,90	6,88	0,99	
1,68	1,67	1,67	1,66	1,66	1,66	1,65	1,65	1,65	1,65	1,65	1,65	0,75	
2,63	2,59	2,58	2,56	2,54	2,52	2,51	2,50	2,49	2,48	2,48	2,47	0,90	
3,51	3,44	3,41	3,38	3,34	3,32	3,30	3,27	3,27	3,25	3,24	3,23	0,95	7
6,31	6,16	6,07	5,99	5,91	5,86	5,82	5,75	5,74	5,70	5,67	5,65	0,99	
1,62	1,61	1,60	1,60	1,59	1,59	1,59	1,58	1,58	1,58	1,58	1,58	0,75	
2,46	2,42	2,40	2,38	2,36	2,35	2,34	2,32	2,32	2,31	2,30	2,29	0,90	
3,22	3,15	3,12	3,08	3,04	3,02	3,01	2,96	2,97	2,95	2,94	2,93	0,95	8
5,52	5,36	5,28	5,20	5,12	5,07	5,03	4,96	4,95	4,91	4,88	4,86	0,99	
1,57	1,56	1,56	1,55	1,55	1,54	1,54	1,53	1,53	1,53	1,53	1,53	0,75	
2,34	2,30	2,28	2,25	2,23	2,22	2,21	2,19	2,18	2,17	2,17	2,16	0,90	
3,01	2,94	2,90	2,86	2,83	2,80	2,79	2,76	2,75	2,73	2,72	2,71	0,95	9
4,96	4,81	4,73	4,65	4,57	4,52	4,48	4,42	4,40	4,36	4,33	4,31	0,99	
1,53	1,52	1,52	1,51	1,51	1,50	1,50	1,49	1,49	1,49	1,48	1,48	0,75	
2,24	2,20	2,18	2,16	2,13	2,12	2,11	2,09	2,08	2,07	2,06	2,54	0,90	
2,85	2,77	2,74	2,70	2,66	2,64	2,62	2,59	2,58	2,56	2,55	2,54	0,95	10
4,56	4,41	4,33	4,25	4,17	4,12	4,08	4,01	4,00	3,96	3,93	3,91	0,99	

F-Verteilung (Fortsetzung)

Nenner-*df*	Fläche	Zähler-*df* 1	2	3	4	5	6	7	8	9	10	11	12
11	0,75	1,47	1,58	1,58	1,57	1,56	1,55	1,54	1,53	1,53	1,52	1,52	1,51
	0,90	3,23	2,86	2,66	1,54	2,45	2,39	2,34	2,30	2,27	2,25	2,23	2,21
	0,95	4,84	3,98	3,59	3,36	3,20	3,09	3,01	2,95	2,90	2,85	2,82	2,79
	0,99	9,65	7,21	6,22	5,67	5,32	5,07	4,89	4,74	4,63	4,54	4,46	4,40
12	0,75	1,46	1,56	1,56	1,55	1,54	1,53	1,52	1,51	1,51	1,50	1,50	1,49
	0,90	3,18	2,81	2,61	2,48	2,39	2,33	2,28	2,24	2,21	2,19	2,17	2,15
	0,95	4,75	3,89	3,49	3,26	3,11	3,00	2,91	2,85	2,80	2,75	2,72	2,69
	0,99	9,33	6,93	5,95	5,41	5,06	4,82	4,64	4,50	4,39	4,30	4,22	4,16
13	0,75	1,45	1,54	1,54	1,53	1,52	1,51	1,50	1,49	1,49	1,48	1,47	1,47
	0,90	3,14	2,76	2,56	2,43	2,35	2,28	2,23	2,20	2,16	2,14	2,12	2,10
	0,95	4,67	3,81	3,41	3,18	3,03	2,92	2,83	2,77	2,71	2,67	2,63	2,60
	0,99	9,07	6,70	5,74	5,21	4,86	4,62	4,44	4,30	4,19	4,10	4,02	3,96
14	0,75	1,44	1,53	1,53	1,52	1,51	1,50	1,48	1,48	1,47	1,46	1,46	1,45
	0,90	3,10	2,73	2,52	2,39	2,31	2,24	2,19	2,15	2,12	2,10	2,08	2,05
	0,95	4,60	3,74	3,34	3,11	2,96	2,85	2,76	2,70	2,65	2,60	2,57	2,53
	0,99	8,86	6,51	5,56	5,04	4,69	4,46	4,28	4,14	4,03	3,94	3,86	3,80
15	0,75	1,43	1,52	1,52	1,51	1,49	1,48	1,47	1,46	1,46	1,45	1,44	1,44
	0,90	3,07	2,70	2,49	2,36	2,27	2,21	2,16	2,12	2,09	2,06	2,04	2,02
	0,95	4,54	3,68	3,29	3,06	2,90	2,79	2,71	2,64	2,59	2,54	2,51	2,48
	0,99	8,68	6,36	5,42	4,89	4,56	4,32	4,14	4,00	3,89	3,80	3,73	3,67
16	0,75	1,42	1,51	1,51	1,50	1,48	1,48	1,47	1,46	1,45	1,45	1,44	1,44
	0,90	3,05	2,67	2,46	2,33	2,24	2,18	2,13	2,09	2,06	2,03	2,01	1,99
	0,95	4,49	3,63	3,24	3,01	2,85	2,74	2,66	2,59	2,54	2,49	2,46	2,42
	0,99	8,53	6,23	5,29	4,77	4,44	4,20	4,03	3,89	3,78	3,69	3,62	3,55
17	0,75	1,42	1,51	1,50	1,49	1,47	1,46	1,45	1,44	1,43	1,43	1,42	1,41
	0,90	3,03	2,64	2,44	2,31	2,22	2,15	2,10	2,06	2,03	2,00	1,98	1,96
	0,95	4,45	3,59	3,20	2,96	2,81	2,70	2,61	2,55	2,49	2,45	2,41	2,38
	0,99	8,40	6,11	5,18	4,67	4,34	4,10	3,93	3,79	3,68	3,59	3,52	3,46
18	0,75	1,41	1,50	1,49	1,48	1,46	1,45	1,44	1,43	1,42	1,42	1,41	1,40
	0,90	3,01	2,62	2,42	2,29	2,20	2,13	2,08	2,04	2,00	1,98	1,96	1,93
	0,95	4,41	3,55	3,16	2,93	2,77	2,66	2,58	2,51	2,46	2,41	2,37	2,34
	0,99	8,29	6,01	5,09	4,58	5,24	4,01	3,84	3,71	3,60	3,51	3,43	3,37
19	0,75	1,41	1,49	1,49	1,47	1,46	1,44	1,43	1,42	1,41	1,41	1,40	1,40
	0,90	2,99	2,61	2,40	2,27	2,18	2,11	2,06	2,02	1,98	1,96	1,94	1,91
	0,95	4,38	3,52	3,13	2,90	2,74	2,63	2,54	2,48	2,42	2,38	2,34	2,31
	0,99	8,18	5,93	5,01	4,50	4,17	3,94	3,77	3,63	3,52	3,43	3,36	3,30
20	0,75	1,40	1,49	1,48	1,46	1,45	1,44	1,42	1,42	1,41	1,40	1,39	1,39
	0,90	2,97	2,59	2,38	2,25	2,16	2,09	2,04	2,00	1,96	1,94	1,92	1,89
	0,95	4,35	3,49	3,10	2,87	2,71	2,60	2,51	2,45	2,39	2,35	2,31	2,28
	0,99	8,10	5,85	4,94	4,43	4,10	3,87	3,70	3,56	3,46	3,37	3,29	3,23

Tabelle 3

15	20	25	30	40	50	60	100	120	200	500	∞	Fläche	Nenner-df
					Zähler-df								
1,50	1,49	1,49	1,48	1,47	1,47	1,47	1,46	1,46	1,46	1,45	1,45	0,75	11
2,17	2,12	2,10	2,08	2,05	2,04	2,03	2,00	2,00	1,99	1,98	1,97	0,90	
2,72	2,65	2,61	2,57	2,53	2,51	2,49	2,46	2,45	2,43	2,42	2,40	0,95	
4,25	4,10	4,02	3,94	3,86	3,81	3,78	3,71	3,69	3,66	3,62	3,60	0,99	
1,48	1,47	1,46	1,45	1,45	1,44	1,44	1,43	1,43	1,43	1,42	1,42	0,75	12
2,10	2,06	2,04	2,01	1,99	1,97	1,96	1,94	1,93	1,92	1,91	1,90	0,90	
2,62	2,54	2,51	2,47	2,43	2,40	2,38	2,35	2,34	2,32	2,31	2,30	0,95	
4,01	3,86	3,78	3,70	3,62	3,57	3,54	3,47	3,45	3,41	3,38	3,36	0,99	
1,46	1,45	1,44	1,43	1,42	1,42	1,42	1,41	1,41	1,40	1,40	1,40	0,75	13
2,05	2,01	1,98	1,96	1,93	1,92	1,90	1,88	1,88	1,86	1,85	1,85	0,90	
2,53	2,46	2,42	2,38	2,34	2,31	2,30	2,26	2,25	2,23	2,22	2,21	0,95	
3,82	3,66	3,59	3,51	3,43	3,38	3,34	3,27	3,25	3,22	3,19	3,17	0,99	
1,44	1,43	1,42	1,41	1,41	1,40	1,40	1,39	1,39	1,39	1,38	1,38	0,75	14
2,01	1,96	1,94	1,91	1,89	1,87	1,86	1,83	1,83	1,82	1,80	1,80	0,90	
2,46	2,39	2,35	2,31	2,27	2,24	2,22	2,19	2,18	2,16	2,14	2,13	0,95	
3,66	3,51	3,43	3,35	3,27	3,22	3,18	3,11	3,09	3,06	3,03	3,00	0,99	
1,43	1,41	1,41	1,40	1,39	1,39	1,38	1,38	1,37	1,37	1,36	1,36	0,75	15
1,97	1,92	1,90	1,87	1,85	1,83	1,82	1,79	1,79	1,77	1,76	1,76	0,90	
2,40	2,33	2,29	2,25	2,20	2,18	2,16	2,12	2,11	2,10	2,08	2,07	0,95	
3,52	3,37	3,29	3,21	3,13	3,08	3,05	2,98	2,96	2,92	2,89	2,87	0,99	
1,41	1,40	1,39	1,38	1,37	1,37	1,36	1,36	1,35	1,35	1,34	1,34	0,75	16
1,94	1,89	1,87	1,84	1,81	1,79	1,78	1,76	1,75	1,74	1,73	1,72	0,90	
2,35	2,28	2,24	2,19	2,15	2,12	2,11	2,07	2,06	2,04	2,02	2,01	0,95	
3,41	3,26	3,18	3,10	3,02	2,97	2,93	2,86	2,84	2,81	2,78	2,75	0,99	
1,40	1,39	1,38	1,37	1,36	1,35	1,35	1,34	1,34	1,34	1,33	1,33	0,75	17
1,91	1,86	1,84	1,81	1,78	1,76	1,75	1,73	1,72	1,71	1,69	1,69	0,90	
2,31	2,23	2,19	2,15	2,10	2,08	2,06	2,02	2,01	1,99	1,97	1,96	0,95	
3,31	3,16	3,08	3,00	2,92	2,87	2,83	2,76	2,75	2,71	2,68	2,65	0,99	
1,39	1,38	1,37	1,36	1,35	1,34	1,34	1,33	1,33	1,32	1,32	1,32	0,75	18
1,89	1,84	1,81	1,78	1,75	1,74	1,72	1,70	1,69	1,68	1,67	1,66	0,90	
2,27	2,19	2,15	2,11	2,06	2,04	2,02	1,98	1,97	1,95	1,93	1,92	0,95	
3,23	3,08	3,00	2,92	2,84	2,78	2,75	2,68	2,66	2,62	2,59	2,57	0,99	
1,38	1,37	1,36	1,35	1,34	1,33	1,33	1,32	1,32	1,31	1,31	1,30	0,75	19
1,86	1,81	1,79	1,76	1,73	1,71	1,70	1,67	1,67	1,65	1,64	1,63	0,90	
2,23	2,16	2,11	2,07	2,03	2,00	1,98	1,94	1,93	1,91	1,89	1,88	0,95	
3,15	3,00	2,92	2,84	2,76	2,71	2,67	2,60	2,58	2,55	2,51	2,49	0,99	
1,37	1,36	1,35	1,34	1,33	1,33	1,32	1,31	1,31	1,30	1,30	1,29	0,75	20
1,84	1,79	1,77	1,74	1,71	1,69	1,68	1,65	1,64	1,63	1,62	1,61	0,90	
2,20	2,12	2,08	2,04	1,99	1,97	1,95	1,91	1,90	1,88	1,86	1,84	0,95	
3,09	2,94	2,86	2,78	2,69	1,64	2,61	2,64	2,52	2,48	2,44	2,42	0,99	

F-Verteilung (Fortsetzung)

Nenner-*df*	Fläche	Zähler-*df*											
		1	2	3	4	5	6	7	8	9	10	11	12
22	0,75	1,40	1,48	1,47	1,45	1,44	1,42	1,41	1,40	1,39	1,39	1,38	1,37
	0,90	2,95	2,56	2,35	2,22	2,13	2,06	2,01	1,97	1,93	1,90	1,88	1,86
	0,95	4,30	3,44	3,05	2,82	2,66	2,55	2,46	2,40	2,34	2,30	2,26	2,23
	0,99	7,95	5,72	4,82	4,31	3,99	3,76	3,59	3,45	3,35	3,26	3,18	3,12
24	0,75	1,39	1,47	1,46	1,44	1,43	1,41	1,40	1,39	1,38	1,38	1,37	1,36
	0,90	2,93	2,54	2,33	2,19	2,10	2,04	1,98	1,94	1,91	1,88	1,85	1,83
	0,95	4,26	3,40	3,01	2,78	2,62	2,51	2,42	2,36	2,30	2,25	2,21	2,18
	0,99	7,82	5,61	4,72	4,22	3,90	3,67	3,50	3,36	3,26	3,17	3,09	3,03
26	0,75	1,38	1,46	1,45	1,44	1,42	1,41	1,40	1,39	1,37	1,37	1,36	1,35
	0,90	2,91	2,52	2,31	2,17	2,08	2,01	1,96	1,92	1,88	1,86	1,84	1,81
	0,95	4,23	3,37	2,98	2,74	2,59	2,47	2,39	2,32	2,27	2,22	2,18	2,15
	0,99	7,72	5,53	4,64	4,14	3,82	3,59	3,42	3,29	3,18	3,09	3,02	2,96
28	0,75	1,38	1,46	1,45	1,43	1,41	1,40	1,39	1,38	1,37	1,36	1,35	1,34
	0,90	2,89	2,50	2,29	2,16	2,06	2,00	1,94	1,90	1,87	1,84	1,81	1,79
	0,95	4,20	3,34	2,95	2,71	2,56	2,45	2,36	2,29	2,24	2,19	2,15	2,12
	0,99	7,64	5,45	4,57	4,07	3,75	3,53	3,36	3,23	3,12	3,03	2,96	2,90
30	0,75	1,38	1,45	1,44	1,42	1,41	1,39	1,38	1,37	1,36	1,35	1,35	1,34
	0,90	2,88	2,49	2,28	2,14	2,05	1,98	1,93	1,88	1,85	1,82	1,79	1,77
	0,95	4,17	3,32	2,92	2,69	2,53	2,42	2,33	2,27	2,21	2,16	2,13	2,09
	0,99	7,56	5,39	4,51	4,02	3,70	3,47	3,30	3,17	3,07	2,98	2,91	2,84
40	0,75	1,36	1,44	1,42	1,40	1,39	1,37	1,36	1,35	1,34	1,33	1,32	1,31
	0,90	2,84	2,44	2,23	2,09	2,00	1,93	1,87	1,83	1,79	1,76	1,73	1,71
	0,95	4,08	3,23	2,84	2,61	2,45	2,34	2,25	2,18	2,12	2,08	2,04	2,00
	0,99	7,31	5,18	4,31	3,83	3,51	3,29	3,12	2,99	2,89	2,80	2,73	2,66
60	0,75	1,35	1,42	1,41	1,38	1,37	1,35	1,33	1,32	1,31	1,30	1,29	1,29
	0,90	2,79	2,39	2,18	2,04	1,95	1,87	1,82	1,77	1,74	1,71	1,58	1,66
	0,95	4,00	3,15	2,76	2,53	2,37	2,25	2,17	2,10	2,04	1,99	1,95	1,92
	0,99	7,08	4,98	4,13	3,65	3,34	3,12	2,95	2,82	2,72	2,63	2,56	2,50
120	0,75	1,34	1,40	1,39	1,37	1,35	1,33	1,31	1,30	1,29	1,28	1,27	1,26
	0,90	2,75	2,35	2,13	1,99	1,90	1,82	1,77	1,72	1,68	1,65	1,62	1,60
	0,95	3,92	3,07	2,68	2,45	2,29	2,17	2,09	2,02	1,96	1,91	1,87	1,83
	0,99	6,85	4,79	3,95	3,48	3,17	2,96	2,79	2,66	2,56	2,47	2,40	2,34
200	0,75	1,33	1,39	1,38	1,36	1,34	1,32	1,31	1,29	1,28	1,27	1,26	1,25
	0,90	2,73	2,33	2,11	1,97	1,88	1,80	1,75	1,70	1,66	1,63	1,60	1,57
	0,95	3,89	3,04	2,65	2,42	2,26	2,14	2,06	1,98	1,93	1,88	1,84	1,80
	0,99	6,76	4,71	3,88	3,41	3,11	2,89	2,73	2,60	2,50	2,41	2,34	2,27
∞	0,75	1,32	1,39	1,37	1,35	1,33	1,31	1,29	1,28	1,27	1,25	1,24	1,24
	0,90	2,71	2,30	2,08	1,94	1,85	1,77	1,72	1,67	1,63	1,60	1,57	1,55
	0,95	3,84	3,00	2,60	2,37	2,21	2,10	2,01	1,94	1,88	1,83	1,79	1,75
	0,99	6,63	4,61	3,78	3,32	3,02	2,80	2,64	2,51	2,41	2,32	2,25	2,18

Tabelle 3

15	20	25	30	40	50	60	100	120	200	500	∞	Fläche	Nenner-df
							Zähler-df						
1,36	1,34	1,33	1,32	1,31	1,31	1,30	1,30	1,30	1,29	1,29	1,28	0,75	
1,81	1,76	1,73	1,70	1,67	1,65	1,64	1,61	1,60	1,59	1,58	1,57	0,90	22
2,15	2,07	2,03	1,98	1,94	1,91	1,89	1,85	1,84	1,82	1,80	1,78	0,95	
2,98	2,83	2,75	2,67	2,58	2,53	2,50	2,42	2,40	2,36	2,33	2,31	0,99	
1,35	1,33	1,32	1,31	1,30	1,29	1,29	1,28	1,28	1,27	1,27	1,26	0,75	
1,78	1,73	1,70	1,67	1,64	1,62	1,61	1,58	1,57	1,56	1,54	1,53	0,90	24
2,11	2,03	1,98	1,94	1,89	1,86	1,84	1,80	1,79	1,77	1,75	1,73	0,95	
2,89	2,74	2,66	2,58	2,49	2,44	2,40	2,33	2,31	2,27	2,24	2,21	0,99	
1,34	1,32	1,31	1,30	1,29	1,28	1,28	1,26	1,26	1,26	1,25	1,25	0,75	
1,76	1,71	1,68	1,65	1,61	1,59	1,58	1,55	1,54	1,53	1,51	1,50	0,90	26
2,07	1,99	1,95	1,90	1,85	1,82	1,80	1,76	1,75	1,73	1,71	1,69	0,95	
2,81	2,66	2,58	2,50	2,42	2,36	2,33	2,25	2,23	2,19	2,16	2,13	0,99	
1,33	1,31	1,30	1,29	1,28	1,27	1,27	1,26	1,25	1,25	1,24	1,24	0,75	
1,74	1,69	1,66	1,63	1,59	1,57	1,56	1,53	1,52	1,50	1,19	1,48	0,90	28
2,04	1,96	1,91	1,87	1,82	1,79	1,77	1,73	1,71	1,69	1,67	1,65	0,95	
2,75	2,60	2,52	2,44	2,35	2,30	2,26	2,19	2,17	2,13	2,09	2,06	0,99	
1,32	1,30	1,29	1,28	1,27	1,26	1,26	1,25	1,24	1,24	1,23	1,23	0,75	
1,72	1,67	1,64	1,61	1,57	1,55	1,54	1,51	1,50	1,48	1,47	1,46	0,90	30
2,01	1,93	1,89	1,84	1,79	1,76	1,74	1,70	1,68	1,66	1,64	1,62	0,95	
2,70	2,55	2,47	2,39	2,30	2,25	2,21	2,13	2,11	2,07	2,03	2,01	0,99	
1,30	1,28	1,26	1,25	1,24	1,23	1,22	1,21	1,21	1,20	1,19	1,19	0,75	
1,66	1,61	1,57	1,54	1,51	1,48	1,47	1,43	1,42	1,41	1,39	1,38	0,90	40
1,92	1,84	1,79	1,74	1,69	1,66	1,64	1,59	1,58	1,55	1,53	1,51	0,95	
2,52	2,37	2,29	2,20	2,11	2,06	2,02	1,94	1,92	1,87	1,93	1,80	0,99	
1,27	1,25	1,24	1,22	1,21	1,20	1,19	1,17	1,178	1,16	1,15	1,15	0,75	
1,60	1,54	1,51	1,48	1,44	1,41	1,40	1,36	1,35	1,33	1,31	1,29	0,90	60
1,84	1,75	1,70	1,65	1,59	1,56	1,53	1,48	1,47	1,44	1,41	1,39	0,95	
2,35	2,20	2,12	2,03	1,94	1,88	1,84	1,75	1,73	1,68	1,63	1,60	0,99	
1,24	1,22	1,21	1,19	1,18	1,17	1,16	1,14	1,13	1,12	1,11	1,10	0,75	
1,55	1,48	1,45	1,41	1,37	1,34	1,32	1,27	1,26	1,24	1,21	1,19	0,90	120
1,75	1,66	1,61	1,55	1,50	1,46	1,43	1,37	1,35	1,32	1,28	1,25	0,95	
2,19	2,03	1,95	1,86	1,76	1,70	1,66	1,56	1,53	1,48	1,42	1,38	0,99	
1,23	1,21	1,20	1,18	1,16	1,14	1,12	1,11	1,10	1,09	1,08	1,06	0,75	
1,52	1,46	1,42	1,38	1,34	1,31	1,28	1,24	1,22	1,20	1,17	1,14	0,90	200
1,72	1,62	1,57	1,52	1,46	1,41	1,39	1,32	1,29	1,26	1,22	1,19	0,95	
2,13	1,97	1,89	1,79	1,69	1,63	1,58	1,48	1,44	1,39	1,33	1,28	0,99	
1,22	1,19	1,18	1,16	1,14	1,13	1,12	1,09	1,08	1,07	1,04	1,00	0,75	
1,49	1,42	1,38	1,34	1,30	1,26	1,24	1,18	1,17	1,13	1,08	1,00	0,90	∞
1,67	1,57	1,52	1,46	1,39	1,35	1,32	1,24	1,22	1,17	1,11	1,00	0,95	
2,04	1,88	1,79	1,70	1,59	1,52	1,17	1,36	1,32	1,25	1,15	1,00	0,99	

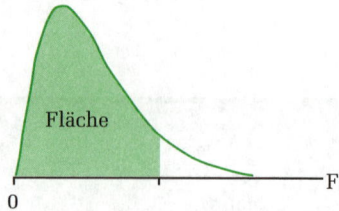

Abbildung 3: *F*-Verteilung.

Tabelle 3: *F*-Verteilung

In der Tabelle sind die kritischen *F*-Werte mit deren zugehörigen Nenner- („Nenner-*df*") und Zählerfreiheitsgraden („Zähler-*df*") für unterschiedliche Flächenanteile („Fläche" = $1 - \alpha$) abgebildet.

Beispiel:

- Wie groß wäre der kritische *F*-Wert bei einer Untersuchung mit 5 Zählerfreiheitsgraden und 60 Nennerfreiheitsgraden bei $\alpha = 10\%$? Dieses α entspricht einer Fläche von 0,90. Somit beträgt der kritische *F*-Wert in diesem Fall 1,95.

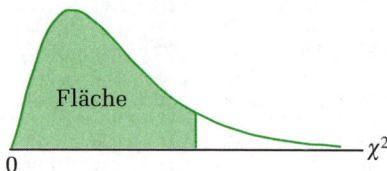

Abbildung 4: χ^2-Verteilung.

Tabelle 4: χ^2-Verteilung

Diese Tabelle beinhaltet die kritischen χ^2-Werte für die unterschiedlichen Freiheitsgrade („*df*") und Flächenanteile („Fläche" = $1 - \alpha$).

Beispiel:

- Der kritische χ^2-Wert in einem Test mit 12 Freiheitsgraden und $\alpha = 5\%$, was einer Fläche von 0,95 entspricht, würde demzufolge 21,030 betragen.

Tabelle 4

χ^2-Verteilung

Fläche df	0,9	0,95	0,975	0,99	0,995
1	2,706	3,841	5,024	6,635	7,879
2	4,605	5,991	7,378	9,210	10,600
3	6,251	7,815	9,348	11,350	12,840
4	7,779	9,488	11,140	13,280	14,860
5	9,236	11,070	12,830	15,090	16,750
6	10,650	12,590	14,450	16,810	18,550
7	12,020	14,070	16,010	18,480	20,280
8	13,360	15,510	17,540	20,090	21,960
9	14,680	16,920	19,020	21,670	23,590
10	15,990	18,310	20,480	23,210	25,190
11	17,280	19,680	21,920	24,730	26,760
12	18,550	21,030	23,340	26,220	28,300
13	19,810	22,360	24,740	27,690	29,820
14	21,060	23,690	26,120	29,140	31,320
15	22,310	25,000	27,490	30,580	32,800
16	23,540	26,300	28,850	32,000	34,270
17	24,770	27,590	30,190	33,410	35,720
18	25,990	28,870	31,530	34,810	37,160
19	27,200	30,140	32,850	36,190	38,580
20	28,410	31,410	34,170	37,570	40,000
21	29,620	32,670	35,480	38,930	41,400
22	30,810	33,920	36,780	40,290	42,800
23	32,010	35,170	38,080	41,540	44,180
24	33,200	36,410	39,360	42,980	45,560
25	34,380	37,650	40,650	44,310	46,930
26	35,560	38,890	41,920	45,640	48,290
27	36,740	40,110	43,200	46,960	49,650
28	37,920	41,340	44,460	48,280	50,990
29	39,090	42,560	45,720	49,590	52,340
30	40,260	43,770	46,980	50,890	53,670
40	51,810	55,760	59,340	63,090	66,770
50	63,170	67,510	71,420	76,150	79,490
60	74,400	79,080	83,300	88,380	91,950
70	85,530	90,530	95,020	100,400	104,200
80	96,580	101,900	106,600	112,300	116,300
90	107,600	113,200	118,100	124,100	128,300
100	118,500	124,300	129,600	135,800	140,200

Tabelle 5

Binomialverteilung

p		0,1		0,2		0,3		0,4		0,5	
n	k	$f(k)$	$F(k)$	$f(k)$	$F(k)$	$f(k)$	$F(k)$	$f(k)$	$F(k)$	$f(k)$	$F(k)$
1	0	0,9000	0,9000	0,8000	0,8000	0,7000	0,7000	0,6000	0,6000	0,5000	0,5000
	1	0,1000	1,0000	0,2000	1,0000	0,3000	1,0000	0,4000	1,0000	0,5000	1,0000
2	0	0,8100	0,8100	0,6400	0,6400	0,4900	0,4900	0,3600	0,3600	0,2500	0,2500
	1	0,1800	0,9900	0,3200	0,9600	0,4200	0,9100	0,4800	0,8400	0,5000	0,7500
	2	0,0100	1,0000	0,0400	1,0000	0,0900	1,0000	0,1600	1,0000	0,2500	1,0000
3	0	0,7290	0,7290	0,5120	0,5120	0,3430	0,3430	0,2160	0,2160	0,1250	0,1250
	1	0,2430	0,9720	0,3840	0,8960	0,4410	0,7840	0,4320	0,6480	0,3750	0,5000
	2	0,0270	0,9990	0,0960	0,9920	0,1890	0,9730	0,2880	0,9360	0,3750	0,8750
	3	0,0010	1	0,0080	1	0,0270	1	0,0640	1	0,1250	1
4	0	0,6561	0,6561	0,4096	0,4096	0,2401	0,2401	0,1296	0,1296	0,0625	0,0625
	1	0,2916	0,9477	0,4096	0,8192	0,4116	0,6517	0,3456	0,4752	0,2500	0,3125
	2	0,0486	0,9963	0,1536	0,9728	0,2464	0,9136	0,3456	0,8208	0,3750	0,6875
	3	0,0036	0,9999	0,0256	0,9984	0,0756	0,9919	0,1536	0,9744	0,2500	0,9375
	4	0,0001	1	0,0016	1	0,0081	1	0,0256	1	0,0625	1
5	0	0,5905	0,5905	0,3277	0,3277	0,1681	0,1681	0,0778	0,0778	0,0313	0,0313
	1	0,3281	0,9185	0,4096	0,7373	0,3602	0,5282	0,2592	0,3370	0,1563	0,1875
	2	0,0729	0,9914	0,2048	0,9421	0,3087	0,8369	0,3456	0,6826	0,3125	0,5000
	3	0,0081	0,9995	0,0512	0,9933	0,1323	0,9692	0,2304	0,9130	0,3125	0,8125
	4	0,0005	1	0,0064	0,9997	0,0284	0,9976	0,0768	0,9898	0,1563	0,9688
	5	0,0000	1	0,0003	1	0,0024	1	0,0102	1	0,0313	1
6	0	0,5314	0,5314	0,2621	0,2621	0,1176	0,1176	0,0467	0,0467	0,0156	0,0156
	1	0,3543	0,8857	0,3932	0,6554	0,3025	0,4202	0,1866	0,2333	0,0938	0,1094
	2	0,0984	0,9842	0,2458	0,9011	0,3241	0,7443	0,3110	0,5443	0,2344	0,3438
	3	0,0146	0,9987	0,0819	0,9830	0,1852	0,9295	0,2765	0,8208	0,3125	0,6563
	4	0,0012	0,9999	0,0154	0,9984	0,0595	0,9891	0,1382	0,9590	0,2344	0,8906
	5	0,0001	1	0,0015	0,9999	0,0102	0,9993	0,0369	0,9959	0,0938	0,9844
	6	0,0000	1	0,0001	1	0,0007	1	0,0041	1	0,0156	1
8	0	0,4305	0,4305	0,1678	0,1678	0,0576	0,0576	0,0168	0,0168	0,0039	0,0039
	1	0,3826	0,8131	0,3355	0,5033	0,1977	0,2553	0,0896	0,1064	0,0313	0,0352
	2	0,1488	0,9619	0,2936	0,7969	0,2965	0,5518	0,2090	0,3154	0,1094	0,1445
	3	0,0331	0,9950	0,1468	0,9437	0,2451	0,8059	0,2787	0,5941	0,2188	0,3633
	4	0,0046	0,9996	0,0459	0,9896	0,1361	0,9420	0,2322	0,8263	0,2734	0,6367
	5	0,0004	1	0,0092	0,9988	0,0467	0,9887	0,1239	0,9502	0,2188	0,8555
	6	0,0000	1	0,0011	0,9999	0,0100	0,9987	0,0413	0,9915	0,1094	0,9648
	7	0,0000	1	0,0001	1	0,0012	0,9999	0,0079	0,9993	0,0313	0,9961
	8	0,0000	1	0,0000	1	0,0001	1	0,0007	1	0,0039	1
9	0	0,3874	0,3874	0,1342	0,1342	0,0404	0,0404	0,0101	0,0101	0,0020	0,0020
	1	0,3874	0,7748	0,3020	0,5362	0,1556	0,1960	0,0605	0,0705	0,0176	0,0195
	2	0,1722	0,9470	0,3020	0,7382	0,2668	0,4628	0,1612	0,2318	0,0703	0,0898
	3	0,0446	0,9917	0,1762	0,9144	0,2668	0,7297	0,2508	0,4826	0,1641	0,2539
	4	0,0074	0,9991	0,0661	0,9804	0,1715	0,9012	0,2508	0,7334	0,2461	0,5000
	5	0,0008	0,9999	0,0165	0,9969	0,0735	0,9747	0,1672	0,9006	0,2461	0,7461
	6	0,0001	1	0,0028	0,9997	0,0210	0,9957	0,0743	0,9750	0,1641	0,9102
	7	0,0000	1	0,0003	1	0,0039	0,9996	0,0212	0,9962	0,0703	0,9805
	8	0,0000	1	0,0000	1	0,0004	1	0,0035	0,9997	0,0176	0,9980
	9	0,0000	1	0,0000	1	0,0000	1	0,0003	1	0,0020	1

Binomialverteilung (Fortsetzung)

p		0,1		0,2		0,3		0,4		0,5	
n	k	f(k)	F(k)	f(k)	F(k)	f(k)	F(k)	f(k)	F(k)	f(k)	F(k)
10	0	0,3487	0,3487	0,1074	0,1074	0,0282	0,0282	0,0060	0,0060	0,0010	0,0010
	1	0,3874	0,7361	0,2684	0,3758	0,1211	0,1493	0,0403	0,0464	0,0098	0,0107
	2	0,1937	0,9298	0,3020	0,6778	0,2335	0,3828	0,1209	0,1673	0,0439	0,0547
	3	0,0574	0,9872	0,2013	0,8791	0,2668	0,6496	0,2150	0,3823	0,1172	0,1719
	4	0,0112	0,9984	0,0881	0,9672	0,2001	0,8497	0,2508	0,6331	0,2051	0,3770
	5	0,0015	0,9999	0,0264	0,9936	0,1029	0,9527	0,2007	0,8338	0,2461	0,6230
	6	0,0001	1	0,0055	0,9991	0,0368	0,9894	0,1115	0,9452	0,2051	0,8281
	7	0,0000	1	0,0008	0,9999	0,0090	0,9984	0,0425	0,9877	0,1172	0,9453
	8	0,0000	1	0,0001	1	0,0014	0,9999	0,0106	0,9983	0,0439	0,9893
	9	0,0000	1	0,0000	1	0,0001	1	0,0016	0,9999	0,0098	0,9990
	10	0,0000	1	0,0000	1	0,0000	1	0,0001	1	0,0010	1
	⋮										
20	0	0,1216	0,1216	0,0115	0,0115	0,0008	0,0008	0,0000	0,0000	0,0000	0,0000
	1	0,2702	0,3917	0,0576	0,0692	0,0068	0,0076	0,0005	0,0005	0,0000	0,0000
	2	0,2852	0,6769	0,1369	0,2061	0,0278	0,0355	0,0031	0,0036	0,0002	0,0002
	3	0,1901	0,8670	0,2054	0,4114	0,0716	0,1071	0,0123	0,0160	0,0011	0,0013
	4	0,0898	0,9568	0,2182	0,6296	0,1304	0,2375	0,0350	0,0510	0,0046	0,0059
	5	0,0319	0,9887	0,1746	0,8042	0,1789	0,4164	0,0746	0,1256	0,0148	0,0207
	6	0,0089	0,9976	0,1091	0,9133	0,1916	0,6080	0,1244	0,2500	0,0370	0,0577
	7	0,0020	0,9996	0,0545	0,9679	0,1643	0,7723	0,1659	0,4159	0,0739	0,1316
	8	0,0004	0,9999	0,0222	0,9900	0,1144	0,8867	0,1797	0,5956	0,1201	0,2517
	9	0,0001	1	0,0074	0,9974	0,0654	0,9520	0,1597	0,7553	0,1602	0,4119
	10	0,0000	1	0,0020	0,9994	0,0308	0,9829	0,1171	0,8725	0,1762	0,5881
	11	0,0000	1	0,0005	0,9999	0,0120	0,9949	0,0710	0,9435	0,1602	0,7483
	12	0,0000	1	0,0001	1	0,0039	0,9987	0,0355	0,9790	0,1201	0,8684
	13	0,0000	1	0,0000	1	0,0010	0,9997	0,0146	0,9935	0,0739	0,9423
	14	0,0000	1	0,0000	1	0,0002	1	0,0049	0,9984	0,0370	0,9793
	15	0,0000	1	0,0000	1	0,0000	1	0,0013	0,9997	0,0148	0,9941
	16	0,0000	1	0,0000	1	0,0000	1	0,0003	1	0,0046	0,9987
	17	0,0000	1	0,0000	1	0,0000	1	0,0000	1	0,0011	0,9998
	18	0,0000	1	0,0000	1	0,0000	1	0,0000	1	0,0002	1
	19	0,0000	1	0,0000	1	0,0000	1	0,0000	1	0,0000	1
	20	0,0000	1	0,0000	1	0,0000	1	0,0000	1	0,0000	1

Die Werte der Verteilungen für $p > 0,5$ findet man nach der Formel $f(k; n, p) = f(n-k, n, 1-p)$.

Tabelle 5: Binomialverteilung

Beispiele:

- Wie wahrscheinlich ist es, dass ein Ereignis mit der Auftretenswahrscheinlichkeit $p = 0,3$ bei 8 Ziehungen höchstens 4 Mal eintrifft? Zur Beantwortung dieser Frage betrachten wir die Werte für die kumulierten (aufsummierten) Wahrscheinlichkeiten unter $F(k)$. Die gesuchte Wahrscheinlichkeit ist 0,9420.

- Wie wahrscheinlich ist es, dass ein Ereignis mit der Auftretenswahrscheinlichkeit $p = 0,1$ bei 20 Ziehungen genau zweimal eintrifft? Zur Beantwortung dieser Frage betrachten wir die Wahrscheinlichkeiten unter $f(k)$. Die gesuchte Wahrscheinlichkeit ist 0,2852.

Tabelle 6

Wilcoxon-Test für abhängige Stichproben

	einseitiges α	0,050	0,025	0,010	0,005
n	zweiseitiges α	0,100	0,050	0,020	0,010
5		0			
6		2	0		
7		3	2	0	
8		5	4	2	0
9		8	6	3	2
10		10	8	5	3
11		13	11	7	5
12		17	14	10	7
13		21	17	13	10
14		25	21	16	13
15		30	25	20	16
16		35	30	24	20
17		41	35	28	23
18		47	40	33	28
19		53	46	38	32
20		60	52	43	38
21		67	59	49	43
22		75	66	56	49
23		83	73	62	55
24		91	81	69	61
25		100	89	77	68

Tabelle 6: Wilcoxon-Test für abhängige Stichproben

Die Tabelle enthält die kritsichen T-Werte bei verschiedenen Stichprobengrößen und verschiedenen Signifikanzkriterien α im einseitigen und zweiseitigen Test. Das Testergebnis ist signifikant, wenn die empirische Prüfgröße T *kleiner oder gleich* dem kritischen T-Wert ist.

Tabelle 7.1

U-Test für den einseitigen Test bei $\alpha = 1\%$ und für den zweiseitigen Test bei $\alpha = 2\%$*

N_1 \ N_2	1	2	3	4	5	6	7	8	9	10	11	12	13	14	15	16	17	18	19	20
1																				
2													0	0	0	0	0	0	1	1
3							0	0	1	1	1	2	2	2	3	3	4	4	4	5
4				0	1	1	2	3	3	4	5	5	6	7	7	8	9	9	10
5				0	1	2	3	4	5	6	7	8	9	10	11	12	13	14	15	16
6				1	2	3	4	6	7	8	9	11	12	13	15	16	18	19	20	22
7			0	1	3	4	6	7	9	11	12	14	16	17	19	21	23	24	26	28
8			0	2	4	6	7	9	11	13	15	17	20	22	24	26	28	30	32	34
9			1	3	5	7	9	11	14	16	18	21	23	26	28	31	33	36	38	40
10			1	3	6	8	11	13	16	19	22	24	27	30	33	36	38	41	44	47
11			1	4	7	9	12	15	18	22	25	28	31	34	37	41	44	47	50	53
12			2	5	8	11	14	17	21	24	28	31	35	38	42	46	49	53	56	60
13		0	2	5	9	12	16	20	23	27	31	35	39	43	47	51	55	59	63	67
14		0	2	6	10	13	17	22	26	30	34	38	43	47	51	56	60	65	69	73
15		0	3	7	11	15	19	24	28	33	37	42	47	51	56	61	66	70	75	80
16		0	3	7	12	16	21	26	31	36	41	46	51	56	61	66	71	76	82	87
17		0	4	8	13	18	23	28	33	38	44	49	55	60	66	71	77	82	88	93
18		0	4	9	14	19	24	30	36	41	47	53	59	65	70	76	82	88	94	100
19		1	4	9	15	20	26	32	38	44	50	56	63	69	75	82	88	94	101	107
20		1	5	10	16	22	28	34	40	47	53	60	67	73	80	87	93	100	107	114

* Zellen ohne Werte zeigen an, dass eine Zurückweisung der Nullhypothese auf dem angegebenen Signifikanzniveau unmöglich ist.

Tabelle 7.1: U-Test

■ Tabelle 7.1 enthält die kritischen U-Werte bei verschiedenen Stichprobengrößen für den einseitigen Test bei $\alpha = 1\%$ und für den zweiseitigen Test bei $\alpha = 2\%$. Das Testergebnis ist signifikant, wenn die empirische Prüfgröße U kleiner oder gleich dem kritischen U-Wert ist.

Tabelle 7.2

U-Test für den einseitigen Test bei α = 5% und für den zweiseitigen Test bei α = 10%*

N_1 \ N_2	1	2	3	4	5	6	7	8	9	10	11	12	13	14	15	16	17	18	19	20
1																			0	0
2				0	0	0	1	1	1	1	2	2	2	3	3	3	4	4	4
3			0	0	1	2	2	3	3	4	5	5	6	7	7	8	9	9	10	11
4			0	1	2	3	4	5	6	7	8	9	10	11	12	14	15	16	17	18
5		0	1	2	4	5	6	8	9	11	12	13	15	16	18	19	20	22	23	25
6		0	2	3	5	7	8	10	12	14	16	17	19	21	23	25	26	28	30	32
7		0	2	4	6	8	11	13	15	17	19	21	24	26	28	30	33	35	37	39
8		1	3	5	8	10	13	15	18	20	23	26	28	31	33	36	39	41	44	47
9		1	3	6	9	12	15	18	21	24	27	30	33	36	39	42	45	48	51	54
10		1	4	7	11	14	17	20	24	27	31	34	37	41	44	48	51	55	58	62
11		1	5	8	12	16	19	23	27	31	34	38	42	46	50	54	57	61	65	69
12		2	5	9	13	17	21	26	30	34	38	42	47	51	55	60	64	68	72	77
13		2	6	10	15	19	24	28	33	37	42	47	51	56	61	65	70	75	80	84
14		2	7	11	16	21	26	31	36	41	46	51	56	61	66	71	77	82	87	92
15		3	7	12	18	23	28	33	39	44	50	55	61	66	72	77	83	88	94	100
16		3	8	14	19	25	30	36	42	48	54	60	65	71	77	83	89	95	101	107
17		3	9	15	20	26	33	39	45	51	57	64	70	77	83	89	96	102	109	115
18		4	9	16	22	28	35	41	48	55	61	68	75	82	88	95	102	109	116	123
19	0	4	10	17	23	30	37	44	51	58	65	72	80	87	94	101	109	116	123	130
20	0	4	11	18	25	32	39	47	54	62	69	77	84	92	100	107	115	123	130	138

* Zellen ohne Werte zeigen an, dass eine Zurückweisung der Nullhypothese auf dem angegebenen Signifikanzniveau unmöglich ist.

Tabelle 7.2: *U*-Test

- Tabelle 7.2 enthält die kritischen *U*-Werte bei verschiedenen Stichprobengrößen für den einseitigen Test bei α = 5% und für den zweiseitigen Test bei α = 10%. Das Testergebnis ist signifikant, wenn die empirische Prüfgröße *U* kleiner oder gleich dem kritischen *U*-Wert ist.

Tabelle 8

Transformation von *r*-Werten in Fisher-*z*-Werte

z	0,00	0,01	0,02	0,03	0,04	0,05	0,06	0,07	0,08	0,09
0,0	0,000	0,010	0,020	0,030	0,040	0,050	0,060	0,070	0,080	0,090
0,1	0,100	0,110	0,119	0,129	0,139	0,149	0,159	0,168	0,178	0,187
0,2	0,197	0,207	0,216	0,226	0,236	0,245	0,254	0,264	0,273	0,282
0,3	0,291	0,300	0,310	0,319	0,327	0,336	0,345	0,354	0,363	0,371
0,4	0,380	0,389	0,397	0,405	0,414	0,422	0,430	0,438	0,446	0,454
0,5	0,462	0,470	0,478	0,485	0,493	0,500	0,508	0,515	0,523	0,530
0,6	0,537	0,544	0,551	0,558	0,565	0,572	0,578	0,585	0,592	0,598
0,7	0,604	0,611	0,617	0,623	0,629	0,635	0,641	0,647	0,653	0,658
0,8	0,664	0,670	0,675	0,680	0,686	0,691	0,696	0,701	0,706	0,711
0,9	0,716	0,721	0,726	0,731	0,735	0,740	0,744	0,749	0,753	0,757
1,0	0,762	0,766	0,770	0,774	0,778	0,782	0,786	0,790	0,793	0,797
1,1	0,800	0,801	0,808	0,811	0,814	0,818	0,821	0,824	0,828	0,831
1,2	0,834	0,837	0,840	0,843	0,846	0,848	0,851	0,854	0,856	0,859
1,3	0,862	0,864	0,867	0,869	0,872	0,874	0,876	0,879	0,881	0,883
1,4	0,885	0,888	0,890	0,892	0,894	0,896	0,898	0,900	0,902	0,903
1,5	0,905	0,907	0,909	0,910	0,912	0,914	0,915	0,917	0,919	0,920
1,6	0,922	0,923	0,925	0,926	0,928	0,929	0,930	0,932	0,933	0,934
1,7	0,935	0,937	0,938	0,939	0,940	0,941	0,942	0,944	0,945	0,946
1,8	0,947	0,948	0,949	0,950	0,951	0,952	0,953	0,954	0,954	0,955
1,9	0,956	0,957	0,958	0,959	0,960	0,960	0,961	0,962	0,963	0,963
2,0	0,964	0,965	0,965	0,966	0,967	0,967	0,968	0,969	0,969	.970
2,1	0,970	0,971	0,972	0,972	0,973	0,973	0,974	0,974	0,975	0,975
2,2	0,976	0,976	0,977	0,977	0,978	0,978	0,978	0,979	0,979	0,980
2,3	0,980	0,980	0,981	0,981	0,982	0,982	0,982	0,983	0,983	0,983
2,4	0,984	0,984	0,984	0,985	0,985	0,985	0,986	0,986	0,986	0,986
2,5	0,987	0,987	0,987	0,987	0,988	0,988	0,988	0,988	0,989	0,989
2,6	0,989	0,989	0,989	0,990	0,990	0,990	0,990	0,990	0,991	0,991
2,7	0,991	0,991	0,991	0,992	0,992	0,992	0,992	0,992	0,992	0,992
2,8	0,993	0,993	0,993	0,993	0,993	0,993	0,993	0,994	0,994	0,994
2,9	0,994	0,994	0,994	0,994	0,994	0,995	0,995	0,995	0,995	0,995

Tabelle 8: Transformation von *r*-Werten in Fisher-*z*-Werten

Beispiele:

■ Welches *r* entspricht einem $z = 0{,}64$? Zunächst sucht man in der Spalte links nach dem *z*-Wert mit der entsprechenden ersten Nachkommastelle (0,6) und geht dann die entsprechende Zeile entlang bis zur zweiten Nachkommastelle (0,04). Der gesuchte Wert ist also $r = 0{,}565$.

■ Welcher Fisher-*z*-Wert entspricht einem $r = 0{,}90$? Hierzu muss man zunächst den entsprechenden Wert innerhalb der Tabelle suchen (oder den Wert, der dem gesuchten Wert am nächsten kommt) und erhält dann durch das Aufsuchen der entsprechenden Werte in der ersten Spalte und der ersten Zeile den gesuchten Fisher-*z*-Wert: $z = 1{,}47$.

Anhang B: Bibliografie

Abelson, R. P. (1995). *Statistics as principled argument*. Hillsdale, NJ: Lawrence Erlbaum.

Acree, M. C. (1979). Theories of statistical inference in psychological research: A historico-critical study. *Dissertation Abstracts International, 39*, 5073B (University Microfilms No. 7907000).

Aiken, L. S., West, S. G., Sechrest, L., & Reno, R. R. (1990). Graduate training in statistics, methodology, and measurement in psychology: A survey of Ph D programs in North America. *American Psychologist, 45*, 721–734.

Allman, W. F. (1990). *Menschliches Denken – Künstliche Intelligenz*. München: Droemer Knaur.

Amthauer, R., Brocke, B., Liepmann, D. & Beauducel (2001). *Intelligenz-Struktur-Test 2000 R*. Göttingen: Hogrefe.

Anderson, J. R. (1989). A theory of the origins of human knowledge. *Artificial Intelligence, 40*, 313-351.

Anderson, J. R. (1992). Acquisition of cognitive skill. *Psychological Review, 89*, 369-406.

Anderson, J. R. (1993). *Rules of the mind*. Hillsdale, NJ: Lawrence Erlbaum Associates.

Anderson, J. R., Corbett, A. T., Koedinger, K. R., & Pelletier, R. (1995). Cognitive tutors: lessons learned. *The Journal of the Learning Sciences, 4*, 167-207.

Anderson, J. R. & Lebiere, C. (1998). *The atomic components of thought*. Mahwah: Erlbaum.

Asch, S. E. (1955). Opinions and social pressure. *Scientific American, 193*, 31-35.

Ashworth, P. (2003). The origins of qualitative psychology. In Smith, J. A. (Ed.). *Qualitative psychology: A practical guide to research methods. London*, Sage (4-24).

Attali, Y., & Bar-Hillel, M. (2003). Guess where: The position of correct answers in multiple-choice test items as a psychometric variable. *Journal of Educational Measurement, 40*, 109-128.

Backhaus, K., Erichson, B. Plinke, W. & Weiber, R. (2000) (Hrsg.). *Multivariate Analysemethoden* (9. Aufl.). Berlin: Springer.

Baddeley, A. D. (1986). *Working memory*. Oxford: Oxford University Press.

Baddeley, A. D., Thompson, N., & Buchanan, M. (1975). Word length and the structure of short-term memory. *Journal of Verbal Learning and Verbal Behavior, 14*, 575-589.

Batali, J. (1994). Innate biases and critical periods: combining evolution and learning in the acquisition of syntax. In R. Brooks & P. Maes (Eds.). *Artificial Life IV*. Cambridge, MA: MIT Press (160-171).

Becker, B. J. (2003). Introduction to the special section on metric in meta-analysis. *Psychological Methods, 8*, 403-405.

Belew, R. K. (1990). Evolution, learning, and culture: computational metaphors for adaptive algorithms. *Complex Systems, 4*, 11-49.

Berkowitz, L. & LePage, A. (1967). Weapons as aggression-eliciting stimuli. *Journal of Personality and Social Psychology, 7*, 202-207.

Berry, D. C., & Broadbent, D. E. (1984). On the relationship between task performance and associated verbalizable knowledge. *The Quarterly Journal of Experimental Psychology, 36(A)*, 209-231.

Birnbaum, M. H. (1982). Controversies in psychological measurement. In B. Wegener (Ed.), *Social attitudes and psychophysical measurement*. Hillsdale, NJ: Erlbaum (401-485).

Birnbaum, M. H. (1999). How to show that 9 > 221? Collect judgments in a between-subjects design. *Psychological Methods, 4*, 243-249.

Birnbaum, M. H. (2001). *Introduction to behavioral research on the internet*. Upper Saddle River, NJ: Prentice-Hall.

Blanton, H. & Jaccard, J. (2006a). Arbitrary metrics in psychology. *American Psychologist, 61*, 27-41.

Blanton, H. & Jaccard, J. (2006b). Arbitrary metrics redux. *American Psychologist, 61*, 62-71.

Bond, C. F., Wiitala, W. L., & Richard, F. D. (2003). Meta-analysis of raw means differences. *Psychological Methods, 8*, 406-418.

Bortz, J. (2005). *Statistik für Human- und Sozialwissenschaftler* (6. Aufl.). Berlin: Springer.

Bortz, J., & Döring, N. (2006). *Forschungsmethoden und Evaluation*. Berlin: Springer.

Bortz, J., Lienert, G.A. & Boehnke, K. (2000). *Verteilungsfreie Methoden der Biostatistik*. Berlin: Springer.

Böhm, A. (2004). Theoretisches Codieren: Textanalyse in der Grounded theory. In U. Flick, E. von Kardorff, & I. Steinke, (Hrsg.). *Qualitative Forschung: ein Handbuch* (3. Aufl.). Reinbek: Rowohlt Taschenbuch Verlag (475-484).

Brown, N. R. & Siegler, R. S. (1993). Metrics and mappings: A framework for understanding real-world quantitative estimation. *Psychological Review, 100*, 511-534.

Bröder, A. (2004). Interne und externe Validität aus deduktivistischer Sicht: Versuch einer Systematisierung und Bestandsaufnahme. In E. Erdfelder & J. Funke (Eds.): *Allgemeine Psychologie und deduktivistische Methodologie*. Göttingen: Vandenhoeck & Ruprecht (37-55).

Brühl, A. (2006). *SPSS 14: Einführung in die moderne Datenanalyse* (10. Aufl.). München: Pearson Studium.

Bunge, M. & Ardila, R. (1990). *Philosophie der Psychologie*. Tübingen: Mohr.

Buss, D. M. & Schmitt, D. P. (1993). Sexual strategies theory: An evolutionary perspective on human mating. *Psychological Review, 100*, 204-232.

Bühler, H. (1907). Tatsachen und Probleme zu einer Psychologie der Denkvorgänge. 1. Über Gedanken. *Archiv für die gesamte Psychologie, 9*, 297-365.

Bühner, M. (2006). *Einführung in die Test- und Fragebogenkonstruktion* (2. Aufl). München: Pearson Studium.

Campbell, C. & Joiner, B. L. (1973). How to get the answer without being sure you've been asked the question. *American Statistician, 27*, 229-231.

Campbell, D. T. & Stanley, J. C. (1966). *Experimental and quasi-experimental designs for research*. Chicago: Rand McNally.

Carnap, R. (1946). Theory and prediction in science. *Science, 104*, 520-521.

Charmaz, K. (2003). Grounded theory. In Smith, J. A. (Ed.). *Qualitative psychology*. London: Sage (81-110).

Cohen, J. (1960). A coefficient of agreement for nominal scales. *Educational and Psychological Measurement, 20*, 37-46.

Cohen, J. (1962). The statistical power of abnormal-social psychological research: A review. *Journal of Abnormal and Social Psychology, 65*, 145-153.

Cohen, J. (1965). Some statistical issues in psychological research. In B. B. Wolman (Ed.). *Handbook of clinical psychology*. New York: McGraw-Hill (95-121).

Cohen, J. (1968). Weighted Kappa. Nominal scale agreement with provision of scaled disagreement of partial credit. *Psychological Bulletin, 70*, 213-220.

Cohen, J. (1988). *Statistical power analysis for the behavioral sciences* (2nd ed.). Hillsdale, NJ: Lawrence Erlbaum Associates.

Cohen, J. (1992). A power primer. *Psychological Bulletin, 112*, 155-159.

Cohen, J., Cohen, P. & West, S.G. (2003). *Applied multiple regression/correlation analysis for the behavioral sciences*. Mahwah, NJ: Lawrence Erlbaum Associates.

Cohen, J. & Servan-Schreiber, D. (1992). Context, cortex, and dopamine: A connectionist approach to behavior and biology in Schizopherenia. *Psychological Review, 99*, 45-77.

Colella, V. S., Klopfer, E. & Resnick, M. (2001). *Adventures in modeling: Exploring complex, dynamic systems with StarLogo*. New York: Teachers College Press.

Cook, T. D. & Campbell, D. T. (1979). *Quasi-experimentation: Design and analysis issues for field settings*. Chicago: Rand McNally.

Cooper, L. A. and Shepard, R. N. (1973). Chronometric studies of the rotation of mental images. In W. G. Chase (Ed.). *Visual information processing*. New York: Academic Press.

Cosmides, L., & Tooby, J. (1994). Beyond intuition and instinct blindness: Toward an evolutionarily rigorous cognitive science. *Cognition, 50*, 41-77

Crusco, A. H. & Wetzel, C. G. (1984). The Midas touch: The effects of interpersonal touch on restaurant tipping. *Personality and Social Psychology Bulletin, 10*, 512-517.

Cumming, G. & Finch, S. (2001). A primer on the understanding, use, and calculation of confience intervals that are based on central and noncentral distributions. *Educational and Psychological Measurement, 61*, 530-572.

Cumming, G., & Finch, S. (2005). Inference by eye: confidence intervals and how to read pictures of data. *American Psychologist, 60*, 170-180.

Dawes, R. M. (1994). *House of cards: Psychology and psychotherapy built on myth.* New York: The Free Press.

Dawes, R. M. (2001). *Everyday irrationality.* Boulder: Westview.

Delucchi, K.L. (1993). On the use and misuse of the chi-square. In G. Keren, & C. Lewis (Eds.). *A handbook for data analysis in the behavioral sciences: Statistical Issues.* Hillsdale, NJ: Lawrence Erlbaum Associates.

Denzin, N. K. (1978). *The research act. A theoretical introduction to sociological methods* (2nd ed.). New York: Mc Graw Hill.

Denzin, N. K. (1989). *The research act. A theoretical introduction to sociological methods* (3rd ed.). New York: Mc Graw Hill.

Depraz, N. (1999). The phenomenological reduction as praxis. *Journal of Consciousness Studies, 6*, 95-110.

Devers, E. & Robinson, K. M. (2002). The making of a grounded theory: after death communication. *Death Studies, 26*, 241-253.

Diaconis, P. & Efron, B. (1983). Statistik per Computer: der Münchhausen-Trick. *Spektrum der Wissenschaft, 7*, 56-71.

Diehl, J. M. & Arbinger, R. (1990). *Einführung in die Inferenzstatistik.* Eschborn: Klotz.

Diepgen, R. (1998). Ein alternder Playboy, die Medien und eine fragwürdige Statistik: eine kleine Anregung für den Unterricht. *Stochastik in der Schule, 18*, 9-21.

Diepgen, R. (1999). Warum nur n-1 und nicht n? Erwartungstreue leicht gemacht. *Stochastik in der Schule, 1*, 10-13.

Dunlap, W. P., Cortina, J. M., Vaslow, J. B. & Burke, M. J. (1996). Meta-analysis of experiments with matched groups or repeated measures designs. *Psychological Methods, 2*, 170-177.

Edley, N. & Wetherell, M. (2001). Jekyll and Hyde: Men's constructions of feminism and feminists. *Feminism & Psychology, 11*, 439-457.

Edwards, W., Lindman, H. & Savage, L. J. (1963). Bayesian statistical inference for psychological research. *Psychological Review, 70*, 193-242.

Efron, B., & Tibshirani, R. (1986). Bootstrap methods for standard errors, confidence intervals, and other measures of statistical accuracy. *Statistical Science, 1*, 54-77.

Efron, B., & Tibshirani, R. (1993). *An introduction to the bootstrap*. New York: Chapman and Hall.

Egger, M., Smith, G. D., Schneider, M., & Minder, C. (1997). Bias in meta-analysis detected by a simple graphical test. *BMJ, 315*, 629-634.

Eisenhauer, J. G. (2001). Eliciting honesty: How to tell the truth with statistics. *Teaching Statistics, 23*, 45-48.

Elman, J. (1990). Finding structure in time. *Cognitive Science, 14*, 179-212.

Elman, J. L., Bates, E. A., Karmiloff-Smith, A., Parisi, D. & Plunkett, K. (1996). *Rethinking Innateness: A connectionist perspective on development*. Cambridge, MA: MIT Press.

Engel, J. (2000). Markieren – Einfangen – Schätzen: Wie viele wilde Tiere? *Stochastik in der Schule, 2*, 17-24.

Engel, J. & Grübel, R. (im Druck). Bootstrap – oder die Kunst, sich selbst aus dem Sumpf zu ziehen. *Mathematische Semesterberichte.*

Erdfelder, E., Faul, R. & Buchner, A. (1996). GPOWER: A general power analysis program. *Behavior Research Methods, Instruments, & Computers, 28*, 1-11.

Ericsson, K. A. & Simon, H. S. (1984). *Protocol analysis: verbals reports as data.* Cambridge: MIT Press

Eron L.D. (1982). Parent-child interaction, television violence, and aggression of children. *American Psychologist, 42*, 425-442.

Fahrenberg, J., Hampel, R., Selg, H. (2001). *Das Freiburger Persönlichkeitsinventar – Revidierte Fassung (FPI-R)*. Göttingen: Hogrefe.

Faul, F., Erdfelder, E., Lang, A-G., & Buchner, A. (2007). G*Power3: A flexible statistical power analysis program for the social, behavioral, and biomedical sciences. *Behavior Research Methods, 39*, 175-191.

Festinger, L., Schachter, S. & Back, K. (1950). *Social pressures in informal groups.* Stanford, CA: Stanford University Press.

Fidler, F. & Thompson, B. (2001). Computing correct confidence intervals for ANOVA fixed- and random-effects effect sizes. *Educational and Psychological Measurement, 61*, 575-604.

Fiedler, K., & Juslin, P. (2006). *Information sampling and adaptive cognition.* Cambridge: Cambridge University Press.

Field, A. P. (2001). Meta-analysis of correlation coefficients: a Monte Carlo comparison of fixed- and random-effects methods. *Psychologcial Methods, 6*, 161-180.

Fisher, R. A. (1925). *Statistical methods for research workers*. Edinburgh: Oliver & Boyd.

Fisher, R. A. (1929). The statistical method in psychical research. *Proceedings of the Society for Psychical Research, 39,* 185-189.

Fisher, R. A. (1935). *The design of experiments.* Edinburgh: Oliver & Boyd.

Flick, U. (2004). *Qualitative Sozialforschung* (2. Aufl.). Reinbek: Rowohlt Taschenbuch Verlag.

Flick, U., von Kardorff, E. & Steinke, I. (2004) (Hrsg.). *Qualitative Forschung: ein Handbuch* (3. Aufl.). Reinbek: Rowohlt Taschenbuch Verlag.

Forrest, S (1993). Genetic algorithms: Principles of natural selection applied to computation. *Science, 261,* 872-878.

Franklin, S. (1997). *Artificial minds.* Cambridge, MA: MIT Press.

Franks, N. R. (1989). Army ants: a collective intelligence. *American Scientist, 77,* 139-145.

Freedman, D., Pisani, R., Purves, R., & Adhikari, A. (1991). *Statistics* (2nd ed). New York: W. W. Norton.

Gadenne, V. (2004). *Philosophie der Psychologie.* Bern: Huber.

Garven, S., Wood, J. A., Malpass, R. S., & Shaw, J. S. III (1998). More than suggestion: the effect of interviewing techniques from the McMartin Preschool case. *Journal of Applied Psychology, 83,* 347-359.

Gigerenzer, G. (1991). From tools to theories: A heuristic of discovery in cognitive psychology. *Psychological Review, 98,* 254-267.

Gigerenzer, G. (1993). The Superego, the ego, and the id in statistical reasoning. In G. Keren & C. Lewis (Eds.). *A handbook for data analysis in the behavioral sciences: Methodological issues.* Hillsdale, NJ: Erlbaum.

Gigerenzer, G. (1998). Surrogates for theories. *Theory & Psychology, 8,* 195-204.

Gigerenzer, G. (2004). Dread risk, September 11, and fatal traffic accidents. *Psychological Science, 15,* 286-287.

Gigerenzer, G., & Murray, D. (1987). *Cognition as intuitive statistics.* Hillsdale, NJ: Lawrence Erlbaum Associates.

Gigerenzer, G., Hertwig, R., Hoffrage, U. & Sedlmeier, P. (in press). Cognitive illusions reconsidered. In C. R. Plott, & V. L. Smith (Eds.). *Handbook of experimental economics results.* North Holland: Elsevier Press.

Gigerenzer, G., Swijtink, Z., Porter, T., Daston, L., Beatty, J., & Krüger, L. (1989) *The empire of chance: How probability changed science and everyday life.* New York: Cambridge University Press.

Gigerenzer, G., Swijtink, Z., Porter, T. Daston, L., Beatty, J., & Krpger, L. (1999). *Das Reich des Zufalls.* Heidelberg: Spektrum.

Gillies, V. (1999). An analysis of the discursive positions of women smokers: Implications for practical interventions. In C. Willig (Ed.). *Applied discourse analysis: Social and psychological interventions*. Buckingham: Open University Press.

Gilovich, T., Griffin, D. & Kahneman, D. (2002). *Heuristics and biases: The psychology of intuitive judgment*. Cambridge: Cambridge University Press.

Glaser, B. G. (1978). *Theoretical sensitivity*. Mill Valley, CA: Sociology Press.

Glaser, B. G. (1992). *Emergence vs. forcing: Basics of Grounded Theory analysis*. Mill Valley, CA: Sociology Press.

Glaser, B. G. & Strauss, A. L. (1967). *The discovery of grounded theory. Strategies for qualitative research*. Chicago: Aldine

Glaser, B. G. & Strauss, A. L. (2005): *Strategien qualitativer Forschung*. Bern: Verlag Hans Huber.

Glass, G. V. (1976). Primary, secondary, and meta-analysis of research. *Educational Researcher, 10*, 3-8.

Glass, G.V. & Hopkins, K.D. (1996). *Statistical methods in education and psychology* (3rd ed.). Boston: Allyn Bacon.

Good, I.J., Grover, T.N. & Mitchell, G.J. (1977). Exact distributions for chi-squared and for the likelihood- ratio statistic for the equiprobable multinomial distribution. *Journal of the American Statistical Association, 65*, 267-283.

Greve, W. & Wentura, D. (1997). *Wissenschaftliche Beobachtung: Eine Einführung*. Weinheim: Psychologie Verlags Union.

Grice, H. P. (1975). Logic and conversation. In D. Davidson & G. Harman (Eds.). *The logic of grammar*. Encino, CA: Dickenson (64-75).

Haagen, K. & Seifert, H.-G. (1979). *Methoden der Statistik für Psychologen*. Stuttgart: Kohlhammer.

Hager, W. (2005). Vorgehensweisen in der deutschsprachigen psychologischen Forschung. Eine Analyse empirischer Arbeiten der Jahre 2001 und 2002. *Psychologische Rundschau, 56*, 191-200.

Haller, H. & Krauss, S. (2002). Misinterpretations of significance. A problem students share with their teachers? *Methods of Psychological Research Online, 17* (1). (Internet: http://www.mpr-online.de).

Harlow, H. F. (1958). The nature of love. *American Psychologist, 13*, 673-685.

Harris, R. J. & Monaco, G. E. (1978). Psychology of pragmatic implication: imformation processing between the lines. *Journal of Experimental Psychology: General, 107*, 1-22.

Hays, W. L. (1994). *Statistics* (5th ed). Fort Worth: Harcourt Brace.

Henwood, K. & Pidgeon, N. (2001). Talk about woods and trees: threat of urbanization, stability, and biodiversity. *Journal of Environmental Psychology, 21*, 125-147.

Hinton, G. & Shallice, T. (1991). Lesioning an attractor network: Investigations of acquired dyslexia. *Psychological Review. 98*, 74-95.

Hoffman, D. D. (1998). *Visual intelligence: How we create what we see.* New York: W. W. Norton.

Hoffman, D. D. (in press). Sensory experiences as cryptic symbols of a multi-modal user interface. *Kunst und Kognition.*

Howard, G. S., Maxwell, S. E., & Fleming, K. J. (2000). The proof of the pudding: an illustration of the relative strengths of null hypothesis, meta analysis, and Bayesian analysis. *Psychological Methods, 5*, 315-332.

Huber, O. (2005). *Das psychologische Experiment: Eine Einführung* (4. Aufl.). Bern: Huber.

Huesmann, L. R. (1982). Television violence and aggressive behavior. In D. Pearly, L. Bouthilet, & J. Lazar (Eds.), *Television and behaviour: Vol 2. Technical reviews.* Washington, DC: National Institute of Mental Health (220-256).

Humphreys, L. (1973). Toilettengeschäfte. In J. Friedrichs (Hrsg.). *Teilnehmende Beobachtung abweichenden Verhaltens.* Stuttgart: Enke (254-287).

Hunter, J. E. & Schmidt, F. L. (1990). *Methods of Meta-Analysis.* Newbury Park: Sage.

Huntsberger, D. V. & Billingsley, P. (1973). *Elements of statistical inference.* (3rd ed). Boston: Allyn & Bacon.

Jahoda, M., Lazarsfeld, P. E., & Zeisel, H. (1932): *Die Arbeitslosen von Marienthal. Ein soziographischer Versuch über die Wirkungen langandauernder Arbeitslosigkeit.* Frankfurt a.M.: Suhrkamp.

Janetzko, D., Hildebrandt, M. & Meyer, H. A. (2002) (Hrsg.). *Das experimentalpsychologische Praktikum im Labor und WWW.* Göttingen: Hogrefe.

Johnson, R. W. (2001). An introduction to the bootstrap. *Teaching Statistics, 23*, 49-54.

Joinson, A. (1999). Social desirability, anonymity, and Internet-based questionnaires. *Behavior Research Methods, Instruments & Computers, 31*, 433-438.

Jordan, M. (1986). An introduction to linear algebra in parallel distributed processing. In D. Rumelhart & J. McClelland (Eds.). *Parallel distributed processing, Vol. I.* Cambridge, MA: MIT Press (365-422).

Kelley, H. H. (1967). Attribution theory in social psychology. In D. Levine (Ed.). *Nebraska Symposium on Motivation.* Lincoln: University of Nebraska Press (192-238).

Kelman, H. C. & Hovland, C. I. (1953). „Reinstatement" of the communicator in delayed measurement of opinion change. *Journal of Abnormal and Social Psychology, 48*, 327-335.

Kenrick, D. T., Li, N. P., & Butner, J. (2003). Dynamical evolutionary psychology: Individual decision rules and emergent social norms. *Psychological Review, 110*, 3-28.

Kidd, S. A. (2002). The role of qualitative research in psychological journals. *Psychological Methods, 7*, 126-138.

King, N. (2000). Commentary—Making ourselves heard: The challenges facing advocates of qualitative research in work and organizational psychology. *European Journal of Work and Organizational Psychology, 9*, 589 – 596.

Kirk, J. & Miller, M. L. (1986). *Reliability and validity in qualitative research.* Newbury Park: Sage.

Kline, R. B. (2004). *Beyond significance testing.* Washington: American Psychological Association.

Knopf, M. & Petermann, F. (1976). Die Sequentialanalyse und ihre Anwendungsmöglichkeiten in der klinischen Psychologie. *Zeitschrift für Klinische Psychologie und Psychotherapie, 24*, 317-330.

Krantz, J. H., & Dalal, R. (2000). Validity of web-based psychological research. In M. H. Birnbaum (Ed.). *Psychological experiments on the internet.* San Diego: Academic Press.

Krämer, W. (2001). *Statistik verstehen: Eine Gebrauchsanweisung.* München: Piper.

Kuhn, T. S. (1981). *Die Struktur wissenschaftlicher Revolutionen* (5. Aufl.). Frankfurt am Main: Suhrkamp.

Laberg, S., Törnkvist, A., & Andersson, G. (2001). Experiences of patients in cognitive behavioural group therapy: a qualitative study of eating disorders. *Scandinavian Journal of Behaviour Therapy, 30*, 161-178.

Laird, J. E., Newell, A. & Rosenbloom, P. E. (1987). SOAR: An architecture for general intelligence. *Artificial Intelligence, 33*, 1-64.

Lakatos, I. (1974). Falsifikation und Methodologie der wissenschaftlichen Forschungsprogramme. In I. Lakatos & A. Musgrave (Hrsg.). *Kritik und Erkenntnisfortschritt.* Braunschweig: Vieweg.

Länsisalmi, H., Peiró, J. M. & Kivimäki, M. (2000). Collective stress and coping in the context of organizational culture. *European Journal of Work and Organizational Psychology, 9*, 527-559.

Latané, B. (1981). The psychology of social impact. *American Psychologist, 36*, 343-365.

Levine, R. (1997). *Eine Landkarte der Zeit: Wie Kulturen mit Zeit umgehen.* München: Piper.

Lienert, G.A. & Raatz, U. (1998). *Testaufbau und Testanalyse* (6. Aufl.). Weinheim: Psychologie Verlags Union.

Light R. J. & Pillemer, D. B. (1984). *Summing up. The science of reviewing research.* Cambridge, MA: Harvard University Press.

Loftus, E. F. (1979). *Eyewitness testimony.* Cambridge, MA: Harvard University Press.

Lück, H. E. & Miller, R. (2002). *Illustrierte Geschichte der Psychologie.* Stuttgart: Beltz.

Lyons, R. & Maede, D. (1993). The energy crisis: Mothers with chronic illness. *Canadian Woman Studies, 13,* 34-37.

Marcus, G., Ullman, M., Pinker, S., Hollander, M., Rosen, T. J. , & Xu, F. (1992). Over-regularization in language acquisition. *Monographs of the Society for research in Child Development, 57.*

Mareschal, D., Plunkett, K. & Harris, P. (1995). Developing object permanence: A connectionist model. In J. Moore & J. Lehman (Eds). *Proceedings of the Seventeenth Annual Conference of the Cognitive Science Society.* Mahwah, NJ: Erlbaum (170-175).

Mayring, P. (1995). Qualitative Inhaltsanalyse. In U. Flick, E. von Kardorff, H. Keupp, L. von Rosenstiel, & S. Wolff (Hrsg.). *Handbuch qualitative Sozialforschung* (2. Aufl.). Weinheim: Beltz (209-213).

Mayring, P. (2000). *Qualitative Inhaltsanalyse: Grundlagen und Techniken* (7. Aufl.). Weinheim: Deutscher Studien Verlag.

Mayring, P. (2003). *Qualitative Inhaltsanalyse: Grundlagen und Techniken* (8. Aufl.). Weinheim: Beltz.

Mayring, P. (2004). Qualitative Inhaltsanalyse. In U. Flick, E. von Kardorff, & I. Steinke (Hrsg.). *Qualitative Forschung* (3. Aufl.). Reinbek: Rowohlt Taschenbuch Verlag (468-474).

McClelland, J. (1989). Parallel distributed processing: implications for cognition and development. In R. Morris (Ed.). *Parallel distributed processing: implications for psychology and neurobiology.* Oxford: Clarendon Press.

McLeod, P., Plunkett, K., & Rolls, E. T. (1998). *Introduction to connectionist modelling of cognitive Processes.* Oxford: Oxford University Press.

Micceri, T. (1989). The Unicorn, the Normal Curve, and Other Improbable Creatures. *Psychological Bulletin, 105* (156-166).

Miles, M. B. & Huberman, A. M. (1994). *Qualitative data analysis* (2nd ed). Thousand Oaks: Sage.

Miller, G. F., Todd, P. M., & Hedge, S. U. (1989). Designing neural networks using genetic algorithms. In J. D. Schaffer (Ed.). *Proceedings of the Third International Conference on Genetic Algorithms.* San Mateo, CA: Morgan Kaufman.

Milligan, G.W., Wong, D.S. & Thompson, P.A. (1987). Robustness properties of nonorthogonal analysis of variance. *Psychological Bulletin, 101,* 464-470.

Milsom, J., Beech, A. R., & Webster, S. D. (2003). Emotional loneliness in sexual murderers: a qualitative analysis. *Sexual Abuse: A Journal of Research and Treatment, 15*, (285-296).

Mook, D. G. (1983). In defense of external invalidity. *American Psychologist, 40*, 423-440.

Mummendey, H. D. (1999). *Die Fragebogen-Methode* (3. Aufl.). Göttingen: Hogrefe.

Mussweiler, T. & Strack, F. (1999). Hypothesis-consistent testing and semantic priming in the anchoring paradigm: A selective accessibility model. *Journal of Experimental Social Psychology, 35*, 136-164.

Mussweiler, T., Strack, F. & Pfeiffer, T. (2000). Overcoming the inevitable anchoring effect: Considering the opposite compensates for selective accessibility. *Personality and Social Psychology Bulletin, 26*, 1142-1150.

Myers, D. G. & Diener, E. (1995). Who is happy? *Psychological Science, 6*, 10-19.

Neyman, J. (1950). *First course in probability and statistics.* New York: Henry Holt & Company.

Nisbett, R. E. & Wilson, T. D. (1977). Telling more than we can know: verbal reports on mental processes. *Psychological Review, 84*, 231-259.

Norenzayan, A. & Schwarz, N. (1999). Telling what they want to know: participants tailor causal attributions to researchers' interests. *European Journal of Social Psychology, 29*, 1011-1020.

Northcraft, G. B. & Neale, M. A. (1987). Experts, amateurs and real estate: An anchoring-and-adjustment perspective on property pricing decisions. *Organizational Behavior and Human Decisions Processes, 39*, 84-97.

Nowak, A., Szamrey, J., & Latané, B. (1990). From private attitude to public opinion: A dynamic theory of social impact. *Psychological Review, 97*, 362-376.

Nowak, A., Vallacher, R. R., Tesser, A. & Borkowski, W. (2000). Society of self: the emergence of collective properties in self-structure. *Psychological Review, 107*, 39-61.

Oakes, M. (1986). *Statistical inference: A commentary for the social and behavioral sciences.* Chichester: Wiley.

Olejnik, S. & Algina, J. (2003). Generalized eta and omega squared statistics: Measures of effect size for some common research designs. *Psychological Methods, 8*, 434-447.

Orne, M. T. (1959). The nature of hypnosis: Artifact and essence. *Journal of Abnormal and Social Psychology, 58*, 277-299.

Orne, M. T. (1962). On the social psychology of the psychological experiment: With particular reference to demand characteristics and their implications. *American Psychologist, 17*, 776-783.

Orth, B. (1974). *Einführung in die Theorie des Messens.* Stuttgart: Kohlhammer.

Ostendorf, F. & Angleitner, A. (2004). *Neo-Persönlichkeitsinventar (revidierte Form, NEO-PI-R) nach Costa und McCrae.* Göttingen: Hogrefe

Parke, A. & Griffiths, M. (2005). Aggressive behavior in adult slot machine gamblers: an Interpretative Phenomenological Analysis. *Journal of Community & Applied Social Psychology, 15* (255-272).

Parker, I. (1992). *Discourse dynamics. Critical analysis for social and individual psychology.* London: Routledge.

Parker, I. (2004). Die diskursanalytische Methode. In U. Flick, E. von Kardorff, & I. Steinke, (Hrsg.). *Qualitative Forschung: ein Handbuch* (3. Aufl.). Reinbek: Rowohlt Taschenbuch Verlag (546-556).

Pedersen, W. C., Miller, L. C., Putcha-Bhagavatula, A. D. & Yang, Y. (2002). Evolved sex differences in the number of partners desired? The long and the short of it. *Psychological Science, 13* (157-161).

Petitmengin-Peugot, C. (1999). *The intuitive experience. Journal of Consciousness Studies, 6* (43-77).

Pham, B., Platt, R. McAuley, L., Klassen, T. P. & Moher, D. (2001). Is there a „best" way to detect and minimize publications bias? An empirical evaluation. *Evaluation & The Health Professions, 24* (109-125).

Pinker, S., & Prince, A. (1988). On language and connectionism: Analysis of a parallel distributed processing model of language acquisition. *Cognition, 28* (73-193).

Plunkett, K. & Elman, J. L. (1997). *Exercises in rethinking innateness: A Handbook for connectionist simulations.* Cambridge, MA: MIT Press.

Plunkett, K. & Marchman, V. A. (1993). From rote learning to system building: Acquiring verb morphology in children and connectionist nets. *Cognition, 48*, 299-308.

Polasek, W. (1994). *EDA: Explorative Datenanalyse* (2. Aufl.). Berlin: Springer.

Pollock, K. H. (2000). Capture-recapture models. *Journal of the American Statistical Association, 95*, 293-296.

Pope, C. & Mays, N. (1995). Qualitative research: reaching the parts other methods cannot reach: an introduction to qualitative methods in health and health services research. *BMJ, 311*, 42-45.

Popper, K. (1982). *Logik der Forschung* (7. Aufl.). Tübingen: Mohr.

Potter, J. & Wetherell, M. (1987). *Discourse and social psychology. Beyond attitudes and behaviour.* London: Sage.

Pritz, V. (1981). Der Einfluss der Sprechflüssigkeit und Vorinformation auf die Leistungsbeurteilung in der mündlichen Reifeprüfung. In K. Ingenkamp (Hrsg.). *Wert und Wirkungen von Beurteilungsverfahren.* Weinheim: Beltz.

Rasch, B., Friese, M., Hofmann, W. & Naumann F. (2006) *Quantitative Methoden.* Band 2 (2. Aufl.). Heidelberg: Springer.

Raudenbush. S. W. (1984). Magnitude of teacher expectancy effects on pupil IQ as a function of the credibility of expectancy induction: A synthesis of findings from 18 experiments. *Journal of Educational Psychology, 76*, 85-97.

Read, S. J. & Miller, L. C. (1998) (Eds.). *Connectionist models of social reasoning and social behavior.* Mahwah: Lawrence Erlbaum.

Resnick, M. (1994). Learning about life. *Artificial Life, 1*, 229-241.

Reynolds, C. W. (1987). Flocks, herds, and schools: A distributed behavioral model. *Computer Graphics, 21*, 24-34.

Rodgers, J. L., Cleveland, H. H., van den Oord, E. & Rowe, D. C. (2000). Resolving the debate over birth order, family size, and intelligence. *American Psychologist, 55*, 599-612

Rose, D., Fleischmann, P. & Wykes, T. (2004). Consumers' views of electroconvulsive therapy: a qualitative analysis. *Journal of Mental Health, 13*, 285-293.

Rosenberg, M. J. (1969). The condition and consequences of evaluation apprehension. In R. Rosenthal & R. L. Rosnow (Eds.), *Artifact in behavioral research.* New York: Academic Press (279-349).

Rosenhan, D. L. (1973). On being sane in insane places. *Science, 179*, 250-258.

Rosenthal, R. (1991). *Meta-analytic procedures for social research* (2nd ed). Newbury Park: Sage.

Rosenthal, R. (1994). Interpersonal Expectancy Effects: A 30-Year Perspective. *Current Directions in Psychological Science, 3*, 176-179.

Rosenthal, R. (1994). Parametric measures of effect size. In H. Cooper & L. V. Hedges (Eds.). *The handbook of research synthesis.* New York: Russel Sage Foundation (231-244).

Rosenthal, R. & Jacobson, L. (1968). *Pygmalion in the classroom: Teacher expectation and pupils' intellectual development.* New York: Holt, Rinehart & Winston.

Rosenthal, R. & Lawson, R. (1964). A longitudinal study of experimenter bias on the operant learning of laboratory rats. *Journal of Psychiatric Research, 2*, 61-72.

Rosenthal, R. & Rosnow, R. L., & Rubin, D. B. (2000). *Contrasts and effect sizes in behavioral research.* New York: Cambridge University Press.

Rosenthal, R. & Rosnow, R. L. (1991). *Essentials of behavioral research: Methods and data analysis* (2nd ed). New York: McGraw-Hill.

Rosenthal, R. & Rubin, D. B. (1979). A note on percent variance explained as a measure of the importance of effects. *Journal of Applied Social Ppsychology, 9*, 395-396.

Rosenthal, R. & Rubin, D. B. (2003). $r_{equivalent}$: A simple effect size indicator. *Psychological Methods, 8*, 492-496.

Rosnow, R. L. & Rosenthal, R. (2003). Effect sizes for experimenting psychologists. *Canadian Journal of Experimental Psychology, 57*, 221-237.

Ross, M. (1989). Relation of implicit theories to the construction of personal histories. *Psychological Review, 96*, 341-357.

Rost, J. (1996). *Lehrbuch Testtheorie, Testkonstruktion*. Göttingen: Hogrefe.

Rumelhart, D. E., Smolensky, P., McClelland, J. L. & Hinton, G. E. (1986). Schemata and sequential thought processes in PDP models. In J. McClelland, D. Rumelhard (Eds.). *Parallel distributed processing, Volume 2*. Cambridge, MA: MIT Press (7-57).

Rust, R. T., Lehmann, D. R. & Farley, J. U. (1990). Estimating publication bias in meta-analysis. *Journal of Marketing Research, 27*, 220-226.

Sachs, G. (1999). *Die Akte Astrologie*. München: Goldmann.

Saffran, J. R., Aslin, R. N., & Newport, E. L. (1996). Statistical learning by 8-month-olds. *Science, 274*, 1926-1928.

Salsburg, D. (1985). The religion of statistics as practiced in medical journals. *The American Statistician, 39*, 220–223.

Salsburg, D. (2001). *The lady tasting tea: How statistics revolutionized science in the twentieth century*. New York: W. H. Freeman.

Sarris, V. & Reiß, S. (2005). *Kurzer Leitfaden der Experimentalpsychologie*. München: Pearson Studium.

Schachter, S. & Singer, J. E. (1962). Cognitive, social and physiological determinants of emotional state. *Psychological Review, 69*, 379-399.

Scheele, B. & Groeben, N. (1988). *Dialog-Konsens-Methoden zur Rekonstruktion subjektiver Theorien*. Tübingen: Francke.

Schuman, H. & Presser, S. (1981). *Questions and answers in attitude surveys*. New York: Academic Press.

Schwarz, N. (1999). Self-reports: How the questions shape the answers. *American Psychologist, 54*, 93-105.

Sedlmeier, P. (1996). Jenseits des Signifikanztest-Rituals: Ergänzungen und Alternativen. *Methods of Psychological Research – online, 1*. (Internet: *http://www.mpr-online.de/*)

Sedlmeier, P. (1999). *Improving statistical reasoning: Theoretical models and practical implications*. Mahwah: Erlbaum.

Sedlmeier P. (2001). Intelligent tutoring systems. In P. B. Baltes & N. J. Smelser (Eds.). *International Ecyclopedia of the Social & Behavioral Sciences, Cognitive psychology and cognitive science* (W. Kintsch, Section Ed.). Amsterdam: Elsevier Science (11, 7674-8).

Sedlmeier, P. (2002) Associative learning and frequency judgments: The PASS model. In P. Sedlmeier & T. Betsch (Eds.). *Etc. Frequency processing and cognition*. Oxford: Oxford University Press (137-152).

Sedlmeier, P. (2006a). Ancient Indian psychology: Can it offer anything to academic psychology? In R. Rapp, P. Sedlmeier, P. & G. Zunker-Rapp. (Eds). *Perspectives on cognition: a Festschrift in honor of Manfred Wettler.* Lengerich: Pabst (199-214).

Sedlmeier, P. (2006b). The role of scales in student ratings. *Learning and Instruction,* 16, 401-415.

Sedlmeier. P. (2007). Statistical reasoning: valid intuitions put to use. In M. Lovett & P. Shah (Eds.). *Thinking with data.* New York: Lawrence Erlbaum Associates (389-419).

Sedlmeier, P., & Betsch, T. (2002) (Eds.). *Etc. Frequency processing and cognition.* Oxford: Oxford University Press.

Sedlmeier, P. & Gigerenzer, G. (1989). Do studies of statistical power have an effect on the power of studies? *Psychological Bulletin, 107,* 309–316.

Sedlmeier, P. & Gigerenzer, G. (1997). Intuitions about sample size: The empirical law of large numbers? *Journal of Behavioral Decision Making, 10,* 33-51.

Sedlmeier, P. & Gigerenzer, G. (2001) Teaching Bayesian reasoning in less than two hours. *Journal of Experimental Psychology: General, 130,* 380–400.

Sedlmeier, P. & Jaeger, S. (2007). The impact of postevent information on study-related memories: an exploration of the roles of judgmental anchoring, specific expectations about change, and motivational influences. *Memory, 15,* 70-92.

Sedlmeier, P. & Köhlers, D. (2001) *Wahrscheinlichkeiten im Alltag: Statistik ohne Formeln.* Braunschweig: Westermann.

Seeley, T. D. (2000). Decision making in superorganisms: How collective wisdom arises from the poorly informed masses. In G. Gigerenzer & R. Selten (Eds.). *Bounded rationality: The adaptive toolbox.* Cambridge, MA: MIT Press (249-261).

Siegel, S. & Castellan, N.J. (1988). *Nonparametric statistics for the behavioral sciences* (2nd ed.) New York: McGraw-Hill.

Schmidt, F. L. (1992). What do data really mean? Research findings, meta-analysis, and cumulative knowledge in psychology. *American Psychologist, 47,* 1173-1181.

Schmidt, F. L. (1996). Statistical significance testing and cumulative knowledge in psychology: implications for training of researchers. *Psychological Methods, 1,* 115-129.

Smith, A. F. (1993). Exploratory data analysis. In G. Keren & C. Lewis (Eds.). *A handbook for data analysis in the behavioral sciences.* Hillsdale: Erlbaum (349-390).

Smith, J. A. (Ed.). (2003). *Qualitative psychology: A practical guide to research methods.* London: Sage.

Smith, L. D., Best, L. S., Stubbs, D. A., Archibald, A. B. & Roberson-Nay, R. (2002). Constructing knowledge: The role of graphs and tables in hard and soft psychology. *American Psychologist, 57,* 749-761.

Smith, M. L. & Glass, G. V. (1977). Meta-analysis of psychotherapy outcome studies. *American Psychologist, 32*, 752-760.

Smithson, M. (2000). *Statistics with confidence.* London: Sage.

Smithson, M. (2001). Correct confidence intervals for various regression effect sizes and parameters: The importance of noncentral distributions in computing intervals. *Educational and Psychological Measurement, 61*, 605-632.

Sommer, R. (1959). The new look on the witness stand. *Canadian Psychologist, 8*, 94-99.

Spielman, S. (1974). The logic of tests of significance. *Philosophy of Science, 41*, 211-225.

Stanovich, K.E. & Cunningham, A.E. (1993). Where does knowledge come from? Specific associations between print exposure and information acquisition. *Journal of Educational Psychology, 85*, 211-229.

Steiger, J. H. (2004). Beyond the F test: Effect size confidence intervals and tests of close fit in the analysis of variance and contrast analysis. *Psychological Methods, 9*, 164-182.

Stevens, J. (2002). *Applied multivariate statistics for the social sciences* (4th ed.). Mahwah, NJ: Lawrence Erlbaum Associates.

Stevens, S. S. (1951). Mathematics, measurement and psychophysics. In S.S. Stevens (Ed.). *Handbook of experimental psychology.* New York: Wiley.

Stigler, S. M. (1983). Who discovered Bayes's Theorem? *American Statistician, 37*, 290–296.

Strauss, A. L. (1987). *Qualitative analysis for social scientists.* New York: Cambridge University Press.

Strauss, A. L. & Corbin, J. A. (1990). *Basics of qualitative research: Grounded theory procedures and techniques.* Newbury Park, CA: Sage.

Swatton, S. & O'Callaghan, J. (2002). The experience of `healing stories´ in the life narrative: a grounded theory. *Counselling Psychology Quarterly, 12*, 413-429.

Tabachnik, B.G. & Fidell, L.S. (2007). *Using multivariate statistics* (5th ed.). Boston: Pearson.

Tatsuoka, M. (1993). Effect size. In G. Keren & C. Lewis (Eds.). *A handbook for data analysis in the behavioral sciences: Methodological issues.* Hillsdale, NJ: Erlbaum (461-479).

Tesch, R. (1990). *Qualitative research: Analysis types and software tools.* New York: Falmer.

Tierney, L. (1990). *Lisp-Stat: An object-oriented environment for statistical computing and dynamic graphics.* New York: Wiley.

Tukey, J. W. (1977). *Exploratory data analysis.* Reading, MA: Addison Wesley.

Tversky, A. & Kahneman, D. (1974). Judgment under uncertainty: Heuristics and biases. *Science, 185*, 1124-1130.

Vallacher, R. R., & Nowak, A. (1994). The chaos in social psychology. In R. R. Vallacher & A. Nowak (Eds.). *Dynamical systems in social psychology*. San Diego: Academic Press (1-16).

Varela, F. J., & Shear, J. (1999). First-person methodologies: What, why, how? *Journal of Consciousness Studies, 6*, 1-14.

Velmans, M. (2001). A map of consciousness studies. In M. Cornelissen (Ed.). *Consciousness and its transformation*. Pondicherry: Sri Aurobindo International Centre of Education (257-282).

Vermersch, P. (1999). Introspection as practice. *Journal of Consciousness Studies, 6*, 17-42.

Wainer, H. (1999). The most dangerous profession: a note on nonsampling error. *Psychological Methods, 4*, 250-256.

Wainer, H. & Thissen, D. (1993). Graphical data analysis. In G. Keren & C. Lewis (Eds.). *A handbook for data analysis in the behavioral sciences*. Hillsdale: Erlbaum (391-457).

Wald, A. (1947). *Sequential analysis*. New York: Wiley.

Waldmann, M. R. (2002). Experimente und kausale Theorien. In D. Janetzko, D., H. A. Meyer, & M. Hildebrandt (Hrsg). *Das Experimentalpsychologische Praktikum im Labor und WWW*. Göttingen: Hogrefe (13-42).

Wang, M. C. & Bushman, B. J. (1998). Using the normal quantile plot to explore meta-analytic data sets. *Psychological Methods, 3*, 46-54.

Wänke, M. (1996). Comparative judgments as a function of the direction of comparison versus word order. *Public Opinion Quarterly, 60*, 400-409.

Westermann, R. (2000). *Wissenschaftstheorie und Experimentalmethodik: Ein Lehrbuch zur psychologischen Methodenlehre*. Göttingen: Huber.

Wetherell, M. (1998). Positioning and interpretative repertoires: conversation analysis and post-structuralism in dialogue. *Discourse and Society, 9*, 387-413.

White, P. A. (1988). Knowing more about what we can tell: 'Introspective access' and causal report accuracy 10 years later. *British Journal of Psychology, 79*, 13-45.

Wickens, D. (2006). *VisualBayes: Ein Rechnerprogramm zur Einführung in die Bayes-Statistik*. Hildesheim: Franzbecker.

Wiggins, S. Potter, J. & Wildsmith, A. (2001). Eating your words: Discursive psychology and the reconstruction of eating practices. *Journal of Health Psychology, 6*, 5-15.

Wilkinson, S. (1998). Focus groups in health research: exploring the meanings of health and illness. *Journal of Health Psychology, 3*, 329-348.

Wilkinson, S. (2003). Focus groups. In Smith, J. A. (Ed.). *Qualitative psychology*. London, Sage (184-204).

Wilkinson, L. & Task Force on Statistical Inference (1999). Statistical methods in psychology journals: Guidelines and explanations. *American Psychologist, 54*, 594-604.

Willig, C. (2003). Discourse analysis. In Smith, J. A. (Ed.). *Qualitative psychology.* London, Sage (159-183).

Winkielman, Knäuper, & Schwarz (1998). Looking back at anger: Reference periods change the interpretation of (emotion) frequency questions. *Journal of Personality and Social Psychology, 75*, 719-728.

Winkler, R. L. (1993). Bayesian statistics: an overview. In G. Keren & C. Lewis (Eds.). *A handbook for data analysis in the behavioural sciences, Vol II: Statistical issues.* Hillsdale: Lawrence Erlbaum (201-232).

Wirtz, M. & Nachtigall, C. (2006). *Deskriptive Statistik – Statistische Methoden für Psychologen, Teil 1*. Weinheim: Juventa.

Wolfram, S. (1984). Cellular automata as models of complexity. *Nature, 311*, 419-424.

Wolfram, S. (2002). *A new kind of science.* Champaign, IL: Wolfram Science.

Anhang C: Register

W

Z

PSYCHOLOGIE

Elliot Aronson
Timothy Wilson
Robin Akert

Sozialpsychologie
ISBN 978-3-8273-7359-5
49.95 EUR [D], 51.40 EUR [A], 77.90 sFr*
688 Seiten

Sozialpsychologie

BESONDERHEITEN

Die Sozialpsychologie steckt voller spannender Geschichten. Das Fach wird für den Leser erst dann lebendig, wenn er das gesamte Feld in seinem Zusammenhang überblickt: wie Theorien die Forschung anregen und warum Forschungen ihrerseits wieder neue Forschungsfelder eröffnen.

In diesem Buch stellen die Autoren ihre Begeisterung für den Forschungsprozess auf verständliche Weise dar und beschreiben die Ergebnisse des wissenschaftlichen Vorgehens in Bezug zu unserer alltäglichen Erfahrungswelt. So wird eine wissenschaftliche Herangehensweise an die Sozialpsychologie präsentiert, die den Leser in ihren Bann zieht.

KOSTENLOSE ZUSATZMATERIALIEN

Für Dozenten:
- Abbildungsfolien für den Einsatz in der Lehre

Für Studenten:
- Übungsaufgaben mit Lösungen
- Weiterführende Links

psychologie

PSYCHOLOGIE

Markus Bühner

Einführung in die Test- und Fragebogenkonstruktion
ISBN 978-3-8689-4033-6
34.95 EUR [D], 36.00 EUR [A], 54.90 sFr*
640 Seiten

Einführung in die Test- und Fragebogenkonstruktion

BESONDERHEITEN

Dieses Buch vermittelt die theoretischen und praktischen Grundlagen, um Tests oder Fragebögen fundiert entwickeln zu können. Die theoretischen Inhalte sowie die zum Verständnis wichtigen Formeln werden einfach und verständlich erklärt. Die Umsetzung der einzelnen Konstruktionsschritte wird mithilfe von Statistiksoftware wie SPSS, AMOS und Winmira ausführlich dargestellt. Anhand detaillierter Erläuterungen zu den Ergebnisausgaben sowie SPSS-Datendateien wird das Wissen so vertieft, dass eine direkte Umsetzung des Gelernten bei praktischen Anwendungen problemlos möglich ist.

KOSTENLOSE ZUSATZMATERIALIEN

Für Dozenten:
- Alle Abbildungen elektronisch zum Download

Für Studenten:
- Multiple-Choice-Aufgaben mit Lösungshinweisen
- SPSS-Datendateien
- Weiterführende Links

PEARSON
Studium

ps
psychologie

PSYCHOLOGIE

John P. J. Pinel

Biopsychologie
ISBN 978-3-8273-7217-8
59.95 EUR [D], 61.70 EUR [A], 93.90 sFr*
704 Seiten

Biopsychologie

BESONDERHEITEN

Dieses weit verbreitete Standardwerk bietet eine gut lesbare und praxisorientierte
Einführung in alle relevanten Themengebiete der Biologischen Psychologie. Der Fokus
des Buches liegt auf dem verhaltensorientierten und integrativen Ansatz der Biopsychologie. Die Integration der übergeordneten Themen "Evolutionäre Psychologie",
"Klinische Psychologie", "Kognitive Neurowissenschaften" und "Grundlagen der
Biopsychologie" wird durch die besondere Hervorhebung dieser Themen im Text und in
der Kapitelzusammenfassung transparent gemacht. Die theoretischen Grundlagen werden durch zahlreiche klinische Fallstudien und Beispiele aus dem Erfahrungshorizont
von Studierenden veranschaulicht.

KOSTENLOSE ZUSATZMATERIALIEN

Für Dozenten:
- Alle Abbildungen des Buchs zum Download

Für Studenten:
- Weiterführende Links

PEARSON
Studium

PSYCHOLOGIE

Richard J. Gerrig
Philip G. Zimbardo

Psychologie
ISBN 978-3-8273-7275-8
49.95 EUR [D], 51.40 EUR [A], 77.90 sFr*
864 Seiten

Psychologie

BESONDERHEITEN

Der „Zimbardo" gibt einen umfassenden Einstieg in die verschiedenen Bereiche der Psychologie. Kaum einem anderen Buch gelingt eine so interessante und anschauliche, aber dennoch wissenschaftlich hoch anspruchsvolle Einführung in diese Thematik. Ausgangspunkt ist dabei stets ein Verständnis der Psychologie als Wissenschaft; hierauf aufbauend werden die Anwendungsbereiche für das tägliche Leben dargestellt. Durch die verständliche Darstellungsweise bietet das Buch einen vorzüglichen Einstieg und dient zugleich als Nachschlagewerk für die Grundlagen der Psychologie. Die neue Auflage bietet neben einer umfassenden Aktualisierung von Beispielen aus Forschung und Kultur erstmals auch Wiederholungsfragen zu den einzelnen Kapiteln.

KOSTENLOSE ZUSATZMATERIALIEN

Für Dozenten:
- Alle Abbildungen elektronisch zum Download

Für Studenten:
- Glossar
- Multiple-Choice-Tests und Verständnisfragen
- Weiterführende Links

Anita Woolfolk

Pädagogische Psychologie
ISBN 978-3-8273-7279-6
59.95 EUR [D], 61.70 EUR [A], 93.90 sFr*
864 Seiten

Pädagogische Psychologie

BESONDERHEITEN

Dieses weltweit am weitesten verbreitete Lehrbuch zur Pädagogischen Psychologie behandelt den kompletten Themenkatalog des Fachs - ideal für die Einführungs-veranstaltungen und vor allem die Lehrerausbildung an deutschen Hochschulen. Es behandelt leicht verständlich und didaktisch hervorragend aufbereitet alle Themen, die ein Lehrender über das Lernverhalten von Schülern und die praktische Umsetzung im Unterricht wissen muss. Das Buch ist - inklusive der Abbildungen - komplett auf die Verhältnisse im deutschsprachigen Raum angepasst worden.

KOSTENLOSE ZUSATZMATERIALIEN

Für Dozenten:
- Alle Abbildungen des Buchs zum Download

Für Studenten:
- Glossar
- Weiterführende Links